刑 事 侦 查 实 用 百 科 丛 书

XINGSHI ZHENCHA SHIYONG BAIKE CONGSHU

# 刑事侦查与动物

XINGSHI ZHENCHA YU DONGWU


总 主 编　杨玉章

本册主编　李湘涛　杨红珍



群 众 出 版 社

河南科学技术出版社

图书在版编目（CIP）数据

刑事侦查与动物/李湘涛，杨红珍主编．—郑州：河南科学技术出版社，2019.6
（刑事侦查实用百科丛书/杨玉章总主编）
ISBN 978-7-5349-8209-5

Ⅰ．①刑…　Ⅱ．①李…②杨…　Ⅲ．①动物-刑事侦查-分析　Ⅳ．①D918②Q95

中国版本图书馆 CIP 数据核字（2016）第 149685 号

出版发行：群众出版社　地址：北京市丰台区方庄芳星园三区 15 号楼
邮编：100078　电话：（010）83903254
河南科学技术出版社　地址：郑州市郑东新区祥盛街 27 号
邮编：450016　电话：（0371）65737028
策划编辑：李肖胜　曲　先
责任编辑：田　伟
责任校对：王晓红
封面设计：张　伟
版式设计：栾亚平
责任印制：张艳芳
印　　刷：河南日报报业集团有限公司彩印厂
经　　销：政法系统内部发行
开　　本：889 mm×1 194 mm　1/16　印张：32.25　字数：1029 千字
版　　次：2019 年 6 月第 1 版　2019 年 6 月第 1 次印刷
定　　价：298.00 元

# 《刑事侦查与动物》编写人员

主　　编　李湘涛　杨红珍
编　　者　李湘涛　杨红珍　马　坤

# 总序言

目前，全国政法系统正在深入学习贯彻习近平新时代中国特色社会主义思想，扎实推进新时代平安中国建设、法治中国建设、政法队伍建设，为决胜全面建成小康社会、夺取新时代中国特色社会主义伟大胜利创造安全稳定的社会环境、公正规范的法治环境、优质高效的服务环境。新时代需要新担当、新作为，培养一支“信念过硬、政治过硬、责任过硬、能力过硬和作风过硬”的政法队伍，造就一支“对党忠诚、服务人民、执法公正、纪律严明”的公安队伍成为当务之急。

近些年来，以审判为中心的诉讼制度改革不断深入，错案终身追究制度及与之相关的配套制度逐步确立，特别是《中华人民共和国刑事诉讼法》（2012年修正）确立的一系列诉讼原则和证据制度，进一步强化了对犯罪嫌疑人人权的保障，扩大了律师在侦查阶段的诉讼职能，规范和约束了侦查权的行使，提高了审判证明的标准，尤其是明确规定了证据确实、充分必须符合的具体条件。这一切都体现出我国法治的进步，同时也对侦查办案质量提出了新的、更高的要求，侦查过程中侦查人员必须坚持以证据为中心，全面取证，规范取证，以确实、充分和具有排他性的证据体系有效支持诉讼的顺利推进。

在实际案件侦破工作中，随着信息技术的不断发展及其在侦查工作中的全面运用，一些侦查员过分依赖视频侦查、技术侦查、网安侦查这三种新的侦查手段，此所谓新“三板斧”。这种现象导致侦查员对现场物证的全面发现提取和对犯罪行为人主观行为动机的系统分析趋于弱化，对微量物证的提取和检验的重视程度弱化，对运用多学科、多专业专门知识综合分析、研究、鉴定现场物证的意识弱化，一些行之有效的传统侦查方式方法被日益边缘化。

毋庸置疑，在信息化社会、大数据时代，信息技术日益成为侦查的主导技术，电子证据成为侦查的重要证据类型，但犯罪证据多样化的现实情况以及侦查取证需要各个门类科学技术支撑的总体状况并未发生根本性的改变。侦查取证的过程中，面对各种各样的证据，侦查员必须具备各方面的专业知识或者有查询这些知识的能力，而这些知识内容庞杂，可参考的书籍和资料也相当分散。在一些案件的侦查过程中，侦查员经常会因为对一些微量物证的利用价值分析不到位或检验鉴定不到位而丧失很多破案机会。为了有效打击犯罪、保护人民生命及财产安全，为一线刑侦人员办案提供充分的智力支持，2012年，我国知名刑侦专家、河南省公安厅副巡视员杨玉章先生发起并组织了这套“刑事侦查实用百科丛书”（以下简称“丛书”）的编撰工作。

“丛书”共26卷，首批出版的12卷基本涵盖了刑事侦查工作日常涉及的专业领域，包括《刑事侦查与行为证据》《刑事侦查与痕迹》《刑事侦查与有毒物品》《刑事侦查与植物》《刑事侦查与动物》《刑事侦查与昆虫》《刑事侦查与地理》《刑事侦查与土壤》《刑事侦查与水文》《刑事侦查与塑料制品》《刑事侦查与岩石矿物》《刑事侦查与纺织品》。为了高质量地完成该丛书的编撰工作，本书成立了编委会，杨玉章同志任丛书总主编，各卷设立了主编。自 2012 年编撰伊始至成书，编委会多次召开不同形式的论证会和研讨会，对编撰工作进行了有效的组织领导和质量审核。“丛书”在编撰过程中得到了中国科学院、北京自然博物馆、河南省公安厅、郑州市公安局、河南大学、郑州大学等 20 多家合作单位近 300 名专家和学者的鼎力支持，“丛书”是相关专业领域专家学者集体智慧的结晶，更是我国当代刑事侦查交叉学科研究水平的集中展示。

在“丛书”编撰过程中，各卷作者始终围绕三条主线进行编撰：一是注重侦查导向，即各卷所述知识始终围绕服务刑侦破案这一核心，注重对认定案件性质、划定案件范围、刻画犯罪行为人脸谱等工作提供专业知识支撑；二是注重与人关联，即各卷所写知识内容必须与人相关，经常出现、运用在五行八作、三教九流的正常人类生产活动之中；三是注重时空维度，即各卷内容注重揭示、阐明相关事实、现象与特定时间节点、空间分布（经纬度）之间本质的、必然的、普遍的、稳定的固有联系。这三条主线贯穿各卷始终。“丛书”涉及 20 余门学科，共计 600 余万字、2000 余张图片，图文并茂，理论联系实战，是对与刑事侦查工作关联紧密的多种学科资源的系统整合，学科门类齐全，知识架构完整。“丛书”的编撰是一项具有鲜明侦查专业特色的重大跨学科工程，在一定程度上填补了国内侦查应用研究的空白，具有独特的学术价值和实用价值。“丛书”既可作为广大刑事侦查人员的业务工具书，也可作为公安院校广大师生的教学参考用书。

“丛书”在编写过程中引用了很多经典的实战案例，作为相关学科和专业知识在实战中应用的范例，力图使读者在使用该丛书时能获得鲜明、生动、直观的阅读体验。

该“丛书”内容浩繁，编写队伍庞大，因编者水平有限，其中知识、文字、图片的疏漏和不足之处在所难免，期望读者不吝指正，待再版时予以完善。

郝宏奎

2018 年 8 月

# 前言

动物广泛地分布在地球上。从寒带到热带，从陆地到海洋，从人迹罕至的荒野到人口密集的城市，甚至我们每个人身体的表面及内部，到处都有动物生活的踪迹。动物的体形千差万别，有庞大的蓝鲸、长颈鹿，也有必须用显微镜才能看清楚的原生动物，它们与人类一起组成了地球上千姿百态的生命世界。人类不仅起源于动物，而且与动物的关系十分密切。人类的进化与发展、生存环境的改善、文化艺术的创作、科学技术思想的启迪、医疗保健水平的提高等，都离不开动物。

因此，从古至今，人和动物之间一直有着千丝万缕的联系。就刑事侦查来说，古今中外，与动物有关的案件多如牛毛，依据动物以及它们在现场留下的蛛丝马迹为线索侦破的案件更是数不胜数，其中也有许多案情或曲折迷离，或怪诞奇异，只有那些对动物比较熟悉、掌握较多动物知识的人，才能顺利破案。现代刑事侦查学产生于19世纪末期的欧洲，这一学科更为重视汲取自然科学各个学科的理论知识，特别是生物学、痕迹学等，从而进行物证鉴定研究和应用。

在人类的早期岁月中，原始人类过着“穴居野处”“茹毛饮血”的生活，那时许多动物都是能直接给人造成伤害的客观力量，特别是大型食肉动物，如虎、豹、熊、狼等，被人们称为“猛兽”，并产生了“如狼似虎”“虎视眈眈”“狼心狗肺”等词语。时至今日，它们对人类的威胁仍然未曾停止，但由于它们栖息地的缩减及人类使用了先进的武器（枪械、毒药等）对它们进行的捕杀，其野外数量剧减，猛兽直接伤害人的可能性极大地减少，一般仅发生在一些偏僻地区，或者是在动物园、饲养场、马戏团等处发生的意外事件中才偶有所闻。

在自然界，人和其他动物物种都处在一个具体的食物链上，现代的人们似乎已把人类排除在这个事关动物物种的生存及繁衍的食物链之外，但事实并非如此。

在野外，一个手无寸铁的人遇到一只饥肠辘辘的狼，仍然是凶多吉少。除了上述的大型猛兽之外，豺、狐、兔狲、豹猫等小型肉食兽类，或者人类豢养的大型犬类，以及猕猴、短尾猴等灵长类动物都能通过牙齿和爪给人、畜造成一定的伤害；大象、野牛、野猪以及发情期的公鹿、公羊等，可以凭借其强壮的身体、快速奔跑所产生的冲击力以及有力的长鼻、獠牙、角等伤人，甚至致人于死地。这些情况在现代社会似乎发生的频次不是很高，但其基本状况却仍然存在。此外，在林区、牧区，野兽对那里的畜牧业仍然造成一定的威胁，人类饲养的牲畜成为它们觅食的主要对象。

能直接给人带来伤害的还有那些有毒动物，这些有毒动物不仅种类繁多，而且分布广泛。有毒动物中最著名的就是毒蛇，人们常将它们与猛兽并列，用“毒蛇猛兽”一词来形容最危险的敌人。事实上，拥有各种不同的毒腺或毒器的动物非常多，从低等的腔肠动物、环节动物、软体动物、节肢动物、棘皮动物到鱼类、两栖动物、爬行动物和肝毒类哺乳动物等，其中都有很多常见的有毒动物。动物给人类带来的更大的威胁是一些携带疫病菌的动物能带给人类致命的流行性传染病。动物由于各自的生活习性不同，生存环境多样，所携带的病原体极其复杂，如病毒、细菌、立克次体、衣原体、寄生虫等，形成了一个庞大的天然病原体库。许多畜禽和人类的疫病，如禽流感、鼠疫、口蹄疫、狂犬病、尼帕病、猴天花病等都是来源于野生动物，或者其主要宿主和传播媒介是动物。在这些疾病中，有很大一部分是人与动物共患的，而至今尚未发现的人与动物共患病病原体的种类、数量更是难以估测。

此外，还有相当多的动物虽然不一定致人于死地，但也属于有害的种类，如寄生于人体内、外的寄生虫，包括寄生线虫类、吸虫类、绦虫类，原生动物中的疟原虫、利什曼原虫、痢疾内变形虫（阿米巴），软体动物中的钉螺、拟钉螺，甲壳动物中的原蝲蛄，等等。它们可寄生于人体内部，或作为中间寄主而使人感染血吸虫病、肝吸虫病、蛔虫病、疟疾、痢疾、黑热病等疾病。还有很多寄生虫，如猪绦虫、羊肝吸虫等，可寄生于人类食用的家禽、家畜中，使这些动物的生长发育受到影响，人如果食用了这些患病的动物也同样会被感染。

对于刑事侦查来说，犯罪现场所遗留下的各种与动物有关的物证十分重要，侦查人员可以借助这些物证来分析其中所蕴含的各种侦查信息，来帮助侦查、破案。物证是指能够以它存在的状况、形态、性质等特征来证明案件事实的一切物品和痕迹，包括实物与痕迹两种类型。对于动物来说，作为物证的实物包括动物尸体、毛发、羽毛、鳞片、体液、血液、粪便、养殖工具等，而且，同人的尸体一样，动物的尸体的体表标记、被肢解情况、胃肠道内食物情况、尸体附着物及微量物证情况等，都可能包含着与案件事实有联系的信息，而动物留下的痕迹，包括足迹、咬痕、划痕、压痕等，也都可能成为重要的物证。

在犯罪现场留下物证的动物可以是各种各样的野生动物，更可能是人们身边常见的动物，特别是人工饲养的各种动物。

自从人类出现在地球上，一些动物就成为人类的食物，其皮毛和产品则成为人类衣食住行及医药上必不可少的物品。在古代，人类最早对动物的利用主要表现为一种直接的利用，使用一些简单的工具进行原始的狩猎、捕捞活动。然而，这些毕竟不能完全满足原始人类的全部需求，人类便开始了对野生动物的驯养和家化活动，使之成为可持续利用的动物资源，为人类的生存提供更好的保障。

经过漫长的历程，人类通过繁育、饲养、驯化和管理，逐步获得了许多家养动物，如犬、马、牛、羊、猪、鸡、鸭、鹅、家鸽以及“四大家鱼”等，社会分工中也出现了动物养殖业，揭开了人与动物关系新的一页。后来，人们又通过人工选择，对家养动物所出现的变异进行挑选和保存，不断培育出新的品种，使它们的性能更符合人们的要求。

家养动物使人们获得了稳定丰富的食物来源，也促进了大量人口聚集的村庄乃至城市的出现和发展，大多数野生动物因此在人类活动的范围内消失，但也有不少动物能够适应这类环境而留存下来，甚至成为伴人而居的动物，如麻雀、黄鼬和鼠类等。它们大多体形小巧、行动灵活，易于在比较单调的环境中寻找隐蔽处，并以农作物、禽畜或人类的生活垃圾等为食。

随着现代科学技术的发展，动物养殖也进入了一个崭新的阶段。现代动物养殖业除了传统的家畜、家禽品种外，饲养的动物（包括水产、宠物等）种类不断增加。越来越多的人为了科学研究、经济利益、兴趣爱好等各种不同的目的来驯养动物。

不过，大规模的家禽、家畜养殖所产生的大量排泄物以及其他废弃物，也带来了严重的环境问题。水产养殖业的大规模高速发展更是造成了各种水域的严重污染。养殖新物种的不断引进还带来了日益加剧的外来物种入侵问题，给生态安全、经济安全和人类健康带来了新的威胁。目前，我国已成为外来物种入侵最严重的国家，呈现出传入数量增多、频率加快、蔓延范围扩大、发生危害加剧、经济损失加重的趋势，对我国环境和经济已造成严重破坏。

由于当前人类经济活动的迅猛发展，导致许多野生动物灭绝或濒临灭绝，这种现象对于人类生存环境所带来的危害和威胁，以及对人类社会发展带来的损失和影响都是难以预料和挽回的。

在原始社会中，狩猎（包括渔猎）是一种古老的生产活动，社会的发展推动了捕猎手段的进步，捕获量也随之增加，以至于除了填饱肚子之外，还有剩余可以拿到市场上出售获利，逐渐由早期人类的“为生存而猎”发展到“为营利而猎”。进入商品社会后，狩猎活动也成为一种新的营利手段，一方面为人类社会创造着财富，另一方面也无情地消耗着野生动物资源。现在，过度猎捕已经造成大量野生动物资源锐减，很多物种已经灭绝或濒临灭绝。

我国有着辽阔的国土和领海，气候条件复杂，自然环境多种多样，为各种野生动植物的生息繁衍提供了良好的条件。据统计，我国的野生动物多达数十万种，其中脊椎动物为 6 266 多种，包括 500 种兽类、1 244 种鸟类、376 种爬行类、284 种两栖类和 3 862 种鱼类，很多种类是闻名世界的珍稀特产。

我国目前正面临着发展经济和保护环境的双重任务。我国政府把保护环境作为提高人民生活水平和生活质量的一个重要方面，不遗余力地建设野生动物的生息乐园，把保护野生动物等自然资源，改善生态环境列为一项基本国策，采取多种措施拯救、保护、恢复和发展野生动物资源。1988 年，我国公布了第一部专门关于野生动物资源保护的法律《中华人民共和国野生动物保护法》和《国家重点保护野生动物名录》，结束了野生动物保护工作长期无法可依的局面，这对于打击乱捕滥猎、倒卖走私珍稀野生动物及其产品的违法犯罪活动有着重要的意义，标志着我国的野生动物保护管理工作走上了法制管理轨道。

我国野生动物和自然保护工作取得了很大成绩，但非法捕杀、倒卖、走私野生动物，以及地方经济发展和资源开发利用所造成的破坏野生动物栖息地、侵占自然保护区等问题还没有得到很好解决，野生动物保护工作还存在不少困难和问题。

另外，也确实还有一些野生动物或多或少都对人类及其经济活动有一定的危害。例如，盗食禽、畜的黄鼬、青鼬，破坏农作物和果树的草兔、松鼠、野猪，为害牧场的啮齿动物以及黄羊等有蹄类动物。它们在不同程度上与从事相关经济活动的人们有着比较尖锐的矛盾。

维护社会治安大局的稳定是公安机关的使命所在，职责所在。现在，我们的公安工作已经积累了大量的实战经验，而如何充分发挥职能，履行职责，打击犯罪，为国家建设的稳步发展、人民生活的和谐稳定提供更为坚强有力的保障，是摆在刑侦人员面前责无旁贷的历史使命。随着刑事侦查学研究的不断发展，从其他自然科学学科中汲取相关的知识，为刑事侦查工作提供理论指导和技术支撑，从而进一步提高刑事侦查科学化、规范化的整体水平，提高破案侦破能力已是当务之急。

近年来，随着我国市场经济的发展，刑事犯罪发生了很大的变化，个别人为了追求利润不择手段，加上国内外各种新型犯罪手段的不断传播，不仅使大案、要案的数量不断增加，犯罪种类不断增多，犯罪手段也出现了许多新的变化和特点。这种变化无疑增加了公安机关在刑事案件侦查中的难度。为了适应同刑事犯罪做斗争的形势，迫切需要侦查人员不断积累丰富的科学知识，并且善于将这些知识有机地运用到侦查实践中，提高自身的素质和能力，从而有效地震慑犯罪分子的犯罪活动，遏制刑事案件发展的势头。

“刑事侦查实用百科丛书”中的《刑事侦查与动物》就是基于上述原因而编写的。本卷共收录了1 000多个动物条目，内容包括动物科学的一些基本概念、名词术语，以及对各种动物物种的介绍。本书选收的动物物种主要按照下列原则：①我国的保护动物（国家Ⅰ级、Ⅱ级重点保护野生动物，一部分列入濒危野生动植物种国际贸易公约附录Ⅰ、附录Ⅱ的动物，以及一部分列入国家保护的有益的或者有重要经济、科学研究价值的陆生野生动物名录的动物）；②人们生活中常见的动物（首批可商业性经营利用驯养繁殖技术成熟的54种陆生野生动物，常见的外来入侵动物，家禽，家畜，常见的经济水产动物，传统及新兴的宠物，动物园常见的动物，常见的人体寄生虫，以及其他人们在野外常见的动物等）；③能够对人造成伤害的动物（猛兽、有毒动物等）。需要指出的是，本卷在动物名称条目中均采用对特定物种进行释义的方法，以便增强使用者对动物的基本单位——物种概念的理解，并通过对典型物种的释义来了解相关动物类群的特点。

在每个动物物种条目中，介绍的内容包括该物种的名称、别名（特别是各个地方的俗名）、形态特征、分布范围、栖息环境、居留时间、生活习性、叫声特点、食性、繁殖、生长发育，以及毛发、羽毛、鳞片、粪便、足迹、咬痕等生物学特性，此外还有该动物物种的养殖状况、经济价值、保护级别等可能与犯罪行为人的犯罪活动发生联系的一些主要知识，体现了本书服务于侦查实践的根本目的，希望侦查人员可以像查阅工具书那样，在遇到与动物有关的实际问题时能够随时翻阅，以便另辟蹊径地发现某些特殊的与犯罪行为人有关的物证与信息，为侦查人员划出一个准确的工作范围指明方向，为迅速确定并查获犯罪行为人奠定基础。

例如，通过查阅动物的分布范围、栖息环境、居留时间等地理属性并加以分析，就有可能进行犯罪行为人地域属性的准确刻画，有助于侦查人员缩小排查区域，查找犯罪行为人。我国地大物博，幅员辽阔，每个地方出现的动物种类有所不同，即使是同一种类，也有一定的差别，或者在不同的地区有不同的俗称等。因此，有时根据在犯罪现场收集到的与动物有关的物证，就有可能为划定侦查的人员范围和区域范围提供依据。

再比如，如果了解到犯罪行为人有虐待动物的表现，就可以认定其有可能具有一定的人格障碍；或者了解到犯罪行为人对动物、宠物等十分熟悉，可以推断其有可能从事养殖行业，或者家中饲养某种宠物等。通过对犯罪行为在这些方面表现出来的心理属性、社会属性等，进行犯罪心理画像，再结合其他现场物证进行分析，合理运用，就能够减轻劳动强度，缩小排查范围，缩短侦查周期，提高侦查效率，收到事半功倍的侦查效果。

本卷中所选取的条目基本上包括了侦查人员所涉及的动物知识范围，为从事刑事侦查人员系统学习动物科学知识，准确地理解与掌握动物科学的基本概念，为将来在刑事侦查过程中利用动物学知识破解疑难案件提供了一定的侦查方向和工作思路，对侦查实践也具有重要的意义。

由于动物种类繁多、结构复杂，动物科学知识涉及的内容十分广泛，因此书中难免有一些条目或释义中的内容超出了侦查人员的知识范围，这一部分条目或释义的内容仅供参考，或在有必要时，针对相关内容查阅动物学的专门书籍以及直接向有关专业的动物学专家求教。

此外，本卷中还配有大量插图，以便帮助使用者更好地理解关于动物形态方面的释义。

由于时间仓促及水平所限，本卷中定有不足之处，敬请广大读者批评指正。

编者

2018 年 6 月

# 目　录

# 第一章　动物的基本概念

动物是生物的一大类，已知100多万种，遍布整个自然界，与植物和微生物共同组成生物界。动物一般不能将无机物合成有机物，只能以植物、动物或微生物为营养，因此具有与植物不同的形态结构和生理功能，以进行摄食、消化、吸收、呼吸、循环、排泄、感觉、运动和繁殖等一系列的生命活动。动物是人类的朋友，与人类的关系十分密切。

## 1. 动物分类

地球上生存的100多万种动物如果没有科学的方法进行分类，人们将很难认识它们，更谈不上进行科学研究了。动物分类通常是以动物种或类群之间的形态、解剖和生态等方面的相似程度为基础的，基本上反映了它们彼此的自然亲缘关系、进化过程和发展规律。动物分类通常采用的等级有门、纲、目、科、属、种等，例如狼这个种就隶属于脊索动物门、哺乳纲、食肉目、犬科、犬属。

## 2. 二名法

二名法又称双名法，是瑞典生物学家林奈创立的。在生物学中，双名法是为生物命名的标准。每个物种的学名由两个拉丁词或拉丁化的词构成，即属名和种名。第一个是属名，是主格单数的名词，第一个字母大写；后一个是种名，常为形容词，须在词性上与属名相符。

在书写上，生物种名通常以斜体字或下划线以示区别。在正式发表或出版发行的科学文献中，属名字首字母须大写，种名则全为小写。在印刷时使用斜体，或在学名下加底线，手写时一般要加双下划线。

双名法系统已经在动物学，以及植物学和细菌学等生物领域中广泛应用。

## 3. 物种

物种也简称为“种”，是具有一定的形态、生理特征以及一定的自然分布区的动物类群，也是生物分类的基本单位。一个物种中的个体一般不与其他物种中的个体交配，或交配后一般不能产生有生殖能力的后代。

## 4. 亚种

亚种是一个物种的个体由于在地理和生殖上出现了充分的隔离之后所形成的群体。亚种之间有各自的分布范围，在形态、生理特征方面也有一定的差异。亚种在动物分类上属于物种以下的分类单位。例如虎这个物种有东北虎、华南虎、孟加拉虎等亚种。

## 5. 品种

动物的品种是指一个种内具有一定的经济价值、遗传性比较一致的一种人工饲养动物的群体，是经过人类选择、培育而得到的，能适应一定的自然或饲养条件，在产量和品质上比较符合人类的要求，例如新疆细毛羊、狼山鸡等。

## 6. 进化论

进化论也叫“演化论”或“天演论”，通常指生物界的进化理论，该理论认为生物最初从非生物发展而来，现代生存的各种生物有共同的祖先，在进化过程中，通过变异、遗传和自然选择，生物从低级到高级，从简单到复杂，种类由少到多。进化论最初为法国博物学家拉马克所提出，后来由英国博物学家达尔文的《物种起源》一书奠定了科学基础。

## 7. 达尔文

达尔文（1809—1882）是英国博物学家，进化论的奠基人。他曾以博物学家的身份乘海军勘探船“贝格尔”号进行历时五年（1831—1836）的环球旅行，在动植物和地质等方面进行了大量的观察和采集，经过综合探讨，形成了生物进化的概念，并于 1859 年出版了震动当时学术界的《物种起源》一书。该书提出了以自然选择为基础的进化学说，不仅说明了物种是可变的，对生物适应性也做了正确的解说，从而摧毁了各种唯心的神造论、目的论和物种不变论，并给宗教以一次沉重的打击。随后达尔文又发表了《动物和植物在家养下的变异》《人类起源及性的选择》等著作，对家养动物的人工选择做了系统的叙述，并提出性选择及人类起源的理论，进一步充实了进化学说的内容。

## 8. 中国动物地理区系

中国陆地动物区划分属于世界动物地理分区的古北界与东洋界。两界在我国境内的分界线西起横断山脉北部，经过川北的岷山与陕南的秦岭，向东至淮河南岸，直抵长江口以北。我国动物区系根据陆栖脊椎动物特别是哺乳动物和鸟类的分布情况，下分 7 个区：东北区、华北区、蒙新区、青藏区、西南区、华中区、华南区。其中前 4 个区属于古北界，后 3 个区属于东洋界。中国海洋动物可分为黄渤海区、东海区和南海区，它们分属于世界海洋动物区系的北温带海洋动物区和热带海洋动物区。

## 9. 东北区

东北区包括我国东北的大部分地区。这一地区主要有栖息在寒温带针叶林、温带森林、森林草原、湿地和农田的动物。

东北北部的大、小兴安岭等地属于寒温带针叶林地区，这里气候冬季较为寒冷，夏季则较为湿暖，地势起伏不大，植被成分较为简单，掩蔽条件的季节性较不明显，动物种类也相对较少，大多数是耐寒性的物种，鸟类和哺乳动物的冬毛十分丰满。

东北东部的长白山一带，主要为温带森林的动物，这里的掩蔽条件和食物成分等均较寒温带针叶林复杂，动物组成也较为复杂。

分布于东北区的珍稀动物主要有虎（东北虎）、黑熊、紫貂、豹猫、雪兔、白鹳、大天鹅、中华秋沙鸭、丹顶鹤、白鹤、大鸨、中华蛩蠊等。

## 10. 华北区

华北区包括我国华北的大部分地区。这一地区主要有栖息在温带森林、森林草原、湿地和农田的动物。

从东北南部至秦岭、淮河以北的广大温带季风地区，四季分明，植被以温带落叶阔叶林以及针阔混交林为主，掩蔽条件受人类活动的影响，各地有明显的差别，动物组成较为复杂，生命活动也相应地具有明显的季节更替现象，夏季动物种类和数量比冬季丰富得多。

分布于华北区的珍稀动物主要有豹、麋鹿、斑羚、角鸊鷉、斑嘴鹈鹕、黄嘴白鹭、黑鹳、金雕、苍鹰、褐马鸡、雕鸮、宽纹北箭蜓等。

## 11. 蒙新区

蒙新区包括我国内蒙古、新疆的大部分地区及部分毗连地区。这一地区主要有栖息在温带草原、温带荒漠、半荒漠和山地森林的动物。

内蒙古东部的温带草原地带，冬季寒冷，夏季炎热，地势开阔，掩蔽条件差，动物组成较为简单，但数量较多，主要是地栖、穴居和善于奔跑的物种。

自内蒙古西部至新疆的荒漠、半荒漠地带，以及青藏高原的柴达木盆地和一些山麓地带，气候干燥，植物稀疏，动物的种类和数量都相当贫乏，主要由耐干旱、适应缺水、体色与环境近似的动物组成，多为穴居和夜行性种类。

分布于蒙新区的珍稀动物主要有狼、普氏野马、野骆驼、河狸、游隼、遗鸥、四爪陆龟、新疆大头鱼、阿波罗绢蝶等。

## 12. 青藏区

青藏区包括我国青藏高原的大部分地区及部分毗连地区。这一地区主要有栖息在高原森林、草原和寒漠地带的动物。

青藏高原的高原森林、草原、寒漠地带，常年均为冬季，没有夏季。雨量由东南向西北递减，气候由半湿润至半干旱。植被由高山针叶林、草原向寒漠过渡。掩蔽条件由森林草原向草甸草原、寒漠逐渐恶化，动物的组成也随之贫乏，种类单纯。

分布于青藏区的珍稀动物主要有棕熊、豹猫、雪豹、西藏野驴、藏羚羊、岩羊、高山兀鹫、秃鹫、胡兀鹫等。

## 13. 西南区

西南区包括我国喜马拉雅山南坡、横断山脉及其附近地区。这一地区主要有栖息在亚高山森林草原、草甸和亚热带山地森林的动物。

横断山自然景观独特，随着海拔高度的增加，从山底到山顶发生明显的垂直变化，因而动物种类组成也相应地发生垂直变化。

喜马拉雅山南坡的亚热带森林地带气候温暖湿润，植被繁茂，季节变化明显，动物种类较为丰富，个体数量也相当多。

分布于西南区的珍稀动物主要有猕猴、小熊猫、水獭、果子狸、金猫、林麝、梅花鹿、扭角羚、灰孔雀雉、绿孔雀、黑颈鹤、大绯胸鹦鹉、白腹黑啄木鸟、红嘴相思鸟、蟒、红瘰疣螈、伟铗、中华缺翅虫、墨脱缺翅虫、彩臂金龟、三尾褐凤蝶、双尾褐凤蝶等。

## 14. 华中区

华中区包括我国东部丘陵平原地带和西部山地高原地带。这一地区主要有栖息在亚热带森林、草地和农田的动物。

秦岭、淮河以南、横断山脉中部以东的广阔亚热带地区，季节温度差异小，气候湿润，植被以常绿阔叶林为主，地形复杂，动物种类较为丰富。西部山地栖息地有垂直变化，动物组成也有垂直变化。

分布于华中区的珍稀动物主要有金丝猴、穿山甲、大熊猫、云豹、白鳍豚、江豚、朱鹮、黄腹角雉、白鹇、白冠长尾雉、红腹锦鸡、蓝翅八色鸫、鼋、山瑞鳖、扬子鳄、大鲵、细痣疣螈、贵州疣螈、镇海疣螈、细鳞鲑、中华鲟、胭脂鱼、拉步甲、硕步甲、叉犀金龟、中华虎凤蝶等。

## 15. 华南区

华南区包括我国云南南部、广西、广东、海南、福建南部和台湾等地。这一地区主要有栖息在热带森林、草地和农田地带的动物。

热带森林没有四季变化，常年高温多雨，植物种类繁多，生长茂密，掩蔽条件良好，动物种类最为丰富，动物的各种生命活动也最为旺盛。

分布于华南区的珍稀动物主要有蜂猴、豚尾猴、黑叶猴、黑长臂猿、白颊长臂猿、赤狐、鼬獾、马来熊、亚洲象、野牛、坡鹿、黑脸琵鹭、白腹海雕、蛇雕、海南山鹧鸪、蓝鹇、黑长尾雉、凤头雨燕、橙胸咬鹃、双角犀鸟、大壁虎、巨蜥、鲍氏双足蜥、香港后棱蛇、香港瘰螈、香港湍蛙、罗默小树蛙、尖板曦箭蜓、金斑喙凤蝶等。

## 16. 海洋区

海洋区包括我国渤海、黄海、东海和南海等领海大陆架、海洋和岛屿等。这一地区主要有栖息在海岸带、海面上和海洋中的动物。

大陆架和海岸陆地毗邻，水质肥沃，藻类茂盛，是海洋中生命最丰富的地区，动物种类繁多，生活方式多样。在海洋中不同的深度分布有不同的动物，海面上和海水上层的种类较多，海底的种类则相对较少。

分布于海洋区的珍稀动物主要有斑海豹、中华白海豚、抹香鲸、蓝鲸、儒艮、短尾信天翁、褐鲣鸟、白腹军舰鸟、绿海龟、玳瑁、棱皮龟、松江鲈鱼、克氏海马鱼、黄唇鱼、花鳗鲡、文昌鱼、红珊瑚、大珠母贝、冠螺、库氏砗磲、虎斑宝贝、鹦鹉螺、多鳃孔舌形虫、黄岛长吻虫等。

## 17. 动物生理

动物生理是指动物体的消化、循环、呼吸、排泄、生殖、刺激反应性等生活功能、各种功能的变化、发展情况，以及在不同环境条件影响下所起的反应等。研究这些功能，以及在不同环境下的整体性反应的规律的科学，叫作动物生理学。

## 18. 动物生态

动物生态是指动物的活动、习性、繁殖、存活、数量消长和分布情况等方面的生活规律，以及动物与外界环境条件的相互影响、相互关系等。研究这些生活规律和相互关系的科学，叫作动物生态学。

## 19. 动物遗传

动物遗传是指动物通过繁殖过程，将身体的构造和生理功能等由上代传给下代。

## 20. 动物地理

地球上每一种动物都生活在具备能够维持其生存所必需的条件的地方，如海洋、河流、森林、草原和荒漠等。动物地理就是指动物在地球上各种环境中分布的规律。

## 21. 动物保护

动物保护包括两方面的内容，一是对动物物种进行保护，以保持自然生态系统的平衡和稳定；二是对动物个体生命的保护和保健，使它们免受伤害或疾病的折磨。

## 22.《中华人民共和国野生动物保护法》

《中华人民共和国野生动物保护法》于 2016 年 7 月 2 日第十二届全国人民代表大会常务委员会第二十一次会议修订，新版将于 2017 年 1 月 1 日起施行。新版《中华人民共和国野生动物保护法》调整了立法目的，修改了很多内容，更改了一些标准，增设了一些规定，发挥了各方作用，强化了法律责任。主要有如下要点：①认可了实质性的动物福利；②加强了野生动物栖息地的保护；③回归科学，把“驯养繁殖”改为“人工繁育”；④限制和规范了野生动物的利用；⑤重视对野生动物所致损害的补偿；⑥提出了各方参与保护的制度和机制；⑦增加了四种违法行为的情形；⑧法律责任更加严厉。

## 23. 国家保护的有益的或者有重要经济、科学研究价值的陆生野生动物名录

2000 年国家林业局发布了“国家保护的有益的或者有重要经济、科学研究价值的陆生野生动物名录”（简称“三有”名录），并自发布之日起施行。“三有”名录包括哺乳动物、鸟类、两栖动物、爬行动物和昆虫五大类，共计 1 591 种，其中不包括《国家重点保护野生动物名录》中已确定的种类。

由于国家重点保护的野生动物只占我国野生动物资源的一部分。除此之外，我国还有许多野生动物在维护生态环境中具有不可替代的作用，并且同样是国民经济可持续发展的重要自然资源，或者具有较大的科研价值。“三有”名录就是为了使这部分野生动物资源得到保护而发布的。

## 24. 首批可商业性经营利用驯养繁殖技术成熟的 54 种陆生野生动物名单

2003 年 8 月我国国家林业局公布了首批可商业性经营利用驯养繁殖技术成熟的 54 种陆生野生动物名单。国家林业局组织国内著名专家、有关行业组织和社会团体以及有关国际组织的代表进行了论证审核，核定梅花鹿、非洲鸵鸟、火鸡、中国林蛙、湾鳄、蝎子等 54 种陆生野生动物的商业性驯养繁殖技术成熟，按照我国有关法律法规规定，可以从事经营性驯养繁殖和经营。

对这 54 种陆生野生动物进行驯养繁殖，必须依法具有驯养繁殖资格。有关部门要依法规范管理，切实防止非法猎捕、走私的野生动物借驯养繁殖之名混入市场。对名单所列的外来物种，在驯养繁殖、运输、经营利用、进出口等环节，要采取有效措施，切实防范其逃逸至野外，以避免对自然生态造成危害。

在驯养繁殖经营时必须依法强化驯养繁殖利用的检疫和卫生防疫管理。对这些物种的驯养繁殖利用，必须依法符合动物防疫、检疫的要求；其中，驯养繁殖产品依法经动物检疫合格作为食品的，其卫生检验、监督还必须依照国家食品卫生法律法规的规定办理。凡达不到要求的应限期整改，逾期仍达不到要求的，不得从事驯养繁殖活动。

## 25.《濒危野生动植物种国际贸易公约》

《濒危野生动植物种国际贸易公约》（CITES）于 1973 年 3 月 3 日在美国首都华盛顿签署。这是一项在控制国际贸易、保护野生动植物方面具有权威、影响广泛的国际公约，其宗旨是通过许可证制度，对国际野生动植物及其产品、制成品的进出口实行全面控制和管理，以促进各国保护和合理开发野生动植物资源。

《濒危野生动植物种国际贸易公约》将其管辖的物种分为三类，分别列入三个附录中，并采取不同的管理办法，其中附录Ⅰ包括所有受到和可能受到贸易影响而有灭绝危险的物种，附录Ⅱ包括所有目前虽未濒临灭绝，但如对其贸易不严加管理，就可能变成有灭绝危险的物种，附录Ⅲ包括成员国认为属其管辖范围内，应该进行管理以防止或限制开发利用，而需要其他成员国合作控制的物种。

经国务院批准，我国于 1980 年 12 月 25 日加入了这个公约，1981 年 4 月 8 日该公约对我国正式生效。因此，我国不仅在保护和管理该公约附录Ⅰ和附录Ⅱ中所包括的野生动植物种方面负有重要的责任，而且我国《国家重点保护野生动物名录》中所规定保护的野生动物，除了公约附录Ⅰ、附录Ⅱ中已经列入的以外，其他均隶属于附录Ⅲ。为此我国还规定，该公约附录Ⅰ、附录Ⅱ中所列的原产地在我国的物种，按《国家重点保护野生动物名录》所规定的保护级别执行；非原产于我国的，根

据其在附录中隶属的情况，分别按照国家Ⅰ级或Ⅱ级重点保护野生动物进行管理。例如，黑熊在《濒危野生动植物种国际贸易公约》中被列在附录Ⅰ中，但在《国家重点保护野生动物名录》中被列为Ⅱ级重点保护野生动物，所以应按国家Ⅱ级重点保护野生动物进行管理；又如非洲鸵鸟并非原产于我国，但被列入《濒危野生动植物种国际贸易公约》附录Ⅰ中，所以应按国家Ⅰ级重点保护野生动物进行管理。

## 26. 濒危动物

由于人类的过度猎捕、砍伐森林和环境污染等，使得许多动物的野外数量十分稀少，已经濒临灭绝，称为濒危动物，如我国的大熊猫、白鳍豚等。

## 27. 动物灭绝

动物灭绝是指由于自然的因素或人类的活动的干扰，使一个曾经在世界上生存的物种全部消失，也叫“绝种”，如恐龙、旅鸽等。

## 28. 野生灭绝

野生灭绝是指一个物种在野外生存的个体已经全部消失，仅有一些个体在人类的饲养或控制下存活，如麋鹿、普氏野马等。

## 29. 动物福利

动物福利是保证动物康乐的外部条件，目的就是让动物享有不受饥渴的自由、生活舒适的自由、不受痛苦伤害的自由、生活无恐惧和悲伤的自由以及表达天性的自由。

保障动物福利不仅是人类文明进步和人道主义精神的表现，而且还同人类自身的健康安全息息相关。为了可怕的疫病不再发生，在力所能及的情况下，尽可能地为动物生存提供良好的空间，改善其生存环境，是我们应该做到，也是必须做到的。

目前，我国有关部门正在加紧起草和修订相关法律条文，保障和提高饲养的篱畜动物的福利待遇，确保国民的食品和人身安全。

## 30. 生态系统

生态系统是自然界中，在一定范围内共同栖居的所有生物与它们的生存环境所构成的统一整体。在生态系统中，生物与其生存环境之间不断地进行物质循环和能量流转。每一个物种都有维持其存在的生态系统，并且依赖这个生态系统进行繁衍生息。生态系统所涉及的范围可大可小，小至一个池塘、一片森林，大至整个地球。

## 31. 生态平衡

生态平衡也叫“自然平衡”，指生态系统中的各种生物与其环境在发展过程中，通过相互制约、转化、补偿、交换等作用，达到一个相对稳定的平衡阶段。例如草原上的黄鼠，在自然情况下，由于受到鹰、蛇、黄鼬等天敌的捕食，数量就只能维持在较低的水平，因此不会对草原环境产生严重的破坏。

## 32. 外来物种和外来入侵物种

外来物种是指在一定的区域内，历史上没有自然分布，而是直接或间接被人类活动所引入的物种。当外来物种在自然或半自然的生境中定居并繁衍和扩散，因而改变或威胁了本区域的生物多样性、破坏当地环境、经济甚至危害人体健康的时候，就成为外来入侵物种。

外来物种成功入侵后，会压制或排挤本地物种，形成单一优势种群，危及本地物种的生存，导致生物多样性的丧失，破坏当地环境、自然景观及生态系统，威胁农林业生产和交通业、旅游业等，危害人体健康，给人类的经济、文化、社会等方面造成严重损失。

## 33. 外来入侵物种的特点

外来入侵物种的特点主要表现在“三强”：一是生态适应能力强，辐射范围广，有很强的抗逆性。有的物种能以某种方式适应干旱、低温、污染等不利条件，一旦条件适合就开始大量滋生。二是繁殖能力强，能够产生大量的后代或种子，或世代短，特别是能通过无性繁殖或孤雌生殖等方式，在不利条件下产生大量后代。三是传播能力强，有适合通过媒介传播的种子或繁殖体，能够迅速大量传播。有的植物种子非常小，可以随风和流水传播到很远的地方；有的种子可以通过鸟类等其他动物远距离传播；有的物种因外观美丽或具有经济价值，而常常被人类有意地传播；有的物种则与人类的生活和工作关系紧密，很容易通过人类活动被无意传播。

## 34. 外来物种入侵的途径

外来物种入侵的途径主要有有意识引入、无意识引入和自然入侵。有意识引入主要是出于农、林、牧、渔生产，美化环境，生态环境改造与恢复，观赏，宠物，药用等方面的需要，但这些物种最后就可能“演变”为入侵物种。无意识引入主要是随贸易、运输、旅游、军队转移、海洋垃圾等人类活动而无意中传入新环境。自然入侵主要是靠物种自身的扩散传播力或借助于自然力而传入。

## 35. 外来物种入侵的防治

外来物种入侵的防治需要长期坚持“预防为主，综合防治”的方针，要科学、谨慎地对待新物种的引入，同时保护好本地生态环境，减少人为干扰。在加强检疫和疫情监测的同时，把人工防治、机械防治、农业防治（生物替代法）、化学防治、生物防治等技术措施有机结合起来，控制其扩散速度，从而把其危害控制在最低水平。

人工或机械防治是适时采用人工或机械进行砍除、挖除、捕捞或捕捉等。农业防治是利用翻地等农业方法进行防治，或利用本地物种取代外来物种。化学法常用化学药剂处理，如用除草剂等杀死植物外来物种。生物控制法主要是通过引进病原体、昆虫等天敌来控制外来物种，因具有专一性强、持续时间长、对作物无毒副作用等优点，是一种最有希望的方法，越来越引起人们的重视。

## 36. 栖息地

动物的栖息地是指能够维持动物的生存和繁衍所必需的条件的地方，如海洋、河流、森林、草原和荒漠等。每一种动物都在身体结构和生活方式等方面对它的栖息地具有特殊的适应，栖息地的恶化将导致有关动物的分布区缩小甚至物种灭绝。因此，动物保护的一个重要工作就是保护动物的栖息地。

## 37. 自然保护区

自然保护区是国家将珍稀动植物的天然分布区、典型的生态系统等具有代表性的自然景观地域划分出来，设置机构加以管理和保护的特殊区域。我国的自然保护区大多以保护珍稀动植物和它们的栖息地为主。自 1956 年建立第一个自然保护区至 2014 年年底，全国共建立自然保护区 2 729 个，总面积 147 万 $km^2$，其中国家级自然保护区 428 个，面积 96.52 万 $km^2$。在类型分布方面，森林生态系统类型自然保护区数量最多，达 1 410 个，其余依次为野生动物类型、内陆湿地和水域生态系统类型、野生植物类型、地质遗迹类型、海洋与海岸生态系统类型、草原与草甸生态系统类型、荒漠生态系统类型、古生物遗迹类型自然保护区。目前，自然保护区陆地面积占我国陆地面积的 14.84%。

## 38. 自然博物馆

自然博物馆是收藏自然（包括动物、植物、化石等）标本、进行科学研究和科普教育的基地，如北京自然博物馆、上海自然博物馆等。自然博物馆的动物陈列和展览在宣传动物科学知识、系统介绍动物发展历史和提高人们保护珍稀野生动物的意识等方面具有重要作用。

## 39. 动物园

动物园是广泛搜集、饲养和繁殖各种动物，进行科学研究、科学普及教育和供群众观览的园地。园中有饲养各种动物的特殊建筑和环境，按照动物的进化系统或动物的生态特性进行分区饲养，如北京动物园、上海动物园、广州动物园等。近年来，我国还建立了许多以散养的方式、模仿动物自然生境进行展出的动物园，通常称为野生动物园、鸟语林，如秦皇岛野生动物园、福州鸟语林等。

## 40. 水族馆

水族馆是广泛搜集、饲养和繁殖各种水生动物，进行科学研究、科学普及教育和供群众观览的园地。馆中有饲养各种水生动物的水族箱等特殊建筑和环境，按照水生动物的进化系统或动物的生态特性进行分区饲养，如北京海洋馆、太平洋海底世界等。

## 41. 动物标本

动物标本是指将动物的遗体、皮张、骨骼、内脏或其他部分等经过加工制作而成，通过一定的方法进行保存，可以保持动物的原形或特征，供动物学教学、科学研究、收藏或陈列展览使用。依照制作方法的不同，可分为干制标本、浸制标本、剥制标本、透明标本和玻片标本等。

## 42. 宠物

宠物是人们不是为了经济目的，而是为了精神目的而豢养的动物。一般为了消除孤寂，或娱乐而豢养。宠物在主人那里会受到很好的对待，但由于对宠物的需求，导致宠物市场的出现，为了营利，从野生到达市场之前，会导致许多动物不必要的死亡。传统的宠物一般是犬、猫等哺乳动物或观赏鸟、观赏鱼等，其中的犬、猫、鹦鹉、八哥、鹩哥等大脑比较发达，容易和人交流。但现在人们已经把更多种类的动物变成宠物，包括爬行动物、两栖动物以及大量的昆虫和其他一些无脊椎动物。

## 43. 生活史

生活史是动物在一生中所经历的发育和繁殖阶段的全部过程。例如，苍蝇由卵经蛆和蛹变为成虫，成虫产卵繁殖；日本血吸虫由卵经毛蚴、胞蚴和尾蚴变为成虫，成虫产卵繁殖。

## 44. 变态

变态是动物在发育过程中，需要经过幼体期才能达到成体期的现象，其形态构造和生活习性上都会出现的一系列显著的变化。例如蝴蝶的变态，是由幼虫期经蛹期变为成虫；青蛙的变态，是由蝌蚪变为成体等。

## 45. 再生

再生是指动物机体的一部分在损坏、脱落或截除之后重新生成的过程。再生现象可分为两类：在正常生命活动中进行着的再生，如羽毛的脱换、红细胞的新旧交替等，称为生理性再生；因损伤而引起的再生，称为病理性再生、创伤后再生或补偿再生。通常的伤口愈合或骨折后的重新接合，都包含再生过程。再生能力在低等动物中特别显著，如涡虫的身体碎片能再生为完整的机体。

## 46. 分化

分化是在动物的个体发育过程中，细胞向不同的方向发展，各自在构造和功能上，由一般变为特殊的现象。例如某些细胞分化成为肌细胞，另一些细胞分化为血细胞或软骨细胞等。

## 47. 生长

生长通常指动物身体或其一部分的重量和体积的增加。

## 48. 发育

发育是指在动物生活史中，其身体构造和功能从简单到复杂的变化过程。在高等动物中，一般是指达到性功能成熟时为止。

## 49. 衰老

衰老是动物身体在正常环境条件下发生的功能减退，逐渐趋向死亡的现象，如感官失灵、运动迟缓、血管硬化等。

## 50. 死亡

死亡是动物机体生命活动和新陈代谢的终止，通常为反射消失，心跳、呼吸停止，生理功能陷于不能恢复的状态，细胞的功能停止。

## 51. 基因

基因是存在于动物细胞内的具有自体繁殖能力的遗传基本单位。

## 52. 病毒

病毒是一类没有细胞结构但有遗传、变异、复制等生命特征的微生物。各种病毒具有不同的大小、结构和形态，多数病毒要使用电子显微镜才能观察到。病毒的基本化学组分为核酸和蛋白质，即一团由蛋白壳体包裹的基因物质。某些病毒可含有脂类、多糖及无机盐。它是一种寄生生物，缺乏独立的代谢能力，只能在一定种类的活细胞中增殖，以病毒粒的形式从细胞到细胞或从宿主到宿主进行传播。病毒在自然界分布广泛，能引起人和动植物的病害。

## 53. 细胞

动物的种类很多，体型结构千变万化，但是它们身体结构的基本单位却是一样，都是由细胞构成的。动物的各种生理活动也都是以细胞为基础，在各种各样的细胞参与下完成的。因此，可以说细胞是动物结构和功能的基本单位。细胞通常很微小，需要用显微镜才能看到。

## 54. 组织

组织是多细胞动物体内由许多相似的细胞和基质、纤维等非细胞物质组成的基本结构，各有一定的形态结构，可以完成一定的生理功能。例如高等动物有四大类组织，即上皮组织、结缔组织、肌肉组织和神经组织。

## 55. 器官

器官是动物体内由多种组织构成的，具有一定形态并能行使一定生理功能的结构单位。例如胃、肠、肝和胰是消化器官，肾是排泄器官，肺是呼吸器官，心和血管是循环器官，睾丸和卵巢是生殖器官，眼和耳是感觉器官等。

## 56. 系统

系统是动物体内一些在生理功能上有密切联系的器官联合在一起的总称，每个系统能共同完成一种或几种生理功能。例如消化系统是由口腔、咽道、食管、胃、肠和肝、胰等器官所组成的，其任务为共同完成消化食物和吸收养料的功能。

## 57. 皮肤

皮肤是覆盖在动物身体表面一种构造，在脊椎动物中一般由表皮和真皮所构成。表皮在外面，较薄，没有血管。真皮在里面，较厚，有血管、神经束、淋巴管、汗腺、毛囊、皮脂腺等结构。真皮下面还有皮下组织。羽毛、毛、鳞、爪、指甲、汗腺、皮脂腺等都是皮肤的衍生物。皮肤的基本结构和它的衍生物等一起组成皮肤系统，直接与外界环境相接触，有保护、感觉、分泌、排泄、呼吸等作用。

## 58. 毛

毛是哺乳动物特有的，由表皮角质化所形成的一种结构。被覆于身体表面，有防御侵害和保持体温的作用。毛一般分为毛干和毛根两部分：毛干露出皮肤外面；毛根位于皮肤中，外被毛囊，下方与富于血管的毛乳头相接触。毛一般有周期性随季节脱换的现象。在鲸、海牛、象、犀等厚皮动物中，只有在胎体时有毛，成体时全身或大部分无毛。有些动物还具有刚毛、刺、棘、须等，均为毛的一种。

在许多刑事案件中，微量物证是犯罪分子最容易忽略的，其中最常见的就是各种动物的毛，对它们的发现提取、检验、鉴定往往能达到事半功倍的作用。现在已经能够利用扫描电镜和透射电镜技术，对人及很多种动物的毛进行毛小皮、毛髓、皮质和色素颗粒等方面的形态学研究，如动物毛的横断面通常呈圆形、椭圆形、梨形等形态，通过横断面还能看到皮质层和髓质层的形态特征，一般动物的毛髓很发达，而人的毛髓不发达，并且具有宏观和微观纤维状结构，其纤维走向不与毛轴平行，而是杂乱无章，相互交错，横端面为椭圆形。利用形态计量学方法对观察数据进行测量并建立特征数据库，可以使检验结果在快捷、准确、无误地为侦察破案提供科学证据方面有一定的应用价值。

## 59. 羽毛

羽毛是鸟类特有的，由表皮角质化所形成的一种结构。被覆于身体表面，质轻而坚，略有弹性和防水性。具有保持和调节体温、保护身体不受损伤、保护色、减少飞行阻力等作用，并且构成飞翔器官的一部分。成鸟的羽毛通常分为正羽、绒羽和毛羽三种。

## 60. 角

角是有蹄类哺乳动物头上或鼻上所生的突起物，有防御、攻击等作用。角因构造和起源的不同，一般可分为三种：角质纤维角，由角质纤维凝合而成，没有角柱，终生不脱换，如犀牛角；空角，也叫“洞角”“虚角”，由骨质的角柱和包围角柱的角鞘所构成，如牛角和羊角；实角，由角柱和外被有毛茸的皮肤所构成，后来皮肤脱落，露出角柱，生殖季节以前脱换新角，分叉而称“叉角”，如鹿角；但长颈鹿的角，永远包于皮肤中，也不脱落。刑事案件中，人体损伤中有角的划伤或刺伤。

## 61. 鳞

鳞是鱼类、爬行类和少数哺乳类身体表面以及鸟类局部区域所被覆的皮肤衍生物。一般呈薄片状，具有保护作用。刑事案件中，可以通过鳞的不同简单判断动物的种类。

## 62. 蹄

蹄是马、牛、羊、猪、犀牛、羚、骆驼等动物脚趾端的表皮形成的变形物，由一种特殊的较坚硬的角质层所组成，有保护和承受体重等作用。具有蹄的动物一般称为有蹄类动物。又依据蹄的数目为奇数还是偶数，分为奇蹄类动物和偶蹄类动物两大类。

## 63. 动物色素

动物色素是动物体及其组织器官内累积的天然有色颗粒，大多集中于特有的色素细胞中。例如昆虫、鱼类、鸟类、兽类等身体的各种颜色，包括保护色、警戒色和求偶色等，都是由于这类色素本身的化学作用和皮肤及其外部的羽、毛、鳞等对光的衍射及干扰等物理作用形成的。

## 64. 骨骼

骨骼也叫“内骨骼”，是脊椎动物所特有的，位于动物身体的内部，在体外不能直接看到，骨骼中具有活的细胞。主要包括头骨、脊柱、肋骨、胸骨、带骨和肢骨等，借韧带连接，构成骨骼系统。有支持躯体、保护体内重要器官、供肌肉附着、作为肌肉运动的支点等作用。

## 65. 外骨骼

外骨骼主要是蜗牛、虾、蟹、昆虫等软体动物和节肢动物所具有的、包在身体外部的表面硬壳，由细胞分泌的几丁质构成，其中没有活的物质。

## 66. 鳍

鳍是鱼类和其他水生脊椎动物的运动器官。因着生部位的不同，可以分为背鳍、臀鳍、尾鳍、胸鳍和腹鳍。其中前三种都不成对，称为“奇鳍”；后两种与陆生脊椎动物的前、后肢相当，是成对的，称为“偶鳍”。

## 67. 肌肉

肌肉是有许多肌纤维集合构成的，通过收缩可以引起动物器官的运动。动物的各种动作如游泳、爬行、挖掘、行走、奔跑、跳跃、攀登、飞翔、摄食、自卫，以及内脏器官的运动等，都是以肌肉收缩为基础的。

## 68. 消化

消化是动物将摄入的食物转变为可以吸收利用的营养物质的过程。高等动物的消化系统包括口腔、咽道、食管、胃、肠、肛门等组成的消化道和肝、胰等消化腺。消化过程包括消化道运动对食物的磨碎、拌和和推送等机械作用，以及消化液中的各种酶对各种食物成分的化学分解作用，如淀粉酶把淀粉分解为麦芽糖，麦芽糖酶把麦芽糖分解为葡萄糖。

## 69. 舌

舌位于口腔底部，表面覆以黏膜，里面有三种方向排列的横纹肌，能做灵活运动。哺乳类舌的功能复杂，能舐取食物、帮助吸吮和吞咽、感受味觉和一般感觉。人类的舌又是语言的重要器官。

## 70. 牙齿

牙齿也叫“牙”，生长在颌骨上，由于高度钙化，所以十分坚硬，具有切咬、撕裂、咀嚼等功能。在脊椎动物中，鱼类、两栖动物和爬行动物的牙较小而尖锐，构造比较简单。哺乳动物的牙齿构造比较复杂，根据位置、功能和形状，分为门齿、犬齿、前臼齿和臼齿等四个类型。

### 71. 口器

口器是节肢动物特有的器官，着生于口的两侧，由头部的附肢演化而成，主要有摄食、感觉等功能。由于昆虫的食性和取食方式极为复杂，口器的形状变化极大，一般分为适合取食固体食物的咀嚼式（蝗虫）、适合取食植物汁液和动物体液的刺吸式（蚊、虱、蚤）和锉吸式（蓟马）、适合吸食花蜜和果汁等液体的虹吸式（蝶、蛾）、适合取食液体和固体食物碎粒的舐吸式（蝇）、适合取食动物血液的刮舐式（牛虻）、适合咀嚼固体食物和吮吸液体食物的嚼吸式（蜜蜂）等。

### 72. 呼吸

呼吸是动物为了维持正常的生命活动而同外界环境进行气体（吸入氧气，排出二氧化碳）交换的整个过程。呼吸的器官主要有两种：水生动物大多用鳃呼吸，陆生动物则用肺呼吸。

### 73. 鳃

鳃是大多数水生动物的呼吸器官，如鱼类、两栖动物的幼体（蝌蚪等）和某些无脊椎动物。不同动物鳃的位置、形态、构造等差异很大。根据鳃是否露出体外，分为内鳃和外鳃。例如大多数鱼类的鳃均为内鳃，一些两栖动物的幼体具有外鳃，一般呈丝状或羽状，生于头后两侧。

### 74. 血液循环

血液是流动于心脏和血管内的不透明的红色液体，主要成分为血浆和血细胞。血细胞又分为红细胞、白细胞和凝血细胞三种。血液中含有无机盐类、氧、代谢产物、激素、酶和抗体等成分。血液通过在心脏和血管之间的循环过程，可以将各种营养成分运送到各组织细胞中，并将体内产生的废物运走，同时起到调节身体内部环境、抵抗疾病和调节体温的作用。

### 75. 体温

体温是指动物身体内部的温度。鱼类、两栖动物和爬行动物等的体温随环境温度的改变而变化，故称“变温动物”或“冷血动物”。鸟类和哺乳动物因具有完善的体温调节机制，能在环境温度变化的情况下保持体温的相对稳定，故称“恒温动物”或“温血动物”。

### 76. 新陈代谢

新陈代谢是维持动物的生长、繁殖、运动等生命活动过程中的化学变化的总称，也简称为“代谢”，是动物生命的基本特征之一。动物通过新陈代谢同环境不断地进行物质和能量的交换。

### 77. 排泄

排泄是动物通过肾脏把新陈代谢的最终产物，如尿素、尿酸等，以及其他身体不需要或对身体有害的物质排出体外的过程。

### 78. 神经系统

神经系统由神经元组成，能使动物保持身体各器官活动的统一和协调，并使机体适应外界的环境。在脊椎动物中主要包括中枢神经系统的脑、脊髓和周围神经系统的神经、神经节等。

### 79. 触觉

触觉是机械刺激引起的皮肤感觉，包括下面三种感觉：刺激轻轻接触皮肤触觉感受器所引起的

“触觉”（即狭义的触觉）；增加压力使皮肤部分变形所引起的“压觉”；刺激以其一定频率的振动接触皮肤所引起的“振动觉”。

## 80. 视觉

视觉是光刺激引起的感觉。由光源直射或物体反射的光线作用于眼球的视网膜，引起其中感觉细胞的兴奋，再经视神经传入大脑皮层枕叶而产生视觉。视觉一般包括辨别光线强弱和颜色，以及物体大小、远近和形状等的能力。视网膜有两种感受细胞，一种叫视杆细胞，对弱光有高度敏感性，是夜视的感受细胞；一种叫视锥细胞，适宜于感受强光，是昼视和色觉的感受细胞。

## 81. 听觉

听觉是声音刺激引起的感觉。因物体振动而产生的空气波动（即声波），从外耳传入，作用于耳鼓膜，使其振动，进而通过中耳听小骨的振动引起耳蜗内感觉细胞的兴奋，再经听神经传入大脑皮层颞叶，产生听觉。听觉一般包括分辨不同频率的声音、辨别声音来源的方向等。

## 82. 味觉

味觉是有味道的化学物质的刺激引起的感觉。由溶解于水或唾液中的化学物质作用于舌面和口腔黏膜上的味觉细胞（味蕾），产生兴奋，经神经传入大脑皮层而产生味觉。基本味觉有甜、酸、苦、咸四种，其余都是混合味觉。味觉常同其他感觉，特别是嗅觉相联系。

## 83. 嗅觉

嗅觉是气体中有气味的化学分子的刺激引起的感觉。由物体发散于空气中的物质微粒作用于鼻腔上部的嗅觉细胞，产生兴奋，经神经传入大脑皮层而产生嗅觉。

## 84. 复眼

复眼是节肢动物的视觉器官。一般只有 1 对。每个复眼由很多个小眼组成，小眼的数目在每种动物中很不一致。有的种类数目较少（工蚁不足 12 个），有的种类数目较多（蜻蜓为 10 000~28 000 个）。每一个小眼的外观为六角形，内部连着感光细胞和神经。复眼能感觉物体的形状、大小和颜色等。

## 85. 触角

触角是节肢动物头上多节的感觉器。每个触角由柄节、梗节和鞭节三部分组成。其中鞭节的节数最多，在昆虫中有很多种形态上的变化，如丝状、棒状、念珠状、锯齿状、栉状和羽毛状等。主要有触觉、嗅觉功能。有的种类还用于吸取空气、游泳和抱握异性等。

## 86. 睡眠

睡眠是动物的一种与醒周期性地交替出现的机体状态，一般会失去知觉。睡眠为脑疲劳后获得功能恢复所必需的一个过程。

## 87. 反射

动物通过神经系统，对来自体外或体内的刺激所发生的有规律的反应活动，可分为非条件反射和条件反射两种。非条件反射是动物先天就有的，而条件反射是后天形成的。例如动物的口腔中有食物就会引起唾液分泌，是非条件反射；而人类饲养的动物听到食盘声也会分泌唾液，则是条件反射。

## 88. 本能

本能是动物在进化过程中形成而通过遗传固定下来的，对个体和物种生存有重要意义的行为，如鸟类的筑巢、孵卵，蜜蜂酿蜜等。在同种动物中的本能表现基本相同。人类由于后天学习的影响极大，所以除了初生的婴儿外，几乎没有纯属本能的行为。

## 89. 生殖

生殖是动物繁殖后代的现象，是动物生命的基本特征之一。

## 90. 卵子

卵子也叫“卵”，是成熟的雌性生殖细胞。卵一般呈球形或卵形，较精子为大，大多不能活动，卵黄中含有大量的营养物质。

## 91. 精子

精子也叫“精虫”，是成熟的雄性生殖细胞。脊椎动物的精子一般比卵子小得多，但具有鞭毛，能游动。

## 92. 受精

受精是精子与卵子结合成一个细胞的过程。精子进入卵子内，成为受精卵，也叫“合子”。受精卵在适宜环境下可以发育为一个新的动物个体。

## 93. 胚胎

胚胎是由受精卵发育而成的初期发育的动物体。人和绝大多数哺乳动物的胚胎是在母体的子宫内发育成长的，并借脐带与胎盘连接，通过胎盘从母体获得营养。卵生动物的胚胎在母体外发育成长，从卵子所含的卵黄中获得营养。

## 94. 蝌蚪

蝌蚪是大多数两栖动物的幼体。一般身体为椭球形，尾大而扁。在水中生活，善于游泳。经过变态过程变为成体。

## 95. 卵生

卵生动物的受精卵在母体外独立进行发育。胚胎在发育过程中，全靠卵子自身所含的卵黄为营养，所以卵生动物的卵子一般比较大，含卵黄较多。卵生在动物中很普遍，如鸟类、绝大多数的爬行动物、两栖动物、鱼类和无脊椎动物都是卵生。哺乳动物中的鸭嘴兽、针鼹等也是卵生。

## 96. 胎生

胎生动物的受精卵在母体的子宫内发育。胚胎通过胎盘自母体获得营养，直至出生时为止。人和绝大多数哺乳动物都是胎生。

## 97. 卵胎生

卵胎生动物的受精卵虽然在母体内进行发育，但其营养仍然依靠卵自身所含的卵黄来供给，与母体没有或只有很少营养的联系。例如鲨鱼等少数鱼类和蝮蛇等一些毒蛇均为卵胎生。

## 98. 羊膜

羊膜是包裹动物胚胎的胞衣最内层的薄膜，呈囊状，里面充满叫作“羊水”的液体，胎儿悬浮其中，有防振和保护的作用。因为羊膜在羊胎中特别显著，所以得名。

## 99. 分泌

分泌是指动物的某些细胞、组织或器官合成与释放某种或某些特殊化学物质的过程。专门进行分泌的组织称为腺体。分泌物经过导管送出的称为“外分泌”，如唾液腺分泌唾液，由导管通入口腔，其作用有助于润湿口腔和消化食物。分泌物不经导管而直接进入血液循环的称为“内分泌”，如甲状腺分泌甲状腺素，由血液传布至全身，可以增进所有细胞的新陈代谢，调节机体的生长和发育。

## 100. 共生

共生是指两种生物或两种生物中的一种由于不能独立生存而需共同生活在一起，或一种生物生活于另一种体内，互相依赖，各自能从中获得一定利益的现象。例如白蚁喜欢吃木材纤维，自己却不能消化吸收，但在它的肠道里生活着一种能将木材纤维分解的鞭毛虫。这样，白蚁依赖鞭毛虫获得了营养，而鞭毛虫也受到了白蚁的保护。

## 101. 共栖

共栖是指两种都能独立生存的生物以一定的关系生活在一起，各自能从中获得一定利益的现象。例如海葵附着在有寄居蟹匿居的贝壳壳口周围，利用寄居蟹作为运动工具，并以它吃剩的残屑为食，同时寄居蟹也受到了海葵具有攻击能力的刺细胞的保护。

## 102. 寄生

寄生是指一种动物寄居于另一种动物的体内或体表，从而摄取养分以维持生活的现象。例如蛔虫、蛲虫寄生在人的体内；血吸虫幼虫寄生在钉螺体内、成虫寄生在人体内；猪带绦虫的幼虫寄生在猪体内、成虫寄生在人体内等。营寄生生活的动物叫作寄生虫，被寄生虫所寄生的动物叫作宿主。由于寄生虫从宿主身上获取营养，往往会损害宿主，引起疾病，甚至导致死亡。

## 103. 休眠

休眠也叫“蛰伏”，一般指动物生命活动处于极度降低的状态。通常在恒温动物中表现为停止取食，不活动，进入昏睡，呼吸微弱和体温下降等；在变温动物中则表现为生命活动延缓以至几乎停顿。休眠现象是动物对不良的外界环境条件（如严寒、酷热、干旱、食物不足等）的适应。可分为夏眠（夏蛰）和冬眠（冬蛰）两类，分别发生于夏季和冬季。

## 104. 拟态

拟态是指某些动物在进化过程中形成的外表形状或色泽斑纹，同其他生物或非生物异常相似的状态，通常有隐蔽自己的作用。在昆虫中最为常见，如木叶蝶形状很像枯叶、尺蠖像树枝，竹节虫像竹节或树枝等。

## 105. 保护色

保护色是指动物身体在进化过程中形成的与环境相适应的色彩，通常有利于隐蔽自己。例如生活在青草里的蚱蜢为绿色，生活在枯草里的蚱蜢为黄褐色等。

## 106. 警戒色

警戒色是指某些有恶臭和毒刺的动物所具有的鲜艳色彩和斑纹，是动物在进化过程中形成的。通常会起到使敌害易于识别，避免遭到攻击的作用。例如毒蛾的幼虫，大多有鲜艳的色彩和花纹，若被鸟类吞食，其毒毛会刺伤鸟的口腔黏膜，于是毒蛾幼虫的这种色彩即成为鸟的警戒色。此外，还有蜂类的黑白相杂的颜色、瓢虫的各种斑纹等，也都是警戒色。

## 107. 食物链

食物链是指自然界中各种动植物直接或间接地通过食物的关系所形成的一种联系。例如鹰捕食山雀，山雀捕食瓢虫，瓢虫捕食蚜虫，蚜虫吃庄稼，就组成了一种食物链。事实上，自然界中的这种食物关系极为复杂，常形成“食物网”。

## 108. 天敌

在自然界中，一种动物（甲）被另一种动物（乙）所捕食或因寄生而导致死亡时，则动物乙为动物甲的天敌。如黄鼬捕食鼠类，鸟类捕食昆虫，寄生蜂寄生于昆虫等。

## 109. 生物防治

生物防治是利用某些对农业、林业等有害的动物的天敌，来控制这些动物的数量，避免它们的大发生，从而防治农林病虫害的方法。如利用红铃虫的天敌金小蜂，就可以有效地控制红铃虫对棉花的危害。

## 110. 迁移

迁移是指动物进行一定距离的移动的习性，通常是由栖息地生存条件的变化所引起的，或者与其生长发育的周期性变化有关，如鸟类的迁徙和鱼类的洄游。迁徙是多种鸟类依季节不同而变更栖居地区的习性。一般根据迁徙习性的有无，鸟类可区别为候鸟和留鸟两大类。洄游是鱼类等一些水产动物由于环境影响、生理习性需要，形成定期、定向的规律性移动。

## 111. 浮游动物

浮游生物是指体型细小，缺乏或仅有微弱的游泳能力，通常随水流而移动的水生动物，如一些小型无脊椎动物和动物幼体等，是鱼类等的重要食料。

## 112. 古动物

古动物是指曾经在地球历史的地质年代中生存过，而现在大部分已经灭绝的动物，包括古无脊椎动物（货币虫、三叶虫、菊石等）、古脊椎动物（恐龙、始祖鸟、猛犸等）等。现在在地层中发现的古生物遗体，除少数（如冻土中的猛犸、琥珀中的昆虫）由于特殊条件，仍保存原有的组织结构外，大多数经钙化、硅化、炭化，或其他矿化的填充和交替石化作用，形成了仅具原来的形状、结构、印模等的化石。

## 113. 动物化石

动物化石是经过自然界的作用，保存于地层中的古动物遗体、遗物和它们的生活遗迹，大多数是骨骼、卵壳、贝壳等。

## 114. 恐龙

恐龙是蜥龙类和鸟龙类古爬行动物的通称。种类繁多，体型有大有小，大的体长数十米，重可达四五十吨；小的体长不到 1 m。有食肉的，也有食植物的。生活在陆地或沼泽附近。中生代时极为繁盛，称霸一时，至中生代末期全部灭绝。

## 115. 猛犸

猛犸是一类古哺乳动物。体型和大小近似现代的象。身体被棕色长毛，门齿向上弯曲。它们在更新世晚期生存于欧亚大陆北部和北美洲北部的寒冷地区。在俄罗斯的西伯利亚地区和美国的阿拉斯加的冻土层中发现带有皮肉的完整个体。在我国的黑龙江、新疆等地也曾发现过化石。

## 116. 猿人

猿人是最早阶段的人类。生存于距今五六十万年以前，地质年代属于更新世早期和中期。猿人的某些体质形态很接近猿类，头盖骨低平，颅腔很小，骨壁很厚，眉嵴特别粗大，颜面部向后缩。猿人能制造简单的生产工具，并知道使用火烧熟食物，居住于洞穴或河岸等地，以采集植物及狩猎动物为生。这一阶段的典型代表是发现于我国北京周口店的北京猿人和发现于印度尼西亚中部州特里尼尔的爪哇直立猿人。

## 117. 类人猿

类人猿是猩猩和长臂猿两类动物的总称，包括大猩猩、黑猩猩、猩猩和各种长臂猿等。它们的体质特征与人类最为相近，如都具有复杂的脑、盲肠蚓突、广阔的胸廓和扁平的胸骨等。它们与猴类的主要区别是：没有猴类所具有的尾巴、臀疣（除长臂猿外）和颊囊等。

## 118. 珊瑚礁

珊瑚礁是由粘连的生物骨架和松散的生物碎屑沉积物组成的海底隆起构造。现代珊瑚礁最基本的特征可以概括为三点：由海洋生物原地营造；具有隆起地形；能够抵抗风浪的冲击。露出海面的叫作珊瑚岛，淹没在海面以下的叫作珊瑚暗礁。

## 119. 湿地

湿地是地球上具有多功能的独特自然生态系统，是自然界最富生物多样性的生态景观和人类社会赖以生存和发展的重要自然资源之一，有很高的生产力和潜在的功能。它因其复杂的食物网和丰富的动植物多样性而被看作是“生物超市”，由于其能够降解、去除水中沉积物、化学物质和其他污染物而被称为“地球之肾”，还因能够提供控制洪水、保护海岸免受侵蚀和风暴破坏的有效体系而被认为是“自然界的土木工程师”。湿地不仅向人类提供了大量的食物、原料和水资源，而且在维持生态平衡、保持生物多样性和珍稀物种资源，以及在涵养水源、蓄洪防旱、降解污染物、净化水质和提供旅游资源等方面均起了重要的作用。

我国的许多湿地都是南北半球候鸟迁徙的重要“中转站”，也是世界水禽的重要繁殖地和东半球水鸟的重要越冬地。

## 120. 赤潮

赤潮也叫红水，俗称臭水，是由于近岸、特别是富营养化的海湾水体的变化导致某些微小的浮游生物暴发性繁殖或聚集，引起海水变色，并危及鱼、虾、贝等生存环境的异常现象。目前，赤潮在我国有发生早、次数多、面积广、危害大的趋势。

## 121. 野生动物疫病的传染性

许多野生动物的疫病具有传染性，能在动物之间通过直接接触或间接地通过媒介物（生物或非生物的传播媒介）互相传染，因此也称为野生动物传染病。

野生动物传染病一般由动物个体感染发病发展为动物群体发病，构成流行。流行终止，该野生动物传染病的流行过程也就结束了。

## 122. 野生动物疫病的流行过程

野生动物疫病在动物群中发生、传播和终止的过程称为疫病的流行过程。野生动物疫病的流行过程一般需经三个阶段，即病原微生物从已被感染的动物体内（传染源）排出，病原微生物在外界环境中停留，经过一定的传播途径，再侵入新的易感动物个体并使其发生具有相同症状的疾病，如此连续不断地发生、发展，形成了流行过程。

野生动物疫病在动物群中的流行，必须具备上述传染源、传播途径和易感动物群三个基本环节。当传染源、传播媒介和易感动物三个环节连接在一起时，则发生野生动物疫病的流行过程。缺少任何一个环节，新的传染不再发生，流行即告终止。

## 123. 传染源

传染源也叫传染来源，是指体内有病原体寄居、生存、繁殖并能将病原体排出体外的动物。对某种传染病的病原体具有易感性的动物机体是该病原体生存的最适宜的环境，病原体能在其中繁殖并不断排出体外，再使新的易感个体被传染，这样的动物称为传染源。

传染源向体外排出病原体的整个时期称为传染期。传染期的长短各病不一。掌握各种传染病的传染期，在防疫工作中极为重要，是决定传染源隔离期限的重要依据。

## 124. 传染源的类型

被感染的动物，有临床上表现有症状的患病动物和临床上没有任何症状的带菌（毒）动物两种，因此传染源一般也分为上述两种类型。

患病动物是重要的传染源，有明显而典型症状的典型病例，通常排出的病原微生物数量大、毒力强、传染性亦较大。症状不明显不典型的非典型病例，虽然排出的病原微生物相对较少，但是往往不引起人们的重视，所以更加危险。某些人和动物共患的传染病，患病的人也可能成为传染源。动物患传染病死亡后，在一定时间内尸体中仍有大量尚未死灭的病原微生物存在，如果处理不当，极易散布病原。

带菌（毒）动物是体内有病原微生物生长繁殖并能向体外排出，但在临床上没有表现出任何症状的动物。

对于潜伏期带菌（毒）的动物来说，多数传染病在这一时期机体内病原体数量较少而且一般不具备排出条件。但有少数传染病如狂犬病、口蹄疫、新城疫等在潜伏期后期能够排出病原体，起传染源作用。

对于康复后带菌（毒）的动物来说，有些传染病在患病动物临床症状消失后，体内仍有残存病原微生物并不断排出，起传染源作用，称为康复后带菌（毒），其带菌（毒）的期限长短不一，如犬瘟热康复后动物排毒期可达半年，猫泛白细胞减少症康复后数周至一年以上仍经粪尿向体外排毒。带菌（毒）动物因没有可见的临床症状，极易被人误认为是健康动物而交换或买卖。所以防止引入带菌（毒）动物和消灭带菌（毒）动物是传染病防治中艰巨而重要的任务之一。

此外，健康带菌（毒）条件性病原微生物，如巴氏杆菌、沙门杆菌等，存在于许多健康动物的体内。这种现象称为健康带菌（毒）。当动物机体在不良条件影响下抵抗力降低时，体内原来存在的条件性病原微生物大量繁殖并且毒力也相应增强，引起内源性传染而使动物发病，此时，该动物向体外排出大量病原微生物，传染其他动物，成为传染源。

## 125. 传播方式和传播途径

病原微生物由传染源体内排出，再侵入其他易感健康动物的方式和途径，称为传播方式或传播途径。病原微生物由传染源排出的途径与传染病的性质及病原微生物侵入机体和寄居的部位有密切关系。一般病原微生物是随分泌物、排泄物（如粪便、尿液、阴道分泌物、唾液、精液、乳汁、鼻液、眼分泌物、脓汁等）排出体外。某些全身性败血性传染病，如炭疽、巴氏杆菌病、牛瘟、犬瘟热等，病原微生物在体内分布较广，可以通过多种途径排出体外。有的传染病，病原微生物局限于一定的组织器官，其排出途径则比较单纯，如动物患乳房结核时由乳汁排出；单蹄兽患肺鼻疽时经由呼吸道排出等。

病原微生物在外界环境不能长久存活。各种传染病的病原体以一定的方式，经过一定的部位（传染门户）侵入动物机体的一定组织器官。上述全身性败血性传染病，病原体可经由多种传染门户侵入新的易感个体。消化道传染病主要经口感染，呼吸道传染病主要经鼻吸入而感染。这种病原微生物在宿主机体间的交换造成了传染病在动物中的传播。

野生动物疫病的传播有直接接触传播和间接接触传播两种形式，其中间接接触传播是大多数传染病的主要传播方式。间接接触传播必须有外界环境因素作为传播媒介参与，病原体从传染源排出后，污染外界环境，如饲料、水、空气、土壤、食具、工具等物体或活的生物体，病原体通过这些传播媒介使易感动物发生传染。大多数传染病可以间接接触传播，又可以通过直接接触传播。两种方式都能传播的传染病也可称为接触性传染病。

## 126. 直接接触传播

直接接触传播是在没有任何外界因素参与下，病原体通过被感染的动物（传染源）与易感动物直接接触（交配、舐咬等）而引起的传播方式。这种方式传播的传染病不多，以狂犬病为最有代表性，通常只有在被病兽咬伤并随唾液将狂犬病病毒带进伤口的情况下，才有可能引起狂犬病传染。仅能以直接接触传播的传染病，其流行特点是一个接一个地发生，形成明显的连锁状。这种方式使疾病的传播受到限制，一般不易造成广泛的流行。

## 127. 空气传播

空气传播是间接接触传播的一种途径，主要是通过飞沫和尘埃两种媒介。患呼吸道传染病的动物在咳嗽、打喷嚏时，病原体随同由呼吸道喷出的微细泡沫状的飞沫飞散漂浮于空气中，被易感动物吸入而感染称飞沫传染。飞沫大小为 10~100μm，从患病动物一次喷出的飞沫传播的距离达数米，维持的时间数小时。所以，传染源和易感动物的不断转移和集散，增加了它们间的间接接触，将增加疾病的传播，而严格隔离传染源则会减少疾病传播的机会。动物居住条件如果宽敞、干燥、光亮、通风良好、温暖，飞沫漂浮的时间较短、距离也较近，其中的病原体死亡得较快。相反，动物密集、潮湿、阴暗、通风不良、低温寒冷则飞沫传播作用的时间较长。飞沫中的水分蒸发以后，飞沫变干成为由蛋白质和细菌或病毒组成的固体微粒，大小为 2~10pm，称飞沫核，传播传染病的作用次于飞沫。从传染源排出的含有病原微生物的分泌物、排泄物及处理不当的尸体，干燥以后，由于空气流动冲击，带有病原体的尘埃在空气中飘扬，被易感动物吸入而感染，称尘埃传染。因其可随空气流动转移到别的地区，所以尘埃传染的时间和空间范围比飞沫传染要大。由于只有少数在外界环境生存能力较强的病原体，如痘病毒、结核杆菌等，才能耐过干燥或阳光的暴晒借助尘埃传播，所以尘埃传染的传播作用实际上小于飞沫传染。

## 128. 污染的饲料和水传播

以消化道为主要侵入门户的传染病，主要经污染的饲料和水传播。由传染源的排泄物、分泌物或病死动物尸体污染的饲料、水，以及饲喂动物的各种用具如饲料车、饲料桶、饲槽、食盒、水桶、水盆、水池、水井、牧草、垫草等间接传给易感动物，使之感染发病。所以，搞好饲料库、饲料加工间、饲料加工工具、饲喂动物的各种用具、水源及笼舍的消毒卫生管理工作是杜绝经污染的饲料和水传播传染病的关键。

## 129. 污染的土壤传播

随患病动物的排泄物、分泌物或处理不当的尸体一起落入土壤而又能在土壤中生存很久的病原微生物有多种，因此可以以污染的土壤为传播媒介，传染给易感动物使之发病。如炭疽和气肿疽的病原体形成芽孢后可长期在土壤中保存，严重污染的地区，在多雨年份或季节，芽孢被水流冲向积水的沼泽地带积聚，有些依附在草的茎、叶之上，被动物啃食则感染发病。一些健康草食动物的肠道里就生存有破伤风和恶性水肿的病原体，随动物粪便一起落入土壤后，形成具有抵抗力较强的芽孢，能在土壤中长期保存。动物伤口如果被这样的土壤所污染可感染发病。在防疫工作中，对患病动物的排泄物、分泌物污染的环境应认真消毒处理，对病死动物的尸体按规定深埋或火焚，防止病原体落入土壤，以免造成难以收拾的局面。

## 130. 活的传递者传播

活的生物体起传播媒介作用的主要有昆虫、啮齿类动物、对该病无感受性的动物、工作人员。

昆虫主要是虻、螯蝇、蚊、家蝇和蜱等，通过它们在患病动物与健康动物之间的刺螯吸血而机械性地散播病原体，这是主要的传播方式。有少数是生物性传播，如立克次体在感染动物前必须先在某种蜱体内通过一定的发育阶段才能致病。

在啮齿类动物中，鼠类危害性最大，它们数量多、繁殖快、活动范围广，通过污染饲料和饮水以及频繁地与病原动物相接触而传播多种传染病。有的传染病如鼠疫、土拉伦斯杆菌病、伪狂犬病等鼠类是重要的传染源，对疾病的传播起着重要作用。有的传染病如口蹄疫、猪瘟等鼠类起机械性的传播作用。

对某种传染病无感受性的动物，可以成为该传染病的传播媒介，如乌鸦啄食死于炭疽动物的尸体后从粪内排出炭疽杆菌的芽孢，犬、狼、狐、马等能传播口蹄疫、布氏杆菌病等。

饲养人员和兽医人员如果在工作中不注意遵守防疫卫生制度、消毒不严格，可通过手、工作服、鞋、捕捉动物的工具等将病原体由患病动物传播给健康动物。体温计、注射器、注射针头及手术器械的消毒不严则更易传播疾病。有些人和动物共患的传染病如布氏杆菌病、结核病等，人也可以是传染源。

## 131. 野生动物的易感性

某种野生动物对某一种传染病病原体易感性的高低及易感个体占动物群总数的百分率是决定这种传染病能否在该动物群中发生流行及疫病严重程度的主要因素。易感性主要取决于动物机体的遗传特征、特异免疫状态。外界环境条件对病原体的传播及对动物的易感性也有一定的影响。

动物的内在因素由于遗传性的不同，不同种类的动物对于同一种病原体表现的临床反应有很大差异。同种动物年龄相近的不同个体可因体质不同而表现对传染病抵抗力存在差异，体质强健、反应性正常的动物能更好地发挥机体对传染的防卫机制，消除病原微生物的侵害。

某些动物个体和动物群体对某种传染病所具有的先天的或后天获得的不感受性，称为特异免疫状态。对某一种传染病来说，处于高水平免疫状态的动物个体和群体，可不受该种传染病的侵害；反之，处于低水平免疫状态或不具备免疫力的个体和群体则引起个体发病和招致该传染病在动物群中流行。

从未发生过某种传染病而又没有进行免疫预防的动物群，一旦遇到该病病原体时，则因动物群中几乎 100%的个体是易感动物，所以感染率、发病率、死亡率都很高，而且多呈急性经过。

一个动物群中有一定数量对某种病原体具有易感性的个体存在，如果再有该病原体侵入动物群时，可引起相应的传染病在该动物群中流行。

某种传染病流行时，动物群中易感性最高的个体最易死亡，余下的动物或耐过，或经过无症状传染获得了免疫力。所以在流行后期，动物群的易感性明显降低，疫病流行终止。获得免疫的动物所生的后代常有先天性被动免疫能力，在断乳 1~2 周以前也有一定的免疫力。

刚刚流行过某种传染病的地区或某种传染病的常在地区的动物群体对该病易感性较低，大多表现为无症状传染或顿挫型传染，其中有很多带菌（毒）者并无临床表现。此时如果从无病地区引进动物群，一旦被传染则引起急性暴发。

## 132. 动物传染病的流行形式

在动物传染病流行过程中，根据在一定时间内发病率的高低和传播范围的大小（即流行强度），分为下列四种表现形式：

（1）散发性：在较长的一个时期内都是以零星病例的形式出现，发病数目较少，称为散发，如破伤风、放线菌病等。有的传染病的传播需要一定条件，如破伤风必须有病原体和厌氧深创同时存在，在一般情况下只能零星发生。还有传染病隐性感染比例较大，仅一部分动物有临床表现，其表现形式也为散发。一些传染性较强的传染病，如果动物群体对该病免疫水平较高，如定期免疫接种，但因接种密度不够高，也可出现散发病例。

（2）地方流行性：局限于一定的地区内或一个动物群体，又有一定规律性发生的传染病，比散发性发病数量多，传播范围不大，可称地方流行性。如炭疽、气肿疽的芽孢污染了的地区，成了常在疫源地，如果防疫工作做得不好，每年都可能出现一定数量的病例。

（3）流行性：发病数目较多，在较短的时间内传播到几个乡、县，甚至省。这类传染病的传染性强、传播范围广、发病率高，并且多呈急性经过，如口蹄疫、犬瘟热、新城疫等常表现为流行性。“暴发”一般是指在一定地区范围内或一个动物群体中短时间内突然出现很多病例。

（4）大流行：发病动物数目很多，蔓延地区非常广泛，可传播到一个国家或几个国家甚至整个大陆，如历史上口蹄疫、牛瘟等都曾出现过这种流行形式。

上述几种流行形式之间的界限是相对的，不是固定不变的。如炭疽在新中国成立前曾在国内很多地方严重流行，目前即使个别地区偶有发生，亦只有散发性的，并且很快能加以控制。

## 133. 动物传染病流行过程的季节性

某些动物传染病经常发生于一定的季节，或在一定季节出现发病率显著上升的现象，称为流行过程的季节性。出现季节性的原因是：

（1）季节对病原体在外界环境中的存在和散播有较大影响：夏季气温高、日照时间长，这对那些抵抗力较弱的病原体在外界环境中的存活是不利的，口蹄疫的流行一般在夏季减缓或平息即是此原因。多雨和洪水泛滥季节，土壤中含有的炭疽杆菌芽孢或气肿疽梭菌芽孢可随洪水散播，则易发生炭疽和气肿疽的流行。

（2）季节对活的传播媒介（如节肢动物）的影响：夏秋炎热季节，蝇、蚊、虻类等吸血昆虫大量滋生，活动频繁，凡能由它们传播的疾病，都较易发生，如森林脑炎等。

（3）季节对动物的活动和抵抗力的影响：冬季舍饲期间，动物聚集拥挤、接触机会增多，温度低、湿度高、通风不良、饲料不足、质量差，对动物抵抗力有一定影响，这种影响对于由条件性病原微生物引起的传染病尤其明显。

## 134. 动物传染病流行过程的周期性

传染病流行过程的周期性是指经过一定的间歇期限再度流行的现象而言，有的传染病没有明显的周期，有的有明显的周期性，如第二次世界大战后在西欧每3~5年流行口蹄疫一次，据统计日本每8~10年为一个乙型脑炎流行周期。在传染病流行期间，易感动物除发病死亡或淘汰外，其余由于康复或隐性传染而获得免疫，使流行逐渐平息。经过一定时间后，由于免疫力逐渐消失或新的一代出生或又引进易感动物，使兽群易感性再度增高，则可能重新暴发流行。在每年中更新数量不大的兽群，要多年以后易感动物百分比逐渐增大，疾病才再度流行，因此周期性比较明显，每年更新数量或流动量较大的兽群如一些小动物，疾病可以每年流行，周期性一般并不明显。

掌握传染病流行过程的季节性和周期性，对于确诊有帮助，还能帮助我们掌握疫病的发展规律，以便采取适当防治措施，使之不发生季节性或周期性流行。

## 135. 自然因素和社会因素对流行过程的影响

自然因素和社会因素通过对传染来源、传播途径和易感动物这三个环节的作用而影响其流行过程的发展。

自然因素对传染媒介的作用最为明显。如气候温暖的夏秋季节，蚊、虻等吸血昆虫数量多、活力强，容易发生吸血昆虫传播的传染病，如乙型脑炎等病例明显增多。在寒冷潮湿的季节，有利于气源性感染，呼吸道传染病在冬春季节发病常常增多。自然因素对传染来源这一环节的影响也很显著，如某野生动物饲养场建在远离交通要道的湖边，湖的对面是另一个国家，成为天然的隔离条件，该场多年来从未发生传染病的流行。自然因素还影响动物机体的抵抗力，低温高湿度可以使动物易于受凉，降低呼吸道黏膜的屏障作用，有利于呼吸道传染病的流行。炎热季节在高气温的影响下，肠道的杀菌作用降低，使肠道传染病增加。

社会因素对动物传染病流行过程的影响主要包括社会制度，生产力，人民的经济、文化、科学技术水平和贯彻执行法规的自觉性等。它们既可能是有效消灭和控制动物疫病流行的关键，也可能是促进疫病广泛流行的原因。例如，当动物传染病流行初期，有少数个体是传染源时，能否继续散播，则决定于兽医工作者是否及时查明和隔离这些传染源，并施行其他有效的防疫措施。空气、土壤、饲料、饮水、昆虫等能否成为传染媒介，也是由人的活动决定的。动物对传染病的感受性，更是受人的饲养管理水平、卫生条件和免疫接种等的影响。

## 136. 野生动物疫病的发展过程

一般分为潜伏期、前驱期、明显期和转归期四个阶段。

从病原微生物侵入动物机体开始到疾病的第一个症状出现为止，这个阶段称为潜伏期。各种传染病的潜伏期都不相同，如炭疽的潜伏期最短数小时，最长为14天，平均2~3天；水貂犬瘟热潜伏期最短为7天，最长为27天，平均为9~14天；结核病潜伏期最短为1周，最长数月，平均16~45天。即使同一种传染病，潜伏期的长短也有一定的变动范围。一般急性传染病潜伏期较短、变动范围较小，而慢性传染病潜伏期较长、变动范围较大。同一种传染病，潜伏期短促时，病情常较严重；反之，潜伏期延长时，病情较轻缓。

一般来说，病原微生物的数量与毒力数量多、毒力强则潜伏期短，反之则潜伏期长；动物机体的生理状况和动物机体抵抗力强则潜伏期长，反之潜伏期则短；病原微生物侵入的途径和部位如狂犬病病毒侵入机体的部位越靠近中枢神经系统，则潜伏期越短。

某些传染病，处于潜伏期的动物也是其传染源。了解各种传染病的潜伏期，在防疫工作中具有重要的实践意义。

前驱期为疾病的预兆阶段，其特点是表现有一般的临床症状，如体温升高、呼吸和脉搏次数增加、精神不振和食欲减退等，但该病的特征性临床症状未出现。各种传染病和各个病例的前驱期长短不一，一般是数小时或1~2天。

明显期为疾病充分发展阶段，作为某种传染病特征的典型临床症状明显地表现出来，在诊断时比较容易识别。

转归期为疾病发展的最后阶段。如果病原微生物致病能力增强或动物机体的抵抗力减弱，则动物转归死亡。如果动物机体的抵抗力得到改进和增强，则临床症状逐渐消退，体内的病理变化也逐渐减轻，生理功能渐趋恢复正常，并获得一定时期内的免疫。在病后一定时间内还可以带菌（毒）排菌（毒），成为潜在的传染源。

## 137. 我国对动物疫病的分类

根据《中华人民共和国动物防疫法》第四条，根据动物疫病对养殖业生产和人体健康的危害程度，动物疫病被分为以下三类：

一类疫病：是指对人畜危害严重，需要采取紧急严厉的强制预防、控制、扑灭措施的；

二类疫病：是指可以造成重大经济损失、需要采取严格控制、扑灭措施、防止扩散的；

三类疫病：是指常见多发，可能造成重大经济损失，需要控制和净化的。

## 138. 刑法中与野生动物有关的罪名

（1）走私珍贵动物、珍贵动物制品罪：指违反海关法规，逃避海关监管，非法携带、运输、邮寄珍贵动物、珍贵动物制品进出国（边）境的行为。

刑罚：犯本罪的一般处五年以下有期徒刑，并处罚金；情节特别严重的，处十年以上有期徒刑或者无期徒刑；走私上述物品数额特别巨大的走私集团的首要分子或者危害严重的主犯，处无期徒刑或者死刑，并处没收财产。

（2）非法猎捕、杀害珍贵、濒危野生动物罪：指违反野生动物保护法规，非法收购、运输、加工、出售国家重点保护的珍贵、濒危野生动物及其制品的行为。

刑罚：犯本罪的处五年以下有期徒刑或者拘役，并处罚金；情节严重的，处五年以上十年以下有期徒刑，并处罚金；情节特别严重的，处十年以上有期徒刑，并处罚金或者没收财产（通常情况下，杀害一级保护动物为情节特别严重；杀害二级保护动物为情节严重）。

（3）非法收购、运输、出售珍贵、濒危野生动物、珍贵、濒危野生动物制品罪：指违反野生动物保护法规，收购、运输、出售国家重点保护的珍贵、濒危野生动物及其制品的行为。

刑罚：犯本罪的，处五年以下有期徒刑或者拘役，并处罚金；情节严重的，处五年以上十年以下有期徒刑，并处罚金；情节特别严重的，处十年以上有期徒刑，并处罚金或者没收财产。

（4）非法捕捞水产品罪：指违反保护水产资源法规，在禁渔区、禁渔期或者使用禁用的工具、方法捕捞水产品，情节严重的行为。

刑罚：犯本罪的处三年以下有期徒刑、拘役、管制或者罚金。

（5）非法狩猎罪：指违反狩猎法规，在禁猎区、禁猎期或者使用禁用的工具、方法进行狩猎，破坏野生动物资源，情节严重的行为。

刑罚：犯本罪的，处三年以下有期徒刑、拘役、管制或者罚金。单位犯本罪的，对单位判处罚金，并对其主要责任人员和主管人员依上述规定处罚。

## 139. 人畜共患疾病

人畜共患病是指在脊椎动物与人类之间自然传播感染的疾病。病原体包括细菌、病毒、支原体、真菌和寄生虫等，常见的有禽流感、炭疽、结核病、狂犬病、口蹄疫等，目前已知200多种疾病能够在人与动物之间传染。

野生动物是人畜共患疾病病原体的巨大天然储藏库。人类的艾滋病、埃博拉病来自灵长类；亨德拉病毒、尼巴病毒来自于狐蝠；鼠类传染50多种人类疾病。这些疫病给人类带来难以估计的影响。

影响人类传染病暴发和流行的原因是多方面的，有人类自身的变化、病原微生物的变化、公共卫生事业的问题等。现代人类与自然宿主过于频繁的接触，是这些疾病传播的主要原因。因此要充分认识人类与动物的接触安全，尊重自然界中的各种生命，保护全球生态系统和生物多样性的健康，才能最终保障人类自身的健康。

# 第二章　无脊椎动物

无脊椎动物是与脊椎动物相对的动物类群，即脊椎动物以外所有动物的总称，占动物界种数的绝大部分。它们的身体结构和功能从简单到复杂，主要特点是在身体中轴上没有由脊椎骨所组成的脊柱，神经系统在腹面，心脏在背面，这些均与脊椎动物恰好相反。主要包括原生动物（大约 30 000 种）、海绵动物（大约 5 000 种）、腔肠动物（大约 11 000 种）、扁形动物（大约 18 000 种）、纽形动物（大约 1 150 种）、线形动物（大约 20 000 种）、环节动物（大约 12 000 种）、螠虫动物（大约 150 种）、软体动物（大约 110 000 种）、节肢动物（其中昆虫 800 000 ~ 1 000 000 种，其他类群大约 123 400种）、腕足动物（大约 300 种）棘皮动物（大约 6 100 种）和半索动物（大约 90 种）等。

## 一、原生动物

原生动物也叫“单细胞动物”，是动物界中最原始、最简单的一个类群。隶属于原生动物门。主要特征是身体由单个细胞构成的，但与多细胞动物体内的一个细胞不同，是一个能独立生活的动物，具有运动、消化、呼吸、排泄、感应、生殖等一般动物所表现的各种功能。它们的身体微小，一般须用显微镜观察。分布于淡水、土壤和海洋中，或营寄生生活。共有大约 30 000 种，可分为鞭毛虫类（如绿眼虫）、肉足虫类（如大变形虫）、孢子虫类（如间日疟原虫）和纤毛虫类（如大草履虫）等类群。

### 1. 绿眼虫

绿眼虫是既能通过叶绿体进行光合作用，又能直接吸收有机营养的原生动物。体长 40 ~ 65μm，须用显微镜观察。隶属于原生动物门、鞭毛纲、眼虫科。身体表面呈绿色，梭形，前端钝圆，后端较尖。前面有一根长的鞭毛。前端有口，叫作胞口。前端一侧还有一个红色的斑点，称为眼点。紧贴眼点有一个膨大部分，是能接受光线的光感受器。眼点的后方有一个透明状的伸缩泡。身体偏后端的中央有一个大型的球状细胞核。

绿眼虫栖息于水沟、池沼或缓流中。鞭毛能摆动或旋转，击动水流，使身体运动。特别喜欢光线，通常总是向有光亮的地方集中。身体中有许多卵圆形的绿色颗粒，叫作叶绿体，含有与绿色植物相同的叶绿素，因此可以利用阳光把二氧化碳和水合成为糖类来获得养分，这个过程与一般绿色植物的营养方式极为相似。在没有光线的条件下，也可以通过体表吸收溶解于水中的有机物质。伸缩泡可以搜集体内多余的水和废物，从胞口排泄掉。繁殖方法是无性生殖，首先身体中段产生缢痕，然后一分为二，生成两个完整的个体。

绿眼虫是科学实验的好材料，特别对了解动、植物的亲缘关系有重要的意义。现在也被用作有机物污染环境的生物指标，用以确定有机污染的程度。此外，由于绿眼虫有耐放射性的能力，许多种放射性核素对它的生活没有什么影响，因此对净化水的放射性物质也具有很大的作用。由于它比较常见，在淡水水域附近的某些犯罪现场有可能出现它的痕迹。

## 2. 闪光夜光虫

闪光夜光虫是我国沿海最常见的有鞭毛的赤潮生物，也叫赤潮鞭毛虫。直径0.5~2μm，肉眼可见。隶属于原生动物门、鞭毛纲。球形，有透明的细胞膜、网状分散的细胞质、浓密的细胞核、一根细小的鞭毛以及原生质突起形成的粗大可动的触手。因其体内含有许多拟脂颗粒，故受到机械刺激时能发光。

闪光夜光虫和其他赤潮生物大量死亡时是耗氧的，海水里的氧气被消耗，必然使鱼、虾、贝因缺氧窒息而亡。污秽的海水，夹带着死鱼烂虾的腥臭。常常使人咳嗽不止、鼻眼灼痛、难以忍受。在有赤潮发生的某些犯罪现场有可能出现它的痕迹。

## 3. 杜氏利什曼原虫

杜氏利什曼原虫是对人和哺乳动物致黑热病的寄生虫。直径3~6μm，须用显微镜观察。隶属于原生动物门、鞭毛纲。它的生活史有前鞭毛体和无鞭毛体两个时期。虫体很小，需要用显微镜观察。前鞭毛体寄生于白蛉消化道，成熟的虫体呈梭形。无鞭毛体也叫利什曼型或利杜体，常见于巨噬细胞内。

杜氏利什曼原虫的生活史：发育过程中需要两个宿主即白蛉和人或哺乳动物。当雌性白蛉（传播媒介）叮刺患者或被感染的动物时，血液或皮肤内含无鞭毛体的巨噬细胞被吸入胃内，经24h，无鞭毛体发育为早期前鞭毛体。当白蛉叮刺健康人时，前鞭毛体即随白蛉唾液进入人体。在人体内发育感染有前鞭毛体的雌性白蛉叮吸人体或哺乳动物时，前鞭毛体即可随白蛉分泌的唾液进入其体内。一部分前鞭毛体被多形核白细胞吞噬消灭，一部分则进入巨噬细胞。前鞭毛体进入巨噬细胞后逐渐变圆，失去其鞭毛的体外部分，向无鞭毛体期转化。

杜氏利什曼原虫的无鞭毛体主要寄生在肝、脾、骨髓、淋巴结等器官的巨噬细胞内，常引起全身症状，如发热、肝脾肿大、贫血、鼻衄等。因其致病力较强很少能够自愈，如不治疗常因并发病而死亡。人体感染杜氏利什曼原虫后，经3~5个月或更长的潜伏期。患黑热病时出现免疫缺陷，易并发各种感染疾病，是造成黑热病患者死亡的主要原因。

杜氏利什曼原虫病属人兽共患疾病。除在人与人之间传播外，也可在动物与人，动物与动物之间传播。我国由于幅员辽阔，黑热病的流行范围又广，包括平原、山丘和荒漠等三种不同类型的地区，因此这三种不同类型的黑热病在国内都能见到。

## 4. 蓝氏贾第鞭毛虫

蓝氏贾第鞭毛虫也叫贾第虫，为人体肠道感染的常见寄生虫之一。直径10~20μm，须用显微镜观察。隶属于原生动物门、鞭毛纲。它的生活史中有滋养体和包囊两个不同的发育阶段。滋养体呈倒置梨形，两侧对称，背面隆起，腹面扁平。腹面前半部向内凹陷成吸盘状陷窝，借此吸附在宿主肠黏膜上。依靠有4对鞭毛的摆动，可活泼运动。包囊为椭圆形，囊壁较厚。囊内可见到鞭毛、丝状物、轴柱等。

蓝氏贾第鞭毛虫寄生人体小肠、胆囊，主要在十二指肠，可引起腹痛、腹泻和吸收不良等症状，致贾第虫病。成熟的四核包囊是感染期，包囊随污染食物和饮水进入人体，在十二指肠内脱囊形成2个滋养体。滋养体主要寄生在人的十二指肠内，有时也可在胆囊内，借吸盘状陷窝吸附肠壁，营纵二分裂法繁殖。如果滋养体落入肠腔而随食物到达回肠下段或结肠腔后，就形成包囊，随粪便排出。包囊在外界抵抗力较强，为传播阶段。

蓝氏贾第鞭毛虫分布于世界各地。由于旅游业的发展，蓝氏贾第鞭毛虫病在旅游者中发病率较高，故又称“旅游者腹泻”，该病在我国分布很广泛，各地感染率儿童高于成人，夏秋季节发病率较高。传染源为粪便内含有包囊的带虫者或患者。人饮用被包囊污染的食物或水而感染。

## 5. 阴道毛滴虫

阴道毛滴虫是寄生在人体阴道及泌尿道的鞭毛虫。长 30μm，须用显微镜观察。隶属于原生动物门、鞭毛纲。

阴道毛滴虫生活史简单，仅有滋养体期。滋养体呈梨形或椭圆形，无色透明，有折光性，具 4 根前鞭毛和 1 根后鞭毛，后鞭毛向后伸展与虫体波动膜外缘相连。虫体以纵二分裂法繁殖，以吞噬和吞饮摄取食物。

滋养体为阴道毛滴虫的感染期，通过直接或间接接触方式而传染。主要寄生在女性阴道，也可在尿道内发现；男性感染者一般寄生于尿道、前列腺，也可在睾丸、附睾或包皮下寄生。

阴道毛滴虫呈世界性分布，主要引起滴虫性阴道炎，是以性传播为主的一种传染病，人群感染较普遍，以女性 20~40 岁年龄组感染率最高，传染源为滴虫性阴道炎患者和无症状带虫者或男性感染者。直接传播主要通过性交传播。男女双方都可感染，娼妓感染率高；间接传播主要通过公共浴池、浴具、公用游泳衣裤、坐式厕所而感染，尤其在卫生设施差的单位，常通过浴厕引起流行。因而在忽视卫生，文明较差的地方易相互传染。

## 6. 人毛滴虫

人毛滴虫为寄生肠道的鞭毛虫。长 7~8μm，须用显微镜观察。隶属于原生动物门、鞭毛纲。

人毛滴虫的生活史只有滋养体期，虫体呈梨形，形如阴道毛滴虫，具前鞭毛 3~5 根，后鞭毛连接的波动膜较长，基染色杆的长度与虫体长度相同，后鞭毛向后部游离，胞核单个，位于前端菌。虫体以纵二分裂法繁殖，靠鞭毛和波动膜波运动，虫体活跃，具有一定抵抗力。

人毛滴虫世界性分布，主要在热带和亚热带地区，以儿童较为常见。多见于盲肠、结肠。滋养体为感染期。一般情况下无症状，主要引起腹泻。人的感染由于污染食物和水经口而入，也可经蝇类机械传播。

## 7. 口腔毛滴虫

口腔毛滴虫为寄生口腔的梨形鞭毛虫。长 6~8μm，须用显微镜观察。隶属于原生动物门、鞭毛纲。

口腔毛滴虫仅有滋养体期，前鞭毛 4 根，后鞭毛无游离末端，核单个，位于虫体前部中央，含多量染色质粒。以纵二分裂法繁殖。它定居于牙垢及龋齿的蛀被动膜穴，为口腔共栖原虫，与牙龈炎、牙周炎、单纯龋齿、冠周炎等有关。它的滋养体对外环境抵抗力较大，在室温下可生存 3~6 天，借飞沫或污染的食物、餐具间接传播。无须治疗，平时注意口腔卫生，虫体可被清除。

## 8. 大变形虫

大变形虫是体型最大的变形虫。体长 200~600μm，须用显微镜观察，肉眼看时像是白色小点。隶属于原生动物门、肉足纲、变形虫科。体表为一层极薄的质膜。质膜的下面为均匀透明的一层外质，在外质的里面为可以流动的内质，内质中有许多颗粒，包括扁盘形的细胞核、伸缩泡、食物泡以及处在不同消化程度的食物颗粒等。内质又可以再分为两部分，处在外层的相对固态的称为凝胶质，在其内部呈液态的称为溶胶质。

大变形虫栖息于清水池塘或在水流缓慢藻类较多的浅水中。运动时，在体表任何部位都可形成临时性的突起，称为伪足，是临时的运动器，可以使身体不断向伪足伸出的方向移动。伪足还有摄食的作用。当碰到单细胞藻类、小的原生动物等食物时，就伸出伪足进行包围，随着食物也会带进一些水分，形成食物泡，通过与质膜进入内质中被消化掉。不能消化的物质最后通过质膜排出体外。无性繁殖，通过细胞分裂生成两个个体。

大变形虫的身体结构简单、容易培养，是研究生命科学的重要实验材料。由于它比较常见，在某些犯罪现场有可能出现它的痕迹。

### 9. 溶组织内阿米巴

溶组织内阿米巴也叫痢疾阿米巴，为侵袭型阿米巴病的病原虫。直径 10~40μm，须用显微镜观察。隶属于原生动物门、肉足纲。它的生活史有滋养体、囊前期、包囊和囊后滋养体各期，其中囊前期和囊后滋养体分别是滋养体转化为包囊和包囊转化为滋养体的短暂过渡期，仅出现于肠道寄生阶段。整个生活史过程仅需一种哺乳动物宿主，人是主要的适宜宿主。

溶组织内阿米巴主要寄生于结肠，引起阿米巴痢疾和各种类型的阿米巴病，为全球分布，多见于热带与亚热带。传染源主要为粪便里持续有包囊排出的带虫者。溶组织内阿米巴没有重要的保虫宿主，人群的感染主要通过人际经口传染，主要传播环节是被含有包囊的粪便污染的水源。居民点的水源被污染常酿成该地区的暴发流行和异乎寻常的高感染率；其次是手指、食物或用具的被污染；卫生习惯不良的带虫者是危险的传染源，蝇及蟑螂等昆虫也能对包囊起一定的传播作用。由于缺乏有效的获得性免疫，患过阿米巴病的人仍是易感者。易感性与性别、年龄无相关性，而多与生活习惯和职业等因素有关。

### 10. 刚地弓形虫

刚地弓形虫是寄生在猫科动物的肠道球虫。长 5~100μm，须用显微镜观察。隶属于原生动物门、孢子纲。它发育的全过程可有 5 种不同形态的阶段，即滋养体、包囊、裂殖体、配子体和卵囊。滋养体是指在中间宿主有核细胞内营分裂繁殖的虫体，游离的虫体呈弓形或月牙形；包囊为圆形或椭圆形，具有一层富有弹性的坚韧囊壁；裂殖体在猫科动物小肠绒毛上皮细胞内发育增殖，成熟的裂殖体为长椭圆形；配子体由游离的裂殖子侵入另一个肠上皮细胞发育形成配子母细胞，进而发育为配子体，有雌雄之分。雌雄配子受精结合发育为合子，而后发育成卵囊。卵囊刚从猫粪排出的卵囊为圆形或椭圆形。

刚地弓形虫生活史包括有性生殖和无性生殖阶段，全过程需两种宿主，在猫科动物体内完成有性世代，同时也进行无性增殖，故猫是弓形虫的终宿主兼中间宿主。在其他动物或人体内只能完成无性生殖，是为中间宿主。有性生殖只限于在猫科动物小肠上皮细胞内进行，称肠内期发育。无性生殖阶段可在肠外其他组织、细胞内进行，称肠外期发育。弓形虫对中间宿主的选择除哺乳动物外，鸟类、鱼类和人都可寄生。

刚地弓形虫呈世界性分布，人和许多动物都能感染，引起人畜共患的弓形虫病，尤其在宿主免疫功能低下时，可造成严重后果，属机会致病原虫。淋巴结肿大是获得性弓形虫病最常见的临床类型。

动物是本病的主要传染源，而猫及猫科动物则为重要传染源。人类只有通过垂直传播即通过胎盘才具意义。传播途径有先天性和获得性两种。前者指胎儿在母体经胎盘血而感染；后者主要经食入未煮熟的含弓形虫的肉制品、蛋品、奶类而感染。

### 11. 贝氏等孢（bāo）球虫

贝氏等孢球虫长 20~33μm，须用显微镜观察。隶属于原生动物门、孢子纲。卵囊呈长椭圆形，成熟的卵囊内含有 2 个椭圆形孢子囊，无卵囊残留体；每个孢子囊含有 4 个半月形的子孢子和一个残留体，无囊塞。

宿主由于食入成熟卵囊污染的食物，卵囊进入消化道后，子孢子可能在小肠上段逸出侵入肠上皮细胞即发育为滋养体，经裂体增殖，裂殖子逸出侵入附近的上皮细胞继续进行裂体增殖或形成雌雄配子体。雌雄配子结合形成合子发育为卵囊，卵囊落入肠腔随粪便排出。

贝氏等孢球虫在我国已有 10 多例报道，可以引起严重的临床症状，起病急，有发热、持续性或脂肪性腹泻，体重减轻等。

### 12. 微小隐孢子虫

隐孢子虫广泛存在于动物中，也是人体的重要寄生孢子虫，可引起隐孢子虫病。长 4～6μm，须用显微镜观察。隶属于原生动物门、孢子纲。它的生活史简单，不需转换宿主就可以完成。孢子生殖的三个阶段，均在同一宿主体内进行，称为内生阶段。随宿主粪便排出的卵囊具感染性。卵囊呈圆形或椭圆形，子孢子为月牙形。

人和牛及其他易感动物吞食成熟卵囊后，子孢子在消化液的作用下自囊内逸出，先附着于肠上皮细胞，再进入细胞，在胞膜下胞质外形成纳虫空泡，虫体即在泡内进行无性繁殖发育为Ⅱ型裂殖体。成熟的Ⅱ型裂殖体含 4 个裂殖子。这种裂殖子释出后发育为雌配子体或雄配子体，进入有性生殖阶段。雌雄配子结合后形成合子，进入孢子生殖阶段。合子发育为卵囊。孢子化的卵囊随宿主粪便排出体外，即具感染性。整个生活史需 5～11 天完成。

隐孢子虫主要寄生于小肠上皮细胞的刷状缘，严重者可扩散到整个消化道。它是机会致病原虫，但也是一种重要的腹泻病原。

我国在安徽、内蒙古、福建、山东、湖南、南京、徐州等地都报道了一些病例，多发生在 2～5 岁的婴幼儿，温暖潮湿季节发病率高，农村比城市多，沿海港口城市比内地多，经济落后、卫生状况差的地区比发达地区多，畜牧地区比非牧区多。

### 13. 猪人肉孢子虫

猪人肉孢子虫所致肉孢子虫病为一种人畜共患性疾病，分布较为广泛，主要对畜牧业造成一定危害，人体病例亦有发现。长 13～16μm，须用显微镜观察。隶属于原生动物门、孢子纲。

猪人肉孢子虫寄生于人体小肠并以人为终宿主，中间宿主为猪。成熟卵囊囊壁较薄，内有 2 个孢子囊，每个孢子囊内含 4 个子孢子。因囊壁薄而脆弱常在肠内自行破裂。进入粪便的孢子囊呈椭圆形，无色透明。肉孢子囊在中间宿主的肌肉中呈圆柱形或纺锤形。

猪人肉孢子虫的生活史为双宿主型，终宿主（食肉类）粪便中的孢子囊或卵囊被中间宿主（食草类）食入后，在其小肠内孢子囊中的子孢子逸出，穿过肠壁进入血液，在多数器官的血管壁内皮细胞中形成裂殖体，进行一代或几代的裂体增殖，产生的裂殖子再进入肌肉组织中发育为肉孢子囊。肉孢子囊内滋养母细胞（或称母细胞）增殖生成缓殖子。中间宿主肌肉中的肉孢子囊被终宿主吞食后，缓殖子释出并侵入小肠固有层，直接形成配子，雌雄配子交配后成为卵囊，卵囊在小肠固有层逐渐发育成熟。

猪人肉孢子虫在我国山东、甘肃、西藏、云南等地均有过报道。在肌肉中的肉孢子囊可破坏所侵犯的肌细胞，如囊壁破裂可释放出一种很强的毒素——肉孢子毒素，该毒素可作用于神经系统、心、肾上腺、肝和小肠等，大量时可致死。

### 14. 卡氏肺孢子虫

卡氏肺孢子虫也叫肺孢子虫，广泛存在于人和其他哺乳动物的肺组织内，可引起肺孢子虫性肺炎，或称肺孢子虫病。长 2～5μm，须用显微镜观察。隶属于原生动物门、孢子纲。它的生活史中主要有两种型体，即滋养体和包囊。

卡氏肺孢子虫的包囊经空气传播而进入肺内。滋养体从包囊逸出经二分裂和内出芽和接合生殖等进行繁殖。滋养体细胞膜渐增厚形成囊壁，进入囊前期；随后囊内核进行分裂，每个核围以一团胞质，开始形成囊内小体。发育成熟的包囊含 8 个囊内小体，以后脱囊而出形成滋养体。

健康人感染本虫多数为隐性感染，当宿主免疫力低下时，处于潜伏状态的卡氏肺孢子虫即进行大量繁殖，并在肺组织内扩散导致间质性浆细胞性肺炎。

卡氏肺孢子虫在我国已有10余例。本病流行常发生于婴幼儿集中的场所。散发病例多见于儿童或成人。传播途径不甚清楚，可能与咳痰飞沫直接传染有关。

## 15. 间日疟（nüè）原虫

间日疟原虫是寄生于人体的疟原虫。长40~60μm，须用显微镜观察。隶属于原生动物门、孢子纲。它的生活史都需要人和雌性按蚊做宿主，并经历了无性生殖和有性生殖两个世代的交替。在人体内发育的疟原虫在人体内先后经在肝细胞和红细胞内发育。在肝细胞内为裂体增殖，称红细胞外期（红外期）；在红细胞内发育包括红细胞内裂体增殖期（红内期）和配子体形成的有性期开始。在蚊体内发育的疟原虫在蚊体内发育包括在蚊胃腔内进行有性生殖，即配子生殖和在蚊胃壁进行的无性生殖，即孢子增殖两个阶段。

间日疟原虫生活史中致病阶段是红细胞内期裂体增殖期，可引起周期性寒热发作，称疟疾发作。若干次发作后，可出现贫血及脾肿大；有时严重者还可引起凶险型疟疾。子孢子侵入人体后到临床发作前要经过一段潜伏期，继之为疟疾发作期，可出现疟疾复发。

间日疟原虫在我国流行很广，主要在温带地区，但也散在分布于寒带和热带地区，是严重危害人体健康的寄生虫病之一。

## 16. 大草履虫

大草履虫是较为常见的原生动物。体长180~300μm，须用显微镜观察。隶属于原生动物门、纤毛纲、草履虫科。身体呈圆筒形，前端较圆，中后部较宽，后端较尖，外形很像一只倒放着的草鞋，所以得名。全身长满了纤毛，从身体的前端开始，有一道沟斜着伸向身体的中部，在沟的后端有口，所以称为口沟。

大草履虫栖息于池沼、小河沟等淡水水域中。口沟里有一个胞口，下面连着胞咽。当游泳的时候，全身的纤毛都会有节奏地摆动，使身体旋转着前进，同时不停地摆动口沟里的纤毛，鼓起水涡，摄取水里的细菌或其他有机物，食物进入体内之后，逐渐被消化和吸收，食物残渣由身体后侧的胞肛排出体外。生殖过程有无性生殖和有性生殖两种形式。

因为大草履虫个体较大，结构典型、繁殖快、观察方便、容易采集培养，因此一般用它作为科学研究的好材料。随着科学的发展，还发现了它在医学方面的许多重要价值。由于它比较常见，在一些淡水水域附近的某些犯罪现场有可能出现它的痕迹。

## 17. 结肠小袋纤毛虫

结肠小袋纤毛虫是人体最大的寄生原虫。体长30~150μm，须用显微镜观察。隶属于原生动物门、纤毛纲。它的生活史中有滋养体和包囊两个时期。滋养体呈椭圆形，无色透明或淡灰略带绿色，全身披有纤毛，可借纤毛的摆动迅速旋转前进。包囊圆形，淡黄色或淡绿色，囊壁厚而透明。

包囊随污染的食物、饮水经口感染宿主，在胃肠道脱囊逸出滋养体。滋养体在结肠内以淀粉颗粒、细菌和细胞为食，以横二分裂法增殖，还可侵犯肠壁。在繁殖过程中部分滋养体变圆，并分泌囊壁形成包囊，包囊随粪便排出体外。包囊在外界无囊内增殖。滋养体若随粪便排出，也有可能在外界成囊。

滋养体寄生于结肠引起消化道症状，引起溃疡。严重病例可出现大面积结肠黏膜的破坏和脱落，出现腹痛、腹泻和黏液血便等。

结肠小袋纤毛虫寄生于人的大肠中，可侵犯宿主的肠壁组织引起结肠小袋纤毛虫痢疾。它是猪体内的常见寄生虫，猪也是本病的重要传染源。我国云南、广西、广东、福建、四川、湖北、河南、山东、山西、吉林、辽宁、台湾等地都有病例报道。通常认为人的感染来源于猪，不少病例有与猪接触的病史。人体感染主要是通过吞食被包囊污染的食物或饮水。

## 二、海绵动物

海绵动物是最原始、最简单的多细胞动物，因身体比较柔软而得名。隶属于海绵动物门。它们的外观并不像动物，不会游动，营固着生活，附着于水中的岩石、贝壳、水生植物和其他物体上。身体的形状千姿百态，有片状、块状、圆球状、扇状、管状、瓶状、壶状、树枝状等。由于它们的体壁上有许多小孔，是水流入体内的通道，所以又叫多孔动物。体壁内长着具有支持作用的针状骨骼，由内、外两层细胞构成。生殖方式有无性和有性两种。大多数种类生活于海水中，少数生活在淡水里。共有大约 5 000 种，可分为钙质海绵类（如白枝海绵、毛壶）、六放海绵类（如偕老同穴）和寻常海绵类（如浴海绵、针海绵）等类群。

### 1. 脆针海绵

脆针海绵也叫淡水海绵，是淡水中常见的海绵动物。体长 180～255μm。隶属于海绵动物门、单轴纲、简骨海绵科。群体为灰褐色，呈棒状，表面凹凸不平，有很多出水孔。体内的海绵质纤维纵横交错，构成密网，干燥后很脆弱。有针状的骨骼，表面光滑无刺。

脆针海绵分布于我国河南、江苏等地。栖息于水质较清的溪流、沼泽中。常附生在石块、树枝或水草等物体上。微小的食物随着水流从入水孔进入体内，不消化的东西再从出水孔流出体外。生殖时先形成一种叫作“芽球”的结构，再发育为群体。

由于它比较常见，在淡水水域附近的某些犯罪现场有可能出现它的痕迹。

### 2. 海姜皮海绵

海姜皮海绵也叫无花果皮海绵、海姜等。长、宽各为 40～70mm，厚约 30mm。隶属于海绵动物门、寻常海绵纲、单轴海绵目、皮海绵科。身体呈不规则块状，形如生姜，略侧扁。体表平坦，背面常有几个呈“一”字形的出水孔。体壁很厚，表面光滑，质地柔韧。体内有圆头针状体，其长短变异很大，此外还有中央膨大的小骨片。体为绿灰色，有时略有橙色、红色、紫色。

海姜皮海绵分布于我国北方海域。常见直接固定于海底软泥底质上。

海姜皮海绵大量繁殖时危害贝类养殖。由于它比较常见，在海岸附近的某些犯罪现场有可能出现它的痕迹。

### 3. 日本矶（jī）海绵

日本矶海绵也叫山形海绵，是我国海滨常见的海绵动物。体高 13～75mm。隶属于海绵动物门、寻常海绵纲、单轴海绵目、矶海绵科。身体多呈不规则山形，体裹有许多管状突起，约 10mm。顶端有出水孔，直径 1～2mm，孔间距离 8～31mm。体表有很多小的入水孔，肉眼不易分辨。身体柔软。体表有单轴杆状体。生活时为橙红色或橙黄色，乙醇固定后为黄色或白色。

日本矶海绵分布于我国青岛、烟台、北戴河、大连等地。常见于沿海地低潮线附近。附着于岩石上营固着生活，群体常连成一片。

日本矶海绵大量繁殖时对贝类养殖有影响。由于它比较常见，在海岸附近的某些犯罪现场有可能出现它的痕迹。

## 三、腔肠动物

腔肠动物也叫刺胞动物，是原始、简单的多细胞动物。隶属于腔肠动物门。体型呈辐射对称，主要有营固着生活的水螅型和漂浮的水母型两种。体壁由两个细胞层组成，分别称为外胚层和内胚层，在两个胚层之间有一层胶状物质，称为中胶层。大多为捕食性的动物，口的周围有许多触手，触手上有特殊的刺细胞，能翻出毒丝，放射毒素，可以捕食和防御敌害。生殖方式有无性和有性两种。大多数种类生活于海水中，少数生活在淡水里。共有大约 11 000 种，可分为水螅类（如水螅、僧帽水母）、钵水母类（如海蜇、海月水母）、珊瑚类（如珊瑚、海葵）等类群。

## 1. 褐水螅（xī）

褐水螅是池塘中常见的小动物。体长 2~3cm。隶属于腔肠动物门、水螅纲、水螅科。身体呈圆筒形。上端有口，周围生有 4~6 条触手，长度为身体的 2~3 倍。基部以淡白色的基盘附着在水中的水草、枯叶或石块上。

褐水螅栖息于清洁的、水草茂盛的池塘中。基盘可以在附着物上滑走，或以翻跟斗的方式来运动。利用布满刺细胞的触手来捕获比它的身体大很多倍的蚤类、小昆虫幼虫等食物。无性生殖的方式是出芽，芽体呈螺旋状排列，一个接着一个地依次相继生出。也可以在身体上方生出球形的精巢和在身体下方生出乳头状的卵巢，进行有性生殖。再生能力很强，如果被切成几个小段，每一个小段都能长成一个完整的个体。

由于它比较常见，在淡水水域附近的某些犯罪现场有可能出现它的痕迹。

## 2. 霞水母

霞水母是我国海滨常见的水母。伞径 140~300mm。隶属于腔肠动物门、钵水母纲、旗口水母目、霞水母科。伞部扁平。外伞表面中央具有许多刺细胞。内伞纵辐位置有 8 束触手，每束数目多而细长，内伞环肌和辐肌束发达。口呈十字形，口腕发达，从胃囊共发出 16 条辐管，每条辐管的分支小管在伞缘彼此相连形成复杂的网状管。无环管。伞缘有 16 个缘垂，8 个感觉器。生殖腺位于胃壁上，呈扭曲状。外伞和口腕呈乳白色或褐色，生殖腺淡黄褐色，触手淡红色。

霞水母主要生活于温带和热带海洋，尤以山东半岛沿岸较为普遍。常在 8~9 月成群漂浮于沿海海面和港湾中。

霞水母捕食幼鱼、虾、蟹、软体动物的幼虫，对渔业有危害。

由于它比较常见，在海洋及附近的某些犯罪现场有可能出现它的痕迹。

## 3. 僧帽水母

僧帽水母是体型较大的水母。体长 6~30cm。隶属于腔肠动物门、水螅纲。人们通常看到的是在水面上漂浮的淡蓝色透明囊状体，前端尖，中间隆起，后端钝圆，形状很像和尚（僧侣）的帽子，所以得名。实际上它是由多种形态和功能的个体生活在一起的群体动物。群体是个体由出芽繁殖形成后，不脱离母体而形成的。

僧帽水母分布于我国东南沿海，以及太平洋、大西洋中。栖息于海面上，主要伴随温暖的海流漂浮。群体中形态、功能不同的个体主要包括浮囊体、营养体、指状体和生殖体等。浮囊体能在水面上升高和下降，可以漂流到有食物的地方或躲避敌害等。营养体为葫芦状，有口和有分枝的触手，可以捕捉小鱼、浮游生物等食物。指状体和营养体相似但没有口，触手也不分枝，但有感觉功能。生殖体呈葡萄状，有生殖功能。所有营养体、指状体、生殖体都悬挂在浮囊体的腹面。

僧帽水母触手刺胞具有一定毒力，如不小心被其刺中，则会感到疼痛，严重的除了遭受剧痛之外还会出现血压骤降，呼吸困难，神志逐渐丧失，全身休克，最后因肺循环衰竭而死亡。

## 4. 长硬钩手水母

长硬钩手水母是我国海滨常见的水母。伞径 9~15mm，伞高 4~6mm。隶属于腔肠动物门、水螅虫纲、淡水水母目、花笠水母科。伞半球形或近半球形，中胶层薄而硬，伞缘有 50~80 个长而硬的触手，在接近远端处有一盘状黏液腺，用以分泌黏液，附着于海藻或其他附着物，触手在此处弯曲成一钝角。触手基部有一卵圆形触手球。平衡囊与触手交互排列，有时在两触手之间有 2~3 个平衡囊，每个平衡囊内有一个小平衡石。缘膜发达，有发达的环肌。胃部较小，有短柄。有 4 条窄的辐管，口缘有 4 个皱褶口唇。辐管两侧有 4 个带形的生殖腺，具 3~4 个皱褶，但不与环管相连。生殖腺、辐管、环管均为红褐色，触手及触手球浅褐色，触手基部绿色。

长硬钩手水母分布于我国北方海域。常见于近岸处海藻繁盛的海水中。它在水中漂浮游动，以小型甲壳类和幼体等为食。

由于它比较常见，在海洋及附近的某些犯罪现场有可能出现它的痕迹。

## 5. 海月水母

海月水母是最常见的水母（图 2.1）。隶属于腔肠动物门、钵水母纲、旗口水母目、洋须水母科。它的身体白色透明如圆伞、直径可达 30cm，在伞的边缘上生有触手，并有 8 个缺刻，每个缺刻中有一个感觉器。腹面中央有一个呈四角形的口，由口的四角上伸出 4 条口腕，口腕的长度约为伞径的 1/2，口腕缘上长着一排细小的触手。

图 2.1 海月水母

海月水母在世界各个海区均有分布，我国沿海经常可以见到。常在 7~8 月成群浮游在海面上，退潮时常搁浅于沙滩上。

海月水母触手空心，有环状的刺胞。当它与人接触时，可产生蜇伤，后果轻则皮肤红肿，重则致命。少数人在海滨浴场接触可出现过敏现象。

由于它比较常见，在海洋及附近的某些犯罪现场有可能出现它的痕迹。

## 6. 海蜇（zhé）

海蜇又名海蛇、水母、白皮子，是我国沿海常见的水母（图 2.2）。身体分为伞部和口腕部两部分，伞体近半球形，伞径一般为 30~45cm，大的可达 1m。伞缘有 8 个缺刻，每个缺刻内有感觉器一个。两个缺刻之间各有 14~20 个缘瓣。口腕 8 个，各自分歧，在口腕的上面有 8 对褶皱的肩板。每个口腕和肩板边缘上有许多棒状、长棒状和丝状附属器。海蜇颜色变化很大，多为青蓝色，但有时呈暗红色、黄褐色，只有触指及附属器呈白色。

图 2.2 海蜇

海蜇分布于我国沿海，夏季在浙江和福建沿海最多。生长在河口附近和泥质海底的海水中，随波逐流地漂浮。每年 8~9 月常成群浮游于海面。海蜇伞部下面有无数触须，在触须上有密集的刺丝囊，刺丝囊内含有毒液。当海蜇受到刺激时，囊中盘曲的管状刺丝弹出，刺入其他动物体内，并把毒液注入麻痹或杀死小动物，作为饵料。

人们在海中作业、游泳或捕捞时，当皮肤接触到触须，可被蜇伤，引起局部或全身症状。但专门捕捞海蜇的渔民因经常被蜇产生耐受性，所以很少发病。海蜇离水后毒性消失，加工后的海蜇无毒性，可以食用。

由于它比较常见，在海洋及附近的某些犯罪现场有可能出现它的痕迹。

## 7. 沙蜇

沙蜇又名倒牛，是我国沿海常见的水母。伞体呈半球形，外伞表面密布粒状突起，因而得名为

“沙蜇”。它是一种较大而有剧毒的海蜇，所以在浙江把它叫作“倒牛”。沙蜇伞体直径1m以上，大的可达1.6m，重达175kg。伞缘约有120个缘瓣，在8对小型的感觉缘瓣之间各有约12个缘瓣。口部的上方在从辐位置有16个肩板。肩板的缝合褶上有许多丝状附属器。口腕的上部比较长，下部短，两翼短而反复分枝形成皱褶边缘，口腕上有许多丝状附属器，越在口腕下部的越长。伞体为浅褐色或沙色，缘瓣呈褐色。口、肩板、口腕等部分略呈褐色，丝状附属器尖端略呈紫色。

沙蜇每年随寒流漂流到我国沿海，8~9月在黄海出现，秋末冬初多成群漂流到山东、浙江一带。它喜欢栖息在沙底或泥沙底的海域中，对清水或混浊海水都能适应。

沙蜇的刺细胞发达而且有剧毒，被它蜇伤后痛痒交加，皮肤红肿，最为渔民所忌恨。因此捕捞沙蜇时需要把带刺细胞的口腕及肩板等割去，只把它的伞体部分捞上来。

由于它比较常见，在海洋及附近的某些犯罪现场有可能出现它的痕迹。

## 8. 面蜇

面蜇是我国沿海常见的水母。伞体半球形，伞径一般10~40cm。伞体的颜色多为沙色或淡褐色。中胶层发达，中央部分肥厚，边缘比较薄。伞缘分成64个或更多的缘瓣。口腕较长。肩板8对，很发达，在肩板的上面有一些褶襞，褶襞上有许多小触指和吸口以及丝状附属器。口腕的下部有3个侧扁的翼，每个翼和口腕下方有许多小触指、吸口和丝状附属器，口腕下部和外侧还有肥大的棒状附属器，极易脱落。

面蜇分布于黄海。栖息在寒流与暖流之间的海面，特别喜欢生活在沙质或泥沙质海底的海湾中。每年8~9月产卵。

面蜇是对人能造成一定危害的有毒动物，有人可能会利用它进行违法犯罪活动，在某些犯罪现场也有可能出现它的痕迹。

## 9. 黄斑海蜇

黄斑海蜇是生活于热带的大型水母。伞径为20~45cm。隶属于腔肠动物门、钵水母纲、根口水母科。身体的形状很像伞状，乳白色，中央的胶质较厚，向边缘逐渐变薄。外表面粗糙，具有许多小而尖的黄褐色斑点状突起。伞下有8个延长并加厚的口腕，口腕上有小的吸口和许多棒状和丝状小触手。

黄斑海蜇分布于我国广东、广西和福建南部沿海。栖息于海面上，随波漂浮。小触手中能分泌毒液，捕捉微小的动植物等食物，送入吸口中。除了精卵在体内受精的有性生殖过程外，幼体还会以无性生殖的办法大量增加其个体的数量。

黄斑海蜇是重要经济种类，其伞部和口腕用明矾处理，洗净后以盐浸制，海蜇皮及海蜇头，可供食用。

黄斑海蜇遇风浪较大时常有个体被冲至岸边。它的刺有毒，人被蜇伤后皮肤红肿痛痒。

由于它比较常见，在海洋及附近的某些犯罪现场有可能出现它的痕迹。

## 10. 红珊瑚

红珊瑚也叫桃色珊瑚，是我国的珍稀珊瑚。体长40~50cm。隶属于腔肠动物门、珊瑚纲、红珊瑚科。由无数称为珊瑚虫的个体共同生活在一起，能分泌石灰质的骨骼，质地坚密，以群体方式附着在某一基底上，形状如同枝条劲发的小树，因此从前曾被人们认为是植物。每个珊瑚虫具有8个羽状的触手，以及口道和消化腔。

红珊瑚分布于我国台湾沿海。栖息于水流快、温度高、比较清静的暖海地区的浅海地带。以群体方式附着在岩石等基底上，过着固定的生活。以微小的浮游生物等为食。生殖有两种方式，有性生殖是珊瑚虫通过卵巢和精囊产生精子和卵子，受精卵在消化腔中发育成具有纤毛的浮浪幼虫，然后外出自由游泳，固着后形成新的群体的第一个珊瑚虫。珊瑚群体的增长则主要靠无性生殖，在群体的外部像树木出芽一样长出芽孢，每个芽孢又变成新的珊瑚虫，这样不断生长，形成互相连接、共同生活的群体。

红珊瑚在我国野外数量十分稀少，被列为国家Ⅰ级重点保护野生动物。但是，偷猎、盗挖的犯罪现象也时有发生。

### 11. 星虫状海葵

星虫状海葵是我国沿海常见的海葵。体长可达15cm。隶属于腔肠动物门、珊瑚纲、海葵目、爱氏海葵科。身体细长呈蠕虫形，当触手收缩时形状似星虫。身体上部较粗，下部较细，基盘部膨大。盘较小，触手细长，36条，通常排成2圈。有8个完整的大隔膜，上面有强韧的收缩肌、生殖腺和胃丝；24个不完整的小隔膜上缺少肌肉、生殖腺和胃丝。体为灰褐色或黄褐色，触手为黄色或灰褐色。

星虫状海葵分布于渤海、黄海、南海等海域。栖息于潮间带的泥滩内，在泥沙岸分布较多，常固着于泥沙中的小石块或贝壳上面，营埋栖生活。在水中触手展开于泥沙表面，受刺激后即缩入泥沙中。

星虫状海葵较易采集，在温州一带是沿海居民喜食的一种海洋食品，也是一种开发前景较好的海产品。由于它比较常见，在海洋及附近的某些犯罪现场有可能出现它的痕迹。

### 12. 绿海葵

绿海葵是我国沿海常见的海葵。体长为20~30mm，口盘直径为15~20mm，身体呈圆筒状，体壁平滑，壁上有很多小孔，有白丝从小孔伸出。触手分数圈排列在口盘上，触手排列第一圈为12根，第二圈16根，第三圈24根，第四圈48根，总数为100根。触手为绿色，口盘绿色，间有黄色的辐射线，体壁暗绿色。体侧橙黄色。

绿海葵在海滨低潮线以上岩石中较为常见。它分布于黄海沿岸。

绿海葵体内含有毒质，不能食用。它是对人、畜能造成一定危害的有毒动物，有人会利用它进行违法犯罪活动，在某些犯罪现场也有可能出现它的痕迹。

### 13. 黄海葵

黄海葵也叫海菊花、海腚根，是外表很像植物的动物。体长5~7cm。隶属于腔肠动物门、珊瑚纲、海葵科。身体呈圆柱状，体壁为黄褐色。上端的开口为青褐色，称为口盘，口盘的中央为口，口部周围有充分伸展的软而美丽的赤褐色花瓣状触手，共有96根，犹如生机勃勃的向日葵，因而得名。底下的封闭端称为基盘。

黄海葵分布于我国渤海、黄海和东海等地。栖息在海岸潮间带。通常用宽大的基盘固着于泥沙中的石块、贝壳等硬物上，但也可以缓缓地滑行。当潮水退落时，触手伸展与泥沙的表面平行，若受到触动会将身体收缩，排空触手内的水，把口盘和触手全部缩入体内，退缩于泥沙中。触手具有摄食、保卫和运动的功能，可以捕食小型水生动物。

黄海葵可以入药，主治痔疮、脱肛、带下、中气下陷、蛲虫病，较容易采集。黄海葵是对人、畜能造成一定危害的有毒动物，有人会利用它进行违法犯罪活动，在某些犯罪现场也有可能出现它的痕迹。

## 四、扁形动物

扁形动物是较为简单的无脊椎动物类群。隶属于扁形动物门。身体扁平，两侧对称，可以区分前后端、背腹面、左右侧。有较为集中的神经细胞。消化道有口，没有肛门。营自由生活或寄生生活。自由生活的种类分布于海水、淡水或潮湿的土壤中，肉食性。寄生生活则寄生于其他动物的体表或体内，摄取寄主的营养。共有大约 18 000 种，可分为涡虫类（如直口涡虫、三角真涡虫）、吸虫类（如华支睾吸虫、日本血吸虫）和绦虫类（如猪带绦虫）等类群。

### 1. 直口涡（wō）虫

直口涡虫是淡水中常见的微小动物。体长 1~2mm。隶属于扁形动物门、涡虫纲、链形科。身体细长，呈柳叶形，能收缩。前端钝，后端尖。纤毛分布全身。身体透明，可以看到皮肤内有许多杆状体和脑神经。口位于脑神经的后面。体内有粗大的肠，但长度达不到身体的末端。排泄管的开口在尾部的后端。

直口涡虫分布于世界各地。栖息于淡水中。营自由生活。活泼，怕光。靠纤毛的摆动在水中活动。以小的藻类、甲壳动物和其他微小的生物为食。当遇到不利的条件时，肠内的大量食物常由口内排出。再生能力很强，如果被切成几段，用不了多久，每一个小段都会长成一个完整的个体。

薄背涡虫比较常见，在各种淡水水域附近的某些犯罪现场有可能出现它的痕迹。

### 2. 薄背涡虫

薄背涡虫体长为 1~2mm。隶属于扁形动物门、涡虫纲、多肠目、背涡虫科。体薄而扁长，前端钝圆并向后端渐渐变窄，呈长椭圆形。触角不明显，位于体前方。两触角间的距离较与边缘的距离小约 1/2。两触角的基部聚集了很多眼点形成稍大的触手眼点，在两脑的内侧上方具两簇较小的脑眼点。口位于腹面中央稍靠前处，咽具较浅的侧褶。雌雄生殖孔分离，皆位于口后，雄生殖孔位于雌生殖孔前。长的阴茎可从雄孔伸出。雌雄同体，异体受精，有交配现象。生活时体多呈淡黄色或灰色，分支肠的体中部色深于体边缘。

薄背涡虫分布于我国北方沿海。常见于海滨潮间带，栖息在岩石下或牡蛎壳间，爬行速度较快。

薄背涡虫比较常见，在海岸附近的某些犯罪现场有可能出现它的痕迹。

### 3. 网纹平涡虫

网纹平涡虫也叫网平角涡虫。体长 20~50mm。隶属于扁形动物门、涡虫纲、多肠目、平角科。体扁平，卵圆形，前端宽圆，后端稍窄，体背面近前端约 1/4 处，有一对细圆锥形的触角，其基部有呈环形排列的触手眼点，触手间稍前有脑眼点两丛。口位于腹面中央，具 4 对或 5 对深的侧褶，沿体中线有纵走的肠管，向两侧有许多分支，末端为盲端。体背表面灰褐色，有深色的色素颗粒，常结成网状，腹面颜色较浅。生殖孔位于口后，靠前者为雄性生殖孔，靠后者为雌性生殖孔。

网纹平涡虫分布于我国北方沿海地带。常见于潮间带岩石块下，春秋季节较多。

网纹平涡虫比较常见，在海岸附近的某些犯罪现场有可能出现它的痕迹。

### 4. 布氏姜片虫

布氏姜片虫是寄生人体小肠中的一种大型吸虫。体长为 2~7.5cm。隶属于扁形动物门、吸虫纲。成虫长椭圆形、肥厚，新鲜虫体呈肉红色，背腹扁平，前窄后宽，体表有体棘。口吸盘近体前端，腹吸盘靠近口吸盘后方，漏斗状，肌肉发达，较口吸盘大 4~5 倍，肉眼可见。咽和食管短；睾丸两个，前后排列于虫体的后半部。阴茎袋呈长袋状。卵巢具分支。子宫盘曲在卵巢和腹吸盘之间。生殖孔位于腹吸盘的前缘。卵呈椭圆形，淡黄色。

布氏姜片虫的中间宿主为扁卷螺。终宿主是人、家猪、野猪等。成虫寄生在小肠，严重感染时可扩展到胃和大肠。寿命一般为数年。

布氏姜片虫受精卵随终宿主粪便排出，如到达水中，在适宜温度（26~32℃）条件下经 3~7 周发育成熟，孵出毛蚴。毛蚴侵入扁卷螺的淋巴间隙中，经 1~2 个月完成了胞蚴、母雷蚴、子雷蚴与尾蚴阶段的发育繁殖。成熟的尾蚴从螺体逸出，在水中的水生植物如水红菱、荸荠、茭白等及其他物体的表面，分泌出成囊物质包裹其体部，脱去尾部形成囊蚴。尾蚴亦可不附着在媒介植物或其他物体上，而能在水面结囊。终宿主食入囊蚴后，在消化液和胆汁的作用下后尾蚴脱囊，经 1~3 个月的发育变成成虫。

布氏姜片虫病在我国除东北、内蒙古、新疆、西藏、青海、宁夏外，其他地方均有发生。该病流行决定于流行区存在传染源、中间宿主与媒介，尤其是居民有生食水生植物的习惯者。近几年许多经济发展较快的地区感染率和感染度迅速下降。

### 5. 日本血吸虫

日本血吸虫是人体内的寄生虫。雄性体长 5~18mm，雌性体长 7~27mm。隶属于扁形动物门、吸虫纲、裂体吸虫科。雄性身体粗短，为乳白色，体表光滑。前端有一个口吸盘，后面有一个腹吸盘，均突出如杯状。体侧向腹面卷曲，形成小槽，称为“抱雌沟”，用以夹抱雌性。雌性身体纤细如丝，为暗褐色，也具有口吸盘和腹吸盘。

日本血吸虫的生活史比较复杂，包括在终宿主体内的有性世代和在中间宿主钉螺体内的无性世代的交替。生活史分成虫、虫卵、毛蚴、母胞蚴、子胞蚴、尾蚴、童虫等 7 个阶段。

日本血吸虫寄生在人或一些哺乳动物的血管内。雌性在肠壁附近产卵，卵呈椭圆形，可以穿透肠壁，随粪便排出。在水中孵化出的幼体称为“毛蚴”，进入在水中生活的钉螺体内发育增殖，经过“胞蚴”阶段后，产生许多“尾蚴”，从钉螺的体内逸出，密集在水面上。当接触到人、畜后，便侵入皮肤，进入血管内发育为成体。一般自“尾蚴”感染至成体产卵大约需要 4 周，产出的卵发育成熟至少需要 11 天。成体在人体内的寿命为 11~20 年。

人被感染后就会得日本血吸虫病，成人丧失劳动能力，儿童不能正常发育，妇女不能生育，甚至丧失生命。我国日本血吸虫病的流行地区分布于长江流域及其以南的湖北、湖南、江西、安徽、江苏、云南、四川、浙江、广东、广西、上海、福建等地。

在传播途径的各个环节中，含有血吸虫虫卵的粪便污染水源、钉螺的存在以及群众接触疫水，是三个重要的环节。粪便污染水的方式与当地的农业生产方式、居民生活习惯及家畜的饲养管理有密切关系。当水体中存在感染血吸虫的阳性钉螺时，便成为疫水，对人、畜具有感染性。人体感染血吸虫的方式一般可分为生产下水和生活下水两类。如果在不清洁的水域中游泳、洗澡、捕鱼等，就有可能染病。

### 6. 斯氏狸殖吸虫

斯氏狸殖吸虫是人兽共患以兽为主的致病虫种，可引起皮下型并殖吸虫病。体长为 3. 5~6mm。隶属于扁形动物门、吸虫纲。成虫虫体窄长，前宽后窄，两端较尖。腹吸盘位于体前约 1/3 处，略大于口吸盘。卵巢位于腹吸盘的后侧方，形如珊瑚。睾丸 2 个，左右并列。虫卵椭圆形。

斯氏狸殖吸虫的第一中间宿主有泥泞拟钉螺等小型及微型螺类，大多栖息于溪流较小、流速较缓的山沟中，附着于枯枝、落叶的下面，石块周围，苔藓之中。第二中间宿主有锯齿华溪蟹等。多种动物，如蛙、鸟、鸭、鼠等可作为它的转续宿主。终末宿主为果子狸、猫、犬、豹猫等哺乳动物。

斯氏狸殖吸虫在我国发现于甘肃、山西、陕西、河南、四川、云南、贵州、湖北、湖南、浙江、江西、福建、广西、广东等地。它在动物体内的肺、胸腔等处结囊、成熟产卵，引起一系列病变。人可能是本虫的非正常宿主，在人体内，侵入的虫体大多数停留在童虫状态，到处游窜，难以定居，造成局部或全身性病变——幼虫移行症。主要表现为游走性皮下包块或结节，常见于胸背部、腹部。包块多紧靠皮下，边界不清，无明显红肿，摘除切开包块可见隧道样虫穴，有时能查见童虫。

## 7. 中华分支睾（gāo）吸虫

中华分支睾吸虫也叫华支睾吸虫、肝吸虫。体长为10~25mm。隶属于扁形动物门、吸虫纲。成虫体型狭长，背腹扁平，前端尖细，后端略钝，体表无棘。口吸盘略大于腹吸盘。消化道的前部有口、咽及短的食管，然后分叉为两肠支伸至虫体后端。睾丸前后排列于虫体后端1/3处，呈分支状，从睾丸各发出1支输出管会合为输精管，向前逐渐膨大形成储精囊，接射精管开口于生殖腔。无阴茎和阴茎袋。卵巢边缘分叶，位于睾丸之前。子宫开口于腹吸盘前缘的生殖腔。卵呈黄褐色，甚小，形状似芝麻。

中华分支睾吸虫成虫寄生于人或哺乳动物的胆管内，可引起华支睾吸虫病，又称肝吸虫病。虫卵随胆汁进入消化道混于粪便排出，在水中被第一中间宿主淡水螺吞食后，在螺体消化道孵出毛蚴，穿过肠壁在螺体内发育，经历了胞蚴、雷蚴和尾蚴3个阶段。成熟的尾蚴从螺体逸出，遇到第二中间宿主淡水鱼类，则侵入鱼体内肌肉等组织发育为囊蚴。终宿主因食入含有囊蚴的鱼而被感染。囊蚴在十二指肠内脱囊。脱囊后的后尾蚴沿胆汁流动的逆方向移行，经胆总管至肝胆管，也可经血管或穿过肠壁经腹腔进入肝胆管内，通常在感染后1个月左右，发育为成虫。成虫在人体的寿命有的可长达20~30年。

中华分支睾吸虫人体感染在我国除青海、宁夏、新疆、内蒙古、西藏等地外，其他地方都有不同程度流行。许多感染者并无明显症状，严重感染者在晚期可造成肝硬化腹水，甚至死亡。

## 8. 肝片形吸虫

肝片形吸虫是牛羊及其他哺乳动物胆道内的常见寄生虫，人体亦可感染。体长为2~5cm。隶属于扁形动物门、吸虫纲、片形科。头锥明显，口吸盘位于头锥的前端，腹吸盘较小，位于头锥基部，肠支呈树枝状。睾丸两个，高度分支，前后排列，位于虫体中部。虫卵椭圆形，淡黄褐色。卵壳薄，一端有小盖，卵内充满卵细胞和卵黄细胞。

成虫寄生在牛、羊及其他哺乳动物胆道内。中间宿主为椎实螺类，在我国以截口土蜗为最重要的中间宿主。虫卵随终宿主胆汁入肠道，并随粪便排出，在适宜温度的水中，卵内发育为毛蚴，毛蚴逸出后进入中间宿主经过一代胞蚴及两代的雷蚴发育后，逸出的尾蚴在水草等物体表面结囊。囊蚴被终宿主吞食后，后尾蚴穿过肠壁，经腹腔侵入肝，也可经肠系膜静脉或淋巴管进入胆道。整个生活史过程为10~11周。在人体内的寿命可长达12年。

人体肝片形吸虫病在急性期一般表现为高热与腹痛。虫体进入胆管后病变逐渐转为慢性，出现低白蛋白血症与高免疫球蛋白血症。晚期血红蛋白减少，出现贫血。

## 9. 卫氏并殖吸虫

卫氏并殖吸虫是引起肺型并殖吸虫病为主的寄生虫。体长7.5~12.1mm。隶属于扁形动物门、吸虫纲。成虫体肥厚，背侧略隆起，腹面扁平，呈红褐色，半透明。除口吸盘、腹吸盘、生殖孔、排泄孔及其附近的体壁外，全身满布体棘。口、腹吸盘大小略同。卵巢与子宫并列于腹吸盘之后，卵巢分5~6叶，形如指状。睾丸分支。肠管分支，弯曲；排泄孔位于虫体后端腹面。虫卵金黄色，椭圆形。

卫氏并殖吸虫的终宿主除人外，主要为肉食哺乳动物如犬、猫。第一中间宿主为生活于淡水的川卷螺类。第二中间宿主为淡水蟹和蝲蛄。它的生活史过程包括卵、毛蚴、胞蚴、母雷蚴、子雷蚴、尾蚴、囊蚴（脱囊后称后尾蚴）、童虫及成虫等阶段。成虫主要寄生于肺，所形成的虫囊往往与支气管相通，虫卵经气管随痰或吞入后随粪便排出。卵入水后，在适宜条件下约经3周发育成熟并孵出毛蚴。毛蚴在水中活动，如遇川卷螺，则侵入并发育，经过胞蚴、母雷蚴、子雷蚴的发育和无性增殖阶段，最后形成许多具有小球形尾的短尾蚴。成熟的尾蚴从螺体逸出后，侵入淡水蟹或蝲蛄，或随螺体一起被吞食而进入第二中间宿主体内。在蟹和蝲蛄肌肉、内脏或腮上形成球形或近球形囊蚴。囊蚴具两层囊壁。人吃了含有囊蚴的淡水蟹或蝲蛄而感染。

囊蚴经消化液作用，在小肠内幼虫脱囊而出。童虫靠前端腺分泌液及强有力的活动，穿过肠壁进入腹腔，徘徊于各器官之间或邻近组织及腹壁。经过1～3周窜扰后，穿过膈经胸腔进入肺。在移行过程中，虫体逐渐长大并在肺中形成虫囊。自囊蚴进入终宿主到在肺成熟产卵，约需两个多月。

卫氏并殖吸虫在我国分布于山东、江苏、安徽、江西、浙江、福建、广东、河南、湖北、湖南、四川、贵州、广西、云南、海南、台湾、甘肃、陕西、山西、河北、辽宁、吉林、黑龙江等地。卫氏并殖吸虫的致病，主要是童虫或成虫在人体组织与器官内移行、寄居造成的机械性损伤，及其代谢物等引起的免疫病理反应。

## 10. 日本棘隙吸虫

日本棘隙吸虫是一种小型人体寄生虫。成虫体长1mm左右。隶属于扁形动物门、吸虫纲、棘口科。头棘24枚。

虫卵在水中经发育，孵出毛蚴。中间宿主为淡水螺类，毛蚴侵入后经胞蚴、母雷蚴、子雷蚴等期发育为尾蚴。尾蚴逸出后侵入第二中间宿主（软体动物，蝌蚪或鱼类）形成囊蚴，也可不逸出就在原宿主体内形成囊蚴。其中麦穗鱼的感染率最高，成虫寄生在小肠。

日本棘隙吸虫在福建、广东有局部的流行。人体主要是吃未煮熟淡水鱼，吞食生的蝌蚪等也可能感染。轻度感染常无明显症状，临床表现有乏力、头昏、头痛、食欲不振、腹痛、肠鸣、腹泻、大便带血和黏液等胃肠症状。严重感染者可有厌食、下肢浮肿、贫血、消瘦、发育不良，甚至合并其他疾病而死亡。

## 11. 异形异形吸虫

异形异形吸虫是一种小型吸虫。体长为1～1.7mm。隶属于扁形动物门、吸虫纲、异形科。成虫呈长梨形，口吸盘较腹吸盘小，生殖吸盘位于腹吸盘的左下方。睾丸2个，位于肠支末端的内侧。储精囊弯曲，卵巢在睾丸之前紧接卵模，卵黄腺在虫体后部两侧各有14个。子宫很长，曲折盘旋，向前通入生殖吸盘。虫卵棕黄色，有卵盖。

异形异形吸虫成虫寄生在鸟类与哺乳动物的肠管。在我国第一中间宿主为淡水螺，种类很多；第二中间宿主为淡水鱼，包括鲤科与非鲤科鱼类，偶然也可在蛙类寄生。卵很小。生活史包括毛蚴、胞蚴、雷蚴（1～2代）、尾蚴与囊蚴等阶段。

异形异形吸虫在我国主要见于台湾，其他地区感染的病例较少。它的成虫很小，在肠管寄生时可钻入肠壁，因此虫体和虫卵有可能通过血液到达其他器官。成虫在心肌，卵在脑、脊髓、肝、脾、肺与心肌等处沉着，并可能造成严重后果。重度的消化道感染可出现消瘦和消化道症状。

## 12. 猪带绦（tāo）虫

猪带绦虫也叫链状带绦虫、猪肉绦虫、有钩绦虫，是我国主要的人体寄生绦虫。体长200～300cm。隶属于扁形动物门、绦虫纲、带形科。身体为白色，带状，分为头节、颈部和节片3个部分。头节为圆球形，前端称为顶突，顶突上有25～50个小钩，下面有4个圆形的吸盘。颈部纤细，能不断地分裂出节片。节片通常有800～900个。

人是猪带绦虫的终宿主，也可作为其中间宿主；猪和野猪是主要的中间宿主。猪带绦虫以吸盘和小钩附着于人的小肠上，带有受精卵的成熟节片可以随粪便排出，被猪吞食以后钻入肠壁进入血管或淋巴流带至全身，一般在肌肉中经过60～70天发育成“囊尾蚴”。这种有“囊尾蚴”的俗称为“豆肉”，未煮熟的“豆肉”被人吃了以后，“囊尾蚴”便借助吸盘和小钩附着于人的肠壁上，经2～3个月发育为成体。成体在人体内的寿命为25年。

人被猪带绦虫感染后就会得猪带绦虫病，症状为消化不良、腹痛、腹泻、失眠、乏力、头痛等，儿童可影响发育。如果“囊尾蚴”寄生在脑、眼、肌肉等部位，还会引起癫痫、昏迷、呕吐、失明、肌肉酸痛或麻木等。

猪带绦虫病在我国分布很普遍，主要分布在云南、黑龙江、吉林、山东、河北、河南等地。我国普遍采用栏圈养猪，但有的地方则不用猪圈，或是仔猪敞放，或是厕所建造简陋，猪能自由出入，吞食粪便。也有些流行地区居民不习惯使用厕所，或人厕畜圈相连（连茅圈），造成了猪受染的机会。在猪带绦虫病严重的流行区，当地居民有爱吃生的或未煮熟的猪肉的习惯，或者在切肉时生熟不分，对本病的传播起着决定的作用。

## 13. 肥胖带绦虫

肥胖带绦虫也叫牛带绦虫、牛肉绦虫、无钩绦虫。体长 4～8m。隶属于扁形动物门、绦虫纲。身体为带状，分为头节、颈部和节片 3 个部分，节片 1 000～2 000 节。头节较厚、透明，没有顶突及小钩。

肥胖带绦虫的终宿主是人。成虫寄生在人的小肠上段，头节常固着在十二指肠空肠曲下 40～50cm 处，孕节多逐节脱离链体，随宿主粪便排出。通常每天排出 6～12 节，最多 40 节。每一孕节含虫卵 8 万～10 万个。当孕节沿地面蠕动时可将虫卵从子宫前端排出，或由于孕节的破裂，虫卵得以散播。当中间宿主牛吞食到虫卵或孕节后，虫卵内的六钩蚴即在其小肠内孵出，然后钻入肠壁，随血循环到周身各处，经 60～70 天发育为牛囊尾蚴。除牛之外，羊、美洲驼、长颈鹿、羚羊等也可被牛囊尾蚴寄生。

人若吃到生的或未煮熟的含有囊尾蚴的牛肉，经肠消化液的作用，囊尾蚴的头节即可翻出并吸附于肠壁，经 8～10 周发育为成虫。成虫寿命可达 20～30 年，甚至更长。

感染成虫的患者一般无明显症状。由于牛带绦虫孕节活动力较强，几乎所有患者都能发现自己排出节片，多数患者同时有孕节自动从肛门逸出和肛门瘙痒的症状。脱落的孕节在肠内移动受到回盲瓣阻挡时，可加强活动而引起回盲部剧痛。

肥胖带绦虫是世界性分布，在多吃牛肉，尤其是有吃生的或不熟牛肉习惯的地区和民族中形成流行，一般地区仅有散在的感染。我国新疆、内蒙古、西藏、云南、宁夏、四川的藏族地区、广西的苗族地区，贵州的苗族、侗族地区，以及台湾的雅美族和泰雅族地区有地方性的流行。造成牛带绦虫病地方性流行的主要因素是患者和带虫者粪便污染牧草和水源以及居民食用牛肉的方法不当。由于牛的放牧很普遍，而当地农牧民常在牧场及野外排便，致使人粪便污染牧场、水源和地面，因此牛很容易吃到虫卵或孕节而受感染。广西和贵州的侗族人畜共居一楼，人住楼上，楼下即是牛圈，人粪便直接从楼上排入牛圈内，使牛受染机会更多。这些地方牛的囊尾蚴感染率可高达 40%。当地少数民族又有吃生的或不熟牛肉的习惯。如苗族、侗族人喜欢吃“红肉”“腌肉”，傣族人喜欢吃“剁生”等，都是将生牛肉切碎后稍加佐料即食；藏族人喜将牛肉稍风干即生食，或在篝火上烤食未烤熟的大块牛肉。这些食肉习惯都容易造成人群的感染。非流行地区偶尔因牛肉未煮熟或使用切过生牛肉的刀、砧板切生食菜时污染了牛囊尾蚴而引起感染。

## 14. 曼氏迭宫绦虫

曼氏迭宫绦虫是一种人体寄生虫。成虫长 60～100cm。隶属于扁形动物门、绦虫纲。头节细小，呈指状，其背、腹面各有一条纵行的吸槽。颈部细长，链体有节片约 1 000 个，肉眼即可见到每个节片中部凸起的子宫。睾丸呈小泡形，有 320～540 个，输精管弯曲向前并膨大成储精囊和阴茎，再通入节片前部中央腹面的圆形雄生殖孔。卵巢分两叶，位于节片后部，末端膨大连接子宫。阴道为纵行的小管，其月牙形的外口位于雄性生殖孔之后，另端膨大为受精囊再连接输卵管。子宫孔开口于阴道口之后。卵椭圆形，两端稍尖，呈浅灰褐色。

曼氏迭宫绦虫的生活史中需要 3 个宿主。终宿主主要是猫和犬，此外还有虎、豹、狐和豹猫等食肉动物。第一中间宿主是剑水蚤，第二中间宿主主要是蛙。蛇、鸟类和猪等多种脊椎动物可作其转续宿主。人可成为它的第二中间宿主、转续宿主甚至终宿主。

曼氏迭宫绦虫成虫寄生在终宿主的小肠内。卵自虫体子宫孔中产出，随宿主粪便排出体外，在水中适宜的温度下，经过3~5周发育，即孵出椭圆形或近圆形，周身被有纤毛的钩球蚴，常在水中做无定向螺旋式游动，当其主动碰击到剑水蚤时即被后者吞食，随后脱去纤毛，穿过肠壁入血腔，经3~11天的发育，长成原尾蚴。带有原尾蚴的剑水蚤被蝌蚪吞食后，失去小尾球，随着蝌蚪逐渐发育成蛙，原尾蚴也发育成为裂头蚴。裂头蚴具有很强的收缩和移动能力，常迁移到蛙的肌肉，特别是在大腿或小腿的肌肉中寄居，多卷益穴居在肌肉间隙的一小囊内，或游离于皮下。当受染的蛙被蛇、鸟类或猪等兽类非正常宿主吞食后，裂头蚴不能在其肠中发育为成虫，而是穿出肠壁，移居到腹腔、肌肉或皮下等处继续生存，蛇、鸟、兽即成为其转续宿主。猫、犬等终宿主吞食了带有裂头蚴的第二中间宿主蛙或转续宿主后，裂头蚴逐渐在其肠内发育为成虫。一般在感染约3周后，终宿主粪便中开始出现虫卵。成虫在猫体内可活3年半。

曼氏迭宫绦虫在我国分布在广东、吉林、福建、四川、广西、湖南、浙江、海南、江西、江苏、贵州、云南、安徽、辽宁、湖北、新疆、河南、河北、台湾、上海和北京等地。成虫主要寄生在猫科动物，较少寄生人体，对人的致病力也不大，可能因虫体机械和化学刺激引起中、上腹不适、微痛、恶心呕吐等轻微症状。中绦期裂头蚴可在人体寄生，导致曼氏裂头蚴病，其危害远较成虫为大。常见寄生于人体的部位依次是眼部、四肢躯体皮下、口腔颌面部和内脏，可形成嗜酸性肉芽肿囊包，致使局部肿胀，甚至发生脓肿。

## 15. 阔节裂头绦虫

阔节裂头绦虫成虫主要寄生于犬科食肉动物，也可寄生于人，裂头蚴寄生于各种鱼类。体长可达10m。隶属于扁形动物门、绦虫纲。成虫身体较长，具有3 000~4 000个节片。头节细小，呈匙形，其背、腹侧各有一条较窄而深凹的吸槽，颈部细长。成节的宽度显著大于长度，为宽扁的矩形。睾丸数较多，为750~800个，雄生殖孔和阴道外口共同开口于节片前部腹面的生殖腔。子宫盘曲呈玫瑰花状，开口于生殖腔之后。虫卵近卵圆形，呈浅灰褐色。

阔节裂头绦虫的生活史中需要3个宿主。终宿主主要是食肉动物。第一中间宿主是剑水蚤，第二中间宿主主要是鱼类。人是主要的终宿主。成虫寄生在人，以及犬、猫、熊、狐、猪等食肉动物的小肠内。虫卵随宿主粪便排出后，在15~25℃的水中，经过7~15天的发育，孵出钩球蚴。钩球蚴能在水中生存数日，并能耐受一定低温。当钩球蚴被剑水蚤吞食后，即在其血腔内经过2~3周的发育成为原尾蚴。当受感染的剑水蚤被小鱼或幼鱼吞食后，原尾蚴即可在鱼的肌肉、性腺、卵及肝等内脏发育为裂头蚴，裂头蚴并可随着鱼卵排出。当大的肉食鱼类吞食小鱼或鱼卵后，裂头蚴可侵入大鱼的肌肉和组织内继续生存。直到终宿主食入带裂头蚴的鱼时，裂头蚴方能在其肠内经5~6周发育，长为成虫。成虫在终宿主体内估计可活5~13年。

由于成虫在人体肠内寄生部位不引起特殊病理变化，多数感染者并无明显症状，间或有疲倦、乏力、四肢麻木、腹泻或便秘以及饥饿感、嗜食盐等较轻微症状。但有时虫体可扭结成团，导致肠道、胆道口阻塞，甚至出现肠穿孔等。

## 16. 犬复孔绦虫

犬复孔绦虫是犬和猫的常见寄生虫，偶可感染人体，引起复孔绦虫病。体长10~15cm。隶属于扁形动物门、绦虫纲。成虫约有200个节片。头节近似菱形，具有4个吸盘和1个发达的、棒状的、且可伸缩的顶突。颈部细而短。每个节片都具有雌雄生殖器官各两套。两个生殖腔孔对称地分列于节片近中部的两侧缘。成节有睾丸100~200个，各经输出管、输精管通入左右两个储精囊，开口于生殖腔。卵巢两个，位于两侧生殖腔后内侧，靠近排泄管，每个卵巢后方各有一个呈分叶状的卵黄腺。

虫卵圆球形。

成虫寄生于犬、猫的小肠内，其孕节单独或数节相连地从链体脱落，常自动逸出宿主肛门或随粪便排出，并沿地面蠕动。节片破裂后虫卵散出，如被中间宿主蚤类的幼虫食入，则在其肠内孵出六钩蚴，然后钻过肠壁，进入血腔内发育。约在感染后 30 天，当蚤幼虫经蛹羽化为成虫时发育成似囊尾蚴，随着成蚤到终宿主犬、猫体表活动。一个蚤体内的似囊尾蚴可多达 56 个，受染的蚤活动迟缓，甚至很快死亡。当终宿主犬、猫舔毛时吞食到病蚤，似囊尾蚴得以进入，然后在其小肠内释出，经 2~3 周，发育为成虫。人体感染常因与猫、犬接触时误食病蚤引起。犬栉首蚤、猫栉首蚤和致痒蚤是重要的中间宿主。

犬复孔绦虫广泛分布于全世界各地。犬和猫的感染率很高，狐和狼等也有感染；但人体复孔绦虫病比较少见。我国仅有数例报道，散见在北京、辽宁、广东、四川、山西、山东和福建等地，大多为婴幼儿，因为儿童与犬、猫接触机会较多。人体感染后一般可无明显症状，感染严重者尤其是儿童可有食欲减退、消化不良、腹部不适等，间或有腹痛、腹泻，甚至因有孕节自动从肛门逸出引起肛门瘙痒和烦躁不安等。

## 17. 缩小膜壳绦虫

缩小膜壳绦虫又称长膜壳绦虫，是鼠类常见的寄生虫，偶然寄生于人体。体长 20~60cm。隶属于扁形动物门、绦虫纲。缩小膜壳绦虫虫体较大，节片 800~1 000 节。头节顶突发育不良，藏在头顶凹中，不易伸出。

缩小膜壳绦虫的发育必须经过昆虫中间宿主，包括蚤类、甲虫、蟑螂、倍足类和鳞翅目昆虫等 20 余种，以大黄粉虫、谷蛾、具带病蚤和印鼠客蚤多见。成虫寄生在终宿主小肠中，脱落的孕节和虫卵随粪便排出体外。虫卵被中间宿主吞食后，在其肠中孵出六钩蚴，然后穿过肠壁至血腔内经 7~10 天发育成似囊尾蚴，鼠类或人吞食了带有似囊尾蚴的昆虫后，似囊尾蚴在肠腔内经 12~13 天发育为成虫。

缩小膜壳绦虫在鼠类极为普遍；但人体感染比较少见。在我国分布在西藏、湖北、江苏、云南、浙江、湖南、台湾、广东、四川、上海、山东、安徽、北京、福建、江西、河南、新疆、宁夏、辽宁、河北、贵州、陕西、广西和海南等地。感染者一般无明显的临床症状，严重者可出现眩晕、精神痴呆或恶病质。

人体感染主要是因误食了含有似囊尾蚴的昆虫而引起。缩小膜壳绦虫的中间宿主种类较多、分布广泛，特别是它的最适中间宿主大黄粉虫和谷蛾等都是常见的仓库害虫，生活在仓库、商店和家庭的粮食中。人主要是误食到混杂在粮食中的中间宿主昆虫而受染，儿童因不良卫生习惯则更易误食昆虫，故感染率较高。

## 18. 微小膜壳绦虫

微小膜壳绦虫也叫短膜壳绦虫，主要寄生于鼠类，亦可寄生于人体，为小型绦虫。体长 5~80mm。隶属于扁形动物门、绦虫纲。头节呈球形，具有 4 个吸盘和 1 个短而圆可自由伸缩的顶突。顶突上有 20~30 个小钩，排成一圈。颈部较长而纤细。链体由 100~200 个节片组成，最多时可达 1 000个节片。成节有 3 个较大的圆球形睾丸。卵巢呈分叶状，位于节片中央。卵黄腺球形，在卵巢后方的腹面。虫卵圆形或近圆形，无色透明。

微小膜壳绦虫的发育，既可以不经过中间宿主而完成生活史；也可以经过鼠客蚤、犬蚤、猫蚤和致痒蚤等多种蚤类幼虫和面粉甲虫、拟谷盗等中间宿主而发育和传播。当这些昆虫吞食到该绦虫卵后，卵内的六钩蚴可在昆虫血腔内发育为似囊尾蚴，鼠和人若吞食到这些带有似囊尾蚴的中间宿主昆虫，亦可受感染。

微小膜壳绦虫的致病原因主要是成虫头节小钩和体表微毛对宿主肠壁的机械损伤，以及虫体的毒性分泌物。在虫体附着部位，肠黏膜发生坏死，有的可形成深达肌层的溃疡，并有淋巴细胞和中性粒细胞浸润。人体感染数量少时，一般无明显症状；感染严重者特别是儿童可出现胃肠和神经症状，如恶心、呕吐、食欲减退、腹痛腹泻，以及头痛、头晕、烦躁、失眠，甚至惊厥等。有的患者还可出现皮肤瘙痒和荨麻疹等过敏症状。

微小膜壳绦虫呈世界性分布，在温带和热带地区较多见。由于微小膜壳绦虫生活史可以不需中间宿主，由虫卵直接感染人体，所以它的流行主要与个人卫生习惯有关。虫卵自孕节散出后便具有感染性，在粪尿中并能存活较长时间，如在抽水马桶内可存活 8.5 小时，在尿壶中可活 7.5 小时；但虫卵对外界的干燥抵抗力较弱，在外环境中不久即丧失感染性。所以，虫卵主要通过直接接触粪便或通过厕所、便盆的污染再经手到口而进入人体，特别在儿童聚集的场所更易互相传播。偶然误食到带有似囊尾蚴的中间宿主昆虫是流行的另一原因，其他原因还有自体重复感染造成顽固性寄生。

## 19. 多房棘球绦虫

多房棘球绦虫是一种小型寄生虫。体长 1.2~3.7mm。隶属于扁形动物门、绦虫纲。头节、顶突、小钩和吸盘等都相应偏小，顶突小钩为 13~34 个。虫体常有 4~5 个节片。成节生殖孔位于节片中线偏前，睾丸数较少，为 26~36 个，都分布在生殖孔后方。孕节子宫为简单的囊状，无侧囊，内含虫卵 187~404 个。

多房棘球绦虫的终宿主是狐，其次是犬、狼、獾和猫等。在寄生有多房棘球绦虫的终宿主体内也可同时有细粒棘球绦虫寄生。

多房棘球蚴主要寄生在野生啮齿类动物体内。寄生部位主要是肝。泡球蚴为淡黄色或白色的囊泡状团块。囊泡圆形或椭圆形，囊泡内有的含透明囊液和许多原头蚴。泡球蚴多以外生性出芽生殖不断产生新囊泡。一般 1~2 年即可使被寄生的器官几乎全部被大小囊泡占据。呈葡萄状的囊泡群还可向器官表面蔓延至体腔内，犹如恶性肿瘤。人因误食虫卵而感染，由于人是多房棘球绦虫的非适宜中间宿主，人体感染时囊泡内只含胶状物而无原头蚴。

当体内带有泡球蚴的鼠或动物脏器被狐、犬和狼等终宿主吞食后，一般经 45 天原头蚴可以发育为成虫并排出孕节和虫卵。鼠类常因觅食终宿主粪便而受感染。地甲虫可起转运虫卵的作用，地甲虫由于喜食狐粪而在消化道和体表携带上虫卵，麝鼠又喜捕食地甲虫因而受染。

人泡球蚴病通常比细粒棘球蚴病更严重。病死率较高。泡球蚴病几乎 100%原发于肝。肺、脑等其他部位的继发感染多由血循环转移而来。致病机制主要包括泡球蚴直接侵蚀、毒性损害和机械压迫三个方面。

多房棘球绦虫在人体引起严重的泡球蚴病，亦称泡型包虫病，或多房性包虫病，在我国宁夏、新疆、青海、甘肃和四川已成为我国西部严重危害农牧民健康的疾病之一。首先是有多房棘球绦虫在野生动物中的存在，形成自然疫源地；其次是人在狩猎等生产活动中误食虫卵，造成直接感染，如猎狐、饲养狐和加工、买卖毛皮制品等。狐皮的交易和贩运并可能造成泡球蚴病扩散；此外，虫卵污染环境如土壤、植物、蔬菜和饮用水引起间接感染。狐和犬粪中的虫卵抗寒能力很强，在严冬的冰雪中仍保持活力，故冬季牧场中的牧人以融化的冰雪作为唯一饮用水即是受感染方式之一。

## 20. 细粒棘球绦虫

细粒棘球绦虫是绦虫中最小的虫种之一。体长 2~7mm。隶属于扁形动物门、绦虫纲。除头颈部外，整个虫体只有幼节、成节和孕节各一节，偶或多一节。头节略呈梨形，具有顶突和 4 个吸盘。顶突富含肌肉组织，伸缩力很强。顶突顶端有一群梭形细胞组成的顶突腺。各节片均为扁长形。生殖孔位于节片一侧的中部偏后。睾丸 45~65 个。子宫具不规则的分支和侧囊。

幼虫即棘球蚴，为圆形囊状体。棘球蚴为单房性囊，由囊壁和囊内含物（生发囊、原头蚴、囊液等）组成。囊壁分两层，外层为角皮层，内层为生发层。

细粒棘球绦虫的终宿主是犬、狼和豺等食肉动物；中间宿主是羊、牛、骆驼、猪和鹿等偶蹄类，偶可感染马、袋鼠，以及某些啮齿类、灵长类和人。

成虫寄生在终宿主小肠上段，以顶突上的小钩和吸盘固着在肠绒毛基部隐窝内、孕节或虫卵随宿主粪便排出。孕节有较强的活动能力，可沿草地或植物蠕动爬行，致使虫卵污染动物皮毛和周围环境。当中间宿主吞食了虫卵和孕节后，六钩蚴在其肠内孵出，然后钻入肠壁，经血循环至肝、肺等器官，经3~5个月发育成直径为1~3cm的棘球蚴。原头蚴在中间宿主体内播散可形成新的棘球蚴，在终宿主体内可发育为成虫。

棘球蚴被犬、狼等终宿主吞食后，其所含的每个原头蚴都可发育为一条成虫。从感染至发育成熟排出虫卵和孕节约需8周时间。大多数成虫寿命为5~6个月。人可作为细粒棘球绦虫的中间宿主。棘球蚴在人体内可存活40年甚至更久。棘球蚴在人体内可发现于几乎所有部位，最多见的部位是肝、肺、腹腔等。

棘球蚴对人体的危害以机械损害为主。棘球蚴病，俗称包虫病。因棘球蚴生长缓慢，往往在感染5~20年才出现症状。由于棘球蚴的不断生长，压迫周围组织、器官，引起组织细胞萎缩、坏死。同时，因棘球蚴液渗出或溢出可引起毒性或过敏性反应。如肝棘球蚴囊破裂可进入胆道，引起急性炎症，出现胆绞痛、寒战、高热、黄疸等。破入腹腔可致急性弥漫性腹膜炎。肺棘球蚴如破裂至支气管，可咳出小的生发囊、子囊和角皮碎片。囊液大量溢出可产生过敏性反应，如进入血循环可引起严重的过敏性休克，甚至死亡。

细粒棘球绦虫和棘球蚴病在我国主要流行在新疆、青海、甘肃、宁夏、西藏、内蒙古、陕西、河北、山西、四川西部、黑龙江、吉林、辽宁、河南、山东、安徽、湖北、贵州和云南等地。成虫寄生在犬科食肉动物，幼虫（称棘球蚴）寄生于人和多种食草类家畜，以及其他动物，引起严重的人畜共患病，称棘球蚴病或包虫病。

## 21. 西里伯瑞列绦虫

西里伯瑞列绦虫是哺乳动物和鸟类的常见寄生虫。体长约为32cm。隶属于扁形动物门、绦虫纲。成虫有185个节片。头节钝圆，4个吸盘上均缀有细小的刺，顶突常缩在四周微凸的浅窝内，其上具有两排长短相间的斧形小钩，约72个。成节略呈方形，生殖孔都开口在虫体同侧，睾丸48~67个，输精管长而弯曲，阴茎囊呈瓜瓢形。卵巢分两叶，呈蝶翅状，卵黄腺位于卵巢后方，略呈三角形。孕节外形略呈椭圆形，各节连续似念珠状，孕节内充满圆形或椭圆形的储卵囊。虫卵呈船形。

成虫主要寄生于鼠类的肠道，孕节脱落随宿主粪便排出体外。虫卵能在脑踝蚁属蚂蚁体内发育为似囊尾蚴，这类蚂蚁为其中间宿主和传播媒介。鼠因吞食带似囊尾蚴的蚂蚁而受染。人体感染也可能因误食这种蚂蚁而致。

西里伯瑞列绦虫广泛分布于热带和亚热带地区，主要终宿主有黑家鼠、褐家鼠及小板齿鼠等。人体感染在我国台湾、福建、广东、广西、浙江和江苏等地发现，多为7岁以下的儿童。西里伯瑞列绦虫常在厨房或居室内营巢，与家鼠接触机会较多，幼儿常在地面玩耍，容易误食入蚂蚁，因而受感染。感染者一般并无明显的临床症状，仅偶见腹痛、腹泻、肛门瘙痒以及夜间磨牙、流涎、食欲减退或消瘦等，有的患者出现贫血、白细胞增多现象。多数患者大便中常有白色、能伸缩活动的米粒大小的孕节。

## 22. 克氏假裸头绦虫

克氏假裸头绦虫的正常终宿主是家猪和野猪，中间宿主是赤拟谷盗等昆虫，偶有人体感染。体长97~167cm。隶属于扁形动物门、绦虫纲。成虫为乳白色链体，有2 000多个节片。头节近圆形、具有4个吸盘和不发达的顶突，无小钩。全部节片都为宽扁的矩形，生殖孔大多开口在虫体的同一侧，偶尔开口于对侧。成节中央是呈菜花形的卵巢，其后是形状不规则的卵黄腺。睾丸24~43个。孕节中呈袋形的子宫内充满虫卵。虫卵近圆形，棕黄色。

克氏假裸头绦虫主要寄生在家猪、野猪和褐家鼠的小肠内，虫卵或孕节随猪粪排出后，被中间宿主赤拟谷盗吞食，在后者的体腔内经27~31天发育为似囊尾蚴，但50天才具感染性。当猪食入带有似囊尾蚴的中间宿主后，经10天即可在小肠内发育为成虫，30天后成虫子宫中的虫卵开始成熟。人体感染是因为偶然误食赤拟谷盗所致。当赤拟谷盗在吃到猪粪中的虫卵后，可能窜入粮仓、住室和厨房污染食物、餐具等，人不慎误食赤拟谷盗即引起感染。

克氏假裸头绦虫在我国上海、陕西、甘肃、福建、广东等地的家猪和野猪中流行。人体轻度感染的病例常无明显症状。感染虫数较多时可有腹痛、腹泻、恶心、呕吐、食欲减退、乏力、消瘦、失眠和情绪不安等症状。

### 23. 猪巨吻棘头虫

猪巨吻棘头虫体长为5~65cm，隶属于棘头动物门、后棘头虫纲、原棘头虫目、稀棘棘头虫科、巨吻棘头虫属。成虫寄生于猪的小肠内，偶尔亦可寄生人体，引起人体棘头虫病，属人畜共患寄生虫病之一。成虫呈乳白色或淡红色，体表有明显的横皱纹，尤以体前部为甚。存活时，虫体背、腹面略扁平，固定后为圆柱形，前端粗大，后端渐细，尾端钝圆。无口及消化道，营养物质自体表吸收。雌虫生殖器官特殊，随着虫体的发育，卵巢逐渐分解为卵巢球，其内卵细胞受精后，经漏斗状的子宫钟进入子宫，最后经阴道、生殖孔排出。雄虫睾丸两个，呈长圆形，前后排列于虫体中部，尾端有钟状交合伞。虫卵呈椭圆形，深褐色，卵壳厚。

猪巨吻棘头虫主要寄生在家猪和野猪的小肠内，偶尔亦可寄生于人、犬、猫的体内，中间宿主为鞘翅目昆虫。发育过程包括虫卵、棘头蚴、棘头体、感染性棘头体和成虫等阶段。虫卵随宿主粪便排出体外，在土壤中可存活数月至数年。当虫卵被甲虫的幼虫吞食后，卵壳破裂，棘头蚴逸出，并穿破肠壁进入甲虫血腔，在血腔中经过棘头体阶段，最后发育为感染性棘头体，约需3个月。

感染性棘头虫存活于甲虫发育各阶段的体内，并保持对终宿主的感染力。当猪等动物吞食含有感染性棘头体的甲虫（包括幼虫、蛹或成虫）后，在其小肠内经1~3个月发育为成虫。人则因误食了含活感染性棘头虫的甲虫而受到感染，但人不是猪巨吻棘头虫的适宜宿主，故在人体内，棘头虫大多不能发育成熟和产卵。

成虫可寄生于人体回肠的中下部，虫数一般为1~2条。棘头虫以吻钩附于肠黏膜上，造成黏膜组织充血、出血、坏死并形成溃疡。随后由于结缔组织的增生，局部形成棘头虫结节，质硬并突出浆膜面，常可与大网膜组织粘连后形成包块。若虫体损伤达肠壁深层，也易造成肠穿孔，引起局限性腹膜炎。患者早期症状不明显，偶尔可有食欲减退、乏力等。严重患者可出现消瘦、贫血、腹泻、阵发性腹痛，以及恶心、呕吐、失眠、夜惊等神经精神症状。潜伏期为1~3个月。

人体猪巨吻棘头虫病因在人体内多不能发育成熟，猪是重要的传染源。我国在辽宁、山东、河北、天津、河南、安徽、海南、四川、吉林和内蒙古等地均有病例报道。它的感染也与人们的生活习惯有关，在流行区，儿童有烧吃、炒吃，甚至生吃天牛、金龟的习惯。

## 五、纽形动物

纽形动物也称吻腔动物，简称纽虫或吻虫。纽虫身体细长，多呈带状，左右对称，不分节，无体腔，具很强的伸缩性，常盘曲呈纽形。体表有纤毛，常有黏液。消化道背面有强有力并善于收缩的吻。吻能自由翻出体外，是捕食、防御和挖掘的重要器官。消化道末端具有肛门。出现了原始的循环系统。纽虫主要生活在海洋中，营底栖或漂浮生活。海洋底栖纽虫栖息在潮间带或近海的石块下、海藻丛中、海绵间、牡蛎壳或藤壶等固着动物之间。有的生活在泥沙中或珊瑚礁中，有些种类生活在自身分泌的管中，也有的与双壳类、腹足类、海鞘等动物营共栖生活。纽虫虫体肌肉发达，吻很敏感，遇到刺激时，体型非常容易改变，发生自截，吻常翻出或断离身体，身体接着也断裂成许多段，有较强的再生能力。吻针的形状与数目是种的重要分类依据之一。纽形动物在无脊椎动物中属于数量较少的类群，大约有 1 150 种。

### 白额纵沟纽虫

白额纵沟纽虫体长 5~10cm。隶属于纽形动物门、无针纲、异纽虫目、纵沟纽虫科。虫体细长，略扁平，肠区前部较粗而宽。肠区以后逐渐变细。虫体体包通常为肉红色、暗紫色、深褐色或灰褐色，背面色深，腹面色较浅。头端钝倒，近长方形。前端额部具白色斑纹，头裂明显，位于头部两侧，向后延伸至颈部。从头部背侧后方透视可见暗红色的脑神经节。头部和躯干部之间有明显的颈部。身体后端细而尖。吻孔开口于头端。口呈纵裂状，位于头部腹面脑神经节的后方。

白额纵沟纽虫分布于我国北方沿海地带。常见于河口潮间带下区泥沙中。环境不良时有自截现象，易断裂。

白额纵沟纽虫比较常见，在海岸附近的某些犯罪现场有可能出现它的痕迹。

## 六、线形动物

线形动物也叫线虫是较为简单的无脊椎动物类群。隶属于线形动物门。身体通常呈长圆柱形，两端尖细，不分节。体壁有三个胚层。消化道不弯曲，前端为口，后端为肛门。雌雄异体。营自由生活或寄生生活，分布极为广泛。自由生活的种类分布于海水、淡水和土壤中，植食性的以细菌、单细胞藻类、真菌、植物根等为食；肉食性的以原生动物、其他线虫等为食。寄生生活的种类寄生在人、动物和植物体内。共有大约 20 000 种，可分为无尾感器类（如旋毛虫）和尾感器类（如人蛔虫、人蛲虫）等类群。

### 1. 人蛔虫

人蛔虫也叫似蝴蛔线虫、蛔虫，是人体内最常见的寄生虫。体长 15~28cm。隶属于线形动物门、线虫纲、蛔虫科。身体细长，呈圆柱形。体表稍微透明，有两条显著的白色侧线。雄性尾部向腹面弯曲，雌性尾部呈圆锥形，不弯曲。

蛔虫的发育过程包括虫卵在外界土壤中的发育和虫体在人体内发育的两个阶段。生活史不需要中间宿主，属直接发育型。人蛔虫寄生在人的小肠内，产下的卵随粪便排出体外，在泥土中发育为含胚胎的卵。被人吞入后，几小时后就在肠道内孵出幼体。幼体穿入肠壁血管，随血流经过肝脏、心脏到达肺部发育，再由气管到达喉部，并且随着吞咽活动，经食管到达胃，最后返回小肠，发育为成体。从卵进入人体到发育成熟的成体产卵需要 60~70 天。成体的寿命为 1~2 年。

被人蛔虫感染后就会得蛔虫病，特别是儿童感染较多，身体和智力的发育都会受到阻碍。人蛔虫病在我国分布很广。如果水果、蔬菜没有洗干净，或直接将手指伸进嘴里，都可能会感染蛔虫病。蛔虫的普遍感染与广泛流行，还与经济条件、生产方式、生活水平以及文化水平和卫生习惯等社会因素有密切关系。

### 2. 十二指肠钩虫

十二指肠钩虫也叫十二指肠钩口线虫，是人体内的寄生虫。体长 7~12mm。隶属于线形动物门、线虫纲、钩口虫科。身体细小，呈乳白色，稍微带有红色。体型略微呈“C”形，前端有口囊。

十二指肠钩虫用口囊吸附在人或其他宿主的小肠上，吸血为食。产下的卵随粪便排出体外，在土壤中发育为幼体。当接触到人体皮肤时，从手指、足趾之间皮肤较薄处或经毛囊汗腺钻入人体。随血流经过心脏到达肺部，再由气管到达喉部，并且随着吞咽活动，经食管到达小肠，发育为成体。从卵进入人体到发育成熟的成体产卵大约需要50天。成体在人体中的寿命为1~10年。

由于十二指肠钩虫吸血量大，会导致宿主伤口流血不止，出现严重贫血，重者腹痛腹泻、心力衰竭，甚至引起其他并发症而死亡。十二指肠钩虫病在我国四川、广东、广西、福建、江苏、江西、浙江、湖南、安徽、云南、海南及台湾等地较为严重。如果赤足在潮湿的土壤上步行，或者用未经处理的人粪做底肥，种植时手、足又有较多的机会直接接触土壤中的钩蚴，则极易受到感染。

### 3. 人蛲（náo）虫

人蛲虫也叫蠕形住肠线虫，是人体内的寄生虫。雄性体长2~5mm，雌性体长10~12mm。隶属于线形动物门、线虫纲、尖尾科。身体细小，呈乳白色，像白棉线头一样。雄性尾端向腹侧卷曲，呈“6”字形。雌性尾部长而尖细。

人蛲虫主要寄生在人的盲肠、大肠内。雄性在交配后很快死亡，被排出体外。雌性则在夜间爬到宿主肛门四周产卵后死亡。由于产卵时刺激宿主肛门附近皮肤，引起瘙痒，如果用手抓痒，再用手取食时，则又将卵带入口中，再经过食管、胃进入盲肠等处发育为成体。从卵进入人体到发育成熟的成体产卵需要半个月至1个月。雌性在人体中的寿命为1~2个月。

人蛲虫病在我国分布很广。儿童感染较为普遍，可以引起蛲虫病。感染后会使宿主出现轻度溃疡、消化不良、腹痛、肛门瘙痒等症，影响睡眠和身体健康。如果饭前便后不洗手，就有可能感染人蛲虫病。蛲虫卵在室内一般可存活3周左右。因此，在幼儿园的教室、寝室内和玩具、衣被上均可查到蛲虫卵。此外，在儿童的指甲垢中亦可查见虫卵，这是造成相互感染和自身感染的重要途径，也是反复感染的原因。一般存在城市高于农村、儿童高于成人、在集体机构（如幼儿园等）生活的儿童感染率更高的特点。

### 4. 班氏丝虫

班氏丝虫是寄生人体最普遍的一种丝虫。体长不到1cm。隶属于线形动物门、线虫纲。成虫乳白色，细长如丝线，雌虫大于雄虫，体表光滑。头端略膨大，呈球形或椭球形，口在头顶正中，周围有两圈乳突。雄虫尾端向腹面卷曲成圈，泄殖腔周围有数对乳突，从中伸出长短交合刺各一根。雌虫尾端钝圆，略向腹面弯曲，生殖系统为双管型，阴门靠近头端的腹面，卵巢位于虫体后部。子宫粗大。成熟虫卵壳薄而透明，内含卷曲的幼虫。

班氏丝虫需要经过两个发育阶段，即幼虫在中间宿主蚊体内的发育及成虫在终宿主人体内的发育。

在蚊体内的发育，当蚊叮吸带有微丝蚴的患者血液时，微丝蚴随血液进入蚊胃，经1~7小时，脱去鞘膜，穿过胃壁经血腔侵入胸肌，在胸肌内经2~4天，虫体活动减弱，缩短变粗，形似腊肠，称腊肠期幼虫。其后虫体继续发育，又变为细长，内部组织分化，其间蜕皮2次，发育为活跃的感染期丝状蚴。丝状蚴离开胸肌，进入蚊血腔，其中大多数到达蚊的下唇，当蚊再次叮人吸血时，幼虫自蚊下唇逸出，经吸血伤口或正常皮肤侵入人体。

在蚊体寄生阶段，幼虫仅进行发育并无增殖。微丝蚴侵入蚊体后很多在胃内即可被消灭，有的可随蚊的排泄物排出，最后能形成感染期幼虫而到达蚊下唇者为数不多。微丝蚴在蚊体内发育所需的时间，与温度和湿度有关。最适合的温度为20~30℃，相对湿度为75%~90%。在此温、湿度条件下，班氏微丝蚴在易感蚊体内需10~14天发育成感染期丝状蚴，马来微丝蚴则需6~6.5天。温度高于35℃或低于10℃，则不利于丝虫幼虫在蚊体内的发育。感染期丝状蚴入侵人体时，也需较高的温、湿度。

在人体内，幼虫可迅速侵入附近的淋巴管，再移行至大淋巴管及淋巴结，幼虫在此再经2次蜕皮发育为成虫。雌雄成虫常互相缠绕在一起，以淋巴液为食。成虫交配后，雌虫产出微丝蚴，微丝蚴可停留在淋巴系统内，但大多随淋巴液进入血循环。成虫的寿命一般为4~10年，个别可长达40年。

微丝蚴的寿命一般为 2~3 个月。

班氏丝虫病在我国山东、河南、安徽、江苏、上海、浙江、江西、福建、广东、广西、海南、湖南、湖北、贵州、四川和台湾等地有丝虫病流行。人是班氏丝虫唯一的终宿主。它所引起的森林动物丝虫病，为重要的动物源疾病，可发生动物至人的传播。人感染丝虫主要是由蚊叮刺吸血经皮肤感染的。急性期的临床症状表现为淋巴管炎、淋巴结炎及丹毒样皮炎等。我国传播班氏丝虫的主要传播媒介为淡色库蚊和致倦库蚊，次要媒介有中华按蚊。

### 5. 毛首鞭形线虫

毛首鞭形线虫也叫鞭虫，是人体常见的寄生线虫之一。成虫寄生于人体盲肠，可以引起鞭虫病。体长 30~50cm。隶属于线形动物门、线虫纲。成虫外形似马鞭，前端细长，约占虫体长的 3/5，后端明显粗大。鞭虫口腔极小，具有 2 个半月形唇瓣。在两唇瓣间有一尖刀状口矛，活动时可自口腔伸出。咽管细长，前段为肌性，后段为腺性。雌虫尾端钝圆，雄虫尾端向腹面呈环状卷曲。卵呈纺锤形，黄褐色。

成虫主要寄生于人体盲肠内，严重感染时，亦可在结肠、直肠，甚至回肠下段寄生。雌虫每日产卵 1 000~7 000 个，虫卵随粪便排出体外，在泥土中温度、湿度适宜的条件下，经 3~5 周即可发育为感染期卵。这种虫卵随被污染的食物、饮水、蔬菜等经口进入人体。在小肠内，卵内幼虫活动加剧，分泌酶，幼虫自卵壳一端的盖塞处逸出，并多从肠腺隐窝处侵入局部肠黏膜，摄取营养，进行发育。经 10 天左右，幼虫重新回到肠腔，再移行至盲肠，以其纤细的前端钻入肠壁黏膜至黏膜下层组织，后端则裸露在肠腔内寄生并发育为成虫。自误食感染期虫卵至成虫发育成熟产卵，需时 1~3 个月。鞭虫在人体内一般可存活 3~5 年。

毛首鞭形线虫在我国南方人群的鞭虫感染率明显高于北方干旱地区。由于虫体的机械性损伤和分泌物的刺激作用，可致肠壁黏膜组织出现充血、水肿或出血等慢性炎症反应，重度感染者可致慢性失血。

### 6. 棘颚（è）口线虫

棘颚口线虫是犬、猫的常见寄生虫，也寄生于虎、狮、豹等野生食肉动物，其幼虫偶可寄生人体，引起颚口线虫病。体长 11~54mm。隶属于线形动物门、线虫纲。成虫较粗壮，两端略向腹面弯曲，活时鲜红色，略透明。球形头部上有 8 圈小倒钩，顶部中央有口，口周有 1 对肥厚的唇。体表前半部有很多体棘，后半部基本无棘。雄虫末端膨大成假交合伞，交合刺 1 对。雌虫阴门位于虫体中部略后。虫卵椭圆形，黄色或棕色，透明。

成虫寄生于终宿主胃壁的肿块中。受精虫卵产出后随宿主粪便排出体外。在 27~31℃水中，约经 7 天卵内孵出第一期幼虫，它在水中活泼运动。第一期幼虫如被第一中间宿主剑水蚤吞食后，在消化道内脱鞘，并进入体腔，经 7~10 天发育为第二期幼虫。当含有第二期成熟幼虫的剑水蚤被第二中间宿主淡水鱼等吞食后，幼虫穿过胃壁，大部分移行至肌肉，一个月后发育成第三期幼虫，两个月后虫体被纤维膜包围成囊。终宿主犬、猫等动物吞食被感染的鱼类后，第三期幼虫在胃内脱囊，穿过肠壁进入腹腔，经肝然后游移于肌肉或结缔组织间，逐渐长大，至将近成熟时，再进入胃壁，到达黏膜下形成特殊的肿块，发育为成虫。在肿块中常有一至数条虫寄生。宿主受染后经 100 多天，即可在其粪便中出现虫卵。成虫寿命可达 10 年以上。

可作为其第一中间宿主的为剑水蚤；可作为第二中间宿主的为淡水鱼。蝌蚪、蟹、蛙、蛇、鸡、鸭、鸟、鼠及灵长类等可作为棘颚口线虫的转续宿主，幼虫在它们体内一般不发育，停留在第三期幼虫阶段。终宿主为犬、猫、虎、狮、豹等食肉动物。

棘颚口线虫在我国至今已发现 10 多例，主要因生食淡水鱼而感染，也有因捉鱼烧、烤吃而得病。人并非本虫的适宜宿主，在人体内的寄生方式可分为静止型和移行型两种，如虫体停留在某一部位寄生，即可在该处形成脓肿或以脓肿为中心的硬结节，如进入脊髓及脑可引起嗜酸性粒细胞增多性脑脊髓炎，后果严重，甚至死亡。

## 7. 美丽筒线虫

美丽筒线虫主要寄生于哺乳动物（特别是反刍动物）的口腔与食管黏膜和黏膜下组织，偶尔可寄生于人体引起美丽筒线虫病。体长 21～74mm。隶属于线形动物门、线虫纲。成虫细长如线状，乳白色。体表具纤细横纹。前端正中有口，呈漏斗形，口小，周围有分叶状的唇，上有 8 个小乳突。唇外有一领环，在领环之外左右各有 1 个头感器，其外圈有 8 个乳突。虫体前段具有成行排列、大小不等、数目不同的花缘状表皮突。雄虫尾部有明显的尾翼，尾部肛门前后有成对的乳突。雌虫尾端不对称，钝锥状，略向腹面弯曲。虫卵呈椭圆形。

美丽筒线虫的终宿主和中间宿主的范围均颇广泛。自然感染的终宿主有水牛、黄牛、山羊、绵羊、马、驴、骡、骆驼等反刍动物，以及家猪、豪猪、猴、熊、犬、鼠等动物。牛、羊、猪为其专性宿主，人偶可为终宿主。鞘翅目的金龟子科和天牛科的多种甲虫及蜚蠊目的蜚蠊（蟑螂）可为其中间宿主。

成虫寄生于终宿主的口腔、食管黏膜或黏膜下层，雌虫所产出的含蚴虫卵可由黏膜的破损处进入消化道并随粪便排出体外。如被中间宿主吞食，卵内幼虫在消化道内孵出并穿过消化道而钻入昆虫的血腔，蜕皮 2 次，发育为囊状的感染期幼虫。终宿主吞食此期幼虫后，幼虫破囊而出，侵入胃或十二指肠黏膜，再潜行向上至食管、咽或口腔等黏膜内寄生。约经两个月，发育为成虫。成虫在人体内寄生时间通常为 1 年半左右，长者可达 5 年以上。

美丽筒线虫在我国山东、辽宁、黑龙江、河南、河北、湖南、湖北、江苏、福建、广东、山西、陕西、甘肃、内蒙古、青海、四川及天津、北京、上海等地发现。人体感染与卫生条件和饮食、饮水习惯，如生食或半生食含有感染性幼虫的昆虫宿主或生水有关。它的幼虫能在甲虫体内越冬；亦可由于中间宿主跌落水中，死后解体，幼虫逸出至外界环境，污染水源、蔬菜或其他食物。这种幼虫仍具侵袭力。在人体主要寄生于口腔、咽喉或食管黏膜下层，由于虫体移动的刺激，可引起口腔内异物虫样蠕动感、麻木感，甚至影响说话，声音嘶哑等。寄生于食管时可造成黏膜溃疡、吞咽困难。

## 8. 广州管圆线虫

广州管圆线虫寄生于野鼠肺部血管。主要为动物寄生虫，但也可侵入人体，引起嗜酸性粒细胞增多性脑膜脑炎和脑膜炎。体长 11～45mm。隶属于线形动物门、线虫纲。成虫线状，两端略细，角皮透明光滑，具微细环状横纹。头端钝圆，头顶中央有一小圆口，口周有环状的唇，外有感觉乳突两圈。雄虫尾端略向腹面弯曲。交合伞对称。泄殖腔开口位于交合伞内面中央，交合刺 2 根。雌虫尾端呈斜锥形，阴门开口于肛孔之前。虫卵为无色透明，椭圆形。

成虫寄生于终宿主多种野鼠的肺动脉内。虫卵产出后在肺毛细血管内发育成熟，并孵出第一期幼虫，幼虫穿破毛细血管进入肺泡，沿呼吸道移行至咽喉部，再吞入消化道，然后随宿主粪便排出体外。第一期幼虫在体外潮湿或有水的环境中可活 3 周。当它被吞入或主动侵入中间宿主螺蛳或蛞蝓体内后，幼虫即可进入宿主肺及其他内脏、肌肉等处，在适宜温度（25～26℃），约经 1 周蜕皮为第二期幼虫，2 周后经第二次蜕皮，发育成第三期（感染期）幼虫。鼠类等终宿主因吞入含有第三期幼虫的中间宿主、转续宿主以及被幼虫污染的食物而感染。第三期幼虫在终宿主的消化道内，穿肠壁进入血循环，经肝、肺、左心至身体各部器官，但多数幼虫沿颈总动脉到达脑部。在感染后 4～6 天和 7～9 天先后在脑部经 2 次蜕皮发育为幼龄成虫。幼龄成虫大多于感染后 24～30 天经静脉回到肺动脉，继续发育至成虫。雌虫多在感染后 35 天才能成熟。雌虫产卵随血流到肺部小血管，并在血管中孵化为第一期幼虫，然后穿过微血管进入肺泡，再移行到气管、咽喉，经吞咽进入胃肠，随粪便排出。一般在感染后 42～45 天在粪便内即可找到第一期幼虫。

中间宿主有褐云玛瑙螺等。转续宿主有黑眶蟾蜍、金线蛙和涡虫等。终宿主以褐家鼠较普遍。

广州管圆线虫在我国台湾、广东、海南、云南等地有发现。人是广州管圆线虫的非正常宿主，幼虫侵入后主要停留在中枢神经系统。但如幼虫进入肺部，似也可在肺血管内完成发育。人的感染是由于食入生的或半生的中间宿主螺类、蛞蝓或转续宿主蛙类、鱼，虾、蟹等所致。幼虫在人体移行，侵犯中枢神经系统引起嗜酸性粒细胞增多性脑膜脑炎或脑膜炎，临床症状主要为急性剧烈头痛、恶心、呕吐、低或中度发热及颈硬。严重病例可有瘫痪、嗜睡、昏迷，甚至死亡。

## 9. 结膜吸吮线虫

结膜吸吮线虫也叫东方眼虫。主要寄生于犬、猫等动物眼部，也可寄生于人眼，引起结膜吸吮线虫病。体长 4. 5~20mm。隶属于线形动物门、线虫纲。成虫细长，在人眼结膜囊内时呈淡红色，半透明，离开人体后为乳白色。头端钝圆，无唇，有角质口囊，其外周具乳突两圈，内圈 6 个，外圈 10 个。口囊后方为圆柱形的食管。雄虫尾端向腹面弯曲，由泄殖腔伸出长短、形态各异的交合刺两根。雌虫肛门距尾端很近，阴门位于虫体前端食管与肠支连接处之前。虫卵近圆形，壳薄而透明。

成虫寄生于犬、猫的眼结膜囊及泪管内，偶然寄生人眼，亦有兔、鼠、马、猴、貉、银狐和野狐等动物感染本虫的报道。

雌虫在终宿主眼眶内产出幼虫，幼虫在人眼的分泌物中被中间宿主蝇类吸食，经蝇中肠进入血腔壁形成虫泡囊，幼虫在囊内发育至腊肠期，蜕皮 1 次，进入感染前期，再经过 2 次蜕皮，经 2~4 周发育为感染期幼虫。感染期幼虫突破囊壁，仍留在血腔，然后进入头部。当蝇再叮食其他宿主眼分泌物时，感染期幼虫剧烈活动突破喙进入宿主眼结膜囊，逐渐发育成熟，雌雄成虫交配。实验结果表明，感染期幼虫在适宜温度下（24~30℃）经 1~2 个月雌虫开始产幼虫，完成生活史。

结膜吸吮线虫病在我国发现于北京、天津、河北、河南、辽宁、陕西、湖北、湖南、云南、贵州、四川、福建、安徽、山东、江苏、浙江、江西、上海、广西、内蒙古、广东、吉林、山西、黑龙江等地。成虫多寄生于人眼结膜囊内。虫体活动时，由于体表的锐利横纹及角质口囊、雄虫交合刺等造成的机械性刺激和损伤，加上虫体分泌物、排泄物的化学性刺激，患者可有眼部异物感、痒感、畏光、流泪、分泌物增多、眼痛等，但视力一般无障碍。在取出虫体后，症状即自行消失。

## 10. 旋毛形线虫

旋毛形线虫简称旋毛虫，是人兽共患的寄生虫病之一。体长为 1. 6~3. 4mm。隶属于线形动物门、线虫纲。成虫线状，虫体后端稍粗。消化道的咽管结构特殊：前段自口至咽神经环部位为毛细管状，其后略为膨大，后段又变为毛细管状，并与肠管相连。后段咽管的背侧面有一列由呈圆盘状的特殊细胞——杆细胞组成的杆状体。两性成虫的生殖系统均为单管型。雄虫尾端具一对钟状交配附器，无交合刺，交配时泄殖腔可以翻出；雌虫卵巢位于体后部，输卵管短窄，子宫较长。

成虫和幼虫同寄生于一个宿主内：成虫寄生于小肠，主要在十二指肠和空肠上段；幼虫则寄生在横纹肌细胞内。在旋毛虫发育过程中，无外界的自由生活阶段，但完成生活史则必须要更换宿主。除人以外，许多种哺乳动物均可作为本虫的宿主。

当人或动物宿主食入了含活旋毛虫幼虫囊包的肉类后，在胃液和肠液的作用下，数小时内，幼虫在十二指肠及空肠上段自囊包中逸出，并钻入肠黏膜内，经一段时间的发育再返回肠腔。在感染后的 48 小时内，幼虫经 4 次蜕皮后，即可发育为成虫。雌、雄虫交配后，雌虫重新侵入肠黏膜内，有些虫体还可在腹腔或肠系膜淋巴结处寄生。受精后的雌虫子宫内的虫卵逐渐发育为幼虫，并向阴道处移动。感染后的第 5~7 天，雌虫开始产出幼虫，排蚴期可持续 4~16 周或更长。此间，每一条雌虫可产幼虫约 1500 条。成虫一般可存活 1~2 个月，有的可活 3~4 个月。

大多数产于肠黏膜内的新生幼虫，侵入局部淋巴管或静脉，随淋巴和血循环到达宿主各器官、组织，但只有到达横纹肌内的幼虫才能继续发育。

旋毛虫病在我国云南、贵州、甘肃、四川、河南、福建、江西、湖北、广东、广西、内蒙古、吉林、辽宁、黑龙江、天津等地都有发现。人群旋毛虫病的流行与猪的饲养及人食入肉制品的方式有更为密切的关系。猪的感染主要是由于吞食了含活幼虫囊包的肉屑或鼠类，猪与鼠的相互感染是人群旋毛虫病流行的重要来源。在我国的一些地区，居民有食“杀片”“生皮”“剁生”的习俗，极易引起本病的暴发流行。吉林有因吃凉拌狗肉，哈尔滨有吃涮羊肉而引起人群感染旋毛虫。此外，切生肉的刀或砧板因污染了旋毛虫囊包，也可能成为传播因素。旋毛虫轻感染者可无明显症状，重者临床表现复杂多样，如不及时诊治，患者可在发病后 3~7 周死亡。

## 11. 东方毛圆线虫

东方毛圆线虫是一种人体寄生虫。体长为 4.3~6.5mm。隶属于线形动物门、线虫纲。成虫体纤细，无色透明，角皮具不明显的横纹，口囊不显著，咽管圆柱状，为体长的 1/7~1/6。雄虫尾端具交合伞，由左右两叶组成，有一对短粗交合刺，相等同型，末端有小钩。雌虫尾端呈锥形，阴门位于虫体后 1/6 处，子宫内含虫卵 5~16 个。虫卵长圆形，无色透明，一端较圆，另一端较尖，一侧常较另一侧稍隆起。卵壳很薄，卵膜密接于卵壳内面，但在两端可见空隙，尤以尖细端明显。

成虫寄生于绵羊、骆驼、马、牛及驴等食草动物的胃及小肠内，也可寄生于人。虫卵在外界土壤中发育，幼虫孵出后经 2 次蜕皮发育为感染期幼虫，人常因食生菜而经口感染。在肠腔内幼虫经第 3 次蜕皮后，钻入小肠黏膜，约经数日自黏膜逸出，进行第 4 次蜕皮，然后以头端插入肠黏膜，发育为成虫。

东方毛圆线虫主要分布于农村。它所引起的病理改变不甚明显。一般腹痛症状似较感染钩虫所引起的略显著，严重患者也可出现贫血及由虫体代谢产物所引起的毒性反应。

## 12. 粪类圆线虫

粪类圆线虫为兼性寄生虫，生活史较复杂，包括自生世代和寄生世代。主要寄生于人体小肠，引起粪类圆线虫病，也可寄生于犬、猫等动物体内。体长为 0.7~2.2mm。隶属于线形动物门、线虫纲。自生世代的雌虫尾端尖细，生殖系统为双管型。成熟虫体子宫内有呈单行排列的各发育期虫卵；雄虫尾端向腹面卷曲，具 2 根交合刺。寄生世代雌虫虫体半透明，体表具细横纹，尾部尖细，末端略呈锥形。口腔短，咽管细长，肛门位于近末端处腹面，子宫前后排列。虫卵为椭圆形。

粪类圆线虫的生活史包括两个世代：自生世代，在土壤中进行；寄生世代，在人体内进行。

自生世代虫卵在温暖、潮湿的土壤中，数小时内即可孵化出杆状蚴，并在 36~48 小时，经 4 次蜕皮后发育为自生世代的雌虫和雄虫。经多次的循环发育后，雄虫逐次减少，以至消失，雌虫则进行孤雌生殖，但不能持久，虫体最终趋于死亡。当外界环境不利于虫体发育时，杆状蚴蜕皮 2 次，发育为丝状蚴。此期幼虫对宿主具有感染性，可经皮肤或黏膜侵入人体，开始寄生世代，此过程称为直接发育。

寄生世代丝状蚴侵入人体后，随血循环经右心至肺，穿破毛细血管，进入肺泡。然后，沿支气管、气管移行至咽，被吞咽至消化道，并钻入小肠黏膜，蜕皮 2 次，发育为成虫。雌虫多埋于肠黏膜内，并在此产卵。虫卵发育较快，数小时后即可孵化出杆状蚴，并自黏膜内逸出，进入肠腔，随粪便排出体外。自丝状蚴感染人体至杆状蚴排出，至少需要 17 天。

杆状蚴被排出后的发育有两条途径：一是经 2 次蜕皮直接发育为丝状蚴，再感染人体；另外，也可进行间接发育为自生世代的成虫。

在机体发生便秘或有自身免疫缺陷等特殊情况下，杆状蚴在肠腔内迅速发育为丝状蚴，再自小肠下段或结肠的黏膜内侵入血循环，引起自身体内感染。此外，若排出的丝状蚴附在肛周，则可钻入皮肤，而引起自身体外感染。

粪类圆线虫在我国华南、华东、东北及华北等地均有发现，主要是通过与土壤中的丝状蚴接触而被感染。轻度感染时无明显临床症状，但由于自身感染引起的反复重度感染，常可因患者严重衰竭而导致死亡。

## 13. 松材线虫

松材线虫体长约1mm。隶属于线形动物门、线虫纲、垫刃目、滑刃科。雌、雄线虫均为蠕虫状，成虫口针基部稍厚，中食道球几乎充满体腔。雌成虫阴门位于虫体3/4处，上有阴门盖覆盖，尾端宽圆呈指状。雄成虫交合刺大，近端喙突明显，尖细，远端有清晰的盘状突起。尾弓状，尾端尖细，交合伞卵形，透明包裹于尾端。

松材线虫在我国分布于江苏、浙江、安徽、湖北、广东、山东、重庆、香港和台湾，寄主主要为松属植物，也可寄生冷杉属、云杉属、雪松属、落叶松属等。在林间的传播主要靠松墨天牛的携带，天牛成虫在补充营养时可飞翔几千米。所以，一旦形成侵染点，病害可由发病中心逐渐向四周扩散。除松墨天牛外，其他天牛、小蠹虫等蛀干害虫均可传播。松材线虫的长距离传播主要靠木材或木制品中携带的媒介昆虫，人为地把这些木材或木制品从疫区运出造成扩散。

松材线虫主要由松墨天牛携带传播。松墨天牛成虫补充营养时取食松树造成伤口，线虫从伤口侵入松树，线虫在松树体内繁殖扩散。雌线虫每次产卵100粒左右，卵孵化为幼虫，幼虫经4个龄期发育变成成虫，再交配产卵，几天就是一代。所以在气温较高的季节，松树体内的线虫可大量繁殖，导致松树很快死亡。到秋末冬初，树体内线虫停止增殖，并转化成老3龄幼虫，老3龄幼虫向天牛蛹室移动，蜕皮变成老4龄后，由松墨天牛携带传播。每只天牛可携带十几万条线虫。当松墨天牛成虫补充营养后，马上交配并寻找松树病死木或感染松材线虫病的衰弱木产卵，天牛卵孵化后在木质部蛀洞并做蛹室化蛹，再羽化为成虫携带和传播线虫，完成循环。

松材线虫在松属中主要危害黑松、赤松、海岸松、马尾松、黄山松、湿地松、火炬松等。在我国各地广泛种植有黑松、马尾松、湿地松、火炬松等松树，均为松材线虫的主要寄主。

## 14. 菊花叶枯线虫

菊花叶枯线虫也叫菊花叶线虫、菊花芽线虫。体长0.7~1.3mm。隶属于线形动物门、线虫纲、滑刃目、滑刃科。雌成虫体表环纹细，较明显；唇区稍扩张，呈半球形，缢缩明显；口针纤细，基部球小，但明显可见；中食道球长卵圆形；尾圆锥形，末端尖细，有星状尾尖突。雄成虫尾端向腹面弯曲，尾部无交合伞；交合刺成对，针刺状，无顶尖及喙突。

菊花叶枯线虫分布于江苏、安徽、广东、浙江、贵州、湖南和台湾。它具有较强的耐干旱能力，可以休眠或脱水状态存在于植物组织或植物残体中，当条件合适时再度展现活力进行侵染。近距离的传播靠灌溉水或雨水等；远距离的传播主要靠菊苗、菊鲜切花或菊扦头的调运。生活于花圃等地。繁殖力较强，1年可达十几代。以成虫在病叶或病残体上越冬。春季菊花萌发新芽时，雌成虫先由雨水或灌溉水传播，再从土壤转移至茎和叶片上，由气孔和伤口侵入菊花叶片。以吻针刺入植物细胞吸取营养，在叶表及叶内产卵。卵期10~20天。卵孵化后经14天左右发育为成虫，整个发育周期在被害组织内完成。成虫通过叶面气孔钻入植物组织内危害。在15~28℃下均能很好发育和繁殖，较大湿度和22~25℃的温度下最为适合。

菊花叶枯线虫病是危害菊花潜在的重要病害，在世界上分布范围广泛。菊花感病后轻者在叶片上形成枯斑，提早落叶，严重时叶片发生卷曲、枯萎，花不发育，菊芽或茎干畸形，植株矮小，丧失观赏价值。

## 15. 鳞球茎茎线虫

鳞球茎茎线虫也叫起绒草茎线虫、茎线虫。体长约1.2mm。隶属于垫刃线虫目、粒线虫科。成虫身体纤细、透明，蠕虫状。头架中等发达，口针较长，有明显的基部球，侧区有4条刻线，尾端尖指状。后阴子宫囊延伸至距肛门1/2处。

鳞球茎茎线虫分布于江苏、山东、浙江、上海等。生活在农田中。主要寄主作物是蚕豆、大蒜、风信子、韭葱、紫苜蓿、玉米、水仙、燕麦、洋葱、豌豆、马铃薯、黑麦、草莓、甜菜、烟草、白车轴草、天蓝绣球、福禄考及郁金香等。为迁移性内寄生线虫，取食茎和鳞球茎的薄壁组织，破坏细胞壁中层。取食常引起植物地上部分（茎、叶、花）的膨大和变形，茎基部、鳞球茎、块茎及根茎腐烂或坏死。冷藏期鳞球茎茎线虫及腐烂症状可继续发展。在洋葱植株内，15℃情况下，生活周期约20天。每头雌虫产卵200~500粒。在黏土土壤中，鳞球茎茎线虫可存活多年。冷、湿条件有利线虫对幼嫩植物组织的入侵。

鳞球茎茎线虫是最具毁灭性的植物寄生线虫之一，特别是在温带地区，不加防治，可使寄主作物（如洋葱、大蒜、谷物、豆类、草莓、观赏作物，特别是鳞球茎花卉）完全绝收。

## 七、环节动物

环节动物是较为复杂的无脊椎动物类群。隶属于环节动物门。身体为长圆柱形或长而扁平，左右对称，由前后相连的许多体节构成。有的种类有疣足，大多数具有刚毛，着生在体壁上，可以帮助运动。体内的器官也趋向复杂。运动和反应都更加快速。分布于海水、淡水和土壤中，少数寄生。共有大约12 000种，可分为多毛类（如沙蚕）、寡毛类（如蚯蚓）和蛭类（如日本水蛭）等类群。

### 1. 河北环毛蚓

河北环毛蚓也叫直隶环毛蚓，是常见的蚯蚓。体长23~40cm。隶属于环节动物门、寡毛纲、巨蚓科。身体呈圆柱形，细长，各个体节均相似。头部不明显，口位于腹侧。肛门在身体末端。在每一个体节上都有数十条至百余条刚毛排成一环。背面为黑褐色。腹面灰白色，没有刚毛。

河北环毛蚓分布于我国华北、西北等地。栖息于潮湿的土壤中，特别是土质肥沃的河岸、湖边等环境中。主要在夜晚活动，有时雨后的白天也出外活动。吞食土壤，以其中的腐败有机物为食，也吃植物茎叶的碎片。雌性每次将1~3枚卵产于卵茧内，经2~3周孵出。

河北环毛蚓可使土壤疏松、改良土壤、提高肥力，促进农业生产，还可以利用它来处理垃圾消除环境污染。河北环毛蚓比较常见，在某些犯罪现场有可能出现它的痕迹。

### 2. 澳洲鳞沙蚕

澳洲鳞沙蚕体长38~75mm。隶属于环节动物门、多毛纲、叶须虫目、鳞沙蚕科。体呈卵圆形，背腹扁平，背隆腹平，后端稍尖，具35~40个体节。口前叶小，近圆形，其上有丝状中触手1个和1对大而无柄的眼，中触手稍长于口前叶。触手的下方有粗大的额尖1个。口前叶腹面有长圆锥形触角1对，上有小乳突，长约为口前叶长的7倍。触角下面还有一半圆形的面结节。围口节两侧各有1对触须。身体背面有15对半透明的背鳞片，表面光滑，但盖在由疣足伸出的毡状刚毛下面。疣足分背腹两叶，背叶较短，其上面有大量的毡状刚毛将身体背面盖住，还有一种细而长的金黄色刺状刚毛，从毡状刚毛中伸出；腹叶较发达，具有短的黑色刚毛。腹刚毛可分为上、中、下3层：上层2~3根，粗，具钝端；中层3~4根；下层约7根，具尖端。虫体灰褐色，常有沙粒附着于体表。

澳洲鳞沙蚕在我国分布于渤海、黄海、东海、台湾海峡等海域。常见于岩岸或泥沙岸。生活在潮下带0~100m深的海底，常被暴风雨冲打到岸边。在软泥底上缓慢活动捕食。

澳洲鳞沙蚕可作为大型鱼类的食饵。由于它比较常见，在沿海附近的某些犯罪现场有可能出现它的痕迹。

### 3. 日本刺沙蚕

日本刺沙蚕体长11~20cm。隶属于环节动物门、多毛纲、叶须虫目、沙蚕科。体长圆柱形，头部明显，体前端较粗，后端渐细，具80~120刚毛节。围口节有4对触须，最长的触须后伸达第2~4刚毛节。前叶宽大于长，有2个短小的触手和2个粗大的触角。眼2对，呈梯形排列。具可翻出的吻，吻上有很多圆锥状齿。大颚深褐色，有5~6个侧齿。体前部及中部疣足的上背叶呈宽大叶片状，具3个背舌叶，中央的一个小，背须不超过疣足叶。背刚毛均为等齿刺状，疣足腹叶具刺状和异齿镰刀形刚毛及少数简单刚毛。肛门位于肛节背面，有1对细长的肛须。生活时体背面为淡红色、深绿色罕黄绿色，腹面为黄绿色至粉白色，口前叶及体前部背面一般有褐色斑。

日本刺沙蚕在我国分布于渤海、黄海、东海等海域。栖息于潮间带或潮下带软泥或泥沙中，在河口泥沙滩较多。昼伏夜出，穴口直径为5~6mm，在穴口周围常堆积有长条形排泄物，其长度为2mm左右。在活动时期穴深一般15~20cm。

日本刺沙蚕是海洋鱼类等的优质饵料，近年来已开展池塘或虾池人工纳苗养殖。它还是污水的指示生物，成为自然的环境监测者。

### 4. 长吻沙蚕

长吻沙蚕隶属于环节动物门、多毛纲、叶须虫目、吻沙蚕科。口前叶短，圆锥形，具10个环轮。吻器分散，圆锥形或球形。副颚仅具一长而粗的翅。典型疣足具2个前刚叶和2个后刚叶，2个前刚叶近等长，基部宽，前端突然收缩；背后刚叶与前刚叶相似但稍短，腹后刚叶短。背须瘤状，位于疣足基部上方。鳃一根指状，简单可伸缩，位于疣足前方。

长吻沙蚕在我国分布于渤海湾沿岸地带。常见于潮间带和潮下带，栖息于海底软泥中，喜欢群集。

长吻沙蚕是海洋鱼类的优质饵料。由于它比较常见，在沿海附近的某些犯罪现场有可能出现它的痕迹。

### 5. 异足索沙蚕

异足索沙蚕是我国常见的有毒多毛类。体长25cm。体细而长，头部圆锥形，末端尖。吻长3mm。体前部的疣足小，刚毛为细毛状，边缘有翅。从第14~39刚毛节开始有钩状刚毛。身体中后部的疣足为指状，其后叶向上伸出，直立，呈垂直状。足刺黄色。疣足基部的背面有一个明显的乳突，颚齿黑褐色，下颚由两块薄片合成，前端宽，后面有两个细长的足。全身为红色，并具有闪烁的珠光。

异足索沙蚕分布于黄海、渤海沿岸。常栖于潮间带上区和中区，底质为沙或泥沙的海韭菜群落内。它的身体很长，遇到刺激后极易自截。

从异足索沙蚕体中可提取沙蚕毒素。这是一种神经剧毒剂，加工制剂可用来杀死多种农业害虫。

### 6. 疣吻沙蚕

疣吻沙蚕是生活在水中的小动物。体长20~23cm。隶属于环节动物门、多毛纲、沙蚕科。身体为浅黄褐色，分节明显，可分为头区、躯干区和肛区。头部前缘有2个短触手和2个触角。躯干由许多个结构完全一样的体节组成，两侧有带刚毛的疣足。肛区在身体的最后端。

疣吻沙蚕分布于我国江苏、福建、广东等地。栖息于淡水或咸淡水水域的泥质或泥沙质水底内。夜晚活动。利用带刚毛的疣足来游泳和爬行。以泥沙中的有机物为食。夏季繁殖时会大批出现在水面上一起游泳。

疣吻沙蚕比较常见，在某些淡水水域附近的犯罪现场有可能出现它的痕迹。

### 7. 华美盘管虫

华美盘管虫体长15~25mm。隶属于环节动物门、多毛纲、龙介虫科。它有65~80刚节，具双层壳盖，下层漏斗部有30~42个放射状排列的齿；上层壳冠部有13~15个两侧具刺的瓣，每刺的瓣具

2～6 对侧刺，且在刺瓣基部和壳冠中央有个小刺。鳃冠每叶有 13～19 个鳃丝。

华美盘管虫在我国沿海都有分布，尤以南方高盐港湾的数量为大。它的生活史包括：受精卵—浮游幼虫—变态附着。管栖多毛类，以石灰质栖管直接附着在船底、网片的网目结上。附着季节集中，最高峰在 4～5 月。白色的栖管呈直立生长。

华美盘管虫是船底和网箱的主要污损生物，靠船底携带进行长距离传播，可用防污漆消除。由于它是比较常见的外来入侵物种，在沿海附近的某些犯罪现场有可能出现它的痕迹。

## 8. 短毛海鳞虫

短毛海鳞虫长 4～5cm。隶属于环节动物门、多毛纲、叶须虫目、多鳞虫科。身体长椭圆形，两端钝。口前叶稍长，具 2 对眼，前对略大。3 个触手，中触手较长，侧触手为中触手长的 2/3，近末端具膨大部。共有 37 个体节，其中 35 节有刚毛。背部有 18 对宽肾形或椭圆形鳞片，每对鳞片之间的背中线稍裸露。体前部鳞片上具大的乳突。鳞片具暗褐色色斑。体中部疣足背叶小，具短的锯齿状背刚毛和镰状具粗锯齿的腹刚毛。

短毛海鳞虫在我国分布于渤海、黄海海域。常见于潮间带或潮下带岩岸，常自由生活于牡蛎、贻贝等附着贝类的生物群落间。

短毛海鳞虫是鱼类的天然饵料。由于它比较常见，在沿海附近的某些犯罪现场有可能出现它的痕迹。

## 9. 软背鳞虫

软背鳞虫体长 40～60mm。隶属于环节动物门、多毛纲、叶须虫目、多鳞虫科。体长椭圆形，背腹扁平，由 26 个体节组成。口前叶长宽近等，前缘有 3 个触手，中间一个较长。背面有 2 对眼点，前面 1 对较大。腹面两侧各有 1 个肥大的触角。围口节触须位于两侧，各 1 对。外翻的吻前缘上下两面各有 13～15 个乳突，口内共有 2 对大颚。背部具鳞片 12 对，呈覆瓦状排列。背中线裸露。鳞片青灰色或浅褐色，中央有亮点。鳞片肉质，软而厚，位于身体前后两端的较小，中央的较大。鳞片上大而圆的乳突较少，且不具缘穗，具明显的脉纹。触手、触须和疣足背须近末端具明显的膨大部。疣足背叶除具内足刺外，亦具细毛状刚毛，腹叶刚毛具侧齿和 1 个长端片。排泄孔在疣足腹面。围肛节有 1 对肛须。

软背鳞虫在我国分布于渤海、黄海一带。生活在潮间带岩岸或砾石岸，常在石块下或海藻间有水处。

软背鳞虫是鱼类的天然饵料。由于它比较常见，在沿海附近的某些犯罪现场有可能出现它的痕迹。

## 10. 日本水蛭（zhì）

日本水蛭也叫医蛭，是吸血能力很强的小动物。体长 5～10cm。隶属于环节动物门、蛭纲、水蛭科。身体狭长，呈圆柱形，两端较窄。背面有 6 条灰绿色的纵行条纹，中央有一条白色阔带，腹面暗灰色。有 101 个体节，5 对眼，前后各有一个吸盘。

日本水蛭分布于我国四川、江西、湖南、湖北、浙江、江苏、河北、北京、内蒙古、辽宁、山东等地。栖息于池塘、稻田、河沟中的水草内。在水中以肌肉伸缩来进行波浪式游泳，在水中物体上则以吸盘及身体伸缩前进。身体前面的吸盘中央有口，可以吸食人和牲畜的血液。

日本水蛭吸血能力很强，下水田劳动时应多加注意。但日本水蛭可以用于医学上，以吸取患者的脓血。

## 11. 日本山蛭

日本山蛭躯体短，略呈圆柱形，腹面较平，身体前半部逐渐变狭。体长约 25mm，宽 5mm。体色一般为褐黄色，背部有3条深褐色的纵纹，腹面两侧颜色较浅，各有一条纵纹。体环数为97环。躯体中部每个体节上有5个环。由于中环上有明显的感觉乳突，其他各环上也有很多突起，所以体侧成为锯齿状的短刻。雄生殖孔在30和31环之间；雌生殖孔在35和36环之间，两者相隔5环。眼5对，前4对位于2~5环上，第5对位于第8环上。

日本山蛭分布于我国云南、山东等地。营陆地生活，栖息于山林，善吸人、畜血液。它钻入人、畜鼻腔、上呼吸道、消化道、会厌、肛门、尿道、阴道或子宫等处，能使伤口流血、出血时间延长并使伤口感染而形成脓肿。人、畜还可因为它的侵入而产生疼痛和不舒服。长期不治疗可引起失血性贫血。

### 12. 海南山蛭

海南山蛭体长40~53mm。背面中央从前到后淡黄色，两侧呈红棕色。在第18、19和23、24环的侧面暗区有两处空白，身体的正侧面有两条淡黄色的纵带。背面中央有3条深棕色纵纹，两旁的两条是短细、断续的纵纹，一般起自第20或30环。腹面一般无斑点。

海南山蛭分布于我国海南。生活在山溪旁、竹林及低洼地。多在清晨及夜间活动，特别是雨后更加活跃。天气干旱多隐蔽在石块、腐木、土壤裂缝中。

海南山蛭是危害胶工身体健康的主要动物。它钻入人、畜鼻腔、上呼吸道、消化道、会厌、肛门、尿道、阴道或子宫等处，能使伤口流血、出血时间延长并使伤口感染而形成脓肿。人、畜还可因为它的侵入而产生疼痛和不舒服。长期不治疗可引起失血性贫血。

### 13. 菲牛蛭

菲牛蛭体长为10~11cm。背部灰褐色，身体中线有一条浅蓝灰色纵纹，两侧各有一条橙黄色或红棕色的纵带。腹面淡灰色或蓝灰色，无斑纹或纵纹。后吸盘大，直径为7~8.5mm。

菲牛蛭分布于我国广东、海南、广西等地。生活在稻田、沟渠、池塘及沼泽中。菲牛蛭对人、畜危害严重，在海南岛的水稻田中，数量最多，当人、畜下水田干活时，水纹波动，它随即漂游而来，爬到人、畜体上吸血。吸饱血液后，有的后吸盘松开，像葫芦一样悬挂在牛肚的皮下。它能使伤口流血、出血时间延长并使伤口感染而形成脓肿。人、畜还可因为它的侵入而产生疼痛和不舒服。长期不治疗可引起失血性贫血。

## 八、螠（yì）虫动物

螠虫身体柔软，呈囊状或纺锤状，两侧对称，无体节，无疣足。口位于虫体前端，口前叶很发达，多具软而细长的吻。吻不能缩入躯干部，可协助摄食。吻后为躯干部，前端腹面具1对钩状刚毛。体腔很大，无隔膜。消化道常为体长的数倍。肛门在体后端。肾管兼生殖管，数目不等。雌雄异体。发育经担轮幼虫期，幼虫具分节现象。全部为海生、底栖穴居。分类鉴定主要依据躯干体壁各肌肉层的位置、肾管数和排列方式，以及循环系统的情况。螠虫动物在无脊椎动物中属于数量很少的类群，有150多种。

### 1. 单环刺螠虫

单环刺螠虫也叫海肠子。体长100~300mm。隶属于螠虫动物门、异吸目、刺螠科。身体呈圆筒状，前端略细，后端钝圆。体不分节。体表有许多疣突，略呈环状排列。吻能伸缩，短小，匙状，与躯干无明显界限。吻基部腹面具一下凹的沟（腹中线）并向后延伸达体末端。口的后方、吻的基部腹面有1对黄褐色钩状腹刚毛，两刚毛间距长于自刚毛至吻部的距离。身体前半部有腺体，可分泌黏液，在产卵或营造泥沙管时润泽用。体末端有横裂形的肛门，在肛门周围有1圈后刚毛或称尾刚毛，

11~12 根，呈单环排列。无血管，体腔液中含有紫红色的血细胞。肾管 2 对，基部各有 2 个螺旋管。肛门囊 1 对，呈长囊状。生活时虫体呈紫红色或棕红色。

单环刺螠虫在我国主要分布于北方沿海地带。生活在泥沙滩潮间带低潮区及浅海海底泥沙内，穴居，居泥沙管内，穴道呈“U”形，深 30~40cm。涨潮时可用吻捕食，退潮后即隐入沙中。

单环刺螠虫的体壁可食用，味道鲜美，是海产珍品，海产集市常有出售。目前已开始尝试人工养殖。由于它比较常见，在沿海附近的某些犯罪现场有可能出现它的痕迹。

# 九、软体动物

软体动物是种类繁多的无脊椎动物类群，种数仅次于节肢动物。隶属于软体动物门。身体柔软，不分节，一般左右对称，也有一些种类由于扭转、曲折而形态奇特。体表通常有石灰质的外壳。外层皮肤自背部褶皱，向下伸展，形成外套，将身体包围。多数种类前端有头，头上有口和感觉器官。有呼吸功能的鳃位于外套和身体之间的腔中。具有发达的肉质足。雌雄同体或雌雄异体。大多为卵生。分布于海水、淡水和陆地等环境中。共有大约 110 000 种，可分为多板类（如石鳖）、腹足类（如田螺）、瓣鳃类（如河蚌）、头足类（如乌贼）等类群。

## 1. 朝鲜鳞带石鳖

朝鲜鳞带石鳖隶属于多板纲、石鳖目、锉石鳖科。身体呈长扁椭圆形，长 22mm。颜色有变化，从黑绿色到土褐色。背部 8 块壳片呈覆瓦状排列，上面具不规则的斑点。头板具有 16 条由粒状突起组成的放射肋，嵌入片有 10~14 个齿裂。中央板的肋部具有细小粒状的纵肋，翼部具有粒状的放射肋，嵌入片每侧各具 1~2 个齿裂。尾板小，中央区有纵肋，后区有放射肋，嵌入片具 12~14 个齿裂。环带狭窄，满被小目的鳞片。足部发达，鳃 34 对，鳃列与足等长。

朝鲜鳞带石鳖在我国沿海皆有分布，尤其在北方沿岸较为普遍，南方沿岸虽有但比较少见。生活在潮间带低潮区岩石间或石块的下面，在水深 28m 处也有发现。

朝鲜鳞带石鳖的肉可食，但个体小、数量少，经济价值不大。由于它比较常见，在沿海附近的某些犯罪现场有可能出现它的痕迹。

## 2. 网纹鬃毛石鳖

网纹鬃毛石鳖隶属于多板纲、石鳖目、鬃毛石鳖科。身体呈长扁椭圆形，长 21mm。背部中央具有 8 块壳板，壳板灰白色或黄白色，杂有不均匀的绿褐色、黄褐色或粉红色斑点，有的个体完全为绿色。头板半圆形，上面具有网状刻纹和 8 条颗粒状的放射肋，嵌入片有 8 个齿裂。中间板的中央部亦具网状刻纹，翼部有 1 条粗大的颗粒状放射肋，两侧各具一个齿裂。头板和中间板后部边缘均有一列粒状突起。尾板较小，自壳顶向两侧各有一条放射肋，中央区较大，网纹状，后区较小，尾板后端中央有一明显的缺刻。环带土黄色，其表面具有分布不均匀和长短不一的鬃毛状棘刺。足部黄色，发达。鳃 16 对，位于足两侧的后半部。

网纹鬃毛石鳖在我国分布于沿海地带。主要生活在潮间带低潮区岩石间。

网纹鬃毛石鳖的肉可食，但个体小，数量少，经济价值不大。由于它比较常见，在沿海附近的某些犯罪现场有可能出现它的痕迹。

## 3. 红条毛肤石鳖

红条毛肤石鳖隶属于多板纲、石鳖目、隐板石鳖科。身体长椭圆形，长 28mm。壳板较窄，暗绿色，沿中部有 3 条纵走的红色线纹。头板半圆形，表面有粒状突起，嵌入片有 5 个齿裂。中间板峰部具细的纵肋，翼部具有较大的颗粒状突起，嵌入片的翼部位置具 1 个齿裂。尾板小，其上有纵肋和粒状突起，嵌入片两侧各有一个齿裂。环带宽，呈深绿色，其下面具有密集的棒状棘刺，沿壳板有18丛针束。头部位于身体腹面前方，呈半网形突起，口在中央稍下处。足在头后方，宽大，占腹面绝大部分。足与外套之间有狭窄的外套沟，每侧沟内有21~24个鳃。

红条毛肤石在我国分布于渤海、黄海、东海和南海。生活在潮间带中、下区至数米深的浅海。以宽大的足部和环带附着在岩礁及海藻上，用齿舌刮取各种海藻为食。潮退后吸着于岩石上．遇到危险时，它的身体能向腹面弯曲，壳板露在外面，借以自卫。

红条毛肤石鳖是我国沿海岸边最常见的动物之一，可食用，也可入药，药名为海石鳖、海八节毛，有软坚散结的作用，可医治淋巴结核，对麻风病也有一定的疗效。

### 4. 冠螺

冠螺也叫唐冠螺，是我国的珍稀软体动物。体长20~30cm。隶属于软体动物门、腹足纲、冠螺科。贝壳的表面为灰白色，并有不规则的红褐色斑纹，在接近壳口的边缘处有很大的红褐色斑块。贝壳大而坚厚，壳的顶端较尖。壳口狭长，内、外层都扩张为帽缘状，使整个螺体的外形就像《西游记》里唐僧所戴的帽子，所以得名。

冠螺分布于我国南海等海域。栖息于水深1~30m的碎珊瑚底质的浅海中。夜间活动。身体的腹面有块状的足，肌肉极为发达，适于爬行。休息时埋入沙砾中，仅露出背部。足的背后具有一个由足腺分泌而成的厣，当身体缩入壳内后，可用厣完全关闭壳口。主要以棘皮动物等为食。夏季繁殖。

冠螺的数量稀少，被列为国家Ⅱ级重点保护野生动物。它在我国野外数量十分稀少，但也会有偷猎、非法贩运和销售等犯罪现象的发生。

### 5. 红树拟蟹守螺

红树拟蟹守螺隶属于腹足纲、前鳃亚纲、中腹足目、汇螺科。螺壳长锥形，壳高31mm、宽13.5mm，壳质较薄，结实，壳顶常被腐蚀而不存在，所留螺层常为7~8层。各螺层稍膨胀，其高度与宽度增长均匀，缝合线明显。螺旋部高，体螺层短。壳面具有发达的纵肋和较细的螺肋，二者互相交叉处形成颗粒状突起。在每一螺层缝合线的下面有一条较发达的珠状螺肋。纵肋在体螺层上通常较弱或消失，体螺层的左侧常出现纵肿脉。壳面颜色有变化，通常为黄白色，有一条紫褐色螺带，螺带在壳上部有时不明显，在体螺层偶尔出现2条螺带。螺壳基部具有细的螺旋沟纹。壳口近圆形，内面隐现出紫褐色螺带，外唇薄，周缘多少有些反折，下部微向前凸出，内唇薄，稍扩张。前沟浅，呈窦状。厣同前种。

红树拟蟹守螺在我国各地沿海地带均有分布，尤其在黄海、渤海沿岸比较常见。生活在潮间带的上区，有淡水流入附近的泥和泥沙滩上。在南方沿海常喜栖息于有红树林的环境中。

红树拟蟹守螺肉可食，沿海居民将贝壳顶尖除掉后用口吸食之，集市上时有出售。它是我国沿岸最常见的动物种类之一，因此在某些沿海地带以及集市附近的犯罪现场有可能出现它的痕迹。

### 6. 单齿螺

单齿螺隶属于腹足纲、前鳃亚纲、原始腹足目、马蹄螺科。壳呈拳形，壳质厚而坚实。壳高17~26mm、宽16~22mm。螺层6~7层，螺旋部稍高于体螺层，每一螺层有带状螺旋形较细弱的螺肋5~6条。体螺层膨胀，有15~16条较粗大的螺肋。这些螺肋和生长线交织成方形的颗粒突起，排列整齐如石块叠置，故又称石叠螺。壳表多为暗绿色，具有白色、绿色和褐色斑。壳内面为白色，具有珍珠光泽。壳口为卵圆形，外唇边缘薄，稍向内则加厚，形成一个半环形突起，上面具有一列弱齿，8~9个。内唇基部增厚，形成一个强大的白色尖齿。脐孔完全为胼胝所掩盖。厣为角质，圆形，棕褐色，核位于中央，具有同心的生长纹。

单齿螺在我国各地沿海地带均有分布。从高潮线至低潮线岩礁岸均有发现，以中潮线附近聚集较多，喜群栖于石缝或石块下。繁殖季节一般为7~8月，卵为褐色。以海藻为食。

单齿螺的肉可食用，但对紫菜等经济藻类养殖业有危害。它是我国沿海地区常见的动物之一，因此在某些沿海地带的犯罪现场有可能出现它的痕迹。

## 7. 锈凹螺

锈凹螺隶属于腹足纲、前鳃亚纲、原始腹足目、马蹄螺科。贝壳圆锥形，壳质坚厚。壳高14~25mm、宽19~27mm。螺层5~6层，各螺层壳宽度自上而下逐渐增加，缝合线浅。壳顶常被磨损。体螺层不膨大。壳面各层均有细弱的螺旋形肋和粗大的斜行放射肋，尤其在基部2~3层特别明显。壳面黄褐色，有斜行的棕色带，密布似铁锈色斑纹。壳内面灰白色，具珍珠光泽。壳口呈马蹄形，外唇薄，具有褐色和黄色相间的镶边；内唇厚，上方向脐孔伸出一白色遮缘，下方向壳口伸出1或2个白色齿。壳底平，有黄褐色旋纹与同心环纹相交。脐孔大而深。厣角质，圆形、棕红色有银色镶边，核位于中央，有细微的生长环纹。

锈凹螺在我国沿海地带均有分布。主要生活在潮间带中、下区，20~50m深的岩礁海底也有采获，退潮后常隐藏在石块下或石缝内。以褐藻和红藻等海藻为食。

锈凹螺的肉供食用，贝壳可入药，有平肝潜阳的作用，可代石决明。它也是海带、紫菜等经济藻类养殖业的敌害。它是我国沿海地区常见的动物之一，因此在某些沿海地带的犯罪现场有可能出现它的痕迹。

## 8. 朝鲜花冠小月螺

朝鲜花冠小月螺隶属于腹足纲、前鳃亚纲、原始腹足目、蝾螺科。贝壳近球形，壳质坚固而厚。壳高16~27mm、宽17~26mm。螺层5~6层，自上而下急剧增宽，缝合线浅。壳顶低，常被侵蚀。体螺层较膨胀。壳面螺旋肋与生长线交织形成许多细颗粒，排列成行，在缝合线下方的一行颗粒结节大而显著。体螺层中部的一条螺肋向外扩展，使螺层上半部形成略似肩部的倾斜面。壳表深灰色和黄褐色或灰绿色相间，并常具有各色斑纹。壳内面青白色，有珍珠光泽。壳口圆形，外唇简单而薄；内唇较厚，基部形成一不发达的结节。脐孔为滑层所掩盖，略呈凹陷。厣石灰质，半球形，较厚，外凸内平，外面呈白色间有灰绿色彩，内面呈棕褐色，核近中央。

朝鲜花冠小月螺分布于我国北方沿海地带。生活在潮间带中区的岩石下或岩缝中，有群集性。

朝鲜花冠小月螺肉可供食用，退潮后极易采集。它是我国北方沿岸岩相潮间带最常见的动物种类之一，因此在某些沿海地带的犯罪现场有可能出现它的痕迹。

## 9. 香螺

香螺隶属于腹足纲、前鳃亚纲、新腹足目、蛾螺科。贝壳较大，较大者高134mm、宽77mm，近菱形，结实。螺层约7层，缝合线明显。壳顶光滑，乳头状。螺旋部占壳高的1/3~2/5。螺旋部螺层的上部和体螺层的下部扩张，形成肩角，肩角上具有结节或翘起的鳞片突起。整个壳面具有许多细而平的螺肋和螺纹。壳表面通常黄褐色，被有褐色薄的壳皮，有的个体具有细的白色色带。壳口大，内面灰白色或淡褐色。外唇弧形，简单，内唇扭曲。前沟短宽，前端稍曲。无脐。厣角质，梨形，少旋，核位于前端。

香螺在我国渤海、黄海至台湾海峡一带。生活在潮下带，栖于数米至80余米水深泥质或岩石质的海底，潮间带很少发现。5~6月产卵，卵群呈玉米棒状，黏附在其他物体上。

香螺肉肥大，味美，供食用，为优质食用贝类，渔民用底拖网捕鱼时常采到，其肉、贝壳和厣均可入药。在某些沿海地带以及集市附近的犯罪现场有可能出现它的痕迹。

## 10. 泥螺

泥螺也叫吐铁、麦螺、梅螺。隶属于腹足纲、侧腔目、阿地螺科。身体呈长方形，头盘大而肥厚，外套膜不发达。侧足发达，遮盖贝壳两侧之一部分。贝壳呈卵圆形，幼体的贝壳薄而脆，成体较坚硬，白色，表面似雕刻有螺旋状环纹，内面光滑，有黄褐色外皮。

泥螺分布于我国沿海一带，以东海为最多。栖息于潮间带泥沙滩上。生活于浅海的泥滩上。它的食性杂，能吞食泥沙、藻类及少数无脊椎动物的卵等。肉可鲜食，也可以制成醉泥螺等成品。

泥螺的体内含有某些对日光敏感的物质，人大量进食泥螺后，经过阳光照射，就可以出现日光性皮炎的症状。俗称螺蛳疮、大头风、吐铁风等。泥螺中毒发病情况与食入泥螺量和受阳光照射以及个体敏感性有关。有些人食用一定量的泥螺，当泥螺的对日光敏感物质在人体内达到一定数量后，又受到阳光的作用，就会发病。机体敏感者发病率高。

泥螺中毒多在每年5~7月发生，潜伏期为1~14天，大多数在3天内发病。病变发生在被日光照射的暴露部位，如面部、颈部、耳及手部等，患处出现浮肿、潮红、疼痛、发痒、麻木感。如继续暴晒，可出现水疱、血疱。由于因奇痒搔抓后，常可造成化脓性感染。少数患者可出现低热、头痛、食欲减退、乏力等症状。

## 11. 纵肋织纹螺

纵肋织纹螺隶属于腹足纲、前鳃亚纲、新腹足目、织纹螺科。贝壳呈锥形，壳高23~29mm、宽12~15mm，壳质坚厚。螺层约9层，缝合线较深，呈沟状，不整齐。壳顶尖锐。螺旋部高，各层壳面不膨胀，有显著的纵肋和微弱的螺纹，二者相交织成布纹。体螺层基部的数条螺纹显著较粗。通常在每一螺层上还有1、2条特别粗大的纵肋。壳表面黄白色，杂有1、2条棕色带纹。壳内面淡黄色或白色。壳口卵圆形。外唇薄，边缘有细的齿状缺刻，内缘常有6个齿状突起。内唇弧形，上部薄，下部稍厚，边缘常有突起。前沟短，稍深；后沟为一小缺刻。厣角质，卵圆形，薄，黄褐色，有生长纹，核稍偏外缘。足长，水管也长。

纵肋织纹螺在我国沿海地带均可见到。生活于潮间带及潮下带的沙或泥沙质海底。潮水退后，细长的水管从前沟伸出，摇摆着在海滩上爬行，寻找动物尸体为食。常群聚在一起，一般不钻入泥沙内。

纵肋织纹螺肉可供食用，餐桌上俗称“海瓜子”。在某些沿海地带以及集市附近的犯罪现场有可能出现它的痕迹。

## 12. 秀丽织纹螺

秀丽织纹螺隶属于腹足纲、前鳃亚纲、新腹足目、织纹螺科。贝壳锥形，壳高17~22mm、宽8~11mm，较纵肋织纹螺小，壳质坚厚。螺层约9层，缝合线明显。各螺层较膨圆，自上而下逐渐增宽，体螺层较大。壳顶光滑，其余螺层表面粗糙，有发达的斜行纵肋，在体螺层上有9~12条纵肋；壳面还有明显的螺肋，螺肋与纵肋交叉，形成粒状突起。壳表面黄褐色或黄色，具有褐色色带，在体螺层上有2、3条。壳内面黄色，有光泽，有时清晰地映出表面的褐色色带。壳口卵圆形，外唇薄，内缘有几个粒状齿。内唇上部薄，下部具有胼胝向外延伸盖住脐部。前沟短而深。厣角质。

秀丽织纹螺在我国沿海地带均可见到。生活在潮间带上、中区的泥或泥沙滩上，常聚集成群。肉食性，常以其他动物的腐烂尸体为食，故有“清道夫”之称。

秀丽织纹螺肉可食，但个体小，经济价值不大。在某些沿海地带的犯罪现场有可能出现它的痕迹。

## 13. 泥东风螺

泥东风螺也叫东风螺、南风螺。隶属于腹足纲、狭舌目、蛾螺科。螺层约9层，缝合线明显。基部3~4螺层各在上方形成肩角。肩角的下半部略直。壳面平滑，黄褐色，外被薄的壳皮。壳口内面瓷白色。外唇薄，内唇稍向外反折。前沟短而深，呈“V”形；后沟为一小而明显的缺刻。脐孔明显，有的被内唇掩盖。厣角质。

泥东风螺多生活于数米至数十米的沙泥质海底。分布于我国东海、南海。

泥东风螺多生活在水深 7~30m 的泥质海底，人工养殖可选择在含底栖硅藻和有机碎屑较丰富的潮间带滩涂进行。

## 14. 珠带拟蟹守螺

珠带拟蟹守螺隶属于腹足纲、前鳃亚纲、中腹足目、汇螺科。螺壳呈长锥形，通常高 30mm、宽 11mm，壳质结实，螺层约 15 层，缝合线呈浅沟状，其中有 1 条细而明显的螺肋。壳顶尖，常被腐蚀，螺层高度与宽度增长均匀。螺旋部高塔形，体螺层短。壳顶 1~2 层光滑，其余螺层具有 3 条串珠状的螺肋。在体螺层的螺肋较多，约 10 条，但仅在缝合线下面的 1 条螺肋呈串珠状，其余则平滑，体螺层腹面的左侧常有一发达的纵肿脉。壳表面黄褐色，在每一螺层中部或上部有 1 条紫褐色螺带。壳口近卵圆形，内面具有与壳面螺旋沟纹相应的紫褐色条纹，外唇稍厚，边缘较扩张。内唇上部薄，下部稍厚。前沟呈缺刻状。厣角质，黄褐色，圆形，多旋，核位于中央。

珠带拟蟹守螺在我国各地沿海地带均有分布。生活在潮间带中区及下区带泥质海滩上。

珠带拟蟹守螺的肉可食，沿海居民将贝壳顶尖除掉后用口吸食之，集市上时有出售。它是我国沿岸最常见的动物种类之一，因此在某些沿海地带以及集市附近的犯罪现场有可能出现它的痕迹。

## 15. 中华拟蟹守螺

中华拟蟹守螺隶属于腹足纲、前鳃亚纲、中腹足目、汇螺科。贝壳长锥形，壳质薄，结实。大者高 30mm、宽 12mm。螺层约 12 层，老的个体壳顶常被腐蚀而残缺，通常仅留约 8 层。螺层的高、宽增长均匀缓慢。缝合线较深。螺层微膨圆，螺旋部高，体螺层短。螺壳的高度约为壳宽的 3.5 倍。壳面生长纹细密，呈丝状线纹。壳顶光滑，其余螺层具有微呈波状而光滑的纵肋，纵肋在体螺层上往往较弱或消失。在幼壳壳顶数层并有 2 条细的螺肋，贝壳基部具有较弱的螺旋纹。壳表面为淡黄色，并具有紫褐色螺带，螺带在体螺层上有 3 条。壳口卵圆形，内面灰棕色，外唇薄，常破损；内唇稍厚，略直。前沟微凸出。厣角质，黄褐色，圆形，多旋，核位于中央。

中华拟蟹守螺在我国各地沿海地带均有分布，尤其在黄海、渤海沿岸比较常见。生活在潮间带高潮区河口附近，或有淡水流入的泥或泥沙滩上。

中华拟蟹守螺的肉可食，沿海居民将贝壳顶尖除掉后用口吸食之，集市上时有出售。它是我国沿岸最常见的动物种类之一，因此在某些沿海地带以及集市附近的犯罪现场有可能出现它的痕迹。

## 16. 广大扁玉螺

广大扁玉螺隶属于腹足纲、前鳃亚纲、中腹足目。贝壳略近球形而稍斜，壳高 40mm，螺层约 6 层，顶部数层宽度增长缓慢，自次体层宽度增长较快，体螺层特别扩大。壳表面平滑无肋，生长纹明显。壳面呈淡黄褐色至淡褐色，壳顶部分为灰色，在螺层上有一界限不清楚的淡黄色螺带，基部白色。壳口大，外唇完整，边缘薄。内唇上部滑层厚，在脐孔处形成胼胝结节，其中央具一沟，脐孔部分被堵塞，胼胝通常呈白色。脐孔大而深，其内具一较弱的半环状肋。厣角质，黄褐色，半透明，核位于靠内唇边缘的基部。

广大扁玉螺在我国主要分布于黄海、渤海等海域。通常生活在潮下带水深 8~79m 软泥及泥沙质的海底，偶尔在潮间带低潮区也可以见到。

广大扁玉螺肉味美可食，海产集市上常有出售。壳为贝雕工艺的原料。在某些沿海地带以及集市附近的犯罪现场有可能出现它的痕迹。

## 17. 扁玉螺

扁玉螺隶属于瓣鳃纲、中腹足目、玉螺科。贝壳近球形，质地坚硬。螺层约 5 层，缝合线明显。

在每一螺层的上方，缝合线紧，下部略缢缩。壳顶低，螺旋部略高出，各螺层宽度增加迅速，螺层膨胀。壳表光滑，生长纹细致，壳色淡紫色或淡黄褐色，至壳顶颜色渐加深。壳口半圆形，内面肉色，外唇弧形，内唇较直，上部加厚，中部形成厚的脐结节，下端稍向外反折。脐大而深。厣角质，呈半透明状。

扁玉螺分布于我国大部分沿海地区，在北方沿海更为常见。生活在沙质的浅海，从潮间带到水深50m的海底都有栖息，通常在低潮区至10m左右深处生活。在沙滩上，以发达的足在沙面爬行，爬过处留下一道浅沟。能潜入沙内7~8cm处，捕食各种贝类。7~9月产卵，产卵时产卵个体用黏液将卵与泥沙粘起来，逐渐形成围在产卵个体周围的领状卵群，退潮后在海滩上可发现大量卵群。

扁玉螺的肉味美可食，海产集市上常有出售。壳为贝雕工艺的原料。它也是贝类养殖业的敌害，在海滨经常可以见到一些贝壳上面有圆孔，即为扁玉螺捕食后腐蚀形成。在某些沿海地带以及集市附近的犯罪现场有可能出现它的痕迹。

## 18. 拟紫口玉螺

拟紫口玉螺隶属于腹足纲、前鳃亚纲、中腹足目、玉螺科。壳近球形，高28~45mm、宽24~40mm，壳质坚厚。螺层约6层，自上而下急剧增宽，缝合线清楚但不深。每层壳表面凸出，体螺层极膨大。壳表面光滑无肋，生长线极明显，在体螺层常形成强大的纵褶。壳面呈淡灰紫色，外被黄褐色壳皮，在体螺层上具有3条灰白色色带，螺带在幼体大都较明显。壳口半圆形，内白色，深处为淡紫色，外唇薄，内唇稍厚。脐深大，部分被内唇中部的结节填塞，在幼体标本中，脐孔多被这个结节塞满不留空隙。厣石灰质，半圆形，平滑，白色，其外缘具两条肋，核位于内侧下端。

拟紫口玉螺在我国大部分沿海地区均可见。生活于潮下带沙或泥沙质的海底，最深可达78m水深处。

拟紫口玉螺肉可供食用。在某些沿海地带以及集市附近的犯罪现场有可能出现它的痕迹。

## 19. 疣（yóu）荔枝螺

疣荔枝螺隶属于腹足纲、前鳃亚纲、新腹足目、骨螺科。贝壳略呈纺锤形，壳高25~38mm、宽14~24mm，壳质坚厚。螺层约6层，自壳顶至基部螺层宽度增加迅速，缝合线不明显。螺旋部约为壳高的1/3。壳顶光滑。螺旋部每一螺层中部有一列明显的螺旋形疣肋，有时在接近缝合线处还有一列不很明显的颗粒突起。体螺层上有4列疣肋，上面2列最粗壮，每列常有11个疣状突起。整个壳面还密布较细的螺肋和不太清晰的细密生长线。壳表面灰白色或黄褐色，突起为黑色；壳内面淡黄色。壳口卵圆形，前沟短而张开，后沟呈缺刻状。外唇边缘薄，向内增厚，其内侧为黑紫色，有与壳表面相当的5条肋纹。内唇光滑，具有发达的胼胝，淡黄色。厣角质，褐色，卵圆形，生长纹明显，核位于靠外唇的边缘。

疣荔枝螺在我国沿海均有分布，特别是黄海、渤海数量较多。生活在潮间带中、下区有岩礁的地方，也可附着在牡蛎壳内，常数十个或成百个集在一起。7~8月产卵，卵鞘附着在岩石上，每个卵鞘内含很多卵子，初产的卵鞘呈鲜黄色，后逐渐变为紫色。肉食性，喜钻孔侵食其他贝类。

疣荔枝螺肉可供食用，但有辣味，故有“辣螺”之称。壳可入药，治疗皮肤病；肉可治胆囊炎，并有降血压功效。它也是贝类养殖的敌害。它广泛分布，在某些沿海地带以及集市附近的犯罪现场有可能出现它的痕迹。

## 20. 内饰角口螺

内饰角口螺也叫日本刍秣螺，隶属于腹足纲、前鳃亚纲、新腹足目、骨螺科。贝壳近菱形，一般高32mm、宽19mm，壳坚厚、结实，缝合线明显。螺层约7层，螺层宽度增长迅速，形成台阶状的肩部。螺旋部小，体螺层膨大，前部收缩。壳顶的1~2层光滑，其余螺层表面具有排列不均匀的螺肋及片状的纵肋，纵肋的数目随着螺层宽度增加而减少，在体螺层通常为5条（多者可达8条），在次体层为3条，纵肋至肩部处常形成棘突。生长纹细密，呈细褶状。壳面粗糙，呈灰黄白色，在缝合线上面及体螺层中部通常有一条褐色的色带。壳口卵圆形，内面淡紫褐色，外唇显著增厚，内缘具粒状小齿。内唇光滑，略直。前沟呈一封闭的管状，前端微向背方弯曲。厣同前种。

内饰角口螺主要分布于我国黄海、渤海海域。生活在潮间带低潮区及稍深的岩石间。肉食性，在吻的腹面有穿孔腺，其分泌物能溶解牡蛎、贻贝等双壳贝类的贝壳，然后用齿舌刮食其肉。

内饰角口螺肉可食。渔民用底拖网捕鱼时常采到。它也是贝类养殖业的敌害。

## 21. 钝角口螺

钝角口螺隶属于腹足纲、前鳃亚纲、新腹足目、骨螺科。贝壳略呈菱形，大者高89mm、宽48mm，壳质坚厚。螺层约9层，缝合线明显。螺旋部短，体螺层大，前端收缩。壳顶光滑，其下的两层稍膨胀，具有细的螺肋和纵肋，其余螺层的壳面则有3条呈片状的纵肋。体螺层上的纵肋还具有花瓣状的缺刻，在纵肋之间多少隆起，形似弱的瘤状突起。体螺层自肩部以下常有明显或不明显的8~9条螺肋。壳表面灰白色或略带褐色。壳口小，卵圆形，内面呈淡褐色。内唇光滑。外唇厚，外缘具有凸出的齿，其中以基部倒数第三个齿特别发达，状如犬齿竖起。前沟延长，常呈一封闭的管，前端曲向背方。厣角质，褐色，核位于外侧边缘的下端。

钝角口螺在我国北方海域分布广泛。生活在潮间带低潮区附近至20m水深的岩石间或藻类丛生的地方。肉食性。

钝角口螺肉可食，但肉味不佳，很少食用。它也是贝类养殖业的敌害。

## 22. 黑纹斑捻螺

黑纹斑捻螺隶属于腹足纲、后鳃亚纲、头楯目、捻螺科。贝壳小，卵圆形，壳高7mm、宽4mm，壳质薄。体呈灰色，头楯略呈方形，后端分为两叶，片状。足宽，前侧隅角状。螺层约6层，各螺层稍膨胀，缝合线明显。螺旋部小，圆锥形。体螺层大，约占壳高的3/4。壳面除壳顶光滑外，其他具有细的螺旋沟纹，沟纹在体螺层有20条，在次体螺层有5条，生长线明显。壳表面灰白色，具有13~18条纵走黑褐色条纹。壳内面白色。壳口大，约占壳高的1/2，上部狭窄，底部宽圆。外唇薄，弯曲。内唇有狭而薄的石灰层，轴唇有1个褶齿，在它的上部中央有一浅沟，形似2个褶齿。厣革质，黄白色，很薄。

黑纹斑捻螺在我国分布于渤海、黄海、东海和南海。生活在潮间带泥沙底。在细沙质海滩上爬行时也会隐入浅的沙内，但其后留有爬行的沟痕可寻。5~6月交尾产卵，卵群呈螺旋状，盘绕5~7圈，有胶质柄固着在泥沙上。

黑纹斑捻螺肉可食，但个体小，经济价值不大。在某些沿海地带的犯罪现场有可能出现它的痕迹。

## 23. 古氏滩栖螺

古氏滩栖螺隶属于腹足纲、前鳃亚纲、中腹足目、汇螺科。贝壳呈长锥形，壳高22~30mm、宽8~10mm，壳质坚实。螺层10~12层，下部各螺层缝合线明显，但在壳顶数层模糊不清。壳顶部常被磨损。螺旋部高，各螺层宽度增长均匀。体螺层较小，微向腹方弯曲。螺层表面有低小的螺旋肋多条，两肋间呈细沟状，壳顶的螺肋不明显。纵肋较宽粗，位于贝壳上部各螺层者稍发达。生长线不很发达。壳表面为青灰色、棕褐色或黄褐色，并具白色条纹或斑点；每一螺层下部，缝合线上方的螺旋形白色带有时不明显。壳口卵圆形，上、下端尖，内面有褐色、白色相间的条纹，外唇薄，内唇轻度扭曲成“S”形。前沟短，呈缺刻状。厣同前种。

古氏滩栖螺在我国各地沿海地带均有分布。生活在潮间带高、中潮区，常喜云集，对海水盐度要求较低。

古氏滩栖螺肉可食，其壳可做工艺品。它是我国沿岸最常见的动物种类之一，数量较大，因此在某些沿海地带以及集市附近的犯罪现场有可能出现它的痕迹。

## 24. 脉红螺

脉红螺隶属于腹足纲、前鳃亚纲、新腹足目、骨螺科。贝壳大，通常壳高 60~140mm、宽 40~95mm，略呈梨形，壳质坚厚。螺层约 7 层，缝合线浅，螺旋部小，体螺层膨大，基部收窄。壳表面粗糙，密生较低平的螺肋和结节。各螺层中部和体螺层上部有一条螺肋向外突出形成肩角。在体螺层肩角下部还有具角状结节的 3~4 条略粗的肋，第一条最强，向下逐渐减弱或不显。壳表面黄褐色，具棕褐色斑带。壳内面杏红色，有光泽，幼壳内面为白色褶纹与红棕色彩带相间排列。壳口大，前沟短宽，后沟不显著。外唇厚，边缘具有与壳的粗肋相当的缺刻，内缘具强的褶襞。内唇上部薄，贴附在体螺层上，下部厚，向外卷，与体螺层基部的螺肋共同形成假脐。厣角质，厚而坚固，棕红色，生长纹明显，核位于外侧。

脉红螺在我国渤海、黄海和东海均有分布。栖息环境从潮间带至水深约 20m 岩石岸及泥沙质的海底都有，从潮间带采到的多为幼体，成体栖息较深。肉食性，能钻入泥沙中，捕获双壳贝类，如蛤仔、文蛤等。6~8 月产卵，卵包于革质鞘内，鞘狭长，多个相连，附着在岩石或其他物体上，形似菊花瓣，俗称海菊花。每一个体产卵鞘数百枚，每一卵鞘又含很多卵，产卵数量极大。

脉红螺肉肥大可食，味鲜美，营养丰富，除鲜食外还可加工成罐头。壳为贝雕工艺的原料。壳、厣及内脏可入药，是北方沿海重要的经济贝类。不过，它也是贝类养殖业的敌害。脉红螺广泛分布，产量较大，在某些沿海地带以及集市附近的犯罪现场有可能出现它的痕迹。

## 25. 黄裁判螺

黄裁判螺也叫黄短口螺。隶属于腹足纲、前鳃亚纲、新腹足目、塔螺科。贝壳呈尖塔形，高 52mm、宽 17mm。螺层约 14 层，缝合线明显，具弱的肩角。螺旋部尖塔形，体螺层中部膨圆，前部收窄。壳顶部的 1~2 层光滑，第 3 层开始具有纵肋，其余螺层纵肋明显并具细的螺肋。纵肋在体螺层约 13 条，但在肩部以下常变弱或不明显；螺肋在肩部以下较明显，在次体层为 4~5 条，通常上面的两条明显。壳面呈黄色，具有纵走的褐色细线纹及斑点。壳口长形，外唇缘弧形，接近前缘边缘向内凹陷，接近后端具一呈“V”形的缺刻。内唇较厚，接近后端具一结节突起。前沟稍延长。厣角质，褐色，少旋，核在下端。

黄裁判螺在我国分布于渤海、黄海、东海和南海。生活在潮下带水深 9~35m 的浅海软泥及泥沙质海底，潮间带很少发现。

黄裁判螺肉可供食用。在某些沿海地带的犯罪现场有可能出现它的痕迹。

## 26. 日本菊花螺

日本菊花螺隶属于腹足纲、肺螺亚纲、基眼目、菊花螺科。贝壳笠状，壳长 11~19mm、宽 8~14mm、高 5~9mm，壳较高并有变化，边缘轮廓呈卵圆形，壳薄，易碎。壳顶位于近中央稍靠后方，壳顶尖，倾向后方，壳顶有的偏向左侧。贝壳表面比较粗糙，自壳顶向四周放射出许多带有皱纹的放射肋，并具细的间肋，在贝壳右侧有 1~2 条并列放射肋较隆起。壳表面具有黄色的薄壳皮，在壳顶的周围常呈黑灰色。壳的周缘常参差不齐。壳内面周缘呈淡褐色，肌痕常呈黑褐色，并有与壳表面放射肋相应的放射沟。右侧水管出入的凹沟较发达，并延伸入肌痕处。

日本菊花螺在我国各地沿海均可见到。一般在高、中潮区岩石表面营附着生活，潮水退后很少隐藏，能忍受较长时间的干旱，不致涸死。

日本菊花螺个体小，经济价值不大。在某些沿海地带的犯罪现场有可能出现它的痕迹。

## 27. 丽小笔螺

丽小笔螺也叫马氏核螺，隶属于腹足纲、前鳃亚纲、新腹足目、牙螺科。贝壳小，壳高 17~22mm、宽 7~8mm，呈纺锤形，壳质结实，表面光滑。螺层约 9 层，缝合线细而明显。螺旋部较高，明显超过壳高的 1/2。各螺层的宽度由壳顶至基部逐渐增大。壳顶常磨损。光滑的壳面被有薄的黄色壳皮，体螺层基部有数条清晰的螺线。壳表面有棕褐色纵走火焰状的花纹，通常花纹上部粗而少，下部细而多，花纹有变化。壳内面为白色，有光泽。壳口小，长卵圆形。外唇厚，内侧有一行小齿，一般为 5 个，前后 2 个较大。内唇稍厚，其上有 2 个不明显的齿状突起。前沟短，呈缺刻状。厣角质，黄褐色，长卵圆形，生长纹清晰，核位于内侧。

丽小笔螺在我国主要见于黄海、渤海海域。生活在潮间带岩石下或有大型海藻的浅海泥沙底，退潮后多隐藏在碎石下面，常群聚在一起。肉食性，常以小的双壳类和甲壳类为食，并食海洋动物尸体。

丽小笔螺肉可食，但个体小，经济价值不大。在某些沿海地带的犯罪现场有可能出现它的痕迹。

## 28. 金刚螺

金刚螺隶属于腹足纲、前鳃亚纲、新腹足目、衲螺科。贝壳呈长卵圆形，壳高 60mm、宽 32mm，壳质坚实。螺层约 7 层，缝合线浅，呈波纹状。螺旋部圆锥形，体螺层膨大，前端收缩。壳顶尖，1~2 层光滑，其余壳面具有稍斜、稀疏的发达纵肋及细的螺肋，每一螺层的上部形成肩角，肩角与缝合线之间为一较宽的台阶，纵肋在肩角上成为短的角状棘。壳面粗糙，黄褐色，布有不均匀的紫褐色斑纹，体螺层中部有一条白色的螺带。壳口卵圆形，内面淡杏黄色，常印有褐色斑。外唇弧形，内缘具小齿，再内有细的肋纹。轴唇有三条肋状的褶襞，假脐部分被滑层遮盖，绷带发达。前沟短。无厣。

金刚螺主要分布于我国渤海、黄海一带。生活在潮间带低潮区至 50 余米水深泥沙质海底。

金刚螺肉可供食用。在某些沿海地带的犯罪现场有可能出现它的痕迹。

## 29. 桶形芋螺

桶形芋螺壳高 70~115mm，壳宽 44~70mm。贝壳似陀螺形，壳质坚厚，螺层约 12 层，螺旋部低。体螺层似圆锥形。壳面有黄褐色壳皮，壳皮上有咖啡色斑点，排列成纵行。体螺层的基部壳面具有细肋及沟纹，壳口狭长，内外层边缘平行，近似长方形，内面白色，稍微具有珍珠光泽。角质厣小而坚实。桶形芋螺产于暖海，生活在浅海细沙质的海底，在潮间带低潮线附近即可遇到。

桶形芋螺分布于我国南海，在海南岛三亚和新村一带。生活时在沙滩上匍匐或钻入沙内。潜入沙中时，壳顶向下，体上的水管露出地面。

## 30. 地纹芋螺

地纹芋螺壳高 88~113mm，壳宽 39~54mm。贝壳像圆筒状，壳较薄而坚实。螺层约 10 层，螺旋部极短，体螺层长大。壳表面有黄褐色的皱褶，壳面光滑，淡肉红色，具有褐色花纹。体螺层上有 3 条断续的栗褐色带或紫褐色带。壳口狭长，前部较宽。角质厣很小。

地纹芋螺产于我国南海。栖息于浅海珊瑚礁间，潮间带的下区，白天多在海藻下或珊瑚洞穴中隐藏，夜晚外出活动。

地纹芋螺是芋螺中毒性最大的一种，人被它咬伤时会有生命危险。据报道，有一个 5 岁的儿童被地纹芋螺咬伤，很快引起心脏停搏，急救不及而死亡。日本也有类似的记载，当地人不慎被地纹芋螺咬伤手指时，怕毒素蔓延而急速将手指截去。在马特培岛上的人，被地纹芋螺咬后会立即将被咬处弄破，使血液外流，即无生命危险。

## 31. 织锦芋螺

织锦芋螺壳高为88~98mm，壳宽44~51mm。贝壳略呈纺锤形，壳质坚厚。螺层约12层，螺旋部较长，呈圆锥形；体螺层极大，前端瘦弱。壳面灰黄色具有红褐色三角齿形的花纹。体螺层上具有2~3列不规则的红褐色色带。壳顶数层呈淡肉红色。壳口狭长，前端较宽。角质厣棕色，很小，呈卵圆形。

织锦芋螺产于我国南海。生活在潮间带珊瑚礁间，退潮后多隐藏在石块下面及珊瑚礁洞中。黄昏时外出觅食。

织锦芋螺也是毒性较强的一种，其口腔内箭头状的齿，可射出10cm远，人若不慎被它咬伤，受伤的部分要溃烂，甚至有生命危险。

## 32. 福寿螺

福寿螺也叫大瓶螺、黄螺蛳、苹果螺、金宝螺、苹果蜗牛（图2.3）。隶属于瓣鳃纲、中腹足目、瓶螺科。雌雄异体。个体较大，有完整的螺旋形贝壳，成螺壳高4~8cm，壳径7~15cm，爬行时体长达3.5~6cm。贝壳黄褐色，表面光滑。螺体右旋，贝壳近似圆盘形，螺层5~6层，体螺层膨大。脐孔大而深。雌螺壳口单薄，外唇直或略弯，厣周缘平展；雄螺壳口增厚，外唇向外反翘，厣外缘的中部略隆起，上下缘向软体部凹。壳体半透明，呈黄褐色；具有长短2对触角，眼点在短触角上。

图2.3　福寿螺

福寿螺原产于南美洲亚马孙河流域。在我国分布于台湾、广东、广西、云南、福建、浙江、江苏、上海、四川等地。生活于田间水草丛中、田边、沟边。一生经卵、幼螺、成螺三个阶段。越冬螺于3月中旬开始交配产卵，卵期一般10~38天。初孵幼螺至性成熟产卵50~70天。其生长速度受温度、食物制约。田间世代重叠严重，3~11月，卵、幼螺和成螺并存。福寿螺的越冬呈休眠状态，11月下旬至12月当气温降至8℃左右，成螺和幼螺便钻入田泥中，停止活动。其间如遇气温短暂升高时，仍可爬出取食。翌年气温稳定在8℃以上时，开始活动、取食。具有原始的肺，另有辅助呼吸器官。卵生，卵产在附着物上孵化。食性广杂，见青即食，可食水稻、水生杂草及水葫芦等，甚至取食小鱼、小虾、小螺等。

福寿螺肉可食，肉味鲜美，市场上时有出售。在福寿螺养殖基地会发生因经济利益而进行的盗窃、抢劫行为。福寿螺在南方逸为野生，在有些河岸、沟渠等地随处可见，在某些犯罪现场也会有它的痕迹。

福寿螺生长繁殖能力强，生长快，还有夜晚爬出觅食和产卵的特性，大量的福寿螺一旦扩散到菜地以至大田，可能会造成一定的灾害。饲养、销售者如果管理不善，使之逸为野生后，它就会危害水稻和其他水生农作物，并很快扩散至天然湿地环境，对当地水生贝类、水生植物产生威胁。福寿螺是卷棘口吸虫、广州管圆线虫的中间宿主。

## 33. 指甲履螺

指甲履螺隶属于软体动物门、腹足纲、中腹足目、帆螺科。外壳背面椭圆形（指甲形），呈深褐色。外壳腹面有一块横隔板，板的前缘中央有一小凹痕，白色。具齿舌，每行7齿，包括中央齿及1对侧齿、1对内缘侧齿和1对外缘侧齿，各齿外缘有小突起。

指甲履螺原产于中美洲太平洋沿岸，靠船底长距离传播。在我国见于香港、深圳。栖息于海洋。种群包括性别未分化的幼体、雄性个体、处在性转变阶段个体、雌性个体。雌雄同体，雄性先熟，由雄性变为雌性。雌性个体腹足下孕育着卵块，每个平均怀卵量 2 610 个。它用肥厚的腹足牢固地吸附在附着基上，也附着在水泥柱、铁管上。除 4~12mm 的幼体会移动外，所有雌性和大个体都终生不移动。这种滤食性的腹足类，靠抬高贝壳，水流经壳缘抬高进行滤食和排出废物。成串的形式是小个体在上，大个体在下，即雄性个体在上，雌性个体在下，性转变的个体居中。

指甲履螺是外来入侵物种，附着在贻贝、牡蛎壳上，影响养殖贝类生长和群落的物种多样性。由于它是比较常见的外来入侵物种，在沿海附近的某些犯罪现场有可能出现它的痕迹。

## 34. 中国圆田螺

中国圆田螺也叫田螺、香螺，是淡水中常见的软体动物。体长 5~6cm。隶属于软体动物门、腹足纲、田螺科。壳大，略微呈圆锥形，向右旋，有明显的五轮螺层。螺层的末端为壳口，较大，近似圆形，头和足可以从壳口伸出来。外面有一个角质的薄片，叫作厣，像个盖子一样，可以完全关闭壳口。

中国圆田螺分布于我国各地。栖息于湖泊、池塘、水田和缓流的小溪中。用宽大的肉质足在水底爬行。以水生植物的叶片、藻类等为食。繁殖方式属于卵胎生，受精卵在雌性的体内发育生长，幼体直接生下来。

中国圆田螺肉供食用，味美，营养价值高。冻螺肉还供出口，此外尚可作禽畜饲料和青鱼、鲤鱼的天然饵料，螺壳及肉可供药用。在水产养殖基地常常会发生因经济利益而进行盗窃、抢劫等犯罪行为，在某些犯罪现场也有可能出现它的痕迹。

## 35. 石磺海牛

石磺海牛隶属于腹足纲、后鳃亚纲、裸鳃目、石磺海牛科。体呈椭圆形，长 20~33mm、宽 12~20mm、高 6~12mm。腹面扁平，腹足椭圆形，宽大，口在腹面前方，位于一吻突上。背面隆起，表面有许多大小不等的球状突起，散布在中部的较大，形似一个石磺。近前端两侧有 1 对指状嗅角，嗅角能缩入其基部的袋状囊中。近后端中线上有 1 个肛门，肛门周围有 6 个刺状的鳃，鳃也能缩入体内，鳃叶黄白色，鳃脉黄褐色。体色背面黄褐，稍带绿色，有时杂以黑色斑点；腹面色浅。

石磺海牛在我国主要分布于渤海、黄海。生活于潮间带到潮下带浅水区礁石或砾石间，在海藻丛生处尤多，在石块上匍匐爬行。

石磺海牛肉可食，但数量少，经济价值不大。在某些沿海地带的犯罪现场有可能出现它的痕迹。

## 36. 江西巴蜗牛

江西巴蜗牛是我国特产的常见陆生软体动物。体长 28~30mm。隶属于软体动物门、腹足纲、巴蜗牛科。有一个螺旋的较大贝壳，壳质厚，坚固，呈圆球形。贝壳向右旋，每旋转一周为一层，共有 6~6.5 个螺层，前几个螺层缓慢增长，略显得膨大。壳面为黄褐色或琥珀色，有光泽。在螺层的中部有一条红褐色的色带环绕。头部和身体钻出的口是贝壳口，呈椭圆形。头部有两对触角，一对长，一对短，眼位于长的触角上。腹面有扁平宽大的足。

江西巴蜗牛分布于我国东北、华北、华中等地。栖息于树林、田埂、灌丛、草丛和住宅附近等环境中。如果遇到天气干燥或在冬眠时，可以分泌黏液封闭壳口。以植物幼芽、嫩叶、地衣、真菌等为食。

由于它比较常见，在某些犯罪现场有可能出现它的痕迹。

## 37. 法国散大蜗牛

法国散大蜗牛也叫庭园蜗牛、苹果蜗牛、散布大蜗牛、褐色花园蜗牛、花园蜗牛、法国蜗牛、欧洲褐色蜗牛。壳高 29~33mm。隶属于软体动物门、腹足纲、柄眼目、蜗牛科。贝壳大型，呈卵圆形或球形，壳质稍薄，不透明，有光泽；贝壳表面呈淡黄褐色，有稠密和细致的刻纹，并有多条深褐色螺旋状的色带，阻断于与其相交叉的斑点或条纹处。贝壳有4.5~5个螺层，壳面有明显的螺纹和生长线。螺旋部矮小，体螺层膨大，在前方向下倾斜，壳口位于其背面。壳口完整，卵圆形或新月形，口缘锋利。身体呈黄褐色至绿褐色，头部和腹足爬行时伸展长度可达5~6cm。从触角基部到贝壳之间有一条浅色的线条。

法国散大蜗牛原产于西欧各国及东欧一些国家。在我国山西、广东、河北等地有养殖。几乎摄食所有绿色植物，其活动主要受湿度控制，在潮湿的环境条件下昼伏夜出，通常每天夜间在5~20m范围内活动，以土壤中的有机物、树皮，尤其是蔬菜水果为食，对园艺生产造成严重破坏。以休眠的方式度过干旱季节，生长季节的休眠是浅休眠。适宜温度范围为4.5~21.5℃，在-10℃的严寒下仍能生存。雌雄同体，异体交配，受精后5~7天开始产卵。卵圆形，白色。卵穴通常构筑在疏松而潮湿的土壤中，深2.5~4cm，由蜗牛腹足将土向地面铲出而成。每次产卵30~120粒。卵块隐藏在由蜗牛分泌的黏液、粪便和泥土组成的混合物中。在温暖湿润的条件下，一般14天后孵出幼螺。刚孵化的幼螺呈透明状，只有一个螺层，壳薄易碎、光滑，淡褐色，有细小的黑斑，无条状色带和色斑。

法国散大蜗牛是欧美地区传统的蜗牛，以肉质细嫩、口感好、产卵量大、繁殖率高、生产周期短、适应能力强、饲养成本低等优点，风行于国际市场。不过，逃逸的法国散大蜗牛极易在新区建立种群，危害栽培作物，爬行过后留下白色黏液痕迹，大大降低果菜的商品价值，引起植株严重落叶和果实损伤。在养殖基地会发生因经济利益而进行的盗窃、抢劫行为。在某些犯罪现场也会有它的痕迹。

## 38. 褐云玛瑙螺

褐云玛瑙螺也叫非洲大蜗牛、菜螺、花螺、东风螺（图2.4）。隶属于软体动物门、腹足纲、柄眼目、玛瑙螺科、玛瑙螺属。贝壳大型，壳质厚，有光泽，呈长卵圆形。螺层为6~8层，螺旋部呈圆锥形。体螺层膨大，其高度约为壳高的3/4。壳顶尖，缝合线深。壳面为黄色或深黄底色，带有焦褐色雾状花纹。胚壳呈玉白色。其他各螺层有断续的棕色条纹。生长线粗而明显，壳内为淡紫色或蓝白色，体螺层上的螺纹不明显，中部各螺层与生长线交错。壳口呈卵圆形，口缘简单，完整。外唇薄而锋利，易碎。内唇贴缩于体螺层上，形成“S”形的蓝白色的胼胝部，轴缘外折，无脐孔。足部肌肉发达，背面呈暗棕黑色，侧面呈灰黄色，其黏液无色。

图2.4　褐云玛瑙螺

褐云玛瑙螺原产于非洲东部沿岸坦桑尼亚的桑给巴尔、奔巴岛，以及马达加斯加岛一带。在我国现已扩散到广东、海南、广西、云南、福建和香港、台湾等地。喜栖息于植被丰富的阴暗潮湿环境及腐殖质多的地方。杂食性，食量较大，幼螺多为腐食性。雌雄同体，异体交配。性成熟年龄0.5~1年，一年多次产卵，一次产卵数达100~400粒。寿命长，可达5~7年。

褐云玛瑙螺抗逆性强，遇到不良环境时，很快进入休眠状态，在这种状态下可生存几年。逃逸到野外的个体可以咬断或啃食各种农作物和蔬菜等的幼芽、嫩叶，并是部分人畜寄生虫和病原菌的中间宿主。

褐云玛瑙螺作为人类的食物、宠物和饲料等引入，在南方逸为野生，在有水的河岸、沟渠等地随处可见，在某些犯罪现场也会有它的痕迹。

## 39. 耳鲍（báo）

耳鲍也叫鲍鱼，是生活于沿海地带的软体动物。体长6~7cm。隶属于软体动物门、腹足纲、鲍科。贝壳较小而薄，狭长，略微弯曲，呈耳状。贝壳的表面光滑而美丽，有草绿色、灰绿色或黄褐色等，上面散布有暗绿色或紫褐色的三角形斑纹及黄褐色的不规则云状斑。壳口极大，为长椭圆形。

耳鲍分布于我国南海等暖水性海域。栖息于海岸潮水下的岩石或珊瑚礁及藻类丛生的海底。夜晚活动。以发达的腹足在岩石上或在珊瑚礁上爬行。口中有形状像锉刀一样的强大齿舌，可以在水中刮取和磨碎海藻等食物。

耳鲍壳薄肉多，足部肌肉特别肥厚，是著名的海珍品之一，也是人工养殖的优良品种。在耳鲍养殖基地有可能会发生因经济利益而进行盗窃、抢劫等犯罪行为，在某些犯罪现场也有可能出现它的痕迹。

## 40. 红鲍

红鲍也叫太平洋红鲍、加利福尼亚鲍，是鲍类中体型最大的一种，最大个体体重在 2 000g 左右，贝壳直径可达 28cm 以上。隶属于软体动物门、腹足纲、原始腹足目、鲍科、鲍属。壳表暗红色，呈波浪状。壳面的颜色和纹理常因藻类、藤壶或其他海洋生物的附着生长而难以辨认。壳内面光洁呈彩虹样色带。肌痕大而明显，具绿色光泽。壳外缘向内延伸，至珍珠层边缘处形成一条狭窄的红边。呼吸孔卵圆形，呈管状略向外突起，一般有 3~4 个开孔。软体部和上足光滑，通常为黑色，有时具明暗相间的条纹。上足边缘呈扇形。具黑色触手略向壳外缘延伸。某些个体上足上缘触手略向壳外缘伸出。

红鲍原产于美国和墨西哥太平洋沿岸。在我国南方沿岸海域养殖。喜栖息于岩礁海底，一般多生活在波浪较大、潮流通畅的外海海区。适温范围在 6~24℃，最适水温应为 16~18℃。受精卵孵化和幼体发育温度范围为 10~23℃。幼鲍和鲍苗对高温有一定的忍受能力，但当温度高于 27℃时，可能出现死亡现象。以大型藻类或底栖单细胞藻类为食。

红鲍是我国引进的水产经济动物，目前已经规模化生产，在水产养殖基地常常会发生因经济利益而进行盗窃、抢劫等犯罪行为，在某些犯罪现场也有可能出现它的痕迹。

## 41. 美国绿鲍

美国绿鲍壳直径为 13~20cm，最大可达 26cm。隶属于软体动物门、腹足纲、原始腹足目、鲍科、鲍属。贝壳呈椭圆形，壳表颜色为橄榄绿并杂有淡红棕色。壳面刻纹规则，具无数凹凸相间的纹沟和肋条。呼吸孔较小，呈圆形轻微举起，通常有 4~7 个开孔。壳内具有明亮的红蓝绿虹彩。肌痕大而明显。上足橄榄色，带有棕色斑点，是个带小突起的扇形体，表面粗糙而皱褶。触手淡灰绿色稍粗厚，从壳下方向上突出。

美国绿鲍原产于美国和墨西哥太平洋沿岸。我国南方沿海有养殖。属暖水性种类，在 9~30℃的海洋环境中可以繁殖生长，最适水温 18~24℃。稚贝忍受高温的半致死临界温度为 31℃。以大型藻类或底栖单细胞藻类为食。

美国绿鲍是我国引进的水产经济动物，目前已经规模化生产，在水产养殖基地常常会发生因经济利益而进行盗窃、抢劫等犯罪行为，在某些犯罪现场也有可能出现它的痕迹。

## 42. 日本盘鲍

日本盘鲍也叫虾夷盘鲍、紫鲍。最大壳长约 20cm。隶属于软体动物门、腹足纲、原始腹足目、鲍科、鲍属。壳呈长卵圆形。壳表呈绿黑色，螺旋部高。螺肋较平，具放射状瘤肋。呼吸孔呈锥状，前端 4~5 个开孔。壳内珍珠光泽略带绿色，右侧壳肋痕明显，卵圆形。

日本盘鲍原产于日本北海道南端以南至韩国，以及我国山东半岛附近，我国在广东、福建、辽宁、山东等地沿海有养殖。喜栖于周围海藻丰富、水质清新、水流通畅的岩礁裂缝、砾石海底，深度可达 20m。适温为 28℃，15~20 ℃摄食旺盛，最适生长盐度为 28~34。以宽大的腹足爬行，以巨形藻类为主食。雌雄异体，行体外受精，以透孔排水和产卵。

日本盘鲍是我国引进的水产经济动物，逃逸到野生水域后可与当地皱纹盘鲍杂交，有一定的生态风险。目前已经规模化生产，在水产养殖基地常常会发生因经济利益而进行盗窃、抢劫等犯罪行为，在某些犯罪现场也有可能出现它的痕迹。

## 43. 皱纹盘鲍

皱纹盘鲍也叫鲍鱼、紫鲍、石决明。壳长 83~128mm。隶属于瓣鳃纲、原始腹足目、鲍科。壳大而坚厚。螺层 3 层，缝合线浅，壳顶钝，微突出于贝壳表面，但低于贝壳的最高部分。从第 2 螺层的中部开始至体螺层的边缘，有 1 排以 20 个左右凸起和小孔组成的旋转螺肋，其末端的 4~5 个特别大，有开口，呈管状，外侧有 1 条与肋平行的凹沟，壳面被突起和小孔分为右部宽大、左部狭长的两部分。壳面深绿褐色，生长纹明显，贝壳内面银白色，有绿、紫、珍珠等彩色光泽。

皱纹盘鲍在我国主要分布于北部沿海，特别是山东、辽宁产量较多。生活于低潮线附近至水深 10m 左右的岩礁间。栖息环境需潮流畅通、水清、海藻繁盛。以褐藻和红藻为食，但也吞食其他小动物，如有孔虫、多毛类、桡足类等。幼鲍以食底栖硅藻为主。

皱纹盘鲍足部肌肉极肥大，肉质细嫩，味道鲜美，是著名的海珍品、重要的经济贝类，已开展大规模人工放流增殖和人工养殖。它的贝壳即中药石决明。皱纹盘鲍具有五彩光泽的珍珠层，是制作贝雕工艺品的优质原料。因此，在它的养殖基地有可能会发生因经济利益而进行盗窃、抢劫等犯罪行为，在水产品市场、餐馆等处的某些犯罪现场也有可能出现它的痕迹。

## 44. 矮拟帽贝

矮拟帽贝隶属于腹足纲、前鳃亚纲、原始腹足目、笠贝科。贝壳呈帽状，小型，壳周缘椭圆形，壳质坚实而厚。壳长 10~21mm。壳顶钝而高起，位于壳的亚中央部稍靠前方，到前缘的距离约为壳长的 1/2，壳顶常被腐蚀。壳顶前坡直，后坡侧略呈隆起状。壳表面放射肋极细弱，生长线不甚明显。壳面颜色暗淡，多呈青灰色，常被腐蚀，边缘常有棕色和白色相间的放射色带。壳内面为灰白色或淡蓝色，边缘有一圈窄的褐色与白色相间的镶边，中间有黑褐色肌痕。

矮拟帽贝在我国各地沿海均有分布。附着在潮间带岩石上生活，多在中、低潮区，用腹足吸附在岩石上，吸附力很强。主要以大型藻类为食。

矮拟帽贝的肉可供食用，但个体小，经济价值不大。它是我国沿岸最常见的动物之一，数量较多，因此在某些沿海地带的犯罪现场有可能出现它的痕迹。

## 45. 史氏背尖贝

史氏背尖贝隶属于腹足纲、前鳃亚纲、原始腹足目、笠贝科。贝壳低笠状，周缘完整，椭圆形或近圆形。壳长 24~30mm。壳质坚实，但较薄，近半透明。壳顶近前端至前缘的距离约为壳长的 1/4。壳顶尖端向下弯曲，略低于壳最高处。壳表面有许多细小而密集的放射肋，肋上有十分明显的串珠状小颗粒。壳表面颜色变化很大，绿色或黄褐色，并有许多褐色放射带或云斑。壳内面为灰青色，中央白色，壳边缘有棕色窄圈，其上有规则的深棕色放射带。

史氏背尖贝分布于我国渤海、黄海、东海等海域。多栖息于潮间带中、下区。用腹足附着在岩石上生活。

史氏背尖贝的肉可供食用，但个体小，经济价值不大。它是我国沿岸最常见的动物种类之一，数量较多，因此在某些沿海地带的犯罪现场有可能出现它的痕迹。

## 46. 经氏壳蛞蝓（kuòyú）

经氏壳蛞蝓隶属于腹足纲、后鳃亚纲、头楯目、壳蛞蝓科。贝壳中小型，被软体部包被，壳高

19mm、宽 14mm，呈长卵圆形，白色，薄而脆，半透明，具光泽。螺层 2 层，螺旋部内卷入体螺层内，体螺层大，为贝壳之全长。壳表被有白色壳皮，表面有细的螺旋沟，生长线明显。壳口大，全长开口。唇薄。体呈乳白色，稍透明，背凸腹平，口位于其前端偏腹面，其两侧为嗅觉器官。足大，在腹面的前方，占体长的 2/3，前端尖，后端截平，其两侧向背方折成肥厚的侧足。

经氏壳蛞蝓在我国分布于渤海、黄海、东海等海域。生活在潮间带中、下区泥沙滩。5~6 月产卵，卵群胶质，白色或黄色，呈长椭圆形，以胶质长柄幽着在海滩上。它以小双壳类、多毛类和蠕虫类为食。

经氏壳蛞蝓肉可食。是底栖鱼类、虾类等的天然饵料，但也是滩涂贝类养殖的敌害。

## 47. 蓝无壳侧鳃

蓝无壳侧鳃隶属于腹足纲、后鳃亚纲、背楯目、侧鳃科。体长圆形，长 35~52mm、宽 25~30mm。体肥厚，背部凸起，表面有不规则的乳突。无贝壳。头幕大，呈扇形，前缘有许多小突起，两侧向前各伸出一尖角。嗅角一对，圆锥形，位于头幕基部的两侧，外侧有裂沟。体背面褐黄色，并有紫色网纹，其 2/3 为外套膜所覆盖。足宽大，紫褐色，前端圆，后端尖，具三角形足腺。鳃栉状、灰黄色，位于身体的右侧，长度约为体长的 1/3，鳃轴两侧各有 22~30 个鳃叶。颚呈片状，浅黄色。齿舌大，无中央齿，侧齿数目很多。

蓝无壳侧鳃在我国分布于渤海、黄海、东海和南海。生活于潮间带岩石、泥沙滩到水深 90m 的泥沙质海底。肉食性，喜以双壳类为食。春季产卵，卵群为白色螺旋带状，外被胶质厚鞘，鞘下缘变为一胶质膜，用以固着卵群。

蓝无壳侧鳃肉可食，但数量少，经济价值不大，而且是滩涂养殖贝类的敌害。在某些沿海地带的犯罪现场有可能出现它的痕迹。

## 48. 砂海螂（láng）

砂海螂隶属于瓣鳃纲、海螂目、海螂科。贝壳大，长卵形，壳质厚。壳长 54~106mm。贝壳前缘钝，后缘略尖，两壳不能完全闭合，壳的前、后端开口。壳顶较低平，偏前方，到前端的距离约为壳长的 1/3，两壳顶紧接。无小月面及楯面。壳表面被有薄的褐色壳皮，壳皮极易脱落，露出灰白色壳质。壳面无放射肋，生长线粗糙，凹凸不平。壳内面为白色，略有光泽。铰合部极窄，左壳壳顶内面有 1 个向右壳顶下方伸出的匙形薄片，右壳的壳顶下方有一卵圆形的凹陷，与前者共同形成韧带槽，内韧带附着其中。前闭壳肌痕狭长，上端尖细；后闭壳肌痕圆形。外套窦深而宽大，前端圆，伸展到壳长的 3/5 处。水管极长，伸展时为壳长的 3~4 倍。

砂海螂分布于黄海、渤海。生活于潮间带至水深 10m 的浅海海底，在沙泥中营埋栖生活，水管末端露出滩面，形成“8”字形孔穴。

砂海螂肉味鲜美，尤其是其发达的水管是海味中的珍品。美国等国家已开展人工养殖。

## 49. 薄壳绿螂

薄壳绿螂隶属于瓣鳃纲、帘蛤目、绿螂科。贝壳小，呈长椭圆形，壳质较薄。贝壳大者长 32mm、高 20mm、宽 14mm。两壳大小相等，两侧不等。壳顶位于背缘靠前方。小月面和楯面不明显，有外韧带。背缘自壳顶向两侧稍斜，前缘圆，后缘近截形，腹缘前方微显中凹。壳面自壳顶至腹缘有一条不明显的缢痕，生长轮纹细密，具有明显的生长褶痕，并被黄褐色或绿褐色的易脱落的壳皮，壳皮脱落后壳面呈灰白色。壳内面白色，略具光泽。铰合部窄，两壳各具主黄 3 枚，无侧齿。前闭壳肌痕袋形，后闭壳肌痕洋梨形。外套痕明显，外套窦深，舌状，延伸至壳顶的下方。

薄壳绿螂分布我国大陆。生活在有淡水注入的潮间带沙或泥沙中。

薄壳绿螂肉可食，也可作为对虾的饵料，或鸡、鸭的饲料。在某些沿海地带以及集市附近的犯罪现场有可能出现它的痕迹。

## 50. 宽壳全海笋

宽壳全海笋隶属于瓣鳃纲、海螂目、海笋科。贝壳大，高而短，薄脆。一般壳长 88mm。两壳大小相等，两侧稍不等。壳前端尖，后端呈截形。壳的宽度前后几乎相等。壳顶靠近前方，在壳顶前面、两壳之间有一长椭圆形的原板。贝壳表面白色，不平滑，其上具有与壳顶成同心环形排列的波状纵肋。纵肋整齐而稀疏，位于前端腹缘者发达，具有棘刺，与自壳顶向上腹缘分布的放射肋相互交叉，形成许多小粒状的突起。贝壳后端背部无肋，只有较细的生长纹。原板楯形，前端尖而后端向腹面弯曲，中部有一中央沟，并有由后至前的环状生长纹。壳内面白色。铰合部无齿和韧带，壳内柱片状。肌痕不明显。外套膜两点愈合。水管发达，尖锥状，呈棕褐色，两水管愈合而仅在外表留一分界沟。

宽壳全海笋广泛分布于我国南海各地。生活在潮间带的下区至低潮线以下的浅海软泥内，穴居，可潜入泥中很深，尤喜栖息在入海的河口附近。

宽壳全海笋肉肥嫩味美，可供食用，集市有售。在某些沿海地带以及集市附近的犯罪现场有可能出现它的痕迹。

## 51. 脆壳全海笋

脆壳全海笋隶属于瓣鳃纲、海螂目、海笋科。贝壳中等大小，呈长椭圆形，壳薄而脆。壳长 40~54mm。壳前端膨大，后端渐尖瘦，前后端均开口，前端腹面开口大。壳顶位于背面近前端，其前端的背缘向外卷曲，形成副壳中原板的附着面。壳面白色，有排列较紧密的纵肋，呈波纹状，放射肋只在前部有，与纵肋相交处形成小突起或较长的波纹。原板为卵圆形，前端较尖，后端成截形，上面有同心环状的生长线。壳内面白色或灰白色。铰合部无齿和韧带，左右两壳各具有一个突起的较大交接面，壳内柱细长。前闭壳肌痕在壳顶前端背缘卷曲部分，不甚明显；后闭壳肌痕长，略呈三角形。外套窦极深而大，圆形，前端可达壳顶之后。水管较短，伸展时不超过贝壳长度，黄白色，末端为深棕色。

脆壳全海笋分布我国南北沿海。生活在潮间带中区和低潮线附近，穴居于近风化的石灰石中，又叫凿穴蛤。满潮时水管伸出觅食。7~8 月产卵，卵子在海水中受精发育，幼虫在海水中遇到合适的岩石后即开始穿岩。

脆壳全海笋肉肥美，可食用，但因采集困难，数量不多，故很少利用。

## 52. 布氏蚶（hān）

布氏蚶隶属于瓣鳃纲、蚶目、蚶科。贝壳坚厚，左右相等，两壳合在一起形似牛蹄，俗称牛蹄蛤。壳长 25~61mm、高 15~30mm、宽 17~34mm。壳中部极膨胀，至腹缘急剧收缩。贝壳前端短圆，后端延伸，末端斜截状，壳顶斜向后腹缘有 1 条较尖锐的龙骨状突起，腹缘近中部稍凹，为足丝裂孔。壳顶突出，略向内卷曲，左右两壳顶相距甚远，其距离约为壳宽的 2/5。韧带面极宽大，略凹，菱形，具角质棕色外皮并有菱形刻纹。壳表面放射肋较细密，50 余条。生长线明显，至腹面形成褶襞状。贝壳表面白色，具有棕色壳皮及绒毛，壳皮极易脱落。壳内面为白色或淡紫色，边缘较厚，具锯齿状突起。铰合部直而长，占壳长的 4/5 以上，铰合齿约 50 枚。外套痕明显，前闭壳肌痕略小，后闭壳肌痕略大，呈卵圆形。

布氏蚶在我国各地沿海均有分布，尤其在北方沿海常见。生活在潮间带至数十米水深的浅海区，以足丝固着在岩礁或小石块上，沿岸水流较急处较多。在水深 20~68m 的泥沙碎壳、碎石、石砾等底质的浅海处数量较多。

布氏蚶肉味鲜美，可供食用。在某些沿海地带以及集市附近的犯罪现场有可能出现它的痕迹。

## 53. 毛蚶

毛蚶隶属于瓣鳃纲、蚶目、蚶科。贝壳中等大，近卵形，膨胀，较厚，两壳大小不等，右壳稍小。壳长 44mm、高 37mm、宽 32mm。壳顶位于背部靠前方，尖顶向内卷曲。两壳顶的距离不甚远，韧带面短，呈披针状，上面具一层黑褐色角质壳皮，中部向内凹成一纵沟。贝壳的前端和腹面的边缘均圆，后端边缘由背部向后方倾斜。贝壳表面中、上部膨胀，至前后端边缘压缩，具有 31~34 条发达的放射肋。放射肋自顶端至壳缘由弱变强，肋间的距离约与肋的宽度相等，放射肋上面常具粒状的结节。壳表被有棕色、带有绒毛的壳皮。壳内面白色，边缘有与壳面放射肋相当的突起。铰合部直，列齿约 50 枚，两端大而稀，中间小而密。外套痕明显，前闭壳肌痕小，近马蹄形；后闭壳肌痕稍大，呈方圆形。

毛蚶在我国各地沿海均可见到。生活在低潮线至水深几十米的浅海底，在水深 55m 的软泥和泥沙质底也曾采获，以 10~20m 深的浅海区为多。7~9 月产卵，幼贝在海藻上生活。

毛蚶肉可鲜食、干制和加工成罐头，产量大，经济价值较高，是我国北方主要经济贝类之一，已开展人工增养殖。其壳及肉均可入药，有补血、温中、健胃之功效。

## 54. 魁蚶

魁蚶也叫大毛蛤、赤贝、血贝。壳长 86mm。隶属于瓣鳃纲、列齿目、蚶科。壳大，偏卵圆形，极膨胀，壳质坚实且厚，左右两壳近相等。背缘直，两侧呈钝角，前端及腹面边缘圆，后端延伸。壳面放射肋 42~48 条，放射肋较扁平，无明显结节或凸起，同心生长轮脉在腹缘呈鳞片状。壳表被棕色绒毛状壳皮，有的肋沟呈黑褐色。壳内面灰白色，其壳缘有毛，边缘具齿。铰合部直，铰合齿约 70 个。魁蚶是一种大型、深水经济贝类。它的软体部的加工品就是“赤贝肉”。

魁蚶在我国主要分布于渤海、黄海一带。为冷水性贝类，生活在潮下带 5m 至数十米水深的泥质或泥沙质海底，其中水深 20~30m 的浅海区较多。食物主要为硅藻。潮间带偶可见到退潮后在泥沙面上有 2 个似向日葵种子形的孔，长约 1cm，尖端相对。生长的适温为 5~25℃。繁殖季节为 6~10 月，繁殖盛期为 7~8 月。魁蚶的生活史分为 3 个阶段，其中自稚贝（壳长 300μm 左右）到幼贝（壳长2~3cm）是用足丝附着生活阶段，约需 3 个月时间。

魁蚶个体大，为蚶类中最大者，生长快，肉味鲜美，具有很高的经济价值，是我国出口创汇较高的水产品之一，现已开展大规模人工养殖。此外，肉、壳均有药用价值。

## 55. 泥蚶

泥蚶也叫花蚶。隶属于瓣鳃纲、列齿目、蚶科。壳坚厚，两壳相等，相当膨胀，呈卵圆形。壳面放射肋发达，18~21 条，肋上具有极显著的颗粒状结节。壳面白色，被褐色薄皮。壳内面灰白色，边缘具有壳面放射肋相对应的深沟。铰合部直，具细而密的齿。壳长一般不超过 4cm。生长轮脉有明显腹缘，略呈鳞片层。

泥蚶属埋栖型贝类，一般埋栖泥层在 0.5~3cm，随个体增大而逐渐加深。泥蚶是广温、广盐性贝类，最适宜温度为 15~30℃。泥蚶从幼苗到商品蚶一般需要养殖 3 年，具体可分为 3 个阶段，即蚶曲培育、种蚶培育和成蚶养成。

## 56. 缢蛏（chēng）

缢蛏也叫青子、蛏子。壳长 83mm。隶属于瓣鳃纲、真瓣鳃目、竹蛏科。贝壳脆而薄，近长方形，左右两壳合抱，前后端不密合，壳缘稍圆。两壳交接处为背部，游离的一方为腹部。壳顶位于背前方 1/3 处。其后缘为一短而凸出的棕褐色的韧带。自壳顶至腹面有明显的生长纹，是测定年龄的依据。从壳顶至腹缘近中央有一倾斜的凹陷沟，这一凹陷沟为缢蛏的主要特征。雌雄异体，1 年性成熟，性成熟时雌性生殖腺呈乳白色，雄性微呈黄色。

缢蛏在我国各地沿海均有分布。生活于河口或有少量淡水注入的内湾潮间带中、下区的软泥海底，用足掘孔穴居，潜入泥中的深度一般为10~20cm。为广温性生物，8~30℃均能生长，适盐范围为1%左右。雌雄异体，8~11月为生殖季节。被动性摄食，食料主要为底栖硅藻，在其胃肠内还有大量的有机碎屑。

缢蛏肉极鲜美，除鲜食外，还可加工制成蛏罐头、蛏干、蛏油等食品。肉、壳尚可入药，肉有滋补、清热、除烦、下痢等作用，贝壳可用于治疗胃病、喉痛，是重要的养殖贝类之一。我国养殖缢蛏已有数百年的历史，福建、浙江、山东沿海养殖的"蛏子"即此种。

## 57. 大竹蛏

大竹蛏也叫竹蛏。隶属于瓣鳃纲、真瓣鳃目、竹蛏科。壳长达14cm，一般壳长为壳高的4~5倍。壳边缘与腹缘平行，只在腹缘中部稍向内凹。壳顶位于壳的最前端，壳前缘截形，后端圆。两壳合抱成竹筒状，前后两端开口。壳质薄脆。壳表光滑，被黄褐色壳皮。生长线明显，沿后缘及腹缘方向排列。壳内面白色或稍带紫色，可见淡红色彩带。铰合部小，两壳各具主齿1枚。

大竹蛏蛏肉滋味鲜美，营养价值高，具有补虚的功能，干制品称"蛏干"。入药对肝脏疾病、贫血及产后体力恢复都有一定疗效。

## 58. 长竹蛏

长竹蛏隶属于瓣鳃纲、帘蛤目、竹蛏科。贝壳狭长，如竹筒形，壳质薄脆，两壳相等。壳长70~120mm，一般壳长为壳高的6~7倍。壳顶不明显，位于背缘最前端。壳前缘为截形，略倾斜；后缘近圆形，背、腹缘直而平行。韧带黄褐色或黑褐色，窄而长，约为壳长的1/5。壳表面光滑，被黄褐色壳皮，老个体壳顶周围壳皮常剥落成白色，生长线明显。壳内面白色或淡黄褐色。铰合部小，每壳各具1个主齿。外套痕明显，前端向背缘凹入，外套窦半圆形。前闭壳肌痕细长，超过或等于韧带的长度；后闭壳肌痕略呈半圆形。外套膜边缘大部愈合。两壳闭合后，前后两端均开口，足可从前端伸出，后端伸出水管。足极发达，圆锥形。两水管愈合，末端有触手。

长竹蛏在我国沿海均可见。生活在潮间带中区以下至潮下带浅海泥沙或沙质海底，穴居，潜入泥沙内深度20~40mm。栖息的密度可很大。退潮后在沙滩上可看到长度不到1cm的哑铃形孔。它的水管有分段脱落的自截现象。繁殖期为6~8月。

长竹蛏个体较大，肉嫩味鲜，产量高，分布广，在食用贝类中占有相当重要的地位，肉、壳尚可入药，是一种很有发展前途的养殖种类。

## 59. 四角蛤蜊（gé · lí）

四角蛤蜊也叫蛤蜊、白蚬子、泥蚬子、布鸽头。隶属于瓣鳃纲、真瓣鳃目、蛤蜊科。贝壳坚厚，略成四角形。两壳极膨胀。壳顶凸出，位于背缘中央略靠前方，尖端向前弯。壳顶及膨胀部分紫色，近腹缘为黄褐色，腹面边缘，常有1条窄的黑褐色边。壳内面紫红色。生长线明显，形成凹凸不平的同心环纹。左壳有分叉的主齿，右壳具有2个排列成"八"字形的主齿。外韧带小，淡黄色；内韧带大，黄褐色。前、后闭壳肌痕明显。外套痕清楚，外套窦不深。

四角蛤蜊主要栖息于潮间带中下区及浅海的泥沙滩中，属广温广盐性贝类，生存适温为0~30℃，适盐范围为1.4%~3.7%。四角蛤蜊肉味咸寒，有滋阴、利水、化痰的功效；壳具有清热、利湿、化痰、软坚的作用，可治疗喘咳痰多、胃及十二指肠溃疡、烫伤等。

## 60. 中国蛤蜊

中国蛤蜊也叫凹线蛤蜊。隶属于瓣鳃纲、帘蛤目、蛤蜊科。贝壳中等大小，近三角形，壳质较薄但较坚韧，壳长 41~58mm。壳顶凸，位于背缘中部稍靠前方，两壳壳顶之间距离很近。壳前缘和后缘皆呈圆形，背、腹缘呈弧形。两壳相等，两侧不等。小月面及楯面宽大，呈宽披针形。壳表面光滑具光泽，有黄褐色壳皮，壳顶处常剥蚀呈白色。生长线极显著，特别在中部腹缘上方，为同心圆形的凹线。无放射肋，自壳顶向腹缘有放射状的色带。壳内面为白色。铰合部主齿及侧齿均呈片状，左壳具 1 个双叉的主齿，前、后侧齿单片；右壳具 2 个主齿，前、后侧齿双片。主齿后方有大而深的韧带槽，强大的褐色内韧带位于其中。前闭壳肌痕稍大，呈卵圆形；后闭壳肌痕较小，略呈三角形。外套窦较宽短。

中国蛤蜊在我国主要分布于渤海、黄海海域。生活在潮间带以下区及浅海海底，以海水盐度较高、潮流通畅、清洁沙质底质为宜。

中国蛤蜊肉可供食用，味鲜美，可鲜食，也可加工成干制品或罐头。贝壳可作为烧石灰的原料。可作养殖对象。

## 61. 高雅海神蛤

高雅海神蛤也叫象鼻螺、包头螺、象鼻蚌、皇蛤、管蛤、象拔蚌，是世界上最大的底栖性贝类。隶属于软体动物门、瓣鳃纲、海螂目、缝栖蛤科、海神蛤属。体呈圆柱形，肉柱细小，体主要由硕大的水管构成，肉柱具有收缩性。

高雅海神蛤原产于太平洋东北部的阿拉斯加到加利福尼亚湾。我国在辽宁、山东等地引进养殖。它自潮间带至 110m 水深的底质中均有分布，而在水流畅通、水深 4~18m、风浪小、饵料丰富的内湾最多。它对栖息底质中含沙量要求高。除短暂的浮游幼虫阶段，终生营穴居生活。生存水温 3~23℃。滤食性，主要以海水中的单胞藻类为食，也滤食沉积物和有机碎屑。性成熟年龄一般为 3~5 龄，雌雄异体。

高雅海神蛤是我国引进的水产经济动物，目前已经规模化生产，在水产养殖基地常常会发生因经济利益而进行盗窃、抢劫等犯罪行为，在某些犯罪现场也有可能出现它的痕迹。

## 62. 硬壳（qiào）蛤

硬壳蛤也叫小圆蛤、北方帘蛤或美洲帘蛤，是一种较大型的经济双壳类。体长可达 11cm。隶属于软体动物门、瓣鳃纲、帘蛤目、帘蛤科。外形呈三角卵圆形，后端略突出。壳外表面平滑，后缘青色，壳顶区为淡黄色，壳缘部为褐色或黑青色。

硬壳蛤原产于美国大西洋沿岸。我国在山东、辽宁、江苏、浙江等地沿海有养殖。属埋栖滩涂贝类。对环境适应性强，耐温、耐盐范围广。最佳生长水温在 20℃左右，高于 31℃或低于 9℃时生长停止，在 4℃会进入类似冬眠的状态，但温度降到 0℃也能存活。对盐度的耐受力随年龄的增加而增加。食性为滤食性。性成熟年龄为 1 龄，雌雄同体，一年多次繁殖。

硬壳蛤是我国引进的水产经济动物，逃逸到野生水域会与本地贝类竞争生活空间、食物等，有一定的生态风险。

## 63. 滑顶薄壳鸟蛤

滑顶薄壳鸟蛤隶属于瓣鳃纲、帘蛤目、鸟蛤科。贝壳较大，近圆形，壳质薄脆，两壳极膨胀，壳长 42~54mm。两壳大小相等，两侧不等。壳顶部光滑，壳顶位于背缘中央靠前方，尖顶微向前曲，小月面长卵圆形，楯面短，梭状。外韧带发达，突出于铰合部之外。壳表面具有自壳顶至壳缘细的放射肋 46~49 条，放射肋在壳顶部常不显。壳面被有黄褐色壳皮，壳皮在放射肋上呈薄片状竖起。壳黄白色，壳顶略带黄褐色。壳内面白色、肉色或带有紫色。铰合部长，左壳主齿 2 枚，大者呈爪状，前侧齿宽而大，后侧齿细而长；右壳主齿 2 枚，前侧齿 2 个，一大一小，后侧齿 1 枚为三角形。前闭壳肌痕火，卵圆形；后闭壳肌痕大，圆形。外套痕不明显。无外套窦。

滑顶薄壳鸟蛤在我国主要分布于渤海、黄海海域。生活在自低潮线附近至57m水深的沙质或泥沙质海底。

滑顶薄壳鸟蛤肉可供食用，但数量不多，可作为养殖对象。底栖拖网或渔民底拖网常遇到，有时在低潮线附近也可以采到。

## 64. 渤海鸭嘴蛤

渤海鸭嘴蛤隶属于瓣鳃纲、笋螂目、鸭嘴蛤科。贝壳中等大，长卵圆形，壳质薄脆。壳长36~53mm。左右两壳相等或左壳稍大于右壳。闭合时，前、后端开口。壳顶稍突出，位于背缘中部，先端向内弯曲。两壳顶紧接，各具一长形横裂。壳表面平滑，具较粗的生长线，无放射肋。壳表面白色，前端与腹缘染有铁锈色。壳内面白色。铰合部无齿，两壳的顶穴伸出钥匙形突起，即韧带槽，前方有“V”形石灰片，其两个角伸向两壳的顶穴，其底部与韧带相连。前闭壳肌痕长，后闭壳肌痕圆形。外套痕不清楚，外套窦宽大呈半圆形。水管粗大，具棕褐色角质外皮。

渤海鸭嘴蛤广泛分布于我国南北沿海。生活在浅海泥沙质海底，从潮间带中区到20m深处均有发现。在泥沙中埋栖深度约10mm。出、入水管愈合成一个露出滩面，故退潮时在海滩上留下椭圆形洞口。受惊后，水管向下缩，同时往外喷水。

渤海鸭嘴蛤肉可供食用，但产量不高。也可以作为养殖对虾的饵料，以及鸡、鸭的饲料。

## 65. 凸壳肌蛤

凸壳肌蛤也叫寻氏短齿蛤。隶属于瓣鳃纲、贻贝目、贻贝科。贝壳小，一般壳长28mm、高13mm、宽10mm。壳质薄、韧，近透明，略近三角形。壳顶凸圆，位于近前端背侧，至最前端的距离约为铰合部的1/4。腹缘直，中部微向内凹，一足丝孔，不明显。后缘圆形。两壳极膨胀，生长线及放射肋细而均匀。壳表面光滑，呈黄褐色或绿褐色，具光泽，自壳顶至后缘有棕色或紫褐色放射纹及波状花纹。有时壳顶的壳皮剥落，露出白色壳质。壳内面灰白色，具珍珠光泽。外套痕及闭壳肌痕均不明显。铰合部窄，沿铰合线及其后方有一列细小的锯齿。韧带细，红褐色。足丝极细软，褐色，较发达。

凸壳肌蛤在我国渤海、黄海及东南沿海常见。主要生活在泥沙滩或泥滩中，自潮间带的中区至潮下带20m左右的浅海分布普遍。以足丝固定在泥沙或海藻上生活。有巢居习性，一般潜沙深2cm左右。有时常成群地以足丝彼此相连。其适盐范围广，雌雄异体，繁殖期从5月末到10月中旬，以7~9月为繁殖盛期。饵料以浮游硅藻为主。

凸壳肌蛤个体虽小，但产量大，肉质丰满，味道鲜美，营养丰富。在广东和福建沿海俗称薄壳，煮或炒熟后像吃瓜子一样食之，加工后的蛤干和蛤油等也深受欢迎。也可作为对虾养殖的优质饵料，其优点是不用破碎，有助于保持虾池的水质清洁。此外，它也是鱼类喜食的对象，其生长和繁殖与渔场的形成有密切关系。由于它常群居而大量覆盖在泥沙表面，从而影响了底栖贝类的正常生活，故对蛤、蚶等经济贝类的养殖业有一定的危害。

## 66. 偏顶蛤

偏顶蛤隶属于瓣鳃纲、贻贝目、贻贝科。贝壳较大，略呈长椭圆形，较坚硬。贝壳大者长100mm、高52mm、宽41mm。壳高略大于壳宽，壳长约为壳高的2倍。壳顶凸圆，近壳前端，但不位于贝壳的最前端。壳面有明显的隆起肋，呈褐色或棕褐色，多具光泽。壳表面被有淡黄褐色壳，壳皮外被有细长的黄毛，黄毛光滑不分叉，老的个体黄毛多易脱落，壳顶外皮有时被磨损，因而呈白色。贝壳内面多呈浅灰蓝色，有时略带淡紫色。铰合部无齿，韧带褐色、较粗长。外套痕明显，闭壳肌痕不明显，前闭壳肌痕很小呈弯月形，后闭壳肌痕大呈圆形。足丝孔大，开口于腹缘凹部，足丝细，淡黄色。

偏顶蛤在我国沿海均可见。生活于低潮线附近至水深 50m 左右的浅海区泥沙质的海底，以足丝附着在沙粒上，或相互附着成群。由于壳面生有丛密的黄毛，故常为多毛类、小甲壳类及腔肠动物等的栖息地。

偏顶蛤肉味鲜美，营养丰富，除鲜食外，也可干制和做罐头等。我国北部沿海蕴藏量大，是种较为重要的捕捞对象。其贝壳可做附着基或烧石灰。较大的个体也能产生小珍珠，可以入药。

## 67. 菲律宾蛤仔

菲律宾蛤仔隶属于瓣鳃纲、帘蛤目、帘蛤科。贝壳中等大，呈卵圆形，壳质坚厚，两壳极膨胀。壳长 25~64mm。两壳大小相等，两侧不等。壳顶位于背缘靠前方。小月面宽，椭圆形或略呈梭形，楯面呈梭形。外韧带长，突出，黄褐色。背腹缘弧形，前缘稍圆，后缘略呈截形。壳面颜色及花纹变异多，通常为淡褐色、红褐色斑点或花纹。壳面同心生长线及放射肋细密，两端者较发达，呈布纹状。壳内面灰黄色，或带有紫色。铰合部细长，每壳各有 3 个主齿。前闭壳肌痕半月形，后闭壳肌痕圆形。外套痕明显，外套窦深，前端圆。

菲律宾蛤仔广泛分布在我国南北海区。生活在从潮间带至 10 余米水深的海底，底质为沙或泥沙质，是广盐、广温、广分布种，其中随淡水流入波浪平静的内湾较多。潜入泥沙后，它的水管露在滩面上，留有 2 个小孔，相距 3~6mm，退潮后，孔洞被泥沙盖住。栖息密度高。产卵期很长，以 6~9 月最盛。

菲律宾蛤仔肉味鲜美，群众多喜食之，天然产量高，是捕捞对象。肉及贝壳还可入药。已成主要养殖对象。

## 68. 日本镜蛤

日本镜蛤隶属于瓣鳃纲、帘蛤目、帘蛤科。贝壳较大，近圆形，侧扁，壳质坚厚。壳长 32~78mm。两壳大小相等，两侧稍不等。壳顶小，尖端向前弯，位于背缘靠前方。小月面呈心脏形，凹陷，楯面披针形。外韧带棕黄色，陷于两壳之间。壳表面白色，较平滑，无放射肋，同心环生长线明显。壳内面白色，具光泽。铰合部宽，左右壳各有主齿 3 枚。各肌痕均明显，前闭壳肌痕较窄，呈半圆形；后闭壳肌痕稍大，呈卵圆形。外套痕明显，外套窦深而前端尖细，伸至壳中部，呈尖锥形。

日本镜蛤广泛分布于我国沿海各地。生活于潮间带中区至 73m 水深的浅海海底，底质为细沙或泥沙质，栖息深度 5~10cm，滩面上留有小酒杯形的凹陷。为广温、广分布种。

日本镜蛤肉可供食用，产量中等。在某些沿海地带以及集市附近的犯罪现场有可能出现它的痕迹。

## 69. 文蛤

文蛤也叫黄蛤。壳长 80~122mm（图 2.5）。隶属于瓣鳃纲、真瓣鳃目、帘蛤科。贝壳近心脏形，前端圆，后端略突出，壳外表面平滑，后缘青色，壳顶区为灰白色，有锯齿状褐色花纹。铰合部外面有一黑色外韧带，连接双壳。壳内面白色，前后壳缘有时略呈紫色。铰合部宽，右壳具 3 个主齿及 2 个前侧齿；左壳有 3 个前主齿和 1 个前侧齿后闭壳肌痕大，呈卵圆形。外套痕明显，外套窦短，呈半圆形。

图 2.5　文蛤

文蛤在我国各地海域均有分布。生活于有淡水注入的内湾入海河口附近的平坦沙质滩涂上，营埋栖生活。它有随水温变化和个体生长而迁移的特点，分泌胶质带或囊状物使身体悬浮水中，借潮流力量逐渐向低潮区或浅水区迁移，以2~4cm的个体移动能力最强。生长适宜水温为15~25℃。产卵期7~8月，雌性生殖腺淡黄色，雄性生殖腺乳白色。

文蛤肉味鲜美，可鲜食、干制或制罐头，可入药。贝壳可制成高标号水泥。天然产量丰富，是重要的捕捞对象，也已开展大规模人工养殖。

## 70. 紫石房蛤

紫石房蛤隶属于瓣鳃纲、帘蛤目、帘蛤科。贝壳大，壳极坚厚，卵圆形，膨胀。壳长106mm。两壳大小相等，两侧不等。壳顶突出，靠近前方，约位于壳长2/5处。小月面、栖面均不明显。外韧带强大，凸出，呈黑褐色。贝壳表面的同心生长轮脉粗糙，在后部常凸出壳面。壳表通常呈黄褐色或铁锈色。壳内面黑紫色，有光泽。铰合部宽，左壳有4个主齿；右壳主齿3个，前侧齿2个。闭壳肌痕大而明显，前、后闭壳肌痕分别呈椭圆形和桃形。外套痕清楚，外套窦大而深，前端圆形。

紫石房蛤主要分布在中国辽东半岛南部与山东半岛北部，烟台沿海名贵海产品之一。生活在潮下带水深4~20m的海底，底质多为泥沙、砾石。埋栖深度10~25cm。栖息于潮流畅通、海水清澈、底栖硅藻丰富的海底凹陷地带，常有群栖现象。繁殖盛期为6~7月。

紫石房蛤个体大，肉质丰满，味道鲜美，北方俗称"灭鹅蛋"，经济价值较高，是我国北方可望发展的养殖种类。

## 71. 等边浅蛤

等边浅蛤隶属于瓣鳃纲、帘蛤目、帘蛤科。贝壳较小，呈等边三角形，腹缘为圆形，壳质坚厚。壳长24~39mm。两壳大小相等。壳顶尖，稍突出，位于壳背缘中央。壳顶的前、后缘直，其间夹角约120°小月面狭长，呈披针形，裙面不显著。外韧带短而粗，凸出壳面，黄褐色。壳表面无放射肋，同心生长线明显，有时呈现沟纹。壳表面灰白色或灰黄色，具瓷质光泽，有放射形紫褐色色带3~4条。壳内面白色或浅肉色，其珍珠光泽。铰合部窄，三角形，左右两壳各具主齿3枚。前闭壳肌痕小，呈卵圆形；后闭壳肌痕稍大，呈近圆形。外套痕明显，外套窦稍深，前端圆。

等边浅蛤在我国各地沿海均有分布，常栖息在浅海的沙泥底，潮间带中、下区至浅海的沙质或泥沙浅海。

等边浅蛤肉味鲜美，群众喜食。肉及贝壳均可药用。壳可作为容器和工艺品原料。具养殖发展前景。

## 72. 青蛤

青蛤也叫牛眼蛤、石头螺、墨蚬、圆蛤、蛤蜊。隶属于瓣鳃纲、中腹足目、帘蛤科。贝壳近圆形，壳面极凸出，宽度为高度的2/3。壳顶凸出，尖端向前方弯曲。无小月面，楯面狭长，贝壳表面无放射肋。韧带黄褐色，不凸出壳面。壳面淡黄色、棕红色或黑紫色；壳内面为白色或淡红色，边缘呈淡紫色。有整齐的小齿，左右两壳各具主齿3个。

青蛤在我国沿海广泛分布。生活在潮间带的泥沙内，低潮区居多，埋栖，深度10cm左右。当人在海滩走动时有水柱从地下射出，多是青蛤受惊后水管收缩喷出来的水。属广温、广盐种，生长的最适水温为18~30℃，繁殖期为6~9月。

青蛤养殖主要依赖于天然种苗。近年来，人工育苗已获成功。全人工养殖的过程一般为室内浮游幼体和附着稚贝的培育，稚贝至贝种的中间培育，池塘或滩涂养成。

青蛤肉味鲜美，可供食用。壳可入药，还可用来烧石灰。有一定的资源量，有的海区是水产采捕的主要对象，也是可望发展的养殖种类。

## 73. 江户布目蛤

江户布目蛤也叫伊豆布目蛤。隶属于瓣鳃纲、帘蛤目、帘蛤科。贝壳中等大，略呈卵圆形，壳质坚厚。壳长 34~56mm、高 28~49mm、宽 19~32mm。两壳大小相等，两侧不等。壳顶突出，弯曲，位于背缘靠前方。小月面呈心脏形，界限明显。楯面窄，不甚显著。外韧带长，铁锈色，不突出壳面。壳表面具有很多发达的放射肋和同心环状的生长线，二者交织成布纹状，放射肋从壳顶至腹缘逐渐粗壮。壳表面土黄色，带有深棕色斑点或条纹。壳内面灰白色，具珍珠光泽。壳腹缘呈唇形加厚。铰合部宽，左右壳各具 3 个主齿。两个闭壳肌痕约等大，前闭壳肋痕卵圆形，后闭壳肌痕略呈梨形。外套痕明显，外套窦不深，近呈三角形。

江户布目蛤广泛分布于我国黄海、渤海海域。生活在潮间带上、中区粗石砾滩，底下为泥沙，埋栖较浅。

江户布目蛤可供食用。肉及贝壳均可药用。在某些沿海地带的犯罪现场有可能出现它的痕迹。

## 74. 杂色蛤

杂色蛤也叫蛤仔、花蛤、砂蚬子、蚬子。隶属于瓣鳃纲、真瓣鳃目、帘蛤科。壳近卵圆形，壳顶稍凸出，微向前端弯曲，位于壳的背缘靠前方。小月面狭长，呈披针状或不甚明显。韧带细长，黄褐色，凸出壳面。贝壳表面以壳顶为中心，有显著的同心生长纹。放射肋细密，前、后端稍粗壮，与生长环纹交织成布纹状。贝壳内面淡灰色或略紫色。铰合部细长，壳具有 3 个主齿，左壳中央 1 个主齿，右壳后 2 个齿分叉。外套痕明显，外套窦深，前端圆形。

杂色蛤在江苏海州湾地区盛产。可煮食、炒菜、凉拌、做汤等，是价廉味美的海产品。还可入药，有清热、利湿、化痰、散结的功能。

## 75. 西施舌

西施舌也叫海蚌。隶属于瓣鳃纲、真瓣鳃目、蛤蜊科。壳大、脆薄，体三角形。壳高为壳长 4/5 左右。壳面光洁，生长纹细致，其颜色随个体大小而不同。10cm 以上的壳顶部分呈紫色，其余为灰白色或淡褐色，壳内面为淡紫色或白色。铰合部宽大。左壳有主齿 1 枚，分叉成“人”字形；右壳主齿 2 枚，排成“八”字形；前后侧齿发达。外韧带黄褐色，不甚明显，内韧带棕黄色，极发达。前闭壳肌痕略呈方形，后闭壳肌痕呈卵圆形。

西施舌斧足发达，呈舌状，肉质鲜嫩，故有此美称，为食用贝类珍品。

西施舌养殖主要技术就是苗种暂养、出池下海等。西施舌一般栖息在潮间带下部浅水区，养殖方式现多采苗暂养。

## 76. 黑指纹海兔

黑指纹海兔体长 120mm。体肥厚，体表有皱纹，头部明显，胴部膨胀，后端尖呈短尾状。触角肥大，位于头部的前端，呈耳状。身体为青绿色，头颈部，侧足外面有许多大小不同的黑色环，它放射出的黑色线条连接成网纹。触角有斑马状的花纹，尾部背面黑色。

黑指纹海兔分布于广东沿海、海南岛、西沙群岛等地。生活在海藻间，食各种藻类。

由于它比较常见，在某些沿海地带的犯罪现场有可能出现它的痕迹。

## 77. 蓝斑背肛海兔

蓝斑背肛海兔也叫海珠。体长 90~120mm，胴部非常膨胀，前后两端削尖，略呈纺锤形。头颈部明显，尾部不明显，背裂孔位于体长的中部。触角粗大，外侧有一条深沟，呈耳状，表面生有树枝状分歧的绒毛突起。体背有大小不同的突起，好像羊毛着生。身体底色为黄褐色至青绿色；背面和边缘散布青绿色或蓝色的斑点，斑点外围有褐色线圈围绕。

蓝斑背肛海兔分布于东、南沿海。生活于暖海地区。常栖息在潮下带的海滩或海藻上，食泥沙、藻类及小型软体动物等。遇到刺激时能分泌紫色液体，使海水混浊而借以掩护。它产卵时，先爬行到海藻或石块等附着物上，然后排出卵群带于附着物上。卵群带为青绿色，细索状如挂面，扭曲呈不规则形。

蓝斑背肛海兔在我国一些地方已有大量养殖。由于它比较常见，在某些沿海地带的犯罪现场有可能出现它的痕迹。

## 78. 背角无齿蚌（bàng）

背角无齿蚌也叫河蚌、菜蚌、圆蚌、大肚子蚌，是我国常见的河蚌。体长 10~30cm。隶属于软体动物门、瓣鳃纲、珠蚌科。有两瓣卵圆形外壳，左右形状相同，可以张开或关闭。壳顶突出，前端较圆，后端略呈平截形，腹面边缘为弧形，背面边缘平直。表面呈褐色。肉质足为黄白色，呈斧状，向前下方伸出。

背角无齿蚌在我国分布很广。生活在淡水湖泊、池沼、河流等水域的底部，半埋在泥沙中。可以用斧足运动和挖掘泥沙，但行动缓慢。以原生动物、藻类、小型甲壳动物等为食。夏季繁殖。受精卵在雌性的瓣鳃腔中发育，过冬后幼体寄生在鱼的鳃、鳍等处寄生，吸取鱼的养分，再经过变态，沉入水中生活。

背角无齿蚌蚌肉可食，也适作鱼类的饵料和家禽、家畜的饲料。有的地区用为淡水育珠蚌，但珍珠的质量次于三角帆蚌及褶纹冠蚌所育的珍珠。壳可入药。由于它比较常见，在某些犯罪现场有可能出现它的痕迹。

## 79. 三角帆蚌

三角帆蚌也叫河蚌、劈蚌、石蚌。隶属于瓣鳃纲、真瓣鳃目、蚌科。贝壳扁平，体型大，外形略呈不等边三角形，壳质重厚。前背缘向前缘倾斜，后背缘向上伸展，呈三角形的帆状翼细节脆弱易折断，通常仅在幼蚌时保持完整，腹缘略呈弧形。壳表面生长脉不明显，呈同心圆形状排列。壳顶具褶纹。壳色随年龄增加而加深，壳面由黄绿色、红棕色等逐渐变为棕黑色。

三角帆蚌喜栖息在水色清澈的水域内，蚌类不能追逐食物，而是依靠蚌壳的开闭，外套膜内侧纤毛和鳃纤毛的摆动造成水流滤食硅藻、原生动物和有机碎屑。

三角帆蚌是我国特有的主要淡水育珠蚌之一，生成的珍珠质量较好，一般与鱼类混养，但不能与鳙鱼等滤食鱼类混养。由于它比较常见，在某些犯罪现场有可能出现它的痕迹。

## 80. 池蝶蚌

池蝶蚌也叫池蝶贝、日本池蝶蚌。隶属于软体动物门、瓣鳃纲、蚌目、蚌科。个体大，双壳鼓，体矮长。前端钝圆，后端尖长，背缘向上扩展成三角形的翼部较低。贝壳厚，角质层呈黑色，蚌体重。贝壳背缘铰合部有发达的铰合齿和具有弹性的角质韧带。珍珠层白净光亮，前后两个闭壳肌强大。外套膜结缔组织发达，尤其是边缘膜的结缔组织更发达。内脏团大，晶杆体粗长。

池蝶蚌原产于日本滋贺县中部的琵琶湖。我国在江西、浙江等省养殖。它适宜水温 20~35℃。以硅藻、金藻、绿藻、裸藻等浮游植物为食。养殖水体透明度以 30cm 左右为宜。性成熟年龄 2 龄以上，产卵类型为分批多次产卵。

池蝶蚌是我国引进的水产经济动物，目前已经规模化生产。如果流入天然水域，在自然状况下，它可以与我国的三角帆蚌产生杂交后代，通过杂交方式，会对本地蚌带来“遗传污染”。

## 81. 紫踵劈蚌

紫踵劈蚌是大型淡水贝类，体长达 20cm 以上。隶属于软体动物门、瓣鳃纲、蚌目、蚌科。壳较长，外壳呈暗绿色至暗褐色或黑色，内壳紫色或粉红色，珍珠层厚实，且光滑细腻，极富光泽。生成的珍珠通常是紫色或粉紫色，很少有白色的，亮度高。壳的厚度在幼蚌时较薄，长大后为中等厚度。

壳背缘向上延伸出一个平坦的三角形的翼，其余部分呈椭圆形或略显长方形，正对三角形翼的壳边缘平直。齿小而粗糙，侧齿细长、稍弯曲且有分叉。外形、内部结构和生活习性与我国的三角帆蚌极其相似。

紫踵劈蚌原产于美国南北的湖泊和河流，主要在密西西比河、大湖、墨西哥湾等流域。在我国江苏、广东等地有养殖。它是淡水种类，栖息在大中型河流的淤泥或沙砾底质中，对环境的适应能力很强。适合在我国淡水水域中养殖。在自然界中，其钩介幼虫的寄主为淡水石首鱼和红拟石首鱼。滤食性，以吃食浮游植物为主。

紫踵劈蚌是我国引进的水产经济动物，有比较好的经济前景。

## 82. 河蚬（xiǎn）

河蚬也叫黄蚬、美蚬。隶属于瓣鳃纲、真瓣鳃目、蚬科。贝壳中等大小，呈圆底三角形，一般壳长 3cm 左右。两壳膨胀，壳顶高，稍偏向前方。壳面常呈棕黄色、黄绿色或黑褐色。壳面有粗糙的环肋。左壳具 3 枚立齿，前后侧齿 1 枚。右壳具 3 枚主齿，前后侧齿各 2 枚，其上有小齿列生。闭壳肌痕明显，外套痕深而显著。

河蚬营养丰富，除食用外，还可作为中药材使用，有开胃、明目、祛湿毒的功效。

河蚬以前作为池塘养殖的饵料品种。人工养殖河蚬的池塘，不能注入农药和化肥水，这最容易引起河蚬的死亡。河蚬也可与鲢鱼、鳙鱼、草鱼混养，但不能与青鱼、鲤鱼混养。

## 83. 长巨牡蛎（lì）

长巨牡蛎也叫太平洋牡蛎、真牡蛎、日本牡蛎、台湾牡蛎。隶属于瓣鳃纲、珍珠贝目、牡蛎科。贝壳大，近长方形，壳质坚厚，一般壳长 103mm、高 360mm、宽 52mm。两壳不等，左壳较大而中凹，壳面鳞片较右壳粗大，以左壳的后端部分固着在岩石或其他物体上，壳顶稍突出；右壳表面较平，自壳顶向腹面鳞片环生，状如波纹，排列较稀疏，层次较少。壳外面通常呈灰白色、黄褐色或淡紫色，壳内面为瓷白色。壳顶韧带槽宽大，两侧无齿，外套痕不明显。闭壳肌痕大，呈马蹄形，位于壳的后部背侧，呈棕黄色或紫色。

长巨牡蛎分布于我国北方海域。生活在潮间带至低潮线下数米水深的浅海海底，常固着在岩石上生活，但因人工培育的苗种不再需要固着基，在泥沙和泥滩也可以养殖。杂食性，以浮游动物、单细胞藻类及有机碎屑为食料。繁殖高峰期为 6 月下旬至 7 月下旬。

长巨牡蛎个体大，生长速度快，肉味鲜美，营养丰富，是世界上经济价值最高的牡蛎种类之一。它可鲜食，也可加工成蚝豉、蚝油及罐头等。其贝壳可入药，还可作为烧石灰的原料。

## 84. 太平洋牡蛎

太平洋牡蛎也叫海蛎子、太平洋真牡蛎。隶属于瓣鳃纲、异柱目、牡蛎科。贝壳长形或椭圆形，大而薄，壳顶短而尖，腹缘圆，右壳较平，壳表面有软薄波纹状环生鳞片，排列稀疏呈紫色或淡黄色。左壳深陷、鳞片粗大，壳顶固着面小，外套膜边缘具茶褐色或黑色的条纹。

太平洋牡蛎原产于日本。在我国辽宁、山东、浙江、福建、广东等地沿海有养殖。营固着生活。以左壳固着于坚硬的物体上。属广温、广盐性内湾种类，对水温适应范围为 6~32℃。为滤食性贝类，依靠鳃纤毛颤动产生水流，使食物和泥沙等随海水进入体内。目前较为先进的养殖方式为垂下式养殖。

太平洋牡蛎是我国引进的水产经济动物，目前已经规模化生产，在水产养殖基地常常会发生因经济利益而进行盗窃、抢劫等犯罪行为，在某些犯罪现场也有可能出现它的痕迹。

## 85. 密鳞牡蛎

密鳞牡蛎隶属于瓣鳃纲、珍珠贝目、牡蛎科。贝壳大，近圆形或卵圆形，壳厚。壳长 138mm。

左壳稍中凹，顶部固着，固着面小，腹缘环生同心鳞片，自壳顶发出明显的放射肋，壳缘有齿状缺刻，壳面呈紫褐色或黄褐色。右壳较平，壳顶部鳞片常愈合而较平滑，其他部位鳞片较密，薄而脆，呈舌片状，紧密似覆瓦状排列。自壳顶发出许多放射肋，因此使鳞片和壳缘均形成波状。壳色有变化，以灰色为基色，杂以紫色、褐色和青色。壳内面白色，壳顶两侧常有一列小齿，5~8 枚。铰合部窄，韧带槽短，三角形。闭壳肌痕大，卵网形，位于中部靠背侧。

密鳞牡蛎在我国各地沿海常见。生活在潮下带至水深 30m 左右的海底。所处的环境不仅盐度相对比较稳定，而且水温的变化也不剧烈。

密鳞牡蛎由于在自然环境中分布不集中，一般很难形成较大规模的产业。肉、壳均可入药。在某些沿海地带以及集市附近的犯罪现场有可能出现它的痕迹。

## 86. 褶巨牡蛎

褶巨牡蛎也叫僧帽牡蛎。隶属于瓣鳃纲、珍珠贝目、牡蛎科。贝壳小，壳长 18~36mm。体型有变化，两壳大小不等，左壳稍大而中凹，右壳小而平。左壳表面凸出，鳞片层较少，顶部固着在岩石或其他物体上，附着面大；右壳表面具有同心环状翘起的鳞片层，无显著的放射肋，在幼壳鳞片层末端通常长出舌状凸片或尖的棘，老壳的鳞片和棘减少或消失。壳面的颜色有变化，通常为淡黄色，杂有紫褐色或黑褐色放射状的条纹。铰合部窄无齿，韧带槽长，三角形。闭壳肌痕马蹄形，黄褐色，位于背后方。在左壳的顶端内面有一较深的凹穴。

褶巨牡蛎在我国各地沿海常见。生活在潮间带的中区，在岩石上或其他物体上固着生活。6~9 月产卵。

褶巨牡蛎个体虽不大，但肉肥厚，味鲜美，肉可鲜食或干制，还可与壳入药。在某些沿海地带以及集市附近的犯罪现场有可能出现它的痕迹。

## 87. 近江牡蛎

近江牡蛎也叫蛎黄，是我国常见的软体动物。体长 40~54cm。隶属于软体动物门、瓣鳃纲、牡蛎科。贝壳较大，圆形。右壳略扁平，比左壳小，闭合时好像一个盖子。表面有环状的薄而平直的黄褐色或暗紫色鳞片。壳面有灰、青紫或棕等色彩。内面白色，边缘紫色。有淡黄色的大闭壳肌，呈卵圆形，能张开和闭合贝壳。

近江牡蛎分布于我国各地沿海。栖息于低潮线附近，尤其是河口一带。能分泌出一种胶黏的物质，把左壳牢固地固着在岩石等物体上，一旦固着后就不再移动。右壳覆盖着身体，可以上下启闭，进行摄食、呼吸、御敌和繁殖。幼体在水中过漂浮的生活，一年达到性成熟。

## 88. 虎斑宝贝

虎斑宝贝是我国体型最大、外观最美丽的宝贝（图 2.6）。体长 10~12cm。隶属于软体动物门、腹足纲、宝贝科。贝壳背部膨圆，前端稍尖瘦，后端向内凹陷。表面十分光滑，有白色或淡黄色的光泽，并杂有黑褐色斑点，整个色彩犹如虎皮，因此得名。壳稍厚，壳口窄长，两侧边缘向内陷入，有齿状突起。

图 2.6　虎斑宝贝

虎斑宝贝分布于我国南海等海域。栖息于海潮线以下的珊瑚礁或珊瑚礁之间的沙滩中。夜间活动。以腹足爬行，行动迟缓。常隐匿于珊瑚礁的基部或礁体的洞穴内，有的则伏于礁石下。以原生动物、海绵动物、小型甲壳动物等为食。3~4 月繁殖。常将呈黏性的卵产在珊瑚洞穴及空贝壳内，1~2 周后孵化出幼体。

虎斑宝贝被列为国家Ⅱ级重点保护野生动物。它在我国野外数量十分稀少，但也会有偷猎犯罪的现象发生。

## 89. 大珠母贝

大珠母贝是我国最大的能分泌珍珠的贝类。体长 25~30cm。隶属于软体动物门、瓣鳃纲、珍珠贝科。外形稍方或近长方形，略扁平，看上去呈碟形。壳质坚实厚重，壳顶位于背缘前端，鳞片层紧密，排列不规则。左壳比右壳稍大而凹，壳面平滑呈暗黄褐色，具有淡褐色的放射肋。

大珠母贝在我国分布于海南岛、西沙群岛、雷州半岛沿岸海域，以及印度洋、南太平洋沿海。栖息于温暖海域的珊瑚礁、贝壳、岩礁沙砾等海区。有发达的足丝，可以附着在固定的物体上生活。以硅藻类为食，也吃小型甲壳动物、原生动物等。5~10 月进行繁殖。卵需 16~36 天孵化出幼体。

大珠母贝贝壳内外套膜的部分细胞，有分泌角蛋白和碳酸钙的作用，如果受到进入体内的外来物质的刺激，这些分泌物就会不断地把外来物质包裹起来而形成具有光泽的圆珠体，就是珍珠。

大珠母贝被列为国家Ⅱ级重点保护野生动物。它在我国野外数量十分稀少，但也会有偷猎犯罪的现象发生。

## 90. 佛耳丽蚌

佛耳丽蚌也叫白玉蛤，贝壳也很大，壳长可达 12.8cm，壳高约 7.4cm，壳宽 4.4cm 左右，在我国仅分布于广西。它的外形呈佛耳状或梯形，左右两壳相等，但两侧不对称。壳前端钝圆，后部呈钝角状。前缘短而弯曲，腹缘稍直，中部略凹入，后缘长而稍弯，向下倾斜，与腹缘相连成钝角。壳顶不突出，低于背缘最高点。壳的表面为黄褐色，没有光泽，具不规则的生长线，贝壳中部，后背嵴具有垂直的放射状纵肋，后背嵴的纵肋是由瘤状结节形成的斜肋所构成。左壳有 2 个拟主齿和 2 个侧齿，右壳有 2 个拟主齿而仅有 1 个侧齿。它栖息于水质清澈，底质为沙石、卵石或岩石的山涧河流中，以微小生物及有机物碎屑为食。

佛耳丽蚌被列为国家Ⅱ级重点保护野生动物。它在我国野外数量十分稀少，但也会有偷猎犯罪的现象发生。

## 91. 库氏砗磲（chēqú）

库氏砗磲也叫大砗磲，是体型最大的贝类。体长 100~180cm。隶属于软体动物门、瓣鳃纲、砗磲科。贝壳很厚，略呈三角形，两壳相同。壳表面白色，十分粗糙，具有 5 条粗大的覆瓦状放射肋，生长轮脉明显，在贝壳表面形成弯曲重叠的皱褶。贝壳内面的色彩很艳丽，而且有许多花纹。

库氏砗磲分布于我国南海等海域。栖息于热带海洋中珊瑚礁间的浅水环境里。以坚硬的足丝固着在珊瑚礁上。依靠海水把浮游生物等食物带进体内。夏季繁殖。

库氏砗磲的外壳膜边缘有一种特殊的叫玻璃体的结构，能够聚合光线，使一种叫作虫黄藻的藻类大量繁殖，而虫黄藻又可以为砗磲提供一部分养料，它们这种关系被称为互惠共生。

库氏砗磲被列为国家Ⅰ级重点保护野生动物。它在我国野外数量十分稀少，但也会有偷猎犯罪的现象发生。

## 92. 栉（zhì）孔扇贝

栉孔扇贝也叫干贝蛤、海扇。隶属于瓣鳃纲、异柱目、扇贝科。贝壳扇圆形，长 7~9cm，壳高略大于壳长，薄而轻。两壳大小几乎相等，右壳较平，左壳较凸。左壳前耳略呈三角形，右壳前耳略呈长方形，其腹面有一凹陷，与左壳前耳形成一孔，即为栉孔。两壳肋有不规则的生长棘。贝壳表面一般为紫褐色、淡褐色、灰白色等。贝壳内面白色。铰合部直。后闭壳肌巨大。

栉孔扇贝在我国主要分布于北方海域。主要生活在潮下带自低潮线附近至水深 50m 的浅海底，底质多为岩石、沙砾或沙质等。用足丝营附着生活，多栖息在水流较急的清水区。在环境不利时，能自动脱落足丝在水中自由游泳。当遇到合适的条件时，又能重新分泌足丝，再营附着生活。生长速度较快，适温为5~25℃，水温在5℃以下就停止生长，一般15℃左右生长速度较快。繁殖季节5~9月，盛期是在5月。

栉孔扇贝肉味鲜美，营养丰富，可鲜食，其肥大的闭壳肌的干制品称为“干贝”，是名贵的海味佳肴。贝壳可烧石灰或作为贝雕的原料。现已进行大规模人工养殖，是我国重要的养殖贝类之一。

## 93. 海湾扇贝

海湾扇贝也叫扇贝。隶属于瓣鳃纲、珍珠贝目、扇贝科。贝壳中等大小，近圆形，壳较凸，壳质较薄。一般壳长63mm。两壳及壳两侧略等。壳顶稍低，不突出背缘，在背侧的中央。左壳的前后两壳耳略等，右壳前耳小于后耳，具足丝孔和细栉齿。壳表面多呈灰褐色或淡黄褐色，具深褐色或紫褐色花斑，一般左壳的颜色比右壳的浅。两壳皆有放射肋17~18条，肋圆滑，肋上小棘较平。

海湾扇贝原产于美国大西洋沿岸，现在在我国北方海域开展人工养殖。为滤食性贝类，生长环境为浅海或内湾的泥沙质海底，以浅海区中层生长最好。养殖方式主要采用筏式养殖，养成器材均用多层网笼。其适温范围为1~30℃，在10℃时生长良好。生长较快，1年即可达商品规格。雌雄同体，卵在海水中受精。水温14~16℃时性腺成熟，升温至23℃可刺激产卵。食物以浮游藻类为主。

海湾扇贝肉质部较肥满，味道鲜美。具有适应性强、生长快、养殖期短、产量高等特点，极具开发潜力，现已开展大规模人工养殖，并已成为我国重要的养殖贝类之一。

海湾扇贝是我国引进的水产经济动物，目前已经规模化生产，在水产养殖基地常常会发生因经济利益而进行盗窃、抢劫等犯罪行为，在某些犯罪现场也有可能出现它的痕迹。

## 94. 虾夷扇贝

虾夷扇贝也叫虾夷盘扇贝（图2.7）。隶属于瓣鳃纲、珍珠贝目、扇贝科。贝壳大，近圆形。一般壳长115mm、高105mm、宽34mm。壳两侧略等，两壳不等，右壳较左壳大且较凸。两壳耳略等，皆呈三角形，右壳前耳下方的足丝孔弯入较小。壳表面有放射肋约22条，右壳的放射肋较宽、肋间距较小；左壳的放射肋较窄、肋间距较宽；多数近壳缘处的两主肋间又有1~3条小的细肋。生长纹细密。壳内面呈白色，具光泽，近壳缘处常呈淡紫色。闭壳肌痕大，呈椭圆形。外套眼较小，数目较多。

图2.7　虾夷扇贝

虾夷扇贝是我国从日本引进，并在辽宁、山东沿海养殖，现已形成一定的规模。它生活于水深6~80m的海底，在风浪平静、沙砾质的内湾生长较好。幼贝用足丝附着生活，壳长达到7~8mm时足丝就消失，成贝自由生活在海底。

虾夷扇贝个体大，生长较快，产量高，肉味鲜美，营养丰富，可鲜食或干制，是重要的海珍品。贝壳大，可作为牡蛎等贝类育苗的附着基及贝雕工艺品的原料。

虾夷扇贝是我国引进的水产经济动物，目前已经规模化生产，在水产养殖基地常常会发生因经济利益而进行盗窃、抢劫等犯罪行为，在某些犯罪现场也有可能出现它的痕迹。

## 95. 贻（yí）贝

贻贝隶属于瓣鳃纲、贻贝目、贻贝科。贝壳楔形，壳质薄，一般壳长78mm、高44mm、宽31mm。壳顶位于壳的最前端。腹缘平直，足丝伸出处略凹，足丝孔狭长。背缘呈弧形，后缘圆。铰合部窄长，约为壳长的1/2，铰合齿位于壳顶内侧，乳头状，2~5枚或稍多。韧带褐色，与铰合部等长。壳表面黑紫色，光滑，具光泽，腹缘处常呈褐色。生长线细密而明显。壳皮易脱落，故常呈淡紫色。壳内面灰白色或淡紫色，一般近壳缘处色较深，有珍珠光泽。壳缘光滑，具有外表壳皮卷入的角质狭缘。外套痕及闭壳肌痕明显，前闭壳肌痕小，半月形，位于壳顶内侧的腹面；后闭壳肌痕大，卵圆形，与前方的缩足肌痕相连。外套膜薄，但外套边缘膜较厚。足丝细丝状，发达，呈淡黄褐色。

贻贝在我国沿海分布广泛，尤其在北方沿海。生活在潮间带中、下区及数米深的浅海，水深0.7~2m生长密度较大。以足丝固着在岩石及其他物体上。常喜群居，大量附着在船底、浮标等设施上，可造成一定的危害。生长速度较快，1年平均壳长可达60mm以上。食物主要是浮游硅藻、原生动物及有机碎屑等。雌雄异体，雌性性腺为橘红色，雄性性腺为乳白色，卵子排到海水中受精和发育。幼虫变态附着后一般不再移动，只在条件不利时才有短距离的爬行。

贻贝肉味鲜美，营养价值高，俗称海红，除鲜食外还可干制、冷冻、做贻贝油及罐头，肉干制品称淡菜，为著名的海产珍品。早已开展大规模人工养殖，因产量较高，也常作为其他海珍品养殖用的饲料。肉亦可入中药。其贝壳也是贝雕工艺的原料。

## 96. 紫贻贝

紫贻贝也叫海蚌、贻贝。瓣鳃纲、异柱目、贻贝科。贝壳较轻薄，前端较细，后端宽圆；背缘弯，腹缘较直，多数种呈楔形。一般壳长6~8cm，壳长小于壳高的2倍。壳顶近壳的最前端。两壳相等，左右对称。壳表呈黑褐、绿褐或褐色，光滑，生长纹细密，自顶部起呈环形生长。壳内面灰白色，边缘部为蓝色，有珍珠光泽。铰合部较长，韧带深褐色，约与铰合部等长。铰合齿不发达。后闭壳肌退化或消失。足很小，细软。

紫贻贝海生，栖息于潮间带和潮下带的浅海底。以足丝附着在岩石、码头、船底、浮标等物体上，少数穴居于石灰石或泥沙中。

紫贻贝养殖最好选择在避风、潮流通畅、水深5~20m、有利于打桩的泥砾底质的海区或内湾。

## 97. 沙筛贝

沙筛贝最大壳长可达33mm（图2.8）。隶属于软体动物门、瓣鳃纲、帘蛤目、饰贝科。壳表黑黄灰色，粗糙，具鳞片状壳皮。两壳不等，右壳较小，凸同较大；左壳凹入。用足丝附着。

沙筛贝原产于中美洲热带海域，靠船底长距离传播或人为养殖引进。在我国分布于香港、广东、福建，围堤内水流不畅、盐度低的水域。生活于海洋港湾。营滤食生活，通过进出水管的水流带进浮游生物和排出废物，滤食量极大。雌雄异体，性比例44.9∶55.1。寿命2年左右。在厦门，3~12月都有幼贝附着，4~5月及9~10月为2个附着高峰期。4~5月产卵，经幼虫期后，用丝足附着。常数个或数4个互相附着，也常与藤壶、盘管虫等形成污损生物群落。主要分布在水流不畅通的内湾或围垦的浅水，从潮间带低潮区至5~6m深都有分布。它能附着在一切坚硬物体的表面，如船底、浮标、码头、桩柱、岸壁、网箱、网片、浮筏和浮子、绳缆以及养殖的牡蛎、贻贝的壳上和海鞘等污损生物的体表。

图2.8 沙筛贝

沙筛贝使原有的牡蛎、贻贝养殖减产或无法养殖，排挤原有附着生物群落，降低物种多样性，但也可以用作虾、蟹养殖饲料。由于它是比较常见的外来入侵物种，在沿海附近的某些犯罪现场有可能出现它的痕迹。

## 98. 鹦鹉螺

鹦鹉螺是古老的“活化石”软体动物（图2.9）。体长15~20cm。隶属于软体动物门、头足纲、鹦鹉螺科。贝壳从背面向腹面卷曲，略呈螺旋形，没有螺顶，外表较光滑，呈灰白或淡黄褐色，间杂有15~30条橙红色、褐红色或褐黄色的波状横纹。头部发达，口的周围和头的前缘两侧生有许多触手，但触手上面没有吸盘。

图2.9　鹦鹉螺

鹦鹉螺分布于我国南海，以及太平洋热带海域。栖息在海洋底层。日落后活动，常用触手固定在岩石上，或沿着珊瑚质海底爬行，有时也能在水层中浮动或游泳。利用漏斗收缩喷射海水，以反作用力来推动身体的前进、攻击猎物及逃避敌害。以小鱼、甲壳动物等为食。摄食动作快速而敏捷。

鹦鹉螺被列为国家Ⅰ级重点保护野生动物。它在我国野外数量十分稀少，但也会有偷猎犯罪的现象发生。

## 99. 中国枪乌贼

中国枪乌贼也叫鱿鱼，是我国常见的头足类软体动物。体长20~60cm。隶属于软体动物门、头足纲、枪乌贼科。身体稍长，分为头、颈和躯干三部分，有无色透明的角质内壳，呈菱形。头部位于身体前端，前面有口，口的两侧有眼，外围有10个腕，腕上生有多行吸盘。口的腹面有漏斗。颈部很短，连接头部和躯干部。躯干部宽大，背腹略扁，呈椭圆形，外围是一个肌肉质的外套膜，形状像一个大口袋，把整个内脏团套在其中。

中国枪乌贼分布于我国东海、南海，以及邻近的温暖海域。集群活动。白天在海水底层栖息，夜晚到中上层活动。善于游泳，能通过漏斗喷水，疾速前进。以鱼类、甲壳动物等为食。靠能收缩的腕捕捉食物。体内有墨腺，可以产生墨汁，经过导管由肛门排出，借以隐藏避敌。体内还有2颗发光体，能发出荧光。产卵于海底岩礁或粗沙上。幼体7个月达到性成熟。

## 100. 火枪乌贼

火枪乌贼隶属于头足纲、枪形目、枪乌贼科。体小，胴部圆锥形，胴长约为胴宽的3倍，较大个体胴长50~70mm。体表具点状色素斑。鳍长超过胴长的1/2，后部较平，两鳍相接略呈纵菱形。无柄腕长度不等，腕式3>4>2>1，吸盘2行，吸盘角质环具宽板齿4、5个。触腕长一般超过胴长，触腕穗吸盘4行，大吸盘和小吸盘角质环均具很多大小相近的尖齿。内壳角质，披针叶状，后部略圆，中轴粗壮，边肋细弱，叶脉细密。

火枪乌贼在我国南北沿海均有分布。春、夏季水产品市场常有销售。沿岸性种类，春季集群进行生殖洄游，产卵场多在内湾，胴长50mm的雌体已怀成熟卵。游泳能力弱，行动常受风向和海流的影响。主要捕食糠虾、毛虾等，本身又是鱼类的天然食饵。

火枪乌贼肉质鲜嫩味美，群众喜食，多鲜食。春季上市鲜销较多，其他季节也有渔获，但体小肉薄，是渤海中产量最大的枪乌贼。

## 101. 日本枪乌贼

日本枪乌贼也叫笔管、笔管蛸。隶属于头足纲、枪形目、枪乌贼科。体较小，胴部细长，胴长约为胴宽的4倍，较大个体的胴长为120mm。体表具大小相间的圆形紫褐色色素斑，胴背面更多。鳍宽，呈三角形，位于胴的后部两侧，长超过胴长的1/2，后部内弯，两鳍相接量纵菱形。无柄腕的长短不等，腕式 3>4>2>1，吸盘 2 行，吸盘角质环具宽板齿 7~8 个。触腕长超过胴长，触腕穗吸盘 4 行，中间的吸盘较大，大吸盘角质环具宽板齿 20 个左右，小吸盘角质环具很多大小相近的尖齿。内壳透明角质，披针叶状，后部略狭，中轴粗壮，边肋细弱，叶脉细密。

日本枪乌贼在我国黄海、渤海沿海分布较广，生活在近海，属浅海性种类，春季进行生殖洄游，游泳力较弱，常随潮流进入近岸设置的张网中而被捕获。5~6 月为繁殖盛期，以毛虾等小虾、小鱼为食，其本身又为鱼的饵料。

日本枪乌贼肉质鲜嫩，鲜食、干制均佳，也是对外出口的水产品之一。肉亦可药用。为黄海中主要捕获对象之一，年产量曾近万吨。

## 102. 太平洋褶柔鱼

太平洋褶柔鱼也叫鱿鱼，隶属于头足纲、枪形目、柔鱼科。体大，胴部圆锥形，胴长 252mm，约为胴宽的 4. 5 倍。体表具大小相间的圆形褐黑色素斑。漏斗陷前部浅穴两侧不具小囊。鳍位于胴的后部两侧，较短，鳍长约为胴长的 1/3，两鳍相接略呈横菱形。无柄腕长度相近，腕式 3>2>4>1，腕吸盘 2 行，吸盘角质环部分具尖齿。触腕穗吸盘 4 行，中间 2 行大，大吸盘角质环具尖齿与半圆形齿相间的齿列，触腕柄顶部具 2 行稀疏的吸盘，交错排列。内壳角质，狭条形，中轴细，边肋粗，后端具 1 条中空的狭纵菱形“尾椎”。

太平洋褶柔鱼分布于我国沿海各地，水产市场常有销售。生活在中上层，游泳较快，喜集群，有趋光性，通常白天下沉，夜间上浮。生长快，1 年左右胴体可达 266~300mm，1 年内性成熟，寿命也约为 1 年。主要以中、上层甲壳类、鱼类为食。

太平洋褶柔鱼营养丰富，100g 鲜品含蛋白质 15~18g。除鲜食外，尤其适于干制、烧烤等加工，为黄海中的重要经济种类，年捕获量曾达几千吨，在海鲜市场上占有重要位置。

## 103. 真蛸（xiāo）

真蛸是我国常见的章鱼。体长 73~84cm。隶属于软体动物门、头足纲、章鱼科。身体为长椭圆形，分为头、颈和躯干三部分，有无色透明的角质内壳。表面光滑，呈褐色，背部有稀疏的疣突。头部位于身体前端，前面有口，口的两侧有眼。头部有 8 只短的腕，每只腕的长度相等，有 2 行吸盘。口的腹面有漏斗。躯干部宽大，背腹略扁，呈卵圆形。

真蛸分布我国东海、南海，以及世界各地海域。栖息于温暖海域的沿岸地带的底层。白天潜伏在泥沙海底或岩礁缝隙中。夜晚活动。常进行短距离游泳。以底层的虾、蟹和贝类为食。靠强有力的腕来捕捉食物。

## 104. 长蛸

长蛸隶属于头足纲、八腕目、蛸科。体大，胴部长椭圆形，头部窄，眼小。胴部表面光滑，紫褐色，背部色深，腹部色淡。长腕型，腕长为胴长的 7~8 倍，腕基部粗，逐渐尖细，横切面略呈四方形，各腕的长短差距较大，其长短的顺序为 1>2>3>4，吸盘除基部 4~5 个为单行外，其余均为双行排列。雄体右侧第三腕茎化，腕顶具端器，大而明显，匙状，两侧边缘向腹面卷曲，形成一长形的沟。内壳退化。

长蛸生活在从潮间带至 70m 水深的泥沙质或岩石海底，常在浅海岩礁石块间采到，如遇人捕捉，则以腕吸石上而拒人采捕。冬季穴居泥沙中，洞穴深 30~60cm，潮退后，洞穴周围常有腕时伸时缩的痕迹可供辨认，有时也可看见其腕在洞外面活动。

长蛸肉质鲜美，可鲜食或干制后食用，但肉质较硬。也可作为钓鱼的良好钓饵。

## 105. 短蛸

短蛸隶属于头足纲、八腕目、蛸科。体较小，胴部呈卵圆形或球形，体表有密集的粒状突起。生活时体褐黄色，在背面两眼之间有一纺锤形或半月形褐色斑纹，在每一眼的前方，第 2~3 腕的区域内各有一椭圆形金色圈，圈径与眼径相近。短腕型，腕长为胴长的 4~5 倍。各腕长度接近，基部粗，端部尖细，吸盘 2 行。雄性右侧第 3 腕茎化，端器小，圆锥形，约为全腕长的 1/10，两侧皮肤向礁面卷曲形成纵沟。漏斗发达，呈尖筒形，漏斗器“W”形。内壳退化。

短蛸在我国南北沿海均有分布。沿岸底栖种类，春季产卵，产卵场水深 5~20m，底质沙砾，卵白色似大米粒，故有饭蛸之称。喜在洞穴内、牡蛎壳或红螺壳内产卵，渔民用长绳将红螺壳穿成串沉入海内诱捕。短蛸有钻沙隐蔽的习性，动作敏捷，仅露两个眼睛和漏斗器在沙面。

短蛸肉供食用，鲜食或干制均佳。黄渤海产量较大，为捕捞对象。在某些沿海地带以及集市附近的犯罪现场有可能出现它的痕迹。

## 十、节肢动物

节肢动物是种类最多、分布最广的无脊椎动物类群。隶属于节肢动物门。身体左右对称，有多数结构与功能各不相同的环节构成，具有发达的肌肉，一般可分为头、胸、腹三部分，有些种类则有部分或全部愈合在一起。体表被有坚厚的几丁质外骨骼。具有分节的附肢。完全适应于陆地上的生活。大部分种类自由生活，也有寄生的种类。其中昆虫有 800 000~1 000 000 种，其他类群大约有 123 400 种，占动物总种数的 4/5，可分为肢口类（如鲎）、蛛形类（如蜘蛛）、甲壳类（如虾、蟹）、多足类（如蜈蚣）、昆虫类（如蝴蝶、蜜蜂）等类群。

### 1. 中国鲎（hòu）

中国鲎也叫东方鲎，是体型最大的节肢动物（图 2. 10）。体长 50~60cm。隶属于节肢动物门、肢口纲、鲎科。体型像一个瓢，由头胸甲、腹甲和尾剑三部分组成。前端有宽大的头胸甲，呈半月形，腹面有 6 对附肢。腹甲较小，略呈六角形。后面有 6 对片状的游泳肢，后 5 对上面各有一对鳃，可以呼吸。尾呈剑状，细长而坚硬，能自由转动。

图 2.10　中国鲎

中国鲎分布于我国浙江、福建、广东沿海，以及亚洲东部、东南部各地沿海。生活于沙质海底。夜晚活动。平时钻入沙内，退潮时在沙滩上缓缓爬行。以无壳的软体动物为食。卵生。产卵于海滩洞穴中。

中国鲎的幼体有一定的毒性。

### 2. 横纹金蛛

横纹金蛛是我国常见的蜘蛛。雄性体长 5~6mm，雌性体长 18~22mm。隶属于节肢动物门、蛛形纲、园蛛科。雌性头胸部呈卵圆形，背面灰黄色，密被银白色毛，腹部为长椭圆形，背面黄色，有 10 条左右黑褐色横纹。雄性腹部背面为淡黄色，没有黑色条纹，不如雌性艳丽。

横纹金蛛分布于我国东北、华中、华东和华南地区。生活在阳光照射的草丛等潮湿地带。每年初夏开始活动。在草上或田边结垂直的圆网，通过网的中心，有一条上下相对的锯齿状白色丝带。以蛾、蝶、蝉等昆虫为食。一般在清晨结网，如果有物触网，它就通过在网上颤动几次的方法来识别触网的物体，如果是昆虫，就前往取食。

### 3. 穴居狼蛛

穴居狼蛛也叫地蛛、猎蛛。隶属于节肢动物门、蛛形纲动物。体型为中小型，最大的长约

2.5cm，步足也同样长。雄蛛个体较小。体表和步足均密布白、黑、棕色长茸毛。头胸部背面呈梨形，前端显著地隆起，背面中央有黑白相间的辐射状毛带，左右两侧有黄白色长毛带。有单眼8个，分3行排列。步足为淡褐色，膝节和跗节为黑色，胫节和后跗节的远心端也呈黑色。第四对步足最长，第一对次之，第三对最短。

穴居狼蛛分布于新疆、内蒙古等地。螯肢强壮。行走快。狼蛛多分布于草原、荒漠、半荒漠和森林地区，也分布于丘陵地带的经济作物区。常在草中、石和木头下或落叶层中，夜间或阴天尤其活跃。雄蜘蛛过游荡生活，雌蜘蛛通常穴居生活。一旦交配完成，它就会被凶残的雌蛛吃掉，成了短命的“新郎”。雌蜘蛛产出的卵包在白色丝质的卵袋中，在卵袋中发育和孵化。

狼蛛毒液毒性的大小，常随性别和个体的成熟程度，以及季节的不同而有差异。一般雌蜘蛛比雄蜘蛛的毒性大，成熟的雌蜘蛛比幼雌蜘蛛的毒性大。从季节上来看，繁殖期间的母蜘蛛毒性最大，比雄蜘蛛和幼雌蜘蛛的毒性约大3倍。所以，繁殖期间的成熟雌蛛对人、畜的危害最大。

### 4. 东亚钳蝎

东亚钳蝎也叫蝎子，是尾端有毒刺的节肢动物。体长4~6cm。隶属于节肢动物门、蛛形纲、钳蝎科。身体较长，呈琵琶状。头胸部和前腹部合在一起，组成扁平长椭圆形的躯干，有6对附肢，最前端的一对为螯肢，特别强大，其余为步足。后腹部呈尾状，分为5节。第5节之后是钩状的尾节，内有一对白色毒腺，开口于毒刺末端。雄性身体为青黄色而鲜亮，雌性身体略呈暗红色。

东亚钳蝎分布于我国的大部分地区。栖息于山坡石头下、落叶下、地面缝隙和树皮内等。夜晚活动。胆小，怕强光。喜欢群居。靠步足爬行。以昆虫、蜘蛛等为食。用螯足捕捉猎物。冬季休眠，春季开始活动，夏季繁殖。卵胎生。幼体3岁达到性成熟。寿命为8~10年。

东亚钳蝎是我国首批可商业性经营利用、驯养繁殖技术成熟的54种陆生野生动物之一。它是传统的药用动物，还是高级宴席中招待贵宾的名贵佳菜。人工养蝎投资少，饲养技术难度不高，在农村是一项很好的致富养殖项目。东亚钳蝎有一定毒性。

### 5. 中国对虾

中国对虾是我国常见的虾类。雄性体长13~17cm，雌性体长18~24cm。隶属于节肢动物门、甲壳纲、对虾科。身体较长而侧扁。头部和胸部外面有短而坚硬的头胸甲，光滑透明。前面伸出一个有锯齿的剑状突起，叫作额剑。雄性略呈棕黄色，雌性为青蓝色。腹部较长，侧面有5对步足，前3对呈钳状，后2对呈爪状，下面还有5对片状的游泳足。尾节的末端很尖，还有一对宽大的尾肢，同尾节合成扇形。

中国对虾分布于我国渤海、黄海，以及朝鲜西部沿海。栖息于泥沙底的浅海地带。能够用5对游泳足进行长距离游泳，并靠扇形的尾部上下沉浮和转变方向。在海底爬行时则依靠2对爪状的步足。以小鱼、小型甲壳动物等为食。靠3对钳状的步足来捕捉食物。有洄游习性，在黄海越冬，春季北上，到渤海各大河口附近的沿海产卵。夏季孵化。幼体到秋季已经长大，集成大群南迁到越冬场所。

中国对虾是我国常见的水产经济动物，目前已经规模化生产，在水产养殖基地常常会发生因经济利益而进行盗窃、抢劫等犯罪行为，在某些犯罪现场也有可能出现它的痕迹。

### 6. 凡纳对虾

凡纳对虾也叫凡纳滨对虾、南美白对虾、白脚对虾、白对虾（图2.11）。最大体长可达24cm。属于甲壳动物亚门、软甲纲、十足目、对虾科。成体大，甲壳较薄，正常体色为浅青灰色，全身不具斑纹，步足常呈白垩状，故有白肢虾之称。额角尖端不超出第1触角柄的第2节，上缘齿5~9枚，下缘齿2~4枚。头胸甲较短，与腹部的比例约为1：3；头胸甲具明显的肝刺及鳃角刺；额角侧沟短，到胃上刺下方即消失。第1触角双鞭，柄节较长。前3对步足螯状，第1~3对步足的上肢十分发达，第4~5对步足无上肢，第5对步足具雏形外肢；腹部第4~6节具背脊；尾节具中央沟，但不具缘侧刺。雌虾不具纳精囊。

图 2.11　凡纳对虾

凡纳对虾原产于美洲太平洋沿岸水域，主要分布于秘鲁北部至墨西哥湾沿岸，以厄瓜多尔沿岸分布最为集中。我国引进并在沿海各地广泛养殖。适盐范围广（0~40%），可以采取纯淡水、半咸水、海水多种养殖模式，从自然海区到淡水池塘均可生长，从而打破了地域限制。

凡纳对虾是目前世界上三大养殖对虾（斑节对虾、中国对虾、凡纳对虾）中单产量最高的虾种，是一种重要的经济种类，已广泛开展人工养殖。人工养殖生长速度快，尤其适合高密度集约化养殖，存活率高，收获规格整齐，60天即可达上市规格；耐高温，抗病力强；食性杂，对饲料蛋白要求低。

凡纳对虾是我国引进的水产经济动物，目前已经规模化生产，在水产养殖基地常常会发生因经济利益而进行盗窃、抢劫等犯罪行为，在某些犯罪现场也有可能出现它的痕迹。

## 7. 日本对虾

日本对虾也叫车虾、花虾、竹节虾、花尾虾。隶属于节肢动物门、甲壳纲、十足目、对虾科。身体长而侧扁，由20节组成，头胸部分节不明显，其末节称尾节，与尾肢组成尾扇。除尾节外，各节均有附肢1对。体表具鲜艳的横斑纹，头胸甲和腹节上有棕色和蓝色相间横斑，尾节末端有蓝、黄色横斑和红色的边缘毛。

日本对虾原产于日本沿海，我国沿海广泛引入并养殖。喜栖息于沙泥底，若养殖池虾不潜沙，而晚上成群在表层游动，则可能是池内底层溶氧量降低，氨、氮、硫化氢等有毒物质含量增高，应及时开启增氧机，同时采取措施改善底质。

日本对虾是重要的对虾养殖品种，以活虾销售为主。它是我国引进的水产经济动物，目前已经规模化生产，在水产养殖基地常常会发生因经济利益而进行盗窃、抢劫等犯罪行为，在某些犯罪现场也有可能出现它的痕迹。

## 8. 斑节对虾

斑节对虾也叫草虾、花虾、大虎虾（图2.12）。大雌虾个体可达30cm，体重超过400g。隶属于节肢动物门、甲壳纲、十足目、对虾科。身体被黑褐色、土黄色相间的横斑花纹。额角上缘7~8齿，下缘2~3齿。额角侧沟相当深，伸至胃上刺后方，额角侧脊较低且钝，额角后脊中央沟明显，有明显的肝脊，无额胃脊。体长而侧扁，略呈梭形，身体共分头胸部和腹部两部分，由20个体节及19对附肢组成，体表有1层透明的甲壳。

图 2.12　斑节对虾

斑节对虾原产于印度洋、太平洋地区，我国沿海一带广泛引入并养殖。我国沿海每年有2~4月和8~11月两个产卵期，对盐度适应范围为4.5%~5%，适温范围为14~34℃。

人工饲养斑节对虾要求水体中溶氧量应维持在5mg/L以上，若低于3mg/L，则斑节对虾会出现不安或活动不正常。

斑节对虾是我国引进的水产经济动物，目前已经规模化生产，在水产养殖基地常常会发生因经济利益而进行盗窃、抢劫等犯罪行为，在某些犯罪现场也有可能出现它的痕迹。

## 9. 刀额新对虾

刀额新对虾也叫虎虾、砂虾、基围虾。隶属于节肢动物门、甲壳纲、十足目、对虾科。身体为淡棕色，额角上缘6~9齿。无中央沟，第1触角上鞭约为头胸甲长的1/2，腹部第1~6节背面具纵嵴，尾节无侧刺。第1对步足具座节刺，末对步足不具外肢。雌性第4步足底节无突起，雄性交接器末端中央突起超出侧突起。

刀额新对虾主要分布在印度、澳大利亚、日本等国沿海。我国广东、福建沿海也盛产此虾，黄海及长江口海域偶有发现。由于喜集群于红树林水域生活，故又称基围虾。

刀额新对虾在海水中繁殖，仔虾期后，对低盐度的适应能力逐渐增强。进入淡水水域养殖时需先进行淡化处理。

## 10. 中国龙虾

中国龙虾是体型较大的甲壳动物。体长20~30cm。隶属于节肢动物门、甲壳纲、龙虾科。身体粗壮，呈圆柱形而略扁平。头胸甲坚硬，散布有许多小棘。第二对触角很发达。腹部较短，5对步足都呈爪状。有4对不发达的游泳足。尾部宽大，形成发达的尾扇。背甲为紫褐色或暗青色，有许多很小的白色斑点。

中国龙虾分布于我国浙江、福建、广东等地沿海。栖息于5~10米深的浅海岩礁间。夜晚活动。行动迟缓。善于用步足在海底爬行，不善于游泳。幼体需要经过多次蜕皮才能变为成体。寿命为10年。

中国龙虾是我国常见的水产经济动物，目前已经规模化生产，在水产养殖基地常常会发生因经济利益而进行盗窃、抢劫等犯罪行为，在某些犯罪现场也有可能出现它的痕迹。

## 11. 鹰爪虾

鹰爪虾隶属于甲壳动物亚门、软甲纲、十足目、对虾科。体型较粗短，长6~11cm，体重4~5g。甲壳厚，表面粗糙不平，俗称厚壳虾。额角发达，雌性稍超出第1触角柄第3节之末，雄性伸至第1触角柄第3节末基部；额角平直、末端尖锐，稍向上弯，特别是雌性显著上弯；上缘齿5~7枚，无下缘齿。头胸甲具触角刺、肝刺、眼上刺，触角刺上方有一较短纵缝，自前缘伸至肝刺上方；颈沟不明显，肝沟较宽浅。第1触角内外鞭等长，约为头胸甲长的1/2。第2触角鳞片窄长，伸至第1触角柄末端，鳞片末缘圆，外缘末端刺较长，与末缘相齐。5对步足皆具外肢：第1步足具基节刺及较小的座节刺；第2步足只有基节刺；第3对步足最长，伸至触角鳞片末端；第1、4步足末端几乎相齐，伸至第2触角柄末端；第5步足较短，伸不到触角鳞片的末缘。腹部第2~6节背面具纵嵴，第2腹节背面纵嵴很短，第6节纵嵴较高，脊的末端和该节下侧角有一小刺，第6腹节的长约为最大宽（高）的1.1倍。尾节较短，背面中央具纵沟，约为第6腹节的1.2倍，其后部两侧各具3个较小的活动刺。雄性交接刺对称，略呈“T”形，基部较宽，侧缘直，末端向两侧伸出翼状突起。雌性交接器由前后两片组成，前板略呈半椭圆形，前端尖，后部下陷，后板略呈方形，其前缘有“V”形缺刻，覆于前板之上。体棕红色。甲壳肉红色，腹部各节前缘白色，后缘为棕黄色，体弯曲时斑纹像鹰爪，故名“鹰爪虾”。

鹰爪虾在我国沿海均有分布。喜欢栖息在近海泥沙海底，昼伏夜出。黄海、渤海鱼汛期为6~7月（夏汛）及10~11月（秋汛）。夏秋间在较浅处产卵，冬季向较深处移动。

鹰爪虾出肉率高，肉味鲜美，为重要的经济虾类。可鲜食及制虾米，以鹰爪虾制成的海米俗称金钩海米，色味俱佳。

## 12. 葛氏长臂虾

葛氏长臂虾隶属于甲壳动物亚门、软甲纲、十足目、长臂虾科。体型较短，长40~65mm。眼柄粗短，眼发达，角膜与眼柄等长。额角约与头胸甲等长，上缘基部平直，末端1/3甚细，微向上方，上缘齿12~17枚，末端有1~2个小的附加齿，下缘齿5~7枚。头胸甲前侧角圆形无刺，触角刺及鳃甲刺大而明显，均伸出前缘之外，鳃甲沟明显。5对步足均细长，前两对步足钳状，第2步足之钳较第1步足大。第2步足甚长，钳的指节与掌节等长，而短于腕节。末3对步足形状相似，均细长，掌节后缘不具小刺，指节细长。腹部第3~5节背面中央具纵嵴，但不很明显。在第3和第4节间腹部弯曲。

葛氏长臂虾在我国沿海各地均有分布。生活于泥沙底质浅海，河口附近也有。体透明，微带淡黄色，具棕红色斑纹，俗称红虾、桃红虾，繁殖季节在4~5月，卵为棕绿色。

葛氏长臂虾可鲜食及制虾米，渤海沿岸各地置定网中常捕获，为经济虾类之一。

## 13. 锯齿长臂虾

锯齿长臂虾隶属于甲壳动物亚门、软甲纲、十足目、长臂虾科。体长25~40mm，第1腹节的侧甲被第2腹节的侧甲部分覆盖。额角较短，其长度等于或稍短于头胸甲的长度。额角侧面较宽，末端平直，不向上弯，额角上缘齿9~11个，末端附近还有1~2个附加小齿；额角下缘齿3~4个。步足5对，第1对和第2对步足有螯，第3对步足无螯。第1对步足较小，第2对步足较长，末3对步足掌节后缘有明显的活动刺4~6个，指节短而宽。第3对步足掌节长约为指节长的3倍。腹部各节背面光滑无脊，仅第3节末部中央稍隆起。体透明，头胸甲有纵行的棕褐色细纹，腹部各节有棕色纵横纹。繁殖期在4~9月，卵棕绿色。

锯齿长臂虾分布于我国各地沿海。生活于沙底或泥沙底的浅海。常在低潮线附近水中的石隙间隐藏，退潮后极易找到。

锯齿长臂虾可食用，但产量不大。

## 14. 哈氏美人虾

哈氏美人虾隶属于甲壳动物亚门、软甲纲、十足目、美人虾科。体长25~50mm，无色透明，甲壳较厚处呈白色，其消化腺（黄色）及生殖腺（雌者为粉红色）均可由体外看到。头胸部圆形，稍侧扁，腹部平扁。额角不显著，末端圆形，不呈刺状。头胸甲后部1/4处有明显的颈沟，鳃甲线明显，贯穿整个头胸甲。第3对颚足的座节和长节很宽，呈盖状，可盖住口器。第1对步足极度侧扁，呈钳状，左右不对称，雌雄异形。雄虾大螯特别强大，甲壳坚厚，长节基部有大的齿状突起，掌节与腕节等宽，可动指内缘有2个大的突起，不动指甚弯曲，两指仅末端合拢。雌虾大螯比雄性小而细，掌节与腕节等长，可动指内缘微凸。小螯较细弱，指节稍长于掌节，雌雄虾相似。第2对步足左右对称，亦呈钳状，指节长于掌节。第3、4对步足简单。第5步足末端形成小钳，隐藏于掌节密毛之中。腹部第1节较窄，其他各节略宽于头胸甲。雄性第1腹肢短小，雌性第1腹肢细长，都不具内肢。雄性不具第2腹肢。第3至第5腹节有宽叶片状的附肢，并有内附肢，后部略向腹面卷曲。尾节方圆形，长大于宽，尾肢甚宽，外肢中部具1纵嵴。

哈氏美人虾分布于辽宁、河北、山东沿海。常穴居在沙底或泥沙底的浅海或河口附近，一般生活在潮间带中、下区，繁殖期在春、夏季。

哈氏美人虾肉甚少，无大的经济价值。

## 15. 脊腹褐虾

脊腹褐虾隶属于甲壳动物亚门、软甲纲、十足目 、褐虾科。体长40~70mm，甲壳较硬厚，粗糙不平，具短毛。额角窄长，末端与眼齐，其长度为头胸甲的1/6。头胸甲及腹部均较细长。头胸甲微扁平，颊刺、肝刺及胃上刺均发达，触角刺略小。第3颚足较短，其末节长度约为宽的6倍，具外肢。胸部第1步足强大，半钳状，第2步足细小，腕不分节，第3步足细小，第4、5步足强大。胸部各对步足基部间的腹甲上均有刺，其中第2步足间腹甲上的刺粗大，第3~5步足间的刺也较明显；雌虾抱卵期间第1、2步足间的刺无变化，但第3~5步足间刺消失。腹部第3~6节背面中央有明显的纵嵴，第6腹节背面纵嵴中央及尾节背面中央均下陷形成纵沟。第6腹节腹面有极深的纵沟，沟的两侧各有细毛1列。尾节尖细。

脊腹褐虾分布于我国黄海和渤海海域。生活于沙底或泥沙底超过40m深水中。4~5月在近岸浅水处繁殖。体棕褐色，体侧颜色较浓，无固定花纹，极似海底沙砾。

脊腹褐虾可鲜食及制虾米，卵可干制虾籽。在某些沿海地带以及集市附近的犯罪现场有可能出现它的痕迹。

## 16. 日本鼓虾

日本鼓虾隶属于甲壳动物亚门、软甲纲、十足目、鼓虾科。体圆粗，长30~55mm。头胸甲光滑无刺，眼完全被头胸甲覆盖。额角稍长而尖细，额角后脊宽而短，不很明显。第1对步足特别强大，钳状，左右不对称，大螯窄长，其长为宽的3~4倍，掌节为指节的2倍左右，掌节的内外缘在可动指基部后方各具一极深的缺刻，缺刻前方可动指的基部背腹面各具1枚短刺，背面自外缘缺刻向后有一长三角形的凹陷。小螯细长，长度等于或大于大螯；雄性小螯掌节长于指节，可动指背腹面外缘皆隆起呈脊状，两脊在末部汇合，故自外面观其形如药匙状，脊之内侧环以密毛；雌性小螯掌节与指节长度相等，指节细小不呈药匙状，毛稀疏；大、小螯掌节内侧末端各具一尖刺。第2步足细小，钳状，腕节分5节，其中第1节长于第2节。末3对步足爪状。尾节舌状，背面圆滑，无纵沟，具两对较强的活动刺。

日本鼓虾在我国沿海均有分布。潜伏生活于低潮线以下泥沙底的浅海中，与虾虎鱼有共生关系。生活时身体背面为棕红色或绿褐色，腹部每节的前缘为白色。鼓虾遇敌时开闭大螯之指发出声响，声如小鼓，故称鼓虾，俗名咔板虾。鼓虾的繁殖期在秋季，卵产出后抱于雌性腹肢间直到孵化。

日本鼓虾可鲜食及制虾米。在某些沿海地带以及集市附近的犯罪现场有可能出现它的痕迹。

## 17. 鲜明鼓虾

鲜明鼓虾隶属于甲壳动物亚门、软甲纲、十足目、鼓虾科。体长40~60mm。体圆粗，甲壳光滑，头胸甲光滑无刺。体具鲜艳、美丽的颜色和斑纹，头胸甲后部有3个棕黄色与白色纹相间，腹部各节背面有棕黄色纵斑。第1对步足为螯肢，左右两螯的大小及形状均不相同，雄性较雌性粗大。大螯的钳部完全超出第1触角柄末端，钳扁而宽，外缘厚；小螯短，指长，约为掌部长度的2倍，二指内缘弯曲，仅在末端合拢。

鲜明鼓虾在我国沿海均有分布。多穴居于低潮线的泥沙中。遇敌时开闭大螯之指，发出声音如击鼓，同时也射出一股水流来打击敌人。

鲜明鼓虾可鲜食或干制海米，但产量不大。

## 18. 泥虾

泥虾隶属于甲壳动物亚门、软甲纲、十足目、泥虾科。体长50mm左右。额角略呈三角形，末端钝，边缘有密毛。头胸甲背面的颈沟很浅，两侧有平行的鳃甲线，白头胸甲前缘伸至末缘。腹部窄而厚，稍侧扁，第2~5节侧甲板发达。尾节舌状，宽短。复眼较小。第2触角鳞片退化，为小片状能运动的突起。第1对步足螯状，左右对称，腕节短，略呈三角形，指节略短于掌节，两指内缘有细小的齿状突。其他4对步足简单。雄性缺第1对腹肢，雌性第1腹肢细小，单肢型。第2~5腹肢内外肢皆窄长，无内附肢。尾肢内外肢均宽，皆具横缝。体为土黄色或棕黄色，背面有时稍具蓝绿色。

泥虾在我国广泛分布于黄海以南沿岸水域。自潮间带中区向下分布，常穴居于软泥或泥沙中，洞穴较深，烟台养马岛泥沙岸能采到。

泥虾可食用，但经济价值不大。

## 19. 罗氏沼虾

罗氏沼虾也叫马来西亚大虾、金钱虾。隶属于节肢动物门、甲壳纲、十足目、长臂虾科。外被一层几丁质甲壳，头胸甲前端伸出一尖利的额角，齿式为（12~13）/（11~12），其额角基部隆起而末端上扬。整个身体由20节组成，可分为头胸部和腹部两部分，左右对称。头胸部稍大，腹部稍小。头部5节，胸部8节，腹部7节。大颚、第1、第2小颚与前3对附肢组成口器。胸部第1、第2对步足为螯状，作为防御工具。腹部第6对附肢和尾节构成尾扇。罗氏沼虾体色呈淡青蓝色，间有棕黄色斑纹，雄虾色彩尤鲜艳，幼虾则呈透明状态。体色常随栖息的环境有所变化。

罗氏沼虾原产于东南亚，是世界上个体最大的淡水虾。在幼体变态阶段，必须生活在盐度为0.8%~2.2%的水中，幼虾、成虾均生活在淡水中，最适pH值为7~8。它对水温、溶氧、盐度变化特别敏感。当水温低于11℃时，几小时内就会死亡。

罗氏沼虾是我国引进的水产经济动物，目前已经规模化生产，在水产养殖基地常常会发生因经济利益而进行盗窃、抢劫等犯罪行为，在某些犯罪现场也有可能出现它的痕迹。

## 20. 日本美人虾

日本美人虾隶属于甲壳动物亚门、软甲纲、十足目、美人虾科。体长30~60mm，体型与哈氏美人虾极为相似。额角呈宽三角形，末端较尖。雄性第1对步足的大螯与前种不同，掌节显著短于腕节，其长度约为腕节的2/3，可动指内缘基部稍凸，不具宽大的突起。雌性的大螯腕节一般都较掌节稍长，与前种不易区别。其他各附肢形态与前种相似。

日本美人虾广泛分布我国南方和北方沿海地区。在沙滩高潮区和泥沙滩中潮区都可生活。生活于沙滩者，穴孔略呈漏斗形，位于一圆形小沙丘中央，丘高3~6mm，直径40~80mm。漏斗口缘直径5~10mm，漏斗底径1~2mm。漏斗周围常出现辐射纹3~5条，是个体出外活动时附肢留下的痕迹。穴深200mm左右。在泥沙滩的穴孔不高出滩面，位于漏斗下陷的底部，漏斗口缘直径约20mm，穴道深度较前者更深些。

日本美人虾肉甚少，无大的经济价值。

## 21. 青虾

青虾也叫河虾、日本对虾。隶属于节肢动物门、甲壳纲、十足目、长臂虾科。身体粗短，偏扁。一般雄体长6~8cm，雌体长4~6cm，体外被一层薄而坚硬的几丁质外壳。头胸甲前端有长而尖锐的额角。额角基部两侧有1对具有眼柄的复眼。两侧各有2个额刺，一个位于第2触角基部，另一个位于触角刺后下的肝部，又称肝刺。尾呈三角形，尾叶展开时为扇状。全身由20个体节组成（头部5节，胸部8节，腹部7节）。除腹部末节外，每节有1对附肢，最后1对附肢特化为尾扇。体色通常呈青蓝色并有棕绿色斑纹。

青虾主要分布于我国的江河湖泊中，具有广盐性，可生活于低盐度的河口水域。适温范围较大，可自然过冬。食性广，但以动物性食物为主。

青虾养殖有池塘混养或单养、网箱养殖、稻田养殖等方式。青虾不耐低氧，寿命一般不超过一年半，经过越冬的虾在7~9月会死亡。

青虾可与中上层的鲢鱼、鳙角、草鱼、团头鲂等混养，但不宜与鲤鱼、鲫鱼等混养。青虾的侧料以配合饲料为好，在饲料不足的情况下，青虾会相互残食。

青虾对农药较敏感，在稻田养殖时应选用高效低毒的农药。

## 22. 秀丽白虾

秀丽白虾也叫太湖白虾。隶属于节肢动物门、甲壳纲、十足目、长臂虾科。因甲壳薄而透明，微带蓝褐色或红色点，死后体呈白色而得名。体长最大不超过60mm。头胸甲有鳃甲刺、触角刺而无肝刺。额角发达，上下缘皆有锯齿，上缘基部呈鸡冠状隆起，末部尖细部分上缘无齿，但近末端处常有1或2附加小齿，下缘末有小齿数个。腹部第2节侧甲覆于第1、第3节侧甲外面，第4~6节向后趋细而短小，尾节窄长，末端尖。大颚有由2节构成的触须。第1、第2步足有螯，第2对较粗大。第3~5对步足爪状或细长柱状。

秀丽白虾是太湖主要的经济虾类，每年产量占太湖虾类产量50%以上，它的分布遍及全湖，有两种生态群，一种生活在开敞水域的称为“湖白虾”，这种生态群的个体较大，有一定的集群性；另一种分布在沿湖岸一带，常和日本沼虾混杂在一起，称之为“蚕白虾”，个体较小。

## 23. 口虾蛄（gū）

口虾蛄也叫皮皮虾、爬虾、虾耙子、虾公驼子、撒尿虾。隶属于节肢动物门、甲壳纲、十足目、虾蛄科。头部与腹部的前4节愈合，背面头胸甲与胸节明显。头部前端有大型的具柄的复眼1对，触角2对。第1对内肢顶端分为3个鞭状肢，第2对的外肢为鳞片状。胸部6节，胸部有5对附肢，其末端为锐钩状，以捕夹食物。腹部7节，分界亦明显，而较头胸两部大而宽，口器、大颚十分坚硬，分为臼齿鄙和切齿，都有齿状突起，能切断和磨碎食物。大颚触须3节，不显著，有感觉作用。口虾蛄雌雄异体，雄者胸部末节生有交接器。

口虾蛄在中国南北沿海均有分布。居于潮下带泥沙底，也常在海底游泳。以底栖动物如多毛类、小型双壳类及甲壳类为食。分布深度多在30m以内。雌性产卵后，将受精卵块抱在颚足之间。孵化后，幼体的形态与成体有很大差异，扁平而透明，肉质少，体轻，行漂浮生活。经多次蜕皮和一系列的变态后，才能变成母体的形状，并开始在海底生活。

口虾蛄味道鲜美，其成熟卵巢的口味更为独特。另外，也可作为钓饵或肥料。体型较小的个体常为黄鱼、章鱼的饵料。由于口虾蛄善于钻洞，一般不可与贝类混养，以免影响贝类的正常生长。口虾蛄性凶好斗，尤其是蜕壳和钻洞潜伏时，有同类相残现象。

## 24. 克氏原螯（cáo）虾

克氏原螯虾（图2.13）也叫龙虾、螯虾、大头虾。隶属于节肢动物门、甲壳纲、十足目、河虾科。雌虾体长可达165mm，雄虾体长100mm左右。身体血红色，甲壳厚。体躯粗壮，分头胸部与腹部。头胸部很大，呈圆形，厚度略大于宽度，表面中部较光滑，两侧具粗糙颗粒，颈沟很深。额角发达，锐三角形，表面中部凹陷，两侧隆脊形，末端近锐刺状。腹节侧末缘近中部具侧缺，末缘中部稍凹。螯足壮大，长节背腹缘均具颗粒及锐刺。第2~3对步足细小，也呈螯状。第4~5对爪状。

图2.13 克氏原螯虾

克氏原螯虾原产北美洲。在我国主要分布于湖北、湖南、江西、安徽、江苏、上海等长江中下游地区和香港、台湾。生活在江河、湖泊、池塘、水渠、水田、沼泽等地。杂食性，摄食有机碎屑，藻类，特别是水葫芦、浮萍、马来眼子菜、大型浮游动物、水蚯蚓和各种动物尸体。9~12月性成熟，繁殖期在5~9月。雌虾一次性产卵，产卵量为500~1 500枚。胚胎发育期长短与水温密切相关，水温较高时，30天即可孵化，孵化出的幼虾仍附于亲虾的游泳足上，在母体保护下生长一段时间，自然情况下，亲虾抱仔要经过越冬，一直持续到第二年春季，幼虾才能离开母体独立生活。稚虾以轮虫、枝角类、桡足类及水生昆虫幼体为食。

克氏原螯虾肉味鲜美可口，集市上常有出售。逃逸到野外的个体会危害农田与河堤。目前在我国养殖已经规模化。在养殖基地会发生因经济利益而进行的盗窃、抢劫行为，除此之外，在某些犯罪现场也会有它的痕迹。

## 25. 吕氏拟银杏蟹

吕氏拟银杏蟹隶属于甲壳动物亚门、软甲纲、十足目、扇蟹科。头胸甲呈横卵圆形，背面前2/3隆起甚高，后1/3低平，由许多光滑沟分成若干小区，各小区均有粗颗粒和成束的刚毛。前胃区有一条纵沟，内侧一个小区由2条横沟分开，中胃区较大。鳃区也分成几个小区，心区略呈菱形，肠区扁平。额弯向腹面。螯足粗壮，长节短，内侧面凹，光滑，外侧面具颗粒。腕大，末缘宽于基部，背面及外侧面密具粗颗粒及2条斜沟，内侧光滑。掌宽约为长的2倍，除内侧面光滑外，均有粗颗粒。两指呈咖啡色，末端呈匙状，内缘均有钝齿。步足粗短，各节具细颗粒，边缘有毛。雄性腹部瘦长，分为5节，第3~5节愈合，但节线可辨。尾节呈三角形。雄性第1腹肢弯向侧方，末端有小刺。头胸甲长约22mm，宽约29.5mm。

吕氏拟银杏蟹分布我国广东、山东沿海。栖息于潮间带至潮下带，多见于水深15~30m处的沙质或岩石底部。

吕氏拟银杏蟹肉可食用，但个体小，经济价值不大。

## 26. 日本大眼蟹

日本大眼蟹隶属于甲壳动物亚门、软甲纲、十足目 、沙蟹科。头胸甲宽度（23~39mm）约相当于其长度（16~25mm）的1.5倍。表面多具颗粒及软毛。额较窄，稍向下弯，表面中部有一纵痕。眼柄细长，约为体长的一半，眼窝宽。雄螯长节的内侧面及腹面均密布短毛，两指间合拢时空隙很小。体色褐绿色。

日本大眼蟹分布于我国台湾、海南、福建、浙江、山东、渤海湾、辽东湾、辽东半岛等地，穴居于低潮线的泥沙滩上。

日本大眼蟹肉可食用，但个体小，经济价值不大。

## 27. 宽身大眼蟹

宽身大眼蟹隶属于甲壳动物亚门、软甲纲、十足目、沙蟹科。头胸甲呈长方形，宽度约相当于长度的2.5倍。前半部明显较后半部宽。表面具颗粒，雄性比雌性更明显。前方两侧各有2条较深的横沟，前侧缘有3齿。额窄而突出。眼柄细长，长度约与体长相等，平时置于横沟形的眼窝中；眼窝背缘有颗粒，腹缘具一列锯齿。雄螯长大，两指间相合拢时，指间空隙较大。生活时体呈棕绿色，腹面及螯足棕黄色。

宽身大眼蟹分布于我国广东、台湾、福建、浙江、山东、渤海湾、辽东半岛等地。穴居于泥滩上，喜栖息于潮间带接近低潮线处，取食浮游生物。穴孔为长方形，一般宽20~30mm。退潮后常出穴迅速爬行，其眼柄竖立，眼向各方瞭望，遇敌害时，即急驰入穴中，穴道内部是倾斜的。

宽身大眼蟹肉可食用，但个体小，经济价值不大。

## 28. 圆球股窗蟹

圆球股窗蟹隶属于甲壳动物亚门、软甲纲、十足目、沙蟹科。头胸部呈球形，头胸甲宽度（9~11.3mm）约为其长度（7~8.5mm）的1.3倍。背面隆起，除心区较宽而光滑外，其他部分具分散的颗粒。额窄，向下弯。眼窝大。各对足的长节外侧面均具一椭圆形鼓膜状结构，好似开了窗口一样。第1~4对足依次渐短，具微细颗粒及黑色长毛。甲壳背面黄褐色，颗粒呈淡黄色，间有细微的红棕色与黑褐色斑，甲壳腹面为鲜红色。

圆球股窗蟹分布于我国台湾岛、广东、福建、山东等地。主要栖息于潮间带中、上区的细沙滩上。圆球股窗蟹在沙滩上穴居，洞口为圆形，直径为8~20mm，洞穴不是垂直的，洞口外常有很多粒状沙球，形似米粒，故又称捣米蟹、喷沙蟹。

圆球股窗蟹个体较小，无大的经济价值。

## 29. 痕掌沙蟹

痕掌沙蟹隶属于甲壳动物亚门、软甲纲、十足目、沙蟹科。头胸甲的宽度稍大于长度，略呈方形。长约 2cm、宽约 2.1cm。表面隆起，密布颗粒，胃区两旁有细纵沟。额窄，前端向下弯曲。眼大，长椭圆形，眼窝大而深，外眼窝齿锐而突，后侧方具一斜行颗粒隆线。两性螯足均不对称，腕节表面具颗粒，掌节扁平。步足除指节外，各节均有颗粒及褶襞。

痕掌沙蟹分布于我国南部沿海及北部的山东半岛。群集穴居于高潮线附近的沙滩上，穴道前段垂直于地面，后段倾斜。体色与沙色相似，不易分辨。由于步足较长，在沙面上奔跑行动敏捷，受惊后迅速遁入洞中。

痕掌沙蟹个体较小，无大的经济价值。

## 30. 平背蜞（qí）

平背蜞隶属于甲壳动物亚门、软甲纲、十足目、方蟹科。头胸甲光滑而低平，前部较后部宽，长 16~20mm。前侧缘各具 3 齿，在壳中部有一短而显著的横沟。螯足雄比雌大，雄性两指间空隙较大，雌性可动指内缘近基部处有显著的齿状突起。体青灰色或灰褐色。

平背蜞分布于中国大陆的广东、福建、浙江、江苏、山东等地。生活于低潮线岩岸石隙中或石块下。

平背蜞肉可食用，但个体小，经济价值不大。

## 31. 绒毛近方蟹

绒毛近方蟹隶属于甲壳动物亚门、软甲纲、十足目、方蟹科。甲壳略呈方形，前半部较后半部宽。表面具细凹点，前半部隆起，具颗粒，胃、心域间有“H”形沟，额较宽。雄性螯足两指基部内外密布绒毛，但雌蟹或幼蟹则无。第 2 对步足最长，长节背缘近末端处具一齿。第 4 对步足最短。

绒毛近方蟹大多数分布于热带和亚热带沿海的潮间带，如岩岸石缝中、沙滩的碎石下或泥涂的洞穴里；少数种生活在江湾、河口的半咸水区，甚至进入纯淡水域，很多种栖于离海岸有相当距离的潮湿处和红树林沼泽区、营半陆栖生活。

绒毛近方蟹肉可食用，但个体小，经济价值不大。

## 32. 肉球近方蟹

肉球近方蟹隶属于甲壳动物亚门、软甲纲、十足目、方蟹科。头胸甲略呈方形，宽度（24~33mm）大于长度（22~28mm）。前半部稍隆起，表面有颗粒及红色斑点；后半部稍平坦，颜色亦较浅。前鳃区前缘有 4 个小而浅的凹点。额较宽，其宽度差不多是头胸甲宽度的一半。眼窝下脊长，由许多小颗粒排列而成。雄性螯足比雌性大，背面具血红色斑点，长节内侧面近腹缘的末端有一发音隆脊。雄性两指间的空隙较雌性大，基部之间有一膜质隆起，似肉球，雌性无。

肉球近方蟹分布于我国广东、福建、浙江、江苏、山东、渤海湾、台湾、辽东半岛等地。生活于低潮线的岩石下或石缝中，数量较多。

肉球近方蟹肉可食用，但个体小，经济价值不大。

## 33. 天津厚蟹

天津厚蟹隶属于甲壳动物亚门、软甲纲、十足目 、方蟹科。头胸甲矩形，宽大于长，背面凹凸不平，有细麻点及颗粒隧线，分区明显，胃、心区有一“H”形沟。额区的宽度小于头胸甲宽度的一半，额斜向下方，无锋锐的额后脊。头胸甲侧缘平直。下眼窝脊具一发声隆脊，约由50枚颗粒脊组成，中部有5~6枚较大突起；雌性中部无较大突起，均由细颗粒组成。第3颚足长节短宽。螯足长节的内缘有一条角质的隆线，这一隆线在眼缘上摩擦起来可以发出声响。腕节内末角有两尖齿，掌粗短。两指合拢时空隙较大，内缘有钝齿或小齿。

天津厚蟹分布于我国广东、福建、江苏、山东、渤海湾、辽东半岛等地。穴居于潮间带上区或高潮线上的泥滩或泥沙滩，尤其在湾叉或河口附近很多。

天津厚蟹肉可食用，但个体小，经济价值不大。

## 34. 解放眉足蟹

解放眉足蟹隶属于甲壳动物亚门、软甲纲、十足目、管须蟹科。青褐色。头胸甲扁平，长约27mm。背面具小窝和颗粒。前缘具3个三角形齿，中央齿略小，为额角。前侧缘具4齿。眼柄细长柱状，分为两节。第2触角长于第1触角，两对触角鞭均具长毛。第1步足亚螯状，两侧等大，叶片状，侧扁，腕节前缘具1锐齿，掌节腹缘具1尖齿，可动指背缘具2齿。第2~4步足指节呈薄镰刀状。第5步足细长，亚螯状，折于头胸甲后侧缘。腹部左右对称，折于胸部下方。雄性第6腹节具1对尾肢。雌性除尾肢外，第2~5腹节各具1对附肢。

解放眉足蟹埋栖生活于浅水泥沙质海底，水管和附肢可露出，从海底表面获取新鲜海水和食物。

解放眉足蟹无大的经济价值。

## 35. 圆豆蟹

圆豆蟹隶属于甲壳动物亚门、软甲纲、十足目、豆蟹科。体软，甲壳未钙化，眼及眼窝十分小。头胸甲略呈圆形，宽稍大于长（长约8.3mm、宽约10mm），最大宽度位于第2对步足基部上方，前缘呈弧形，后缘波浪形，侧缘仅中部呈弧状突出，前侧缘和后侧缘均较斜直。额角窄，向腹面弯曲。第3颚足的座节与长节愈合，外缘拱形，内缘稍凹，有长刚毛，内角钝圆，具羽状毛；腕节末端很宽；掌节大，末端呈圆形；指节接于掌节内缘中部，瘦长，伸达掌节末端。螯足粗壮，掌节长度为宽的2倍，内缘有一列短毛，可动指稍长于不动指，基部有1枚齿，不动指基部有2枚小齿。4对步足均瘦长，不呈爪状，其中第1对较短，第3对最长，并且第3对步足的腕节比其他对步足的腕节长得多。前两对步足的指节短，无毛；后两对步足的指节较长，前缘有短毛。雌性腹部扁圆形，尾节末缘呈截形。

圆豆蟹分布于我国的山东半岛。栖息于青蛤及文蛤的外套腔内，共生。但在菲律宾蛤仔和褶牡蛎体内都发现共生现象。

圆豆蟹可食用，但经济价值不大。

## 36. 球十一刺栗壳蟹

球十一刺栗壳蟹隶属于甲壳动物亚门、软甲纲、十足目、玉蟹科。头胸甲略呈圆形，背面有稀疏细颗粒，中部隆起，肝、鳃及肠区明显可辨。额厚而突出，其前缘中央由一"V"形缺刻分成2枚钝齿，末端呈圆形。头胸甲边缘共有11枚刺，刺的边缘又有小刺，每边的前3枚齿较小，后5枚较大。后缘两端的刺较宽而钝，呈三角形。第3颚足表面也具尖细颗粒，外肢瘦长，末端有少数刚毛。长节呈钝三角形，腹面中部凹，座节长为长节的2倍多，雌性近中线有一纵列刚毛，毛的内侧表面低凹而光滑，雄者无一纵列刚毛。螯足长节呈扁柱形，背面颗粒细小而稀少，尤以末半部的颗粒更甚。腕节略呈三角形，外缘的颗粒较粗。掌节的颗粒较细小，表面显得光滑，指节长于掌节，内缘有细齿，间有较大的齿。步足各节比较粗短，表面也较光滑。雄性腹部呈三角形，共分5节（第3~5节愈合），腹面有稀少颗粒。雌性腹部呈长卵圆形，分为4节（第3~6节愈合），腹面也有稀少颗粒。雄性第1腹肢呈微弯棒状，术部有长刚毛，末端几丁质部分较纤细。

球十一刺栗壳蟹分布于我国渤海、东海、黄海海域。栖息于水深 28~120m 的细沙或泥沙海底。

球十一刺栗壳蟹无大的经济价值。

## 37. 颗粒拟关公蟹

颗粒拟关公蟹隶属于甲壳动物亚门、软甲纲、十足目、关公蟹科。全身除指节外均有密集粗颗粒。头胸甲长大于宽，前半部较后半部窄，分区明显，背面以鳃区的颗粒较为稠密。额分 2 个齿，且有绒毛。内眼窝齿短，而外眼窝齿突出，稍低于额齿。内口沟隆脊突出于额齿间，由背面可见；雌性螯足对称；雄性则常不对称，较大螯足掌部膨肿，其最大宽度为长度的 2 倍，不动指短，约为可动指的 1/2，两指内缘均有钝齿；较小螯足的掌部不膨肿，宽不足于长的 2 倍，不动指仅小于可动指，两指内缘也有钝齿。前 2 对步足甚长，第 2 对长于第 1 对，长节前缘有短刚毛。后 2 对足短小，有短软毛，末 2 节呈钳状。两性腹部均分为 7 节。雄性第 1 腹肢分 2 节：基节较长，基半部宽于末半部；后者逐渐趋窄，至末端强烈收缩，末节粗短，腹外侧呈钝圆形膨肿，末部有几枚几丁质突起。头胸甲长为 19. 8mm，宽 21. 5mm。

颗粒拟关公蟹广泛分布于我国沿海自北至南。栖息于泥质沙、软泥或沙质碎壳海底水深 8~154m 处。

颗粒拟关公蟹可食用，或作为家禽饲料，幼体是鱼类的天然饵料。

## 38. 日本平家蟹

日本平家蟹隶属于甲壳动物亚门、软甲纲、十足目、关公蟹科。头胸甲略呈梯形，前窄后宽，宽度（约 28. 5mm）稍大于长度（约 27mm），背面有大疣状突和许多沟纹，犹如我国古典戏剧中的武生脸谱，故称关公蟹，俗名鬼脸蟹。额窄，具 2 齿，内口沟隆脊不突出，背面看不到。内眼窝齿钝，外眼窝齿呈三角形，腹（下）内眼窝齿短，齿端指向外方。螯足细弱，不善打斗。雌性螯足对称，雄性较雌性大，对称或不对称。长节三棱形，稍弯曲。腕节短小。两螯对称者，掌节不膨肿，宽为长的 2 倍（沿掌部内缘测量），指节约为掌节长度的 2. 5 倍；不对称者，较大螯足掌节十分膨肿，其长约为宽的 2 倍，指节为掌节长的 2 倍，较小螯掌节甚小，指节较长，大于掌节长的 2. 5 倍。前 2 对步足瘦长，其长约为头胸甲长度的 3. 2 倍，末 3 节有短毛，用来爬行。末 2 对步足短小，具短绒毛，位于背面，掌节后缘基部突出，具一撮短毛，指呈钩状。

日本平家蟹分布于我国渤海、黄海、东海和南海海域。大多生活在潮间带至潮下带水深 50~150m 深的泥或泥沙质底，当大潮退尽之后，在一些浅水洼处可以发现它。靠第 1~2 对步足爬行，常用 2 条细小带钩的步足钩住贝壳边缘，托在背上，像把伞遮盖身体。有时它不动，躲在贝壳或叶片下。

日本平家蟹肉、壳均可入药，也可作为观赏种。

## 39. 豆形拳蟹

豆形拳蟹隶属于甲壳动物亚门、软甲纲、十足目、玉蟹科。头胸甲呈圆球形，长相有如一颗豆子。长度（26. 2mm）稍大于宽度（25. 4mm）。头胸甲十分坚厚，有“千人捏不死”的外号，表面隆起，具颗粒。额窄而短；前侧缘平直；后缘雄性比较平直，雌性比较突出。螯足强大，雄者比雌者大，长节呈圆柱形，背面基部及前后缘均密布颗粒，腕节的背、腹面隆起，内缘具粗糙颗粒，外缘具颗粒状隆线，掌节扁平。步足细长，近圆柱形，指节末端尖细。关节可以灵活弯曲，可以直行。雄性腹部呈锐三角形，雌性呈长卵圆形，两者腹部第 2~6 节均愈合。身体背面呈浅褐色或绿褐色，腹面为黄白色。

豆形拳蟹从我国广东沿海向北至辽东半岛均有分布。生活于浅水或泥质的浅海底，潮间带的平滩上也常见。潮退后多停留于沙岸有水处，爬行迟缓，遇到刺激时，螯足张开竖起，用以御敌。易于捕捉，有时在受到惊吓或攻击时也会装死。

豆形拳蟹无大的经济价值。

## 40. 中华虎头蟹

中华虎头蟹隶属于甲壳动物亚门、软甲纲、十足目、馒头蟹科。体深黄色，并有红色集团点，甲壳上的花纹近似虎头，故名虎头蟹。头胸甲近圆形，长（约 90mm）稍大于宽（约 88mm）。表面隆起，散有许多颗粒状突起，在前、中部特别显著。前侧缘有 2 个疣状突起，鳃缘具 3 个壮刺，后侧缘有 3 个强大的刺。鳃区各有 1 个紫红色乳斑，故中华虎头蟹又名乳斑虎头蟹。螯足左右不对称，长节外缘具 1 齿，腕节内末角具 1 锐齿，指节粗壮。第 1~3 对步足指节细长而尖。第 4 对步足呈桨状，用以游泳，指节完全扁平，卵圆形，后缘除末端外具长毛，末端成尖刺状。

中华虎头蟹分布于我国广东、福建、浙江、江苏、山东半岛、渤海湾、辽东半岛、辽东湾等地。生活于浅海泥沙底，夹河入海口泥沙滩、养马岛泥沙岸可采到。

中华虎头蟹可供食用，但产量不多，蟹黄、肉、壳可入药。

## 41. 红线黎明蟹

红线黎明蟹隶属于甲壳动物亚门、软甲纲、十足目、馒头蟹科。体色浅黄，整个头胸甲背面密布由红点所连成的明显红线。头胸甲近圆形，但后部较窄，宽（约 37.8mm）稍大于长（约 36.2mm）。背面中部及两侧有 6 个不明显的疣状突起。额窄，中部向前突出，其前缘中央有一缺刻。前侧缘有不等大的齿状突起，侧缘中央部分向两侧各伸出一粗的尖刺。螯足强壮，掌节背缘具 3~4 个钝齿，外侧有 1 枚强壮的锐刺，内侧面的顶部有 2 个不等大而具刻纹的发声磨板，两指内缘具壮齿，可动指外侧面具一条有刻纹的隆脊。步足桨状，可助游泳，指节呈柠檬色，宽扁，末端尖。

红线黎明蟹分布于广东、海南、福建、浙江、江苏、山东（山东半岛）、渤海湾等地。受惊时，可以用末对步足在沙中挖穴，由后部先入而藏身。

红线黎明蟹可食用，但经济价值不大。

## 42. 扁足剪额蟹

扁足剪额蟹隶属于甲壳动物亚门、软甲纲、十足目、蜘蛛蟹科。头胸甲长约 25mm，宽约 18mm，额分 2 齿，形如剪刀，扁而薄，故名剪额蟹。头胸甲呈三角形，背面隆起，分区甚明显，胃区大而圆，除中线有 3 枚（其中间一枚不明显）及两侧各有 1 枚小齿外，表面几乎光滑。肝区与眼窝缘相连，具 1 枚锐刺。心区及肠区中等隆起，各具 1 枚突起。鳃区具 3 枚排成一斜列的突起。头胸甲前侧缘与后侧缘之间具一大刺。眼前刺突出，尖锐，但很短。颊区有 3 枚小而锐的叶状齿。第 3 颚足长节短，基部窄，末部宽，外末角薄，向外侧突出，座节长大于宽，内末角呈圆形突出。螯足比步足粗壮，长节呈棱柱形，具 4 条隆脊，各脊薄锐，并有几枚突起，而腹外缘脊的突起不明显。腕节小，内缘脊突出，外侧面也有 2~3 条不规则的脊。掌节侧扁，光滑，边缘薄，内、外侧面中部隆起，指节光滑，合拢时无缝隙，内缘有 8~11 枚齿。步足各节边缘均有不规则的短毛、长毛和棒状毛，指节尖而弯，后缘毛下有 2 列小齿。两性腹部均分为 7 节。雄性第 1 腹肢瘦长，末端宽，分 2~3 叉。

扁足剪额蟹分布于我国黄海。栖息于水深 10~160m 的泥质沙、软泥或沙碎壳中。

扁足剪额蟹可食用，但无大的经济价值。

## 43. 四齿矶蟹

四齿矶蟹隶属于甲壳动物亚门、软甲纲、十足目、蜘蛛蟹科。头胸甲略呈三角形，前窄后宽，体密覆短绒毛、卷毛及棒状刚毛，在各种突起上刚毛特别明显。个体大小不等，长度（13.8~30mm）显著大于宽度（10.2~20mm）。头胸甲胃区上有 2 个前后并列的疣状突起。肝区的边缘具 2 齿，前后排列，前齿小、后齿大，故称四齿矶蟹。额角突起，向前伸出2个角状锐刺，呈“V”形，内缘具长毛，背面覆以弯曲长毛。柄眼之前也有一尖刺。两侧缘第1步足处各有一向外伸的尖刺。螯足对称，但雄性螯足比雌性螯足强大，长节近方形，背面有4个带刚毛的疣状突起，指节较掌节略短。步足细长，常具软毛，第1对最长，向后各对渐短。

四齿矶蟹分布于我国南海、东海、山东半岛、渤海湾、辽东湾等地。生活于低潮带有水草的泥沙底，有时潜伏在具有海藻、泥沙岸边的岩石缝中，在海水养殖的网笼中也常见。其体色与周围环境及海藻的颜色一致，须仔细观察才能发现。

四齿矶蟹全体可入药。

## 44. 三疣梭子蟹

三疣梭子蟹也叫梭子蟹、枪蟹、海蟹、门蟹，是我国沿海常见的蟹类。体长7~8cm。隶属于节肢动物门、甲壳纲、梭子蟹科。身体为暗紫色，有青白色云状斑。头胸甲宽大，呈菱形（梭形），背面中央有3个凸起，前面两侧边缘各有9个锯齿，最后一个长而尖，向左右突出。前端有长大的螯足，第五对步足扁平，似船上的桨。

三疣梭子蟹分布于我国辽宁、河北、天津、山东、江苏、浙江、福建等海域沿海一带。常成群栖息于沙质或沙泥质海底，有昼伏夜出的习性，故多在夜间摄食，能在海底缓慢爬行。以各类底栖生物和小型鱼类为主。善于用第五对步足游泳，能迅速接近鱼、虾、乌贼等，用螯足捕捉，然后沉到水底吞食。幼体需要经过多次蜕皮才能变为成体。寿命一般为2~3年。

三疣梭子蟹肉多味美，营养丰富。药用将鲜蟹捣烂涂敷，可治疥疮、疥癣、皮炎等。它是我国常见的水产经济动物，目前已经规模化生产，在水产养殖基地常常会发生因经济利益而进行盗窃、抢劫等犯罪行为，在某些犯罪现场也有可能出现它的痕迹。

## 45. 中华绒螯蟹

中华绒螯蟹也叫河蟹、螃蟹、毛蟹、清水蟹，是我国常见的蟹类（图2.14）。体长5~6cm。隶属于节肢动物门、甲壳纲、方蟹科。身体背面为褐绿色，腹面灰白色。头部和胸部愈合在一起，背面有呈圆方形的头胸甲。有5对足，第一对为强大的螯足，上面密生绒毛，其余4对为步足，侧扁而长。腹部退化，呈扁平状，折叠后贴在头胸部的下面。

图2.14　中华绒螯蟹

中华绒螯蟹分布于我国各地沿海一带。有洄游习性。平时隐藏在洞穴中。夜晚活动。用步足爬行。以小鱼、螺、虾等为食。用螯足捕捉食物。秋末冬初分散生活在江河湖泊等淡水水域中的成体顺水而下至河口、浅海地带产卵。雌性将受精卵黏附在腹肢上，然后钻进海底泥沙中，不吃不动，到第二年春季才孵化出幼体。幼体在海中浮游，蜕皮5次之后，随着潮水溯河而上，进入淡水江河湖泊中继续发育，到第三年秋季再蜕皮一次后，才发育为成体。

中华绒螯蟹营养丰富，味道鲜美，是我国常见的水产经济动物，目前已经规模化生产，在水产养殖基地常常会发生因经济利益而进行盗窃、抢劫等犯罪行为，在某些犯罪现场也有可能出现它的痕迹。

## 46. 锯缘青蟹

锯缘青蟹也叫青蟹、闸蟹。隶属于节肢动物门、甲壳纲、十足目、蝤蛑科。头胸甲隆起而光滑，呈青绿色，胃区与心区间有明显的“H”形凹痕，前两侧的最后一刺不向左右特别伸出。螯足强大，不对称。前 3 对步足趾节的前、后缘具刷状短毛。雌蟹腹脐宽大，略近圆形，雄蟹腹脐狭长呈三角形。

锯缘青蟹广泛分布于温带亚热带和热带海域。养殖一般分为幼蟹暂养、菜蟹养成、青蟹育肥 3 个阶段。需要加强防逃管理。

## 47. 日本蟳（xún）

日本蟳也叫海蟳、赤甲红，隶属于甲壳动物亚门、软甲纲、十足目、梭子蟹科。头胸甲略呈扇形，雌性较大者头胸甲长约 48mm，雄性头胸甲长约 59.4mm。表面隆起，一般具软毛。额稍突，有 6 个齿，年幼个体齿较钝，成体则尖锐。头胸甲前侧缘呈弧状，有 6 个锯齿，前 3 个齿突出，后 3 个齿较锐。后侧缘近中部深凹，后侧缘钝圆形。螯足强大，不甚对称，长节前缘具 3 个大刺，腕节内末角具 1 个大刺，外侧面具 3 个小刺，掌节厚，2 指节较掌节长，表面有纵沟。步足 3 对，各节背、腹缘均有刚毛。第 4 对胸足掌节与指节均扁平呈桨状，适于游泳。生活时头胸甲与螯足表面呈深绿色或棕红色，两指外侧呈紫色，步足上面呈棕紫色，下面较浅，俗名赤甲红。

日本蟳分布于我国广东、福建、浙江、山东半岛等地。生活于低潮线有水草或泥沙的海底，或潜伏石下，为潮间带最常见的种类。性凶猛，退潮后，多潜伏于石块下，双螯张开，准备进行防御。它是一种主要的食用海蟹，除网捕外，也可以用蚯蚓钓捕，还可用木筐内放鱼肉或其他动物尸体来诱捕。

日本蟳肉味鲜美，是一种中小型经济蟹类，肉、壳均可入药。在某些沿海地带以及集市附近的犯罪现场有可能出现它的痕迹。

## 48. 双斑蟳

双斑蟳隶属于甲壳动物亚门、软甲纲、十足目、梭子蟹科。甲壳淡青色，腹部白色。头胸甲背面微隆起，密被短软毛及细颗粒。在前胃区、中胃区及后胃区各有一条横行明显的短颗粒脊。额区具 2 条横脊，前鳃区的 1 条横脊稍弯，并且是所有横脊中最长的。其他鳃区及心区无脊，在中鳃区各有一个黑色小斑点，双斑蟳由此而得名。额前分 4 齿，呈钝圆形，中央一对较两侧的突出，低位。侧齿与背（上）内眼窝齿由一缺刻明显分开，眼窝缘具细锯齿及 2 条缝，腹（下）内眼窝齿突出，眼窝缘有细锯齿及 1 个缺刻。眼窝间隙被第 2 触角基节填塞。前侧缘包括外眼窝齿共有 6 齿，第 1 齿大，第 2 齿小，末齿斜向外上方，且稍长于前 5 齿。螯足稍不对称，长节前缘有 3 齿，后缘具 1 齿，背面末半部具鳞片颗粒。脱节背面及外侧面也有鳃片状颗粒，内末角具一长锐刺，外侧面有 3 枚小刺。掌背面近末部并立 2 枚小刺，基部 1 枚，背面颗粒明显，内、外侧面中部各有一条纵行细颗粒脊。指节内缘各有大小不等的齿。第 4 步足为游泳足，长节后缘外末角具 1 锐刺。

双斑蟳分布于我国福建、山东等地，生活于水深 9~439m 的底质沙泥或碎壳的海底。

双斑蟳可食用，肉、壳均可入药。

## 49. 日本寄居蟹

日本寄居蟹隶属于甲壳动物亚门、软甲纲、十足目、寄居蟹科。居于空的螺壳中，头胸部较扁。眼柄长。第 1 对触角短，第 2 对触角长。第 1 对步足为螯足，上着生密毛，不对称，通常右螯较大，其长节及腕节背面略呈三角形，掌节四方形，背面高起，腕节及前节两缘有刺状突起。第 2~3 对步足无螯，各节扁平，具长毛，用以爬行。第 4~5 对步足退化，向上弯曲。腹部长，柔软，左右不对称，呈螺旋状，居于空的螺壳中，腹部甲壳仅有痕迹，存在于各节背面。腹部附肢仅右侧有退化的痕迹，但最后一对尾肢较发达，用尾肢及尾节固持身体在螺壳内。体色多为绿褐色。

日本寄居蟹分布于烟台山岩岸、夹河入海口岩礁带、养马岛岩岸等地。居于空的螺壳中，当动物体伸出螺壳时，第 4、5 对退化的步足攀附于壳口的边缘，用第 2、3 对步足爬行。

日本寄居蟹可食用，全体亦可入药。

## 50. 艾氏活额寄居蟹

艾氏活额寄居蟹也叫寄居蟹，是善于在空螺壳内藏匿的甲壳动物。体长 2～3cm。隶属于节肢动物门、甲壳纲、寄居蟹科。身体为褐色。头胸甲狭长，呈卵圆形，前半部坚硬而光滑，第 2 对触角长。第 1 对足为不对称的螯足，右螯较小，左螯较大。第 3、4 对步足短小。腹部长而柔软，不分节，附肢退化，末对变成钩。

艾氏活额寄居蟹分布于我国各地沿海一带。栖息于浅海地带。在海底、海滩石块间或浅水内背负着螺壳，用第 1、2 对步足爬行。受到刺激后就将身体缩入到壳内躲避，用最后一对附肢钩住螺壳的顶部，用螯足挡住壳口。螺壳的外面常有共生的海葵附着，可以得到海葵刺细胞的保护，也能通过移动为海葵提供取得更多食物的机会。

艾氏活额寄居蟹是海滨常见动物，在某些犯罪现场也有可能出现它的痕迹。

## 51. 白脊藤壶

白脊藤壶隶属于甲壳动物亚门、蔓足纲、围胸目、藤壶科。壳呈圆锥形，密集生长的个体呈圆筒形，顶缘与壳底相平行。峰吻直径 18～20mm。壳口稍展开，略呈五边形，楯板表面有显著的生长线，中央部稍微低陷而呈暗紫色，关节脊长而宽，其长度约为背缘之半。背板三角形，外表生长脊清楚，底缘斜，距粗短，末端斜钝，在距基与基峰角间的底缘多凹凸不平。壳壁内部具有与纵肋相对应的纵隔和管道。幅部稍宽，表面具平行横纹。蔓足 6 对。

白脊藤壶广泛分布于我国南北沿海。营固着生活，群栖于潮间带岩石、贝壳，码头、浮木，船底上，常形成白色的藤壶带，与小藤壶一起构成潮间带岩岸的优势种。能耐受长期的干燥，适于低盐度地区，水质澄清处分布较多。在潮涨时，蔓足节律性前后摆动以滤食水中的微生物，潮退时紧闭壳板避免水分蒸发。

白脊藤壶肉和壳可入药，制酸止痛，解毒疗疮。它也是船底污损生物的主要物种，影响航速。

## 52. 东方小藤壶

东方小藤壶隶属于甲壳动物亚门、蔓足纲、围胸目、小藤壶科。壳长 12mm，呈圆锥形。壳表灰白色，受侵蚀后呈暗灰色。壳内面紫色。壳光滑或不规则起肋，板缝清楚，壳口呈四边形。吻板两侧只有翼部被吻侧板覆盖。槽板横长三角形；关节脊突出，其长度不超背缘之半；闭壳肌窝深，闭壳肌脊短而强；侧压肌窝清楚。背板呈楔形，上部宽，下部窄。侧压肌脊 2~4 条。

东方小藤壶分布在我国浙江以北沿海，尤其在北方沿海的高潮线附近的岩石上非常稠密。

能忍耐长时间、周期性干燥环境。多群栖，常附着于岩石、船舶或其他动物如鱼、虾、贝的身上。

东方小藤壶常损坏船底或影响水产生产，是典型的污损生物，但其幼体是幼鱼良好的天然饵料。

## 53. 拟棒鞭水虱

拟棒鞭水虱隶属于甲壳动物亚门、软甲纲、等足目、盖鳃水虱科。体长 20～30mm。体扁平，前后宽度几相等。头部前缘中凹，底节板明显。腹部第 1 节分离，第 2～3 节在中央愈合，末端突出，呈钝三角形。第 1 触角柄短小，3 节；第 2 触角柄 5 节，棒状，向后可伸达第 3 胸节。步足 7 对，形态相似，末端具爪。体呈淡黄色或黄褐色，背面常有白斑。

拟棒鞭水虱分布于我国青岛、大连海域。在石块下或海藻间爬行生活。

拟棒鞭水虱无明显经济价值。

## 54. 韦氏团水虱

韦氏团水虱隶属于甲壳纲、等足目、团水虱科。离水后蜷缩成圆团状。

韦氏团水虱原产于北印度洋，靠船底长距离传播。在我国分布于福建以南沿海。生活于海洋。抱卵后变态为幼体，营缝隙生活。

韦氏团水虱是船底污损生物的主要物种，影响航速。

## 55. 海岸水虱

海岸水虱隶属于甲壳动物亚门、软甲纲、等足目、海岸水虱科。体棕褐色，背腹扁平，椭圆形，长 30~45mm，体长约为体宽的 2 倍。头部与第 1 胸节愈合为头胸部，较小，前端半圆形，长度仅为宽度的 1/2。复眼 1 对，黑色，位于头部两侧。第 1 对触角很不显著，只有 2 节。第 2 对触角很长，柄部 5 节，鞭部 35~45 节，向后伸可达到尾节。胸部 8 节，除第 1 节与头部愈合外，其余 7 节大小略等，能自由活动，各节侧板均明显，第 4~7 节的后侧角尖。胸足 7 对，均发达，形态相似，前 3 对较粗短向前，后 4 对向后，各肢的各节均具刺，适于爬行。腹部稍狭于胸部，由 6 节组成，第 1 节被胸部最后体节所掩盖。前 5 节附肢叶片状，外肢大，内肢小，主要用来呼吸。尾节后缘中部稍尖，尾肢细长，长度约为体长的 2/3，尾肢原肢长度约为宽度的 4 倍，末端分出细长呈棒状的内、外肢，伸向体后方，内肢长于外肢，且左右长度不相等，雌雄性亦有明显差异。

海岸水虱分布于我国沿海各地。集群生活，栖息于中高潮区和高潮线的岩石间或海滩附近的建筑物内，爬行十分迅速，常潜入石缝内。水陆两栖，以陆栖为主，喜食藻类菇常以紫菜、海带为食，为海产养殖业敌害之一。

海岸水虱全体可入药，活血解毒、消积。

## 56. 少棘蜈蚣

少棘蜈蚣也叫少棘巨蜈蚣、百足虫、天龙、千足虫、蜈蚣。隶属于多足纲、整形目、蜈蚣科。成体体长为 11~14cm，体宽 0. 5~1. 1cm。整个身体背腹稍扁，前后部宽度几乎相等，共有 22 个体节构成。头节和躯干的第 1 体节为深红褐色，其余体节背部为深暗绿色，近似黑色。腹面浅黄褐色。头端有触角 1 对，呈丝状。触角基部有单眼 4 对。头下面有 1 对巨大的颚肢，颚肢顶端有小孔，内通毒腺。躯干部有步足 21 对，深红色或浅黄褐色。最后一对特大，伸向后方，称尾足，其上有小棘。

少棘蜈蚣分布于我国大部分地区。栖息于阴暗潮湿的杂草丛中、乱石堆下、朽木落叶和石块缝隙之下，不喜欢松土和朝南干燥的地方。白天蛰伏，夜晚觅食。分散活动。视觉迟钝，听觉灵敏。秋、冬季当气温低于 15℃以下，蜈蚣的活动缓慢，并逐渐到完全蛰伏进入冬眠。冬眠期间不食不动，蛰伏在土、石下 10~50cm 深的向阳、避风处。惊蛰以后，向浅层移动。清明以后，当气温上升到 15℃以上，才开始复苏活动。以昆虫的成虫、幼虫、蛹为食，也吃其他动物。注入毒液将猎物杀死，然后吃掉软嫩组织和汁液。进食后可十余天不再吃东西。

少棘蜈蚣是我国首批可商业性经营利用驯养繁殖技术成熟的 54 种陆生野生动物之一。它是传统的中药，有熄风解痉、消肿解毒的功能，因此人工养殖蜈蚣的产业也在迅猛发展。

## 57. 多棘蜈蚣

多棘蜈蚣是多足的节肢动物。体长 12~15cm。隶属于节肢动物门、多足纲、蜈蚣科。身体扁而长。头部金黄色，有 1 对长触角。躯干部背面暗绿色，腹面金黄色。共有 21 个体节，每节有足 1 对。头后的 1 对足具有发达的爪和毒腺。最末 1 对足向后延伸，好像是 2 条尾巴。其余为步足。

多棘蜈蚣分布于我国广西、云南等地。栖息于村落附近的山坡、田畔、路旁多岩石的地方，或朽木杂草丛中，以及井沿、柴堆、厨房等处。夜晚活动。善于用步足爬行，行动敏捷。主要以昆虫为食。毒腺分泌的毒液可以用于自卫。

多棘蜈蚣是一种药材，用于惊痫抽搐、破伤风、面瘫者。

### 58. 红背盲蜈蚣

红背盲蜈蚣又名赤蜈蚣。体长 40~55mm，宽 4mm。头长和宽相等。背部为红褐色，触角、步肢及腹面淡红色，头和第一背板多为赤色。无眼。头板上有细点。躯干 23 节，触角 17 节，基部 3 节背侧缺毛。背板上 5~20 节间有 2 条纵沟。末对步肢基侧板后端细长，有 1 个尖棘。

红背盲蜈蚣分布全国各地，有一定的毒性。

### 59. 平耳孔蜈蚣

平耳孔蜈蚣又名青蜈蚣。体长 50mm，宽 4mm，头长 2.5mm。单眼 4 对。触角 17 节，基部 3 节无毛。背板两条纵沟自 4~6 节起，胸板纵沟在 3~19 节间。步肢 21 对，末对步肢基侧板后端有 3 个尖棘，外侧有 1~2 个棘，前腿节腹面外侧有 3 个棘，内侧有 2 个棘，内侧缘 3 个棘。体背部为青蓝色，腹面和步肢为淡色。

平耳孔蜈蚣分布于辽宁、河北、山东、江苏等地。有一定的毒性。

### 60. 孔腹地蜈蚣

孔腹地蜈蚣身体较大，长约 55mm。触角 15 节。头部小，横径比纵径稍大，无眼。身体前端较细。额板前缘约有 15 条刺毛排列成一横列。大颚发达，颚肢短而大，有 1 对大毒爪。背板有 2 条纵沟，不很显著。自 25~30 节起至 34~40 节间，胸板的两侧有纵凹。最末步肢呈触角状，无爪。头及其他部分淡黄色。

孔腹地蜈蚣分布于东北、江苏等地。有一定的毒性。

### 61. 花蚰蜒（yóu · yán）

花蚰蜒又名草鞋虫、草鞋底。体较小，长约 25mm，全身分 15 节，每节有细长足 1 对，共有足 15 对，最后 1 对足特长，足很容易脱落。触角长，毒颚很大。背板 11 块，其中有 8 块较大。第 2~8 块背板中央有气门。左右侧的小眼密集，像复眼。身体为灰白色，背部和足上都有斑纹。

花蚰蜒分布于我国各地。栖息在房屋内外阴湿处，捕食小虫。有一定的毒性。

### 62. 大蚰蜒

大蚰蜒身体较大，雌性长为 60mm，雄性较小，体长约 43mm。背板 7 块较大，背板后缘各有疣状突起。触角长度约为体长的 1.5 倍。全身分 15 节，每节有细长足一对，共有足 15 对。毒颚很大。气门在背中央。

大蚰蜒分布于我国江苏及华南各地。大多栖息在房屋附近石头、木材下或阴沟等处，以捕食昆虫为生。有一定的毒性。

## 十一、腕足动物

腕足动物因有触手冠，因此有人把这类动物与苔藓动物、帚虫一起合称为触手冠动物。其体外由背腹两壳包裹，通常腹壳略大于背壳，壳表光滑，但通常有生长线、放射沟、刺等装饰构造，壳内可见若干肌痕。背腹两壳以肌肉连接或由齿槽装置铰合，腹壳内面有铰合齿，背壳内面有铰合槽。外套腔中有触手冠，外套为体壁的延伸，外表面分泌形成背腹两壳，内表面分泌形成腕骨用以支持触手冠。腹壳或肉茎营固着生活。但海豆芽则是借助于肉茎或以背壳上下活动来掘孔而营钻穴生活。腕足动物全部海产，大多数生活在200~300m水深的陆架区，生活在低潮线附近的种类不多。腕足动物在无脊椎动物中是很小的一个类群，现生种类有300种左右。

### 1. 墨氏海豆芽

墨氏海豆芽隶属于舌形贝纲、海豆芽科。形状与鸭嘴海豆芽相似，壳扁，呈稍宽的长方形，个体较大。壳长40~56mm，壳长为壳高的1.6~1.8倍。壳上生长线纹粗糙，尤其在前端及两侧更甚。背、腹两壳等厚，腹壳前端及后端壳顶部都比背壳稍长。有银白色刚毛从两壳缘间伸出壳外，在前端的两侧角部分最长。刚毛的摆动形成水流，随之带来了食物和氧。柄为肌肉质，外幽透明的角质层，柄长为壳长的1.5~2倍。柄后端分泌黏液，借以固着于泥沙。受惊后向下隐缩，沙滩表面留一长椭圆形裂孔，宽度为10~20mm。壳表面为淡红棕色。

墨氏海豆芽在我国烟台、大连、青岛及北戴河等地沿海均有分布。集中栖息在潮间带中区低洼处，退潮后此处积水较多，肉茎埋于富有机质的黑色泥沙中。

墨氏海豆芽味道鲜美，但产量不大。

### 2. 鸭嘴海豆芽

鸭嘴海豆芽壳长21~35mm。隶属于舌形贝纲、海豆芽科。鸭嘴海豆芽由背壳和腹壳包闭的躯体部和细长的肉茎构成，外形似豆芽。壳扁长方形，主要由几丁质构成，较薄而略透明，带绿色。壳面较平滑，同心生长线明显。腹壳较大，基部较尖。背壳较小，基部较圆。两壳以肌肉相连接，无铰合部。壳周围外套膜边缘具有细密的刚毛。肉茎细长，圆筒状，长度随其所栖息的泥沙性质与深度有很大变化，约为壳长的2.5倍。肉茎外层为角质层，半透明，具有环纹；内层为肌肉层，富收缩力，采集时肉茎易与躯体部断裂。

鸭嘴海豆芽主要分布于温带和热带海域。集中栖息在潮间带中区低洼处，退潮后此处积水较多，肉茎埋于富有机质的黑色泥沙中，深约20cm。

海豆芽是著名的“活化石”，现生种的形态和生活方式都与它们的祖先没有多大区别，是研究动物演化的重要材料。海豆芽味道鲜美，但产量不大。

### 3. 酸浆贯壳贝

酸浆贯壳贝隶属于小嘴贝纲、拉克贝科。动物体躯被2枚外壳包闭。石灰质外壳略呈卵圆形，生活时红色，甲醛固定标本近白色。2枚壳大小不等，背壳小而低平，腹壳大而凹，基部稍弯成鸟喙状，稍突出，中间有1个圆形的肉茎孔，动物借助从肉茎孔伸出的肉茎附着在外物上。壳表面光滑，生长线细而密，杂有若干放射纹，壳缘略呈波纹形。腹壳铰合部有2枚铰合齿与背壳相连。无韧带。

酸浆贯壳贝分布于我国辽东半岛南岸，山东半岛北岸和南岸。通常生活于低潮以下的浅水区，潮间带很少发现。因其固着的生活方式，它们通常只分布在岩石海岸和有岩石露头的海底，有时也固着在栉孔扇贝等软体动物的贝壳上。有明显聚生现象，即各个体能互相固着而呈串葡萄状。

酸浆贯壳贝也是著名的“活化石”，是研究动物演化的重要材料。

## 十二、棘皮动物

棘皮动物是较为复杂的无脊椎动物类群，一些结构已经与脊椎动物相似。隶属于棘皮动物门。成体的体型为辐射对称，幼体为两侧对称。身体中有体腔和内骨骼。内骨骼常突出于身体表面，形成棘或刺，显得皮肤很粗糙，因此得名。所有种类均生活在海中。棘皮动物共有大约6 100种，可分为海百合类（如海羊齿）、海星类（如海盘车）、海胆类（如紫海胆）、蛇尾类（如刺蛇尾）和海参类（如刺参、梅花参）等类群。

## 1. 长棘海星

长棘海星的身体扁平，披满长棘。身体中央为体盘，由它发出若干放射状的腕，腕的数目变化较大，有9~20个不等，一般为13~15个。体色全为红色，或者背面为青灰色。

长棘海星分布于我国西沙群岛和海南岛南部。多栖息在珊瑚礁间。以珊瑚的水螅体为食，能导致珊瑚大批死亡。尤其是美丽的鹿角珊瑚、栅列鹿角珊瑚和佳丽鹿角珊瑚成片被食。

长棘海星的身体上有毒腺和长棘，表皮能产生毒素，人被它刺伤时会产生剧痛。

## 2. 多棘海盘车

多棘海盘车又名海星、海盘车，是我国北方沿海常见的棘皮动物。体长6~10cm。隶属于棘皮动物门、海星纲、海盘车科。身体扁，背面稍隆起，口面很平。腕5个，基部宽，末端渐渐变细，边缘很薄。背板结合成致密的网状，龙骨板不很显著。背棘短小，分布不很密，各棘的末端稍宽扁，顶端带细锯齿。上缘板形成腕的边缘，各板有较多的上缘棘，少者4个，多者7个，一般为5~6个，这是它的一个重要特征。

多棘海盘车分布于我国黄海、渤海。生活在潮间带或沿岸浅水中，以泥沙底处较多。运动缓慢。主要以瓣鳃类软体动物为食。用强有力的腕和吸盘将猎物的贝壳拉开，再将自己的胃从口中翻出来，包住食物，然后翻回口中消化。有很强的再生能力。幼体经过变态过程变为成体。

多棘海盘车体内含有海星皂素A和B，能使动物精子失去活动能力，对其他动物也有毒性反应。

## 3. 轮海星

轮海星体盘大，呈圆形。由它发出9~11个腕，各腕短而尖。辐径最大的可达80mm，间辐径约40mm。背面的伪柱体成毛刷状；各伪柱体顶上有10~50个小棘。侧步带板有4~6个沟棘，它们的基部有膜连成一纵栉，外侧或口面有6~8个长尖棘，被膜连接成一横栉。口板为长三角形，每板有10~12个边缘棘，各棘基部有膜连接。体色变异较大，生活时体盘背面一般为鲜红色。各腕为白色，但有红斑。

轮海星分布在我国黄海一带，数量较多。多栖息在水深30~70m的沙泥贝壳海底，最深可达1 200m。

轮海星体内含有毒素，动物或人进食后会引起中毒死亡。猫吞食后15分钟至2小时内死亡。

## 4. 砂海星

砂海星最大体长可达14cm。隶属于海星纲、显带目、砂海星科。体型较大，呈五角星状。盘小。腕数通常为5个，脆而易断。反口面密生小柱体，盘中央和腕中部的小柱体小，排列无规则。腕边有3~4行小柱体较大，呈方形，排列成格子状；最外一行为上缘板，略宽大，各有1~2个瓣状叉棘。下缘板宽。腹侧板小而圆，成单行排列延续到腕端。侧步带板各有1个大型叉棘和3~5个大棘。生活时反口面为黄褐色到灰绿色，有黑灰色或浅灰色纵带，口面为橘黄色。

砂海星分布于我国南北沿海海域。常栖息在沙质、泥沙质和沙砾质海底。肉食性，以贝类、海胆等为食。

砂海星多以双壳贝类为食，故对贝类养殖业危害很大。可用作肥料，肥效甚高。也可制胃药。

## 5. 海燕

海燕身体呈五角形。通常有5个腕（也有4、6、7或8个腕的），腕短而宽。体盘较大，一般辐径75mm，间辐径52mm，辐径和间辐径的比例为1.5左右。它的身体有两面，有口的一面为口面，相对面为反口面。口面很平，反口面稍隆起。体盘与腕均较粗糙，密布颗粒状小棘。海燕生活时体色很美丽，反口面通常为深蓝色和丹红色交错排列，但变化很大，从完全深蓝色到完全丹红色，口面为橘黄色。

海燕分布于我国黄海和渤海。一般生活在潮间带的岩礁底、沙底或碎贝壳底上。有时栖息的密度相当大，每平方米可达到7个。繁殖季节在6~7月。

## 6. 马氏刺蛇尾

马氏刺蛇尾隶属于蛇尾纲、颚蛇尾目、刺蛇尾科。体盘5叶状，直径一般为10mm，腕长40~60mm，约为体盘直径的4倍。体盘反口面密布粗短的棒状棘，各棘顶端具3~4个或更多的玻璃样细刺。辐楯大，三角形，外缘凹进，彼此分隔，辐栖也被稀疏的棒状棘。口楯菱形，角圆，外侧与两片生殖鳞片相接。侧口板三角形，彼此不相接。无口棘。齿10~12枚，齿棘发达。口面间辐部常鼓起，大部分裸出，但边缘附近生有小刺。反口面腕板菱形或呈六角形，宽略大于长。口面第1个腕板很小；第2个和第3个腕板为长方形，以后的腕板逐渐变短，为六角形或椭圆形；口面腕板前后不相接，腕棘7~9个，长面略扁；透明且具细刺，末端钝且较宽大；最下一个腕棘呈钩状，具小钩2~3个。体色变化大，有绿、蓝、褐、紫等色，腕上常有深浅不同的横斑。

马氏刺蛇尾分布于我国各地沿海地带，南方海岸分布较多。常生活在潮间带岩石下、海藻间或石缝内，很容易采到。

马氏刺蛇尾是有极高经济价值的名贵鱼类——真鲷、大黄鱼、牙鲆等的重要饵料之一。特别是大黄鱼，蛇尾是其主要食物来源。

## 7. 紫海胆

紫海胆是我国南方沿海常见的棘皮动物（图2.15）。体长6~7cm。隶属于棘皮动物门、海胆纲、长海胆科。身体的壳为半球形，黑紫色。全身表面的骨板互相嵌合成一枚壳。没有腕和触手。壳上有许多小孔和细长能活动的棘，还有管足从小孔伸出。壳腹面的中央为口。

紫海胆分布于我国浙江、福建和广东等地沿海。栖息于潮间带岩石海岸，特别是海浪冲击剧烈的地方。以藻类为食。繁殖期为5~7月。幼体经过变态过程变为成体。

图2.15 紫海胆

## 8. 喇叭毒棘海胆

喇叭毒棘海胆壳的直径一般为80~90mm，最大的可达150mm。壳类似半球形。有口的一面称为口面，与其相对的隆起面称为反口面。反口面的棘细小，长6~8mm；口面的棘稍长，长10~12mm，有的棘上部宽扁成棒状。球形叉棘非常发达，形状很特殊，大的长达2mm。头部宽达3mm。它的3个瓣张开时成圆的三角形，末端的毒齿垂向下方，形状像喇叭花。颜色很美丽，背面为绿色，密布着许多边缘为白色、基部为紫色的喇叭状的棘。

喇叭毒棘海胆分布于我国西沙群岛、海南等地。主要生活在珊瑚礁内。

喇叭毒棘海胆是著名的有毒海胆，它的毒腺很发达，毒性很大，在我国海胆类中可以说是毒性最大的海胆。人被它刺伤后，轻者疼痛难忍，重者会导致死亡。

## 9. 环刺棘海胆

环刺棘海胆壳的直径一般为70~80mm，最大的可达130mm。壳的轮廓略成五角形，反口面和口面都是平的。反口面的大棘中空而且脆，容易被折断，其长度为壳直径的1~1.5倍，大棘的表面有纵沟棱和环轮。口面的大棘扁平，末端钝。步带的大棘细长成针状，末端尖锐，而且有倒钩。颜色很美丽，棘上常有黑白色相间的横带；也有绿色、褐色、紫色、粉红色或赤色横带。

环刺棘海胆分布于我国西沙群岛、海南岛等地。生活在潮间带的珊瑚礁内，常群集在一起，白天隐藏在珊瑚礁下，夜间出来觅食。

环刺棘海胆的大棘末端有倒钩，具有毒性；人一碰到它立即被刺，棘断在皮肤内，患者发生剧痛，伤处红肿，约经一昼夜才能消退。

## 10. 刺冠海胆

刺冠海胆又名海针。壳的直径为70~80mm，其高度稍大于壳的半径。壳薄、呈低半球形。反口面的大棘细长像针状，中空，表面带环轮，其长度为壳直径的3~5倍，最长的可达26cm。体色很美丽，生活时全体为黑紫色，大棘的颜色常有变化，一般为黑色，常夹有浅色的横带，特别是幼小个体的大棘，黑白色的横带很明显。

刺冠海胆分布于我国广东、海南岛、西沙群岛等地。经常群集在珊瑚礁内的沙滩上，有时也能在石块底下发现它们，繁殖季节在6~8月。

刺冠海胆也是很有名的毒海胆，它的棘特别尖细，刺入人的皮肤后即折断在人体内，使人发生剧痛，所以渔民很怕它，称它为“海针”。

## 11. 白棘三列海胆

白棘三列海胆又名海胆虎。壳的直径一般在100mm左右，最大的可达145mm。壳形变化很大，一般为带五角形的半球形。口面平坦。反口面大棘短而稍尖锐，表面具有细条痕；口面的大棘较短而钝。大棘一般都是白色，也有橙黄色或黑色，壳为黑紫色。

白棘三列海胆分布于我国台湾、广西、广东、海南岛、西沙群岛等沿岸，生活在珊瑚礁间、底质带有海草的地方。吃藻类和其他水生植物。每年4~5月产卵。

白棘三列海胆毒素能使人、牛、羊、兔以及鱼的红细胞溶解。

## 12. 马粪海胆

马粪海胆又名海胆、海锅、海肚脐。壳为低半球形，高度约等于壳的半径。壳的直径一般为30~40mm，最大的可达61mm。壳面生有短棘，长5~6mm，有些个体的棘常不竖直而倾向外方。棘的颜色变异很大，一般为暗绿色；有的带紫色、灰红色、灰白色、褐或赤褐色；也有白色的；还有的上端为白色或赤褐色。壳为暗绿色或灰绿色。

马粪海胆分布于我国黄海、渤海和东海，最南可到达福建平潭岛。生活在潮间带到水深4m的沙砾和藻类繁茂的岩礁间，常藏在石下或石缝内，繁殖季节随地区不同而略有早晚，在青岛附近，每年3~4月产卵。

马粪海胆的棘有毒。但卵可以食用。我国明朝已经有利用海胆生殖腺制酱的记载。日本把海胆卵用盐腌渍，叫作“云丹”，在鱼酱中为上品。

## 13. 光棘球海胆

光棘球海胆也叫大连紫海胆。隶属于海胆纲、海胆目、球海胆科。大型种，壳直径一般60~70mm，最大可达100mm，半球形，口面平坦，围口部边缘稍向内凹。步带窄，约为间步带的2/3，但到围口部边缘却等于或略宽于间步带。每步带板有1个大疣、2~4个中疣和多数小疣。管足孔每6~7对排列为1条斜弧。赤道部各间步带板有1个大疣，大疣的上方和两侧有15~22个大小不等的中疣和小疣，排列成半环形，把各板上的大疣隔开。顶系稍隆起，第1和第5眼板接触围肛部。围肛部近于圆形，肛门偏于后方。大棘很粗壮，赤道部大棘长约30mm。管足内有“C”形骨片，它的两端稍膨大，并且有二分支状的突起。成年个体棘为黑紫色，幼小个体色泽较淡，为紫褐色。壳为灰绿色或灰紫色。

光棘球海胆主要分布在渤海、黄海沿海 5~15m 深的浅海水域。生活在沿岸到水深 180m、海藻多的岩礁底。吃藻类，能损害海带和裙带菜幼苗。繁殖季节在 6 月中旬到 7 月中旬。

光棘球海胆卵可食用。

## 14. 中间球海胆

中间球海胆也叫虾夷马粪海胆。壳径一般为 6~7cm，大者可达 9~10cm。隶属于棘皮动物门、海胆纲、拱齿目、球海胆科。壳呈半球形，外有棘，颜色为红褐色、绿褐色，也有带白色的，均因饵料不同而异。

中间球海胆原产于俄罗斯太平洋沿岸区及日本北海道部分沿海。在自然环境中生活在水深 50m 以内的岩礁、砾石海底，以水深 5~20m 处分布较多。它对饵料藻类选择性不强。但不同生长阶段的虾夷马粪海胆对饵料的需要不同，稚海胆主要摄食底栖硅藻、囊藻和石莼，幼胆主要摄食底栖硅藻和海带等，成年个体对海藻的选择性依次为海带、裙带菜、囊藻、马尾藻、石莼、刺松藻等。除摄食上述藻类外，在藻类饵料缺少的饥饿状态下，它们亦可摄食贻贝、苔藓虫、柄海鞘等动物性食物。性成熟为 2 龄。繁殖主要在秋季，由于其性腺发育不同步，有些地区从春季至秋季断断续续产卵。我国北方地区自然繁殖季节 9~11 月，海区水温 12~23℃；繁殖盛期 10 月中旬，水温 17~18℃。幼海胆生长在水深 2~3m 处，长大后逐渐向深水处移居。

中间球海胆具有不易发病、饵料来源广、成本低、生长速度快、生产管理操作简单、经济效益高的特点。它的养殖方式主要是筏式养殖，养殖海域需要水清流畅、盐度较高、无工业污染和河流注入、浮泥较少、水深 10m 以上的海区。同时，要求海区海藻自然生长繁茂，易于设置浮筏设施。

## 15. 海棒槌

海棒槌隶属于海参纲、芋参目、尻参科。身体纺锤形，后端伸长成尾状。体长约 100mm，最大者可达 200mm。体柔软，体壁光滑，略透明，能从外面看到纵肌和环肌。尾状部分充分伸展时约为体长的 1.5 倍。口周围有 15 个触手，末端各有 4 个指状分支，上端两支较大。肛门周围有 5 组小疣，每组有小疣 3 个。体壁含有小骨片。骨片为皿状穿孔板，穿孔比较规则，周缘有向外上方伸的棘状突起，在骨片的凹面或开口面有一个“十”字形梁。石管和波里氏囊各 1 个。呼吸树发达。生活时体为肉色或带灰紫色。因其外观似老鼠，故俗称“海老鼠”。

海棒槌主要分布在从辽宁到广东湛江，尤以黄海沿岸最为普遍。生活于低潮线附近，在沙内穴居。在沙中潜行很快，采集时易断。

海棒槌无大的经济价值。

## 16. 梅花参

梅花参是体型最大的海参。体长 60~70cm。隶属于棘皮动物门、海参纲、刺参科。身体柔韧，呈圆筒形。背面为橙黄色，散布许多黄色或褐色的斑点。腹面红色。有 20 个触手，为黄色。背面有圆锥状的大肉刺，基部相连成梅花状，因此得名。腹面平坦，有发达的管足。口位于腹面，周围有 20 个树枝状的触手。

梅花参分布于我国西沙群岛，以及太平洋西南部一带。栖息于浅水地带的珊瑚礁的沙底上。用管足在海底爬行，吞噬泥沙。以泥沙中的有机物、原生动物和藻类等为食。身体内常有隐鱼共栖。当遇到攻击时，能将自己的内脏从肛门排出来，以转移敌害的注意力，乘机逃脱。以后内脏还能再长出来。幼体经过变态过程变为成体。

梅花参是对人、畜能造成危害的有毒动物，有人会利用它进行违法犯罪活动，在某些犯罪现场也有可能出现它的痕迹。

## 17. 荡皮海参

荡皮海参又名荡皮参，体长一般为 20~30cm。身体呈圆筒状，后部较粗大。口偏于腹面，有触手 20 个。肛门略偏于背面。背面散生少数疣足和管足。腹面管足较多，排列无规则；但幼小个体的管足，常排列成 3 条纵带。

荡皮海参分布于西沙群岛、海南岛和广东等地。生活时背面为暗褐色，腹面色泽较淡。老年个体的体色一般较深，幼小个体常带紫褐色。幼小个体常栖息在潮间带珊瑚礁或岩石下，成体多生活在石堆多的水洼中。居维氏器很发达，当它受到刺激时很容易排出来。荡皮海参为我国南海食用海参之一。

荡皮海参是毒性较强的海参之一。经试验研究发现，其体壁毒性最大，内脏及体液毒性较小。它的组织水提取物对许多动物，包括海葵、甲壳类、蚯蚓、软体动物、鱼类和哺乳类都有毒性反应。海参毒素能引起其他动物肌肉麻痹、溶血、内脏充血或出血，最后导致死亡。海参经加工后，毒素被除去或稀释，人食用海参后，残留毒素经胃酸或消化酶的作用，变为无毒物质，因此不会出现中毒症状。

## 18. 绿刺参

绿刺参又名方刺参、方柱参。身体呈四方柱状。沿着身体的棱角各有两行交互排列的圆锥形肉刺。腹面的管足很多，排列成 3 条纵带。口大，稍偏于腹面，有触手 20 个。浅层皮肤内的骨片主要是桌形体，它的底盘小，略呈方形，有穿孔 4~8 个，它的塔部上方稍向外扩张，顶上有小齿 8~12 个，最多的可达 16 个。

绿刺参分布于西沙群岛和海南岛南部。生活时体色为深绿色或墨绿色，肉刺顶端橙红色。它生活在珊瑚礁里边、长有海草的珊瑚沙上，以及潟湖内被清洁海水所冲刷的地方。

绿刺参经过动物实验证明有毒。它的体内含有海参毒素。

## 19. 花刺参

花刺参又名方参、黄肉、白刺参。它的身体稍呈四方柱状，背面散生多数圆锥形和排列不规则的肉刺，腹面管足排列成 3 条纵带，触手 20 个。皮肤内的骨片有 3 种：第一种是桌形体；第二种骨片是大小不等的 C 形体；第三种是简单的花纹样体，一个花纹样体好像是由数个 C 形体连接起来构成的。

花刺参产于我国西沙群岛、海南岛和雷州半岛沿岸，生活时体色变化较大，多数为橄榄绿灰色，并间有绿色、黄色、红色和黑色斑纹。多栖息在潮间带珊瑚礁边或石块下。

花刺参经过动物实验证明具有毒性。

## 20. 黑怪参

黑怪参又名黑狗参、黑参。体长一般为 20~30cm，最大的体长可达 60cm。口偏于腹面，触手 20 个。背面的疣足少而小，散生而且不规则。腹面的管足小而密，排列也不规则。黑怪参全体为黑褐色或深褐色，管足末端带白色。

黑怪参分布于西沙群岛和海南岛。多生活在潮间带和珊瑚礁的沙底，常成群地出现在珊瑚礁的沙底。老年个体常栖息在 4~6m 或更深一些的海底。这种海参在西沙群岛产量很大，但品质较差。

经过动物实验证明黑怪参是毒性较大的海参之一。

## 21. 刺参

刺参又名海参、刺海参。体长一般约 20cm，最长的达 40cm。体呈圆筒状，背面隆起，有 4~6 行大小不等、排列不规则的圆锥形肉刺。腹面平坦，管足密集，排成3条不规则的纵带。口偏于腹面，具有20个触手，肛门偏于背面，呼吸树发达。刺参体色变化很大，一般背面为黄褐色或栗褐色，腹面为黄褐色或赤褐色。

刺参分布于渤海、黄海等地。生活在波流静稳、海草茂盛和无淡水注入，底质为岩礁或细沙泥底，水深为3~15m的海湾内。

刺参体内含有海参毒素。经过加工处理后食用不会引起中毒。

### 22. 黑乳海参

黑乳海参又名乌尼参、乌圆参、开乌参、大乌参、乳房鱼。体宽而厚，两端钝圆。身体两侧各有几个大的乳房状突起。背面有少数小疣。腹面平坦，管足很密集，而且排列无规则。黑乳海参生活时全体为黑色；背面有少数灰白色斑点；腹面色泽较浅，触手为黄色。

黑乳海参分布于西沙群岛、海南岛。多栖息在珊瑚礁内有少数海草的沙底，有时匍匐在有海草的珊瑚上。

黑乳海参体内含有海参毒素。把含有5%的粗制海参溶液0.2mL注入过冬青蛙的背部淋巴内，青蛙体内50%红细胞被破坏而发生严重溶血。

## 十三、半索动物

半索动物被认为是非脊索动物和脊索动物之间的一个类群。隶属于半索动物门。它们的主要特征是：具有背神经索，其最前端有空腔，可能是脊索动物背神经管的雏形；消化管的前端有与脊索动物相似的鳃裂，为进行呼吸的器官；口腔背面向前伸出一条短盲管，称为“口索”，可能是最初出现的脊索。全部生活于海洋中。营单体自由生活或集群固着生活。共有大约90种，可分为肠鳃类（如柱头虫）、羽鳃类（如头盘虫）等类群。

### 1. 多鳃孔舌形虫

多鳃孔舌形虫是我国珍稀动物。体长35~60cm。隶属于半索动物门、肠鳃纲、柱头虫科。身体细长，分为吻、领和躯干三个部分。吻为短圆锥形或尖锥形，呈淡橘黄色。领的前缘环抱着吻的基部，具有许多纵走的皱褶和一条深橘红色的环带。躯干呈蠕虫状。

多鳃孔舌形虫分布于我国河北、山东、江苏等地附近海域。栖息于浅海海底。依靠吻腔和领腔的充水和排水，使吻部和领部发生伸缩而进行活动。平时穴居于沙粒之中，体表黏液与沙子结合在一起。以沙底有机物质为食。雌性产卵在海滩上。幼体有纤毛，很快就能游泳，然后沉入海底。经过变态变为成体。

多鳃孔舌形虫被列为国家Ⅰ级重点保护野生动物。它在我国野外数量十分稀少，但也会有偷猎犯罪的现象发生。

### 2. 黄岛长吻虫

黄岛长吻虫也叫黄岛长吻柱头虫，是我国珍稀动物。体长2~3cm。隶属于半索动物门、肠鳃纲、玉钩虫科。身体呈蠕虫状，表面平滑，明显分为吻、领、躯干三部分。吻部为浅橘黄色，呈扁圆锥形。在背部和腹部两条中线上，各具有一条或深或浅的纵沟。

黄岛长吻虫分布于我国山东青岛附近海域。栖息于浅海海底的细沙之中。依靠吻腔和领腔的充水和排水，使吻部和领部发生伸缩而进行活动。以泥沙中的有机物质为食。幼体有纤毛，很快就能游泳，然后沉入海底。经过变态变为成体。

黄岛长吻虫被列为国家Ⅰ级重点保护野生动物。它在我国野外数量十分稀少，但也会有偷猎犯罪的现象发生。

## 十四、脊索动物——头索动物、尾索动物

脊索动物是动物界身体结构和功能最为复杂的类群。隶属于脊索动物门。它们的主要特征是：成体或幼体在背侧有1条脊索，是背部起支撑身体作用的一条棒状结构；脊索的背方有一条背神经管；有开裂在咽部的咽鳃裂，为呼吸器官。脊索动物共有大约43 770种，可分为尾索动物（脊索和背神经管仅存在于幼体的尾部，到成体时则退化或消失，共有大约1 370种，如海鞘）、头索动物（脊索和背神经管纵贯于全身的背部，并保留终生，共有大约30种。如文昌鱼）、脊椎动物（脊索仅在胚胎发育时出现，随后被脊柱所代替，共有大约42 370种，如鱼、蛙、龟、鸟、鼠）等类群。

### 1. 柄海鞘

柄海鞘是我国北部沿海常见的尾索动物。隶属于脊索动物门、海鞘纲。成体呈长椭球形，基部有柄，很像植物。体表有一层像鞘一样的被囊，并有许多不规则的瘤状突起。顶端有入水孔，下面有出水孔。

柄海鞘分布于我国渤海、黄海沿岸地带。以基部的柄附着在海底或被海水淹没的物体上。水流和微小食物经过入水孔进入体内消化，再由出水孔排出。幼体外形很像蝌蚪，有眼、脑和平衡器官，尾部有脊索。幼体自由生活几小时后，便附着在其他物体上，经过变态发育变为成体。

### 2. 玻璃海鞘

玻璃海鞘隶属于尾索动物门、海鞘纲、玻璃海鞘科。体长呈圆筒形，被囊透明，透过外表可以见到内部的胃、肠及生殖腺。单体附着在船底、网箱。

玻璃海鞘分布于我国沿海。经浮游幼虫变态附着。

玻璃海鞘是主要污损生物类群。用船底防污漆防除。

### 3. 曼氏皮海鞘

曼氏皮海鞘隶属于尾索动物门、海鞘纲、皮海鞘科。个体呈椭球形，白色半透明，被囊表面黏附少量泥沙。

曼氏皮海鞘原产于北美太平洋沿岸，在我国分布于沿海。经浮游幼虫变态附着。

曼氏皮海鞘是主要污损生物类群，靠船底长距离传播。可用船底防污漆防除。

### 4. 冠瘤海鞘

冠瘤海鞘隶属于尾索动物门、海鞘纲、瘤海鞘科。圆球形，具革质外壳。

冠瘤海鞘原产于北美洲太平洋沿岸，靠船底长距离传播。在我国沿海从渤海蓬莱至西沙永兴岛都有分布，南方的数量大。经浮游幼虫变态附着。

冠瘤海鞘是闽南和广东网箱养殖区域浮筏和网片污损生物的优势种。可用船底防污漆防除。

### 5. 文昌鱼

文昌鱼是我国珍稀头索动物。体长2~5cm。隶属于脊索动物门、头索纲、文昌鱼科。没有明显的头部，也没有明显的脑和眼、耳、鼻等感觉器官。身体的前端有一个黑色眼点。前端的腹面正中有一个环形口笠，口笠周围有触须环绕。身体分节十分明显，体表没有鳞，呈半透明的粉红色，可以看到体内呈“V”形排列的透明肌节。

文昌鱼分布于我国东部、南部沿海地带。栖息于浅海底部的沙地上。夜晚活动。游泳仅依靠扭动

身体和尾巴。平时把身体埋藏于沙粒之中，仅露出头部。以硅藻和微小的浮游生物等为食。幼体 3 个月后长成成体，但 1 年后才能达到性成熟。

文昌鱼被列为国家Ⅱ级重点保护野生动物。它在我国野外数量十分稀少，但也会有偷猎犯罪的现象发生。

# 十五、案例（一）

## 1. 辽宁兴城偷捕海蜇案

2004 年，辽宁省兴城市 3 名渔船船主置国家伏季休渔等相关法律、法规于不顾，不惜铤而走险，就在他们非法捕捞海蜇约 100kg，还想继续赚“外快”时，被当地公安边防干警和渔政部门抓了个正着。

2004 年 7 月 21 日下午，当辽宁省兴城市海口边防派出所 4 名干警和当地渔政管理部门在巡查到兴城邴家锚地渔船停泊点时，发现有 3 艘渔船正在撒网。执法人员上前查看时发现，3 人神色慌张，手里还分别拿着网抄子打捞海蜇。执法人员在船舱内发现了非法捕捞的海蜇约 100kg。执法人员将 3 人依法传唤至派出所，3 人对非法捕捞海蜇的违法事实供认不讳。海口边防派出所根据相关法规，对他们实施了行政拘留 10 日的处罚。

## 2. 福建宁德非法捕捞红珊瑚案

2014 年，福建宁德市公安边防支队成功破获一起非法捕捞珍贵、濒危野生动物红珊瑚案，抓获犯罪嫌疑人 4 人，查获红珊瑚 17. 5kg。这批红珊瑚总价值约 700 万元。

2014 年 6 月初，宁德市公安边防支队在全市开展为期三个月的“净海一号”海上治理专项行动，严厉打击“三无”船舶、非法盗采红珊瑚等违法犯罪活动。6 日凌晨，该支队在蕉城区三都镇鸡公山海域展开巡查时发现，渔船“闽霞渔 0X88X”的船名船号十分怪异，疑似人为篡改，遂组织民警登船检查。

侦查民警发现该船没有船舶证件与船名船号，船舱内设置两台大功率起网机以及拖网、石头等设备，与捕捞红珊瑚船只特征极为相似。同时，在船上还发现疑似红珊瑚约 50g。对此，侦查民警立即对船上 2 名船员展开讯问，得知该船刚从外海回港，捕捞的红珊瑚已被另外 2 名船员郭某、潘某转移上岸。掌握情况后，侦查民警立即对郭某、潘某进行严密布控，锁定行踪。

6 日 18 时许，当郭某、潘某驾车途经宁德南高速收费站出口时，设伏民警立即展开拦截抓捕，郭某、潘某等 4 人被依法刑事拘留。

## 3. 浙江台州非法捕捞红珊瑚案

2013 年年底，梁某某为了非法猎捕珊瑚，向金某某购买了船舶。后来，两人商议合伙猎捕珊瑚，约定各占 5 成股份。梁某某负责改造船舶，购买猎捕所需的网具、起网机等，金某某负责联系改造、修理船舶的修船厂及工人，购买改造船舶的材料等。在筹备过程中，两人各自召集了一些船员来帮忙，并拿出一部分股份分给杨某等 4 人。

2014 年 3 月中旬，他们正式出海，因途中船舶机器出现故障而返航修理。3 月底，他们再次出海，梁某某指挥船员将船开到我国东海海域，非法猎捕珊瑚。4 月 19 日，中国海警执法船在该海域将正在非法猎捕的梁某某等 12 人查获，后移交浙江省公安边防总队海警第一支队处理。5 月 16 日，当时未出海猎捕的金某某被警方抓获归案。

警方在涉案船舶上，查获了大量疑似珊瑚物品。经鉴定，其中约 7kg 为红珊瑚，系国家Ⅰ级重点保护野生动物，约 13kg 为珊瑚虫纲石珊瑚目珊瑚，0.45kg 为珊瑚虫纲角珊瑚目珊瑚，共计价值标准约 289 万元。椒江区检察院以非法猎捕、杀害珍贵、濒危野生动物罪对梁某某等 13 人提起公诉。

## 4. 北京 6 家非法经营保护动物市场餐馆受罚

2001 年 1 月 18 日，北京市渔政监督管理站和市公安局治安管理总队联合执法，检查了北京市部分饭店、水产品市场和工艺品市场。查获国家Ⅰ级水生保护动物红珊瑚做成的胸花饰物 63 件，闭壳龟 9 只，鲟鱼 25 条，红桥市场等 6 家单位受到处罚。

18 日上午 9 时许，执法人员来到红桥市场三楼甲一号摊位，发现这里非法经营着用国家Ⅰ级重点保护野生动物红珊瑚做成的胸花饰物，便依照相关法律对摊主进行了处罚，并把 63 件饰物没收。摊主对此表示不解，卖点“饰物”就犯法了！执法人员说，其实，在水生野生动物保护法规中有明确规定，经营利用、驯养繁殖、运输水生野生保护动物活体或制品时，都需到主管部门办理经营许可证。一些商贩未办许可证而受罚似乎有点儿冤，但执法目的是将珍贵的水生野生动物保护起来，不受侵害。

渔政等执法部门还查处了天民水产批发市场，朝阳农家海鲜菜饭馆等 6 家单位，都存在非法经营野生动物的现象。

## 5. 海南海口捣毁珊瑚非法加工点

2002 年 12 月 9 日下午 4 时许，海口市国土海洋资源局海洋监察队执法人员根据群众举报，在地处海口市盐灶路的海南省林产品工业公司宿舍楼三楼楼顶查获了一个珊瑚工艺品加工窝点。下午 5 时，记者闻讯后赶赴现场，发现 $20m^2$ 左右的楼顶上，摆满了各式各样的珊瑚，一簇簇黑褐色的珊瑚分别被浸泡在 20 个大圆盆内，共计 600kg。旁边还有些用尼龙袋包装的加工原料，重约 300kg，这些均为柳珊瑚。

在 $10m^2$ 左右的加工点里面横七竖八地摆放着 160 余件各种成品和半成品，地上还散落着不少精美的贝螺。据加工点老板李某称，他已在此加工了一个月，原料多从琼海购进，成品则卖给海口市的一些工艺品专卖店。

执法人员当场暂扣了这些成品和半成品，并将依据有关法规进行处罚。

## 6. 海南文昌摧毁珊瑚石灰窑

海南省海洋与渔业厅、省渔业监察总队、文昌市海洋局及冯坡镇委镇政府联合行动，摧毁了以珊瑚礁为原料的石灰窑，打击破坏珊瑚礁违法行为。

有群众举报：文昌市冯坡镇镇政府附近有个别农民利用珊瑚烧制石灰。海南省海洋与渔业厅及文昌市有关部门对此高度重视，组织执法队伍对该辖区内的石灰窑进行大清查并当场摧毁，还将对各业主给予处罚。

在冯坡村委会东琅洋坡公路旁，执法人员查获一规模较大的石灰窑，这里堆积着好几堆细碎的雪白色的珊瑚礁，约有几十吨，两幢民房四周建有围墙，俨然是一座加工厂。据业主黄某说，石灰窑建成有一段时间，一吨珊瑚可烧制 700kg 石灰，每包售价 10 元左右。产品主要供给当地养殖户和种植专业户。对于珊瑚礁的来源，各业主说法不一，有的说是从别人手中收购而来，有的却说是从海边捞捡的。

珊瑚礁被毁，会导致海洋生态系统惨遭破坏，使海岸失去屏障，造成波浪对海岸的侵蚀，局部地区环境已日益恶化。1998 年，海南省人大常委会就已出台《海南省珊瑚礁保护规定》，明令禁止采挖珊瑚礁烧制石灰，经过几年的整顿，虽然破坏珊瑚礁违法行为已有所收敛，但仍禁而不止。

文昌市冯坡、翁田一带农民利用珊瑚礁烧制石灰由来已久，此前文昌市海洋局曾派人来此查过，摧毁了部分石灰窑，但有的农民因受利益驱动，又卷土重来，石灰窑死灰复燃。

海南省政府有关职能部门已组织多次打击破坏珊瑚礁违法行为专项行动，对不法分子产生了一定的震慑作用。

## 7. 海南海口查获珊瑚礁

2004 年 6 月 25 日，海南省海口市海洋局海监支队一举查获准备偷运出岛的珊瑚礁两辆大卡车 70 多吨。随后，执法人员又查获未偷运出岛的 10t 珊瑚礁。这是该省近年来查获的最大一次非法贩运销售珊瑚礁案。

6 月 13 日晚，海口市海洋局海监支队接到群众举报，称有人在三亚市鹿回头村里收购珊瑚礁。为了不打草惊蛇，防止这批珊瑚礁落入不法分子手中，在两辆车装满后，该群众就雇一辆出租车，趁着夜色跟在两辆货车的后面，直到两车进入海口新港码头。14 日凌晨 6 时许，早已埋伏在那里的海口海监执法人员将一辆正在向集装箱内装珊瑚礁的男子逮了个正着。在现场，执法人员还意外地发现集装箱码头还卸有 100 多袋、重量约达 10t 的珊瑚礁。

据偷运珊瑚礁的司机称，这些珊瑚礁都是从三亚小东海潜水基地附近海域挖上来的。一位姓温的广东老板长期住在三亚鹿回头村，雇佣当地人大量采挖珊瑚礁。这些珊瑚礁都是运往广东，烧制石灰、加工高档装修材料和工艺品。他们只负责把珊瑚礁运到海口新港码头，另外有人负责装集装箱和办理运输手续。

为保护珊瑚礁，国家《海洋环境保护法》和《海南省珊瑚礁保护规定》（1998 年 10 月 1 日开始实施）都明确规定：任何人、任何单位都禁止采挖、贩运、加工销售珊瑚礁石及其制品，违者将依据有关条款进行严厉处罚。

## 8. 河南汝阳囊虫肉案

河南省汝阳县人民法院审结了一起生产、制售带有囊虫卵的病猪肉，导致食用儿童患病的特殊人身损害赔偿案。病猪肉的生产者、销售者共赔偿原告医疗费、生活补助费等费用 6 000 元。

1997 年 4 月 29 日中午，汝阳县第二水泥厂职工刘某从厂职工食堂购回 0.5kg 左右的熟猪肉，在调拌的过程中，其不到十岁的儿子在旁边吃了一些。正准备吃午饭时，从厂里传来消息：职工食堂所售的熟猪肉中发现了囊虫卵，食堂正回收中午售出的猪肉！刘某就将没有食用的剩余熟肉退回了厂职工食堂。一年多后，刘某之子突然出现休克等症状，经医院检查，诊断为“左顶枕叶脑囊虫病”。病人家属多次与厂方及屠宰经营户协商赔偿事宜未果，遂将汝阳县第二水泥厂及屠宰户张某起诉至法院，要求被告赔偿医疗费、生活补助费、继续治疗费、精神损失费等各项费用共计 9 388 元。

在查明事实的基础上，法院依法追加生猪所有人杨某为共同被告参加诉讼。法院认为：杨某未经有关动物检疫部门检疫，私自出售带有囊虫卵的病猪肉，导致原告患病，应承担主要的民事赔偿责任；水泥厂购买未经检疫的猪肉加工销售，致使原告误食，虽然事后采取了一些补救措施，但是并没有及时通知原告及其家属；原告的监护人明知其子已误食猪肉，却没有采取任何积极措施进行检查治疗，未尽到监护职责，均应承担相应的民事责任；病猪屠宰人虽没有直接出售病猪肉，但是作为生猪定点屠宰经营户，对经其手屠宰的生猪，没有督促生猪所有人进行检疫，致使病猪肉进入市场，也应承担一定的民事责任。经协商，双方当事人达成和解协议，并当场予以履行。

## 9. 北京福寿螺案

2007 年 3 月 14 日上午，北京市朝阳区法院对“福寿螺事件”做出了判决，蜀国演义餐饮文化发展有限公司被一审判决赔偿患上“广州管圆线虫病”的马女士各项损失及精神抚慰金 1.5 万余元。

2006 年 7 月 5 日，马女士在蜀国演义经营的酒楼就餐，在食用凉菜“香香嘴螺肉”（凉拌螺肉）之后，她出现发热、头痛、头胀、全身刺痛等症状。经多家医院治疗，她最终被确诊为“广州管圆线虫病”。酒楼在制作凉菜时使用的原料为福寿螺，由于未对福寿螺彻底加热，导致未能杀死福寿螺中携带的广州管圆线虫幼虫，使马女士食用后致病。因协商无效，马女士起诉至法院，索赔治疗费、误工费及精神损失费共计4万余元。

法院认为，酒楼应对其出售食品的安全及卫生负责。“香香嘴螺肉”原材料系福寿螺，因加工工艺不当，导致该菜品中携带广州管圆线虫幼虫，进而导致原告身患“广州管圆线虫病”。蜀国演义主观上具有明显过错，对消费者所遭受的人身损害及相应的财产损害负有完全赔偿责任。

## 10. 广州查获走私干鲍鱼

广州海关2002年成功查获一批以夹藏、少报方式走私进口的干鲍鱼等水产品，查获货值约人民币200万元，偷逃税款逾50万元。

广州海关侦查部门根据一重要线索：广州市某进出口公司在进口的一批冻水产品中夹藏有走私进口货物，立即确定由负责海上中途监管的大铲海关与货物申报海关密切配合，水陆两路严密监控货物，目标船抵达广州码头，并向海关申报进口货物，海关人员当即上船检查。结果发现，除正常申报的29t干贝等水产品外，船上还夹藏着未向海关申报的2 464kg干鲍鱼和574. 7kg干海参，另少报多进260kg干贝、342kg（1 440罐）鲍鱼罐头。行动中海关带走涉案人员5名，移交海关侦查部门进一步处理。

## 11. 福建贝类织纹螺毒死人案

2002年4月30日至5月11日，福建省宁德、莆田等地先后发生7起30人因食用织纹螺引起的食物中毒事件，其中死亡2人。5月19日至20日，厦门市有10户家庭20人食用织纹螺后出现中毒症状。5月21日晚，罗源县4人也因食用织纹螺发生食物中毒，其中1人死亡。上述病例的临床症状基本一致：食后2~3小时出现口、唇、舌头及四肢麻木，同时出现恶心、呕吐、头痛、全身乏力等症状。经福建省卫生厅采集中毒患者食用的织纹螺送中科院海洋研究所进行检测，结果表明，正常人若食用20g这种螺肉就有中毒死亡的危险，并初步判定织纹螺可能含有3种麻痹性毒素。

为此福建省卫生厅发出紧急通知，要求各地卫生行政部门组织监督力量，加强市场的卫生监督检查，在暂停采捕和出售织纹螺期间，发现批发、销售此类水产品的一律予以没收销毁。通知还提醒人们不要购买、食用织纹螺，一旦食用后出现贝类中毒现象，要紧急送往医院治疗。

## 12. 北京买卖鹦鹉螺案

因为贩卖国家Ⅰ级重点保护野生动物鹦鹉螺，吴某某被北京西城区检察院提起公诉并被法院判处有期徒刑一年，罚金1 000元。

2002年11月17日，吴某某在某市场自己的摊位上接待了一位顾客，那人问她有没有鹦鹉螺，吴某某表示现在没有货，并说那是国家保护动物，价钱贵，最低200元一对，如果要的话，11月19日来拿货。吴某某随后从另外一市场花160元买下一对鹦鹉螺放在自己的摊位上，等人来提货。当顾客来拿货时被民警当场抓获。

## 13. 辽宁“糖干海参”案

海参由于含有丰富的活性成分，而且几乎不含胆固醇，一直以来都被当作滋补养生的佳品，特别适合中老年人食用。长期以来，市场上的干海参都是淡干海参和盐干海参，但是近年来，市场上又出现了一种糖干海参，这种海参在加工过程中，大量添加白砂糖进行浸泡、熬煮，达到增加分量的目的，一度成为干海参市场的主体，侵犯了消费者的利益，危及了整个海参产业的发展。从2011年开始，有关部门加大了整治查处力度，市场上的糖干海参一度销声匿迹。

2011年7月，辽宁省工商行政管理局在调查中发现，沈阳皇姑区北行海鲜批发市场的一些商户销售掺杂掺假海参，金额巨大，涉嫌违法，随后将该案件移送辽宁省公安厅，辽宁省公安厅指定辽阳市食品药品犯罪侦查支队办理此案。辽阳警方经过调查发现，这些干海参在加工过程中添加了大量的糖。

警方了解到，在普遍售卖糖干海参的批发商、零售商背后，是分散于辽宁沿海农村加工糖干海参的小作坊，甚至还有一部分持有正规执照的海参加工企业。警方从几家销售伪劣干海参数额巨大的商户入手，深挖上线的供货厂商或生产者，最终抓获了12名犯罪嫌疑人，并端掉了一批生产糖干海参的小作坊和一家形成规模的海参加工企业。

## 14. 辽宁沈阳“毒海参”案

明知硼砂、工业用火碱为国家禁止使用于食品的化学物品，仍用其泡发海参、以期货品色泽鲜亮、易于售卖，达到以次充好、牟取暴利的目的。2011年5月9日，辽宁省沈阳市东陵区检察院以涉嫌生产、销售有毒、有害食品罪批准逮捕犯罪嫌疑人白某某、李某某。

白某某、李某某自2010年2月起，在沈阳市皇姑区宁山中路一房屋内用硼砂和工业用火碱勾兑液体用于浸泡海参。据白某某供述，虽然知道硼砂和火碱均为国家明令禁止使用于食品加工的化学物品，但是为了使海参颜色变得好看，体积增大，售卖价格更高，仍用勾兑液体对海参进行浸泡。浸泡后，以海茄参每千克8元、方刺参每千克60元进行销售。自2010年2月至2011年3月，已销售“毒海参”1 000t，获利4万余元。

在办理过程中，该案引起了相关部门的高度重视，辽宁省卫生厅专门召开了使用硼酸或硼砂、火碱加工海参的食品安全性评估论证会。专家认定，硼酸对人体有毒，内服将影响神经中枢，危害机体重要脏器。人食用含有硼酸、硼砂和工业用火碱的食品后，将对人体健康构成危害。

## 15. 广东深圳龙虾走私案

广东深圳边防支队2014年8月3日在珠江口伶仃洋海域从一艘可疑渔船的暗舱里查获了53箱涉嫌走私的龙虾。当天凌晨2时左右，深圳边防部门接到情报称，有人在珠江口附近海域从事走私活动，凌晨3时15分，下艇出海的边防官兵通过雷达搜索，发现了这条航行的可疑渔船。官兵们登船后，发现这条船上没有任何渔具和货物，经过仔细检查，官兵在前舱的甲板下发现一个暗格，拆开上下两层暗格，下面是一个非常隐蔽的舱室，官兵下到舱室发现，里面堆放了许多白色泡沫塑料箱，打开后发现里面是用包装纸包裹的龙虾。

经清点，这批涉嫌走私的龙虾共53箱，包装箱上显示，这些龙虾有产于澳大利亚的红龙虾和产于巴布亚新几内亚的花龙虾。

## 16. 北京活体蜘蛛邮寄入境案

2012年，在北京入境邮寄物中截获11个品种95只活体蜘蛛，有6种具有较强攻击性和毒性。经鉴定，其中蓝宝石华丽雨林、降落伞华丽雨林两种蜘蛛为极危濒危物种，此外还有不少世界珍稀物种。

8月28日，北京检验检疫局获知一批来自德国的邮寄物中含有活体蜘蛛，但未办理进境动植物检疫许可证。随后，检验检疫人员迅速联系邮局进行邮寄物截留。现场查验时发现，该邮寄物以航空邮件形式自德国入境，共计两箱。95盒独立包装透明塑料盒，内装有保湿纸巾，部分盒内肉眼可见活体蜘蛛。北京检验检疫局动物检疫实验室鉴定结果表明：两箱蜘蛛均为捕鸟蛛科，共11种，95只，有8只是成年蛛，身长10~18cm，足有成人巴掌大小。令人震惊的是，其中还有印度华丽雨林、蓝宝石华丽雨林、降落伞华丽雨林蜘蛛等世界珍稀物种，而蓝宝石华丽雨林、降落伞华丽雨林蜘蛛在世界自然保护联盟濒危物种红色名录上被列为极危。

据邮寄物收货人称，邮寄物是其购买于德国某网站的宠物蜘蛛，主要用于饲养及交流，由于首次购买，并不了解相关规定，因此造成蜘蛛大量邮寄入境。

## 17. 广东广州查获毒蜘蛛

2007 年 9 月，广州海关从进口快件中连续查获活体毒蜘蛛和活体观赏鱼，其中活体毒蜘蛛是广州海关首次从快件渠道查获。

此次查获的毒蜘蛛是从泰国进口，共 100 只。另查获观赏鱼 30 尾。近年来，受“宠物热”的影响，不法分子大肆走私境外新奇物种。仅 2006—2007 年，广州海关就分别 2 次从海上查获走私鳄鱼龟、巴西龟及热带、亚热带观赏鱼总量达 1.5t，数目惊人。此次查获的毒蜘蛛一个个装在圆形透明塑料小盒中。毒蜘蛛呈黑色、褐色或金黄色，毛色发亮，足部延展开时，比成人的巴掌还大。

根据有关规定，携带活体动物等入境时，应向海关和检验检疫部门申报，检疫合格后方可放行。外来动物物种进口前须向有关部门申请，由专家对农业和生态影响进行风险评估，未经批准禁止入境。

走私宠物品种多属外来物种，容易逃避国家对进出境动物检疫管理，部分明令禁止进口物种还将对我国农业安全及生态环境造成极大危害。

## 18. 甘肃兰州非法收购野生蝎子案

每年 6 月到 8 月是捕捉、收购野生蝎子的高峰期。兰州市林政稽查大队近期针对这一情况开展了打击非法捕捉、收购野生蝎子的专项行动。

2013 年 8 月 20 日，在皋兰县至兰州的途中，执法人员抓获非法收购蝎子的犯罪嫌疑人王某，并当场查获野生蝎子 83kg。蝎子以害虫为食，是重要的中药材之一。近年来，蝎子成为人们餐桌上的一道“美食”，其价格不断飙升，在高额利润的驱使下，不法分子对野生蝎子的捕抓活动越来越猖獗，致使有害昆虫大量繁殖。

## 19. 广东广州机场夹带蜈蚣案

广州白云国际机场货检人员在一件品名为“汽车配件”的航空货物中，竟发现了几条手指般粗大的蜈蚣，最后查出在金属零件中的 3 000 只约 5kg 重的蜈蚣。

白云机场货检人员在检查发往昆明、品名为“汽车配件”的一票空运货物时，发现这些为金属部件的 X 光机图像中，有一纸箱货物呈现有昆虫状物品，安检员正要求货物托运人开箱检查，但见一条手指般大小的蜈蚣已经从箱子的破口处爬到 X 光机传送带上，忽左忽右飞快爬动，每条蜈蚣直径大概有 1.2cm 左右，长约 13cm。估计是装蜈蚣的纸箱跟那些金属零件混装时被锐器戳穿，以致蜈蚣逸出。包装如此简陋，又无法提供有效的运输证明，安检部门立刻按有关规定将该货物做了相关处理。

## 20. 广西北海捕捞“沙虫”案

2016 年 5 月 28 日凌晨 3 时许，苏某驾驶摩托车携带高压水枪到广西北海银海区金海湾红树林海滩涂，用高压水枪冲开泥沙捕捞水产品方格星虫（俗称“沙虫”），被北海市渔政渔港监督支队执法人员当场查获，作案的高压水枪及捕捞的 0.7kg 方格星虫被收缴。

同日凌晨 4 时许，另一名被告人林某在上述海滩涂使用高压水枪捕捞方格星虫，亦被执法人员当场查获，作案的高压水枪及捕捞的 1.85kg 方格星虫也被收缴。

由广西壮族自治区北海市银海区检察院提起公诉后，法院认定被告人林某、苏某使用高压水枪捕捞方格星虫的方法属于禁用的捕捞方法，其捕捞的范围和时间属于南海禁渔区范围和南海伏季休渔期，违反了保护水产资源法规，破坏性极大，情节严重，其行为已触犯刑律，均构成非法捕捞水产品罪，分别判处被告人林某有期徒刑一年零六个月、苏某有期徒刑一年零五个月。

## 21. 江西都昌非法捕捞螺蛳案

2017 年 5 月 12 日，刘某、王某明知当时处于鄱阳湖禁渔期，仍组织江西省鄱阳县部分渔民前往鄱阳湖都昌县三山水域非法捕捞螺蛳。当天上午 11 时许，王某见都昌县公安局的执法快艇朝三山水域开来，通知非法捕捞的渔民逃跑，并逃离了现场。非法捕捞螺蛳的张某、朱某连同他们的非法捕捞工具渔船一艘、手工爬网 2 幅被都昌县公安局依法扣押，其非法捕捞的 1 164. 7kg 螺蛳已被放归鄱阳湖。2017 年 6 月 16 日刘某在江西鹰潭火车站落网，王某于 2017 年 6 月 26 日自动投案。由江西省都昌县检察院提起公诉的刘某、王某、张某、朱某 4 名被告人因犯非法捕捞水产品罪，分别被判处罚金 1. 5 万元、罚金 1 万元、拘役五个月、罚金 1 万元。

## 22. 江苏无锡禁渔期内非法捕虾案

张某与妻子王某来自安徽，长年在无锡太湖边捕鱼。2016 年，二人明知 2 月 1 日至 8 月 31 日为封湖禁渔期，但眼看夏天到了，鱼虾价格飞涨，夫妻俩遂偷偷用违规渔具在太湖水域捕捞青虾、白虾。每次二人都在傍晚驾驶自制铁船置网，次日凌晨三四点摸黑收网，平均每次可捕虾 10kg 左右。二人联系鱼贩，按青虾每千克 17. 5 元、白虾每千克 7. 5 元的价格出售。

2016 年 6 月 12 日凌晨，张某驾船至常去的水域收网时被渔政人员发现并抓获。此前，张某、王某刚因非法捕捞被渔政部门处理，他们竟称继续偷捕是为“弥补损失”。经查，二人已非法捕捞 40 余次，获利 1 万余元。经江苏省无锡市滨湖区检察院提起公诉，法院以非法捕捞水产品罪各判处被告人张某、王某罚金 8000 元。

# 第三章 脊椎动物——圆口类、鱼类、两栖动物和爬行动物

脊椎动物是与无脊椎动物相对的动物类群，也是脊索动物门中种数最多、身体结构和功能最复杂的类群。它们的共同特点是：体型左右对称，一般分为头、躯干、尾三部分；头部有发达的脑和眼、耳、鼻、舌等重要感觉器官；躯干部具有成对的附肢，在水生动物中为胸鳍、腹鳍，在陆生动物中为前肢、后肢；脊索仅见于发育的早期，以后为单个脊椎连接组成的脊柱所代替，能够更好地支持身体和保护体内器官。脊椎动物共有大约 42 370 种，包括圆口类（大约 70 种）、鱼类（大约 18 800 种）、两栖动物（大约 4 200 种）、爬行动物（大约 6 300 种）、鸟类（大约 9 000 种）、哺乳动物（大约 4 000 种）等类群。

## 一、圆口类

圆口类是最原始的脊椎动物。隶属于脊索动物门、圆口纲。共有大约 70 种。它们为中、小型的水生动物，外形很像鱼，但与鱼类并不相同。主要特点是：不具有上下颌；没有胸鳍和腹鳍；没有鳞片。骨骼为软骨；脊椎不发达；口呈漏斗状，不直接向外开口，也不能主动取食，因此被称为无颌类。营寄生或半寄生生活。

### 日本七鳃鳗（mán）

日本七鳃鳗也叫八目鳗，是比较原始的脊椎动物。体长 40～50cm。隶属于圆口纲、七鳃鳗目、七鳃鳗科。头的前部腹面有一个圆形漏斗状的吸器，张开时为圆形，漏斗深处是口。头部的背面是一对小眼。只有一个鼻孔，开口在头顶两眼之间。由眼向后是一排 7 个小的圆形鳃孔，因此得名。又因为这些鳃孔和眼加在一起看上去好像八个眼睛一样，所以又被称为八目鳗。体表光滑，没有鳞，为青灰色。

日本七鳃鳗分布于我国黑龙江流域，以及日本、朝鲜和太平洋北部等地。栖息于淡水及海水中。营半寄生生活。长着角质齿的特殊“锉舌”，可以从口腔底部伸出。当吸着鱼类等体型较大的水生动物时，锉舌起着活塞作用，可以吸取它们的血液，直到它们因为血被吸干而丧命时才松开口离去。每年春季到淡水河流的上游产卵。幼体洄游到海中生长。3～5 年达到性成熟。

## 二、鱼类

鱼类是终生生活于水中的脊椎动物。隶属于脊索动物门、鱼纲。大约有 18 800 种。它们的主要特点是：身体大多呈纺锤形，并常被覆保护性的鳞片；以鳍游泳，具有成对的胸鳍和腹鳍，加强了运动能力；以鳃呼吸；具有上、下颌，加强了主动捕食的能力，扩大了食物的范围；大多数种类具有鳔；心脏只有 1 个心室，1 个心房；体温不恒定；繁殖方式有卵生、卵胎生和胎生等。

## 1. 矛尾鱼

矛尾鱼又叫拉蒂迈鱼，是十分珍稀的“活化石”鱼类（图 3.1）。体长 140~180cm。隶属于鱼纲、腔棘鱼目、矛尾鱼科。体型矮粗而硕壮。体表被有闪耀着美丽的蓝色金属光泽的大型圆鱼鳞，在鳞片上还具有很多棘状或粒状的突起。头部较大，有喷水孔。两个背鳍高高竖起，胸鳍、腹鳍和第二背鳍的基部都有一条又粗又长的肉质鳍柄，好似带有短柄的船桨，又与陆生动物的四肢有些相像。尾不分叉，形状很像古代士兵用的长矛，所以得名。

图 3.1 矛尾鱼

矛尾鱼分布于非洲东南部海域。栖息于近海地带。能用胸鳍支撑身体，在海底爬行。肉食性。卵胎生。卵上带有卵黄囊，在子宫内即将产出的胚胎全长为 30cm 左右。

在我国少数自然博物馆中收藏有它的标本，十分珍贵。

## 2. 澳洲肺鱼

澳洲肺鱼是能用肺呼吸的鱼类。体长 70~100cm。隶属于鱼纲、角齿鱼目、澳洲肺鱼科。背部为深褐色，腹部呈橘红色。体型侧扁而狭长，体表覆有大型的骨质圆鳞。头部比较尖，口位于头的前端。具有四条粗壮的肉状鳍。背鳍、尾鳍及臀鳍均相连。

澳洲肺鱼分布于澳大利亚东北部的淡水河中。栖息于深暗而清洁的水流中。能在水底爬行。白天活动。以无脊椎动物为食。不仅有鳃，能从水中得到氧气，而且还有肺，经常把头伸出水面，用嘴将空气吞进肺中进行呼吸。每年 4~11 月繁殖。产卵于水草之中，有胶状膜包裹。

我国各地水族馆中有饲养和展出。

## 3. 鲸鲨

鲸鲨是世界上体型最大的鱼类（图 3.2）。体长 12~20m。隶属于鱼纲、须鲨目、鲸鲨科。身体粗大。体表为灰褐色，具有许多黄色斑点或横纹。眼小。口宽，位于嘴的前端。牙细小，有数百枚。有鳃裂。体侧有 2 个显著的皮嵴。尾鳍分叉。

图 3.2 鲸鲨

鲸鲨分布于我国黄海、东海、南海，以及世界热带和温带海洋中，有洄游的习性。常集群在海面上游泳。性情温和。以浮游生物、小鱼等为食。取食时有节奏地张开和关闭它的大嘴，身体不停地在水面上下沉浮。

## 4. 路氏双髻（jì）鲨

路氏双髻鲨是性情凶猛的鱼类。体长 3~4m。隶属于鱼纲、真鲨目、双髻鲨科。头的前部向两侧突出，呈锤状。头部前缘的中央凹入。眼位于锤部的两端。口宽大，呈弧形。头后的侧面有 5 个鳃孔。尾部分叉，上叶大，下叶小。

路氏双髻鲨分布于我国黄海、东海、南海，以及印度洋、太平洋的温暖水域中。有小规模的洄游现象。性情凶猛。集群活动。以各种鱼类、乌贼等为食。胎生。每次产 15~30 仔。

路氏双髻鲨在海洋中可伤人。

## 5. 宽纹虎鲨

宽纹虎鲨体长 1m 左右，头大、略呈方形。上下颌前部的牙细尖，有 3 个尖头；后部牙平扁，呈臼齿状。鳃孔5个，第一个鳃孔最宽，其余递次狭小，最后3~4个鳃孔位于胸鳍基底上方。背鳍2个，各具有一个硬棘。体为黄褐色，有深褐色横纹10余条，横纹较宽；胸鳍背面有宽纹两条。宽纹虎鲨为冷温性近海底层鲨类，运动不活泼。以贝类和甲壳类为主要食物。它产于我国黄海和东海。

宽纹虎鲨的第一和第二背鳍棘为毒棘。鳍棘粗壮，它的下部2/3为皮膜所盖，上部露出，棘的外面有一宽圆的凹槽，槽内有白色柔软组织，该组织的细胞能分泌毒液，使被刺者产生剧痛。在海洋中可伤人。

## 6. 扁头哈那鲨

扁头哈那鲨是我国主要的肝毒鱼类之一。它又叫哈那鲨、七鳃鲨。成鱼体长可达2~3m，体重最大可达250kg。它的身体为长梭形，头部宽扁，吻宽圆，眼长圆形，无瞬膜。上下颌牙侧扁，上颌无正中牙，每侧有6枚牙，细长外斜；下颌有1个正中牙，每侧也有6个牙，宽扁呈梳状。头侧有鳃孔7个，后2个较小。背鳍一个、起点与腹鳍后端相对。尾鳍长，上尾叶窄，下尾叶宽。体为灰褐色，有不规则的黑色斑点。腹部、腹鳍和臀鳍浅褐色。

扁头哈那鲨为近海底层栖息鱼类，游泳迟缓，性情颇凶猛。主食中小型鱼类及甲壳动物。它分布于我国黄海及东海一带。

扁头哈那鲨的肝内除含有丰富的维生素A、维生素D外，还含有一些毒素，如鱼油毒素、麻痹毒素、痉挛毒素等。人一次进食鱼肝47g左右即可引起中毒。在海洋中可伤人。

## 7. 大青鲨

大青鲨体长一般为2~3m，最大的可达7m。身体近似纺锤形。头宽扁，头长小于全长的1/4；吻三角形，长而尖突。眼小，圆形。口呈半月形，上颌牙三角形，边缘具有细锯齿；下颌牙较狭而尖。上下颌各有牙28~30枚。无喷水孔。鳃孔有5个。背鳍2个，第1个背鳍不大，上角钝尖形，下角尖突形；第2个背鳍比臀鳍小。尾细长，尾鳍上下方各具有一个凹洼。胸鳍呈镰状。腹鳍小，近似方形。身体背面和上侧面为灰青色，腹面和下侧面为白色。

它分布于东海、南海一带。性情凶猛，游泳敏捷。

大青鲨肝脏有毒，一般成人进食60g，小儿进食10g就能引起中毒。在海洋中可伤人。

## 8. 赤魟（hóng）

赤魟又名黄鲼、土鱼、洋鱼、箭洋鱼、滑子鱼。它的身体扁平如盘状，体盘近似圆形，前缘斜直，与吻端约成60°。体盘长可达1m，体盘宽为体盘长的1.2倍。口底具有乳突5个，中间3个较大，外侧的乳突细小。尾细长，为体盘长的2~2.7倍，上下方均有皮膜。体为黄褐色或绿褐色，腹面白色，近边缘处橙黄色。赤魟为暖温性底层鱼类，冬季生活在深水处，夏季移栖于近海或内湾浅水沙泥底质海区、少部分生活在淡水中。在我国黄海、渤海、东海、南海，广西的左江、右江、西江都有分布。

赤魟尾刺较长，背腹面均有凸起的纵嵴和凹沟，沟内有毒腺。刺的两侧有倒生小锯齿。该鱼对水上作业人员威胁很大，当下水捕捉鱼虾时手触或脚踩魟鱼，易被尾刺螫伤；在处理鱼货时也会被刺伤。由于尾刺的两侧具有倒生锯齿，当它刺入人的皮肉再拔出时，不但造成刺伤，而且会造成严重裂伤，尾刺毒腺分泌毒液能使被刺者产生剧痛、红肿、血压下降、肌肉麻痹，甚至死亡。

## 9. 孔鳐（yáo）

孔鳐是在海底生活的鱼类。体长40~50cm。隶属于鱼纲、鳐形目、鳐科。身体平扁，圆形，背面为褐色。尾延长。头部的背面有眼和喷水孔，腹面有口和鳃裂。

孔鳐分布于我国渤海、黄海、东海，以及邻近的冷温性海域。栖息于海水的底层。常埋在沙中。夜晚活动。以甲壳动物、软体动物、小鱼等为食。卵生。4~9月产卵。卵黏附于海藻及其他物体上孵化。

### 10. 蓝点马鲛（jiāo）

蓝点马鲛又名鲅鱼、蓝点鲅、马加、尖头马加。体长一般260~520mm，大的可达1m以上，头长大于体高。背鳍两个，第1个背鳍有19~20个鳍棘；第2个背鳍起点位于体中部以后，侧线微弯曲，在第二背鳍下面不显著下弯。鳃耙较少，有12~13枚。体背侧为蓝黑色，腹侧银白色，体侧有数列黑色圆斑。背鳍和尾鳍灰褐色，其余各鳍黄色。

蓝点马鲛平常多生活在水的中上层。每年春初水温回升，它就从深海陆续分批向沿海港湾做生殖洄游，3~6月产卵。产卵后鱼群向北、向外海分散寻找食物。入秋后水温下降，鱼群由北往南洄游，在外海越冬。

肝油中含有鱼油毒素、痉挛毒素和麻痹毒素，人大量进食鱼肝会引起中毒。

### 11. 黑线银鲛

黑线银鲛又名海兔、兔子鱼。最大的体长可达1.2m。体长而侧扁，向后细小。头高而侧扁，口在腹面，上颌与脑颅愈合。

黑线银鲛外鳃孔1个，位于胸鳍基部前方。背鳍2个；第1个背鳍起点与鳃孔相对，有1个硬棘；第2个背鳍低平。胸鳍宽大。体为银灰色，侧线下方胸鳍与腹鳍之间有1个黑色纵带。

黑线银鲛分布于我国沿海。为冷温性鱼类，喜欢栖息于水深90~540m的较深海域中，游泳缓慢，冬季向近海洄游。

黑线银鲛背鳍棘尖长，前方背纵嵴锐利隆起，前侧沟宽而浅；后方也有1条浅沟，沟内有毒腺，能分泌强烈的毒液。鳍棘后方侧缘呈锯齿状。人被它刺伤后感到剧痛。

### 12. 中华鲟（xún）

中华鲟（图3.3）是我国珍稀特产“活化石”鱼类。体长为170~320cm。隶属于鱼纲、鲟形目、鲟科。身体粗壮。全身都没有鳞。头部和身体的背部为灰褐色，腹部为白色。头较大，为三角形。腹面有口，没有牙齿。眼小，眼后有小的喷气孔。尾鳍为歪尾形，上叶大，下叶小。

图3.3　中华鲟

中华鲟分布于我国长江，以及其他淡水河流中。栖息于水的底层。以水生昆虫、鱼类和软体动物等为食。具有溯河洄游的习性，成体于7~8月从我国东部沿海进入长江口，然后溯江而上，到上游的产卵场所繁殖后代。幼体出生以后，又同成体一起顺流而下，最后返回大海中去成长。11~14年达到性成熟。寿命为50年。

中华鲟被列为国家Ⅰ级重点保护野生动物。它在我国野外数量十分稀少，但也会有偷猎犯罪的现象发生。

### 13. 达氏鲟

达氏鲟又叫鲟鱼、长江鲟、鳇鱼、沙腊子等，外形与中华鲟相似，但体型较小，体长32~242cm。身体呈梭形，头背高，像木楔，背面粗糙，盖有6个菱形骨片。眼睛较小，鼻孔距眼睛的距离很近。吻较狭，前端尖，稍向上翘。口也在头的腹面，呈一横裂。有须2对，位于口和吻端之间。鳃耙36枚以上，左右鳃孔在峡部不会合。身体披有5行骨板，背部正中1行最大，体侧2行，腹侧2行，臀鳍前后还各有1~2枚大的骨板。体表其他部分裸露，且甚为粗糙。体背和体侧灰褐色，腹部灰白色，各鳍青灰色，边缘白色。背鳍基长于尾鳍基。胸鳍较大，腹鳍远位于胸鳍的后方。尾鳍为歪尾形，上叶特别发达。

达氏鲟主要分布于长江上、中游各干支流及湖泊里，也见于黄河流域，以及黄海、渤海和东海。栖息于江水中下层，也生活于大湖泊中，主要以底栖无脊椎动物为食，偶尔也吃小鱼，以及一些高等植物的碎屑、藻类和大量泥沙中的有机物。每年在9~10月产卵，产卵场主要在长江的重庆至金沙江上游。8kg左右的雌性怀卵量可达4万~13万粒。

达氏鲟被列为国家Ⅰ级重点保护野生动物。它是一种大型经济鱼类，也会有偷猎犯罪的现象发生。

## 14. 白鲟

白鲟又叫腊子、象鱼、象鼻、柱鲟鳇、鲟钻子等，是体型最大的淡水鱼类之一。体长为2~3m。隶属于鲟形目、匙吻鲟科。身体及头部均裸露，没有骨板被覆，上下颌上具有细牙齿。它的体型也很奇特，身体呈长梭形，前部平扁，后部稍侧扁。头部的长度超过体长的一半。吻部长而尖，伸出于头的前端。吻的两侧有宽而柔软的皮膜，腹面有一对短而细的吻须。口大，位于头的腹面，呈马蹄形，能伸缩。鳃孔也较大，没有鳃盖骨。眼却很小，后面有喷水孔。体表光滑无鳞，或仅有散布身体各处的退化鳞片痕迹。尾鳍为歪尾形。头部，体背和尾鳍都为暗灰色，腹部白色。整个头部皮膜表面密布着许多梅花斑状的神经细胞组织。皮肤光滑柔软，身体两侧的侧线上有许多像小树杈一样的分支。

白鲟原来分布在海河到钱塘江之间的各大河流，现在主要在长江流域，以及黄海、渤海和东海等近海海域。主要生活在河流的中下层，也进入沿江的大型湖泊中，善游泳，性凶猛，主要以鱼类、甲壳类等为食。每年3~4月产卵，体重30~35kg的雌性，怀卵量达20万粒以上，产卵场所也在长江上游一带。幼体则常到支流、港道甚至长江口半咸水的区域觅食。7~8年性成熟。寿命可达20~30年。

白鲟被列为国家Ⅰ级重点保护野生动物。它是一种经济价值比较高的鱼类，也会有偷猎犯罪的现象发生。

## 15. 匙吻鲟

匙吻鲟也叫鲟鱼（图3.4）。隶属于鲟形目、匙吻鲟科。有一个扁平发达的长吻，其长度约占体长的1/3，形如匙柄。躯干流线型，尾部侧扁，鳞片退化，体表光滑。背部黑蓝灰色，常有一些斑点间在其中，体侧有点状赭色，腹部白色。口大，眼小，前额高于口部。鳃耙密而细长，鳃盖骨大而延至腹鳍。尾鳍分叉，不对称，上叶尖长，下叶宽短。尾柄被有梗节状甲鳞。

图3.4　匙吻鲟

匙吻鲟是原产于美国的一种淡水经济鱼类，滤食性、广温性，可耐低温，能在冰下生活。生长速度较快，当年鱼体重可达0.5kg。水库是养殖此鱼的理想水域。

匙吻鲟的成鱼池塘养殖可分为单养、混养，以混养为主。无论单养、混养都要搭配白鲢，这样可有效地控制浮游生物的数量，控制水质。

匙吻鲟是我国引进的水产经济鱼类，在水产养殖基地常常会发生因经济利益而进行盗窃、抢劫等犯罪行为，在某些犯罪现场也有可能出现它的痕迹。

## 16. 史氏鲟

史氏鲟也叫黑龙江鲟、七粒浮子。隶属于鲟形目、鲟科。身体呈长纺锤形，腹扁平，体被5行骨板，背部1行，体侧和腹侧各2行，骨板的行间常有微小骨颗粒，幼鱼体上骨板有向后的棘状突起。口的前端有须2对，横生并列在一条直线上。吻的形状有很大变异，有的呈锐三角形，有的像矛头；

吻的腹面、须的前方有若干疣状突起，因此又名为七粒浮子。尾为歪形尾，上叶发达，尾鳍的背面上分布棘状硬鳞——棘鳞。背部为黑褐色或灰棕色，人工养殖的个体呈黑色较多，腹部银白色。

史氏鲟原产于我国黑龙江。为非洄游性大型淡水底层经济鱼类，自然状态下栖息于沙砾底质的江段，有避强光、趋弱光的习性，生存水温0~33℃。动物食性，摄食动作缓慢，主要依靠触觉、嗅觉捕食。利用水泥池养殖史氏鲟是目前较为普遍的方法之一。

### 17. 俄罗斯鲟

俄罗斯鲟也叫鲟鱼。隶属于鲟形目、鲟科。身体呈纺锤形，吻短而钝，略呈圆形。4根触须位于吻端与口之间。口小，横裂较突出，下唇中央断开。在体表的骨板行之间分布有许多小骨板，常称小星。背骨板8~18枚，侧骨板24~50枚，腹部板6~13枚。鱼体背部灰黑色、浅绿色或深绿色，体侧通常灰褐色，腹部灰色或少量柠檬黄色，幼鱼背部呈灰褐色，腹部白色略带淡黄。

俄罗斯鲟多数为洄游种群，部分是终生在淡水中生活的定栖性种群。

俄罗斯鲟是我国引进的水产经济鱼类，在水产养殖基地常常会发生因经济利益而进行盗窃、抢劫等犯罪行为，在某些犯罪现场也有可能出现它的痕迹。

### 18. 西伯利亚鲟

西伯利亚鲟也叫鲟鱼。隶属于鲟形目、鲟科。身体为长纺锤形，向尾部延伸变细，体被5行骨板，板行间分布着许多小骨板和微小颗粒，幼鱼骨板尖利，成鱼骨板磨损变钝。西伯利亚鲟吻突的形状及长度高度变形。鱼体全长为头长的3.7~6.1倍，为体高的6~11.1倍。背鳍条不分支。

西伯利亚鲟原分布于西伯利亚鄂毕河西至科雷马河的大河中。1956年由鄂毕河移入其他水域。西伯利亚鲟有3种生态种群：洄游型、河居型及河湖型。主要以底栖动物为食，其中摇蚊幼虫占多数，也摄食大量有机碎屑和沉渣。

西伯利亚鲟是我国引进的水产经济鱼类，在水产养殖基地常常会发生因经济利益而进行盗窃、抢劫等犯罪行为，在某些犯罪现场也有可能出现它的痕迹。

### 19. 小体鲟

小体鲟也叫鲟鱼，隶属于鲟形目、鲟科。身体呈长锥形，体被5行骨板，骨板行间散布着小梳状颗粒。吻突有稍钝或尖状两种类型。口小、横裂，下唇中部断开（相对于裸腹鲟而言）。与其他鲟鱼的区别特征是下颌的中间部位有小口，侧骨板数超过50枚。小体鲟体色变化较大，背部常呈深灰褐色，腹部黄白色。

小体鲟是一种主要分布于欧洲的淡水鲟鱼，分为洄游型和定居型。小体鲟适应性强，可移至其他河流，并得以驯化生长。

小体鲟是我国引进的水产经济鱼类，在水产养殖基地常常会发生因经济利益而进行盗窃、抢劫等犯罪行为，在某些犯罪现场也有可能出现它的痕迹。

### 20. 虹鳟（zūn）

虹鳟也叫鳟鱼（图3.5）。隶属于鲑形目、鲑科。身体长，稍侧扁，略呈纺锤形。眼大，位于头侧近中点，距吻端近。口前位，口裂较阔。上颌骨游离，向后伸达眼后缘之下，上下颌几乎等长。背鳍起点约位于吻端至尾鳍基部的中点；臀鳍起点约位于腹鳍基部至尾鳍基部的中点。通常背部绿色或黄绿色，腹部灰白色，两侧银白色。体各部布有不规则的小黑斑点。雌雄鱼的鉴别，外观主要依据鱼的头部，头大吻端尖者为雄鱼，吻钝而圆者为雌鱼。性成熟的雄性个体体侧沿侧线有一条宽而鲜艳的紫红色彩虹纹带，延伸至鱼尾鳍基部，虹鳟即因此而得名。

虹鳟原产于美国加利福尼亚州的山涧溪流及河川中，为当今世界上养殖地域分布最广的鱼类之一。它是陆封型（一生不入海）的鱼类，它的寿命一般为 10 年左右。在水流量充沛、氧气充足的情况下，能忍耐 25℃或稍高的水温，为肉食性鱼类。

虹鳟是一种耗氧量比较大的鱼类，一般要求水清、氧足，还必须有一定流量，以保证水质清新。同时，pH 值一般不得低于 4.6 或高于 9.2，以微碱性或中性为宜。

图 3.5　虹鳟

虹鳟对水中溶氧要求高，溶氧最好在 6mg/L 以上，溶氧在 9mg/L 以上时生长较快。喜逆流水刺激，采用流水的养殖方法有利于其生长。特别注意要有适宜水温的水源。水温周年变动在 5~20℃范围内，年平均水温在 8~15℃之间的冷水可养虹鳟，夏季水温超过 20℃及冬季冻结的不宜养殖。

虹鳟引进我国后已成为常见的水产经济鱼类，目前已经规模化生产，在水产养殖基地常常会发生因经济利益而进行盗窃、抢劫等犯罪行为，在某些犯罪现场也有可能出现它的痕迹。由于虹鳟非常凶猛，会吃北方土著鱼类，因此网箱和池塘养殖应防其逃逸。

## 21. 金鳟

金鳟也叫甘脂鱼、黑珍珠石斑，是从虹鳟群体中发现的体色呈金黄色的突变体，经选育而成的品系。隶属于鲑形目、鲑科、鲑属。体呈纺锤形，略侧扁。吻圆，口端位，口大齿尖。眼中等大，侧中位。鼻孔 1 对，靠近吻端。上、下颌骨发达，下颌后部达到或超过眼的后缘。鳃孔大，鳃盖腹面与颊部不相连。体背部、侧部黄色或橘黄色，腹部白色，成鱼从鳃盖后部起沿侧线至尾柄前有一条鲜红或紫红色彩带。

金鳟原产于日本长野县。在我国主要分布在黑龙江、辽宁、河北、北京、甘肃、陕西、青海、宁夏、新疆等地。冷水性鱼类，正常生长水温上限为 22℃，25℃时发生死亡；水温下限不明显，接近 0℃时仍能少量摄食，正常生存。最适生长水温 12~18℃。对水中的溶解氧要求较高。它性情温和，不会相互蚕食。属偏肉食性的杂食性鱼类，性成熟年龄 2~3 龄。一般一年产卵一次。

金鳟是我国引进的水产经济鱼类，在水产养殖基地常常会发生因经济利益而进行盗窃、抢劫等犯罪行为，在某些犯罪现场也有可能出现它的痕迹。

## 22. 狗鱼

狗鱼是我国东北常见的鱼类（图 3.6）。体长 80~100cm。隶属于鱼纲、鲑形目、狗鱼科。身体延长，侧扁。头部扁平。口宽大，具尖锐的牙。身体为青褐色，有许多黑色斑点。尾鳍分叉。

狗鱼分布于我国黑龙江流域，以及俄罗斯东部等寒冷地带的淡水水域中。集群活动。性情凶猛。以各种鱼类为食。江河解冻后开始产卵。幼体 3 年达到性成熟。

图 3.6　狗鱼

## 23. 大麻哈鱼

大麻哈鱼也叫大马哈鱼，是我国东北常见的鱼类。体长 50~60cm。隶属于鱼纲、鲑形目、鲑科。身体延长，稍侧扁。口大，牙尖锐。体表被小圆鳞。身体为银灰色，体侧有 10~12 条橙红色横斑。尾鳍分叉。

大麻哈鱼分布于我国黑龙江流域，以及太平洋北部水域中。有洄游习性。每年秋季从海洋进入河流，雌性在河底沙砾中掘穴产卵。亲鱼产卵后死亡。卵于春季孵化。幼体顺流而下，回到海洋中生活。4年达到性成熟。

## 24. 细鳞鲑（guī）

细鳞鲑也叫桦鱼、花鱼、五色鱼、黄花细鳞鱼、小红鱼、梅花鱼、细鳞子、江细鳞，是我国的珍稀鱼类。体长17~45cm。隶属于鱼纲、鲑形目、鲑科。口小，眼大。鳃孔大。牙齿多。体表被圆形细鳞片。身体背部黑褐色，有长圆形黑蓝色圆斑。两侧为淡绛红色，腹面呈银白色。

细鳞鲑分布于我国东北、华北、西北地区淡水或咸水水域。栖息于河床为沙砾或砾石的冷水河流中，大多在上游。性情较为凶猛。以小鱼、虾、水生昆虫等为食。经常跳出水面捕捉飞在水上的昆虫。5~6月产卵。幼体3~5岁时达到性成熟。

在我国的细鳞鲑中，分布于秦岭一带的秦岭细鳞鲑被列为国家Ⅱ级重点保护野生动物。它在我国野外数量十分稀少，但也会有偷猎犯罪的现象发生。

## 25. 川陕哲罗鲑

川陕哲罗鲑也叫四川哲罗鲑、勃氏哲罗鲑、虎鱼、猫鱼、虎嘉鱼等。一般为27~64cm。体型较长，稍侧扁，头部较宽大，头顶稍平，无鳞，细长而尖。口裂大，端位，上颌略长于下颌，向后延伸到眼后缘的后面。上下颌、犁骨、腭骨及舌骨均有发达的尖牙。眼稍大而侧上位。鼻孔位于眼的前方。鳃孔大。胸鳍较尖，腹鳍位于背鳍基部后缘的下方，尾鳍呈深凹形。体鳞为小圆鳞，环纹清晰，没有辐射状的沟纹。侧线完整，前端稍高。体背为深灰色或暗褐色，两侧和腹部为白色，体侧和鳃盖上具有许多分散而不规则的十字形小斑点。尾鳍叉形。

川陕哲罗鲑主要分布于陕西、青海、四川西北部。栖息在海拔700~1 000m的山麓溪流中。它也是性情凶猛的食肉性鱼类，捕食大型水生昆虫、鱼类、两栖动物、水鸟和水生兽类等，其中鱼类包括齐口裂腹鱼、重口裂腹鱼、马口鱼等。每年5~6月为产卵期，在上游和下游均有急流深水的中部近岸缓流区域的砾石水底进行繁殖，雄性和雌性成双配对，前后追逐，共同筑巢。巢的直径为150~300cm。卵为黄色，没有黏性，产出后就沉入巢中，埋在沙砾石中发育孵化。幼体的生长比较缓慢，在4~5岁时达到性成熟。

川陕哲罗鲑被列为国家Ⅱ级重点保护野生动物。它在我国野外数量十分稀少，但也会有偷猎犯罪的现象发生。

## 26. 黄唇鱼

黄唇鱼又叫白花鱼，体型较大，一般体长100~150cm，体重为15~30kg，大者可达50kg，是一种暖温性底层大型鱼类。它的身体延长，侧扁，背部略微隆起，腹部广阔，尾柄细长。头中等大，稍侧扁，口端位，口裂倾斜，上颌外行牙齿较大，呈尖锥形，排列稀疏，闭口时大部分暴露在外，上颌内行牙齿较小，列成牙带。下颌内行牙齿稍大。前鳃盖骨边缘具有细弱的锯齿，后缘具2个扁棘。鳃耙细长。体侧和头的后半部被栉鳞。体背侧灰棕色略带橙黄色，腹侧灰白色稍带淡黄色，背鳍鳍棘部和鳍条部边缘黑色，胸鳍腋下有一个黑斑，腹鳍和臀鳍浅色，尾鳍灰黑色。胸鳍尖长，腹鳍胸位，外侧鳍条略微延长成丝状。同其他石首鱼类一样，它的耳石非常发达，但形状却较独特，是长方形的。

黄唇鱼仅分布于我国的东海和南海海域，是我国的特有鱼种。它是一种暖温性底层鱼类，栖息在沿海海域水深为50~60m的地带，幼体一般栖息于河口咸淡水区域附近、沿岸浅水区，以及江河下游淡水区等。它是肉食性鱼类，以虾、蟹等甲壳动物和小鱼为食，幼体则主要以虾类为食。

黄唇鱼被列为国家Ⅱ级重点保护野生动物。它的肉味道鲜美，特别是它的鳔含有蛋白质、脂肪和胶体物质，更是十分名贵，被列为上等滋补品，因此也会有偷猎犯罪的现象发生。

## 27. 唐鱼

唐鱼是一种美丽的鱼类，身体细小，体长仅有2.6~3cm，在身体的两侧，从鳃孔上角到尾柄基部，各有一条金黄色条纹，条纹上下各有几条黑色线条，尾柄基部有一个红色大圆斑，所以又叫红尾鱼。此外，背鳍和尾鳍基部有许多红色小斑点；背鳍和臀鳍呈绿色，边缘透明，各鳞片上也有许多小黑点。

唐鱼仅分布于广东的广州白云山和东江、北江小溪流中。

唐鱼被列为国家Ⅱ级重点保护野生动物。它在我国野外数量十分稀少，但也会有偷猎犯罪的现象发生。

## 28. 金线鲃（bà）

金线鲃又叫金线鱼、波罗鱼、小洞鱼、小鲈鲤等，是温水性高原湖泊特产的小型鱼类，体长为7~13.5cm，体重50~100g。体型长而侧扁，头部背面平直，稍下弯，呈圆锥形，头后的背部稍隆起呈弧形，背缘斜直。眼位于头侧的正中。吻端尖细，吻皮盖在上唇的基部，口呈亚下位，上颌稍长于下颌。口裂倾斜，上唇薄，下唇厚，在口角处相连，有2对须，颌须略长于吻须，向后可以伸达前鳃盖骨的边缘。下咽齿3行，细长，末端稍呈钩状。全身淡黄色，腹面灰白色，背部稍隆起呈弧形，略带青灰色，体侧近背部有许多不规则的黑色斑点，各鳍都为金黄色。背鳍的起点略后于腹鳍，外缘稍内凹或平截，硬刺的后缘具锯齿而顶端柔软分节。尾鳍呈叉状。鳞很小，但侧线鳞稍大。侧线完全，在腹部一段稍微弯向腹方，入后延至尾鳍基的中轴。鳔有2室。

金线鲃分布于云南金沙江水系的滇池和珠江水系的抚仙湖、阳宗海等地。喜欢生活在水质清澈的多石块湖泊等水域，尤其是湖泊的出水口和岸边有地下水流出的洞穴，以枝角类、桡足类等浮游动物和小虾、小鱼、水生昆虫等为食，也吃少量的丝状藻、蓝尾藻和高等植物的碎片。4~7月进行繁殖，这时大多集中在湖边或湖泊出口的浅水区，产卵在岸边洞穴或溪沟的石砾上。卵呈黏性，黏附在石砾上直到孵化。

金线鲃被列为国家Ⅱ级重点保护野生动物。它肉鲜嫩味美，原为云南的名贵食用鱼，因此会有偷猎犯罪的现象发生。

## 29. 大头鲤

大头鲤又叫大头鱼、碌鱼，体长9~12cm，最大体重可达2kg。身体长形，侧扁，头大而宽，口大呈弧形，端位，口裂斜，向上翘，唇薄，没有须。鳃耙细长，长于鳃丝。眼大位于头的两侧正上方，鳞大。体背为灰黑色，稍带橄榄绿色，腹部银白色。背鳍灰黑色，胸鳍、腹鳍、臀鳍为淡黄色，尾鳍下叶为橘红色。背鳍的起点大约与腹鳍相对，距尾鳍的基部比距吻端的距离略近。背鳍和臀鳍硬刺的后缘均具锯齿。尾鳍呈深叉状。鳔具2室。

大头鲤分布在云南通海的星云湖和杞麓湖。生活在湖泊中央水深而清澄的地方，经常活动于水的中上层，游动迅速，性情活跃，离水后很快就死亡。它的食性比较单纯，主要以浮游动物为食，其中以枝角类和桡足类为最多，其次是轮虫，也吃少量硅藻、丝状藻和水生维管束植物等。4~9月繁殖，怀卵量很大，3~4龄鱼的怀卵量可达13万粒，卵黏性，黏附于水生维管束植物上。它的生长速度较慢，但性成熟较早，2岁时就达到性成熟。

大头鲤被列为国家Ⅱ级重点保护野生动物。大头鲤的头大，含脂肪量高，肉嫩味美，一直是产地的传统特产佳肴，因此会有偷猎犯罪的现象发生。

## 30. 青海湖裸鲤

青海湖裸鲤又名湟鱼、无鳞鱼。最大体长为95cm。吻尖，口裂大、呈弧形，无须。上颌较突出，下颌无角质缘。咽部有两行细长的咽头齿。身体大部裸露无鳞，只有臀鳍两侧各有一行大型鳞及头后部有3~4行鳞片。背鳍一个，有2~3根不分支和6~9根分支的鳍条；不分支鳍条骨化，后缘具有锯齿。臀鳍有2~3根不分支和5根分支鳍条。腹鳍起点与背鳍第二分支鳍条相对。尾鳍分叉。青海湖裸鲤的身体背部为黄褐色或灰褐色，腹部浅黄色或灰白色，体侧有块状斑。胸鳍、腹鳍、臀鳍和尾鳍均带浅红色或浅灰色。

青海湖裸鲤分布于我国青海湖水系。为冷水性鱼类，它的适应性强，在咸淡水中都可以生活。繁殖力较低，怀卵量平均为16 242粒。产卵旺季为5月中旬至6月中旬，繁殖季节长达4个月。

青海湖裸鲤的卵有剧毒，用鱼卵做动物实验，发现动物吃了鱼卵后呈腹绞痛样症状，继之瘫痪，因呼吸困难而死亡。在繁殖季节，其卵巢及精巢都有毒。此外腹膜也具有毒性。人吃鱼卵及腹膜过量后，可以引起严重中毒，甚至死亡。

## 31. 花鳗鲡（mánlí）

花鳗鲡也叫雪鳗（图3.7），是我国珍稀鱼类。体长33~61cm。隶属于鱼纲、鳗鲡目、鳗鲡科。身体粗壮，呈圆筒形，后部稍侧扁。头较长，口较宽，位于头的前端。眼小，位于头的侧上方。体表极为光滑，有丰富的黏液。背鳍、臀鳍均低而延长，并与尾鳍相连。胸鳍较短，没有腹鳍。尾鳍末端较尖。鳞较为细小。身体背面为灰褐色，腹面为灰白色。全身及各个鳍上均有不规则的灰黑色或蓝绿色的块状斑点。

图3.7 花鳗鲡

花鳗鲡分布于我国长江下游，以及长江以南的河流中。幼体长大后便由江河游向大海，到远洋中去产卵繁殖。孵出的幼体再返回大陆淡水江河中发育成长。白天隐居在洞穴之中，夜晚活动。性情较为凶猛，以鱼、虾、贝类、蠕虫等动物为食。它可以较长时间离开水中，登上河滩，在芦苇丛中捕食青蛙、鼠类等较大的动物。

花鳗鲡被列为国家Ⅱ级重点保护野生动物。它被称为“淡水人参”，肉味鲜美，因此会有偷猎犯罪的现象发生。

## 32. 鳗鲡

鳗鲡又名白鳝、白鳗、鳗鱼、河鳗、日本鳗、青鳝。一般成鱼体长超过30cm，最大体长可达130cm。雌鱼比雄鱼大。体近似圆筒状，尾部侧扁。吻尖而扁，前鼻孔具有短管，后鼻孔裂缝状。眼小，位于头前部。下颌稍长于上颌。两颌及犁骨有细牙。鳞小，埋于皮下，呈席纹状排列。侧线完整。身体上黏液腺发达。背鳍、臀鳍和尾鳍相连。它的身体上部为灰色，下部为白色。

鳗鲡分布于我国沿海及江湖中。为江河性洄游鱼类，接近性成熟的成鱼集群由江河入海进行生殖；产卵后亲鱼即死亡。鳗鲡幼体由外海漂游至沿岸，进入淡水生长。初孵出的幼体初呈透明的柳叶状，俗称“柳叶鳗”，在进入河口前变成如火柴杆似的白色透明鳗苗，称为“鳗线”。

鳗鲡血液有毒，毒素对黏膜有强烈的刺激作用，人体黏膜受损或手指受伤，接触鳗鱼血会引起炎症、化脓、坏疽，同时由于淋巴系统发炎、浸润，严重的会引起浮肿。

## 33. 胭脂鱼

胭脂鱼是我国特产珍稀鱼类（图3.8）。体长80~100cm。隶属于鱼纲、鲤形目、胭脂鱼科。体高而侧扁，呈斜方形。头尖而短小，口小，唇肥厚。背鳍很高，臀鳍较短，尾鳍呈叉形。全身为淡红色，从吻端到尾鳍基部有一条猩红色的宽条纹。

胭脂鱼分布于我国长江干、支流和附属的湖泊，以及闽江水系中。栖息于淡水水域的中下层。行动敏捷。以底栖的无脊椎动物、水生昆虫等为食。产卵期为3~4月。产卵场所均在上游。卵常粘贴在水底砾石或水藻上。幼体体侧有3条黑褐色横纹，尾鳍灰白色。行动缓慢，常群集于水流缓慢的砾石间，喜欢在水体的上层活动。5年左右达到性成熟。

胭脂鱼被列为国家Ⅱ级重点保护野生动物。它在我国野外数量十分稀少，但也会有偷猎犯罪的现象发生。

图 3.8　胭脂鱼

## 34. 大口胭脂鱼

大口胭脂鱼隶属于鲤形目、胭脂鱼科。体呈纺锤形，鳞片较大，头部呈橄榄色，侧线上部褐绿色，后下部呈青绿色，腹部白色。

大口胭脂鱼原产于美国密西西比河流域，现在在我国南方大量繁殖。生活在淡水干流、池塘、大小河流的洄水区、湖泊或静水等内陆水域。有性繁殖。适温广，耐高温。生长快，个体大，易捕捞，产量高。可在水温为0~41.5℃的咸水中生长。

大口胭脂鱼引进我国后已成为常见的水产经济鱼类，目前已经规模化生产，在水产养殖基地常常会发生因经济利益而进行盗窃、抢劫等犯罪行为，在某些犯罪现场也有可能出现它的痕迹。养殖需有防逃逸措施，否则会危害生态环境。

## 35. 欧洲丁鲹（guì）

欧洲丁鲹也叫欧洲丁桂鱼。隶属于鲤形目、鲤科、雅罗鱼亚科。身体共有绿、黄、蓝、白4种表现色，依次被称为绿丁桂鱼、黄丁桂鱼、蓝丁桂鱼和白丁桂鱼。体型略呈圆筒形。其头部较小，为墨绿色，在与身体交接处有一明显的微凹。绿丁桂鱼全身呈黄绿色，富有光泽，侧线上部的颜色较深，下部颜色较浅，腹部呈略带黄色的白色。蓝丁桂鱼体色为闪光淡蓝色。白丁桂鱼体色为银白色。背部侧线鳞以及鳍条上有灰色斑点。黄丁桂鱼体色金黄。背部侧线鳞以及鳍条上有深色斑点，身体被极细小而致密的鳞片，在显微镜下观察可以看到其鳞片呈长椭圆形，极薄，其基部深埋于皮肤下，仅露出顶端一小部分。鳞片鳞沟浅而不明显，鳞嵴致密平坦，加上体表富含大量的黏液，因而用手摸上去有光滑而柔软的感觉。侧线平直完整，侧线中位。口端位而略倾斜向上，吻部有1对极短的唇须，口裂不大，上、下颌无颌齿。眼径较小，眼上前方有鼻孔1对，由瓣膜分开，与鲤、鲫和美国大口胭脂鱼不同的是，其瓣膜是向前覆盖的，遮住了前鼻孔，仅露出后鼻孔；而鲤、鲫等则相反。各鳍均无硬刺，其背鳍和臀鳍展开呈长方形，胸鳍和腹鳍呈扇形，尾鳍呈平截形或微凹。

欧洲丁鲹原产于欧洲各大内陆河流、湖泊，以捷克、匈牙利、西班牙居多。喜欢栖息于水草丰富的水域，喜弱光集群活动，性情温和，适温范围0.5~38℃，可自然越冬；适宜pH值为6~9；耐低氧，食性杂，食谱范围覆盖了池塘中能得到的所有食物种类和人工饲料，饲料来源广泛，是非常有发展前途的养殖新品种。

欧洲丁鲹是我国引进的水产经济鱼类，在水产养殖基地常常会发生因经济利益而进行盗窃、抢劫等犯罪行为，在某些犯罪现场也有可能出现它的痕迹。

## 36. 德国镜鲤

德国镜鲤也叫镜鲤（图3.9）。隶属于鲤形目、鲤科。体较粗壮，侧扁。头较小，后背部隆起。眼较大，口亚下位，呈马蹄形，上颌包着下颌，吻圆钝。须2对。咽齿成多样性，齿式数量不等。鳃耙短小，呈三角形适中排列。背鳍条第一硬刺起于体背最高处，与腹鳍基相对，最后一硬刺后缘呈锯齿状。臀鳍5条，后端达尾鳍基部。胸鳍8~9条，末端尖。尾鳍叉形。体表鳞片较大，排列整齐。侧线较平直、不分支。体色通常为青褐色，背部棕褐色，体侧和腹部浅黄色。

德国镜鲤原产于德国巴伐利亚州。我国大部分地区已推广养殖，以辽宁、黑龙江、内蒙古、新疆等地为主。适应能力强，能在各种水域中生活。生长水温为15~30℃，最适生长水温为23~29℃。杂食性。雄鱼性成熟年龄为2~3龄，雌鱼为3~4龄。卵黏性。

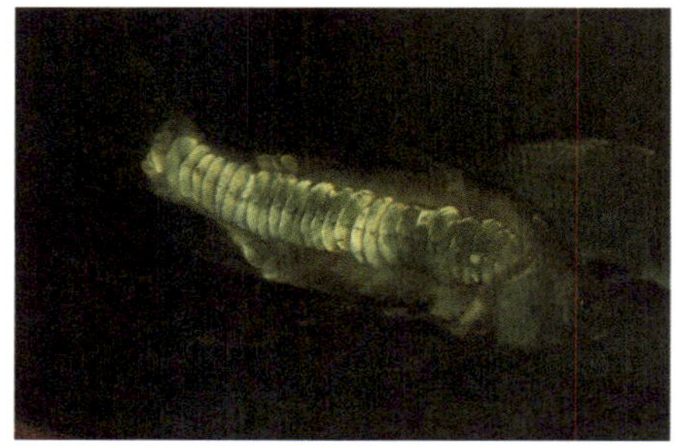
图3.9 德国镜鲤

德国镜鲤在野外可与本地鲤的生态位产生竞争，对本地鲤造成遗传侵蚀，有一定的生态风险。它是我国引进的水产经济鱼类，在水产养殖基地常常会发生因经济利益而进行盗窃、抢劫等犯罪行为，在某些犯罪现场也有可能出现它的痕迹。

## 37. 青鱼

青鱼也叫螺蛳青、青鲩、黑鲩、乌鲭，是我国常见的淡水鱼类（图3.10）。体长20~35cm。隶属于鱼纲、鲤形目、鲤科。身体长，略呈圆筒形。口位于前端。体表被有圆鳞。背面及体侧上半部分为青黑色。腹面白色。鳍为黑灰色。

图3.10 青鱼

青鱼分布于我国长江流域及以南的平原淡水水域中。栖息于水的中下层。以软体动物、水生昆虫等为食。在上游产卵。4~5年达到性成熟。

人们吞服过量青鱼胆会发生中毒。用青鱼胆汁0.02mL给小白鼠（体重为20g）灌胃，小白鼠在20小时内死亡。如果剂量改为0.4mL，则小白鼠在2小时内就会死亡。以上实验证明青鱼胆毒性较强。

青鱼个体大，生长迅速，是我国常见的水产经济鱼类，目前已经规模化生产，在水产养殖基地常常会发生因经济利益而进行盗窃、抢劫等犯罪行为，在某些犯罪现场也有可能出现它的痕迹。

## 38. 草鱼

草鱼也叫鲩、白鲩、草青、草根，是我国常见的淡水鱼类（图3.11）。体长25~30cm。隶属于鱼纲、鲤形目、鲤科。身体长，略呈圆筒形。口位于前端。眼较小。背面为青灰色。体侧茶黄色。腹面白色。鳍为浅灰色。

图3.11 草鱼

草鱼分布于我国大部分地区的淡水水域中。栖息于水的中下层和靠近岸边、水草较多的地带。性情活泼。游泳迅速。集群活动。以水草为食。在上游产卵。3~4年达到性成熟。

由于草鱼胆具有降压、祛痰、镇咳作用，人们常用吞服鱼胆来治病。但近几年来在上海、浙江、江西、福建、广东、广西、湖南、四川等地相继发生因吞服过量的草鱼胆引起中毒的事故，有的因为治疗无效而死亡。据统计，鱼胆中毒的患者中80%~90%均为吞服草鱼胆而引起中毒的。

草鱼鱼苗易得，生长迅速，是我国常见的水产经济鱼类，目前已经规模化生产，在水产养殖基地常常会发生因经济利益而进行盗窃、抢劫等犯罪行为，在某些犯罪现场也有可能出现它的痕迹。

## 39. 鲢鱼

鲢鱼也叫白鲢、鲢子、白叶、洋胖子，是我国常见的淡水鱼类（图3.12）。体长25~30cm。隶属于鱼纲、鲤形目、鲤科。身体侧扁，背部较圆，腹部较窄。头大。眼小。口位于前端。体表被有小圆鳞。尾鳍为深叉状。背面、体侧为暗灰色。腹面白色。鳍为淡灰色。

鲢鱼分布于我国大部分地区的淡水水域中。栖息于水的中上层。性情活泼。善于跳跃，经常跳出水面。以浮游生物等为食。在上游产卵。3~4 年达到性成熟。

鲢鱼的胆汁有毒，有的人因为吞服鲢鱼胆而引起中毒，经治疗无效而死亡。

图 3.12　鲢鱼

鲢鱼个体大，食饵易得，生长迅速，是我国常见的水产经济鱼类，目前已经规模化生产，在水产养殖基地常常会发生因经济利益而进行盗窃、抢劫等犯罪行为，在某些犯罪现场也有可能出现它的痕迹。

## 40. 鳙鱼

鳙鱼也叫花鲢、胖头鱼、黑鲢、包头鱼，是我国常见的淡水鱼类（图 3. 13）。体长 28~35cm。隶属于鱼纲、鲤形目、鲤科。身体侧扁而厚，腹部较窄。头极大。眼小。口位于前端。体表被有小圆鳞。尾鳍为深叉状。背面、体侧为灰黑色，体侧有不规则黑色斑点。腹面白色。鳍为灰白色，有黑色斑点。

图 3.13　鳙鱼

鳙鱼分布于我国大部分地区的淡水水域中。栖息于水的中上层。性情温和。行动迟缓。以浮游生物等为食。在上游产卵。4~5 年达到性成熟。

鳙鱼胆可以治病，药理实验结果证明其胆汁也有类似草鱼胆的短暂降压作用，如果加大剂量，降压作用可以持久；但鳙鱼胆汁有毒，近年来曾发生因为吞服鳙鱼胆而中毒的事例。

鳙鱼个体大，食饵易得，生长迅速，是我国常见的水产经济鱼类，目前已经规模化生产，在水产养殖基地常常会发生因经济利益而进行盗窃、抢劫等犯罪行为，在某些犯罪现场也有可能出现它的痕迹。

## 41. 团头鲂（fáng）

团头鲂也叫武昌鱼，是我国常见的淡水鱼类（图 3. 14）。体长 30~40cm。隶属于鱼纲、鲤形目、鲤科。身体侧扁，背部显著隆起，呈菱形。头小。口宽。体表主要为银灰色。鳞片基部为灰黑色，边缘较淡。

图 3.14　团头鲂

团头鲂分布于我国长江中下游及其附属湖泊中。栖息于水的下层。以水草等为食。5~6 月在湖泊中产卵。卵附着在水草或其他物体上发育。幼体以浮游动物为食。2 年达到性成熟。

团头鲂抗病力强，生长迅速，是我国常见的水产经济鱼类，目前已经规模化生产，在水产养殖基地常常会发生因经济利益而进行盗窃、抢劫等犯罪行为，在某些犯罪现场也有可能出现它的痕迹。

## 42. 鲤鱼

鲤鱼也叫鲤、河鲤、鲤拐子，是我国常见的淡水鱼类（图 3.15）。体长 20~30cm。隶属于鱼纲、鲤形目、鲤科。身体延长，稍侧扁。头大，眼小，口位于前端，有 2 对须。体表具有圆形鳞，背面为灰黑色，腹面为淡黄色。尾鳍分叉，下叶为红色。

图 3.15　鲤鱼

鲤鱼分布于我国大部分地区的江河湖泊中。栖息于水的下层。以底栖的水生动物、水草等为食。5~6 月繁殖。卵黏附于浅水中的水草上。3 年达到性成熟。

鲤鱼胆虽然可以治病，但胆汁有毒，曾多次发生吞服过量鲤鱼胆而中毒的病例。

鲤鱼适应性强，耐高温和污水，生长迅速，是我国最早作为养殖的对象，也是主要淡水养殖鱼类之一，目前已经规模化生产，在水产养殖基地常常会发生因经济利益而进行盗窃、抢劫等犯罪行为，在某些犯罪现场也有可能出现它的痕迹。

## 43. 锦鲤

锦鲤是常见的淡水观赏鱼，色彩鲜艳、姿态优雅（图 3.16）。体长 30~40cm。隶属于鱼纲、鲤形目、鲤科。身体延长。背部稍高，背鳍狭长。嘴边有 2 对短须。体表的颜色主要有红、黄、蓝、白、黑、紫等色。

图 3.16　锦鲤

锦鲤原产于日本，现在世界各地均有饲养。栖息于淡水或含少量盐分的水域底层。性情活泼。以动植物碎屑等为食。繁殖期为 3~5 月。产卵于水中。卵常黏附在水草等物体上。幼体 2~3 年达到性成熟。寿命为 50 年。

锦鲤是我国培育的观赏鲤鱼，传入日本后，于 1875 年首次成功地繁殖出了浅蓝色与黄黑色相间的锦鲤。现在已经有 200 多个品种。

锦鲤是我国常见的观赏鱼类，目前已经规模化生产，在观赏鱼养殖基地常常会发生因经济利益而进行盗窃、抢劫等犯罪行为，在某些犯罪现场也有可能出现它的痕迹。

## 44. 鲫鱼

鲫鱼是我国常见的淡水鱼类（图 3.17）。体长 13~20cm。隶属于鱼纲、鲤形目、鲤科。身体侧扁，腹部圆。头小，眼大，口位于前端。背面为青褐色，腹面银灰色。

鲫鱼分布于我国大部分地区的江河湖泊中，特别是水草丛生的浅水湖汊和池塘中。以藻类、植物根、小型水生动物等为食。3~8 月繁殖。卵黏附于浅水中的水草上。1 年达到性成熟。

图 3.17　鲫鱼

鲫鱼适应性强，耐高温、强碱等，是我国常见的水产经济鱼类，目前已经规模化生产，在水产养殖基地常常会发生因经济利益而进行盗窃、抢劫等犯罪行为，在某些犯罪现场也有可能出现它的痕迹。

## 45. 金鱼

金鱼是常见的观赏鱼类，色彩美丽，形态别致，小巧玲珑（图 3.18）。体长 6～10cm。隶属于鱼纲、鲤形目、鲤科。一般身体短而肥，体型、鳞片、鳍、眼、额等部位在不同品种间都有变化。头部变化很大，有平头、狮头、鹅头和绣球等多种。体表的颜色有灰、黑、白、红、橙、紫、蓝、古铜、五花、杂斑等色。尾分为单尾和双尾。

图 3.18　金鱼

金鱼原产于我国，现在世界各地均有饲养。栖息于淡水中。以水蚤、昆虫幼体、小型环节动物等为食。繁殖期为 3～5 月。产卵于水中。卵常黏附在水草等物体上。幼体 1 年达到性成熟。

金鱼是由鲫鱼经过人工培养和选择而成的。从野生鲫鱼演变为现代五光十色的观赏金鱼，经历了近千年的岁月。现代饲养的共有 160 多个品种，主要分为 3 类：文种，体型很像“文”字（如“鹅头”）；龙种，两眼突出（如“龙睛”）；蛋种，没有背鳍（如“蛋球”）。

金鱼是我国常见的观赏鱼类，目前已经规模化生产，在观赏鱼养殖基地常常会发生因经济利益而进行盗窃、抢劫等犯罪行为，在某些犯罪现场也有可能出现它的痕迹。

## 46. 新疆大头鱼

新疆大头鱼是我国珍稀鱼类。体长 80～94cm。隶属于鱼纲、鲤形目、鲤科。头大，口宽大，口裂呈斜状，下颌略微突出于上颌之前。体表有细鳞，但胸部裸露无鳞，腹部的鳞片则埋藏于皮的下面。身体背面为青灰色，腹部为银白色，每个鳍均呈浅橙红色，体表有不规则的黑褐色斑点。

新疆大头鱼分布于新疆南部。栖息于干旱荒漠中的缓流湖泊中。性情凶猛。善于游泳。以其他鱼类、水生昆虫等为食。4～5 月繁殖。产卵前首先逆水而上，在上游找到适合的水域后，雌性才在水草之间产卵。幼体出生后，便顺水而下。7 年左右达到性成熟。

新疆大头鱼被列为国家 I 级重点保护野生动物。它在我国野外数量十分稀少，但也会有偷猎犯罪的现象发生。

## 47. 翘嘴红鲌（bà）

翘嘴红鲌也叫大白鱼、翘嘴巴、翘鲌子、鲌刺鱼。体重可达 10kg 左右。隶属于鲤形目、鲤科。体型较大，细长，侧扁，呈柳叶形。头背面平直，头后背部隆起。口上位，无须，下颌突出上翘。眼大而圆。鳞小。侧线明显完全，前部略向上弯，后部横贯体侧中部略下方。侧线鳞 80～93。腹棱不完全，腹鳍至肛门具腹棱。背鳍具硬棘；胸鳍末端几达腹鳍基部；臀鳍长大，不分支，鳍 3 条，分支鳍 21～25 条；尾鳍深叉形。体背浅棕色，体侧银灰色，腹面银白色，背鳍、尾鳍灰黑色，胸鳍、腹鳍、臀鳍灰白色。

翘嘴红鲌性情急躁，善跳越，容易受伤。

翘嘴红鲌为中大型鱼类，也是此类鱼中个体最大者。肉味鲜美，鲜食、腌制均可口。它是近年来新开发的野鱼家养新品种，可采用多种养殖模式，如网箱养殖、成鱼塘套养等。

## 48. 细鳞斜颌鲴（gù）

细鳞斜颌鲴也叫沙姑子、板黄鱼、黄条等。隶属于鲤形目、鲤科。身体侧扁，体长而略高，腹部稍圆。背鳍具有不发达的硬棘。头小而尖，吻钝。口下位，口裂弧形，下颌有较发达的角质缘，用于刮取食物。腹棱明显，其长度约等于肛门至腹鳍基后端的距离。鳞片较小，排列很密。体银白色，背部青黑色。臀鳍淡黄色，尾鳍橘黄色。

细鳞斜颌鲴食性很杂，以腐殖质、有机碎屑、腐泥及着生藻类为主要食物，常用作混养对象，与草鱼、青鱼、鲢鱼、鳙鱼混养。其养殖方式为池塘混养和湖泊、水库混养。

## 49. 露斯塔野鲮（líng）

露斯塔野鲮也叫泰国野鲮。隶属于鲤形目、鲤科。身体延长，近梭形，吻钝。腹部圆，无腹棱。头部扁平。眼侧位，红色，眼间距宽。口下位横生呈弧状，上下颌骨角质，唇的边缘有许多明显的乳状突起。须2对，近口角1对较粗，靠上唇1对极短，成体退化为突起状。鳞片大，埋于皮下部分大于裸露部分，侧线颇直，尾鳍深分叉。体色为青绿色，背部色较深，腹部灰白色；多数鳞片有红色的半月斑，成体较为明显；各鳍呈粉红色，腹鳍尤为明显和鲜艳，眼红色，幼鱼尾鳍有一黑色斑点——尾星，成体消失。

露斯塔野鲮原产于恒河流域，主要分布在巴勒斯坦、印度、孟加拉国、缅甸、尼泊尔等国。目前，我国南方地区已普遍养殖。它生活于内陆水域，属中下层鱼类，喜跳跃，是以植物性饵料为主的杂食性鱼类。它的食性较广，食量大，是一种以有机碎屑为丰的杂食性鱼类，抢食能力强，摄食方式为吞食兼滤食。在较高水温下生长，于30℃水温下生长最快，20℃生长很慢，在水温6~7℃时，可发现其死亡。有性生殖。

露斯塔野鲮为主要的淡水养殖鱼类之一。它是一种以食植物性饵料为主的杂食性鱼类，其个体大、生长快、群体产量高，在池塘中可作为混养对象。在鱼苗阶段，以浮游动物为主食，随着鱼体的长大，逐渐转向以植物性饲料为主。对人工投喂的米糠、麸皮、饼类也很喜食。露斯塔野鲮性贪食，食量大，抢食能力强。露斯塔野鲮具有高产和繁殖力强、营养丰富、抗寒能力较强等优点。

露斯塔野鲮引进我国后已成为常见的水产经济鱼类，目前已经规模化生产，在水产养殖基地常常会发生因经济利益而进行盗窃、抢劫等犯罪行为，在某些犯罪现场也有可能出现它的痕迹。由于它对土著鱼类形成竞争，池塘养殖需有防逃逸的措施。

## 50. 尖鳍鲤

尖鳍鲤也叫尖鳍鱼、海鲫。隶属于鲤形目、鲤科。身体呈菱形，较高，侧扁，背部隆起，背鳍起点处最高。头中等大，顶较宽。吻圆钝，稍突出。口下位，马蹄形。背鳍前部呈三角形突出，后部低平，后缘具一很深的缺刻；胸鳍末端钝圆，不伸达腹鳍；腹鳍起点前于背鳍；臀鳍条后缘具锯齿；尾鳍分叉，上下叶等长。肛门位于臀鳍前方。侧线完全，前部稍下弯，后部平直。

尖鳍鲤原产我国海南省南渡江、万泉河水系。

尖鳍鲤刺少，肉质爽口。

## 51. 中华鳑鲏（pángpí）

中华鳑鲏也叫鳑鲏（图3.19）。为小型鱼类，全长多在5~10cm。隶属于鲤形目、鲤科。身体呈椭圆形，甚侧扁。口小，端位。口角无须。背鳍、臀鳍末根不分支，鳍质感较硬，但末端柔软；臀鳍起点约与背鳍基中央相对。侧线不完全。雌雄性征明显，雄具追星，雌具产卵管。

图 3.19　中华鳑鲏

中华鳑鲏分布于海河、黄河、长江、瓯江、闽江、九龙江、晋江、珠江和西江等水系，尤其喜欢生活在淡水湖沼中的浅水处有水草的地方，聚堆群居，摄食硅藻及其他藻类、碎屑，少量的枝角类和桡足类。繁殖期为春季到夏季。卵产于蚌壳中。到了产卵季节，鳑鲏常常雌雄相伴，在水中寻找河蚌的栖息场所。一旦发现河蚌，雌鱼就伸出产卵管，插入河蚌的入水孔中，把卵产在河蚌的外套腔里。受精卵移附在河蚌鳃瓣间进行发育，直到

1 个月后孵化成幼鱼。

## 52. 长薄鳅（qiū）

长薄鳅也叫花鱼、花斑鳅、花泥鳅、花鳅、红沙鳅钻、火军等。隶属于鲤形目，鳅科，沙鳅亚科，薄鳅属。一般个体重 1~1.5kg。身体较长而侧扁，尾柄高而粗壮。口较大，亚下位，口裂呈马蹄形。背鳍和臀鳍均短小，没有硬刺；背鳍位于体的后半部；胸、腹鳍短；尾鳍深叉状。鳞极细小。头部背面具有不规则的深褐色花纹，头部侧面及鳃盖部位为黄褐色，身体浅灰褐色。较小个体有 6~7 条很宽的深褐色横纹，大个体则呈不规则的斑纹。腹部为淡黄褐色。

长薄鳅主要分布于我国长江中、上游，从湖北、湖南到四川西部一带。它属于山地边缘河流中的底层鱼，主要生活于江河中上游，水流较急的河滩、溪涧。常集群在水底沙砾间或岩石缝隙中活动。江河涨水时有溯水上游的习性。它是一种肉食性鱼类，食性较杂，属底栖凶猛鱼类，以底层小鱼为主食，也吃虾、水生昆虫、大型浮游动物等。生殖期在 3~5 月，卵黏附在石上孵化。它的性腺结构雌、雄不同，雄性精巢成对，呈乳白色；雌性卵巢发育早期呈浅肉色，后期为青灰色或浅黄色。

## 53. 翘嘴红鲌

翘嘴红鲌也叫大白鱼、翘壳、翘嘴白鱼、翘嘴鲌等，隶属于鲤形目，鲤科，鲌亚科，鲌属。一般体重 2~2.5kg，最大者重达 10~15kg。身体细长，甚侧扁，呈柳叶形。头背面平直，头后背部隆起，体背部接近平直。口上位，下颌坚厚急剧上翘，竖于口前，使口裂几乎成垂直。眼大而圆，位于头的侧下方。下咽齿末端呈钩状。尾鳍深叉形，下叶稍长于上叶。体背略呈青灰色，体侧银灰色，腹面银白色，背鳍、尾鳍灰黑色，胸鳍、腹鳍、臀鳍灰白色。鳞小。

翘嘴红鲌分布甚广，产于黑龙江、辽河、黄河、长江、钱塘江、闽江、珠江等水系的干、支流及其附属湖泊中，特别是在长江中下游地区各水域，是闻名遐迩的"太湖三白"之一。平时多生活在流水及大水体的中上层，游泳迅速，善于跳跃，性情暴躁，容易受惊。其生长迅速，是以活鱼为主食的凶猛肉食性鱼类，苗期以浮游生物及水生昆虫为主食，50g 以上主要吞食小鱼小虾，也吞食少量幼嫩植物。雌鱼 3 龄达性成熟，雄鱼 2 龄即达成熟，亲鱼于 6~8 月在水流缓慢的河湾或湖泊浅水区集群进行繁殖活动。产卵后大多进入湖泊摄食或在江湾缓流区肥育。幼鱼喜栖息于湖泊近岸水域和江河水流较缓的沿岸，以及支流、河道与港湾里。冬季大小鱼群皆在河床或湖槽中越冬。

## 54. 铜鱼

铜鱼也叫尖头、水密子、尖头棒、尖头水密子、退鳅、假肥沱、麻花鱼、桔棒、竹鱼、黄道士、铜钱扣、芝麻鱼、金鳅等，隶属于鲤形目，鲤科，鮈亚科，铜鱼属。一般个体重 0.5~1kg，最大者达 3.5~4kg。身体细长，前端圆棒状，后端稍侧扁。头小，锥形；眼细小；口下位，狭小呈马蹄形；头长为口宽的 7~9 倍。下咽齿末端稍呈钩状；须 1 对，末端超过眼后缘。胸鳍后伸不达腹鳍起点。身体呈黄铜色，各鳍浅黄色。

铜鱼多见于长江流域的干、支流和有流水灌注的湖泊中；静水湖泊中较为少见，多在金沙江下游及朗江、嘉陵江、乌江等支流中，尤以长江上游数量较多，黄河水系也有分布。它主要栖息于江河流水环境的下层，习惯于集群游弋，通常一个群体由几十到几百个体组成。冬季至深水河槽或深潭的岩石间隙越冬。喜欢生活在流水中的底栖性鱼类，以动物性饵料为主。食物组成随栖息环境和季节不同而有差异。它的摄食强度很大，肠管常充满食物。鱼苗、幼鱼阶段以浮游动物、摇蚊幼虫、昆虫幼虫等为食，也捕食其他鱼苗。成鱼阶段主要摄食淡水壳菜、蚬、螺蛳及软体动物等，其次是高等植物碎片、藤类、植物种子和某些硅藻，属于杂食性鱼类。性成熟年龄为 2~3 龄，每年产卵成群进入支流觅食肥育，生殖期为 4~6 月，多在水流湍急的江段繁殖，受精卵随江水漂流发育，怀卵量为 2 万~20 万粒。铜鱼生长迅速，其鱼苗和幼鱼吞食其他鱼的鱼苗，性极饕餮。8~9 月逐渐回到干流或在支流寻找越冬场所，此时铜鱼最为肥壮，渔民常称为“退鳅”。

## 55. 中华沙鳅

中华沙鳅也叫龙针、钢鳅等，是小型鱼类，体长 9~18cm（图 3.20）。隶属于鲤形目，鳅科，沙鳅亚科，沙鳅属。身体长形，侧扁，腹部圆。头小，呈锥形；吻较长而尖，侧扁，其长大于眼后头长之和；眼小，眼间距较窄。须 3 对。颐下具 1 对钮状突起。眼下刺分叉，末端超过眼后缘。颊部无鳞。腹鳍末端不达肛门。肛门靠近臀鳍起点。尾柄较低。

图 3.20　中华沙鳅

中华沙鳅主要分布于长江中上游，栖息于流水环境中，在水体的中下层活动，也常见于滩边洄水区或大石堆间流水较缓的地方，为敞水区底栖性小型鱼类。幼鱼主要食物对象为枝角类、桡足类、轮虫类、水蚯蚓等，成鱼以水生昆虫、底栖的无脊椎动物和江河中腐烂的尸体为主要食物。每年 4~7 月为繁殖季节，产卵类型为 1 年 1 次，繁殖高峰期在每年 5~6 月。产漂流性卵，无黏性。中华沙鳅属于小型鱼类，生长速度较慢。

## 56. 泥鳅

泥鳅是我国常见的鱼类（图 3.21）。体长 15~25cm。隶属于鱼纲、鲤形目、鳅科。身体细长，呈圆筒形，体表有很多黏液。头短小而尖。口位于前端下方，呈马蹄形，有 5 对须。眼小。鳞细小。身体背部为灰褐色，腹部灰白色，脊背上有三条纵行的黑纹。全身有分散的黑色小斑点。尾鳍圆形。

图 3.21　泥鳅

泥鳅分布于我国大部分地区。栖息于河流、湖泊的底层。常钻入泥中。有时游到水面吞吸空气，用肠进行呼吸。夜晚活动。以藻类、水草、昆虫和小型无脊椎动物为食。卵生。1~2 年达到性成熟。

泥鳅是我国常见的水产经济动物，目前已经规模化生产，在水产养殖基地常常会发生因经济利益而进行盗窃、抢劫等犯罪行为，在某些犯罪现场也有可能出现它的痕迹。

## 57. 鲇（nián）鱼

鲇鱼也叫胡子鲢、生仔鱼、鲇巴郎，是我国常见的鱼类。体长 30~50cm。隶属于鱼纲、鲇形目、鲇科。身体长形而侧扁，前部较粗，后部较细。头小。头顶扁平。口大，有 2 对须。眼小。背鳍、胸鳍短小。臀鳍长，与尾鳍相连。体表光滑无鳞。背面、两侧为灰黑色，散布有小白点。腹面白色。体侧中央有一列小白点组成的直线。胸鳍黄色。

鲇鱼分布于我国大部分地区，以及俄罗斯东部、日本和朝鲜等地的淡水水域中。栖息于水的底层。白天隐藏在洞穴或水草丛中。夜晚活动。以小鱼、青蛙等为食。产卵于静水中的石下或树根的凹陷内。幼体 2 年达到性成熟。

鲇鱼卵有毒，鱼卵毒素虽然在加热时能够破坏，但若烧煮时间过短，食后仍然会引起中毒。此外鲇鱼胸鳍棘有毒腺，人被它刺后伤口剧痛。

鲇鱼是我国常见的水产经济鱼类，目前已经规模化生产，在水产养殖基地常常会发生因经济利益而进行盗窃、抢劫等犯罪行为，在某些犯罪现场也有可能出现它的痕迹。

## 58. 鳗鲇

鳗鲇体长一般为200~300mm。体前部平扁，后部侧扁细小。鼻孔附近有一对鼻须，向后延伸可达到眼睛的后缘。上颌有一对小须，下颌有两对小须。身体光滑无鳞。侧线明显。第一个背鳍和胸鳍前方均有1根不分支鳍条、呈鳍棘状。第二个背鳍和臀鳍及尾鳍相连。体为棕黑色，第二个背鳍、尾鳍和臀鳍边缘黑色。

鳗鲇产于我国东海和南海。为暖水性中下层小型鱼类，它生活于岩石及石下坑洼处。

鳗鲇的背鳍棘和胸鳍棘为毒棘。鳍棘的内外缘均有锯齿状小棘。鳍棘前方有5条斜沟，斜沟两端及小棘基部都有毒腺。

水上工作人员在下海捕捞鱼虾时易误触鳗鲇，或在捡取鱼货时被刺伤。鳗鲇的毒性强，被它刺伤后伤口剧痛，创口变白，继而青紫，然后红肿，半小时后受伤肢体肿胀，次日整个肢体肿起一倍多，1周后肿才稍退，重者常在1个月肢体不能活动，约5个月才能恢复健康。严重的可引起肢体麻痹和坏疽。

## 59. 南方大口鲇

南方大口鲇也叫河鲇、大口鲇。隶属于鲇形目、鲇科。身体较长，粗壮，尾部侧扁。头中等大，较平扁，吻短而钝。口宽大，次上位，下颌略长于上颌，稍突出。眼较大，侧上位，位于头的前部，眼间距很宽。口角有须2对，上颌须长，可达胸鳍基部后方。鼻孔前后分离。体裸露无鳞。侧线完全，较平直。背鳍前位，无硬棘；胸鳍位于鳃盖末端的后下方，鳍形略圆，具1枚硬棘，其前缘有细小的锯齿，鳍末端不达腹鳍；腹鳍小，末端超过臀鳍起点；臀鳍基部甚长，后端与尾鳍相连；尾鳍短小，略呈截形。体色随环境的变化而有很大差异，背部及两侧暗黑色。各鳍均为灰黑色。

南方大口鲇属湍水性鱼类，生存适温为0~38℃，能自然越冬。性情凶猛。在池塘养殖条件下，除了捕食各种小杂鱼、鱼苗、鱼卵、水蚯蚓外，还能摄食动物尸体、畜禽的下脚料、血液凝块等。它的适应能力较强，既可单养，也可与其他鱼混养，还可存网箱、流水池进行集约化养殖。

## 60. 革胡子鲇

革胡子鲇也叫埃及胡子鲇（图3.22）。隶属于鲇形目、胡子鲇科。头部较大，枕骨大。体稍长，前半部平扁，后半部侧扁。口稍下位。上颌和犁骨上密生绒毛状牙齿。触须发达，但眼很小。胸鳍棘特别发达，有御敌和支撑作用。除胸鳍具有鳍棘外，其他各鳍均由软条组成。鱼体呈土黄色或金黄色，有的个体还带有古铜色，体侧有较大的斑点。

图3.22　革胡子鲇

革胡子鲇原产于非洲尼罗河流域，目前已分布于全国各地内陆水域，是以动物性食物为主的杂食性鱼类。耐低温能力较差。有性生殖。6.5℃为致死水温。食性广，且贪食。幼苗主要吃浮游动物、水生昆虫幼虫、有机碎屑及某些底栖动物，成鱼主要摄食水中的昆虫、蚯蚓、小鱼、虾、动物尸体、植物嫩茎叶等。性成熟年龄为7~10个月。通常一年可产卵3~4次。繁殖季节为4~9月。卵黏性，附着于水草或人工鱼巢上孵化。革胡子鲇为底栖鱼类，不善跳跃，饱食后常聚集于池底或藏于洞穴，喜夜间活动觅食。对水体环境有相当强的适应力，但耐寒力较差，一般在水温18℃以下时开始停食，7℃以下时则危及生命，因此至少要保持在13℃以上越冬。

革胡子鲇引进我国后已成为常见的水产经济鱼类，目前已经规模化生产，在水产养殖基地常常会发生因经济利益而进行盗窃、抢劫等犯罪行为，在某些犯罪现场也有可能出现它的痕迹。由于它对土著鱼类形成竞争，池塘养殖需有防逃逸的措施。

## 61. 清道夫

清道夫吸盘鱼、距琶鱼（图 3.23）。体长 20～30cm。隶属于鲇形目、鲇科。头扁平。尾细而长。背鳍高，胸鳍宽大似蒲扇。口唇发达如吸盘，体表粗糙，全身被盾鳞。体灰黑色或淡褐色，体表有黑白色花纹。

图 3.23　清道夫

清道夫原产于巴西、委内瑞拉。体扁平，似琵琶。经常吸食水族箱缸壁上的藻类，有清洁水体作用，故有“清道夫”之称。

清道夫饲养适育水温为 22～28℃。饲料有水蚯蚓、红虫等。对水质要求不严，喜夜间活动。不可与有病的鱼类混养，因为它会吸附生病鱼体表，吸食皮肤上的黏液。但可以与健康鱼混养。

## 62. 斑点叉尾鮰（huí）

斑点叉尾鮰也叫沟鲇（图 3.24）。体长 2.3～4.5cm。隶属于鲇形目、鮰科。体型较长，前部较宽肥，体后部稍细长，腹部较平直，背部则斜平。头较小，吻稍尖。口亚端位，口横裂较小。有触须 4 对，口角须最长，鼻须和 2 对颐须较短。体表光滑无鳞，黏液丰富，侧线完全，皮肤上有稍明显的侧线孔。胸鳍有一硬棘，末端较尖；背鳍短，后有一脂鳍；尾鳍分叉。体两侧背部淡灰色，腹部乳白色，幼鱼体两侧有明显而不规则的虚点，成鱼斑点逐步不明显或消失。

图 3.24　斑点叉尾鮰

斑点叉尾鮰原产于北美洲，目前我国大部分淡水水域均有分布。生活于内陆水域。属底栖鱼类，喜欢在阴暗的光线条件下摄食，有昼伏夜出的摄食习惯。适温范围 0～38℃，适应盐度 0.2‰～8.5‰，有性生殖。食性杂，是以动物性食物为主的杂食性鱼类。主要摄食浮游动物，如轮虫、枝角类、桡足类、摇蚊幼虫、无节幼体。

斑点叉尾鮰养殖方法分主养和混养两种，一般不宜与鲤鱼、鲫鱼、草鱼混养。对溶氧要求较高，特别是在高温季节。

斑点叉尾鮰引进我国后已成为常见的水产经济鱼类，目前已经规模化生产，在水产养殖基地常常会发生因经济利益而进行盗窃、抢劫等犯罪行为，在某些犯罪现场也有可能出现它的痕迹。由于它对土著鱼类形成竞争，池塘养殖需有防逃逸的措施。

## 63. 黄颡（sǎng）鱼

图 3.25　黄颡鱼

黄颡鱼也叫黄腊丁、昂刺鱼（图 3.25）。隶属于鲇形目、鮠科。身体延长，前部粗壮，后部转侧扁，背隆起，腹圆平。头较大，稍平扁，皮膜较厚，枕骨突显露。吻较短，圆钝。口下位，浅弧形；唇肥厚，上下颌及腭骨均有绒毛状细齿。有须 4 对。眼较小，侧上位，具游离眼睑。肛门位于臀鳍起点前方。背鳍基部较短，其不分支鳍条为硬棘；胸鳍略呈扇形；腹鳍位于背鳍后下方；尾鳍分叉甚深，上下叶对称。体背部黑褐色，两侧黄褐色，腹部淡黄色。各鳍均呈灰黑色。

黄颡鱼在我国各地广泛养殖。属底栖性鱼类，白天潜居，夜间觅食。2 龄性成熟，一般怀卵量为 1 000～3 000 粒。

黄颡鱼生长速度不快，但肉质细嫩，保健功能强。

## 64. 电鲇

电鲇隶属于鲇形目、电鲇科、电鲇属，以能放电而得名（图 3.26）。体长 50～60cm，最大可达 120cm，重约 20kg。身体长形，粗壮，背缘略平，后部侧扁。头小，吻圆。口端位，下颌有时稍突出。颌齿为排列呈宽带状的细尖绒毛齿，腭齿缺如。眼小，被以皮膜。鼻孔远离。须 3 对：上颌须 1 对，可达鳃孔；下颌须 2 对，位于口角下方，外侧一对最长，可伸过胸鳍基。鳃孔短，位于头侧。身体表面无鳞片，没有背鳞。背鳍不存在。脂背鳍后位，紧位于圆形尾鳍之前，胸鳍侧位，无硬刺。尾鳍圆形。体色灰、褐色或蓝灰色，腹侧白色，常有黑色斑点或斑块。偶鳍红色，奇鳍有橙色或红绿色。

图 3.26 电鲇

电鲇广泛分布于热带非洲尼罗河、刚果河、尼日尔河等流域。喜欢生活在江河近岸的石隙、深坑、树根底部的土洞或石洞里，以及流速缓慢的水域。它为底层鱼类，在水库、池塘、湖泊、水堰的静水中，多伏于阴暗的底层或成片的水浮莲、水花生、水葫芦下面。性不活泼，常隐居暗处，多夜间活动，全凭嗅觉和两对触须猎食，很贪食，天气越热，食量越大。它可产生和控制放电，电压高达 450V，头部为正极，尾部为负极，电流流向是从头部流向尾部，用于自卫，也可用来猎取小鱼为食。发电器官来源于表皮腺细胞，由变异的肌肉组织组成，在鱼体裸露的软皮下形成一薄的胶质层。当受到刺激时可瞬间发电。繁殖方式为卵生。

电鲇耐活，虽然好斗，也作为观赏鱼饲养。饲养水温 22～28℃，水质喜弱酸性软水，pH 值 6～6.5，饵料有鱼肉、小活鱼等。

我国各地水族馆中有饲养和展出。

## 65. 电鳗

电鳗是能发出强烈电流的鱼类。体长 180～200cm。隶属于鱼纲、裸背电鳗目、电鳗科。身体为圆筒形，裸露无鳞。眼睛退化。背鳍低而长，延伸至尾端。胸鳍小，无腹鳍。体侧有由特殊的肌肉组成的“发电器”。

电鳗分布于南美洲亚马孙河、奥里诺科河中。栖息于水底。夜晚活动。靠“发电器”发出强烈电流麻痹鱼、蟹等为食。

我国各地水族馆中有饲养和展出。

## 66. 何氏角鮟鱇（āngkāng）

何氏角鮟鱇是雌雄体型相差悬殊的鱼类。雄性体长 8～16cm，雌性体长 140～145cm。隶属于鱼纲、鮟鱇目、角鮟鱇科。雌性身体稍延长，侧扁。眼位于头顶部。口几乎垂直。细长的背鳍上有球状的吻触手。皮肤被有大而呈圆锥形的棘。雄性很小，体侧扁。

何氏角鮟鱇分布于我国东海，以及太平洋、大西洋等海域。栖息于深海中。雌性肉食性。吻触手像一根钓鱼竿，上面有发光器官，可以将猎物引诱到身边，然后捕食。雄性以口吸附在雌性身上，从雌性体内摄取营养。幼体生活在海水上层，雄性幼体为球形，眼较大。经过变态过程变为成体后，雄性眼、牙和消化道均退化，寄生在雌性身上。

## 67. 毒鲉（yóu）

毒鲉也叫石头鱼，隶属于硬骨鱼纲、鲉形目、毒鲉科。体长一般为 15~25cm，最大可达 40cm，体重为 300~500g。它的相貌丑陋，身体平扁，前部宽约等于体高。头大，形状不规则。口大斜裂近垂直。它的眼睛很特别，长在背部而且特别小，眼下方有一深凹。身体无鳞，皮粗厚，身上有许多大小形状不一的皮质突起，形成很多瘤状，好像蟾蜍的皮肤。圆鼓鼓的鱼腹白里泛红，尾部扁侧稍窄。体侧有 3 条宽横带，胸鳍前后各有一条弧状宽纹，中间及外端则色淡，可以利用胸鳍在水下步行。背鳍连续，背鳍棘 12~14，基部有毒腺。体色通常以土黄色和橘黄色为主，随环境不同而复杂多变。

毒鲉分布很广，在澳大利亚、菲律宾、印度、日本海域和印度洋沿岸都能见到，我国的东海、南海也有分布。毒鲉属暖水性底层鱼类。它平时喜欢潜伏在近岸浅水的珊瑚礁和岩礁间，将身体的一半埋在泥沙中，只露出两只小小的眼睛，一动不动，不容易被发现，其伪装就像是一块不起眼的石头，靠捕食游近之生物为生，以守株待兔的方式等待食物的到来。

它的硬棘具有致命的剧毒，小动物一旦被它刺中，会很快死去。如果人被它的棘刺伤，毒素马上侵入人体，轻者造成肿痛，重者可能会造成痉挛和昏迷。如果有的小鱼、小虾近在咫尺，它会倏地跃起，一口将其吞下。一般在初夏产卵。

## 68. 毛躄（bì）鱼

毛躄鱼也叫五脚虎，隶属于鮟鱇目、躄鱼科、躄鱼属（图 3. 27）。躄，就是“跛脚”的意思，故毛躄鱼又名“跛脚鱼”。它的外貌奇特，臃肿如球、皮肤松垮，实在不容易认出来竟是一种鱼。它的体长一般为 11~20cm。它的身体侧扁，腹部膨大突出。体被细绒毛状小棘。头大。鳃孔小，位于臂状胸鳍基部下方。它的眼小，上侧位。口较大，上位，下颌突出。两颌牙尖锐，排列呈梳状。鳃孔为一小圆孔，位于胸鳍基部下方或后方。鳃耙退化。背鳍第一鳍棘顶端为一球状穗，形成吻触手；第二鳍棘后方的额上有一凹窝。臀鳍鳍条 7 根。体上及各鳍具不规则深色斜纹。

图 3.27 毛躄鱼

毛躄鱼分布于我国南海、台湾海峡一带海域。属于近海暖水性底层小型鱼类，生活在热带的珊瑚礁或海藻繁茂的海底，栖息的深度可达 900m。它的体色鲜艳，与周围的珊瑚礁融为一体。它常潜伏于海湾滩涂、浅海地区岩礁及珊瑚丛中。它不大会游水，以假臂状胸鳍在海底匍匐爬行，有时它也将水摄入口中，再从鳃孔喷射出，借助这股推力使自己移动。它在遇敌害时腹部即充满空气漂浮于水面。产浮性卵。卵是黏在丝带状的鞘或者凝胶黏液团，被称为“卵筏”或“卵罩”。

## 69. 翱翔飞鱼

翱翔飞鱼是能跃出水面飞行的鱼类。体长 16~18cm。隶属于鱼纲、颌针鱼目、飞鱼科。身体延长，稍侧扁。头较小。眼大。口小，位于身体前端。体表被有圆鳞。胸鳍特别发达。尾鳍分叉，下叶长于上叶。

翱翔飞鱼分布于我国南海等海域。栖息于温暖海域的近海地带的中上层。以浮游生物为食。常由尾部迅速摆动，达到极大速度，跃出水面，张开像翅膀一样的胸鳍，滑翔一段距离，以躲避敌害。

## 70. 克氏海马鱼

克氏海马鱼是我国珍稀海洋鱼类。体长 30~32cm。隶属于鱼纲、海龙鱼目、海龙鱼科。头部的形状酷似马头，并与躯干形成直角，体表没有鳞，呈侧扁形，外面被环状的骨板所包裹，还有很多平行的体环。身体均呈淡黄色，体侧有不规则的白色线状斑点。

克氏海马鱼分布于我国东海、南海等海域。栖息于温暖地带近海海藻丛或珊瑚礁丛非常繁茂的地带。游泳时头部向上，垂直地立在水中，依靠背鳍和胸鳍的扇动，直升直降，缓缓而行。有时还依靠尾部的屈伸呈弹跳状前进。以尾端缠附于海藻的茎枝上、珊瑚枝上或海中的漂浮物上歇息。以毛虾、康虾等小型甲壳类动物为食。在雄性的腹部下面、尾的前面，有一个由两层皮褶连接而形成的一个口袋，叫作育儿囊。雌性产卵于雄性的育儿囊内，孵化、育幼等工作均由雄性完成。

克氏海马鱼被列为国家Ⅱ级重点保护野生动物。它的药用价值和装饰价值使其成为人类的猎捕目标，也会有偷猎犯罪的现象发生。

## 71. 黄鳝

黄鳝也叫鳝、鳝鱼、黄觯、罗鳝，是我国常见的淡水鱼类。体长 40 ~ 60cm。隶属于鱼纲、合鳃目、合鳃科。身体细长，呈圆筒形，尾部尖细。头小。口大，位于身体前端。眼很小。鳍均退化或消失。体表光滑，没有鳞，呈黄褐色，背部有黑色斑点。

黄鳝分布于我国除西北外的大部分地区，以及亚洲东部、南部等地。栖息于池塘、稻田、河流、湖泊中。常在泥中穴居。夜晚活动。离水时能用口腔辅助呼吸。以昆虫、小鱼、蝌蚪等为食。4 月开始产卵，产卵期可延至 6 ~ 8 月。雄性在洞口吐泡沫聚积成巢，雌性产卵于巢中。

黄鳝的血液有毒，但不耐热，毒素能被胃液和加热所破坏，一般煮熟食用不会发生中毒。但生吃鱼肉或生饮鱼血容易引起中毒。

## 72. 大理裂腹鱼

大理裂腹鱼又叫弓鱼、竿鱼，是暖水性高原湖泊特有的小型鱼类。体长 9 ~ 25cm，体重 100 ~ 200g，雌性比雄性稍大。身体细长，略侧扁。头短小，眼大，位于头的前半部。口端位，口裂深，呈马蹄形，略倾斜。下颌没有锐利的角质缘。唇狭细，上下唇在口角处相连，下唇仅有两侧叶而无中间叶。有 2 对极小的须，颌须比吻须稍长。下咽齿 3 行，呈匙状，顶端钩曲。体背浅褐色或黄褐色，腹部灰白色或略带淡黄色。体被细小的鳞，排列不整齐，鳞片的形状也不规则。胸部和腹部裸露无鳞或仅在腹鳍基部附近有少数隐藏于皮下的鳞片。侧线稍微弯曲。背鳍的起点大约位于身体的正中，硬棘强而且后缘具锯齿。臀鳍非常大。尾鳍呈深叉状。鳔 2 室。

大理裂腹鱼仅分布于云南洱海及其支流和澜沧江水系。它喜欢栖息于静水环境的中上层，以浮游动物为食，主要是枝角类和桡足类，也吃昆虫以及卵和幼虫，还吃少量绿藻和丝状藻等藻类。4 ~ 7 月结群从湖水中溯河流或溪沟而上进行繁殖。雄性精巢开始发达，吻部出现发达的珠星。雌性的肛门处变得特别膨大，并带有淡红色，臀鳍长而且肥厚。雌性在生殖的期间很少或停止摄食，主要靠消耗储存在体内的丰富的脂肪体。在流水中产卵，卵沉于水底，受精卵黏附于石砾、岩石上，在缝隙处的流水中孵化。

大理裂腹鱼被列为国家Ⅱ级重点保护野生动物。它是肉味鲜美的鱼类，在我国野外数量十分稀少，但也会有偷猎犯罪的现象发生。

## 73. 松江鲈鱼

松江鲈鱼是我国珍稀鱼类。体长 5 ~ 17cm。隶属于鱼纲、鲈形目、杜父鱼科。头大，眼小，口宽大。体表没有鳞，皮肤面上有许多粒状和细刺状的皮质小突起。体表为黄褐色，体侧具 5 ~ 6 条暗色横纹。背鳍淡黄色，第一背鳍上有一个大块的黑斑，其他鳍上有小的黑点。鳃孔前面生有一个凹陷，与真正的鳃孔均为橙红色。

松江鲈鱼分布于渤海、黄海、东海沿岸地带及通海的河川江湖中。栖息于水体底层，有洄游习性。以小鱼、虾类等为食。每年 3 月在浅海区域产卵，卵具黏性，可以成块附着在蚌类空壳或石砾上。5~6 月幼体由近海溯河进入淡水水域活动，进行生长、发育，秋冬时再从淡水河流重新返回大海。

松江鲈鱼被列为国家Ⅱ级重点保护野生动物。它在我国野外数量十分稀少，但也会有偷猎犯罪的现象发生。

## 74. 射水鱼

射水鱼是能从口中喷射出水流的鱼类（图 3.28）。隶属于鱼纲、鲈形目、射水鱼科。体型较小。身体为长椭圆形，侧扁而高。头为尖锥形。眼大。口大，能伸缩，下颌突出。

射水鱼分布于印度洋、太平洋热带沿海地带和淡水水域中。在沿岸游动时，如果窥见岸边植物上有昆虫停歇，就能从口中向昆虫喷射出一股水流，将其击落入水后吞食。有时甚至能射中在水面附近飞行的昆虫。

图 3.28　射水鱼

我国各地水族馆中有饲养和展出，常进行捕食表演。

## 75. 大黄鱼

大黄鱼也叫大鲜、大黄花、桂花黄鱼、黄花鱼，是我国常见的海洋鱼类。体长 40~50cm。隶属于鱼纲、鲈形目、石首鱼科。身体延长，侧扁，呈金黄色。头大。耳道里有两粒很大的耳石。身体背面有粒状或块状突起。腹面有一个蝌蚪形印记。

大黄鱼分布于我国黄海、东海、南海及其邻近海域。属暖温性洄游性鱼类，生长于 60m 以内的近海中下层。适宜生长水温为 15~18℃。以鱼、虾等为食。4~6 月向近海洄游产卵，然后分散在沿岸地带活动。秋冬季节又向深海迁移。怀卵量为 3.6 万~11.9 万粒。

大黄鱼是我国主要海洋经济鱼类之一，原为海洋捕捞的主要品种，近年来由于资源衰退而开始人工饲养。多采用网箱养殖。

## 76. 弹涂鱼

弹涂鱼是能在泥滩上跳跃的鱼类（图 3.29）。体长 8~10cm。隶属于鱼纲、鲈形目、弹涂鱼科。身体延长，稍侧扁。两眼紧挨在一起，突出在头上。腹鳍愈合成一个吸盘。胸鳍基部肌肉发达。身体为淡褐色，体侧散布暗色小斑。

弹涂鱼分布于我国沿海，以及日本、朝鲜、韩国沿海地带。栖息于咸淡水交汇的河口附近。穴居。以水生昆虫、小鱼、虾等为食。能用胸鳍支持身体爬行或出水跳跃。退潮时常匍匐或跳动于海滨泥滩上觅食。

图 3.29　弹涂鱼

## 77. 带鱼

带鱼是我国常见的海洋鱼类。体长 30~100cm。隶属于鱼纲、鲈形目、带鱼科。身体侧扁，呈带状。口大。鳞退化，体表只有一层银色的膜。背鳍很长。胸鳍小，没有腹鳍。尾细长如鞭状。

带鱼分布于我国各地沿海，以及太平洋西北部、印度洋等地。有洄游习性。白天栖息于中下层水域，夜晚上升到表层。性情凶猛。以鱼、虾、乌贼等为食。1~2 年达到性成熟。

带鱼是我国主要海洋经济鱼类之一。

## 78. 东方旗鱼

东方旗鱼是性情凶猛的海洋鱼类。体长1~2m。隶属于鱼纲、鲈形目、旗鱼科。身体延长，稍侧扁。上颌呈剑状突出。身体为青褐色，有灰白色圆斑。第一背鳍长而高，上面有黑色斑点，很像一面迎风飘扬的旗子，因而得名。

东方旗鱼分布于我国黄海、东海、南海，以及亚热带、热带太平洋海域。栖息于海水上层。性情凶猛。游泳迅速。以其他鱼类为食。用剑状的上颌作为攻击的武器。

## 79. 接吻鱼

接吻鱼是常见的热带观赏鱼（图3.30）。体长20~30cm。隶属于鱼纲、鲈形目、吻鲈科。身体呈长圆形。头大，嘴大，尤其是嘴唇又厚又大，并有细的锯齿。眼大，有黄色眼圈。背鳍、臀鳍特别长。胸鳍、腹鳍呈扇形。身体的颜色主要呈肉白色。

接吻鱼原产于泰国、马来西亚和印度尼西亚等地。栖息于热带河流中。行动缓慢。性情温顺、活泼。当两条鱼彼此相遇时，便两嘴相对，互相做接吻姿态，因而得名。以小型水蚤等为食。卵具有浮性，似油状漂浮在水面上层。幼体1年达到性成熟。寿命为6~7年。

接吻鱼是常见的观赏鱼，我国各地水族馆中有饲养和展出。

图3.30　接吻鱼

## 80. 莫桑比克罗非鱼

莫桑比克罗非鱼也叫莫桑比克口孵鱼、非洲鲫鱼、越南鱼，是具有奇特繁殖方式的鱼类。体长18~20cm。隶属于鱼纲、鲈形目、丽鱼科。身体呈椭圆形，侧扁。头较大。口端位，口裂略斜，下颌稍长于上颌。体被较大栉鳞。背鳍相连，起点在鳃盖后上方；背鳍和臀鳍末端上下相对；胸鳍尖长；腹鳍胸位；尾鳍后缘雄性略呈圆形，雌性和小鱼呈截形。体灰黑色，头腹面色泽较淡，略呈古铜色。

莫桑比克罗非鱼属热带鱼类，原产于非洲东部海水和淡水中，现在我国和亚洲东南部一带均有养殖。栖息于较平静的水域。杂食性。主要摄食有机碎屑和浮游植物，1年能繁殖几代。雌性将卵含于口腔内孵化。幼体孵出后仍然受到亲鱼的保护。食物不足时，有相互蚕食的现象，繁殖的后期更为常见。

莫桑比克罗非鱼引进我国后已成为常见的水产经济鱼类，目前已经规模化生产，在水产养殖基地常常会发生因经济利益而进行盗窃、抢劫等犯罪行为，在某些犯罪现场也有可能出现它的痕迹。

## 81. 尼罗罗非鱼

尼罗罗非鱼也叫非洲鲫鱼（图3.31）。隶属于鲈形目、丽鱼科。身体短，背高，体厚而侧扁。体色一般为黄棕色，有的个体全身呈黑色，体色随环境的变化会发生适应性的改变。背鳍下方和尾柄上分别有7条和2条黑色横带。尾柄上半部和鳃盖后缘有一黑斑。背鳍的边缘黑色；背鳍和臀鳍上有黑色和白色的斑点；尾鳍终生有明显的垂直黑色条纹8条以上；尾鳍、臀鳍的边缘呈微红色。

尼罗罗非鱼原产于非洲尼罗河水系，在我国主要在华南地区，以池塘混养为主，但北方地区，尤其是山东、辽宁等地发展也很快。尼罗罗非鱼属广盐性鱼类，能适应较大盐度变化范围，可以从淡水中直接移入海水中，反之亦行。它是一种热带性鱼类，当水温下降到15℃左右时即停止摄食，水温下降到10℃以下时即会引起死亡，适宜生长水温为22~42℃，最适生长水温为26~32℃。在最适生长条件下，一般经4~6个月的饲养，个体可达400g以上。食物不足时，有相互蚕食的现象。

尼罗罗非鱼引进我国后已成为常见的水产经济鱼类，目前已经规模化生产，在水产养殖基地常常会发生因经济利益而进行盗窃、抢劫等犯罪行为，在某些犯罪现场也有可能出现它的痕迹。在野生水域，尼罗罗非鱼经常形成大种群，排挤甚至杀死较弱小的当地鱼种，对南方土著鱼类形成强烈竞争，在湖泊和湿地还会影响水鸟的生存。因此，养殖要防逃逸到自然水体中。

图 3.31　尼罗罗非鱼

## 82. 奥利亚罗非鱼

奥利亚罗非鱼也叫金色罗非鱼、蓝罗非鱼、紫金彩鲷、非洲鲫鱼。隶属于鲈形目、丽鱼科。身体侧扁，体色随年龄而加深，从青紫色带金色光彩，而转为紫褐色。喉胸部为灰色。腹白，体侧有暗横带 9~10 条。鳞片中央的色素较四周深，使体侧具有多条纵向排列的点线条纹。背鳍、臀鳍呈暗紫色，均有素色斑点；胸鳍淡灰透明；腹鳍灰黑且长，末端达生殖突；尾鳍具斑点，斑点从接近尾柄处开始，随年龄而向后散布，并由银白色逐渐转向金黄色，尾鳍后缘平截；背鳍和尾鳍边缘呈微红色。奥利亚罗非鱼与尼罗罗非鱼形态上最明显的差别在尾鳍的条纹上。前者为紫色不垂直的点状条纹，后者尾鳍条纹为黑色，且垂直。

奥利亚罗非鱼对低温的耐受能力比较强，临界温度为 7℃左右，致死温度 4℃左右。其耐盐性也比较强，耐盐度可达 5%。其鱼苗主要摄食浮游生物，特别是浮游动物，体长 2cm 后摄食丝状藻类等，鱼种到成鱼主要为杂食。由于它食性广，能消化一些其他鱼类不易消化的藻类和不喜欢摄食的食物，所以池塘养殖可采用施肥与投饲相结合的方法。

1981 年由广州水产研究所和淡水渔业研究中心先后通过香港从台湾引进奥利亚罗非鱼试养。从 1984 年起，逐步向全国推广养殖，较多的是作为杂交亲本使用。

奥利亚罗非鱼引进后已成为常见的水产经济鱼类，目前已经规模化生产，在水产养殖基地常常会发生因经济利益而进行盗窃、抢劫等犯罪行为，在某些犯罪现场也有可能出现它的痕迹。它对土著鱼类有不利影响，要注意防逃逸。

## 83. 红罗非鱼

红罗非鱼也叫彩虹鲷，是尼罗罗非鱼和莫桑比克罗非鱼杂交的一个突变种，体色以红、橙红色为主。

红罗非鱼是广盐性、喜温性鱼类，除了淡水养殖外，还可在半咸水、自然海水中正常生长。一般活动在水体中下层，但在晴天、气温高的中午，喜欢游到水面上活动。最适生长水温为 24~30℃。对低氧环境有较强的适应能力。食性广，但以植物性饵料为主，用肥水养殖或投喂人工饲料均能获得较好养殖效果。

红罗非鱼引进我国后已成为常见的水产经济鱼类，目前已经规模化生产，在水产养殖基地常常会发生因经济利益而进行盗窃、抢劫等犯罪行为，在某些犯罪现场也有可能出现它的痕迹。

## 84. 大口黑鲈

大口黑鲈也叫加州鲈、美洲鲈、美洲大口鲈（图 3. 32）。隶属于鲈形目、棘臀鱼科。身体侧扁，背部稍厚，呈纺锤形，体被细鳞。头骨背面较平坦，下颌稍突出，上下颌内侧布满锯齿状角质化突起；口大，具绒毛状细齿，锐利。其食道和肠粗短，胃发达。体色为淡金黄带黑色；头部、背部散布密集黑色斑，黑斑排列呈带状，从吻端开始直至尾鳍基部；鳃盖上有 3 条黑斑呈放射状排列。

大口黑鲈原产于美国加利福尼亚州，在我国分布于江苏、浙江、上海、山东等地。生活于淡水中。营有性生殖。它是动物食性鱼类，掠食性强。幼鱼期以轮虫、枝角类、桡足类、蚯蚓等为食。稍长大后会捕食小鱼、小虾、昆虫等，在饵料不足时会互相残食。大口黑鲈是温水性鱼类，适温范围为15~28℃，最适生长水温为20~25℃，低于15℃或高于28℃时摄食较差。

成鱼掠食性极强。主要以套养为主，有条件的地区或有单养。管理重点注意防逃逸。

大口黑鲈引进我国后已成为常见的水产经济鱼类，目前已经规模化生产，在水产养殖基地常常会发生因经济利益而进行盗窃、抢劫等犯罪行为，在某些犯罪现场也有可能出现它的痕迹。

图 3.32　大口黑鲈

## 85. 乌鳢（lǐ）

乌鳢也叫乌鱼、黑鱼、生鱼、孝鱼（图 3.33）。隶属于鲈形目、鳢科。身体呈圆筒形，前部圆，后部渐侧扁。头部前端略尖而平扁，被鳞。口裂大，斜向上。背鳍和臀鳍很长，尾柄短；胸鳍较大；尾鳍圆形。上下颌、犁骨具绒毛状细齿，下颌杂有少数犬齿；口盖骨具犬齿1行。侧线在臀鳍起点附近的上方曲折。体灰黑色，侧面有许多不规则的黑斑；头侧有2条纵行黑纹，前鳃盖骨的后下缘有黑色圆点7个；背鳍、臀鳍和尾鳍有黑白相间的花纹。

图 3.33　乌鳢

乌鳢属底栖性鱼类，常潜伏在水深1m左右的青蛙、泥鳅、鲫鱼及各种水生昆虫密集的浅水处。此鱼生命力很强，有时将鱼剖腹去肠后放入水中，还会逃跑，去鳃去内脏洗净后还会挣扎。

乌鳢对不良水质、水温和缺氧等不良环境有很强的适应力。由于它有辅助呼吸器官，可直接呼吸空气中的氧气，因此在混浊缺氧的水体中也能生存，对环境条件要求不是很苛刻。

## 86. 花鲈

花鲈也叫青鲈、鲈鱼、七星鲈。隶属于鲈形目、鮨科。身体呈长纺锤形，稍侧扁，体被小栉鳞。口大，稍斜，下颌长于上颌。背鳍2个，仅在基部相连；腹鳍腹位；尾鳍分叉。侧线完全伸达尾鳍基部。体背侧青灰色，其间散布有若干不规则的黑色斑点；背鳍鳍条部及尾鳍边缘灰黑色。

花鲈属近岸、广盐、广温性鱼类，海水养殖时可与鲻鱼混养，充分利用它们之间摄食习性上的互补性。花鲈较常见的为淡水池塘养殖和淡水网箱养殖两种方式。淡水养殖前，苗种需进行淡化处理。花鲈喜食活鱼，人工养殖可改喂人工配合饲料。

## 87. 淡水石斑鱼

淡水石斑鱼也叫老虎鱼。隶属于鲈形目、丽鱼科。身体色条纹鲜艳，具有很好的观赏价值。体呈纺锤形，口上位，上下颌生细点。躯干两侧各有8条黑纹，垂直黑条纹中央有较黑的色素块。胸鳍淡黄色；腹鳍、背鳍、臀鳍皆有黑色条纹；尾鳍黑色条纹与身体垂直。此外，成鱼体色略带黄色。胸鳍胸位，尾鳍圆形。幼鱼眼眶为红色，并带有银黄色。鳞片为圆鳞，较大。侧线鳞断续。

淡水石斑鱼原产于尼加拉瓜，1976年引入我国台湾省，1996年引入大陆。属肉食性底栖鱼类。

淡水石斑鱼为热带鱼类，越冬水温应在19℃以上。

## 88. 眼斑拟石首鱼

眼斑拟石首鱼也叫美国红鱼、美国红姑鱼、斑尾鲈鱼、黑斑红鲈。隶属于鲈形目、石首鱼科。体呈纺锤形，与大黄鱼相似，不同之处是其体微红，尾柄基部上方有1~4个黑色斑点，尾鳍边缘蓝色。

眼斑拟石首鱼原产于大西洋的萨马诸岛至墨西哥湾的图斯潘。我国于1991年引进。

眼斑拟石首鱼有肉嫩味美、生长迅速、抗病力强、养殖饵料广泛等优点，正逐渐成为一个新兴的热门养殖品种。

眼斑拟石首鱼属广温、广盐、近岸暖水性鱼类，其生长适温范围为8~35℃，最适为16~30℃；盐度适应范围为4%以下，最适为2%~35%；适宜的pH值范围为6~9，最适为7~8；水体溶解氧要求大于3mg/L，最适为6~9mg/L。另外，此鱼对生活水域的总硬度和总氯含量有一定要求。

眼斑拟石首鱼引进我国后已成为常见的水产经济鱼类，目前已经规模化生产，在水产养殖基地常常会发生因经济利益而进行盗窃、抢劫等犯罪行为，在某些犯罪现场也有可能出现它的痕迹。由于它对土著鱼类形成竞争，池塘养殖需有防逃逸的措施。

## 89. 黑鲷（diāo）

黑鲷也叫黑加吉、青郎、黑立。隶属于鲈形目、鲷科。身体呈长椭圆形、侧扁，一般体长10~30cm。侧线上鳞7，侧线鳞51~54。头部外缘轮廓平直，在眼上方不隆起。上下颌前端各有犬牙6个，两侧均具发达臼齿。背鳍鳍棘强硬，臀鳍第二鳍棘特别强大。腹鳍和臀鳍暗色。体被弱栉鳞，全身青灰色掺杂黄色，腹部较淡，体侧具若干条褐色纵纹。

黑鲷属暖温性底层鱼类。幼鱼有雌雄同体现象，在成长过程中逐渐发育成为雌雄异体。分布在北太平洋西部。我国沿海均可生长。

黑鲷杂食性，适应性强，可作为港湾养殖、池塘养殖或网箱养殖的对象，既可单养，也可混养。一般在水温20℃以上时生长良好，17℃以下时生长较慢。饵料为小杂鱼、小虾及配合饵料。

## 90. 真鲷

真鲷也叫嘉吉鱼、铜盆鱼。体长12~28cm。隶属于鲈形目、鲷科。身体侧扁，呈长椭圆形，自头部至背鳍前隆起。体被大栉鳞。左右额骨愈合成一块，前端圆形。背鳍鳍棘不延长，呈丝状。两颌前端具4~6个犬牙，两侧为2行臼齿。犁骨、颚骨及舌上无牙。前鳃盖骨后半部具鳞。全身呈现淡红色，体侧背部散布着鲜艳的蓝色斑点。尾鳍后缘为墨绿色，背鳍基部有白色斑点。

真鲷属暖温性底层鱼类，常栖息于底质为沙泥或沙砾的近海。

真鲷无腥味，特别是颅腔内含有丰富的脂肪，营养价值很高。养殖方式以网箱养殖为主。

## 91. 犬齿牙鲆（píng）

犬齿牙鲆也叫扁口鱼、左口鱼、比目鱼、相鱼、大西洋牙鲆、巨齿牙鲆、狼齿牙鲆。隶属于鱼纲、鲽形目、鲆科。体侧扁、卵圆形。两眼均位于头部左侧，上眼靠近头部背缘，比下眼稍靠后。口大，颌齿1行，呈犬齿状。背鳍始于眼前部上方，背鳍和臀鳍不分支；第一脉沟棘突出，有眼一侧的胸鳍较长，腹鳍位于鱼体底部，较短，略对称。有眼侧被弱栉鳞，无眼侧被小圆鳞。有眼侧体色呈灰黑色，并随栖息环境而发生改变；有眼侧体表有8~10个眼斑（黑色圆斑），背鳍和臀鳍上也均有类似斑点。无眼侧体色呈白色。

犬齿牙鲆原产于北美洲大西洋东海岸一带，在我国各地都有养殖。属广温、广盐性鱼类。适应水温范围为5~30℃，最适水温17~25℃。肉食性，在自然环境中多以小型鱼类为主。稚鱼至幼鱼期以摄食桡足类、糠虾类、端足类、十足类等小型甲壳类为主。对水体的低溶解氧有一定的耐受力。初次性成熟年龄为2龄，繁殖期多在秋季水温下降时，属秋冬季繁殖型。自然产卵水温12~19℃，产卵盛期水温 15~18℃。

犬齿牙鲆是我国引进的水产经济鱼类，在水产养殖基地常常会发生因经济利益而进行盗窃、抢劫等犯罪行为，在某些犯罪现场也有可能出现它的痕迹。

## 92. 六斑刺鲀（tún）

六斑刺鲀也叫刺鲀、刺龟，是体表长着坚硬长棘的鱼类。体长 10~20cm。隶属于鱼纲、鲽形目、刺鲀科。身体为短圆筒形，前部宽而圆，尾部短小。口小。头部和身体上的鳞变为粗的硬棘，能前后活动。背面有 6 个大的黑斑，其中第一个黑斑位于两眼之间。

六斑刺鲀分布于黄海、东海、南海，尤其以南海较为常见。栖息于海水底层。行动缓慢。以寄居蟹等甲壳动物为食。平时棘刺平整地贴在身上，当遇到敌害时，身体会立即膨胀，体表的硬棘也竖立起来，就像一个带刺的圆球，可以保护自己免遭袭击。

六斑刺鲀的肉、内脏及生殖腺等有毒，不能食用。

## 93. 翻车鲀

翻车鲀也叫翻车鱼，是体型奇特的鱼类。体长 100~150cm。隶属于鱼纲、鲽形目、翻车鲀科。身体较大，侧扁，呈卵圆形。体表有粗糙的小鳞片。背侧面为灰褐色，腹侧面为银灰色。口小。眼小。背鳍和臀鳍高大而相对，没有腹鳍。尾鳍退化。

翻车鲀分布于我国黄海、东海、南海，以及世界各大海洋中。行动迟缓，常侧卧于水面上。以藻类、软体动物、甲壳动物、小鱼等为食。幼体生活于深水地带，经过变态变为成体。

## 94. 红鳍东方鲀

红鳍东方鲀又名河豚、黑廷巴、黑蜡头。体长一般为 350~400mm，大的可达 700mm 以上。隶属于硬骨鱼纲、鲀形目、鲀科。体呈圆筒形。头部与体背、腹面均有小刺，背刺区与腹刺区分离。背鳍略呈镰刀形，位于臀鳍稍前上方，鳍内有 17 根鳍条。臀鳍与背鳍形状相同，鳍内有 15 根鳍条。胸鳍近方形，上部鳍条稍长。尾鳍截形。背面和上侧面为青黑色，腹面白色。胸鳍后上方有一个白边黑色大斑，斑的前方、下方及后方有小黑斑。臀鳍为白色，其他各鳍均为黑色。

红鳍东方鲀分布于我国黄海、渤海和东海。为近海底层食肉性鱼类，主食贝类、甲壳类和小鱼。产卵期为 3~5 月。

红鳍东方鲀肉鲜美柔嫩，但卵巢和肝脏有强毒，卵巢的毒性随季节变化而有很大差异，每年 12 月至翌年 6 月，一条 3 150g 的红鳍东方鲀，其卵巢的含毒量可使 12 个人食后致死。红鳍东方鲀肝脏的毒性较卵巢低。肠在 4~5 月有弱毒。血液、精巢、皮肤和肉基本无毒。但食用时仍需慎重处理，要彻底清除内脏，并去掉头、皮，洗净血液。

## 95. 豹纹东方鲀

豹纹东方鲀成鱼体长 200~380mm。身体呈圆筒形，向后渐细狭。头部及体背、腹面均无小刺，皮肤具有瘤状皮质小突起。背鳍一个，呈镰刀状，位于臀鳍稍前上方，有 12~13 根鳍条。臀鳍形状与背鳍相似，鳍内有 10~11 根鳍条。胸鳍宽而短，近似方形，后缘圆凹。尾鳍截形，后缘略凸。身体为草绿色，背侧自吻部至尾鳍基部、侧面自眼下至尾基部均有许多黑褐色斑点，腹面白色，尾鳍后端橘红色。

豹纹东方鲀分布于山东、辽宁和台湾沿海。为近海底层食肉性鱼类。每年春季 2~3 月由近海至沿岸产卵。

豹纹东方鲀毒性强烈，卵巢和肝脏有剧毒。据测定，一条体重为 350g 的豹纹东方鲀鱼，其卵巢和肝脏所含的总毒量能使 11 个人食后致死。因而食用此鱼中毒的危险性很大，食用时必须慎重处理，去头、去皮、除净内脏，洗净血液，经长时间烹煮后才能食用。

## 96. 虫纹东方鲀

虫纹东方鲀又名廷巴鱼、河她、河豚、气鼓子、辣头鱼、鸡抱、龟鱼。体长一般为150~280mm，最大体长在300mm以内。体呈圆筒形。头及身体光滑，无小刺及瘤状突起。背鳍一个，呈镰刀形，始于肛门后上方，有13~14根鳍条。臀鳍与背鳍形状相同，基底与背鳍底相对，有11~13根鳍条。胸鳍宽而短，近似方形。尾鳍截形。身体为灰褐色，背侧有许多圆形和大小不一的淡蓝色和白色斑点，有些白斑呈条状或虫纹状，分布不规则。胸鳍后上方有一个褐色斑块，背侧有一条不明显的褐色横带，连接左右两个斑块。身体下侧面为黄色，腹面为白色。除臀鳍和尾鳍下缘为白色外，各鳍均为黄色。

虫纹东方鲀分布于我国沿海一带。栖息于近海及河口咸淡水中，有时也进入江河。它有气囊，遇到敌害时能使腹部膨胀。4~5月为产卵期。

虫纹东方鲀的毒性强烈，卵巢和肝脏有剧毒。据测定，一条体重为400g的虫纹东方鲀鱼，其卵巢和肝脏的总含毒量能使5个人食后致死。它的皮肤和肠也有毒，精巢无毒，肉一般无毒，但在4~5月个别的肉有弱毒。因此食用时要慎重处理。须将内脏、血液、头部、皮肤除去，洗净后才能食用。

## 97. 铅点东方鲀

铅点东方鲀又名廷巴、蜡头、花龟鱼。体长一般为150mm左右。体呈圆筒形，它的头部及体背、腹面均密被小刺，背刺区与腹刺区连接成一片。背鳍略呈镰刀形，始于肛门后上方，有12~13根鳍条。臀鳍与背鳍的形状相同，基底相对，有11~12根鳍条。胸鳍宽短，近似方形。尾鳍截形，后缘微凸。它的头及体背侧面为黄褐色，有淡绿色大小不一的圆斑；圆斑边缘黄褐色，形成网纹。在眼间隔、项部、胸鳍后上方的背部、背鳍前方和基部以及尾柄上有6条黑褐色宽横纹。胸鳍后上方的黑斑不显著。

铅点东方鲀产于我国各地沿海。为底层食肉性鱼类，主食贝类、甲壳类、头足类和小鱼。

铅点东方鲀的肉鲜美柔嫩，但卵巢和肝脏有剧毒，它的肝脏毒性比卵巢强。例如，在2月产卵期间，一条体重为250g的铅点东方鲀，它的卵巢及肝脏的总含毒量能使7个人食后致死。铅点东方鲀的精巢、皮肤及肠也有强毒。

## 98. 短吻三刺鲀

短吻三刺鲀又名海儿鱼、炮台架、皮匠刀、羊鱼、羊仔、绒皮鱼。体长为42~197mm，体侧扁，长椭圆形。头短、侧视呈三角形，头高大于头长，上下颌各有两行牙，外行牙8~10个，形状近似门齿；内行牙2~4个，形状近似臼齿。有两个分离的背鳍，第一个背鳍起点位于胸鳍基底上方，有4~5根鳍棘，第一个棘强大，第二个背鳍有23根鳍条。臀鳍有19根鳍条。两腹鳍各具有一个粗大的鳍棘。尾鳍深叉形。头及体背侧为浅黄灰色，第一背鳍下方有一个大黑斑。胸鳍和尾鳍均为黄色。腹部为银白色。

短吻三刺鲀分布于我国沿海一带。

## 99. 热带鱼

热带鱼是分布于热带地区的鱼类，很多种类被人们广泛饲养，用于观赏。有500~600种，如红莲灯鱼、神仙鱼、黑玛利鱼等。大部分为淡水鱼类，有些原产于海水中的种类，由于经过人们长期驯化，也能在淡水中生活。

热带鱼大多原产于亚洲东南部、非洲、中美洲和南美洲等地。从2000多年前就在古埃及、古罗马等地饲养，现在已经传播到世界各地。我国饲养热带鱼也有70多年的历史。

## 100. 鳜（guì）鱼

鳜鱼又名桂鱼、白桂、季花鱼、胖鳜、翘嘴鳜、鳌花鱼、母猪壳。体长 240mm 左右，体型呈纺锤形。头大，口大，下颌向上突出，口内有排列极密的牙齿。前鳃盖骨的后缘上有刺突。鳃盖发达，鳞片细小。背鳍有 12 根鳍棘，臀鳍有 3 根鳍棘，腹鳍有 1 根鳍棘。各个鳍均为大型。尾鳍呈圆形。体色背部为橄榄色，腹部灰白色。体侧有不规则褐色斑点和斑块。头的两侧各有一条黑色带自吻端穿过眼眶至背鳍前方基部。背鳍、尾鳍和臀鳍具有小斑点。

鳜鱼分布于全国各地淡水水域。生活于江河湖泊及水库中，为食肉性鱼类，主食各种小型鱼类，也食虾类。性情凶残，有时吞食同种鱼类。

鳜鱼的 12 条背鳍棘、3 条臀鳍棘、1 条腹鳍棘均为毒棘。各个鳍棘各有一对前侧沟及侧沟，沟宽而深。鳍棘外包皮膜，皮膜中有毒腺。人被它刺伤后肿痛剧烈，发热、畏寒，为淡水刺毒鱼类中刺痛最严重者之一。

## 101. 金钱鱼

金钱鱼又名金鼓（图 3.34）。体长一般为 10cm 左右，大的可达 28cm。体高而侧扁，略呈六边形。口位于前端。牙细、刚毛状，有 3 个牙尖，上下颌牙呈宽带状排列。背鳍鳍棘部与鳍条部之间有深凹刻。背鳍有 11～12 个鳍棘和 16～17 根鳍条，前方有一个向前的倒棘。臀鳍有 4~5 个鳍棘、13～14 根鳍条，体为褐色，体侧有黑色近似圆形斑块，背鳍、臀鳍和尾鳍也具有黑斑。

图 3.34　金钱鱼

金钱鱼产于我国东海和南海。生活于近岸岩礁或海藻丛生处的海域。常进入咸淡水中或河流中。

金钱鱼的背鳍棘、臀鳍棘和腹鳍棘均为毒棘。各鳍棘有侧沟，沟内有毒腺组织。该鱼毒性强，人被它刺后伤口剧痛，可达 2～3 小时，局部红肿，伤肢发绀，全身乏力。金钱鱼为海洋主要的刺毒鱼类之一。

## 102. 日本鬼鲉（yóu）

日本鬼鲉又名海蝎子、老虎鱼。体长 200mm。吻钝短，头长短于头宽，头侧和下颌下方有许多发达的皮须。头部具有许多粗钝棘突。鳃盖膜分离，与峡部相连。体光滑无鳞。背鳍有 16～17 个鳍棘、6~7 根鳍条，臀鳍有 2 个鳍棘、8～10 根鳍条。胸鳍宽大，下方有 2 根指状游离鳍条。腹鳍有 1 个鳍棘、5 根鳍条。

日本鬼鲉产于我国各地沿海。体色随栖息深度的不同而变化，在近岸浅水区呈黑褐色；在外海深水区呈红色或黄色。为近海底层食肉性小型鱼类，主食甲壳类和小鱼。

日本鬼鲉肉味鲜美，可供人食用，但鳍棘和头部棘突有毒。各鳍棘有高锐的前纵嵴，嵴的两侧各有一个前侧沟，沟内有发达的毒腺组织，在鳍棘末端膨大呈囊状。鳍棘末端露出，其余部分为厚皮膜所盖。日本鬼鲉鳍棘和头部棘突毒性很大，被刺后毒液通过棘刺上的侧沟，注入人体，产生剧烈阵痛，有时持续数天，并发热畏寒，并发全身性阵痛。

## 103. 玫瑰毒鲉

玫瑰毒鲉，又名老虎鱼，体长 330mm。体型粗大，后部略侧扁。头部具有粗钝的棘突，口裂垂直，上下颌有绒毛状牙群。鳃盖膜与峡部相连。头及身体为厚皮膜所盖，并形成一些分散的不规则皮突。背鳍有 13 个鳍棘、6~7 根鳍条；鳍棘尖强，末端露出。臀鳍有 3 个鳍棘、5～6 根鳍条。腹鳍有

1 个鳍棘、4~5 根鳍条。尾鳍弧形。体为红黄色或褐色，体侧有 3 条褐色横带，并有不规则的斑块。

玫瑰毒鲉产于我国南海。为热带近海底层食肉性鱼类，它生活于潮间带水域，礁石、珊瑚礁中。体态与周围环境相似，适于隐蔽，便于捕捉海底小鱼、甲壳类等动物为食。

玫瑰毒鲉的背鳍棘、臀鳍棘、腹鳍棘为毒棘。各鳍棘每侧各有 1 个前侧沟，沟内有发达的毒腺。鳍棘毒性强烈，是刺毒鱼类中毒性最强的种类之一。人被它刺伤后比较危险，如不及时抢救，可危及生命。

## 104. 眼斑雀鳝

眼斑雀鳝也叫雀鳝、鸭嘴鳄。隶属于雀鳝目、雀鳝科、雀鳝属。大中型淡水鱼类。一般体长 50~800cm，体重 1 000~3 000g，最大的体长可达 2~3m。体较长，稍侧扁。上、下颌延长形成长的喙。具有尖锐、大小不同的牙齿。鼻孔开于上颌前端。背鳍和臀鳍短小，均位于体的后方，互为相对。体被硬鳞。体青灰色，背部及体侧具暗色纵列斑纹。

眼斑雀鳝原产于北美洲的五大湖区。我国在上海、山东、浙江等地有饲养。它是一种生活于热带的淡水鱼，性凶猛，肉食性，常躲在水底植物丛中，遇到小鱼、虾等食物，即迅速扑向捕获。捕食时，它会一动不动地装死，直到猎物靠近它时才发起致命的一击，然后围着被咬死的鱼转一至两圈后再将其吃掉。每年 5~6 月为产卵季节，雌鱼把卵产在水生植物或砾石上，卵为黏性。繁殖能力不算很强，但幼鱼成活率颇高。它的鳔蜂窝状与食道背面相连，若遇上干旱缺氧时，可用鳔暂时呼吸，所以能在陆地上短时间生存。属“活化石”鱼类之一。肉质粗劣，很少被人食用。但因体型特殊，多作为观赏鱼类。

眼斑雀鳝的卵有剧毒，一旦有人误食，可能致死。极为凶残，总爱躲在水草中伺机吞食其他鱼类，在它生存的地方很少有其他鱼类存在。它的引进及繁殖必须十分慎重，如果控制不好，很可能对水产养殖造成严重后果。

眼斑雀鳝是我国引进的观赏鱼类，在观赏鱼养殖基地常常会发生因经济利益而进行盗窃、抢劫等犯罪行为，在某些犯罪现场也有可能出现它的痕迹。

## 105. 鳕（xuě）鱼

鳕鱼又名大头鱼、大口鱼。体长达 70cm 左右。身体长而侧扁，头大，口大，上颌略长于下颌。上下颌及犁骨均有绒毛状牙。颏部有须一条。身体上有细小圆鳞，侧线鳞不显著，在胸鳍上方，前部较高，到第一个臀鳍向下弯曲。背鳍有 3 个，臀鳍 2 个。3 个背鳍鳍条分别为 13~15 条、16~20 条、15~21 条；两个臀鳍的鳍条分别为 17~22 条、16~20 条，胸鳍鳍条 19~20 条；腹鳍鳍条 6 条；尾鳍鳍条 19 条。鳕鱼的体背侧为黄褐色，有很多小黑斑。腹侧为灰白色。

鳕鱼分布于我国黄海及东海。

## 106. 蓝圆鲹（shēn）

蓝圆鲹又名池鱼、棍子、黄尾等。体长约 30cm，身体呈纺锤形，稍侧扁。头长大于体高。吻锥形。脂眼睑发达，仅瞳孔中央露一长缝。身体上有小圆鳞。第一个背鳍有 8 根鳍棘，第二个背鳍有 1 根鳍棘、30~34 根鳍条。臀鳍与第二个背鳍的形状相同，有 1 根鳍棘、26~31 根鳍条，前方有 2 根粗棘。侧线后部有棱鳞。背部为蓝灰色，腹部银白色，鳃盖后上角有一个黑斑。第二个背鳍前部尖端有一个白斑。

蓝圆鲹分布于我国各地沿海。为暖水性中上层鱼类，有洄游习性。游泳迅速，喜欢结群，有趋光性。

蓝圆鲹鱼肉组氨酸含量较高，由于保管不当，被某些细菌污染，加速了组氨酸的分解，产生大量的组胺，使人食后能发生过敏性食物中毒。蓝圆鲹鱼肉组胺中毒一般是在食后 10 分钟至 1 小时内发生，患者感到头晕、胸闷、舌麻变大、面部潮红、心跳快、全身无力、四肢发麻、口渴、恶心。一般6~8小时自愈，一般不会死亡。1965年在广东省湛江地区曾经发生食蓝圆鲹鱼肉而引起严重中毒反应造成死亡的病例，但这是十分罕见的。近年来，在江苏、浙江、上海等省市也发生多起中毒事例。因此，发现这类鱼不新鲜时，不要食用。

### 107. 鲐（tái）鱼

鲐鱼又名鲐巴鱼、青花鱼、油胴鱼等。体长一般为35~40cm，最大个体可达60cm。身体粗壮，呈纺锤形。身体上有细小圆鳞，胸部鳞较大。背鳍两个，第一个背鳍有9条细弱鳍棘，第二个棘最长。第二个背鳍和臀鳍的形状相同，后方各有5个小鳍。第二个背鳍有1根鳍棘、10~11根鳍条。尾鳍深叉形，基部每侧各有两条小隆起嵴。体背为青绿色，腹部银白色，体背侧有深蓝色不规则斑纹，背鳍、胸鳍和尾鳍均为灰褐色。

鲐鱼分布于我国各地沿海。为远洋暖水性中上层鱼类，生殖季节在黄海为5~7月，东海南部为4~5月。

鲐鱼肌肉含组氨酸较高，夏季易变质，若保存不当极易分解产生组胺，人食后会引起过敏性食物中毒，一般不会导致死亡。

### 108. 竹荚鱼

竹荚鱼又名刺鲅、山鲐鱼、刺公等。体长为32~38cm，侧线上被有棱鳞，棱鳞高而强。第一个背鳍有1根向前平卧棘与8根鳍棘。第二个背鳍有1根鳍棘、30~33根鳍条。臀鳍与第二个背鳍的形状相同，有1根鳍棘、26~30根鳍条，其前方另有2根短棘。胸鳍呈镰刀形。体背部青黄带绿色，腹部银白色。鳃盖后上缘有一个明显黑斑。各鳍草绿色。

竹荚鱼分布于我国各地沿海。为中上层洄游鱼类，在南海生殖期为12月至翌年4月，黄海北部为5月下旬至7月中旬。

竹荚鱼的体内组氨酸含量高，如果鱼体不够新鲜，或放置时间过久，鱼肉组氨酸分解为组胺，人食后会引起过敏性食物中毒。

### 109. 薄颌光唇鱼

薄颌光唇鱼又名石斑鱼、罗丝鱼。最大体重可达150余克。体长而侧扁，腹部呈浅弧形。成体吻部具有粒状角质突起。下颌短于上颌，边缘近似弧形。上唇褶软厚、光滑，下唇褶较发达，里侧具有一条深沟，左右不连续。有两对须。身体上有圆鳞。背鳍起点前于腹鳍起点，有3根不分支和8根分支的鳍条；第三根不分支鳍条骨化，扩大，后缘有锯齿。体侧为黄棕色，有6条灰黑色横带，成体横带不明显。头部和背部为灰黄色，腹部银白色。背鳍淡黄色，近边缘处为红色，鳍膜黑褐色，胸鳍和腹鳍淡黄色，尾鳍和臀鳍黄色。

薄颌光唇鱼栖息于石砾底质的山溪中，一年产卵两次，产卵期为5~6月及9~10月。它分布于我国福建、浙江等省的淡水河川中。

薄颌光唇鱼肉味鲜美，可供人食用。但卵有毒，人误食后会引起中毒，其症状为腹泻、腹痛、头晕、呕吐等。猫和鸡食鱼卵后都会中毒死亡。

### 110. 温州厚唇鱼

温州厚唇鱼体长为150~200mm。体侧扁，吻部突出、尖长。上颌长于下颌，口下位，呈马蹄形，有两对须。上下唇均有角质层。身体上有圆鳞。背鳍有3根不分支和8根分支的鳍条；第三个不分支鳍条粗大，后缘有锯齿。体为暗褐色，腹面银白色。体侧有6条暗褐色垂直条纹，条纹较狭，上下宽度一致。背鳍鳍膜黑色，腹鳍和臀鳍为淡红色。

温州厚唇鱼分布于福建、浙江省淡水河川中。生活于石砾底质溪流中，用下颌铲食石块上的藻类、苔藓类。春天产卵。

温州厚唇鱼的肉可供人食用。卵有毒，一般加热不易破坏其毒素。人、畜误食后会引起中毒。

## 111. 条纹光唇鱼

条纹光唇鱼身体长而侧扁，腹部圆形。吻圆钝，上颌比下颌长，口呈马蹄形，位于吻的下方，上唇褶柔软光滑，下唇褶较发达。有两对须。身体上有圆鳞。背鳍有3根不分支和8根分支的鳍条；第三不分支鳍条扩大，后缘有细锯齿。体为灰褐色，下侧面淡黄色，腹面白色；体侧有横带6条，暗褐色纵带1条。雄鱼纵带明显，横带不显著；雌鱼纵带仅后部稍明显，横带显著。

条纹光唇鱼分布于我国江苏、浙江、福建、台湾等省溪流中。喜欢生活在水清流急的河溪中，常用下颌铲食石块上的苔藓及藻类。产卵期为6~8月，在浅水急流中产卵。

条纹光唇鱼的卵有毒，人误食鱼卵会引起中毒。猫、鸡等动物食鱼卵会引起死亡。例如，用2mL鱼卵浸提液注射体重为2.5kg的白兔，或用0.4~0.8mL鱼卵浸提液注射小白鼠皮下，均能引起死亡。鱼卵浸提液煮沸5分钟后仍然有毒性，能使小白鼠在2小时内死亡；但长时间加热能将毒素破坏。

## 112. 小头单列齿鱼

小头单列齿鱼身体较长，体长为体高的6.2~7倍。口下位，呈弧形。无须，咽头齿一行，呈铲状。体裸露无鳞。背鳍有3根不分支和8根分支的鳍条；不分支鳍条骨化像棘状，后侧缘各有28~33枚锯齿。身体上半部为铅灰色，有暗斑，下部为银白色。

小头单列齿鱼产于我国金沙江上游、青海通天河。

小头单列齿鱼的肉可以食用，鱼卵及卵巢有毒，人、畜食用鱼卵或卵巢可引起中毒死亡。生殖季节不能捕捞和食用。

## 113. 黄边裸胸鳝

黄边裸胸鳝体长1.5m。体肥呈圆筒形。头短小，口大，两颌有尖锐锥形牙齿，上颌每侧一行，有11~15个牙，下颌每侧有15~20个牙。犁骨也有两行细小锥形牙。鳃孔呈细小裂缝状。皮肤光滑无鳞。背鳍起点在鳃孔前上方，背鳍、臀鳍和尾鳍相连，无胸鳍。体为黄褐色，有密密麻麻的暗褐色小斑点，斑点互相愈合成大的斑块。

黄边裸胸鳝产于台湾省及南海诸岛。为暖水性大型鱼类，常栖息于珊瑚礁中。

它的毒性强烈，人吃200g黄边裸胸鳝的肉就会中毒死亡。

## 114. 斑点裸胸鳝

斑点裸胸鳝体长1m。体侧扁。吻短、口大。两颌有尖锐小牙，上颌有两行牙，下颌有一行牙。犁骨有一行细小的牙。鳃孔呈斜裂缝状。皮肤光滑无鳞。背鳍起点在鳃孔前上方，背鳍、臀鳍和尾鳍发达、相互连接。斑点裸胸鳝体色变化较大，一般为褐色，有黄色或白色小斑点。

斑点裸胸鳝产于我国台湾、广东省和南海诸岛。栖于珊瑚礁中。

斑点裸胸鳝的肉有强烈毒性，误食后会引起严重中毒，甚至会死亡。

## 115. 白斑笛鲷

白斑笛鲷身体侧扁，眼大。上下颌有小细牙，排列成牙带，上颌前端的两个牙较大，犁骨及腭骨都有牙。体上有栉鳞，头顶无鳞。背鳍一个，有10根鳍棘、13根软鳍条；臀鳍有3根鳍棘、8根软鳍条。胸鳍尖长。白斑笛鲷的体背侧为暗紫褐色，腹侧为红褐色。

白斑笛鲷产于我国南海诸岛。生活于近海珊瑚礁及岩礁中。

白斑笛鲷的肉有毒，毒性强弱与鱼体的大小有关，鱼的体重在 5kg 以上者 100%有毒，体重在 1kg 以下者约 25%有毒。鱼的雌雄、产卵期与毒性无关，一般内脏毒性大，肝、肠和精巢的毒性大于肌肉。

## 116. 玉梭鱼

玉梭鱼体长而侧扁，口大。上颌和犁骨有大犬牙。腹部有坚硬的隆起线。身体上有小圆鳞和骨质棘状物，无侧线。背鳍有两个，鳍棘部分低矮，鳍条部分前方较长，在它的后面有两个小鳍。臀鳍和背鳍鳍条部相对，后面有两个小鳍。玉梭鱼体为紫褐色，腹部灰白色。

玉梭鱼广布于世界暖海的较深海区，在我国产于南海。

玉梭鱼的肉含脂质高，呈蜡状，人食后会引起中毒，造成急性腹泻，因此不要食用。

## 117. 长吻鮠（wéi）

长吻鮠也叫江团、肥沱、回王鱼。隶属于鲇形目、鮠科。身体延长，腹部浑圆，尾部侧扁，体型大致似海中的鲨鱼。头长，吻呈扁锥形突出。口下位，新月形，唇特别肥厚。有须 4 对。全身光滑无鳞，体表黏液腺发达。眼小并被皮肤覆盖。体呈粉红色，背部略带灰色，腹部白色，各鳍青灰色。背鳍和胸鳍有硬棘，背鳍棘的后缘有锯齿，胸鳍棘的前缘光滑、后缘有弱小锯齿。与多数鱼只有 1 个背鳍不一样，长吻鮠臀鳍上方有肥厚的脂鳍。

长吻鮠属底层鱼类，喜集群，性温和，个体间和睦相处，无相互蚕食现象。生长速度较快。生存水温为 0~38℃，能在池塘里自然越冬，即使在我国北方地区，只要水深保持在 1m 以上，表层结冰也不会被冻死。

长吻鮠鳔特别肥厚，无鳞且无细刺，历来被人们公认为鱼中珍品。

## 118. 沙塘鳢（lǐ）

沙塘鳢也叫塘鳢、虎头鲨、湍鱼、蒲鱼、土布鱼。隶属于鲈形目、塘鳢科。身体粗壮，前部浑圆，后部侧扁。头大，稍平扁。眼较小，上位。口大，斜向上，下颌向前突出，两颌具细齿。胸鳍大；腹鳍胸位，左右分离；背鳍 2 个，彼此分离；尾鳍圆。体侧与背部被栉鳞，腹部被圆鳞。体色一般暗灰色，腹部浅灰色。

沙塘鳢属底层鱼类，喜隐居于河湖泥沙石和杂草相混的隐蔽处。成鱼主食虾类。雄鱼有守巢护卵的习性。

近年来各地将沙塘鳢作为名优小品种养殖，取得较好收益。大多采用在养殖河蟹、青虾和“四大家鱼”等的池塘中混养方式养殖，不仅可用以捕食池中的野杂鱼，还可增加放养品种及产量，提高经济效益。

## 119. 短盖巨脂鲤

短盖巨脂鲤也叫淡水白鲳、淡水鲳。隶属于脂鲤目、脂鲤科。身体侧扁，椭圆形。头较小，口端位，口内上颌具切割型指状小齿 2 行。背较厚，腹部窄扁而圆。体色银灰，胸部为橘红色；臀鳍红色，尾鳍边缘带黑色。体被细小圆鳞。鱼种体表有星斑，成鱼星斑消失，呈现红鳍、白身、黑尾、银鳞四色相配，还有浅蓝色斑纹，显得极为美观，很具观赏性。

短盖巨脂鲤原产于南美亚马孙河，在我国各地从南到北都有养殖。食性颇广，杂食性，而且食量颇大，而活食常是它最主要的追逐目标。淡水白鲳不耐低温，生活在水域的中、下层，喜群居和群游。耐低溶氧，但不耐低温，16℃时才能正常摄食，最适温度为 28~30℃。喜生活存微酸性水中，在 pH 值为 5.6~7.4 都能适应。成鱼养殖方式主要有池塘主养、成鱼池混养、鱼种池套养和利用流水或网箱高密度集约化养殖。

短盖巨脂鲤是热带和亚热带食用、观赏的大型鱼类，味美可口，营养价值高。鱼肉味鲜美，又具有生长快、食性广、个头大、抗病能力强等优点，故受养殖者与垂钓者的青睐。

短盖巨脂鲤引进我国后已成为常见的水产经济鱼类，目前已经规模化生产，在水产养殖基地常常会发生因经济利益而进行盗窃、抢劫等犯罪行为，在某些犯罪现场也有可能出现它的痕迹。由于它对土著鱼类形成竞争，池塘养殖需有防逃逸的措施。

## 120. 细鳞肥脂鲤

细鳞肥脂鲤也叫细鳞鲳、淡水黑鲳。隶属于脂鲤目、脂鲤科。

细鳞肥脂鲤原产于巴西南部的巴拉那河与巴拉圭河水系。在原产地其最大个体全长 82cm，体重 18kg。与淡水白鲳在外形上区别是：细鳞肥脂鲳鱼体腹部为橘黄色，侧线鳞数多，鳞片细而密，而淡水白鲳鱼体腹部为橘红色，侧线鳞数相对少而粗。

细鳞肥脂鲤生长快，产量高；食性杂，养殖成本低；易捕捞；肉味鲜美；而最低适温范围为9~36℃。

## 121. 纳氏锯脂鲤

纳氏锯脂鲤也叫食人鱼、噬人鲳、红食人鲳、红腹锯脂鲤。隶属于脂鲤目、脂鲤科、肥脂鲤属。身体左右侧扁，前后呈卵圆形，最大体长仅 32cm 左右。体色变化大，成鱼背侧面呈蓝灰色的光泽。幼鱼体侧呈现灰绿色，背部为墨绿色，喉部和胸腹部为朱红色。下颚齿只有 1 行，牙齿锐利、呈三角形，下颌齿有 28~31 枚；上、下颌闭合时，呈锯齿状嵌合。

纳氏锯脂鲤原产于巴西亚马孙河流域。在我国从南到北多数省市均有发现，做养殖、垂钓、销售和展出之用。对水质要求不严，喜欢弱酸性软水，生长适宜水温为 22~28℃。这种鱼群体觅食，主食个体比较小的鱼，猎食水中任何移动的东西，尤其对血腥味敏感，任何一点血腥味都会激起群体狂暴的攻击。体质强壮，易饲养，但不能与其他鱼共养。

纳氏锯脂鲤在原产地亚马孙河流域，成群的纳氏锯脂鲤常在短时间内将误入水中的动物吃得只剩白骨，甚至将误入水中的人也吃掉。在我国，纳氏锯脂鲤咬伤饲养人员和养殖爱好者的情况也时有发生。更为严重的是，纳氏锯脂鲤对水域生态环境的潜在危害不可低估。体质强壮、对水质要求不严的纳氏锯脂鲤在南方广大地区都能找到适宜其繁殖生长的气候条件和水体，一旦流入自然水域将打破现有的生物链，威胁我国的本土鱼类，破坏现有的鱼类区系，降低生物多样性，而且会对我国渔业资源和生产造成重大损失。

## 122. 小口脂鲤

小口脂鲤隶属于脂鲤目、无齿脂鲤科。身体侧扁，体型似鲤，体色银白，尾叉形，体长为体高的 3 倍左右，成鱼一般长 30cm，侧线鳞 45，胸、腹、臀鳍为红色，背鳍和尾鳍末端发红，中间有一脂鳍。

小口脂鲤原产于南美洲的巴西、巴拉圭、阿根廷等国的湖泊、水库中。属温水性鱼类，适温范围 9~36℃，对水质要求不高，耐低氧，pH 值要求为 6~7.5，适合在较肥的池塘中养殖。杂食性，偏植物性，饵料可人工投喂豆饼、菜饼、麸皮和人工配合饵料等。

我国于 1998 年从巴西引进。适应性强，生长速度快，食性广泛，抗病力强，易起捕，肉质细嫩，具有很大的推广前景。

## 123. 鲻（zī）鱼

鲻鱼也叫乌头、乌鲻。隶属于鲻形目、鲻科。身体粗壮延长，呈圆筒形。头短，前部扁平。眼中大，脂眼睑发达，眼旁一圈呈白色。口下位，呈“人”字形。牙细小，绒毛状。体被大型弱栉鳞，头部被圆鳞。背鳍2个，第1背鳍起点距吻与距尾鳍基约相等；胸鳍位置较高，与眼平；尾鳍叉形，后缘缺刻深。体呈青灰色，体侧下方及腹部银白色，体侧上半部有几条暗色纵条纹。各鳍浅灰色，胸鳍基部有一黑色斑块。

鲻鱼属广盐性鱼类，在淡水中也能很好生长。在池塘中养殖多与其他鱼类混养。

## 124. 食蚊鱼

食蚊鱼也叫蚊子鱼、大肚鱼、裂肚鱼、柳条鱼（3.35）。隶属于鳉形目、胎鳉科。身体长形，略侧扁。头短宽。吻短。眼大，侧上位，眼间平坦。口小，上位；齿细小。2个鼻孔位于眼上缘的前上方。体及头均被圆鳞。背鳍位于背部中央稍后方；臀鳍基短，位于背鳍前下方，雄鱼臀鳍的第3~5条延长变成输精管；胸鳍呈尖刀形，位于头侧中后下方；尾鳍圆形。

图3.35　食蚊鱼

食蚊鱼为小型胎生鱼类，原产于美国南方、中美洲和西印度群岛，现在在我国大部分小水体中均有分布。生活在沼泽、池塘等静水或缓流水的表层，喜食昆虫幼体及小型甲壳类。人们利用其特性，投放在孑孓多的水体中，以控制蚊子的繁殖。它们属卵胎生鱼，其特点是雌鱼直接产下小鱼而不产卵。

食蚊鱼的食欲很大，杂食性，生长快，繁殖力强，对生态位相似的当地鱼类造成相当压力，更会袭击体型比自己大1倍的鱼类。在华南地区，危害当地青鳉的生存，甚至影响当地蛙类、蝾螈等两栖动物的生存。

食蚊鱼是我国为了消灭蚊虫引进的鱼类，并在西湖放养，自然繁殖，在某些犯罪现场也有可能出现它的痕迹。

## 125. 玻璃鲇

玻璃鲇又叫玻璃猫、鬼魂鱼，体长大8~11cm，最大可达15cm。身体似一片柳叶，通体透明如同玻璃，有浅蓝色光泽。可以清晰地看见甚至数出它的脊椎骨的数目和内脏器官，用放大镜甚至能看到它的心脏搏动的情况。深红紫色的肩斑也出现在鳃盖后面。背鳍尚未完全发育，而臀鳍极长，终止于深叉状尾鳍根部。身体各内脏被挤于前面，收藏于一银色袋中。嘴边有两条细长触须。

玻璃鲇原产于印度尼西亚的婆罗洲、爪哇、苏门答腊，以及马来半岛和泰国的河流之中。性情胆小、怯懦，喜欢群聚，所以最好进行群养。它们大多在水的中层活动，在阳光下尤其活跃，会不停地游动。游泳时常尾部下垂，如同跳舞一般。

玻璃鲇体质强健，饲养容易。饲养时的适宜水温为22~28℃。玻璃鲇对在水质上的变化是高度敏感的，pH度应在6.5~7.5，即弱碱而稍带硬度的水质。

我国各地水族馆中有饲养和展出。

## 126. 红鼻剪刀

红鼻剪刀又叫红吻半线脂鲤、红鼻鱼，是一种气质高雅的小型观赏鱼，成体的体长为3~4cm，最大可达5cm。头部红色，吻部鲜红色，十分可爱。它的全身为银白色，近似透明，尾鳍上有黑白相间的花纹，像一把剪刀，因此而得名。身体上具有5条黑条纹和4条白条纹。

红鼻剪刀原产于南美洲的巴西，属于热带鱼类，通常在水的底层活动。身体强壮，容易饲养，群游效果非常好。它的性情温和，可与同体型同性格的小型鱼混养。为杂食性，在野生环境中喜欢吃水面上的小昆虫。卵生，每次产卵100~200粒。但在饲养条件下繁殖比较困难，极难产卵，即使偶尔产卵，孵化情况也不佳。

我国各地水族馆中有饲养和展出。

## 127. 红绿灯

红绿灯又叫红莲灯、霓虹灯、红灯鱼等，是热带鱼类中较著名的观赏鱼类（图 3.36）。体长 3~4cm。身形娇小，鳍不大，尾鳍呈叉形。臀鳍比背鳍长，胸鳍圆扇形。全身笼罩着青绿色光彩，从头部到尾部有一条明亮的蓝绿色带，体后半部蓝绿色带下方还有一条红色带，腹部蓝白色，红色带和蓝色带贯穿全身，光彩夺目。当它游动时，身体时红时绿的亮光，有如霓虹灯，故名。在不同的光线下或不同的环境中，其色带的颜色时深时浅。

图 3.36 红绿灯

红绿灯原分布于秘鲁、哥伦比亚、巴西等地的亚马孙河流域上游一带。性情温和，喜欢集体活动，育几十尾一群，在水族箱的中下层成群不停地欢快游动，可与其他品种鱼混养，但最好与体型、习性相近的鱼一起放养。饲养水温 22~24℃，水质微酸性软水，水色要求清澈透明。饵料以小型活食为主，但对饵料不苛求，鱼虫、水蚯蚓、干饲料都肯摄食。亲鱼性成熟年龄为 10 个月。卵生，每次产孵 200~300 粒。一般第二天黎明孵出仔鱼，4~5 天后仔鱼游动觅食。

我国各地水族馆中有饲养和展出。

## 128. 七彩神仙鱼

七彩神仙鱼又叫铁饼、七彩燕，隶属于慈鲷科（图 3.37）。体长 12~20cm。身体近圆形，高而薄，极侧扁。身体的基色是银白色，体色丰富多变，有以红色为主基调的红七彩，以棕色为主基调的棕七彩，以蓝色为主基调的蓝七彩，并以红、黄、蓝、绿、黑、棕、白、紫色等为点缀，花色繁多。通常从鳃盖到尾柄，分布着 8 条间距相等的棕红色横条纹。

图 3.37 七彩神仙鱼

原产于南美洲亚马孙河流域的水域内，在当地一般吃蚊子的幼虫、丝蚯蚓、水蚤、水生昆虫、生苔等食物，是杂食性鱼类。饲养水温一般以 28~30℃为宜，自然条件下一年四季很难达到这一要求，所以要用加热棒，特别是北方地区。适宜水质 pH 值为 6~6.5。

我国各地水族馆中有饲养和展出。

## 129. 神仙鱼

神仙鱼又叫燕鱼、天使、小神仙鱼、小鳍帆鱼等，体长 12~18cm，体高可达 15~20cm（图 3.38）。头小而尖体侧扁，呈菱形。背鳍和臀鳍很长很大，挺拔如三角帆，故有小鳍帆鱼之称。从侧面看神仙鱼游动，如同燕子翱翔，故又称燕鱼。神仙鱼腹鳍已演化成触须，色白柔软，长如流苏。尾柄短，尾鳍后缘平直，上下端略长。胸鳍无色透明，体表基调色为银白带黄，腹部银白，背部淡金黄色，体侧各有 4 条黑色粗纹，第一条穿过眼眶，第二条在背鳍和臀鳍基部前缘，第三条从背鳍末端至臀鳍

图 3.38 神仙鱼

末端，第四条在尾柄基部。眼部黑眼珠外圈虹膜呈红色，上有一黑色细绒条。

神仙鱼原产南美洲的秘鲁、圭亚那、巴西等地的亚马孙河流域一带。性格十分温和，在弱酸性水质的环境中可以和绝大多数鱼类混合饲养。卵生。每次可产 400~1 000 粒卵。受精卵经过 2 天时间即可孵化成仔鱼，刚孵化出的仔鱼不会游泳，靠吸收卵黄囊继续发育，要在附着物上停留 1 周时间。

我国各地水族馆中有饲养和展出。

## 130. 红尾鲇

红尾鲇也叫红尾鸭嘴鱼、狗仔鲸、枕头鲇、红尾猫、招财猫、富贵猫等（图 3. 39）。体长为 70~100cm，野生能达到 120cm。它的外形比较优美，身体较长，侧扁。头极大，宽而扁平。嘴也较大，吻短而圆钝。眼睛较小。在嘴的上下有雪白的触须 3 对，其中一对吻须极长，后伸至尾柄中部；颐须 2 对，较长，达胸鳍基。背鳍与胸鳍均发达，前缘均具一根强壮硬棘；脂背鳍较发达。身体背部为蓝黑色，散布着黑色斑点，尤以头背面最明显，腹部乳黄色。自吻端经头两侧，从胸鳍基上方沿体侧至尾鳍基部有一条宽白带贯穿全身。须白色。眼眶上半部白色，形成一半圆白圈。背鳍、尾鳍为红色，其他各鳍蓝黑色，前端镶以红色边。

图 3.39　红尾鲇

红尾鲇原产于南美洲的亚马孙河流域。生性惧光，夜晚比较活跃，喜欢到处乱撞，白天常群居于水体的底层隐蔽处，但经多年人工养殖后，很多夜行的习性也基本改变了。它的性情凶暴，食量大，喜吃活食和肉块等动物性饵料，尤其是小鱼。在人工养殖条件下，可投喂粒径大的配合饲料，并且具有明显的集群抢食习性。饲养容易，并且生长速度很快，适宜于在大型水槽中单独饲养，性成熟期的红尾鲇能发出猫一样的叫声。最适宜水温为 22~28℃，水质宜弱酸性软水，pH 值为 6 左右，忌碱性水。

我国各地水族馆中有饲养和展出。

## 131. 巨骨舌鱼

巨骨舌鱼也称象鱼、红鱼、海象、大头巨骨舌鱼等，隶属于骨舌鱼科、巨骨舌鱼属，是大型的热带淡水鱼类，也是古老的原始鱼类之一（图 3. 40）。舌中有长出硬骨牙齿，因此得名。体长一般为2~2. 5m，最长可达 4m 以上，体重可达 100kg 以上。体型巨大，浑圆修长，稍侧扁，头尖而长。口大，无须。无下颌骨，舌上有坚固发达的牙齿。鳔四周富有血管，内表呈蜂窝状，常有特殊的鳃上器。背鳍和臀鳍位于体的后部，互为相对。胸鳍位低。腹鳍位腹部之后。尾鳍圆形。

图 3.40　巨骨舌鱼

巨骨舌鱼分布在热带，原产于巴西、秘鲁以及委内瑞拉、哥伦比亚的亚马孙河流域，通常生活在湖泊和宽阔的河流里。以各种小鱼为食，也吃虾、蛙、蛇、龟和昆虫等。1~5 月为产卵期。

巨骨舌鱼身体过于庞大，不太适合家庭饲养。

我国各地水族馆中有饲养和展出。

## 132. 大铅笔鱼

大铅笔鱼又叫阔尾、泰国丽丽、小盾鳢等（图 3.41）。隶属于鳢鱼科。体长可达 1m 以上。身体柔韧而动作迟缓，身体呈流线型，五彩斑斓的纵向花纹从头部直贯尾部，全身闪烁着金属般的光泽。

图 3.41　大铅笔鱼

大铅笔鱼原产于东南亚一带的广大地区。鳃部有一呼吸辅助器官，在低氧量的地方也能存活较长时间。繁殖时在水草或障碍物筑巢产卵，产卵时雌雄鱼抱在一起，平均每次产卵 2 000 粒，亲鱼会小心照料幼鱼。

我国各地水族馆中有饲养和展出。

## 133. 地图鱼

地图鱼也叫星丽鱼、花猪鱼、黑猪鱼、尾星鱼（图 3.42）。体长 35cm。鱼体呈椭圆形，体高而侧扁，尾鳍扇形，口大。背鳍很长，自胸鳍对应部位的背部起直达尾鳍基部，前半部鳍条由较短的锯齿状鳍棘组成，后半部由较长的鳍条组成；腹鳍长尖形；尾鳍外缘圆弧形。全身为橄榄色及黑色所覆盖，其间还生有一些红色条纹。

图 3.42　地图鱼

地图鱼原产于南美洲的圭亚那、委内瑞拉、巴西的亚马孙河流域，现在已有几种不同变种，如熊猫地图鱼、碧玉珠地图鱼、红眼黄地图鱼、红花地图鱼、红地图鱼等。它的适应能力很强，除需要水温保持在 22～26℃外，最低饲养温度 14℃，但进食明显减少。对水质无特殊要求，pH 值为 7～7.5，在偏酸与偏碱性的水中均能很好地生活，因此是比较容易饲养的一种鱼。人工繁殖比较容易。每次产卵 500～1 000 粒，受精卵经 36 小时孵出仔鱼，7 天后仔鱼游水，开始觅食，生长迅速，约 18 个月可达性成熟，繁殖力强，产卵期为每年7～10 月，可多次产卵。寿命也较长，可活 10 年以上。

我国各地水族馆中有饲养和展出。

## 134. 红鳍银鲫

红鳍银鲫，也叫泰国鲫、双线鲫、双线察、红鳍鲫、红翅鲫（图 3.43）。体长 30～35cm，体侧扁，体色银白，背鳍、尾鳍鲜红色，背鳍边缘黑色，尾鳍上下边缘黑色。

图 3.43　红鳍银鲫

红鳍银鲫原产于泰国、马来西亚、苏门答腊、加里曼丹岛等地。饲养水温一般在 22～26℃，喜欢弱酸性的水质，实际上对水质要求也不严。杂食不择食，水蚤、水蚯蚓、红虫、人工颗粒饵料都吃，也吃一些水草或菜叶等。受精卵经 24 小时可孵出仔鱼，再经过 48 小时卵黄囊消失，幼鱼开始游动、觅食。

我国各地水族馆中有饲养和展出。

## 135. 蓝鲨

蓝鲨也叫虎鲨、斧头鲨、虎头鲨等，隶属于鲇科（图 3.44）。体长 8~15cm。身体呈流线型，头窄而纵扁。尾基上下方各具一凹洼。吻长而呈抛物线状。眼大，圆形，眼眶后缘不具缺刻，瞬膜发达。口裂宽大，深弧形，口闭时下颌齿不明显露出；上颌齿宽扁三角形，外缘凹入，边缘具明显锯齿，齿尖稍外斜，无小齿尖；下颌齿较窄长而直立，边缘具锯齿。喷水孔缺如。体背侧深蓝色；腹侧白色。

图 3.44 蓝鲨

蓝鲨原产于泰国、马来西亚等地的热带和温带海域，生活在水面至 200m 深的海水中。为动物食性，食鱼类、鱿鱼类和虾类。只吃活食，有时也吃腐肉，食饵杂，食量大，在寻找食物时，通常一条或几条在水中游弋，一旦发现目标就会快速出击吞食之。繁殖季节为 4~9 月。卵生，可产下 20~50 只幼鲨。刚孵出的仔鱼呈淡黄色。

蓝鲨在水族箱中却较为温和，可与其他鱼类混养。适温 20~34℃，最佳生长水温 26~32℃，水温低于 18℃时活动缓慢，反应迟钝；水温低于 12℃时开始死亡。

我国各地水族馆中有饲养和展出。

## 136. 丝足鱼

丝足鱼也叫招财、飞船鱼、长丝鲈、大飞船（图 3.45）。体长 20~69cm。它的身体呈椭圆形，头大，嘴大，体格强壮，腹鳍是两根细长的丝鳍，臀鳍宽大，胸鳍发达。背鳍前部较低，后部挺拔；臀鳍由后腹部一直延伸到尾柄；臀鳍、尾鳍金黄色。全身金黄色，眼睛金黄色，体表鳞片边缘透着淡淡的红色，有金属光泽。

图 3.45 丝足鱼

丝足鱼原产于南美洲亚马孙河，后来引入到东南亚的越南、泰国、马来西亚、印度尼西亚的苏门答腊和爪哇等地。喜欢光照和水草，适应大空间，处于中上层。体质好，性情温和。对水质要求不严，饲养水温 22~26℃。水质为中性或微酸性的软水。饵料有小活鱼、鱼肉、虾肉、水蚯蚓等。

每年产卵 500~1 000 粒。雄性能够照顾卵和幼鱼。小鱼生长速度快，经一年饲养可重达 1kg 左右，最大可长至 20kg。

我国各地水族馆中有饲养和展出。

## 137. 血鹦鹉

图 3.46 血鹦鹉

血鹦鹉体长可达 12cm（图 3.46）。隶属于慈鲷科。头大，头顶有微微突起的肉瘤。身体为粉红色或鲜红色。

血鹦鹉并不是一个自然的物种。它是在我国台湾，将红魔鬼和紫红火口杂交而来。它虽然能够产卵，但无法繁殖后代。

在鱼苗出生后，并没有任何血鹦鹉的特色。经过约 20 天的养育，幼鱼的外形会慢慢转变，头背部肌肉渐渐地隆起，厚度也开始增加，体色也由条纹黑慢慢变成银灰色。

此时血鹦鹉体内的红色色素已经开始有累积增生的趋势，但幼鱼的体色不是红的，大约在出生后 50 天、大小约 5cm 时，才会显现出红色的体色。寿命可达 15 年。

血鹦鹉具有挖掘底沙的能力，所以在饲养它们的环境中如果要种植水草，那么就要选择颗粒较大的沙砾。血鹦鹉的食性偏好动物性饵料，如人工饵料、薄片、颗粒、红虫、丰年虾、水虱等。

我国各地水族馆中有饲养和展出。

## 138. 银龙鱼

银龙鱼又叫银带，体长可达 90~100cm（图 3.47）。隶属于骨咽鱼科。身体呈长带形，侧扁，尾呈扇形，背鳍和臀鳍呈带形，向后延伸至尾柄基部。胸鳍较大，尾鳍短小呈圆扇形。口上位，口裂大而下斜，下颚比上颚突出，在上下颚间排列的像梳子般的圆锥形齿十分细小且锐利。有 5 排呈粉红色的半圆形鳞片。身体为金属的银色，其中含有钴蓝色、蓝色、青色等混合颜色，闪闪发亮。

图 3.47　银龙鱼

银龙鱼原产于南美洲从圭亚那到巴西一带的亚马孙河上游到下游地区，尤其是支流的水潭及岸边被水淹没的灌木丛，甚至只要有浮草的水上草原都是它的栖息地。它体格健壮，性情凶猛，生长迅速，食量大。除了小鱼外，它也吃虾、水蚤、摇蚊等甲壳类与水生昆虫，甚至也吃蜥蜴、青蛙、蛇等。每次产卵 100~300 粒。自然条件下，雄鱼将受精卵全部含在口中进行孵化。受精卵在雄鱼口中经过 40~60 天才能孵化出带卵黄囊的仔鱼。仔鱼靠卵黄囊生活 8 天左右，便可发育成能游动摄食的幼鱼。

银龙鱼喜弱酸性或中性软水，pH 值保持在 6.2~7.2 以防止酸性过多症，水温 22℃以上，最适宜温度为 24~28℃。主要以动物性饵料为食。在人工饲育的环境下除了金鱼、蟋蟀等活饵外，还可以喂食磷虾、冷冻鱼肉、香肠、鱼卷、人工饲料等。

我国各地水族馆中有饲养和展出。

## 139. 克氏双锯鱼

克氏双锯鱼又叫克氏小丑鱼、克氏海葵鱼、二线小丑鱼。隶属于雀鲷科，双锯鱼属。体长 6~10cm，最大的可达 13cm。它的体表为棕色，身上具有两条白带，白带边缘有黑边。

克氏双锯鱼分布于印度洋、太平洋等海域。以藻类和浮游生物为食。它和海葵具有共生关系，它们生活在海葵的触手之间，当要被其他鱼捕食时就躲入海葵中，而海葵也靠克氏双锯鱼引诱海中的生物前来而得到食物。

人工饲养所用海水水温 25~27℃，pH 值为 8~8.2，溶解氧为 4.5~5.3mg/L，氨氮小于 0.1mg/L，盐度 3%~3.1%，日换水量为总水体的 20%。饵料可以是小颗粒、薄片等形式，虾干、虾肉和鱼肉以及少量的卤虫无节幼体等都可以作为饵料。

我国各地水族馆中有饲养和展出。

## 140. 角箱鲀

角箱鲀也叫长角牛鱼、牛角，隶属于箱鲀科，体长一般为 10~25cm，最长可达 50cm。体型短、扁呈箱状。身体被硬骨板包裹，体具有五条棱脊，背侧、腹侧各一对，背部中央有一条低的棱脊，体侧则无。横断面呈五角形。两眼间和尾柄下缘极度延伸的棘状突起为其特征。眼上方有一牛角状前向的长棘。体甲腹面宽平。背鳍短小，位于体后部，无硬棘；尾鳍长，后缘圆形。无腹鳍。各鳍均无棘。体色多变，多为草黄色，腹部白色。体甲和尾柄上散布褐色圆斑。除尾鳍淡褐色外，各鳍黄褐色。幼鱼尾鳍长，后缘圆形并有暗色斑点。

角箱鲀分布于包括中国、朝鲜半岛、日本等沿海在内的太平洋、印度洋海域。为近海底栖鱼类，一般在沿岸浅海地带生活，栖息水深度 18～100m，喜欢活动于沙石底质或海草丛生处，或珊瑚礁区的潮间带、潟湖、内湾，常季节性大量出现。幼鱼出现在河口域，常常隐藏在漂流的海藻中随波漂流。成鱼多独居，幼鱼成小群体生活，季节性大量出现。

角箱鲀通常用背、臀鳍慢慢地游动。食肉性，主食多毛类等底栖无脊椎动物以及甲壳类、贝类等。体表皮膜上有剧烈的毒性，如受惊吓或破损就会释放出毒素。

我国各地水族馆中有饲养和展出。

## 141. 翱翔蓑鲉

翱翔蓑鲉又叫魔鬼蓑鲉、狮子鱼、长须狮子鱼、火鱼、火鸡鱼、蝴蝶鱼、石狗敢、国公等（图 3.48）。体长可达 30～35cm。身体呈长椭圆形，侧扁。头稍大，侧扁，背缘斜直。吻侧面似三角形，背面中央吻突显著圆凸，头的两侧及背面、体侧均具小圆鳞。背鳍 2 个，中间有一凹刻。胸鳍鳍条很发达，均不分支，上方鳍条间有很深的凹刻。腹鳍胸位，鳍条后伸超过肛门。尾鳍长椭圆形。身体红色，有许多黑色横纹。

图 3.48　翱翔蓑鲉

翱翔蓑鲉分布于中国东海与南海、菲律宾、印度尼西亚、大洋洲、印度至东非等太平洋和印度洋海域。栖息于热带海洋底层岩礁或珊瑚丛中。行动迟缓。它们不善于游泳，一般都是在岩礁或珊瑚丛中，有些也生活在深水中。它们常成对在一起，为肉食性，主要以甲壳动物、小鱼和贝类为食。求偶和产卵在晚上进行。雄鱼有领域性。

鳍棘是翱翔蓑鲉的有毒器官，内含毒腺。当它们遇到敌害时，就会张开各个部位的鳍棘恐吓对方，还会侧身以背上的鳍棘向对方刺去，鳍棘中的毒腺放出来的毒素会让对方中毒。如果人不小心被它们刺中，会感到剧痛，严重时会呼吸困难甚至晕厥。

我国各地水族馆中有饲养和展出。

## 142. 黑尻鲹

黑尻鲹体长一般为 25cm 左右，大的可达 50cm 以上。胸部被鳞。体侧线棱鳞 34～39 个。背鳍鳍条 22～24 根，臀鳍鳍条 18～19 根。体色为银白色，带有荧光蓝色的斑点，体侧无斑点。背鳍、臀鳍及尾鳍为浅蓝色，背鳍、臀鳍前端尖长，尾鳍呈深叉状，胸鳍为浅黄色。

黑尻鲹分布于日本南部、印度洋、太平洋一带。它属于暖水性鱼类，栖息于内湾岩礁或是珊瑚礁沿岸海域。肉食性，以海洋无脊椎动物和小鱼等为食。

黑尻鲹能很好地适应人工饲养。雌性自然产卵大部分发生在夏天（5～8 月），少数可延伸至冬天，能够多次产卵。

我国各地水族馆中有饲养和展出。

## 143. 鞭蝴蝶鱼

鞭蝴蝶鱼也叫鞍斑蝴蝶鱼、黑腰蝶、月光蝶（图 3. 49）。隶属于蝴蝶鱼科、蝴蝶鱼属。体长可达 8～21cm。身体扁圆呈盘形。头小，嘴尖长而小，嘴和下颚为鲜黄色。体后上部具一卵形蓝黑色大斑，黑斑边缘呈银白色，形成宽的白边，后缘橘红色。尾柄有黑色圆斑，但黑斑会随成长而消失。背鳍第四鳍条呈丝状延长。背鳍末端鲜红色，体侧从胸鳍到尾柄方向有 6～7 条浅蓝色纵条纹，臀鳍银白色，并有浅黄色边缘，尾柄鲜红色，尾鳍微凹。

鞭蝴蝶鱼分布于太平洋，西自马六甲海峡，东到夏威夷及社会群岛，南到澳大利亚，北到中国台湾岛以及西沙群岛、南沙群岛等。它主要栖息于珊瑚丛中，色彩绚丽，体态娓娓动人。杂食性，吃鱼卵、海绵、珊瑚虫、藻类和底栖小动物。

图 3.49　鞭蝴蝶鱼

鞭蝴蝶鱼性情温和，容易饲养。可喂食无脊椎动物的冷冻食品及藻类，适宜水温 26℃，相对密度为 1.022 的水质。

我国各地水族馆中有饲养和展出。

## 144. 七星刀鱼

七星刀鱼也叫弓背鱼、七星飞刀鱼、东洋刀鱼、花刀鱼等。体长 80~90cm。它的体型前半身宽厚，尾部尖小，背微弓形隆起，从腹部、臀部至尾部则逐渐变窄向后延长，至尾鳍尖，其形似刀。背鳍短小透明，臀鳍起自腹部向尾部延伸，与尾鳍相连，形成一等宽度长薄边，犹似刀刃。身体主要为深灰色，体侧由头到尾部有 3~10 个镶白边的黑色斑点，数目不定。

七星刀鱼原产地为印度、泰国、缅甸等国。它属于夜行性鱼，白天不爱游动。卵生。人工饲养比较容易。它喜弱酸性软水，对水温要求不高，20℃以上的温度就能生长，适宜水温 22~28℃，pH 值 6.5~7 最好。吃动物性饵料的肉食性鱼类，喜食活小鱼、小虾等，喜欢在幽暗的光线下游动、摄食。

我国各地水族馆中有饲养和展出。

## 145. 叉斑锉鳞鲀

叉斑锉鳞鲀也叫鸳鸯炮弹、毕加索扳机鲀、尖吻棘鲀等（图 3.50）。隶属于辐鳍亚纲、鲀形目、鳞鲀科、锉鳞鲀属，体长可达 25cm。身体背部棕色，腹面白色，从眼到胸鳍有镶细蓝色条纹的棕色带，中央具细蓝色线状条纹，眼眶为蓝色，上有三条黑线，有一个蓝色带围绕上唇；从口部有橘色带延至臀鳍基部下方，身体中央偏上有大的黑斑，延伸至臀鳍基部具数条窄的黑带，彼此以白色带相隔，另有两条宽的黑色带延伸至第二背鳍的基部；尾柄小棘为黑色；除第一背鳍为黑色外，其余的鳍均为白色，但尾鳍稍具深黄色。

图 3.50　叉斑锉鳞鲀

叉斑锉鳞鲀是海水鱼类，分布于太平洋及印度洋热带的珊瑚礁附近甚至西达非洲的西岸，在太平洋东达夏威夷群岛、东南达邓尔贵斯群岛及大赫的岛、南达澳大利亚的昆士兰沿岸、西达西沙群岛海域等，属于暖水性鱼类。常生活于在热带珊瑚丛中。白天活动。喜欢以藻类及底栖生物为食，性情凶猛。游泳时通常是靠背鳍和臀鳍的摆动来推进，只有当危险发生的时候，才会用尾鳍来加速。它主要以贝类、甲壳类、小鱼、藻类等为食，并且食量大而贪吃。它喜欢在海底沙床中的坑内产卵，这些坑宽约 90cm，产卵后鱼在坑里照顾和检查那些卵，并攻击任何闯入者。

叉斑锉鳞鲀比较容易饲养。可以喂以鱼肉类的动物性食物，专门的人工饲料或蚯蚓等。

我国各地水族馆中有饲养和展出。

## 146. 白鳍鲨

白鳍鲨，也叫三齿鲨（图 3.51）。隶属于板鳃亚纲、真鲨目、白眼鲛科。白鳍鲨身体修长，为圆筒形，体长一般为100cm以上。体色为灰白色，在背鳍顶端与尾鳍处常有白色斑点。头部较小，鳃盖处有5条鳃纹。背鳍分为前后两部分。整个身体呈流线型。

图3.51　白鳍鲨

白鳍鲨是海水鱼类，分布于印度洋及太平洋热带珊瑚区海域，夜晚活动，白天大部分时间生活在海床上，经常是在暗礁洞穴和缝隙等庇护所里休息。由于必须保持不停地活动，它们需要不停地让水流经过鳃孔以获得充足的氧气。它们通过张开和闭合吻部推动水流通过鳃孔。雌鲨一年产1~5只幼鲨，它们生长缓慢，每年才长2~4cm。它是肉食性，以鱼类和乌贼、章鱼、龙虾、螃蟹等为食。

白鳍鲨是公认的海里最危险鲨鱼之一，有时会伤渔民。

饲养白鳍鲨要求水温为24~27℃，pH值为8.1~8.4，相对密度为1.020~1.025。由于它喜欢捕食其他鱼类，故不宜与小型鱼类混养。

我国各地水族馆中有饲养和展出。

## 147. 花斑拟鳞鲀

花斑拟鳞鲀也叫圆斑拟鳞鲀、皇冠扳机鲀、花斑皮剥鲀、小丑炮弹、花斑拟扳机鲀。隶属于辐鳍鱼纲、鲀形目、鳞鲀亚目、单棘鲀科。身体侧扁，呈卵形，背面微曲而腹面较尖，整体外形看起来有不对称感。鱼体呈灰褐色，吻黄色，齿白色，具缺刻，自眼后到第二背鳍之前的身体上半部有一黄色鞍状斑，鼻至眼下有一白斑，成鱼黄斑有散布许多褐斑，幼鱼则没有。上下嘴唇有黄色环纹，成鱼身体背面有黄绿色网纹，下半部有许多大白斑，且尾柄上有条黄色宽横带。幼鱼则全身皆布满大白斑，尾鳍无色，背鳍两个，第一背鳍黑色，第二背鳍、胸鳍及臀鳍呈白色，第一背鳍第一棘粗大，尾鳍圆呈黄色，基部及鳍缘则为黑色，背鳍及臀鳍软条截平。全身披骨质鳞片。背鳍硬棘3枚，背鳍软条25~27枚，臀鳍软条21~27枚，脊椎骨18枚。体长可达30~50cm。

花斑拟鳞鲀分布于印度洋、太平洋一带，包括西起红海、非洲东岸，东至萨摩亚群岛、斐济群岛，北起日本，南至新喀里多尼亚。喜栖息在水深3~70m的珊瑚礁外缘峭壁处水域，幼鱼则在超过20m的深峭壁洞穴或岩脊附近活动。主要以海胆、甲壳动物、软体动物以及藻类等为食。

饲养不难，但幼鱼较难饲养。

我国各地水族馆中有饲养和展出。

## 148. 恐龙鱼

恐龙鱼又叫多鳍鱼、九角龙、九节龙，是一种古老的大型鱼类，有活化石之称。隶属于腕鳍亚纲、多鳍鱼科。体长可达60cm左右。头部比较短、圆，上腭比下腭长一点，背鳍一般为8个。体延长，近圆筒形，略宽。口大，上、下颌均具细齿，一对短须。眼小。鳃孔大。背鳍由5~18个分离的特殊小鳍组成，每小鳍由1块“鳍担骨”支持。腹鳍短；臀鳍亦短小，靠近尾鳍；尾鳍圆形，外观为对称状，属于非典型的矛形尾鳍。胸鳍圆形，基部具有发达的肉叶，其上被覆细小鳞片，其内为1根软骨板和2块骨条，向外有很多“鳍担骨”支持鳍条，靠着胸鳍的“肉柱”可以用胸鳍在水中“站立”，使其看上去更像某种爬行动物，“恐龙”这个名字也许从此而来。

恐龙鱼原产于非洲塞内加尔、赞比亚、尼日利亚、几内亚的乍得湖和白尼罗河等地，栖息于温暖的浅湾和沼泽地带。耐受力强，即使在缺氧条件下也能生存。游动时快速扇动胸鳍，身体像潜水艇一样在水中行进。性凶猛，成鱼主要捕食鱼类。一般在7~9月产卵，卵附着在水草上发育，亲鱼有护卵护仔的习性。幼鱼有外鳃；背、尾鳍相连，特别高大，背鳍分成多数小鳍；以无脊椎动物为食。

恐龙鱼体格强健，生长中速。饲养并不难。肉食性，对饲料接受能力强，首选应该是小鱼，小虾之类的活饵和鱼虫均可接受，冰冻南极虾、鱼粒之类的食物也可喂食。一般生活在弱酸至中性的水中，但其对水质要求十分低，适合水温为22~26℃，pH值为6.8~7.2。

我国各地水族馆中有饲养和展出。

## 149. 长石斑鱼

长石斑鱼隶（图3.52）属于鲈形目。体长一般在1m以下，最大可达3m左右。身体呈椭圆形，稍侧扁。口大，具辅上颌骨，牙细尖，有的扩大成犬牙。体被小栉鳞，有时常埋于皮下。背鳍和臀鳍棘发达。尾鳍圆形或凹形。体色变异甚多，常呈褐色或红色，并具条纹和斑点。

图3.52 长石斑鱼

长石斑鱼分布于西太平洋及印度洋海域，为暖水性的大中型海产鱼类，生活于沿岸岛屿附近的岩礁、沙砾、珊瑚礁底质的海区，一般不成群。栖息水层随水温变化而升降。春夏季分布于水深10~30m处，盛夏季节也会在水深2~3m处出现；秋冬季当水温下降时，则游向40~80m较深水域。适温范围为15~34℃，最适水温为22~28℃。适盐范围广，可在盐度10‰以上海域生存。它是肉食性凶猛鱼类，以突袭方式捕食底栖甲壳类、各种小型鱼类和头足类等软体动物。

饲养长石斑鱼要求水质清新。它对盐度的适应范围较广，在11‰~41‰都能生存，pH值为7~9，溶氧量在5mg/L以上。投喂用的主要饲料是鲜度较高的小杂鱼，可用切鱼机将小杂鱼切成适宜的大小后喂养，颗粒饲料的粒径不宜小于6mm，颗粒太小食欲不高。

我国各地水族馆中有饲养和展出。

## 150. 四线笛鲷

四线笛鲷，也叫四带笛鲷、四带笛鳚、四线赤笔、条鱼、四线、赤笔仔等。体长可达40cm。隶属于鲈形目、笛鲷科。它的身体侧扁，口大。特征是体色鲜黄，具4条镶蓝边的白色细纵带，腹部色白。尾鳍略凹、黄色。幼鱼体侧后上方有一黑斑，至成鱼后此黑斑则消失不见。背鳍硬棘10枚，软条14~15枚；臀鳍硬棘3枚，软条7~8枚。

四线笛鲷分布于我国台湾南部、东北部、兰屿、绿岛、澎湖和南海等海域。它是暖水性海水鱼类，生活于3~265m深的珊瑚礁海域，幼鱼常进入海草床中，成鱼栖息于珊瑚礁中，活动于礁沙混合区。它喜欢结群活动，平常以数十条或上百条为一个群体，肉食性，以小鱼、甲壳类及小型底栖无脊椎动物为主。

四线笛鲷饲养容易，可喂人工干料、鱼肉、小虾等，抢饵凶猛，成长快。要求水温为24~27℃，pH值为8.1~8.4，相对密度为1.020~1.025。

我国各地水族馆中有饲养和展出。

## 151. 线纹鱼

线纹鱼（图3.53）也叫六线黑鲈，俗称包公。隶属于辐鳍鱼纲、鲈形目、鲈亚目、鮨科。体长一般为6~9cm，最大可达25cm。身体呈椭圆形，侧扁，被细小圆鳞，有孔侧线鳞片数为60~72枚。背鳍有硬棘7枚，软条12~14枚；臀鳍硬棘3枚，软条8~9枚；腹鳍细，腹位末端延伸不及肛门开口；胸鳍圆形，中央之鳍条长于上下方之鳍条；尾鳍圆形。身体呈黑褐色，体侧有7条黄色纵带，头部亦有些不规则黄斑，各鳍灰白色。颐部有一皮质小突起。幼鱼体侧只有3条白色纵带，而在第一背鳍前方有一红点，但随鱼体成长而消失，且纵带数目增加。

线纹鱼主要分布于印度洋及太平洋海域，从非洲东岸至密克罗尼西亚、红海、马贵斯群岛，北至日本南部，南至澳大利亚、新西兰，包括中国沿海以及菲律宾、印度尼西亚等海域。栖息于珊瑚礁及沿岸岩礁等暖水地带，栖息深度广，水深为1~50m，但以2~5m靠岸的水域最多，偶在潮池中可发现。它喜独居在礁石底部之孔穴内，昼伏夜出，当受到惊吓时，会分泌黑鲈素来自卫。线纹鱼为肉食性，以鱼类为食物。

图3.53　线纹鱼

线纹鱼作为观赏鱼需单独饲养。

我国各地水族馆中有饲养和展出。

## 152. 䲟（yìn）鱼

䲟鱼（图3.54）也叫䲟头鱼、吸盘鱼、粘船鱼，还有“天生旅行家”的别称。隶属于鲈形目、䲟科。身体细长，一般体长为22~45cm，最大体长可达100cm。身体背面为黑色，腹面为灰白色。前端平扁，向后渐尖，渐成圆柱状。头稍小；头及体前端的背侧平扁，有一长椭圆形吸盘，头的腹侧稍圆凸。吻很平扁，宽，前端略尖。眼小，侧位，距鳃孔较距吻端近。眼间隔很宽平，全由吸盘占据。背鳍2个；第一背鳍变成吸盘，第二背鳍长，有35~40鳍条，始于肛门后上方的附近，前端鳍条较长，最后鳍条的末端伸不到尾鳍基。小鱼尾鳍为尖形，到成鱼逐渐变为凹叉状。

图3.54　䲟鱼

䲟鱼广布于世界热带、亚热带和温带海域，中国沿海均产。生活在海洋里的䲟鱼游泳能力较差，主要靠头部的吸盘吸附于游泳能力强的大鲨鱼、海龟，或鲸等大型海兽的腹面，有时吸附于船底，甚至游泳者或潜水员的身上，被带到世界各海洋，当到达饵料丰富的海区，便脱离宿主，离开它“乘坐”的“免费船只”，摄取食物。然后再吸附于新的宿主，继续向另外海区转移。䲟鱼的主要食物为浮游生物和大鱼吃剩下的残渣，有时也捕食一些小鱼和无脊椎动物。

我国各地水族馆中有饲养和展出。

## 153. 紫红火口

紫红火口（图3.55）也叫紫火口、红头姑娘。隶属于慈鲷科。体长一般为20~25cm，最大可达30~40cm。额头高耸，雄性尤为显著。头部为紫红色，体侧有黑色及各种颜色的花纹，色彩变化很大。它是繁殖血鹦鹉的亲鱼之一。

图3.55　紫红火口

紫红火口原产于危地马拉等地。它的性情凶悍，发情时更为凶猛。平时爱吃腐肉、小虾和水草，幼鱼则吃水藻。繁殖方式为卵生。亲鱼有护卵习性，喜欢在沙石中挖洞或搬沙筑巢产卵。紫红火口繁殖时先在开放式的环境或巢穴中产卵，等雄鱼授精后，雌鱼再把受精卵吸入口中，在口中孵化出小鱼，然后分娩，吐出小鱼。

紫红火口强健好养，饲饵料不拘。水温为22~25℃，pH值为7~8.5，为中性至弱酸性水质。繁殖亦不难，繁殖水温27~29℃。

我国各地水族馆中有饲养和展出。

## 154. 电光丽丽

电光丽丽也叫拉利毛足鲈、桃核鱼、小丽丽鱼、蜜鲈、加拉米鱼等。隶属于攀鲈科、攀鲈属。体长5cm。体型呈长椭圆形、侧扁，头大、眼大、翘嘴。雄性体呈红、橙、蓝三色。头部橙色、嵌黑眼珠红眼圈，鳃盖上有蓝色斑；躯干部有橙蓝色条纹。背鳍、臀鳍、尾鳍上饰有红、蓝色斑点，镶红色边；雌鱼体色较暗，呈银灰色，但也缀有彩色条纹。腹鳍胸位，已演化成2根长丝体。

电光丽丽原产于亚洲的印度东北部水域。它们经常将头伸出水面吞咽空气，然后又迅速游进水里吐小气泡。如果它离开水域，只要时间不太长，也能生存。它是一种吐泡筑巢的热带鱼，喜在半明半暗的地方筑产卵巢，建造泡巢的工作由雄鱼承担。雄鱼进入繁殖箱后选择位置进行筑泡巢的工作。泡巢是用唾沫一点一点筑成的。通常修建在一个浮在水面的水草叶片旁。其泡巢不很宽，大小为直径6~8cm，高1~2cm，整个筑巢工作要持续1~2天。每当雄鱼筑泡巢时，雄鱼会将临近的雌鱼驱走，此时雌鱼则静静地躲在箱角的暗处。对于已经筑好的巢，如雄鱼感到光线太强，往往有弃之不用情况。

电光丽丽适宜生活的水温为21~30℃，最适生长水温23~26℃，对水质和饵料要求并不苛刻，不择食，可喂以干饲料与活饵。

我国各地水族馆中有饲养和展出。

## 155. 独角倒吊

独角倒吊（图3.56）也叫短吻鼻鱼、剥皮鱼、打铁婆、独角天狗鲷、单角鼻鱼等。隶属于辐鳍亚纲、鲈形目、刺尾鲷科。体长可达60cm。成鱼蓝灰色或橄榄褐色。背鳍及尾鳍带蓝色边。两个亮蓝色出现在尾部及身体之间。当这种鱼达到30cm后会出现一个角状突起物，位置在头部靠后部分。尾柄两侧有骨质板各一枚。

图3.56 独角倒吊

独角倒吊是海水鱼类，原产于印度洋以及西太平洋，包括我国台湾海域。栖息在珊瑚礁区，夜间在石洞、珊瑚礁隐蔽区过夜。警惕性高。杂食性，比较贪吃。繁殖时期成对活动。繁殖方式为卵生。

独角倒吊易饲养，可喂动植物和人工专用饵料。饲养要求水温为24~27℃，pH值为8.1~8.4，相对密度为1.02~1.025。

我国各地水族馆中有饲养和展出。

## 156. 非洲六间

非洲六间也叫皇冠六间、鹅头凤凰等，隶属于慈鲷科，体长可达35cm。全身共有6~7条黑色粗横带分布，黑白相间，对比分明，脸颊、胸鳍、腹鳍、臀鳍全是蓝色，尾鳍的后半部也是蓝色的，背鳍的外部边缘是蓝色，边缘内是浅黄色。雄鱼的额头会有很高且圆润的突起，呈鹅头的头包状。

非洲六间原产于非洲东部的坦干依克湖中。喜欢在中底层水域活动。肉食性。繁殖方式为口孵鱼类。繁殖比较容易，雄鱼先将精液产于巢中，而雌鱼每次可以在精液上产下数十枚卵，然后再将受精卵含入口中孵化，每次通常能含下10~50枚。

饲养非洲六间水温为24~29℃。饵料以小鱼、小虾、冷冻饵料等为主。

我国各地水族馆中有饲养和展出。

## 157. 黄高鳍刺尾鱼

黄高鳍刺尾鱼也叫黄高鳍刺尾鲷、三角倒吊、黄三角（图 3.57）。隶属于辐鳍鱼纲、鲈形目、刺尾鱼亚目、刺尾鱼科。体长 10~15cm。它的体型为卵圆形而侧扁，吻长突出，前端钝尖。额头陡斜，眼睛上位。口小，端位。两颌各具齿 1 行，上下颌齿较大，齿固定不可动，侧扁，边缘具缺刻，呈钝锯齿状。成鱼除了黑眼睛和尾柄上的白色芽状棘外，头及身体呈一致的鲜黄色。背鳍高耸，臀鳍发达，两鳍张开使全鱼呈三角形。在体侧中央有许多淡色纵线，背鳍及臀鳍硬棘尖锐，尾柄两侧各有一向前长棘，其前方有许多毛状突起。尾鳍截形。幼鱼体白，上有许多淡棕色横线，背鳍及臀鳍鳍条均较成鱼长。背鳍硬棘 5 枚、背鳍软条 23~26 枚、臀鳍硬棘 3 枚、臀鳍软条 19~22 枚。

图 3.57 黄高鳍刺尾鱼

黄高鳍刺尾鱼原产于印度洋和太平洋之间珊瑚礁海域，包括琉球群岛、台湾、南沙群岛、马里亚纳群岛、马绍尔群岛、帕劳、密克罗尼西亚、夏威夷群岛等附近海域。它栖息于珊瑚繁茂的礁湖及向海礁坡，海浪带下方，通常在水深 2~46m 的地带活动。一般单独或形成一个松散的小群体在附生于石上的藻丛中活动。有领地观念，因此有争斗行为。杂食性，以藻类及底生生物、浮游生物为食。

黄高鳍刺尾鱼饲养水温为 27~28℃，海水相对密度为 1.022~1.023，pH 值为 8~8.5。饵料以植物性饵料为主，可将有藻类附着的石块放到鱼缸里由它啄食，海水鱼商品饲料、红虫、菜叶等均可饲喂。

我国各地水族馆中有饲养和展出。

## 158. 豹纹鲨

豹纹鲨隶属于软骨鱼纲、须鲨目、须鲨科（图 3.58）。成体雄性体长为 1.5~1.8m，雌性约为 1.7m。豹纹鲨幼年期和成年期的色彩及图案差异很大。年幼时称它们为斑马纹鲨，粗大的黑白条纹覆盖全身；长大后变成浅褐色斑点遍布全身，具豹子一样的花纹，因而得名豹纹鲨。

豹纹鲨体侧有显著的棱状突起，大大延长的尾鳍几乎占到体长的一半。身体呈圆柱状，尾部侧扁；体侧具明显之隆嵴。头圆锥形，稍纵扁；头侧不具皮褶。吻端宽圆。眼很小，侧位，无瞬膜。鼻孔近口部，鼻孔缘具短而尖凸之须；具口鼻沟。鳃裂小，第四及第五鳃裂几重叠，内鳃不具滤器。口裂中大，腹位，横向。齿小，三尖头形，即具中央齿尖，侧边各具一小齿尖。尾柄无侧隆嵴或凹洼。第一背鳍大于第二背鳍，起点在腹鳍起点前方；第二背鳍位于第一背鳍后方不远；胸鳍宽大而圆；尾鳍很长，几占全长之一半，上叶不发达，仅见于尾端；尾鳍下叶前部不突出，中部低平，中部与后部间具缺刻，后部为小三角形，微突出，与尾鳍上叶间有一缺刻。幼体深褐色，具许多黄色细狭横纹和斑纹；成鱼黄褐色，具许多深色斑点，各鳍都散布许多深色斑点，腹面淡色。

图 3.58 豹纹鲨

豹纹鲨分布于太平洋西部热带海域、大堡礁、印度洋西北部海域及我国东海、南海。主要栖息于沙泥底、石砾底、礁石区、珊瑚礁区等水域。主要单独行动，性情温顺，白天活动力迟缓，喜欢在夜间活动。细长之体躯，使其可轻易穿梭于礁石岩洞、细缝间以寻找猎物。主要以软体动物和甲壳动物为食，也捕食小鱼。卵生。

豹纹鲨较难饲养，需要大型的水族缸，适合在水族馆内展示和观赏。若激怒它，会展开攻击行为，有潜在性的危险。

我国各地水族馆中有饲养和展出。

## 159. 犁头鳐（yáo）

犁头鳐也叫鲎头鳐、波口魟、提琴鳐或班卓琴鲨。隶属于软骨鱼纲、鳐形目、圆犁头鳐科、圆犁头鳐属，与鳐鱼近。外形介于鳐鱼和鲨鱼之间，头部像鳐鱼，而身体的后半部分却像鲨鱼。眼上方、背部中间和肩部脊骨突出。体长大约200cm，最大体长可达300cm左右。身体上和鳍上具白色斑点。身体前部扁平，胸鳍与头侧愈合，后体具两背鳍及明显的尾鳍，类似鲨鱼。身体平扁而延长，体盘后大前尖，呈犁头形。尾平扁而渐狭小，每侧有一皮褶。吻部宽且短，呈圆形或扁长的三角形。瞬膜不发达，喷水孔有大有小，前鼻瓣呈方形或“人”字形突出。牙齿细小而多，排列方式类似铺在地面的石块，齿面波曲，上下凹凸相承，在凸出处牙较大。口裂横向，鳃裂小而斜向开口，在胸鳍基部内侧。两枚背鳍皆位于尾部，第一背鳍在腹鳍基底后方。尾鳍短小没有棘刺，上叶较大，下叶不突出，后部无缺刻。

犁头鳐生活于全球热带及温暖水域，包括我国台湾海峡、东海南部、南海，以及日本，印度洋的非洲东部海域。一般喜欢在浅滩漫游，为近海底栖鱼类，生活在暖水性海洋岸边或近海岩礁的底层。栖息深度3~90m。尽管身体庞大，但性情温和，行动迟缓。以幼鱼、甲壳类、软体动物之类为食。卵胎生。每胎4~9仔，出生时大约有45cm长。

犁头鳐较难饲养，需要大型的水族缸，适合在水族馆内展示和观赏。

我国各地水族馆中有饲养和展出。

## 160. 白斑鹦哥

白斑鹦哥（图3.59）也叫灰鹦嘴鱼、红牙鹦嘴鱼、青尾鹦哥、蓝鹦哥、青衫（雄）、蚝鱼（雌）等。隶属于辐鳍亚纲、鲈形目、鹦哥鱼科。体长可达40cm。身体延长而略侧扁。头部轮廓呈平滑的弧形。后鼻孔并不明显地大于前鼻孔。齿板之外表面平滑，上齿板不完全被上唇所覆盖；每一上咽骨具1列臼齿状之咽头齿。尾鳍于幼鱼时圆形，成体为稍圆形到截形。体蓝绿色，腹面具1~3条蓝色或绿色纵纹；各鳞片具橘黄色缘；有时颊部及体后部分具黄色大斑；背鳍及臀鳍蓝绿色，具一条宽的橘黄色纵带；尾鳍蓝绿色具较淡色之辐射状斑纹。

图3.59　白斑鹦哥

白斑鹦哥属海水鱼类，广泛分布于印度洋、太平洋一带，由红海南至南非的纳塔尔起，东至夏威夷群岛、莱恩群岛、迪西岛，北至琉球群岛，南至柏斯、新南韦尔斯、罗得豪岛与拉帕岛。幼鱼主要生活于珊瑚茂盛区或浅的珊瑚礁平台水域；成鱼则包括水浅的珊瑚繁盛礁石平台与底部为开阔区域的潟湖与临海礁石区，以及沿着海洋峭壁活动。在各种不同的区域中行为表现有异。稚鱼与初期阶段鱼形成大群鱼群，在觅食区与休息区之间长距离移动，成鱼时常独居。草食性，以底栖藻类为食。

白斑鹦哥饲养要求为：水温为24~27℃，pH值为8.1~8.4，相对密度为1.02~1.025。

我国各地水族馆中有饲养和展出。

## 161. 黑边角鳞鲀

黑边角鳞鲀也叫黄鳍皮剥鲀、粉红尾炮弹、角扳机鲀等。隶属于辐鳍鱼纲、鲀形目、鳞鲀亚目、单棘鲀科。体长可达30cm。体长椭圆形，侧扁；尾柄短。头中大，侧扁而高。吻圆突。口小，前位。颌齿楔状。鳞较小，表面有细纵纹。背鳍2个，第一背鳍棘较粗大，其余鳍棘较细弱；第二背鳍与臀鳍相对；胸鳍小，侧中位；腹鳍合为一鳍棘，能活动；尾鳍截形。全身暗绿色。背鳍、臀鳍为白色，但具黑色边缘。尾鳍前端白色，末端橘红色。从嘴到腹部为鲜黄色，胸鳍黄色。

黑边角鳞鲀分布于印度洋至太平洋，包括红海、东非、日本、新喀里多尼亚、土木土群岛、马贵斯群岛及澳洲大堡礁，在我国见于南海诸岛海域和台湾沿海。它是暖流水性珊瑚礁鱼类，栖息于水质洁净的珊瑚礁区海域，特别是水流较流通的地方，水深一般为4~60m。杂食性，主要以藻类为食，会吞食小鱼及其他无脊椎动物，包括浮游生物、甲壳类、章鱼、海绵等。

我国各地水族馆中有饲养和展出。

## 162. 铁铲鲇

铁铲鲇也叫梨油鲇、黑白鸭嘴等。隶属于辐鳍亚纲、鲇形目、长须鲇科。体长可达60cm。它的身体细长，体上没有鳞。头部扁平，似一把铁铲，因而得名。口位于下侧，口边有三对触须。

铁铲鲇分布于南美洲亚马孙河流域，行动缓慢，主要生活在水体的中下层，多在沿岸地带活动，白天多隐于草丛、石块下或深水底，一般夜晚觅食活动频繁。秋后居于深水活性污泥中越冬，摄食程度亦减弱。性情较为凶猛，捕食对象多为小型鱼类，以吞食为主，牙齿的作用主要是防止食物逃脱。它可以用触须来探觅食物。它在生长过程中会有蜕皮现象。

饲养水温为8~22℃，水质为弱酸性的软水。

我国各地水族馆中有饲养和展出。

## 163. 马那瓜慈鲷

马那瓜慈鲷也叫花老虎、花豹石头鱼、美洲虎慈鲷、淡水花鲈等。隶属于慈鲷科。雄性体长可达40cm，雌性一般为25~30cm。体色美丽，全身金黄色并镶嵌黑斑。

马那瓜慈鲷的原产地为哥斯达黎加、洪都拉斯、马那瓜和尼加拉瓜的河流湖泊中。

马那瓜慈鲷活动水层在中下层较常见，也可见于上层水域。性情粗暴，领地观念很强，它们通常不喜欢别的鱼打扰它们。食性为肉食性。性成熟的雌鱼每次将大概500粒卵产在光滑平面上，如石板。雌鱼产卵，雄鱼进行授精，然后在旁边守护。此时会表现出强烈的攻击性。幼鱼3天后孵化成形，以卵黄为食，5天后可自由游动。

马那瓜慈鲷饲养水质没有特殊要求。适宜温度为25~30℃，pH值为7.0~8.7，硬度（dGH）为10~15。鱼肉是最好的饲料，鱼粮、磷虾和蚯蚓都可以作为食物。

我国各地水族馆中有饲养和展出。

## 164. 红宝石鱼

红宝石鱼也叫双斑伴丽鱼、斑半色鲷、红钻石等。隶属于慈鲷科。体长12~15cm。体型较大。身体为艳丽的红色，但有的只是在繁殖期间为红色。全身具有靓丽的蓝色斑点和尾柄前面的大型黑斑。

红宝石鱼原产于从加纳到多哥的刚果河、尼罗河流域的森林溪流中，包括利比亚、尼日尔、刚果等国。它喜欢在各种水层活动，但最喜欢在底层。有挖掘的习惯，喜欢挖掘底沙以寻觅沙中的食物。它是肉食性鱼类，性情凶暴，而且地域性比较强，有时甚至会食小鱼。它不是采用口孵方式而是开放方式进行繁殖。繁殖的时候雄鱼会在平滑的石头上打扫出一块产床，并引导雌鱼在其中产卵。卵呈环形布置，数量有250~300粒。亲鱼会照顾鱼卵大约3天后就可以孵出小鱼，再经过5~6天仔鱼就会自由游动。亲鱼会一直照顾它们直到幼鱼可以自由捕食为止。

红宝石鱼对水质的要求不高，但更适合中性的水质，pH值7~7.2，硬度7~9，水温25~28℃。

我国各地水族馆中有饲养和展出。

## 165. 六线豆娘鱼

六线豆娘鱼也叫六带雀鲷、厚壳仔等（图3.60）。隶属于辐鳍鱼纲、鲈形目、隆头鱼亚目、雀鲷科。体长可达16cm。身体呈卵圆形而侧扁，主要为蓝灰色，体侧有6~7条不甚明显之暗灰色宽横带，腹侧呈淡黄色。胸鳍基底上方有一小黑斑；鳃盖骨后缘上方无黑点；尾柄上无黑点。吻短而略尖。眼中大，上侧位。口小，上颌骨末端不及眼前缘；齿单列，齿端具缺刻。体侧有5条黑色横带，其中最后一条位于尾柄上。体被大栉鳞；侧线有孔鳞片19~21个。尾鳍叉形，末端略呈尖形，上下叶外侧鳍条不延长呈丝状，上下叶各具一黑带为其明显特征。背鳍硬棘13枚，软条12~16枚；臀鳍硬棘2枚，软条12~14枚。

图3.60　六线豆娘鱼

六线豆娘鱼分布于印度洋、太平洋地区，包括红海、东非、我国台湾、土木土群岛、日本南部、罗得豪岛、拉帕群岛、夏威夷、菲律宾、印度尼西亚、澳大利亚北部、越南、泰国等各地海域及离岛之岩礁或珊瑚礁海岸均有分布。它主要栖息于沿岸浅水域之岩礁或珊瑚礁，特别是潮池或向海斜坡珊瑚茂盛的地区，水深0~12m。常成群结队地行动。幼鱼常在潮池活动，成鱼则在礁盘上方活动，夜晚躲藏于礁石缝隙中休息。杂食性，以动物性浮游生物和藻类为主食。生殖季节时，雄性鱼会在礁穴内建立其领域，此时雄鱼鱼体的淡色部位会转变为黄绿色，且黑带变得较不明显，尾鳍则全黑。雌鱼产紫色黏着卵。

我国各地水族馆中有饲养和展出。

## 166. 千年笛鲷

千年笛鲷也叫川纹笛鲷（图3.61）。隶属于鲈形目、鲈形亚目、笛鲷科。体长可达80cm。身体长椭圆形，侧扁，吻钝尖，背缘显著隆起，腹缘较平直。前鼻孔距吻端较距眼近。前鳃盖骨后下缘具细锯齿；有一窄而浅的凹刻。体被中大栉鳞，鳞被始于眼后缘。侧线上下方鳞列皆斜向后背缘。背鳍和臀鳍鳍条部长而尖。尾鳍浅叉形。高龄鱼生活时体赤红色，腹侧色淡。体侧有若干白色斑点，背鳍鳍棘部的鳍膜亦有白色小斑点。背鳍上缘黑色。幼鱼身体为红色，体侧有3条深色斜带，随生长模糊至消失。

图3.61　千年笛鲷

千年笛鲷分布于印度洋和太平洋西部，西起红海、非洲东岸，南自澳大利亚，北至日本南部，包括我国海南、台湾、广东、广西沿海以及南海和东海一带。它属于暖水性底层鱼类，生活在岩礁及珊瑚礁海域泥沙质底部，深度为5~180m。夜行性。体型大小接近的个体常结群活动。成鱼在冬季进入浅水区。幼鱼常被发现于海胆间，并且有时进入红树林河口区。肉食性，以虾蟹等甲壳类和鱼类及岩礁小生物等为食。

千年笛鲷饲养比较容易。

我国各地水族馆中有饲养和展出。

## 167. 白边锯鳞鱼

白边锯鳞鱼也叫白边锯鳞鳂、勇士鱼、赤松毬、厚壳仔、铁甲等，体长 15cm，最大可达 27cm（图 3.62）。隶属于辐鳍鱼纲、金眼鲷目、鳂科、锯鳞鱼属。它的背部呈红色，越往下颜色越淡，腹部则为白色，各鳍均为红色，但腹鳍棘白色，后背鳍、臀鳍、腹鳍与尾鳍前缘呈乳白色。体被强栉鳞，上布许多小黑点。其明显特征为在鳃盖骨后上缘皮膜具一红黑色窄带，胸鳍腋部有紫红色大斑。侧线鳞片数 27~29 枚。前鳃盖后下角无长棘，头顶骨棱光滑。

图 3.62　白边锯鳞鱼

白边锯鳞鱼分布于印度洋和西太平洋热带海域，东达中美洲可可岛、西达非洲东岸、北到琉球群岛、南到昆士兰，包括我国南沙和西沙群岛及台湾海域。它是暖水性鱼类，栖息在水深 2~37m 的珊瑚礁水域。它是夜行性鱼类，昼间单独或成群聚集在礁洞内，夜晚则会游到岩礁旁的沙质海底觅食，以甲壳类、小鱼等为食，由于游到沙底觅食，所以胃中杂有大量泥沙。

我国各地水族馆中有饲养和展出。

## 168. 珍珠丝足鲈

珍珠丝足鲈也叫珍珠鱼、珍珠马甲鱼、珍珠马三甲、珍珠毛足鲈、蕾丝丽丽、李氏毛腹鱼等。隶属于鲈形目、攀鲈亚目、丝足鲈科。体长可达 9~12cm。身体修长，呈椭圆形，侧扁。有一宽大的臀鳍，占到 2/3 体长。腹鳍演化为主丝状须，长丝状的腹鳍可以灵活转动，呈金黄色；尾鳍浅叉形。体色为银白色，全身及各鳍布满珍珠般的小斑点，吻端下部及胸部为闪亮的黄色，在身体两侧各有 1 条由圆点组成的黑色纵纹，从吻端穿过眼径直达尾柄末端，臀前部为金黄色。

珍珠丝足鲈广泛分布于东南亚泰国、马来西亚、印度尼西亚等地热带雨林的河流、湖泊中。它们能在缺氧的环境中生存，因为它们有一个成为“褶鳃”的呼吸辅助器官，可以直接将空气吸入口中获取氧气。繁殖方式也相当特别，亲鱼会选择漂浮在水面的草丛或水中其他隐蔽场所，将空气吸入口中，然后吐成许多小泡，用分泌液再将小泡粘在一起，形成一个相当精致的巢，产卵其中，每次产卵 500~1 000 粒。受精卵经 1~2 天孵化，3 天后幼鱼开始自由游动、觅食。看护幼鱼的责任由雄鱼担当。繁殖期雄性下喉部色泽橘红色，十分美丽。

珍珠丝足鲈习性温和，容易饲养，对水质要求不严。喜欢弱酸性的硬水，pH 值 6.5~7.5，水温以 24~27℃为宜，不择食，但食量大，喜食红虫等动物性饲料，也可以投喂人工饲料。

我国各地水族馆中有饲养和展出。

## 169. 尖翅燕鱼

尖翅燕鱼也叫蝙蝠鱼、鲳仔、海燕、飞翼、燕鱼等（图 3.63）。隶属于鲈形目、鲈亚目、鲈总科、白鲳科。体长可达 70cm。身体呈菱形，非常扁平。头部背面眼至吻部间稍凹，眼后至背部间突出；眼间隔宽小于眼径。吻短而圆钝。口下位；上下颌约等长，下颌具小孔 5 对；颌齿具三牙尖，等长；锄骨具齿，腭骨无齿。体被小栉鳞；侧线弧形，背、臀鳍前方鳍条均延长，呈镰刀状；腹鳍延长；尾鳍截形或双凹形，上下叶或延长。体银黄色或暗，腹部较浅；体侧含眼带共具三条黑色宽横带；奇鳍具黑边；尾鳍基黑色，鳍条黄褐色。幼鱼背鳍和臀鳍软条延长，但随着成长而缩短。

图 3.63　尖翅燕鱼

尖翅燕鱼分布于印度洋和西太平洋一带，西起红海、非洲东部，东至巴布新几内亚，北至日本南部，南至大洋洲一带，包括我国台湾、澎湖及绿岛等海域。生活于水深为 1~20m 的海域，幼鱼在浅海域的礁石边或水表层随漂，成鱼喜欢成群结队在较深的珊瑚礁斜坡上活动。生性温驯，泳速慢。杂食性偏肉食，以藻类及小型底栖无脊椎动物为主。幼鱼比较孤僻，喜欢单独在浅海域中活动，因为体色为枯黄褐色，会拟态成枯叶，漂在水面的漂浮物之下躲藏。

饲养时可喂人工干料、鱼肉、小虾等。

我国各地水族馆中有饲养和展出。

## 170. 新月锦鱼

新月锦鱼也叫四齿、砾仔、绿花龙、青衣、红衣、花衣、青猫公、青开叉、青汕冷、月斑叶鲷、哨牙妹、龙船、天歌等（图 3. 64），隶属于新鳍亚纲、鲈形目、隆头鱼科。体长一般为 10~15cm，大者可达 30cm。体稍长且侧扁。上下颌具一列尖齿，前方各具 2 犬齿，无后犬齿。体被大鳞，头部大多无鳞，腹鳍具鞘鳞，背鳍前的胸部被较小鳞。侧线完全，在体侧后方向下弯曲。背鳍鳍棘 8 根。腹鳍尖形；尾鳍截形，上下缘或有延长。体蓝绿色，每一鳞片具一垂直红纹，头部暗红色，具许多与体色相同的条纹，一条在头部下方呈半环纹，两条从眼前缘至上颌，一条从眼上缘至头背部，三条从眼后缘至鳃盖缘，其中最下一条为环纹，上两条在鳃盖缘相接成环纹；胸鳍红色，外围具一蓝环纹；背鳍与臀鳍蓝绿色，近鳍缘处具一红纵带，鳍缘为蓝、黄色；尾鳍前半部蓝绿色，延至上下缘成暗红色，为呈新月状纹，鳍后端中央为黄色，体侧各鳞片有 1 条紫色垂直线纹。

图 3.64 新月锦鱼

新月锦鱼分布于印度洋、太平洋地区，由红海、东非到莱恩群岛，北至日本、我国南海及台湾海域，南至澳洲、罗得豪岛及新西兰北部等。它是暖水性中小型鱼类，栖息于岩礁及珊瑚礁海区。生活于 1~20m 深的海域，有些雌鱼会性转变为终期雄鱼，具领域性。主要以摆动胸鳍的方式游泳，活动力强，很少停止游动；夜间则在岩礁或珊瑚的凹陷处休息。肉食性，以小型无脊椎动物为主。

饲养新月锦鱼需较大活动空间，喜食动物性饵料。

我国各地水族馆中有饲养和展出。

## 171. 钻嘴鱼

钻嘴鱼也叫三间火箭、长嘴蝶鱼、铜带蝴蝶鱼、毕毕、荷包鱼等（图 3. 65），隶属于硬骨鱼纲、辐鳍亚纲、鲈形目、蝴蝶鱼科。体长可达 18~20cm。身体卵圆形而侧扁或延长卵圆形而侧扁。口小，突出，呈管状，能向前翻出，故称为“钻嘴”。体色为珍珠白色，后部较黄，体侧具 5 条垂直色带，前 4 条为镶黑边的橙黄色带，最后 1 条为镶白边的黑色条纹，第一条通过眼睛，第四条条纹上有一具白边的眼斑，第五条穿过背鳍和臀鳍的后部，前面有一白色斑纹。另一橘色条纹从背部下来沿吻到吻端，胸鳍有黄色和白色斑条纹。头背处自颈背至吻端另具一镶黑边的橙黄纹。背鳍与臀鳍后部橙黄色，中央为灰色，末缘具蓝灰色线纹；背鳍软条部具眼斑；胸鳍为灰黑色，前缘与后缘黄色；尾鳍基部橙红色，后部淡色。

图 3.65 钻嘴鱼

钻嘴鱼分布于我国南海、越南、澳大利亚、印度、非洲东部等西太平洋和印度洋的热带珊瑚礁区海域。生活在珊瑚礁间，延长的管状吻适应在岩石缝隙或孔洞中探取食物。它们利用身体扁平细瘦的特征，穿梭于珊瑚礁岩缝中，而身上的花纹恰好作为掩饰，保护自己，尾部有一个似眼的黑圆斑点，那是它们用来诱骗攻击者的假眼，作用在于让攻击者错误地攻击其有坚硬背鳍的刺端，以保护自己。它的地域性不是很强，虽有时争斗，但并不会经常发生。食性以藻类、海绵、珊瑚为主，有时也会吃一些小动物类及浮游生物。

钻嘴鱼性情温和，饲养时要求水温 25℃，pH 值 8.1~8.4。可喂以动物性饲料，以及人工饲料。

我国各地水族馆中有饲养和展出。

## 172. 条纹斑竹鲨

条纹斑竹鲨也叫斑竹狗鲛、狗鲨、犬鲨等。隶属于软骨鱼纲、须鲨目、须鲨科、斑竹鲨属。体长可达 83cm。躯体呈圆柱形或稍平扁；体侧具一隆嵴；头侧不具皮瓣。吻窄圆。眼椭圆形，上侧位，无瞬膜。鼻孔下侧位，鼻孔缘具短而尖凸之须；具鼻褶；具口鼻沟。喷水孔中大，约等于眼径。鳃裂小，第四及第五鳃裂重叠，内鳃不具滤器。口裂小，腹位，近于平直。齿具中央齿尖，侧边小齿尖或有或无。背鳍 2 个，小且上角钝圆，后端平直，下角不尖突，第一背鳍起点与腹鳍基底末端相对或稍后；第二背鳍起点在腹鳍与臀鳍间；胸鳍与腹鳍略小，同大或胸鳍略大；臀鳍小，起点远于第二背鳍后角之后，基底长短于尾鳍下叶基底长，而与尾鳍下叶之起点仅以一窄凹洼分隔，其间距远短于臀鳍基底长；尾鳍上叶略往上扬，上叶略发达，腹缘明显；尾鳍下叶低平而延长，但前部不突出，后部具缺刻。体呈灰褐色，体侧具 12~13 条暗色横纹，体侧及各鳍另具许多淡色之斑点。

图 3.66 条纹斑竹鲨

条纹斑竹鲨分布于印度-西太平洋区，包括印度、斯里兰卡、新加坡、泰国、越南、印度尼西亚、菲律宾、日本，以及我国台湾附近海域，是鲨鱼中个体较小的暖水性种类。栖息于沿海礁沙混合且海藻繁生的海床。白天躲在礁石内休息，夜晚才出来活动觅食，行动缓慢。以底栖无脊椎动物及小鱼为食。卵生。亲鱼交配时相互嬉戏，雄性主动以各种姿势迅速与雌性完成交配。条纹斑竹鲨在前后输卵管之间有一特殊的结构——卵鞘腺，卵经过此处会被包裹一层坚韧的卵鞘，这应是条纹斑竹鲨防止其卵在漫长的孵化期间被其他生物吞食而形成的对后代的一种保护措施。在卵鞘腺中的卵并没有马上被排出，而是在后输卵管中积聚起来，在此过程中，亲鱼的腹部会慢慢膨大。条纹斑竹鲨的卵裹上卵鞘后如此之大，以至在产卵过程中亲鱼冲刺、跳跃等现象经常发生。条纹斑竹鲨受精卵孵化的时间很漫长，在清新水质、适宜水温的条件下，仔鱼 30 多天后将相继从卵鞘中孵出，出生后的仔鱼仍有大块卵黄相连，全长为 11~15cm。仔鱼出鞘时间不相同，最短时间 30 多天，最长 60 多天。初孵仔鱼即可在水中欢快游动，头颈部吊着大块卵黄，卵黄略呈浅黄色，圆形或椭圆形，体积较大，直径 1.8~2.5cm。初孵仔鱼即表现出很强的母性遗传特征，其体色、花纹与亲鱼极其相似。初孵仔鱼已具备了摄食能力。

条纹斑竹鲨性情凶猛，虾、贝或一些淡水鱼都可以饲喂。饲养要求为 pH 值 8.1~8.4。

我国各地水族馆中有饲养和展出。

## 173. 蜂巢石斑鱼

蜂巢石斑鱼也叫网纹石斑鱼、蜂巢格仔、六角格仔、蝴蝶斑、牛屎斑、石斑、过鱼、花石斑、花头梅等。体长 7~14cm。身体长椭圆形，侧扁而粗壮。口大，具发达的辅上颌骨，上下颌前端具少数大犬牙，两侧牙细尖，可向内倒伏。前鳃盖骨后缘一般具锯齿，下缘光滑。体被细小栉鳞。尾鳍圆形、截形或凹形。体色主要呈浅褐色，密被深褐色蜂巢状斑点，腹部斑点间隙较背部为宽。各鳍均具与体色斑点一致的斑点。

蜂巢石斑鱼分布于热带印度洋和太平洋浅水海域，包括红海、非洲东岸、印度、斯里兰卡、印度尼西亚、菲律宾、日本，以及中国南海、澎湖列岛、台湾等海域。属于暖水性底层鱼类。一般生活于礁盘浅水海区，是珊瑚礁盘内最常见的鱼类，常栖息于沿海岛屿附近的岩礁间、珊瑚礁的岩穴或缝隙中，栖息深度一般不超过 20m。一般为夜行性，利用其嗅觉寻觅食物，白天则隐藏于岩穴内。性凶猛，肉食为主，喜食鱼、虾、蟹类，不喜欢结群，饥饿时有自相残杀现象。对盐度的适应范围很广，可生活在 11%~41%的盐度范围内，最适水温为 22~28℃，18℃以下时食欲减退，15℃以下鱼体就失去平衡。

我国各地水族馆中有饲养和展出。

## 174. 福鳄

福鳄也叫鳄雀鳝、大雀鳝、黑猛等。隶属于雀鳝目，是一种很原始的辐鳍鱼，也是现存雀鳝目中体型最大的一种。体长可达 3m。身体覆盖着一层菱形釉层的硬鳞，像是穿着钢盔铁甲。雌鱼比雄鱼略大。鱼身呈长筒形，背部呈褐色或橄榄色，带有暗黑色斑纹，腹部则颜色较浅。吻部前突，上下颚密布利齿，形似鳄口，因此得名。

福鳄分布在从墨西哥到美国佛罗里达州的墨西哥湾沿岸河流和河口水域，密苏里河和俄亥俄河下游，以及尼加拉瓜境内的两个湖泊。主食其他鱼类，属肉食性鱼，因该鱼会攻击人类，所以被列为世界十大凶猛淡水鱼之一。

福鳄每年 5~8 月繁殖产卵，雌鱼每次产下 14 万~20 万粒卵，但只有极少数侥幸躲过天敌成功孵化，卵呈淡绿色，黏附于水草或砾石上，孵化期为 6~8 天，雄性 6 岁左右性成熟，雌性则长达 11 年，寿命 26~50 年。

福鳄容易饲养，喜温度保持在 25~30℃。

我国各地水族馆中有饲养和展出。

## 175. 琵琶鼠鱼

琵琶鼠也叫吸盘鱼、垃圾鱼、琵琶鱼、清道夫（图 3.67）。隶属于下口鲇目、棘甲鲇科。体长可达 30cm，野生可达 60cm。体大，头部扁平，背鳍高耸，尾部侧扁，口唇发达如吸盘。鱼体呈半圆筒形，侧宽，尾鳍呈浅叉形。口下位。背鳍宽大，腹部扁平，左右腹鳍相连形成圆扇形吸盘。从腹面看，很像一个小琵琶，又有两对小胡子，故又称为琵琶鼠鱼。鱼体呈暗褐色，体上布满黑色斑点。也有变种，为金色，被称金琵琶鼠鱼。

图 3.67　琵琶鼠鱼

琵琶鼠鱼主要分布于南美洲巴拿马、巴西、哥斯达黎加和秘鲁一带的乌卡亚利河系及亚马孙河主、支流域的各大小河流与分流，属于淡水鱼种，但也曾在巴拉圭的河海交界处发现其踪迹。不怕光，但是属于夜行性动物。食性杂。幼时较温和，成年后性情凶猛，有时会吃其他的鱼，将鱼咬死，然后吃掉。卵生。

琵琶鼠鱼容易饲养。喜欢弱酸性软水或者中性水质的水。适宜水温 20℃以上，是水族箱里最好的“清道夫”。

我国各地水族馆中有饲养和展出。

## 176. 宅泥鱼

宅泥鱼也叫三带圆雀鲷，俗名为厚壳仔、三间雀（图 3.68），隶属于辐鳍鱼纲、鲈形目、隆头鱼亚目、雀鲷科。体长可达 10cm。身体圆形而侧扁，体色以白色为底，身上有 3 条横带，其中第一条起于背鳍起点之前，经眼而达下颌，但吻部仍为白色；吻短而钝圆。口中型；两颌齿小而呈圆锥状，靠外缘之齿列渐大且齿端背侧有不规则之绒毛带。眶前骨具鳞，眶下骨具鳞，下缘具锯齿。第二条则起背鳍中央经胸鳍基部而达腹鳍；第三条则由背鳍后端至臀鳍。尾鳍白色，略呈叉形，背鳍略黑。

图 3.68　宅泥鱼

宅泥鱼原产于印度西太平洋区，包括我国台湾海域和南海等海域。栖息在珊瑚礁和沙地交接的枝状珊瑚或轴孔珊瑚上，水深 0～20m。具强烈的领域性。以浮游动物、底栖的无脊椎动物和藻类为食。平时在珊瑚上方活动，遇到危险时就躲入珊瑚枝丫中以躲避敌害。生殖期时，雄鱼会邀请雌鱼产卵于它们的巢中，并保护卵直到它们孵化，而此时的亲鱼变得对其他的鱼非常有侵略性。

我国各地水族馆中有饲养和展出。

## 177. 花斑短鳍蓑鲉

花斑短鳍蓑鲉也叫花斑短狮子鱼、斑马纹多臂蓑鲉、短须狮子鱼（图 3.69），隶属于辐鳍鱼纲、鲉形目、鲉科、短鳍蓑鲉属。体长一般为 10～20cm，最大可达 25cm，体重为 100～200g。体侧扁。头略侧扁。眼上触角长于眼径，眼上有皮瓣，身体有 7～8 条暗褐色宽横带。前鳃盖及眼下有黑斑。最长背鳍棘可超过体高；胸鳍相当宽大，展开时大于头部。各奇鳍上有许多黑褐色斑点。胸鳍及腹鳍上则有褐色条纹。颅骨骨棱无微细锯齿。枕骨部两侧无鸟冠状突起。上颌骨后部无鳞。背鳍鳍棘大部分离；鳍棘长大于鳍条长，略大于体高。胸鳍不伸越尾鳍基底，上部鳍条分支，下部鳍条不分支。

图 3.69　花斑短鳍蓑鲉

花斑短鳍蓑鲉属暖水性鱼类，主要分布在印度洋和太平洋一带海域，包括我国南海，水深为 1～40m。栖息于珊瑚礁或岩礁穴隙中。求偶和产卵在晚上进行。雄鱼有领域性，会驱逐其他侵入的雄鱼，与体型较小的配对，雌鱼此时头部色淡。为肉食性，主要以小鱼和贝类等小型无脊椎动物为食。

花斑短鳍蓑鲉可以喂贝类肉、沙蚕、虾肉、小鱿鱼片等。但鳍上硬棘有毒，饲养时须当心，被刺伤后立即产生难以忍受的疼痛，红肿、剧痛延续 20 小时后始渐缓解。

我国各地水族馆中有饲养和展出。

## 178. 青苔鼠

青苔鼠也叫马头鳅、琵琶鱼、青苔鱼等。隶属于鲤形目、鲤科。体长可达 18～20cm。身体细长，稍侧扁。身体最高处在胸鳍起点垂直上方，向前急剧下斜，向后较平直，头长，侧扁。吻前端略尖。眼上位，腹视不可见，明显位于头的后半部。口下位，上唇边缘有发达而稀疏的突起，侧端连于口角须的基部。唇后沟根深。须 3 对，吻须 2 对，口角须 1 对。背鳍外缘微凸；胸鳍左右基部紧挨在一起；腹鳍短小，左右基部紧靠；臀鳍短；尾鳍深凹。体被细鳞，头部无鳞。侧线走向平直，沿侧线有十余个小黑斑，背部正中隐约可见横跨的数个棕色大斑。吻端至眼前缘有两黑色纵条纹，各鳍浅棕色，无斑。

青苔鼠栖息于我国西双版纳一带的澜沧江下游江段，以及老挝、泰国等地。它是底栖性鱼类，生活于水温23~27℃的江边沙底浅滩流水回缓之处，依靠斜向下方的吸盘状口部，吸贴于水草岩石等物而徐徐移动，同时吞食青苔或残余的食物、蔬菜等，因此被称为“清道夫”。

青苔鼠为杂食性，饲养容易。

我国各地水族馆中有饲养和展出。

## 三、两栖动物

两栖动物是由水生生活的鱼类过渡到真正陆生生活的爬行动物之间的一个类群，是脊椎动物中最先征服陆地环境的先驱。隶属于脊索动物门、两栖纲。大约有4 200种。它们的主要特点是：具有强有力的5趾型附肢作为运动器官，适应在陆地上支持身体和运动；成体用肺和湿润裸露的皮肤进行呼吸；具有不完全的双循环，虽然心室只有1个，但心房分隔为左右两个，分别接纳肺静脉和体静脉的血液；具有脊柱，头部可以在陆地上稍微抬起、转动，呈有局限的灵活性；大多为卵生，少数为卵胎生，卵一般都很小，有卵胶膜保护，大多产于水中，孵出的幼体为蝌蚪，在水中生活，用鳃呼吸，经过变态发育为成体。

### 1. 虎纹蛙

虎纹蛙也叫田鸡、水鸡，是体大而凶猛的蛙类。体长10~12cm。隶属于两栖纲、无尾目、蛙科。头部呈三角形。口宽大。眼大。前肢短，后肢较长，趾间具蹼。皮肤粗糙。背部呈黄绿色，有十几行纵向排列的肤棱，肤棱间散布小疣粒。腹面白色。全身均有斑纹，看上去略似虎皮，因此得名。

虎纹蛙分布于我国江苏、浙江、湖南、湖北、安徽、广东、广西、贵州、福建、台湾、云南、江西、海南、上海、河南、四川和陕西南部，以及印度、尼泊尔、孟加拉国、斯里兰卡、泰国、印度尼西亚、菲律宾等地。栖息于丘陵地带的水田、沟渠、水库、池塘、沼泽地等处，以及附近的草丛中。白天藏匿于洞中。夜晚活动。有冬眠习性。性情凶猛。以昆虫、蜘蛛、蚯蚓、虾、蟹等为食。繁殖期为5~8月，卵孵化后成为在水中生活的蝌蚪，经过变态发育为成体。

虎纹蛙被列为国家Ⅱ级重点保护野生动物。它在我国野外数量十分稀少，但也会有偷猎犯罪的现象发生。虎纹蛙是我国首批可商业性经营利用驯养繁殖技术成熟的54种陆生野生动物之一。它在我国南方俗名“石梆”，由于其体型肥硕，肉质鲜美，是当地的传统美食，也是传统的出口土特产品，在市场上需求量甚大，具有较大的经济价值。目前我国南方许多地区已经开展人工繁殖工作并获得成功。

### 2. 黑斑蛙

图3.70 黑斑蛙

黑斑蛙也叫青蛙，是我国常见的蛙类（图3.70）。体长6~8cm。隶属于两栖纲、无尾目、蛙科。头宽，略呈三角形。眼圆而突出。口大。皮肤较光滑。背中央有一条浅色线。背侧有2个褶。背面黄绿色或深绿色，有不规则的黑斑。腹面白色。趾间有蹼。

黑斑蛙分布于我国除新疆、西藏、台湾、海南外的大部分地区，以及日本、朝鲜等地。栖息于平原、丘陵地带的水田、池塘、湖沼、河流等处。白天隐蔽。夜晚活动。善于跳跃。有冬眠习性。以昆虫、蜘蛛等为食。3~6月繁殖。卵孵化后成为在水中生活的蝌蚪，经过变态发育为成体。

黑斑蛙被列入《国家保护的有益的或者有重要经济、科学研究价值的陆生野生动物名录》（简称“三有”名录），但也有偷猎的现象发生。

## 3. 中国林蛙

中国林蛙也叫哈士蟆、田鸡，是我国北方常见的两栖动物。体长4~7cm。隶属于两栖纲、无尾目、蛙科。体较细长。头扁平，头宽略大于头长；吻端圆而略尖，吻棱明显；鼻孔位于吻眼之间；鼓膜显著，约为眼径之半；犁骨齿列小，椭圆形。胫跗关节前达眼前方或吻鼻部，左右跟部重叠较多，趾蹼缺刻深；第五趾内侧蹼之凹陷位第五趾中部。皮肤较平滑；背侧褶在颞褶部形成曲折状，先与颞褶相连，向后延伸至胯部。背面浅灰褐色或土黄色，疣上散有深色斑点，鼓膜处均有三角形黑色斑。雄性有一对咽侧下内声囊。

中国林蛙分布于我国陕西、山西、河南、河北、北京、天津、山东、辽宁、吉林、黑龙江、内蒙古、甘肃、青海、西藏东部、四川、湖北、江苏，以及朝鲜、俄罗斯、蒙古、日本等地。栖息于海拔600~2 000m的山地森林内植被较好的静水塘或山沟附近。以小溪、河流等水源为中心，活动范围在1 000m左右。10月至翌年3月为冬眠期，基本冬眠方式是在山间小溪及江河中营水下冬眠，少数潜入林下土壤中冬眠。以昆虫为食，也吃蚯蚓、蜘蛛和软体动物等。4~5月为繁殖期，产卵于河流附近小型静水坑的浅水处进行，水深5~10cm。受精卵孵化期的长短与气温和水温的高低有关，水温在15~18℃时，只需3~4天即可全部孵出蝌蚪。

中国林蛙被列入“三有”名单，但也有偷猎的现象发生。它也是我国首批可商业性经营利用驯养繁殖技术成熟的54种陆生野生动物之一。中国林蛙既可食用，亦可干制入药，是我国经济价值较高的药肉兼用的蛙类；也可加工成干粉配成混合饲料作为家禽、鱼类、蝌蚪的饲料。除人工养殖基地、动物园等处可能发生因经济利益而进行的盗窃、抢劫中国林蛙等犯罪行为外，在某些犯罪现场也有可能出现中国林蛙的痕迹。

## 4. 黑龙江林蛙

黑龙江林蛙也叫哈士蟆、山狗子、臭迷子、红肚囊、雪蛤。体长5~6cm。隶属于两栖纲、无尾目、蛙科。体大而肥硕。头长宽几相等；吻端尖圆，吻棱较明显；鼓膜显著，约为眼径之半；犁骨齿列为椭圆形，胫跗关节前达肩部，左右跟部稍重叠。皮肤较粗糙，体和后肢背面及后腹部密布圆形大疣，背侧褶在颞褶部形成曲折状，先与颞褶相连，然后再达胯部。体色有变异，雄性为棕色、褐灰色、棕黑色，雌性为棕红色或棕黄色，背中央有1条浅色较宽的脊线。鼓膜上有三角形黑色斑，咽、胸及腹部有朱红色与深灰色花斑。无声囊。

黑龙江林蛙分布于黑龙江、吉林、辽宁、内蒙古、陕西，以及朝鲜、俄罗斯等地。栖息于森林、灌丛、草地地带的沼泽、水塘、水坑和水沟等静水域或其附近。成体以陆栖为主。9月下旬入蛰，多群集潜入塘、坑底部的泥土中越冬。以昆虫等为食。4月中旬出蛰，入静水域或流溪缓流处产卵，每次产卵900~1 270粒。

黑龙江林蛙被列入“三有”名单，但也有偷猎的现象发生。它也是我国首批可商业性经营利用驯养繁殖技术成熟的54种陆生野生动物之一。黑龙江林蛙雌性输卵管的干制品亦称哈士蟆油。黑龙江林蛙也是一种很好的食用蛙类，肉质细嫩，味道鲜美，在市场上深受欢迎。除人工养殖基地、动物园等处可能发生因经济利益而进行的盗窃、抢劫黑龙江林蛙等犯罪行为外，在某些犯罪现场也有可能出现黑龙江林蛙的痕迹。

## 5. 阿尔泰林蛙

阿尔泰林蛙体长为5cm。吻部圆而突出。头部侧面有三角形黑斑。体表略粗糙，有排列成行的疣粒。身体背面为暗黄色至褐色，有暗褐色或黑色斑纹。腹面前部为污黄色，后部为红色。

阿尔泰林蛙分布于中国新疆北部、俄罗斯阿尔泰山地区等地。栖息于海拔1 300~1 500m的林间沼泽、池塘等地带。以昆虫为食。

阿尔泰林蛙被列入“三有”名单，但也有偷猎的现象发生。

### 6. 中亚林蛙

中亚林蛙体长7~9cm。头部较扁，侧面有三角形黑斑。身体背面有分散的小疣粒。身体背面为褐色，有黄色斑纹。趾间有蹼。

中亚林蛙分布于中国新疆，以及亚洲中部一带。栖息于森林、草地、灌丛等地带。以叶甲虫、蝗虫等昆虫等为食。每年4月繁殖，产卵于静水中或溪流较缓处。幼体在水中生活。

中亚林蛙被列入“三有”名单，但也有偷猎的现象发生。

### 7. 泽蛙

泽蛙体长4~5cm。吻部较尖。眼大。皮肤粗糙。身体背面为灰棕色、灰绿色或土灰色，有暗褐色斑纹。腹面为白色或乳黄色。趾间有不完整的蹼。

泽蛙分布于中国南方以及日本、印度、尼泊尔、斯里兰卡和亚洲东南部一带。栖息于平原、丘陵、田野、林地或居民区周围的静水水域附近。以昆虫为食。每年5~7月产卵。

泽蛙被列入“三有”名单，但也有偷猎的现象发生。

### 8. 湖蛙

湖蛙体长可达17cm。体型较大。皮肤较光滑，背侧有明显的褶，其间散有圆疣。身体背面为绿色、橄榄色或褐色，有黑色或暗绿色斑点。腹面为白色或黄色，有斑点。

湖蛙分布于中国新疆，以及亚洲中部、欧洲中部和南部一带。栖息于海拔700m左右的沼泽、池塘、湖泊、河流、水田中。以昆虫、蜘蛛等节肢动物，以及小鱼、蝌蚪等为食。产卵量为5 000~10 000粒。

湖蛙被列入“三有”名单，但也有偷猎的现象发生。

### 9. 金线蛙

金线蛙体长5cm。吻端钝圆。皮肤较光滑。身体背面为草绿色或橄榄绿色，有金黄色斑纹。腹面为黄色。趾间有蹼。

金线蛙分布于中国华北、华中和东南地区。栖息于有水草、藕叶的池塘、水田等地带。以水生小型动物为食。每年4~6月产卵。

金线蛙被列入“三有”名单，但也有偷猎的现象发生。

### 10. 日本溪树蛙

日本溪树蛙体长为3~4cm。眼眶之间有一个“V”形黑色斑纹。无蹼，指（趾）及吸盘适度膨大。身体背面为暗褐色，肩部有一条斜行黑色斑纹。腹面为淡黄色。

日本溪树蛙分布于中国台湾，以及日本西南诸岛。栖息于山地溪流中。以昆虫为食。卵集群黏附于水生植物上，或成小块漂浮在水面上。

日本溪树蛙被列入“三有”名单，但也有偷猎的现象发生。

### 11. 猪蛙

猪蛙也叫美蛙。体长8~18cm。隶属于两栖纲、无尾目、蛙科。背面皮肤较光滑，橄榄色或黑褐色，腹面多有色斑，头窄而吻部较尖，趾间满蹼，蹼均达趾端，第四趾短，略长于第三、五趾。

猪蛙分布于美国南部、东南部一带。栖息于气候温暖地区的湖岸、沼泽、水坑、河沟以及水草繁茂的静水水域。成体除繁殖季节集群生活以外，一般分散在水域活动。性胆怯，易受惊逃避，跳跃能力强。雄性浮于水面，鸣叫声似猪的呼噜声。成体食性广泛，食量较大。主要捕食昆虫及其他无脊椎动物，有时也吃小型脊椎动物。一般在被有树木、水草茂密的湖岸、水塘以及其他的静水浅水区繁殖。雌性每年可产卵 2~3 次，每次产卵几万粒。卵漂浮于水面或黏附与水中植物叶片茎干上。3 年可以长至成体大小。

猪蛙是我国首批可商业性经营利用驯养繁殖技术成熟的 54 种陆生野生动物之一。猪蛙体大肉肥，腿肉可烹制各种菜肴，许多国家和地区视之为美味珍品，皮可以加工制革；副产品可加工成饲料粉。由于人工放养时很可能逸为野生，对自然环境有较大的破坏。

## 12. 牛蛙

牛蛙是体型较大的蛙类（图 3.71）。体长 18~20cm。隶属于两栖纲、无尾目、蛙科。身体粗壮。背面皮肤略粗糙，有细的肤棱或疣粒，为褐色或深绿色，有黑色斑点。腹面白色，有暗灰色细纹。雄性喉部黄色，雌性喉部灰白色。后肢较长。趾间有蹼。

图 3.71　牛蛙

牛蛙原产于北美洲的美国、墨西哥等地。栖息于沼泽、池塘、水田等处。有冬眠习性。夜晚活动。善于游泳。行动敏捷。单独鸣叫，叫声响亮，好像牛叫，因此得名。以昆虫、其他无脊椎动物、小型脊椎动物等为食。卵孵化后成为在水中生活的蝌蚪，经过变态发育为成体。4~5 年达到性成熟。

牛蛙现在已经在我国和世界上许多国家广泛养殖。由于人工放养时很可能逸为野生，对自然环境有较大的破坏。除人工养殖基地、动物园等处可能发生因经济利益而进行的盗窃、抢劫牛蛙等犯罪行为外，在某些犯罪现场也有可能出现牛蛙的痕迹。

## 13. 斑腿树蛙

斑腿树蛙是我国常见的两栖动物。体长 5~8cm。隶属于两栖纲、无尾目、树蛙科。身体扁而狭长。皮肤背面光滑，有细小的疣粒。背面为棕色，有黑色纵条纹和斑点。腹面乳白色。趾间有微蹼。指、趾末端膨大成吸盘。

斑腿树蛙分布于我国长江流域以南地区，以及亚洲南部、东南部等地。栖息于树上、草丛中。靠吸盘在树干上活动。行动迟缓，跳跃能力不强。产卵于岸边草丛中或泥窝内。蝌蚪在静水中发育成长，经过变态变为成体。

斑腿树蛙被列入“三有”名单，但也有偷猎的现象发生。

## 14. 东北雨蛙

东北雨蛙体长为 4~5cm。体型较大。皮肤较光滑。身体背面主要为绿色，有不规则黑色斑纹和斑点。侧面有黑色带。腹面为白色。四肢有横斑。雄性有较发达的单咽下外声囊。

东北雨蛙分布于中国东北、日本、朝鲜、蒙古和俄罗斯等地。栖息于灌丛、草丛等地带。白天一般潜伏在树叶上或草丛中，雨后活动频繁。以昆虫、蜘蛛等为食。每年 6 月繁殖。在静水中产卵。卵粒集群。

东北雨蛙被列入“三有”名单，但也有偷猎的现象发生。

## 15. 花狭口蛙

花狭口蛙体长 7cm。体型肥硕粗壮。吻端钝圆。指末端显著膨大，趾基部具微蹼。皮肤较光滑。枕部有一个明显的横沟。身体背部为棕色，有一个大的三角形深棕色斑块，其外缘有一条深色带纹，二者之间有镶以黑线纹的浅黄棕色带纹。腹面为黄白色，密布棕色小斑点。

花狭口蛙分布于中国云南、广东、广西、海南、福建等地。栖息于林地中。善于挖掘。平时隐藏在土穴、树洞中。鸣声高亢。以白蚁、蚂蚁、马陆、蜘蛛等为食。每年 3~5 月产卵于临时水坑中，卵漂浮于水面，20 天完成变态。

花狭口蛙被列入“三有”名单，但也有偷猎的现象发生。

## 16. 饰纹姬蛙

饰纹姬蛙体长 2~3cm。头部较小。吻端尖圆。皮肤上富有许多小疣。身体背部为灰褐色或土灰色，有少数倒“V”字形斑，彼此并不相套叠。四肢背面有粗或细的横斑。腹面为白色。

饰纹姬蛙分布于中国山东、河南、陕西、甘肃以南各地。栖息于平原、丘陵和低山地带的水田或池塘附近。平时隐藏在土块下、土洞中。以白蚁、叶甲虫、金龟子、叩头虫、蜘蛛等为食。每年 5~8 月繁殖，卵大多产于水田中，漂浮于水面。

饰纹姬蛙被列入“三有”名单，但也有偷猎的现象发生。

## 17. 棘胸蛙

棘胸蛙体长 10cm。体型较大而粗壮。吻端钝圆。皮肤较粗糙，有疣粒。身体背面为黑棕色，中央有一条浅色纵条纹。腹面为肉紫色。趾间有蹼。

棘胸蛙分布于中国长江流域以南的大部分地区。栖息于海拔 500~1 500m 的溪流附近。夜行性。以昆虫等为食。白天隐藏在石缝或洞穴中。每年 5~9 月产卵。卵产于水中石头下或水草上。

棘胸蛙被列入“三有”名单，但也有偷猎的现象发生。

## 18. 负子蟾

负子蟾是繁殖习性奇特的蛙类。体长 8~10cm。隶属于两栖纲、无尾目、负子蟾科。身体为黑褐色。头部为三角形。眼小。趾间有蹼。

负子蟾分布于南美洲巴西、圭亚那等地。栖息于水中。繁殖期雌性背面皮肤软化成近似海绵状，有一条产卵带形成管状，弯曲达到背上。雄性伏在雌性背上，将卵挤出，并压入海绵状皮肤的小窝中。卵在小窝中发育，经过蝌蚪期，变成小的成体后才离开雌性的身体。

## 19. 中华蟾蜍

图 3.72　中华蟾蜍

中华蟾蜍也叫癞蛤蟆、癞疙疱，是我国常见的两栖动物（图 3.72）。体长 9~11cm。隶属于两栖纲、无尾目、蟾蜍科。头部宽，眼眶突出。皮肤粗糙。背面为黑绿色，有大小不等的瘰疣。腹面乳黄色，有棕色或黑色的斑纹及小疣粒。四肢发达。趾间有蹼。

中华蟾蜍分布于我国大部分地区，以及俄罗斯东部、朝鲜等地。栖息于陆地草丛、林下、居民区周围等处。白天藏匿于石下、洞穴或草丛中。善于慢步行走，不喜欢跳跃。夜晚活动。以昆虫等为食。体表的疣粒为皮肤腺，能分泌有毒的乳白色的浆液。冬季在水底泥内冬眠。早春产卵。卵缠绕在水草上，靠自然温度孵化，两周后孵出蝌蚪。蝌蚪生活在水中，1 个月后经过变态过程变为成体。

中华大蟾蜍腺体分泌的白色毒液，是制作蟾酥的原料。蟾酥是著名中药，它具有解毒消肿、强心利尿、止痛的功能。可用它治疗痈肿疔疮、骨关节结核、慢性骨髓炎、咽喉肿痛、心力衰竭、中风昏迷、吐泻腹痛、龋齿痛、白细胞减少症等疾病。

中华大蟾蜍被列入“三有”名单，但也有偷猎的现象发生。

## 20. 花背蟾蜍

花背蟾蜍体长为60~80mm（图3.73）。雄性皮肤粗糙，背部密布疣粒，耳后腺大而且扁，体背面为黄橄榄色，有不规则的花斑，疣粒上有红点；雌性个体比雄性大，背面浅绿色，有酱紫色花斑，疣粒较少，疣粒上有红点。因它的背上有花斑及红点，很美丽，所以称它为花背蟾蜍。腹面灰白色、无黑斑。雄性有声囊，可发出鸣叫声。

图3.73　花背蟾蜍

花背蟾蜍分布于黑龙江、吉林、辽宁、内蒙古、宁夏、新疆、甘肃、河北、山东、河南、山西、青海、江苏等地。一般白天匿居石下或洞穴中，夜间外出捕食害虫。冬季蛰伏于沙土中冬眠。

花背蟾蜍被列入“三有”名单，但也有偷猎的现象发生。

## 21. 绿蟾蜍

绿蟾蜍体长为5~9cm。身体较小。吻部较圆。皮肤粗糙。头后及身体背面布满大小瘰粒，其上密布小白刺。身体背面为橄榄色、浅绿色或灰色，有暗色斑纹。腹面为乳白色。

分布于中国西藏、新疆，以及阿富汗、伊朗、蒙古西部、俄罗斯、亚洲中部、非洲北部、欧洲中部和南部一带。栖息于海拔1 000~3 200m的沼泽草地、沙漠边缘和绿洲等附近的水坑中，最高可达4 500m左右。夜行性。善于挖洞，常隐藏在洞穴中。冬季在土洞、土穴、树根下冬眠。以叶甲虫、叩头虫、象鼻虫、金龟子、步行虫等昆虫和鼠妇、蜘蛛、蚯蚓等为食。每年4~5月产卵于水塘内。

绿蟾蜍被列入“三有”名单，但也有偷猎的现象发生。

## 22. 西藏蟾蜍

西藏蟾蜍雄性体长54mm，雌性64mm左右；吻端略圆，吻棱上有疣。鼓膜椭圆形。皮肤极粗糙，背面满布大小不等的圆形瘰粒。耳后腺短而宽，呈豆状。整个腹面满布疣粒。西藏蟾蜍生活时背部为橄榄黄色，有不规则的深色斑纹。背正中有一条较宽的蓝灰色脊线，该处的皮肤光滑无疣。体侧及后肢有棕红色斑点。雄性无声囊。

西藏蟾蜍分布于四川、西藏。栖息于3 000m左右高原草地的山边、田内、石头下或土坑内。

西藏蟾蜍被列入“三有”名单，但也有偷猎的现象发生。

## 23. 华西大蟾蜍

华西大蟾蜍雄性体长约73mm，雌性100mm左右。吻端圆，吻棱显著，鼓膜较小，椭圆形。皮肤粗糙，头上只有小疣粒，背面及后肢背面有较稀疏的大小不等的瘰粒。耳后腺大，呈前宽后窄的长卵圆形。胫部的瘰粒大而显著。体侧及整个腹面满布小疣粒，跗褶很显著。体背为橄榄绿色或泥绿色。体侧为浅棕色，上有黑色及土红色斑点。四肢背面的颜色较背部浅。腹面乳黄色，并有不规则的黑色斑点。雄性无声囊。

华西大蟾蜍分布于四川、贵州、云南。一般生活在海拔750~2 700m的草丛间或石头下。卵产于山溪流水坑内或大河边的洄水坑内。卵黑色，在胶质卵带内成双行排列。

华西大蟾蜍被列入“三有”名单，但也有偷猎的现象发生。

## 24. 岷山大蟾蜍

岷山大蟾蜍雄性体长67mm，雌性72~90mm。头宽大于头长。吻端圆，吻棱上有长疣。上眼睑内侧有球状疣，这是岷山大蟾蜍最显著的特点。此外，头上还有许多小疣粒及少数大瘰粒，眼睑上也密布小疣粒。它的皮肤粗糙，全身背面长满不同形状的瘰粒。瘰粒角质化后呈深棕色。耳后腺大，几乎与眼相连。胫部有大瘰粒，腹面长满疣粒。

岷山大蟾蜍分布于我国甘肃、四川。

岷山大蟾蜍被列入“三有”名单，但也有偷猎的现象发生。

## 25. 隆枕蟾蜍

隆枕蟾蜍主要特征是身体的背部有许多大瘰粒。头顶与两眼之间有一对略呈“()”形的黑色骨质棱，头顶后部隆起。耳后腺长又大，雌性身体的背面有列称斑纹。

隆枕蟾蜍分布于我国西藏。

隆枕蟾蜍被列入“三有”名单，但也有偷猎的现象发生。

## 26. 黑眶蟾蜍

黑眶蟾蜍又名蚊蠓婆（图3.74）。体较大，体长为70~100mm，雄蟾体长平均63mm，雌蟾为96mm。头部从吻端至眼眶上缘有黑色骨质嵴棱。耳后腺大，呈椭圆形。皮肤粗糙，除头顶部无疣，其他部位布满大小不等的疣粒，所有疣上有黑棕色角刺。腹面密布小疣柱。体色一般为黄棕色，有不规则的棕红色花斑。腹面胸腹部的乳黄色上有深灰色花斑。雄性有声囊。

图3.74　黑眶蟾蜍

黑眶蟾蜍分布于四川、浙江、江西、贵州、福建、湖南、广东、广西、云南、台湾、海南等地。国外分布在南亚、中南半岛及东南亚一带。栖息于森林，耕作地或都市区里的庭院、住宅区周围等各式环境，尤其是旱地作物地里，在水田、沼地及森林深处等区域则较为少见。繁殖时才进入水中，以害虫为主食。2~4月为繁殖期，卵块呈细绳状。白天多隐蔽在土洞或墙缝中，晚上爬向河滩及水塘边。产卵季节随地区不同而异；在爪哇终年产卵；广州于2~3月产卵；云南西双版纳在4~5月产卵；在海南岛11~12月产卵于深水坑内。卵带内有卵两行、受精后3天孵出。

皮肤腺和耳后腺上的分泌物有毒，但能制成蟾酥、药用。能消灭田间害虫及防治蚊害，应禁止乱捕。

黑眶蟾蜍被列入“三有”名单，但也有偷猎的现象发生。

## 27. 大蹼铃蟾

大蹼铃蟾体长6cm。身体肥硕而笨拙。吻部钝圆。四肢粗壮。趾间具全蹼。皮肤极为粗糙，背面、侧面布满大疣粒和小刺。身体背面为灰棕色，肩部有绿色斑。腹面为橘红色与黑色相间的斑纹。

大蹼铃蟾分布于中国四川、贵州、云南等地。栖息于海拔2 500~3 600m的高山地带。平时常在与溪流相连的静水坑内活动。每年5~6月产卵。

大蹼铃蟾被列入“三有”名单，但也有偷猎的现象发生。

## 28. 东方铃蟾

东方铃蟾体长 4~5cm。隶属于无尾目、盘舌蟾科。身体小而扁平。吻部略圆。皮肤粗糙，身体和四肢的背面布满大小不等的刺疣。身体背面为灰棕色或绿色，具不规则的黑色斑点。腹面杂有黑色与橘红色或橘黄色的斑纹。

东方铃蟾分布于中国吉林、辽宁、山东、河北和俄罗斯远东地区、朝鲜等地。栖息于山区溪流或草丛中。平时隐藏在石头下。受惊时四肢仰翻，露出腹面的“警戒色”吓唬对方。每年 5~7 月产卵。每次产卵 90~130 粒。

东方铃蟾被列入“三有”名单，但也有偷猎的现象发生。

## 29. 无斑肥螈

无斑肥螈体长 16~20cm。身体粗壮。头部扁平。四肢粗壮。皮肤光滑。身体背面为棕褐色。腹面颜色较浅，有橘黄色或橘红色的斑点。

无斑肥螈分布于安徽、浙江、福建、湖南、广东、广西和贵州等地。栖息于海拔 400~800m 的山区溪流地带。常隐藏在石头下、石缝间和枯叶下。以石蛾、蜉蝣和蝇类的幼虫，以及蟹、蚯蚓等为食。每年 5~6 月产卵。每次产卵 30~50 粒。孵化期为 30~35 天。

无斑肥螈被列入“三有”名单，但也有偷猎的现象发生。

## 30. 东方蝾螈（róngyuán）

东方蝾螈是我国常见的两栖动物（图 3.75）。体长 6~9cm。隶属于两栖纲、有尾目、蝾螈科。头部扁平。躯干部背面的中央有不太显著的嵴沟。尾侧扁平。四肢细长，无蹼。皮肤光滑，有小的疣粒。背面和体侧均为黑色，有光泽。腹面红色，有不规则的黑斑。

图 3.75 东方蝾螈

东方蝾螈分布于我国华中、华东等地区，以及日本等地。栖息于水塘、稻田等水域。常匍匐于水底活动和觅食。以水生昆虫等为食。繁殖期为 3~7 月。产下的卵黏附在水草上，靠自然温度孵化，1 周后孵出蝌蚪。蝌蚪有羽毛状的外鳃，以浮游生物、藻类等为食，经过变态过程变为成体。

东方蝾螈被列入“三有”名单，但也有偷猎的现象发生。

## 31. 细痣疣螈

细痣疣螈体长 12~14cm。皮肤粗糙，有大的疣粒。头部扁平。吻部为梯形，吻端平切。上下颌有细齿。四肢较细而长。指、趾较为扁平，末端钝圆。身体背面为黑褐色，指、趾、肛外缘及尾下缘为橘红色。腹面为青石板色。

分布于中国广西、贵州、湖南、安徽，以及越南北部等地。栖息于海拔 500~1 500m 的山地森林中的水塘附近。常隐藏在潮湿的腐叶中或树根下的土洞内。以昆虫、蛞蝓、蚯蚓等为食。产卵于腐烂落叶之中或下面。每次产卵 30~52 粒。

细痣疣螈被列为国家Ⅱ级重点保护野生动物。它在我国野外数量十分稀少，但也会有偷猎犯罪的现象发生。

## 32. 镇海疣螈

镇海疣螈体长 11~15cm。头体宽扁。吻端平切。躯干扁平。尾弱而短。皮肤粗糙，背腹面几乎满布大小不等的疣粒。身体主要为棕黑色，有橘黄色斑块和斑点。

分布于中国浙江镇海。栖息于海拔 100~200m 的丘陵地带。夜行性。平时隐藏在阴暗潮湿，多腐殖质，土壤较为疏松的土穴内、石块下、石缝中及草丛。行动迟缓。以蚯蚓、蜗牛、小型螺类、马陆、蜈蚣、步行虫等为食。11 月下旬开始冬眠，4 月间出蛰并开始繁殖。产卵于陆地上的杂草丛中，每次产卵 44~182 粒。孵化期为 20 天左右。幼体在水中生活 90 天左右完成变态。

镇海疣螈被列为国家Ⅱ级重点保护野生动物。它在我国野外数量十分稀少，但也会有偷猎犯罪的现象发生。

## 33. 贵州疣螈

贵州疣螈体长 16~21cm。体型粗壮；头部扁平、顶部有凹陷。吻短，吻端钝圆。四肢粗短。指、趾端钝圆，前肢 4 指，后肢 5 趾。尾基椭圆形向后渐侧扁。皮肤粗糙，头背、体躯及尾部有各种大小不一的疣粒。体侧延至尾前段各有一系列略呈方形密集的瘰疣，连续隆起成纵行。身体主要为黑褐色。背嵴棱及体侧疣粒为红色的，体侧还具有连续的红色纵线。背脊、头后侧及指、趾端为橘红色。

分布于云南、贵州等地。栖息于海拔 1 500~2 400m 的山区小溪缓流、小水塘、浸水凼中。夜行性。主要在地面上活动。白天隐蔽在阴暗潮湿的土洞、石穴、杂草和苔藓、树根下。以昆虫、蛞蝓，以及小螺、蚌和蝌蚪等小型动物为食。

贵州疣螈被列为国家Ⅱ级重点保护野生动物。它在我国野外数量十分稀少，但也会有偷猎犯罪的现象发生。

## 34. 红瘰疣螈

红瘰疣螈也叫细瘰疣螈，是我国珍稀两栖动物。体长 14~17cm。隶属于两栖纲、有尾目、蝾螈科。头部平扁，躯干圆，尾部侧扁，口大。皮肤粗糙，全身满布疣粒，腹面较为光滑。背面棕黑色。头部、四肢、尾部以及瘰粒部位均为棕红色，腹面为棕黑色。

红瘰疣螈分布于我国云南西部和西南部。栖息于山地森林及稻田附近。夜晚活动。能在水中游泳，也能在水域附近的陆地上爬行。平时隐藏在水塘、山坡植物根部或土穴内。以昆虫、蛞蝓、蚯蚓及其他小动物等为食。繁殖期为 5~6 月。卵分散贴附在水塘岸边草间或石上，有的连成一串或成片。刚孵出时的幼体有外鳃。眼的后下方有一个平衡枝。尾的背鳍褶发达，始自背的中部。

红瘰疣螈被列为国家Ⅱ级重点保护野生动物。它在我国野外数量十分稀少，但也会有偷猎犯罪的现象发生。

## 35. 大凉疣螈

大凉疣螈体长 18~23cm，尾长 9~13cm。隶属于两栖纲、有尾目、蝾螈科。头部扁平而宽大；吻端平切而较高，近于方形；沿吻背缘向两侧经上眼睑内侧至耳后腺显著隆起成嵴棱状，耳后腺后端略向中线作弧状弯曲；鼻孔近吻端；唇缘平直；无上唇褶或在口后缘微显。舌椭圆，两侧游离。躯干粗壮，背正中自头后至尾基部嵴显著。四肢长。尾极为侧扁。皮肤很粗糙，满布大小疣粒，头部及背嵴有明显之嵴棱。全身为黑褐色，背面色较深。耳后腺、指、趾、肛裂周缘至尾下缘为橘红色。

大凉疣螈仅分布于四川的汉源、石棉、冕宁、美姑、昭觉、峨边等地。栖息于海拔 1 390~2 650m 的山区，5~6 月雨后在静水域或有积水凹地或缓流溪沟内。交配时雌性在雄性的上方，下面的雄性以其前肢向前翻转将雌性的前肢挽住，借尾的摆动在水中游泳；也有在陆地上爬行的，爬行时是以雌性的前肢和雄性的后肢在地面上交替走动。很可能在产卵以后，均离开水域营陆地生活。卵单个地分散于水中。卵径为 2~2.2mm，外面的胶膜达 5mm；动物极的棕黑色约占 1/3，植物极为乳黄色。估计每个雌性可产卵 250 粒以上。

大凉疣螈被列为国家Ⅱ级重点保护野生动物。它在我国野外数量十分稀少，但也会有偷猎犯罪的现象发生。

### 36. 新疆北鲵（ní）

新疆北鲵体长 15~20cm，最长可达 25cm（图 3.76）。头部扁平。躯干略呈圆柱形。尾的基部圆，向后呈侧扁形。前肢细弱，具 4 指，后肢较粗，具 5 趾，指（趾）较宽扁，仅基部具蹼。皮肤光滑。身体背面为淡黄绿色、褐色或黑褐色，有深褐色或黑褐色斑点。腹面为灰白色。

图 3.76　新疆北鲵

新疆北鲵分布于中国新疆西部、哈萨克斯坦等地。栖息于海拔 2 700~2 750m 的溪流中。白天隐藏于水生植物形成的片状沼泽及石块下，夜间在水中或地面活动。以昆虫等为食。每年 5~7 月繁殖。孵化期 46 天左右。卵胶囊产在大石块下，以胶质柄牢固粘在石块底部，呈倒“V”字形，每对卵胶囊中有卵 16~98 粒。幼体 2~3 年完成变态。

新疆北鲵被列入“三有”名单，但也有偷猎的现象发生。

### 37. 大鲵

大鲵也叫娃娃鱼，是我国特产珍稀两栖动物（图 3.77）。体长 100~180cm。隶属于两栖纲、有尾目、隐鳃鲵科。头宽大而扁平，表面有明显的疣状粒。眼小，口大。尾巴侧扁，很长。四肢肥短。体表皮肤较为光滑，散布有小疣粒，身体背面呈棕色，有斑点，腹面浅褐色。

图 3.77　大鲵

大鲵分布于我国华北以南的大部分地区。栖息于水流湍急，水质清凉，水草茂盛，石缝和岩洞多的山间溪流、河流和湖泊之中。夜晚活动。能在水中游泳，也能在水域附近的陆地上爬行。平时隐藏在有洄流的滩口处的洞穴内。以鱼、蛙、蟹、蛇、虾、蚯蚓及水生昆虫等为食。常在滩口乱石间守候，发现猎物经过时，突然张开大嘴囫囵吞下。5~8 月繁殖。雌性产卵于洞穴中，形成长的念珠状卵带，飘浮在水中，有时也成块粘贴在石壁上。孵化期为 30~40 天。孵出的幼体型状似蝌蚪，颈部左右两边各有三根树枝状的外鳃，为呼吸器官。寿命为 50~60 年。

大鲵被列为国家Ⅱ级重点保护野生动物。它的肉味鲜嫩，一直是传统的名贵食品，但由于过度捕捞，野外数量锐减，但也会有偷猎犯罪的现象发生。

## 四、爬行动物

爬行动物的身体结构更加完善地适于陆栖生活，在繁殖和幼体发育的过程中彻底摆脱了对外界水环境的依赖，整个新陈代谢水平也有了很大的提高。隶属于脊索动物门、爬行纲。大约有 6 300 种。它们的主要特点是：具有更为发达的五趾型四肢（蛇类除外）；肺进一步复杂化；心脏除具有 2 个心房外，心室也开始分隔，动脉血与静脉血基本分流；头部能够进行灵活地转动；神经系统更加发达；体温不恒定，季节活动有一定的节律，一般是每年 12 月前后进入冬眠，翌年 3 月前后苏醒出蛰，4~10 月为活动期，进行繁殖；卵生或卵胎生，雌性产硬壳卵，胚胎发育中形成羊膜，保证胚胎在羊水中发育为能直接在陆地上生活的幼体。

## 1. 大鳄龟

大鳄龟也叫大鳄鱼龟、蛇鳄龟、驼峰龟、肉龟、凸背鳄龟（图3.78）。背甲长可达66~80cm，体重可达80kg。隶属于爬行纲、龟鳖目、淡水龟科。体型较大。头部呈三角形，顶部灰褐色，散布有小黑斑点，并有数粒小突起物，头部不能完全缩入壳内。口列较大，达眼睛后部。颈长，呈淡黄色。成体背甲棕褐色（幼体黑色），每块盾片均有突起成棘状，且从棘的顶点向左、右、前三个方向形成放射状条纹，背甲后缘呈锯齿状。成体腹甲淡黄色或白色（幼体黑色），腹甲较小。四肢不能缩入壳内，肥大且粗壮，表皮有不规则的散布小的疣粒，腹面有大块鳞片，趾、指间具强大的爪及丰富的蹼。尾长是背甲长度的一半，尾部覆以环状鳞片，背部形成棘，似鳄鱼的尾。

图3.78　大鳄龟

分布于美国中部、南部一带。栖息于河流、湖泊、沟渠、池塘、沼泽地等较深水域。喜伏于水深1~1.5m的泥沙、灌木、杂草中，很少登上陆地活动。时常将眼鼻伸出水面外，而头不完全伸出。夜晚活动。环境温度18℃以上正常觅食，20~33℃是最佳活动、觅食的温度，34℃以上少动，伏在水底及泥沙中避暑，15~17℃时尚能少量活动，15℃以下冬眠，10℃以下深度冬眠。四肢较长，后肢和尾支撑地面能直立。爬行时，四肢将自身支撑起，跨步距离大，速度快。杂食性，以野果、植物茎叶、小虾、小蟹、小鱼、蛆、蜗牛、蚯蚓、水蛙、小蛙、螃蛛、蜂螺、淡水寄生虫、小型哺乳动物及藻类等为食。交配季节为每年的4~9月。5~11月为产卵期。雌龟在岸边开阔的陆地挖掘洞穴产卵。每窝产11~83枚。卵呈白色，圆球形，外表略粗糙，直径23~33mm，卵重7~15g。孵化期55~125天。当孵化温度在30℃以上、20℃以下时，稚龟为雌性；当孵化温度在22~28℃时，稚龟为雄性。

大鳄龟是我国首批可商业性经营利用驯养繁殖技术成熟的54种陆生野生动物之一。大鳄龟长相奇特，颇具观赏价值。肉香酥鲜美，营养丰富，营养滋补和防治疾病的极好食品。养殖前景广阔，除人工养殖基地、动物园等处可能发生因经济利益而进行的盗窃、抢劫鳄龟等犯罪行为外，在某些犯罪现场也有可能出现大鳄龟的痕迹。

## 2. 平胸龟

平胸龟也叫大头平胸龟、大头龟、鹰嘴龟、鹰龟（图3.79）。背甲长为8~20cm。身体延长且极扁平。头大，略呈三角形，不能缩入甲内。喙钩曲成鹰嘴状。尾很长。背甲棕橄榄色。腹甲横色或淡橘黄色，有暗色斑。

平胸龟分布于我国江苏、浙江、安徽、江西、湖南、福建、广东、海南、香港、广西、贵州、云南，以及缅甸、泰国、越南、老挝等地。栖息于山地溪流附近。夜晚活动。善于攀爬。以鱼、螺、蚯蚓、蛙，以及植物果实等为食。每年6~9月繁殖。每次产卵2~8粒。

平胸龟被列入“三有”名单，但也有偷猎的现象发生。

图3.79　平胸龟

## 3. 蠵（xī）龟

蠵龟体长为70~150cm，体重为80~138kg（图3.80）。头部较大，具有极为强健的钩状喙。头部和背部都有对称排列的鳞片，其中前额鳞为2对。颈部角板较短，背甲呈心形，角板呈平铺状排列，末端尖狭而隆起，有5对肋盾。四肢呈桨状，前肢大，后肢较小，内侧各有2爪。尾巴较短。背面为棕褐色，杂以不规则的黄色或黑色斑纹，腹面淡黄色。

分布于亚洲东南部、澳大利亚附近海域和印度洋中，包括中国广东、广西、台湾、福建、浙江、江苏、山东、上海等地的沿海海域。栖息于温水海域，特别是大陆架一带，甚至可进入海湾、河口、咸水湖等。以鱼类、甲壳动物和软体动物为食。每年5~7月繁殖。在海岸沙滩上挖穴产卵，每次产卵60~200粒。孵化期为47~70天。幼体刚出生时体长为4~5cm。

图3.80　蠵龟

蠵龟被列为国家Ⅱ级重点保护野生动物。它在我国野外数量十分稀少，但也会有偷猎犯罪的现象发生。

## 4. 绿海龟

绿海龟是我国珍稀爬行动物（图3.81）。体长80~150cm。隶属于爬行纲、龟鳖目、海龟科。头略呈三角形，为暗褐色，颊黄色，嘴黄白色，眼大，前额上有一对额鳞。背腹扁平，腹甲黄色，背甲暗绿色，盾片镶嵌排列，具由中央向四周放射的斑纹。

图3.81　绿海龟

绿海龟分布于我国黄海、东海、南海，以及太平洋、印度洋海域。主要在沿岸近海的上层活动，有洄游习性。四肢特化成鳍状，可以像船桨一样在水中灵活地划水游泳，在海水中游泳十分快捷，但在陆地上爬行缓慢。以海草、海藻，以及鱼、甲壳动物、软体动物等为食。繁殖期雌性于夜晚在海岸沙滩登陆，用后肢挖掘洞穴产卵。每次产卵数十粒到百余粒，然后用后肢将沙土盖在卵上，再爬回到海中。卵借助太阳的热量孵化，在28~34℃的温度下，需要40~70天时间孵出。幼体孵出后立刻迅速爬到大海中去生活。7~8年达到性成熟。寿命为100年以上。

绿海龟被列为国家Ⅱ级重点保护野生动物。它在我国野外数量十分稀少，但也会有偷猎犯罪的现象发生。近年来它的数量已经在全世界的范围内不断下降，主要原因是人类为了吃它的肉和用它的甲壳来作药材和装饰品等，进行滥捕乱杀。

## 5. 玳瑁（dàimào）

玳瑁是我国珍稀爬行动物（图3.82）。体长60~170cm。隶属于爬行纲、龟鳖目、海龟科。头部和背部有对称的大鳞。背甲为平铺状，呈棕红色并有浅黄色的小花斑，盾片部呈覆瓦状排列，腹部为黄色。尾短小。

玳瑁分布于我国黄海、东海、南海，以及太平洋、印度洋的温暖水域。经常出没于珊瑚礁中。四肢特化成鳍状，可以像船桨一样在水中灵活地划水游泳，在海水中游泳十分快捷，但在陆地上爬行缓慢。以鱼类、虾、蟹和软体动物等为食，也吃海藻等。繁殖期为3~4月。雌性登陆后在海岸沙滩挖穴产卵，每次产卵130~250粒。孵化期为2个月左右。刚孵出的幼体钻出沙土后立刻迅速爬到大海中去生活。

图3.82　玳瑁

玳瑁被列为国家Ⅱ级重点保护野生动物。它在我国野外数量十分稀少，但也会有偷猎犯罪的现象发生。玳瑁角质盾片色泽艳丽，且具金属光辉，是珍贵的工艺品原料，角质盾片还是我国传统的中药材，由于世界性的需求量很大，玳瑁的数量已日益减少。

## 6. 太平洋丽龟

太平洋丽龟体长50~75cm，体重为12kg。隶属于龟鳖目、海龟科、丽龟属。背甲的长度与宽度几乎相等，末端微尖，后缘稍呈锯齿状，有6~8对肋盾。背面橄榄绿色，腹面平而黄白色。

分布于太平洋、印度洋的温水浅海中，包括中国江苏、浙江、福建、台湾、广西、广东、海南、上海等沿海地带。栖息于海洋中。以甲壳动物、软体动物、水母和其他无脊椎动物等为食，也吃海藻等植物。每年9月至翌年1月产卵。产卵于岸边沙滩上。每次产卵90~135粒。孵化期为42~60天。幼体刚出生时体长为4~5cm，体重14~18g。

太平洋丽龟被列为国家Ⅱ级重点保护野生动物。它在我国野外数量十分稀少，但也会有偷猎犯罪的现象发生。

## 7. 棱皮龟

棱皮龟是体型最大的龟类。体长200~230cm。隶属于爬行纲、龟鳖目、棱皮龟科。头部、四肢和躯体都覆以平滑的革质皮肤，没有角质盾片，背甲的骨质壳由数百个大小不整齐的多边形小骨板镶嵌而成，其中最大的骨板上有7条规则的纵行棱起。身体的背面为黑色，腹面为灰白色。

棱皮龟分布于我国渤海、黄海、东海、南海，以及世界热带和亚热带海洋中。栖息于海水的中上层，偶尔也见于近海和港湾地带。在海水中游泳十分快捷，但在陆地上爬行缓慢。以鱼、虾、蟹、乌贼、螺、蛤、海星、海参、海蜇、水母等为食，也吃海藻等。繁殖期为5~6月。雌性在夜晚从海洋中爬到海滩上掘穴产卵。每次产卵90~150枚，产卵之后用沙覆盖，靠自然温度进行孵化。孵出的幼体钻出沙土后立刻迅速爬到大海中去生活。

棱皮龟被列为国家Ⅱ级重点保护野生动物。它在我国野外数量十分稀少，但也会有偷猎犯罪的现象发生。由于过度捕捉，加上人们在海洋中丢弃废塑料袋使棱皮龟误认为是水母而误食，造成肠道阻塞而死于非命，所以数量日益减少。

## 8. 山瑞鳖

山瑞鳖是我国珍稀淡水鳖类（图3.83）。体长30~40cm。隶属于爬行纲、龟鳖目、鳖科。头部为乌黑色。皮肤柔软而粗糙，颈的基部两侧和背甲的前沿各有一团肉质鼓钉状突起的大瘰粒，背盘前缘有一排粗大的凸粒。背面深绿色，有黑斑。腹面白色，布满黑斑。四肢扁平，似桨状，趾间有发达的蹼。

图3.83　山瑞鳖

山瑞鳖分布于我国云南、贵州、广西、广东、海南、陕西，以及亚洲东南部一带。栖息于山区的江河、山涧、溪流和水塘中。夜间活动。在水中游泳快捷，但在陆地上爬行缓慢。平时隐藏在岸边或水底淤泥、细沙中。以软体动物、甲壳动物、鱼类、蛙类等为食。春、夏季繁殖。雌性在向阳的沙滩或泥地挖坑产卵，每次产卵10~20粒，产卵完毕用沙土或泥上把卵覆盖起来，借助阳光的热能进行孵化。孵化期大约为30天。幼体出壳之后便自行爬到水中。

山瑞鳖被列为国家Ⅰ级重点保护野生动物。它在我国野外数量十分稀少，但也会有偷猎犯罪的现象发生。由于山瑞鳖的肉可食，尤其是裙边更富有特殊的风味，被视为席上佳肴。鳖甲、血能入药，因而过去被人们大肆捕捉，是造成目前数量稀少的一个重要原因。

## 9. 鼋（yuán）

鼋是体型最大的淡水鳖类（图 3.84）。体长 80~120cm。隶属于爬行纲、龟鳖目、鳖科。全身被以柔软的皮肤，背、腹两面由骨板包被，左右两侧连接起来。背部呈褐绿色，头部、腹部、尾巴和后肢均为黄灰色。四肢扁平，趾间有较大的蹼。

图 3.84　鼋

鼋分布于我国华东、华南地区，以及越南、缅甸等地。栖息于缓流的江河、水库和湖泊的深水中，平时喜欢栖息在水底。夜间活动。在水中游泳快捷，但在陆地上爬行缓慢。以螺、蚬、蚌、鱼、虾等为食。春、夏季繁殖。雌性大多在夜间上岸，到向阳的沙土地上掘穴产卵，每次产十几粒到数十粒不等，产卵之后用沙土盖好，然后返回水中。卵靠自然温度孵化，40~60 天孵化出幼体。幼体出壳之后便自行爬到水中。

鼋被列为国家Ⅰ级重点保护野生动物。它在我国野外数量十分稀少，但也会有偷猎犯罪的现象发生。鼋的肉和卵自古以来一直是一种名贵的食品和药材。由于人们长期大肆捕杀，加上生存环境发生了变化，致使其数量急剧减少，已经十分罕见。

## 10. 中华鳖

中华鳖也叫甲鱼、水鱼、团鱼、王八、元鱼，是我国常见的淡水鳖类（图 3.85）。体长 20~24cm。隶属于爬行纲、龟鳖目、鳖科。体躯扁平，呈椭圆形，背腹具甲。通体被柔软的革质皮肤，无角质盾片。体色基本一致，无鲜明的淡色斑点。头部粗大，前端略呈三角形。吻端延长呈管状，具长的肉质吻突。眼小。颈部粗长，呈圆筒状，伸缩自如。背甲暗绿色或黄褐色，周边为肥厚的结缔组织，俗称“裙边”。腹甲灰白色或黄白色，平坦光滑。尾部较短。四肢扁平，后肢比前肢发达。前后肢各有 5 趾，趾间有蹼。内侧 3 趾有锋利的爪。四肢均可缩入甲壳内。

图 3.85　中华鳖

中华鳖分布于我国除新疆、青海、宁夏和西藏外的大部分地区，以及日本、朝鲜、越南等地。生活于江河、湖沼、池塘、水库等水流平缓、鱼虾繁生的淡水水域，也常出没于大山溪中。在安静、清洁、阳光充足的水岸边活动较频繁，有时上岸但不能离水源太远。能在陆地上爬行、攀登，也能在水中自由游泳。喜晒太阳或乘凉风。每年 10 月至翌年 3 月为冬眠期，潜于水底泥沙中。杂食性，取食各种小型无脊椎动物以及水草等植物。每年 4~8 月为繁殖期。通常首次产卵仅 4~6 粒。最多一次可产近 40 粒。卵为球形，乳白色。卵在自然温度下的孵化期大约为 2 个月。

中华鳖是我国首批可商业性经营利用驯养繁殖技术成熟的 54 种陆生野生动物之一。中华鳖是一种珍贵的、经济价值很高的水生动物。中华鳖的肉味鲜美，营养丰富，又是珍贵的药材，全国各地已广泛开展人工养殖。除人工养殖基地、动物园等处可能发生因经济利益而进行的盗窃、抢劫中华鳖等犯罪行为外，在某些犯罪现场也有可能出现中华鳖的痕迹。

## 11. 巴西龟

巴西龟也叫巴西彩龟、彩龟、七彩龟、秀丽锦龟、麻将龟、红耳龟、密西西比红耳龟、黄腹彩龟、黄肚红耳龟、黄耳龟（图 3.86）。背甲长为 24~60cm。隶属于爬行纲、龟鳖目、龟科。头、颈、四肢、尾均布满黄绿镶嵌粗细不匀的条纹、头顶部两侧有2条红色粗条纹。眼部的角膜为绿色，中央有一黑点。吻钝。背甲、腹甲每块盾片中央有黄绿镶嵌且不规则的斑点，每只龟的图案均不同。指、趾间均具蹼。尾适中。

图3.86 巴西龟

巴西龟分布于从美国中部、墨西哥一带。性情活泼、好动。它对水声、振动反应灵敏，一旦受惊纷纷潜入水中。喜栖于清澈水塘，中午则喜趴在岸边晒壳，其余时间漂浮在水面休息或在水中游荡。巴西龟的活动随环境温度的变化而变化，最适温度为20~32℃，11℃以下冬眠，6℃以下为深度冬眠。杂食性。性成熟一般在4~5年。交配期为每年5~8月，卵生，一年产卵3~4次，每次产卵1~17粒，产卵的多少由龟的个体大小决定。产卵前，龟先挖1个口径8cm、洞深10cm左右的洞穴，产卵于洞穴中。孵化期为71~83天。

巴西龟是我国首批可商业性经营利用驯养繁殖技术成熟的54种陆生野生动物之一。巴西龟是一种极具观赏价值的龟种，外形可爱，颜色绚丽，很多人把它作为宠物饲养。除人工养殖基地、动物园等处可能发生因经济利益而进行的盗窃、抢劫巴西龟等犯罪行为外，在某些犯罪现场也有可能出现巴西龟的痕迹。

## 12. 乌龟

图3.87 乌龟

乌龟也叫金龟，是我国最常见的龟类（图3.87）。体长10~12cm。隶属于爬行纲、龟鳖目、龟科。头部、颈部的侧面有黄色的线状斑纹。甲壳略扁平。背甲上有三条纵行的隆起。背面为褐色或黑色，腹面略带黄色，均有暗褐色斑纹。四肢略扁，具蹼。

乌龟分布于我国华北以南地区，以及朝鲜、日本等地。栖息于江河、湖沼或池塘中。头、尾和四肢都能缩到甲壳的里面。以植物、虾、小鱼、昆虫等为食。有冬眠习性。产卵于水边泥穴中。每次产卵5~10粒。靠自然温度孵化，孵化期为1个月。

乌龟被列入“三有”名单，但也有偷猎的现象发生。

## 13. 大头乌龟

大头乌龟背甲长18~25cm。头部较大，为橄榄色，侧面有黄绿色的蠕虫状斑纹。背甲为椭圆形，中央隆起，有三条明显的嵴棱，呈棕色或黑色。腹甲平坦，前缘平切，后缘有缺刻，呈黑棕色。四肢平扁，均具爪，指（趾）间具蹼。

大头乌龟分布于中国湖北、安徽、江苏和广西等地。栖息于池塘等水域中。每次产卵大约为9粒。

大头乌龟被列入“三有”名单，但也有偷猎的现象发生。

## 14. 黑颈乌龟

黑颈乌龟背甲长20cm。头部较大，呈黑色，眼后有黄绿色蠕虫状斑纹。颈部具黄绿色斑纹。四肢扁平，为灰褐色。指（趾）间具蹼。尾短。背甲为椭圆形，中央隆起，具一条嵴棱，为黑色。腹甲为土黄色，有黑色斑点。

黑颈乌龟分布于中国广东、广西，以及越南北部等地。栖息于池塘等水域中。每年5~6月产卵。每次产卵8~12粒。孵化期为60~65天。

黑颈乌龟被列入“三有”名单，但也有偷猎的现象发生。

## 15. 黄缘闭壳龟

黄缘闭壳龟背甲长为9~18cm。头部为橄榄绿色，有两条金黄色细线纹。上喙钩曲。四肢略扁，黑褐色，指（趾）间具微蹼，有爪。尾短，为褐色。背甲为圆形，隆起较高，为棕红色，中央有一条浅棕色的嵴棱。腹甲棕褐色，有浅黄色斑。腹甲与背甲、腹甲前后两叶均以韧带相连。腹甲能向上关闭背甲。

黄缘闭壳龟分布于中国安徽、江苏、浙江、广东、广西、福建、台湾以及日本等地。栖息于丘陵、山地林缘、灌丛中的溪流附近。常伏于倒木、岩石或落叶下。以昆虫、蚯蚓和植物果实等为食。每年5~9月产卵。每窝产卵2~8粒。

黄缘闭壳龟被列入“三有”名单，但也有偷猎的现象发生。

## 16. 三线闭壳龟

三线闭壳龟背甲长为9~16cm。头部背面为橄榄色至黄橄榄色，侧面为栗褐色或黄橄榄色，眼后有三条褐色斑纹。四肢较扁，指（趾）间具完整的蹼。尾长而尖细。背甲较低平，为浅棕色或棕色。腹甲为黑褐色，边缘为黄色。腹甲与背甲间、胸盾与腹盾间借韧带相连。腹甲能向上关闭背甲。

分布于中国福建、广东、海南、广西，以及越南、老挝等地。栖息于山区溪流中。以蚯蚓、鱼、虾、螺等小动物为食。每年5~7月产卵。每窝产卵2枚。

三线闭壳龟被列为国家Ⅱ级重点保护野生动物。它在我国野外数量十分稀少，但也会有偷猎犯罪的现象发生。三线闭壳龟也是我国南方著名的药用动物，龟板主要含有胶质、钙盐等成分，它的肉也可以食用，有滋补作用。

## 17. 云南闭壳龟

云南闭壳龟的形态与三线闭壳龟非常相似，但它的颈部没有显眼的橄榄绿色，背甲稍扁，腹甲后缘有明显的缺刻，最主要的是背甲上没有3条黑色的纵线。

分布于云南的昆明和东川高原等地，栖息在海拔2 000~2 260m的高原地带，以小鱼、虾和蚯蚓等为食。

云南闭壳龟被列为国家Ⅱ级重点保护野生动物。它在我国野外数量十分稀少，但也会有偷猎犯罪的现象发生。

## 18. 金头闭壳龟

金头闭壳龟背甲长为14~20cm。头部为金黄色，头侧略带黄褐色，有三条细黑纹。四肢较扁，指（趾）间具发达的蹼。背甲较隆起，为黑褐色。腹甲为黄色，有大型黑色斑。腹甲能向上关闭背甲。

金头闭壳龟分布于安徽、云南等地。栖息于丘陵地区的溪流附近。卵生。

金头闭壳龟被列入“三有”名单，但也有偷猎的现象发生。

## 19. 黄额闭壳龟

黄额闭壳龟背甲长为10~20cm。头部为黄绿色、淡黄色或金黄色，有不规则棕色斑。四肢较扁，指（趾）间具半蹼，有爪。尾短。背甲隆起，为棕褐色和黄色，有一条浅色的脊纹。腹甲棕褐色，有浅黄色斑。腹甲与背甲均以韧带相连。

黄额闭壳龟分布于中国海南、广西以及越南等地。栖息于山地森林中的溪流附近。性情胆怯。以蚯蚓、鱼等动物为食。

黄额闭壳龟被列入“三有”名单，但也有偷猎的现象发生。

## 20. 百色闭壳龟

百色闭壳龟背甲长为13～20cm。头部较窄，背面为浅绿色，侧面为黄色，有一条镶黑边的橘黄色眼后纹。吻部略尖。四肢较扁平，指（趾）间部分具蹼，有爪。尾短。背甲隆起较高，为浅红棕色。腹甲黄色，有大块黑斑。腹甲与背甲能完全闭合。

百色闭壳龟分布于广西。栖息于海拔较高的山地中。

百色闭壳龟被列入“三有”名单，但也有偷猎的现象发生。

## 21. 潘氏闭壳龟

潘氏闭壳龟背甲长为12～20cm。头部较狭长，背面为橄榄色至淡黄色，侧面为暗灰色，眼后有三条褐色斑纹。吻部长而突出。上喙为钩状。颈部为灰棕色。四肢较扁，呈褐色，指（趾）间具蹼。尾短。背甲低平，长卵圆形，为淡褐色。腹甲卵圆形，黄色。腹甲与背甲间、胸盾与腹盾间借韧带相连。

潘氏闭壳龟分布于陕西、四川、云南等地。栖息于山区水流平缓、水质清澈的河流、水渠附近。以动物性食物为食。每窝产卵3～7粒。

潘氏闭壳龟被列入“三有”名单，但也有偷猎的现象发生。

## 22. 锯缘摄龟

锯缘摄龟背甲长为20～25cm。头顶灰褐色，有棕褐色斑点。眼大。上喙略呈锯齿状。颈部有淡黄色纵条纹。四肢较扁，为灰褐色，指（趾）间有发达的蹼。尾短，为灰褐色。背甲隆起，呈扁圆形，后缘呈锯齿状，为黑色。腹甲黑色，具放射状线纹。腹甲与背甲间、胸盾与腹盾间借韧带相连，但不能完全闭合。

分布于中国云南、广西，以及印度、缅甸、越南、柬埔寨、菲律宾、马来西亚和印度尼西亚的苏门答腊、爪哇、婆罗洲等地。栖息于山地溪流、池塘等水域中。常趴伏在水底的石头上。杂食性。每窝产卵2～4粒。

锯缘摄龟被列入“三有”名单，但也有偷猎的现象发生。

## 23. 地龟

地龟背甲长为10～14cm。头小，呈褐色。上喙钩曲。背甲为枫叶状，呈浅褐色，上面有3条纵棱，中央一条较明显，盾的前后缘突出呈锯齿状。腹甲中央为黑色，边缘呈浅黄色。四肢较扁，为浅棕色，有黑色和红色斑纹，指（趾）间距半蹼。尾短，为灰褐色。

分布于中国广东、广西、湖南、福建、广东、海南、广西以及日本、越南等地。栖息于山区丛林间的溪流附近。属于半水栖类型。以昆虫和植物的叶、果实等为食。每年6～8月产卵。每窝产卵4～6粒。

地龟被列为国家Ⅱ级重点保护野生动物。它在我国野外数量十分稀少，但也会有偷猎犯罪的现象发生。

## 24. 黄喉拟水龟

黄喉拟水龟背甲长为10～16cm。头小，为黄绿色，有两条黄色纵斑纹。吻部较钝。眼周有白色斑纹和斑点。颈部为黑色，有白色纵条纹。喉部淡黄色。四肢较扁，橄榄色，指（趾）间具蹼，有爪。尾较短，为橄榄色。背甲椭圆形，略隆起，中央有一条嵴棱，后缘呈锯齿状，为黄棕色。腹甲黄色，有黑色斑点。

黄喉拟水龟分布于中国安徽、福建、江苏、广西、广东、云南、海南、江西、浙江、湖北、香港、台湾，以及日本、越南等地。栖息于丘陵和半山区的河流、溪流等水域附近。常在灌丛、水田中活动。昼行性。以软体动物、甲壳动物、昆虫、蚯蚓、鱼等为食，也吃杂草等植物性食物。每年5~9月产卵。每窝产卵为1~5粒。孵化期为62~75天。

黄喉拟水龟被列入“三有”名单，但也有偷猎的现象发生。

## 25. 花龟

花龟背甲长24~25cm。头部较小。吻端内斜。头部、颈部、四肢有黄绿色纵斑纹。四肢较扁，指（趾）间具蹼，均有爪。尾短，有黄绿色纵条纹。背甲椭圆形，中央略隆起，有三条嵴棱，为栗黑色。腹甲平坦，为棕黄色，有大块黑斑。

花龟分布于中国福建、广东、广西、海南、香港、台湾、浙江、江苏，以及越南等地。栖息于沼泽、池塘、溪流、湖泊等水域。以螺、昆虫和水生植物的嫩叶等为食。每窝产卵10~20粒。孵化期为2个月。

花龟被列入“三有”名单，但也有偷猎的现象发生。

## 26. 眼斑龟

眼斑龟背甲长为14~20cm。头部为棕灰色。眼后有两对眼状斑，前面的为暗色，后面的为鲜黄色，其间有1~4个小黑点。颈部为灰棕色，有镶黑边的黄色纵纹。四肢较扁，为灰褐色，指（趾）间具蹼。尾较短。背甲卵圆形，较隆起，为棕色，有黑色斑点和斑纹。腹甲为淡棕黄色，有黑色斑点或斑纹。

眼斑龟分布于中国广东、广西、贵州、海南、江西、安徽、福建、香港以及越南等地。栖息于丘陵、山地中的溪流、河流等地带。冬季在溪流边的洞穴中冬眠。杂食性，以鱼、虾、昆虫和杂草等为食。

眼斑龟被列入“三有”名单，但也有偷猎的现象发生。

## 27. 四爪陆龟

四爪陆龟是我国珍稀爬行动物（图3.88）。体长12~16cm。隶属于爬行纲、龟鳖目、陆龟科。头部为黄色。头的背面正中有对称排列的大鳞，其余鳞片较为细小。背甲高而隆起，与腹甲直接相连，中间没有韧带组织。背甲、腹甲中央为棕黑色，边缘黄色，所有盾片均具有明显的同心环纹。四肢为黄色。趾上有4个爪，没有蹼。

图3.88 四爪陆龟

四爪陆龟分布于我国新疆霍城，以及哈萨克斯坦、伊朗、印度、巴基斯坦和阿富汗等地。栖息于黄土丘陵草原半荒漠地区。白天活动。爬行快捷。头颈、四肢和尾巴均能缩入甲壳内。以植物的花果和肉质的叶为食，偶尔吃蜥蜴、甲虫等动物性食物。繁殖期为4~6月。产卵于黄土地上的洞穴中。每次产卵2~4粒。孵化期为60天左右。幼体孵出后并不出土活动，直到第二年春天才爬出巢穴。10~12年达到性成熟。

四爪陆龟被列为国家Ⅰ级重点保护野生动物。它在我国野外数量十分稀少，但也会有偷猎犯罪的现象发生。

## 28. 凹甲陆龟

凹甲陆龟背甲长为21~30cm，宽15cm，甲壳高9cm（图3.89）。头部为棕色，头顶上有2对对称的大型前额鳞片。颈部的角板较小，背甲为棕色，高高隆起，前后缘都向上翘，并且呈强锯齿形；背甲上的脊盾和肋盾都明显凹陷。四肢粗壮呈圆柱形，趾间没有蹼，前肢上有5爪，后肢上有4爪。尾巴较短，被覆大的鳞片，尾基的两侧各有一个大的锥状鳞片。

图3.89 凹甲陆龟

分布于中国海南、广西和云南南部，以及越南、老挝、柬埔寨、泰国和马来西亚一带。栖息于高原的森林地区，喜欢干燥的环境。以植物、果实为食。性情胆怯，受惊时头部立即缩入甲壳之内，但又马上伸出来，如此重复数次，而且嘴里还不断地发出“哧哧”声，如同放气的特殊声音，直到危险解除后再将头部上下抖动，慢慢地伸出到甲壳的外面。卵生。每窝产卵大约为12粒。

凹甲陆龟被列为国家Ⅱ级重点保护野生动物。它在我国野外数量十分稀少，但也会有偷猎犯罪的现象发生。

## 29. 缅甸陆龟

缅甸陆龟背甲长为20~30cm（图3.90）。头部为浅绿色。吻部较短。上喙钩状。四肢粗壮，为褐色，有黑斑，前肢5指，后肢4趾，指（趾）均具爪。尾短，顶端有一个爪状角质突。背甲长椭圆形，隆起较高，脊部较平，为黄绿色，有黑色杂斑纹。腹甲土黄色。

图3.90 缅甸陆龟

缅甸陆龟分布于中国广西、云南以及印度、尼泊尔、越南、马来西亚等地。栖息于热带、亚热带山地、丘陵的灌丛地带。耐热。以植物的茎、叶、果实等为食。每年6~11月产卵。每窝产卵2~4粒。

缅甸陆龟被列入“三有”名单，但也有偷猎的现象发生。

## 30. 绿毛龟

绿毛龟是常见的观赏动物。它实际上是动植物的结合体。所谓“毛”实质上是附着在龟背甲上的藻体。这种“毛”是一类原始而低等的植物，属自养型生物。它们有粗壮的丝状体，附着力强，被称为基枝藻、龟背基枝藻。龟背甲富含钙质，易被基枝藻着生生长。在条件适宜的情况下，藻体也可在龟的腹甲头部、爪上等处长出“毛”来。

## 31. 角蜥

角蜥是眼睛能喷血的奇特动物。体长7~13cm。隶属于爬行纲、蜥蜴目、美洲鬣蜥科。在头部的背面两眼上方有8个放射状排列的尖棘，体表也被有粗糙的鳞棘，所以得名。体型扁平，躯干呈椭圆形。头部较短。颈部粗短。四肢、尾均较短。头部为红褐色，下部为黄色，略缀褐色的斑点。身体的背面为暗沙色或皮黄色，喉部的两侧各有一个与背部斑点同色的大斑点，棘的颜色均为褐色。

角蜥分布于美国西南部加利福尼亚州、得克萨斯州和墨西哥的沙漠中。栖息在平原干燥沙地上。善于爬行，体棘能够如同锄头一样挖掘沙土，堆垒在背部，然后潜入沙中，仅露出头部休息。以蚂蚁及其他昆虫为食。当遇到危险时，能突然从眼睛里喷出一股殷红的鲜血来，然后趁机逃走。

角蜥在我国动物园及专业饲养场中有饲养。

## 32. 大壁虎

大壁虎也叫蛤蚧，是体型最大的壁虎（图 3.91）。体长 12~16cm。隶属于爬行纲、蜥蜴目、壁虎科。头较大，呈扁平的三角形，眼大、口大。颈部短而粗。皮肤粗糙，全身密生粒状细鳞，背部有明显的颗粒状疣粒分布在鳞片之间。体色为灰褐色，散布灰白色的斑点。尾巴圆而长，有白色环纹。

图 3.91　大壁虎

大壁虎分布于我国华南地区，以及印度、缅甸和菲律宾等地。栖息于山岩或荒野的岩石缝隙、石洞或树洞内，有时也在人们住宅的屋檐、墙壁附近活动。夜晚活动。脚底的吸附能力很强，能在墙壁上爬行自如。平时隐藏在墙缝、岩石缝隙等处。以蝗虫、蟑螂、土鳖、蜻蜓、蛾、蟋蟀等昆虫及幼虫为食。繁殖期为 5~8 月。每次产卵 2 粒，可以黏附在岩洞的墙壁或岩石面上，孵化期为 35~45 天。幼体孵出后不久就可以自行生活，数日后能自己捕食。它的尾巴易断，但能再生，在尾巴受到攻击时就可以剧烈地摆动身体，通过尾部肌肉强有力的收缩，造成尾椎骨在关节面处发生断裂，以此来逃避敌害。

大壁虎被列为国家Ⅱ级重点保护野生动物。它在我国野外数量十分稀少，但也会有偷猎犯罪的现象发生。大壁虎的干制品是我国传统的中药材，由于长期以来大量采捕，大壁虎的数量已大大减少。

## 33. 无蹼壁虎

无蹼壁虎体长 5~6cm（图 3.92）。身体背面为灰褐色，有 5~6 条深色横纹。腹面为灰白色。

无蹼壁虎分布于中国长江以北的广大地区。栖息于居民区及附近地区。夜晚活动。喜欢在墙壁、岩石、树上攀缘活动。以蚊、蝇、蛾等昆虫为食。每年 6~7 月繁殖。卵生。

无蹼壁虎被列入“三有”名单，但也有偷猎的现象发生。

图 3.92　无蹼壁虎

## 34. 多疣壁虎

多疣壁虎体长 10~15cm。身体扁平。身体背面为灰褐色，有浅色横斑。腹面为灰白色。尾部有浅色环形斑纹。

多疣壁虎分布于中国甘肃、陕西、山西、四川、贵州、安徽、江苏、江西、浙江、湖北、湖南、福建、台湾，以及日本等地。栖息于居民住宅附近。夜行性，有时白天也活动。攀缘能力很强。以昆虫为食。卵生。每窝产卵 2~4 粒。

多疣壁虎被列入“三有”名单，但也有偷猎的现象发生。

## 35. 颈盾避役

颈盾避役也叫“变色龙”，是能通过改变自己的肤色来适应环境的奇特爬行动物。体长为 25~30cm。隶属于爬行纲、蜥蜴目、避役科。头上有角。左右两眼能够各自独立运动，单独对焦，因此视野很大。身体侧扁而短。四肢发达。尾巴很长，能像发条一样蜷曲或将尾端缠绕在树枝上使身体稳定，起到“第五只手”的作用。

避役分布于非洲东部和南部等地。栖息于森林中。行动非常缓慢。单独生活。以昆虫等为食。身体的颜色可以随环境的变化而改变。例如在树叶丛中时为绿色，在枯黄的树干中间为树皮色，在夜间为黄白色，天亮以后又逐渐变成暗绿色，在灿烂的阳光之下还会闪闪发光。

## 36. 科摩多巨蜥

科摩多巨蜥又叫科摩多龙，是体型最大的蜥蜴（图 3.93）。体长 200~400cm，隶属于爬行纲、蜥蜴科、巨蜥属。头大而扁长，身体肥硕而扁平。头部黑色。全身被有鳞，主要为深褐色，颈部的四周有层叠的橙黄色厚皮。嘴形扁阔。四肢粗壮有力。尾巴很长。

图 3.93　科摩多巨蜥

科摩多巨蜥分布于印度尼西亚的科摩多岛上。栖息于山坡上、河流或小溪的岸边等处。善于爬行和游泳。以野猪、鹿、羊、猴等大型哺乳动物为食，也吃一些小动物。每年 7~9 月产卵于在干燥的山丘上挖掘的洞穴中，每窝产卵 5~20 粒。孵化期长达 240~250 天。寿命为 40 年。

科摩多巨蜥在大型动物园中有饲养，是受欢迎的观赏动物。

## 37. 鳄蜥

鳄蜥也叫瑶山鳄蜥，是我国特产的珍稀爬行动物（图 3.94）。体长 15~30cm。隶属于爬行纲、蜥蜴目、鳄蜥科。头部较尖。口宽大。四肢粗壮。尾侧扁，有棱嵴状的鳞片，还有许多黑色的宽横纹。全身为橄榄褐色，侧面较淡，染有桃红或橘黄色并杂有黑斑，背部至尾巴的端部有暗色的横纹，腹面呈乳白色，其边缘带有粉红色或橘黄色。

图 3.94　鳄蜥

鳄蜥仅分布于广西大瑶山一带。栖息于低山沟谷中，一般都是溪流不大的积水坑。平时很少活动，每天清晨和傍晚出来觅食。以蝌蚪、蛙、小鱼、蠕虫和昆虫等为食。冬季隐藏在树洞或岩隙中冬眠。卵胎生，受精卵在雌性体内发育，怀孕期为 9~10 个月。每胎产 4~8 仔。幼体出生 10 天后就能自行捕食。3~4 岁达到性成熟。

鳄蜥被列为国家 I 级重点保护野生动物。它在我国野外数量十分稀少，但也会有偷猎犯罪的现象发生。乱捕滥杀现象十分严重，有人进山大量捕捉外运倒卖，还有人成立收购站，将鳄蜥成箱外运，每次约几百只。鳄蜥具有重要的科学研究价值，但种群数量在迅速减少，已经处于濒临灭绝的状态。

## 38. 巨蜥

图 3.95　巨蜥

巨蜥是我国体型最大蜥蜴（图 3.95）。体长 60~90cm。隶属于爬行纲、蜥蜴目、巨蜥科。头部窄而长，全身都有布满了较小而突起的圆粒状鳞。背面鳞片黑色，腹面灰白色。四肢粗壮，趾上有爪。尾长，侧扁如带状。

巨蜥分布于我国云南、广西、广东、海南，以及亚洲南部、东南部等地。栖息于山区的溪流附近或沿海的河口、山塘、水库等地。善于在水中游泳，也能攀树和在地面上爬行。以鱼、蛙、虾、鼠、鸟、昆虫和其他爬行动物等为食。雌性于 6~7 月的雨季产卵于岸边洞穴或树洞中，每窝产卵 15~30 粒。孵化期为 40~60 天。幼体孵出后不久就可以自行生活，数日后能自己捕食。寿命为 150 年。

巨蜥被列为国家Ⅰ级重点保护野生动物。它在我国野外数量十分稀少，但也会有偷猎犯罪的现象发生。曾经在北京、苏州等地发生过倒卖巨蜥的重大案件。

## 39. 锯尾蜥虎

锯尾蜥虎体长为 6.5cm。吻部长而尖。尾部较长。身体背面主要为灰褐色，有黑褐色斑点。腹面为黄色。

锯尾蜥虎分布于中国、印度、亚洲东南部及太平洋岛屿。栖息于居民区附近。常出没于树干上、岩石上或居民住宅中的屋顶或墙壁上。孤雌生殖。卵生。每窝产卵 2 粒。出生的幼体均为雌性。

## 40. 西域沙虎

西域沙虎体长 7~8cm。头部大而高。眼大。尾部粗短。身体背面为黄色或黄绿色，有 6 条不规则棕色宽横斑。侧面为棕色。

西域沙虎分布于中国新疆、甘肃、内蒙古，以及亚洲中部一带。栖息于荒漠戈壁和绿洲边缘的沙漠地带。穴居。夜行性。行动较迟缓。以昆虫为食，也吃少量植物嫩叶等。每年 6~7 月产卵。每窝产卵 2 粒。

西域沙虎被列入“三有”名单，但也有偷猎的现象发生。

## 41. 虫纹麻蜥

虫纹麻蜥身体细长。吻部较尖。身体背面为灰褐色，有纵行的浅色虫状斑纹和黑色斑点。腹面为白色。

虫纹麻蜥分布于中国新疆、甘肃、内蒙古，以及蒙古等地。栖息于荒漠、农田地带的沙丘、草丛中。善于在松软的地面上挖洞。行动敏捷。受惊后立即钻入洞穴中。以昆虫为食。卵生。每次产卵 1~2 粒。

虫纹麻蜥被列入“三有”名单，但也有偷猎的现象发生。

## 42. 胎生蜥蜴

胎生蜥蜴体长为 13~16cm。体型圆长而略扁平。头部略呈方柱形。吻部钝圆。尾圆长而粗。身体背面主要为褐色，有边缘为白色或黄色的暗褐色斑纹或斑点。腹面为灰色、蓝色、黄色或橘黄色，有黑色斑点。

胎生蜥蜴分布于欧洲西部，北部一直到俄罗斯东部、蒙古、朝鲜和中国新疆、黑龙江等地。栖息于林地、灌丛、草地等地带。平时隐藏在倒木下、树洞或废弃的鼠洞中。4 月出蛰。以昆虫、软体动物、蠕虫等无脊椎动物为食。5 月交配。卵胎生。怀孕期大约为 3 个月。每胎产仔 3~12 条。幼体刚出生时体长为 3~4cm。

胎生蜥蜴被列入“三有”名单，但也有偷猎的现象发生。

## 43. 黑龙江草蜥

黑龙江草蜥体长 3~7cm。头部扁平。四肢较发达，指（趾）细长。尾呈长鞭状。身体背面为棕褐色，侧面为黑褐色。

黑龙江草蜥分布于中国东北，以及俄罗斯、朝鲜等地。栖息于山地林缘、路旁、草丛等处。以昆虫为食。每年 6~7 月产卵。每次产卵 6 粒左右。

黑龙江草蜥被列入“三有”名单，但也有偷猎的现象发生。

## 44. 南草蜥

南草蜥体长为 6.5cm。尾部很长。身体背面为褐色，有草绿色纵条纹。腹面绿色。

南草蜥分布于中国香港以及从印度东北部到印度尼西亚的苏门答腊、爪哇、加里曼丹等地。栖息于海拔 1 500m 以下的林地、草地中。每窝产卵 2~3 粒。

南草蜥被列入“三有”名单，但也有偷猎的现象发生。

## 45. 岛蜥

岛蜥体长为 10~11cm。四肢较长。身体背面主要为深橄榄色至灰黑色，有白色或浅褐色斑点。侧面有黑色纵条纹。腹面为白色或黄色。

岛蜥分布于从中国台湾到马来西亚、新加坡和澳大利亚东北部一带。栖息于海岸红树林、珊瑚礁等地带。白天活动。冬季常在礁石上晒太阳。受惊时迅速隐藏到岩石缝隙或岩洞中。以海蟑螂等节肢动物为食。每窝产卵 2 粒。

岛蜥被列入“三有”名单，但也有偷猎的现象发生。

## 46. 南滑蜥

南滑蜥体长为 6cm。身体背面为棕褐色，有黑色斑块和斑纹。

南滑蜥分布于从中国南方到泰国一带。栖息于森林地带。平时隐藏在落叶下等处。以昆虫等小型无脊椎动物为食。

南滑蜥被列入“三有”名单，但也有偷猎的现象发生。

## 47. 岸林蜥

岸林蜥体长为 6cm。尾长，大约为体长的 2 倍。身体背面主要为铜褐色，胁部有边缘为白色的黑色纵条纹。腹面为白色，有黑色斑点。

岸林蜥分布于中国南方，以及印度东部到马来西亚一带。栖息于溪流附近的山地森林地带。昼行性。主要在地面的岩石、沙堆、枯叶堆上活动。以昆虫、蜘蛛、蟋蟀等为食。卵生。每窝产卵 4~5 粒。

岸林蜥被列入“三有”名单，但也有偷猎的现象发生。

## 48. 细脆蛇蜥

细脆蛇蜥体长为 35cm。身体细长，形似蛇，呈圆筒状。没有四肢。眼小。尾长为体长的 2 倍以上。身体背面主要为红褐色，有蓝色斑纹。

细脆蛇蜥分布于中国西南部，以及印度北部、缅甸北部和越南、老挝、柬埔寨等地。栖息于山地森林。夜行性，但在清晨及雨后也活动频繁。平时隐藏在石头下、树根下。主要以昆虫为食。卵生。一般在 7~8 月产卵。每窝产卵 4~7 粒。幼体出生时体长为 18cm。

细脆蛇蜥被列入“三有”名单，但也有偷猎的现象发生。

## 49. 脆蛇蜥

脆蛇蜥身体粗壮，体型似蛇，没有四肢。身体背面为浅褐色或灰褐色，前部有蓝色不规则横斑和斑点，自颈部到尾端有深色纵条纹。腹面颜色较浅。

脆蛇蜥分布于中国四川、贵州、云南、安徽、江苏、浙江、湖南、福建、广西、台湾，以及越南等地。栖息于旷野地带。平时隐藏在土洞中、石块下。行动迟缓。以蠕虫、蜗牛、蛞蝓等为食。卵生。每次产卵 5 粒。

脆蛇蜥被列入“三有”名单，但也有偷猎的现象发生。

## 50. 长棘蜥

长棘蜥体长为12cm。头部和背部中央有一排竖立的冠状鳞片。眼周黑色。身体背面主要为灰绿色，有显著的褐色、红褐色或黑色斑。腹面白色。尾部有白色环状斑纹。

长棘蜥分布于中国、缅甸、泰国、越南、老挝和柬埔寨等地。栖息于热带雨林中。以白蚁等昆虫以及昆虫卵等为食。卵生。每窝产卵大约为11粒。

长棘蜥被列入“三有”名单，但也有偷猎的现象发生。

## 51. 新疆鬣（liè）蜥

新疆鬣蜥体长为35cm。身体粗大。头部为三角形。身体背面为暗褐色，有棕黄色和白色斑纹。腹面为黄白色或褐色，喉部有斑纹。

分布于中国新疆。栖息于荒漠、河岸、阶地和胡杨林等地带。善于奔跑和在胡杨树、灌丛上攀缘活动。天气晴朗时，常在石块、土堆上进行“日光浴”。以植物的叶、花、果实等为食，也吃昆虫等节肢动物。卵生。每年6~7月产卵。每窝产卵10粒。

新疆鬣蜥被列入“三有”名单，但也有偷猎的现象发生。

## 52. 裸耳龙蜥

裸耳龙蜥体长6~8cm。头大，略呈三角形。颈鬣发达，与锯齿状的背鬣相连接，并向后延伸至尾部。四肢较细。尾细长。身体背面为橄榄绿色，侧面有绿色纵条纹。腹面颜色较浅。

裸耳龙蜥分布于中国云南、四川等地。栖息于山地灌丛、草丛等地带。常在落叶、枯草上活动。遇到危险立即钻入岩缝、土穴中。以昆虫为食。每年3~6月产卵。每次产卵大约为8粒。

裸耳龙蜥被列入“三有”名单，但也有偷猎的现象发生。

## 53. 白条沙蜥

白条沙蜥体长为3~4cm。身体平扁。吻部钝圆。尾部较长。身体背面为沙黄色，有深色和浅色斑纹，颈部后面有一个“八”字形深色斑纹，中央有一条细的白色纵纹。

白条沙蜥分布于中国新疆。栖息于戈壁荒漠草原的沙砾地带。行动敏捷，奔跑迅速。以昆虫为食。每年4~5月繁殖。卵生。每窝产卵2~4粒。

白条沙蜥被列入“三有”名单，但也有偷猎的现象发生。

## 54. 奇台沙蜥

奇台沙蜥体长为5~6cm。身体扁平。身体背面为棕红黄色，有不规则黑色斑纹。腹面胸部有黑色斑纹，尾部有黑白色相间的环状斑纹。

奇台沙蜥分布于中国新疆北部。栖息于荒漠草原、沙丘、农田和盐碱地等地带。晨昏活动。以昆虫为食，也吃少量植物嫩叶、种子等。卵生。每窝产卵2~4粒。

奇台沙蜥被列入“三有”名单，但也有偷猎的现象发生。

## 55. 欧亚沙蜥

欧亚沙蜥身体宽短。身体背面为灰色或灰褐色，有横斑。颈部有一对边缘为白色的椭圆形橘红色斑。腹面为白色。

欧亚沙蜥分布于中国新疆，以及土耳其、伊朗、阿富汗和亚洲中部一带。栖息于沙漠、荒漠、干旱的盐碱地等地带。平时隐藏在洞穴中。行动较迟缓。以昆虫为食。卵生。每年6月产卵。每窝产卵

2~5 粒。

欧亚沙蜥被列入“三有”名单，但也有偷猎的现象发生。

## 56. 青海沙蜥

青海沙蜥身体较小（图 3.96）。头躯扁平而宽圆。头顶部在两眼之间有一小白点，称为顶眼。尾基部粗扁，尾后端鳞逐渐具棱。身体背面为沙褐色至棕黑色，有深色不规则的斑纹，并散布有浅色斑点。腹面为白色，有大块黑斑。

图 3.96　青海沙蜥

青海沙蜥分布于中国甘肃、新疆、青海、四川等地。栖息于高山草原、荒漠地带。行动迅速，可进行短距离的跳窜，身体可以左右摆动很快地钻入沙内；上下眼睑突出的鳞可防止沙粒入眼。能将尾竖直，并弯向背部鞭打数次，然后做一短的跳窜，再做如此重复的动作。以昆虫为食，也吃植物种子、叶等。卵胎生。每年 8 月产仔。每胎产仔 2~4 条。

青海沙蜥被列入“三有”名单，但也有偷猎的现象发生。

## 57. 长鬣蜥

图 3.97　长鬣蜥

长鬣蜥体长为 25cm（图 3.97）。颈部和背部中央有竖立的冠状鳞片。身体主要为绿色，尾部有黑色横斑。体色黄色，有褐色、红褐色斑块。

长鬣蜥分布于中国南方以及越南、柬埔寨和泰国等地。栖息于热带雨林中。常见于水域附近的树上。以昆虫等为食。卵生。每窝产卵 8~12 粒。孵化期为 9~10 周。

长鬣蜥被列入“三有”名单，但也有偷猎的现象发生。

## 58. 变色树蜥

变色树蜥体长为 9~10cm。身体主要为棕黄色，可以变为褐色、灰色或淡红色等。

变色树蜥分布于中国南方以及斯里兰卡、印度和亚洲东南部一带。栖息于农田、旷野、林地、花园、公园等地带。平时隐藏在草丛等处。以昆虫等小动物为食。雄性在繁殖期喉部产生黑色或红色斑。卵生。每窝产卵 4~12 粒。孵化期为 5~7 周。

变色树蜥被列入“三有”名单，但也有偷猎的现象发生。

## 59. 伊犁沙虎

图 3.98　伊犁沙虎

伊犁沙虎体长 8cm（图 3.98）。身体扁平。头部大而高，背面有褐色斑。四肢粗壮。指（趾）具栉状缘。身体背面为黄白色，有浅棕色横斑。腹面为白色。

伊犁沙虎分布于中国新疆、甘肃以及亚洲南部、中部一带。栖息于绿洲边缘的荒漠草原地带。穴居。夜行性。行动敏捷。以昆虫为食，也吃一些植物性食物。

伊犁沙虎被列入“三有”名单，但也有偷猎的现象发生。

## 60. 石龙子

石龙子体长 20~21cm（图 3.99）。体表光滑。吻端圆凸。身体背面为黄铜色，有金属光泽。侧面有红色斑点和斑块。腹面为灰白色。四肢发达，有钩爪。尾细长，末端尖锐。

石龙子分布于中国四川、湖南、广东、广西、浙江、福建等地。栖息于草丛、农田、旷野等地带。爬行迅速。尾易断，可再生。以蝼蛄、蚱蜢、蟋蟀等昆虫及其幼虫为食，也食蚯蚓、蜗牛、蛞蝓、蜈蚣、马陆等。卵生。每次产卵 5~29 粒。

石龙子被列入"三有"名单，但也有偷猎的现象发生。

图 3.99　石龙子

## 61. 睑虎

睑虎体长为 8~10cm。头部大而长，呈三角形。眼睑发达。颈部长而明显。四肢细长。尾较短。身体背面为浅棕色，有灰白色、黑色横斑和斑点。

睑虎分布于中国广西、贵州、海南，以及越南等地。栖息于草丛、洞穴等地带。白天活动。

睑虎被列入"三有"名单，但也有偷猎的现象发生。

## 62. 黑尾蟒

黑尾蟒也叫蟒蛇，是我国体型最大的蛇类。体长为 300~750cm，体重 50~60kg。隶属于爬行纲、蛇目、蟒科。头小而狭长。眼小。身体背面和两侧由金黄色的纵纹和横纹构成大块斑，腹面为褐色和草黄色的混合色。尾短而粗，有缠绕性。

黑尾蟒分布于我国华南、西南地区，以及亚洲东南部等地。栖息于温暖、湿润的热带、亚热带森林中。夜晚活动，偶尔在白天活动。在地面、树干等处爬行自如，也善于游泳和潜水。平时在地面上、山溪间或在树干上盘作一团。以鼠、鸟、鱼、蛙，甚至野猪、羊、鹿等动物为食。一般等猎物走近时突然将其一口咬住，然后用身体紧紧缠裹，直到猎物被绞死或不能再挣扎时再将其吞食。繁殖期为 4~6 月。雌性每次产卵 8~30 粒，用身体将卵盘卷在中间，此时它的体温比平时高出 4~6℃，用以加速卵的孵化，并有护卵的习性，直到幼体破壳而出。孵化期大约 2 个月。

黑尾蟒被列为国家Ⅰ级重点保护野生动物。它在我国野外数量十分稀少，但也会有偷猎犯罪的现象发生。它具有很大的经济价值，肉和卵都可以吃，也可以入药，皮的质量也很好。黑尾蟒还是动物园和马戏团的主角，也有人把它当作宠物饲养或者用来看家护院。

## 63. 鞑靼（Dádá）沙蟒

鞑靼沙蟒体长为 40~80cm。头小，与颈部区分不明显。吻部钝圆。身体背面为淡红褐色，有褐色斑纹。腹面颜色较浅，中央有一行点状斑。

鞑靼沙蟒分布于中国新疆，以及哈萨克斯坦、蒙古、伊朗、阿富汗、巴基斯坦、印度等地。栖息于沙漠等地带。常隐藏在沙中，仅将头部露在外面，捕食路过的猎物。以鼠、兔、蜥蜴等为食。

鞑靼沙蟒被列入"三有"名单，但也有偷猎的现象发生。

## 64. 闪鳞蛇

闪鳞蛇体长为 40~80cm，最大可达 125cm。头部较小，略扁平，与颈部无明显区分。吻端宽圆。身体背面由黑色、褐色和红褐色组成彩虹状斑纹，在阳光下闪闪发光。腹面为灰白色。

闪鳞蛇分布于中国广东、云南以及缅甸、越南、老挝、柬埔寨、马来西亚和印度尼西亚的苏拉威西岛等地。栖息于平原至海拔 1 300m 以下的水域附近。夜行性。半穴居，常隐藏在倒木下、石头下。行动缓慢，但遇到危险时也能迅速钻入疏松的土中。以鼠、鸟、蛙、蜥蜴和其他蛇类等为食。卵生。每窝产卵 6~17 粒。

闪鳞蛇被列入“三有”名单，但也有偷猎的现象发生。

## 65. 白唇竹叶青

白唇竹叶青体长为 67~87cm。头部明显，为长三角形。颈部较细。身体背面为鲜绿色，有白色纵斑纹。腹面为黄白色。尾端为焦红色。

白唇竹叶青分布于我国贵州、云南、江西、福建、台湾、广西、海南、广东，以及亚洲东南部一带。栖息于平原、丘陵和山地的灌丛、杂草丛中，也常见于居民住宅区附近。昼夜均活动。以鼠、蜥蜴、蛙等为食。卵胎生。每胎产仔 6~14 条。

白唇竹叶青被列入“三有”名单，但也有偷猎的现象发生。

## 66. 竹叶青

图 3.100　竹叶青

竹叶青体长为 50~95cm，最大可达 112cm（图 3.100）。头部较大，呈三角形。颈部较细，头部与颈部区分明显。尾部为焦红色。身体背面主要为绿色至暗绿色，侧面有一条白色或黄色的纵纹。腹面为浅绿色。

竹叶青分布于中国长江以南地区以及印度东北部、尼泊尔、缅甸北部、越南、柬埔寨、泰国和马来西亚等地。栖息于山地林地、灌丛、竹林和杂草等地带。昼夜均活动。尾具缠绕性，善于攀爬树木。以鼠、鸟、蜥蜴、蛙等为食。卵胎生。每胎产仔 3~10 条。7~8 月产仔。幼体出生时体长为 13cm。

竹叶青被列入“三有”名单，但也有偷猎的现象发生。

## 67. 绿瘦蛇

绿瘦蛇体长为 127cm，最大可达 180cm。吻部长而尖。眼大。尾部较长。身体背面主要为深绿色。腹面为浅绿色。

绿瘦蛇分布于中国西南、华南地区，以及越南、老挝、柬埔寨、泰国、马来西亚和印度尼西亚的爪哇、苏门答腊等地。栖息于开阔的林地、灌丛、农田等地带。白天活动。树栖，很少到地面活动。以小型哺乳动物、鸟、蜥蜴、蛙等为食。卵胎生。每胎产仔大约为 12 条。

绿瘦蛇被列入“三有”名单，但也有偷猎的现象发生。

## 68. 玉斑锦蛇

玉斑锦蛇体长 100~142cm。头部与颈部区分明显，有三条醒目的似弧形黑斑。身体背面为紫灰色至灰褐色，有边缘为黑色的黄色或橘黄色菱形斑和紫红色斑点。腹面为灰白色，有黑色斑块。

玉斑锦蛇分布于中国大部分地区，以及越南、缅甸等地。栖息于海拔 200~1 360m 的林地、草丛和居民区附近。以鼠、其他蛇类蛇、鸟卵、蜥蜴等为食。卵生。每年 6~7 月产卵。每窝产卵 5~16 粒。

玉斑锦蛇被列入“三有”名单，但也有偷猎的现象发生。

## 69. 绿锦蛇

绿锦蛇体长可达120cm。头部较明显。眼大。身体主要为鲜绿色。腹面为浅绿色。

绿锦蛇分布于中国云南、贵州、海南，以及泰国、马来西亚等地。栖息于海拔500~1 640m的森林、竹林等地带。白天活动。卵生。每窝产卵5~8粒。幼体刚出生时体长为20~25cm。

绿锦蛇被列入“三有”名单，但也有偷猎的现象发生。

## 70. 白条锦蛇

白条锦蛇体长78~175cm。头部较小，有网状暗褐色斑纹。颈部和眼后有黑色纵斑纹。身体背面为淡灰色、灰褐色或棕黄色，有三条白色纵纹和许多不规则黑色窄横斑。腹面为灰白色，有黑色斑块。

白条锦蛇分布于中国大部分地区，以及俄罗斯东部、朝鲜等地。栖息于旷野等地带。以鼠、鸟、鸟卵、蜥蜴等为食。

白条锦蛇被列入“三有”名单，但也有偷猎的现象发生。

## 71. 紫灰锦蛇

紫灰锦蛇体长可达120cm。头部较明显。身体主要为砖红色，有边缘为白色的黑色环斑。

紫灰锦蛇分布于中国长江流域以南地区，以及缅甸、泰国、马来西亚等地。栖息于海拔1 200~2 600m的森林地带。晨昏活动。卵生。每窝产卵3~7枚。幼体刚出生时体长为25~30cm。

紫灰锦蛇被列入“三有”名单，但也有偷猎的现象发生。

## 72. 灰鼠蛇

灰鼠蛇体长可达256cm。头部延长，较明显，呈灰褐色。眼大。身体主要为橄榄色，有深褐色斑纹。

灰鼠蛇分布于中国长江以南地区，以及印度东北部、泰国、马来西亚、新加坡和印度尼西亚的巴厘岛等地。栖息于海拔3 000m以下的森林、农田等地带。白天活动。以鼠、蛙等为食。卵生。每窝产卵4~12枚。幼体刚出生时体长为36~38cm。

灰鼠蛇被列入“三有”名单，但也有偷猎的现象发生。

## 73. 乌梢蛇

乌梢蛇体长为150~265cm。头部较小，呈长圆形，与颈部区分明显。眼大。尾部较长。身体背面主要为棕灰色、灰褐色或橄榄绿色，有黄褐色或棕色纵条纹。腹面为灰白色至灰褐色。

乌梢蛇分布于中国华北以南的大部分地区和缅甸等地。栖息于平原、山地、丘陵的开阔的林地、灌丛、草地、农田等地带。白天活动。行动敏捷。善于在矮树和灌木上攀缘。以鼠、蜥蜴、蛙和鱼等为食，有时也捕食小型哺乳动物。5~7月繁殖。卵生。每窝产卵13~17粒。

乌梢蛇被列入“三有”名单，但也有偷猎的现象发生。

## 74. 水蛇

水蛇体长可达86cm。头部较明显，呈褐色并有浅色斑纹。身体背面主要为灰色至橄榄色，有浅褐色或黑色斑纹。腹面为黄色或白色，有暗色斑点。

水蛇分布于中国广东，以及泰国、马来西亚和新加坡等地。栖息于低地的淡水水域。白天活动。卵胎生。每胎产仔4~18条。幼体刚出生时体长为14cm。

水蛇被列入“三有”名单，但也有偷猎的现象发生。

## 75. 铅色水蛇

铅色水蛇体长可达 56cm。头部较明显。身体背面主要为灰橄榄色至石板灰色，有浅褐色或黑色斑纹。腹面为浅黄色或污白色，有暗色斑点。

铅色水蛇分布于中国长江以南地区，以及亚洲东南部一带。栖息于海拔 1 200m 以下的淡水水域。白天和夜晚均活动。主要以鱼、蛙等为食。卵胎生。每胎产仔 6~30 条。幼体刚出生时体长为 8~13cm。

铅色水蛇被列入“三有”名单，但也有偷猎的现象发生。

## 76. 眼镜蛇

眼镜蛇也叫蝙蝠蛇（图 3. 101）。体长 150~180cm，体重 500~1 000g。隶属于爬行纲、蛇目、眼镜蛇科。头部为椭圆形。颈部背面有明显的白色眼镜状圈纹。身体背面均为黑色或棕褐色，有狭窄的黄白色横纹。腹面为黄白色。

图 3.101 眼镜蛇

眼镜蛇分布于我国广东、广西、云南、贵州、安徽、浙江、江西、湖南、福建、台湾、海南。栖息于平原、丘陵、山区的灌木丛、森林、竹林、岩石洞隙、水沟边、坟地、稻田、溪沟、鱼塘边等处。主要在白天活动。通常在地面上爬行，能上树，但没有缠绕能力。休息在洞穴及其他隐蔽处。肉食性。以鼠、蛙、蜥蜴、鸟卵和小鸟、小型哺乳动物、小型鱼类等为食。捕食的时候身体前部 1/3 能竖立起来，颈部急速地扩张并发出“呼呼”的声音向前攻击。性格十分凶猛，能从毒牙中射出毒液，猎物被咬伤后立刻变得四肢无力，呼吸紧张，直至昏睡或死亡。每年 11 月至翌年 3 月为眼镜蛇的冬眠期，一般 11 月下旬开始入洞，12 月上旬入蛰，3 月初以后开始出蛰。5~6 月交配，6~8 月产卵。每窝产卵 8~18 粒。靠自然温度需要 47~57 天孵化出幼体。刚出壳的幼体身上有明显的色斑，随着个体成长身体横纹逐渐不明显甚至完全消失。

眼镜蛇被列入“三有”名单，但也有偷猎的现象发生。眼镜蛇是对人、畜能造成危害的有毒动物，有人会利用它进行违法犯罪活动，在某些犯罪现场也有可能出现它的痕迹。

## 77. 色盲眼镜蛇

色盲眼镜蛇体长可达 200cm。头部为椭圆形。颈部背面有明显的白色斑纹。颈部下面为白色，边缘为黑色，下面有暗色横斑纹。身体背面主要灰褐色、褐色至暗褐色。

色盲眼镜蛇分布于中国南方、印度、缅甸、越南、老挝、柬埔寨、泰国、马来西亚等地。栖息于海拔 700m 以下的平原和山区。以小型哺乳动物、鸟、其他蛇类、蛙、蟾蜍等为食。捕食的时候身体前部 1/3 能竖立起来，颈部急速地扩张并发出“呼呼”的声音向前攻击。卵生。每窝产卵大约为 45 粒。幼体出生时体长 28~35cm。

色盲眼镜蛇被列入“三有”名单，但也有偷猎的现象发生。

## 78. 眼镜王蛇

眼镜王蛇体长为 200~380cm（图 3. 102）。头部椭圆形，颈部能膨大。身体背面主要为黑褐色或淡棕色，有浅色环纹。腹面为灰褐色，有黑色线状斑纹。

图 3.102 眼镜王蛇

眼镜王蛇分布于中国西南、华南、东南地区以及亚洲南部、东南部一带。栖息于山地森林或平原溪流附近的农田、林地中。白天活动。善于爬树。行动敏捷。主要以其他蛇类为食，有时也吃蜥蜴等。卵生。每年7~8月产卵。每窝产卵21~40粒。孵化期为60~80天。幼体出生时体长为46~51cm。

眼镜王蛇被列入“三有”名单，但也有偷猎的现象发生。

## 79. 棘眦海蛇

棘眦海蛇体长可达140cm。头部浅褐色或灰色。眼上方和下方的鳞片明显隆起。身体主要为浅灰色或浅褐色，有深色的环状斑纹。腹面白色。

棘眦海蛇分布于从中国台湾沿海、南海到澳大利亚附近海域以及西太平洋一带。栖息于礁石附近的海水中。善于潜水，深度可达50m左右。

棘眦海蛇被列入“三有”名单，但也有偷猎的现象发生。

## 80. 棘鳞海蛇

棘鳞海蛇体长为120~200cm。身体主要为灰色至黑色，有斑纹和斑点。

棘鳞海蛇分布于中国台湾，以及从马来西亚、印度、斯里兰卡到澳大利亚一带的海域。栖息于海洋中。善于游泳。卵胎生。每胎产仔大约为12条。幼体出生时体长为50cm。

棘鳞海蛇被列入“三有”名单，但也有偷猎的现象发生。

## 81. 长吻海蛇

长吻海蛇体长为65~90cm。头部较窄。吻部较长。身体背面主要为暗褐色或黑色。腹面为黄色。身体后部为鲜黄色，有褐色或黑色斑块。

长吻海蛇分布于中国东部、南部沿海，以及美洲和非洲之间的太平洋、印度洋海域。栖息于海岸附近和海洋中。善于游泳。常在水面上游动。主要以鱼类等为食。卵胎生。每年3~10月产仔。每胎产3~8仔。幼体刚出生时体长为25cm。

长吻海蛇被列入“三有”名单，但也有偷猎的现象发生。

## 82. 淡灰海蛇

淡灰海蛇体长为100cm。身体主要为灰色至蓝灰色。腹面为白色。

淡灰海蛇分布于中国东部和南部沿海，以及从亚洲西部、印度、印度尼西亚至澳大利亚一带沿海。栖息于浅海地带、海湾和河口等地带。

淡灰海蛇被列入“三有”名单，但也有偷猎的现象发生。

## 83. 平颏海蛇

平颏海蛇体长为90~100cm。身体主要为浅黄色，有橄榄色的斑块。腹面为浅黄色。

平颏海蛇分布于中国东部和南部沿海，以及日本、马来西亚、菲律宾、印度尼西亚、澳大利亚和新几内亚一带的海域。栖息于海岸附近、礁石岸边和河口一带。

平颏海蛇被列入“三有”名单，但也有偷猎的现象发生。

## 84. 蓝灰扁尾蛇

蓝灰扁尾蛇体长为90~150cm。头部黑色，前端黄色或白色。身体主要为蓝灰色，有黑色环状斑纹。腹面黄色。

蓝灰扁尾蛇分布于中国台湾沿海，以及泰国、马来西亚、新加坡、新几内亚、菲律宾、斯里兰卡、日本等地海域。栖息于浅海地带、红树林和礁石岸边等地。夜行性。可以在陆地上活动。平时隐藏在岩石缝隙或洞穴中。主要以海鳝、鳗鲡等鱼类为食。每年 7~8 月繁殖。卵生。每窝产卵 5~9 枚。

蓝灰扁尾蛇被列入"三有"名单，但也有偷猎的现象发生。

## 85. 钩盲蛇

钩盲蛇体长为 8~23cm。身体呈圆筒状，似蚯蚓。头部小，呈半圆形。头部和颈部区分不明显。吻部钝圆。尾部较短，末端钝。吻部、肛部和尾端均染以白色。身体背部主要为深褐色至黑色。腹面颜色较浅。

钩盲蛇分布于中国西南、华南、东南地区以及亚洲西部、南部和东南部、非洲、澳大利亚、美国和墨西哥等地。栖息于海拔 1 640m 以下的泥土中。常隐藏在落叶下、砾石下、倒木下或岩缝中。夜晚或阴雨时活动频繁。以蚂蚁卵、白蚁卵以及其他昆虫的卵、蛹、幼虫等为食，也吃蚯蚓。卵生。孤雌生殖，生出的幼体也均为雌性。每窝产卵 1~7 粒。

钩盲蛇被列入"三有"名单，但也有偷猎的现象发生。

## 86. 大盲蛇

大盲蛇体长为 43cm。身体呈圆筒状。眼睛较明显。头部和颈部区分不明显。身体背部主要为暗褐色。腹面颜色较浅。

大盲蛇分布于中国广东、海南、云南，以及泰国、马来西亚等地。栖息于海拔 150~1 525m 的泥土中。常隐藏在砾石下、朽木中。大雨过后到地表活动频繁。卵生。每窝产卵 4~14 粒。

大盲蛇被列入"三有"名单，但也有偷猎的现象发生。

## 87. 滑鼠蛇

滑鼠蛇体长 180~200cm，最大可达 320cm（图 3. 103）。头部为黑褐色。眼大而圆。腹面为黄白色。背部呈棕色。身体后部由于部分背鳞边缘色黑，缀成不规则的黑色横斑，至尾部则进一步形成黑色的网状纹。

图 3.103　滑鼠蛇

分布于中国华东、华南、西南地区，以及亚洲南部、东南部一带。栖息于山区、丘陵、平原或开阔地近水处，也在人类住宅附近活动。善于攀缘树木。白天活动。以蟾蜍、蛙、蜥蜴、鸟和鼠等为食，甚至也吃蝙蝠和鱼类等。繁殖期为 6~8 月。每次产卵 6~18 粒。卵靠自然温度孵化，但雌性有蜷伏在卵堆上的现象。孵化期将近 2 个月。幼体刚出生时体长为 37~47cm。

滑鼠蛇被列入"三有"名单，但也有偷猎的现象发生。

## 88. 青环海蛇

青环海蛇是我国沿海常见的毒蛇。体长 90~180cm。隶属于爬行纲、蛇目、眼镜蛇科。身体细长，尾部侧扁。头部为黄色或橄榄色。身体背面为深灰色，从头到尾都有青黑色的宽横纹环绕。腹面黄色。

青环海蛇分布于我国各地沿海。栖息于浅海地带，尤其是河口附近。善于用像船桨一样的尾部划水游泳。呼吸时头部伸出水面。在陆地上行动笨拙。以鳗等鱼类为食。卵胎生。每次产仔 3~5 只。在沿岸或岛屿上产卵。每次产卵 3~15 粒。

青环海蛇被列入"三有"名单，但也有偷猎的现象发生。青环海蛇是对人、畜能造成危害的有毒动物，有人会利用它进行违法犯罪活动，在某些犯罪现场也有可能出现它的痕迹。

## 89. 绿林蛇

绿林蛇体长为187cm。喉部为白色，有蓝色斑点。身体背面主要为橄榄绿色，染有灰色和黄色。腹面为黄色，有白色斑纹。

绿林蛇分布于中国南方以及印度东北部、越南、老挝、柬埔寨、缅甸、泰国等地。栖息于海拔2 100m以下的森林地带。夜行性。卵生。每窝产卵4~13枚。幼体出生时体长大约为35cm。

绿林蛇被列入“三有”名单，但也有偷猎的现象发生。

## 90. 白环蛇

白环蛇体长为70~76cm。身体背面主要为棕色、灰棕色或紫棕色，有黄色和白色环纹，或白色、黄色网纹。腹面为灰白色。

白环蛇分布于中国云南、广东、福建，以及斯里兰卡、马尔代夫、印度、巴基斯坦、尼泊尔、泰国、缅甸、老挝、柬埔寨、越南、马来西亚、印度尼西亚和菲律宾等地。栖息于平原、丘陵的多岩石地带，有时进入民宅。夜行性，白天隐藏在岩石下等处。善于攀爬。以鼠、蜥蜴、蛙等为食。卵生。幼体出生时体长18~20cm。

白环蛇被列入“三有”名单，但也有偷猎的现象发生。

## 91. 老挝白环蛇

老挝白环蛇体长为56cm。头部深蓝色。身体背面主要为黑色，有黄色环状斑纹。腹面为白色。

老挝白环蛇分布于中国云南以及缅甸、越南、老挝、柬埔寨、泰国、马来西亚等地。栖息于平原、低山等地带。夜行性，白天隐藏在砾石下等处。以蜥蜴、蛙等为食。卵生。每窝产卵大约为5粒。

老挝白环蛇被列入“三有”名单，但也有偷猎的现象发生。

## 92. 花条蛇

花条蛇体长为120cm。头部与颈部区别明显。眼较大。尾长。身体背面为灰褐色，有4条黑褐色纵条纹。腹面为黄白色。

花条蛇分布于中国新疆、宁夏、青海，以及巴基斯坦、蒙古、亚洲中部和西部一带。栖息于荒漠、半荒漠等地带。白天活动。爬行迅速。平时隐藏在洞穴内。以蜥蜴等为食。卵生。每年6~7月产卵。

花条蛇被列入“三有”名单，但也有偷猎的现象发生。

## 93. 黑领剑蛇

黑领剑蛇体长为85cm。头部明显，呈褐色并有暗色横斑纹。颈部有黄白色的三角形斑纹。身体背面主要为灰褐色至褐色，有黑色斑纹和斑点。

黑领剑蛇分布于中国西藏、云南，以及泰国、缅甸、马来西亚等地。栖息于山地森林等地带。以小蜥蜴等为食。卵生。每窝产卵大约为6粒。

黑领剑蛇被列入“三有”名单，但也有偷猎的现象发生。

## 94. 颈棱蛇

颈棱蛇体长为90~100cm。头部宽扁，略呈三角形。颈部明显。身体背面主要为灰色、褐色或红褐色，有黑褐色斑块和斑纹。腹面黑褐色

颈棱蛇分布于中国河南及包括台湾在内的长江以南地区。栖息于海拔600~2 650m的山区、丘陵

的草地、林地和灌丛地带。遇到危险时头和身体能变扁平，准备攻击。以蜥蜴、蛙、小型蛇类和蚯蚓等为食。卵胎生。每胎产仔大约 40 条。

颈棱蛇被列入“三有”名单，但也有偷猎的现象发生。

## 95. 草游蛇

草游蛇体长可达 73cm。头部明显，呈绿褐色。身体背面主要为橄榄绿色至褐色，有两条黄色或皮黄色纵条纹及黑色斑点。

草游蛇分布于中国河南和长江以南地区，以及泰国等地。栖息于海拔 2 000m 以下的平原、山区近水地带。白天活动。主要以蛙、蟾蜍等为食。卵生。每窝产卵 3~12 粒。幼体刚出生时体长为 13~17cm。

草游蛇被列入“三有”名单，但也有偷猎的现象发生。

## 96. 灰链游蛇

灰链游蛇体长 40~55cm。身体背面为棕褐色，染有绿色。腹面为浅黄色或灰白色，有黑色斑点。

灰链游蛇分布于中国东北，以及日本、朝鲜、俄罗斯东部等地。栖息于山区草丛中。以蛙、昆虫等为食。卵生。每年 6~8 月产卵。

灰链游蛇被列入“三有”名单，但也有偷猎的现象发生。

## 97. 游蛇

游蛇体长为 65~80cm，最大可达 120cm。身体背面主要为灰色、橄榄色至棕色，有黑色窄斑纹或斑点。腹面为灰白色，有黑色网状斑纹。

游蛇分布于从欧洲、非洲北部一直到亚洲西部和中部、俄罗斯、蒙古和中国新疆北部一带。栖息于海拔 2 000m 以下的林地中的水域附近。以昆虫、鱼、蛙、蟾蜍、鸟和鼠等为食。卵生。每窝产卵 8~53 粒。孵化期大约为 60 天。幼体刚出生时体长为 16~20cm。

游蛇被列入“三有”名单，但也有偷猎的现象发生。

## 98. 斜鳞蛇

斜鳞蛇体长可达 120cm。头部明显。眼大。颈部红色，有黑色斑纹。身体背面主要为灰色至褐色，有黄色、红色和黑色斑点。腹面为灰色。

斜鳞蛇分布于中国南方、尼泊尔、泰国、马来西亚等地。栖息于海拔 150~2 000m 的近水的林地中。以蛙等为食。卵生。每窝产卵大约为 10 粒。

斜鳞蛇被列入“三有”名单，但也有偷猎的现象发生。

## 99. 红脖游蛇

红脖游蛇体长可达 130cm。头部橄榄褐色，颈部红色。身体背面主要为橄榄绿色。腹面为灰色。

红脖游蛇分布于中国云南、贵州、广东、广西、福建、海南，以及泰国、马来西亚和印度尼西亚西部一带。栖息于海拔 1 780m 以下的平原、山区近水地带。白天活动。主要以蛙、蟾蜍等为食。卵生。每窝产卵 5~17 枚。孵化期为 8~10 周。幼体刚出生时体长为 13~19cm。

红脖游蛇被列入“三有”名单，但也有偷猎的现象发生。

## 100. 渔异色蛇

渔异色蛇体长可达 110cm。头部明显，呈褐色，有黑色斑纹。眼大。身体背面主要为橄榄褐色，有暗色斑点。

渔异色蛇分布于中国长江以南地区，以及亚洲南部、东南部一带。栖息于海拔 1 600m 以下的溪流、池塘、水田等地带。昼夜均活动。半水栖。主要以鱼、鼠等为食。卵生。每窝产卵为 17~52 粒，最多可达 100 粒。孵化期大约为 7 周。幼体刚出生时体长为 15~21cm。

渔异色蛇被列入“三有”名单，但也有偷猎的现象发生。

## 101. 横纹钝头蛇

横纹钝头蛇体长为 47cm。颈部有宽阔的白色环纹。身体背面主要为深灰色，有白色和黑色斑点。腹面为白色，有灰色或黑色斑点。

横纹钝头蛇分布于从中国南部至马来西亚一带。栖息于海拔 1 640m 以下的山地常绿阔叶林带。主要以蜗牛和蛞蝓等为食。卵生。每窝产卵 7~10 粒。

横纹钝头蛇被列入“三有”名单，但也有偷猎的现象发生。

## 102. 金环蛇

金环蛇体长为 128~155cm。头部为椭圆形。身体背面主要为黑色与黄色相间的环状斑纹，黑色环纹稍宽。

金环蛇分布于中国云南、福建、广西、海南、广东，以及印度、缅甸、泰国、越南等地。栖息于溪流、江河、湖泊附近的草地、农田等地带。夜行性，有时白天也活动。以其他蛇类为食，也吃鱼、蜥蜴等。卵生。每窝产卵 6~10 粒。

金环蛇被列入“三有”名单，但也有偷猎的现象发生。

## 103. 尖吻蝮

尖吻蝮也叫五步蛇，是有剧毒的蛇类（图 3.104）。体长 140~200cm。隶属于爬行纲、蛇目、蝰科。体型粗壮。头大，呈三角形。颈部较细。背面为灰褐色，有 20 多个暗褐色的方形大块斑纹。腹面为黄白色，两侧有黑色圆斑。尾较短而细，末端暗灰色。

图 3.104 尖吻蝮

尖吻蝮蛇分布于我国华东、华中、西南地区，以及越南等地。栖息于山区、丘陵林木茂盛而阴湿的地方。平时隐藏在岩石下、草丛中。夜晚活动。以蟾蜍、蜥蜴、鸟、鼠等为食。每年 10 月至翌年 3 月冬眠。卵生。繁殖期为 6~8 月。每次产卵 8~15 粒。雌性有护卵习性。卵靠自然温度孵化。孵化期为 20~30 天。

尖吻蝮蛇被列入“三有”名单，但也有偷猎的现象发生。尖吻蝮蛇是对人、畜能造成危害的有毒动物，有人会利用它进行违法犯罪活动，在某些犯罪现场也有可能出现它的痕迹。

## 104. 中介蝮

中介蝮体长为 50cm。头部呈三角形。颈部明显。身体背面为黑色、灰色、土黄色或褐色，有白色细横斑。腹面为灰黑色，有不规则深褐色或黑色小斑点。

中介蝮分布于中国山西、陕西、内蒙古、宁夏、甘肃、新疆，以及蒙古、俄罗斯东部等地。栖息于海拔 900~1 650m 起伏较大的山地。主要在黄昏活动。常见于岩石空隙、杂草和灌木丛生处。行动缓慢。以鼠、鸟、蜥蜴、蛙、鱼等为食。卵胎生。每年 8~9 月产仔。每胎产仔 2~10 条。

中介蝮被列入“三有”名单，但也有偷猎的现象发生。

## 105. 黑眉蝮

黑眉蝮体长为44~79cm。头部较大，呈三角形。眼后至口角有黑褐色带状斑纹。颈部明显。身体背面为棕褐色、棕黄色或棕红色，有浅色细斑纹。腹面为黄白色或乳白色。

黑眉蝮分布于中国东北、华北，以及朝鲜、俄罗斯东部等地。栖息于山地阔叶林、草丛等地带。平时隐藏在岩石空隙等处。以鼠、鸟、蜥蜴、蛙等为食。卵胎生。每年9月产仔。每胎产仔5~8条。

黑眉蝮被列入“三有”名单，但也有偷猎的现象发生。

## 106. 极北蝰（kuí）

极北蝰体长为50~61cm。头部略呈三角形，有黑斑。吻部圆而钝。尾部末端下面为黄色或红色。身体颜色变化很大，背面主要为淡红色、深灰色、黄色、橄榄色、绿色等，有红色、灰色、棕色或黑色的锯齿状斑纹。腹面为灰色、褐色或黑色。

极北蝰分布于中国吉林、新疆一带。栖息于海岸、池塘、沼泽附近的林地、裸岩、灌丛和草地等地带。有冬眠习性。以鼠、鸟、蜥蜴等为食。卵胎生。每胎产仔4~20条。幼体出生时体长为13~15cm。

极北蝰被列入“三有”名单，但也有偷猎的现象发生。

## 107. 圆斑蝰蛇

圆斑蝰蛇是有剧毒的蛇类。体长90~130cm。隶属于爬行纲、蛇目、蝰科。体型粗短。头宽大呈三角形，颈细，尾短。上颌前面具一对管状毒牙。背部呈棕灰色，具有3条纵行大圆斑，每个圆斑的中央为紫褐色或深棕色，外周为黑色，最外面还镶有黄白色的边儿，外侧另有不规则的黑褐色斑纹。腹部为灰白色，散布有粗大的深棕色斑。

圆斑蝰蛇分布于中国福建、广东、广西，以及亚洲南部、东南部等地。栖息于平原、丘陵或山区开阔的田野中。以鼠、鸟、蜥蜴等为食。捕食的时候通常采取突然袭击的方式，将躯干的前部先向后弯曲，然后猛然离地再向前冲并咬住猎物，咬住之后绝不放松，并且借助毒牙把毒液注入被猎物的体内，使其中毒而死，然后再将其吞食下去。卵胎生，每年7~8月产仔，每次产仔10余条。

圆斑蝰蛇被列入“三有”名单，但也有偷猎的现象发生。圆斑蝰蛇是对人、畜能造成危害的有毒动物，有人会利用它进行违法犯罪活动，在某些犯罪现场也有可能出现它的痕迹。

## 108. 白头蝰

白头蝰体长为76cm。头部椭圆形，背面白色。吻部短而宽。身体背面主要为紫褐色或蓝黑色，有红色或橘红色环状斑纹。

白头蝰分布于中国陕西和西南、华南、东南地区以及缅甸北部、越南北部等地。栖息于平原、山区的农田、草丛和住宅附近。以小型哺乳动物等为食。卵胎生。

白头蝰被列入“三有”名单，但也有偷猎的现象发生。

图3.105 短尾蝮

## 109. 短尾蝮

短尾蝮是有剧毒的蛇类（图3.105）。体长35~60cm。隶属于爬行纲、蛇目、蝰科。头部呈三角形。有长管状毒牙。头侧眼后有一条黑色眉状线纹。颈部较细。背面为灰褐色，两侧各有一行黑褐色圆斑。腹面灰黑色，具黑白斑点。尾部较短，末端尖。

短尾蝮蛇分布于中国大部分地区，以及朝鲜等地。栖息于平原、低山地带的草丛、稻田、村庄附近。平时隐藏在洞穴中。夜晚活动。以鼠、鸟、蛙、蜥蜴等为食。每年 10 月至翌年 3 月冬眠。卵胎生。繁殖期为 5~8 月。每次产 6~16 仔。幼仔刚出生就具有毒牙，活动灵活。

短尾蝮蛇被列入“三有”名单，但也有偷猎的现象发生。短尾蝮蛇是对人、畜能造成危害的有毒动物，有人会利用它进行违法犯罪活动，在某些犯罪现场也有可能出现它的痕迹。

## 110. 扬子鳄

扬子鳄是中国特产珍稀爬行动物（图 3.106）。体长 150~180cm。隶属于爬行纲、鳄目、鼍科。头略高起，吻部低平。眼大而突出。口内有锥状的牙。皮肤覆以角质鳞片，背部为暗褐色，有黄斑和黄条，腹面灰色。四肢较短，趾间有蹼。尾侧扁而长，有灰、黑相间的环纹。

扬子鳄分布于中国安徽、江苏、浙江等地。栖息于河滩、湖泊、沼泽及丘陵山涧的滩地等。昼夜活动的时间总共不过 2~4 小时。在水中游动灵活而敏捷，但在陆地上行动十分迟缓。善于挖掘洞穴，造好的洞穴就像一个迷宫，有 1~3 个洞口、1~2 个通气孔，以及“卧室”和“地下水库”等。以鱼、软体动物、甲壳类、蛙、龟鳖、小鸟及小型哺乳动物等为食。繁殖期为 5~8 月。产卵于土穴中，每次产卵 8~9 粒。产完卵用草盖好，靠阳光热能及巢材腐烂发热的温度进行孵化。孵化期为 60 天左右。刚出生的幼体身体的横纹为橘红色，没有牙齿，叫声很响亮。雌性对幼体关怀备至，直到它们可以独立生活时为止。

图 3.106　扬子鳄

扬子鳄被列为国家 I 级重点保护野生动物。它在我国野外数量十分稀少，但也会有偷猎犯罪的现象发生。野生扬子鳄成为濒危物种的主要原因有两方面，一是大量开垦农田和兴修水利，破坏了它的栖息地；二是由于扬子鳄时常袭击家禽、家鱼等，以及破坏堤埂，压坏庄稼，所以从前被认为是有害动物，被大量捕杀。此外有毒农药的使用造成水生动物的大量死亡，不仅减少了它的食物，也使它二次中毒。

## 111. 尼罗鳄

尼罗鳄也叫非洲鳄。体长 2~6m。隶属于爬行纲、鳄目、鳄科。成体有暗淡的横带纹。前颌齿 5 枚，上颌齿 13~14 枚，颌齿 14~15 枚，总数为 64~68 枚。幼体深黄褐色，身体和尾部有明显的横带纹。

尼罗鳄分布于非洲安哥拉、贝宁、博茨瓦纳、布隆迪、喀麦隆、中非共和国、乍得、刚果、埃及、埃塞俄比亚、赤道几内亚、加蓬、加纳、象牙海岸等地。栖息于湖泊、河流、淡水沼泽和湿地、咸淡水等。为了躲避不利条件如极端温度，能用挖掘的方式修整其栖息地。成体则能捕食包括羚羊、水牛、河马幼体等在内的大型脊椎动物。繁殖期为 11 月至翌年 4 月。雌性体长 2.6m，雄性体长 3.1m 时达到性成熟。一般 9~10 龄及以上的个体才能开始交配产卵。通常在离水数米的沙质岸上挖掘深度为 50cm 的洞穴，雌性在洞穴中产卵 40~60 枚。孵化期为 80~90 天。幼体以小型水生无脊椎动物、昆虫等为食，也吃小型脊椎动物，如鱼、两栖类和爬行动物等。

尼罗鳄是我国首批可商业性经营利用驯养繁殖技术成熟的 54 种陆生野生动物之一。尼罗鳄是具有极高经济价值的珍贵养殖动物，鳄皮是高级皮革，鳄肉属低胆固醇的高档肉美食品，鳄鱼的血液和骨骼都是极为珍贵的药材，为稀有的大型爬行动物，具有很高的观赏价值。在人工养殖基地、动物园等处可能发生因经济利益而进行的盗窃、抢劫尼罗鳄等犯罪行为。

## 112. 湾鳄

湾鳄也叫澳大利亚咸水鳄、河口鳄、新加坡小鳄。体长可达 6~7m。隶属于爬行纲、鳄目、鳄科。吻较钝，吻长不超过吻基宽的 2.2 倍。第 4 枚下颌齿嵌入上颌边缘的一个空隙内，闭口时可见。下颚联合向后延伸仅达第 4 或第 5 枚下颚齿。后枕鳞通常缺失或代之以 1~2 枚小鳞。背面深橄榄色或棕色，腹面苍白，幼鳄体色略淡，饰有深色斑点，或体色深面有浅斑；吻色浅明。前颌齿 4 枚（很少 5 枚齿），上颌齿 13~14 枚，颚齿 15 枚，齿总数 64~68 枚。

湾鳄分布于印度、斯里兰卡、老挝、柬埔寨、泰国、马来西亚、巽他群岛、菲律宾群岛、马鲁古群岛、巴布亚新几内亚、澳大利亚北部海岸、所罗门群岛和斐济群岛等地。栖息于热带和亚热带地区的通海港湾或江河里，特别是在入海口的三角洲地区，一般都是到达涨潮所及的高限地段。成体经常隐身水下，仅以鼻、眼露出水面，耳目感觉十分灵敏。稍受惊扰，便迅即下沉，并远离河岸，或像枯木漂浮水面，徐徐离岸，稍远即悄然下沉而远去。活动的最适温度是 30~33℃。咬肌发达，咀嚼力强。以鱼、蛙等为食，也吃螺、蚌、虾、蟹以及小鳄及龟、鳖等，较大的成体偶尔可以捕食水牛、家畜、野猪、猴子等大型脊椎动物。雌性体长 2.2~2.5m（10~12 岁）、雄性体长 3.2m（16 岁左右）达到性成熟。营巢于海口内有树林荫蔽的丘陵地段，一般在离河道不远处。用植质物和泥浆筑巢，一般产卵 40~60 粒。孵化期 90 天左右。

湾鳄是我国首批可商业性经营利用、驯养繁殖技术成熟的 54 种陆生野生动物之一。湾鳄也具有很大的观赏价值，湾鳄的头、脚、牙、爪以及背脊可加工成纪念品，湾鳄的卵、胆、肝、心、油、鳄尾胶、甲等都可以入药或开发为高级化妆品。在人工养殖基地、动物园等处可能发生因经济利益而进行的盗窃、抢劫湾鳄等犯罪行为。

## 113. 暹（xiān）罗鳄

暹罗鳄也叫暹罗淡水鳄、新加坡小型鳄（图 3.107）。体长 3~4m。隶属于爬行纲、鳄目、鳄科。成体吻部宽，喉部鳞甲横排。前颌齿 4 枚，上颌齿 13~14 枚，颌齿 15 枚，齿总数 64~66 枚。幼体金褐色，尾部有黑色条纹。

图 3.107 暹罗鳄

暹罗鳄分布于越南、老挝、缅甸、泰国、柬埔寨、文莱、马来西亚、印度尼西亚等地。栖息于热带及亚热带地区的沼泽地、河流保护地段中水流缓慢的区域、湖泊等淡水水域，以及咸淡水水域等。以鱼类为食，也吃两栖动物、爬行动物和小型哺乳动物。每年 4~5 月繁殖，雌性在一个堆筑的巢中产卵 20~50 粒，孵化期约 80 天。10 岁左右达到性成熟。

暹罗鳄是我国首批可商业性经营利用驯养繁殖技术成熟的 54 种陆生野生动物之一。一些宾馆、饭店和酒店已经把暹罗鳄肉当作海鲜产品搬上了餐桌。在人工养殖基地、动物园等处可能发生因经济利益而进行的盗窃、抢劫暹罗鳄等犯罪行为。

# 五、案例（二）

## 1. 北京倒卖鳄蜥案

2000 年 6 月 13 日，北京西城公安分局福绥境派出所接到群众举报，将正在官园鱼市倒卖国家 I 级重点保护野生动物瑶山鳄蜥的嫌疑人张某等 3 人抓获，因妨碍民警依法执行公务北京无业人员韩某也被拘留。

13 日上午 11 时许，福绥境派出所接到群众举报称官园鱼市 4 号摊位有人倒卖国家Ⅰ级重点保护野生动物广西瑶山鳄蜥，民警快速赶到鱼市，发现 4 只鳄蜥，民警们执法时，遭到不明真相的人围攻，韩某拉扯民警，使倒卖鳄蜥的嫌疑人与鳄蜥一起逃离鱼市，民警们不辞辛苦，冒高温将张某等 3 人抓获并将 4 只鳄蜥追回。

经送北京市野生动物保护自然保护区管理站专家鉴定，4 只鳄蜥均已成年，每只价格人民币 37 500元。根据《林业部关于在野生动物案件中如何确定国家重点保护野生动物及其产品价值标准的通知》有关规定，4 只鳄蜥共值人民币 15 万元。4 只鳄蜥产于我国广西瑶山，属于特别濒危物种，在北京是第一次查获。张某等人在丰台某自由市场非法收购并倒卖鳄蜥，从中获利，已被西城公安分局拘留。

## 2. 北京餐馆买卖巨蜥、穿山甲案

因非法买卖巨蜥、穿山甲等珍贵、濒危野生动物，北京市朝阳区海宝粤菜馆经理谭某某和安徽农民陈某某被朝阳区检察院送上被告席。朝阳区人民法院以非法收购珍贵、濒危野生动物罪，判处谭某某有期徒刑五年零六个月，并处罚金人民币 5 000 元；以非法收购、出售珍贵、濒危野生动物罪判处陈某某有期徒刑五年，罚金人民币 4 000 元。

野生动物不能上餐桌，这是人尽皆知的，但是为了“利”，有人就敢铤而走险。2001 年 11 月 7 日，一名顾客到位于北京市朝阳区花家地的海宝粤菜馆吃饭时，询问谭某某有什么特色菜没有，谭某某说有五爪金龙（巨蜥）、穿山甲和熊掌等。13 日下午，这个顾客打电话给谭某某，称次日想在海宝粤菜馆请客，需要五爪金龙和穿山甲各 2 只，于是，谭某某想起了安徽农民陈某某，他曾在陈那里买过蛇，便打电话给陈某某，向他订购国家Ⅰ级重点保护动物巨蜥 2 只，国家Ⅱ级重点保护野生动物穿山甲 2 只，眼镜蛇 4 条。14 日早上。陈某某又从张某某等人（均另案处理）手中买了已被宰杀并冷冻的巨蜥、穿山甲各 2 只，随后将这些东西送到海宝粤菜馆。谭某某先看了货，不久，订餐的顾客来了，谭某某将黑色塑料袋打开，让顾客查看，可就在这时，警察也来了……

朝阳区人民法院经审理认为，谭某某和陈某某为牟取非法利益，竟无视国家有关保护野生动物的法律，非法经营野生动物，买卖国家Ⅰ、Ⅱ级重点保护野生动物，破坏国家野生动物资源，妨害社会管理秩序，其行为构成犯罪，依法应予惩处，故做出上述一审判决。

## 3. 广西北海非法收购运输巨蜥案

广西壮族自治区北海市海城区人民法院对犯非法收购、运输国家重点保护野生动物罪的被告人吴某某做出判处有期徒刑 12 年，并处罚金人民币 1. 5 万元的决定。

法院经审理查明：被告人吴某某在防城港市防城区非法收购了 5 条活体巨蜥、3 条科摩多活体巨蜥，并把购得的巨蜥携带搭乘客运班车到北海市，买了北海至海口的船票拟前往海南省海口市，准备登船时被公安人员查获。

法院认为，被告人吴某某非法收购、运输国家重点保护野生动物及列入《濒危野生动植物种国际贸易公约》附录Ⅰ的野生动物，情节特别严重，其行为已构成犯罪，故做出上述判决。

## 4. 北京“名厨”购买巨蜥、娃娃鱼案

绰号“三江刀王”的粤菜名厨梁某为了给客人提供美食，非法收购国家重点保护野生动物娃娃鱼和孟加拉巨蜥，2010 年 2 月 9 日，这起非法收购、运输珍贵、濒危野生动物案在北京西城法院宣判。梁某被判有期徒刑 6 年，罚金 6 000 元。

广东人梁某是北京大江南国际酒店管理有限责任公司粤菜海鲜部主管。2009 年 8~9 月，梁某为了请客人吃饭，通过好友联系，从天津购买了 2 只孟加拉巨蜥和 1 条大鲵（俗称娃娃鱼）。随后，3

只鲜活的野生动物被装在海鲜包装箱里，搭上了长途客车，从天津运到北京。9 月 10 日下午，梁某亲自到赵公口长途车站接货时被当场抓获。

经鉴定，梁某非法收购、运输的野生动物孟加拉巨蜥和大鲵，均属于国家重点保护野生动物。

### 5. 云南查获眼镜王蛇走私案

云南省公安边防总队丙汗公安检查站在中缅边境一线破获一起特大跨国野生动物走私案，查获眼镜王蛇 750kg。

驻守在中缅边境一线德宏傣族景颇族自治州梁河县的云南省公安边防总队丙汗公安检查站早就获悉：最近将有一大批野生动物入境。据此线索，这个检查站成立了专案小组，在犯罪嫌疑人可能出入的通道设卡堵截。案发当日，守候的边防官兵在边境梁河三岔路口处对一辆装满木料的可疑东风货车实施检查。结果从掩藏在木料中的 50 个特制铁笼子中查获眼镜王蛇 750kg。两名犯罪嫌疑人当场被抓获。

据两名犯罪嫌疑人交代：这 750kg 眼镜王蛇是他们以每千克 80 元的价格从境外购得，入境后准备以高价贩往广州、深圳等地。

### 6. 北京非法出售蟒蛇和变色龙案

因犯非法出售珍贵、濒危野生动物罪，个体经营者胡某某被北京朝阳区法院判处有期徒刑 10 年，罚金 10 000 元。

胡某某系黑龙江人，当时在北京华声天桥民俗文化市场从事个体经营。2006 年 5 月 11 日 15 时许，北京市林政稽查大队在对位于十里河的北京华声天桥民俗文化市场进行检查时，将非法出售珍贵、濒危野生动物的胡某某查获。稽查大队当场查获蟒蛇 17 条，其中 11 条为国家 Ⅰ 级保护野生动物，其余 6 条为球蟒，系《濒危野生动植物种国际贸易公约》附录Ⅱ中的物种，另外还有 7 只高冠避役（高冠变色龙），也系《濒危野生动植物种国际贸易公约》附录Ⅱ中的物种。因涉嫌非法出售珍贵濒危野生动物，胡某某于 2006 年 5 月 12 日被公安机关抓获归案。案发后，公安机关在胡某某经营的摊位内又查获了 10 只高冠避役。

### 7. 广东黄埔查获走私蛇皮

广东黄埔海关在珠江口查获一起走私蛇皮案，查获蛇皮近万张，其中 85 张是国家 Ⅰ 级重点保护野生动物蟒蛇的皮。

2006 年 9 月 17 日早晨，黄埔海关缉私警察在一艘挂有“粤惠州货 2059”牌的货船上，发现一捆捆用塑料袋或纸箱包装着的货物。打开包装，出现在海关人员眼前的竟是一张张蛇皮。经清点，黄埔海关共查获 9 970 张蛇皮，其中 85 张是蟒蛇皮，最长的近 5m。其他包括金环蛇、银环蛇等各种蛇皮共 9 885 张。这些蛇皮均没有合法的进口证明。

据被抓获的嫌疑人交代，他们所拥有的这艘铁壳船只具备内河运输资格，平日里经营合法的货柜运输业务。这次是为了额外赚取一笔好处费，帮一位老板从香港运货至境内某指定地点，没料到还没有运到目的地就被海关抓了个正着。

### 8. 北京贩售珍稀龟案

北京朝阳区居民牛某某原在西城区福丽特观赏鱼总汇内摆摊卖鱼。西城区人民检察院指控说，9 月 10 日，牛某某在出售国家Ⅱ级重点保护野生动物闭壳龟 2 只、地龟 2 只、缅甸陆龟 1 只时，被民警当场抓获。在庭审中，公诉人指控，牛某某故意非法出售野生动物，破坏了国家环境资源保护秩序，扰乱了社会治安，应构成非法出售珍贵、濒危野生动物罪。

牛某某的辩护人称，5 只野生龟均系牛某某因个人爱好用观赏鱼与他人交换而来，而且他也是为照顾有同样爱好的顾客，用观赏鱼的价格出让，在此过程中牛某某并未获利，不应构成犯罪。但是，公诉人当庭提供了有力的证据，证明福丽特观赏鱼总汇中有国家禁售野生动物的图片公示栏，且牛某某在交易时确实知道该龟系国家Ⅱ级重点保护野生动物。牛某某对公诉人出示的证据未提出异议。

据此，西城区法院判处牛某某有期徒刑两年半，另处罚金 1 000 元。

## 9. 北京西站查获非法运龟案

北京西站铁路民警在检查旅客行李时，从一旅客箱包中查出 6 只缅甸陆龟，携带这些陆龟的旅客苏某因涉嫌犯罪，被北京铁路警方移交林业公安机关处理。

2002 年 11 月 29 日上午，北京西站公安段防暴队民警在一楼进站大厅进行安全检查。在安检仪屏幕上，他发现一个箱包内装有龟类动物。依照铁路客运规定，非经托运，禁止旅客将未经检疫的动物携带进站上车。他要求箱包的主人——福建籍旅客苏某开包检查，发现里面是 6 只背壳凸起、颜色发黄、钢盔一样大小的活龟。苏某说，这 6 只龟是他在原崇文区某大型水产批发市场上买进的，一只价格在 500 元左右。

## 10. 重庆网上贩卖“黄金蟒”案

2014 年，重庆市荣昌县某公司职员李某因倒卖黄金蟒，被当地检察机关批准逮捕。

因为酷爱宠物，李某开了一家宠物店，主要经营蜘蛛、蜥蜴、垂耳兔、乌龟、球蟒等宠物。他还经常泡在一个专门的网上论坛里，交流饲养经验的同时，也认识了很多爬行动物发烧友。一天，李某从网上认识的发烧友手中，以每条 1 800 元的价格买来两条小黄金蟒，准备自己饲养。他养了没几天，朋友看到也想要，并且出价 2 500 元买走了这两条小黄金蟒。这事给李某提了个醒：“这东西利润还不错。”后来，宠物店生意不好，李某关门歇业，开始专门在网上贩卖黄金蟒。

公安机关接到线索后，赶到李某家中，当场搜出两条还未售出的黄金蟒。据李某交代，从 2013 年 9 月到 2014 年 4 月，他共购买了 13 条黄金蟒，目前已卖出 6 条。对于自身的行为触犯了法律，李某表示很不理解。直到被移送到检察机关审查批捕，他才意识到了事情的严重性。

按规定，私人饲养宠物黄金蟒，必须向野生动物主管部门申请驯养繁殖许可证，并申请种源办理引进手续，两者不齐全即为非法饲养。

## 11. 北京非法运输野生动物案

2001 年 7 月 30 日，偷运 22 只国星龟的犯罪嫌疑人陈某某和徐某某，被带上北京市第二中级人民法院的刑事审判庭，公诉机关指控他们犯有非法运输野生动物罪。

2001 年 1 月 9 日，北京通州区宏斌观赏鱼有限公司法人代表陈某某与当地村民徐某某，非法从该公司运输 22 只星龟被抓获。后来，公安机关又从该公司查获 55 只星龟、2 只陆龟和 1 只饼干龟以及其他一大批野生动物。陈某某说，80 只星龟是他去年底从新加坡运到北京的。

## 12. 新疆阿拉山口海关查获四爪陆龟

2000 年，新疆阿拉山口海关连续查获四爪陆龟 24 只。四爪陆龟是国家Ⅰ级重点保护野生动物。7 月 31 日上午，阿拉山口海关查验关员在铁路换装区进行巡查，发现一袋可疑物品，打开检查后发现 13 只四爪陆龟。此前，阿拉山口海关查验关员对入境运输工具进行检查时，在装有废钢的车皮内也查获过四爪陆龟 11 只。

## 13. 重庆商贩卖龟案

一天，重庆万州区分水镇林业站门外忽然传来叫卖声：“卖乌龟哟，真正的野生龟哟……”只见一个 40 多岁的中年人提着两只乌龟大声叫卖，还将头探进门内张望。

如此胆大的商贩，竟敢在野生动物保护执法部门叫卖野生动物！执法人员当即将中年人“请”进来，发现两只乌龟重量达2kg，明显是野外生长的。通过询问，获知中年人名叫张某某，来自长寿县新石镇。张某某发现误撞到了林业站门口，当即辩称乌龟是巴西龟，是从渝中区进的货，共10多只，现在这两只是到万州城区没卖完的，经过反复教育，张某某最终承认两只乌龟是自己野外捕捉的。执法人员将野生乌龟依法没收，并对张某某处以100元罚款。

## 14. 安徽宣城非法猎捕扬子鳄案

2002年2~8月，胡某伙同管某、孙某、孙某某等人先后多次窜至安徽宣城市国家扬子鳄养殖中心，在短短的6个月内，非法猎捕濒危野生动物扬子鳄百余条，涉案价值共计50余万元。2003年案发后，胡某便四处逃窜。但法网恢恢疏而不漏，宣城市警方最终在安徽宁国市航运公司宿舍将网上批捕在逃的特大非法猎捕濒危野生动物案的犯罪嫌疑人胡某抓获归案。

## 15. 北京酒楼卖鳄案

2009年12月23日，北京市渔政监督管理站联合北京市公安局治安管理总队，对经营销售水生动物及其制品的饭店和市场进行突击检查。两家饭店涉嫌违规销售保护动物，执法人员查获2只国家Ⅱ级重点保护野生动物大鲵以及1只重达12kg的鳄、18尾西伯利亚鲟鱼等野生动物及其制品。

执法人员来到海淀区某海鲜酒楼，在海鲜展示区，大鲵、鳄和鲟鱼赫然在列。酒店工作人员表示，他们所销售的大鲵、鳄都是引进自养殖企业，不是野生，并具有相关销售许可证。当执法人员要求查看许可证时，酒店却迟迟拿不出。执法人员依法暂扣了这些动物，并进行进一步的调查。

## 16. 安徽舒城捕捉青蛙案

2015年7月13日晚8时许，阚某某驾驶摩托车至舒城县孔集镇路里村境内，用自制的捕蛙网在野外池塘及水渠里捕捉青蛙。次日，阚某某骑摩托车带着捕获的青蛙，准备拿到市场上卖，在路上被巡逻民警查获。经统计，阚某某共捕获青蛙197只，其中死亡7只。后民警与阚某某一起将190只活青蛙放生。

阚某某为了卖青蛙牟利，用自制的捕蛙工具在禁猎区及禁猎期间进行狩猎，破坏了野生动物资源，情节严重，其行为已构成非法狩猎罪。鉴于青蛙被及时放生，未造成严重后果，且阚某某当庭认罪悔改，舒城县法院以非法狩猎罪判处被告人阚某某有期徒刑六个月，缓刑一年。

## 17. 浙江浦江非法电鱼案

2016年5月18日晚，丁某某与黄某来到浙江浦江县黄宅镇浦阳江三江口河段电鱼捕捞。丁某某携带电鱼设备电瓶到河里电鱼，黄某则负责拎水桶装鱼，当天二人共非法捕捞鲫鱼、黑鱼等2.75kg。后二人在捕捞时，被浦江县水务局执法人员当场查获。

2015年9月8日，浦江县政府已公开发布通告，浦阳江等为禁渔范围，全年禁渔，禁止电鱼、毒鱼、炸鱼等活动，而丁某某与黄某到禁渔区使用电瓶电鱼，破坏了渔业资源，严重危害了天然水域的生态平衡。

经浙江省浦江县检察院提起公诉，2016年7月，法院以非法捕捞水产品罪判处被告人丁某某、黄某拘役五个月，缓刑十个月。

## 18. 上海金山禁渔期非法电鱼案

2016年3月16日，孙某在上海市内陆水域禁渔期期间，至金山区某河道内，连接电瓶和变压器装置，将电线缠绕在网兜上，通过变压器产生的强大电压、电流脉冲方式电击捕捞水产品。孙某在结束捕捞回家路上，被民警抓获，同时查获其电击捕获的水产品1.5kg及作案工具。3月30日，李某也在禁渔期内到同一河道使用同样方法捕捞水产品，被民警当场抓获，同时查获其捕获的水产品0.16kg及作案工具。

法院经审理查明，被告人李某于2014年11月29日曾因非法捕捞水产品的行为被金山区渔政管理检查站罚款500元；被告人孙某于2016年3月14日曾因非法捕捞水产品的行为被金山区渔政管理检查站罚款1 500元。

根据刑法的规定，非法捕捞水产品罪是指违反保护水产资源法规，在禁渔区、禁渔期或者使用禁用的工具、方法捕捞水产品，情节严重的行为。根据刑法规定，犯本罪的，处三年以下有期徒刑、拘役、管制或者罚金。

法院审理后认为，被告人李某、孙某违反保护水产资源法规，在禁渔期内使用法律禁用的方法捕捞水产品，情节严重，其行为已构成非法捕捞水产品罪。二人归案后能如实供述自己的罪行，有悔罪表现，可以从轻处罚并适用缓刑。2016年6月8日，上海市金山区人民法院一审以犯非法捕捞水产品罪分别判处被告人孙某、李某拘役三个月，缓刑四个月，并对进行非法捕捞的捕鱼工具予以没收。

## 19. 广西北海捕鲸鲨案

2016年5月初，一艘刚出海作业回来的渔船上躺着一条鲸鲨，接到举报后，北海市多部门相继介入调查。当地警方先后抓捕了两名收购鲸鲨的嫌疑人廖某和黄某。据嫌疑人廖某供述，售卖鲸鲨的人为广东口音，且装载鲸鲨的铁船上涂有“湛”字标号。5月13日中午，北海警方在广东廉江将贩卖鲸鲨的渔船船主陈某抓获，船上多名船员也被警方控制。

据船长邱某交代，这条鲸鲨是5月5日中午一点多在北部湾443海域作业时发现的，起初他们看到一排被荒弃在大海里的流刺网，因为这种网可以卖钱，就叫人将网吊起来，吊起后他们看到网里有一条将近两米长的死鱼。虽然邱某等人一直声称自己是误捕，但根据我国相关法律规定，非法捕捉贩卖珍贵野生动物都是违法行为。

## 20. 海南海口网络贩卖野生动物案

2015年9月初，根据举报，海口市森林公安局民警发现网络上有人通过线上宠物店贩卖野生动物。通过与深圳、杭州等地警方的密切合作，初步将嫌疑目标锁定为在海口市注册的黄某。9月30日，经过侦查，民警当即决定对这起网络非法贩卖珍贵濒危野生动物活动进行了收网行动，并当场在该窝点内将准备出货的犯罪嫌疑人黄某实施抓捕，现场缴获16只卡达陆龟、豹纹陆龟和印度星龟。对犯罪嫌疑人黄某审讯后发现，在该网络贩卖野生动物案背后，还存在着庞大的上游和下游犯罪链条，形成一个波及全国的非法贩卖野生动物网络，涉及海南、广东、广西等多个省市。经过民警八个多月的缜密侦查，专案组民警找到了黄某的下线，身处海南儋州的买家吴某，并迅速赶到其工作单位将其抓捕归案。

## 21. 海南昌江非法收购鳄蛇药酒案

2017年3月22日，韩某在未取得野生动物管理部门批准的情况下，以1 000元的价格向他人购买了用24条蛇、1只龟以及1只鳄鱼泡制的药酒。3月28日，韩某在昌江县某农贸市场门口处摆设简易摊出售药酒时，被森林公安局民警抓获，当场查获用上述动物泡制的药酒并进行扣押。

经鉴定，1只鳄鱼死体为暹罗鳄，为《濒危野生动植物种国际贸易公约》附录Ⅰ的物种；24条蛇类死体中，16条为孟加拉眼镜蛇、5条为眼镜蛇，均属于《濒危野生动植物种国际贸易公约》附录Ⅱ的物种，余下3条为金环蛇，系列入《国家保护的有益的或者有重要经济、科学研究价值的陆生野生动物名录》的“三有”动物；1只龟类死体为大鳄龟，不属于我国野生保护动物。经价格认证中心鉴定，韩某非法收购的濒危野生动物制品的价值共计57 540元。

法院经审理认为，韩某违反野生动物保护法规，收购国家重点保护的珍贵、濒危野生动物制品，价值达 57 549 元，其行为已构成非法收购珍贵、濒危野生动物制品罪。鉴于韩某到案后能如实供述其所犯罪行，认罪态度较好，且已主动缴纳罚金，依法可从轻处罚；其犯罪情节较轻，有悔罪表现，对其宣告缓刑对所居住社区没有重大不良影响，可以宣告缓刑。据此，被告人韩某被判处有期徒刑二年，缓刑三年，并处罚金 3 000 元。

## 22. 广东珠海海鱼中毒事件

2017 年 9 月 24 日，黄先生在珠海广富市场买了一条俗称为“油锥”的深海鳗鱼。当晚，食用过该鱼的黄先生及其妻子、两个女儿和两位亲戚均出现腹痛、呕吐等症状。送医救治后，医生称，黄先生一家的中毒原因是误食了一种罕见的“雪卡毒素”。

事件发生后，珠海市食品药品监督局立即展开调查，对涉事市场进行风险隐患排查并暂停销售大型野生珊瑚鱼类，包括海鳗、石斑、苏眉等，同时在有关菜市场张贴紧急通知。该管理局有关负责人称，这起事件是偶发事件，并不是所有的海鳗都含有“雪卡毒素”。

“雪卡毒素”是一种海洋藻类毒素。这种藻类主要生活在珊瑚礁周围，野生海鳗以及其他生活在珊瑚礁附近的野生海鱼（统称为“珊瑚鱼类”），都可能因为受“大鱼吃小鱼，小鱼吃毒海藻”的食物链影响，而在体内蓄积“雪卡毒素”。“雪卡毒素”中毒目前尚无特效药物治疗，中毒的急救措施是通过催吐、洗胃、导泻等方法迅速清除摄入人体内的毒物，同时采取补充血容量的方法，纠正水电解质和酸碱平衡失调。此外，对于出现过“雪卡毒素”中毒的人，在 3~6 个月应避免再次食用海鱼。

## 23. 江苏无锡禁渔期内非法捕鱼案

韩某长期从事水产品销售行业，2016 年 8 月，他明知太湖处于禁渔期，仍购入渔船和飞机网等捕捞工具，在沈某根、沈某良的帮助下，组织 5 名船工频繁到太湖贡湖湾附近水域进行非法捕捞，日均捕捞量高达 1 300kg。为拉拢安徽客户童某（另案处理），韩某以每千克 0.7 元的低价，向其供给捕获的太湖特产梅鲚鱼。此外，韩某还通过自家商铺，将其他杂鱼销往市场。23 天内，韩某等人非法捕捞水产品近 30 000kg，非法获利 7 万余元。

2016 年 8 月 23 日凌晨，沈某根等人驾船至常去的水域收网时被蹲点的民警当场抓获。经江苏省无锡市滨湖区检察院提起公诉，法院以非法捕捞罪判处被告人韩某、沈某根、沈某良等 3 人一年至一年零六个月不等的有期徒刑。

## 24. 江苏海域十年来最大海洋非法捕捞案

何某、王某在经营山东荣成某渔业公司期间，于 2015 年至 2017 年禁渔期内，组织、指挥于某等人驾驶渔船，使用禁用网具在山东、福建、浙江、江苏等沿海海域非法捕捞水产品，累计总数量超过 910 万 kg。他们采用的是危害最大的一种非法捕捞方式——双拖网作业形式捕捞海洋鱼类，对海洋幼鱼等渔业资源会造成毁灭性破坏。

这种网具规格大，作业区域水深较浅（20cm 左右），作业时网口扩张高度上至海面，下贴海底，俗称“顶天立地”。网囊网目尺寸极小（只有 1cm），进入网囊内的渔业资源幼体以及饵料类生物群体均难以脱逃，被称为“绝户网”。

2017 年 5 月 31 日下午，江苏渔政部门对在连云港海域上查获的几艘捕鱼船只开展例行清点。渔政人员在 4 艘渔船上现场缴获鳀鱼、方氏云鳚等大量渔获物共计 12.8 万 kg。该案被立即移送至江苏省海警局侦查。

2018 年 3 月 22 日，江苏省灌南县检察院以涉嫌非法捕捞水产品罪对山东荣成某渔业公司和何某等 18 名犯罪嫌疑人提起公诉，并同时提起刑事附带民事公益诉讼，请求法院判令 46 名被告和该渔业公司等单位承担海洋生态环境损害赔偿责任，以增殖放流、劳役代偿等形式修复海洋生态，或赔偿修复费 1.3 亿元。

## 25. 海南澄迈离体蛇头咬人事件

1995 年，海南省澄迈县加乐镇发生一起离体蛇头咬死人的惨事。5 月初的一天，加乐镇一个体餐馆老板杨某，因经营生杀活蛇、饮蛇血、喝蛇胆的蛇餐，生意兴隆，食客盈门。这天来了一批客人，杨某从铁笼中抓出两条毒蛇，斩头去鳞，做成蛇宴，杨某用手将丢在地上的蛇头拾起来欲丢到垃圾筐中去，谁料砍下十多分钟后的两个蛇头都一齐咬住了杨某的手，结果导致杨某抢救无效死亡。

# 第四章　脊椎动物——鸟类

鸟类是新陈代谢旺盛，并能在空中飞行的脊椎动物。隶属于脊索动物门、鸟纲。共有大约 9 000 种。它们的主要特点是：体表被覆羽毛；具有高而恒定的体温；前肢特化为翅膀，具有快速飞行的能力，能主动迁徙来适应多变的环境；具有发达的神经系统和感官，以及与此相联系的各种复杂行为，能更好地协调体内外环境的统一；具有筑巢、孵卵、育雏等较为完善的繁殖方式，保证了后代有较高的成活率。鸟类对不同生活方式和多种多样的环境条件的适应能力，出现了走禽、企鹅、涉禽、游禽、陆禽、猛禽、攀禽和鸣禽等多种生态类型。我国是鸟类资源最为丰富的国家，共有鸟类 1 300 多种，种数居世界第一位，约占世界总种数的 1/8，其中不少种类是闻名中外的珍贵特产，因此堪称鸟类的王国。

## 一、鸟类的基本概念

### 1. 换羽

鸟类的羽毛通常会磨损、折断或变得陈旧。为了更好地完成迁徙、越冬、繁殖等过程，它们的羽毛需要定期更换，称之为换羽。

换羽通常一年有两次。在繁殖期结束后，大多数鸟类在幼鸟离巢飞走以后便开始换羽，一般为完全换羽，即体羽、翅羽及尾羽全部更新，更新后的羽毛称为冬羽。鸟类在春季进入繁殖期之前通常也要进行一次换羽，为局部换羽，更新后的羽毛称为婚羽或夏羽。

幼鸟在离巢时已将雏绒羽更换为稚羽，稚羽羽色有些种类与雌鸟羽色相似。幼鸟至秋后进行稚后换羽，所更新的羽衣即为冬羽。稚后换羽有的是完全换羽，如文鸟等，也有的是不完全换羽或称局部换羽，如蜡嘴雀等。

换羽的过程有一定顺序，缓慢而对称地进行，一般不至于丧失飞翔能力，但也有一些种类会完全丧失飞翔能力，因此需要营隐蔽生活。换羽的顺序通常先从尾部和飞羽开始，最后换头部羽毛。初级飞羽自内侧向外或自第 1 枚及第 7 枚开始更新，次级飞羽自外侧及最内侧同时向心地逐次更新。尾羽是从中央一对依次向外侧更新。但也有个别的种类例外，呈不规则地换羽顺序。

### 2. 鸟类的食性

鸟类的食性可分为肉食性、植食性和杂食性等。根据它们的嘴形与脚形的特征，便不难确定它们的食性。肉食性鸟类，其嘴强大，有锐利的尖钩，嘴的先端有缺刻，如鹰、隼、鸮等鸟类，还会有锐利的趾爪，便于撕裂肉类食物。肉食性鸟类中约有半数以上是食虫鸟，它们的嘴形多种多样，吃飞虫的鸟嘴，多呈扁而阔，嘴须发达，脚短小而无力，如燕类、夜鹰、鹟类、鸲类、点颏类；有的嘴尖细呈凿状，如啄木鸟类；有的嘴细长而弯曲，如旋木雀；有的嘴尖细呈钳状，如山雀类、莺类等。植食性的食谷鸟一般嘴呈圆锥状，粗短而圆钝，峰脊不明显，玩赏鸟中如黄雀、朱顶雀、燕雀、蜡嘴雀、锡嘴雀、锦花雀、十姐妹、五彩文鸟等多是食谷鸟类。杂食性鸟类的食性较为复杂，有的以食植物种子为主，兼吃昆虫，有的以食昆虫为主，而兼吃植物种子的；还有的以食果实与植物种子为主的，兼吃昆虫。但嘴形多为长而稍弯曲，有峰脊，或者上嘴钩曲，形似鹰嘴，但比较肥厚。杂食性的玩赏鸟主要有太平鸟、画眉、百灵、八哥、鹩哥、鹦鹉、相思鸟、斑鸫等。

不同种类的鸟类随着所处的环境和习性的不同，又各有不同的取食对象。有的种类食性较广，几乎是见什么吃什么，选择性不强，称为广食性；有的种类则十分挑剔，只吃一两种食物，称之为寡食性。广食性和寡食性的形成是有规律的，一般是那些不迁徙或者只在居住地附近游猎的种类属于广食性，长年待在一个很小的地区生活，对食物的要求不能随心所欲，只有扩大食物种类的范围，才能维持生活的需要。反之，迁徙的种类往往是寡食性的，因为它们可以跟随自己所喜食的对象做长途旅行；还有的种类具有贮存食物的本领。

## 3. 鸟类的繁殖

鸟类的繁殖包括占区、求偶炫耀、筑巢、产卵、孵化、育雏等，丰富多彩。

春天来临，鸟类大多开始进入繁殖期，这时不仅全身的羽毛、嘴和脚的颜色显得格外鲜艳，许多种类还生出漂亮的饰羽。在繁殖期绝大多数鸟是一雌一雄配对繁殖，也一雄多雌、一雌多雄和多雌多雄等方式。每一对繁殖鸟都要占有一个巢区，作为求偶、炫耀、活动和取食的范围，并在巢区中筑巢。巢区大多由雄鸟选择和占据，其大小各不相同，主要与其环境条件、生活习性和食物的多寡等因素相关。雄鸟发情通常比雌鸟早，常在巢区内鸣叫，并伴有不同程度的求偶炫耀动作，以激发雌鸟的性活动，吸引雌鸟并向雌鸟求爱。对于侵入巢区的鸟类，特别是同种、同性别的个体，则坚决予以驱逐，甚至会发生激烈的争斗。配对大多发生在占区之后到筑巢之前，在配对后的一个短暂的时期内为交配期，有些种类的交配活动一直延续到孵卵期。

鸟类在占领巢区、选好配偶之后就开始筑巢安家。多数鸟类的筑巢由雌鸟独自承担，也有些鸟类为雌雄共同承担。鸟类筑巢的巢材和方法是多种多样的。最常用的巢材有树枝、树叶、杂草、羽毛、纤维等，根据巢的位置，鸟巢可以分成地面巢、水面巢、洞穴巢、建筑物巢、树上巢等。

鸟类在筑巢结束后即开始产卵孵化。通常在最后一枚卵产出之后即开始孵卵，少数种类于第一枚卵产出后即开始孵化，因而各个卵的胚胎发育程度有明显差别。卵的形状和颜色式样很多，大多数鸟类的卵为椭圆形，卵上具有各种斑纹，如斑点、块斑、环斑、条纹等，形成保护色，不易被敌害发现。每窝卵的数目各异，一般小型种类产 4～6 粒，产卵时间多在清晨，每天产 1 粒。孵卵活动大多由两性承担，但以雌鸟为主，有些种类全部由雌鸟承担，雄鸟主要负责保卫巢区和取食饲喂孵卵的雌鸟。还有些种类为白天两性轮流孵卵，夜间由雌鸟孵卵。

鸟类的雏鸟可分为早成性和晚成性两种。早成性雏鸟在孵出时已经充分发育，眼已睁开，腿脚有力，全身披着丰富的绒毛，在绒羽干燥后就能跟随亲鸟啄食。晚成性雏鸟在出壳时尚未充分发育，眼不能睁开，腿脚无力，不能站立和行走，全身裸露，只有很少纤细的绒羽，需由亲鸟喂养，继续在窝内完成发育过程。

亲鸟抚育雏鸟的过程十分辛苦，通常每天取食和喂食要花 16～19 小时，往返数十次，甚至达到 100 次以上。亲鸟衔食归来时，雏鸟就会产生伸头张口的反应，显示口腔内特别鲜明的颜色，如红色或黄色，以激发亲鸟的喂食本能。雏鸟留巢的时间，对于鸣禽来说，一般几乎和孵卵期相同，为 15～17 天。幼鸟离巢后仍需亲鸟喂食，到 28 天左右方能独立生活。离巢的幼鸟，嘴和跗跖的长度以及体重等都已接近成年雌鸟，体色也大多和雌鸟相似，但仍保留着一些幼鸟的特征，如嘴角为黄色，尾较短，羽色较深暗等，鸣叫声也较为尖细。

## 4. 留鸟

留鸟是指终年栖居在生殖地域、不依季节不同而迁徙的鸟类，如乌鸦、喜鹊、画眉等。

## 5. 候鸟

候鸟是指随季节不同做定时迁徙而变更栖居地区的鸟类。其中夏季在某一地区繁殖，秋季飞往南方温暖地带越冬，翌年春季又行北返的种类，称为这一地区的“夏候鸟”，如夏季在我国境内繁殖的黄鹂、杜鹃等。夏季在北方繁殖，秋季飞临某一地区越冬的种类，称为这一地区的“冬候鸟”，如在我国境内越冬的多种雁鸭类。

## 6. 候鸟的迁徙

候鸟的迁徙通常为一年两次，一次在春季，一次在秋季。春季的迁徙，大都是从南向北，由越冬地区飞向繁殖地区。秋季的迁徙，大都是从北向南，由繁殖地区飞向越冬地区，但是几乎没有一种鸟是从它的繁殖地区笔直地飞往越冬地区的，而且中途还要多次在合适的驿站做停留。各种鸟类每年迁徙的时间是很少变动的。迁飞的途径也都是常年固定不变的，而且往往沿着一定的地势，如河流、海岸线或山脉等飞行。许多种鸟类，南迁和北徙，是经过同一条途径。不同种的鸟类迁徙的途径，一般是不相同的。雁类、鹤类等大型鸟类在迁飞的时候，常常集结成群，排成“一”字形或“人”字形的队伍，而家燕等体型较小的鸟类，则组成稀疏的鸟群。绝大多数鸟类在夜间迁飞，特别是食虫鸟类，以躲避天敌的袭击，也有一些鸟类在白天迁徙。

## 7. 鸟类的迁徙路线

鸟类在全球进行迁徙的路线有很多，包括非洲—欧亚大陆、南美洲—北美洲、亚洲—太平洋等主要的迁徙路线。亚洲—太平洋的迁徙路线又分为3条，都与我国有密切关系：中亚—印度的迁徙路线，主要是从中亚各国到印度半岛北部一带，经过我国青藏高原等西部地区；东亚—澳大利亚的迁徙路线，主要是从俄罗斯西伯利亚到澳大利亚、新西兰一带，经过我国中部各地；西太平洋迁徙路线，主要是从阿拉斯加到西太平洋群岛一带，经过我国东部沿海。我国地处世界候鸟迁徙路线的关键位置，迁徙候鸟的种类和数量占世界的20%~25%。

## 8. 鸟类环志

鸟类环志是获得有关鸟类迁徙资料的一种科学方法。我国古代早在2 000年前吴王的宫女就曾经用红线缚在燕子的脚上作为标记，以便观察其翌年是否还回来。现代则通过环志来了解和研究鸟类的迁徙、散布、季节运动、归巢能力、死亡率、存活率、寿命、种群大小、种群结构、配育经久性、地点和场所、日常活动，以及有关生境、行为等方面的基本数据。

鸟类志环一般都是由金属制成，固定到鸟的跗跖部（偶尔也固定到胫部），其大小从内径的1. 8~30mm。材质大多用铝和铝合金。较小的脚环，常需做成“C”形，这样很容易在跗跖部合拢，较大的脚环，多在腿部固定弄紧，这些统称为“脚环”，有时因为一些鸟跗跖较短，也可以使用“翅坏”。还有一种塑料脚环，又叫“色环”。用赛璐珞或塑料或阳极处理铝，便于在野外的观察和识别，此外，还有一种“实环”。这种志环无开口，是完整的实环，常常用于养鸟业，或者用于雏鸟套环。

鸟类志环必须清楚地表示号数、释放的国家和单位，使人一目了然。在放环以后，必须做出详细和重要的记录，如环号、环志鸟名、性别、年龄、体重、体长、翅长、尾长的基本测量记录、环志时间、环志地点和经纬度、海拔高度等。这些原始记录有时可保留在两个地点，以防遗失和毁损。

截至2004年年底，我国已经累计环志鸟类近600种，120万余只，年环志量已经超过日本和澳大利亚，名列亚洲首位。

## 9. 环志的回收

因为鸟类环志需要花费大量的时间和做大量的工作，而且回收的机会很少，因此每一只环志的鸟类都具有重要的科学价值，需要大家共同来关心和支持这项复杂的工作。如果遇到带环志的鸟类，应该把见到该鸟的时间、地点、生态环境详细记录下来，然后请有识别鸟类经验的人鉴别出鸟的种类，再准确地记录下环面的标记如代号、环的号码、国籍等。由于环志工作是一项复杂和带有国际性的工作，所以如果该鸟的健康没有问题，应在记录完毕后放飞；如果该鸟是受伤的鸟，应该及时救助，或送到专门的野生动物救护部门；如果遇到的是已经死去的鸟类，则应取下环志或连标本一同寄给“全国鸟类环志中心”（北京1928信箱）。

## 10. 家禽

野生鸟类是家禽的来源。家禽在人们生活中的重要性不需多讲，目前世界上仅家鸡的品种就有60多个，为人们提供了优质的肉、蛋和绒羽。现今的家禽都是人类的祖先历尽千辛万苦，从野生鸟类中筛选、驯化和培育出来的，而且现在人们仍在努力探索着野生鸟类的驯化工作。除了人们熟悉的家鸡是从原鸡驯化来的，家鸭是从绿头鸭、斑嘴鸭以及白眉鸭驯化来的，家鹅是从鸿雁、灰雁以及埃及雁驯化来的，火鸡是从美洲的吐绶鸡驯化来的，家鸽是从原鸽驯化来的，鸬鹚（鱼鹰）是从野生鸬鹚驯化来的以外，还有很多鸟类已经逐渐成为养禽业的重要对象了，如鹌鹑、雉鸡和鸵鸟等。

## 11. 鸟类与疫病传播

鸟类所患的野生动物疫病也有很多，也有传染性较强并能传播给人类的疫病。很多候鸟的体内外都可能携带一些病原物，包括病毒、衣原体、支原体、细菌等病原微生物和线虫、绦虫、吸虫等寄生虫。候鸟经常带有这些病原不仅可以使鸟类患病，有些还可以导致其他种类动物患病甚至传播到人身上。目前人们已经发现数十种可以由鸟类携带的病原物传染给人类的疾病，如鹦鹉热、墨累河谷脑炎等鸟类传播的疾病对人类很致命。由于每年都要有大量候鸟进出我国境内，因此必须对候鸟迁徙给予足够的重视，避免其成为疾病的传播途径。

由于候鸟和其他野生鸟类也可以携带禽流感病毒，在迁徙过程中，其排泄物、污染过的水源等与人类饲养的家禽接触后，还会在家禽中传播禽流感病毒。

## 12. 禽流感

禽流感是禽流行性感冒的简称，它是一种由A型流感病毒的一种亚型（也称禽流感病毒）引起的传染性疾病。这些病毒主要在野生鸟类和家禽中传播，存在于它们的肠道里。按病原体类型的不同，禽流感可分为高致病性、低致病性和非致病性禽流感三大类。非致病性禽流感不会引起明显症状，仅使染病的野鸟或家禽体内产生病毒抗体。低致病性禽流感可使野鸟或家禽类出现轻度呼吸道症状，食量减少，产蛋量下降，出现零星死亡。高致病性禽流感最为严重，野鸟和家禽的发病率和死亡率均高，感染的家禽常常会全部突然死亡。

## 13. 鸟类之间传播禽流感的途径

感染禽流感的野生鸟类或家禽的唾液、鼻腔分泌物以及粪便里含有禽流感病毒，易感的野鸟或家禽通过接触受感染者的分泌物或者被这些分泌物所污染的东西而感染禽流感。因此，禽流感的传染源可以是携带H5N1病毒的野鸟或家禽的羽毛、羽绒、分泌物（痰、鼻涕和唾液），传播的主要途径是由患病者或病毒携带者咳嗽或鸣叫时喷射出带有H5N1病毒的飞沫，经空气流动传播，使健康的鸟类或家禽的呼吸道受到感染。此外，健康鸟类或家禽还可能因进食带H5N1病毒的粪便、污染的水和饲料等通过消化道引起感染，或者经过损伤的皮肤、眼结膜等引起感染和传播。

在家禽中，禽流感病毒可以通过消化道传播，它们的泄殖腔中含有大量病毒。可以由粪便排出体外，使粪便中的H5N1禽流感毒株在空气中传播，并被风带走，传染给其他家禽。把鸡放在一层叠一层的窄小鸡笼子中，很容易通过其粪便传播禽流感。

## 14. 禽流感病鸟的无害化处理

患禽流感的所有病死野鸟、家禽、被扑杀禽及其产品、排泄物以及被污染或可能被污染的垫料、饲料和其他物品应当进行无害化处理。无害化处理可以选择深埋、焚化、焚烧等方法，饲料、粪便也可以发酵处理。深埋点应远离居民区、水源和交通要道，避开公众视野，清楚标示。坑的覆盖土层厚度应大于 1.5 m，坑底铺垫生石灰、覆盖土以前再撒一层生石灰。坑的位置和类型应有利于防洪。鸟、禽尸体置于坑中后，浇油焚烧，然后用土覆盖，与周围持平。填土不要太实，以免尸腐产气造成气泡冒出和液体渗漏。饲料、污染物等置于坑中，喷洒消毒剂后掩埋。

## 15. 湿地鸟类与疫病传播

湿地鸟类通称为水鸟，包括游禽和涉禽两大类。游禽喜欢在水上生活，脚向后伸，趾间有蹼。有扁阔的或尖的嘴。善于游泳、潜水和在水中掏取食物，大多数不善于在陆地上行走，但飞翔很快，如雁类、鸭类、鸥类、天鹅类、鹈鹕类和鸊鷉类等。涉禽适应沼泽和水边生活，不会游泳，这类鸟的嘴、颈、腿都较细长，脚趾也很长，适于涉水行进，低头从水底或地面取食，如鹬类、鹭类、鹳类、鹤类等。它们是在生态上依赖于地球上的淡水、咸水或半咸水等各种类型的湿地环境而繁殖、栖息和越冬的鸟类。对于湿地生态系统来说，水鸟是其重要的组成部分，并且在湿地生态系统的能量流动和维持生态系统的稳定性方面起着举足轻重的作用，同时也是监测湿地水环境质量极其敏感的生物指标。

湿地鸟类目前发现的动物疫病主要有巴氏杆菌病、结核病、伪结核病、布氏杆菌病、丹毒、李氏杆菌病、大肠杆菌病、沙门杆菌病、炭疽、肉毒梭菌毒素中毒、坏死杆菌病、泰泽病、链球菌病、流行性乙型脑炎、轮状病毒感染、新城疫、禽流感、鸭瘟、马立克病、减蛋综合征、传染性法氏囊病、衣原体病、立克次体病、螺旋体病、曲霉菌病、霉菌毒素中毒、体外寄生虫病、绦虫病、线虫病、原虫病等。

## 16. 猛禽与疫病传播

猛禽通称为鹰、雕、鵟、鸢、鹫、鹞、鹗、隼、猫头鹰（鸮、鸺鹠）等，是鸟类中最重要的类群之一，它们在自然界的种类和数量虽然不算太多，但分布极广，几乎在世界上各个地区、各种生态环境中，到处都可以看到它们搏击长空的身影。猫头鹰类猛禽夜晚捕食，其他猛禽均为白昼活动。它们体型健壮，双翅发达，飞翔力强，听觉敏锐，视觉宽阔，嘴强大，上嘴先端钩曲，脚粗壮，爪弯曲而锐利，善于穿刺与撕裂猎获物。

飞翔和捕食是猛禽为生存而斗争的主要手段，也是它们生活中最引人注目的一个方面，它们多以鼓翼飞行、翱翔和盘旋等常见的飞行方式取得“制空权”，利用其锐利的感觉器官发现目标，再利用其锐利的嘴、爪和有力的翅膀等得天独厚的武器捕食猎物，成为名副其实的空中霸王。

猛禽栖息于高山、田野、森林、荒原、水域、沼泽等各类生境，活动范围广阔，经常停歇在高大的树木顶端、电线杆上或岩石上休息。性情凶猛，嗜肉食。有较强的领域性，大多是捕食野鼠和野兔的能手，有的是蝗虫的天敌，也有的种类捕食鸟类或鱼类。

猛禽在消灭农林害鼠，保护林木和庄稼方面有着突出的贡献，猛禽能消灭动物中的一些病、弱个体，很多种类还以动物尸体为食，起净化环境的“清道夫”的作用，在维持自然生态系统的平衡方面占有重要位置。

猛禽在我国广泛分布，共有大约 100 种。猛禽目前发现的动物疫病主要有巴氏杆菌病、结核病、丹毒、李氏杆菌病、炭疽、肉毒梭菌毒素中毒、坏死杆菌病、泰泽病、流行性乙型脑炎、新城疫、禽流感、减蛋综合征、曲霉菌病、霉菌毒素中毒、体外寄生虫病、绦虫病、线虫病、原虫病等。

## 17. 陆禽与疫病传播

陆禽一般分为鸠鸽类（通称为鸠、鸽等）和雉鸡类（通称为松鸡、雪鸡、石鸡、鹧鸪、鹑、雉、鸡、孔雀等），主要在林缘、旷野地带生活。

鸠鸽科的鸟类体型大小不一，一般与家鸽差不多。雄鸟和雌鸟的羽色大体相似。体型较为肥胖，头部稍微较小，颈部粗而短，羽毛较为柔软而稠密。嘴短，嘴基有由软的皮肤所形成的蜡膜，上嘴的先端膨大而坚硬，嘴尖稍稍弯曲。鼻孔被羽毛所遮盖。翅膀长而尖，初级飞羽为 11 枚。尾羽为圆形或楔形。跗跖的前缘被盾状鳞。脚短而强，适于在地面行走。4 个趾均在同一平面上，趾间没有蹼。尾脂腺裸出或退化。

鸠鸽科鸟类大都在树上栖息，少数栖息于地面上或岩石间，善于飞行，迁徙性强。常成群活动，有的成群繁殖。主要以植物的种子、果实、芽、叶等为食，也吃昆虫和小型无脊椎动物。营巢于树木或灌丛间，也有的在岩石缝隙或建筑物上营巢。每窝产卵 2 粒，有的一年繁殖 2 次，孵化期为 14~18 天。雏鸟为晚成性，亲鸟常用嗉囊分泌的“鸽乳”来育雏。

雉鸡类是在自然界中占有重要地位的一个动物类群，也是拥有众多著名的珍稀鸟类和经济鸟类的一个类群。它们大多具有雄健优美的体态、五彩缤纷的艳丽羽毛和丰富多彩的求偶炫耀行为。

雉鸡类的体型一般与家鸡相似。它们的嘴短而强健，适于啄食。翅膀短圆，并具翅槽，适于短距离飞翔和迅速起飞。尾很发达。脚具四趾，三趾在前，大趾在后，适于奔走和在树上栖息。跗跖上被有鳞片，雄鸟通常有距。雉鸡类的食物主要为植物性的，兼吃昆虫及其他小型动物等，还要啄食沙砾以帮助消化。它们一般用脚在土中刨掘而用嘴啄取食物，取水多在小溪边。

陆禽在我国的分布十分广泛，共有大约 100 种。陆禽目前发现的动物疫病主要有巴氏杆菌病、土拉伦斯病、结核病、伪结核病、绿脓假单胞杆菌病、丹毒、李氏杆菌病、大肠杆菌病、沙门杆菌病、炭疽、肉毒梭菌毒素中毒、坏死杆菌病、泰泽病、葡萄球菌病、链球菌病、犬流行性乙型脑炎、东方脑炎和西方脑炎、森林脑炎、轮状病毒感染、痘病毒感染、新城疫、禽流感、禽传染性喉气管炎、马立克病、减蛋综合征、鹌鹑支气管炎、传染性法氏囊病、衣原体病、立克次体病、螺旋体病、曲霉菌病、霉菌毒素中毒、体外寄生虫病、绦虫病、线虫病、原虫病等。

## 18. 攀禽与疫病传播

攀禽的嘴、脚和尾的构造都很特殊，善于在树干上攀缘生活，如杜鹃、鹦鹉、夜鹰、咬鹃、翠鸟、翡翠、戴胜、蜂虎、佛法僧、犀鸟、拟啄木鸟、啄木鸟等。典型的攀禽如啄木鸟，跗强健，脚趾两前两后，适于攀缘，尾羽羽轴强韧，啄木时起支持体重作用；而鹦鹉、交嘴雀在攀树时，还能用嘴咬住树枝。

攀禽大多是捕食害虫的能手，特别是危害松林的松毛虫、松尺蠖，以及金龟子等，堪称是护卫森林的卫士。

攀禽在我国的分布十分广泛，共有大约 100 种。攀禽目前发现的动物疫病主要有巴氏杆菌病、结核病、类鼻疽、丹毒、李氏杆菌病、肉毒梭菌毒素中毒、坏死杆菌病、泰泽病、流行性乙型脑炎、轮状病毒感染、禽流感、衣原体病、曲霉菌病、霉菌毒素中毒、体外寄生虫病、绦虫病、线虫病、原虫病等。

## 19. 鸣禽与疫病传播

鸣禽是数量最多的一类，占世界鸟数的 3/5，身体多为小型，体态轻捷，活动灵巧，擅长鸣叫，巧于筑巢，如画眉、八哥、黄鹂、百灵、家燕、柳莺、大山雀、鹪鹩，以及麻雀、乌鸦、喜鹊等。

鸣禽中的肉食性鸟类大多是食虫鸟，它们的嘴形多种多样，吃飞虫的鸟嘴，多呈扁而阔，嘴须发达，脚短小而无力，如燕类、鹟类、鸲类、点颏类；有的嘴细长而弯曲，如旋木雀；有的嘴尖细呈钳状，如山雀类、莺类等。植食性的食谷鸟一般嘴呈圆锥状，粗短而圆钝，峰脊不明显，包括黄雀、朱顶雀、燕雀、蜡嘴雀、锡嘴雀等。杂食性鸟类的食性较为复杂，有的以食植物种子为主，兼吃昆虫；有的以食昆虫为主，而兼吃植物种子的；还有的以食果实与植物种子为主的，兼吃昆虫。但嘴形多为长而稍弯曲，有峰脊，或者上嘴钩曲，形似鹰嘴，但比较肥厚，主要有太平鸟、画眉、百灵、八哥、鹩哥、相思鸟、斑鸫等。

鸣禽是鸟类中进化程度最高的一个类群，鸣肌大都发达，善于发出复杂而悦耳的鸣啭，而且巧于营巢。世界各地的森林、草原、沙漠、河边、湖沼、海边、居民区等都有鸣禽分布，其中的绝大多数都是农林害虫的天敌，如燕、伯劳、黄鹂、卷尾、椋鸟、莺、山雀等，还有山椒鸟、太平鸟、啄花鸟、太阳鸟、绣眼鸟、吸蜜鸟、园丁鸟、百灵、画眉等羽色艳丽、鸣声悦耳的观赏鸟类。

鸣禽在我国有660多种，占我国鸟类种数的一半以上，分布遍及全国各地。鸣禽目前发现的动物疫病主要有巴氏杆菌病、土拉伦斯病、结核病、伪结核病、丹毒、李氏杆菌病、肉毒梭菌毒素中毒、坏死杆菌病、泰泽病、东方脑炎和西方脑炎、森林脑炎、痘病毒感染、新城疫、禽流感、减蛋综合征、传染性法氏囊病、衣原体病、立克次体病、曲霉菌病、霉菌毒素中毒、体外寄生虫病、绦虫病、线虫病、原虫病等。

### 20. 鸟类检疫

鸟类检疫就是采用各种诊断手段对鸟类和鸟类各种产品（包括标本，羽毛等）进行传染病和寄生虫病方面的检查。

不论是自然界的野生鸟类，还是人工饲养的鸟类或家禽，带疫病的情况都非常严重。有的鸟类疫病不仅可使同类鸟相互感染，而且可以传染给其他不同种类的鸟和家禽、家畜，造成严重的经济损失；严重的是有的鸟病还可传染给人，给人的生命造成严重威胁。因此，防止鸟类主要疫病传播和扩散蔓延，口岸检疫和国内检疫都是非常必要的。

危害鸟类的疫病有近百种，不可能将所有鸟类疫病都列为检疫对象。为此，国家规定进口动物的检疫对象为：国内尚未发生或已消灭的动物疫病，急性、热性传染病，危害大而目前防治困难或耗费财力大的疫病，人、畜、禽共患的疾病。

### 21. 我国对鸟类检疫的分工

我国目前对鸟类检疫的分工是：凡负责畜、禽检疫的检疫机构都有对鸟类检疫的责任。检疫的内容包括疫病检查、预防接种，发现检疫对象时采取相应的防疫措施。目前我国鸟类检疫分为国境口岸检疫和国内检疫两条线。

为了保护我国动物和人民的健康，维护国际信誉，履行国际义务，防止疫病由国外传入和由国内传出，国家在国际通航港口、机场及陆地边境、国界江河的口岸对国外进入（称入境）、国内运出（称出境）及运往第三国途经我国（称过境）的野生及驯化鸟类和产品、运载工具进行疫病（包括寄生虫）检查的过程为鸟类国境口岸检疫（简称口岸检疫或国境检疫）。

国内检疫是由所在省（区）、市、县、乡兽医防疫检疫机构对本地区或出入、途经本地区的动物及其产品进行疫病方面的检查为国内检疫。鸟类及其产品的国内检疫又分为国内运输检疫、集市检疫、收购检疫及产地和产品加工检疫。

对进入交易市场的动物及其产品，由当地兽医防疫检疫机构进行疫病方面的检查及有关疫病构预防接种为市场检疫。从市场购买的观赏鸟或家禽难免会携带病毒或染有各种传染病，为避免严重的后果，还应该在购买后，自行隔离饲养一段时间，才能免除危险。

## 二、鸟类

### 1. 鸵鸟

鸵鸟也叫非洲鸵鸟，是体型最大的鸟类（图4.1）。体长183～300cm。隶属于鸟纲、鸵鸟目、鸵鸟科。头小，颈长。嘴短而扁平，呈三角形。眼大。躯干粗短，胸骨扁平，没有龙骨突起。翅膀短，已经退化。腿长而粗壮，具 2 趾，趾下有角质的肉垫。体羽蓬松柔软，雄鸟主要为黑色，雌鸟主要为灰褐色。

鸵鸟分布于非洲西北部、东南部和南部。栖息于荒漠、草原和灌丛等地。晨昏活动。叫声响亮，性情机警。喜爱结群，通常为 10~15 只。不能飞翔，但奔跑速度很快。食性以植物为主，也吃一些动物性食物。筑巢于地面上。每只雄鸟所拥有的几只雌鸟将卵生在同一个巢穴中。每只雌鸟产卵 10~12 粒，每窝的卵数可以达到 25~30 粒。孵化期为 40~42 天。

图 4.1 鸵鸟

非洲鸵鸟是我国首批可商业性经营利用驯养繁殖技术成熟的 54 种陆生野生动物之一。它的皮可制成极佳的皮革，肉、蛋可食用。在人工养殖基地、动物园等处可能发生因经济利益而进行的盗窃、抢劫等犯罪行为。鸵鸟体型较大，腿脚有力，有时也可伤人。

## 2. 大美洲鸵鸟

大美洲鸵鸟体长 80~132cm，身高 120~170cm，体重 25 000~36 000g（图 4.2）。隶属于鸟纲、鸵形目、美洲鸵鸟科。头小，颈长，体型略显纤细。雌雄羽色相近。体羽轻软，主要为暗灰色，头顶为黑色。喙扁平，直而短，呈灰色。翅膀较大，但也不能飞行。没有尾羽。跗跖和脚为灰白色，跗跖前面为盾状鳞，脚上具 3 趾。

大美洲鸵鸟分布于南美洲的巴西、乌拉圭、巴拉圭东部、玻利维亚和阿根廷北部等地。栖息于疏林、灌丛和草原。喜结群，一般为 1 只雄鸟和 5~6 只雌鸟。叫声为“隆隆”声。善于奔跑，会游泳。食物主要为植物，也吃小动物。善于行走和快速奔跑。婚配为一雄多雌，每只雄鸟拥有 5~6 只雌鸟。繁殖期为 5~10 月。雄鸟在地面上筑巢。雌鸟均产卵于同一巢中，每巢有 20~50 粒卵。卵的大小为 132mm×90mm，卵重 600~750g。卵呈金黄色。雄鸟孵卵，孵化期为 34~42 天。雏鸟为早成性。3~4 岁性成熟。寿命为 20~30 年。

图 4.2 大美洲鸵鸟

大美洲鸵鸟是我国首批可商业性经营利用驯养繁殖技术成熟的 54 种陆生野生动物之一，它的肉、蛋、皮都有很高的经济价值。在人工养殖基地、动物园等处可能发生因经济利益而进行的盗窃、抢劫等犯罪行为。它的体型较大，腿脚有力，有时也可伤人。

## 3. 鸸鹋（érmiáo）

鸸鹋也叫澳洲鸵鸟，是不会飞行的大型鸟类（图 4.3）。体长 139~190cm。隶属于鸟纲、鹤鸵目、鸸鹋科。头部较小，耳周围至喉部裸露无羽，呈淡蓝色。身体和翅膀上为纤细的粗发状羽毛，呈灰褐色。翅膀不发达。嘴短而强。腿粗壮，跗跖部很长，脚上具 3 趾，爪短而强。没有明显的尾羽。

图 4.3 鸸鹋

鸸鹋分布于澳大利亚。栖息于空旷林区、草原和沙漠地带。善于奔走，不能飞行。成对或结小群生活。杂食性。其叫声似“而苗、而苗……”，因此而得名。繁殖期为 2~3 月。营巢于地面上。每窝产卵 7~13 粒。孵化期 58~61 天。

鸸鹋是我国首批可商业性经营利用驯养繁殖技术成熟的 54 种陆生野生动物之一。由于鸸鹋的肉、皮、羽毛、蛋等产品的综合加工产值很高，已经形成一个新兴产业。在人工养殖基地、动物园等处可能发生因经济利益而进行的盗窃、抢劫等犯罪行为。它的体型较大，腿脚有力，有时也可伤人。

### 4. 皇企鹅

皇企鹅也叫帝企鹅，是体型最大的企鹅。体长 90~95cm。隶属于鸟纲、企鹅目、企鹅科。嘴黑色，但下嘴的近 2/3 部分为粉红色或橙色。头部为棕黑色，两侧近耳处各有一个鲜艳的橙色斑块。上体为银灰色带有黑色。下体大部分为白色，上胸部略带黄色。尾羽很短。脚为深灰色。

皇企鹅分布于南极洲。栖息于海洋和陆地上。喜欢结群。善于游泳和潜水，但不能飞翔。在陆地上行走时十分笨拙，摇摇摆摆，但能将腹部贴在冰面上滑行。以鱼类等为食。每窝产卵 1 枚，孵化期为 60~65 天。孵卵由雄鸟承担，而且并不筑巢，而是将雌鸟产下的卵放在脚面上进行孵化。

皇企鹅在我国是动物园、大型海洋馆中受欢迎的观赏动物。

### 5. 阿德利企鹅

阿德利企鹅体长 70cm。嘴红色，尖端黑色。头部黑色。上体蓝黑色。下体白色。脚粉红色，爪黑色。

阿德利企鹅分布于南极洲，以及南奥克尼群岛和南斯得兰群岛。栖息于海洋和海岸或岛屿上。没有飞翔能力，善于游泳和潜水，由鳍状肢在水中将身体快速地向前推进。虽然在陆地上走路摇摇摆摆，但能将腹部贴在冰面上滑行。食物主要是各种鱼类、软体动物和甲壳动物等。全年均可繁殖。营巢于地面上。

阿德利企鹅在我国是动物园、大型海洋馆中受欢迎的观赏动物。

### 6. 黑喉潜鸟

黑喉潜鸟体长 56~75cm，体重 2 037~3 793g。嘴直，颈粗而长，常弯曲成“S”形。头顶至后颈灰色，颊灰黑色；喉及前颈黑色而具绿色金属光泽；颈侧有白色的纵条纹，下喉具白色斑点组成的横带；肩、背部黑色，具蓝绿色光泽，有呈瓦片状排列的长方形白斑。翅膀上具白色的细斑点。下体白色，胸侧有黑色细纵纹。

黑喉潜鸟分布于北极地区，欧洲，俄罗斯，蒙古，中国的新疆、东北和东南沿海地区，日本，美国阿拉斯加和加利福尼亚等地。栖息在苔原和岛屿上的内陆湖泊、河流等水域。成对或成小群活动。善于游泳和潜水，飞行能力也很强，但行走很困难。以鱼类为食，也吃昆虫、甲壳动物、软体动物等。繁殖期为 5~7 月。营巢于紧靠水边的地上草丛中，巢很简陋，由枯草堆集而成。每窝产卵 1~2 枚。卵的颜色为橄榄褐色，具黑色和深灰色斑点，卵的大小为（75~95）mm×（45~46）mm。孵卵由雄鸟和雌鸟共同承担。孵化期为 25~29 天。雏鸟为早成性，育雏期为 40 天左右。

黑喉潜鸟被列入“三有”名单，但也有偷猎的现象发生。

### 7. 小鸊鷉（pìtī）

小鸊鷉体长 25~32cm，体重 150~275g（图 4.4）。头顶、后颈为棕黑色，颊、颈侧和喉部为栗红色，背部的羽毛为黑褐色，胸部和腹部为淡褐色。虹膜黄色，嘴黑色，尖端黄白色，嘴角黄绿色，跗跖和趾石板灰色。

图 4.4 小鸊鷉

小鸊鷉分布于中国的大部分地区。栖息于湖泊、水塘和沼泽地带。单独或成对活动。善于游泳和潜水，在陆地上也能行走，但行动迟缓而笨拙。飞行力弱，飞行距离短而且飞得不高。性情活跃。以小型鱼类、虾、昆虫、软体动物等为食，也吃水草等少量水生植物。繁殖期为5~7月。营巢于有水生植物的湖泊和水塘岸边浅水处的水草丛中，为浮巢，由芦苇和水草构成，内垫以苔藓或没有任何内垫物。每窝产卵4~7粒，白色。卵的大小为（24~27）mm×（33~39）mm。雄鸟和雌鸟轮流孵卵。雏鸟为早成性。

小䴙䴘被列入“三有”名单，但也有偷猎的现象发生。

## 8. 角䴙䴘

角䴙䴘体长30~40cm，体重250~500g。黑色的短嘴又直又尖，尖端呈黄白色。翅膀短而圆，尾巴也非常短，两条腿的位置长在尾部，脚趾上有分离的、像花瓣一样的蹼，中趾的爪尖上还有像篦子一样的突起。夏季头部、后颈和背部的羽毛均为黑色，前颈、颈侧、胸部和体侧是栗红色，下嘴的基部到眼睛有一条淡色的纹。虹膜为红色。从眼睛前面开始向眼后方的两侧各有一簇金栗色的饰羽丛伸向头的后部，呈双角状。

角䴙䴘在我国繁殖于新疆西北部的天山谷地，越冬于长江下游和东南沿海一带，偶尔也到台湾，迁徙时途经东北、华北等地。栖息在开阔的平原上的湖泊、江河、水塘、水库和沼泽地等环境中。常单只或成对活动。善于游泳和潜水，也善于飞行。但在陆地上行走不便。主要以鱼类、蛙类、蝌蚪、昆虫、甲壳类动物、软体动物等为食，也吃水生植物。

求偶炫耀动作非常复杂，摇动头部是最常见的动作，还有衔芦苇、用嘴梳理羽毛、展示翅膀等，并在水面上翩翩起舞。筑巢在芦苇丛或水草丛等水生植物生长茂盛的场所，为浮巢，用水生植物建造，能够随同水位的涨落而升降。每窝产卵4~6粒，光滑无斑，上面微具淡白色或淡绿色的光泽。卵重约20g，大小约为45mm×30mm。孵卵由雄鸟和雌鸟轮流承担，孵化期为20~25天。

角䴙䴘被列为国家Ⅱ级重点保护野生动物。它在我国野外数量十分稀少，但也会有偷猎犯罪的现象发生。

## 9. 赤颈䴙䴘

赤颈䴙䴘体长43~57cm，体重1 000g左右。体型较大，嘴短而粗，基部为黄色，尖端为黑色，虹膜为黑褐色，跗跖也是黑色，仅仅在内侧稍微缀有一点黄绿色。头顶的两侧羽毛延长和稍微突出，形成黑色冠羽。头顶为黑色，颊和喉灰白色，前颈、颈侧和上胸栗红色，后颈和上体灰褐色，下体白色，尾羽黑色。

赤颈䴙䴘主要繁殖在我国东北地区，越冬在我国东南沿海。栖息于内陆淡水湖泊、沼泽和大的水塘中。单只、成对或结成小群活动。性情机警。活动和休息均在水中。善于游泳和潜水。以鱼类、蛙、蝌蚪、昆虫、甲壳动物、软体动物等为食，也吃水生植物。繁殖期为5~7月。求偶炫耀包括一同游泳，扇动翅膀，抬起前身面对面地直立于水中，两嘴接触，羽冠竖直等。营巢于富有水生植物的淡水湖面上，为浮巢，由水生植物堆集而成。每窝产卵4~5粒，卵为蓝绿色。卵的大小为51.5mm×35.8mm。孵化期为20~23天。雏鸟为早成性。

赤颈䴙䴘被列为国家Ⅱ级重点保护野生动物。它在我国野外数量十分稀少，但也会有偷猎犯罪的现象发生。

## 10. 短尾信天翁

短尾信天翁是大型的海洋性鸟类。体长89~95cm。隶属于鸟纲、鹱形目、信天翁科。嘴的前端具钩，十分强大。两个鼻孔都呈管状，左右分开，翅膀狭长。体羽主要为白色，只有翅尖和尾羽的端部为黑褐色。嘴为黄色，脚为蓝灰色，脚上的蹼为黑色。

短尾信天翁分布于我国山东、福建、台湾沿海，以及太平洋一带。特别喜欢在海阔天空中自由翱翔，驾驭长风、借助风力翱翔的技巧非常高超。以小鱼、软体动物和其他海洋无脊椎动物为食。繁殖期为10~12月。在偏僻而孤立的岛屿的岩石上筑巢。每窝产卵1粒。孵化期为75~82天。幼鸟9~12年达到性成熟。

短尾信天翁被列为国家Ⅰ级重点保护野生动物。

## 11. 黑叉尾海燕

黑叉尾海燕是小型海洋鸟类。体长16~18cm。隶属于鸟纲、鹱形目、海燕科。头、颈暗灰色，额和嘴基周围较淡。上体暗灰褐色，下体乌灰色。尾长，呈叉状，黑褐色。虹膜褐色。嘴黑色，脚黑色。

黑叉尾海燕分布于我国东南沿海，以及太平洋一带。栖息于海洋、海岸和附近岛屿上。常成群在海面低空飞翔。在地上行走也很快。以各种鱼、甲壳动物、乌贼等为食。营巢于海洋中各种不同大小岛屿地面上。每窝产卵1粒。

黑叉尾海燕被列入“三有”名单，但也有偷猎的现象发生。

## 12. 白额鹱（hù）

白额鹱体长47~52cm，体重420g。嘴较细长，鼻管较短。上体暗褐色，前额、头侧、前颈和整个下体为白色，颈部和脸部有一点暗色斑。尾羽黑褐色。虹膜暗褐色，嘴褐色，跗跖和趾皮黄色。

白额鹱分布于中国的辽东半岛、山东半岛、台湾海峡等地。栖息于海洋上。善于飞行，也善于游泳和潜水。以鱼类、浮游动物和软体动物等为食。营巢于海洋中的小岛和紧靠水边的海岸岩石上。每窝产卵1粒，白色，大小为67mm×45mm。

白额鹱被列入“三有”名单，但也有偷猎的现象发生。

## 13. 斑嘴鹈鹕（tíhú）

斑嘴鹈鹕是体型较大的水禽。体长134~156cm。隶属于鸟纲、鹈形目、鹈鹕科。嘴长而粗，呈粉红的肉色，下颌上还挂着一张与嘴同样长的、像渔网一样的喉囊。上下嘴的边缘具有一排蓝黑色的斑点，喉囊为紫色，脚为黑褐色。上体为淡银灰色，后颈的羽毛为淡褐色，较长而蓬松，像马鬃一样，到枕部则更为延伸，形成短的冠羽。翅膀有一部分羽毛为黑色。下体的羽毛为白色。

斑嘴鹈鹕分布于我国长江中下游以南地区，以及亚洲南部、东南部等地。栖息于沿海海岸、江河、湖泊和沼泽地带。单独或成小群生活。善于游泳，飞翔力也很强。主要以鱼类为食，也吃蛙、甲壳类、蜥蜴和蛇等。捕食方法通常是将头部插入水中，一边向前游进，一边将喉囊张得很大，水中的鱼便随着水流入喉囊之内，然后将大嘴合拢，使嘴里的水顺着嘴边滤出，而嘴里的鱼就暂时储存在喉囊里。繁殖期间结群营巢于湖边和沼泽湿地中高大的树上。每窝产卵3~4粒。孵化期为30天。

斑嘴鹈鹕被列为国家Ⅱ级重点保护野生动物。它在我国野外数量十分稀少，但也会有偷猎犯罪的现象发生。

## 14. 白鹈鹕

图4.5　白鹈鹕

白鹈鹕体长为140~175cm（图4.5）。体型粗短肥胖，颈部细长。嘴长而粗直，呈铅蓝色，嘴下有一个橙黄色的皮囊。脚为肉红色。尾羽为24粒。体羽白色，稍微缀有一些橙色。头的后部有一束长而狭的悬垂式冠羽。胸部有一束淡黄色的羽毛。翼下的飞羽为黑色。

白鹈鹕分布于欧洲南部、非洲、亚洲中部和南部等地。栖息于湖泊、江河、沿海和沼泽地带。常成群生活，善于飞行，善于游泳，在地面上也能很好地行走。飞行时头部向后缩，颈部弯曲靠在背部，脚向后伸。主要以鱼类为食。繁殖期为 4~6 月。营巢于芦苇丛中或树上。每窝产卵 2~3 枚。卵为白色，大小为 95mm×60mm。

白鹈鹕被列为国家Ⅱ级重点保护野生动物。它在我国野外数量十分稀少，但也会有偷猎犯罪的现象发生。

## 15. 卷羽鹈鹕

卷羽鹈鹕体长 160~180cm。体型粗胖肥大。嘴铅灰色，长度可达 40cm，上下嘴缘的后半段均为黄色，前端有一个黄色的爪状弯钩。下颌上有一张与嘴峰同样长的淡黄色大型皮囊。体羽主要为银白色，同时缀有灰色，并有黑色的羽轴。飞羽为黑色，具白色羽缘。头上的冠羽呈卷曲状，前额的羽毛形成一条星月形的线。颊部和眼周裸露的皮肤均为乳黄色或肉色，虹膜为白色或黄白色。颈部较长，翅膀宽大。尾羽短而宽。腿较短，脚为蓝灰色，四趾之间具全蹼。

图 4.6　卷羽鹈鹕

卷羽鹈鹕分布于欧洲东南部、非洲北部和亚洲东部一带。栖息于内陆湖泊、江河与沼泽，以及沿海地带等。喜欢群居。鸣声低沉而沙哑。善于飞行和游泳，也善于在陆地上行走。颈部常弯曲成“S”形缩在肩部。以鱼类、甲壳类、软体动物、两栖动物等为食。婚配为一雄一雌，繁殖期为 4~6 月。营巢于近水的树上。每窝产卵 3~4 枚，淡蓝色或微绿色，大小为 93mm×58mm。雄雌鸟轮流孵化。雏鸟早成性。

卷羽鹈鹕被列为国家Ⅱ级重点保护野生动物。它在我国野外数量十分稀少，但也会有偷猎犯罪的现象发生。

## 16. 红脚鲣（jiān）鸟

红脚鲣鸟的体长为 63~74cm。隶属于鹈形目、鲣鸟科、鲣鸟属。身体的羽毛洁白，仅有部分飞羽为黑色。头部和颈部有黄色的光泽，头顶上缀有少许红色，嘴粗壮，长直而尖，近似圆锥形，上下嘴缘均呈锯齿状。嘴的颜色为淡蓝色，基部为红色。眼睛为黑色，眼周、脸部和喉部裸露无羽，其中眼周和脸部为淡蓝色，喉囊为肉色或红色。翅膀狭窄，长而尖，尾羽共有 14 枚，呈楔形。一双红色的脚上，具有发达的脚蹼。

红脚鲣鸟在我国分布于西沙群岛一带。它是典型的热带海洋鸟类，主要栖息于热带海洋中的岛屿、海岸和海面上。飞翔能力极强，也善于游泳和潜水，在陆地上行走也很有力。栖息时大多在岛屿的灌丛间或乔木枝上。它每日长时间地在远离陆地的空中飞翔、盘旋，伺机猎捕。繁殖从 3 月开始，一直到初秋才结束。常成群在一起营巢。每窝产 1 枚卵，偶尔也有产 2 枚的。卵为白色，表面粗糙。卵的大小为 62mm×41mm。孵卵由亲鸟轮流承担。雏鸟需要经过亲鸟共同用胃中半消化的食物喂养才能长大，3 周以后就能同亲鸟一起到海上去飞翔，5 个月后就能飞到大海深处，独立生活。

红脚鲣鸟被列为国家Ⅱ级重点保护野生动物。它在我国野外数量十分稀少，但也会有偷猎犯罪的现象发生。

## 17. 褐鲣鸟

褐鲣鸟是大型的海鸟，体长为 64~74cm。隶属于鹈形目、鲣鸟科、鲣鸟属。嘴为黄色，十分粗壮，长直而尖，近似圆锥形。嘴的基部的内侧和眼睛周围都有裸露的皮肤，雌鸟为黄色，雄鸟为淡蓝色。头部、颈部、胸部和整个上体为黑褐色。胸部以下包括翼下的覆羽和尾下的覆羽为白色。翅膀窄、尖而长，上面为黑褐色，下面为白色。黑色的尾羽呈楔形，较为尖长。脚粗短，呈淡黄色。

褐鲣鸟主要分布于西沙群岛，偶尔还见于台湾淡水、兰屿和基隆通往澎佳屿的航道上，以及海南、上海、山东青岛等地。主要栖息于热带、亚热带和温带海洋中的岛屿和海岸，有时亦出现于海湾、港口及河口地带。常成群生活，飞翔能力很强，也善于游泳和潜水。营巢于热带和亚热带海洋中的岛屿以及海岸的岩石上，巢多筑于悬崖边的地面上，有时也营巢于小块灌丛间或珊瑚岛上。常成群在一起构成松散的巢群，通常2~3个巢在一起，相距很近。巢由树枝和干草构成。求偶时雄鸟和雌鸟各衔一根树枝放在脚上，彼此面对面地站着，然后用颈部互相缠绕。每窝产卵2枚，偶尔为3枚。颜色为淡绿色或淡蓝色。卵的大小为61mm×40mm。

褐鲣鸟被列为国家Ⅱ级重点保护野生动物。它在我国野外数量十分稀少，但也会有偷猎犯罪的现象发生。

## 18. 蓝脸鲣鸟

蓝脸鲣鸟是大型海鸟，体长为80cm。隶属于鹈形目、鲣鸟科、鲣鸟属。嘴长粗而尖，呈圆锥状，翅膀较为狭长，脚粗而短。它的身体上的羽毛也均为白色，飞羽为黑色，尾羽有14枚，呈楔形，也是黑色，与红脚鲣鸟的白色尾羽不同，而且嘴、脸、眼睛和脚等的颜色也都与红脚鲣鸟不同。雄鸟的嘴为亮黄色，雌鸟的嘴为暗黄绿色。脚为灰色，眼睛为金黄色，在黑色的脸上显得极为醒目。

蓝脸鲣鸟在我国仅见于台湾的钓鱼岛和赤尾屿。主要栖息于热带海洋、海岬和岛屿上，除了繁殖期以外，大多数时间都在海上活动。善于飞行和游泳，常呈小群飞行于海面的上空或者在海面上游泳，有时为了追觅食物飞到离海岸很远的地方。主要以各种鱼类，特别是飞鱼为食，也吃乌贼和甲壳类。

蓝脸鲣鸟营巢于大而平坦的海岬和海岛上，成群在一起营巢。领域性较强，通常每个小的群体所占据的巢域面积在$50m^2$以上。每窝产卵2枚。孵化期通常为43天左右。雏鸟为晚成性，虽然生长很快，到1.5~2个月时体重已经接近成鸟，但还不能飞行，一直要到大约4个月以后翅膀才能长成，离巢飞翔。

蓝脸鲣鸟被列为国家Ⅱ级重点保护野生动物。它在我国野外数量十分稀少，但也会有偷猎犯罪的现象发生。

## 19. 普通鸬鹚（lúcí）

普通鸬鹚也叫鱼鹰，是体型较大的水禽（图4.7）。体长78~92cm。隶属于鸟纲、鹈形目、鸬鹚科。体羽主要为黑色，并具有紫色光泽，头部生有羽冠，肩部和翅膀具有青铜色光泽，眼周的皮肤为黄色。上嘴黑色，下嘴和嘴缘灰白色，喉囊橙黄色。脚黑色。

图4.7 普通鸬鹚

普通鸬鹚分布于我国大部分地区，以及欧洲、亚洲、非洲、大洋洲和北美洲等地。栖息于河流、湖泊、沼泽等地带。常成小群活动。善于飞行、游泳和潜水。以鱼类为食。繁殖期为4~6月。营巢于水边的树上。每窝产卵3~5枚。孵化期28~30天。

普通鸬鹚被列入“三有”名单，但也有偷猎的现象发生。

## 20. 海鸬鹚

海鸬鹚是大型水鸟，体长为70~77cm，体重1 180~2 200g。隶属于鹈形目、鸬鹚科、鸬鹚属。身体的羽毛为黑色，颈部缀有白色的细羽，并且闪烁着紫色的光泽，身体的其余部分则具有绿色的光泽。在繁殖期间，头顶和枕部各有一束铜绿色的冠羽，而且额部被有羽毛，肩羽和覆羽为铜绿色，另外两胁各具一个大的白斑，喉部和眼周的裸露皮肤呈暗红色。虹膜为绿色。嘴较为细长而稍微侧扁，嘴槽的两边如同镶嵌着两把利刃，锋利无比，呈黑褐色，脚短而粗，为黑色。黑色的尾羽共有 12 枚，呈圆形。冬季的羽色和夏羽基本相似，但头上没有羽冠，颈部也没有白色的细羽，嘴基和眼周裸露皮肤的红色较为暗淡而不明显。

海鸬鹚在我国繁殖于辽东半岛及其邻近岛屿，越冬和迁徙期间见于东北、华北、东南和华南沿海一带。主要栖息于温带海洋中的近陆岛屿和沿海地带，也见于河口和海湾。常成群停息在露出海面的岩礁上和海岸悬崖中的突出部位。活动时多沿海面低空飞行，或在海岛附近海面游泳，并且频频地潜入水中觅食。营巢于海岛和海岸的悬崖岩石上和断壁，常成群在一起营巢。繁殖期为 4~7 月。它的巢由枯干的水生植物和海草构成，形状呈皿形，每窝通常产卵 3~4 枚，卵的大小 57mm×36mm。卵的形状为卵圆形，颜色为白色和蓝色，由雄鸟和雌鸟轮流孵化，孵化期为 26 天。雏鸟由亲鸟喂养。幼鸟大多在 6 月末至 7 月初就可以离巢出飞，但在北方也有迟至 8 月末至 9 月初的。

海鸬鹚被列为国家Ⅱ级重点保护野生动物。它在我国野外数量十分稀少，但也会有偷猎犯罪的现象发生。

## 21. 黑颈鸬鹚

黑颈鸬鹚是我国鸬鹚类中体型最小的一种，体长为 50~51cm。嘴、脚短粗，头部较圆，颈部较短，身体细长，尾羽也比较长，呈圆尾状。全身的羽毛均为黑色，缀有深蓝色和蓝绿色光泽，腹部的中央为白色，两胁和胸部缀有淡褐白色。繁殖期间头顶、头的两边和颈级有少许窄的白色丝状细羽，枕部和后颈部仅有轻微的短羽冠。虹膜为绿色，嘴为角褐色，尖端黑色，基部为铅紫色。喉囊和眼周的皮肤在非繁殖期为黑色，繁殖期为紫色，脚和趾为黑色，繁殖期还缀有肉紫色。

黑颈鸬鹚在我国仅见于云南南部的蒙自、腾冲、盈江、陇川、潞西、耿马等地。为留鸟，栖息于内陆的湖泊、江河、水库、池塘、水田和沼泽等地区，在非繁殖季节也到村庄附近的小水塘活动。性情较为温顺，在水中活动时十分灵活，可以潜入 10m 多深的水下。它的飞翔能力也很强，但在地面上行走时则显得比较笨拙。主要以鱼类以及蛙类、蝌蚪等为食。繁殖于各种适合于营巢而又富有食物的湖泊、池塘和沼泽地上，甚至也营巢于比较小的水塘中。繁殖期随地区不同而有明显的差异，一年之中从 3~12 月几乎都有繁殖的。常集成 5~6 对的小群在一起营巢，偶尔也有多至 50~60 对的大群在一起。营巢于水边的树上、灌丛间或者比较高的草丛之中。每窝产卵 3~5 枚，卵为尖卵圆形，大小为 45mm×29mm。

黑颈鸬鹚被列为国家Ⅱ级重点保护野生动物。它在我国野外数量十分稀少，但也会有偷猎犯罪的现象发生。

## 22. 白腹军舰鸟

白腹军舰鸟是体型较大的海洋性鸟类。体长 90~100cm。隶属于鸟纲、鹈形目、军舰鸟科。嘴为蓝灰色，尖端弯曲成钩状，喉部有红色的喉囊。翅膀狭长。尾羽呈深叉状。脚是红色的。脚趾间虽然也有蹼，但蹼膜在各趾间有很深的缺口。上体的羽毛都是乌黑色并带有绿色的光泽。腹部白色。

白腹军舰鸟分布于我国广东沿海。飞行耐久力也很强。以鱼、水母等动物为食。常在空中劫掠其他鸟类所捕获的鱼类。当发现有捕到鱼的鸟类时，便立即俯冲下来进行攻击，迫使其不得不张口吐出已经获得的鱼。白腹军舰鸟则趁机在瞬间准确地把将要落水的鱼叼住，使之成为自己口中的美餐。繁殖期为 4~6 月。筑巢于岛屿上的大树顶部或岩石峭壁的灌丛上。每窝产卵 1~2 粒。

白腹军舰鸟被列为国家Ⅰ级重点保护野生动物。它在我国野外数量十分稀少，但也会有偷猎犯罪的现象发生。

## 23. 小军舰鸟

小军舰鸟体长 80~100cm。嘴强壮而长，尖端弯曲成钩状，翅长窄而尖。体羽为黑色，下体具淡褐色光泽。头和颈的羽毛较长而尖，带有铜绿色金属光泽。翅膀黑色，有一条褐色带。颏、喉和喉囊裸露的皮肤为洋红色。嘴黑灰色，脚黑色，虹膜淡褐色。

小军舰鸟分布于中国东北和东南沿海及其邻近岛屿。栖息于热带开阔海洋和沿海地带。善于飞行，但不善于游泳，更不会潜水。以鱼类为食，也吃其他海鸟的卵和幼雏等。繁殖期为4~6月。营巢于海岛灌丛上或树上。巢由树枝构成，内垫草茎和草叶。每窝产卵1~2枚，白色，大小为（65~68）mm×（45~46）mm。雌雄亲鸟轮流孵化。雏鸟晚成性。

小军舰鸟被列入“三有”名单，但也有偷猎的现象发生。

## 24. 白鹭（lù）

白鹭是我国常见的涉禽（图4.8）。体长52~68cm。隶属于鸟纲、鹳形目、鹭科。体羽白色，繁殖期肩、背和胸前披散着一些丝状的“蓑羽”，尤其是背上的更长，一直向后伸达尾端。头后的枕部还有两条狭长而柔软的矛状冠羽。嘴黑色，长而直。鼻孔狭长。眼先粉红色或黄绿色。虹膜为黄色。胫的下部裸露，呈黑绿色。跗蹠黑绿色。脚趾为黄绿色，爪为黑色。

图4.8 白鹭

白鹭分布于我国大部分地区，以及亚洲、非洲、欧洲、大洋洲等地。栖息于平原、丘陵的湖泊、溪流、水田、江河与沼泽地带。集群活动。平时经常仅用一只脚站立于水中，而将另一只脚曲缩于腹部下面，头部则呈“S”形收缩至背上，呈驼背状长时间呆立不动。行走时步履十分轻盈、稳健，显得从容不迫。以鱼、蛙、虾、昆虫等为食，有时也吃少量植物。繁殖期为3~7月。在高大的树上结群营巢。每窝产卵3~6枚。孵化期为25天。

白鹭被列入“三有”名单，但也有偷猎的现象发生。

## 25. 大白鹭

大白鹭体长为82~102cm，体重625~1 100g（图4.9）。嘴、颈、脚均甚长，身体较为纤细。全身羽色均为白色，背部和前颈的下部着生有三列长而直，羽枝呈分散状的蓑羽，一直向后延伸到尾端，有的甚至超过尾部30~40mm。虹膜黄色，嘴为黑色，眼先蓝绿色，嘴角有一条黑线直达眼后。下腿略呈淡粉红色，跗蹠和趾为黑色。

图4.9 大白鹭

大白鹭分布于中国大部分地区。栖息于开阔的平原和山地丘陵地区的河流、湖泊、水田、海滨、河口及其沼泽地带。常呈单只或10余只的小群活动，有时在繁殖期间也见有多达300多只的大群。偶尔还与其他鹭类混群活动。通常白天活动。多在开阔的水边和附近草地上边走边觅食。行动极为谨慎小心。刚飞行时两翅扇动较为笨拙，脚悬垂于下，飞到一定高度后才显得较为灵活，两脚向后伸直，远远超出于尾羽的后端，头部缩到背上，颈部向下突出成囊状。两翅鼓动缓慢，站立时头部也缩于背上，呈驼背状。步行时也常缩着颈部，缓慢地一步一步地前进。主要以各种昆虫、甲壳动物、软体动物以及小鱼、蛙、蝌蚪和蜥蜴等动物性食物为食。繁殖期为4~7月，营巢于高大的树上或芦苇丛中，大多集群营巢，有时一棵树上同时有数对到数十对营巢。有时也与苍鹭等在一起营巢。

巢较为简陋，通常由枯枝和干草构成。卵为椭圆形或长椭圆形，天蓝色，大小为（51～60）mm×（34～41）mm，卵重为29～31g。孵卵由雄鸟和雌鸟共同承担。孵化期为25～26天。雏鸟为晚成性，育雏期为1个月左右。

大白鹭被列入“三有”名单，但也有偷猎的现象发生。

## 26. 牛背鹭

牛背鹭体长46～53cm，体重200～390g（图4.10）。嘴为橙黄色，虹膜为金黄色，脚为黑褐色。头部和颈部为橙黄色，前颈的基部和背部中央具有羽枝分散成发状的橙黄色长形饰羽。前颈的饰羽长达胸部，背部的饰羽向后长达尾部，尾羽和其余体羽均为白色。

图4.10　牛背鹭

牛背鹭分布于中国大部分地区。栖息于平原草地、牧场、湖泊、水库和低山水田、池塘、旱田和沼泽等环境。常成对或结成3～5只的小群活动，有时也单独活动或集成数十只的大群。休息时喜欢站在树梢上，颈部缩成“S”形。经常伴随牛群活动，喜欢站在牛背上或跟随在耕田的牛后面啄食翻出来的昆虫和牛背上的寄生虫等。性情活跃而温驯，活动时寂静无声。飞行时头部缩到背上，颈部向下突出像一个喉囊。飞行的高度较低。通常成直线飞行。主要以蝗虫、蚂蚱、蜚蠊、蟋蟀、蝼蛄、螽斯、牛蝇、金龟子、地老虎等昆虫为食，也吃蜘蛛、黄鳝、蚂蟥和蛙类等其他动物性食物。繁殖期为4～7月。营巢于树上或竹林上。常成群营群巢，也常与白鹭和夜鹭等鹭类在一起营巢。巢由枯枝构成，内垫有少许干草。每窝产卵4～9枚，卵为浅蓝色，光滑无斑，大小为47mm×34mm。雄鸟和雌鸟轮流孵化，孵化期为21～24天。

牛背鹭被列入“三有”名单，但也有偷猎的现象发生。

## 27. 黄嘴白鹭

黄嘴白鹭也叫白老、唐白鹭等（图4.11），是一种中型涉禽，体长为46～65cm，体重32～65g，雌鸟略小。身体白色，夏季嘴为橙黄色，脚为黑色，趾为黄色，眼先为蓝色；枕部着生有多枚细长白羽组成的矛状长形冠羽。背部、肩部和前颈的下部着生有羽枝分散的蓑状的长饰羽，形若蓑衣。冬季嘴变为暗褐色，下嘴的基部呈黄色，眼先为黄绿色，脚也是黄绿色。

图4.11　黄嘴白鹭

黄嘴白鹭在我国分布于河北、山西、内蒙古、辽宁、吉林、江苏、浙江、福建、台湾、山东、河南、广东、香港、海南，其中在辽宁、吉林为夏候鸟，在西沙群岛为冬候鸟，其他各地大多为旅鸟。

黄嘴白鹭栖息于沿海岛屿、海岸、海湾、河口及其沿海附近的江河、湖泊、水塘、溪流、水稻田和沼泽地带。单独、成对或集成小群活动的情况都能见到，偶尔也有数十只在一起的大群。白天多飞到海岸附近的溪流、江河、盐田和水稻田中活动和觅食，晚上则飞到近岸的山林里休息。主要以各种小型鱼类为食，也吃虾、蟹、蝌蚪和水生昆虫等动物性食物。繁殖期为每年的5～7月，营巢于近海岸的岛屿和海岸悬岩处的岩石上或矮小的树杈之间。巢的形状为浅碟形，结构较为简单，主要以枯草茎和草叶构成。每窝产卵2～4枚，卵的形状为卵圆形，颜色为淡蓝色，卵的大小为46.8mm×34.2mm，卵重为24～32g，孵化期为24～26天。

黄嘴白鹭被列为国家Ⅱ级重点保护野生动物。由于环境的破坏和人为干扰，特别是由于它的纯白色毛状羽和蓑羽是极为贵重的装饰品，每年猎取的数量都很多，所以近来种群数量有明显下降。

## 28. 岩鹭

岩鹭是中型涉禽，体长为60~75cm。它的体色有黑色和白色两种色型。白色型全身的洁白，脸部裸露的皮肤为黄绿色，眼睛和嘴通常为黄色，脚为黄绿色，趾为黄色，繁殖期间头后部和前颈下部生有长的披针形饰羽。黑色型则全身羽毛主要呈暗石板灰色或者蓝灰色，但颏和喉为白色，嘴为黄色或黑色，脚为黄绿色。

岩鹭在我国分布于浙江、福建、台湾、广东、香港、海南等地。主要生活于热带和亚热带海洋中的岛屿和沿海海岸一带，尤其喜欢栖息在多岩礁的海岛和海岸岩石上。性情羞怯，孤独好静，常单独活动。飞行时颈部缩成“S”形。主要以鱼类、虾、蟹、甲壳类、昆虫和软体动物等动物性食物为食。通常沿岸边岩石慢步行走觅食。每年4~6月繁殖，营巢于海岛岩壁的缝隙或平台上，也在树上或低矮的灌木上营巢。营巢时也成群。巢较为简陋，通常由枯枝和草茎构成盘状。每窝产卵2~5枚，卵的颜色为淡青色或淡绿色。卵的大小为（42~48）mm×（32~35）mm。

岩鹭被列为国家Ⅱ级重点保护野生动物。它在我国野外数量十分稀少，但也会有偷猎犯罪的现象发生。

## 29. 苍鹭

苍鹭体长75~105cm，体重942~2 250g（图4.12）。头部羽毛白色。头侧及枕部饰羽黑色。颈羽灰白色，前颈具2~3条黑色纵线，下颈有白色矛状羽。背部和尾羽苍灰色。初级飞羽黑色，覆羽浅灰色。胸、腹及尾下覆羽白色。眼金黄色。嘴黄色。腿黄色，脚暗绿色。

图4.12　苍鹭

苍鹭分布于我国大部分地区。栖息于各种水域的沿岸及浅水地带。晨昏活动，常成对或集成小群，冬季也集成大群。性情寂静而有耐力，常长时间单独伫立浅水中等待食物靠近而捕食之。主要以鱼类、蛙、蜥蜴、甲壳类和水生昆虫等为食。繁殖期为4~6月。营巢于大树上。每窝产卵3~6枚。卵呈浅绿蓝色，大小为（61~68）mm×（42~45）mm。雌雄鸟轮流孵化，孵化期为24~26天。雏鸟为晚成性，育雏期为40天。

苍鹭被列入“三有”名单，但也有偷猎的现象发生。

## 30. 海南虎斑鳽（jiān）

海南虎斑鳽也叫海南夜鳽、海南鳽，体长为51~60cm。体型肥胖而粗短，颈部和腿比较脚亦短。黑色的嘴较为粗短，嘴的基部和眼先为绿色。前额、头顶、头侧、枕部和长长的冠羽均为黑色，眼后有一条白色条纹向后延伸至耳羽上方的羽冠处，白纹下面的耳羽为黑色，眼下有一个白斑。上体的羽毛为暗褐色，飞羽呈石板灰色，并具有绿色的金属光泽，翅膀上的覆羽为暗褐色，具有少许白色的斑点。颏部、喉部和前颈为白色，中央有一条黑线直通到下喉部，颈部的两侧具有棕红色的斑纹，前颈下部中央为暗红褐色，两边为黑色，其余下体均为白色，胸部及体侧杂有灰栗色的斑纹。腋部的羽毛为葡萄褐色，还具有白色的中央纹。虹膜为黄色，脚为绿黑色。

海南虎斑鳽是我国特产的鸟类，仅见于安徽霍山，广西武鸣、隆安、瑶山，浙江杭州市、临安、天目山，福建西北部邵武、建阳，广东英德和海南白沙、乐东、琼中、五指山等地。其中在海南为留鸟，其他地方为夏候鸟或旅鸟。主要栖息于亚热带高山密林中的山沟河谷和其他有水域的地方，夜行性，白天多隐藏在密林中，早晚活动和觅食。食性以小鱼、蛙和昆虫等动物性食物为主

海南虎斑鳽被列为国家Ⅱ级重点保护野生动物。它在我国野外数量十分稀少，但也会有偷猎犯罪的现象发生。

## 31. 小苇鳽

小苇鳽体型较为粗胖。下喉部的羽毛较长，呈披针形。体长 31~38cm。雄鸟的头顶、冠羽、枕部、背部、肩部，一直到尾羽均为黑色，并具有绿色的金属光泽，头侧、颈部和胸部为赭色或葡萄色，喉部中央和前颈为淡白色，腹部白色，两胁为赭土色，具有黑色的细纹。翅膀为黑色，两翅的基部各有一块大型的皮黄色斑，向外侧逐渐变淡，飞翔时和黑色的翅膀形成鲜明的对比，极为醒目。嘴和脚均为黄绿色。雌鸟头侧和颈部为红褐色，翅膀较雄鸟更暗，并且具有更多的皮黄色；肩部为栗褐色，胸侧为深栗色，具有淡皮黄色的条纹，胫骨有羽毛覆盖，下体主要为皮黄色，两胁和下胸部具有粗著的暗赤褐色条纹。虹膜为淡黄色或橘黄色，嘴为黄色，眼先和眼周的裸露皮肤为暗绿色，脚和趾为黄绿色。

小苇鳽在我国见于新疆阿克苏、沙雅、喀什、库尔勒、尉犁、天山等地，为旅鸟或冬候鸟，此外偶尔还见于江苏、上海崇明岛和香港。栖息于平原和低山丘陵富有芦苇、蒲草、灌丛等植物的湖泊、水塘、池沼、水渠岸边，也栖息于树林中流速缓慢的河流与溪边。夜行性。通常在黄昏和晚上活动，白天多隐蔽在芦苇丛和其他茂密的植物丛中。但有时白天也活动。性隐蔽，行动极为谨慎小心，善于拟态。食物主要为各种小鱼、蛙、蝌蚪、水生和陆生昆虫、甲壳类和软体动物等。繁殖期为每年的 5~8 月。通常分散营巢于水边富有芦苇、灌丛或低矮柳树的水塘、池沼、湖泊与河流岸边，巢多筑于水边芦苇丛、灌丛中或者树上。雄鸟和雌鸟共同参与营巢。巢的结构较为简陋，主要由枯枝和芦苇茎、叶所构成。巢的大小为直径 17~25cm，高 10~12cm。每窝产卵 4~9 枚。卵的形状为卵圆形，颜色为白色和淡绿色。卵的大小为 34mm×25mm。由雄鸟和雌鸟轮流孵化。孵化期为 19~20 天。雏鸟为晚成性，大约 1 个月，它们才能飞翔和独立觅食。

小苇鳽被列为国家Ⅱ级重点保护野生动物。它在我国野外数量十分稀少，但也会有偷猎犯罪的现象发生。

## 32. 白鹳（guàn）

白鹳是体型较大的涉禽（图 4.13）。体长 100~115cm。隶属于鸟纲、鹳形目、鹳科。长而粗壮的嘴十分坚硬，呈黑色，仅基部缀有淡紫色或深红色。嘴的基部较厚，往尖端逐渐变细，并且略微向上翘。眼睛周围、眼先和喉部的裸露皮肤都是朱红色，虹膜为粉红色，外圈为黑色。体羽主要为纯白色。翅膀上有黑色的羽毛，并具有绿色或紫色的光泽。腿、脚甚长，为鲜红色。

图 4.13　白鹳

白鹳分布于我国西北、华东、华南、西南地区，以及欧洲、亚洲、非洲等地。栖息于开阔平原、浅水湖泊、水塘、沼泽、水渠和流速缓慢的溪流及其邻近湿草地活动。喜欢集群。性情温顺，活动时沉默无声。以蛙、蝌蚪、蟾蜍、蛇、蜥蜴、蚯蚓、蚱蜢、软体动物、甲壳类、昆虫和昆虫幼虫为食，有时也吃鼠类等小型哺乳动物以及鸟卵等。繁殖期为 3~5 月。通常营巢于树上，也在房屋、教堂或其他建筑物的屋顶，以及电线杆上营巢。巢由枯树枝等构成，里面铺垫有草茎、草叶、纸和碎片等。求偶炫耀时通过上下嘴的急速拍打，发出一种“嗒嗒嗒”的声响。每窝产卵 3~5 枚，白色，光滑无斑。孵化期为 31~34 天。

白鹳被列为国家Ⅰ级重点保护野生动物。它在我国野外数量十分稀少，但也会有偷猎犯罪的现象发生。

## 33. 黑鹳

黑鹳是体型较大的涉禽（图 4.14）。体长 100~120cm。隶属于鸟纲、鹳形目、鹳科。鲜红色的嘴长而直，基部较粗，往先端逐渐变细，鼻孔较小，呈裂缝状。腿也较长，胫以下的部分裸出，呈鲜红色，前趾的基部之间具蹼。虹膜为褐色或黑色，周围裸出的皮肤也呈鲜红色。体羽除胸、腹部为纯白色外，其余都是黑色，并闪耀绿色、紫色或青铜色金属光泽，尤以头、颈部的更为明显。

图 4.14 黑鹳

黑鹳分布于我国大部分地区，以及欧洲、亚洲、非洲等地。栖息于各种水域。觅食的时候在浅滩上走走停停，潜行至猎物附近啄食。食物以鱼类为主，其次是蛙类、软体动物、甲壳类，以及少量蝼蛄、蟋蟀等昆虫。飞行时头颈前伸，双腿后掠，形成一条直线，飞行高度多在 300m 以上。不仅能鼓翼飞行，还可以长时间在空中翱翔。在地面行走时，步履轻盈，跨步很大。活动时悄然无声，不善鸣叫，休息时常用单脚或双脚站立于水边沙滩上或草地上，脖颈收缩成驼背状。营巢于森林、荒原和荒山等环境中，一般多建在环境偏僻，避风向阳的地方，上面大多有突出的岩石可以遮雨。每窝产卵 2~4 枚。孵化期为 31~38 天。

黑鹳被列为国家Ⅰ级重点保护野生动物。它在我国野外数量十分稀少，但也会有偷猎犯罪的现象发生。

## 34. 白头鹮（huán）鹳

白头鹮鹳也叫彩鹳（图 4.15）。体长为 93~102cm，体重 2~3.5kg。隶属于鹳科、鹮鹳属。橙黄色的嘴粗而长，但嘴尖稍微向下弯曲，与白鹳、黑鹳等鹳属鸟类明显不同。它的脚为红色，也特别长，胫的下部裸出。橙色的头部赤裸无羽，繁殖期变为红色。体羽主要为黑色和白色，其中飞羽、尾羽为黑色，具有绿色的金属光泽，胸部具有宽阔的黑色胸带，也具有绿色的金属光泽，其余体羽均为白色。虹膜为淡黄色或褐色。

图 4.15 白头鹮鹳

白头鹮鹳在我国分布于河北、上海、江苏、福建、广东、海南、四川、云南、西藏以及长江下游一带，大多是留鸟或夏候鸟。主要栖息于湖泊、河流、水塘等淡水水域岸边浅水处及其附近沼泽和草地上。营巢于水域附近的树上或城镇附近。行动迟缓。白天常长时间地缩着脖子站在一个地方不动。主要以鱼为食，但也吃蛙、爬行类、甲壳类和昆虫等其他动物性食物，偶尔也吃少许植物性食物。繁殖期为 5~7 月。通常营巢于水边树上或高的灌丛上。巢的形状为盘状，结构较为松散粗糙，主要由枯枝、草茎和草叶构成，中心处稍微下凹，巢内不垫任何东西，或仅垫少许的树叶和稻草。巢的大小为直径 50~80cm，每窝产卵 2~5 枚，通常为 3~4 枚，卵的颜色为暗白色，有时带有稀疏的褐色斑点和斑纹。卵的大小为66mm×45mm。由雄鸟和雌鸟共同参与孵卵和育雏。孵化期为28~32天。雏鸟为晚成性，经过亲鸟60天的喂养，雏鸟可以离巢。它的寿命最高可达28年以上。

白头鹮鹳被列为国家Ⅱ级重点保护野生动物。它在我国野外数量十分稀少，但也会有偷猎犯罪的现象发生。

## 35. 朱鹮

朱鹮也叫朱鹭，是世界上数量最少的珍禽（图4.16）。体长67~69cm。隶属于鸟纲、鹳形目、鹮科。头部脸颊裸露，呈朱红色，虹膜为橙红色，细长而向下弯曲的嘴为黑色，后枕部长着由几十根粗长的羽毛组成的柳叶形羽冠。腿不算太长，胫的下部裸露，颜色也是朱红色。体羽洁白，翅膀的下侧和圆形尾羽的一部分闪耀着朱红色的光泽。

图4.16 朱鹮

朱鹮曾经分布于我国东部、俄罗斯的远东地区、朝鲜和日本等地。现在野生种群仅见于我国陕西洋县一带。生活在温带山地森林和丘陵地带，大多邻近水稻田、河滩、池塘、溪流和沼泽等湿地环境。性情孤僻而沉静，平时成对或小群活动。晚上在大树上过夜，白天则到稻田、泥地或土地上，以及清洁的溪流等环境中去觅食。以鱼类、两栖类、甲壳类、软体动物、环节动物、昆虫等为食，有时还吃少量植物性食物。觅食的时候将长而弯曲的嘴不断插入泥土和水中去探索，一旦发现食物，立即啄而食之。休息时把长嘴插入背上的羽毛中。飞行时头向前伸，脚向后伸，鼓翼缓慢而有力。在地上行走时，步履轻盈、迟缓。鸣叫声很像乌鸦，除了起飞时偶尔鸣叫外，平时很少鸣叫。春季繁殖，在高大的乔木树上筑巢。每窝产卵2~4枚。孵化期为28天。

我国朱鹮的野外数量仅有100只左右，此外还有大约100只人工饲养的个体，被列为国家Ⅰ级重点保护野生动物。它在我国野外数量十分稀少，但也会有偷猎犯罪的现象发生。

## 36. 白鹮

白鹮也叫白油老鹳子，体长为65~75cm。黑色的嘴细长，并且向下弯曲。虹膜为红色或红褐色。脚较短，也是黑色。夏季通体的羽毛都是白色，但头部和颈的上部裸露，呈黑色，有时缀有蓝色。背部和前颈的下部有延长的灰色饰羽，翅膀的下面有裸露的深红色皮肤斑，并且沿着翅膀的边缘向下面的两侧延伸，飞行时露出的翼尖为黑色。冬季的羽毛与夏羽大体相似，但背部和前颈没有延伸的灰色饰羽，翅膀下裸露的皮肤斑变为橙红色。

白鹮分布于我国天津、河北、内蒙古、辽宁、吉林、黑龙江、上海、江苏、浙江、台湾、山东、河南、广东、香港、海南、四川、云南，主要繁殖于黑龙江、吉林和辽宁，部分越冬在广东和福建，迁徙期间见于其他地区，偶尔见于云南。栖息于湖边、河岸、水稻田、芦苇水塘、沼泽和潮湿草原等开阔地方。通常成小群活动。白天活动。飞行沉着缓慢。主要以鱼、蛙、蝌蚪、昆虫、昆虫幼虫、蠕虫、甲壳类，软体动物，以及小型爬行动物等动物性食物为食，有时也吃植物性食物。繁殖期为每年的5~8月。巢呈杯状或浅碗状，每窝产卵2~4枚，通常为3枚。卵的形状为长椭圆形、卵圆形或者梨形，颜色为白色或淡蓝色，上面具有少许褐色的斑点，卵的大小为（54~72）mm×（38~46）mm。孵化期为23~25天。雏鸟为晚成性，一般需要经过大约40天的喂养，雏鸟才能离巢飞翔。

白鹮被列为国家Ⅱ级重点保护野生动物。它在我国野外数量十分稀少，但也会有偷猎犯罪的现象发生。

## 37. 黑鹮

黑鹮体长为60~68cm，铅蓝色的嘴细而长，向下弯曲。虹膜橙红色。羽色与其他鹮类不同，通体为灰褐色，飞羽和尾羽为黑色，并且具有金属蓝绿色光泽，翅膀上还有一个大的白斑。另外它只有头部裸露，呈黑色，后枕部为淡蓝色，向两侧延伸，与红色的喉部相连接。脚较短，脚和趾均呈淡桃红色。

黑鹮在我国仅于1899年在云南西南部采到过一个雄鸟的标本，是偶尔游荡到我国境内的罕见鸟类。黑鹮是留鸟，栖息于湖边、河岸、沼泽、水稻田、浅的水塘和农耕地上。常单独活动。性情孤僻而宁静，不爱鸣叫，活动时悄然无声。主要以蝗虫、蚱蜢、蜗牛、甲壳类等动物性食物为食，也吃谷粒和植物种子。繁殖期为2~4月，营巢于树上，每窝产卵2枚，卵的大小为63mm×32mm。

黑鹮被列为国家Ⅱ级重点保护野生动物。它在我国野外数量十分稀少，但也会有偷猎犯罪的现象发生。

## 38. 彩鹮

彩鹮的体长为49~66cm，黑色或黑褐色的嘴细长而向下弯曲，头部不像其他类那样裸露，而是被有羽毛。脸部为淡蓝色，脸的上下两边和前额围有一条明显的白色至淡蓝色线，头顶和头侧的前面为金属绿色或铜栗色，眼先和眼周为白色，其余头部、颏、上喉和短而密的枕部羽冠均呈暗金属绿色，颈部和下体一直到尾下覆羽都是暗栗红色，尾下覆羽黑色而具紫色光泽，背部、腰部、尾上覆羽和尾羽为暗金属紫色，翅膀上的覆羽为金属绿色，逐渐变为紫色。后颈的基部，上背最上部的边缘和翅膀的上缘为紫栗色。

彩鹮在我国则仅偶见于上海、江苏、浙江宁波市、福建福州市、河南庞寨、海南和广东沿海岛屿等地。栖息于浅水湖泊、沼泽、河流、水塘、水淹平原、湿草地、水田、水渠等淡水水域。白天活动和觅食。主要以水生昆虫、昆虫幼虫、虾、甲壳类、软体动物等小型无脊椎动物为食。有时也吃蛙、蝌蚪、小鱼、蜘蛛和小蛇等小型脊椎动物，通常单独或成小群觅食。在春季成群营巢。每窝产卵3~5枚，通常4枚。卵的形状为卵圆形，颜色为蓝色。卵的大小为53mm×36mm，卵重为31~39g。孵化期为21天。雏鸟为晚成性，在25~28日龄时可以离巢飞翔。

彩鹮被列为国家Ⅱ级重点保护野生动物。它在我国野外数量十分稀少，但也会有偷猎犯罪的现象发生。我国彩鹮的数量极为稀少。

## 39. 白琵鹭

白琵鹭体长为70~95cm，体重2kg左右（图4.17）。黑色的嘴长直而上下扁平，前端为黄色，并且扩大形成铲状或匙状，很像一把琵琶。虹膜为暗黄色。黑色的脚也比较长。夏季全身的羽毛均为白色，后枕部具有长的橙黄色发丝状冠羽。

图4.17　白琵鹭

白琵鹭在我国繁殖于新疆、黑龙江、吉林、辽宁、河北、山西、甘肃、西藏等北部地区；越冬于长江下游、江西、广东、福建和台湾等东南沿海及其邻近岛屿。栖息于开阔平原和山地丘陵地区的河流、湖泊、水库岸边及其浅水处。常成群活动。主要以虾、蟹、水生昆虫、昆虫幼虫、蠕虫、甲壳类、软体动物、蛙、蝌蚪、蜥蜴、小鱼等小型脊椎动物和无脊椎动物为食，偶尔也吃少量植物性食物。春季于4月初至4月末从南方越冬地迁到北方繁殖地，秋季于9月末至10月末南迁。营巢于干旱的芦苇丛中或树上和灌丛上，有时也置巢于地上。巢较简陋而庞大。通常用芦苇和芦苇叶构成，有时也用部分枯的树枝，内放草茎和草叶，巢的大小直径为50~80cm，高40~60cm。营巢位置可多年使用。雌雄亲鸟共同参与营巢。每窝产卵通常 3~4 枚。卵呈椭圆形或长椭圆形，颜色为白色，具有细小的红褐色斑点。卵的大小为（60~73）mm×（43~49）mm。孵化期为 24~25 天。雏鸟为晚成性，45~54 天雏鸟即可飞翔。

白琵鹭被列为国家Ⅱ级重点保护野生动物。它在我国野外数量十分稀少，但也会有偷猎犯罪的现象发生。

## 40. 黑脸琵鹭

黑脸琵鹭是中等体型的涉禽，体长为 60~78cm。全身白色，夏季时，后枕部长有很长的发丝状橘黄色羽冠，项下和前胸还有一个橘黄色的颈圈。虹膜为深红色或血红色。嘴全部都是黑色，形状也是长直而上下扁平，呈琵琶状。额、脸、眼周、喉等部位的裸露部分也都呈黑色。

黑脸琵鹭是一种候鸟，繁殖于东北的中部，越冬于四川、贵州、湖南、江西、广东、香港、海南、福建、台湾等地，迁徙时经过其他地区。栖息于内陆湖泊、水塘、河口、芦苇沼泽、水稻田以及沿海岛屿和海滨沼泽地带等湿地环境。它们喜欢群居。觅食的方法通常是用小铲子一样的长喙插进水中，半张着嘴，在浅水中一边涉水前进一边左右晃动头部扫荡，通过触觉捕捉到水底层的鱼、虾、蟹、软体动物、水生昆虫和水生植物等各种生物，捕到后就把长喙提到水面外边，将食物吞吃。繁殖期为每年的 5~7 月。巢的形状像一个盘子，主要由干树枝和干草等构成。每窝产卵 4~6 枚，卵呈长卵圆形，白色，上面布有浅色的斑点，孵化期大约需要 35 天。雏鸟一个月后即能离巢出飞，长大以后，随亲鸟于 10~11 月离开繁殖地，前往越冬地。

黑脸琵鹭被列为国家Ⅱ级重点保护野生动物。它在我国野外数量十分稀少，但也会有偷猎犯罪的现象发生。

## 41. 大红鹳

大红鹳也叫大火烈鸟，是体型较大的涉禽（图 4.18）。体长 130~142cm。隶属于鸟纲、鹳形目、红鹳科。全身的羽毛主要为朱红色。体型纤细，头部很小，镰刀形的嘴细长弯曲向下，前端为黑色，中间为淡红色，基部为黄色。黄色的眼睛很小。细长的颈部弯曲成“S”形。尾羽很短。红色的腿又细又长，脚上向前的 3 个趾间具红色的全蹼，后趾则较小。

大红鹳分布于我国新疆，以及亚洲中部和西部、欧洲南部、非洲、北美洲和南美洲。栖息于盐水湖泊、沼泽及礁湖的浅水地带。结群活动。性情温和、胆怯而机警。能游泳。善于飞翔。以水中的藻类、原生动物、小蠕虫、昆虫幼虫等为食，也吃小的软体动物和甲壳类。巢筑于三面环水的半岛形土墩或泥滩上。每窝产卵 1~2 枚。孵化期28~32 天。

大红鹳被列入“三有”名单，但也有偷猎的现象发生。它也是我国各地动物园、野生动物园中很受欢迎的观赏动物。

图 4.18 大红鹳

## 42. 红胸黑雁

红胸黑雁是一种小型的雁类，体长为 53~56cm。雄鸟和雌鸟的羽色相似，虹膜为暗栗褐色，头部的头顶和后颈均为黑色，眼前有一个椭圆形的白斑，眼后有一个栗红色的颊斑，外面围以白边，胸部也是栗红色，外面也围着一条窄的白边，这条白边沿着颈侧向上与颊部的白边相连，十分鲜艳而醒目。翅膀和整个上体均为黑色，翅膀上还有两道白色的横斑。腹部主要为黑色，两胁为白色，下腹部以及尾上和尾下的覆羽也是白色。嘴、跗跖、脚和爪均为黑褐色。

红胸黑雁在我国仅属于偶尔来越冬的迷鸟，仅见于湖南洞庭湖。它主要栖息于海湾、海港及河口等地，偶尔还出现在农田地里。喜欢结群。性情活泼好动。善于游泳和潜水。主要以青草或水生植物的嫩芽、叶、茎等为食，也吃根和植物种子，冬季有时还吃麦苗等农作物的幼苗。在6月初至6月中旬迁到繁殖地。巢由干草等构成，里面铺垫有一些绒羽。每窝产卵3~8枚。通常在6月中旬开始产卵，卵的大小为（63~69）mm×（44~47）mm，颜色为橄榄绿色和淡黄白色，孵卵由雌鸟单独承担。孵化期为23~25天。7月末到8月初，成鸟开始换羽，时间为15~20天。幼鸟2~3年才能达到性成熟。

红胸黑雁被列为国家Ⅱ级重点保护野生动物。它在我国野外数量十分稀少，但也会有偷猎犯罪的现象发生。

## 43. 鸿雁

鸿雁也叫大雁，是我国常见的大型游禽（图4.19）。体长80~93cm。隶属于鸟纲、雁形目、鸭科。额基、头顶到后颈正中央暗棕褐色，额基与嘴之间有一条棕白色细纹，将嘴和额截然分开。头侧、颏和喉淡棕褐色，嘴裂的基部有两条棕褐色颚纹。背、肩、腰、翅膀暗灰褐色，有白色斑纹或横纹，尾羽灰褐色。前颈和颈侧白色，前颈下部和胸肉桂色，向后逐渐变淡，到下腹部则全为白色。嘴黑色，虹膜红褐色或金黄色，跗跖橙黄色或肉红色。雄鸟上嘴的基部有一个疣状突起。

图4.19 鸿雁

鸿雁分布于我国大部分地区，以及亚洲中部、东部等地。栖息于开阔平原和平原草地上的湖泊、水塘、河流、沼泽及其附近地区。性喜结群。善游泳，飞行能力也很强。行动谨慎。叫声洪亮。以草本植物的叶、芽等为食，也吃甲壳动物、软体动物等。繁殖期为4~6月。巢筑在草原湖泊岸边沼泽地上或芦苇丛中。每窝产卵4~8枚。孵化期28~30天。2~3岁时性成熟。

鸿雁被列入“三有”名单，但也有偷猎的现象发生。

## 44. 白额雁

白额雁又叫花斑、明斑，是大型雁类，体长65~80cm，体重1 700~3 579g（图4.20）。虹膜褐色，嘴为肉色或玫瑰肉色，脚为橄榄黄色。较为独特的是在额部和上嘴的基部具有一个白色的宽阔带斑，白斑的后缘为黑色，所以得名白额雁。头顶和后颈呈暗褐色；背部、肩部、腰部均为暗灰褐色，具有淡色的羽缘；尾羽为黑褐色，具有白色的端斑；尾上覆羽白色。颏部为暗褐色，其前端具一个细小的白斑，胸部以下逐渐变淡，腹部为污白色，杂有不规则的黑色斑块，两胁灰褐色。

图4.20 白额雁

白额雁在我国为冬候鸟，在我国西部、西南部、东南部越冬，迁徙期间遍布于东北、华北、新疆、西藏等地。繁殖季节主要栖息于北极苔原地带富有矮小植物和灌丛的湖泊、水塘、河流、沼泽及其附近苔原等各类生境，冬季主要栖息在开阔的湖泊、水库、河湾、海岸及其附近开阔的平原、草地、沼泽和农田。常成小群活动。飞行时队列多呈“一”字形或呈“人”字形。主要以植物性食物为食。每年6~7月在北极苔原地带繁殖。巢极为简陋，仅为一个凹坑，里面放以少量干草和绒羽即成。通常在6月中旬产卵，窝卵数通常为4~5枚，颜色为白色或淡黄色。卵的大小为（76~88）mm×（50~56）mm。孵卵由雌鸟单独承担。孵化期为21~23天。雏鸟为早成性，但大约在45天后才能飞翔。

白额雁在我国为每年8月末9月初开始离开繁殖地，向越冬地迁徙。迁离我国的时间多在3月初至3月中下旬，最晚在4月末至5月初。

白额雁被列为国家Ⅱ级重点保护野生动物。它过去一直是我国主要狩猎鸟类之一，拥有较大的种群数量。由于环境恶化和过度狩猎，种群数量已急剧减少，但也会有偷猎犯罪的现象发生。

## 45. 斑头雁

斑头雁体长65~85cm，体重2 000~3 000g（图4.21）。头顶污白色，具棕黄色的羽缘，尤其在眼先、额和颊部较深。头顶后部有两道黑色横斑，前一道在头顶稍后，较长，延伸至两眼，呈马蹄铁形状，后一道位于枕部，较短。头部白色向下延伸，在颈的两侧各形成一道白色纵纹；后颈暗褐色，背部淡灰褐色，羽端缀有棕色，形成鳞状斑；腰白色，尾灰褐色，具白色端斑。颏、喉污白色，缀有棕黄色，前颈暗褐色，胸和上腹灰色，下腹污白色，两胁暗灰色，具暗栗色宽端斑。虹膜暗棕色，嘴橙黄色，嘴甲黑色，脚和趾橙黄色。

图4.21　斑头雁

斑头雁分布于中国西北、东北、华北、长江流域以南等地。栖息于咸水湖、淡水湖和沼泽等地带。成群活动。性机警。善于游泳，在地上行走虽显得有些笨拙，但行走得很好，奔跑很快捷，飞行能力也很强。以植物的叶、茎、青草和种子等为食，也吃贝类、软体动物和其他小型无脊椎动物。4~5月进入繁殖期。营巢在湖边或湖心岛上。巢略高于地面，呈盘状。每窝产卵2~10枚。卵白色，大小为（78~88）mm×（53~59）mm，卵重120~165g。孵卵由雌鸟单独承担。孵化期28~30天。雏鸟早成性。

斑头雁被列入“三有”名单，但也有偷猎的现象发生。

## 46. 家鹅

家鹅是常见的家禽（图4.22）。隶属于鸟纲、雁形目、鸭科。头大。嘴扁平。前额有肉瘤。颈部长。身体粗壮，胸部丰满。尾短。脚大，有蹼。体羽主要为白色。嘴、脚、肉瘤为黄色或黑褐色。

图4.22　家鹅

家鹅在世界各地均有饲养。栖息于池塘等水域附近。善于游泳。以青草等为食。每年产卵量为25~120枚。孵化期为28~33天。

家鹅的祖先是鸿雁，早在4 000年前就已经被人类驯化为家禽。具有耐寒、合群性和抗病力强、生长快、寿命长等特点。主要品种有狮头鹅、太湖鹅等。

家鹅在农村家庭、人工饲养基地等处，可能会出现为了获取家鹅的肉、羽毛等经济利益而进行盗窃、抢劫等犯罪行为，在农田等某些犯罪现场也有可能出现它的痕迹。

## 47. 大天鹅

大天鹅也叫黄嘴天鹅，是体型较大的珍稀水禽（图4.23）。体长120~160cm。隶属于鸟纲、雁形目、鸭科。体羽均为白色，只有头部和嘴的基部略显棕黄色，嘴的端部和脚为黑色。身体肥胖而丰满，颈部长而弯曲。腿部较短，脚上有蹼。

大天鹅分布于我国大部分地区，以及俄罗斯东北部等地。善于飞翔。以水菊、莎草等水生植物为食，有时也捕捉昆虫和蚯蚓等小型动物。筑巢于孤洲边的浅水中，或是筑在距离岸边较远、水流平缓的浅水中。每窝产卵3~7枚。孵化期为30多天。

大天鹅被列为国家Ⅱ级重点保护野生动物。它在我国野外数量十分稀少，但也会有偷猎犯罪的现象发生。

图 4.23 大天鹅

## 48. 小天鹅

小天鹅也叫短嘴天鹅、啸声天鹅、口哨天鹅、苔原天鹅（图 4.24）。体长 110~130cm，体重 4 000~7 000g。颈部很长，体羽纯白，黑色的脚和蹼。嘴上的黄色仅限于嘴基的两侧，沿嘴缘不延伸到鼻孔以下。头顶至枕部常略沾有棕黄色，虹膜为棕色，嘴端为黑色。

图 4.24 小天鹅

小天鹅不在我国境内繁殖，越冬主要在长江中下游、东南沿海和台湾等地。栖息于开阔的湖泊、水塘、沼泽、水流缓慢的河流和邻近的苔原低地和苔原沼泽地上。性喜集群。以水生植物的叶、根、茎和种子等为食，也吃少量螺类、软体动物、水生昆虫和其他小型水生动物。繁殖期为 6~7 月。巢多筑于不同大小湖泊和水塘之间的多草苔原地上和苔原沼泽中的小土丘上，主要由芦苇、三棱草和其他干草构成，内垫有绒羽，形状呈盘状。每窝产卵 2~5 枚，卵为白色，大小为 103mm×67mm，卵重为 26 克左右。雌鸟孵卵。孵化期为 29~30 天。雏鸟为早成性，孵出后不久即能行走，40~45 天后可以飞翔。

小天鹅 8 月末 9 月初离开繁殖地前往越冬地，翌年 3 月中下旬再从越冬地返回繁殖地，通常呈 6~10 只的小群或家族群迁徙，沿途时常在富有食物的湖泊地区停息，有时甚至直到天气变冷之后才逐渐南迁，因而到达我国南方的越冬地的时间多在 11 月初至 11 月中下旬。

小天鹅被列为国家Ⅱ级重点保护野生动物。它在我国野外数量十分稀少，但也会有偷猎犯罪的现象发生。

## 49. 疣鼻天鹅

疣鼻天鹅也叫哑声天鹅、瘤鼻天鹅、赤嘴天鹅（图 4.25）。体长 130~155cm，体重 7 000~10 000g。体羽洁白，嘴为赤红色，嘴基和嘴缘为黑色，前端稍淡，近似于肉桂色，嘴甲为褐色，嘴基和前额交汇处有一个黑色的疣状突起。头顶至枕部沾有淡棕色，眼先裸露为黑色。虹膜为棕褐色。尾羽较长而尖。跗跖、爪和蹼均为黑色。

图 4.25 疣鼻天鹅

疣鼻天鹅繁殖在我国新疆的中部和北部、青海柴达木盆地、甘肃西北部、内蒙古等地。越冬在我国长江中下游、东南沿海和台湾一带。迁徙时经过我国的东北、华北和山东等部分地区。栖息在水草丰盛的开阔湖泊、河湾、水塘、水库、海湾、沼泽和水流缓慢的河流及其岸边等地。性情机警。游泳时翅膀常隆起，颈向后弯曲，头部向前低垂。不善鸣叫。成对或呈家族群活动。以水生植物的叶、根、茎、芽和果实为食，也吃水藻和小型水生动物。繁殖期为 3~5 月。营巢于僻静的水塘和湖泊岸边芦苇丛或水草丛中。巢由干芦苇和其他植物堆集而成，结构极为庞大。每窝产卵 4~9 枚，卵为乳白色。卵的大小为 117mm×75mm，卵重 362g 左右。孵卵由雌鸟承担。孵化期为 35~36 天。雏鸟为早成性。

疣鼻天鹅通常于 9 月底至 10 月中旬迁往南方越冬，迁徙时常呈 6~20 只的小群或家族群迁飞。春季则多在2月中下旬开始往北方繁殖地迁徙。

疣鼻天鹅被列为国家Ⅱ级重点保护野生动物。它在我国野外数量十分稀少，但也会有偷猎犯罪的现象发生。

## 50. 绿头鸭

绿头鸭也叫野鸭，是我国常见的游禽（图4.26）。体长50~62cm。隶属于鸟纲、雁形目、鸭科。雄鸟头、颈为绿色，具明亮的金属光泽，颈的基部有一个白色领环。上体主要为黑褐色，翅膀上有闪耀紫蓝色金属光泽的斑，其前后缘各有一条绒黑色窄纹和白色宽边。胸部为栗褐色，腹部灰白色。雌鸟头顶黑色。上体为黑褐色，翅膀有闪耀紫蓝色金属光泽的斑。下体为棕白色。

图4.26　绿头鸭

绿头鸭分布于我国大部分地区，以及欧洲、亚洲、北美洲、中美洲和非洲北部等地。栖息于水生植物丰富的湖泊、河流、池塘、沼泽等水域中。常集成数十、数百甚至上千只的大群。性情好动，叫声响亮。以野生植物的叶、芽、茎、水藻和种子等植物性食物为食，也吃软体动物、甲壳类、水生昆虫等动物性食物。繁殖期为4~6月。营巢于湖浪、河流、水库、池塘等水域岸边草丛中地上或倒木下的凹坑处。每窝产卵7~11枚。孵化期为24~27天。雏鸟出壳后不久即能活动和觅食。

绿头鸭被列入“三有”名单，但也有偷猎的现象发生。绿头鸭也是我国首批可商业性经营利用驯养繁殖技术成熟的54种陆生野生动物之一。它的肉味鲜美，脂肪少，综合利用价值高，其羽毛是重要的出口原料，还具有一定的药用价值。除人工养殖基地、动物园等处可能发生因经济利益而进行的盗窃、抢劫等犯罪行为外，在某些犯罪现场也有可能出现绿头鸭的痕迹。

## 51. 家鸭

家鸭是常见的家禽（图4.27）。隶属于鸟纲、雁形目、鸭科。头大而圆。嘴长而扁平，边缘呈锯齿状。颈部较长。尾短。腿短，脚上有蹼。体羽为褐色，带有黑色斑纹。雄鸟头、颈部为绿色，有白色的颈环。也有的个体全身体羽均为白色或黑色等。

图4.27　家鸭

家鸭在世界各地均有饲养。栖息于池塘附近。性情胆怯。喜欢集群。杂食性。每年产卵100~300枚。孵化期为26~28天。

家鸭的祖先是绿头鸭，早在6 000年以前就已经被人类驯化为家禽。具有生长快、适应性广、生命力强等特点。主要品种有北京鸭、高邮鸭、巢湖鸭等。

家鸭在农村家庭、人工饲养基地等处，可能会出现为了获取家鸭的肉、羽毛等经济利益而进行盗窃、抢劫等犯罪行为，在农田等某些犯罪现场也有可能出现家鸭的痕迹。

## 52. 疣鼻栖鸭

疣鼻栖鸭也叫野鸳鸯、番鸭、南美鸭（图4.28）。体重1.8~5kg。隶属于鸟纲、雁形目、鸭科。体态健壮肥大，体躯略扁，前尖后窄，呈长椭圆形。头大而粗短，喙较短而窄，鲜红或暗红色。喙的基部和眼睛周围有红色或赤黑色的皮瘤，在头部两侧展延较宽而厚。自眼至喙的周围无羽毛。眼鲜红色。胸部宽而平，翅膀大而长、强壮有力。腿短粗壮，为红色、橘红色或黑色。趾爪硬而尖锐，蹼大而肥厚。体羽有纯黑、纯白、黑白色或白色杂有蓝青色等多种。

疣鼻栖鸭分布于中美洲、南美洲。栖息于热带地区。喜欢温暖的水域，在水中扑翅浮游戏水，但不善于在水中长时间游泳。集群生活，性情温顺，行动笨拙，步态平稳。休息时把头伸到翼下，呈“金鸡独立”状。雄鸟常发出“哩哩”的低哑叫声，雌鸟则发出“哪哪”的轻叫声。孵化期为35天。

图4.28　疣鼻栖鸭

疣鼻栖鸭是我国首批可商业性经营利用驯养繁殖技术成熟的54种陆生野生动物之一。它是优良的瘦肉型肉用鸭，可以水养、陆养、圈养、牧养。疣鼻栖鸭在农村家庭、人工饲养基地等处，可能会出现为了获取它的肉、羽毛等经济利益而进行盗窃、抢劫等犯罪行为，在农田等某些犯罪现场也有可能出现它的痕迹。

## 53. 赤麻鸭

赤麻鸭体长51~68cm，体重1 500g（图4.29）。雄鸟头顶为棕白色，颏、喉、前颈及颈侧淡棕黄色；下颈基部有一窄的黑色领环；胸、上背及两肩均为赤黄褐色，下背稍淡，腰羽棕褐色；尾羽黑色；翅上有鲜明的绿色翼镜。雌鸟羽色和雄鸟相似，但体色稍淡，头顶和头侧几乎呈白色，颈基无黑色领环。虹膜暗褐色，嘴和跗跖黑色。

图4.29　赤麻鸭

赤麻鸭分布于中国东北和东南部、华北、长江流域和东南沿海一带。栖息于江河、湖泊、河口、水塘及其附近的草原、荒地、沼泽、沙滩、农田和平原疏林等。一般成对、呈家族群生活，有时也集成数十、甚至近百只的大群。性机警。以水生植物叶、芽、种子、农作物幼苗、谷物等植物性食物为食，也吃昆虫、甲壳动物、软体动物、蚯蚓、小蛙和小鱼等动物性食物。繁殖期4~6月，营巢于开阔平原草地上天然洞穴或其他动物废弃洞穴和墓穴中。巢由少量枯草和大量绒羽构成。每窝产卵6~12枚，卵的大小为（64~69）mm×（45~47）mm，卵重74~85g，颜色为淡黄色。孵卵由雌鸟单独承担。孵化期27~30天。雏鸟为早成性。50天以后具飞翔能力。

赤麻鸭被列入“三有”名单，但也有偷猎的现象发生。

## 54. 鸳鸯（yuānyāng）

鸳鸯是羽色艳丽的珍稀游禽（图4.30）。体长38~45cm。隶属于鸟纲、雁形目、鸭科。雄鸟羽色鲜艳华丽，额和头顶的中央呈闪光的绿色，头后长着耸立的由棕红色、绿色、白色所构成的羽冠，眼后有粗重的白色眉纹，上胸和胸侧是富有光泽的紫褐色，腹部白色，肩部有白色镶着黑边的羽毛，翅膀上有一对栗黄色的扇子状的直立羽屏，前半部镶以棕色，后半部镶以黑色，称为“剑羽”或“相思羽”。雌鸟比雄鸟略小，没有羽冠和扇状直立羽，头部为灰色，背部羽毛都呈灰褐色，腹面白色。

图4.30　鸳鸯

鸳鸯分布于我国东北、华北、华东、西南等地区，以及亚洲东部、南部等地。栖息在针叶和阔叶混交林及附近的溪流、沼泽、芦苇塘和湖泊等处，喜欢成群活动，有时也同其他野鸭混在一起。睡觉时将头插在翅膀下边，用一只脚站立，有时它们还会在水面上漂浮时打盹。生性机警，极善隐蔽，飞行的本领也很强。食物包括植物的根、茎、叶、种子，还有蚊子、石蝇、蠡斯、蝗虫、甲虫等各种昆虫和幼虫，以及小鱼、蛙、喇蛄、虾、蜗牛、蜘蛛等动物。每年5月繁殖。营巢于老龄的水曲柳、大青杨等大树的树洞里。每窝产卵7~12枚。孵化期为28~29天。

鸳鸯被列为国家Ⅱ级重点保护野生动物。它在我国野外数量十分稀少，但也会有偷猎犯罪的现象发生。

## 55. 凤头潜鸭

凤头潜鸭体长40~49cm，体重515~840g（图4.31）。雄鸟头和颈为黑色，具紫色光泽，头顶有丛生的长形黑色冠羽披于头后。背、腰、翅膀等均为深黑色，翅膀上有白色的翼镜和后部黑色边缘。尾羽褐色。腹部和两胁白色。雌鸟头、颈、胸和整个上体黑褐色，羽冠为黑褐色，但较短，也没有光泽。额基有不甚明显的白斑。上胸淡黑褐色，微杂以白斑；下胸、腹和两胁灰白色，并带有不明显的淡褐色斑。虹膜金黄色，嘴蓝灰色或铅灰色，嘴甲黑色，跗跖铅灰色，蹼黑色。

图4.31　凤头潜鸭

凤头潜鸭分布于我国大部分地区。栖息于湖泊、江河、海湾、河口、水塘、沼泽等地带。成群活动。善于潜水和游泳。以软体动物、水生昆虫、甲壳动物、鱼等为食，也吃少量水生植物。繁殖期为5~7月。营巢于水边地上草丛中或灌木丛中。每窝产卵6~13枚。卵为灰绿色或橄榄色，大小为（53~66）mm×（38~47）mm。雌鸟孵卵。孵化期23~25天。雏鸟早成性，40~50天后即能飞翔。

凤头潜鸭被列入“三有”名单，但也有偷猎的现象发生。

## 56. 中华秋沙鸭

中华秋沙鸭也叫鳞胁秋沙鸭。体长49~64cm，体重800~1 170g。暗红色的嘴左右侧扁，细瘦而长，类似于圆锥形或柱形，尖端有钩，边缘还有一排细细的角质锯齿，鼻孔则位于嘴峰的中部。体型细瘦。雄鸟头顶具有双辫状的黑色羽冠，虹膜为褐色，头部和上颈也是黑色，并具有绿色的金属光泽。上背也是黑色，体侧为白色，下背和腰部也是白色，羽端具有两个同心的黑色斑纹；翅膀上有白色的翼镜，在阳光下闪闪发光。下体为白色，两胁亦具有黑色同心斑纹，在身体的后部和两胁形成显著的鳞片状斑纹。尾羽为灰色。雌鸟的体型较小，嘴为红色，头部和上颈部为棕褐色，头顶上的羽冠较短，颜色为深棕褐色；后颈的下部和上体呈蓝灰褐色，下体为白色，胸部和两胁上也具有黑色的鳞状斑。

中华秋沙鸭分布于我国东北、华北、西南、华中、华东和华南等地。栖息于阔叶林和混交林中多石的河谷与溪流中。单只、成对或成小群活动。游泳和潜水都很好。性机警。以昆虫、虾、鱼等为食。繁殖期为4~6月。营巢于森林中溪流两岸紧靠河边的老龄大古杨树、槲树和榆树的天然树洞中。每窝产卵8~12枚，卵为白色，光滑无斑，大小为63mm×46mm，卵重64~71克。孵卵由雌鸟承担。雏鸟为早成性。3月中旬到3月末迁来繁殖地，秋季于9月末到10月初迁走，亦有少数个体留在繁殖地下游不冻的水域中越冬。春季常呈单只、成对或小群迁徙，秋季多见7~8只到10余只的家族群迁飞。

中华秋沙鸭被列为国家Ⅰ级重点保护野生动物。它在我国野外数量十分稀少，但也会有偷猎犯罪的现象发生。

## 57. 黑翅鸢（yuān）

黑翅鸢是小型猛禽，体长 31~34cm，体重 230~235g。隶属于鸟纲、隼形目、鹰科。嘴较小，为黑色。蜡膜为黄色。虹膜为血红色。眼先有黑斑和须毛，前额为白色。上体为淡蓝灰色，肩部大部分为黑色，下体为白色，有深棕色和暗褐色纵纹。初级飞羽有黑色尖端，飞翔时与白色的下体型成鲜明对照。翅膀尖而长，折合时可伸达尾羽的后面。尾羽为灰色或灰白色，呈浅叉状。跗跖前面一半被羽，一半裸露，呈黄色。

黑翅鸢分布于河北、浙江、湖北、福建、广西西南部、香港、云南中部和南部等地。黑翅鸢大多数为留鸟，但在浙江、广西、河北等地为夏候鸟，春季于 4~5 月到达繁殖地，秋季于 10~11 月离开繁殖地。栖息于山地、平原有树木和灌木的原野、农田和草原等地区。一般单独活动。以鼠类、昆虫、小鸟、野兔、昆虫、蜥蜴等为食。3~4 月繁殖，营巢于平原或山地丘陵地区的树上或较高的灌木上。每窝产卵 3~5 枚。卵的颜色为白色或淡黄色，具深红色或红褐色斑点。形状为卵圆形，大小为 39mm×31mm。孵卵由雄鸟和雌鸟轮流承担，孵化期为 25~28 天。雏鸟孵出后由亲鸟共同喂养 30~35 天后，即可离巢飞翔。

黑翅鸢被列为国家Ⅱ级重点保护野生动物。它在我国野外数量十分稀少，但也会有偷猎犯罪的现象发生。

## 58. 褐冠鹃隼（sǔn）

褐冠鹃隼为中型猛禽。体长 41~48cm，体重 200~350g。隶属于鸟纲、隼形目、鹰科。虹膜为金黄色。嘴为铅黑色，具有 2 个齿突。蜡膜为浅蓝灰色。脚和趾为黄色或蓝白色，爪为黑色。头顶红褐色而具有黑色的纵条纹。头顶有黑色冠羽，尖端白色。眼先、头侧灰色。上体为褐色，喉部为白色，中央具有黑色纵纹，其余下体棕褐色，具有宽阔的白色和红褐色横斑。翅膀较长，翼尖几乎达到尾尖。飞羽上具有宽阔的暗灰色和黑色横带。尾为平尾状，尾羽为灰褐色，具有 2~3 道宽阔的暗色横斑和宽的暗色亚端斑。

褐冠鹃隼分布于亚洲南部和东南部一带。在我国仅分布于广西、海南、云南等地。留鸟。栖息于山地森林和林缘地区。单独或成对活动。以昆虫为食，也吃蜥蜴、蛙、蝙蝠等小型动物。4~6 月繁殖，通常营巢于高山森林中的树上。巢由枯枝和树叶等构成，每窝产 2~3 枚白色的卵，光滑无斑。卵的大小为 45mm×36mm。

褐冠鹃隼被列为国家Ⅱ级重点保护野生动物。它在我国野外数量十分稀少，但也会有偷猎犯罪的现象发生。

## 59. 黑冠鹃隼

黑冠鹃隼又叫凤头鹃隼，是小型猛禽，体长 30~33cm，体重 178~217g。隶属于鸟纲、隼形目、鹰科。头顶具蓝黑色冠羽。虹膜为紫褐色或血红褐色。嘴和腿均为铅灰色。蜡膜灰色。头部、颈部、背部尾上的覆羽和尾羽都呈黑褐色，有蓝色的金属光泽。翅膀和肩部具有白斑，喉部和颈部为黑色，上胸有宽阔的星月形白斑，下胸和腹侧有宽的白色和栗色横斑，腹部的中央、腿上的覆羽和尾下的覆羽均为黑色，尾羽内侧为白色，外侧具有栗色块斑。飞翔时翅阔而圆，黑色的翅下覆羽和尾下覆羽与银灰色的飞羽和尾羽形成鲜明对照；从上面看通体黑色，次级飞羽上有一个宽的、极为显著的白色横带。

黑冠鹃隼分布于四川、海南、云南、浙江、福建、江西、湖南、广东、广西、贵州等地，在四川、云南为留鸟，其他地区为夏候鸟。栖息于平原、山地的森林、草坡、村庄、田间等地带。常单独活动，有时也呈小群活动。以蝗虫、蚱蜢、蝉、金龟子、螽斯、螳螂、蜂、蚂蚁等昆虫为食，也吃蝙蝠，以及鼠类、蜥蜴和蛙等小型脊椎动物。繁殖期为 4~7 月，营巢于森林中的河流岸边或邻近的高大树上，巢主要由枯枝构成，里面有草茎、草叶和树皮纤维等。每窝产卵2~3枚，颜色为灰白色，缀有茶黄色，形状为钝卵圆形，卵的大小为39mm×32mm。

黑冠鹃隼被列为国家Ⅱ级重点保护野生动物。它在我国野外数量十分稀少，但也会有偷猎犯罪的现象发生。

## 60. 凤头蜂鹰

凤头蜂鹰为中型猛禽，体长为50~62cm，体重800~1200g（图4.32）。隶属于鸟纲、隼形目、鹰科。头顶暗褐色，头侧具有短而硬的鳞片状羽毛。后枕有黑色羽冠。虹膜为金黄色或橙红色。嘴为黑色，脚和趾为黄色，爪黑色。上体黑褐色，头侧为灰色，喉部白色，具有黑色的中央斑纹，其余下体为棕褐色，具有淡红褐色和白色相间排列的横带和粗重的黑色中央纹。初级飞羽为暗灰色，尖端为黑色，翼下飞羽白色或灰色，具黑色横带，尾羽为灰色或暗褐色，具有3~5条暗色宽带斑及灰白色的波状横斑。体色变化较大，包括凤头或有或无，浅色、中间色及深色型。

图4.32　凤头蜂鹰

凤头蜂鹰分布于北京、河北、山西、内蒙古、辽宁、吉林、黑龙江、上海、江苏、福建、台湾、山东、湖北、广东、广西、海南、四川、贵州、云南、陕西、青海、宁夏、新疆等地。除了海南岛外均为夏候鸟，春季于4月初至4月末迁来，秋季于9月末至10月末迁走。栖息于平原、山地森林、林缘、村庄、农田和果园等地。常单独活动。以黄蜂、胡蜂、蜜蜂和其他蜂类为食，也吃其他昆虫和昆虫幼虫，偶尔也吃小的蛇类、蜥蜴、蛙、小型哺乳动物、鼠类、鸟、鸟卵和幼鸟等动物性食物。繁殖期为4~6月，营巢于阔叶树或针叶树上，巢距离地面的高度为10~28m。巢主要由枯枝构成，中间稍微下凹，形状为盘状，内放少许草茎和草叶，有时也利用鸢、𫛭和苍鹰等其他猛禽的旧巢。每窝产卵2~3枚，一般为2枚。卵为砖红色或黄褐色，被有咖啡色的斑点。卵的大小为53mm×42mm。孵化期30~35天。育雏期40~50天。

凤头蜂鹰被列为国家Ⅱ级重点保护野生动物。它在我国野外数量十分稀少，但也会有偷猎犯罪的现象发生。

## 61. 黑鸢

黑鸢又叫鸢、黑耳鸢、老鹰、鹞鹰等，是中型猛禽，体长54~69cm，体重684~1115g（图4.33）。隶属于鸟纲、隼形目、鹰科。虹膜暗褐色，嘴黑色，蜡膜和下嘴的基部为黄绿色；脚和趾为黄色或黄绿色，爪为黑色。上体为暗褐色，颏部、喉部和颊部污白色，下体为棕褐色。尾羽较长，呈浅叉状，具宽度相等的黑色和褐色相间排列的横斑。在飞翔时翼下左右各有一块大的白斑。

图4.33　黑鸢

黑鸢分布于黑龙江、吉林、内蒙古、辽宁、北京、河北，为夏候鸟或者留鸟。栖息于平原、草地、荒原和低山丘陵地带。常单独在高空飞翔。以小鸟、鼠类、蛇、蛙、野兔、鱼、蜥蜴、蚯蚓和昆虫等动物性食物为食，偶尔也吃家禽和腐尸。繁殖期为4~7月。营巢于距水源较近的高大树上，距地高多在10m以上，也有营巢于悬崖峭壁上的。巢呈浅盘状，主要由干树枝构成，结构较为松散，里面垫以枯草、纸屑、破布、羽毛等柔软物，而且堆积着土和粪便等，所以常有臭味散发。巢的大小为直径40~100cm及以上。每窝产卵2~3枚，偶尔有少至1枚和多至5枚的，卵的大小为（53~68）mm×（41~

48）mm，卵重约为53g，形状为钝椭圆形，颜色为污白色，微微缀有血红色的点斑。孵化期为38天，雏鸟为晚成性，由亲鸟共同抚育42天后，雏鸟才能飞翔。

鸢被列为国家Ⅱ级重点保护野生动物。它在我国野外数量十分稀少，但也会有偷猎犯罪的现象发生。

## 62. 栗鸢

栗鸢又叫红老鹰，为中型猛禽（图4.34）。体长36~51cm，体重320~673g。隶属于鸟纲、隼形目、鹰科。虹膜为褐色或红褐色，嘴为淡蓝绿色或淡柠檬色，基部为蓝色；嘴峰和嘴尖较淡；蜡膜黄色，脚和趾暗黄色、黄灰色或黄绿色。头、颈、胸和上背白色，其余体羽和翅膀均为栗色，初级飞羽为黑色。飞行时从上面看，翅膀为栗色，翅膀的尖端为黑色，头部和颈部为白色，其余部分为栗色，从下面看，翅膀内面为栗色，翅膀的尖端为黑色，飞羽呈淡红褐色，头部、颈部和胸部为白色，其余体羽均为栗色。尾羽为圆形。

图4.34　栗鸢

栗鸢分布于内蒙古、江苏、浙江、安徽、福建、江西、山东、湖北、广东、广西、云南、西藏等地。在山东为旅鸟，在浙江、广西为夏候鸟，在云南为留鸟或旅鸟。迁徙时间一般为3~4月迁来，10~11月迁走。栖息于水域上空和邻近的城镇与村庄等地。除繁殖期成对和成家族群外，通常单独活动。以蟹、蛙、鱼等为食，也吃昆虫、虾和爬行类，偶尔也吃小鸟和啮齿类。繁殖期为4~7月。通常营巢于水边、农田地边或渔村中高大而孤立的树上，偶尔也有置于房屋屋顶上的，巢较粗糙。每窝产2~3枚卵，侧尔有多至4枚和少至1枚的。卵的形状为卵圆形，颜色为白色或淡蓝色，有的具少许细的褐色或红褐古色斑点或斑纹。卵的大小为51mm×40mm。孵化期为26~27天。雏鸟为晚成性，孵出后由亲鸟共同觅食喂养，经过50~55天后即可飞翔和离巢。

栗鸢被列为国家Ⅱ级重点保护野生动物。它在我国野外数量十分稀少，但也会有偷猎犯罪的现象发生。

## 63. 苍鹰

苍鹰为中型猛禽，体长47~60cm，体重650~1 100g（图4.35）。隶属于鸟纲、隼形目、鹰科。虹膜金黄色，嘴黑色，嘴基呈铅蓝灰色，蜡膜为黄绿色，脚和趾为黄色或黄绿色，跗跖的前面被有大形的盾状鳞片，爪为黑褐色。上体深苍灰色，后颈杂有白色细纹，下体为污白色，颏部、喉部和前颈具有黑褐色的细纵纹，胸部、腹部满布暗灰褐色的纤细横斑，尾羽略长，呈方形，有4条黑色的横带。眉纹较宽，为灰白色。尾下覆羽为白色。飞行时两翼宽阔而较长，翼下白色而密布黑褐色横带。

图4.35　苍鹰

苍鹰在我国黑龙江、吉林、辽宁、宁夏、新疆为夏候鸟，部分为留鸟；辽宁、北京、河北、山西、上海、四川、广西、云南为旅鸟；浙江、广西、贵州、云南、甘肃为冬候鸟；台湾为冬候鸟或迷鸟。栖息于森林地带，也见于山麓平原和丘陵地带的疏林内。以鼠类、野兔、雉类、榛鸡、鸠鸽类等为食。繁殖期为4~7月，营巢于森林中的高大乔木上，尤以松树、杨树和柞树较为常见。有时也侵占其他猛禽的旧巢，巢距地面多在4~15m处，在枝杈的分叉处，或在近于树干的粗枝上。巢的形状多为皿状，主要用松树枝和其他枯枝构成。巢外径 60~75cm，内径 20~25cm，巢深 1~5cm，巢高 30~60cm；每窝产卵 2~4 枚，多为 2 枚，卵重平均为 11.6g，卵的大小为 52.3mm×41.8mm，卵为椭圆形，颜色为青色，具淡赤色或青灰色斑。主要由雌鸟孵卵，孵化期为 35~38 天。雏鸟为晚成性，经过 41~45 天即可飞翔和离巢。

苍鹰被列为国家Ⅱ级重点保护野生动物。它在我国野外数量十分稀少，但也会有偷猎犯罪的现象发生。

## 64. 褐耳鹰

褐耳鹰为小型猛禽，体长为 31~44cm，体重 75~158g。隶属于鸟纲、隼形目、鹰科。头部灰白色，颊部灰色而缀有棕色，虹膜金黄色，嘴石板蓝色，尖端黑色，嘴角黄色，蜡膜亮黄色到橙色，脚和趾黄色，爪黑色。上体为蓝灰色，后颈有一条红褐色的领圈。喉部白色，具有灰色的中央纹，其余下体具有淡红褐色和白色横斑；4 枚中央尾羽为淡灰色，具黑色亚端斑和白色尖端，其余尾羽具灰色和黑色横斑和白色端斑。飞行时从上面看，黑色的初级飞羽和淡色的翅膀和体羽形成鲜明的对照。从下面看淡红褐色的下体与白色的喉和黑色的翅尖也很醒目。

褐耳鹰分布于我国广东、广西、海南、贵州、云南、新疆等地，为留鸟。栖息于山地、平原森林、农田、草地、草原、荒漠、村庄等地带，有时也出现在城市的上空。常单独在天空中翱翔。以小鸟、蛙、蜥蜴、鼠类和大的昆虫等为食。繁殖期为 5~6 月。营巢于大树杈上，距地面 5~15m 高，有时也利用喜鹊和乌鸦的巢。巢的结构极为粗糙，主要由树木的枯枝构成，内垫树叶和小树枝。每窝产卵 3~4 枚，偶有少至 2 枚和多达 7 枚的。卵的颜色为蓝白色，大小为（37~41）mm×（28~32）mm。孵卵由雌鸟承担，孵化期为 33~35 天，育雏期为 30 天左右。

褐耳鹰被列为国家Ⅱ级重点保护野生动物。它在我国野外数量十分稀少，但也会有偷猎犯罪的现象发生。

## 65. 赤腹鹰

赤腹鹰也叫鸽子鹰，是小型猛禽。体长 27~36cm，体重 108~132g。隶属于鸟纲、隼形目、鹰科。头部至背部为蓝灰色，翅膀和尾羽灰褐色，外侧尾羽有 4~5 条暗色横斑。颏部和喉部为乳白色，胸和两胁为淡红褐色，下胸部具有少数不明显的横斑，腹部的中央和尾下覆羽白色。虹膜淡黄色或黄褐色，嘴黑色，下嘴的基部为淡黄色。蜡膜黄色，脚和趾为橘黄色或肉黄色，爪为黑色。

赤腹鹰分布于我国北京、天津、河北、辽宁、上海、江苏、浙江、安徽、福建、江西、山东、河南、湖北、湖南、广东、广西、海南、四川、贵州、云南、陕西等地，大多为夏候鸟，每年 4~5 月迁来，10~11 月迁走。栖息于山地、平原地带的森林、林缘、农田和村主附近。单独或成小群活动。以蛙、蜥蜴等为食，也吃小型鸟类，鼠类和昆虫。繁殖期为 5~7 月。营巢于树上。巢呈盘状，主要用枯树枝构成，内垫嫩树叶，有时也利用喜鹊废弃的旧巢。每窝产卵 2~5 枚，形状为卵圆形，颜色为淡青白色，具不甚明显的褐色斑点，卵的大小为（34~38）mm×（29~30）mm。由雌鸟孵卵，孵化期为 30 天。育雏期为 15~20 天。

赤腹鹰被列为国家Ⅱ级重点保护野生动物。它在我国野外数量十分稀少，但也会有偷猎犯罪的现象发生。

## 66. 凤头鹰

凤头鹰是中型猛禽，体长 41~49cm，体重 360~530g。隶属于鸟纲、隼形目、鹰科。头部前额至后颈鼠灰色，头部具冠羽。上体为褐色，尾羽具 4 道宽阔的暗色横斑；喉部白色，具显著的黑色中央纹；胸部棕褐色，具白色纵纹，其余下体白色，具窄的棕褐色横斑。尾下覆羽白色。飞翔时翅膀短圆，后缘突出，翼下飞羽具数条宽阔的黑色横带。虹膜金黄色，嘴角褐色或铅色，嘴峰和嘴尖黑色，口角黄色。蜡膜和眼睑黄绿色，脚和趾淡黄色，爪角黑色。

凤头鹰分布于我国福建、江西、湖北、广东、广西、香港、海南、四川、贵州、云南、台湾等地，为留鸟。栖息于山地森林和山脚林缘地带，偶尔到山脚平原和村庄附近活动。性情善于藏匿机警。大多单独活动。以蛙、蜥蜴、鼠类、昆虫等动物性食物为食，也吃鸟和小型哺乳动物。繁殖期为4~7月，营巢于针叶林或阔叶林中高大的树上，距地高度大多在6~30m。巢较粗糙，呈杯状，主要由一些枯树枝堆集而成，内放一些绿叶。营巢位置多在河岸或水塘旁边。通常离水域不远。如果繁殖成功，第二年还会继续使用这个巢。每窝通常产卵2~3枚。卵为椭圆形，蓝白色，大小为（43~54）mm×（31~41）mm。

凤头鹰被列为国家Ⅱ级重点保护野生动物。它在我国野外数量十分稀少，但也会有偷猎犯罪的现象发生。

## 67. 雀鹰

雀鹰俗称鹞子，体长28~40cm，体重130~300g（图4.36）。隶属于鸟纲、隼形目、鹰科。雄鸟上体为暗灰色，雌鸟为灰褐色，头后杂有少许白色，下体白色或淡灰白色，喉部布有褐色细纹，但没有特别显著的中央条纹。雄鸟具有细密的红褐色横斑，雌鸟具有褐色横斑；尾羽上具有4~5道黑褐色横斑，飞翔时翅膀的后缘略为突出，翅膀下面的飞羽具数道黑褐色横带。虹膜为橙黄色，嘴为暗铅灰色，尖端黑色，基部黄绿色，蜡膜为黄色或黄绿色，脚和趾橙黄色，爪黑色。雀鹰分布于我国大部分地区，一部分是留鸟，一部分迁徙，4~5月迁到繁殖地，10~11月离开繁殖地。栖息于山地森林和林缘地带，有时在低山丘陵、山脚平原、农田地边以及村庄附近活动。常单独生活。以小鸟、昆虫和鼠类等为食，也捕鸠鸽类和鹑鸡类等体型稍大的鸟类和野兔、蛇等。繁殖期为5~7月，营巢于森林中的树上，距地面的高度为4~14m。每窝产卵通常3~4枚，偶尔有多至5~7枚和少至2枚的。通常间隔1天产1枚卵。卵呈椭圆形或近圆形，颜色为鸭蛋清色，光滑无斑。卵的大小为38mm×30mm，卵重17~18g。孵化期为32~35天。雏鸟为晚成性，需要经过24~30天才能具备飞翔的能力。

图4.36 雀鹰

雀鹰被列为国家Ⅱ级重点保护野生动物。它在我国野外数量十分稀少，但也会有偷猎犯罪的现象发生。

## 68. 松雀鹰

松雀鹰又叫松子鹰，是小型猛禽，体长为25~39cm，体重160~192g。隶属于鸟纲、隼形目、鹰科。雄鸟上体为黑灰色，喉部白色，中央有一条宽阔而粗重的黑色中央纹，其余下体为白色或灰白色，具褐色或棕红色斑。尾羽具4道暗色横斑。雌鸟上体为暗褐色，下体为白色，具暗褐色或赤棕褐色横斑。虹膜、蜡膜和脚均为黄色，嘴的基部为铅蓝色，尖端为黑色。

松雀鹰分布于我国湖北、广东、广西、海南、四川、贵州、云南、西藏、陕西、甘肃、宁夏、台湾、福建等地，主要为留鸟，少数迁徙。栖息于山地、平原森林、林缘、草地和果园等地带。以各种小鸟为食，也吃蜥蜴、蝗虫、蚱蜢、甲虫以及其他昆虫，有时也捕杀鼠类、鹑鸡类和鸠鸽类等。繁殖期为4~6月，筑巢于茂密森林中枝叶茂盛的高大树木的上部，位置较高，而且有枝叶隐蔽，一般难以发现。巢主要由细树枝构成，里面放有一些绿树叶，也常常修理和利用旧巢。每窝产卵3~4枚，偶尔也有2枚和5枚的。卵的颜色通常为白色，被有灰色云状斑和红褐色斑点，尤以钝端较多。卵的大小为37mm×30mm。

松雀鹰被列为国家Ⅱ级重点保护野生动物。它在我国野外数量十分稀少，但也会有偷猎犯罪的现象发生。

## 69. 日本松雀鹰

日本松雀鹰是小型猛禽，体长23~33cm，体重75~173g。隶属于鸟纲、隼形目、鹰科。羽色很像松雀鹰，但喉部中央的黑纹较为细窄，翅下覆羽为棕色，腋下的羽毛为白色而具有灰色横斑，尾羽上的横斑也比较窄。雄鸟的虹膜为深红色，雌鸟则为黄色。嘴为石板蓝色，尖端黑色。蜡膜为黄色。脚为黄色，爪为黑色。

日本松雀鹰分布于我国大部分地区，为夏候鸟，4月末到5月初迁到繁殖地，9月末到10月初离开繁殖地。栖息于山地针叶林和混交林中，也出现在林缘和疏林地带。多单独活动。以山雀、莺类等小型鸟类为食，也吃昆虫、蜥蜴、石龙子等小型动物。繁殖期为5~7月，常营巢于茂密的山地森林和林缘地带，尤其喜欢在针叶林或针叶阔叶混交林中的河谷、溪流附近的高大树上营巢，也在林缘疏林中的红松、落叶松等高大树木上营巢，巢主要由细的松树枝和其他细树枝构成。巢的外缘常编以尚带有绿叶的新鲜松树枝，内垫以松针和羽毛。巢小而坚实，呈圆而厚的皿状或盘状，距地面的高度为10~20m。巢的大小为外径29~35cm，内径15~17cm，巢高15~20cm，巢深5~6cm。每窝产卵5~6枚，卵的颜色为浅蓝白色，被有少数小的紫褐色斑点，尤以外端较密。经孵化后的卵为灰白色。卵的大小为（37~38）mm×（28~29）mm，卵重10~11g。

日本松雀鹰被列为国家Ⅱ级重点保护野生动物。它在我国野外数量十分稀少，但也会有偷猎犯罪的现象发生。

## 70. 棕尾鵟（kuáng）

棕尾鵟是中型猛禽，体长50~65cm，体重590~1 760g。隶属于鸟纲、隼形目、鹰科。体色变化较大，有淡色型和暗色型等。上体为淡褐色到淡沙褐色，具有暗色的中央纹，喉部和上胸部为皮黄白色，有暗色的羽轴纹，下胸为白色，腹部和腿上的羽毛为黑褐色，尾羽为棕褐色，没有横带或仅具有窄而明显的暗色横斑。飞羽下面颜色浅淡，翼尖为黑色。虹膜金黄褐色或淡黄褐色，嘴黑色或石板褐色，尖端黑色，下嘴的基部和口角为黄色；蜡膜黄绿色，脚和趾黄色或柠檬黄色。

棕尾鵟分布于江苏、四川、云南、西藏、甘肃、新疆等地，为留鸟。栖息于荒漠、半荒漠、草原、无树的平原和山地平原，但较少活动于森林地带，单独或成群活动。以野兔、啮齿动物、蛙、蜥蜴、蛇、雉鸡和其他鸟类与鸟卵等为食。繁殖期为4~7月。求偶时发出短而尖锐的叫声。营巢于悬崖峭壁间的岩石上或树上。巢主要由枯树枝构成，里面垫有枯草。巢的大小为直径50~70cm，巢高30~50cm。每窝产卵3~5枚，通常4枚，偶尔也有少至2枚的。卵的颜色为白色或皮黄白色，具黄色或红褐色斑点；卵的大小为（55~60）mm×（43~48）mm。

棕尾鵟被列为国家Ⅱ级重点保护野生动物。它在我国野外数量十分稀少，但也会有偷猎犯罪的现象发生。

## 71. 大鵟

大鵟又叫老鹰、花豹等，是大型猛禽，体长57~71cm，体重1 320~2 100g。隶属于鸟纲、隼形目、鹰科。体色变化较大，有淡色型、暗色型和中间型等类型。虹膜黄褐色或黄色，嘴为黑褐色，蜡膜黄绿色，脚和趾黄色或暗黄色，爪黑色。上体主要为暗褐色，下体为白色至棕黄色，并具有暗色的斑纹，或者全身的羽色皆为暗褐色或黑褐色，尾羽上具有3~11条暗色横斑，先端灰白色。跗跖的前面通常被有羽毛。飞翔时棕黄色的翅膀下面具有白色的斑。

大鵟多于3月末4月初到达繁殖地，10月末至11月中旬离开繁殖地。分布于我国大部分地区。栖息于山地、山脚平原、草原、农田、村庄等地，以及城市附近。常单独或成小群活动。以啮齿动物，蛙、蜥蜴、野兔、蛇、黄鼠、鼠兔、旱獭、雉鸡、石鸡、昆虫等为食，繁殖期为5~7月。通常营巢于悬崖峭壁上或树上，巢的附近大多有小的灌木掩护。巢呈盘状，可以多年利用。巢主要由干树枝构成，里面垫有干草、兽毛、羽毛、碎片和破布。每窝产卵通常2~4枚，偶尔也有多至5枚的，卵的颜色为淡赭黄色，被有红褐色和鼠灰色的斑点，以钝端较多。卵的大小为（56~70）mm×（43~52）mm。孵卵完全由雌鸟承担。孵化期为28~30天。雏鸟属于晚成性，孵出后由亲鸟共同抚育大约45天，然后离巢飞翔。

大鵟被列为国家Ⅱ级重点保护野生动物。它在我国野外数量十分稀少，但也会有偷猎犯罪的现象发生。

## 72. 普通鵟

普通鵟又叫土豹子，为中型猛禽，体长51~59cm，体重575~1 073g（图4.37）。隶属于鸟纲、隼形目、鹰科。体色变化较大，通常上体主要为暗褐色，下体主要为暗褐色或淡褐色，具深棕色横斑或纵纹，尾羽为淡灰褐色，具有多道暗色横斑，飞翔时两翼宽阔，在初级飞羽的基部有明显的白斑，翼下为肉色，仅翼尖、翼角和飞羽的外缘为黑色（淡色型）或者全为黑褐色（暗包型），尾羽呈扇形散开。

普通鵟分布于我国大部分地区，春季迁徙时间多在3~4月，秋季多在10~11月。栖息于山地森林、林缘、平原、荒漠、旷野、村庄等地。大多单独活动。以各种鼠类为食，也吃蛙、蜥蜴、蛇、野兔、小鸟和大型昆虫等。繁殖期为5~7月。通常营巢于林缘或森林中高大的树上，尤其喜欢针叶树。常置巢于树冠的上部接近主干的枝杈上，距地面的高度通常为7~15m。也有的个体营巢于悬岩上，或者有时侵占乌鸦的巢。它的巢结构比较简单，主要由枯树枝堆集而成，里面垫有松针、细枝条和枯叶等，有时也垫有羽毛和兽毛。巢的大小为外径60~90cm，内径20~30cm，巢高40~60cm，巢深10cm。5~6月产卵，每窝产卵2~3枚，偶尔也有多至6枚和少至1枚的。卵为青白色，通常被有栗褐色和紫褐色的斑点和斑纹。卵的大小为（50~61）mm×（41~48）mm。孵化期大约28天。雏鸟为晚成性，孵出后由亲鸟共同喂养40~45天后，再飞翔和离巢。

图4.37　普通鵟

普通鵟被列为国家Ⅱ级重点保护野生动物。它在我国野外数量十分稀少，但也会有偷猎犯罪的现象发生。

## 73. 毛脚鵟

毛脚鵟又叫雪白豹、毛足鵟等，为中型猛禽，体长51~60cm，体重650~1 100g。隶属于鸟纲、隼形目、鹰科。头部和胸部为乳白色，具有褐色纵纹。嘴为黑褐色，蜡膜、脚和趾黄色，爪为角褐色。虹膜为黄色，贯眼纹呈黑褐色。背部为暗褐色，具有淡色的羽缘。尾羽为白色，具有宽阔的黑褐色亚端斑，跗跖被羽一直到脚趾的基部。飞翔时飞羽基部的白色和末端的黑色形成鲜明对比，尾羽呈扇形散，白色的尾羽和黑色的亚端斑也形成了鲜明的对比。

毛脚鵟分布于我国黑龙江、吉林、河北、内蒙古、新疆、宁夏，为冬候鸟，在东北迁来的时间最早为10月中下旬，往南则大多在11~12月，迁走的时间多在2月末至3月初。栖息于苔原、平原、低山丘陵、农田草地或林缘地带。常单独活动。以啮齿动物和小型鸟类为食，也捕食野兔、雉鸡、石鸡等较大的动物。繁殖期为5月末至8月初。通常营巢于苔原河流或森林河流两岸悬崖峭壁上，或者干涸的河岸悬崖上和潮湿苔原地上，有时也见在树上营巢。巢的结构相当庞大，呈盘状，直径为50~80cm，主要由枯枝和干草构成，每窝产卵通常3~4枚。卵的颜色为灰白色或黄白色，被有褐色或灰色斑点，尤以钝端较多。卵的大小为 55mm×44mm。孵化期为 28~31 天。雏鸟为晚成性，一直到 41~45 天才离巢出飞。

毛脚鵟被列为国家Ⅱ级重点保护野生动物。它在我国野外数量十分稀少，但也会有偷猎犯罪的现象发生。

## 74. 白眼鵟鹰

白眼鵟鹰是中型猛禽，体长 36~43cm，体重 325g。隶属于鸟纲、隼形目、鹰科。前额和宽阔的眼后纹为白色，后颈也是白色，背部为暗褐色，具有黑色的羽轴纹。翅膀上的覆羽为褐色，具有白色斑点和横斑。喉部白色，具有黑色的中央纹，其余下体均为褐色。尾羽为棕褐色或棕色，具有宽的黑色亚端斑，有时还具有许多道窄的黑色横斑。飞翔时翅膀的下面为白色，内侧微具黑色的斑。虹膜为白色，嘴尖端黑色，基部和口裂为黄色，蜡膜也是黄色，脚和趾为橙黄色。

白眼鵟鹰是留鸟，分布于我国西藏南部。栖息于山脚平原、林缘灌丛、干旱原野、耕地以及村庄附近等开阔地区的树上，有时也在地面上活动。以小蛇、蛙、蜥蜴、鼠等为食，偶尔也吃小鸟和较大的昆虫如蝗虫、蚱蜢等。繁殖期为 3~6 月。营巢于开阔地区孤立的树上、小块丛林或者疏林中的树上，巢甚为简陋，主要由细的树枝构成，几乎没有任何内垫物，每窝产卵 2~3 枚，偶尔也有多至 4 枚和少至 1 枚的。卵的颜色为白色或淡蓝白色，光滑无斑，仅有少数具少许淡灰色或淡红色斑点。卵的大小为 46mm×38mm。孵卵由雌鸟承担。

白脸鵟鹰被列为国家Ⅱ级重点保护野生动物。它在我国野外数量十分稀少，但也会有偷猎犯罪的现象发生。

## 75. 棕翅鵟鹰

棕翅鵟鹰为中型猛禽，体长为 35~40cm，体重 336~340g。隶属于鸟纲、隼形目、鹰科。头顶至上背为灰褐色，下背和尾上的覆羽为赤褐色，尾羽为棕栗色，具有 4 道窄的黑色横斑和黑色端斑。飞羽为棕栗色，具有黑色横斑和暗色尖端，翅膀下面为粉红白色，也具有暗色横斑。喉部和胸部为灰褐色，但喉部没有中央纵纹。飞翔时棕栗色的翅膀和翅下的淡白都很醒目，从上面看初级飞羽中部的淡色斑也很明显。虹膜为黄色，有时呈金黄色，嘴黄色，尖端黑色，蜡膜和嘴裂为黄色，脚和趾呈暗黄色，爪为黑色。

棕翅鵟鹰分布于我国云南景东、景洪，为留鸟。栖息于低山丘陵和山脚平原疏林、灌丛与河岸地带，有时也出现在农田和村庄附近。性情孤独，常单独活动。以啮齿动物、小鸟、蜈蚣、甲壳动物等为食。繁殖期为 3~6 月。营巢于山地森林地带，常筑在疏林中的树上或开阔地带孤立的大树上。每窝产卵 2~3 枚，卵为蓝白色，偶尔有灰褐色的点状斑，大小为 46mm×39mm。

棕翅鵟鹰被列为国家Ⅱ级重点保护野生动物。它在我国野外数量十分稀少，但也会有偷猎犯罪的现象发生。

## 76. 灰脸鵟鹰

灰脸鵟鹰又叫灰面鹞，为中型猛禽，体长 39~46cm，体重 375~500g。隶属于鸟纲、隼形目、鹰科。上体暗棕褐色，翅上的覆羽也是棕褐色；尾羽为灰褐色，上面具有 3 道宽的黑褐色横斑。脸颊和耳区为灰色，眼先和喉部均为白色，喉部具有宽的黑褐色中央纵纹，胸部以下为白色，具有较密的棕褐色横斑。虹膜为黄色，嘴为黑色，嘴基部和蜡膜为橙黄色，跗跖和趾为黄色，爪为角黑色。

灰脸鵟鹰分布于我国大部分地区，为夏候鸟。一般每年 4 月末到 5 月初迁往繁殖地，9 月末到 10 月初离开繁殖地。栖息于山地、丘陵、草地、农田和村屯附近较为开阔的地区，有时也出现在荒漠和河谷地带。常单独活动。以小型蛇类、蛙、蜥蜴、鼠类、松鼠、野兔、狐狸和小鸟等动物性食物为食，有时也吃大的昆虫和动物尸体。繁殖期为 5~7 月。营巢于阔叶林或混交林中靠河岸的疏林地带或林中沼泽草甸和林缘地带的树上，也见在林缘地边的孤立树上营巢。巢多置于树的顶端枝杈上，距地面的高度为7~15m。巢的形状为盘状，主要由枯树枝构成，里面垫有枯草茎、草叶、树皮和羽毛。每窝产卵2~4枚。孵化由雌鸟单独承担。卵的颜色为白色，具锈色或红褐色斑。卵的大小为49mm×40mm。孵化期为32~33天。

灰脸鵟鹰被列为国家Ⅱ级重点保护野生动物。它在我国野外数量十分稀少，但也会有偷猎犯罪的现象发生。

## 77. 鹰雕

鹰雕是大型猛禽，体长为64~80cm，体重2 190~3 900g。隶属于鸟纲、隼形目、鹰科。虹膜为金黄色，嘴为黑色，蜡膜为黑灰色，脚和趾为黄色，爪为黑色。体羽有深色型和浅色型。头后黑色羽冠。上体为褐色，有时缀有紫铜色，腰部和尾上的覆羽有淡白色的横斑，尾羽上有宽阔的黑色和灰白色交错排列的横带，头侧和颈侧有黑色和皮黄色的条纹，喉部和胸部为白色，喉部有显著的黑色中央纵纹，胸部有黑褐色的纵纹，腹部密被淡褐色和白色交错排列的横斑，跗跖上被有羽毛，具有淡褐色和白色交错排列的横斑。飞翔时翅膀下面和尾羽下面的黑色和白色交错的横斑极为醒目。

鹰雕分布于我国内蒙古、辽宁、黑龙江、浙江、安徽、福建、湖北、广东、广西、台湾、四川、云南、西藏、海南等地，大多数为留鸟。栖息于山地、低山丘陵和山脚平原地区的森林和林缘地带。经常单独活动。主要以野兔、野鸡和鼠类等为食，也捕食小鸟和大的昆虫，偶尔还捕食鱼类、蜥蜴等。繁殖营巢于山地森林中高大的乔木树上。巢由树枝构成，结构较为庞大。通常位于树上部靠近主干的枝杈上。繁殖期为1~6月。每窝产卵2枚，也有少至1枚和多至3枚的。卵的颜色通常为淡灰白色或白色，没有斑点或者仅有不清晰的淡红色斑点。卵的形状为卵圆形，大小为70mm×54mm。孵化由雌鸟承担，护巢性很强。

鹰雕被列为国家Ⅱ级重点保护野生动物。它在我国野外数量十分稀少，但也会有偷猎犯罪的现象发生。

## 78. 金雕

金雕俗称为鹫雕、金鹫、黑翅雕、洁白雕等，是大型猛禽（图4. 38）。体长为79~102cm，体重2 000~5 500g。隶属于鸟纲、隼形目、鹰科。虹膜为栗褐色，嘴的端部为黑色，基部为蓝褐色或蓝灰色，蜡膜和趾为黄色，爪呈黑色。上体为棕褐色，在后头、枕和后颈等部位都有很尖锐的金黄色羽毛，呈披针状；下体为黑褐色；灰褐色的尾羽长而圆，具有黑色横斑和端斑，尾羽的根部以及双翼的下面具有白斑，在空中翱翔时非常明显。

金雕是留鸟，分布于我国的大部分地区。栖息于草原、荒漠、河谷，特别是高山针叶林中。单独或成对活动。以雁鸭类、雉鸡类、松鼠、狍子、鹿、山羊、狐狸、旱獭、野兔等为食，有时也吃鼠类等小型兽类。春季2~3月就开始产卵，每窝产卵多为2枚，偶尔也有1枚或3枚的。孵化期为35~45天不等。卵的大小为75mm×60mm，卵重148g左右，颜色为污白色或青灰白色，上面带有形状不规则的棕褐色斑点和斑纹，并夹杂着少量随着孵化的进行渐渐变得浅淡的蓝紫色小斑点。在巢内的喂养时间持续达76~85天之久。

图4. 38　金雕

金雕被列为国家Ⅰ级重点保护野生动物。它在我国野外数量十分稀少，但也会有偷猎犯罪的现象发生。

## 79. 白肩雕

白肩雕也叫御雕，是大型猛禽，体长 75～84cm，体重 1125～4000g（图 4.39）。隶属于鸟纲、隼形目、鹰科。体羽为黑褐色，头部和颈部较淡，特别是肩部具有明显的白斑。虹膜为红褐色，嘴黑褐色，但基部为铅蓝灰色，蜡膜和趾为黄色，爪黑色。

图 4.39　白肩雕

白肩雕分布于我国北京、河北、辽宁、吉林、江苏、浙江、安徽、福建、江西、山东、湖北、广东、广西、西藏、陕西、甘肃、青海、新疆等地。栖息于山地森林、低山丘陵、平原、荒漠、草原、沼泽及河谷地带。常单独活动。以啮齿类、野兔、雉鸡、石鸡、鹌鹑、野鸭、斑鸠等小型和中型兽类和鸟类为食，也吃爬行类和动物尸体。繁殖期为 4～6 月。通常雄鸟和雌鸟共同营巢于森林中高大的松树、槲树和杨树上。巢的形状为盘状，主要由枯树枝构成，里面垫有细枝、兽毛、枯草茎和草叶。巢的大小通常为直径 100～150cm，高 50～100cm。每窝产卵通常为 2～3 枚，呈白色，大小为（70～78）mm×（57～62）mm。第一枚卵产出后即开始孵卵，由亲鸟轮流进行，孵化期为 43～45 天。雏鸟为晚成性，被有白色绒羽，由亲鸟共同抚育 55～60 天后离巢。

白肩雕被列为国家Ⅰ级重点保护野生动物。它在我国野外数量十分稀少，但也会有偷猎犯罪的现象发生。

## 80. 草原雕

草原雕又叫大花雕、角雕，是大型猛禽，体长为 71～82cm，体重 2 015～2 900g（图 4.40）。隶属于鸟纲、隼形目、鹰科。体色变化较大，有淡灰褐色、褐色、棕褐色、土褐色、暗褐色等色型。尾上覆羽为棕白色，尾羽为黑褐色，具有不明显的淡色横斑和淡色端斑。虹膜为黄褐色或暗褐色，嘴为黑褐色，蜡膜为暗黄色，趾黄色，爪黑色。

图 4.40　草原雕

草原雕在黑龙江、新疆、青海为夏候鸟，迁徙的时间在秋季为 10～11 月，春季为 3～4 月。在吉林、辽宁、北京、河北、山西、宁夏、甘肃为旅鸟，浙江、海南、贵州、四川为冬候鸟。栖息于开阔平原、草地、荒漠和低山丘陵地带的荒原草地。以黄鼠、跳鼠、沙土鼠、鼠兔、旱獭、野兔、沙蜥、草蜥、蛇和鸟类等小型脊椎动物和昆虫为食，有时也吃动物尸体和腐肉。繁殖期 4～6 月。营巢于悬崖上或山顶岩石堆中，也营巢于地面上、土堆上、干草堆或者小山坡上。巢主要由枯枝构成，里面垫有枯草茎、草叶、羊毛和羽毛。巢的形状为浅盘状，大小为直径 50～100cm。每窝产卵 1～3 枚，通常为 2 枚，卵为白色，表面没有斑或具有黄褐色斑点，卵的大小为（63～74）mm×（51～57）mm。产完第一枚卵后即开始孵卵，由亲鸟轮流孵卵。孵化期大约为 45 天。雏鸟为晚成性，孵出后由亲鸟共同喂养 55～60 天后离巢。

草原雕被列为国家Ⅱ级重点保护野生动物。它在我国野外数量十分稀少，但也会有偷猎犯罪的现象发生。

## 81. 乌雕

乌雕又叫花雕、小花皂雕，为中大型猛禽，体长 61～74cm，体重 1 310～2 100g。隶属于鸟纲、隼形目、鹰科。通体为暗褐色，背部略微缀有紫色光泽，颏部、喉部和胸部为黑褐色，其余下体稍淡。尾羽短而圆，基部有一个“V”字形白斑和白色的端斑。虹膜为褐色，嘴黑色，基部较浅淡；蜡膜和趾黄色，爪黑褐色。

乌雕分布于北京、河北、山西、内蒙古、辽宁、吉林、黑龙江、上海、浙江、安徽、福建、江西、河南、湖北、广东、广西、四川、云南、新疆等地，为夏候鸟，春季迁到繁殖地的时间多在3月末4月初，秋季离开繁殖地的时间在10月末至11月中旬。栖息于低山丘陵和开阔平原地区的森林中，特别是河流、湖泊和沼泽地带的疏林和平原森林、草地和林缘地带。性情孤独。以野兔、鼠类、野鸭、蛙、蜥蜴、鱼和鸟类等小型动物为食，有时也吃动物尸体和大的昆虫。繁殖期为5~7月。营巢于森林中松树、槲树或其他高大的乔木树上。巢的结构较为庞大，主要由枯树枝构成，里面垫有细枝和新鲜的小枝叶，结构较为简陋，巢的大小通常为50~100cm，形状为平盘状。每窝产卵1~3枚，通常为2枚。卵的颜色为白色，被有红褐色的斑点，大小为68mm×54mm。由雌鸟单独承担，孵化期为42~44天。雏鸟为晚成性，经过60~65天后离巢。

乌雕被列为国家Ⅱ级重点保护野生动物。它在我国野外数量十分稀少，但也会有偷猎犯罪的现象发生。

## 82. 白腹隼雕

白腹隼雕也叫白腹山雕，是大型猛禽，体长为70~74cm，体重1500~2 525g（图4.41）。隶属于鸟纲、隼形目、鹰科。上体暗褐色，头顶和后颈呈棕褐色。颈侧和肩部的羽缘灰白色，飞羽为灰褐色，内侧的羽片上有呈云状的白斑。灰色的尾羽较长，上面具有7道不甚明显的黑褐色波浪形斑和宽阔的黑色亚端斑。下体白色，沾有淡栗褐色。飞翔时翼下覆羽黑色，飞羽下面白色而具波浪形暗色横斑，与白色的下体和翼缘均极为醒目。虹膜为淡褐色，嘴蓝灰色，尖端为黑色，基部灰黄色，蜡膜黄色，趾为柠檬黄色，爪黑色。

图4.41　白腹隼雕

白腹隼雕分布于北京、河北、上海、浙江、安徽、福建、江西、湖北、广东、广西、海南、贵州、云南等地。栖息于低山丘陵、山地森林中岩石、灌丛、河谷地带，有时也沿着海岸、河谷进入到山脚平原、沼泽和荒漠地区。以鼠类、水鸟、鸡类、岩鸽、斑鸠、鸦类和其他中小型鸟类为食，也吃野兔、爬行类和大的昆虫。繁殖期为3~5月。营巢于河谷岸边的悬崖上或树上。巢的结构较庞大，主要由枯树枝构成，内垫有少许细枝，往往使用多年。每窝产卵1~3枚，通常2枚。卵的形状为卵圆形，颜色为白色，一般没有斑点，有的在钝端有少许黄褐色斑。卵的大小为（65~71）mm×（51~57）mm。孵化期为42~43天。雏鸟为晚成性，刚孵出的时候全身被有白色绒羽，由亲鸟共同喂养60~80天后羽毛才能丰满，然后离巢飞翔。

白腹隼雕被列为国家Ⅱ级重点保护野生动物。它在我国野外数量十分稀少，但也会有偷猎犯罪的现象发生。

## 83. 棕腹隼雕

棕腹隼雕为中型猛禽，体长为50~54cm，体重732g。隶属于鸟纲、隼形目、鹰科。头顶有黑色的羽冠，前额、头顶、后颈以及头侧也是黑色，并且略微具有金属光泽。上体为黑色，喉部和上胸白色，具少许细的黑色纵纹，其余下体为棕栗色，下胸部具有黑色纵纹，尾羽为暗灰褐色，具暗色横斑，飞翔时在初级飞羽基部可见到一个大的圆形淡色斑。虹膜暗褐色，嘴铅灰色，尖端黑色，蜡膜黄色，脚和趾为暗黄色。

棕腹隼雕分布于我国海南和云南盈江。栖息于低山和山脚地带的阔叶林和混交林中。以鸡类、翠鸟、鸠鸽类、鼠类等为食。繁殖期为从12月中旬到翌年3月中旬。通常营巢于密林中高大乔木的顶部枝杈上，巢的结构庞大而粗糙，主要由枯枝构成，里面垫有新鲜的绿叶。通常每窝产1枚卵。卵的颜色为暗灰白色，有的具有细小的淡红色斑点，也有的斑点较为粗著，有时还具有淡紫色或蓝灰色的底层斑。卵的大小为62mm×48mm。亲鸟轮流孵卵。

棕腹隼雕被列为国家Ⅱ级重点保护野生动物。它在我国野外数量十分稀少，但也会有偷猎犯罪的现象发生。

## 84. 靴隼雕

靴隼雕又叫靴隼雕、小雕，体长为45~54cm，体重709~975g。隶属于鸟纲、隼形目、鹰科。前额、眼先为白色，头顶、后颈和颈侧为茶褐色或茶棕色，具暗褐色纵纹，尤以头顶部位的较宽，通常还有窄的黑色眉纹。虹膜为褐色，嘴为蓝灰色或淡蓝色，尖端为黑色，蜡膜和嘴裂为黄色，脚为暗黄色。尾羽较长，呈方形。体色有两种类型，淡色型上体为暗土褐色或棕褐色，下体为白色，有一些褐色的纵纹，与黑色的飞羽形成鲜明对比，飞翔时从下面看通体白色，仅翼的后缘和翼尖为黑色，尾为棕色。暗色型除了尾羽为淡色外，通体为暗褐色。

靴隼雕分布于北京、河北、辽宁、浙江、云南、新疆、西藏等地。栖息于山地森林和平原森林地带，有时也到有少许树木的农田和村庄附近。常单独活动。以啮齿动物、野兔、小鸟、幼鸟、爬行类等为食。繁殖期为4~6月。4月中旬就成对在森林的上空做求偶飞行，并且不断地鸣叫。通常营巢于森林中高大的乔木树上，距地面的高度一般为5~20m。由雄鸟和雌鸟共同筑巢。巢多置于树上部枝杈上，结构较为庞大，但很简陋，主要由枯树枝构成，形状为盘状，直径为50~80cm。有时也利用其他鸟类的旧巢。每窝通常产卵2枚，偶尔有多至3枚和少至1枚的。卵的颜色为蓝色、白色、绿白色或灰白色，有时被有不明显的淡红色或黄褐色斑。卵的形状为椭圆形，大小为46mm×56mm，卵重51~66g。第一枚卵产出后即开始孵卵，主要由雌鸟承担。

靴隼雕被列为国家Ⅱ级重点保护野生动物。它在我国野外数量十分稀少，但也会有偷猎犯罪的现象发生。

## 85. 林雕

林雕又叫树鹰，是大型猛禽，体长68~76cm，体重1125~1600g。隶属于鸟纲、隼形目、鹰科。通体为黑褐色，蜡膜黄色，跗跖被羽，趾黄色，爪黑色，尾羽较长而窄，呈方形。尾羽上具有多条淡色横斑和宽阔的黑色端斑。下体也是黑褐色，但较上体稍淡，胸、腹有粗重的暗褐色纵纹。虹膜暗褐色，嘴铅色，尖端黑色，蜡膜和嘴裂黄色，趾黄色，爪黑色。

林雕分布于福建、广东、海南、台湾、云南、西藏等地。栖息于山地森林中。以鼠类、蛇类、雉鸡、蛙、蜥蜴、小鸟和鸟卵以及大的昆虫等动物性食物为食。繁殖期为11月到翌年3月，营巢于从山脚到海拔2000m以上的浓密的常绿阔叶林或落叶阔叶林中，多置于高大乔木的上部。每窝通常产卵1枚，偶尔多至2枚，卵的颜色为白色或灰白色。卵的大小为50mm×63mm。

林雕被列为国家Ⅱ级重点保护野生动物。它在我国野外数量十分稀少，但也会有偷猎犯罪的现象发生。

## 86. 白腹海雕

白腹海雕是大型猛禽，体长为71~84cm，体重2120~2900g。隶属于鸟纲、隼形目、鹰科。头部、颈部和下体都是白色，背部为黑灰色。尾羽呈楔形，呈褐色，端部白色。飞翔时从下面看，通体除飞羽和尾羽的基部为黑色外，其余全部为白色。虹膜为褐色，蜡膜和上嘴为红灰色，下嘴蓝灰色，尖端黑色，嘴裂为红蓝色，跗跖和趾为淡肉色，爪黑色。

白腹海雕为留鸟，在我国分布于江苏、浙江、福建、广东、香港、海南、台湾等地。栖息于海岸及河口地区。常沿着海面飞行，捕食鱼类、海蛇、野鸭，也在陆地上捕食蛙、蜥蜴、野兔和蛇，有时还吃动物尸体。繁殖期从12月到翌年3月。一般营巢于海岸边高大的乔木树上或悬崖岩石上，也营巢于内陆沼泽地带的小树上、没有树木的岛屿的地上或岩石上。巢的结构较为庞大，直径可达250cm，主要由枯树枝构成，里面放有一些绿叶，也喜欢利用旧巢。每窝通常产卵2枚，偶尔为3枚。卵为白色，形状为卵圆形，大小为54mm×72mm。亲鸟轮流孵卵。

白腹海雕被列为国家Ⅰ级重点保护野生动物。它在我国野外数量十分稀少，但也会有偷猎犯罪的现象发生。

## 87. 玉带海雕

玉带海雕又叫黑鹰、腰玉，是大型猛禽，体长76~84cm，体重2 500~3 760g（图4. 42）。隶属于鸟纲、隼形目、鹰科。头部和颈部沙皮黄色，喉部皮黄白色，颈部的羽毛较长，呈披针形，上背为褐色，其余上体为暗褐色，初级飞羽为黑色，下体棕褐色。尾羽为圆形，暗褐色，在中间具有一个宽阔的白色横带。虹膜淡灰黄色到黄色，嘴暗石板黑色或铅色，蜡膜和嘴裂淡色，脚和趾暗白色、黄白色或暗黄色，爪黑色。

图 4. 42　玉带海雕

玉带海雕分布于北京、河北、山西、内蒙古、吉林、黑龙江、上海、江苏、四川、西藏、甘肃、青海、新疆等地。栖息于有湖泊、河流和水塘等水域的开阔地区，以及水域附近的渔村和农田上空。以鱼和水禽为食，常在水面捕捉各种水禽，如大雁、天鹅幼雏和其他鸟类，也吃蛙和爬行类。繁殖期从11月到翌年3月。通常营巢于湖泊、河流或沼泽岸边高大乔木树上，偶尔也在渔村附近或离水域较远的树上筑巢，偶尔也有在芦苇堆上营巢的。巢的结构较庞大，主要由枯树枝和芦苇构成，有时侵占乌鸦等其他鸟类的巢。每窝产卵2~4枚，纯白色，光滑无斑，大小为（64~76）mm×（52~58）mm。主要由雌鸟孵卵，孵化期为30~40天。雏鸟为晚成性，由亲鸟共同抚育70~105天后离巢。

玉带海雕被列为国家Ⅰ级重点保护野生动物。它在我国野外数量十分稀少，但也会有偷猎犯罪的现象发生。

## 88. 白尾海雕

图 4. 43　白尾海雕

白尾海雕又叫白尾雕、芝麻雕、黄嘴雕等，是大型猛禽，体长82~91cm，体重2 800~4 600g（图4. 43）。隶属于鸟纲、隼形目、鹰科。体羽多为暗褐色，后颈和胸部的羽毛为披针形，较长，头部、颈部的羽色较淡，为沙褐色或淡黄褐色，嘴、脚黄色。尾羽呈楔形，为纯白色。虹膜黄色，嘴和蜡膜为黄色，脚和趾为黄色，爪黑色。

白尾海雕分布于我国大部分地区。栖息于湖泊、河流、海岸、岛屿及河口地区。以鱼为食，常在水面低空飞行，发现鱼后用爪伸入水中抓边。此外也吃野鸭、大雁、天鹅、雉鸡、鼠类、野兔、狍子等，有时还吃动物尸体，常通过在空中翱翔和滑翔搜寻猎物。繁殖期为4~6月。通常营巢于湖边、河岸或附近的高大树上。巢多置于树木顶端枝杈上或粗大的侧枝上，距离地面的高度为15~25m。巢的形状为盘状，主要由树枝构成，里面放有细小的枝叶和羽毛，每窝产卵通常为2枚，偶尔为少至1枚和多至3枚的。卵的颜色为白色，光滑无斑，偶尔带有少许不清晰的赭色斑。第一枚卵产出后即开始孵卵，由亲鸟轮换进行，但以雌鸟为主。孵化期为35~45天。雏鸟为晚成性，由亲鸟共同喂养大约70天，即可飞翔和离巢。

白尾海雕被列为国家Ⅰ级重点保护野生动物。它在我国野外数量十分稀少，但也会有偷猎犯罪的现象发生。

## 89. 虎头海雕

虎头海雕是大型猛禽，体长90~100cm，体重2 800~4 600g。隶属于鸟纲、隼形目、鹰科。头顶和头的后部为暗褐色，并具有灰褐色的纵纹。体羽主要为暗褐色，虹膜、嘴、脚均为黄色，爪黑色。前额、肩部、腰部、尾上覆羽和尾下覆羽以及呈楔形的尾羽全部为白色。尾羽为14枚。飞翔时从上面看，腰部、尾羽和两翅前缘的白色与黑色的两翅以及其余上体呈鲜明的对比；从下面看，白色的翼缘，白色的尾下覆羽和尾羽与黑色的下体的对比也很强烈。

虎头海雕分布于我国河北、山西、辽宁、吉林、黑龙江和台湾等地。栖息于海岸及河谷地带。以鱼类为食，也吃野鸭、大雁、天鹅等大小型水禽和野兔、鼠类等中小型哺乳动物，以及甲壳类动物和鱼、海兽等动物的尸体等。繁殖期为4~6月，营巢于海岸附近的林区河谷地带，偶尔在海岸岩石上营巢。巢多置于高大乔木顶部枝杈上或较粗的侧枝上，较为固定。巢的形状为盘状，主要由枯枝构成。每窝产卵1~3枚，通常2枚。卵的颜色为白色，稍微缀有绿色，大小为（58~65）mm×（78~85）mm，卵重149g。孵化期为38~45天。雏鸟为晚成性，大约经过70天后离巢。

虎头海雕被列为国家Ⅰ级重点保护野生动物。它在我国野外数量十分稀少，但也会有偷猎犯罪的现象发生。

## 90. 渔雕

渔雕是大型猛禽，体长为61~69cm，体重780~785g。隶属于鸟纲、隼形目、鹰科。头部和颈部为灰色，腹部白色，其余均为灰褐色。虹膜为亮黄色，嘴为暗角褐色，基部铅蓝色，蜡膜褐色，脚和趾为淡黄色或淡灰白色，爪黑色。爪的底面上没有海雕类所具有的沟，但它的外趾能向后转动。尾羽为圆形，具有宽阔的黑色端斑，中央尾羽为灰褐色，外侧尾羽的基部2/3缀有白色和褐色的斑纹，末端1/3为黑色。

渔雕分布于海南，是极为罕见的冬候鸟。栖息于山地森林中的河流与溪流两岸。喜欢停留在大树上或岩石上。几乎完全以鱼类为食，偶尔吃一些爬行类等动物。繁殖于2000m以下的山地森林地区，营巢于森林中河流两岸高大的乔木树上，偶尔也在山脚农田和草地中孤立的树上筑巢。繁殖期为3~6月，此时更加喜欢鸣叫。一般3月开始产卵，每窝产卵2~3枚。卵的大小为20mm×65mm。由雄鸟和雌鸟共同育雏。

渔雕被列为国家Ⅱ级重点保护野生动物。它在我国野外数量十分稀少，但也会有偷猎犯罪的现象发生。

## 91. 黑兀鹫（jiù）

黑兀鹫是大型猛禽，体长80~83cm，体重3 700~5 400g。隶属于鸟纲、隼形目、鹰科。虹膜为黄色或红褐色，嘴粗大而强壮，呈暗褐色，下嘴基部黄色，蜡膜为橘红色，鼻孔呈椭圆形。腿后边裸露的皮肤为暗橙红色，脚为暗红色或肉色。头部和颈部裸露无羽，露出橘红色的皮肤，颈部的两侧各有一个从头后面的耳部下方悬垂下来的橘红色肉垂。耳部有一圈黑色的刚毛，颊部、眼先和头顶的两边也有少许黑色的刚毛。颈部下方的撮羽和覆腿羽为白色，其余羽毛均为黑褐色，上体还具有金属的光泽。飞翔的时候黑色的翼下有一条白色的横带，前胸和后胁的白斑和通体的一片黑色形成鲜明对照。

黑兀鹫见于云南，为留鸟或冬候鸟。栖息于开阔的低山丘陵、农田和小块丛林地带，有时也进到茂密的森林地区。以动物尸体为食，有时也捕食鸟类和小型兽类。繁殖期为12月至翌年1月，有时也在2~3月。通常营巢于村庄附近的果园和农田等开阔地区的树上，偶尔也在森林地区、稀疏灌丛地区或丛林中的树上营巢。巢呈盘状，直径为60~120cm，高15~50cm，用粗细枝条构成，里面垫有细的枝条、绿叶、青草以及兽毛和碎屑等。巢可以连续使用多年，并逐年扩大。每窝产卵1枚，白色，被有红色的斑点，大小为84mm×66mm。由亲鸟轮流孵卵，孵化期为45天。

黑兀鹫被列为国家Ⅱ级重点保护野生动物。它在我国野外数量十分稀少，但也会有偷猎犯罪的现象发生。

## 92. 秃鹫

秃鹫也叫狗头鹫、坐山雕等，是大型猛禽，体长98~120cm，体重5 750~9 200g（图4.44）。隶属于鸟纲、隼形目、鹰科。头部裸露，仅被有短的黑褐色绒羽，颈的后部则完全裸露无羽，呈铅蓝色，颈的基部被有长的黑色或淡褐白色羽簇形成的皱翎。上体自背部至尾下覆羽都是暗褐色。下体也是暗褐色，前胸部密被着黑褐色的毛状绒羽，两侧各有一束蓬松的矛状长羽，腹部缀有淡色的纵纹。虹膜暗褐色。嘴黑褐色，蜡膜呈蓝灰色或铅蓝色，跗跖和趾为珠灰色或灰白色，爪黑色。尾羽略呈楔形。

图4.44 秃鹫

秃鹫分布于北京、河北、山西、内蒙古、辽宁、吉林、黑龙江、上海、江苏、浙江、安徽、福建、山东、湖北、广东、广西、四川、贵州、云南、西藏、陕西、甘肃、青海、宁夏、新疆、台湾等地。栖息于低山丘陵和高山荒原与森林中的荒岩草地、山谷溪流和林缘地带。常单独活动。以大型动物的尸体为食。繁殖期为3~5月。通常营巢于森林上部，也在裸露的高山地区营巢。巢多筑在树上，偶尔也筑巢于山坡或悬岩边岩石上。巢的形状为盘状，主要由枯树枝构成，里面放有细的枝条、草、叶、树皮、棉花和毛。巢距地面的高度通常为6~10m。交配通常在巢的上面进行，伴随着交配而发出呻吟声，每窝通常产卵1枚，卵的颜色为污白色，具有红褐色条纹和斑点，卵的大小为（84~97）mm×（64~72）mm，由亲鸟轮流孵卵，孵化期为52~55天。雏鸟为晚成性，通常需要亲鸟喂养90~150天才能离巢。

秃鹫被列为国家Ⅱ级重点保护野生动物。它在我国野外数量十分稀少，但也会有偷猎犯罪的现象发生。

## 93. 高山兀鹫

高山兀鹫体长为120~140cm，体重8 000~12 000g（图4.45）。隶属于鸟纲、隼形目、鹰科。头部和颈部裸露，仅稀疏地被有少数污黄色或白色像头发一样的绒羽，颈基部长的羽簇呈披针形，颜色为淡皮黄色或黄褐色，上体和翅上覆羽淡黄褐色。飞羽为黑色，下体淡白色或淡皮黄褐色，飞翔时淡色的下体和黑色的翅膀形成鲜明的对照。虹膜暗黄色，乳黄色或淡褐色，嘴角绿色或暗黄色，蜡膜淡褐色或绿褐色，脚和趾绿灰色或白色。

图4.45 高山兀鹫

高山兀鹫分布于我国内蒙古、山东、四川、云南、西藏、甘肃、青海、宁夏、新疆等地，在各地均为留鸟。栖息于高山和高原地区。以腐肉和尸体为食，一般不攻击活的动物。繁殖期为2~5月。通常营巢于高原上的悬崖岩壁的凹处，据说它非常喜欢用细长如剑的藏羚角来筑巢，有时收集的数目多达100枚以上。每窝通常产卵1枚，卵的颜色为白色或淡绿白色，表面光滑无斑，偶尔被有褐色斑点。卵的大小为95mm×70mm。每对常单独繁殖，有时也见4~5对在一起繁殖。

高山兀鹫被列为国家Ⅱ级重点保护野生动物。它在我国野外数量十分稀少，但也会有偷猎犯罪的现象发生。

## 94. 白背兀鹫

白背兀鹫也叫拟兀鹫，是大型猛禽，体长 83～89cm，体重 3 500～6 000g。隶属于鸟纲、隼形目、鹰科。虹膜黄褐色或淡褐色，嘴暗铅色或铅绿色，嘴峰为灰色或黄白色，蜡膜为亮角黑色，脚和趾铅绿色或铅灰色到几乎黑色。灰色的头部和颈部几乎完全裸露，仅呈斑块状地缀有少量稀疏的、呈斑状的淡黄色发状羽，后颈的基部具有长而呈绒毛状的污白色簇羽，下背、腰部、腿的内侧覆羽为白色，其余体羽均为黑色。

白背兀鹫分布于云南的景洪，为留鸟，极为罕见。栖息于开阔的低山丘陵和山脚平原地区。以动物尸体为食，在食物贫乏和饥饿的时候，也吃蛙、蜥蜴、鸟、小型哺乳动物和大的昆虫。繁殖期为 11 月至翌年 3 月。通常营巢于小镇或村庄附近树林中高大的树上，很少在开阔的农田地区树上营巢。每窝产卵 1 枚，偶尔 2 枚，卵白色，通常没有斑，有时被有红褐色或红色斑。卵的大小为（81～107）mm×（61～69）mm。由亲鸟轮流孵卵。孵化期为 45～52 天。雏鸟为晚成性，孵出后由亲鸟共同喂养大约 90 天离巢。

白背兀鹫被列为国家Ⅰ级重点保护野生动物。它在我国野外数量十分稀少，但也会有偷猎犯罪的现象发生。

## 95. 胡兀鹫

胡兀鹫是大型猛禽，体长为 100～115cm，体重 3 500～5 500g（图 4. 46）。隶属于鸟纲、隼形目、鹰科。虹膜为红色或黄色。嘴角褐色，嘴角下生有一小簇黑黝黝的刚毛。脚铅灰色。头部和颈部具有锈白色的完整羽毛。眼睛周围有一圈又黑又长的眉状斑纹。上体为黑褐色，但羽干为白色，形成一道道纵纹。胸部有明显的黑带，其余下体和尾下的羽毛都是淡黄色。

胡兀鹫分布于河北、山西、内蒙古、辽宁、湖北、四川、云南、西藏、甘肃、青海、宁夏、新疆等地，为留鸟。栖息于高原、荒漠、戈壁等地。善于利用上升气流进行翱翔。以大型动物的尸体为食。10～11 月开始交配。巢筑在海拔 4 000m以上的峭壁上的缝隙、岩洞等凹处，呈盘状，巢内垫有枯草、细枝、棉花、废物碎片等。每窝产 2 枚卵，很大，约为 85mm×65mm。卵壳为暗灰色或赭褐色并有红褐色的斑点。孵化期长达 53 天，育雏期为 110 天左右。

图 4. 46　胡兀鹫

胡兀鹫被列为国家Ⅰ级重点保护野生动物。它在我国野外数量十分稀少，但也会有偷猎犯罪的现象发生。

## 96. 白尾鹞（yào）

白尾鹞又叫灰鹰、白抓、鸡鸮、扑地鹞、灰泽鹞和灰鹞等，是中型猛禽，体长 41～53cm，体重 310～600g。隶属于鸟纲、隼形目、鹰科。前额为污灰白色，头顶灰褐色，而且具暗色的羽干纹，后头为暗褐色，耳羽的后下方向下至颏有一圈蓬松而稍微卷曲的羽毛所形成的皱领，后颈微蓝灰色，上体的背部、肩部和腰部等都是蓝灰色，翅膀的尖端为黑色。中央尾羽为银灰色，上面的横斑不明显，紧接着的两对尾羽为蓝灰色，具有暗灰色横斑，外侧的尾羽则是白色，杂以暗灰褐色的横斑，尾上覆羽为白色。下体的颏部、喉部和上胸部均为蓝灰色，其余部分为纯白色。虹膜为黄色，嘴黑色，基部蓝灰色，蜡膜黄绿色，脚和趾黄色，爪黑色。飞翔时，从上面看，蓝灰色的上体、白色的腰和黑色的翅尖形成明显对比；从下面看，白色的下体，较暗的胸部和黑色的翅尖也形成鲜明的对比。

白尾鹞分布于我国大部分地区。栖息于平原、低山丘陵、湖泊、沼泽、河谷、草原、荒野等地。以小型鸟类、鼠类、蛙、蜥蜴和大型昆虫等动物性食物为食。繁殖期为4~7月，开始时常见雄鸟和雌鸟在空中做求偶飞行，彼此相互追逐。营巢于干枯的芦苇丛、草丛或灌丛间的地面上，主要由芦苇、蒲草、细枝等构成，形状为浅盘状，直径为30~50cm，高5~11cm，每窝产卵4~5枚，偶尔少至3枚和多至6枚。卵刚产出时为淡绿色或白色，被有肉桂色或红褐色的斑点，卵的大小为48mm×37mm，卵重27~40g。第一枚卵产出后即开始孵卵，由雌鸟承担，孵卵期为29~31天。雏鸟为晚成性，刚孵出时被有短的白色绒羽。通常在孵出后的头几天由雌鸟在巢中看护，雄鸟外出觅食，2~3天后，雌鸟也经常外出捕食，饲喂雏鸟，在35~42天后雏鸟才能离巢。

白尾鹞被列为国家Ⅱ级重点保护野生动物。它在我国野外数量十分稀少，但也会有偷猎犯罪的现象发生。

## 97. 草原鹞

草原鹞又叫草原鹰，是中型猛禽，体长40~48cm，体重311~550g。隶属于鸟纲、隼形目、鹰科。头部近白色。虹膜黄色，嘴黑色，蜡膜黄绿色，脚和趾深黄色，爪黑色。上体主要为灰色，下体的颏部、喉部和上胸部为珠灰色，其余均为白色。翼尖黑色。尾窄而长，呈方尾形，中央尾羽为灰色，具有模糊的横斑痕迹，接下来的2对尾羽具有灰色的边缘和横斑，并杂有白色斑点，其余尾羽均具有灰色和白色相间横斑。飞翔时从上面看，黑色的翼尖和灰色的上体以及两翅和尾形成明显对照，从下面看，黑色的翼尖和白色的下体以及翼的下表面反差更为强烈。

草原鹞在我国分布于北京、河北、江苏、江西、湖北、广西、海南、四川、西藏、新疆等地。栖息于草原、半荒漠、干旱平原以及低山丘陵和平原森林地区。以田鼠、黄鼠、跳鼠等啮齿动物以及野兔、蜥蜴、蝗虫、鸟类、雏鸟和鸟卵为食。繁殖期为4~6月。营巢于开阔平原的地面上或土堆上，有时也在草丛和矮小灌丛中。巢较简陋，外径约为50cm，内径15~20cm。每窝产卵通常3~5枚，偶尔多至6枚，卵的颜色为白色或淡蓝色，具暗褐色斑点，大小为45mm×35mm。孵化期为30天。雏鸟为晚成性，经过35~45天后雏鸟才能离巢。

草原鹞被列为国家Ⅱ级重点保护野生动物。它在我国野外数量十分稀少，但也会有偷猎犯罪的现象发生。

## 98. 乌灰鹞

乌灰鹞为中型猛禽，体长43~50cm，体重258~380g。隶属于鸟纲、隼形目、鹰科。上体暗灰色，初级飞羽黑色，下体仅下胸和腹白色，具棕色纵纹。翅膀的上面有一条黑色横带，下面则有2条黑色横带。虹膜黄色，雌鸟为黄褐色；幼鸟褐色。嘴黑色，蜡膜黄绿色，跗跖和趾黄色。

乌灰鹞在我国分布于山东、福建、广东、新疆。栖息于低山丘陵、山脚平原、河流、湖泊、沼泽和林缘灌丛等地带。以鼠类、蛙、蜥蜴和大的昆虫为食，也吃小鸟、雏鸟和鸟卵。繁殖期为5~8月。雄鸟在炫耀时不停地发出尖厉的叫声及拖长的吠声。通常营巢于水域附近地上的草丛中或干的芦苇丛中。巢主要由细的灌木枝条、芦苇和草构成，内垫有干草。巢的直径约为50cm。每窝产卵3~6枚，卵白色，通常无斑，偶尔带有褐色斑点。卵的大小为（41~44）mm×（34~35）mm。孵化期为27~30天。雏鸟为晚成性，由亲鸟喂养35~42天才能出巢。

乌灰鹞被列为国家Ⅱ级重点保护野生动物。它在我国野外数量十分稀少，但也会有偷猎犯罪的现象发生。

## 99. 鹊鹞

鹊鹞又叫喜鹊鹞、喜鹊鹰、花泽鵟、黑白花鵟等，是中型猛禽。体长42~48cm，体重250~380g。隶属于鸟纲、隼形目、鹰科。虹膜黄色，嘴黑色或暗铅蓝灰色，下嘴基部黄绿色，蜡膜也为黄绿色，脚和趾黄色或橙黄色。头部、颈部、背部和胸部均为黑色，尾上的覆羽为白色，尾羽为灰色，翅膀上有白斑，下胸部至尾下覆羽和腋羽为白色。飞翔时，从上面看，翼尖和从头部至背部为黑色，翼上的小覆羽和尾上的覆羽为白色，其余为灰色；从下面看，翼尖和头部、颈部的黑色与白色的体羽及灰白色的翼下成鲜明对比。

鹊鹞分布于我国大部分地区。栖息于开阔的低山丘陵和山脚平原、草地、旷野、河谷、沼泽、林缘灌丛和沼泽草地。常单独活动。以小鸟、鼠类、林蛙、蜥蜴、蛇、昆虫等小型动物为食。繁殖期为5~7月。巢多置于疏林中灌丛草甸的塔头草墩上或地面上。巢呈浅盘状，由干苔草的草茎和草叶构成，外径为40~71cm，内径为17~40cm，深5cm左右。如果没有干扰，巢可以多年使用。每窝产卵4~5枚，卵的颜色为乳白色或淡绿色，通常没有斑点，偶尔被有褐色斑点，卵的形状为卵圆形，大小为44mm×34mm。孵化期约30天，雏鸟为晚成性，亲鸟共同抚养一个多月后才能离巢。

鹊鹞被列为国家Ⅱ级重点保护野生动物。它在我国野外数量十分稀少，但也会有偷猎犯罪的现象发生。

## 100. 白头鹞

白头鹞又叫泽鹞、泽鵟和白尾巴根子等，是中型猛禽，体长48~56cm，体重530~740g。隶属于鸟纲、隼形目、鹰科。上体为栗褐色，头部至后颈为棕皮黄色或皮黄白色。翅膀和尾羽为灰色，翅膀的尖端为黑色，尾上覆羽大多为白色，下体的喉部为皮黄色，上胸棕色，下胸皮黄色，腹部为栗色，胸部具有锈色纵纹。虹膜为橙黄色，嘴黑色，嘴基蓝灰色，蜡膜黄绿色，脚、趾黄色，爪黑色。

白头鹞分布于我国北京、河北、上海、江西、湖北、广东、海南、西藏、新疆等地。栖息于低山平原地区的河流、湖泊、沼泽、芦苇塘等开阔水域及其附近地区。常单独或成对活动。以小型鸟类、雏鸟、鸟卵、小型啮齿类、蛙、蜥蜴、蛇等动物性食物为食，有时也吃中型水鸟、陆栖鸟类和腐肉等。繁殖期为4~6月。通常营巢于沼泽地带芦苇丛中，偶尔在湖边或河边灌丛中营巢。巢主要由灌木枝、芦苇和草构成，形状为盘状。巢的大小为外径80~100cm，内径15~20cm，巢高25~50cm。每窝产卵通常4~5枚，偶尔多至6枚和少至2枚。卵的颜色为白色，稍微缀有绿色，通常没有斑点，偶尔被有赭色斑点。卵的大小为51mm×39mm。孵化期为32~33天。

白头鹞被列为国家Ⅱ级重点保护野生动物。它在我国野外数量十分稀少，但也会有偷猎犯罪的现象发生。

## 101. 白腹鹞

白腹鹞是中型猛禽。体长50~59cm，体重490~780g。隶属于鸟纲、隼形目、鹰科。头顶至上背白色，具宽阔的黑褐色纵纹。上体黑褐色，具污灰白色斑点，外侧覆羽和飞羽银灰色，初级飞羽黑色，尾上覆羽白色，尾羽银灰色，外侧尾羽内翈白色，下体近白色，微缀皮黄色，喉部和胸部具有黑褐色纵纹。虹膜橙黄色，嘴黑褐色，嘴基淡黄色，蜡膜暗黄色，脚淡黄绿色。

白腹鹞分布于我国大部分地区。栖息和活动在沼泽、芦苇塘、江河与湖泊沿岸等较潮湿而开阔的地方。性情机警而孤独，常单独或成对活动。以小型鸟类、啮齿类、蛙、蜥蜴、蛇类和大的昆虫为食。繁殖期为4~6月。通常营巢于地上芦苇丛中，偶尔也在灌丛中营巢，巢呈盘状，由芦苇构成，每窝产卵4~5枚，偶尔有多至6枚和少至3枚的。卵为青白色，无任何斑点，大小为51mm×38mm。主要由雌鸟孵卵，孵化期为33~38天。雏鸟为晚成性，经过35~40天的巢期生活后才能离巢。

白腹鹞被列为国家Ⅱ级重点保护野生动物。它在我国野外数量十分稀少，但也会有偷猎犯罪的现象发生。

## 102. 短趾雕

短趾雕是大型猛禽，体长为61~70cm，体重1 200~2 300g。隶属于鸟纲、隼形目、鹰科。上体淡沙褐色，头部和后颈具有黑褐色羽轴纹，下体为白色，喉部、胸部沙褐色，具锈色纵纹，腹部具沙褐色横斑；尾羽较长，呈灰白色或近白色，上面具有三道暗色的横斑；初级飞羽为黑色；跗跖比较长，仅局部被羽。虹膜黄色或亮橙黄色，嘴淡蓝灰色，尖端较暗，蜡膜白色或淡铅灰色，脚和趾灰色。

短趾雕分布于北京、河北、辽宁、四川、陕西、甘肃、新疆等地。栖息于低山丘陵、山脚平原、沼泽平原、海岸、荒漠和半荒漠地区。常单独活动。以各种蛇类为食，也吃蜥蜴、蛙等其他动物。繁殖期为4~6月。多营巢于林缘地区，置巢于树顶部枝杈上，一般距离地面的高度为2~15m，偶尔在悬崖上营巢。巢由枯树枝构成，大小为外径68~136cm，内径35~55cm，巢高60~100cm。每窝通常产卵1枚，偶尔2枚，卵的颜色为白色，大小为（67~80）mm×（50~64）mm。主要由雌鸟孵卵。孵化期47天。雏鸟为晚成性，孵出后由亲鸟喂养70~75天后才能离巢。

短趾雕被列为国家Ⅱ级重点保护野生动物。它在我国野外数量十分稀少，但也会有偷猎犯罪的现象发生。

## 103. 蛇雕

蛇雕又叫大冠鹫、白腹蛇雕、凤头捕蛇雕等，是中型猛禽，体长55~73cm，体重1 150~1 700g（图4.47）。隶属于鸟纲、隼形目、鹰科。上体暗褐色或灰褐色，具窄的白色羽缘。头顶黑色，具显著的黑色扇形冠羽，其上被有白色横斑，尾上覆羽具白色尖端，尾羽黑色，中间具有一个宽阔的灰白色横带和窄的白色端斑。喉部、胸部为灰褐色或黑色，具暗色虫蠹状斑，其余下体皮黄色或棕褐色，具白色细斑点。飞翔时从下面看，通体为暗褐色，翼下具宽阔的白色横带和细小的白色斑点，尾下亦具宽阔的白色横带和窄的白色尖端。虹膜黄色，嘴蓝灰色，先端较暗，蜡膜铅灰色或黄色，跗跖裸出，被网状鳞，黄色，趾也是黄色，爪黑色。

图 4.47 蛇雕

蛇雕分布于我国辽宁、浙江、安徽、福建、江西、广东、广西、贵州、云南、西藏、台湾、海南等地。栖息和活动于山地森林及其林缘开阔地带，单独或成对活动。以各种蛇类为食，也吃蜥蜴、蛙、鼠类、鸟类和甲壳动物。繁殖期为4~6月。巢由枯枝构成，形状为盘状，每窝产卵1枚，白色，微具淡红色的斑点，大小为（66~73）mm×（54~58）mm，由雌鸟孵卵。孵化期35天。雏鸟为晚成性，由亲鸟抚养60天左右才能飞翔。

蛇雕被列为国家Ⅱ级重点保护野生动物。它在我国野外数量十分稀少生。

## 104. 鹗（è）

鹗又叫鱼鹰，是中型猛禽，体长51~64cm，体重1 000~1 750g（图4.48）。隶属于鸟纲、隼形目、鹰科。头部白色，头顶具有黑褐色的纵纹，枕部有短的羽冠。头的侧面有一条宽阔的黑带，从前额的基部经过眼睛到后颈部。上体为暗褐色，略微具有紫色的光泽。下体为白色，颏部、喉部微具细的暗褐色羽干纹，胸部具有赤褐色的斑纹。飞翔时从下面看，白色的下体和翼下覆羽同翼角的黑斑，胸部的暗色纵纹和飞羽，以及尾羽上相间排列的横斑均极为醒目。虹膜淡黄色或橙黄色，眼周裸露皮肤铅黄绿色，嘴黑色，蜡膜铅蓝色，脚和趾黄色，爪黑色。

图 4.48 鹗

鹗分布于我国大部分地区。栖息于湖泊、河流、海岸等地。常单独或成对活动。以鱼类为食，有时也捕食蛙、蜥蜴、小型鸟类等其他小型陆栖动物。繁殖期在我国南方通常为2~5月，在东北地区大多为5~8月。巢的形状为盘状，主要由树枝、灌木枝、枯草等堆集而成，内铺以树皮、枯草、羽毛和碎纸。雄鸟和雌鸟共同参与营巢，每窝产卵2~3枚，偶尔有多至4枚的。卵的大小为61mm×46mm，卵重70g，卵的形状为椭圆形，颜色为灰白色，被有红褐色斑点。亲鸟轮流参与孵卵，但以雌鸟为主，孵卵期为32~40天。雏鸟为晚成性，孵出后由亲鸟共同喂养大约经过42天后才能离巢。

鹗被列为国家Ⅱ级重点保护野生动物。它在我国野外数量十分稀少，但也会有偷猎犯罪的现象发生。

## 105. 红腿小隼

红腿小隼是小型猛禽，体长15~19cm，体重30~50g。隶属于鸟纲、隼形目、隼科。前额为白色，眼睛上有一条宽阔的白色眉纹，往后经耳覆羽与上背的白色领圈相连，颊部和耳覆羽为白色，从眼睛前面开始有一条明显的，且较粗的黑色贯眼纹经过眼睛斜向下到耳部。上体黑色，有蓝绿色的金属光泽。前额、眉纹和上背的领圈为白色，贯眼纹为黑色。喉部为暗棕色，胸部和腹部为暗棕色，两胁、尾下覆羽和覆腿羽为暗棕色，飞翔时翼下为白色，飞羽的下面具有黑色的横带，尾羽的下面为黑色并且具有白色的横带。虹膜为褐色，嘴为石板蓝色，尖端有时为绿黑色，脚和趾黑色。

红腿小隼分布于我国云南盈江，为留鸟。栖息于开阔的森林和林缘地带，尤其是林中河谷地带。常单独活动。以小型鸟类、蛙、蜥蜴和昆虫为食。繁殖期为4~6月，营巢于腐朽的树洞中，也常利用枯树上蚁鴷蚁或啄木鸟啄出的洞穴为巢，一般有2个出入的洞口。每窝产卵4~5枚，卵的形状为卵圆形，颜色为污黄白色，具红色斑点。卵的大小为（28~33）mm×（21~22）mm。亲鸟有较强的护巢性。

红腿小隼被列为国家Ⅱ级重点保护野生动物。它在我国野外数量十分稀少，但也会有偷猎犯罪的现象发生。

## 106. 白腿小隼

白腿小隼是小型猛禽，体长17~19cm，体重50~75g。隶属于鸟纲、隼形目、隼科。头部和整个上体为蓝黑色，前额有一条白色的细线，沿眼先往眼上与白色眉纹汇合，再往后延伸与颈部前侧的白色下体相汇合，颊部、颏部、喉部和整个下体为白色。尾羽也是黑色，只有外侧尾羽的内翈具有白色的横斑。虹膜亮褐色，嘴暗石板蓝色或黑色，脚和趾暗褐色或黑色。

白腿小隼分布于我国江苏、浙江、安徽、福建、江西、河南、广东、广西、贵州、云南等地，为留鸟。栖息于低山森林、林缘、草地、河谷地带。以昆虫、小鸟和鼠类等为食。繁殖期4~6月，通常营巢于蚁鴷或啄木鸟废弃的洞中，距离地面的高度为6~20m。巢的底部铺垫有昆虫的碎片。每窝产卵3~4枚，卵的大小为30mm×23mm。孵化由雌鸟承担。

白腿小隼被列为国家Ⅱ级重点保护野生动物。它在我国野外数量十分稀少，但也会有偷猎犯罪的现象发生。

## 107. 猎隼

猎隼是中型猛禽，体长46~58cm，体重700~1 200g（图4.49）。隶属于鸟纲、隼形目、隼科。嘴为铅蓝灰色，尖端黑色，基部黄绿色，蜡膜暗黄色。脚和趾都是黄褐色，爪为黑色。前额和眼的前部为白色，虹膜为暗褐色，眼上有一条白色的眉纹，眼下还有一个显著的暗色斑。头顶暗褐色，具有砖红色的斑点和肉桂色的纵条纹，后颈和颈侧乳白色。上体为暗褐色，杂以较密的棕黄色或桂皮黄色横斑和羽缘，下体白色，具淡皮黄色斑点或横斑，两侧较暗。

猎隼分布于北京、河北、山西、内蒙古、辽宁、吉林、浙江、山东、四川、西藏、陕西、甘肃、青海、宁夏、新疆等地，在各地均不常见。其中在吉林、辽宁、北京、河北为旅鸟，内蒙古、新疆、青海、甘肃为夏候鸟，山西、陕西、宁夏、浙江、四川、西藏为冬候鸟。栖息于低山丘陵和山脚平原地区。以中小型鸟类、野兔、鼠类等动物为食。繁殖期为4~6月，大多在人迹罕至的悬崖峭壁上的缝隙中营巢，或者营巢于树上，有时也利用其他鸟类的旧巢。巢用枯枝等构成，内垫有兽毛、羽毛等物。每窝产卵3~5枚，偶尔产6枚，卵的大小为54mm×40mm，颜色为赭黄色或红褐色。雄鸟和雌鸟轮流孵卵，孵化期为28~30天。雏鸟是晚成性的，孵出后由雄雌亲鸟共同喂养，经过40~50天后才能离巢飞走。

猎隼被列为国家Ⅱ级重点保护野生动物。它在我国野外数量十分稀少，但也会有偷猎犯罪的现象发生。猎隼曾经被一些境外盗猎者结成国际野生动物走私团伙，以观光、旅游、做生意等为名，携带猎捕工具进入我国西北的新疆、青海境内，进行有组织、有计划的肆意盗捕猎隼的非法行动。他们还用高价收购等手段，引诱当地牧民帮助他们，甚至收买个别国家工作人员为其运输或掩护。开始时，仅发生过一些零星的偷猎事件，后来不法之徒达到上千人，捕捉猎隼的数量也急剧上升。

图4.49 猎隼

## 108. 阿尔泰隼

阿尔泰隼是中型猛禽，体长50~59cm，体重800~1 627g。隶属于鸟纲、隼形目、隼科。上体蓝石板灰色到红褐色，有整齐的暗色横斑，下体为肉桂皮黄色，具有滴状的暗色斑点。尾羽为蓝灰色或褐色，具不明显的暗色横斑。

阿尔泰隼分布于新疆、内蒙古西部和青海湖等地。栖息于森林线以上的裸露岩石地区，冬季游荡期间也下迁到森林、山脚和山脚平原地带。常单独活动。捕食鸟类和鼠类等小型哺乳动物，也捕食水鸟和野兔。繁殖期为4~6月，营巢于悬崖岩石上，巢由枯枝构成，结构较简陋，无任何内垫，巢的直径为75~100cm。巢可以多年使用，每窝产卵2~5枚，卵的大小为56mm×42mm，颜色为赭色，具有小的红褐色斑点。孵化期为28~30天。育雏期为40~45天。

阿尔泰隼被列为国家Ⅱ级重点保护野生动物。它在我国野外数量十分稀少，但也会有偷猎犯罪的现象发生。

## 109. 矛隼

矛隼是中型猛禽，体长为56~61cm，体重1 310~2 100g。隶属于鸟纲、隼形目、隼科。羽色变化较大，有暗色型、白色型和灰色型。暗色型的头部为白色，头顶具有粗著的暗色纵纹，上体灰褐色到暗石板褐色，具有白色横斑和斑点，尾羽白色，具褐色或石板色横斑，飞羽石板褐色，具断裂的白色横斑，下体白色，具暗色横斑。白色型的体羽主要为白色，背部和翅膀上具褐色斑点。灰色型的羽色则介于上述两类色型之间。虹膜淡褐色，嘴铅灰色，蜡膜黄褐色，跗跖和趾为暗黄褐色，爪黑色。

矛隼分布于黑龙江、辽宁、新疆等地。栖息于岩石海岸、开阔的岩石山地、沿海岛屿、临近海岸的河谷和森林苔原地带。以野鸭、鸥、雷鸟、松鸡等各种鸟类为食，也吃少量中小型哺乳动物。繁殖期为5~7月。营巢于北极的海岸和附近的河谷悬崖岩石上，偶尔也营巢于北极苔原森林地带的树上。巢呈平盘状，结构较粗糙，主要由枯枝堆集而成，每窝产卵通常3~4枚，偶尔有少至2枚和多至7枚的，卵的颜色为褐色或赭色，具有暗褐色或红褐色斑点。卵的大小为（55~63）mm×（46~49）mm，卵重为70g左右。孵化期为28~29天。雏鸟为晚成性，孵出后由亲鸟共同抚养46~49天后才能离巢。

矛隼被列为国家Ⅱ级重点保护野生动物。它在我国野外数量十分稀少，但也会有偷猎犯罪的现象发生。

## 110. 游隼

游隼也叫花梨鹰、鸭虎、黑背花梨鹞等，是大型猛禽，体长为38~50cm，体重647~1500g（图4.50）。隶属于鸟纲、隼形目、隼科。眼周为黄色，颊部有一条粗重的垂直向下的黑色髭纹。头部至后颈为灰黑色，其余上体为蓝灰色，尾羽上具有数条黑色的横带。下体为白色，上胸部有黑色细斑点，下胸部至尾下覆羽密被黑色横斑。虹膜暗褐色，眼睑和蜡膜黄色，嘴铅蓝灰色，基部黄色，嘴尖黑色，脚和趾橙黄色，爪黑色。

游隼分布于我国大部分地区。栖息于山地、丘陵、荒漠、半荒漠、海岸、旷野、草原、河流、沼泽与湖泊沿岸地带。捕食野鸭、鸥、鸠鸽类、乌鸦和鸡类等中小型鸟类，偶尔也捕食鼠类和野兔等小型哺乳动物。繁殖期为4~6月。营巢于林间空地、河谷悬崖、地边丛林，以及土丘，甚至沼泽地上，有时也利用其他鸟类如乌鸦的巢，甚至在树洞与建筑物上筑巢。巢主要由枯枝构成，内放有少许草茎、草叶和羽毛。也有的无任何内垫物。每窝产卵2~4枚，偶尔也有多至5枚，甚至6枚的。卵的颜色为红褐色，卵的大小为（49~58）mm×（39~43）mm。孵化期为28~29天。雏鸟为晚成性，孵出后由亲鸟抚养35~42天才能离巢。

图4.50　游隼

游隼被列为国家Ⅱ级重点保护野生动物。它在我国野外数量十分稀少，但也会有偷猎犯罪的现象发生。

## 111. 燕隼

燕隼俗称为青条子、蚂蚱鹰、青尖等，为小型猛禽，体长28~35cm，体重为120~294g（图4.51）。隶属于鸟纲、隼形目、隼科。上体为暗蓝灰色，有一个细细的白色眉纹，颊部有一个垂直向下的黑色髭纹，颈部的侧面、喉部、胸部和腹部均为白色，胸部和腹还有黑色的纵纹，下腹部至尾下覆羽和覆腿羽为棕栗色。尾羽为灰色或石板褐色，除中央尾羽外，所有尾羽的内翈均具有皮黄色、棕色或黑褐色的横斑和淡棕黄色的羽端。虹膜黑褐色，眼周和蜡膜黄色，嘴蓝灰色，尖端黑色，脚、趾黄色，爪黑色。

燕隼分布于我国大部分地区。栖息于有稀疏树木生长的开阔平原、旷野、耕地、海岸、疏林和林缘地带。常单独或成对活动。以麻雀、山雀等雀形目小鸟为食，偶尔捕捉蝙蝠，更大量地捕食蜻蜓、蟋蟀、蝗虫、天牛、金龟子等昆虫。繁殖期为5~7月。营巢于疏林或林缘和田间的高大乔木树上，通常自己很少营巢，而是侵占乌鸦和喜鹊的巢。巢距地面的高度大多在10~20m。每窝产卵2~4枚，多数为3枚，卵的颜色为白色，密布红褐色的斑点。卵的大小为（37~43）mm×（30~32）mm，孵卵由亲鸟轮流进行，但以雌鸟为主。孵化期为28天。雏鸟为晚成性，由亲鸟共同抚养28~32天后才能离巢。

图4.51　燕隼

燕隼被列为国家Ⅱ级重点保护野生动物。它在我国野外数量十分稀少，但也会有偷猎犯罪的现象发生。

## 112. 猛隼

猛隼是小型猛禽，体长 25~30cm，体重 180~249g。隶属于鸟纲、隼形目、隼科。头部和飞羽为黑色，其余上体均为石板灰色，颊部、喉部和颈部的侧面等均为棕白色或皮黄白色，其余下体包括翅膀下面为暗栗色，没有斑纹。颊部全为黑色，也没有髭纹。虹膜为黑褐色，嘴淡蓝灰色，先端黑色，跗跖与趾为黄色，爪黑色。

猛隼分布于广西、海南、云南、新疆等地。栖息于有稀疏林木或者小块丛林的低山丘陵和山脚平原地带。常单独或成对活动。以鞘翅目昆虫、小鸟和蝙蝠为食，也吃老鼠和蜥蜴等。繁殖期为 4~6 月。通常利用位于陡峭悬崖边上的高大树木上的乌鸦以及其他鸟类的旧巢，偶尔也在悬崖的岩石边自己筑巢，但巢极为简陋而粗糙。每窝产卵 3~4 枚，卵的大小为（37~41）mm×（31~34）mm。由亲鸟轮流孵卵，孵化期为 25 天。

猛隼被列为国家Ⅱ级重点保护野生动物。它在我国野外数量十分稀少，但也会有偷猎犯罪的现象发生。

## 113. 灰背隼

灰背隼又叫灰鹞子、朵子，是小型猛禽。体长 25~33cm，体重 122~205g。隶属于鸟纲、隼形目、隼科。前额、眼先、眉纹、头侧、颊和耳羽均为污白色，微缀皮黄色。上体呈淡蓝灰色，具黑色羽轴纹。尾羽上具有宽阔的黑色亚端斑和较窄的白色端斑。后颈为蓝灰色，有一个棕褐色的领圈，并杂有黑斑。颊部、喉部为白色，其余的下体为淡棕色，具有粗重的棕褐色羽干纹。虹膜暗褐色，嘴铅蓝灰色，尖端黑色，基部黄绿色，眼周和蜡膜黄色，脚和趾橙黄色，爪黑褐色。

灰背隼分布于我国大部分地区。栖息于开阔的低山丘陵、山脚平原、森林平原、海岸和森林苔原地带。常单独活动。以小型鸟类、鼠类和昆虫等为食，也吃蜥蜴、蛙和小型蛇类。繁殖期为 5~7 月，通常营巢于树上或悬崖岩石上，偶尔也在地上。巢的结构较为简陋，主要由枯枝构成，形状为浅盘状。每窝通常产卵 3~4 枚，偶尔多至 5~6 枚，有时也有多至 7 枚和少至 2 枚的。卵的颜色为砖红色，被有暗红褐色斑点。卵的大小为（37~42）mm×（29~34）mm，由亲鸟轮流孵卵，孵化期为 28~32 天。雏鸟为晚成性，孵出后由亲鸟轮流抚养 25~30 天后离巢。

灰背隼被列为国家Ⅱ级重点保护野生动物。它在我国野外数量十分稀少，但也会有偷猎犯罪的现象发生。

## 114. 红脚隼

红脚隼又叫阿穆尔隼、青燕子、青鹰、红腿鹞子等，是小型猛禽（图 4.52）。体长 26~30cm，体重 124~190g。隶属于鸟纲、隼形目、隼科。上体的体羽主要为暗石板灰黑色，尾羽和翅膀为灰色，没有横斑。尾下的覆羽和覆腿羽为橙棕栗色，腋羽和翼下的覆羽为纯白色，颏部、喉部和颈部的侧面为灰白色，胸部、腹部和两胁为灰色，胸部还具有纤细的黑褐色羽干纹。虹膜暗褐色，眼周和蜡膜橙黄色，嘴肉红黄色，基部淡黄色，先端黑色，脚、趾橙黄色，爪淡红黄色或黄白色。

图 4.52　红脚隼

红脚隼分布于我国大部分地区。栖息于山地、丘陵和平原地区的沼泽、草地、荒野、河流、山谷和农田等开阔地区。通常单独活动。以蝗虫、蚱蜢、蝼蛄、蠡斯、金龟子、蟋蟀、叩头虫等昆虫为食，也吃小鸟、蜥蜴、石龙子、蛙和鼠类等小型脊椎动物。繁殖期为 5~7 月，通常营巢于疏林中高大乔木树的顶端，有时也侵占喜鹊等其他鸟类的巢。巢距地面的高度为6~20m，主要由落叶松、柞树、刺槐等树木的干树枝构成。每窝产卵4~5枚。卵呈椭圆形，白色，密布红褐色的斑点。卵的大小为37mm×30mm，卵重为14~19g。孵卵由亲鸟轮流进行，孵化期为22~23天。雏鸟为晚成性，孵出后由亲鸟共同抚养27~30天后离巢。

红脚隼被列为国家Ⅱ级重点保护野生动物。它在我国野外数量十分稀少，但也会有偷猎犯罪的现象发生。

## 115. 欧洲红脚隼

欧洲红脚隼是小型猛禽，体长28~31cm，体重130~197g。隶属于鸟纲、隼形目、隼科。虹膜暗褐色，其外有一圈红色边缘，嘴峰蓝色，雄鸟的蜡膜和脚、趾为红色，雌鸟为橙色，爪均为白色。翅膀较长，几乎达到尾羽的尖端。通体为黑灰色，尾下覆羽和覆腿羽栗色，翼下覆羽和腋羽与体色相似，为黑灰色。雌鸟头顶和后颈为橙棕色，下体也是橙棕色。

欧洲红脚隼分布于我国新疆西北部的乌伦古河流域一带，极为罕见。春季迁到繁殖地的时间大多在4月末至5月初，秋季离开繁殖地的时间大多在10~11月。栖息于开阔平原、疏林林缘和河谷灌丛地带。常成对或成小群活动。捕食大型昆虫，也吃蛙、野兔、鼠类和鸟类。繁殖期为5~7月，通常利用乌鸦、喜鹊等其他鸟类的巢，有时也自己营巢。通常营巢于树上，有时也在树洞、岩石上或地面灌丛间。每窝产卵通常为3~4枚，偶尔有多至5枚或6枚和少至1~2枚的。卵的颜色为白色，密布红褐色或锈红色斑点，卵的大小为（32~42）mm×（26~31）mm。孵化期为21~28天。雏鸟为晚成性，孵出后全身被有白色绒羽，体重仅为10~13g，经过26~27天后才能离巢。

欧洲红脚隼被列为国家Ⅱ级重点保护野生动物。它在我国野外数量十分稀少，但也会有偷猎犯罪的现象发生。

## 116. 黄爪隼

黄爪隼是小型猛禽，体长29~32cm，体重124~225g。隶属于鸟纲、隼形目、隼科。头部和翅上的覆羽为淡蓝灰色。背部为砖红色或棕黄色，尾羽为淡蓝灰色，并且具有宽阔的黑色次端斑和窄的白色端斑。颏部、喉部为粉红白色或皮黄色，其余下体棕黄色或肉桂粉黄色，两侧缀有黑色的圆形斑点。雌鸟还具有一条细的白色眉纹，淡栗色的尾羽上具9~10个窄的黑色横斑和宽的黑色次端斑与白色端斑。虹膜为暗褐色，嘴铅蓝灰色，基部淡黄色，蜡膜和眼周的裸露皮肤为橙黄色，脚趾黄色，爪为粉黄色或苍白色。

黄爪隼分布于北京、河北、山西、内蒙古、辽宁、吉林、山东、河南、四川、云南、甘肃、新疆等地，为夏候鸟，通常3月末至4月中旬迁到北方的繁殖地，10月末至11月初离开繁殖地。栖息于开阔的荒山旷野、荒漠、草地、林缘、河谷，以及村庄附近和农田地边的丛林地带。性情极为活跃，大胆而嘈杂，多成对和成小群活动。以蝗虫、蚱蜢、甲虫、蟋蟀、叩头虫、金龟子等大型昆虫为食，也吃啮齿动物、蜥蜴、蛙、小型鸟类等脊椎动物。繁殖期为5~7月。营巢于山区河谷悬崖峭壁上的凹陷处、岩石顶端的岩洞或碎石中，也有在大树洞中营巢的。通常每窝产卵4~5枚，偶尔有多至7枚和少至3枚的。卵的颜色为白色或浅黄色，被有砖红色或红褐色斑点。卵的大小为35mm×29mm。由雄鸟和雌鸟轮流孵化，但以雌鸟为主，雄鸟仅在白天偶尔替换雌鸟。孵化期为28~29天。雏鸟为晚成性，孵出后主要由雄鸟觅食饲喂，经过26~28天的巢期生活后，雏鸟即能飞翔和离巢。

黄爪隼被列为国家Ⅱ级重点保护野生动物。它在我国野外数量十分稀少，但也会有偷猎犯罪的现象发生。

## 117. 红隼

红隼又叫红鹰、茶隼等，是小型猛禽，体长31~38cm，体重173~335g（图4.53）。隶属于鸟纲、隼形目、隼科。雄鸟头部为蓝灰色，背部和翅膀上的覆羽为砖红色，并具三角形黑斑。腰部、尾上覆羽和尾羽为蓝灰色，尾羽上还具有宽阔的黑色次端斑和白色端斑。眼睛的下面有一条垂直向下的黑色口角髭纹。下体的颏部、喉部为乳白色或棕白色，其余下体均为乳黄色或棕黄色，具黑褐色纵纹和斑点，脚、趾黄色，爪黑色。尾羽呈凸尾状。

图 4.53　红隼

红隼分布于我国大部分地区，大多为留鸟。栖息于山地森林、森林苔原、低山丘陵、草原、旷野、森林平原、农田和村庄附近等各类生境中。以蝗虫、蚱蜢、吉丁虫、螽斯、蟋蟀等昆虫为食，也吃鼠类、雀形目鸟类、蛙、蜥蜴、松鼠、蛇等小型脊椎动物。繁殖期为5~7月。通常营巢于悬崖、山坡岩石缝隙、土洞、树洞中，也常占用喜鹊、灰喜鹊、乌鸦以及其他鸟类在树上的旧巢。巢较简陋，由枯枝构成，里面铺垫有草茎、落叶和羽毛。每窝产卵通常4~5枚。卵的颜色为白色或赭色，密被着红褐色的斑点，但也有的仅在钝端被有少许红褐色斑。卵的大小为38mm×31mm，卵重为16~93g。孵化期28~30天。雏鸟为晚成性，由亲鸟共同喂养27~34天离巢。

红隼被列为国家Ⅱ级重点保护野生动物。它在我国野外数量十分稀少，但也会有偷猎犯罪的现象发生。

## 118. 吐绶（shòu）鸡

吐绶鸡也叫火鸡、七面鸡、七面鸟，是体型较大的鸡类（图4.54）。体长90~100cm，体重4 000~10 000g。隶属于鸟纲、鸡形目、吐绶鸡科。头、颈裸露，鼻孔上部长有肉锥，头顶生皮瘤，可伸缩自如，故称吐绶鸡。皮瘤一般为浅蓝色，激动时则肉锥变小，皮瘤变成赤红色。颈部生有珊瑚状皮瘤，常因情绪激动变成红、蓝、紫、白等多种色彩故又称七面鸟、七面鸡。体羽从乳白色到褐黑色，闪耀多种颜色的金属光泽。雄鸟有距，胸前有须毛束，尾羽发达，兴奋时则展成扇形。

图 4.54　吐绶鸡

吐绶鸡分布于美国和墨西哥，并引种到欧洲、澳大利亚和新西兰等地。栖息于温带和亚热带森林中。以植物的茎、叶、种子和果实等为食，也吃昆虫等。早春繁殖。筑巢于地面上。每窝产卵10~13枚。孵化期28天。

吐绶鸡是我国首批可商业性经营利用驯养繁殖技术成熟的54种陆生野生动物之一。吐绶鸡肉鲜嫩爽口，野味极浓，生长快，可利用荒山草坡放牧饲养。在人工养殖基地、动物园等处可能发生因经济利益而进行的盗窃、抢劫等犯罪行为。

## 119. 普通松鸡

普通松鸡也叫西方松鸡，雄鸟体长94~115cm，体重3 600~5 050g；雌鸟体长57~61cm，体重为1 350~2 000g。隶属于鸟纲、鸡形目、松鸡科。雄鸟从额到尾上覆羽都是石板灰色，头部的颜色较暗，上面有黑色的虫蠹状斑或云雾状斑，眼睛的上缘呈深红色。下体也较暗，喉部黑色，胸部有蓝绿色的光泽，腹部有白色的斑点。翅膀的上面是黑褐色，下面为白色。尾羽上有白色斑点，在中央尾羽上有一条宽的不规则白斑。雌鸟的上体是锈褐色，夹杂着黑色及皮黄色的横斑，下体较淡，喉部淡黄或橙黄色，胸部棕色，腹部和两胁淡白色，密布着黄褐色的横斑。嘴角黄色。虹膜褐色。

普通松鸡分布于新疆北部等地。栖息于山地针叶林中。善于在地面行走，一般较少飞翔。以植物的嫩枝、嫩芽、果实和种子等为食，也吃昆虫等。雄鸟以“跑圈”的方式进行求偶炫耀。筑巢于地面上。每窝产卵6~9枚。孵化期为24~26天。

普通松鸡被列入“三有”名单，但也有偷猎的现象发生。

## 120. 黑嘴松鸡

黑嘴松鸡也叫细嘴松鸡，雄鸟体长47~91cm，体重2 600~4 000g；雌鸟体长62~95cm，体重1 750~2 050g。隶属于鸟纲、鸡形目、松鸡科。雄鸟和雌鸟的嘴、脚和趾都是黑色，虹膜是肉桂色，但羽色差别较大。雄鸟的羽色是黑褐色，头、颈部都有青紫色的金属光泽，胸部则闪着绿色的光泽，肩、翼上有大块白斑。黑色的尾羽呈楔状，末端镶了个白色的边儿，很有特色。雌鸟的羽毛大多是锈棕色，上面杂有黑褐色的横斑和灰白色的羽缘，并闪烁着蓝色的光泽，肩、翅、下腹和尾的上、下覆羽上都有白色的端斑。

黑嘴松鸡分布于我国东北。栖息于山地针叶林中。善于在地面行走，一般较少飞翔。以植物的嫩枝、嫩芽、果实和种子等为食，也吃昆虫等。雄鸟以“跑圈”的方式进行求偶炫耀。筑巢于地面上。每窝产5~9枚。孵化期23~25天。

黑嘴松鸡被列为国家Ⅰ级重点保护野生动物。它在我国野外数量十分稀少，但也会有偷猎犯罪的现象发生。

## 121. 黑琴鸡

黑琴鸡又叫黑鸡、黑野鸡、乌鸡等，是中等体型的鸟类。体长为39~61cm，体重1 000~1 600g。虹膜为褐色；眼上的裸皮呈橘红色；嘴和腿、脚都是暗褐色。雄鸟体羽为黑色，并闪着蓝绿色的金属光泽。翅膀上有一个白色的斑块。尾羽为黑褐色，最外侧的三对特别延长并呈镰刀状向外弯曲。雌鸟体羽为棕褐色，满布以黑色和赭褐色横斑，翅膀上有不显著的白色斑块，尾羽呈叉状，但外侧的尾羽不长，更不向外弯曲。

黑琴鸡为留鸟。分布于我国新疆、内蒙古东北部、河北围场、吉林、黑龙江等地。栖息于针叶林、针阔叶混交林或森林草原地区。成群活动。冬季在地上的雪窝中过夜。善于在地上奔跑，也善于飞翔，但不能进行持久的远距离飞翔。以乔、灌木的嫩枝、嫩芽、浆果、花和种子，以及昆虫、蜗牛、蜘蛛等动物为食。配偶为一雄多雌。求偶炫耀为“跑圈”形式。筑巢于林缘桦木、椴木等的树下、灌木丛或草丛中，以及倒木下或树根旁。巢很简陋，多在地面凹处，巢内有枯枝、树叶、松针和羽毛等内垫物。每窝产8~10枚卵，最多可达14枚。卵的颜色为淡赭色或褐色，具深褐色或棕褐色斑点。大小为（47.7~52.1）mm×（41.7~45.5）mm，卵重为33.3~37.9g。孵卵由雌鸟承担。孵化期为24~29天。雏鸟为早成性。

黑琴鸡被列为国家Ⅱ级重点保护野生动物。它在我国野外数量十分稀少，但也会有偷猎犯罪的现象发生。

## 122. 柳雷鸟

柳雷鸟是生活于寒冷地带的中型鸡类。体长33~41cm。隶属于鸟纲、鸡形目、松鸡科。夏季体羽上体为黑褐色，头、背部颜色较深，布满了宽阔而不规则的棕黄色横斑和窄的白色羽缘；下体以白色为主；尾羽黑褐色，但中间的一对却是白色。秋季上体变为棕黄栗色，布满黑色的斑纹，胸、腹部的羽毛都换成了白色。冬羽通体雪白。春季头部、颈部、胸部、背部等又陆续出现了显著的栗棕色及暗色横斑。嘴黑色，爪也是黑色。

柳雷鸟分布于我国新疆极北部和东北极北部地区。栖息于北极冻原带、冻原灌丛森林、多岩石的草甸地带等。成群活动。有时进行长距离的迁移或游荡。以乔木的嫩枝、嫩芽、嫩叶、花絮、果实和种子，以及昆虫、小型无脊椎动物等为食。繁殖期为5~7月。筑巢在冻原、低山丘陵的灌丛中或山坡岩石附近。每窝产卵5~10枚。孵化期为21~22天。

柳雷鸟被列为国家Ⅱ级重点保护野生动物。它在我国野外数量十分稀少，但也会有偷猎犯罪的现象发生。

## 123. 岩雷鸟

岩雷鸟是中型鸡类，体长 36~38cm，体重 380~450g。夏季的羽色呈皮黄灰色；冬季时，从嘴角到眼睛后面有一条宽的黑纹。嘴、爪均为黑色。

岩雷鸟为留鸟，分布于我国西北部。栖息于冻原地带，以及森林草原和高山针叶林、高山和亚高山草甸等高山地带。喜欢结群。多在地面上活动，冬季晚上则栖息于雪穴之中。以各种灌木和草本植物的嫩枝、芽苞、嫩叶、花、浆果、种子和果实等为食。繁殖期为 6~8 月，营巢于富有灌木的高山苔原或山坡岩石附近，常有岩石或灌木隐藏。巢较为简陋，每窝产卵 6~13 枚，卵的颜色为赭色，具密布的栗色斑点。孵化期为 24~26 天。雏鸟为早成性。

岩雷鸟被列为国家Ⅱ级重点保护野生动物。它在我国野外数量十分稀少，但也会有偷猎犯罪的现象发生。

## 124. 镰翅鸡

镰翅鸡的体长为 32~41cm，体重为 600~700g。雄鸟和雌鸟的羽色相差不多，只是雌鸟羽色稍淡。头顶到后颈为灰橄榄色或沙黄色，具窄的黑色斑纹；眼的后面有一个白纹；其余全身的体羽都是黑褐色，杂以灰色和沙黄色虫蠹状斑，下胸部和腹部为黑白交替的横斑；翅膀短圆，最特殊的是翅膀上的初级飞羽硬窄而尖，呈镰刀状；尾羽有 16 枚，中央尾羽褐色，其他尾羽黑色，上面有宽阔的白色羽端。虹膜为黄褐色，眼的上缘有一个鲜红色的裸露的皮肤；嘴为黑色；腿上被有羽毛，脚和趾为黄褐色。

镰翅鸡在我国境内则仅分布于黑龙江省小兴安岭及黑龙江下游，十分罕见。栖息针叶林中，海拔高度范围一般在 700~1 600m。繁殖期多成对活动，非繁殖期则结成数只的小群。食物主要是针叶植物的嫩枝、嫩芽、种子等，也吃一些鳞翅目的昆虫、甲虫、蜗牛和蚂蚁。繁殖期为 4~7 月。

镰翅鸡被列为国家Ⅱ级重点保护野生动物。它在我国野外数量十分稀少，可能已经灭绝。

## 125. 花尾榛鸡

花尾榛鸡为中型鸡类。体长为 26~40cm，体重 302~509g。两性羽色相似。体羽为棕灰色，上面有暗栗色的横斑，其余下体为暗棕褐色而杂以白色；外侧尾羽为黑褐色的花斑状，并且具有宽阔的黑褐色次端斑。虹膜是栗红色；嘴黑色；腿上被有羽毛，下面裸出的部分是红褐色。

花尾榛鸡为留鸟。分布于我国东北、华北北部、新疆等地。栖息于中低山阔叶林或混交林中。有明显的季节性垂直迁移。叫声高而尖。以植物的嫩枝、嫩芽、果实和种子，以及昆虫、蜗牛等为食。雄鸟求偶炫耀为跑圈。巢筑于树的基部。每窝产卵 6~12 枚。卵的颜色为淡黄色或黄褐色，有稀疏的红褐色斑点，大小为（35. 1~41. 8）mm×（26. 9~29. 7）mm，卵重 15. 1~18. 1g，孵化期为 21~25 天。

花尾榛鸡被列为国家Ⅱ级重点保护野生动物。因为它的肉味芳香、鲜美，曾经是东北地区主要的狩猎鸟类，从清朝乾隆年间开始还把它作为岁贡鸟，进贡给皇帝作美味佳肴。由于森林砍伐和过度狩猎，它在我国野外数量十分稀少，但也会有偷猎犯罪的现象发生。

## 126. 斑尾榛鸡

斑尾榛鸡体长 31~38cm，体重 210~300g。上体为栗色，具有明显的黑色横斑，下体为暗棕褐色而杂以白色。尾羽具有狭形的白色横斑和羽端。虹膜栗红色。嘴黑色。腿上裸出的部分为红褐色。

分布于中国四川北部和西部、甘肃东南部和西南部、青海东部和南部、西藏东部和云南西北部等地。栖息于针叶林、阔叶林或混交林中。叫声高而尖。以植物的嫩枝、嫩芽、果实和种子为食，也吃昆虫、蜗牛等。繁殖期为 5 月。筑巢于树的基部。每窝产 3~8 枚。孵化期 25~28 天。

斑尾榛鸡被列为国家Ⅰ级重点保护野生动物。它在我国野外数量十分稀少，但也会有偷猎犯罪的现象发生。

## 127. 藏雪鸡

藏雪鸡又叫淡腹雪鸡，是体型较大的鸡类（图 4.55）。雄鸟体长为 46~57cm，体重为 1 200~1 755g；雌鸟体长 50~64cm，体重 1 150~1 600g。头部和颈部都是石板灰色，上体土棕色，具有黑褐色的虫蠹斑；翅膀上有一个大的白斑；喉部污白色，前颈有一个灰褐色环带，上胸土棕色，形成一个明显的胸带；下胸和腹部乳白色，具有黑色的纵纹；中央的尾羽棕色，具有黑色的虫蠹状斑纹，外侧的尾羽黑色，具有肉桂皮黄色的端斑。虹膜大都是褐色，嘴角褐色，腿部为暗红色。

图 4.55 藏雪鸡

藏雪鸡分布在新疆、西藏、青海、甘肃、四川、云南等地。栖息在海拔 3 000m 以上至 6 000m 的森林上线至雪线之间的高山灌丛、苔原和裸岩地带，靠近分布区边缘的种群冬季可以下降到 2 000m，甚至 1 200~1 500m 处越冬。常在裸露岩石的稀疏灌丛和高山苔原草甸等处活动，也常在雪线附近觅食。喜爱结群，多成 3~5 只的小群活动。白天活动。飞行和滑翔的能力也较强，飞行沉重而急速，能从一个山头飞到另一个山头，或连续飞过几个山头。啄食植物的球茎、块根、草叶和小动物等。食物包括莎草、针茅、藏玄参、早熟禾、雪莲、珠芽蓼、蒲公英、异燕麦等高山植物。每年 4~5 月进入繁殖期，卵的大小为（57.42~60.3）mm×（40.85~42.7）mm，卵重 52.31~56.4g。窝卵数 4~13。孵化期 26~27 天。

藏雪鸡被列为国家Ⅱ级重点保护野生动物。它在我国野外数量十分稀少，但也会有偷猎犯罪的现象发生。

## 128. 暗腹雪鸡

暗腹雪鸡也叫高山雪鸡、喜马拉雅雪鸡，是大型鸡类（图 4.56）。体长 52~63cm，体重 2 000~3 100g。头顶至后颈灰褐色或灰白色，颈的侧面有一个白色斑，其上下边缘均围着一圈栗色的线条，并与喉和上胸之间的栗色线条相连；上体为土棕色，密布着黑褐色的虫蠹状斑；棕褐色的翅膀上也有大块的白斑；中央尾羽是淡棕色，外侧尾羽是栗色，杂以黑褐色虫蠹状斑；下胸和腹部都是暗灰色，杂以砖红色或栗色粗纹。

暗腹雪鸡为留鸟。分布于我国西部、西北部。栖息在高山和亚高山岩石苔原草地和裸岩地区。喜欢集群。以高山植物等为食。每年 4~6 月繁殖，配偶为单配制。营巢于苔原和裸岩地带的灌丛或草丛掩盖下的岩石凹处或岩洞中。每窝产卵 5~8 枚。卵的颜色为淡黄灰色、暗红赭色或淡棕沾绿色，上面布有栗色和褐色点斑及块斑。卵的大小为（58.3~72.5）mm×（41.3~56）mm，卵重为 71~89g。孵卵由雌鸟承担。孵化期为 29~31 天。雏鸟为早成性。

图 4.56 暗腹雪鸡

高山雪鸡被列为国家Ⅱ级重点保护野生动物。它在我国野外数量十分稀少，但也会有偷猎犯罪的现象发生。

## 129. 阿尔泰雪鸡

阿尔泰雪鸡雄鸟的体长为63cm，体重2 230~3 000g；雌鸟体长57~59cm，体重1 966~2 540g。额部为白色，眼上方有白带；体羽大都灰褐色；翅上也有大块白斑；尾灰色，具宽阔的黑色尖端；上胸部灰褐色，有明显的黑、白两色斑纹相杂；下胸和腹部白色，腹部中央有黑色斑，而与藏雪鸡和高山雪鸡不同。

阿尔泰雪鸡分布在我国新疆北部。栖息在海拔2 500~3 000m的高山和亚高山灌丛、苔原和裸岩地带，也有垂直迁移的现象，冬季可以下降到2 000m和山脚地带。除繁殖期外常成群活动。喜欢在地上奔跑，飞行距离不长。主要以高山苔原植物的芽、叶、嫩枝、浆果、果实、花絮、种子、块根、球茎为食，也吃昆虫等小型无脊椎动物，偶尔也吃啮齿类动物。卵的大小为（60~67）mm×（43~47）mm，卵重57~81g。窝卵数4~15。孵化期28天。

阿尔泰雪鸡被列为国家Ⅱ级重点保护野生动物。它在我国野外数量十分稀少，但也会有偷猎犯罪的现象发生。

## 130. 雉鹑（chún）

雉鹑雄鸟体长为45~48cm，体重900~1 000g；雌鸟体长44~54cm，体重720~840g。雄鸟和雌鸟的羽色相似，体羽大都为灰褐色，头顶和枕部有黑褐色的中央纹，尤其在枕部的纵纹较宽。翅膀稍圆，上面有白色或淡棕色的斑点。尾羽有18枚，呈楔状，中央一对尾羽灰褐色，具白色和黑褐色虫蠹状端斑，外侧的尾羽基部灰褐色，带有黑褐色斑点，端部深黑色而具白色端斑。胸部底色大都淡灰色。腹部中央为棕白色，有时杂有栗色。颏、喉和前颈是栗红色，两边具白色边缘。尾下的覆羽也是红栗色。虹膜为栗色，嘴为黑色，腿为褐色。

雉鹑是我国的特产，分布在四川、甘肃西南部、青海、云南西北部和西藏等地。栖息于海拔3 000~4 500m的高山针叶林上缘和林线以上的杜鹃灌丛地带。除繁殖期外，多集群活动。善于在地面上行走和奔跑。喜欢啄食松树、野蔷薇、委陵菜、野燕麦、针茅、贝母、青稞等植物的球茎、块根、草叶、花和种子及少量昆虫等小动物。

雉鹑被列为国家Ⅰ级重点保护野生动物。它在我国野外数量十分稀少，但也会有偷猎犯罪的现象发生。

## 131. 石鸡

石鸡也叫美国鹧鸪、嘎嘎鸡、红腿鸡、朵拉鸡（图4.57）。体长27~37cm，体重440~580g。嘴、脚珊瑚红色。虹膜栗褐色。眼的上方有一条宽宽的白纹。围绕头侧和黄棕色的喉部有完整的黑色环带。上体紫棕褐色，胸部灰色，腹部棕黄色，两胁各具十余条黑、栗色并列的横斑。中央尾羽棕灰色，其余尾羽栗色。

图4.57　石鸡

石鸡分布于中国西北、华北等地。栖息于低山丘陵地带的岩石坡和沙石坡上，以及平原、草原、荒漠等地区。性喜集群。鸣声高亢，似“嘎嘎嘎”或“嘎拉，嘎拉”声。以草本植物和灌木的嫩芽、嫩叶、浆果、种子、苔藓、地衣和昆虫为食。繁殖期为4~5月。营巢于悬岩基部、山坡和沟谷间的灌丛与草丛中。每窝产卵8~15枚。孵化期22~24天。

石鸡被列入“三有”名单，但也有偷猎的现象发生。石鸡也是我国首批可商业性经营利用驯养繁殖技术成熟的54种陆生野生动物之一。它的肉和蛋都是高蛋白、低脂肪的高级营养滋补品和野味香郁的特禽佳品。现在全国各地都有引入。

## 132. 中华鹧鸪（zhègū）

中华鹧鸪体长22~35cm，体重255~388g（图4.58）。头顶黑褐色，四周为棕栗色，脸部有一条宽阔的白带从眼睛的前面开始一直延伸到耳部，在这条白带的上面和下面为浓黑色带纹。颏、喉部为白色。体羽黑色并点缀着卵圆色的白斑，上体的白斑较小，下体的白斑稍大。下背和腰部布满了细窄而呈波浪状的白色横斑。尾羽为黑色，上面也有白色的横斑。虹膜暗褐色，嘴黑色，腿和脚为橙黄色。

图4.58　中华鹧鸪

中华鹧鸪分布于中国长江以南等地。栖息于低山间干燥的山谷内及丘陵的岩坡和沙坡上，多在灌丛、草地、荒山等环境中。单独或成对活动。飞行的速度很快。警惕性极高。以蚱蜢、蝗虫、蟋蟀、蚂蚁等昆虫为食，也吃各种草本植物，以及灌木的嫩芽、叶、浆果和种子等。繁殖期为3~6月。营巢于山坡草丛或灌丛中。每窝产卵3~8枚。孵化期为21天。

中华鹧鸪被列入“三有”名单，但也有偷猎的现象发生。

## 133. 斑翅山鹑

斑翅山鹑体长20~41cm，体重225~410g（图4.59）。头顶至后颈为黑褐色，有棕白色的纹或点斑。眼的下缘有一个白纹，白纹下还有一条窄的黑纹。上体棕褐色，具有黑色的虫蠹状斑和斑点。喉侧羽毛变长变尖，呈须状。胸部为赤褐色。腹部具大的黑褐色马蹄形斑块和黑色或黑褐色斑点。中央两对尾羽和第三对尾羽棕褐色，端部为浅棕白色，密布以黑褐色细斑，其余尾羽栗色，具宽阔的暗栗色次端斑。虹膜暗褐色，嘴暗铅褐色，腿、脚肉色。

图4.59　斑翅山鹑

斑翅山鹑分布于我国东北、华北和西北等地。栖息于中、低山峡谷、山脊、树及田野等地带。喜欢群居。性情活泼，善于奔跑和隐蔽，也善于飞行。以草本植物和灌木的嫩枝、嫩叶、芽、花、果实和种子等为食，也吃昆虫等无脊椎动物。繁殖期为4~6月。营巢于地上高草丛中或灌丛下。每窝产卵10~21枚。

斑翅山鹑被列入“三有”名单，但也有偷猎的现象发生。

## 134. 高原山鹑

高原山鹑体长14~39cm，体重200~550g。头顶为栗紫色，并缀有黑色，枕和后颈黑色，有棕白色纹。一条长的白色纹从额部开始经眼上方延伸到后颈部。眼下的颊部有一块显著的黑色斑块。上体棕白色，密布黑褐色的横斑。颏、喉白色。胸部黑白两色相杂，有较多的黑色横纹，沿着上胸的前缘有一条断断续续的黑线，形成一个围绕颈部的黑圈。腹白色。中央尾羽棕白色，有宽的黑色横斑，还杂以黑褐色斑纹，外侧尾羽棕栗色，有时具黑色端斑。虹膜红棕色，嘴淡角绿色，腿、脚淡角绿色。

高原山鹑分布于中国青藏高原及相邻地区。栖息于高山裸岩、高山苔藓高原和亚高山灌丛地带。喜欢群居。性情活泼，善于奔跑和隐蔽，也善于飞行。以草本植物和灌木的嫩枝、嫩叶、芽、花、果实和种子等为食，也吃昆虫等无脊椎动物。繁殖期为4~6月。营巢于地上高草丛中或灌丛下。每窝产卵8~15枚。

高原山鹑被列入“三有”名单，但也有偷猎的现象发生。

## 135. 鹌鹑

鹌鹑也叫日本鹌鹑、赤喉鹑、红面鹌鹑、秃尾巴鹌鹑，是体型较小的常见鸡类（图 4.60）。体长 14~20cm。隶属于鸟纲、鸡形目、雉科。头小，头顶至后颈黑褐色，有黄褐色斑纹。头顶中央有一条白色的中央冠纹，向后直达颈部。上体沙褐色，具明显的皮黄白色和黑色条纹。颏、喉和前颈上部赤褐色。胸部赤色或浅黄色，有黄白色细斑纹。腹部黄白色。

图 4.60 鹌鹑

鹌鹑分布于我国大部分地区。栖息于生长着茂密的野草或矮树丛的平原、荒地、溪边及山坡丘陵一带。性善隐匿。多成小群活动。以杂草种子、豆类、谷物及浆果、嫩叶、嫩芽等为食，也吃昆虫等无脊椎动物。繁殖期为 5~7 月。营巢于草地、农田或荒坡草丛、灌丛中的地面上。每巢产卵 7~14 枚。孵化期为 15~17 天。

鹌鹑被列入“三有”名单，但也有偷猎的现象发生。鹌鹑是我国首批可商业性经营利用驯养繁殖技术成熟的 54 种陆生野生动物之一。鹌鹑的肉味鲜美，营养价值极高。

## 136. 蓝胸鹑

蓝胸鹑也叫桂花雀、小鹌鹑，为小型鸡类。体长 11~16cm，体重 30~57g。雄鸟头顶中央具浅黄色中央冠纹。额、头侧、颈侧、胸和胸侧都是蓝灰色。眼前有一块白斑，往后延伸到眼。上体暗黄褐色或橄榄褐色，具黑色虫蠹状斑和横斑，以及白色纹。喉部中央有一大块黑色三角形斑，围以白色。腰部以下栗紫色。尾赤栗色。雌鸟头顶为黑褐色，具有浅黄色的中央冠纹。上体红褐色，具黑色虫蠹状斑和斑点，以及白色斑纹。下体皮黄色或黄褐色，具细密的黑色横斑。喉黄白色。雄鸟的虹膜为朱红色至深红色，雌鸟为褐色，嘴黑色，腿、脚鲜黄色。

蓝胸鹑为留鸟。分布于我国南部。栖息于平原以及低山地带。飞翔快速，沿着直线低飞。以谷粒、草籽、昆虫、蜘蛛等为食。繁殖于 6~8 月。营巢于平原、低山丘陵地面的天然凹坑内。每窝产卵 4~8 枚，卵的颜色为淡橄榄褐色或淡黄色，有时有细而稀疏的暗色斑点，大小为（22.9~27.7）mm×（17.3~20.4）mm。孵化期为 16 天。

蓝胸鹑被列入“三有”名单，但也有偷猎的现象发生。蓝胸鹑是我国首批可商业性经营利用驯养繁殖技术成熟的 54 种陆生野生动物之一。蓝胸鹑是人们休闲娱乐观赏的宠物鸟，也因肉味鲜美，有很高的营养保健价值。

## 137. 四川山鹧鸪

四川山鹧鸪在产地也被叫作砣砣鸡或笋鸡，雄鸟体长 30~32cm，体重 410~470g；雌鸟体长 29~30cm，体重 350~380g。前额白色，头顶栗棕色。眉纹和两颊黑色，耳羽栗色。上体以暗绿色为主，具较宽的黑色横斑和不规则的细纹。喉白色，上喉具黑色纵纹。上胸和两胁灰色，杂以栗斑。胸部的栗斑连成一大块栗色的胸带。下胸和腹白色。尾羽茶绿色，具 4~5 道黑色横斑。雌鸟的额基和眉纹黑色，具浅黄色纵纹，头顶和枕部橄榄褐色。上体橄榄褐色，具黑色横斑，上喉淡黄色，具卵圆形黑色端斑，下喉淡赭橙色。胸棕灰色。腹白色。两胁灰色，具窄的灰白色和锈栗色纹。虹膜灰褐色，嘴黑色，腿、脚赭褐色。

四川山鹧鸪是我国的特产鸟类，仅分布在四川中部。栖息在海拔 1 000~2 000m 的常绿阔叶林中，尤以林下植被丰富的地带较为常见。常单独或组成 5~6 只的小群活动。性情机警，善于藏匿。在地上奔跑迅速，仅在危急和迫不得已时才起飞，但飞不多远又落下，很快钻入草丛、灌丛或竹丛中逃跑。通常在林下落叶层较厚的地方刨食。主要食物有栎、胡颓子、荚蒾、悬钩子等。

四川山鹧鸪被列为国家Ⅰ级重点保护野生动物。它在我国野外数量十分稀少，但也会有偷猎犯罪的现象发生。

## 138. 海南山鹧鸪

海南山鹧鸪雄鸟的体长为24~30cm，体重200~240g；雌鸟体长23~26cm，体重190~250g。它是山鹧鸪属鸟类中羽色较为美丽的种类，额至头侧以及颏、喉部为黑色，耳羽却为醒目的白色。上体橄榄褐色，具黑色横斑。上胸有发状的橙红色硬羽毛，好像围着一块漂亮的围巾。下颈两侧和围绕后颈有橙红色的领圈。腹部白色。嘴黑色，腿、脚赭色。

海南山鹧鸪仅分布于海南。栖息在海拔较低的山地和丘陵地带，尤以原始的山地雨林、沟谷雨林和山地常绿林中较为常见，海拔为700~900m。常成对或成3~5只的小群活动。夜晚在树上栖息。性情机警，受惊后四散奔逃，并发出急切的叫声，然后静伏不动或飞不多远又落下，钻入草丛、灌丛或竹丛中。通常在林下落叶层较厚的地方刨食，一边刨食一边发出“沙沙”的声响。主要以灌木和草本植物的叶、芽和种子为食，也吃昆虫和蜗牛等动物性食物。繁殖期为4~6月。每窝产卵2枚。

海南山鹧鸪被列为国家Ⅰ级重点保护野生动物。它在我国野外数量十分稀少，但也会有偷猎犯罪的现象发生。

## 139. 棕胸竹鸡

棕胸竹鸡体长30~36cm，体重238~425g（图4.61）。自额部至枕部为棕褐色，具细小而不甚明显的黑色羽干纹。眉纹白色或皮黄色，紧接其后有一条黑纹或栗纹。体羽多为深浅不同的棕色，颈、胸部有由宽阔栗色条纹形成的宽阔项围。颏、喉和颈侧茶黄色。胸栗棕色。腹淡乳黄色，两胁和腹侧有粗大的黑斑。尾羽红棕色，中央尾羽颜色稍淡，并缀有棕白色和棕黑色虫蠹状横斑。虹膜棕色或红褐色，嘴角褐色，腿、脚暗绿色或绿灰色。

图4.61 棕胸竹鸡

棕胸竹鸡分布于中国西南部。栖息于竹林和森林、灌丛、杂草丛生的地方。叫声响亮。性好结群。以植物的幼芽、嫩枝、嫩叶、浆果、种子等为食，也吃昆虫等无脊椎动物。繁殖期为4~7月。营巢于灌丛、草丛、树下或竹林下的地面凹处。每窝产卵3~7枚。孵化期18~20天。

棕胸竹鸡被列入“三有”名单，但也有偷猎的现象发生。

## 140. 灰胸竹鸡

灰胸竹鸡体长21~37cm，体重200~342g（图4.62）。头顶和后颈橄榄褐色，具不明显的暗色纹。灰色的眉纹较粗而长，向后一直延伸至上背。上体橄榄棕褐色，背上杂以显著的栗斑和白斑，以及黑色虫蠹状斑。下体前部栗棕色，后部棕黄色，胸部有半环形灰色带，两胁具黑褐色斑。尾羽红棕色，中央尾羽密杂以黑褐色和淡褐色虫蠹状横斑。虹膜深棕色或淡褐色，嘴黑色，腿、脚绿色或黄褐色。

图4.62 灰胸竹鸡

灰胸竹鸡分布于中国长江流域及以南的大部分地区以及陕西南部和甘肃南部等地。栖息于中低山和丘陵地带的竹林、山坡森林、灌丛、农田等地。叫声响亮。性好结群。以植物的幼芽、嫩枝、嫩叶、浆果、种子，以及昆虫等无脊椎动物为食。繁殖期为 4~7 月。营巢于灌丛、草丛、树下或竹林下的地面凹处。每窝产卵 5~12 枚。孵化期 17~18 天。

灰胸竹鸡被列入“三有”名单，在野外尚有一定数量，由于它是传统的狩猎鸟，所以偷猎的现象时有发生。

## 141. 血雉（zhì）

血雉体长 36~49cm，体重 410~800g。雄鸟头上有灰褐色羽冠；体羽为灰色，细长而尖，呈矛状，羽干白色；腰部和尾上的覆羽灰褐色微带绿色；最长的尾羽还具有绯红色的边；尾下的覆羽也是绯红色；颜面乌红，喉和上胸是浅棕色，下胸和两胁为鲜草绿色，腹部为棕灰色。雌鸟的前额、脸颊和喉都是肉桂红色，体羽主要为暗褐色。虹膜为乌褐色；嘴黑色；腿、脚橙红色。

血雉分布于中国青藏高原东部至甘肃的祁连山和陕西的秦岭山脉。栖息于高山针叶林、混交林和杜鹃灌丛间。喜欢结群活动。以植物的嫩叶、芽苞、花序、嫩枝、浆果、种子，以及苔藓、地衣等为食，也吃昆虫、蜈蚣、蜘蛛等小型无脊椎动物。繁殖期为 4~7 月。营巢于灌木丛中、岩石下，或林中大的倒木旁。每窝产卵 3~9 枚。孵化期为 28~29 天。

血雉被列为国家Ⅱ级重点保护野生动物。它在我国野外数量十分稀少，但也会有偷猎犯罪的现象发生。

## 142. 黑头角雉

黑头角雉体长 60~74cm。雄鸟头部为黑色；肉角蓝色；冠羽也是黑色，尖端红色；脸部在眼睛的四周有一个大的红色裸区；项下的肉裙为粉红色，中央贯有紫色纵纹，左右各有 6 个镶有蓝边的淡黄色斑块；颊的下部蓝绿色；体羽大都灰黑色，满杂以白色圆形斑点，上体较小，下体稍大；颈的上面、侧面和喉部，胸部为红色，肩部有一个暗红色的斑块；尾羽为棕色和黑色斑杂状，端部黑色。雌鸟上体为淡灰褐色并布满了黑色的斑纹；下体大都灰色而具白点。嘴黑色，先端角色；腿、脚粉红色或肉灰色。

黑头角雉分布于我国西藏西部革吉附近的狮泉河流域山地。栖息于山地针阔叶混交林及针叶林中。喜欢单独活动，冬季结有小群。主要以乔木、灌木、竹、草本植物和蕨类等为食，兼食少量动物性食物。每年 5~7 月繁殖。营巢于树上，十分简陋。每窝产卵 3~6 枚，浅黄色或红褐色，被有少许深褐色圆形斑点。孵卵由雌鸟承担。

黑头角雉被列为国家Ⅰ级重点保护野生动物。它在我国野外数量十分稀少，很可能已在我国境内绝灭。

## 143. 红胸角雉

红胸角雉为中型鸡类。体长 57~79cm。雄鸟的头部和喉部为黑色；肉角蓝色；羽冠黑色，尖端红色，两侧各有一条红色纵纹；肉裙中部为斑驳的蓝色，两侧各有 5 个具浅蓝色或草绿色边缘的红色斑块；头后两侧、后颈、背的上部、两肩、上胸和腹部都是绯红色，其余体羽黑褐色，通体满杂以白色眼状斑，上体的斑较小，下体的斑稍大；尾羽黑色，有棕白色斑纹。雌鸟上体为较浅淡的棕色，黑色的斑纹相对较少；下体也较浅淡，具近白色的矛状斑。虹膜褐色；嘴黑褐色或角色；腿、脚粉红色或灰白色。

红胸角雉为留鸟。分布于我国西藏南部、云南西北部。栖息于山地森林中。喜欢隐匿。行动谨慎，善于奔跑，也能飞翔，但不持久。以植物根、嫩芽、叶、种子、球茎等植物性食物为食，也吃昆虫和小型爬行动物。繁殖期为 5~6 月。营巢于树上，相当粗糙而简陋。每窝产卵 2~6 枚。卵的颜色为棕皮黄色或浅黄色，被有大小不等的红褐色斑点，卵的大小为（60~65）mm×（42~43）mm。

红胸角雉被列为国家Ⅰ级重点保护野生动物。它在我国野外数量十分稀少，但也会有偷猎犯罪的现象发生。

## 144. 灰腹角雉

灰腹角雉是中型鸟类。体长为 53～59cm，体重 1 650g。雄鸟前额、头顶、颈纵纹黑色；肉角蓝色；脸的裸出部深蓝色或金黄色；项下的肉裙也是黄色，边缘为浅蓝色；头侧、后颈、上背、上胸等为红色，其余上体羽毛黑褐色，腹部烟灰色，通体密布白色和栗赤色眼状斑，上体的斑较小，下体的斑较大；尾黑色具不规则横斑。雌鸟上体深浓褐色并布满了黑色的斑纹；下体褐色，杂以深棕及灰白等斑纹。虹膜为褐色；嘴角褐色；腿、脚粉红色或肉褐色。

灰腹角雉为留鸟。分布于我国西藏南部、东南部和云南西北部。栖息于山地常绿阔叶林中。喜欢躲藏在林下灌丛或草丛中。成小群活动。以植物嫩芽、种子、浆果为食，也吃昆虫、小蛙等动物性食物。

繁殖期为 4～6 月。营巢于森林中的树上。巢较粗糙而笨重。主要由树枝和草叶构成。每窝产卵 2～5 枚，多为 3～4 枚。卵的颜色为浅皮黄色或灰黄色，被有少许褐色斑点，卵的大小为（53～59）mm×（41～45）mm。

灰腹角雉被列为国家Ⅰ级重点保护野生动物。它在我国野外数量十分稀少，但也会有偷猎犯罪的现象发生。

## 145. 红腹角雉

红腹角雉也叫灰斑角雉，是中型鸡类。体长 44～66cm，体重 830～1 800g（图 4. 63）。雄鸟头顶上生有乌黑发亮的羽冠，羽冠的两侧长着一对钴蓝色的肉质角，项下生有一块图案奇特的肉裙，肉裙的两边分别有八个镶着白边的鲜红色斑块，中间在黑色的衬底上散布着许多天蓝色的斑点。脸颊裸出为天蓝色，周缘围着一圈橘黄色的羽毛。头、颈的后部和上胸为橙红色，尾羽为棕黄色，杂有黑色的虫蠹状斑，并具有黑色的横斑和端斑。其余体羽都是深栗红色，上面布满了圆圆的灰色眼状斑，背部的较小，胸、腹部的比较大。雌鸟上体为灰褐色，下体淡皮黄色，均布满了黑色的斑纹和白色的斑点。虹膜为褐色；嘴黑色或角褐色；腿、脚粉红色或灰褐色。

图 4. 63　红腹角雉

红腹角雉为留鸟。分布于我国湖北西部、西藏东部、甘肃南部、湖南西部、广西、四川、贵州、云南和陕西南部等地。栖息于山地常绿阔叶林、针阔叶混交林中。单独活动，偶尔结有小群。性情机警。叫声响亮，很像婴儿啼哭。夜晚栖于树上。以乔木、灌木、竹、草本植物和蕨类的嫩芽、嫩叶、青叶、花、果实和种子等为食，也吃少量动物性食物。雄鸟求偶炫耀时，两只角高高耸立，肉裙也充血膨胀，垂在胸前。筑巢于树上。每窝产卵 3～5 枚，卵的颜色为土黄色或棕色，表面密被深褐色斑点，大小为（51. 3～63）mm×（39～47）mm，重量为 45. 3～57. 6g。孵卵由雌鸟承担。孵化期为 28～30 天。雏鸟为早成性。

红腹角雉被列为国家Ⅱ级重点保护野生动物。它在我国野外数量十分稀少，但也会有偷猎犯罪的现象发生。

## 146. 黄腹角雉

黄腹角雉是我国特产珍稀鸡类（图 4. 64）。体长 50～70cm。隶属于鸟纲、鸡形目、雉科。雄鸟的头顶为黑色。头上有蓝色的肉角。脸、颊和喉部的裸皮为橙黄色。项下有橙黄色的肉裙，上面还具紫红色点斑和 9 个具蓝边的灰黄色斑块。上体为栗色，密布大型皮黄色卵圆形斑点。下体几乎为纯皮黄色。雌鸟上体为棕褐色，并满杂以黑色和棕白斑。下体呈淡皮黄色。

黄腹角雉分布于我国浙江、福建、江西、湖南、广东、广西等地。栖息于亚热带常绿阔叶林和混交林等原始森林中。喜欢单独活动，冬季结成小群。以乔木、灌木、竹、草本植物和蕨类的嫩芽、嫩叶、青叶、花、果实和种子等为食，也吃少量动物性食物。筑巢于树上。每窝产卵3~6枚。孵化期为28天。

黄腹角雉被列为国家Ⅰ级重点保护野生动物。它在我国野外数量十分稀少，但也会有偷猎犯罪的现象发生。

图 4.64　黄腹角雉

## 147. 棕尾虹雉

棕尾虹雉也叫“九色鸟”，是大型鸡类（图4.65）。体长为55~69cm，体重1 535~2 000g。雄鸟的头顶有一簇特别延长的蓝绿色羽冠，呈匙状向前卷曲。体羽均有金属光泽，头部为绿色；眼周裸出的皮肤呈海蓝色；后颈和颈侧红铜色；背铜绿色，其余上体紫蓝绿色，下背和腰白色；下体黑褐色，具显著的棕白色纹；尾棕红色。雌鸟头和羽冠、上体均为黑色，具皮黄色或白色纹；下背皮黄色，具黑色同心纹；颏、喉及前颈白色，其余下体褐色，杂有黑纹或白色纹；尾羽棕色，具黑色横斑和白色端斑。虹膜为褐色；嘴角褐色；腿、脚黄绿至暗绿色。

图 4.65　棕尾虹雉

棕尾虹雉为留鸟。分布于我国西藏南部、东南部等地。栖息于高山针叶林、高山草甸和杜鹃灌丛中。成群活动。以灌木和草本植物的嫩芽、嫩叶、嫩枝、块根、果实和种子等为食，也吃昆虫等动物性食物。繁殖期为4~6月。营巢于有岩石、灌木或树隐蔽下的地上或大树洞中。巢较简陋，通常在落叶层上稍呈凹坑处。每窝产卵3~8枚，卵的颜色为淡黄色或皮黄色，具红褐色和紫色斑点，卵的大小为（59.6~69.8）mm×（39.6~48.8）mm。孵化期28天。

棕尾虹雉被列为国家Ⅰ级重点保护野生动物。它在我国野外数量十分稀少，但也会有偷猎犯罪的现象发生。

## 148. 白尾梢虹雉

白尾梢虹雉也叫“雪鹅”，是大型鸡类（图4.66）。体长为56~70cm，体重2 000~2 800g。雄鸟头顶、耳羽和羽冠蓝绿色，羽冠短而卷曲；脸大部裸出，呈亮蓝色；鼻孔下有一小簇黑羽；后颈侧赤铜色；上背蓝绿色，下背和腰白色；下体黑色；尾羽红棕白色具宽阔的白色端斑。雌鸟自头至上背深栗褐色，下背土白色具褐色横斑；下体淡棕色；尾羽深栗褐色，具6条棕白色横斑和宽的白色端斑。虹膜褐色；嘴角色；腿、脚绿褐色。

图 4.66　白尾梢虹雉

白尾梢虹雉为留鸟。分布于我国云南西北部、西藏东南部。栖息于高山森林和林缘灌丛与草地。成小群活动。晚上栖于低枝上或岩石边。以高山植物的叶、茎、幼芽和根为食，也吃少量蠕虫和昆虫等动物性食物。繁殖期为4~6月。营巢于林中地面的倒木下或树洞中，每窝产卵2~5枚。卵大小为63.2mm×45.4mm。

白尾梢虹雉被列为国家Ⅰ级重点保护野生动物。它在我国野外数量十分稀少，但也会有偷猎犯罪的现象发生。

## 149. 绿尾虹雉

绿尾虹雉是我国特产珍稀鸡类（图 4.67）。体长 74~81cm。隶属于鸟纲、鸡形目、雉科。雄鸟眼前的裸出部分为天蓝色。体羽主要为金属绿色，有青铜色、红铜色、紫铜色等金属光泽。下背和腰白色。下体黑色。尾蓝绿色。雌鸟上体深栗色，具淡白色纹和皮黄色斑，下背和腰白色。下体褐灰色。嘴黑色。腿、脚灰色。

图 4.67　绿尾虹雉

绿尾虹雉分布于我国四川、云南西北部、西藏东部、甘肃南部和青海东南部等地。栖息于高山草甸、灌丛和裸岩地带。成对或小群活动。晚上栖于稠密的灌丛间或树的低枝上。性情机警。叫声富于变化。善于奔跑，也能在高空盘旋翱翔。以植物的嫩叶、花蕾、嫩枝、幼芽、嫩茎、细根、球茎、果实和种子等为食。繁殖期为 4~6 月。营巢于有岩石，灌木或树隐蔽下的地上或大树洞中。每窝产卵 3~5 枚。孵化期 28 天。

绿尾虹雉被列为国家Ⅰ级重点保护野生动物。它在我国野外数量十分稀少，但也会有偷猎犯罪的现象发生。

## 150. 白马鸡

白马鸡也叫藏马鸡，是大型鸡类（图 4.68）。体长为 69~102cm，体重 1 017~3 000g。两性相似。头顶具黑色绒羽状短羽；耳羽簇白色，向后延伸成短角状，但不突出于头上；脸部裸出呈绯红色；体羽大都白色；尾羽特长，亮绿蓝色，中央尾羽羽枝大都分散下垂，末端具紫色金属光泽。虹膜橙黄色；嘴粉红色；腿、脚红色。白马鸡为留鸟。

图 4.68　白马鸡

分布于我国四川、西藏、甘肃南部、青海和云南西北部等地。栖息于高山和亚高山针叶林和针阔叶混交林带。喜欢集群。晚上栖于树上。鸣声洪亮而短促。以灌木和草本植物的嫩叶、幼芽、根、花蕾、果实和种子为食，也吃昆虫、蜘蛛、蜈蚣、步行虫等动物性食物。繁殖期为 5~7 月。营巢于林下灌丛中地面上或倒木下或林中岩洞中。每窝产卵 4~7 枚，卵为黄褐色或青灰色，光滑无斑，大小为（55~65）mm×（39~45.4）g，卵重 50~67.8g。孵化期为 24~25 天。

白马鸡被列为国家Ⅱ级重点保护野生动物。它在我国野外数量十分稀少，但也会有偷猎犯罪的现象发生。

## 151. 哈曼马鸡

哈曼马鸡也叫藏马鸡，雄鸟的体长为 72~81cm，体重 1 500g（图 4.69）。头顶绒黑色；脸部裸露皮肤鲜红色；颏、喉、前颈、耳羽簇和横跨后颈的一条枕领白色；体羽主要为蓝灰色；尾蓝黑色，具绿蓝色金属光泽。虹膜橙褐色；嘴淡红色；腿、脚红色。

图 4.69　哈曼马鸡

哈曼马鸡分布于西藏南部。栖息于海拔 2 500~5 000m 的高山和亚高山森林、灌丛和苔原草地。常成 5~10 只的小群活动。大多在开阔的林间空地和林缘地带活动和觅食。夜晚则栖息于树上。早晨和黄昏时常发出高声的鸣叫，声音短促、粗犷而洪亮，呈断续的“咯，咯，咯，咯”的声音。遇到危险时或直接飞到树上，或飞向山下，但飞不多远就落到地面上奔跑。主要以植物的叶、芽、果实和种子等为食，也吃少量昆虫等动物性食物。

哈曼马鸡被列入“三有”名单，但也有偷猎的现象发生。

## 152. 蓝马鸡

蓝马鸡为大型鸡类（图 4.70）。体长为 74~103cm，体重 1 450~2 110g。两性相似。前额白色；头顶和枕部密布黑色绒羽，后面界以一道白色窄带；头侧裸露为绯红色；耳羽簇白色，长而硬，突出于头颈之上；颏、喉白色；体羽大都蓝灰色，羽毛多披散如发状；中央尾羽特别延长，高翘于其他尾羽之上，羽支分散下垂，先端沾金属绿色和暗紫蓝色。虹膜金黄色；嘴淡红色；腿、脚珊瑚红色。

蓝马鸡为留鸟。分布于我国内蒙古西北部、西藏东北部、宁夏、四川、甘肃、青海等地。栖息于山地针叶林、混交林中。喜欢集群。夜晚栖息于树上。性情机警。飞翔不能持久。鸣声洪亮而粗重。以植物的芽、茎、叶、根、花蕾、果实和种子为食，也吃昆虫等动物性食物。繁殖期为 4~7 月。营巢于灌木、苔草、树堆或倒木下。巢形状为碟状或浅碗状，甚为简陋，主要是利用地面凹坑，内再垫以细枝、草茎、草叶、树皮、树叶，苔草和羽毛构成。每窝产卵 5~12 枚，卵的颜色为灰褐色或淡青绿色，微具棕褐色斑点，卵的大小为（41.5~60）mm×（32~42.8）mm，卵重 44~52.7g。孵化期为 26~28 天。雏鸟为早成性。

图 4.70 蓝马鸡

蓝马鸡被列为国家Ⅱ级重点保护野生动物。它在我国野外数量十分稀少，但也会有偷猎犯罪的现象发生。

## 153. 褐马鸡

褐马鸡是我国特产珍稀鸡类（图 4.71）。体长 90~100cm。隶属于鸟纲、鸡形目、雉科。头顶被以软而卷曲的黑色短绒羽，绯红色的头侧裸出。耳羽后面生有两簇白色的羽毛向头后伸出，形长而稍硬，突出于颈项之上。体羽形长，呈毛发状，颈部黑褐色，其余体羽大都浓褐色，闪耀金属光泽。嘴为粉红色，腿和脚是珊瑚红色。尾略微侧扁，两对中央尾羽向体后高高翘起。

褐马鸡分布于我国山西北部和西北部、河北西北部、北京西部和陕西东北部。栖息于中低山针阔混交林或阔叶林内。结群活动，在秋、冬季节有较大的游荡性。飞行缓慢，善于奔走。叫声洪亮。夜间栖宿在大树的枝杈上。以植物的块茎、根芽、嫩枝、浆果和种子为食，也吃昆虫、蠕虫等动物性食物。筑巢于茂密的林下或灌丛间的地面低洼处。每窝产卵 4~17 枚。孵化期 26~27 天。

图 4.71 褐马鸡

褐马鸡在我国的分布区非常狭窄，野外总数仅有 5 000 只左右。

褐马鸡被列为国家Ⅰ级重点保护野生动物。它在我国历史上为取其尾羽装饰武将的帽盔而猎杀重，到了近代，由于褐马鸡的羽毛作为装饰品在欧洲市场上的高昂价格，更使它成为乱捕滥猎的对象。目前，偷猎还时有发生。

## 154. 黑鹇（xián）

黑鹇为大型鸡类（图 4.72）。体长为 57~66cm，体重 770~1 600g。雄鸟头部和颈部为深蓝色；头上有长而稍直立的蓝黑色羽冠，并具紫色光泽；脸部裸出，为鲜红色；体羽主要为蓝黑色，下背、腰及下体具多少不等的宽阔白色端斑和窄的蓝黑色斑纹；尾羽为蓝黑色。雌鸟体羽大多红褐色，布有多少不等的淡色羽缘形成的斑纹。虹膜橙褐色；嘴黄褐色；腿、脚铅灰色。

图 4.72　黑鹇

黑鹇为留鸟。分布于我国云南、西藏。栖息于山地森林中。成对或成群活动。以植物嫩叶、芽苞和种子为食，也吃昆虫。繁殖期为 5~6 月。每窝产卵 5~9 枚，最多 15 枚，卵的颜色为深皮黄粉红色，大小为（45.2~53）mm×（27.7~40.4）mm，卵重 31.3~34.2g。孵化期为 24~25 天。

黑鹇被列为国家Ⅱ级重点保护野生动物。它在我国野外数量十分稀少，但也会有偷猎犯罪的现象发生。

## 155. 白鹇

白鹇也叫银雉，是我国珍稀鸡类（图 4.73）。体长 52~113cm。隶属于鸟纲、鸡形目、雉科。雄鸟头上具有黑色羽冠，脸部裸出，呈鲜红色；整个下体都是乌黑色；上体和身体后面长长的尾羽，都是白色，并密布着细细的“V”字形黑纹。雌鸟羽冠黑褐色；脸部裸出，呈鲜红色；体羽都是橄榄褐色。嘴绿色；腿、脚红色。

图 4.73　白鹇

白鹇分布于我国长江以南地区，以及亚洲东南部等地。栖息于中低山亚热带常绿阔叶林中。结群活动。夜晚在林中树枝上栖息。以植物的嫩叶、幼芽、花、茎、浆果、种子、根和苔藓等为食，也吃蝗虫、蚂蚁、蚯蚓等动物性食物。繁殖在 4~6 月。每窝产卵 4~8 枚。孵化期 24~26 天。

白鹇被列为国家Ⅱ级重点保护野生动物。它在我国野外数量十分稀少，但也会有偷猎犯罪的现象发生。

## 156. 蓝鹇

蓝鹇也叫蓝腹鹇，是我国特产珍稀鸡类（图 4.74）。体长 51~79cm。隶属于鸟纲、鸡形目、雉科。雄鸟头、颈黑色；羽冠白色。脸部裸出，为红色。体羽大部为富有光泽的深蓝黑色，上背白色。尾羽中央一对白色，其余为黑色。雌鸟体羽主要为红褐色。嘴灰色。腿、脚红色。

图 4.74　蓝鹇

蓝鹇分布于我国台湾。栖息于山地森林中。单独活动。晚上栖息于树上。行动机警。善于在地面行走和奔跑，也能飞翔和跳跃。以植物的嫩叶、幼芽、花、茎、浆果、果实、种子以及根和苔藓等为食，也吃蛴螬、蚯蚓、蚂蚁、蝗虫、蛙和石龙子等动物性食物。繁殖期为 2~7 月。每窝产卵 3~8 枚。孵化期 25~29 天。

蓝鹇被列为国家Ⅰ级重点保护野生动物。它在我国野外数量十分稀少，但也会有偷猎犯罪的现象发生。

## 157. 红原鸡

红原鸡是家鸡的祖先（图 4.75）。体长 38~71cm。隶属于鸟纲、鸡形目、雉科。雄鸟头顶上具有一个鲜红色的肉冠，喉下有两个砖红色的肉垂。中央尾羽特别延长，弯曲而呈镰刀状下垂。头顶为橙红色，上体主要为金红色，下体为黑褐色，尾羽黑色而具有绿色的金属光泽。雌鸟头、颈和下体大都为棕黄色，上体为黑褐色，密布细的黑色斑纹，尾羽为黑褐色。嘴黄褐色；腿、脚褐色。

图 4.75　红原鸡

红原鸡分布于我国广西、云南、广东、海南等地，以及亚洲南部、东南部一带。栖息于热带雨林、季雨林、落叶季雨林、混交林、次生林、灌丛、草坡、竹林等环境中。结群活动。性情机警。夜间栖息于树上。以植物的花、嫩叶、嫩枝等为食，也吃昆虫、蚯蚓等动物性食物。繁殖期为 2~5 月。筑巢于地面上。每窝产卵 4~8 枚。孵化期 19~21 天。

红原鸡被列为国家Ⅱ级重点保护野生动物。它在我国野外数量十分稀少，但也会有偷猎犯罪的现象发生。

## 158. 勺鸡

勺鸡为中型鸡类（图 4.76）。体长 33~63cm，体重 760~1 300g。雄鸟头部呈金属暗绿色，并具棕褐色或黑色的长冠羽；两侧耳羽下各有一块白斑；颈部、胸部和腹部棕栗色；其余体羽紫灰色，呈披针形，并具灰色和黑色纵纹；中央尾羽栗褐色，外侧尾羽银灰色，具黑色横斑和白色端斑。雌鸟体羽以棕褐色为主，杂以黄白色和黑色斑纹；头上有短的羽冠；耳羽后下方具淡棕白色斑块。虹膜褐色；嘴黑褐色；腿、脚暗红褐色。

图 4.76　勺鸡

勺鸡为留鸟。分布于阿富汗、巴基斯坦、克什米尔、印度北部、尼泊尔和我国华北、西北、西南、华中、华东、华南等地。栖息于山地针叶林和针阔叶混合林内。单独或成对活动。性情机警。夜晚在树枝上过夜。叫声沙哑。以植物的嫩芽、嫩叶、花以及果实和种子等为食，也吃少量昆虫、蜗牛等动物性食物。繁殖期为 3~6 月，配偶为“一夫一妻”制。巢置于灌丛间的地面上，呈碗状。每窝产卵 4~8 枚，卵呈浅黄色布满无数深褐色细斑点，卵大小为（42.8~58.8）mm×（30.4~36.8）mm，卵重 23.5~35.6g。孵化期 26~27 天。雏鸟为早成性。

勺鸡被列为国家Ⅱ级重点保护野生动物。它在我国野外数量十分稀少，但也会有偷猎犯罪的现象发生。

## 159. 家鸡

家鸡是常见的家禽（图 4.77）。隶属于鸟纲、鸡形目、雉科。头部有肉冠和肉垂。嘴短而强健。翅膀短圆。尾发达。雄鸟腿上有距。羽色有白色、红色、黄色、黑色、灰色、橙红色和花色等。家鸡在世界各地均有饲养。性情温顺。杂食性。每年产卵 100~300 枚。孵化期为 20~22 天。家鸡的祖先是红原鸡，早在 6 000~7 000 年前就已经被人类驯化为家禽。现在家鸡的品种已经有 100 多个，主要有洛克鸡、狼山鸡、来航鸡等。

家鸡在农村家庭、人工饲养基地等处，可能会出现为了获取它的肉、羽毛等经济利益而进行盗窃、抢劫等犯罪行为，在农田等某些犯罪现场也有可能出现它的痕迹。

图 4.77 家鸡

图 4.78 雉鸡

## 160. 雉鸡

雉鸡也叫山鸡、野鸡、环颈雉、七彩山鸡，是我国常见的鸡类（图 4.78）。体长 46~100cm。隶属于鸟纲、鸡形目、雉科。雄鸟头顶棕褐色。颈部为金属绿色，有的下面还有一个白色的环带。上体紫红色，下背和腰多为蓝灰色；胸部为带紫的红铜色，具有金属光泽；腹部黑绿色；尾羽黄灰色，并排列着黑色横斑。雌鸟的羽色为棕黄色，杂以黑色和红色的斑纹。嘴绿黄色；腿、脚暗褐色。

雉鸡分布于我国大部分地区，以及欧洲东南部、亚洲北部、东部和东南部等地。栖息于中、低山丘陵的灌丛、竹丛或草丛中。善于奔跑，飞行快速而有力。以植物的嫩叶、嫩芽、草茎、果实和种子为食，也吃昆虫和小型无脊椎动物。繁殖期为 2~5 月。营巢于灌丛、芦苇丛或草丛中的地面上，甚至农田地中。每窝产卵 6~22 枚。孵化期为 24~25 天。

雉鸡被列入“三有”名单，但也有偷猎的现象发生。雉鸡是我国首批可商业性经营利用驯养繁殖技术成熟的 54 种陆生野生动物之一。它兼具观赏、食用、药用价值，是一种重要的经济禽类。除人工养殖基地、动物园等处可能发生因经济利益而进行的盗窃、抢劫等犯罪行为外，在某些犯罪现场也有可能出现野生或人工养殖的雉鸡的痕迹。

## 161. 黑长尾雉

黑长尾雉也叫帝雉，是我国特产鸡类。体长 53~90cm。隶属于鸟纲、鸡形目、雉科。雄鸟脸部皮肤裸露呈红色；体羽大都深蓝色，两翅各有一条白色横斑，尾长，黑色并具有白色横斑。雌鸟通体橄榄褐色，上体有棕褐色横斑和白色斑纹，尾棕栗色，具黑色横斑。嘴褐色；腿、脚褐色。

黑长尾雉分布于我国台湾中部。栖息于山地原始阔叶林、针阔叶混交林和针叶林中。单独活动。晚上独栖于树上。以植物的叶、根、茎、花、果实和种子为食，也吃蚂蚁、蚯蚓、昆虫等动物性食物。繁殖期为 3~7 月。营巢于林下草丛中。每窝产卵 3~10 枚。孵化期 26~28 天。

黑长尾雉被列为国家Ⅰ级重点保护野生动物。它在我国野外数量十分稀少，但也会有偷猎犯罪的现象发生。

## 162. 白冠长尾雉

图 4.79 白冠长尾雉

白冠长尾雉是具有极长尾羽的我国特产鸡类（图 4.79）。体长 56~200cm。隶属于鸟纲、鸡形目、雉科。雄鸟头顶为白色，周围为黑色。喉、颈部白色。背部呈金黄色或棕色，周围镶有黑边，下体为深栗色并杂以白色，腹的中部为黑色。两对中央尾羽很长，长度达 100~160cm 及以上，呈银白色，生有许多稍弯曲的黑色和栗色并列的横斑。雌鸟上体大都为黄褐色，背部有显著的黑色和白色斑，下体为棕黄色；尾较短，具有不太明显的黄褐色横斑。

白冠长尾雉分布于我国河北、江苏、安徽、山西、河南、湖北、湖南、四川、贵州、云南、陕西、甘肃等地。栖息于中低山阔叶林、针阔叶混交林，以及灌丛和箭竹混杂的林缘陡峭斜坡上。单独或集成小群活动。善于鸣叫。性机警而胆怯，善于奔跑和短距离飞翔，夜间栖息于树上。以植物的幼根、竹笋和昆虫等为食。繁殖期为3~5月。筑巢于地面上每窝产卵6~10枚。孵化期24~25天。

白冠长尾雉被列为国家Ⅱ级重点保护野生动物。它在我国野外数量十分稀少，但也会有偷猎犯罪的现象发生。

## 163. 黑颈长尾雉

黑颈长尾雉为中型鸟类（图4.80）。体长为47~105cm，体重620~975g。雄鸟额、头顶、枕部是暗灰橄榄褐色；脸裸露呈鲜红色；颈部灰黑色；体羽大都栗色，上背和肩部有一个大型的白色“V”字形斑，翅上也有两道白色横斑，下背和腰上具黑蓝色斑；尾长0.5m左右，呈灰色并具黑、栗两色并列的横斑。雌鸟体羽大都棕褐色，上体满杂以黑色斑纹和白色矢状斑，下体为棕白色横斑；尾羽栗色，稍短，具黑色横斑和白色的端斑。虹膜棕红色；嘴褐色；腿、脚铅灰色。

黑颈长尾雉为留鸟。分布于我国广西、云南。栖息于中低山阔叶林、针阔叶混交林中。成对或小群活动。晚上栖息于树上。性情机警。以橡实、浆果、种子、根、嫩叶、幼芽等植物性食物为食，此外也吃昆虫等动物性食物。繁殖期为3~7月。配偶为一雄多雌制。营巢于大树脚下地面上或小灌木和小树旁的地面上，甚为隐蔽。巢较简陋，主要在地面凹处，再垫以枯草、枯叶和羽毛即成。每窝产卵5~9枚，最多12枚，卵的颜色为浅肉色或微沾淡枯叶色，光滑无斑，大小为（42.8~47.6）mm×（32.9~36）mm，卵重22~32.5g。孵化期27~28天。

图4.80　黑颈长尾雉

黑颈长尾雉被列为国家Ⅰ级重点保护野生动物。它在我国野外数量十分稀少，但也会有偷猎犯罪的现象发生。

## 164. 白颈长尾雉

白颈长尾雉为中型鸟类（图4.81）。体长48~84cm，体重605~1 050g。雄鸟额、头顶、枕部灰褐色，后颈灰色；脸部裸露呈鲜红色；眼上有一个短的白色眉纹；颏、喉、前颈黑色；上体和胸部栗褐色，上背和肩部具一条宽的白色带，下背和腰黑色具白斑；腹部白色；尾羽长近0.5m，为灰色而具宽阔的栗色横斑。雌鸟体羽大都棕褐色，上体满杂以黑色斑，背上还有白色矢状斑，喉和前颈黑色，腹棕白色；尾羽较短，杂以黑褐色斑点及横斑。虹膜褐色；嘴黄褐色；腿、脚蓝灰色。

白颈长尾雉为留鸟。分布于我国福建、贵州、浙江、安徽、江西、湖南、广东、广西等地。栖息于低山丘陵地区的阔叶林、混交林、针叶林、竹林和林缘灌丛地带。喜欢集群。性情胆怯而机警，活动时很少鸣叫。晚上栖息于树上。以植物叶、茎、芽、花、果实、种子和农作物等植物性食物为食，也吃昆虫等动物性食物。繁殖期为4~6月。筑巢于地面上。每窝产卵5~8枚，卵的颜色为乳白色，光滑无斑，大小为（43.2~46.9）mm×（30~34.6）mm，卵重24.7~27.3g。孵化期25天。

图4.81　白颈长尾雉

白颈长尾雉被列为国家Ⅰ级重点保护野生动物。它在我国野外数量十分稀少，但也会有偷猎犯罪的现象发生。白颈长尾雉从前被认为总数不足 1 000 只。

## 165. 红腹锦鸡

红腹锦鸡也叫金鸡，是我国特产珍稀鸡类（图 4. 82）。体长 54～145cm。隶属于鸟纲、鸡形目、雉科。雄鸟头上有金黄色的丝状羽冠，散披在颈上；脸部、喉部及前颈均为锈红色；后颈围以橙褐色镶有黑色细边的披肩；上背浓绿色，下背和腰为金黄色。下体是深红色。尾长，黑褐色并布满黄色斑点。嘴、腿、脚为黄色。雌鸟体型较小，体羽大都为棕黄色，有黑褐色斑纹。

图 4. 82　红腹锦鸡

红腹锦鸡分布于我国河南、云南东北部、西藏东部、青海东南部、宁夏南部、湖北西部、湖南、广西、四川、贵州、陕西南部和甘肃等地。栖息于山地常绿阔叶林、针阔叶混交林和针叶林中。夜晚栖于树冠隐蔽处。集群活动。极善奔走，但飞翔能力较差。以植物的茎、叶、花、果实和种子为食，也吃各种昆虫和小型无脊椎动物。繁殖期为 4～6 月。营巢于林下灌丛、草丛的地面上。每窝产卵 5～9 枚。孵化期 22 天。

红腹锦鸡被列为国家Ⅱ级重点保护野生动物。它在我国野外数量十分稀少，但也会有偷猎犯罪的现象发生。

## 166. 白腹锦鸡

白腹锦鸡又叫铜鸡，是中型鸟类（图 4. 83）。体长 54～145cm，体重 585～960g。雄鸟的头、顶、背、胸等均为翠绿色，散发出金属光泽；头上有一绺发状羽形成的紫红色羽冠；颈部由白色镶黑边的羽毛形成翎领；下背和腰部是明黄色，往下转朱红色；腹部银白色；尾羽银灰色，具黑白相杂的云状斑纹和横斑。虹膜褐色；嘴蓝灰色；腿、脚青灰色。雌鸟体羽大都为棕黄色，满缀以黑褐色虫蠹状斑和横斑，胸部棕红色，脚为蓝灰色。

图 4. 83　白腹锦鸡

白腹锦鸡为留鸟。分布于我国广西、贵州、西藏东部、四川、云南等地。栖息于山地常绿阔叶林、针阔叶混交林和针叶林中。夜晚栖于树冠隐蔽处。集群活动。极善奔走，但飞行能力差。以植物的茎、叶、花、果实、种子和农作物为食，也吃部分昆虫等动物性食物。繁殖期为 4～6 月。配偶为一雄多雌制。求偶炫耀为侧面型。雄鸟将朝向雌鸟一侧的披肩向前下方极度伸展，两翅亦下垂，整个背部亦倾向雌鸟，显露出鲜艳的背羽，尾羽亦向雌鸟张开如扇。营巢于林下灌丛、草丛或倒木和枯枝下地上。巢甚简陋，通常为一圆形或椭圆形浅土坑，内再垫以枯草、枯叶和羽毛。每窝产卵 5～9 枚，卵的颜色为浅黄褐色或乳白色，光滑无斑，大小为（43～46. 2）mm×（33～35. 3）mm，卵重 21～32g。孵化期 22～23 天。雏鸟为早成性。

白腹锦鸡被列为国家Ⅱ级重点保护野生动物。它在我国野外数量十分稀少，但也会有偷猎犯罪的现象发生。

## 167. 灰孔雀雉

灰孔雀雉为中型鸟类（图 4. 84）。体长 33～67cm，体重 456～710g。雄鸟头上有蓬松而延长的发状冠羽，上面杂有细小的黑白相间的斑点；在颈后边还披有乌褐色的翎领，具棕白色横斑；通体为乌褐色，各羽上布满了棕白色细点和横斑，上体的棕白色点状斑，由前向后逐渐扩大，两翼内侧各羽的近端部有一个金属蓝紫色眼状斑，外边还围以狭窄的黑褐色圆圈及较宽阔的白圈，下体横斑较多；

颏、喉白色；尾羽在靠近末端处有成对的紫绿色眼状斑。雌鸟羽色也较暗淡，尾较短，眼状斑也不明显。

灰孔雀雉为留鸟。分布于我国云南南部、西藏东南部、海南等地。栖息在山地热带雨林、季雨林及竹林中。单独活动，夜间栖息于树枝上。性情机敏。叫声短促而响亮。以植物、昆虫和蠕虫等为食。巢筑于树的根部，很浅。每窝产卵2~5枚，卵的颜色为灰黄白色，光滑无斑。卵的大小为（41.5~50.9）mm×（32.5~38.3）mm，卵重28~30.5g。孵化期为21~22天。

图 4.84　灰孔雀雉

灰孔雀雉被列为国家Ⅰ级重点保护野生动物。它在我国野外数量十分稀少，但也会有偷猎犯罪的现象发生。

## 168. 绿孔雀

绿孔雀是我国珍稀大型鸡类（图 4.85）。体长为1 000~2 000cm。隶属于鸟纲、鸡形目、雉科。雄鸟头上具冠羽，中央部分为亮蓝色，围着翠绿色的宽缘，脸部为淡黄色。苍绿色的头和颈，微微闪着紫光，背部的羽毛像绿玉一般，周围镶着黑边，中央嵌一个半椭圆形的青铜色的斑；胸部的羽毛为绿色，腹部羽色较暗。雌鸟羽色与雄鸟相似，但没有尾屏。

绿孔雀分布于我国云南南部、西藏东南部。栖息于山地热带、亚热带常绿阔叶林和混交林中。单独、成对或成小群活动。善于奔走，不善飞行。性情机警，夜晚栖于树上。以植物的果实、嫩叶、芽苞，以及昆虫、蚯蚓、蜥蜴、蛙类等动物性食物为食。繁殖期为3~6月。营巢于灌丛中的地面凹坑上。每窝产卵4~6枚。孵化期27~30天。

绿孔雀被列为国家Ⅰ级重点保护野生动物。它在我国野外数量十分稀少，但也会有偷猎犯罪的现象发生。

图 4.85　绿孔雀

## 169. 蓝孔雀

蓝孔雀也叫印度孔雀、杂交孔雀（图 4.86）。体长为91~228cm，体重为2 750~6 000g。雄鸟头上具冠羽，眼睛的上方和下方各有一条白色的斑纹。头顶、颈部和胸部为蓝色。翅膀上的覆羽为黑褐色，飞羽黄褐色。腹部深绿色或黑色。尾上的覆羽形成尾屏。雌鸟头上具冠羽。头顶、颈的上部为栗褐色，羽缘带有绿色。眼眉、脸部和喉部为白色。颈下部、上背和上胸部为绿色。上体其余部分为土褐色。翅膀具白色的边缘。下胸部暗褐色。腹部暗黄色。虹膜褐色。腿、脚角褐色。

蓝孔雀分布于印度、斯里兰卡、巴基斯坦和尼泊尔等地。栖息于从平原到高山地带的森林、灌丛中。以植物和昆虫、蜥蜴等小动物为食。繁殖期为6~12月。营巢于灌丛中的地面凹坑上。每窝产卵4~8枚。孵化期28~30天。

蓝孔雀是我国首批可商业性经营利用驯养繁殖技术成熟的54种陆生野生动物之一。蓝孔雀是一种极其名贵的观赏、食用和药用动物。除人工养殖基地、动物园等处可能发生因经济利益而进行的盗窃、抢劫蓝孔雀等犯罪行为外，在某些犯罪现场也有可能出现它的痕迹。

图 4.86　蓝孔雀

## 170. 普通珠鸡

普通珠鸡也叫珍珠鸡、珠鸡（图 4.87）。体长 72~220cm，体重 1 590~2 725g。雄鸟头顶和羽冠黑色。裸露的脸部为蓝灰色。体羽主要为暗褐色，有皮黄色和暗褐红色的斑纹。翅膀和尾羽上有白斑和呈灰绿色、紫色和皮黄色虹彩的眼状斑，在内侧飞羽上排成一列，外圈为黑色及淡皮黄色。雌鸟头顶为黑色并有棕褐色和皮黄色羽缘，冠羽为暗灰色。裸露的脸部为蓝灰色。后头为栗褐红色。体羽有黑色杂斑和条纹，以及褐红色、栗色和皮黄色的虫蠹状斑纹。虹膜褐色；嘴浅蓝色或白色；腿、脚近红色。

分布于泰国南部、马来西亚和印度尼西亚的苏门答腊、加里曼丹等地。栖息于低山林地中。以植物的果实和昆虫等为食。繁殖期为 5~7 月。营巢于草丛中的地面上。每窝产卵 2 枚。孵化期为 24~25 天。

珍珠鸡是我国首批可商业性经营利用驯养繁殖技术成熟的 54 种陆生野生动物之一。珍珠鸡肉质鲜美、具有特殊的营养滋补功能，羽毛是重要工艺品原料，饲养成本相对较低。

图 4.87 普通珠鸡

图 4.88 丹顶鹤

## 171. 丹顶鹤

丹顶鹤也叫仙鹤，是体型较大的珍稀涉禽（图 4.88）。体长 120~152cm。隶属于鸟纲、鹤形目、鹤科。嘴较长，呈淡绿灰色，颈、腿也都很长。头顶上裸露无羽、呈鲜红色。体羽大多为白色，喉、颈部黑褐色，两翅中间长而弯曲的飞羽为黑色。

丹顶鹤分布于我国东北、东部沿海和长江中、下游地区，以及俄罗斯东部、日本、朝鲜等地。栖息于开阔的平原、沼泽、湖泊、草地、海边滩涂、芦苇丛、河岸等地带。成对或成小群活动。夜间栖息于四周环水的浅滩上或苇塘边。休息时常单腿站立，头转向后插于背后的羽毛间。叫声高亢、洪亮。以鱼、虾、水生昆虫、软体动物、蝌蚪、沙蚕、蛤蜊、钉螺以及水生植物的茎、叶、块根、球茎和果实等为食。营巢于开阔的大片芦苇沼泽地上或水草丛中。每窝产卵 2 枚。孵化期为 30~33 天。

丹顶鹤被列为国家Ⅰ级重点保护野生动物。它在我国野外数量十分稀少，但也会有偷猎犯罪的现象发生。

## 172. 白鹤

白鹤也叫西伯利亚鹤，是我国大型珍稀涉禽（图 4.89）。体长 130~140cm。隶属于鸟纲、鹤形目、鹤科。头顶被有羽毛，但从额到鼻孔的整个脸部裸露无羽，呈鲜红色。暗红色的嘴长而有力。脚为暗红色。体羽为白色，飞羽为黑色。

白鹤分布于我国东北、长江中下游地区等地，以及俄罗斯东部、印度、伊朗、阿富汗、日本等地。栖息于开阔平原的沼泽草地、苔原沼泽、湖泊岸边等浅水地带。单独、成对或呈家族群活动。性情胆怯而机警。飞行时常呈“一”字形或“人”字形。叫声稍低。以植物的茎和块根为食，也吃水生植物的叶、嫩芽和蚌、螺、昆虫、甲壳动物等动物性食物。繁殖期为6~8月。营巢于湖泊纵横的苔原沼泽地带高的土丘上或水中小岛上。每窝产卵2枚。

白鹤被列为国家Ⅰ级重点保护野生动物。它在我国野外数量十分稀少，但也会有偷猎犯罪的现象发生。

图4.89 白鹤

图4.90 黑颈鹤

## 173. 黑颈鹤

黑颈鹤是唯一栖息在高原地带的鹤类（图4.90）。体长110~120cm。隶属于鸟纲、鹤形目、鹤科。颈部和脚都很长。颈部的羽毛为黑色，头顶裸露，呈红色。金黄色的眼睛后面缀着一块白斑。翅膀和尾羽为黑色。体羽主要为白色。嘴蜡黄色，脚黑色。

黑颈鹤分布于我国西藏、青海、甘肃、四川北部、贵州西部、云南西北部等地，以及印度东北部一带。栖息于高原沼泽地带。叫声响亮。筑巢于四周环水的草墩上、茂密的芦苇丛中。每窝产卵2枚。由雄鸟和雌鸟轮流孵化。孵化期为30~33天。

黑颈鹤被列为国家Ⅰ级重点保护野生动物。它在我国野外数量十分稀少，但也会有偷猎犯罪的现象发生。

## 174. 赤颈鹤

赤颈鹤为大型涉禽（图4.91）。体长为140~152cm，体重12kg。两性相似。头部和颈部裸露，颜色为鲜红色嘴的基部有一个灰白色的羽斑。眼先有少许黑色的刚毛，颈的基部有时有一个白色的颈环紧邻裸露的上颈部。初级覆羽和初级飞羽为黑色，内侧次级飞羽和三级飞羽延长，覆盖于淡灰色的尾羽上，其余体羽均为灰色。虹膜橙色，嘴灰色或绿角色，脚肉红色或红色。

图4.91 赤颈鹤

赤颈鹤为留鸟。分布于印度、缅甸、泰国、马来西亚、澳大利亚和我国云南南部等地。栖息于开阔平原草地、沼泽、湖边浅滩等地带。单独或呈家族群活动。性胆小而机警。以鱼、蛙、虾、蜥蜴、谷粒和水生植物为食。繁殖期为5~8月，营巢于有稀疏树木或灌丛的开阔平原草地和沼泽地上。巢由枯枝和草构成，每窝产卵2枚，卵为乳白色，被有褐色斑点。卵的大小为102mm×65mm。

赤颈鹤被列为国家Ⅰ级重点保护野生动物。它在我国野外数量十分稀少，但也会有偷猎犯罪的现象发生。

## 175. 沙丘鹤

沙丘鹤也叫棕鹤、加拿大鹤，是大型涉禽。体长100~110cm。体羽为灰色而缀有褐色，下体稍淡。前额、眼先和头顶的前部都有裸露的皮肤，呈鲜红色，被有稀疏的像头发一样的刚毛。颏部和喉部为白色。腿为黑色。

沙丘鹤为候鸟。分布于俄罗斯西伯利亚的极北部，北美洲的加拿大、美国和古巴等地。栖息于富有灌丛和水草的平原沼泽、湖边草地、水塘及河岸沼泽地带。呈家族群活动。性机警而胆小。叫声响亮。以各种灌木和草本植物的叶、芽、草籽和谷粒等为食，也吃昆虫。繁殖期为5~7月。配偶为一雄一雌制，求偶炫耀包括相对鸣叫、跳跃和舞蹈等。营巢于紧靠水边的灌丛中或沙地上的浅坑内，铺垫以枯草和羽毛。每窝产卵1~2枚，卵的颜色为肉桂褐色或橄榄褐色。卵的大小为84mm×51mm。

沙丘鹤被列为国家Ⅱ级重点保护野生动物。它在我国野外数量十分稀少，但也会有偷猎犯罪的现象发生。

## 176. 灰鹤

图4.92　灰鹤

灰鹤也叫玄鹤，是大型涉禽（图4.92）。体长100~137cm，体重3 000~5 500g。两性相似。体羽主要为灰色，头顶裸出的皮肤为朱红色，并具有稀疏的黑色发状短羽，眼先、枕部、颊部、喉部，以及前颈和后颈为灰黑色；眼后方、耳羽至颈侧为一条灰白色的纵带。初级飞羽、次级飞羽都是黑褐色。尾羽为灰色，羽端近黑色。虹膜赤褐色或黄褐色，嘴青灰色，先端略淡，呈乳黄色，胫部、跗跖和趾为灰黑色。

灰鹤为候鸟。繁殖于欧亚大陆的北部，越冬于非洲北部、伊朗、印度、缅甸、中南半岛北部和我国长江中下游以及华南、西南等地。栖息于开阔平原、草地、沼泽、河滩、旷野、湖泊以及农田地带。成小群活动。性情机警。以植物的叶、茎、嫩芽、块茎，以及软体动物、昆虫、蛙、蜥蜴、鱼类等为食。繁殖期为4~7月。求偶炫耀时两翅半张，身体不断地上下蹲伏、跳跃和鸣叫。配偶为一雄一雌制。营巢于沼泽草地中的干燥地面上，主要由枯枝、叶、芦苇和草茎堆集而成。每窝产卵2枚。卵的颜色为褐色或橄榄绿色，表面被有红褐色斑点。卵的大小为（93~101）mm×（60~62）mm。由雄鸟和雌鸟轮流孵化，孵化期为28~30天。

灰鹤被列为国家Ⅱ级重点保护野生动物。它在我国野外数量十分稀少，但也会有偷猎犯罪的现象发生。

## 177. 白头鹤

图4.93　白头鹤

白头鹤为大型涉禽（图4.93）。体长92~97cm，体重3 284~4 870g。两性相似。体羽大都呈石板灰色，眼睛前面和额部密被黑色的刚毛，头顶上的皮肤裸露无羽，呈鲜艳的红色，其余头部和颈的上部为白色。两个翅膀为灰黑色。虹膜深褐色，嘴黄绿色，胫的裸出部、跗跖和趾为黑色。

白头鹤为候鸟。繁殖于俄罗斯东部和我国东北，越冬于朝鲜、日本和我国长江中下游地区及东南沿海。栖息于河流、湖泊的岸边泥滩、沼泽和芦苇沼泽及湿草地中。成对或呈家族群活动。性情机警。以甲壳类、小鱼、软体动物、昆虫和植物嫩叶、块根，小麦、稻谷等为食。繁殖期为5~

7月。营巢于生长有稀疏落叶松和灌木的沼泽地上，巢主要由枯草和苔藓所构成。每窝产卵2枚，卵的颜色为绿红色，其上被有大的暗色斑点。卵的大小为（91~106）mm×（59~62）mm，卵重149~173g。

白头鹤被列为国家Ⅰ级重点保护野生动物。它在我国野外数量十分稀少，但也会有偷猎犯罪的现象发生。

## 178. 白枕鹤

白枕鹤也叫红脸鹤、红面鹤，是大型涉禽（图4.94）。体长120~150cm，体重4 750~6 500g。两性相似。虹膜暗褐色，嘴黄绿色，脚红色。前额、头顶前部、眼先、头的侧部以及眼睛周围的皮肤裸出，均为鲜红色，其上着生有稀疏的黑色绒毛状羽。耳羽为烟灰色。头顶的后部、枕部、后颈、颈侧和前颈的上部形成一条暗灰色条纹，颊部和喉部为白色。颈侧和前颈的下部以及下体呈暗石板灰色。上体为石板灰色。尾羽为暗灰色，末端具有宽阔的黑色横斑。翅膀上的初级飞羽为黑褐色，具有白色的羽干纹，次级飞羽也是黑褐色，基部白色，三级飞羽为淡灰白色，延长成弓状，翅膀上的覆羽为灰白色，初级覆羽黑色，末端白色。

图4.94　白枕鹤

白枕鹤为候鸟。繁殖于俄罗斯东部和我国东北，越冬于朝鲜、日本和我国江西鄱阳湖、江苏洪泽湖、安徽菜子湖等地。栖息于开阔的平原芦苇沼泽和水草沼泽地带。成对或成小群活动。行动机警。飞行有力。以植物种子、草根、嫩叶、嫩芽、谷粒、鱼、蛙、蜥蜴、蝌蚪、虾、软体动物和昆虫等为食。繁殖期为5~7月，配偶为一雄一雌制。营巢于芦苇沼泽或水草沼泽中。巢呈浅盘状。每窝产卵2枚。卵的颜色为灰色或淡紫色，表面密布紫褐色斑点。卵的大小为92mm×61mm，卵重为150~205g。孵化由亲鸟共同承担，但以雌鸟为主。孵化期为29~30天。雏鸟为早成性。

白枕鹤被列为国家Ⅱ级重点保护野生动物。它在我国野外数量十分稀少，但也会有偷猎犯罪的现象发生。

## 179. 蓑羽鹤

蓑羽鹤是大型涉禽（图4.95）。体长68~92cm。两性相似。头顶完全被羽，头侧、颊部、喉部和前颈为黑色。颊后和耳区有白色的丝状羽，并且延长成一簇束状，垂于头的侧部。头顶为珍珠灰色，喉部和前颈的羽毛也极度延长成蓑衣状，悬垂于前胸部。其余头部、颈部和体羽均为蓝灰色。虹膜红色或紫红色，嘴黄绿色，脚和趾黑色。

图4.95　蓑羽鹤

蓑羽鹤为候鸟。繁殖于从欧洲南部和东部，一直到亚洲中部和我国新疆、宁夏、内蒙古、黑龙江、吉林等地。越冬于非洲北部、印度、缅甸北部、日本和我国西藏南部。栖息于开阔平原草地、草甸沼泽、芦苇沼泽、苇塘、湖泊、河谷、半荒漠和高原湖泊草甸等各类生境中。呈家族群或小群活动。善于奔走。性情胆小而机警。以鱼类、虾、蛙、蝌蚪、水生昆虫、植物嫩芽、叶、草籽等为食。繁殖期为4~6月，配偶为一雄一雌制。不营巢，直接产卵于羊草草甸中裸露而干燥的盐碱地上。每窝产卵1~3枚。卵的颜色为淡紫色或粉白色，具深紫褐色斑。卵的大小为84mm×56mm。孵卵由雄鸟和雌鸟共同承担，孵化期30天。雏鸟为早成性。

蓑羽鹤被列为国家Ⅱ级重点保护野生动物。它在我国野外数量十分稀少，但也会有偷猎犯罪的现象发生。

## 180. 大鸨（bǎo）

大鸨是体型最大的飞行鸟类（图4.96）。体长50~105cm。隶属于鸟纲、鹤形目、鸨科。雄鸟体型粗壮，颈长而粗，腿粗而强，脚上有3个粗大的趾。头和颈都是灰色，后颈至胸前两侧有宽的棕栗色横带，形成半圆的领圈。上体为淡棕色，并具有细的黑色横斑。下体为灰白色。翅上有大型白斑。喉部的两侧生有细长而突出的白色羽簇，状如胡须。雌鸟体型较小，喉侧无胡须状物。

图4.96 大鸨

大鸨分布于我国北方的大部分地区，以及欧洲南部、非洲北部、亚洲等地。栖息于开阔的平原、干旱草原、稀树草原和半荒漠地区。成群活动。性情机警而胆小。善于奔跑。飞行能力很强。以植物的嫩叶、嫩芽、嫩草、种子以及昆虫、蚱蜢、蛙等动物为食。繁殖期为5~7月。营巢于草原地面上的天然凹坑内。每窝产卵2~4枚。孵化期为25~28天。

大鸨被列为国家Ⅰ级重点保护野生动物。它在我国野外数量十分稀少，但也会有偷猎犯罪的现象发生。

## 181. 小鸨

小鸨体长40~45cm，体重525~910g。雄鸟头顶和上体为沙皮黄色，具黑斑。脸部灰蓝色。颈部黑色，有两条白色带沿头后、颈侧斜行而下，在前颈汇合成“V”字形；下颈基部还有一条白色横带，形成颈圈。下体白色。雌鸟头部、颈部和上体为沙皮黄色，有黑色斑。下体白色。虹膜黄色。嘴灰黑色。脚黄色。

小鸨在我国分布于新疆天山、帕米尔高原、阿尔泰山、准噶尔盆地以西地区，为夏候鸟。偶尔还见于四川南充市。栖息于平原、草地、牧场和荒漠地区。成群活动。性情机警而胆小。善于奔跑。飞行能力很强。以植物的嫩叶、嫩芽、嫩草、种子以及昆虫等小型无脊椎动物为食。繁殖期为5~6月。营巢于原野草地上。每窝产卵3~5枚。孵化期为20~21天。

小鸨被列为国家Ⅰ级重点保护野生动物。它在我国野外数量十分稀少，但也会有偷猎犯罪的现象发生。

## 182. 波斑鸨

波斑鸨是大型陆栖鸟类（图4.97）。体长55~65cm。上体为沙皮黄色，头部和颈部的颜色较淡，背部具有黑色斑点，头上具有黑白二色的长形羽冠。颈侧具有垂直向下的黑色和白色长形饰羽悬挂于胸前，而大鸨和小鸨均没有这种饰羽。胸部至尾下覆羽为白色。飞羽为黑色，初级飞羽的基部有大块的白斑，飞翔时极为明显。虹膜金黄色，上嘴黑色，下嘴绿色或角黄色。脚和趾绿色、铅色或褐黄色。

图4.97 波斑鸨

波斑鸨在我国分布于新疆西部天山和北部等地，为夏候鸟。春季于3月下旬迁来，秋季于10月迁走。栖息于开阔平原、草地、荒漠和半荒漠地区。白天活动。除繁殖期外大多单独或成小群活动。性情胆怯而机警。善于奔跑。遇到危险时一般不起飞，而是迅速地跑开，蹲下藏匿于草丛中，只有迫不得已时才起飞。起飞时需要首先在地面上进行助跑。飞行的速度较慢，而且距离地面较低。飞行时沉寂无声，两翅扇动有力。主要以昆虫、蜥蜴、蝗虫，以及各种植物种子和叶芽等为食。繁殖期为 4~7 月。成对营巢于草原盐碱地上，荒漠和半荒漠中具有稀疏植物的沙丘上以及草原岩石地区。通常置巢于稀疏的植物丛间。巢只是一个浅坑，里面没有任何内垫物。每窝产卵 2~3 枚。卵为橄榄绿色，具乌黑色的斑点。卵的形状为卵圆形。卵的大小为（55~69）mm×（41~49）mm。雌鸟孵卵。雏鸟为早成性。

波斑鸨被列为国家Ⅰ级重点保护野生动物。它在我国野外数量十分稀少，但也会有偷猎犯罪的现象发生。

## 183. 长脚秧鸡

长脚秧鸡是小型涉禽，体长 26~27cm，体重 155g 左右。隶属于鹤形目、秧鸡科、长脚秧鸡属。眼先、颊部、耳区和眉纹为灰色，虹膜红褐色。头顶和上体均为淡灰褐色，具黑色斑纹。翅上的覆羽和翅下的覆羽均为栗色。喉部和腹部为白色，两胁具有红褐色横斑。黄色的嘴比较短。脚为淡褐色。

长脚秧鸡在我国繁殖于新疆西部天山，迁徙期间见于西藏西部。为夏候鸟，春季于 4 月下旬迁来我国，秋季于 10 月迁走。栖息于森林、草地、荒野、半荒漠和农田等各类生境中，常在河岸、湖边高草丛和灌丛中活动。善于藏匿，白天多躲藏在草丛或灌丛中，早晨、黄昏和夜晚出来活动，并且经常鸣叫，叫声清脆洪亮，很远都能听见。在地面上奔跑时迅速而敏捷。在危急时和通过开阔的水面时也能飞翔，但常常飞不了多远又迅速落入草丛中。杂食性，主要以各种昆虫、蠕虫、草籽和谷粒等为食。繁殖期为 5~7 月，配偶为一雄一雌制。通常营巢于岸边富有灌木和草本植物的河谷地带的湿草地上，也在湖边沼泽和森林中营巢，有时甚至营巢在耕地或原野附近的灌木丛或高草丛中。巢的大小直径为 12~14cm，深 4~7cm。每窝产卵 6~14 枚，通常为 7~12 枚。卵的形状为椭圆形，颜色为淡赭色，被有红褐色的斑点。卵的大小为 37mm×27mm。雌鸟孵卵。孵化期为 14~15 天。

长脚秧鸡被列为国家Ⅱ级重点保护野生动物。它在我国野外数量十分稀少，但也会有偷猎犯罪的现象发生。

## 184. 姬田鸡

姬田鸡是小型涉禽，体长 18~20cm。隶属于鹤形目、秧鸡科、田鸡属。雄鸟的夏羽为头顶至后颈暗棕褐色，背部和肩部橄榄褐色，具有宽阔的黑色条纹和一些窄的白色横斑。飞羽为褐色。腰部、尾羽为暗褐色。前额、头侧和整个下体，包括颊部、喉部和前颈以及颈侧等均为石板灰色，两胁具有不甚明显的白色横斑，或者不具横斑。眼周为红色，冬羽的颊部和喉部为白色。雌鸟上体的羽色与雄鸟相似，但下体为皮黄色，尾下覆羽具有褐色和白色相间的横斑。雄鸟和雌鸟的虹膜均为红色，嘴为绿色，基部红色，脚暗绿色。

姬田鸡分布于我国新疆西部塔里木河、天山等地，为夏候鸟。春季于 3 月末 4 月初开始迁来我国；秋季于 10 月中下旬离开。栖息于森林、平原、荒漠、一直到海拔 2 000m 左右的山地等环境中的富有芦苇和水生植物的湖泊、河流、水塘、河渠和深水沼泽地带。常单独或呈家族群活动，善于游泳和潜水。活动时喜欢鸣叫。食性较杂，主要以小型水生动物、飞蛾幼虫、昆虫、蜘蛛、蜗牛等动物性食物为食，也吃植物的幼芽、果实和种子。繁殖期为 5~7 月，通常营巢于富有芦苇和水草的湖边、深水苇塘、水渠及河湾处。巢置于有一定水深的近岸边芦苇和水草丛中，大多固定在水面的芦苇茎上或水中的小柳树上，巢底紧贴水面。偶尔也有营巢于地上的。巢的形状为碗状，主要由干的芦苇茎叶和水草构成，大小为直径 10~15cm，巢高 7~10mm，巢深 3~7cm。由雄鸟和雌鸟共同筑巢，每窝产卵 7~8 枚，偶尔少至 6 枚和多至 9 枚。卵的颜色为淡黄灰色，被有棕色或锈色斑点。卵的大小为（28~33）mm×（19~24）mm。卵产齐后即开始孵卵，由亲鸟轮流进行，孵化期为 20~21 天。

姬田鸡被列为国家Ⅱ级重点保护野生动物。它在我国野外数量十分稀少，但也会有偷猎犯罪的现象发生。

## 185. 棕背田鸡

棕背田鸡是小型涉禽，体长 20~25cm，体重 72g 左右。体色与姬田鸡有较大差异，而巨比较鲜艳。头部、颈部和下体为石板灰色，头顶和枕部颜色较暗，头侧颜色较淡。颊部、喉部为白色，背部和两翅上的覆羽以及内侧的次级飞羽为暗棕褐色，初级飞羽和外侧次级飞羽为暗褐色，尾羽为黑色。虹膜红色，嘴蓝绿色，尖端较淡，基部有红色斑，到繁殖期时这个红斑更为鲜艳，脚和趾为暗红色或砖红色。

棕背田鸡在我国分布于四川、云南、贵州、西藏等地，为留鸟，栖息于低山丘陵和林缘地带的水稻田、溪流、沼泽、草地、苇塘及其附近草丛与灌丛中，有时也出现在林中草地和河流两岸的沼泽及草地上。常在早晨和傍晚出来到开阔的草地上活动，遇到危险时则急速往草丛或水边奔跑，到水边后或是进入水中游泳，或是飞到水域的对岸，有时在受到威胁时常常压低头部和尾部在地面上奔跑，或躲藏于草丛或灌丛中。主要以水生昆虫和其他小型无脊椎动物为食。繁殖期为 5~8 月。营巢于稻田地和附近水域岸边草丛与灌木丛中的地面上，也在离水域不远的森林中的小灌木树上营巢。每窝产卵 5~8 枚，卵的大小为（31~36）mm×（25~27）mm。雄鸟和雌鸟轮流孵化。

棕背田鸡被列为国家Ⅱ级重点保护野生动物。它在我国野外数量十分稀少，但也会有偷猎犯罪的现象发生。

## 186. 花田鸡

花田鸡也是小型涉禽，体长 13~14cm，是我国最小的田鸡。体色较淡，没有棕背田鸡那样的鲜艳羽毛。上体褐色或橄榄褐色，包括翅上覆羽、内侧飞羽和尾羽在内，整个上体具黑色的条纹和细窄的白色横斑。前额、眉、头侧和后颈上部为淡橄榄褐色，具细小的白色斑点。贯眼纹为暗褐色。初级飞羽淡褐色，次级飞羽白色，在翅膀上形成显著的白斑，飞翔时明显可见。颊部、喉部和胸部为污白色，胸部具有淡橄榄褐色的横斑，腹部为淡皮黄白色，两胁和尾下为橄榄褐色，具白色横斑，翅下覆羽和腋羽为白色。虹膜褐色，嘴深褐色，下嘴的基部为黄绿色，脚为肉褐色或黄褐色。

花田鸡在我国繁殖于内蒙古东北部，黑龙江和吉林，迁徙期间经过吉林、辽宁、河北、山东和长江流域，越冬于福建、广东等省。在我国东北多为夏候鸟，东部为冬候鸟，其他地方为旅鸟，春季于 4 月中旬迁来东北繁殖地，秋季于 9 月中下旬迁离。栖息于湿草地和沼泽地带，常在河边或湖边的草丛中活动和觅食。大多在黎明和傍晚活动，白天常藏匿在草丛中。主要以水生昆虫、甲壳类和水藻等为食。繁殖期为 5~7 月。营巢于近水的草丛中。每窝产卵一般为 6 枚。卵的颜色为粉红黄色，具红棕色和淡紫色的斑点。卵的大小为 28mm×20mm。

花田鸡被列为国家Ⅱ级重点保护野生动物。它在我国野外数量十分稀少，但也会有偷猎犯罪的现象发生。

## 187. 白胸苦恶鸟

白胸苦恶鸟体长 27~33cm，体重 163~258g。头顶、颈侧、上体石板灰色。额部、脸部、颏部、喉部和胸部白色。腹部红色。虹膜红色。嘴淡黄绿色，上嘴基部红色。脚淡黄绿色。

白胸苦恶鸟分布于中国长江以南地区。栖息于沼泽、水塘、溪流、水田等地带。单独或成对活动。行动谨慎。以昆虫、软体动物，以及植物种子、花等为食。繁殖期为 4~7 月。营巢于水边的草丛或灌丛中。每窝产卵 4~8 枚。

白胸苦恶鸟被列入“三有”名单，但也有偷猎犯罪的现象发生。

## 188. 董鸡

董鸡体长 32~52cm，体重 210~550g。体羽主要为灰黑色。雄鸟额部至嘴基部有一块红色肉质额甲。雌鸟额甲较小，为黄褐色。虹膜红色或淡褐色。嘴淡黄绿色。脚黄绿色。

董鸡分布于中国东北南部、华北、华中、华东、华南和西南地区。栖息于沼泽、水塘、溪流、水田等地带。单独或成对活动。行动谨慎。以昆虫、甲壳动物、软体动物，以及植物种子、嫩叶等为食。繁殖期为6~9月。营巢于水田或芦苇塘中。每窝产卵3~8枚。

董鸡被列入“三有”名单，但也有偷猎犯罪的现象发生。

## 189. 黑水鸡

黑水鸡体长30~35cm，体重141~400g（图4.98）。体羽主要为黑褐色，胁部有宽阔的白色纵纹。额部至嘴基部有一块红色肉质额甲。虹膜红色。嘴淡黄绿色。脚黄绿色，胫上部有红色环带。

黑水鸡分布于我国大部分地区。栖息于沼泽、湖泊、水塘、水田等地带。成对或集小群活动。行动谨慎。以昆虫、软体动物，以及植物种子、嫩叶、根、茎等为食。繁殖期为4~7月。营巢于水田或芦苇塘中。每窝产卵6~10枚。孵化期为19~22天。

黑水鸡被列入“三有”名单，但也有偷猎犯罪的现象发生。

图4.98 黑水鸡

## 190. 铜翅水雉

铜翅水雉体长28~31cm。头部、颈部、下体黑色，具绿色金属光泽。前额具红色肉质额甲。眼睛上方有白色眉纹。上背、肩部暗紫色。腰部、尾羽栗色。翅膀上的覆羽橄榄青铜色，飞羽黑色。虹膜褐色。嘴黄色。脚暗绿色。

铜翅水雉分布于中国云南南部。栖息于富有挺水植物和漂浮植物的淡水湖泊、池塘等地。单独或成小群活动。以水生植物和昆虫、软体动物等为食。繁殖期为6~9月。营巢于水生植物上。每窝产卵4~6枚。

铜翅水雉被列为国家Ⅱ级重点保护野生动物。它在我国野外数量十分稀少，但也会有偷猎犯罪的现象发生。

## 191. 中杓鹬（yù）

中杓鹬体长40~46cm，体重315~475g。嘴黑色，细长而向下弯曲呈弧状。头、颈淡褐色，具黑色纵纹；头顶具乳黄色中央冠纹。头两侧具黑色侧冠纹。眉纹皮黄白色。背黑褐色，具皮黄色和白色斑纹；下体淡褐色，胸具黑褐色纵纹，两胁具黑褐色横斑。腰和尾上覆羽白色。脚蓝灰色或青灰色。

中杓鹬分布于我国东北、华北、华东、华南、西南地区。栖息于北极苔原森林、泰加林、沿海沙滩、海滨岩石、河口、沙洲、内陆草原、湿地、湖泊、沼泽、水塘、河流、农田等各类主境中。常单独或成小群活动和觅食。飞行有力。主要以昆虫、昆虫幼虫、蟹、螺、甲壳类和软体动物等小型无脊椎动物为食。繁殖期为5~7月。营巢于湖泊、河流岸边及其附近沼泽湿地上。每窝产卵3~5枚。雌雄亲鸟轮流孵卵，孵化期24天。

中杓鹬被列入“三有”名单，但也有偷猎犯罪的现象发生。

## 192. 小杓鹬

小杓鹬又被叫作小油老罐子，是一种小型的涉禽，体长30cm左右，体重100~250g。隶属于鸻形目、鹬科、杓鹬属。它的嘴长而向下弯曲，呈肉红色，仅端部为褐色。头上具有明显的冠纹，中央的冠纹为皮黄色，两侧的冠纹为黑色。穿眼而过的是一条黑褐色的贯眼纹，眼睛的上方还有一条白色的眉纹。上体是黑褐色，并密杂着皮黄色和皮黄白色的羽缘，形成明显的斑驳状，胸部和前颈呈皮黄色，也夹杂着细的黑褐色条纹，腹部白色，两胁都具有黑褐色的横斑。

小杓鹬繁殖于俄罗斯的东西伯利亚和蒙古，越冬在印度尼西亚至澳大利亚一带。在我国为旅鸟，只是春季于4~5月，秋季于9~10月在迁徙时途经我国境内，多见于黑龙江、吉林、辽宁、内蒙古东北部、河北、山东往南直到广东、福建、香港和台湾。多在湖滨、河边沙滩、海岸沼泽以及附近的农田、耕地和草原上活动。大多单独或成小群活动，但迁徙和越冬时也同其他鹬类集成较大的群体。涉水于浅滩淤泥中，啄食昆虫、昆虫幼虫、小鱼、小虾、甲壳类和软体动物等，有时也吃藻类、草籽和植物种子。繁殖期为6~7月。巢内垫有枯草，每窝产卵3~4枚，卵的颜色为绿色或橄榄皮黄色，其上被有褐色或石板灰色的斑点，大小为50mm×35mm。

小杓鹬被列为国家Ⅱ级重点保护野生动物。它在我国野外数量十分稀少，但也会有偷猎犯罪的现象发生。

## 193. 小青脚鹬

小青脚鹬体长29~32cm。头顶至后颈赤褐色，具黑褐色纵纹。背部为黑褐色，具白色斑点。腰部和尾羽为白色，而且腰部的白色呈楔形向下背部延伸，尾羽的端部具黑褐色横斑。下体为白色。前颈、胸部和两胁具黑色圆形斑点。脚较短，呈黄色、绿色或黄褐色，趾间局部具蹼。嘴较粗而微向上翘，尖端黑色，基部淡黄褐色。

小青脚鹬分布于我国东部和南部。栖息于稀疏的落叶松林中的沼泽、水塘和湿地等环境。常单独活动和觅食。性情胆小而机警。主要以水生小型无脊椎动物和小型鱼类为食。繁殖期为6~8月。营巢于落叶松疏林中的沼泽、水塘或林缘湿地。

小青脚鹬被列为国家Ⅱ级重点保护野生动物。它在我国野外数量十分稀少，但也会有偷猎犯罪的现象发生。

## 194. 黑翅长脚鹬

黑翅长脚鹬体长34~40cm，体重116~200g（图4.99）。头顶、后颈和上体黑色，有绿色金属光泽。腰部白色。尾羽淡灰色。前额、颊部、喉部、前颈和下体白色。虹膜红色。嘴黑色。脚红色。

黑翅长脚鹬分布于我国大部分地区。栖息于平原湖泊、沼泽等地带。单独、成对或成小群活动。以昆虫、软体动物、甲壳动物、小鱼等为食。繁殖期为5~7月。营巢于沼泽、草地上。每窝产卵3~4枚。孵化期为16~18天。

黑翅长脚鹬被列入“三有”名单，但也有偷猎的现象发生。

图4.99　黑翅长脚鹬

## 195. 灰燕鸻（héng）

灰燕鸻是小型的水边鸟类，体长16~19cm。上体为淡灰色，前额和头顶略微缀有沙色和褐色，眼先和从嘴基到眼睛有一条黑色的线。耳羽为皮黄灰色。后颈部为灰褐色或淡灰褐色。腰部和尾上覆羽为白色。尾羽略微呈叉状，为白色，中央尾羽上具有黑色的亚端斑。喉部为淡皮黄色，胸部缀有灰色，腹部白色。初级飞羽、腋羽和翼下覆羽为黑色。次级飞羽为白色，但羽端为黑色，在翅膀上形成一条宽阔的白色带斑，飞翔时极为明显。虹膜褐色，嘴大，呈黑色，基部具一个小的红色斑。脚为黑褐色或灰黑色。

灰燕鸻在我国分布于云南，为夏候鸟。栖息于大的河流沿岸的沙滩和沙石地上，以及附近沼泽和农田地带。食物主要为昆虫，有时也吃小的甲壳类和软体动物。繁殖期为3~5月。营巢于大的河边裸露的沙地或沙石地上。常成群繁殖，仅在沙地上扒一个浅坑，即产卵于其中，有时坑内垫有少许枯草。每窝产卵2~4枚。卵的颜色为灰色，淡绿色，沙皮黄色或橄榄绿色，被有小的红褐色斑点。卵的大小为（24~29）mm×（19~22）mm，由雄鸟和雌鸟轮流孵化。数量不普遍，应注意保护。

灰燕鸻被列为国家Ⅱ级重点保护野生动物。它在我国野外数量十分稀少，但也会有偷猎犯罪的现象发生。

## 196. 银鸥

银鸥是体型较大的海鸥。体长 55~67cm。隶属于鸟纲、鸥形目、鸥科。头部、颈部白色。上体灰色，腰部、尾羽白色。飞羽黑色，有白色斑。下体白色。嘴黄色。脚粉红色。

银鸥分布于我国大部分地区，以及欧洲、亚洲、非洲和北美洲等地。栖息于海岸、湖泊和沼泽等地带。成对或成小群活动。以鱼、小型无脊椎动物和动物尸体等为食。繁殖期为 4~7 月。营巢于海岸悬崖或岸边、苔原的地面上。每窝产卵 2~3 枚。孵化期为 25~27 天。

银鸥被列入“三有”名单，但也有偷猎犯罪的现象发生。

## 197. 遗鸥

遗鸥是我国珍稀鸥类（图 4.100）。体长 40~45cm。隶属于鸟纲、鸥形目、鸥科。嘴、脚均为暗红色。脚上有蹼。夏季头部黑色，眼睛后缘的上、下方各具一个星月形的白斑。背部为淡灰色，腰部、尾羽和下体为白色。翅膀的尖端为黑色，并具白斑。冬季头部为白色，仅在耳区有一个暗色的斑。

图 4.100　遗鸥

遗鸥分布于我国内蒙古西部，以及亚洲中部等地。栖息于开阔平原和荒漠与半荒漠地带的咸水或淡水湖泊中。以水生昆虫和其他水生无脊椎动物等为食。繁殖期为 5~6 月。通常在湖心岛上营建起成片的巢群，巢连着巢，主要由枯草构成，里面垫有羽毛。每窝产卵 2~3 枚。

遗鸥被列为国家Ⅰ级重点保护野生动物。它在我国野外数量十分稀少，但也会有偷猎犯罪的现象发生。

## 198. 小鸥

小鸥为小型水禽，体型比遗鸥更小，体长为 28~31cm，体重 108~150g。它的形态也与遗鸥差不多，嘴细而窄，呈暗红黑色，脚为红色。夏羽头部为黑色，后颈、腰部和尾羽为白色，肩部、背部和翅上的覆羽以及飞羽为淡灰色，翅膀尖端没有遗鸥所具有的黑斑。翅膀的下面为暗灰黑色，与其他鸥类明显不同。飞羽的末端为白色，形成明显的白色翅膀后缘，飞翔时极为显著。冬羽头部为白色，头顶至后枕部为暗色，眼睛的后面具一个暗色斑，其余与夏羽相似。虹膜暗褐色。

小鸥繁殖于内蒙古东北部，迁徙期间经过新疆、河北、江苏等地。栖息于森林和开阔平原上的湖泊、河流、水塘和附近的沼泽地带。常成群活动。主要以昆虫、昆虫幼虫，甲壳类和软体动物等无脊椎动物为食。繁殖期为 5~6 月。常成群在一起繁殖，有时也和浮鸥等其他鸥类混在一起繁殖。通常营巢于有水生植物的湖边，河岸和附近的沼泽地上。巢主要由枯草、芦苇茎叶等植物构成。每窝产卵通常 2~3 枚，也有多至 4~5 枚的。卵的颜色为褐色或橄榄绿色，被有褐色斑点。卵的大小为（37~46）mm×（28~32）mm。第一枚卵产出后即开始孵卵，由雄鸟和雌鸟轮流承担。

小鸥被列为国家Ⅱ级重点保护野生动物。它在我国野外数量十分稀少，但也会有偷猎犯罪的现象发生。

## 199. 黑浮鸥

黑浮鸥也是小型水禽，体长 24~27cm，体重 57~66g。隶属于鸥形目、鸥科。夏羽的头部、颈部和下体为黑色，但额部、喉部较淡，背部和尾羽为石板灰色，与鸥类以灰白色为主的羽色差别较为明显。翅下覆羽为淡灰色。尾呈叉状，与鸥类不同。冬羽的颜色同鸥类近似，额部和头顶前面为白色，头顶为灰色，头顶后面、耳区和枕部为黑色，具窄的淡色羽缘，是冬羽的主要特征之一。上体、尾羽和飞羽同夏羽相似。眼睛的前面有一个暗色斑。下体白色，胸部的两侧有一个暗色斑。翅下覆羽为淡灰色。虹膜暗褐色，嘴较长而尖，呈黑色，脚为红褐色。

黑浮鸥在我国繁殖于新疆天山，偶见于天津和北京通州市。栖息于平原、山地、森林和荒漠中的湖泊、河流和沼泽地带。单独或成小群活动。主要以水生无脊椎动物和岸边的昆虫为食，也捕食小鱼。繁殖期为5~7月。常成群营巢，或与其他鸥类混在一起营巢繁殖。通常营巢于生长有芦苇和水生植物的开阔湖泊与河流岸边，有时也在沼泽地上营巢。巢属浮巢，通常营巢于飘浮于水面的芦苇堆或其他植物团上。巢主要由芦苇叶和草茎构成。每窝产卵通常3枚。有时少至2枚和多至4枚。卵的颜色为赭色或暗褐色，被有黑色斑点。卵的大小为（31~40）mm×（23~27）mm。由雄鸟和雌鸟轮流孵卵。孵化期为14~17天。

黑浮鸥被列为国家Ⅱ级重点保护野生动物。它在我国野外数量十分稀少，但也会有偷猎犯罪的现象发生。

## 200. 黄嘴河燕鸥

黄嘴河燕鸥为中型水禽，体长37~43cm，体重为134~170g。隶属于鸥形目、鸥科。夏羽的前额、头顶、枕部，包括冠羽和眼下缘至耳区的整个头顶部为黑色，并且具有绿色的金属光泽，与鸥属和浮鸥属种类明显不同。眼的下缘有星月形的白斑。背部、肩部和翅上的覆羽为暗灰色。腰部、尾上覆羽和尾羽的颜色呈淡灰色，外侧两对尾羽几乎为白色。外侧尾羽特别延长，而且很尖，使尾羽呈深叉状，与浮鸥较短的尾羽不同。眼睛以下的头侧部、颈侧部、颏部、喉部和整个下体均为白色。冬羽前额为暗白色。头顶和枕部为暗灰色，具白色的纵纹，眼区和耳覆羽为黑色。其余部分和夏羽非常相似。虹膜深褐色或蓝黑色。嘴黄色，冬季较暗并且带有黑色的尖端，脚和趾为红色，爪黑色，但趾间的蹼不呈深凹状，与浮鸥属鸟类不同。

黄嘴河燕鸥分布于云南西部及南部。留鸟，栖息于山地和平原上的江河地带，有时也出现于河流沿岸大的湖泊和沼泽中。常单独或成2~3只的小群活动。主要以小型鱼类为食，也吃蛙、蝌蚪、甲壳类和水生昆虫。繁殖期为3~5月。营巢于偏僻的河川岸边沙地上。巢通常由亲鸟在沙地上扒一个浅坑。每窝产卵通常为3枚，偶尔少至2枚和多至4枚。卵的颜色为淡沙石色或皮黄色，被有褐色、红褐色或紫褐色的斑点。卵的大小为（38~45）mm×（29~40）mm。由雄鸟和雌鸟轮流孵卵。孵化期为18~19天。

黄嘴河燕鸥被列为国家Ⅱ级重点保护野生动物。它在我国野外数量十分稀少，但也会有偷猎犯罪的现象发生。

## 201. 黑嘴端凤头燕鸥

黑嘴端凤头燕鸥又叫中华凤头燕鸥，是中型水鸟，体长38~42cm。隶属于鸥形目、鸥科。夏羽自前额经眼睛到枕部的头顶部分，以及头顶上的冠羽均为黑色，背部、肩部和翅上覆羽为淡灰色，几乎呈白色，而黄嘴河燕鸥的羽色较深。初级飞羽的内翈具楔形的白斑。尾上覆羽和尾羽为白色。尾羽呈深叉状，外侧尾羽逐渐变尖。颊部、颈侧、后颈、颏部、喉部和下体均为白色。翼下覆羽和腋羽淡灰色。冬羽和夏羽相似，但前额和头顶为白色，头顶具有黑色的纵纹。虹膜褐色。

黑嘴端凤头燕鸥繁殖于我国山东海岸，迁徙和越冬于广东、福建。

黑嘴端凤头燕鸥被列为国家Ⅱ级重点保护野生动物。它在我国野外数量十分稀少，但也会有偷猎犯罪的现象发生。

## 202. 家鸽

家鸽是常见的家禽（图4.101）。隶属于鸟纲、鸽形目、鸠鸽科。体型中等。头稍小。体羽较为柔软而稠密。嘴短，嘴基有软的皮肤形成蜡膜，上嘴膨大而坚硬。翅膀圆形。脚短而强。羽色有灰、白、红、黄、黑和雨点等。颈部通常有金属光泽。

家鸽在世界各地均有饲养。喜欢集群。善于飞行和在地面行走。以植物种子等为食。每窝产卵 2 枚。孵化期为 17~18 天。寿命为 10 年。

家鸽的祖先是野生的原鸽，早在几千年前就已经被人类驯化。现在全世界已有 1500 多个品种，主要分成食用鸽、观赏鸽、信鸽等三大类。

家鸽在城市广场、城市或农村的家庭、人工饲养基地等处，可能会出现为了获取它的肉、羽毛等经济利益而进行盗窃、抢劫等犯罪行为，在某些犯罪现场也有可能出现它的痕迹。信鸽的一些品种尤其珍贵。

图 4.101 家鸽

## 203. 绿背金鸠（jiū）

绿背金鸠体长 22~25cm（图 4.102）。隶属于鸟纲、鸽形目、鸠鸽科。嘴、脚为红色。头顶至后颈蓝灰色，前额和眉纹白色。上背、肩、翅膀等为翠绿色而具金属青铜色光泽；下背和腰黑色，其上各具一条银灰色横带。尾羽和飞羽黑色，头侧、颈侧以及额、喉、胸均为紫红褐色。

绿背金鸠分布于中国云南、四川西南部、广西西南部、广东南部、香港、海南、台湾等地。栖息于山地森林中。常单独或成对活动。喜欢在山间小路和沟边地上奔跑和觅食。飞行速度快，在地面行走也非常轻快敏捷。以植物果实和种子为食，也吃白蚁和昆虫等。繁殖期为 3~5 月。营巢于灌木上或灌丛与竹丛上。每窝产卵 2 枚。

绿背金鸠在我国是传统的笼养鸟类，因此从前有大量的野鸟被捕捉，在鸟市上贩卖，在这个过程中有很多个体因各种原因死亡，现在这样的违法行为仍然没有杜绝。

图 4.102 绿背金鸠

## 204. 厚嘴绿鸠

厚嘴绿鸠又叫粗嘴绿鸠，是一种较小型的鸟类，体长为 25~28cm，体重 170~190g。隶属于鸽形目、鸠鸽科。它的体型与家鸽差不多，嘴短而厚，呈淡黄绿色或铅白色，嘴基的两侧呈珊瑚红色，脚也是珊瑚红色，爪为角褐色。眼睛内的虹膜分为两圈，外圈为橙红色，内圈灰蓝色，十分别致，眼睛的周围还有铜绿色的裸露皮肤。雄鸟的羽毛从额到头顶略呈灰色，背部为深栗红色，翅膀黑色，并有亮黄色的翼带，中央尾羽呈橄榄绿色，下面为灰褐色，并具有灰色的先端。尾羽的羽干除中央 2 枚为浅褐色外，其余均为黑色。胁部、腿上的覆羽和肛周均为暗绿色，并杂以白斑，尾下的覆羽为肉桂色。雌鸟和雄鸟相似，但背部不呈暗栗红色而为暗橄榄绿色，下体羽色略较雄鸟为浅，尾下的覆羽为暗绿色，并杂以白色的斑块。

厚嘴绿鸠在我国分布于海南、广西、云南西双版纳等地。留鸟，喜欢栖息于热带和亚热带山地丘陵带阴暗潮湿的原始森林、常绿阔叶林和次生林中，大多在早晚活动，喜欢栖息于枯立树枝的顶上。由于嗜食榕树的果实，所以经常出现在果树林中，特别是榕树林中。4~9 月进行繁殖。巢建在林中小树、灌丛或竹林中的树叶丛生的地方或树枝相互交叉的枝条上，一般离地面有 2~3m 高。巢主要由细的枯枝或稻草堆积而成，非常简陋，甚至从下面都可以看到巢中的卵。每窝通常产 2 枚白色、光滑的卵，大小约为 28mm×22mm。孵化期为 14 天左右，由雄鸟和雌鸟轮流进行孵卵和育雏。

厚嘴绿鸠被列为国家Ⅱ级重点保护野生动物。它在我国野外数量十分稀少，但也会有偷猎犯罪的现象发生。

## 205. 针尾绿鸠

针尾绿鸠为中型鸟类，体长31~41cm，体重180~257g。雄鸟的头部、颈部为淡黄草绿色，后颈和上背为橄榄绿色而沾灰色，形成一条带状。其余上体、翅膀上有两道明显的乳黄色斑。腰和尾上覆羽的颜色较淡，并缀有亮黄色。尾羽与其他绿鸠类的差异十分明显，为暗葡萄灰色或珠灰色，中央一对尾羽特别延长而尖，末端沾绿色，其余尾羽的基部为黑色，尖端具有窄的绿色羽缘。下体为淡绿黄色，胸部沾有粉红橙色。尾下覆羽为桂红色，两侧外翮具宽的淡棕白色羽缘。两胁和覆腿羽为暗绿色而杂以淡棕白色。雌鸟的羽色与雄鸟相似，但体色较暗，胸部没有橙色，尾羽较短，尾下覆羽为淡桂红色，外翮几乎全部为白色，仅有羽干处为灰黑色。虹膜的内圈为浅蓝色，外圈为红色。眼睛的周围为淡紫蓝色。嘴为蓝绿色。脚红色。

针尾绿鸠在我国分布于广西、四川、云南等地。留鸟，栖息于山地常绿阔叶林中，常组成小群活动于高大的树上。主要以榕树和其他植物的果实为食。繁殖期为5~8月。雄鸟和雌鸟在3~4月即有相互追逐的行为。营巢于海拔2 000m以下的山地常绿阔叶林中。大多筑巢于开阔地或河岸边的乔木树上。巢呈平台状，由枯枝构成，较为简陋。每窝产卵通常为2枚。卵的大小为（28~35）mm×（22~24）mm。

针尾绿鸠被列为国家Ⅱ级重点保护野生动物。它在我国野外数量十分稀少，但也会有偷猎犯罪的现象发生。

## 206. 楔尾绿鸠

楔尾绿鸠又叫歌绿鸠，是中型鸟类，体长为28~33cm，体重160~260g。雄鸟的头部、颈部为亮黄绿色，头顶缀有橙棕色，背部、肩部为灰色，微沾栗红色，下背至尾上覆羽为暗绿色至橄榄绿色。尾羽也同其他绿鸠类明显不同，呈楔形，较长，中央尾羽为橄榄绿色，外侧尾羽为灰绿色至灰黑色，最外侧2对尾羽上具有宽阔的黑色次端斑以及较窄的灰色端斑。翅膀上有大块的紫红栗色斑。下体的颏部、喉部为亮黄绿色，胸部为橙黄色，微沾绿色，羽基沾橙粉红色，其余下体均为亮橄榄色。体侧、尾下覆羽以及覆腿羽为绿黑色而具有黄色羽端或羽缘。尾下覆羽甚长，有宽的黄色或棕黄色羽缘，长的尾下覆羽几乎到达尾端。雌鸟上体的绿色部分较雄鸟晦暗，没有栗色而代之以暗绿色，头顶和胸部为淡黄绿色而没有橙色，其余部分与雄鸟相似。虹膜的内圈为蓝色，外圈为红色，眼周的裸皮为浅蓝色。嘴的基部为浅蓝色，端部灰色沾有橙色，脚红色。

楔尾绿鸠在我国分布于湖北、广西、四川、云南、西藏等地。留鸟，主要栖息于海拔3 000m以下的山地阔叶林或混交林中。常单个、成对或成小群活动。主要以树木和其他植物的果实与种子为食。繁殖期为4~7月。营巢于森林中高大的树上。巢呈平盘状，甚为简陋，仅用少量枯枝堆集而成。每窝产卵2枚，卵的颜色为白色。大小为（28~34）mm×（22~24）mm。孵化期为13~14天。雏鸟为晚成性，经过亲鸟12天的抚育后即可离巢。

楔尾绿鸠被列为国家Ⅱ级重点保护野生动物。它在我国野外数量十分稀少，但也会有偷猎犯罪的现象发生。

## 207. 红翅绿鸠

红翅绿鸠又叫白腹楔尾鸠或白腹楔尾绿鸠，是中型鸟类，体长28~33cm，体重200~340g。雄鸟的前额和眼先为亮橄榄黄色，头顶橄榄色，微缀橙棕色。头侧和后颈为灰黄绿色，颈部较灰，常形成一个带状斑。其余上体和翅膀的内侧为橄榄绿色。有的个体的上背更沾有栗红色。翅膀上的飞羽和大覆羽黑色，并有大块的紫红栗色斑，而且大覆羽和次级飞羽的黄色羽缘较宽，形成两道翅斑。中央一对尾羽为橄榄绿色，其余两侧尾羽从内向外由灰绿色至灰黑色，并具有黑色次端斑和窄的灰绿色端斑，在尾羽的两侧形成黑边。额部、喉部为亮黄色，胸部为黄色而沾棕橙色，两胁具灰绿色条纹，腹部和其余下体为乳白色或淡棕黄色，比其他绿鸠类腹部的颜色淡，是它与其他绿鸠的明显不同。腋羽和翼下覆羽灰色，覆腿羽黄褐色或棕白色，而缀有灰绿色。雌鸟的羽色与雄鸟相似，但颏部、喉部为淡黄绿色，头顶和胸部没有棕橙色，背部和翅膀上也没有栗红色，均被暗绿色所取代。虹膜的外圈为紫红色，内圈为蓝色，嘴为灰蓝色，端部较暗，脚为淡紫红色。

红翅绿鸠在我国分布于河北、江苏、福建、台湾、四川、贵州、陕西、广西、香港、海南等地。留鸟。栖息于海拔 2 000m 以下的山地针叶林和针阔叶混交林中，有时也见于林缘耕地。常成小群或单独活动。主要以山樱桃、草莓等浆果为食，也吃其他植物的果实与种子。繁殖期为 5~6 月。营巢于山沟或河谷边的树上。巢呈平盆状，甚为简陋，主要由枯枝堆集而成，每窝产卵 2 枚。卵的颜色为白色，光滑无斑。卵的大小为 32mm×24mm。

红翅绿鸠被列为国家Ⅱ级重点保护野生动物。它在我国野外数量十分稀少，但也会有偷猎犯罪的现象发生。

## 208. 红顶绿鸠

红顶绿鸠也叫台湾绿鸠，是中型鸟类，体长 32~33cm，体重为 200~340g。雄鸟的额部、头顶和枕部为橙红色，是它区别于其他绿鸠类的主要特征之一。后颈、背部一直到尾上覆羽为橄榄绿色，其中背部略微带有葡萄红色，尾羽微暗绿色或黄绿色，呈不显著的楔形，两侧没有黑色。飞羽为黑褐色，中覆羽和小覆羽为棕紫栗色，在翅膀上形成显著的棕紫栗色块斑。下体为黄绿色，胸部和腹部的绿色较浓，腹部的中央为黄白色。雌鸟的头部、颈部、背部和翅上的覆羽均为橄榄绿色，中覆羽和小覆羽为橄榄绿色，不为棕紫栗色。下体为深绿色。头上、前颈和胸部不沾橙色。虹膜的外圈为血红色，内圈为紫色或黑色。眼睛周围的裸露皮肤为苍灰色，嘴呈翠绿色，先端为黄色，脚为深紫红色。

红顶绿鸠在我国仅分布于台湾的花莲、台东一带，以及兰屿和绿岛。留鸟，栖息于海拔 2 000m 以下的茂密常绿阔叶林和混交林中。食性尚不清楚。繁殖期为 5~6 月。营巢于森林中高木的乔木树上。筑巢于树枝上，呈平盘状，甚为简陋，主要由枯枝堆集而成，每窝产卵 2 枚。卵的颜色为白色，光滑无斑，大小为 31mm×24mm。

红顶绿鸠被列为国家Ⅱ级重点保护野生动物。它在我国野外数量十分稀少，但也会有偷猎犯罪的现象发生。

## 209. 黄脚绿鸠

黄脚绿鸠体长 27~34cm，体重 230~295g。额部、眼先、颏部、喉部以及前颈等均为黄绿色，头、颈的其余部分为灰色，颈背处有一条宽阔的柠檬黄色横带向两侧扩展到整个上胸部，其后紧接着一条淡紫蓝灰色的横带，同样向两侧延伸向下，并且与下胸部和腹部的大块蓝灰色相融为一体。下背到腰部为黄橄榄绿色。尾羽的基部为橄榄黄色，先端黑色。翅膀上有两道明显的黄色横斑。翼角还有一个淡紫红色斑。下胸部和腹部为淡蓝灰色。眼周裸露的皮肤为淡绿灰色。嘴的先端为淡灰色，基部为褐灰色。脚黄色，爪灰色。

黄脚绿鸠分布于中国云南西部、南部一带。栖息于丘陵和山脚平原等海拔较低的常绿阔叶林及灌丛中。常单独或成对活动。以榕树的果实为食，也吃其他植物的果实。繁殖期为 4~8 月。筑巢于树木枝杈上。每窝产卵 2 枚。由雄鸟和雌鸟轮流孵卵。孵化期为 14 天。

黄脚绿鸠被列为国家Ⅱ级重点保护野生动物。它在我国野外数量十分稀少，但也会有偷猎犯罪的现象发生。

## 210. 灰头绿鸠

灰头绿鸠也叫灰额绿鸠或灰头山鸠，是小型鸟类，体长 24~28cm，体重 141~180g。雄鸟的前额至枕部为蓝灰色或苍灰色，前额颜色较淡。后颈至上背为暗绿色，下背和肩部为浓紫栗色，组成一个宽大的“V”字，是它与其他绿鸠的主要差异之一。腰部为暗绿色，向下逐渐转为黄绿色。尾羽为橄榄绿色，外侧的尾羽具灰白色端斑和黑色次端斑。翼上的小覆羽也是浓紫栗色，与肩部和背部的紫栗色融为一体，形成大的块斑。翅上的覆羽和大覆羽为黑色，具有宽阔的亮黄色羽缘，飞羽为黑色。头侧、颏部、喉部及前颈为亮黄绿色，上胸橙黄色，形成横跨上胸的橙黄色胸带，十分明显。下胸和腹部为黄绿色，两胁较暗，尾下覆羽棕栗色。雌鸟的上体为橄榄绿色，没有栗色渲染。尾下覆羽为棕黄色，具暗绿色条纹。虹膜的外圈为粉红色，内圈为淡蓝色。眼睛周围的裸皮为淡蓝色。嘴角灰色，脚洋红色。

灰头绿鸠在我国仅分布于云南南部的西双版纳。留鸟，栖息于海拔 1 500m 以下的热带雨林和次生林中。主要以榕树的果实为食，也吃其他植物的果实与种子。繁殖期为 4～8 月，也可能一年产 2 窝。通常营巢于林间的乔木或灌木枝杈上，也在竹林或地旁的丛林小树或竹杈上营巢，巢距离地面的高度一般在 4m 以下。巢甚简陋，主要由小枯枝堆集而成。雄鸟和雌鸟均参与营巢活动，通常由雄鸟负责收集巢材，雌鸟负责筑巢。每窝产卵 2 枚，卵的颜色为白色，大小为（26～31）mm×（20～24）mm。

灰头绿鸠被列为国家Ⅱ级重点保护野生动物。它在我国野外数量十分稀少，但也会有偷猎犯罪的现象发生。

## 211. 橙胸绿鸠

橙胸绿鸠也叫赤胸绿鸠或橙胸鸠，是小型鸟类，体长 24～29cm，体重 135～200g。雄鸟的前额、眼先和头顶为黄绿色，枕部、后颈和上背为蓝灰色，背部、肩部、腰部、尾上覆羽和翅上的小覆羽为褐绿色，尾上覆羽更多棕褐色，尾羽为深灰色，具宽阔的淡灰色端斑和黑色次端斑，后者在中央尾羽上较窄，外侧尾羽上较宽。翅膀上的中覆羽为绿色，具有宽的黄色边缘，翅上的大覆羽为黑色，也具有宽的黄色羽缘。颊部、喉部和前颈为绿色，颏部和喉部的中央为黄色，上胸部横跨着一条宽的红紫色横带，紧接其后又有另一条更宽的棕橙色横带，是它与其他绿鸠类的主要区别之一。下胸为淡黄绿色，到腹部变为亮黄色。体侧为灰绿色，尾下覆羽棕色。雌鸟和雄鸟的羽色相似，但胸部没有紫色和橙色的带斑，与腹部同为绿黄色，尾下覆羽较淡，为淡棕黄色，背部、肩部有较多棕褐色。虹膜的外圈为粉红色至绯红色，内圈为蓝色，眼周的裸露皮肤紫蓝色。嘴呈淡蓝绿色，先端黄色。脚深红色，爪角褐色。

橙胸绿鸠在我国仅分布于海南岛，为留鸟，偶尔见于台湾，为迷鸟。栖息于山地丘陵和低地上的热带雨林及次生林中。通常单独或成 5～6 只的小群活动。主要以榕树果实为食，也吃其他植物的果实与种子。繁殖期为 4～7 月。营巢于林中的小树上，也在较高的灌木树上和竹杈上营巢。巢甚为简陋，主要由细的枯枝堆集而成。每窝产卵 2 枚，卵的大小为（27～32）mm×（21～24）mm。

橙胸绿鸠被列为国家Ⅱ级重点保护野生动物。它在我国野外数量十分稀少，但也会有偷猎犯罪的现象发生。

## 212. 黑颏果鸠

黑颏果鸠也叫黑颏绿鸠、小绿鸠，是小型鸟类，体长 27～28cm。雄鸟的前额、头顶、眼先、头侧、下喉和胸部为淡灰色。额部栗色，上喉黑色。枕部、后颈和上背为淡灰绿色，其余上体翠绿色而具金属光泽，与绿鸠类的橄榄绿色体羽相比较，差异十分明显，而且也没有绿鸠类翅膀上通常所具有的黄色斑。飞羽黑色。尾羽的颜色与背部相同，具淡绿色的尖端。下胸部有两条紫栗色横带。腹部为淡灰绿色，两胁绿色，尾下覆羽栗色。雌鸟的羽色大致上和雄鸟相似，但头顶、颈部和胸部为灰绿色。嘴为鲜黄色，下嘴的基部红色。脚暗红色。

黑颏果鸠在我国仅分布于台湾南部的屏东以及兰屿等地。留鸟，栖息于热带雨林中。常单独活动，很少集群。主要以树木和植物果实为食。在森林中的树上营巢。巢呈平盘状，主要由枯枝构成，甚为简陋，每窝产卵1枚，卵的颜色为白色，大小为（31~35）mm×（23~25）mm。

黑颏果鸠被列为国家Ⅱ级重点保护野生动物。它在我国野外数量十分稀少，但也会有偷猎犯罪的现象发生。

## 213. 绿皇鸠

绿皇鸠又叫绿南鸠、大绿鸠，体型比绿鸠类和果鸠类大，是中型鸟类，体长36~38cm，体重508~600g。嘴也较大，嘴基扩张，身体上的杂色通常较少。头部、颈部和下体为鸽灰色，微缀粉葡萄红色，尾下覆羽为暗栗色。前额和额为白色，背部、肩部、腰部、尾上覆羽和翅上覆羽均为亮金属铜绿色或墨绿色，上背和两肩有时还带有紫红色的红铜色光泽，背部和腰部有时还具有黑色的羽端。有的个体的头顶至后颈及面颊和耳覆羽呈棕灰色、紫灰色或棕栗色。尾羽的颜色和背部相似，也是金属铜绿色，但缺少金属光泽和具有更多的蓝色。虹膜为红色。嘴为铅褐色至铅黑色，端部象牙白色，有时沾橙红色。脚暗紫红色或褐橙色。

绿皇鸠在我国分布于广东、海南、云南等地。留鸟，栖息于平原、河谷和丘陵地带的阔叶林和次生林中，也出现于居民点附近的小块丛林及榕树和橄榄树上。常单个或成对活动，冬天也成群活动。主要以榕树等植物果实为食。繁殖期为4~7月。营巢于森林中的树木枝杈上。巢主要由枯枝构成，呈浅盘状，较为简陋，巢内也没有铺垫物。每窝产卵1~2枚。卵的颜色为白色，大小为（41~51）mm×（31~37）mm。由雄鸟和雌鸟轮流孵卵。

绿皇鸠被列为国家Ⅱ级重点保护野生动物。它在我国野外数量十分稀少，但也会有偷猎犯罪的现象发生。

## 214. 山皇鸠

山皇鸠也叫灰头南鸠、绿背皇鸠等，是中型鸟类，体长38~45cm，体重380~535g。体型与绿皇鸠差不多，但体色完全不同。它的雄鸟和雌鸟的羽色相似。前额、头顶和头侧为浅灰色，后颈为淡紫红色。肩部、上背、翅上小覆羽和中覆羽呈紫红褐色或紫栗色，下背、腰部和尾上覆羽灰褐色。尾羽为黑褐色，具有宽的灰褐色端斑。飞羽黑色。颏部、喉不为白色。头部的两侧和前颈为灰色，胸部、腹部淡葡萄灰色。两胁和腋羽灰色。尾下覆羽皮黄色或淡棕白色。虹膜灰白色，嘴橙红色或暗橙红色，尖端暗褐色。脚橙红色或淡紫橙红色。

山皇鸠在我国仅分布于云南西南部的潞西、南部的西双版纳以及海南岛等地。留鸟，主要栖息于海拔2 000m以下的山地常绿阔叶林中。常成小群活动。主要以植物果实为食。繁殖期为4~6月。营巢于深山密林中树上，偶尔在路旁树上营巢。巢呈平盘状，主要用枯枝在树杈之间堆集而成。每窝产卵1枚，偶尔2枚。卵的颜色为白色，大小为（44~49）mm×（32~36）mm。由雄鸟和雌鸟轮流孵卵。

山皇鸠被列为国家Ⅱ级重点保护野生动物。它在我国野外数量十分稀少，但也会有偷猎犯罪的现象发生。

## 215. 斑尾林鸽

斑尾林鸽是中型鸟类，体长40~45cm，体重530~625g。羽色没有绿鸠、果鸠和皇鸠等鲜艳，雄鸟和雌鸟的羽色相似，整个头部和颈部为暗灰色，额部和喉部颜色稍淡，后颈的下部具绿色或紫铜色的金属光泽。颈的侧部有一个皮黄色斑，是其独有的特征之一。皮黄色斑的下面的颈部及下方为金属绿色，并具有紫色光泽，上背、肩部和翅上覆羽为淡土褐色，翅膀为灰褐色，上面有两个斜行的白色带。下背、腰部和尾上覆羽为暗灰色，尾羽暗褐色，中部具有一个宽阔的灰色横带，胸部为葡萄粉红色，往下逐渐变淡，到腹部为鸽灰色，两胁和尾下覆羽也是鸽灰色，尾羽的下表面为黑色，中部具有一个白色横带，也是它的主要特征之一。虹膜淡黄白色到淡黄色，嘴基为橙色或橙红色，中央白色，端部橙黄色，蜡膜与色，眼周为洋红色。脚和趾为珊瑚红色，爪黑色。

斑尾林鸽在我国仅分布于新疆西部喀什和天山一带。留鸟，栖息于山地阔叶林、混交林和针叶林中，偶尔也出现于森林平原地带。喜欢成群活动。主要以植物橡实、桑葚等果实、种子和谷粒等为食，也吃植物嫩叶和幼芽。繁殖期为4~7月。常成对营巢繁殖。通常营巢于茂密森林中。巢多置于树杈上，靠近树干的分枝处。巢结构松散而简陋，主要由一些细的枯枝堆集而成。每窝产卵通常2枚，卵的颜色为白色，大小为（37~44）mm×（26~35）mm。雄鸟和雌鸟轮流孵卵。孵化期17天。雏鸟晚成性，经过20~35天后飞翔离巢。

## 216. 斑尾鹃鸠

斑尾鹃鸠是中型鸟类，体长37~38cm，体重160~230g。体色与其他鸠鸽类的绿色或灰色不同，雄鸟的前额、眼先、颊部、颏部和喉部均为皮黄色，微沾紫色，头顶、后颈和颈侧为绿紫色而具金属光泽。上体的其他部分为黑褐色，密被以棕栗色的细横斑。上胸部为红铜色，具有绿色的光泽，下胸部较为浅淡。腹部为棕白色，尾下覆羽棕色。雌鸟和雄鸟羽色相似，但上体的光泽较少，头顶与胸部具有黑褐色的细横斑。虹膜蓝色，外圈为粉红色，嘴黑色，跗跖和趾暗紫红色，爪角褐色。尾羽较鸽类为长。

斑尾鹃鸠在我国分布于四川、云南、上海、福建、广东、海南等地。留鸟，栖息于山地森林中，冬季也常出现于低丘陵和山脚平原地带的耕地和农田。通常成对活动，偶尔单只，很少成群活动，主要以榕树的果实和其他植物的浆果、种子、草籽等为食，有时也吃稻谷等农作物。繁殖期为5~8月，成对营巢于茂密的森林中，有时也在竹林中营巢。通常置巢于树枝上或竹枝上。巢甚简陋，主要由枯枝和草构成。每窝产卵1枚。偶尔2枚，卵的大小为（30~38）mm×（20~28）mm。

斑尾鹃鸠被列为国家Ⅱ级重点保护野生动物。它在我国野外数量十分稀少，但也会有偷猎犯罪的现象发生。

## 217. 棕头鹃鸠

棕头鹃鸠又叫小鹃鸠，体型比斑尾鹃鸠小，是小型鸟类，体长32cm。雄鸟头顶和头侧为栗棕色，上背及两肩的棕色稍淡，具少量黑褐色细横斑，并且具有金属绿色光泽。下背、腰部及尾上覆羽暗褐色，尾上覆羽还缀有锈红色。中央尾羽为棕红褐色，没有斑，外侧尾羽为栗棕色而具有黑色次端斑，与斑尾鹃鸠不同，没有灰色。翅膀大都为暗褐色。颏部、喉部近白色，其余下体为棕黄色，胸部还具有宽的白色羽缘，形成显著的白斑。胸侧则杂有黑色的横斑，尾下覆羽为深棕红色。雌鸟的羽色和雄鸟相似，但上背没有金属绿色光泽，胸部杂有较多的黑色。虹膜为珠灰色，嘴角褐色。脚和趾暗紫褐色，爪角褐色。

棕头鹃鸠在我国仅分布于云南南部的西双版纳。留鸟，栖息于海拔2 000m以下的山地森林中，有时也出现于林缘和山脚平原。常成群活动。主要以植物果实、种子和嫩芽为食。繁殖期为4~7月。常成对营巢繁殖。通常营巢于林中树上枝杈间或灌丛与竹丛间。巢主要由细枝和苔藓等构成。每窝通常产卵1枚。卵的颜色为淡皮黄色，大小为29mm×21mm。

棕头鹃鸠被列为国家Ⅱ级重点保护野生动物。它在我国野外数量十分稀少，但也会有偷猎犯罪的现象发生。

## 218. 乌鹃鸠

乌鹃鸠又叫褐鹃鸠、栗褐鹃鸠，体型比棕头鹃鸠大，为中型鸟类，体长38~40cm。头部、颈侧和后颈为肉桂赤褐色或栗褐色，微杂黑色的细纹，额部、眼周和喉部的羽色较淡，头顶和枕部近黑色，具紫红色的光泽。背部、翅膀和尾羽为暗栗褐色，上背和翅膀具有绿紫色金属光泽。尾羽甚长，颜色与背部相同，外侧两对尾羽的基部为锈褐色，并具有不明显的黑色横斑，但也没有灰色，与斑尾鹃鸠不同。下体为锈褐色或肉桂褐色，具不甚明显的黑褐色细纹。颏部、喉部较淡而无斑。两胁和腹部较暗。虹膜蓝色，嘴褐色，基部红色，脚红色。

乌鹃鸠在我国仅分布于台湾的兰屿。留鸟，栖息于浓密的常绿阔叶林中。常成2~3只的小群活动，很少结成大群。性情羞怯而胆小，飞翔时翅膀振动的声音很大。主要以草莓、面包果等各种植物的果实和种子为食。繁殖期为4~7月。成对营巢繁殖。通常营巢于森林中茂密的树枝上。巢呈盘状，主要由细的枯枝构成，每窝产卵1枚。卵的颜色为暗奶油色，大小为23mm×19mm。

乌鹃鸠被列为国家Ⅱ级重点保护野生动物。它在我国野外数量十分稀少，但也会有偷猎犯罪的现象发生。

## 219. 黑腹沙鸡

黑腹沙鸡为中型鸟类，体长29~34cm，体重370~470g。嘴的形状与家鸡相似，但小而弱。后趾存在，但非常短小。尾羽短而尖，不延长。虽然它的名字也叫“鸡”，但与鸡类的亲缘关系较远，而与鸠鸽类的亲缘关系却较近。雄鸟的头顶、颈部和上背为灰色，沾有草黄色，下背、腰部和尾上覆羽为暗灰色，中央尾羽为土黄色，具灰色的横斑，先端为灰绿色，并具窄的土黄色边缘，其余尾羽具宽阔的白色端斑，同时颜色也依次变深，到最外侧一对尾羽则变为暗灰色，仅基部沾棕色。颏部、喉部为栗色，并向颈侧延伸，形成颈环。喉的下部有一个三角形的黑斑，并延伸至颈部。胸部为灰色，其后紧接一个黑色横带，并向两侧延伸至肩部的两侧，黑色横带之后还有一个宽阔的浅黄灰色带。胸部、两胁、腿覆羽的上部和肛区等均为黑褐色。雌鸟通体为淡沙黄色，头顶有细的黑褐色纵纹，背部、腰部和尾上覆羽有黑褐色的斑纹或横斑。中央尾羽的颜色与背部相同，外侧尾羽较暗，均具有白色的端斑。额部、喉部为灰黄色而近白色，有细的黑褐色羽干纹。头侧及眼先也有细的黑褐色羽干纹。胸部为淡赭色，腹部珠灰色或污白色，两胁黑褐色，形成大块的腹斑，尾下覆羽、覆腿羽以及跗跖上的羽毛均为白色。虹膜褐色，嘴灰褐色，先端较暗，趾灰褐色，爪黑色。尾羽短而尖，不延长。

黑腹沙鸡在我国仅分布于新疆北部和西部。留鸟，栖息于山脚平原、草地、荒漠和多石的原野。常成小群活动，冬季有时集成大群。主要在地面上觅食平原和荒漠上的植物种子，也吃植物的叶、芽和昆虫等。繁殖期为5~6月。巢大多只是利用地面上的凹坑，或者由亲鸟扒一个浅坑即成，里面没有任何铺垫物，或仅有少许小的圆石头。每窝产卵2~3枚。卵的颜色为淡灰色、土黄色，略微缀有绿色至橄榄色的斑。卵的大小为（41~49）mm×（30~34）mm。由雄鸟和雌鸟轮流孵化。

黑腹沙鸡被列为国家Ⅱ级重点保护野生动物。它在我国野外数量十分稀少，但也会有偷猎犯罪的现象发生。

## 220. 山斑鸠

山斑鸠是我国常见的斑鸠。体长28~35cm（图4.103）。隶属于鸟纲、鸽形目、鸠鸽科。头顶为蓝灰色，头顶后部为棕灰色。颈部黑灰色。上背褐色，下背和腰蓝灰色，尾为褐色。下体为红褐色。下体为淡灰色。嘴铅蓝色，脚洋红色，爪褐色。

图4.103 山斑鸠

山斑鸠分布于我国大部分地区，以及俄罗斯东部、日本、朝鲜、印度和亚洲东南部等地。栖息于低山丘陵，平原和山地阔叶林、混交林、次主林、果园和农田等环境。成对或成小群活动。飞行直而迅速。鸣声低沉，重复多次。以植物的果实、种子、草籽、嫩叶、幼芽等为食，也吃昆虫等。繁殖期4~7月。营巢于森林中的树上。每窝产卵2枚。孵化期18~19天。

山斑鸠被列入“三有”名单，但也有偷猎犯罪的现象发生。

## 221. 虹彩吸蜜鹦鹉

虹彩吸蜜鹦鹉也叫小五彩鹦鹉、彩虹鹦鹉、五彩绯胸鹦鹉、红胸五彩鹦鹉、胸赤五色、青海鹦哥等（图 4.104）。体长25~30cm，体重 120~130g。隶属于鹦形目、鹦鹉科、虹彩吸蜜鹦鹉属。头部暗紫蓝色，领环黄绿色。上体暗绿色。胸部红色，具蓝黑色横斑。腹部蓝黑色。虹膜橙红色。嘴橙色。腿、脚暗灰色。

图 4.104　虹彩吸蜜鹦鹉

虹彩吸蜜鹦鹉分布于印度尼西亚、东帝汶和澳大利亚东部、北部等地。栖息于低地森林、公园和庭院等地。成对或集群活动。活泼好动，叫声嘈杂。飞行呈直线，速度快。以树木的花、果实、种子、嫩芽，以及昆虫等为食。全年均有繁殖记录。筑巢于较大树木的树洞中。每窝产卵 2 枚。孵化期为 25 天。

虹彩吸蜜鹦鹉在我国是传统的笼养鸟类。

## 222. 喋喋吸蜜鹦鹉

喋喋吸蜜鹦鹉也叫虹吸蜜鹦鹉、金背绯鹦鹉、大红胸鹦鹉等（图 4.105）。体长 30cm。隶属于鹦形目、鹦鹉科、喋喋吸蜜鹦鹉属。体羽主要为红色，雄鸟背部有黄色斑块。翅膀绿色。尾羽末端暗绿色。虹膜黄褐色。嘴橙色。腿、脚暗灰色。

喋喋吸蜜鹦鹉分布于印度尼西亚的马鲁古群岛、哈马黑拉岛等岛屿上。栖息于热带森林中。成对或结群活动。以植物的花、果实、种子、嫩芽等为食。

繁殖期为 6~7 月。筑巢于树洞中。每窝产卵 2 枚。孵化期为 26 天。

喋喋吸蜜鹦鹉在我国是传统的笼养鸟类。

图 4.105　喋喋吸蜜鹦鹉

图 4.106　葵花凤头鹦鹉

## 223. 葵花凤头鹦鹉

葵花凤头鹦鹉也叫葵花鹦鹉、黄巴旦等（图 4.106）。体长 40~50cm。隶属于鹦形目、鹦鹉科、葵花凤头鹦鹉属。体羽主要为白色。头顶有黄色冠羽。耳覆羽、颊部、喉部、飞羽和尾羽沾有黄色。虹膜暗褐色或红褐色。嘴暗灰色。腿、脚暗灰色。

葵花凤头鹦鹉分布于澳大利亚东部、北部、新几内亚及其附近岛屿。栖息于平原、沼泽等地附近。成对或集小群活动。叫声响亮。以种子、果实、浆果，以及昆虫等为食。

全年均有繁殖记录。筑巢于树洞或岩洞中。每窝产卵 2~3 枚。孵化期为 30 天。葵花凤头鹦鹉在我国是传统的笼养鸟类。

## 224. 鸡尾鹦鹉

鸡尾鹦鹉也叫玄凤、高冠鹦鹉、红耳鹦鹉（图 4. 107）。体长 23~25cm。隶属于鹦形目、鹦鹉科、鸡尾鹦鹉属。嘴短、阔，前端具钩。头具淡黄色的冠羽。脸颊具橘黄色的圆形块斑，翅膀上的覆羽白色。尾羽深灰色，中央尾羽特长。虹膜褐色。嘴深灰色。腿、脚灰色。雄鸟脸颊斑的颜色深，雌鸟脸颊斑的颜色稍暗淡。雌鸟尾羽下侧具黑色横斑。

鸡尾鹦鹉分布于澳大利亚等地。栖息于草原、树林及农田中。喜小集群活动。食物主要为植物果实种子，兼食植物嫩芽。繁殖期为 8~12 月。筑巢于树洞或岩洞中。每窝产卵 4~7 枚。卵呈白色。孵化主要以雌鸟为主，孵化期为 18~20 天。由雌雄亲鸟共同育雏。

图 4. 107　鸡尾鹦鹉

鸡尾鹦鹉因其体态优美，羽色艳丽，鸣声悦耳，使人赏心悦目，是人们饲养最多的鹦鹉种类之一。目前国内饲养的鸡尾鹦鹉有灰色、花色和白色 3 个品种。饲养鸡尾鹦鹉不但能够观赏其美丽多姿的体态，同时还有相当可观的经济效益。近年来，饲养鸡尾鹦鹉已经成为人们的投资热点之一，有许多农民将此项经营作为家庭收入的支柱产业。

鸡尾鹦鹉是我国首批可商业性经营利用驯养繁殖技术成熟的 54 种陆生野生动物之一。随着人们生活水平的提高，鸡尾鹦鹉作为观赏鸟类和家庭的宠物已经进入千家万户，鸡尾鹦鹉的饲养者和爱好者已经遍及全国各地。

## 225. 虎皮鹦鹉

虎皮鹦鹉也叫娇凤、彩凤、阿苏儿、鹦哥等（图 4. 108）。体长 16~18cm。隶属于鹦形目、鹦鹉科、虎皮鹦鹉属。前额、脸部黄色。颊部有紫蓝色斑点。上体密布黄色和黑色相间的细条纹。腰部、下体绿色。喉部有黑色的小斑点。尾羽绿蓝色。虹膜白色。嘴灰色。脚灰蓝色。雄鸟鼻包为淡蓝色，雌鸟为肉色。

虎皮鹦鹉人工培育的品种很多，主要从体羽的颜色上区分，一般可分为以下几个类型：波纹型虎皮鹦鹉、淡色型虎皮鹦鹉、玉头型虎皮鹦鹉、白化型虎皮鹦鹉、黄化型虎皮鹦鹉全身体羽为黄色，眼睛为红色，称为黄红眼虎皮鹦鹉，等等。

虎皮鹦鹉原产澳大利亚。栖息于林缘、草地等处。结群活动。以植物种子等为食。繁殖期为 6 月至翌年 1 月。营巢于树洞中。每窝产卵 4~8 枚。孵化期为 18 天。

图 4. 108　虎皮鹦鹉

虎皮鹦鹉因其体态优美，羽色艳丽，鸣声悦耳，使人赏心悦目，有的经过驯养，还能表演技艺，模仿人类说话，更加惹人喜爱，目前世界各地均有饲养，是现今世界流行的宠物鸟之一。

虎皮鹦鹉是我国首批可商业性经营利用驯养繁殖技术成

熟的 54 种陆生野生动物之一。随着人们生活水平的提高，虎皮鹦鹉作为观赏鸟类和家庭的宠物已经进入千家万户，饲养者和爱好者已经遍及全国各地。

## 226. 深红玫瑰鹦鹉

图 4.109　深红玫瑰鹦鹉

深红玫瑰鹦鹉体长 33~36cm（图 4.109）。隶属于鹦形目、鹦鹉科、玫瑰鹦鹉属。体羽主要为红色。颊部紫蓝色。颈部、背部和翅膀黑色。飞羽、尾羽蓝色。虹膜暗褐色。嘴灰白色。腿、脚灰色。

深红玫瑰鹦鹉分布于澳大利亚东部和东南部等地。栖息于林木茂盛的多种生境中。集群活动。飞行速度慢。以植物果实、种子、花，以及昆虫等为食。繁殖期为 8 月至翌年 2 月。营巢于树洞中。每窝产卵 5~8 枚。

深红玫瑰鹦鹉在我国是传统的笼养鸟类。

## 227. 东玫瑰鹦鹉

图 4.110　东玫瑰鹦鹉

东玫瑰鹦鹉也叫金斗篷玫瑰鹦鹉、金披风玫瑰鹦鹉等（图 4.110）。

体长 30cm。隶属于鹦形目、鹦鹉科、玫瑰鹦鹉属。头部、胸部红色。颊部白色。背部、翅膀黑色，带有黄色斑纹，飞羽蓝色。腰部绿色。尾羽蓝绿色。虹膜暗褐色。嘴灰白色。脚灰色。

东玫瑰鹦鹉分布于澳大利亚东南部和塔斯马尼亚岛等地。栖息于常绿阔叶林、草原、田野、城郊和公园等地。成对或集小群活动。以植物果实、种子、浆果等为食。繁殖期为 9 月至翌年 5 月。营巢于树洞中。每窝产卵 4~9 枚。孵化主要以雌鸟为主，孵化期 21 天。双亲共同育雏，育雏期长达 2 个月。

东玫瑰鹦鹉在我国是传统的笼养鸟类。

## 228. 非洲灰鹦鹉

非洲灰鹦鹉也叫灰鹦鹉等（图 4.111）。体长 33~36cm。隶属于鹦形目、鹦鹉科、灰鹦鹉属。体羽主要为灰色。头部、颈部灰白色。脸部白色。飞羽灰黑色。腰部浅灰色。尾羽红色。虹膜淡黄色。嘴黑色。腿、脚暗灰色。

图 4.111　非洲灰鹦鹉

非洲灰鹦鹉分布于非洲从几内亚南部到安哥拉北部和肯尼亚西部一带，以及普林西比岛等岛屿上。栖息于平原、沼泽等地的林地中。成对或以小群活动，几乎不到地面觅食。以植物种子、果实、浆果等为食。全年均有繁殖记录。营巢于树洞中。每窝产卵 2~4 枚，双亲孵育，孵化期 29 天。亲鸟共同育雏。

非洲灰鹦鹉在我国是传统的笼养鸟类。

## 229. 费氏牡丹鹦鹉

费氏牡丹鹦鹉也叫费希氏情侣鹦鹉、棕头牡丹鹦鹉、红牡丹鹦鹉。体长 15cm。隶属于鸟纲、鹦形目、鹦鹉科。头部、喉部橙红色。眼睛周围白色。颈部、前胸黄色。体羽主要为绿色。虹膜褐色。

初级飞羽黑色，外缘绿色。腹部及尾下覆羽浅绿色。尾上覆羽深蓝色。尾羽绿色，除中央2枚尾羽外其余尾羽末端具黑色和棕红色块斑。嘴红色。脚灰色。

费氏牡丹鹦鹉分布于非洲肯尼亚南部、坦桑尼亚北部等地。栖息于内陆高原草地、树林等环境中。结小群活动。以植物种子等为食。繁殖期为5~7月。营巢于树洞、建筑物裂缝以及棕榈树的叶基部。每窝产卵6~8枚。孵化期为23天。

费氏牡丹鹦鹉是我国首批可商业性经营利用驯养繁殖技术成熟的54种陆生野生动物之一。费氏牡丹鹦鹉不仅体态优美，鸣声悦耳，容易饲养，是初学养鸟者入门和普及型的品种。

## 230. 桃脸牡丹鹦鹉

桃脸牡丹鹦鹉也叫桃脸情侣鹦鹉、小鹦哥、桃脸、蔷薇鹦哥。体长15cm。隶属于鸟纲、鹦形目、鹦鹉科。前额、脸部、颊部、喉部和上胸部为粉红色。体羽主要为绿色。腰部蓝色。虹膜暗褐色。嘴角质色。脚灰色。

桃脸牡丹鹦鹉分布于非洲西南部纳米比亚、安哥拉和南非西北部等地。栖息于沿岸干旱地区。叫声嘈杂。以植物种子、果实等为食。繁殖期为2~3月。营巢于树洞中。每窝产卵5~8枚。孵化期为23天。

桃脸牡丹鹦鹉是我国首批可商业性经营利用驯养繁殖技术成熟的54种陆生野生动物之一。桃脸牡丹鹦鹉经过驯养，还能表演技艺，模仿人类说话，在我国，牡丹鹦鹉的饲养不仅限于家庭养殖，而且还建立了许多较大的养殖场。

## 231. 黄领牡丹鹦鹉

黄领牡丹鹦鹉也叫伪装情侣鹦鹉、黑头牡丹鹦鹉、黄领黑牡丹、黄襟黑牡丹鹦鹉。体长14cm。隶属于鸟纲、鹦形目、鹦鹉科。体羽主要为绿色。头部褐黑色。颈部、胸部黄色。眼圈白色。虹膜暗褐色。嘴红色。腿、脚灰色。

黄领牡丹鹦鹉分布于非洲坦桑尼亚东北部。栖息于中、低山地带。以草籽和灌木果实等为食。繁殖期为3~8月。营巢于树洞中。每窝产卵4枚。孵化期为23天。

黄领牡丹鹦鹉是我国首批可商业性经营利用驯养繁殖技术成熟的54种陆生野生动物之一，经过驯养，还能表演技艺，模仿人类说话，在我国，黄领牡丹鹦鹉的饲养不仅限于家庭养殖，而且还建立了许多较大的养殖场。

## 232. 绯胸鹦鹉

图4.112　绯胸鹦鹉

绯胸鹦鹉是我国珍稀攀禽（图4.112）。体长22~36cm。隶属于鸟纲、鹦形目、鹦鹉科。头部为葡萄灰色。前额有一条窄窄的黑带延伸至两眼。上体为绿色。下体为红色。上嘴弯曲，为红色，下嘴褐色。脚呈暗黄绿色。尾羽狭窄而尖长。

绯胸鹦鹉分布于我国西藏东南部、云南西南部和东南部、广西的西部和南部、香港、海南等地。栖息于低山地区和山麓常绿阔叶林中。成群活动。善于飞行和攀缘。鸣声粗犷而响亮。以野生植物的浆果、坚果等果实，以及种子、花蜜、嫩枝和幼芽等为食，也吃谷物和昆虫。繁殖期为3~5月。结群营巢于低山和山脚平原地带的常绿阔叶林中，巢多筑在天然树洞里。每窝产卵3~4枚。孵化期为28天。

绯胸鹦鹉被列为国家Ⅱ级重点保护野生动物。它在我国野外数量十分稀少，但也会有偷猎犯罪的现象发生。它在我国还是传统的笼养鸟类，是除虎皮鹦鹉外，饲养最广泛的种类，因此从前有大量的野鸟被捕捉，在鸟市上贩卖，在这个过程中有很多个体因各种原因死亡，现在这样的违法行为仍然没有杜绝。

## 233. 大紫胸鹦鹉

图 4.113　大紫胸鹦鹉

大紫胸鹦鹉也叫大绯胸鹦鹉、四川鹦鹉、长尾绯胸鹦鹉等（图 4.113）。体长 35~50cm，体重 204~290g。隶属于鹦形目、鹦鹉科、绯胸鹦鹉属。头部及颈侧紫灰色，额及脸沾紫蓝色或紫绿色；前额沿嘴基有一条窄的黑带，两端沿眼先向后延伸至两眼。下嘴两侧各有一宽的黑纹，沿颊下部斜伸至颈侧。颏部黑色，并与两侧黑纹连为一体。尾羽中央为蓝色，两侧为绿色。脚灰绿黄色。雄鸟的上嘴为红色，下嘴黑色。雌鸟的嘴为黑色，羽色与雄鸟相似，但不如雄鸟艳丽，中央尾羽也比较短。

大紫胸鹦鹉分布于印度北部和我国西藏东南部、四川、云南、广西等地。栖息于热带或亚热带的林中，常出没于常绿阔叶林间。主要以植物种子、果实、浆果、嫩枝及幼芽等为食。善于攀登树木，秋季常结成 10 余只的小群活动，最大的群体多达数百只。飞行迅速，群体活动时发出很大的声响。叫声粗而响亮，每年 4~8 月繁殖，营巢于树洞内，每窝产卵 2~4 枚，卵呈椭圆形，纯白色。雄鸟和雌鸟共同孵化，孵化期为 23~24 天。育雏期大约为 50 天。

大紫胸鹦鹉被列为国家Ⅱ级重点保护野生动物。它在我国野外数量十分稀少，但也会有偷猎犯罪的现象发生。它在我国还是传统的笼养鸟类，羽色艳丽，姿态优美，易于驯养和善于仿效人语，因此从前有大量的野鸟被捕捉，在鸟市上贩卖，在这个过程中有很多个体因各种原因死亡，现在这样的违法行为仍然没有杜绝。

## 234. 红领绿鹦鹉

红领绿鹦鹉体长 38~42cm，体重 108g。头部为绿色，在颈部的两侧和耳羽的后面逐渐变为淡蓝色。嘴的基部有一个窄的黑线，沿眼先向后延伸至眼睛。颏部、喉部为黑色，并向后和颈的两侧延伸，与后颈向下的一个狭形玫瑰红色颈环在颈侧相连接。上体为草绿色，邻近玫瑰红色颈环处为蓝色，腰部和尾上覆羽特别辉亮，尾羽逐渐变长，中央尾羽最长，颜色为蓝绿色，基部较绿，具窄的黄色尖端，外侧尾羽越向外绿色越浓。嘴珊瑚红色，脚和趾石板灰色或石板绿色。

红领绿鹦鹉分布于我国福建福州市、广东珠海、万山群岛和附近沿海、香港、澳门等地。栖息于山麓开阔的疏林地带以及村庄、农田和乡镇庭园等地区。常成群活动。叫声嘈杂。以榕树、木棉等植物果实与种子为食，也吃谷物和其他灌木浆果。繁殖期为 2~4 月。营巢于天然的树洞或啄木鸟废弃的巢洞中。每窝产卵 4~6 枚。雄鸟和雌鸟轮流孵卵，孵化期 22~24 天。

红领绿鹦鹉被列为国家Ⅱ级重点保护野生动物。它在我国野外数量十分稀少，但也会有偷猎犯罪的现象发生。

## 235. 阿历山大鹦鹉

阿历山大鹦鹉体长 58cm（图 4.114）。隶属于鹦形目、鹦鹉科、绯胸鹦鹉属。体羽主要为绿色。颏部有细的黑色条纹。颈部有红色的窄环。翅膀的覆羽上有红色斑纹。尾羽末端黄色。下体黄绿色。虹膜淡黄色。嘴红色。腿、脚绿灰色。

阿历山大鹦鹉分布于斯里兰卡、印度、安达曼群岛、阿富汗、缅甸、泰国北部和西部，以及中南半岛等地。栖息于阔叶林以及林木茂盛的乡村、农田、公园等地。成群活动。以树木的种子、果实、浆果、花、嫩芽等为食。繁殖期为9~10月。营筑于树洞中。每窝产卵4枚。

阿历山大鹦鹉在我国是传统的笼养鸟类。

图4.114　阿历山大鹦鹉

图4.115　灰头鹦鹉

## 236. 灰头鹦鹉

灰头鹦鹉体长25~45cm，体重79~119g（图4.115）。隶属于鹦形目、鹦鹉科、花头鹦鹉属。头部为铅灰色或暗石板灰色，与其他鹦鹉不同。耳羽的后面有一条黑线。后颈有一个铜绿色的领环向两边延伸至颈侧，上体为黄绿色。中央尾羽基部绿色，中段为淡蓝紫色，末段为紫黄色。颏部和喉部为黑色，颊下方有一条黑带，喉部以下几乎全部为淡绿色。上嘴珊瑚红色至朱红色，下嘴橙黄色，脚褐绿色。

灰头鹦鹉分布于四川、云南等地。栖息于山地常绿阔叶林和混交林中。结群活动。叫声比较尖，但有时也会发出多变的、较为柔和的而且富有音乐性的近似细语的声音。主要以无花果和其他植物果实与种子为食，也吃玉米等农作物，夏季也吃甲虫、虫卵等动物性食物。繁殖期为3~6月。通常营巢于天然树洞中。每窝产卵4~5枚。

灰头鹦鹉被列为国家Ⅱ级重点保护野生动物。它在我国野外数量十分稀少，但也会有偷猎犯罪的现象发生。

## 237. 花头鹦鹉

花头鹦鹉体长33~36cm。隶属于鹦形目、鹦鹉科、花头鹦鹉属。雄鸟头部红色，后头紫蓝色，颈环蓝绿色。上体主要为绿色。腰部蓝绿色。翅上有栗红色斑块。下体黄绿色。虹膜黄白色。上嘴橙黄色，下嘴褐黑色。脚绿灰色。雌鸟头部为铅蓝色，胸侧至后颈有黄色领环，翅上的栗色斑块缺乏或不明显。

花头鹦鹉分布于我国广东、广西、香港和云南等地。栖息于低山及平原的森林地带。成群活动。以种子、浆果、坚果、花和芽、叶等为食。繁殖期为12月至翌年4月，以及8~9月。营巢于树洞和建筑物墙壁洞中。每窝产卵4~6枚。孵化期为24天。双亲共孵卵和育雏。

花头鹦鹉被列为国家Ⅱ级重点保护野生动物。它在我国野甚为罕见，仅有少许单只记录，至今没有标本收藏，通常认为在香港和广东地区是逃出的笼养鸟。

## 238. 长尾鹦鹉

长尾鹦鹉也叫红颊鹦鹉，是中型鸟类，体长40~42cm。雄鸟的嘴为红色，头顶为绿色或暗绿色，头侧和后颈红色，眼先及贯眼纹近蓝黑色，上背苍黄色而沾蓝灰色，下背及腰部淡蓝绿色，翼下覆羽近黄色。尾羽尖而特长，中央尾羽为蓝色而具黄色羽端，两侧尾羽绿色。下体较淡，颏部和颊的下部为黑色，其余下体为淡黄绿色。雌鸟头顶暗绿色，头侧暗橙红色，下颊没有黑色而为暗绿色，耳覆羽的后部沾蓝色；中央尾羽较短。枕部绿色，上背没有蓝色，其余与雄鸟相似。

长尾鹦鹉在我国仅有两次记录，一次是在广西，另一次是在广州购买到的，据说该标本产于四川。为留鸟，栖息于热带常绿阔叶森林中，常成群活动，晚上亦成群栖息于树上或竹丛。飞行直而快。鸣声尖锐而嘈杂。主要以植物种子、浆果、花瓣、花蜜、叶、芽等植物性食物为食。繁殖期为2~5月。营巢于树洞中，每窝产卵2~3枚。

长尾鹦鹉被列为国家Ⅱ级重点保护野生动物。它在我国野外是否有分布尚属疑问，现有的记录很可能是逃逸出来的笼养鸟。

## 239. 短尾鹦鹉

短尾鹦鹉又叫倒悬鹦鹉，是小型鸟类。体长13cm。雄鸟上体为黄草绿色，腰部和尾上覆羽为血红色，非常明显，与其他鹦鹉不同。尾羽为绿色。翅膀绿色明显较背部为暗。下体为淡黄绿色，喉部有一个蓝色块斑。飞羽的下表面和尾羽的下表面为蓝色。雌鸟的羽色和雄鸟相似，但比较暗，喉部的蓝色块斑较小或不明显。虹膜淡黄白色，嘴暗珊瑚红色，先端淡黄色，脚淡橙黄色。

短尾鹦鹉在我国的记录从前仅仅是根据一只在广州获得的标本，一般都认为它或许也是引入的笼养鸟。栖息于平原和低山丘陵地带树林中，也出现于果园、花园和耕地附近植物丛中。常成小群活动。性较温顺，易于饲养。主要以榕树等植物果实、花蜜和种子为食。繁殖期为2~5月。营巢于树洞中，每窝产卵2~4枚，颜色为白色，形状为卵圆形，大小为（17~21）mm×（15~17）mm。雌鸟孵卵，雄鸟几乎不参与营巢、育雏等工作。

短尾鹦鹉被列为国家Ⅱ级重点保护野生动物。它在我国野外数量十分稀少，但也会有偷猎犯罪的现象发生。

## 240. 蓝黄金刚鹦鹉

蓝黄金刚鹦鹉也叫琉璃金刚鹦鹉、蓝黄等（图4.116）。体长80~90cm，体重1 000g左右。隶属于鹦形目、鹦鹉科、金刚鹦鹉属。前额绿色。脸部白色，有黑色斑纹。上体主要为蓝色。喉部黑色。颈侧、下体为黄色。虹膜黄色。嘴灰黑色。腿、脚暗灰色。

蓝黄金刚鹦鹉分布于从中美洲的巴拿马东部、哥伦比亚，一直到南美洲的巴拉圭和巴西南部一带。栖息在原始森林中。成群活动。叫声响亮，震耳欲聋。以植物的果实、种子、嫩芽等为食。繁殖期为2~6月。营巢于树洞中。每窝产卵2~3枚。孵化期为24~26天。

蓝黄金刚鹦鹉在我国是传统的笼养鸟类。

图4.116 蓝黄金刚鹦鹉

## 241. 绯红金刚鹦鹉

绯红金刚鹦鹉也叫红金刚鹦鹉等（图4.117）。体长80~90cm。隶属于鹦形目、鹦鹉科、金刚鹦鹉属。脸部白色，有红色细斑纹。体羽主要为红色。背部、腰部为蓝色。翅膀上的覆羽为黄色，飞羽为蓝色。虹膜黄色。上嘴角色，下嘴灰黑色。腿、脚暗灰色。

绯红金刚鹦鹉分布于从墨西哥、哥伦比亚，到圭亚那、秘鲁、玻利维亚和巴西等地。栖息于热带森林中。成对或成小群活动。叫声响亮。飞行时伴有刺耳的鸣叫，受惊时会发出尖厉而嘈杂的叫声。以植物的果实、种子、浆果等为食。繁殖期为2~4月。营巢于树洞中。每窝产卵2枚。

绯红金刚鹦鹉在我国是传统的笼养鸟类。

图 4.117　绯红金刚鹦鹉

## 242. 大杜鹃

大杜鹃是我国常见的杜鹃。体长 28~37cm。隶属于鸟纲、鹃形目、杜鹃科。头部、上体暗灰色，腰部蓝灰色，尾羽黑褐色，末端有白斑。飞羽黑褐色。喉部、上胸部淡灰色。下胸部、腹部白色，有黑褐色窄横斑。嘴黑褐色。脚棕黄色。

大杜鹃分布于我国大部分地区，以及欧洲、亚洲和非洲等地。栖息于山地、平原、城市开阔林地中。单独活动。以松毛虫、蝗虫、蛾等昆虫为食。繁殖期为 5~7 月。自己不营巢，产卵于大苇莺、伯劳等鸟类的巢中，由义亲代为孵卵。

大杜鹃被列入“三有”名单，但也有偷猎犯罪的现象发生。

## 243. 褐翅鸦鹃

褐翅鸦鹃是一种中型的鸟类，体长为 40~52cm，体重 250~392g（图 4.118）。隶属于鹃形目、杜鹃科、鸦鹃属。黑色的嘴较为粗厚，尾羽呈长而宽的凸状。雄鸟和雌鸟的羽色很相似，通体除翅和肩部外全为黑色，头、颈和胸部闪耀紫蓝色的光泽，胸、腹、尾部等逐渐转为绿色的光泽。两翅为栗褐色，肩和肩的内侧为栗色。

褐翅鸦鹃在我国分布于浙江、江苏、江西、福建、湖南、广西、广东、云南、贵州、海南等地。栖息于低山丘陵和平原地区的林缘灌丛、稀树草坡、河谷灌丛、草丛和芦苇丛中。喜欢单个或成对活动。以毛虫、蝗虫、蚱蜢、象甲、蜚蠊、蚁和蜂等昆虫为食，也吃蜈蚣、蟹、螺、蚯蚓、甲壳类、软体动物等其他无脊椎动物，以及蛇、蜥蜴、鼠类、鸟卵和雏鸟等。营巢于草丛、灌木丛、芦苇、竹林以及攀缘植物中等处。每窝产卵 3~5 枚。雄鸟和雌鸟轮流孵卵。

图 4.118　褐翅鸦鹃

褐翅鸦鹃被列为国家Ⅱ级重点保护野生动物。它是我国的重要经济鸟类资源，驰名中外的妇科良药毛鸡酒就是用褐翅鸦鹃的去内脏的鲜体或干燥全体，配入党参、川芎、白芷、龙骨、肉苁蓉、桂圆肉、黄精、大枣等浸泡而成的。但由于猎捕过量，以及生境破坏等原因，野外种群数量锐减。

## 244. 小鸦鹃

小鸦鹃是中型鸟类，也叫“小毛鸡”。体长 30~40cm，体重 85~167g。头、颈、上背及下体黑色，具深蓝色光彩和亮黑色的羽干纹。下背和尾上覆羽为淡黑色，具蓝色光泽。尾羽为黑色，具绿色金属光泽和窄的白色尖端。肩部和两翅为栗色，翅端和内侧次级飞羽较暗褐，显露出淡栗色羽干。翅下覆羽的颜色为红褐色或栗色。嘴黑色；脚为铅黑色。

小鸦鹃在我国分布于安徽、云南、贵州、广东、广西、香港、海南、福建、台湾、河南，为留鸟。栖息于低山丘陵和开阔鲍山脚平原地带的灌丛、草丛、果园和次生林中。常单独或成对活动。性机智而隐蔽。鸣叫声尖锐而清脆，有时很急促。主要以蝗虫、蝼蛄、金龟甲、椿象、白蚁、螳螂、螽斯等昆虫和其他小型动物为食，也吃少量植物果实与种子。繁殖期 3~8 月。营巢于茂密的灌木丛、矮竹丛和其他植物丛中。每窝产卵 3~5 枚。

小鸦鹃被列为国家Ⅱ级重点保护野生动物。它是我国的重要经济鸟类资源，也是驰名中外的妇科良药毛鸡酒的原料。但由于猎捕过量，以及生境破坏等原因，野外种群数量锐减。

## 245. 仓鸮（xiāo）

仓鸮体长 34~39cm，体重 485g（图 4.119）。面盘为白色，四周的皱领为橙黄色。上体为斑驳的浅灰色及橙黄色，并具有精细的黑色和白色斑点。下体为白色，稍沾淡黄色，并具有暗褐色斑点。尾羽上具有 4 条黑色的横斑。虹膜黑色，嘴肉白色，跗跖灰黑色，爪黑色。

仓鸮分布于我国云南等地。栖息于开阔的原野、低山、丘陵以及农田、城镇和村庄附近森林中。单独活动。以鼠类和野兔等为食，也吃中小型鸟类、青蛙和较大的昆虫等。繁殖期为 3~6 月和 9~12 月。营巢于建筑物上、树洞或岩壁洞中。每窝产卵 2~7 枚。孵化期为 32~34 天。

仓鸮被列为国家Ⅱ级重点保护野生动物。它在我国野外数量十分稀少，但也会有偷猎犯罪的现象发生。

图 4.119　仓鸮

图 4.120　草鸮

## 246. 草鸮

草鸮也叫猴面鹰，体长为 35~44cm，体重 400g（图 4.120）。面盘为灰棕色，四周围有暗栗色皱领，下边皱领还镶嵌着暗褐色的细边。眼先的上方有一个黑褐色的斑。体色为栗褐色或黑褐色，并具有橙皮黄色的斑纹，尾羽浅黄栗色，也比较淡，有时几乎为白色，上面具有4道显著的黑色横斑。下体为黄白色。嘴肉白色，脚黑褐色。

草鸮分布于中国长江流域以南地区。栖息于低山丘陵、山坡草地和开阔草原地带。以鼠类和小型哺乳动物为食，也吃蛇、蛙、鸟和昆虫等。每年繁殖2次，繁殖期为4~6月和8~11月。营巢于茂密的草丛中和大树根部凹陷处。每窝产卵2~4枚。孵卵期为22~25天。

草鸮被列为国家Ⅱ级重点保护野生动物。它在我国野外数量十分稀少，但也会有偷猎犯罪的现象发生。

## 247. 栗鸮

栗鸮是小型猛禽，体长为23~33cm，体重255~360g。隶属于鸟纲、鸮形目、草鸮科。面盘呈方形，颜色则为浅葡萄红色，四周被有黑色但具有栗色先端的皱领。头部较大，两侧有短羽簇突出。上体为栗红色并具有黑色及白色的小斑点，下体为葡萄红色，也具有暗栗色的小圆点。尾羽较短，呈栗色而具有黑色的横斑。虹膜深褐色，嘴乳黄色，脚黄褐色，爪黄色，中爪的内缘有栉状突。

栗鸮分布于广东、广西、海南、云南等地，为留鸟。栖息于山地常绿阔叶林、针叶林和次生林中。主要在夜间、黄昏和黎明之前活动。常单独或成对活动，有时也成小群。以鼠类、小鸟、蜥蜴、蛙、昆虫等动物性食物为食。繁殖期为3~7月。营巢于树洞中或者腐朽的树桩内，距地面的高度为2~5m，有的巢也可以多年连续使用。巢内垫有很多吐出的食物残块。每窝产卵3~5枚，卵为纯白色，表面光滑无斑，形状为椭圆形，大小为35mm×30mm，由亲鸟轮流孵卵。

栗鸮被列为国家Ⅱ级重点保护野生动物。它在我国野外数量十分稀少，但也会有偷猎犯罪的现象发生。

## 248. 普通角鸮

普通角鸮又叫红角鸮，是小型猛禽（图4.121）。体长17~22cm，体重48~105g。隶属于鸟纲、鸮形目、鸱鸮科。面盘呈灰褐色，具纤细的黑纹，四周围以棕褐色和黑色的皱领。耳羽簇明显。后颈有白色或棕白色的点斑。体色有灰色与棕栗色两个色型，灰色型的上体为灰褐色，满布细密的黑褐色虫蠹状斑和黑褐色纵纹，并缀有棕白色或白色斑点，后颈有白色或棕白色点斑，下体为灰白色，有暗褐色的细横斑，腹部白色较多。棕栗色型身体的背部和胸部均沾棕栗色光泽，有的甚至全身均沾染栗色。跗跖被羽。虹膜黄色，嘴暗绿色，下嘴的先端近黄色，趾肉灰色，爪暗角色。

图4.121　普通角鸮

普通角鸮分布于我国大部分地区。栖息于山地、平原的阔叶林和混交林中。以昆虫、小型无脊椎动物和啮齿类动物等为食，也吃两栖类、爬行类和鸟类。繁殖期为5~8月。营巢于树洞中，也在岩石缝隙和人工巢箱中营巢，有时还利用鸦科鸟类的旧巢。巢大多由枯草和枯叶构成，内垫苔藓和少许羽毛。每窝产卵3~6枚，通常为4枚。卵为白色，光滑无斑；形状为卵圆形，大小为31mm×27mm，卵重9~14g。雌鸟孵卵，孵化期为24~25天。雏鸟为晚成性，经过亲鸟21天的喂养后即可离巢。

普通角鸮被列为国家Ⅱ级重点保护野生动物。它在我国野外数量十分稀少，但也会有偷猎犯罪的现象发生。

## 249. 领角鸮

领角鸮又叫毛脚鸺鹠，是小型猛禽，体长 20~27cm，体重 110~205g（图 4.122）。隶属于鸟纲、鸮形目、鸱鸮科。后颈的基部有一个显著的淡色翎领。前额和眉纹为皮黄白色或灰白色。上体通常为灰褐色或沙褐色，并杂有暗色的虫蠹状斑和黑色的羽干纹。下体为白色或皮黄色，缀有淡褐色的波状横斑和黑色羽干纹。有的亚种跗跖上被羽到趾，有的趾裸出。虹膜黄色，嘴角色沾绿，爪角黄色，先端较暗。

领角鸮分布于我国除西北外的大部分地区。栖息于山地阔叶林和混交林中，也出现于山麓林缘和村寨附近树林内。除繁殖期成对活动外，通常单独活动。以鼠类、甲虫、蝗虫和鞘翅目昆虫等为食。繁殖期为 3~6 月。通常营巢于天然树洞内，或利用啄木鸟废弃的旧树洞，偶尔也利用喜鹊的旧巢。巢距地面的高度为 1.2~5m。通常洞内没有任何内垫物。每窝产卵 2~6 枚，但多数为 3~4 枚。卵的颜色为白色，卵圆形，光滑无斑；大小为 36mm×31mm，卵重 17~19g。亲鸟轮流孵卵。

图 4.122　领角鸮

领角鸮被列为国家Ⅱ级重点保护野生动物。它在我国野外数量十分稀少，但也会有偷猎犯罪的现象发生。

## 250. 黄嘴角鸮

黄嘴角鸮是小型猛禽。体长 19~21cm。隶属于鸟纲、鸮形目、鸱鸮科。上体棕褐色，具有细的黑褐色虫蠹状斑。肩部有一系列白色的斑点。耳羽簇明显，呈棕褐色，具黑色横斑。面盘也是棕褐色而具黑色横斑，下缘缀有白色，但后颈部没有显著的翎领。初级飞羽上有 3 条白色横斑。尾羽棕栗色，上面有 6 道黑色的横斑。下体为灰棕褐色，有白色、黄白色的斑纹。虹膜黄色，嘴角黄色，跗跖灰黄褐色。

黄嘴角鸮分布于我国福建、广东、广西、海南、云南、台湾等地，为留鸟。栖息于山地常绿阔叶林和混交林中，有时也到山脚林缘地带。主要在夜晚和黄昏活动，白天大多躲藏在阴暗的树叶丛间或洞穴中。一般单独或成对活动。以鼠类、蜥蜴、大的昆虫和昆虫幼虫等为食。繁殖期为 4~6 月。通常营巢于天然树洞或啄木鸟等废弃的洞中，每窝产卵通常 3~4 枚，有时多至 5 枚和少至 2 枚。卵的大小为 32mm×28mm。

黄嘴角鸮被列为国家Ⅱ级重点保护野生动物。它在我国野外数量十分稀少，但也会有偷猎犯罪的现象发生。

## 251. 白额角鸮

白额角鸮是小型猛禽，体长 25cm。隶属于鸟纲、鸮形目、鸱鸮科。前额、眉纹和耳羽簇为白色，面盘为橙褐色，上体主要为橙褐色，具暗褐色虫蠹状斑。飞羽上具有黄褐色的横斑，尾羽上具有暗褐色横斑，下体淡橙褐色，具褐色虫蠹状斑以及断续的黑色和淡色中央斑点。虹膜深褐色，嘴白色或蓝白色，蜡膜淡蓝绿色，脚和爪蓝白色。

白额角鸮为留鸟，分布于台湾屏东。栖息于低山丘陵和山脚平原地带的常绿阔叶林中。以昆虫和鼠类为食。繁殖期为 2~4 月。每窝产卵 3~4 枚。卵的大小为（32~38）mm×（19~28）mm。

白额角鸮被列为国家Ⅱ级重点保护野生动物。它在我国野外数量十分稀少，但也会有偷猎犯罪的现象发生。

## 252. 琉球角鸮

琉球角鸮为小型猛禽，体长 20cm。隶属于鸟纲、鸮形目、鸱鸮科。头顶及上体均为赤褐色，有深褐色及黄白色的虫蠹斑纹。面盘为黄褐色，散布有黑色细斑。耳羽簇为红褐色。下体皮黄色，有黑褐色横斑和羽干纹，上胸部有明显的暗褐色带。跗跖被羽，颜色为肉桂色，具暗色横纹。虹膜黄色，嘴为橄榄灰色，脚肉桂色。

琉球角鸮是留鸟，分布于我国台湾的兰屿和绿岛等地，是我国的特产亚种。栖息于低山常绿阔叶林和混交林中，也出现于园林和果园等地。常单独或成对活动。白天多隐藏在茂密的森林中，夜间才出来活动。以蚱蜢等大型昆虫和其他无脊椎动物为食，也吃两栖类、爬行类，小鸟等脊椎动物，偶尔还吃一些植物果实和种子。繁殖期在 5~6 月。营巢于椰子树及其他天然的树洞中。每窝产卵 2~3 枚，雌鸟孵卵，雄鸟负责为雌鸟运送食物。雏鸟为晚成性，孵出后由亲鸟共同抚育大约 32 天后才离巢，而且离巢后还需要继续由亲鸟喂食达半个月以上。

琉球角鸮被列为国家Ⅱ级重点保护野生动物。它在我国野外数量十分稀少，但也会有偷猎犯罪的现象发生。

## 253. 纵纹角鸮

纵纹角鸮是小型猛禽，体长 20~21cm，体重 100~110g。隶属于鸟纲、鸮形目、鸱鸮科。灰色的耳羽簇和面盘均较明显，面盘四周的皱领也呈灰色并具暗褐色尖端。后颈没有点斑。体色为淡灰色或淡黄褐色，具细的黑色虫蠹状斑和纵纹。第一枚初级飞羽上具有淡茶黄色的斑，其余飞羽的外翈上具 3~4 道白色横斑。尾羽为赭灰色，具有暗褐色虫蠹状斑和不清晰的淡色横斑。颏为白色，其余下体淡黄白色，也具有暗灰褐色虫蠹状斑和黑色纵纹，尤其是胸部的黑色纵纹较为显著。跗跖被羽到趾部，颜色为皮黄色，具暗褐色纵纹。虹膜黄色，嘴角黄色，尖端较暗，下嘴较淡，脚灰色，爪暗角色。

纵纹角鸮在我国极为罕见，仅在新疆西部乌什、喀什和昆仑山等地有过记录，可能是迷鸟或夏候鸟。栖息于低山和平原地区的农田和森林地带，以及荒野和半荒漠地区。一般单独或成对，多在黄昏和夜晚活动。以昆虫为食，也吃小型啮齿类和鸟类等。繁殖期为 4~6 月。营巢于树洞中，也常利用鸦类的旧巢或者在墙壁洞中、建筑物上营巢。每窝产卵 4~6 枚，卵的颜色为白色，大小为 31mm×27mm。雌鸟孵卵。

纵纹角鸮被列为国家Ⅱ级重点保护野生动物。它在我国野外数量十分稀少，但也会有偷猎犯罪的现象发生。

## 254. 雕鸮

雕鸮又叫鹫兔、恨狐、怪鸱、角鸱、老兔等，是大型猛禽，体长 56~89cm，体重 1 400~3 950g（图 4.123）。隶属于鸟纲、鸮形目、鸱鸮科。面盘显著，为淡棕黄色，杂以褐色的细斑。眼先密被白色的刚毛状羽，各羽均具黑色端斑。眼的上方有一个大块黑斑。皱领为黑褐色。头顶为黑褐色，羽缘为棕白色，并杂以黑色波状细斑。耳羽特别发达，外侧呈黑色，内侧为棕色。体羽大都为黄褐色，而具有黑色的斑点和纵纹。喉部为白色，胸部和两胁具有浅黑色的纵纹，腹部具有细小的黑色横斑。虹膜金黄色或橙色。脚和趾均密被羽，为铅灰黑色。

图 4.123　雕鸮

雕鸮分布于我国大部分地区。栖息于山地森林、平原、荒野、林缘灌丛、疏林，以及裸露的高山和峭壁等环境中。除繁殖期外常单独活动。白天多躲藏在密林中栖息。夜晚飞行时缓慢而无声，通常贴着地面飞行。以各种鼠类为食，也能捕猎狐狸、豪猪、野猫类等兽类和苍鹰、鹗、游隼等猛禽。繁殖期随地区而不同，在东北地区为4~7月，而西南地区则从12月开始。通常营巢于树洞中、悬崖峭壁下面的凹处，或者直接产卵于地面上的凹处。巢内没有任何铺垫物，有时产卵后垫以稀疏的绒羽。巢的大小视营巢环境而不同，一般为直径27~31cm，巢深6~12cm。每窝产卵2~5枚，以3枚较为常见。卵的颜色为白色，椭圆形。卵的大小为（55~58）mm×（44~47）mm，卵重为50~60g。孵卵由雌鸟承担。孵化期为35天。

雕鸮被列为国家Ⅱ级重点保护野生动物。它在我国野外数量十分稀少，但也会有偷猎犯罪的现象发生。

## 255. 林雕鸮

林雕鸮是中型猛禽，体长为51~64cm。隶属于鸟纲、鸮形目、鸱鸮科。头上的耳出羽簇羽很显著，呈黑白二色。上体为深褐色，杂有皮黄白色横斑。下体为皮黄色，腹中部为白色，喉部和胸部有深褐色的横斑。嘴黄色。虹膜褐色。趾暗黄色，爪角色沾红，尖端黑色。

林雕鸮是留鸟，分布于四川雅安、宝兴、会东和云南河口。栖息于中低山常绿阔叶林中。大多单独活动。白天通常躲藏在茂密的树枝叶丛中，黄昏时才开始活动和觅食。以中小型脊椎动物如雉鸡、野兔、鼠类、蜥蜴、蛇类等为食，也能猎捕像孔雀、豺、鹿的幼仔等较大的动物，还能猎捕鱼类。繁殖期为2~3月。通常营巢于天然树洞中或悬崖峭壁上的裂缝内，有时也利用鹰的旧巢。每窝通常产1枚卵。卵呈卵圆形，白色，表面光滑无斑，大小为61mm×50mm。

林雕鸮被列为国家Ⅱ级重点保护野生动物。它在我国野外数量十分稀少，但也会有偷猎犯罪的现象发生。

## 256. 乌雕鸮

乌雕鸮是中型猛禽。体长53~60cm。隶属于鸟纲、鸮形目、鸱鸮科。耳羽簇长而显著，黑色。通体大都灰褐色，具黑褐色羽干纵纹和虫蠹状斑。下体皮黄灰白色，具窄的黑色羽干纹。虹膜黄色，嘴灰白色或浅紫色，尖端角黄色，趾不被羽，或仅被刚毛状细羽，爪黑色。

乌雕鸮分布于浙江、江西等地，留鸟，栖息于山地森林中。性情活跃，主要在黄昏时觅食，但也能在白天活动。以各种鸟类为食，也捕食蛙、蛇、蜥蜴，以及鱼和鸟卵，甚至还能捕食箭猪。繁殖期为11月至翌年2月。通常利用鹰类的旧巢，有时也在大树的枝杈之间营巢，通常一个巢可以多年使用，使用时常常增添一些巢材，因而使巢的直径变得越来越大。每窝产卵1~2枚，通常为2枚。卵的大小为59mm×48mm。

乌雕鸮被列为国家Ⅱ级重点保护野生动物。它在我国野外数量十分稀少，但也会有偷猎犯罪的现象发生。

## 257. 褐渔鸮

褐渔鸮又叫酱色渔鸮，是中型猛禽，体长51~55cm，体重1 150~1 500g。隶属于鸟纲、鸮形目、鸱鸮科。体色呈棕褐色，上体有粗著黑色斑纹，下体为黄白色或浅暗黄色，有粗著的黑色条纹和细的波状横斑，喉部有大的白色块斑，跗跖裸露，仅前缘上端的1/4处被羽。虹膜金黄色，嘴浅灰绿色，尖端较暗，蜡膜绿灰色，脚角褐色。

褐渔鸮在我国分布于北京、内蒙古、湖北、广东、广西、香港、海南、云南、西藏。栖息于水源附近的森林中。常单独活动。以鱼、蛙、水生昆虫等为食，有时也吃小型哺乳类、鸟类、蛇、蜥蜴和昆虫。繁殖期为6~8月。营巢于悬崖、岸边岩洞或树洞中，也利用鹰和其他鸟类旧巢，或者在大树的树杈间产卵。每窝产卵通常2枚，偶尔少至1枚和多至3枚。卵的大小为58mm×47mm。

褐渔鸮被列为国家Ⅱ级重点保护野生动物。它在我国野外数量十分稀少，但也会有偷猎犯罪的现象发生。

## 258. 黄脚渔鸮

黄脚渔鸮是中型猛禽，体长58~63cm，体重2 000g左右。隶属于鸟纲、鸮形目、鸱鸮科。上体较多橙棕色，具宽阔的黑褐色羽干纹，飞羽和尾羽具橙棕色横斑和端斑。下体橙棕色，具暗褐色羽干纹。跗跖上部的1/3~1/2处被羽。虹膜鲜黄色，嘴角黑色，上嘴先端角黄色，蜡膜暗绿色，跗跖灰黄色，爪暗角黄色。

黄脚渔鸮为留鸟，在我国分布于江苏、浙江、安徽、福建、湖北、广东、四川、贵州、云南、陕西、甘肃等地。栖息于溪流、河谷等水域附近的阔叶林和林缘次生林中。常单独活动，主要在下午和黄昏外出捕食，有时白天也活动和捕食。以鱼类为食，兼食鼠类、昆虫、蛇、蛙、蜥蜴、蟹和鸟类等。繁殖期从11月到翌年2月，喜欢利用鹰类的旧巢。通常并不加修理即产卵，也产卵于地洞或岩洞中。通常每窝产卵2枚。卵的大小为（56~59）mm×（45~48）mm。

黄脚渔鸮被列为国家Ⅱ级重点保护野生动物。它在我国野外数量十分稀少，但也会有偷猎犯罪的现象发生。

## 259. 毛腿渔鸮

毛腿渔鸮是中型猛禽。体长71~77cm，体重1 500~5 500g。隶属于鸟纲、鸮形目、鸱鸮科。耳羽长而尖。面盘不明显，面部羽毛松散，羽枝分离，呈灰褐色，羽干和羽端为黑褐色。头顶的中央有白斑。趾不被羽，底部有鳞片和细的刺突。通体大都暗褐色，具黑色羽干纹。虹膜橙黄色，嘴角灰色或灰白色，基部沾蓝。

毛腿渔鸮分布于我国内蒙古、吉林、黑龙江等地。栖息于低山森林、山脚林缘与灌丛地带的溪流、河谷等生境中。白天多隐藏在河边的树上或河流沿岸的悬崖上，黄昏和夜晚出来活动。以鱼类为食，也吃喇蛄、虾、蟹等水生动物。繁殖期为3~4月。营巢于森林中。巢多置于树洞或倒木下地上，可以多年利用。每窝产卵2枚。卵为污白色，表面光滑无斑。

毛脚渔鸮被列为国家Ⅱ级重点保护野生动物。它在我国野外数量十分稀少，但也会有偷猎犯罪的现象发生。

## 260. 雪鸮

雪鸮又叫白鸮、雪猫头鹰，是中型猛禽，体长55~63cm，体重1 000~1 950g（图4.124）。隶属于鸟纲、鸮形目、鸱鸮科。头圆而小，面盘不显著，没有耳羽簇。嘴的基部长满了刚毛一样的须状羽，几乎把嘴全部遮住。虹膜金黄色，嘴铅灰色或角褐色，爪基灰色，末端黑色。通体为雪白色，也有的时候布满暗色的横斑。

图4.124　雪鸮

雪鸮在我国分布于河北、内蒙古、辽宁、黑龙江、陕西、甘肃、新疆等地，在各地都属于罕见的冬候鸟，或偶见的迷鸟。栖息于北极冻原带、海岸、苔原森林、平原、旷野和森林中。几乎完全在白天活动和觅食，冬季往南游荡。以旅鼠和雪兔为食，但食物不足时也捕食其他啮齿类、小鸟，甚至像雉类、鸭类和雁类等中大型鸟类。繁殖在北极冻原地带，繁殖期为5~8月。每窝产卵通常为4~7枚。卵为白色，椭圆形，大小为（54~70）mm×（42~49）mm。孵化期为32~34天。雏鸟为晚成性，由亲鸟共同喂养51~57天即能飞翔。

雪鸮被列为国家Ⅱ级重点保护野生动物。它在我国野外数量十分稀少，但也会有偷猎犯罪的现象发生。

## 261. 猛鸮

猛鸮是小型猛禽，体长35~40cm，体重247~375g。隶属于鸟纲、鸮形目、鸱鸮科。没有耳簇羽，耳羽为白色，先端黑色，后面形成一个新月形的黑斑围着白色脸，面盘也不明显。跗跖和趾上均被有白色的绒羽，尾羽较长。上体为棕褐色，有白色的斑纹，下体为白色，具有褐色的横斑。虹膜鲜黄色；嘴黄色，爪黑色。

猛鸮分布于我国东北、新疆天山西部一带。栖息于原始针叶林和针阔叶混交林中。在白天活动和觅食。以啮齿动物为食，也捕食山鸦、松鸡等鸟类、野兔和其他小型动物。繁殖期为4~7月。营巢于枯树顶端的洞中，也利用乌鸦和喜鹊等鸟类的旧巢。每窝产卵3~13枚，大多为3~9枚，窝卵数的变化幅度较大。卵的颜色为白色，大小为（36~44）mm×（29~34）mm。

猛鸮被列为国家Ⅱ级重点保护野生动物。它在我国野外数量十分稀少，但也会有偷猎犯罪的现象发生。

## 262. 花头鸺鹠（xiūliú）

花头鸺鹠是小型猛禽，体长16~23cm，体重48~65g。隶属于鸟纲、鸮形目、鸱鸮科。面盘不显著，没有耳簇羽。上体为灰褐色，密被白色的斑点和横斑，后颈有不显著的白色领环，下体为白色而杂有褐色条纹。虹膜鲜黄色，嘴角黄色，爪黑色。

花头鸺鹠分布于我国天津、河北、内蒙古、黑龙江、新疆等地。栖息于针叶林和针阔叶混交林中。白天大多躲藏于密林深处。以鼠类为食，也吃蜥蜴、小型鸟类和昆虫等。繁殖期为5~7月。通常营巢于树洞中，或在大的树杈之间筑巢，也利用啄木鸟的旧洞。每窝产卵4~6枚，偶尔多至8~9枚和少至3枚。卵为白色。大小为（27~31）mm×（22~24）mm。孵卵由雌鸟承担，孵化期为28~29天。

花头鸺鹠被列为国家Ⅱ级重点保护野生动物。它在我国野外数量十分稀少，但也会有偷猎犯罪的现象发生。

## 263. 领鸺鹠

领鸺鹠是小型猛禽，体长14~16cm，体重40~64g。隶属于鸟纲、鸮形目、鸱鸮科。面盘不显著，没有耳羽簇。上体为灰褐色而具浅橙黄色的横斑，后颈有显著的浅黄色领斑，两侧各有一个黑斑。下体为白色，喉部有一个栗色的斑，两胁还有宽阔的棕褐色纵纹和横斑。虹膜鲜黄色，嘴和趾为黄绿色，爪角褐色。

领鸺鹠在我国分布于上海、江苏、浙江、安徽、江西、河南、湖北、湖南、广东、广西、海南、四川、贵州、云南、陕西、甘肃、台湾等地。栖息于山地森林和林缘灌丛地带，除繁殖期外都是单独活动。主要在白天活动。以昆虫和鼠类为食，也吃小鸟和其他小型动物。繁殖期为3~7月，但多数在4~5月产卵。通常营巢于树洞和天然洞穴中，也利用啄木鸟的巢。每窝产卵2~6枚，多为4枚。卵为白色，呈卵圆形，大小为（28~31）mm×（23~25）mm。

领鸺鹠被列为国家Ⅱ级重点保护野生动物。它在我国野外数量十分稀少，但也会有偷猎犯罪的现象发生。

## 264. 斑头鸺鹠

斑头鸺鹠为小型猛禽，体长20~26cm，体重150~260g。隶属于鸟纲、鸮形目、鸱鸮科。面盘不明显，没有耳羽簇。体羽为褐色，头部和全身的羽毛均具有细的白色横斑，腹部白色，下腹部和肛周具有宽阔的褐色纵纹，喉部还具有两个显著的白色斑。虹膜黄色，嘴黄绿色，基部较暗，蜡膜暗褐色，趾黄绿色，具刚毛状羽，爪近黑色。

斑头鸺鹠为留鸟，在我国分布于上海、江苏、浙江、安徽、福建、江西、山东、河南、湖北、湖南、广东、广西、海南、四川、贵州、云南、陕西、甘肃、西藏等地。栖息于平原、低山丘陵、中山地带的阔叶林、混交林、次生林和林缘灌丛。大多单独或成对活动。大多在白天活动和觅食，能像鹰一样在空中捕捉小鸟和大型昆虫，也在晚上活动。以蝗虫、甲虫、螳螂、蝉、蟋蟀、蚂蚁、蜻蜓、毛虫等各种昆虫和幼虫为食，也吃鼠类、小鸟、蚯蚓、蛙和蜥蜴等动物。繁殖期为3~6月。通常营巢于树洞或天然洞穴中。每窝产卵3~5枚，多数为4枚。卵的大小为36mm×30mm。

斑头鸺鹠被列为国家Ⅱ级重点保护野生动物。它在我国野外数量十分稀少，但也会有偷猎犯罪的现象发生。

## 265. 鹰鸮

鹰鸮又叫褐鹰鸮、酱色鹰鸮、青叶鸮、乌猫王、鹞形猫王等，是小型猛禽，体长22~32cm，体重212~230g。隶属于鸟纲、鸮形目、鸱鸮科。没有显著的面盘、翎领和耳羽簇。上体为暗棕褐色。前额为白色，肩部有白色斑，喉部和前颈为皮黄色而具有褐色的条纹。其余下体为白色，有水滴状的红褐色斑点，尾羽上具有黑色横斑和端斑。虹膜黄色，嘴灰黑色，嘴端黑褐色，跗跖被羽，趾裸出，为肉红色，具稀疏的浅黄色刚毛，爪黑色。

鹰鸮分布于我国除西北外的大部分地区。栖息于低山针阔叶混交林和阔叶林中，以及山脚平原地带的树林、林缘灌丛、果园以及农田地区的高大树上。白天大多在树冠层栖息，黄昏和晚上活动。以鼠类、小鸟和昆虫等为食。繁殖期为5~7月。通常营巢于大青杨、春榆等树木上的天然洞穴中，也利用鸳鸯和啄木鸟等利用过的树洞。巢内没有铺垫，或仅有树洞中腐朽的木屑。每窝产卵3枚。卵近球形，为乳白色，表面光滑无斑，大小为40mm×43mm，卵重22g。孵卵期25~26天。雏鸟为晚成性。

鹰鸮被列为国家Ⅱ级重点保护野生动物。它在我国野外数量十分稀少，但也会有偷猎犯罪的现象发生。

## 266. 横斑腹小鸮

横斑腹小鸮为小型猛禽，体长19~21cm，体重115g。隶属于鸟纲、鸮形目、鸱鸮科。面盘不明显，没有耳羽簇，皱领也不显著。跗跖和趾被羽。上体为灰褐色至棕褐色，具白色斑点，尤以头顶较为细密，眉纹和两眼之间为白色，后颈具不完整的白色翎领。下体为灰色，没有条纹，两胁具横斑，腹的中部为纯白色，没有斑。虹膜金黄色。嘴角绿色，嘴峰有时较暗，有时较黄，蜡膜绿色或绿褐色，脚黄绿色，铅绿色或暗黄色。

横斑腹小鸮分布于四川的宝兴和雅江等地。栖息于低山、丘陵、平原、农田和村寨附近的疏林及灌木林中，也出现于花园、果园和村镇的附近。以各种昆虫为食，也吃小鸟和小型哺乳动物，如鼠类、蝙蝠等。繁殖期为11月至翌年4月。通常营巢于树洞或废弃的建筑物上的墙洞中，也在河岸或岩壁洞中营巢。每窝产卵3~5枚。卵的大小为32mm×27mm。孵卵由雌鸟承担。

横斑腹小鸮被列为国家Ⅱ级重点保护野生动物。它在我国野外数量十分稀少，但也会有偷猎犯罪的现象发生。

## 267. 纵纹腹小鸮

图4.125　纵纹腹小鸮

纵纹腹小鸮又叫小鸮、东方小鸮、北方猫王鸟等，为小型猛禽，体长20~26cm，体重162~206g（图4.125）。隶属于鸟纲、鸮形目、鸱鸮科。面盘和领翎不明显，也没有耳簇羽。上体为沙褐色或灰褐色，并散布有白色的斑点。下体为棕白色而有褐色纵纹，腹部的中央到肛周以及覆腿羽均为白色，跗跖和趾则均被有棕白色羽毛。虹膜黄色，嘴黄绿色，爪黑褐色。

纵纹腹小鸮为留鸟，分布于我国大部分地区。栖息于低山丘陵、林缘灌丛和平原森林地带，也出现在农田、荒漠和村庄附近的树林中。主要在白天活动，常在大树顶端和电线杆上休息。以鼠类和鞘翅目昆虫为食，也吃小鸟、蜥蜴、蛙等小型动物。繁殖期为5~7月。通常营巢于悬崖的缝隙、岩洞、废弃建筑物的洞穴等处，有时也在树洞或自己挖掘的洞穴中营巢。每窝产卵2~8枚，通常为3~5枚。卵的颜色为白色，大小为（33~38）mm×（28~30）mm。孵卵由雌鸟承担。孵化期为28~29天。雏鸟为晚成性，需要亲鸟喂养45~50天才能飞翔。

纵纹腹小鸮被列为国家Ⅱ级重点保护野生动物。它在我国野外数量十分稀少，但也会有偷猎犯罪的现象发生。

## 268. 褐林鸮

褐林鸮又叫木鸮、森鸮、山崖等，是中型猛禽，体长46~51cm，体重710~1 000g（图4.126）。隶属于鸟纲、鸮形目、鸱鸮科。头部为圆形，没有耳簇羽，面盘显著，呈棕褐色或棕白色，眼圈为黑色，有白色或棕白色的眉纹。头顶为纯褐色、没有点斑或横斑。通体为栗褐色，在肩部、翅膀和尾上覆羽有白色的横斑。喉部为白色，其余下体为皮黄色，具细密的褐色横斑。虹膜暗褐色，嘴角褐色，尖端角黄色，趾橙黄色，爪角黄色，尖端较暗。

图4.126 褐林鸮

褐林鸮为留鸟，在我国分布于浙江、安徽、福建、江西、台湾、湖南、广东、广西、海南、四川、贵州、云南等地。栖息于茂密的山地森林。常单独或成对活动。白天大多蹲伏于树冠层浓密的树荫处。傍晚和夜间出来活动。以鼠类、小鸟等为食，也吃蜥蜴、蛙和雉鸡、竹鸡等较大的鸟类。繁殖期为3~5月，营巢于天然树洞和岩壁中的洞穴中。每窝通常产卵2枚，偶尔为1枚。卵的大小为（49~58）mm×（41~49）mm。

褐林鸮被列为国家Ⅱ级重点保护野生动物。它在我国野外数量十分稀少，但也会有偷猎犯罪的现象发生。

## 269. 乌林鸮

乌林鸮是中型猛禽，体长56~65cm，体重750~1 005g。隶属于鸟纲、鸮形目、鸱鸮科。头部较大，没有耳簇羽，面盘显著，呈圆形，颜色为灰色或灰白色，具一些呈波状的黑色同心圆圈，眼先、眼上和眼下白色，并连接一起形成显著的新月形斑。皱领羽毛特别密集，黑褐色而杂有白色横斑。上体为灰褐色，具白色横斑以及虫蠹状斑和褐色的羽干纹。飞羽为暗褐色，具浅褐色横斑。尾上的覆羽较短，具显著横斑。尾羽为灰褐色，具5道不明显的浅白色横斑和白色斑点。颏部为暗褐色，具少许白色斑点，喉部为黑色，两侧各有一块白斑。其余下体为污白色，有宽阔的褐色纵纹。跗跖和趾被羽，颜色为灰白色，具淡褐色横斑。尾下覆羽白色，被有稀疏的横斑。虹膜黄色，嘴黄色，爪黑色。

乌林鸮为留鸟，分布于我国内蒙古、吉林、黑龙江、陕西、新疆等地。栖息于原始针叶林和针阔叶混交林中。除繁殖期外，常单独活动。以啮齿动物为食，也吃小鸟和鸡类等中型鸟类。繁殖期为5~7月。通常营巢于树上。巢的形状为浅杯状，甚简陋，主要由枯枝构成，内垫少量松针和羽毛。每窝产卵3~5枚，多为4枚，卵白色或灰白色，卵圆形，大小为54mm×42mm，卵重为51g左右。孵化期30天。雏鸟为晚成性。

乌林鸮被列为国家Ⅱ级重点保护野生动物。它在我国野外数量十分稀少，但也会有偷猎犯罪的现象发生。

## 270. 灰林鸮

灰林鸮也有森鸮、木鸮之称，为中型猛禽（图 4.127）。体长 37~40cm，体重 322~485g。隶属于鸟纲、鸮形目、鸱鸮科。头部较圆，没有耳羽簇，面盘明显，呈橙棕色或黑褐色。头顶有大的橙棕色斑。上体黑褐色，具橙棕色横斑和斑点，尤以上背和肩部较为粗著，肩部有一道明显的茶黄白色斑。飞羽暗褐色，具浅棕白色横斑及灰褐色端斑。尾羽暗褐色，具 6 道棕色横斑和灰白色端斑。颏部及上喉棕栗色，具黑褐色中央斑；下喉纯白色，其余下体橙棕色，具黑褐色横斑和端斑，较为粗而疏，斜依纵纹或呈箭头状；腹中央浅棕黄色，两胁具白色小斑点。跗跖和趾均被羽，颜色为棕黄色，具浅褐色波状横斑。虹膜暗褐色，嘴角褐色，先端蜡黄色，爪角黄褐色。

图 4.127　灰林鸮

灰林鸮为留鸟，分布于我国北京、天津、河北、辽宁、吉林、山东、台湾、河南、湖北、广东、广西、四川、贵州、云南、西藏、陕西、甘肃等地。栖息于低山阔叶林和混交林中。常成对或单独活动。白天多躲藏在茂密的森林中。以姬鼠等啮齿动物为食，也吃小鸟、蛙、小型兽类和昆虫等，偶尔也在水中捕食鱼类。营巢于树洞中，有时也在岩石下面的地上营巢或利用鸦类的巢。每窝产卵 1~8 枚，通常为 2~4 枚，卵的大小为（46~49）mm×（39~42）mm。孵卵由雌鸟承担，孵化期为 28~30 天。雏鸟为晚成性，经过亲鸟 29~37 天的喂养才能飞翔。

灰林鸮被列为国家Ⅱ级重点保护野生动物。它在我国野外数量十分稀少，但也会有偷猎犯罪的现象发生。

## 271. 长尾林鸮

长尾林鸮又叫东方乌拉山鸮，为中型猛禽，体长 45~54cm，体重 452~842g。隶属于鸟纲、鸮形目、鸱鸮科。头部较圆，没有耳簇羽，面盘显著，为灰白色，具细的黑褐色羽干纹。皱领也很显著。体羽大多为浅灰色或灰褐色，有暗褐色条纹，下体的条纹特别延长，而且只有纵纹，没有横斑。尾羽较长，稍呈圆形，具显著的横斑和白色端斑。虹膜暗褐色，嘴黄色，爪角褐色。

长尾林鸮分布于我国内蒙古、黑龙江、北京、辽宁、吉林、河南、四川、青海、新疆等地。栖息于山地针叶林、针阔叶混交林和阔叶林中。除繁殖期成对活动外，通常单独活动。白天大多栖息在密林深处。以田鼠、棕背鼠、黑线姬鼠等为食，也吃昆虫、蛙、鸟、兔，以及松鸡科的一些大型鸟类。繁殖期为 4~6 月。通常营巢于树洞中，也在树根下的地面上或林中河岸的石崖上营巢。每窝产卵 2~6 枚。卵为白色，大小为（45~46）mm×（38~40）mm。孵卵由雌鸟承担，第一枚卵产出后即开始孵卵，孵化期为 27~28 天。雏鸟为晚成性，经过 30~35 天才能飞翔。

长尾林鸮被列为国家Ⅱ级重点保护野生动物。它在我国野外数量十分稀少，但也会有偷猎犯罪的现象发生。

## 272. 长耳鸮

长耳鸮俗称猫头鹰、夜猫子，是中型猛禽，体长 35~39cm，体重 208~326g（图 4.128）。隶属于鸟纲、鸮形目、鸱鸮科。虹膜浅黄色或橘黄色。耳羽簇发达。嘴暗铅色。颈部有完整的皱翎，白色并缀有黑褐色。上体的羽毛为棕黄色，密杂以粗大明显的黑褐色羽干纹，颏部白色，下体都是棕白色并具有粗大明显的黑褐色羽干纹，腹部以下的羽干纹两侧还具有树枝状的横枝。腿和脚上都密被有棕黄色的羽毛，爪暗铅色，尖端为黑色。

长耳鸮分布于我国大部分地区。栖息于针叶林、针阔混交林和阔叶林中，也出现于林缘疏林、农田防护林和城市公园的林地中。白天多躲藏在树林中，黄昏和夜晚上才开始活动。以鼠类为食，也吃一些小型鸟类、哺乳类和昆虫。繁殖期为4~6月。营巢于森林之中。每窝产卵3~8枚，通常为4~6枚。卵为白色，卵圆形，大小为43mm×33mm，卵重20g左右。孵化期为27~28天。

长耳鸮被列为国家Ⅱ级重点保护野生动物。它在我国野外数量十分稀少，但也会有偷猎犯罪的现象发生。

图4.128　长耳鸮

图4.129　短耳鸮

## 273. 短耳鸮

短耳鸮是中型猛禽，体长35~38cm，体重326~450g（图4.129）。隶属于鸟纲、鸮形目、鸱鸮科。耳羽簇较短，黑褐色，具棕色羽缘。面盘显著，眼周黑色，眼先及内侧眉斑白色，面盘余部棕黄色而杂以黑色羽干纹。皱领白色。上体为棕黄色，有黑色和皮黄色的斑点及条纹，下体为棕黄色，具黑色的羽干纹，但羽干纹不分支形成横斑。跗跖和趾被羽，为棕黄色。虹膜金黄色，嘴和爪黑色。

短耳鸮分布于我国大部分地区。栖息于低山、丘陵、苔原、荒漠、平原、沼泽、湖岸和草地等各类生境中。多在黄昏和晚上活动和猎食，但也常在白天活动。以鼠类为食，也吃小鸟、蜥蜴、昆虫等，偶尔也吃植物果实和种子。繁殖期为4~6月。通常营巢于沼泽附近的地面草丛中，也见在次生阔叶林内朽木洞中营巢。巢通常由枯草构成。每窝产卵3~8枚，偶尔多至10枚，甚至14枚，一般为4~6枚，卵白色，卵圆形，大小为（38~42）mm×（31~33）mm。雌鸟孵卵。孵化期为24~28天。雏鸟为晚成性，孵出后经过24~27天即可飞翔。

短耳鸮被列为国家Ⅱ级重点保护野生动物。它在我国野外数量十分稀少，但也会有偷猎犯罪的现象发生。

## 274. 鬼鸮

鬼鸮是小型猛禽，体长23~26cm，体重90~195g。隶属于鸟纲、鸮形目、鸱鸮科。头大，面盘显著，白色，眼先和眉纹也是白色，眼前有一小块黑斑。没有耳羽簇。上体为朱古力褐色到灰褐色。头顶密杂以白色斑点，背部和肩部有大形白斑。下体为白色，有褐色斑纹。飞羽和尾羽为暗褐色，也具有白色的斑点或横斑。嘴和眼黄色。跗跖和趾被羽。虹膜黄色，嘴淡黄色，爪角黄色，先端黑色。

鬼鸮为留鸟，分布于我国内蒙古、黑龙江、四川、陕西、甘肃、青海、新疆等地。栖息于针叶林和针阔叶混交林中。夜行性，白天常栖于树冠层枝叶茂密处或树洞中。大多单独活动。以鼠类为食。也食昆虫、小鸟和蛙类等。繁殖期为4~7月。通常营巢于天然树洞中，也利用啄木鸟的旧巢。每窝产卵通常为3~6枚，偶尔多至7~10枚。卵为白色，表面光滑无斑。卵的大小为32mm×26mm。雌鸟孵卵，孵化期25~27天。雏鸟晚成性，乞食时能发出粗哑的爆破音叫声。经过25~36天才能飞翔。

鬼鸮被列为国家Ⅱ级重点保护野生动物。它在我国野外数量十分稀少，但也会有偷猎犯罪的现象发生。

## 275. 普通夜鹰

普通夜鹰是我国常见的攀禽。体长26~28cm。隶属于鸟纲、夜鹰目、夜鹰科。上体主要为灰褐色，密杂以黑褐色和灰白色斑纹。喉部有白色斑。胸部灰白色，密杂以黑褐色横斑，腹部棕黄色，密杂以黑褐色横斑。尾羽上有黑色和白色横斑。嘴黑色。脚褐色。

普通夜鹰分布于我国东北、华北、华东、华中、华南和西南地区。栖息于山地、平原森林和灌丛中。以天牛、蛾、甲虫等昆虫为食。繁殖期为5~8月。营巢于林中地面上。每窝产卵2枚。孵化期为16~17天。

普通夜鹰被列入“三有”名单，但也有偷猎犯罪的现象发生。

## 276. 凤头雨燕

凤头雨燕是我国珍稀小型鸟类。体长21~25cm。隶属于鸟纲、雨燕目、凤头雨燕科。头顶、冠羽和上体主要为蓝灰色，翅膀、尾羽有绿色金属光泽。颊部、颏部、喉部两侧栗色。喉部中央、胸部淡蓝灰色，腹部白色。虹膜棕褐色。嘴黑色。跗跖和趾肉色或肉褐色。

凤头雨燕分布于中国云南南部等地。栖息于林缘和昊园、公园等地的树林中。以飞行昆虫为食。繁殖期为3~6月。营巢于树上。每窝产卵1枚。

凤头雨燕被列为国家Ⅱ级重点保护野生动物。它在我国野外数量十分稀少，但也会有偷猎犯罪的现象发生。

## 277. 灰喉针尾雨燕

灰喉针尾雨燕是小型鸟类，体长18~19cm，体重95g左右。隶属于雨燕目、雨燕科、针尾雨燕属。额部、头顶、头侧、后颈、翅膀、尾上覆羽和尾羽为黑色而具蓝色的金属光泽，枕部缀有烟灰色。肩部、背部和腰部为褐灰色，在背部形成一个不明显的马鞍形灰褐色斑。翅膀狭长。初级飞羽和次级飞羽的内翈为淡褐色，三级飞羽的内翈为白色，在飞翔时呈现为明显的长椭圆形翼斑。颏部、喉部为烟灰色，前颈、胸部、腹部、两胁、腋羽和翼下覆羽均为暗褐色，肛周和尾下覆羽为白色。虹膜暗褐色，嘴黑色，跗跖和趾为红褐色，爪黄褐色而透明。尾羽羽轴末端延长呈针状。

灰喉针尾雨燕在我国仅分布于海南乐东等地，为夏候鸟。栖息于海岸、海岛和山地森林地带。常在开阔地区和森林的上空飞翔。飞行的速度很快。主要在空中捕捉飞行性昆虫为食。繁殖期为2~3月。营巢于岩石洞穴和树洞中。巢由苔藓构成，并用涎液将其紧紧地黏结在一起。每窝产卵3枚。卵的大小为28mm×21mm。

灰喉针尾雨燕被列为国家Ⅱ级重点保护野生动物。它在我国野外数量十分稀少，但也会有偷猎犯罪的现象发生。

## 278. 吸蜜蜂鸟

吸蜜蜂鸟是世界上最小的鸟类。体长6cm。隶属于鸟纲、雨燕目、蜂鸟科。雄鸟头顶、喉部闪耀紫红色金属光泽。体羽主要为绿色，飞羽褐色。腹部白色，带有绿色。雌鸟头顶、上体闪耀绿色和蓝色的金属光泽。飞羽褐色。腹部白色。嘴黑色，长而细。

吸蜜蜂鸟分布于古巴。栖息于热带林地中。以花蜜为食。营巢于树枝上或灌丛上。每窝产卵2枚。

## 279. 橙胸咬鹃

橙胸咬鹃是一种中型的鸟类，体长280~310cm。隶属于咬鹃目、咬鹃科、咬鹃属。雄鸟的头部和颈部都是橄榄黄色，眼睛的周围裸露出青蓝色的皮肤，眼睛里有暗褐色的虹膜。短阔而粗厚的嘴为黑褐色，尖端微微向下钩曲，边缘上有一些不太明显的锯齿，下嘴的基部还生有发达的嘴须。背部为栗色，翅上的覆羽具有细窄而密集的黑色与白色相间的斑纹，颏部、喉部和前颈等处都是橄榄黄色，下胸部呈深橙红色，其余的下体都是橙黄色，只有腋部的羽毛为白色。尾部共有12枚尾羽，色彩搭配非常复杂，别具一格。其中一对中央尾羽为栗色，但尖端为黑色，呈平截状，三对外侧的尾羽基部为黑色，端部为白色，邻近的其余两对尾羽则全部是黑色。腿和脚趾都是铅灰色，爪为角色，脚趾两前、两后，但却是三、四趾在前，一、二趾在后，所以称为异趾型，趾的基部有部分合并，适于攀缘。雌鸟的头顶与后颈为暗橄榄褐色，向后转为棕褐色，翅上覆羽的横斑不为白色而为棕色，颏部、喉部和前颈等为灰橄榄色，其余的下体都是鲜黄色，下胸部的色泽更为浓著而呈橙黄色。

橙胸咬鹃是留鸟，在我国仅见于云南南部。栖息于海拔600~1 500m的低山常绿阔叶林中，也出现于小块丛林、竹林和疏林中，常常单个或成对活动。食物主要是蝗虫、螳螂、蛾类、蝶类、蜂类等各种昆虫以及它们的幼虫，有时也吃蜗牛等小型无脊椎动物和植物的果实、浆果与种子等。繁殖期为3~5月，营巢于天然的树洞之中，或者在残存的树干上自己掘洞筑巢。每窝产卵2~4枚，卵的颜色为淡咖啡色，形状为圆形，大小约为26mm×21mm。孵化期为17~19天，由雄鸟和雌鸟轮流孵卵，雏鸟为晚成性。

橙胸咬鹃被列为国家Ⅱ级重点保护野生动物。它在我国野外数量十分稀少，但也会有偷猎犯罪的现象发生。

## 280. 双角犀鸟

双角犀鸟是嘴形巨大的鸟类。体长120~130cm（图4.130）。隶属于鸟纲、佛法僧目、犀鸟科。头上有较大的嘴和盔突，盔突的上面微凹，前缘形成两个角状突起。颊、颏和喉为黑色。后头、颈部为白色，上体主要为黑色，翅上有白斑。腹部为白色。尾羽为白色，有黑色的带状斑。

图4.130 双角犀鸟

双角犀鸟分布于我国云南南部和西南部。栖息于低山和山脚平原常绿阔叶林，尤其喜欢靠近湍急溪流的林中沟谷地带。飞翔时速度不快，也能在地面上行走。以热带植物的果实和种子为食，也吃大的昆虫、爬行类、鼠类等动物性食物。繁殖期为3~6月。筑巢于森林中的高大乔木上的天然树洞中。每窝产卵2枚。孵化期大约为31天。雌鸟在孵卵期间将洞口用泥封闭，仅留一个小孔由雄鸟来供应食物。雏鸟出壳后需要由亲鸟精心饲喂，长大后由雌鸟将洞口的封闭物啄破，一起飞出来。整个育雏期间的食物，全由雄鸟供给。

双角犀鸟被列为国家Ⅱ级重点保护野生动物。它在我国野外数量十分稀少，但也会有偷猎犯罪的现象发生。

## 281. 白喉犀鸟

白喉犀鸟也叫白喉小盔犀鸟，是大型鸟类，体长68cm左右。隶属于鸟纲、佛法僧目、犀鸟科。嘴粗大而笨重，具小的盔突，雄鸟嘴的颜色为黄色，雌鸟嘴的颜色为暗褐色。前额、头顶、枕部为灰褐色，具棕色的羽缘和白色羽轴纹；前额较白，枕部的冠纹为橄榄灰色，具白色纵纹；背部、肩部、腰部和尾上覆羽以及翅膀为暗褐色，尾上覆羽的尖端为棕色，中央尾羽与背部的颜色相同，具有窄的白色尖端，外侧尾羽为黑色，具有铜绿色的光泽和白色尖端。飞羽为黑色，初级飞羽具绿色光泽，内侧的初级飞羽的外翈的中部为皮黄色，在翅膀上形成皮黄色斑。颏部、喉部和颈侧为白色，其余下体为暗桂皮色。虹膜暗褐色，眼周裸露的皮肤为蓝色或淡黄色。脚和趾为黑褐色或角绿色。

白喉犀鸟在我国仅分布于云南西双版纳。留鸟，主要栖息于海拔 1 000m 以下的山脚和平原地带的常绿阔叶林中，有时也出现于竹林中。常成群活动。飞行的速度较为缓慢。主要以植物果实、种子和嫩芽等植物性食物为食，也吃昆虫、树蛙等动物性食物。繁殖期为 5~6 月。营巢于粗大树木的天然树洞中。每窝产卵通常 3~4 枚，偶尔少至 2 枚和多至 5 枚。卵白色，大小为（46~57）mm×（33~35）mm。由雌鸟孵卵。

白喉（小盔）犀鸟被列为国家Ⅱ级重点保护野生动物。它在我国野外数量十分稀少，但也会有偷猎犯罪的现象发生。

## 282. 棕颈犀鸟

棕颈犀鸟也叫棕颈无盔犀鸟，是大型鸟类。体长 112~122cm。隶属于鸟纲、佛法僧目、犀鸟科。嘴形巨大而向下弯曲，没有盔突。雄鸟的上嘴为黄白色，靠近基部的两侧有大约 5 道横行的黑色雕纹，下嘴的基部为橄榄色，端部为乳白色。眼周裸露的皮肤为亮蓝色，嘴基的皮肤为紫蓝色，其后有一个大的肉色斑。喉部的裸露部分为亮红色，基部为青蓝色。头上具有像头发一样的羽冠，羽冠和整个头部，以及颈部和胸部均为橙棕色，腹部和其余下体逐渐变为栗色。背部和翅膀为黑色，具有绿色光泽，初级飞羽的尖端为白色。尾羽基部的一半为黑色，端部一半为白色。雌鸟的头部、颈部和下体为黑色。脸部裸露的皮肤为淡蓝色，嘴基裸露的皮肤为深蓝色。嘴较雄鸟的嘴为小，嘴上的雕纹也比较少，其余和雄鸟基本相似。虹膜为血红色，脚和趾为褐色或绿黑色。

棕颈犀鸟在我国分布于云南南部西双版纳和西藏东南部的墨脱等地。留鸟，主要栖息于海拔 1 500m以下的低山和山脚平原的常绿阔叶林中。通常成对活动。主要以植物果实和种子为食。繁殖期为 4~6 月。通常营巢于常绿阔叶林中的天然树洞中。每窝产卵 1~2 枚。卵白色，大小为（54~68）mm×（40~47）mm。由雌鸟孵卵。

棕颈（无盔）犀鸟被列为国家Ⅱ级重点保护野生动物。它在我国野外数量十分稀少，但也会有偷猎犯罪的现象发生。

## 283. 冠斑犀鸟

冠斑犀鸟是大型鸟类。体长 74~78cm（图 4.131）。隶属于鸟纲、佛法僧目、犀鸟科。嘴上具有大的单峰盔突，颜色为蜡黄色或象牙白色。盔突背面由基部到先端有一块显著的黑色斑，盔突的两侧也各有一块黑色斑，从中部斜向喙的先端。头部、颈部、背部、包括两翅和尾羽为黑色。头部、背部和两翅具有绿色的金属光泽，翅膀的边缘为白色并杂有黑色。翅膀上有显著的白色翅斑。外侧尾羽上具有宽阔的白色端斑。颏部、喉部、上胸部和腋羽为黑色，其余下体为白色。跗跖和趾铅黑色。

图 4.131　冠斑犀鸟

冠斑犀鸟为留鸟，分布于我国云南西南部和南部、广西等地。栖息于低山和山脚常绿阔叶林中。成群活动。多在树上栖息，有时也到地面上觅食。以榕树等植物的果实和种子为食，也吃蜗牛、蠕虫、昆虫、鼠类和蛇等。繁殖期为 4~6 月。营巢于悬崖绝壁上的石洞、石缝或者树洞的底部，巢中铺垫有松树叶、杂草、羽毛等。每窝产卵 2~3 枚。卵的大小为（47~54）mm×（33~38）mm。由雌鸟在洞口封闭的巢中孵卵。

冠斑犀鸟被列为国家Ⅱ级重点保护野生动物。它在我国野外数量十分稀少，但也会有偷猎犯罪的现象发生。

## 284. 蓝耳翠鸟

蓝耳翠鸟为小型鸟类，体长15cm左右。隶属于佛法僧目、翠鸟科。雄鸟的前额、头顶、枕部为紫蓝色，密被黑色横斑。眼先为皮黄色，耳覆羽和头侧紫蓝色。上背、腰部和尾上覆羽亮钴蓝色，其中尾上覆羽较暗，尾羽短圆，为暗蓝色或黑色而缀以蓝色。肩部和翅上覆羽为暗蓝色，翅上覆羽还具有钴蓝色的斑点。飞羽为黑色。次级飞羽具有紫蓝色羽缘，最内侧次级飞羽几乎全部为紫蓝色，内翈的边缘为棕色，颈部的两侧各有一个长椭圆形的白色或皮黄白色斑。颏部和喉部为白色或皮黄白色，其余下体为栗色或暗红棕色。雌鸟的羽色和雄鸟相似，但嘴基的红色范围较大。虹膜暗褐色，嘴黑色，脚亮红色。

蓝耳翠鸟在我国仅分布于云南南部的西双版纳。留鸟，主要栖息于海拔1 500m以下的常绿阔叶林中河流岸边，尤其是森林茂密而水生动物丰富的林中溪流地带。常单独活动。喜欢栖息于岸边低树枝上。主要以小鱼、虾、水生昆虫和软体动物等为食。繁殖期为4~8月。营巢于林中河流岸边的石崖上。自己掘洞筑巢。每窝产卵6~8枚。卵的大小为（20~22）mm×（15~18）mm。雄鸟和雌鸟轮流孵卵。

蓝耳翠鸟被列为国家Ⅱ级重点保护野生动物。它在我国野外数量十分稀少，但也会有偷猎犯罪的现象发生。

## 285. 鹳嘴翡翠

鹳嘴翡翠是中型鸟类，体长35~37cm。隶属于翠鸟科。嘴形巨大，粗长而尖，形状好像鹤的嘴，呈红色。额部、头顶、枕部为灰褐色，后颈有一个宽阔的赭黄褐色领环。背部为天蓝色，腰部、尾上覆羽和尾羽为蓝色。上背、肩部和翅膀的表面为深铁蓝色，上背微缀绿色。初级飞羽黑色，羽缘的颜色较淡，次级飞羽为暗蓝色。颏部、喉部、胸部、腹部、翅下覆羽和腋羽等整个下体均为赭黄褐色，其中颏部和喉部的颜色较淡。虹膜褐色，脚红色。

鹳嘴翡翠在我国仅分布于云南南部勐腊。留鸟，主要栖息于海拔1 200m以下的常绿阔叶林中溪流与河谷岸边。多单独活动。主要以鱼、虾、甲壳类和水生昆虫为食，也吃蜥蜴、鼠类、蛙、蛇、蝗虫和蚂蚱等小型无脊椎和脊椎动物。繁殖期为3~6月。营巢于河岸上的岩洞中，自己掘洞营巢，巢洞呈隧道状，洞的末端扩大为巢穴，有时也在河边的树洞中营巢。每窝产卵3~5枚，但大多为4~5枚。卵的大小为（34~38）mm×（30~32）mm。雄鸟和雌鸟轮流孵卵。雏鸟为晚成性。

鹳嘴翡翠被列为国家Ⅱ级重点保护野生动物。它在我国野外数量十分稀少，但也会有偷猎犯罪的现象发生。

## 286. 黑胸蜂虎

黑胸蜂虎又叫栗头蜂虎，是小型鸟类，体长20~21cm，体重25~26g。隶属于佛法僧目、蜂虎科。前额的基部有一条细的黑线延伸到两侧，然后变粗，并且沿着眼先经过眼睛和眼下到耳覆羽。前额、头顶、枕部、后颈和上背为栗色，肩部暗绿色，下背、腰部和尾上覆羽为淡蓝色，尾上覆羽呈暗绿色。尾羽为绿色，外侧尾羽的羽缘和尖端缀有黑色。中央尾羽不延长，尾羽呈深叉状。初级飞羽和外侧的次级飞羽的尖端为黑色，其余的翅膀表面为暗绿色。飞羽内翈的基部富有棕色，在翅膀的下面形成一个大的斑块。颏部、喉部、前颈和颈侧为淡黄色，到上胸部变为淡栗棕色，其后有一个黑色和黄色的横带，胸部以下为浅绿色，尾下覆羽为蓝绿色。虹膜为朱红色，嘴为黑色，脚为暗褐色或石板黑色。

黑胸蜂虎在我国仅分布于云南南部、西部和东部。栖息于林缘、稀树草坡等开阔地方，常成群活动。群体由10余只到近百只个体组成。多在空中飞行和捕食。主要以各种昆虫为食。繁殖期为4~6

月。通常营巢于林中河岸的土崖上，成对繁殖。自己掘洞为巢，巢为隧道状，直径为 5～8cm。每窝产卵 5～6 枚，白色，卵圆形，大小为（20～23）mm×（18～20）mm。由雄鸟和雌鸟轮流孵化。雏鸟为晚成性。

黑胸蜂虎被列为国家Ⅱ级重点保护野生动物。它在我国野外数量十分稀少，但也会有偷猎犯罪的现象发生。

## 287. 绿喉蜂虎

绿喉蜂虎是小型鸟类，体长为 18～24cm，体重 15～22g。嘴细长而向下弯曲，为黑色。额部、头顶至上背为锈红色，其余上体均为亮绿色。贯眼纹为黑色，其下为青蓝色。尾羽为铜绿色，中央尾羽延长，向外突出大约 50mm，颜色为黑色。颏部为淡蓝色，上胸部具有一条黑色横带，其余下体为草绿色，有时腹部和两胁沾有蓝色，腋羽和翼下覆羽为棕色。虹膜朱红色；脚淡褐色，爪角黑色。

绿喉蜂虎在我国分布于云南西南部、中部和南部。留鸟，主要栖息于林缘疏林、竹林、稀树草坡等开阔地区，也出现于城镇公园和果园，常单个或成小群活动。大多在空中飞翔捕食。主要以昆虫为食，特别是膜翅目等飞行性昆虫，偶尔也吃蝗虫、蚱蜢等。繁殖期为 4～6 月。通常营巢于林缘路旁岩坡上或河谷岸边上崖上。自己掘洞为巢，每窝产卵 4～7 枚。卵白色，形状为卵球形或球形，大小为（18～21）mm×（16～18）mm。雄鸟和雌鸟轮流孵卵。雏鸟为晚成性。

绿喉蜂虎被列为国家Ⅱ级重点保护野生动物。它在我国野外数量十分稀少，但也会有偷猎犯罪的现象发生。

## 288. 三宝鸟

三宝鸟也叫佛法僧、老鸹翠、宽嘴转鸟。体长 26～29cm，体重 107～194g。隶属于佛法僧目、佛法僧科、三宝鸟属。雄鸟头形大，头顶低平。头和颈均黑褐色；体羽主要为蓝绿色，飞羽和初级覆羽为黑褐色，飞羽基部具淡蓝色斑。雌鸟羽色与雄鸟相似，但上体绿色较暗。虹膜黑褐至赤褐色。嘴朱红色，上嘴先端黑色；嘴基特形宽阔。脚朱红色，爪黑色。

三宝鸟分布于我国大部分地区。栖息于针阔叶混交林、阔叶林林缘路边及河谷两岸高大的乔木上。单独或成对栖息。飞行姿势颠簸不定，时而急驱直上，时而急转直下。叫声单调而粗犷。以金龟子、叩头虫、金花虫、天牛等昆虫为食。繁殖期为 5～8 月。营巢于高大树上的天然洞穴中。每窝产卵 3～4 枚。

三宝鸟被列入“三有”名单，但也有偷猎犯罪的现象发生。三宝鸟在我国是传统的笼养鸟类，因此从前有大量的野鸟被捕捉，在鸟市上贩卖，在这个过程中有很多个体因各种原因死亡，现在这样的违法行为仍然没有杜绝。

## 289. 蓝翡翠

蓝翡翠也叫秦椒嘴、喜鹊翠、黑顶翠鸟、黑帽鱼狗等。体长 26～31cm，体重 64～115g。隶属于佛法僧目、佛法僧科、翡翠属。额、头顶、头侧和枕部黑色，后颈白色，向两侧延伸与喉胸部白色相连，形成一道宽阔的白色领环。眼下有一个白斑。上体紫蓝色。翅上有一个大块黑斑。其余下体棕黄色。虹膜暗褐色。嘴珊瑚红色，脚红色。

蓝翡翠分布于我国大部分地区。栖息于林中溪流，以及山脚与平原地带的河流、水塘和沼泽地带。常单独活动。多站于水域岸边电线杆上或树的枝杈上，有时也站于岸上或岸边石头上。注视水面，伺机猎食。以小鱼、虾、蟹和水主昆虫等水栖动物为食。也吃蛙和昆虫等。繁殖期为 5～7 月。营巢于水域岸边上岩岩壁上。自己掘洞为巢。每窝产卵 4～6 枚。

蓝翡翠被列入“三有”名单，但也有偷猎犯罪的现象发生。蓝翡翠在我国是传统的笼养鸟类，因此从前有大量的野鸟被捕捉，在鸟市上贩卖，在这个过程中有很多个体因各种原因死亡，现在这样的违法行为仍然没有杜绝。

## 290. 白胸翡翠

白胸翡翠也叫白胸鱼狗、翠毛鸟、鱼虎、翠碧鸟。体长27~30cm，体重54~100g。隶属于佛法僧目、佛法僧科、翡翠属。头部、后颈深栗色。上体主要为蓝色。翅膀上有栗色斑。飞羽黑色。颏部、喉部和胸部白色。腹部深栗色。虹膜暗褐色。嘴红色。脚红色。

白胸翡翠分布于我国西南部和南部。栖息于平原和丘陵的林地、岸边、沼泽等地带。单独活动。以昆虫、鱼、蛙和鼠等为食。繁殖期为3~6月。营巢于岩壁上的洞穴中。每窝产卵4~8枚。

白胸翡翠在我国是传统的笼养鸟类，因此从前有大量的野鸟被捕捉，在鸟市上贩卖，在这个过程中有很多个体因各种原因死亡，现在这样的违法行为仍然没有杜绝。

## 291. 普通翠鸟

普通翠鸟是我国常见的翠鸟（图4.132）。体长15~42cm。隶属于鸟纲、佛法僧目、翠鸟科。前额、头顶和后颈黑绿色，密被蓝色细斑纹。眼睛周围棕红色。耳后有白色斑。上体主要为翠蓝色。翅膀暗蓝色，飞羽黑褐色。颏部、喉部白色。胸部灰棕色。腹部红棕色。嘴黑色。脚红色。

图4.132　普通翠鸟

普通翠鸟分布于我国大部分地区。栖息于林中溪流、山脚平原的河流、水塘和沼泽等地带。单独活动。以鱼、虾等动物为食。繁殖期为5~8月。营巢于水边土壁或岩壁上的洞穴中。每窝产卵5~7枚。孵化期为19~21天。

普通翠鸟被列入“三有”名单，但也有偷猎犯罪的现象发生。

## 292. 戴胜

图4.133　戴胜

戴胜是我国常见的鸟类。体长25~32cm（图4.133）。隶属于鸟纲、佛法僧目、戴胜科。头上具长的扇形状的羽冠。翅膀宽圆，具粗著的黑白相间横斑。上背为棕色。下背黑色而杂有淡棕白色宽阔横斑。腰白色。尾羽为黑色，中部具1个白色横斑。胸部为棕色。腹白色而杂有褐色纵纹。嘴细长而向下弯曲，黑色。脚褐色。

戴胜分布于我国大部分地区。栖息于山地、平原、森林、林缘、路边、河谷、农田、草地、村庄和果园等环境。单独或成对活动。常在地面上慢步行走。鸣声粗壮而低沉。以昆虫为食，也吃蠕虫等动物。繁殖期4~6月。营巢于林缘或林中道路两边天然树洞中。每窝产卵6~8枚。孵化期18天。

戴胜被列入“三有”名单，但也有偷猎的现象发生。戴胜在我国是传统的笼养鸟类，因此从前有大量的野鸟被捕捉，在鸟市上贩卖，在这个过程中有很多个体因各种原因死亡，现在这样的违法行为仍然没有杜绝。

## 293. 鞭笞巨嘴鸟

鞭笞巨嘴鸟是嘴形巨大的攀禽（图4.134）。体长60cm。隶属于鸟纲、鴷形目、巨嘴鸟科。体羽主要为黑色。头侧、喉部和上胸部白色渐变为淡黄色。尾上的覆羽为白色，尾下的覆羽为红色。虹膜暗褐色。嘴为橙黄色，基部和端部有黑斑。腿、脚绿蓝色。

鞭笞巨嘴鸟分布于圭亚那、巴西、巴拉圭、玻利维亚和阿根廷北部等地。栖息于森林中。以树木果实等为食。营巢于树洞中。

图 4.134 鞭笞巨嘴鸟

图 4.135 大斑啄木鸟

## 294. 大斑啄木鸟

大斑啄木鸟是我国最常见的啄木鸟（图 4.135）。体长 20~24cm。隶属于鸟纲、䴕形目、啄木鸟科。额部棕白色。头顶黑色而具蓝色光泽。枕部具 1 块红色斑和 1 条窄的黑色横带，下面有 1 个白色领圈。背部为黑色。两翅黑色，有圆形大白斑。中央尾羽黑褐色，外侧尾羽白色并具黑色横斑。下体白色，有红色斑。嘴蓝黑色。脚褐色。

大斑啄木鸟分布于我国大部分地区。栖息于山地和平原针叶林、针阔叶混交林和阔叶林中。单独或成对活动。在树干和粗枝上觅食。飞翔时呈大波浪式前进。以甲虫、蝗虫、吉丁虫等昆虫为食，也吃蜗牛、蜘蛛等动物以及橡实、松子、稠李和草籽等植物性食物。繁殖期为 4~5 月。营巢于树洞中。每窝产卵 3~8 枚。孵化期为 13~16 天。

大斑啄木鸟被列入“三有”名单，但也有偷猎犯罪的现象发生。

## 295. 星头啄木鸟

星头啄木鸟也叫一点红、北啄木鸟、小䴕、红星啄木鸟等。在分类学上隶属于䴕形目、啄木鸟科、啄木鸟属。体长 14~18cm，体重 20~30g。嘴强直如凿。舌细长，能伸缩自如，先端列生短钩。通体呈黑白相杂状，下体布满条纹。雄鸟头的两侧具有狭小的红色纵纹，犹如火花一般。中央两对尾羽纯黑，第 3 对亦黑，羽端缀以棕白色。尾羽的羽干刚硬如棘，能以其尖端撑在树干上，帮助支撑体重并攀木。雌鸟与雄鸟羽色相似，但后头无一对红纹。虹膜红色，脚暗红褐色。足具 4 趾，其中 2 趾向前，2 趾向后，各趾均具有锐爪。

星头啄木鸟分布于我国东北、华北、华东、华中、华南和西南地区。栖息于山地和平原的园圃、树丛及森林间。善于攀登树木，一边在树干上面攀登，一边以喙叩树，笃笃作声。飞行迅速，呈波状。常成对地在树林间飞翔觅食。主要以甲虫、毛虫等为食，也吃杂草种子等植物性食物。营巢于树洞里。每窝产卵 4 枚。

星头啄木鸟被列入“三有”名单，但也有偷猎犯罪的现象发生。

## 296. 白腹黑啄木鸟

白腹黑啄木鸟属于中型的鸟类，体长约为 46cm。前额、头顶、枕部为红色，头顶和枕部的羽毛伸长，形成一个长长的红色羽冠，颚纹也是红色，其余头、颈、胸和上体均为黑色，腰部和腹部白色，背、肩和翅上覆羽具还有铜绿色的光泽，颏、喉、前颈和颈侧具有白色的条纹，飞翔时白色的腋羽和翅下覆羽也明显可见。雌鸟与雄鸟的羽色相似，但头顶不是红色，而是黑色，也没有红色的颚纹。

白腹黑啄木鸟在我国分布于四川西南部、云南西部等山地。主要栖息于海拔 1 525~3 050m 的森林之中，常单独活动或成对活动，偶尔也能见到小的群体。繁殖期为 4~6 月，营巢于树洞中，洞巢多选择在高大的死树和枯立木上，而不在活的树木上凿洞。每个洞巢都是由雄鸟和雌鸟自己啄成，洞口距地高度多在 4~15m。每窝产卵 2~4 枚，卵为白色，大小约为 35mm×25mm。由雄鸟和雌鸟轮流孵卵，雏鸟为晚成性。

白腹黑啄木鸟被列为国家Ⅱ级重点保护野生动物。它在我国野外数量十分稀少，但也会有偷猎犯罪的现象发生。

## 297. 银胸丝冠鸟

银胸丝冠鸟又叫海南宽嘴，雄鸟体长 15~18cm，体重 23~39g。它的形态和羽色与八色鸫类有所不同。虹膜为暗褐色；嘴扁阔，呈亮蓝色，嘴峰、下嘴脊部和嘴缘较浅淡；嘴基部及眼周裸露皮肤橙色或绿黄色；跗跖蓝绿色、爪蓝色。前额为淡蓝灰色，额基部近白色；头顶至颈及脸部为灰棕色；眼先为丝绒黑色，并且与宽阔的黑色眉纹相连，伸达后枕两侧；上背及肩羽为烟灰色，稍沾蓝色和锈色；下背为灰棕红色，腰部及尾上覆羽转为深棕栗红色。两翅的翼缘白色，翼角羽缘缀浅灰蓝色，覆羽和羽端均为亮黑色，翅膀表面具有显著的亮蓝色和白色翼镜。尾羽黑色，中央两对纯黑，第三对内翈近端部多少沾一些白色，其余尾羽均具宽阔的白色端斑，呈凸尾型。下体为淡银灰白色，腹部中央较浅淡，有的微染葡萄红色；尾下覆羽纯白。雌鸟通体羽色与雄鸟相似，唯有颈侧至上胸部各羽具亮银白色端斑，形成项圈状。

银胸丝冠鸟在我国分布于海南、广西、云南等地。栖息于海拔 90~1 400m 热带、亚热带地区平坝和丘陵各种类型的树林中，林缘溪流边的灌丛和小树上，田坝区的榕树和村寨边的小树上，亦见于竹林等。大多结成数只至十数只的小群。它是杂食性的鸟类，主要以昆虫为食，也吃果实、浆果、种子、其他植物性食物和一些小动物，其中有甲虫、椿象、蜘蛛、小螺、蝗虫、象甲、金龟甲、叶甲和天牛等。营巢于矮树或灌丛间，巢由杂草、嫩枝、细茎等组成，内垫更细的杂草、竹叶及树叶等。每窝产卵 4~5 枚，卵近白色，疏杂以红褐色斑点，钝端尤多。

银胸丝冠鸟被列为国家Ⅱ级重点保护野生动物。它在我国野外数量十分稀少，但也会有偷猎犯罪的现象发生。

## 298. 长尾阔嘴鸟

长尾阔嘴鸟体长 20~28cm，体重 47~79g（图 4.136）。虹膜褐色或红褐色；嘴黄绿色；跗跖和脚趾橄榄绿色。嘴形宽阔而平扁。头部及耳语为亮黑色，顶部中央有一个亮蓝色斑块，稍沾紫色或淡黄白色，闪耀宝石光泽；后枕两侧各具一块鲜黄斑。前额基线至眼先、喉部及颈侧均为亮黄色。两翅基部亮蓝色，形成显著的翼镜，其余为暗蓝色和绿色，近基部具白色翼斑。上体为亮草绿色；下体淡绿色，多少渲染淡蓝色。尾羽表面为亮蓝色。

图 4.136　长尾阔嘴鸟

长尾阔嘴鸟分布于中国西南地区。栖息于热带常绿阔叶林中。结群活动。多静栖于林下阴湿处的灌木或小树上，不善鸣叫和跳跃。以昆虫和其他节肢动物等为食，也吃小型脊椎动物和果实。筑巢于沟谷热带雨林中、溪流边的灌丛和矮树上。巢由山茅草、草根和藤蔓编织而成，巢为梨状，系于枝条上，单个垂吊在水面。每窝产卵 4~5 枚，白色，无斑点。

长尾阔嘴鸟被列为国家Ⅱ级重点保护野生动物。它在我国野外数量十分稀少，但也会有偷猎犯罪的现象发生。

## 299. 蓝翅八色鸫（dōng）

蓝翅八色鸫也叫印度比它、八色鸫等。体长17~20cm，体重48~70g。隶属于雀形目、八色鸫科、八色鸫属。前额、头顶深栗褐色，中央有黑色的冠纹。眉纹淡茶黄色。颊部黑色。上体主要为绿色，腰部蓝色。飞羽黑色，有白色斑。喉部白色。下体主要为淡茶黄色。腹部中央红色。虹膜褐色。嘴黑色。跗跖和趾淡黄褐色。

蓝翅八色鸫分布于我国华北、华东、华中和华南地区。栖息于常绿阔叶林中。性情胆怯。不善于飞行，但在地上行走敏捷，多活动于竹林或落叶林中，在地面觅食。以各种昆虫、蚯蚓、蜗牛等为食。巢常筑在灌木丛或森林的低矮树杈间。

蓝翅八色鸫被列为国家Ⅱ级重点保护野生动物。它在我国野外数量十分稀少，但也会有偷猎犯罪的现象发生。

## 300. 蓝枕八色鸫

蓝枕八色鸫的体长为22~23cm，虹膜为淡褐色或暗褐色，眼睑呈暗肉红色；嘴峰为角褐色；跗跖为肉红色。体色的艳丽程度要比蓝翅八色鸫逊色一些，雄鸟的头部为茶黄色，一条黑色的眼后纹伸达颈侧，枕部和后颈为鲜艳的亮蓝色，背部大部分为鲜亮的草绿色，并且渲染有茶黄色及褐色细纹，腰部和尾上覆羽为蓝绿色。颏部、喉部为茶黄白色，下喉部为淡茶黄色，胸部及两胁为浓茶黄色，渲染棕色，腹部中央呈淡茶黄色，下腹部最为苍淡，几乎近棕白色。尾羽的表面为暗橄榄绿色。雌鸟的体色与雄鸟相似，但头顶后部为棕茶黄色，而不是蓝色，后颈部为暗绿色。

蓝枕八色鸫在我国仅分布于广西、云南南部等地。栖息于海拔700m以下的落叶很厚的热带雨林中，在林下地面活动，以昆虫为食。

蓝枕八色鸫被列为国家Ⅱ级重点保护野生动物。它在我国野外数量十分稀少，但也会有偷猎犯罪的现象发生。

## 301. 蓝背八色鸫

蓝背八色鸫体长为20~24cm，体重91~135g。虹膜为褐色；嘴黄褐色或深角褐色；脚和爪黄褐色。它的羽色与蓝枕八色鸫非常相似，最明显的区别为仅有前额为红褐色，而从头顶至背部以及肩羽等均为亮丽的草绿色，并且渲染黄褐色，闪耀着金属光泽，下背至腰羽为亮蓝色。眼先、眼周为锈红色，眉纹为黑色。喉部为白色，胸部渲染粉红色，两胁及腹部为棕茶黄色，腹部中央较浅淡。尾羽表面的绿色较暗。雌鸟的羽色与雄鸟相似，但有的个体的头部和胸部没有粉红色渲染。

蓝背八色鸫在我国分布于广西、云南、海南等地。栖息于热带常绿阔叶林中，单个或成对在林下阴湿处活动觅食。平时隐蔽在灌木草丛之中，受惊时沿地面进行短距离飞行逃跑。鸣声细微。

蓝背八色鸫被列为国家Ⅱ级重点保护野生动物。它在我国野外数量十分稀少，但也会有偷猎犯罪的现象发生。

## 302. 蓝八色鸫

蓝八色鸫体长为22cm，体重109g左右。虹膜为棕红色；嘴亮黑色，跗跖和脚趾黄褐色，爪黄色。雄鸟的体羽与雌鸟相似，头部较为艳丽，前额的嘴基至后枕部的中央冠纹为黑色，额部较狭，头顶部宽阔，冠纹两侧为赭灰色，渲染金黄色，色调由前向后逐渐变浓，头顶后部至颈部全为金红色；眼先、眼圈下部和耳区的上部均为黑色，形成宽阔的眼后黑纹伸达颈侧。颏部、喉为白色，喉侧黑色羽缘粗大明显，形成显著的黑色髭纹，并杂有细小的白色点斑，下喉部纯白。上体全部为亮蓝色，只有两翅的翼尖为黑褐色，与其他八色鸫的区别较为明显。下体上胸两侧黑白相间的横斑十分粗大明显，渲染亮茶黄色和粉蓝色，胸部中央及下体余部满布着新月形黑色点斑，渲染淡蓝色，胸部渗淡黄色，两胁和腹部淡紫色。

蓝八色鸫在我国仅分布于云南南部西双版纳。栖息于热带雨林中，在海拔700~1 500m的常绿阔叶林的林下阴湿处或沟谷林旁的灌丛间及地面上奔跑，活动觅食，食性以甲虫等昆虫为主。

蓝八色鸫被列为国家Ⅱ级重点保护野生动物。它在我国野外数量十分稀少，但也会有偷猎犯罪的现象发生。

## 303. 马来八色鸫

马来八色鸫又叫紫蓝翅八色鸫、仙八色鸫，体长19~21cm，体重74~90g。虹膜棕褐色，眼周皮肤灰蓝色；嘴峰黑色；跗跖和脚棕褐色。它与蓝翅八色鸫的羽色极为相似，体色艳丽，前额至后颈部中央冠纹黑色，额部较狭，头顶后部渐宽阔；冠纹两侧为淡棕褐色；眼先、眼圈、颊部、耳羽及颈侧上部至后颈部均为亮黑色，并与冠纹在颈背相遇，形成黑色领圈。背、肩及内侧次级飞羽表面亮草绿色；翅上小覆羽，腰和尾上覆羽为亮紫蓝色；大覆羽为蓝绿色，端部外缘紫蓝色。初级飞羽基部黑色，外侧有5~6枚具宽大的白斑，羽端黑色，其余4~6枚大部羽端全为白色。颏部黑色，喉部和颈侧下部白色，颈侧稍沾黄色；胸、腹侧和两胁亮皮黄色，胸部的较为浓著，而蓝翅八色鸫的胸部和腹侧为淡茶黄色。腹部中央和尾下覆羽猩红色；尾羽黑色，端部缘以蓝绿色。雌鸟羽色与雄鸟相似。

马来八色鸫在我国仅分布于甘肃夏河和云南西双版纳，为留鸟。栖息于海拔600~800m常绿阔叶热带雨林的林下灌木草丛中，常见单个在林下地面觅食昆虫，也见单个飞落在乔木树上停歇。

马来八色鸫被列为国家Ⅱ级重点保护野生动物。它在我国野外数量十分稀少，但也会有偷猎犯罪的现象发生。

## 304. 绿胸八色鸫

绿胸八色鸫体长为16~18cm，体重50~59g。虹膜茶褐色；嘴黑色或黑褐色；脚褐灰色。它的体色也与蓝翅八色鸫略微近似，前额至后枕部亮栗褐色，额部稍缀黑色；眼先及细狭的眉纹、眼圈、颊、耳羽、颏、喉和颈项概为黑色，后颈部尤为黑亮。背部及肩羽、飞羽的表面为亮油绿色，初级飞羽具大型的白色翼斑。胸部、腹部和两胁淡草绿色，渲染蓝色，与蓝翅八色鸫和马来八色鸫有明显的不同。腹部中央至尾下覆羽猩红色，上腹部中央羽毛显黑色块斑。雌鸟羽色与雄鸟相似。

绿胸八色鸫在我国仅分布于云南南部、东南部。栖息于海拔700~1 300m的热带雨林或季雨林中，在宁夏为海拔2 000m左右的树林中，多见在林下阴湿处和水边活动，常在地面扒开落叶，觅食鞘翅目昆虫、蚂蚁、鳞翅目幼虫等。

绿胸八色鸫被列为国家Ⅱ级重点保护野生动物。它在我国野外数量十分稀少，但也会有偷猎犯罪的现象发生。

## 305. 栗头八色鸫

栗头八色鸫又叫锅巴雀，体长为24~26cm，体重100~135g。虹膜棕红或红褐色；上嘴黑色，下嘴黄褐色；跗跖灰白色或角褐色。它的体色不如其他八色鸫艳丽，头顶至后颈均为亮金栗色，与其他八色鸫的区别明显。背部为铜绿色，具黑褐色矢状斑纹，腰沾蓝色，比较鲜艳而富于金属光泽。前额、颏、喉至上胸部渲染葡萄红色，下体的茶黄色。雌鸟的体色与雄鸟相似，但颜色不如雄鸟鲜艳。

栗头八色鸫在我国分布于云南西部和东南部。栖息于海拔1 800m以下的热带地区，在茂密的常绿阔叶林下的阴湿处活动觅食。不结群，冬季或夏季均见单个或成对活动。脚长而强健，善于奔跑、跳跃，频频用脚翻转地上的枯枝落叶，寻找食物。以鞘翅目锹甲科及象甲科昆虫、膜翅目蚂蚁、蚯蚓、白蚁，以及种子和果实等动物性食物为食。

栗头八色鸫被列为国家Ⅱ级重点保护野生动物。它在我国野外数量十分稀少，但也会有偷猎犯罪的现象发生。

## 306. 双辫八色鸫

双辫八色鸫体长22~24cm，体重90~100g。它的羽色比较暗，不如其他八色鸫艳丽。雄鸟和雌鸟的羽色大体相同。虹膜棕红褐色；嘴峰黑褐色，上嘴尖短略向下弯曲，覆盖下嘴；跗跖、脚淡肉色。头顶至后颈的中央冠纹为黑色，前额及冠纹两侧皮黄色，眉纹近白，各羽均缀以黑色端斑，呈鳞状；后枕部两侧羽毛突出，具皮黄色和黑色相间的横斑，羽端白色，呈矛状，形如双辫，与众不同，非常别致。背部全部为栗褐色，初级飞羽为黑褐色。颏、喉为白色，羽缘黑色，羽轴延长成须状；下体其余的部分为棕茶黄色，下喉至胸部及两胁较深浓，多少具大小不一的黑色点斑；腹部中央浅淡，几乎为纯色，肛羽为粉红色；尾下覆羽为橘红色。

双辫八色鸫在我国仅分布于云南南部西双版纳等地。栖息于热带雨林中，采集地海拔610~750m。在竹林和灌丛间活动觅食，用其有力的脚爪和嘴翻拨地面上的枯叶，觅寻食物，以昆虫为食。它们是经常在地面上活动的，由于其羽色和枯叶很相似，以及善于跳跃的缘故，很容易躲避人的视线，而出现于另一地方，仍进行着翻拨枯叶寻找食物的活动。

双辫八色鸫被列为国家Ⅱ级重点保护野生动物。它在我国野外数量十分稀少，但也会有偷猎犯罪的现象发生。

## 307. 华丽琴鸟

华丽琴鸟是大型鸣禽。体长90~100cm。隶属于鸟纲、雀形目、琴鸟科。上体暗褐色。下体灰褐色。飞羽棕色。尾羽较长，雄鸟的呈竖琴状，外侧一对先端弯曲，内侧为丝状。嘴、腿、脚暗灰色。

华丽琴鸟分布于澳大利亚东南部一带。栖息于温带和亚热带雨林中的草地上。很少飞行。以昆虫、蠕虫等为食。营巢于地面上。每窝产卵1枚。

## 308. 云雀

云雀是体型较小的鸣禽。体长17~19cm。隶属于鸟纲、雀形目、百灵科。嘴较细小呈圆锥状。翅膀尖而长。头部、上体主要为沙棕色，布满黑褐色纵纹。眉纹白色。外侧尾羽白色。下体主要为白色，胸部有黑褐色粗条纹。嘴、脚褐色。

云雀分布于我国北方及华东地区。栖息于开阔草原和农田地带。结群活动。善于鸣叫。以杂草种子、昆虫等为食。繁殖期为5~6月。营巢于开阔的地面上。每窝产卵3~5枚。孵化期为11天。

云雀被列入“三有”名单，但也有偷猎的现象发生。云雀在我国是传统的笼养鸟类，因此从前有大量的野鸟被捕捉，在鸟市上贩卖，在这个过程中有很多个体因各种原因死亡，现在这样的违法行为仍然没有杜绝。

## 309. 蒙古百灵

蒙古百灵是体型较小的鸣禽（图4. 137）。体长13~20cm。隶属于鸟纲、雀形目、百灵科。嘴较细小呈圆锥状。额至后颈为栗红色，头顶中部棕黄色。有白色的眉纹。上体为栗褐色。翅膀黑褐色。尾羽栗褐色。喉部为白色；上胸左右各具1块黑色块斑，下体余部棕白色。

图4. 137　蒙古百灵

蒙古百灵分布于我国东北、华北、西北地区。栖息于开阔草原上，高飞时直飞入云，也能在地面上奔驰。以杂草种子等为食，也吃昆虫等。繁殖期为5~6月。筑巢于地面浅穴中或草丛内。每窝产卵3~4枚。

蒙古百灵被列入“三有”名单，但也有偷猎犯罪的现象发生。它在我国是传统的笼养鸟类，因此从前有大量的野鸟被捕捉，在鸟市上贩卖，在这个过程中有很多个体因各种原因死亡，现在这样的违法行为仍然没有杜绝。

## 310. 凤头百灵

凤头百灵也叫阿兰子、角角、大角等。在分类学上隶属于雀形目、百灵科、凤头百灵属。体长约18cm，体重约30g。头上有长而窄的黑色冠羽。上体为沙褐色，杂以黑褐色纵纹。尾上覆羽深棕色，无黑纹。两翼和尾羽均为暗褐色。下体为棕白色，胸部具有黑褐纵斑，两胁和尾下覆羽呈深棕色。虹膜灰褐色，嘴铅灰色。

凤头百灵分布于我国东北、华北、西北等地。栖息在山脚草原、海滨草地或荒漠草原地带，喜欢在高空鸣叫，边飞边鸣，姿态优美，鸣声动听。在地上急速奔驰，飞翔时成直线上升。以各种杂草种子、昆虫、蠕虫等为食。春天营巢于地面凹陷处，每窝产卵4~5枚，孵化期为14~16天。

凤头百灵被列入“三有”名单，但也有偷猎的现象发生。它在我国是传统的笼养鸟类，因此从前有大量的野鸟被捕捉，在鸟市上贩卖，在这个过程中有很多个体因各种原因死亡，现在这样的违法行为仍然没有杜绝。

## 311. 角百灵

角百灵也叫小百灵、角灵等。在分类学上隶属于雀形目、百灵科、角百灵属。体长15~17cm，体重31~42g。前额白色，后面有一道宽阔的黑斑和2枚黑色的角状长羽簇。颊部黑色。后头、上背葡萄红色。上体主要为褐色，有黑色纵纹。外侧尾羽白色。下体主要为白色，上胸部有鲜明的黑色斑。虹膜褐色。嘴黑色。脚黑色或深褐色。

角百灵分布于我国西北、华北和西藏等地。栖息于高山、荒漠、草原、草地和岩石等地带，直到4 000m以上的高山草甸。结群活动，常结成20~30只的大群生活，有时也有3~5只的小群。喜欢鸣叫，鸣声清脆多变。一般不到密林中去，也不高飞和远飞。善短距离在地上奔跑。以各种植物的嫩芽、种子等为食，也吃各种昆虫、蠕虫等。5~6月配对，营巢在草丛基部凹陷的小土穴中。每窝产卵2~5枚。

角百灵被列入“三有”名单，但也有偷猎犯罪的现象发生。它在我国是传统的笼养鸟类，因此从前有大量的野鸟被捕捉，在鸟市上贩卖，在这个过程中有很多个体因各种原因死亡，现在这样的违法行为仍然没有杜绝。

## 312. 家燕

家燕是体型较小的鸣禽（图4.138）。体长15~20cm。隶属于鸟纲、雀形目、燕科。嘴形宽阔而平扁，呈三角形。翅狭长。前额暗栗色。头顶、后颈和上体蓝黑色，闪耀金属光泽。颏部、喉部和前胸栗色，后胸有不完整的黑色横带。腹部白色。尾羽呈叉状。嘴黑褐色。脚黑色。

图4.138　家燕

家燕分布于我国大部分地区。栖息于村落、城镇等附近的田野和河岸等环境中。结群活动。以昆虫为食。能在空中捕捉昆虫。繁殖期为4~9月。营巢于房屋横梁上、屋檐下等处。每窝产卵4~5枚。孵化期为14~15天。

家燕被列入“三有”名单，但也有偷猎犯罪的现象发生。

## 313. 金腰燕

金腰燕体长16~21cm，体重20~30g。头顶、后颈和上体蓝黑色，闪耀金属光泽。腰部栗黄色。尾羽黑褐色。耳羽暗棕黄色。颈侧栗黄色。下体白色沾棕色，具黑色斑纹。虹膜暗褐色。嘴黑褐色。

脚黑色。

金腰燕分布于我国大部分地区。栖息于山区、城镇等环境中。结群活动。以昆虫为食。繁殖期为5~8月。营巢于房屋横梁上、屋檐下等处。每窝产卵4~6枚。

金腰燕被列入“三有”名单，但也有偷猎犯罪的现象发生。

## 314. 白鹡鸰（jílíng）

白鹡鸰也叫马兰花儿、白颤儿、濒翎、白面鸟、白颊鹡鸰等（图4.139）。隶属于雀形目、鹡鸰科、鹡鸰属。体长16~19cm，体重17~24g。通体黑白相间，易于识别。头顶、后颈和上体大都黑色，头侧、颈侧和下体白色，胸部有一个半圆形的黑色横斑。雄鸟中央四对尾羽黑色，居中一对外缘白色，翅上有显著的白斑。雌鸟黑色较淡，翅上白斑不著。虹膜黑褐色。嘴黑色。脚黑色。

图4.139　白鹡鸰

白鹡鸰分布于我国的大部分地区。栖息于湖泊和河流的岸边、草地、泥滩、农田中，也常在田园间活动。平时三五结群在一起栖息。飞行呈波浪形，在向上飞时常一连数鸣。以甲虫及其他昆虫为食，偶尔也吃杂草种子。繁殖期为3~7月。营巢于岩石缝隙、土洞、墙洞中。每窝产卵4~5枚。

白鹡鸰被列入“三有”名单，但也有偷猎犯罪的现象发生。它在我国是传统的笼养鸟类，因此从前有大量的野鸟被捕捉，在鸟市上贩卖，在这个过程中有很多个体因各种原因死亡，现在这样的违法行为仍然没有杜绝。

## 315. 赤红山椒鸟

赤红山椒鸟也叫山椒子、十字鸟等。隶属于雀形目、鹎科、山椒鸟属。体长18~23cm，体重22~35g。雄鸟头部、颈部和背部蓝黑色。腰部红色。翅膀黑色，具红色的翼斑。中央尾羽黑色，外侧尾羽红色。下体红色。雌鸟头部至背部褐灰色，腰部黄色。翅膀黑色，具黄色的翼斑。中央尾羽黑色，外侧尾羽的先端为黄色。头侧、颈侧和下体黄色。虹膜棕色、棕红色、暗棕色或褐色。嘴黑色。脚黑色。

赤红山椒鸟分布于我国西南、华南地区。栖息于平原、低山森林、草地和农田等环境中。单独或结群在高大乔木上层或中层活动。以鳞翅目幼虫、椿象、象甲、金龟甲、蛴螬、蚂蚁、蝇等昆虫为食，也吃野果、花、种子等植物性食物。繁殖期为4~6月。巢呈杯形，以细草、松针及其他柔软材料筑成，外敷以苔藓、地衣等物，置于树杈或横枝上。每窝产卵3~4枚。

赤红山椒鸟被列入“三有”名单，但也有偷猎犯罪的现象发生。它在我国是传统的笼养鸟类，因此从前有大量的野鸟被捕捉，在鸟市上贩卖，在这个过程中有很多个体因各种原因死亡，现在这样的违法行为仍然没有杜绝。

## 316. 绿鹦嘴鹎（bēi）

图4.140　绿鹦嘴鹎

绿鹦嘴鹎也叫蓝头公、绿孬、黄瓜鸟、青冠等（图4.140）。隶属于雀形目、鹎科、鹦嘴鹎属。体长17~21cm，体重35~50g。嘴形短，和鹦鹉相似。额的基部有一个白斑。头顶黑色，略杂以灰白色。通体大部分为绿色，腹部鲜黄色。颊和耳羽黑色，颊的下侧和耳羽后缘杂以白色细纹。喉部烟黑色，围以半环状的白领，止于耳后。虹膜灰褐色或红褐色。嘴灰黄色。脚褐色。

绿鹦嘴鹎分布于我国甘肃东南部、四川、云南、陕西南部、河南南部、长江以南的广大地区和台湾等地。栖息于平原和山地的树木和草、灌丛中，尤其是在近溪涧的树丛间。大多结群活动觅食。以杂草种子、野果、桑葚及花芽、叶芽等为食，也吃象甲、金龟甲、地守瓜等各类昆虫及虫卵等。繁殖期为5~6月。筑巢于灌丛枝杈上。每窝产卵3~4枚。

绿鹦嘴鹎被列入“三有”名单，但也有偷猎犯罪的现象发生。它在我国是传统的笼养鸟类，因此从前有大量的野鸟被捕捉，在鸟市上贩卖，在这个过程中有很多个体因各种原因死亡，现在这样的违法行为仍然没有杜绝。

## 317. 白头鹎

白头鹎也叫白头翁、白头婆等（图4.141）。隶属于雀形目、鹎科、鹎属。体长16~22cm，体重26~43g。额与头顶黑色，两眼上方至枕羽为白色，老鸟的枕羽更为洁白。背面黄绿色，翅膀、尾羽暗褐色。下体为白色，胸部有淡灰褐色宽带，腹部杂有黄绿色纵纹。虹膜褐色。嘴黑色。脚黑色。

白头鹎分布于我国长江流域以南地区。栖息于低山和平原的林地、庭园、灌丛中，活动范围广。成群活动。秋冬结成20~30只群体。性情活泼。鸣声清晰嘹亮，音韵多变。以昆虫、植物果实、种子等为食。繁殖期为3~8月。筑巢于树上或灌木丛中。巢以草茎、芦苇和细根构成。每窝产卵3~5枚。卵呈淡红色，上布满紫色斑点。孵化期为半个月。

图4.141　白头鹎

白头鹎被列入“三有”名单，但也有偷猎犯罪的现象发生。它在我国是传统的笼养鸟类，因此从前有大量的野鸟被捕捉，在鸟市上贩卖，在这个过程中有很多个体因各种原因死亡，现在这样的违法行为仍然没有杜绝。

## 318. 红耳鹎

红耳鹎也叫高鸡冠、高冠鸟、高髻冠、黑头公、高髻郎、红屁股等（图4.142）。隶属于雀形目、鹎科、鹎属。体长16~21cm，体重23~38g。头顶黑色，具耸立的羽冠；眼下后方具红色的羽簇，因而得名。耳羽与颊下方同为纯白色，外围以黑色。上体褐色，尾羽暗褐色，外侧尾羽上有白色的端斑。下体为白色，胸侧有近黑色的横带，尾下覆羽为猩红色。虹膜棕色或棕红色。嘴黑色。脚黑色。

图4.142　红耳鹎

红耳鹎分布于我国西藏东南部、云南南部、贵州南部、广西西南部、广东等地。栖息于低山和平原地区的雨林、季雨林，以及坝区村寨附近的林缘、庭园、灌木丛中。成群活动，冬季集大群。常集于树上啄食。性情活泼。喜欢在高枝上高歌，鸣声洪亮激昂，略具韵律。以植物叶、芽、果实、种子等为食，也吃昆虫等。繁殖期为3~4月。筑巢于树上或灌丛中。每窝产卵3~4枚。卵呈圆形、粉红色。孵化期约14天。

红耳鹎被列入“三有”名单，但也有偷猎犯罪的现象发生。它在我国是传统的笼养鸟类，因此从前有大量的野鸟被捕捉，在鸟市上贩卖，在这个过程中有很多个体因各种原因死亡，现在这样的违法行为仍然没有杜绝。

## 319. 黑鹎

黑鹎也叫黑短脚鹎、山白头、白头黑布鲁、寒雀、白头公等（图4.143）。体长17~19cm，体重

25~38g。隶属于雀形目、鹎科、鹎属。头颈黑色或白色，其余体羽纯黑色或黑灰色；腹部有时呈灰白色。虹膜黑褐色；嘴鲜红色；脚橙红色。

黑鹎分布于我国长江以南各地。栖息于海拔500~800m或山地森林中，有时也见于较低的山地。成群活动，在冬季常集合成大群。常在树冠上不停地飞翔，很少在地面上活动。鸣声喧噪而响亮。以榕树的无花果等植物果实和昆虫等为食。繁殖期为4~7月。筑巢于树上。每窝产卵4枚左右。

图4.143　黑鹎

黑鹎被列入“三有”名单，但也有偷猎犯罪的现象发生。它在我国是传统的笼养鸟类，因此从前有大量的野鸟被捕捉，在鸟市上贩卖，在这个过程中有很多个体因各种原因死亡，现在这样的违法行为仍然没有杜绝。

## 320. 太平鸟

太平鸟也叫十二黄、黄连雀、连雀等（图4.144）。隶属于雀形目、太平鸟科、太平鸟属。体长17~21cm，体重45~71g。头顶上有美丽的羽冠，可向上前方竖起。额及头顶前部栗色，头顶、冠羽灰栗褐色。上嘴基部、眼先及眼上形成黑色细纹带，后方与黑枕带相连接。背、肩羽灰褐色，腰褐灰色。翼黑色，两翅斜贯一道白纹。颏、喉黑色，颊的下部与黑喉交界处为淡栗色；下体主要为褐灰色。尾羽12枚，黑褐色，具黄色的尾端。虹膜暗红色；嘴黑色；脚、爪黑色。

图4.144　太平鸟

太平鸟分布于我国甘肃东南部、陕西南部及长江以南地区。栖息于针叶林、阔叶林中。飞行时鼓翼急速。常数十只至上百只聚集成群活动。善于鸣叫，鸣声柔和。以植物果实、种子等为食，也吃少量昆虫。繁殖期为5~6月。营巢于针叶树枝间，以树枝、苔藓、枯草等为巢材。巢内铺垫羽毛、草茎等，巢呈碗状。每窝产卵5~7枚。卵呈灰色或灰青色，有黑褐色斑。孵化期为14天。育雏期为15天左右。

太平鸟被列入“三有”名单，但也有偷猎犯罪的现象发生。它在我国是传统的笼养鸟类，因此从前有大量的野鸟被捕捉，在鸟市上贩卖，在这个过程中有很多个体因各种原因死亡，现在这样的违法行为仍然没有杜绝。

## 321. 小太平鸟

小太平鸟也叫十二红、绯连雀、朱连雀等。隶属于雀形目、太平鸟科、太平鸟属。体长17~20cm，体重31~61g。头具羽冠。额及头顶前部栗色，头顶灰褐色；枕部后方黑褐色并伸出长冠羽；上嘴基部、眼先及眼上形成黑色细纹带，后方与黑枕带相连接；背、肩羽灰褐色；腰褐灰色。翼近黑色。颏、喉黑色，颊的下部与黑喉交界处为淡栗色；下体主要为灰褐色。尾羽12枚，褐灰色，并具玫瑰红色的尾端。虹膜紫红色；嘴黑色；脚、爪黑色。

小太平鸟分布于我国东北、华北、华中、华东、华南、西南地区。栖息于海拔900m以下的低山、丘陵和平原地区的针叶林、阔叶林中。常数十只或数百只聚集成群活动。性情活跃。以植物果实、种子、嫩叶等为食，兼食少量昆虫。每年6月开始繁殖，巢多营于针叶树枝间，以树枝、苔臻、枯草等为巢材，巢内铺垫羽毛、草茎等，巢呈碗状。每窝产卵4~6枚。孵化期为14天左右。

小太平鸟被列入“三有”名单，但也有偷猎犯罪的现象发生。它在我国是传统的笼养鸟类，因此从前有大量的野鸟被捕捉，在鸟市上贩卖，在这个过程中有很多个体因各种原因死亡，现在这样的违法行为仍然没有杜绝。

## 322. 红尾伯劳

红尾伯劳是体型较小的鸣禽。体长 18~21cm。隶属于鸟纲、雀形目、伯劳科。嘴大而强，侧扁，前端有钩。有发达的嘴须。翅短圆。前额、头顶淡灰色。后头和上体主要为褐色或棕褐色。飞羽黑褐色。颏部、喉部白色。下体主要为棕白色。嘴黑色。脚铅褐色。

红尾伯劳分布于我国东北、华北、华中、华南和西南地区。栖息于平原、低山地区村落附近的林地中。以昆虫为食，也吃蜥蜴等动物。繁殖期为 5~7 月。营巢于树上。每窝产卵 5~7 枚。孵化期 14~15 天。

红尾伯劳被列入“三有”名单，但也有偷猎犯罪的现象发生。它在我国是传统的笼养鸟类，因此从前有大量的野鸟被捕捉，在鸟市上贩卖，在这个过程中有很多个体因各种原因死亡，现在这样的违法行为仍然没有杜绝。

## 323. 红点颏（kē）

红点颏也叫红喉歌鸲、红脖、野鸲、红颏、点颏、树勒煞、芦犒鸟、红波等。隶属于雀形目、鹟科、歌鸲属。体长 13~16cm，体重 16~27g。雄鸟头部、上体主要为橄榄褐色。眉纹白色。颏部、喉部红色，周围有黑色狭纹。胸部灰色，腹部白色。雌鸟颏部、喉部不呈赤红色，而为白色。虹膜褐色。嘴暗褐色。脚角色。

红点颏分布于我国大部分地区。栖息于平原灌丛或芦苇丛中。喜欢在地面上活动，常在平原的灌木丛、芦苇丛、草丛中间跳跃，或在附近地面奔跑。早晨、黄昏甚至夜晚能听到它们鸣叫，而且善于仿效昆虫的鸣叫声。主要以昆虫为食，也吃少量植物性食物。繁殖期为 5 月。营巢于灌丛中的地面上。每窝产卵 1~5 枚。卵有光泽呈蓝绿色。孵化期约为 14 天。

红点颏被列入“三有”名单，但也有偷猎犯罪的现象发生。它在我国是传统的笼养鸟类，因此从前有大量的野鸟被捕捉，在鸟市上贩卖，在这个过程中有很多个体因各种原因死亡，现在这样的违法行为仍然没有杜绝。

## 324. 蓝点颏

蓝点颏也叫蓝喉歌鸲、蓝秸芦犒鸟、蓝脖、九圈领、蓝领、长脚青、蓝颏、点颏等。隶属于雀形目、鹟科、歌鸲属。体长 12~13cm，体重 17~18g。头部、上体主要为土褐色。眉纹白色。尾羽黑褐色，基部栗红色。颏部、喉部蓝色，下面有黑色横纹。下体白色。雌鸟酷似雄鸟，但颏部、喉部为棕白色。虹膜暗褐色。嘴黑色。脚肉褐色。

蓝点颏分布于我国大部分地区。栖息于灌丛或芦苇丛中。平时鸣叫为单音，繁殖期发出嘹亮的优美歌声，也能仿效昆虫鸣声。主要以昆虫、蠕虫等为食，也吃植物种子等。繁殖期为 5 月。营巢于灌丛、草丛中的地面上。巢以杂草、根、叶等筑成。每巢产卵 4~6 枚。卵有光泽呈蓝绿色。孵化期约为 14 天。

蓝点颏被列入“三有”名单，但也有偷猎犯罪的现象发生。它在我国是传统的笼养鸟类，因此从前有大量的野鸟被捕捉，在鸟市上贩卖，在这个过程中有很多个体因各种原因死亡，现在这样的违法行为仍然没有杜绝。

## 325. 蓝歌鸲（qú）

蓝歌鸲也叫青鸲、黑老婆儿、轻尾儿、蓝靛杠、蓝尾巴根子等。隶属于雀形目、鹟科、歌鸲属。体长约 12cm，体重约 15g。雄鸟背蓝腹白，尾羽蓝彩更为浓著，头与颈的两侧深蓝。虹膜暗褐色。嘴近黑褐色。脚长而呈淡肉色。

蓝歌鸲分布于我国大部分地区。叫声连续而快速。食物几乎完全为叩头甲、象甲等甲虫和蚂蚁等其他昆虫。繁殖期为5~7月。巢置于地上凹陷或于树根间的低处或穴隙里。每窝产卵4~5枚。

蓝歌鸲被列入“三有”名单，但也有偷猎犯罪的现象发生。它在我国是传统的笼养鸟类，因此从前有大量的野鸟被捕捉，在鸟市上贩卖，在这个过程中有很多个体因各种原因死亡，现在这样的违法行为仍然没有杜绝。

## 326. 北红尾鸲

北红尾鸲也叫火红燕儿、穿马褂、灰顶红尾鸲等。隶属于雀形目、鹟科、红尾鸲属。体长13~15cm，体重13~22g。头顶、后颈及上背呈灰白色、腰、胸、腹部橙棕色，两翅及背部黑色，翅上有白色羽斑。雌鸟较雄鸟短狭，其他部分羽色也不及雄鸟那样绚丽。

北红尾鸲分布于我国大部分地区。栖息于森林、草原、果园、公园及居民点等环境中。性活泼。食物主要是各种小虫，如蝇、蝗虫、螃象、蚂蚁等，也吃些植物种子。栖息时常展翅振尾，一刻不停，鸣声单调急促而无音韵。繁殖期为4~7月。巢筑于树洞、岩洞、墙隙间，由于草、苔藓、毛羽等筑成。每窝产卵6~8枚。孵化期为13天。

北红尾鸲被列入“三有”名单，但也有偷猎犯罪的现象发生。它在我国是传统的笼养鸟类，因此从前有大量的野鸟被捕捉，在鸟市上贩卖，在这个过程中有很多个体因各种原因死亡，现在这样的违法行为仍然没有杜绝。

## 327. 乌鸫（dōng）

乌鸫也叫百舌、反舌、白舌、乌鹄、黑鸫、黑山雀等。隶属于雀形目、鸫科、鸫属。体长20~28cm，体重78~210g。体羽主要为黑褐色，翅膀、尾羽黑色，颏部、喉部浅栗褐色。虹膜褐色。嘴黄色或褐色。脚黑褐色。

乌鸫分布于我国西北、华中、华东、华南和西南地区等地。栖息于林区、村镇边缘地带的草地、田野、村落和庭园中。常单独或结小群在地面上奔驰。在春天发情期其鸣声更为悦耳动听，并能仿效其他鸟类的叫声，所以又有百舌之称。食物主要为昆虫的幼虫，如毛虫、孑孓、蝇蛆等。此外，也吃淡水螺、蚯蚓等以及少量植物种子、果实等。繁殖期为4~6月。营巢于树梢上或树杈间，巢呈深杯状，以植物枝叶、须根、橘草、松针、苔藓等混以泥土筑成，内垫细草及植物须根等。每窝产卵4~5枚。卵呈浅绿色，间有淡紫色和红褐色斑纹。孵化期14~15天。

乌鸫被列入“三有”名单，但也有偷猎犯罪的现象发生。它在我国是传统的笼养鸟类，因此从前有大量的野鸟被捕捉，在鸟市上贩卖，在这个过程中有很多个体因各种原因死亡，现在这样的违法行为仍然没有杜绝。

## 328. 白喉矶鸫

白喉矶鸫也叫白喉蓝头矶鸫、白喉石鸫、臭皮翠、虎皮翠、葫芦翠等。隶属于雀形目、鸫科、矶鸫属。体长17~18cm，体重30~39g。雄鸟头部自额至后颈及翅上的小覆羽均为钴蓝色，喉部中央有一块白斑，所以又叫“白喉蓝头矶鸫”。腰和尾上覆羽浓栗色；两翼大都黑褐色，表面略沾淡蓝灰色，内侧飞羽有一白色块斑；尾羽也是黑褐色，上方缘以黑纹；颊、耳羽和颈侧均为黑色；下体浓栗色，至尾下覆羽转为棕黄；眼暗褐色，眼先栗色；嘴黑色；脚、趾呈肉褐色以至暗铅褐色。雌鸟上体以橄榄褐色为主，杂以黑褐色的横斑，至腰和尾上覆羽转为白色，横斑更为明显；两翅及尾羽的颜色较浅；头和颈的两侧及喉侧和上胸等均呈深褐并杂有棕白色斑块，下腹中央纯白；下体余部乳白色杂有黑褐色的波状横斑；眼圈乳白；嘴暗紫褐色。

白喉矶鸫分布于我国西北、华中、华东、华南和西南地区等地。栖息于多岩山地的林间，常高踞树顶或岩巅处，也常下地活动。平时鸣声细柔婉转多变，富音韵，但在鸣叫时无张嘴昂首姿态。主要以伪步行甲、象甲、椿象和蝼蛄等昆虫为食。繁殖期为 5~7 月。营巢于林下地面凹坑内或天然树洞中，以及岸边岩洞或岩石缝隙中。每窝产卵 4~8 枚。孵化期 13~15 天。

白喉矶鸫被列入“三有”名单，但也有偷猎犯罪的现象发生。它在我国是传统的笼养鸟类，因此从前有大量的野鸟被捕捉，在鸟市上贩卖，在这个过程中有很多个体因各种原因死亡，现在这样的违法行为仍然没有杜绝。

## 329. 紫啸鸫

紫啸鸫也叫鸣鸡、山鸣鸡、乌精、箫声鸫等。隶属于雀形目、鸫科、啸鸫属。体长 28~35cm，体重 136~190g。通体深紫蓝色，各羽先端均具闪艳的较淡紫色的滴状斑。腰和下胁部有一些白羽，均不外露。虹膜暗褐色。嘴和脚均黑色。

紫啸鸫分布于我国华北、华东、华中、华南和西南地区。常栖息于多石的山溪或崎岖岩谷间。叫声洪亮尖锐如箫，富于音韵，觅食在地面上或浅水间。主要以昆虫及小蟹等为食，也吃浆果及其他植物性物质。繁殖期为 4~7 月。营巢于溪边岩石上或岩石缝隙间。每窝产卵 3~5 枚。孵化期约 16 天。

紫啸鸫被列入“三有”名单，但也有偷猎犯罪的现象发生。它在我国是传统的笼养鸟类，因此从前有大量的野鸟被捕捉，在鸟市上贩卖，在这个过程中有很多个体因各种原因死亡，现在这样的违法行为仍然没有杜绝。

## 330. 鹊鸲

鹊鸲也叫四喜、信鸟、进鸟、屎坑鸲等（图 4.145）。隶属于雀形目、鸫科、鹊鸲属。体长为 19~22cm，体重为 32~50g。嘴为黑色，上体从额头、颈、背至尾上覆羽，下体从额至胸部的羽毛都呈现有光泽的蓝黑色，胸部以后全为白色。两翅黑褐色。中央两对尾羽纯黑色，外侧尾羽纯白色。脚为黑褐色。雌鸟羽毛不及雄鸟鲜亮，上体为灰黑色，喉、胸、头侧暗灰，无金属光泽，脚为铅褐色。

图 4.145 鹊鸲

鹊鸲分布于我国长江以南地区。平时多活动于树林中的村落、田园、庭院等处。性情活泼，每飞临一处，总先叫几声。平时常单独或成对活动。喜吃蝇蛆，还吃蝗虫、松毛虫、椿象、金龟子、象甲等。鹊鸲常高踞枝梢或墙头上，发出嘹亮、婉转而多韵的歌声。每到繁殖季节，鸣声更加婉转动听。4 月开始繁殖，巢多造于屋檐、墙洞、树洞等处，以枯枝、苔藓、松针、兽毛、树根等构成，十分简陋、粗糙。每窝产卵 4~5 枚，卵呈绿白色，杂有灰斑、红褐色细斑点。孵化期和育雏期都需要半个月左右。

鹊鸲被列入“三有”名单，但也有偷猎犯罪的现象发生。它在我国是传统的笼养鸟类，因此从前有大量的野鸟被捕捉，在鸟市上贩卖，在这个过程中有很多个体因各种原因死亡，现在这样的违法行为仍然没有杜绝。

## 331. 画眉

图 4.146 画眉

画眉是体型较小的鸣禽（图 4.146）。体长 19~25cm。隶属于鸟纲、雀形目、鹟科。上体为橄榄褐色，头顶至上背具有黑褐色的纵纹；眼圈白色。眼的上方有白色眉纹；下体棕黄色，腹部中央灰色。嘴、脚黄褐色。

画眉分布于我国甘肃南部、陕西南部、河南南部以南的广大地区。栖息于山丘的灌丛和村落附近的灌丛、竹林或庭园中。单独或结小群活动。性情机敏胆怯。善于鸣叫，富于变化。两脚强健，善跳跃。以蝗虫、松毛虫、金龟甲等昆虫为食，也吃草籽、野果等。繁殖期为 4~7 月。每年繁殖 2 次或 2 次以上。营巢于茂密草丛、灌丛间，或矮树上。每窝产卵 3~5 枚。

画眉被列入“三有”名单，但也有偷猎的现象发生。它在我国是传统的笼养鸟类，因此从前有大量的野鸟被捕捉，在鸟市上贩卖，在这个过程中有很多个体因各种原因死亡，现在这样的违法行为仍然没有杜绝。

## 332. 黑喉噪鹛（méi）

黑喉噪鹛也叫黑脸笑鸫、黑笑鸫、眼镜笑鸫、七姐妹、土画眉、嘈杂鸫等。隶属于雀形目、鸫科、噪鹛属。体长 20~29cm，体重 82~100g。额斑、眼先、眼周、眼后纹及颏、喉等均为黑色，宛如戴了一副眼镜，故俗称为眼镜笑鸫。头顶至后颈灰蓝色；背部橄榄褐色沾绿色。飞羽、尾羽淡褐色，中央一对尾羽微具若干黑褐色细横斑，先端转黑褐色；耳羽及周围羽毛均白，形成一大块白斑；下体橄榄灰色，向后转为橄榄褐色，尾下覆羽为肉桂色。虹膜棕红色；嘴黑褐色；脚和爪均为角褐色。

黑喉噪鹛分布于我国华南和西南地区。栖息于低山、丘陵和滨海台地森林中。结 20 只左右的群体活动。喜欢在灌木丛、荆棘丛或篱墙的下层活动，有时也见于耕地附近的丛树或庭园里。鸣声清脆有力，婉转悦耳如笛似箫。以昆虫为食，也吃植物种子等。繁殖期为 3~6 月。营巢于灌丛、竹林的地面上。每窝产卵 3~5 枚。孵化期大约为 16 天。

黑喉噪鹛被列入“三有”名单，但也有偷猎犯罪的现象发生。它在我国是传统的笼养鸟类，因此从前有大量的野鸟被捕捉，在鸟市上贩卖，在这个过程中有很多个体因各种原因死亡，现在这样的违法行为仍然没有杜绝。

## 333. 红嘴相思鸟

红嘴相思鸟是体型较小的鸣禽（图 4. 147）。体长 14~16cm。隶属于鸟纲、雀形目、鸫科。嘴呈鲜艳的红色。脸淡黄色。上体为橄榄绿色，翅膀上具有明显的红黄色翼斑。喉部、胸部呈橙黄色，下体余部为乳黄色。尾羽短，呈叉形，为绒黑色。脚绿黄色。

图 4. 147　红嘴相思鸟

红嘴相思鸟分布于我国长江流域以南。栖息于常绿阔叶林、常绿落叶混交林的灌丛或成片竹林中。性喜群居或与其他小鸟混群。动作活泼捷巧。鸣声响亮优美，富于变化，音调悦耳。主要以昆虫和植物种子、果实等为食。繁殖期为 5~6 月。巢营在针叶林、常绿林、杂木林等各种类型森林的荆棘或矮树上。巢呈深杯状。每窝产卵 3~5 枚。

红嘴相思鸟被列入“三有”名单，但也有偷猎犯罪的现象发生。它在我国是传统的笼养鸟类，因此从前有大量的野鸟被捕捉，在鸟市上贩卖，在这个过程中有很多个体因各种原因死亡，现在这样的违法行为仍然没有杜绝。

## 334. 银耳相思鸟

银耳相思鸟也叫白面相思等（图 4. 148）。隶属于雀形目、鸫科、相思鸟属。体长 14~18cm，体重 22~29g。头顶、颊黑色。耳覆羽银灰色。前额、颈部、颏、喉、胸部橙黄色，形成一个橙红色领圈。上体灰橄榄绿色。翅膀、尾覆羽上有红色斑块。尾羽暗灰褐色。腹部橄榄黄色。虹膜红褐色。嘴橙黄色。腿、脚肉黄色。

银耳相思鸟分布于我国西南部等地。栖息于海拔 1 000m 以上的丘陵和平原的阔叶林、竹林和灌丛中。喜欢在树丛下层活动。结群活动。鸣声多变无定，音调低微而清晰。不善远飞，大多在枝条间穿梭跳跃。以象甲、瓢虫、蚂蚁、蜂类等昆虫为食，也吃榕果的植物种子等。繁殖期为 4~8 月。每窝产卵 3~4 枚。雄鸟和雌鸟交替孵卵。孵化期大约为 14 天。

银耳相思鸟被列入“三有”名单，但也有偷猎犯罪的现象发生。它在我国是传统的笼养鸟类，因此从前有大量的野鸟被捕捉，在鸟市上贩卖，在这个过程中有很多个体因各种原因死亡，现在这样的违法行为仍然没有杜绝。

图 4.148 银耳相思鸟

## 335. 棕头鸦雀

棕头鸦雀也叫鸟形山雀、黄头、红头仔、黄腾等。隶属于雀形目、鹟科、鸦雀属。体长 10~13cm，体重 7~10g。体小，嘴短。头顶、后颈和上背红棕色。上体主要为橄榄褐色。翅膀、尾羽暗褐色。颏部、喉部和上胸部粉红色，有纵纹。腹部皮黄色。虹膜暗褐色。嘴黑褐色。脚铅褐色。

棕头鸦雀分布于我国东北、华北、华中、华东、华南和西南地区。栖息于灌丛、草地等地带。常结几十只小群在灌木、荆棘间活动。夏季大多在山地，冬季在靠近山坡草地及山麓芦苇地带，有时也进入园圃里。飞行距离较短。善于啭鸣，非常嘈杂。繁殖期为 4~7 月。巢置于灌木的枝杈间，距地面大约为 1m。每窝产卵 4~5 枚，呈浓淡不等的绿蓝色。孵化期约 14 天。

棕头鸦雀被列入“三有”名单，但也有偷猎犯罪的现象发生。它在我国是传统的笼养鸟类，因此从前有大量的野鸟被捕捉，在鸟市上贩卖，在这个过程中有很多个体因各种原因死亡，现在这样的违法行为仍然没有杜绝。

## 336. 文须雀

文须雀也叫文须山雀、髭雀等。隶属于属于雀形目、鹟科、文须雀属。体长 15~19cm，体重14~19g。雄鸟头顶、前额、耳覆羽浅灰色。从眼先到颈侧有一道黑纹。上体主要为棕肉桂色，尾棕色，中间一对羽毛淡黄，外侧尾羽有白色端。颏部、喉部、胸部白色。腹部粉红色。虹膜淡黄色。嘴黄色。脚黑色。雌鸟全身颜色比雄鸟淡，没有从眼先到颈侧的 1 道黑纹。

文须雀分布于我国北方。栖息于树林、芦苇地带。单独活动，只在秋、冬季才结小群活动。以蝗虫、蚂蚁、飞蛾等昆虫为食，也吃植物种子和果实。繁殖期为 4~7 月。

文须雀被列入“三有”名单，但也有偷猎犯罪的现象发生。它在我国是传统的笼养鸟类，因此从前有大量的野鸟被捕捉，在鸟市上贩卖，在这个过程中有很多个体因各种原因死亡，现在这样的违法行为仍然没有杜绝。

## 337. 黄眉柳莺

黄眉柳莺也叫树串儿、柳串儿、槐串儿等。隶属于雀形目、鹟科、柳莺属。体长 9~12cm。头顶、上体主要为橄榄绿色。眉纹淡黄绿色。翅膀有 2 道白斑。下体白色沾黄绿色。嘴褐色。脚淡棕褐色。

黄眉柳莺分布于我国大部分地区。栖息于树林中。性情活泼，行动敏捷，常在杨柳或其他树林间穿梭飞行。鸣声洪亮、清脆而悠长，富有韵律，边鸣边叫在树枝间跳跃。以蝇类、蚜虫类等昆虫为食，也吃杂草种子。营巢于地面上或泥洞中。巢很别致，以树皮纤维及草编织成圆球状，出入口开在巢侧。巢壁内常混有大量苔藓和蕨类以及羽毛、兽毛等。每窝产卵 4~5 枚。

黄眉柳莺被列入“三有”名单，但也有偷猎犯罪的现象发生。它在我国是传统的笼养鸟类，因此从前有大量的野鸟被捕捉，在鸟市上贩卖，在这个过程中有很多个体因各种原因死亡，现在这样的违法行为仍然没有杜绝。

## 338. 戴菊

戴菊隶属于属于雀形目、鹟科、戴菊属。体长 8~11cm。雄鸟头顶橙黄色，两侧有黑色纵纹，因此得名。眼周灰白色。上体主要为橄榄绿色，翅膀有 2 道白斑。下体灰白色。嘴黑色。脚淡褐色。雌鸟与雄鸟相似，头顶略呈黄色。

戴菊分布于我国大部分地区。栖息于林间灌丛中，有时也到郊野、城市庭园中。常结小群活动。鸣声悦耳。动作相当迅速敏捷，频繁地悬停放树叶前面，也喜欢在空中做螺旋状飞跃。以昆虫、植物种子等为食。营巢于针叶树的树梢上。每窝产卵 7~12 枚。

戴菊被列入“三有”名单，但也有偷猎犯罪的现象发生。它在我国是传统的笼养鸟类，因此从前有大量的野鸟被捕捉，在鸟市上贩卖，在这个过程中有很多个体因各种原因死亡，现在这样的违法行为仍然没有杜绝。

## 339. 白腹姬鹟（wēng）

白腹姬鹟也叫白腹蓝鹟、蓝燕、蓝鹟、石青、青扁头等。隶属于雀形目、鹟科、姬鹟属。体长 14~17cm，体重 19~29g。雄鸟额基、眼先及颊尖均黑，头顶和后颈钴青色，头侧、喉、胸、背、腰肩、翅均青蓝色。中央尾羽暗蓝色，羽基黑色。胸至下腹纯白色。嘴黑褐色，脚铅黑色。雌鸟仅在两翅、背、腰部略现蓝色，身体其余部分概为灰褐色。

白腹姬鹟分布于我国东北、华北、华中、华南、陕西、甘肃等地。栖息在 1 200m 左右的山地灌丛之间。大都在树枝上活动。性情胆怯，不常鸣叫，但在繁殖期却有清脆的鸣叫声。常在树枝上突向空中，捕食飞过的昆虫，也在飞翔中捕食。主要以蝉、瓢虫、椿象等昆虫为食，很少吃植物性食物。繁殖期为 5~6 月。营巢在树枝上，巢由苔藓、卷须、干草等组成。每窝产卵 4~5 枚。孵化期为 12~14 天。主要由雌鸟孵化，双亲共同育雏。育雏期大约为 14 天。

白腹姬鹟被列入“三有”名单，但也有偷猎犯罪的现象发生。它在我国是传统的笼养鸟类，因此从前有大量的野鸟被捕捉，在鸟市上贩卖，在这个过程中有很多个体因各种原因死亡，现在这样的违法行为仍然没有杜绝。

## 340. 寿带

寿带也叫绶带、一枝花、长尾鹟、练鹊、紫带子、白带子等。隶属于雀形目、鹟科、寿带属。体长 17~40cm，体重 14~30g。有白、栗 2 种不同羽色型。雄鸟的两枚中央尾羽特长，可达体躯的 4~5 倍，雌鸟中央尾羽不延长。栗色型额、头顶、羽冠、后颈、头侧和颏、喉、前胸概呈亮蓝黑色；眼圈钴蓝色；飞羽黑褐色，外缘以栗红色；尾羽栗色，中央尾羽特别延长，羽干暗褐色；飞羽黑褐色，外缘栗红色；最内侧次级飞羽栗红色，羽干纹黑褐色；小翼羽和最外侧初级飞羽黑褐色；最内侧覆羽与背同色；其余覆羽黑褐色，外缘栗红色；后胸和两胁灰色，向后逐渐变淡；腹和尾下覆羽白色。虹膜暗褐色；嘴钴蓝色；跗跖钴蓝色；脚铅黑色。白色型体羽背部呈白色，杂有黑色的羽干纹，尾羽白色，是老年鸟的羽色。

寿带分布于我国的大部分地区。栖息于山区、丘陵、平原地带的阔叶林中。成对或结小群活动。鸣声响亮而急促。飞行时张开嘴，以极快速度在空中捕食松毛虫、蝇类、飞蛾、蝗虫等昆虫，也吃极少量的植物种子。繁殖期为 5~7 月。营巢于林下灌木、小乔木上。巢极精巧，呈杯状，由细草、苔藓、树皮等筑成。每窝产卵 2~4 枚。孵化期 20 天。

寿带被列入“三有”名单，但也有偷猎犯罪的现象发生。它在我国是传统的笼养鸟类，因此从前有大量的野鸟被捕捉，在鸟市上贩卖，在这个过程中有很多个体因各种原因死亡，现在这样的违法行为仍然没有杜绝。

## 341. 大山雀

大山雀是体型较小的鸣禽。体长 12～14cm。隶属于鸟纲、雀形目、山雀科。嘴短而较强，略呈圆锥状。头顶、后颈、颏部、喉部和胸部黑色。颊部、耳羽有大块白斑。上背黄绿色，下背、腰部蓝灰色。飞羽黑褐色。尾羽蓝灰色，有白斑。下体主要为白色，中央有黑色纵斑纹。嘴黑色。脚紫褐色。

大山雀分布于我国大部分地区。栖息于山地、平原的森林中。成群活动。以昆虫、蜘蛛等为食，也吃少量植物性食物。繁殖期为 3~8 月。营巢于树洞、石隙或墙洞中。每窝产卵 6~9 枚。孵化期 15 天。

大山雀被列入“三有”名单，但也有偷猎犯罪的现象发生。它在我国是传统的笼养鸟类，因此从前有大量的野鸟被捕捉，在鸟市上贩卖，在这个过程中有很多个体因各种原因死亡，现在这样的违法行为仍然没有杜绝。

## 342. 沼泽山雀

沼泽山雀也叫红仔、仔仔红、小豆雀、小山雀、泥沼山雀等。隶属于雀形目、山雀科、山雀属。体长 10～13cm，体重 10～14g。头顶、后颈、背、肩呈黑色，并带有金属光泽。喙为黑色，头侧呈白色。上体灰色，间有沙褐色，下体苍白，中央无黑色纵纹。尾羽灰褐色，除中央一对外均具有灰白色的外缘。脚黑色。

沼泽山雀分布于我国东北、华北、华东、西南地区。在平原、山区随处可见，活动于针叶林、阔叶林的树枝上，觅食各种昆虫。通常单独或成对活动，秋季常与其他山雀结成大群。繁殖期为 3～4 月。营巢于洞隙内。雌鸟筑巢，雄鸟伴随。以苔藓、地衣、松针、树皮、兽毛及少量鸟绒羽为巢材，巢呈杯状。每窝产卵 6~8 枚，呈乳白色。雌鸟孵化，孵化期为 13~15 天。育雏期为 20 天左右。

沼泽山雀被列入“三有”名单，但也有偷猎犯罪的现象发生。它在我国是传统的笼养鸟类，因此从前有大量的野鸟被捕捉，在鸟市上贩卖，在这个过程中有很多个体因各种原因死亡，现在这样的违法行为仍然没有杜绝。

## 343. 红胸啄花鸟

红胸啄花鸟也叫红心肝、啄花鸟等。隶属于雀形目、啄花鸟科、啄花鸟属。体长 6～10cm，体重 5～10g。体型纤小，羽色鲜艳。雄鸟上体前部呈暗绿色有金属光泽，上体后部呈黄棕色，在胸部有一块红色的斑块。雌鸟上体前部呈黄绿色无金属光泽，上体后部也呈黄棕色，胸部无红色的斑块。

红胸啄花鸟分布于我国长江以南地区。栖息于林间、田园、村落的树丛间。性情活泼，常三五成群或单个活动，至秋、冬季集结成 10～20 只大群活动。鸣声响亮，鸣声多为单声，愉快活泼。常穿梭于花、树间，觅食浆果，偶尔也取食小虫。繁殖期为 4～7 月。营巢于阔叶树上。巢呈椭圆形的囊袋状，主要由植物纤维、毛、花絮、蛛丝等材料编制而成。每窝产卵 2～3 枚。

红胸啄花鸟被列入“三有”名单，但也有偷猎犯罪的现象发生。它在我国是传统的笼养鸟类，因此从前有大量的野鸟被捕捉，在鸟市上贩卖，在这个过程中有很多个体因各种原因死亡，现在这样的违法行为仍然没有杜绝。

## 344. 红胁绣眼鸟

红胁绣眼鸟也叫紫档绣眼、粉眼儿、绣眼儿、竹叶青等。隶属于雀形目、绣眼鸟科、绣眼鸟属。体长 10~12cm，体重 7～13g。头顶、后颈和上体主要为黄绿色。眼圈白色，因此得名。飞羽黑褐色。尾羽暗褐色。颏、喉、胸部黄色。腹部白色。胁部栗红色。虹膜褐色。上嘴褐色，下嘴肉色。脚铅蓝色。

红肋绣眼鸟分布于我国东北、华北、华东、华中、华南和西南地区。栖息于山地、平原和居民点附近的树林中。主要以蝗虫、金龟子、瓢虫、蚜虫、椿象等为食，也吃花蜜、草籽、野浆果和成熟香蕉、柿子等的果肉等。繁殖期为4~7月。在树上营小巧而精致的吊篮状巢，由羽毛、细草、蛛丝、地衣、纤维织绕而成。每窝产卵3~4枚。卵为纯天蓝色或纯白。孵化期为11~13天。雏鸟出壳后需亲鸟喂食。

红肋绣眼鸟被列入“三有”名单，但也有偷猎犯罪的现象发生。它在我国是传统的笼养鸟类，因此从前有大量的野鸟被捕捉，在鸟市上贩卖，在这个过程中有很多个体因各种原因死亡，现在这样的违法行为仍然没有杜绝。

## 345. 暗绿绣眼鸟

暗绿绣眼鸟也叫粉眼儿、地瓜鸟、白目眶、白眼、绣眼相思鸟、青档绣眼、金眼圈、相思仔、青丝等。隶属于雀形目、绣眼鸟科、绣眼鸟属。体长9~12cm，体重8~12g。前额黄色。头顶、后颈和上体主要为草绿色。眼圈白色，因此得名。飞羽黑褐色。尾羽暗褐色。颏、喉、胸部黄色。腹部白色。虹膜红褐色。嘴黑色。脚暗铅色。雄鸟头额宽，头顶羽毛薄，头型亦小；白色眼圈较宽而隆起；体型漂亮，鸣声悦耳、双音、多变。雌鸟鸣声仅单音，体型较粗短，不及雄者漂亮。此外，在尾部下方，雄鸟比雌鸟多一条黄色的羽毛。

暗绿绣眼鸟分布于我国华北、华东、华中、华南和西南地区。栖息于山地、平原树林中。成对或成群活动。以蝗虫、金龟子、瓢虫、蚜虫、椿象等昆虫为食，也吃花蜜、草籽、野浆果和成熟香蕉、柿子等的果肉等。繁殖期为3~8月。营巢于树上或灌丛上。巢小巧而精致，呈吊篮状，由羽毛、细草、蛛丝、地衣、纤维织绕而成。每窝产卵3~4枚，卵为纯天蓝色或纯白色。孵化期为11~13天。雏鸟需要亲鸟喂食。

暗绿绣眼鸟被列入“三有”名单，但也有偷猎犯罪的现象发生。它在我国是传统的笼养鸟类，因此从前有大量的野鸟被捕捉，在鸟市上贩卖，在这个过程中有很多个体因各种原因死亡，现在这样的违法行为仍然没有杜绝。

## 346. 叉尾太阳鸟

叉尾太阳鸟为体型纤细的鸣禽。体长8~11cm。隶属于鸟纲、雀形目、太阳鸟科。嘴纤细尖长。翅短圆。中央尾羽特别延长。雄鸟头顶、后颈绿色，具金属光泽。背部橄榄绿色。腰部黄色。中央尾羽绿色，其余尾羽黑色。翅膀暗褐色。颊部、耳羽黑色。颏、喉及上胸赭红色。下胸部橄榄黄色。腹部淡灰色或黄绿色。雌鸟上体主要为橄榄黄绿色。翅膀褐色。尾羽褐黑色。下体主要为绿灰色或黄绿色。嘴黑色。脚暗褐色。

叉尾太阳鸟分布于我国华南、西南地区。栖息于山地阔叶林中。单独、成对或结小群活动。以花蜜等为食。繁殖期为4月。营巢于树的枝叶上。每窝产卵2~4枚。

叉尾太阳鸟被列入“三有”名单，但也有偷猎犯罪的现象发生。

## 347. 黑枕黄鹂

黑枕黄鹂是体型中等的鸣禽（图4.149）。体长23~29cm。隶属于鸟纲、雀形目、黄鹂科。嘴较粗厚。体羽为黄色或绿黄色，头顶枕部有一条阔宽的黑纹；翅、尾主要为黑色。嘴粉红色，脚铅黑色。

图4.149 黑枕黄鹂

黑枕黄鹂分布于我国除新疆、青海外的大部分地区。栖息于平原至低山的阔叶林和针阔混交林内。单只或成对活动。树栖，飞行姿态呈直线型。鸣声多变。以昆虫为食，也吃少量植物种子。繁殖期从6月开始。营巢于大树的水平枝杈上。每窝产卵4枚。孵化期14~16天。

黑枕黄鹂被列入“三有”名单，但也有偷猎犯罪的现象发生。它在我国是传统的笼养鸟类，因此从前有大量的野鸟被捕捉，在鸟市上贩卖，在这个过程中有很多个体因各种原因死亡，现在这样的违法行为仍然没有杜绝。

## 348. 栗鹀（wú）

栗鹀也叫紫背、红金钟等。隶属于雀形目、雀科、鹀属。体长13~14cm，体重16~20g。雄鸟头部、颈部、胸部和上体主要为栗红色。翅膀、尾羽暗褐色。腹部淡硫黄色，两胁橄榄绿色。虹膜褐色。嘴褐色。脚淡肉褐色。雌鸟体羽与雄鸟相似，但颏、喉为黄白色。

栗鹀分布于我国东北、华北、华中、华东、华南和西南地区。栖息于山地、湖畔、沼泽地的柳林或灌木丛间。结群活动。繁殖期间鸣声响亮。在树上以榆树果实、柳树嫩芽等为食；在地上以草籽和昆虫为食。繁殖期为4~7月。营巢于山区灌木丛间的地面上，由干草、细根等造成。每窝产卵3~5枚。卵为沙黄色，具有斑纹。主要由雌鸟孵化，孵化期为12~14天。由双亲共同哺育，14天后雏鸟出巢。

栗鹀被列入“三有”名单，但也有偷猎犯罪的现象发生。它在我国是传统的笼养鸟类，因此从前有大量的野鸟被捕捉，在鸟市上贩卖，在这个过程中有很多个体因各种原因死亡，现在这样的违法行为仍然没有杜绝。

## 349. 黄喉鹀

黄喉鹀也叫黄蓬头、峋鹀等。隶属于雀形目、雀科、鹀属。体长14~15cm，体重11~24g。雄鸟头顶及头的两侧黑色，有艳丽的黑色羽冠，眉纹具两种颜色，前白后黄。喉部鲜黄色，胸部有一个半月形黑斑。体背栗褐色。雌鸟羽色较雄鸟暗淡，头部褐色，喉部黄色较浅。

黄喉鹀分布于我国大部分地区。栖息于山地疏林或灌木丛间，最高可达海拔3 000m处。有时也到村落、庭园等处活动，常数只在一起。鸣声婉转动听，常在灌木丛中的树枝上鸣唱，在地上觅食，以落叶树下的种子、杂草种子和昆虫等为食。繁殖期为5~6月。在森林或灌木间的地上或离地不高的树枝上营巢，巢由禾本科植物的细茎、叶子及毛发等构成。每窝产卵5枚，呈乳白色或淡蓝色，夹杂紫色斑。孵化期为12~14天。育雏期为14天。

黄喉鹀被列入“三有”名单，但也有偷猎犯罪的现象发生。它在我国是传统的笼养鸟类，因此从前有大量的野鸟被捕捉，在鸟市上贩卖，在这个过程中有很多个体因各种原因死亡，现在这样的违法行为仍然没有杜绝。

## 350. 三道眉草鹀

三道眉草鹀也叫山带子、铁雀、小栗鹀、山麻雀、黄道眉等。隶属于雀形目、雀科、鹀属。体长15~18cm，体重19~28g。雄鸟头顶和背部栗色，并杂有黑斑。眼先和耳羽黑色，眉纹和嘴基部至眼下方为白色，胸部有栗色横带。雌鸟头顶和前胸均无栗色，一般羽色较雄鸟浅。

三道眉草鹀分布于我国大部分地区。栖息于山地，海拔高达2 800m都见到。秋冬季则结成群生活于平原、乡村、城镇等地，在不高的树上、草丛、农田活动。繁殖期的鸣声变得婉转动听，但音调不高。主要以昆虫为食，也吃杂草种子等。繁殖期为4~6月。在离地不高的矮树丛中营巢。巢筑得很精巧，卵色变化较多，有灰白、浅蓝、青蓝等色。每窝产卵3~6枚。

三道眉草鹀被列入“三有”名单，但也有偷猎犯罪的现象发生。它在我国是传统的笼养鸟类，因此从前有大量的野鸟被捕捉，在鸟市上贩卖，在这个过程中有很多个体因各种原因死亡，现在这样的违法行为仍然没有杜绝。

## 351. 灰头鹀

灰头鹀也叫蓬鹀、青头雀、黑脸鹀等。隶属于雀形目、雀科、鹀属。体长14~15cm，体重14~26g。雄鸟嘴基周围、眼先及颊均黑色，头的余部、颈、胸橄榄绿色，肩背棕褐，具黑色条纹。雌鸟头顶褐色，面有土黄色眉纹。虹膜暗褐色。

灰头鹀分布于我国大部分地区。栖息在平原、丘陵、高山至海拔3 000m处。出没于灌木丛，森林边缘及田间、草地等。性情温驯。雄鸟在繁殖期也会鸣唱。常4~10只或百余只集群活动。常在树上颤动尾巴，显示白色部分的尾羽。以杂草种子为食，也吃金龟甲、蝗虫，夜盗蛾等昆虫。繁殖期为4~7月。营巢于矮灌丛中。每窝产卵4~6枚。

灰头鹀被列入“三有”名单，但也有偷猎犯罪的现象发生。它在我国是传统的笼养鸟类，因此从前有大量的野鸟被捕捉，在鸟市上贩卖，在这个过程中有很多个体因各种原因死亡，现在这样的违法行为仍然没有杜绝。

## 352. 黄胸鹀

黄胸鹀也叫老铁背、黄肚囊、黄豆瓣、麦黄雀、禾花雀、黄麻雀、青黄雀、寒雀、黄胆等。隶属于雀形目、雀科、鹀属。体长14~16cm，体重19~25g。雄鸟头部、上体主要为栗色。飞羽暗褐色，有白斑。尾羽黑褐色。颏部、喉部黑色。下体黄色，胸部有一条栗褐色横带。虹膜褐色。嘴黑褐色。脚暗棕色。雌鸟头和背均为暗褐色，腹部淡黄色。

黄胸鹀分布于我国大部分地区。栖息于开阔地带林地、草原、灌丛中。结群活动。以昆虫、植物种子等为食。繁殖期为5~7月。营巢于草原或森林草原的草丛中。巢呈碗状，由草根、草叶、兽毛构成。每窝产卵4~5枚，灰绿色并有灰、褐色的斑纹。孵化期12~13天。

黄胸鹀被列入“三有”名单，但也有偷猎犯罪的现象发生。它在我国是传统的笼养鸟类，因此从前有大量的野鸟被捕捉，在鸟市上贩卖，在这个过程中有很多个体因各种原因死亡，现在这样的违法行为仍然没有杜绝。

## 353. 赤胸鹀

赤胸鹀也叫红鹀等。隶属于雀形目、雀科、鹀属。体长14~16cm，体重20~27g。头部、颈部灰色。耳羽栗色。上体主要为淡栗色，有黑色条纹。翅膀、尾羽黑褐色，有白斑。颏部、喉部和下体皮黄白色，颧纹下有一道黑纹围绕着喉部左右，在中央汇成“U”形斑。胸部有一条栗色横斑。虹膜褐色。嘴褐色。脚肉色。

赤胸鹀分布于我国东北、华北、华中、华东、华南和西南地区。栖息在海拔800m左右的山旁、灌丛、草原和田园间，都在空旷地，不去密林之中。常单独活动，在非繁殖期也成5~10只小群活动。繁殖期，鸣声嘹亮和谐，带颤声很动听。以各种杂草种子为食，也吃昆虫、蠕虫类。繁殖期为5~7月。雄鸟和雌鸟共同营巢于草原或林间的草丛里，巢由各种草和根组成，呈碗状。每窝产卵4~6枚。孵化期12~13天。

赤胸鹀被列入“三有”名单，但也有偷猎犯罪的现象发生。它在我国是传统的笼养鸟类，因此从前有大量的野鸟被捕捉，在鸟市上贩卖，在这个过程中有很多个体因各种原因死亡，现在这样的违法行为仍然没有杜绝。

## 354. 金丝雀

金丝雀也叫芙蓉鸟、芙蓉、白玉鸟、白玉、白燕、燕子、玉鸟等。隶属于雀形目、雀科、丝雀属。体长12~14cm，体重约20g。野生个体的体羽主要呈灰色，经人工饲养后羽色发生了许多变化，出现了黄色、白色、绿色、花色、辣椒红、橘红色、古铜色、桂皮色等羽色，在这些羽色中又有深浅色的差异，使人工饲养的金丝雀的羽毛颜色更加丰富，一般以毛色纯净为佳，体型则有弯月、凸胸、刘海顶等多种。

分布于大西洋的加那利、马狄拿、爱苏利兹等群岛上。我国饲养的金丝雀主要有“山东种”“扬州种”和德国“萝娜种”等3个品种。喜欢结群生活。主要以植物的种子等为食，夏季也吃昆虫等。巢为杯状，每窝产卵4~5枚。

金丝雀是我国首批可商业性经营利用驯养繁殖技术成熟的54种陆生野生动物之一。鸣声动听，模仿歌唱的能力强，并富有套数，是传统的笼养鸟类。

## 355. 金翅雀

金翅雀也叫铜铃、芦花黄雀、绿雀、黄楠雀、黄弹鸟、金翅儿等。隶属于雀形目、雀科、金翅属。体长12~14cm，体重16~22g。嘴尖直，基部膨胀。雄鸟头顶、眉、颊和颏有小片黄绿色，背部近橄榄褐色，腰部金黄色，翅膀黑色并有金黄色斑，尾羽黑色，前腹部浅黄色，后腹部近白色。雌鸟的额、颊不沾绿色，腹部黄色部分较淡，并带褐色。虹膜栗褐色，嘴肉色，脚浅灰红色。

金翅雀分布于我国东北、华北、华中、华东、华南和西南地区。栖息于平原、高山灌丛、树丛中，最高可达海拔2 400m处。喜欢成群活动，由几十只至上千只的大群。平时多在村落附近的松树、杉树等高大树上或山地矮树丛间，很少到地上活动。鸣声轻柔颤抖，有点像蟋蟀叫声，飞翔快速。主要以各种树木的种子和杂草种子为食，也吃昆虫。繁殖期为3~8月。繁殖期雄鸟鸣声转为高音，颇有音韵。在大树的树顶上营精巧的杯形巢，以草根、嫩茎和羽毛等为巢材。每窝产卵3~5枚。卵呈绿白色，钝端有褐色和黑色的斑点。孵化期11~13天。育雏期15~20天。

金翅雀被列入“三有”名单，但也有偷猎犯罪的现象发生。它在我国是传统的笼养鸟类，因此从前有大量的野鸟被捕捉，在鸟市上贩卖，在这个过程中有很多个体因各种原因死亡，现在这样的违法行为仍然没有杜绝。

## 356. 黄雀

黄雀也叫黄鸟、金雀、瓦雀、芦花黄雀、黄鸟瓦雀、黄雀儿、黄奖、金奖等。隶属于雀形目、雀科、金翅属。体长11~12cm，体重11~16g。雄鸟头较小，前额、头顶和颏部黑色。眉纹黄色。贯眼纹黑色。上体主要为暗绿色。腰部黄色。尾羽褐色。翅膀黑褐色，有黄色斑。胸部黄色。腹部灰白色。虹膜黑色。嘴暗褐色。脚暗褐色。雌鸟头较大，头顶暗绿色，喉部无黑色块斑。胸部黄色不显著。

黄雀分布于我国东北、华北、华中、华东、华南和西南地区。栖息于平原、丘陵地带的树林中，也见于灌丛及草丛中。常结成10~100只群体。十分活泼好动，常常在树冠上边飞边叫，叫声悦耳。飞行能力强。主要以各种野生植物的果实、种子和幼芽为食，也吃小甲虫、蚜虫和其他昆虫的幼虫。繁殖期为4~8月。营巢于松树、赤杨等树上。巢呈深杯状，由蜘蛛网、苔藓、羽毛、兽毛、纤维等绕成，内垫羽毛等，呈深杯状。每窝产卵4~6枚。卵呈蓝白色，上面有淡棕色和紫色的斑点。孵化期11~14天。在此期间内，雄鸟外出觅食喂养雌鸟，雏鸟出壳后，由雌雄鸟共同育雏。育雏期半个月左右。

黄雀被列入“三有”名单，但也有偷猎犯罪的现象发生。它在我国是传统的笼养鸟类，因此从前有大量的野鸟被捕捉，在鸟市上贩卖，在这个过程中有很多个体因各种原因死亡，现在这样的违法行为仍然没有杜绝。

## 357. 白腰朱顶雀

白腰朱顶雀也叫朱顶、苏雀等。隶属于雀形目、雀科、金翅属。体长12~14cm，体重12~16g。

雄鸟前额、头顶红色。眼先和眼后黑褐色，耳羽栗褐。后头至上体主要为淡褐色。腰部灰白色。尾羽暗褐色。翅膀黑色，有白斑。颏部黑色。喉部、胸部玫瑰粉色。腹部白色。虹膜褐色。嘴黄褐色。脚黑褐色。雌鸟头顶朱红色，但斑块小，胸无粉红色，为淡黄白色。

白腰朱顶雀分布于我国东北、华北、西北、华东地区等地。栖息于海拔 850m 以下的低山和山脚地带，夏季时常单独活动，冬季群栖，每群 5~7 只到百余只。性情温顺活泼。起飞时鸣声单调而低哑，尾音稍长。以植物果实、种子，以及昆虫等为食。繁殖期为 3~7 月。营巢在低矮的树上。每窝产卵 2~5 枚。孵化期为 11~13 天。

白腰朱顶雀被列入“三有”名单，但也有偷猎犯罪的现象发生。它在我国是传统的笼养鸟类，因此从前有大量的野鸟被捕捉，在鸟市上贩卖，在这个过程中有很多个体因各种原因死亡，现在这样的违法行为仍然没有杜绝。

## 358. 红交嘴雀

红交嘴雀也叫交嘴雀、交喙雀、青交嘴、红交嘴、交雀等。在分类学上隶属于雀形目、雀科、交嘴雀属。体长 15~17cm，体重 29~48g。上下喙的尖端交叉。雄鸟体羽主要为朱红色，翅膀、尾羽黑褐色，下腹白色，脸部暗褐色。雌鸟头部、上体主要为灰褐色，翅膀、尾羽黑褐色。头顶、腰部、腹侧和两胁均染鲜亮的黄绿色，脸为灰色。虹膜黑褐色。嘴黑褐色。脚黑褐色。

红交嘴雀分布于我国东北、西北、华北、华中和西南地区等地。栖息于海拔 1 000m 以上山林茂密的松、杉等针叶林中，多在树上活动，冬时也到平原和地面活动。常结成群体游荡生活，群飞群宿。性活泼。鸣声响亮，尖而带颤。食物以松、杉等球昊为主，同时吃树芽、花、杂草种子、浆果等，也吃昆虫类。繁殖期为 6~8 月。巢筑在松树上，呈碗状，由落叶松和云杉细枝及苔藓、地衣构成，铺垫厚实、保暖。每巢产卵 3~5 枚。卵为乳白色，上面布满棕色或黑褐色斑点。由雌鸟担任孵化，孵化期为 15~17 天。雏鸟由双亲哺育，育雏期大约为 18 天。

红交嘴雀被列入“三有”名单，但也有偷猎犯罪的现象发生。它在我国是传统的笼养鸟类，因此从前有大量的野鸟被捕捉，在鸟市上贩卖，在这个过程中有很多个体因各种原因死亡，现在这样的违法行为仍然没有杜绝。

## 359. 锡嘴雀

锡嘴雀也叫蜡嘴雀、老西儿、锡蜡嘴雀、锡蜡、老锡、铁嘴蜡子等。隶属于雀形目、雀科、锡嘴雀属。体长 16~20cm，体重 40~63g。嘴粗大。雄鸟头部淡皮黄色。后颈灰色。上体主要为灰褐色。飞羽黑色，有白斑。尾羽末端白色。颏部、喉部黑色。下体主要为淡灰红色。虹膜红褐色。嘴铅蓝色。脚肉色。雌鸟体型较小，羽色较浅。

锡嘴雀分布于我国的大部分地区。栖息于低山、平原林地中。喜欢在高大而光线充足的树上，常结成 10~100 只的群体。主要以植物种子，如榆籽、松子等为食，也吃昆虫等。繁殖期为 4~6 月。巢呈杯状。每窝产卵 4~6 枚。孵卵由雌鸟担任。孵化期为 14 天。雏鸟由双亲抚育，育雏期为 12 天。

锡嘴雀被列入“三有”名单，但也有偷猎犯罪的现象发生。它在我国是传统的笼养鸟类，因此从前有大量的野鸟被捕捉，在鸟市上贩卖，在这个过程中有很多个体因各种原因死亡，现在这样的违法行为仍然没有杜绝。

## 360. 黑头蜡嘴雀

黑头蜡嘴雀也叫铜蜡嘴雀、乌铜、铜蜡、大蜡嘴、蜡嘴、梧桐、桐蜡、桑鹰、铜嘴等。隶属于雀形目、雀科、蜡嘴雀属。体长 21~23cm，体重 65~95g。雄鸟前额、头顶、嘴基和眼周黑色。其余头部和上体主要为淡灰褐色。翅膀黑色，有白斑。尾羽黑色。下体主要为淡灰褐色，腹部白色。虹膜深红色。嘴蜡黄色。脚肉褐色。雌鸟羽色较浅，腹部较白。

黑头蜡嘴雀分布于我国东北、华北、华中、华东、华南和西南地区等地。栖息于山地、丘陵和平原的阔叶林或针阔混合林中。常成群活动，飞行动作敏捷。平时叫声响亮、简单。以植物嫩芽、果实、种子等为食，也吃昆虫等。繁殖期为6月。常在树梢高处大声鸣唱，声音悠扬动听。营巢于隐蔽的树梢上，以草茎、纤维、细树枝为巢材，巢呈深杯状。每窝产卵3~4枚。

黑头蜡嘴雀被列入“三有”名单，但也有偷猎犯罪的现象发生。它在我国是传统的笼养鸟类，因此从前有大量的野鸟被捕捉，在鸟市上贩卖，在这个过程中有很多个体因各种原因死亡，现在这样的违法行为仍然没有杜绝。

## 361. 黑尾蜡嘴雀

黑尾蜡嘴雀也叫皂儿、蜡嘴、小桑嘴等。隶属于雀形目、雀科、蜡嘴雀属。体长17~20cm，体重42~55g。嘴大、呈圆锥状。雄鸟头部黑色。上体主要为灰褐色。翅膀黑色，有白斑。尾羽黑色，微有分叉。颏部、喉部黑色。下体主要为灰色或白色。虹膜浅红褐色。嘴橙黄色。脚肉色。雌鸟头部褐色，爪褐色。

黑尾蜡嘴雀分布于我国东北、华北、华中、华东、华南和西南地区等地。栖息于平原以至3 000m高的山地阔叶林中活动。喜欢集群。春天鸣声洪亮，声闻很远，繁殖期的鸣声更为美妙。以各种植物种子、果实、鳞芽等为食，也吃昆虫及其幼虫等。繁殖期为5~6月。营巢于树上，巢呈深杯状，每窝产卵4~5枚。卵呈绿白色，具有紫灰色和暗褐色斑纹。孵化期为12~13天。

黑尾蜡嘴雀被列入“三有”名单，但也有偷猎犯罪的现象发生。它在我国是传统的笼养鸟类，因此从前有大量的野鸟被捕捉，在鸟市上贩卖，在这个过程中有很多个体因各种原因死亡，现在这样的违法行为仍然没有杜绝。

## 362. 燕雀

燕雀也叫虎皮雀、麻蜡、花鸡、花雀、麻蜡雀等。隶属于雀形目、雀科、燕雀属。体长13~17cm，体重20~28g。雄鸟头顶、后颈和上体主要为蓝黑色，腰部白色。飞羽黑褐色，有白斑。尾羽黑色，有黄白色边。颏部、喉部、胸部栗红色。腹部淡棕色。虹膜褐色。嘴黑褐色。脚深褐色。雌鸟羽色较雄鸟羽色暗淡，且头部不呈黑色。

燕雀分布于我国大部分地区。栖息于平原、山地森林中。结群活动，秋冬成大群数百只迁徙。性情活泼。以各种杂草种子、果实、嫩芽等为食，也吃昆虫、蠕虫类。繁殖期为5~7月。营巢于茂密的树上。巢呈杯状，以杂草、细树枝等为巢材。每巢产卵3~4枚。孵化期为12~14天。

燕雀被列入“三有”名单，但也有偷猎犯罪的现象发生。它在我国是传统的笼养鸟类，因此从前有大量的野鸟被捕捉，在鸟市上贩卖，在这个过程中有很多个体因各种原因死亡，现在这样的违法行为仍然没有杜绝。

## 363. 北朱雀

北朱雀也叫靠山红等。隶属于雀形目、雀科、朱雀属。体长14~17cm，体重19~31g。雄鸟体羽主要为桃红色，额、颏和喉具银白鲜鳞状斑，翅膀、尾羽暗褐色，翅上有两道横斑。雌鸟头部、上体主要为沙褐色，颏部、喉部、胸部和胁部红色。腹部白色。翅膀、尾羽暗褐色，翅上横斑不如雄鸟明显。虹膜暗褐色。嘴灰褐色。脚肉色或褐色。

北朱雀分布于我国东北、华北、华中和西北地区等地。栖息于海拔1 300m以下的荒山、灌丛、田间、河谷，不去森林密处，多于地面低空飞翔，飞翔时常鸣叫，声低弱而颤抖，春天则尖锐、婉转。性机警，结成紧密群体10~20只，一起飞翔和停落。以植物果实、杂草种子、嫩芽等为食，也吃少量昆虫。

北朱雀被列入“三有”名单，但也有偷猎犯罪的现象发生。它在我国是传统的笼养鸟类，因此从前有大量的野鸟被捕捉，在鸟市上贩卖，在这个过程中有很多个体因各种原因死亡，现在这样的违法行为仍然没有杜绝。

## 364. 朱雀

朱雀也叫普通朱雀、红麻料、青麻料等。隶属于雀形目、雀科、朱雀属。体长14~16cm，体重20~28g。雄鸟体羽主要为红色，翅膀、尾羽暗褐色。雌鸟头部、上体主要为橄榄褐色，翅膀、尾羽暗褐色。颏部、喉部和下体主要为黄白色或白色，有暗色条纹。虹膜暗褐色。嘴红褐色或角褐色。脚黑褐色。

朱雀分布于我国大部分地区。栖息于山地、平原森林、灌丛中。单独或结小群在树顶上活动。春季鸣声婉转动听。以植物嫩芽、种子、浆果，以及昆虫等为食。繁殖期为5~7月。营巢于灌木密枝上，巢质松软，由禾本科植物的茎和根等构成。每窝产卵4~6枚。孵化期14天。

朱雀被列入“三有”名单，但也有偷猎犯罪的现象发生。它在我国是传统的笼养鸟类，因此从前有大量的野鸟被捕捉，在鸟市上贩卖，在这个过程中有很多个体因各种原因死亡，现在这样的违法行为仍然没有杜绝。

## 365. 橙颊梅花雀

橙颊梅花雀也叫红颊雀、颊红鸟。隶属于鸟纲，雀形目，梅花雀科。体长9~10cm。头、颈为灰色，雄鸟的脸颊为红色，雌鸟的脸颊为黄红色。嘴红色。胸部、腹部灰色。腹部下面中央处有橘黄色的竖线。

橙颊梅花雀分布于非洲扎伊尔、冈比亚、安哥拉、赞比亚、喀麦隆、乍得等地。栖息于干燥的高地、草地等地带。以植物种子等为食。

橙颊梅花雀是我国首批可商业性经营利用驯养繁殖技术成熟的54种陆生野生动物之一。橙颊梅花全身的羽毛五彩缤纷，雄鸟叫声多变，容易饲养，是传统的笼养鸟类。

## 366. 红梅花雀

红梅花雀也叫梅花雀、红雀、珍珠鸟、红珍珠、红色小文鸟、草莓雀、青珍珠雀。隶属于鸟纲，雀形目，梅花雀科。体长9~10cm，体重7~8g。雄鸟体羽主要为红色，并散缀许多小白点，形似珍珠，故名“珍珠鸟”。头、颈、两翼及尾呈暗红色，腹部深红色。雌鸟头、颈、两翼及尾为暗褐色，腹部黄色，体羽上的白色珍珠点较少。嘴为鲜红色，脚为粉红色。

红梅花雀分布中国云南、贵州、海南岛等地。栖息于潮湿地区的芦苇丛、草丛及林区等地。喜欢群居。主要以植物种子等为食。繁殖期从8月至翌年1月。巢小，通常用细草营巢，巢内铺柔软的植物纤维。产卵大多数在9~10月，每窝产卵4~7枚。孵化期为半个月左右，育雏期为一个多月。

红梅花雀被列入“三有”名单，但也有偷猎犯罪的现象发生。它是我国首批可商业性经营利用驯养繁殖技术成熟的54种陆生野生动物之一。红梅花雀人工培育的品种较多，雄鸟鸣声多变，容易饲养，是传统的笼养鸟类，因此从前有大量的野鸟被捕捉，在鸟市上贩卖，在这个过程中有很多个体因各种原因死亡，现在这样的违法行为仍然没有杜绝。

## 367. 栗耳草雀

栗耳草雀也叫锦华鸟、锦华雀、斑胸草雀、点胁草雀、斑马雀、金山珍珠、珍珠、灰珍珠。隶属于鸟纲，雀形目，梅花雀科。体长10cm。雄鸟前额至颈部及颈侧灰色或浅灰色。肩、背及翅灰棕色。飞羽深灰色。腰部中段和下段的中间为白色，边缘为灰色或深灰色。尾上覆羽有黑色的端斑和近似圆形的次端斑，看上去像是在黑底上缀有白色的圆点，状如珍珠。尾羽较短，为黑棕色，但常被长长的尾上覆羽所遮盖。眼先为白色，被从嘴基到眼下的黑色纵条纹所勾勒出来，特别是眼下的纵纹很像

“泪痕”。颊和耳羽为棕色或栗红色。颏、喉和胸为浅灰色，上面有十分整齐的黑色平行细横纹；颏部很细，至胸部横纹较粗以至在下缘融合成黑斑。胸部下方的两侧及两胁为栗红色并缀有小白点，下体其余部分为白色或奶白色。嘴短，为辣椒红色至深红色；眼深红色，脚肉红色。雌鸟没有栗红色的颊斑和两胁的栗红色羽毛及白点，喉胸部无黑色横纹，其余部分与雄鸟相似。

栗耳草雀分布于印度尼西亚、澳大利亚等地。栖息于干燥的稀树、灌木丛开阔林地和平原、盐沼、耕作区边缘、种植园、公园、庭院等。主要以植物的种子和嫩芽等为食，也吃地上或飞在空中的小昆虫。全年均可繁殖。营巢于茂密的蒿草或灌木丛中，用细长草茎和树叶、草根等营造开口朝向侧面的松散球形巢，巢内衬垫羽毛、柔软的花絮和更细的草茎。每窝产 4 ~ 6 枚，卵呈白色卵。孵卵期为 14 天。雏鸟由雌雄亲鸟共同饲喂。育雏期为 25 天左右。

栗耳草雀是我国首批可商业性经营利用驯养繁殖技术成熟的 54 种陆生野生动物之一。栗耳草雀早已驯化，“呷口” 等技艺很多养鸟者可随心所欲加以训练，而且饲养容易，可以进行人工繁殖，故在我国是传统的笼养鸟类。

## 368. 黑喉草雀

黑喉草雀也叫巴森雀、牧师、牧师鸟等。隶属于雀形目、文鸟科、草雀属。体长 11 ~ 12cm。雄鸟嘴峰突起较高。头部银灰色。上体灰褐色，腰部为白色，尾部为黑色。胸腹部为灰褐色，颏、喉、上胸的羽毛上有一领结状黑斑，所以俗称 “牧师”。嘴为黑色，脚为红褐色。雌鸟体型绞小，嘴峰较平直，喉部、上胸部的黑斑是横向发展的。

黑喉草雀分布于大洋洲东部和东北部一带。栖息于森林地带和草原的溪流附近。以植物种子等为食。每窝产卵 4~6 枚，孵化期约为半个月。

黑喉草雀是我国首批可商业性经营利用驯养繁殖技术成熟的 54 种陆生野生动物之一。黑喉草雀鸣声细柔、活泼可爱，是传统的笼养鸟类。

## 369. 环喉雀

环喉雀也叫红带雀、红头雀、断喉雀、东仁一雀、刎颈雀、鳞雀、红围巾、红领带、单红鸟、一红鸟、红领巾文鸟、环喉斑雀等。隶属于雀形目、文鸟科、环喉雀属。体长约 12cm。上体羽色以灰黄褐色为主，头部有黑色细横斑，背部为灰褐色，有黑横斑。尾羽黑色，尖端白色。下体为淡褐色，腹面淡黄褐色，腹中央红褐色。雄鸟的喉部有朱红色的带状斑纹，如鲜红的围巾，而雌鸟喉部为灰褐色，无红色斑纹。嘴、脚为粉红色。

环喉雀分布于非洲的西南部。栖息于气候炎热而干旱的灌木丛中。喜欢群居生活，以植物种子等为食。每窝产卵 3~5 枚。雄鸟和雌鸟共同孵卵。孵化期约 12 天。育雏期约 25 天。

环喉雀在我国是传统的笼养鸟类。。

## 370. 禾雀

禾雀也叫爪哇禾雀、寺庙鸟、灰文鸟、灰芙蓉、文鸟、白芙蓉等。隶属于雀形目、文鸟科、禾雀属。体长 12~14cm，体重约 20g。头顶黑色，眼的周围有红色眼圈。上体主要为蓝灰色。飞羽浅褐色。尾羽黑色。颊部、耳羽有大块白斑。颏部、喉部黑色。下体主要为灰色。虹膜褐色。嘴粉红色。脚粉红色。人工培育有全身羽毛白色、花斑的品种。

禾雀分布于我国江苏、上海、浙江、福建、广东、广西、台湾及印度尼西亚的爪哇岛、巴厘岛等地。栖息于平原、农田、旷野和村镇附近。结群活动。以植物种子、果实，以及昆虫等为食。常在房屋的屋脊上或其他建筑物上筑巢。每窝产卵 4~7 枚。孵化期为 18 天。育雏期为 30 天。

禾雀是我国首批可商业性经营利用驯养繁殖技术成熟的 54 种陆生野生动物之一，也是传统的笼养鸟类，人工培育的品种有白色文鸟、花色文鸟（樱文鸟）和驼色文鸟（茶色文鸟）等。

## 371. 白腰文鸟

白腰文鸟也叫禾谷、十姐妹、禾谷雀、算命鸟、尖尾文鸟、沉香等。隶属于雀形目、文鸟科、文鸟属。体长 10~12cm，体重 9~15g。头部黑褐色。上体主要为焦褐色。翅膀黑褐色。腰部白色。尾羽黑色。尾羽先端楔状，最中央的羽最狭尖。颏部、喉部和胸部黑褐色。腹部白色。虹膜红褐色。上嘴黑色，下嘴蓝灰色。脚深灰色。在人工饲养下有许多品种：如全身羽毛白斑与褐驼色大斑相间，腰及腹部羽毛为纯白色，尾羽呈黑褐色的；体羽白色、菜褐色和黑褐色斑纹相间的；全身纯白、喙肉色、眼黑色的；全身是茶褐色斑的；全身纯白色，背中央有黑褐色“文”字斑的等。

白腰文鸟分布于我国华中、华东、华南和西南地区。栖息于山脚、平原灌丛、农田等地带。结群活动。鸣声低，但很清晰，每次鸣叫多连续四五声。以植物种子等为食，也吃昆虫等。繁殖期为 3~10 月。营巢于树上或灌丛上。巢由竹叶、松针、干草、棕丝等构成，巢呈曲颈甑样，出入口在侧面突出呈颈状。每窝产卵 4~7 枚。卵呈纯白色，雌雄共同孵卵。孵化期 14 天。育雏期为 1 个月左右。

白腰文鸟被列入“三有”名单，但也有偷猎犯罪的现象发生。它也是我国首批可商业性经营利用驯养繁殖技术成熟的 54 种陆生野生动物之一。白腰文鸟鸣声短促，似啸而带颤音。经过培训，能学会许多技艺，是传统的笼养鸟类，因此从前有大量的野鸟被捕捉，在鸟市上贩卖，在这个过程中有很多个体因各种原因死亡，现在这样的违法行为仍然没有杜绝。

## 372. 斑文鸟

斑文鸟也叫鱼鳞沉香、小纺织鸟、鳞胸文鸟等。隶属于雀形目、文鸟科、文鸟属。体长 10~13cm，体重 11~17g。头部栗褐色。喉部具大块栗色斑。颈侧栗黄色，带有白色羽尖。背部褐色，尾稍具黄色。下体白色，胸部和体侧多鳞状斑，故有鱼鳞沉香之名。虹膜暗褐色，嘴黑色，脚铅褐色。

斑文鸟分布于我国西南、华南地区。栖息在平原、低山、田野的灌丛、竹丛、草丛中，很少见于高山。成群活动，繁殖期也集群在一起。雄鸟常站在树上边鸣叫，边颤双翅，鸣声低悠，但很清晰，每次鸣叫连续 4~5 声。以植物种子及少量昆虫等为食。繁殖期为 3~7 月。巢筑于竹或树梢上，构造精细。每窝产卵 4~6 枚。孵化期为 12~14 天。

斑文鸟被列入“三有”名单，但也有偷猎犯罪的现象发生。它在我国是传统的笼养鸟类，因此从前有大量的野鸟被捕捉，在鸟市上贩卖，在这个过程中有很多个体因各种原因死亡，现在这样的违法行为仍然没有杜绝。

## 373. 五彩文鸟

五彩文鸟也叫七彩文鸟、七彩芙蓉、五彩芙蓉、歌甸雀、胡锦、胡锦雀等。隶属于雀形目、文鸟科。体长 11~14cm。头部黑色。后颈、上体主要为绿色。腰部蓝色。尾羽黑色。颏部、喉部黑色。前颈有细的绿色环带。胸部紫色。腹部黄色。尾下覆羽白色。嘴象牙色，尖端红色。脚黄色。雄鸟羽色较鲜艳，胸部紫色较浓，身体较长；雌鸟羽色暗淡，胸部色浅，尾稍短。

五彩文鸟分布于澳大利亚北部等地。栖息于开阔的森林、草地等环境中。以植物种子、嫩芽、果实和昆虫等为食。繁殖期为 12 月至翌年 4 月。营巢于灌丛上或树洞中。以羽毛、软草及树皮等筑巢。每窝产卵 4~6 枚。

五彩文鸟是我国首批可商业性经营利用驯养繁殖技术成熟的 54 种陆生野生动物之一。在我国是传统的笼养鸟类，人工培育的品种有 20 多个，较常见的有红头、黑头、黄头等。在人工饲养条件下，五彩文鸟不能自行孵化和育雏，一般让金山珍珠鸟、白腰文鸟代孵。

## 374. 鹊色文鸟

鹊色文鸟也叫杂色文鸟、巨文鸟、竹文鸟、杂色草雀、杂色织布雀等。隶属于雀形目、文鸟科、文鸟属。体长 11~12cm。嘴厚、长而直，上嘴黑色，下嘴淡蓝色或银灰色。头部、喉部黑色，具蓝绿色金属光泽。肩部棕色，有深色斑纹。上体主要为暗褐色。腰部、尾羽黑色。下体主要为白色，胁部有不规则的棕色、黑色相间的条纹或斑块。

鹊色文鸟分布于非洲从塞内加尔向东至苏丹、喀麦隆、加蓬、肯尼亚、坦桑尼亚、莫桑比克等地。栖息于江河、溪流附近的竹丛、芦苇丛和灌丛等地带。结群活动。以植物种子等为食。筑巢于灌丛、树杈或茂密的竹林中。每窝产卵 4~6 枚。孵化期为 15 天。育雏期为 21~26 天。

鹊色文鸟在我国是传统的笼养鸟类。

## 375. 黄胸织布鸟

黄胸织布鸟也叫四季花雀等。隶属于雀形目、文鸟科、织布鸟属。体长 13~17cm，体重 19~30g。背部呈红棕色，布满黑色的纵纹，喉和腹部呈红棕色，其余部位都为深棕色。

黄胸织布鸟分布于我国云南西部和南部地区。栖息于田野、村舍附近的树丛、灌木丛等处。性情活泼。以各种植物种子等为食。鸣声简单，在繁殖期内雄鸟鸣声稍尖锐些。巢呈梨形状悬挂于树梢处，巢由草茎、草叶等筑成。巢的进出口由下向上成梯状，非常精巧别致。常常几对鸟同时在一棵树上筑窝。

黄胸织布鸟被列入“三有”名单，但也有偷猎犯罪的现象发生。它在我国是传统的笼养鸟类，因此从前有大量的野鸟被捕捉，在鸟市上贩卖，在这个过程中有很多个体因各种原因死亡，现在这样的违法行为仍然没有杜绝。

## 376. 麻雀

麻雀也叫树麻雀，是我国常见的小型鸣禽（图 4.150）。体长 12~15cm。隶属于鸟纲、雀形目、文鸟科。头顶、后颈暗褐色。上体主要为沙褐色，有黑色纵条纹，翅膀有白斑。眼睛下缘、颏部、喉部黑色。颊部、耳羽、颈侧白色。下体灰白色。嘴黑色。脚黄褐色。

图 4.150　麻雀

麻雀分布于我国大部分地区。栖息于居民区及其附近的田野上。结群活动。以植物种子等为食，也吃昆虫等。全年均有繁殖记录。营巢于房屋、建筑物中。每窝产卵 2~8 枚。孵化期 10~12 天。

麻雀被列入“三有”名单，但也有偷猎犯罪的现象发生。它在我国是传统的笼养鸟类，因此从前有大量的野鸟被捕捉，在鸟市上贩卖，在这个过程中有很多个体因各种原因死亡，现在这样的违法行为仍然没有杜绝。

## 377. 丝光椋鸟

丝光椋鸟也叫哑鹩、牛屎八哥等（图 4.151）。在分类学上隶属于雀形目、椋鸟科、椋鸟属。体长 18~22cm，体重 68~88g。头顶、后颈丝光白色，羽长而尖细。上体灰色，飞羽黑褐色。尾羽黑色带有蓝绿和紫色光泽。颏部、喉部和腹部白色，胸部灰色。虹膜黑色。嘴红色。脚黄色。雄鸟体羽光泽闪亮，雌鸟光泽较差。

图 4.151　丝光椋鸟

丝光椋鸟分布于我国黄河流域以南地区。栖息于平原、农田和丛林地带。成对或结小群活动。以昆虫，以及植物果实、种子等为食。繁殖期为 5~7 月。营巢于树洞或屋顶洞穴中。巢由枯草茎叶构成。

丝光椋鸟被列入“三有”名单，但也有偷猎犯罪的现象发生。它在我国是传统的笼养鸟类，因此从前有大量的野鸟被捕捉，在鸟市上贩卖，在这个过程中有很多个体因各种原因死亡，现在这样的违法行为仍然没有杜绝。

## 378. 灰椋鸟

灰椋鸟是体型较小的鸣禽（图 4.152）。体长 18~23cm。隶属于鸟纲、雀形目、椋鸟科。头顶、后颈和颈侧黑色，前额有白色条纹。上体主要为灰土褐色，飞羽黑褐色。颊部、耳羽污白色，杂以黑纹。颏部白色。喉部、胸部灰褐色。腹部白色。嘴、脚橙红色。

图 4.152　灰椋鸟

灰椋鸟分布于我国除西北外的大部分地区。栖息于平原、低山林缘、农田地带。结群活动。以昆虫等为食。营巢于树洞中。每窝产卵 3~5 枚。

灰椋鸟被列入“三有”名单，但也有偷猎犯罪的现象发生。它在我国是传统的笼养鸟类，因此从前有大量的野鸟被捕捉，在鸟市上贩卖，在这个过程中有很多个体因各种原因死亡，现在这样的违法行为仍然没有杜绝。

## 379. 八哥

八哥是我国南方常见的鸟类（图 4.153）。体长 22~27cm。隶属于鸟纲、雀形目、椋鸟科。体羽主要为黑色，具紫蓝光泽，飞羽具宽阔的白斑。除中央尾羽外，其余尾羽都具灰白色羽端。虹膜黄褐色；嘴橙黄色；脚褐黄色。

图 4.153　八哥

八哥分布于我国长江流域以南地区。栖息于低山、平地阔叶林、竹林、果树林中。单独或集群活动。以昆虫、蜗牛等为食，也吃植物果实、叶、芽和种子等。繁殖期为 4~9 月。营巢于树洞、岩缝、建筑物、古塔、峭壁或旧房的破墙洞中。每窝产卵 3~6 枚。

八哥被列入“三有”名单，但也有偷猎犯罪的现象发生。它在我国是传统的笼养鸟类，因此从前有大量的野鸟被捕捉，在鸟市上贩卖，在这个过程中有很多个体因各种原因死亡，现在这样的违法行为仍然没有杜绝。

## 380. 鹩（liáo）哥

鹩哥是善于模仿人语的鸣禽（图 4.154）。体长 26~29cm。隶属于鸟纲、雀形目、椋鸟科。通体羽毛为黑色，并富有金属光泽，翅膀上具有白斑。在头的后部披有两片黄色的肉垂。嘴为橘红色，脚为柠檬黄色。

图 4.154　鹩哥

鹩哥分布于我国广西、云南、海南。栖息于开阔的田地边缘或郁密的常绿阔叶林的林缘处。呈小群活动。性情活泼。善于鸣叫，鸣声极富音韵，由低而粗的咯咯声至轻快如铃的吹哨声等无所不能，也会仿效其他鸟类的鸣叫声。主要以昆虫、植物种子及杂草种子等为食。繁殖期为 3~5 月。巢营于稀疏杂木林、致密的常绿林或在开阔地区和作物区的老朽的树洞内。每窝产卵 2~3 枚。

鹩哥被列入“三有”名单，但也有偷猎犯罪的现象发生。它在我国是传统的笼养鸟类，因此从前有大量的野鸟被捕捉，在鸟市上贩卖，在这个过程中有很多个体因各种原因死亡，现在这样的违法行为仍然没有杜绝。

## 381. 缎蓝亭鸟

缎蓝亭鸟是体型中等的园丁鸟。体长 27~33cm。隶属于鸟纲、雀形目、园丁鸟科。雄鸟体羽主要为蓝黑色，闪耀金属光泽。雌鸟上体主要为暗绿色，翅膀、尾羽棕色。下体绿白色，有褐灰色斑纹。嘴、腿、脚暗灰色。

缎蓝亭鸟分布于澳大利亚东部和东南部一带。栖息于热带雨林中。鸣声悦耳。以昆虫、果实等为食。营巢于树上。每窝产卵 2~3 枚。

缎蓝亭鸟是奇特的观赏鸟类。我国一些博物馆中藏有它的标本。

## 382. 极乐鸟

极乐鸟也叫风鸟，是热带森林中的美丽鸟类（图 4. 155）。体长 46cm。隶属于鸟纲、雀形目、风鸟科。前额、颏部、喉部为绿色。头顶、后颈和背部黄色。翅膀棕色。下体棕色。嘴蓝灰色。腿、脚暗灰色。

图 4. 155　极乐鸟

极乐鸟分布于新几内亚等地。栖息于原始森林中。可以在树顶、树间迅速飞翔。以昆虫、浆果、果实等为食。繁殖期雄性展示其饰羽作舞蹈状，特别好看。营巢于树上。每窝产卵 2 枚。

极乐鸟是奇特的观赏鸟类。我国一些博物馆中藏有它的标本。

## 383. 松鸦

松鸦也叫塞皋、屋鸟、檀鸟、山和尚等（图 4. 156）。隶属于雀形目、鸦科、松鸦属。体长 29~37cm，体重 140~182g。头部、上体主要为红棕色，翅膀有蓝、白、黑色相间的斑纹。飞羽、尾羽黑色。颏部、喉部白色。下体主要为红棕色，略带灰色。虹膜灰褐色。嘴黑褐色。脚肉色。

图 4. 156　松鸦

松鸦分布于我国的大部分地区。栖息于山地森林中。单独、成对或结小群活动。鸣声粗犷单调。以昆虫、蜘蛛和植物种子、果实等为食。繁殖期为 4~6 月。营巢于树上。每窝产卵 3~8 枚。卵呈淡灰黄色。孵卵期约为 17 天。育雏期为 25 天左右。

松鸦被列入“三有”名单，但也有偷猎犯罪的现象发生。它在我国是传统的笼养鸟类，因此从前有大量的野鸟被捕捉，在鸟市上贩卖，在这个过程中有很多个体因各种原因死亡，现在这样的违法行为仍然没有杜绝。

## 384. 喜鹊

喜鹊是我国常见的鸟类（图 4. 157）。体长 40~50cm。隶属于鸟纲、雀形目、鸦科。体羽主要为黑色，有蓝色和绿色金属光泽。翅膀上有白斑。腹部白色。嘴黑色。脚黑色。

喜鹊分布于我国大部分地区。栖息于山区、平原和城镇等环境中。单独或成对活动。以昆虫、蜗牛和植物种子、果实等为食。全年均有繁殖记录。营巢于树上。每窝产卵 2~11 枚。孵化期 17~18 天。

喜鹊被列入“三有”名单，但也有偷猎犯罪的现象发生。它在我国是传统的笼养鸟类，因此从前有大量的野鸟被捕捉，在鸟市上贩卖，在这个过程中有很多个体因各种原因死亡，现在这样的违法行为仍然没有杜绝。

图 4.157　喜鹊

图 4.158　灰喜鹊

## 385. 灰喜鹊

灰喜鹊也叫蓝鹊、山喜鹊、蓝膀喜鹊、蓝翅鹊、马尾鹊、羊鸟鹊等（图 4.158）。隶属于雀形目、鸦科、灰喜鹊属。体长 31~40cm，体重 70~82g。头部黑色。颈部较白，形成领圈。上体主要为灰色，翅膀、尾羽天蓝色，尾羽上有白色端斑。喉部白色。下体主要为淡灰色。虹膜暗褐色。嘴黑色。脚黑色。

灰喜鹊分布于我国东北、华北、华东、华中地区。栖息于林缘、道旁、山麓、公园和居民区附近。结群活动。经常穿梭于树林间。飞行速度快，在地上也跳跃不停。鸣声单调，但很明朗。有贮藏食物的习性，以备阴雨及恶劣天气时食用。以昆虫和植物种子、果实等为食。繁殖期为 5~7 月。营巢于树枝或竹枝上。主要用细树枝作为巢材，内垫以碎麻、纤维、兽毛等。巢呈碗状，巢侧有出入口。每窝产卵 4~7 枚。孵化期 17~20 天。雌雄鸟共同育雏，育雏期在 20 天左右。

灰喜鹊被列入“三有”名单，但也有偷猎犯罪的现象发生。它在我国是传统的笼养鸟类，因此从前有大量的野鸟被捕捉，在鸟市上贩卖，在这个过程中有很多个体因各种原因死亡，现在这样的违法行为仍然没有杜绝。

## 386. 红嘴蓝鹊

红嘴蓝鹊也叫山鹊、赤嘴山鸦、山鹏、长尾山鹊、长尾巴练、长尾蓝鹊、麻喜鹊等（图 4.159）。隶属于雀形目、鸦科、蓝鹊属。体长 42~62cm，体重 149~192g。头部、颈部和胸部黑色，后颈有淡蓝紫色的斑块。上体主要为淡紫蓝色沾灰色，翅膀、尾羽上有白斑。下体主要为灰白色。虹膜红色。嘴橙红色。脚橙红色。

红嘴蓝鹊分布于我国华北、华东、华中、华南和西南地区等地。栖息于阔叶林、混交林或灌木中，也见于开阔的庄稼地及村旁的树木或竹林等处。成对或结群活动。性情活泼。飞时以滑翔方式，从树上滑至地下，或在地下跳跃。叫声有点像笛音，还能仿效其他声音，如鸟鸣、鸡啼、车声等。以昆虫和植物种子、果实等为食。繁殖期为 5 月。营巢于树枝或竹枝上。巢呈浅盘状，由嫩枝叶、须根、卷须等构成。每窝产卵 3~6 枚。卵呈土黄色，孵化期为 19 天左右。雌雄鸟共同育雏。育雏期 20 天。

图 4.159　红嘴蓝鹊

红嘴蓝鹊被列入“三有”名单，但也有偷猎犯罪的现象发生。它在我国是传统的笼养鸟类，因此从前有大量的野鸟被捕捉，在鸟市上贩卖，在这个过程中有很多个体因各种原因死亡，现在这样的违法行为仍然没有杜绝。

### 387. 白颈鸦

白颈鸦也叫燕白腰乌、鬼雀、白脖老鸹、玉颈鸦等。隶属于雀形目、鸦科、鸦属。体长 42~54cm，体重 385~700g。除了颈部、背部至胸部有一个白色领圈外，通体都呈黑色。尾羽末段闪紫蓝金属光泽。虹膜褐色。嘴和脚均黑色。嘴基段和鼻孔为针状羽所掩盖。

白颈鸦分布于我国华北地区以南广大地区，西达陕西、甘肃及四川等地。栖息于田间、河滩、村庄附近等开阔地带。活动于林缘或屋旁树上。平时大多结群活动。到田间、河滩、垃圾堆等处觅食。夜晚在林缘的树木上栖息。性机警，飞行姿势为缓慢地一下一下地鼓动着翅膀，在地上移动不用跳跃方式，而是一步一步婀娜地前进。鸣声浊而洪亮。主要以植物性食物为食，也吃昆虫、腐尸、腐肉等。秋冬季节就开始配偶，进入繁殖期。每窝产卵 3~7 枚。孵化期为 18~20 天。

白颈鸦被列入"三有"名单，但也有偷猎的现象发生。它在我国是传统的笼养鸟类，因此从前有大量的野鸟被捕捉，在鸟市上贩卖，在这个过程中有很多个体因各种原因死亡，现在这样的违法行为仍然没有杜绝。

### 388. 秃鼻乌鸦

秃鼻乌鸦是我国常见的鸟类。体长 39~50cm。隶属于鸟纲、雀形目、鸦科。通体为黑色，有金属光泽。嘴基部皮肤裸露，呈灰白色。嘴黑色。脚黑色。

秃鼻乌鸦分布于我国大部分地区。栖息于低山阔叶林、城市、平原、农田和河流附近。集群活动。以昆虫、动物尸体、植物果实、种子等为食。繁殖期为 3~7 月。营巢于庙宇、村庄附近的高大树上。每窝产卵 3~5 枚。孵化期为 16~18 天。

秃鼻乌鸦被列入"三有"名单，但也有偷猎的现象发生。

## 三、案例（三）

### 1. 陕西汉中射杀朱鹮案

2016 年 6 月，陕西汉中境内的两只朱鹮被人用枪射杀。朱鹮有着鸟中"东方宝石"之称，是国家Ⅰ级重点保护野生动物，全世界范围仅存 2 000 只左右，主要生活在陕西汉中境内。陕西汉中留坝县离汉中朱鹮自然保护区有近 100km 的距离，随着当地自然环境的改善，陆续有朱鹮将这里作为栖息地，2015 年，有两对朱鹮还在这里繁殖了后代。然而 2016 年 6 月 4 日，有 3 名男子骑摩托车来到这里，一声枪响打破了山村的宁静。随后，当地村民赶紧向当地森林公安部门报案。警方通过调取村子里的监控录像、走访调查，最终确定了 3 名犯罪嫌疑人。案发当晚，3 名犯罪嫌疑人已经逃回老家重庆。迫于警方压力，6 月 10 日，3 名犯罪嫌疑人在重庆当地公安机关投案自首。根据他们交代，事发当天，他们 3 个人携带改造过的射钉枪去打鸟，发现一户人家旁边的树上栖息着大鸟，便瞄准射杀。

2016 年 11 月 13 日，陕西汉中留坝县人民法院公开对这起猎杀朱鹮的案件进行一审宣判。法院认为，3 名被告人的行为已经触犯了《中华人民共和国刑法》第三百四十一条，构成非法捕猎、杀害珍贵、濒危野生动物罪。最终，法院判处被告人张某某有期徒刑九年，并处罚金 5 000 元，被告人王某兵、王某民有期徒刑六年，并处罚金 3 000 元。

### 2. 河南辉县捕鸟案

河南新乡一大学生闫某某暑假期间和朋友在老家捕捉了 16 只鸟，并将部分卖掉，而这些鸟为国家Ⅱ级重点保护野生动物燕隼。闫某某原是郑州一所职业学院的在校大学生，2014 年 7 月 14 日，他在家乡辉县市高庄乡土楼村过暑假期间，和朋友王某某在该村一树林内捕捉了 12 只燕隼，在饲养过程中逃跑一只，死亡一只。之后，他通过网络发布买卖燕隼的相关信息，以 800 元 7 只的价格卖到郑州，280 元 2 只卖到洛阳，另外一只卖到辉县市。2014 年 7 月 27 日，他们两人在该树林内又捕捉了燕隼 2 只及其他隼类 2 只，此外，闫某某还从平顶山市张某手中购买凤头鹰（国家Ⅱ级重点保护野生动物）1 只，两人随后被辉县市森林公安局刑事拘留。

辉县市人民法院经过审理后做出判决：闫某某犯非法猎捕珍贵、濒危野生动物罪，判处有期徒刑十年，并处罚金人民币 5 000 元；犯非法收购珍贵、濒危野生动物罪，判处有期徒刑一年，并处罚金人民币 5 000 元，数罪并罚，决定执行有期徒刑十年六个月。王某某犯非法猎捕珍贵、濒危野生动物罪，判处有期徒刑十年，并处罚金人民币 5 000 元，其他涉案人员也被判刑。之后，闫某某和王某某均提出上诉，新乡市中级人民法院二审维持原判。

### 3. 云南曲靖公职人员买“野味”案

2004 年 6 月 18 日，刚买了 3 只野鸡的云南省宣威市公路管理段佐谷道班班长沈某被曲靖市森林公安“逮”个正着。当天中午 12 时，曲靖市森林公安人员途经宣威市公路段佐谷道班时，发现道班旁一餐馆内有人在进行非法物品交易，形迹可疑，便立即停车，迅速进入餐馆内进行盘查并检查他的蛇皮口袋，发现里面装有 3 只野鸡，其中有 2 只是国家Ⅱ级重点保护野生动物白腹锦鸡。经讯问，嫌犯交代 3 只野鸡是佐谷道班班长沈某打电话请他帮忙买的。根据线索，沈某很快被抓捕归案。在人证、物证面前，沈某不得不低头承认 3 只野鸡确实是他叫嫌犯李某代买的，而且还供述了过去几次不顾国家禁令买野生动物宰吃的事实。

宣威分局经审查认为，沈某买 3 只野鸡的行为违反国家野生动物保护法，并已触犯《中华人民共和国刑法》第三百四十一条第一款之规定，涉嫌非法收购珍贵、濒危野生动物罪，遂于 6 月 19 日决定对犯罪嫌疑人沈某刑事拘留。

### 4. 云南景洪打野鸡误伤人案

2001 年 4 月 19 日，西双版纳州景洪市基诺乡巴亚新寨村民沙某到山上劳动，在劳动过程中，他听到山下有野鸡的叫声，便拿出私藏在地边窝棚里的铜炮枪，循着野鸡的叫声向山下跑去。这时，在对面山上劳动的车某也听到了野鸡的叫声，抄起藏在地边的铜炮枪也向山下跑去。在围猎过程中，沙某误把车某当成了猎物开枪打伤。事后，两人经过商量，以私了完事。

2001 年年底，公安机关开展“治爆缉枪”活动，沙某、车某私藏枪支误伤案件浮出水面。景洪市森林公安机关依法查处了这一案件，对沙某、车某两人依法起诉。云南省西双版纳州景洪市法院分别判处沙某、车某有期徒刑两年缓期三年执行和有期徒刑一年缓期两年执行。

### 5. 广东查扣白额雁

数百只国家Ⅱ级重点保护野生动物白额雁被不法分子在江西九江非法盗猎后，辗转卖到了广东。广东云湖大湾镇农民陈某经常在家饲养陌生的动物，警方通过长期侦查后，对陈家突击检查，查获 219 只外形颇像大雁的候鸟，经确认全部是白额雁。

据陈某交代，他从 1989 年就开始经营野生动物，除白额雁外，他还倒卖过国家Ⅱ级重点保护野生动物穿山甲、猫头鹰。这批白额雁是他以每只 260 元的价格从九江的盗猎分子手中买来的，一个月来，陈某用稻米拌上激素喂白额雁，致使原本经过迁徙已经瘦弱的白额雁迅速增肥。陈某承认，如果不是被抓获，最近几天他就要把它们运往深圳，以每只 400 多元的价格卖出。

### 6. 海南琼海非法猎捕野生动物案

2016 年 2 月，海南省琼海市人民法院依法审结了一宗非法猎捕珍贵、濒危野生动物案件。

被告人梁某为牟取利益，在未经林业主管部门批准核发特许捕猎证的情况下，自 2014 年 9 月起擅自在琼海市龙江镇某村委会的小树林处，使用两根竹竿支起一张捕鸟网，用于捕捉飞经此地的野生鸟类。梁某将其猎捕到的两只野生鸟类拿到石壁镇农贸市场售卖时，被石壁镇派出所民警当场查获。经鉴定，被猎捕的两只鸟类分别为珠颈斑鸠和领角鸮，其中珠颈斑鸠属国家保护的、有益的或者有重要经济、科学研究价值的陆生野生动物（即“三有”动物），领角鸮为国家Ⅱ级重点保护野生动物。

法院审理认为，被告人梁某的行为均已构成非法猎捕珍贵、濒危野生动物罪，鉴于他能够如实供述并自愿认罪，依法可以从轻处罚，遂判处被告人梁某有期徒刑一年，缓刑一年，并处罚金 1 000 元。

## 7. 湖南宁乡非法狩猎案

2016 年月 14 日上午，湖南省宁乡县人民法院公开开庭审理了被告人袁某、何某涉嫌非法狩猎一案。被告人袁某犯非法狩猎罪，被判处有期徒刑六个月；被告人何某犯非法狩猎罪，被判处拘役五个月。

公诉机关指控：2016 年 4 月 10 日，被告人袁某、何某等人从宁乡县驾乘小车到达甘肃省庆阳市镇园县三岔镇，4 月 11 日、12 日，被告人采用由何某驾驶小车、袁某用气枪射杀猎物方式在三岔镇附近的山林中打猎，共猎得雉鸡 72 只和石鸡 2 只。期间，被告人何某支付 8 450 元通过三岔镇村民马小峰（另案处理）收购野生动物若干。4 月 13 日 13 时许，被告人袁某、何某返回到宁乡县城郊乡怡宁新村术哥特色菜馆门口时，被宁乡县森林公安民警查获。现场从两人驾乘的小车上查获野生动物死体 351 只，气枪 1 支。经鉴定，被查获雉鸡 292 只、石鸡 25 只、原鸽 1 只、草兔 30 只、狗獾 3 只，均为国家“三有”野生动物；狩猎枪支系用压缩气体为动力发射金属弹丸的非军用枪支结构，认定为枪支。

法院经审理后认为，被告人袁某、何某违反狩猎法规，使用禁用的工具进行狩猎，且猎得野生动物 74 只，情节严重，其行为均构成非法狩猎罪，公诉机关指控的罪名成立，遂依法做出上述判决。

## 8. 江西新余网上炫耀猎杀野生动物案

2014 年 11 月，一名江西新余男子在网络朋友圈中发布被猎杀野生动物的图片，此事经微博曝光之后引起了网友的众怒，纷纷谴责该男子的恶劣行径。从网络公布的图片来看，该男子炫耀猎杀的动物有凤头鹰、蛇、青蛙等，其中凤头鹰属于国家Ⅱ级重点保护野生动物。从照片中可以看到，有人正在对动物进行脱毛处理，而青蛙、蛇的皮也被剥开，画面十分血腥残忍。

江西新余森林公安局介入调查后，确认发布这些信息的是新余男子皮某，此时皮某主动到公安机关自首。他供述，这些野生动物都是在市场上买来的，其中大部分已经被吃掉了。公安机关表示，皮某的行为涉嫌违法。

## 9. 京石高速非法贩卖野生动物案

京石高速路边贩卖野生动物的现象从前就出现过，卖野味的基本上都是高速路沿线的河北省农民。后来渐渐成了气候，多的时候有五六十人摆摊，全都集中在高速路的进京方向。京石高速路北京与河北交界处一直是打击非法贩卖野生动物的难点，原因在于高速路属于北京管辖，而高速路路基下面就属于河北省管辖了。不法商贩就是看到这个管理上的分界点，对于执法人员采取你来我跑的游击战术。

2009 年 1 月 17 日，北京市林政稽查大队会同房山区森林公安处、河北省涿州市野生动物保护部门对京石高速非法贩卖野生动物的商贩进行了清理，当场收缴野生动物 40 只，包括山鸡、野鸭等。

## 10. 天津非法狩猎案

2012 年 12 月 23 日上午，天津市北辰区人民法院一审以非法狩猎罪分别判处二被告人褚某、闫某拘役5个月，缓刑6个月。

法院审理查明，2012年9月25日至27日，天津市武清区农民褚某与北辰区无业人员闫某在北辰区大张庄镇刘马庄村海棠树林内，使用捕鸟粘网非法捕鸟，9月27日被公安机关查获，二人当天共捕鸟202只。

法院审理认为，被告人褚某、闫某违反了《天津市林业局关于发布陆生野生动物禁猎区、禁猎期的通告》中每年3月至5月，9月至11月为禁猎期的规定，在禁猎期进行狩猎，破坏野生动物资源情节严重，已构成非法狩猎罪。鉴于二被告人自愿认罪、如实供述犯罪事实，法院依法对其从轻判处，做出上述判决。

## 11. 多起猎隼走私案

20世纪90年代，因为一些境外盗猎者结成国际野生动物走私团伙，以观光、旅游、做生意等为名，携带猎捕工具进入我国西北的新疆、青海境内，进行了有组织、有计划的肆意盗捕猎隼的非法行动。他们还用高价收购等手段，引诱当地牧民帮助他们，甚至收买个别国家工作人员为其运输或掩护。开始时，仅发生过一些零星的偷猎事件，后来不法之徒达到上千人，捕捉猎隼的数量也急剧上升。1994年8月，青海祁连县林业派出所查获52名外国偷猎者，缴获猎隼15只，当事人被处以罚款并驱逐出境；1995年9~10月，先后发现118名外国人偷猎者盗捕和偷运数百只猎隼，收缴猎具500件，猎隼90只，其中3只已经死亡；宁夏林业公安部门近年来共查处滥捕猎隼的案件近百起，截获非法贩运的猎隼200多只。

1993年以后，在我国北京、乌鲁木齐、福州等海关，以及红其拉甫等陆地口岸，都发生了大量的猎隼走私案件，似乎只一夜间，猎隼便成了众矢之的，走私者的发财欲更是无可遏制地蔓延开来，也使围绕猎隼的走私与反走私的较量拉开了帷幕。1993年10月18日北京海关首次查获外籍游客走私猎隼；1994年10月10日，海关关员在地下室行李托盘上查获筐装猎隼6只；10月25日，在地下行李集装箱内查获笼装猎隼11只；11月4日，在地下行李集装箱内查获用黑布包着的3只藤笼，内装猎隼共计23只。1994年12月9日晚，北京海关查获的第13起猎隼走私案，总数已达130只。1995年9月10日，乌鲁木齐机场海关人员在新开通的乌鲁木齐至伊斯兰堡的721航班上也查获了两箱猎隼。

## 12. 湖南岳阳毒杀野生动物案

2015年1月18日，东洞庭湖自然保护区管理局工作人员在巡查执法时，发现一艘可疑船只，船上两人弃船逃逸。执法人员从船上查扣63只野生鸟类尸体，其中12只小天鹅、5只白琵鹭为国家Ⅱ级保护野生动物。还有赤麻鸭、夜鹭、苍鹭、斑嘴鸭、赤颈鸭等。经鉴定，鸟体内均含剧毒农药克百威成分。案发次日，弃船而逃的何某某、钟某某到岳阳市森林公安局，辩称死鸟是自己在湖中收鱼时捡到的。公安机关当即以涉嫌非法运输珍贵、濒危野生动物罪对两人刑事拘留。

用船装载数十只野生珍稀候鸟跨越县级区域，已涉嫌非法运输国家珍贵、濒危野生动物罪，同时，根据鸟体中含有剧毒农药成分来看，两人存在投毒毒杀野生候鸟的重大犯罪嫌疑。

经过周密侦查取证，岳阳市森林公安局以涉嫌非法运输珍贵、濒危野生动物罪将何、钟二人提请岳阳楼区检察院批准逮捕。2015年2月16日，该院做出了批准逮捕决定。同时，根据犯罪嫌疑人钟德军供述，小天鹅、白琵鹭是分别从方某某、余某某的“围子”（洞庭湖中土垒的用于围猎鱼的场所）收购所得。办案人员分析认为，方、余二人涉嫌犯罪，为督促扩大侦查战果，检察机关随即启动立案监督程序，监督公安机关对方、余二人立案侦查。

公安机关加大侦查办案力度，将方某某抓获归案。他供述受何某某指使，在“围子”周围投毒、捡拾被毒死的小天鹅、白琵鹭销售给何的犯罪事实，办案人员又据此找钟某某，他承认自己受何指使，于2014年12月在南县某农资店低价购入剧毒农药克百威360kg，分几次将农药投放在东洞庭湖保护区内数百米范围的浅水区域，当鸟儿觅食中毒死亡后，将它们捡回，并由李某开车接货，销往常德汉寿等地餐馆。何某某等人使用国家明令禁止的方法，在禁猎区域和禁猎期内毒杀国家Ⅱ级保护动物 17 只、“三有”野生动物 46 只，涉嫌非法猎捕、杀害珍贵、濒危野生动物罪和非法狩猎罪。

2016 年 1 月 21 日，岳阳市岳阳楼区法院公开审理此案。3 月 7 日，该案公开宣判：被告人何某某、方某某、钟某某、李某犯非法杀害珍贵、濒危野生动物罪，分别被判处有期徒刑十二年至六年，并处罚金 5 000 元至 1 万元；另外 3 名被告人因犯非法狩猎罪分别被判处有期徒刑一年至六年。15 日，方某某等人不服判决，提出上诉。2016 年 8 月 2 日，岳阳市中级人民法院二审开庭审理该案，3 日做出终审裁定，裁定驳回上诉，维持原判。

## 13. 广西东兴网售野生动物案

2016 年 5 月 16 日上午，东兴边防派出所民警对辖区的出租屋进行走访时，在东兴市北仑大道某出租屋内发现大量野生动物，随即封锁现场并联系东兴市森林公安局处理。最后，该所民警配合森林公安民警共在出租屋内搜出冠斑犀鸟 6 只，水貂 3 只，非洲迷你刺猬 453 只，袋鼯鼠 112 只，西班牙睡鼠 34 只，土拨鼠 7 只，松鼠 2 只，玉米蛇 20 只。经查，民警发现嫌疑人李某在网上开了一家网店，这些野生动物就是他在网上兜售的宠物，并通过快递销往全国各地。边防派出所民警随后将涉案物品和人员移交给森林公安进一步审理。

## 14. 四川资阳用录音非法引鸟捕鸟案

2017 年 12 月 24 日，四川省资阳市公安局通报了一起刚刚破获的利用录音机诱捕鸟类案件，民警在案发现场及犯罪嫌疑人租住的房屋内查获 3 071 只鸟类及大量鸟网、收录机等作案工具。另有2 000 余只鸟已被运往广东销售。两名犯罪嫌疑人被移送检察机关审查起诉。

经查明，2017 年 10 月初起，贵州“老板”吴某组织当地人韦某等人流窜至资阳市雁江区松涛镇、保和镇、宝台镇等多地，利用录音机播放各种鸟类的声音吸引附近的鸟，同时架设鸟网猎捕各种鸟类。

经鉴定，被扣押的涉嫌非法狩猎的猎获物中有北红尾鸲 2 只，小鹀 3 067 只，普通翠鸟 1 只，灰头鹀 1 只，均属于国家“三有”保护野生动物。

## 15. 湖南临湘非法猎捕、收购野鸟案

2017 年 10 月 30 日，湖南省临湘市森林公安民警接到举报，称该市坦渡镇坦渡村近来有人大量收购野生鸟类。警方于当晚迅速组织民警与林业局执法大队工作人员赶赴现场开展调查，当场抓获正在清点野生鸟类的 4 名犯罪嫌疑人，另外 3 名犯罪嫌疑人趁乱逃跑后归案。

在一大片空地上，矗立着 38 个喂养鸟类的大棚，走进棚内，黑压压的一片全是关在笼子里的野生鸟类，地上还散落着大量小型鸟类尸体。经鉴定，现场查获的野生鸟类有三道眉草鹀、小鹀、灰头鹀、黄眉柳莺及强脚树莺等属于国家“三有”保护的野生鸟类，共计 49 313 只。

经查，从 2017 年 9 月 21 日开始，雷某等 7 人共同出资 6 万多元，从事非法猎捕、收购野生鸟类并养肥后出售盈利的犯罪活动。他们将捕捉、收购来的野生鸟类进行喂养，再将养肥后的野生鸟类采用棚中热死、袋中闷死等方法处理后装袋，加冰打包出售至广东等地，仅 40 天就组织多名猎捕人员用鸟网捕捉 25 万余只野生鸟类，并低价收购野生鸟，打包后高价出售到外地，非法牟利 45 万余元。湖南省临湘市检察院对雷某等 7 名犯罪嫌疑人准逮捕。

## 16. 江苏省如皋非法猎捕麻雀案

2016 年 10 月初，俞某种植的水稻田里经常有麻雀飞来吃稻，他就想着用网来捕麻雀，这样既能阻止麻雀吃稻，捕获的麻雀还可做下酒菜。

俞某买来一张专门用于捕麻雀的网，从家里找来竹竿、绳子、铁杆等工具，然后到水稻田里用竹竿等把网撑起来，到树下坐等鸟儿落网。未过多久，三五成群的麻雀纷纷飞来，不到2小时，俞某就捕获18只麻雀。尝到甜头后，他便连续三次用上述方法捕麻雀。在第四次捕鸟时，被周围群众报了警，民警当场将俞某抓获，查获当天及之前捕的麻雀共84只。经鉴定，所有麻雀均为“树麻雀”，属于国家保护“三有”动物。

2017年6月23日，俞某因犯非法狩猎罪被江苏省如皋市海安县法院判处拘役二个月，缓刑四个月。

## 17. 云南昭通非法狩猎红嘴相思鸟案

2017年4月16日，云南省昭通市公安部门破获一起特大非法狩猎案，查获红嘴相思鸟529只，抓捕犯罪嫌疑人两名。

犯罪嫌疑人彭某及其妻子是盐津县普洱镇村民。从2017年4月12日起，两人在当地山林里支网捕鸟，准备拿到集镇和花鸟市场售卖。在非法狩猎过程中，犯罪嫌疑人彭某及其妻子被巡山民警抓获，并在现场及其家里查获红嘴相思鸟529只，其中活体508只、死体21只，还有鸟网、笼箱等作案工具18件。此外，民警还在嫌疑人彭某家里查获画眉、斑鸠等其他鸟类39只。

## 18. 广东省深圳非法收购、出售鹦鹉案

被告人王某在已知鹦鹉为国家法律禁止买卖的保护动物的情况下，仍然收购鹦鹉并将其中2只鹦鹉出售给他人，其行为已构成非法收购、出售珍贵、濒危野生动物罪。此外，在王某家中还查获有45只鹦鹉系待售，属于犯罪未遂，可比照既遂犯罪情况减轻处罚。另外，由于多数涉案鹦鹉系人工驯养繁殖的个体，其行为的社会危害性相对小于非法收购、出售野生物种，因此广东省深圳市中级人民法院于2018年3月30日判处王某有期徒刑二年，并处罚金3 000元。

# 第五章　脊椎动物——哺乳动物

哺乳动物也叫兽类，是脊椎动物中最高等的一个类群，身体结构、功能和行为最为复杂。隶属于脊索动物门、哺乳纲，大约有 4 000 种。它们的主要特点是：身体一般分为头、颈、躯干、尾和四肢五部分，具有在陆地上快速运动的能力；体腔以肌肉性的膈区分为胸腔和腹腔两部分；体表一般有毛；牙齿分为门齿、犬齿、前臼齿和臼齿，出现了口腔咀嚼和消化；有恒定的体温；心脏分为两个心室和两个心房；具有高度发达的神经系统和感官；绝大多数种类为胎生，都以乳汁哺育幼体，保证了后代有较高的成活率。

## 一、哺乳动物的基本概念

### 1. 哺乳动物与疫病传播

我国是哺乳动物资源最为丰富的国家之一，分布于我国各种栖息环境的各种各样的哺乳动物共有 500 多种。

在所有的动物当中，哺乳动物可能是人类最熟悉，也是与人类关系最密切的一类动物。从某种意义上来说，人类祖先的进化发展过程就主要是同哺乳动物进行竞争与搏斗的过程。他们一方面需要狩猎哺乳动物以取得衣食来源，一方面还要防御各种猛兽的侵袭。人类就是在同它们的斗争中，通过战胜竞争对手而发展了自己。随着人类经济活动的发展，人类对一些野生哺乳动物进行了驯养，使它们成为家畜，供人类役用、食用、药用等，很多种类被驯养为宠物，给人类带来了欢乐和福音，成为我们生活中须臾不离的伙伴。畜牧业的迅速发展，使人类对野生哺乳动物需求的比例逐步下降。但是迄今为止，人类的衣食住行，以及工业、医学、仿生学等很多方面，仍然依赖于野生哺乳动物资源。

另外，有些哺乳动物，如一些鼠类等，却为害农作物、林木和草场，盗食仓储粮食物资，甚至传播疾病，伤害人畜，给人类的生命财产造成直接或间接的损失，迫使人类花费大量的精力和资金去控制鼠害，却往往收效甚微。

哺乳动物所患的野生动物疫病也是所有动物中最多的，其中许多都具有较强的传染性，还有一些能够传播给人类，形成人兽共患病。

### 2. 食虫目动物与疫病传播

食虫目动物均为身体被以柔毛或硬刺的、外形似小老鼠的小型有胎盘类兽类，通称为刺猬、鼩鼱和鼹鼠等。胚胎器官在母体子宫壁之间接触的区域称为胎盘，是富有血管的海绵状器官。胚胎在母体子宫内发育，通过胎盘从母体汲取营养一直到成熟。胎盘是真兽类所特有的器官，它们的幼仔一生下来即为活泼的小动物。现生的绝大多数的兽类都属于有胎盘类。食虫目动物是有胎盘兽类中最原始和最古老的一支，在兽类的进化史中起过举足轻重的作用。通常认为大多数较高等的目（食肉目、翼手目、啮齿目）都是由早期的食虫目分化出来的。

食虫目动物的被毛通常柔软细密，吻鼻延伸成灵活的吻突。具五趾型附肢，并具钩爪，多跖行性。足和尾上有鳞。乳腺具乳头。头颅扁平，脑小，大脑半球无沟回，向后不能掩盖小脑，智力低下。嗅叶大，嗅觉非常灵敏。视力不发达。头骨的颜面部延长，脑盒小，通常无眶后突，鼓骨常呈环形的薄板而不成鼓室。牙齿一般为 26~44 枚，异型齿但分化程度较弱，显示出原始的特点，伴随着体型的特化而出现齿数减少。

食物以动物性为主，尤以食昆虫及蠕虫居多。大多为夜行性。胆小而且缺乏自卫能力。有些种类身上有保护性尖刺或有能放出刺鼻臭味的臭腺。大多为陆栖性，许多种类营地面生活，也有地下穴居、半水栖、半树栖的，个别种类善跳跃，似跳鼠。

食虫目动物广泛分布于我国各地，共有 100 多种。食虫目动物目前发现的动物疫病主要有土拉伦斯病、伪结核病、沙门杆菌病、狂犬病、黄热病、泰泽病、痘病毒感染、曲霉菌病、霉菌毒素中毒、线虫病、原虫病等。

### 3. 翼手目动物与疫病传播

翼手目是兽类中古老而十分特化的一支，通称为蝙蝠、果蝠、狐蝠等。翼手目动物能持久飞行。前肢特化成翼，掌骨和指骨除第一指外，均特别延长；前后肢与体侧张有弹性的飞膜，后肢扭转，膝向背侧；第一指不包在翼膜内，很短，该指的爪和后足各趾的爪都很发达，呈钩状，便于将身体倒挂着休息。耳郭相当大，许多种类有发达的耳屏；大多数种类有长尾，完全或部分地包被于股间膜之间，这些游离膜以起自跟部的软骨或骨质距所支持；许多种类沿距的基部有延展的小片皮膜称距缘膜。乳头有 1 对，位于腹部。

它们的牙齿属于异型齿，比典型的原始兽类缺少第一对门齿及第一对前臼齿，下门齿非常弱小，犬齿（特别是上颌的）较大，为典型的肉食型牙齿；原始的第二、三对前臼齿为小前臼齿，呈圆锥形，仅有单一齿尖，最后一对前臼齿为大前臼齿，其齿尖几乎达到犬齿的高度，可作为翼手目动物的特征；典型臼齿的齿冠有“W”形的切缘，具二枚齿根。

翼手目动物为夜行性，其中以昆虫为食的种类在不同程度上都有回声定位系统，因此有“活雷达”之称。借助这一系统，它们能在完全黑暗的环境中飞行和捕捉食物。

翼手目动物的食性相当广泛，有些种类以花蜜、果实等植物性食物为食，有的可以捕食鱼、青蛙、昆虫，吸食动物血液，甚至捕食其他翼手目动物。

翼手目动物是兽类中仅次于啮齿目的第二大类群，在我国分布十分广泛，共有 170 多种。翼手目动物目前发现的动物疫病主要有沙门杆菌病、狂犬病、黄热病、泰泽病、组织胞浆菌病、癣、霉菌毒素中毒、曲霉菌病、线虫病、原虫病等。

### 4. 灵长目动物与疫病传播

灵长目动物是动物进化过程中的高等类群，通称为猴子、长臂猿等。它们的大脑半球增大，智力发达，吻部缩短，面部裸露无毛，轮廓分明，眼眶由骨形成环状，使两眼向前，眼间的距离较窄，视觉发达，立体化，可以在树林之间活动时较准确地判定距离，辨别色彩，但嗅觉退化，头骨的构造也随之改变；大多数种类的齿式为异齿型，明显地分化为门齿、犬齿、前臼齿和臼齿，颊齿通常为丘型齿和低冠齿，臼齿呈四方形并有 4 个较低的锥状突起，适于咀嚼；锁骨发达，四肢关节灵活，上腕部及大腿部由躯干部分离，因而前后肢可以前后左右自由运动，前腕和小腿的 2 根骨头分离而且松松地连接在一起，不必连带躯干即可回转前后脚，适合握住树枝；通常只胸前有一对乳头；具双角子宫或单子宫；有盲肠；四趾上都具有 5 指（趾），为了灵活而稳定地抓握树枝，指端的感觉变得十分敏锐，大多数指（趾）的端部都变成仅盖住指（趾）头背面的扁平指甲，突出的指（趾）部有发达的指（趾）纹，触觉灵敏，还有防止滑落的作用；掌面和跖面裸出，具有发达的两行皮垫，多数种类手脚的拇指（趾）和其余 4 指（趾）相对，可以握合。

大多数灵长目动物适应树栖生活，主要分布于亚洲、非洲、南美洲的热带、亚热带和少数温带的山地森林中，大多呈社会性集群活动，善于攀缘，触觉敏感，有的种类还能使用工具。多数种类为昼行性，杂食。运动方式包括树跳型、四足型、臂荡型及指撑型。

灵长目动物在我国主要分布于河南以南的广大地区，共有 40 多种。灵长目动物目前发现的动物疫病主要有鼠疫、伪结核病、泰泽病、布氏杆菌病、类鼻疽、绿脓假单胞杆菌病、丹毒、李氏杆菌病、沙门杆菌病、炭疽、葡萄球菌病、链球菌病、狂犬病、流行性乙型脑炎、黄热病、东方脑炎和西方脑炎、轮状病毒感染、呼肠孤病毒感染、伪狂犬病、疱疹病毒感染、痘病毒感染、朊病毒感染、放线菌感染、霉菌毒素中毒、曲霉菌病、吸虫病、绦虫病、线虫病、原虫病等。

## 5. 兔形目动物与疫病传播

兔形目动物是典型的食草动物，通称为野兔。它们以草本植物及树木的嫩枝、嫩叶为食，有的冬季还啃食树皮，一般不喝水。虽然不反刍，但具有双重消化功能。它们的粪便有两种，一种是圆形的硬粪便，是一边取食一边排出的；另一种是由盲肠富集了大量维生素和蛋白质，由胶膜裹着的软粪便，常常在休息时排出，这时它们就将嘴伸到尾下接住，再重新吃掉，以充分利用其中比普通粪便中多 4~5 倍的维生素和蛋白质等营养物质。

兔形目动物的主要特征是上颌具有两对前后重叠的门齿，前 1 对较大，前方有明显的纵沟；后 1 对极小，隐于前 1 对的后方，呈圆柱状。下颌具有门齿 1 对，无犬齿，在门齿与前臼齿之间有很长的齿隙。门齿的釉质为单层。颊齿为单侧高冠齿，上颊齿的间距比下颊齿的间距宽，上下颌颊齿每次仅能在单侧咬合，但门齿却能同时咬合，咬肌的特化程度比较低，咀嚼食物时以下颌骨左右移动为主，使植物性食物能在棱状颊齿的咀嚼面上充分研磨。上唇中部有纵裂。耳长。尾巴短小。后肢显著长于前肢，善于跳跃。

兔形目动物在我国广泛分布，共有 60 多种。兔形目动物目前发现的动物疫病主要有巴氏杆菌病、土拉伦斯病、伪结核病、布氏杆菌病、鼻疽、类鼻疽、绿脓假单胞杆菌病、丹毒、沙门杆菌病、泰泽病、狂犬病、口蹄疫、轮状病毒感染、黏液瘤和纤维瘤、衣原体病、立克次氏体病、螺旋体病、放线菌感染、曲霉菌病、霉菌毒素中毒、绦虫病、线虫病、原虫病等。

## 6. 啮齿目动物与疫病传播

啮齿目动物无论种类和数量都是哺乳动物中最多的，种数占全世界哺乳动物种数的 40%以上，通称为老鼠、家鼠、仓鼠、竹鼠、旱獭、松鼠、鼯鼠、豪猪等。它们也是在生物演化上最为成功的一个类群，具有种类多，形态和习性多样化，以及体型小或适中、性成熟早、繁殖力强、数量繁多的特点，因此对不同的环境条件都有较强的适应能力，分布极广，在地球上的绝大多数地区都能见到，适应于森林、草原、苔原、高山、盐碱、沙漠、湿地、人类居住区等各种各样的栖息环境，可以地栖、树栖、半水栖，有的种类如鼯鼠等还能在空中滑翔。主要以植物为食，但很多种类也吃昆虫及其他动物。

啮齿动物的主要特征是上、下颌均具 1 对特别发达的门齿，仅前面被有珐琅质，呈凿状，没有齿根，终生持续生长，必须不断地啃咬东西，才能把门齿磨短。在门齿与颊齿之间由于缺少部分门齿，也没有犬齿，又缺部分前臼齿，所以形成一个宽阔的齿隙。在上下颊齿咬合的时候，门齿却不能咬合，上门齿位置在前，下门齿位置在后，咀嚼食物时，下颌以前后移动为主，也能旋转运动，使食物可以充分在臼齿的咀嚼面上研磨。嚼肌特别发达，适于啮咬坚硬的物体。足具爪，肘关节可允许前肢转动。

啮齿目动物广泛分布于我国各地，共有 400 多种。啮齿目动物目前发现的动物疫病主要有巴氏杆菌病、鼠疫、土拉伦斯病、结核病、伪结核病、布氏杆菌病、鼻疽、类鼻疽、绿脓假单胞杆菌病、丹毒、李氏杆菌病、沙门杆菌病、炭疽、泰泽病、葡萄球菌病、狂犬病、森林脑炎、轮状病毒感染、伪狂犬病、黏液瘤和纤维瘤、衣原体病、立克次体病、放线菌感染、曲霉菌病、球孢子菌病、组织胞浆菌病、霉菌毒素中毒、吸虫病、绦虫病、线虫病、原虫病等。

## 7. 食肉目动物与疫病传播

食肉目动物一般都是以肉类为食的兽类，大多较为凶猛，包括体型和生活方式上各不相同的种类，通称为犬、狼、狐狸、熊、大熊猫、小熊猫、鼬、獾、貂、獭、灵猫、猫、虎、豹等。

由于大多数食肉目动物以捕杀其他动物为食，因此具有一系列与这种捕食的生活习性相适应的形态。食肉的主要适应之一就表现在牙齿上，它们牙齿的构造发生了很多变化，门齿一般为尖锐的凿状，上下颚各有3对（只有海獭类的下颚为2对），用于切取食物。用于刺戳捕食对象的犬齿十分强大，为圆锥形，就像匕首一样，是它们的主要武器，其长度、粗细和弯曲程度随种类不同而异。前臼齿和臼齿咀嚼面构造变化极大，数目也均有不同程度的减少。与食虫类由上牙后缘与下牙前缘担负切割作用的方式不同，食肉目动物具有特化的裂齿，或称为食肉齿，由非常发达的上颌最后一枚前臼齿和下颌第一枚臼齿构成，这也是其区别于其他动物的主要特点之一。上裂齿内侧的前后两个齿尖和下裂齿外侧的两个齿尖均较高而粗大，呈剪刀状。咬合时，呈侧铡刀样对切，以撕裂韧带、切碎软骨等。在进食的时候，可以把衔在口内的肉，慢慢移向嘴角，用裂齿侧切开。

与捕食动物的习性相适应，食肉目动物的头骨脑盒大，大脑发达，具有纹回的表面，具有三条脑沟和多数脑回，属于大嗅叶型脑。眼眶一般与颞窝相通，鼻甲骨发达，结构复杂，面积扩大，为嗅觉上皮的附着提供了必要的条件。感官都十分发达，嗅觉、视觉和听觉均很敏锐，身体和四肢一般也很强壮，而且能够做柔韧而有力的动作。食肉目动物中的绝大多数种类为陆栖型，主要在地面生活，许多种类善于攀缘，但比较典型的树栖种类却很少。同样，营穴居者也较少，仅有獾等少数种类掘洞而居。此外，水獭类善于游泳，是以鱼类为食的半水栖种类。

它们的锁骨与其他动物相比，均退化或消失，使其前肢具有较大的活动性能。在腕骨部位没有中央骨，由舟状骨和月骨愈合成舟月骨（又叫桡腕骨），从而增强了腕部的稳固性，有利于奔跑活动。各肢上至少有4趾，熊类与犬类的前后肢则均有5趾。趾上的爪非常尖锐和发达，有的具钩，容易捕捉和撕裂动物，猫类的爪，更具有可伸缩性。行走方式为四肢跖行、半跖行或趾行。多数种类为趾行性，仅以足趾着地而行。熊类和大熊猫等种类为跖行性，以整个足掌（跖）面着地。大多数善于奔跑。

由于食肉目动物的身体构造已经比较高级，大脑比较发达，所以非常繁盛，除南极大陆、新西兰、马达加斯加以及一些海洋上的岛屿外，几乎遍及全世界，而且占领了各种各样的生境。

食肉目动物在我国广泛分布，共有150多种，但由于它们大多处于食物链的顶端，再加上人类的干扰，大多已经成为濒危物种。食肉目动物目前发现的动物疫病主要有巴氏杆菌病、鼠疫、土拉伦斯病、结核病、伪结核病、布氏杆菌病、鼻疽、类鼻疽、绿脓假单胞杆菌病、丹毒、李氏杆菌病、大肠杆菌病、沙门杆菌病、炭疽、肉毒梭菌毒素中毒、泰泽病、葡萄球菌病、链球菌病、狂犬病、流行性乙型脑炎、黄热病、森林脑炎、口蹄疫、猫传染性腹膜炎、蓝舌病、轮状病毒感染、猫泛白细胞减少症、犬病毒性肠炎、水貂病毒性肠炎、水貂阿留申病、伪狂犬病、痘病毒感染、朊病毒感染、立克次体病、放线菌感染、曲霉菌病、球孢子菌病、组织胞浆菌病、癣、霉菌毒素中毒、体外寄生虫病、吸虫病、绦虫病、线虫病、原虫病等。

## 8. 奇蹄目动物与疫病传播

奇蹄目动物通称野马、野驴等，均有一个大的中趾支撑着身体，肢体的主轴即通过此趾，其余各趾退化或消失。即使有小的侧趾出现，也并不支撑体重。后足距骨的上部形成滑车，所以只有一个方向可以弯曲，在奔跑能力上不如偶蹄目动物。除了貘类的前足外，趾的数目均为奇数。趾端上均有蹄，帮助行走。头骨颜面部长，鼻骨长而伸展至后方。头部生角者如犀牛，其角是表皮的衍生物，位于鼻骨之上，完全不同于偶蹄目动物角的形成。

它们栖息于草原上或森林中，但都以植物为食，有一个简单的胃和特别发达的盲肠，但不能反刍，因此不利于消化纤维多的稻草类。若有门齿，则适于切草。犬齿退化。奇蹄目动物最突出的特征还有前臼齿的臼齿化，这种臼齿化在原始的类型中还不明显，但在进化程度较高的类型中，前臼齿除第一枚以外完全变成了臼齿型。这种演变大大地增加了牙齿研磨的面积，也就提高了牙齿研磨坚硬植物的效能。

奇蹄目动物在我国主要分布于西藏、青海、四川、甘肃、内蒙古和新疆等地，共有 3 种。奇蹄目动物目前发现的动物疫病主要有土拉伦斯病、结核病、副结核病、鼻疽、类鼻疽、绿脓假单胞杆菌病、丹毒、炭疽、泰泽病、狂犬病、牛瘟、流行性乙型脑炎、东方脑炎和西方脑炎、轮状病毒感染、伪狂犬病、放线菌感染、曲霉菌病、癣、霉菌毒素中毒、吸虫病、绦虫病、线虫病、原虫病等。

## 9. 偶蹄目动物与疫病传播

偶蹄目动物通称为野猪、野骆驼、鹿、野牛、羚羊和野羊等，共同特点是在脚上都具有偶数的趾，即每只脚上有 2 个或 4 个脚趾，第一趾消失，有的种类的第二和第五趾也消失，如果存在也已经退化，显然要比第三、第四趾小得多，身体的重心落在大小几乎相等的第三、第四趾之间。除了猪类、骆驼类、鼷鹿类和鹿类中的少数种类头上无角外，其余种类均有 1 对从额骨上长出的骨质角。上颌门齿退化或消失。犬齿多数退化或消失，但有的齿发达，呈獠牙状。前臼齿比臼齿小，臼齿有适于研磨的咀嚼面，有隆起成小瘤状的丘齿型或前后扩展成新月形的月齿型。

它们具有完整的齿列和复杂的消化系统。大多数种类都是反刍动物，以草类和其他植物等为食，少数种类为杂食性。非反刍类的胃有一室的（如猪类），也有三室的（如骆驼类）。反刍类的胃由四室组成，分别称为瘤胃、蜂巢胃、重瓣胃和皱胃，其中前 3 个室是食道的变形，没有胃腺上皮，腺胃才是真正有腺体的胃。瘤胃最大，占整个胃容量的 80%。它们在吃草的时候伴随着唾液仅简单咀嚼后就成团地吞下，贮存于瘤胃中，在瘤胃中共生的大量的纤毛虫和细菌、真菌的作用下，食物中的纤维素和其他糖类开始发酵分解，并同时产生大量的甲烷。经过初步分解后的食物碎片进入蜂巢胃，未完全分解的食物则重新返回到口中，经过再次咀嚼后吞下，继续发酵。在这个过程中，蜂巢胃和瓣胃主要起到了食物转运站的作用，同时也吸收了大量的水分和酸。当细碎的食物进入腺胃后，再进行进一步的消化作用，整个消化过程需要进行几十个小时以上。偶蹄目动物均为陆栖，善于奔跑。大多数种类群居。

偶蹄目动物在我国广泛分布，共有 120 种左右。偶蹄目动物目前发现的动物疫病主要有巴氏杆菌病、鼠疫、土拉伦斯病、结核病、副结核病、伪结核病、布氏杆菌病、鼻疽、类鼻疽、绿脓假单胞杆菌病、丹毒、李氏杆菌病、大肠杆菌病、沙门杆菌病、炭疽、泰泽病、链球菌病、弯杆菌病、狂犬病、牛瘟、流行性乙型脑炎、黄热病、森林脑炎、口蹄疫、蓝舌病、野生反刍动物出血病、轮状病毒感染、伪狂犬病、恶性卡他热、痘病毒感染、朊病毒感染、支原体病、立克次体病、放线菌感染、曲霉菌病、球孢子菌病、癣、霉菌毒素中毒、吸虫病、绦虫病、线虫病、原虫病等。

## 10. 陆生哺乳动物的行走模式

依据陆生哺乳动物四肢结构的差异和四足着地行走的不同，其行走可分为 3 种主要模式。

跖行：蹠、跖、趾均着地的行走模式，如熊类、灵长类（包括人）等。

趾行：全趾着地的行走模式，如犬类和猫类动物。

蹄行：仅趾端（蹄）着地的行走模式，如有蹄类动物。

通常，跖行性种类比趾行性、蹄行性种类的运动缓慢，而且很少有小跑或疾驰性的运动方式。

## 11. 哺乳动物的足垫

哺乳动物的足垫不仅提供在其奔跑或跳跃时的附着摩擦力，而且具有承受运动重力并减缓着地时的振动。按足垫的分布和着生位置的不同，可分为 3 类。

趾（指）垫：每一个足趾（指）下前部的椭圆形垫。侧趾（指）垫位于足部的内侧面，也分为两种。前足的称拇指垫，后足的叫大趾垫。

脚底垫：趾后足底中部大小不等的群垫总称。这些群垫又可叫作间趾（指）垫或间垫。间趾（指）垫在犬类、猫类动物中可融合成一个不规则三角形大垫。

足后垫或近端垫：足后部的1~2个不规则足垫。属于前足上的该垫称为掌垫；位于后足上的叫跖垫。近端垫构成脚后跟（或称踵）。掌垫和脚底垫可联合形成如熊类后足那样更大的长椭圆形跖垫。后足的该垫又可称为踵垫。

## 12. 哺乳动物的爪和蹄

哺乳动物的爪（蹄）位于足趾（指）的上前部，被认为是从动物毛衍生出的硬化物，由相对较硬和较软的两部分组成：较硬的是爪（蹄）的上部成分，称为“甲”（如灵长类动物）、“爪”（大多数哺乳动物），或“蹄”（有蹄类动物）；较软的是其底部成分，名叫“次甲”“次爪”和“次蹄”，这些结构均与人的指甲同源。

## 13. 足迹

足迹指留在地面上或其他物体表面的动物单足的印迹。一个动物经过某地留下的一条连串足迹和有关的踪迹称为足迹链。

## 14. 步距

同侧同足从第一次出现到下次再现足迹后缘相同点之间的直线距离。哺乳动物的正常行走的步距与其臀部到肩部的长度基本相等，即步距直接反映着动物的大小，是个体鉴别的重要依据之一。

## 15. 步态

步态也叫步法，是指哺乳动物运动时惯常使用的并列运动类型，包括“行走”“小跑”“奔驰”“跳跃”4大类型共约15种步态，各种步态都将独有的特征留在足迹链上的足迹类型中。其中“行走”是最简单的步态形式。

## 16. 行走

行走是绝大多数陆生哺乳动物的基本运动形式。但兔类等少数类群不具备这种普通的运动步态。当哺乳动物行走时，其4个足均呈独自活动。行走留下的足迹链一般呈现前后足印交替、间隔不偏的两列平行足印。这种行走式运动任何时候都绝不会4个足均脱离地面。依行走时足在地上的个数多寡及运动的速度快慢，可将行走大体分为3个级别。

缓慢行走：3个或4个足可以同时在地上。

正常行走：无论何时有2个或3个足在地上。

轻松行进：最大限度有2个足同时在地上。

从这3个级别可以看出，运动时在地上的足数依次简少，其速度则自然逐级加快。然而，行走运动形式的3个步态等级都是哺乳动物的慢速运动类型，但能量效率相对较高。

## 17. 小跑

小跑是哺乳动物中相对行走快速的一种运动形式，速度获得同样与能量的效率较高有关。动物看来是悄悄地走，而许多哺乳动物如驼鹿等能够做长时间的小跑。当做小跑运动时，两个对角足一齐运动，即每个前足如同对角后足同时移动。当两对对角腿离开地表面时（4足离地）存在一个短暂的漂浮期。

哺乳动物小跑时留下的足迹链依然呈现前后足印交替、间隔不偏的两行足迹，可从狭跨距和较大步距来分辨小跑足迹链与行走足迹链，后者跨距较宽、步距较小。通常在一个小跑足迹链中，其后足将对准落在前足的前面。由于步距和后足超越前足的距离加大，致使小跑的速度增加。

## 18. 奔驰

奔驰是哺乳动物最快速的运动步态。由于这种步态的能量消耗高，因而大多数种类的奔驰持续时间不长。奔驰时跨距显著缩小，足迹展现在行进方向线附近。奔驰通常有两种形式：一种是截向式或称十字式，而另一种是旋转式或叫转动式。两种形式的主要差异在于哪个后足首先触地。

## 19. 跳跃

跳跃是一种类似于奔驰而速度较慢。这是能量消耗高和费力的运动步态。当动物从其后足或 4 足离地时的跳跃处于一种漂浮状态。第二次漂浮可能发生在其前足离地。最突出的阶段是从后腿开始，但着地发生在前腿之前。前腿在后腿降落之前短暂停留在地面上是为下个跳跃做准备。后腿通常着地较迟且落在前腿的前方。

## 20. 咬痕

咬痕是指哺乳动物啃咬甚至咬断树枝或树干后所留下的痕迹，也是一种较为容易观察到的动物痕迹。咬痕的位置很重要。例如在树上的高度：咬痕位于灌木高处多系豪猪所为；约在树干 8cm 高度可能是田鼠所为；约处于树干 45cm 高度或许是河狸；达到肩高上下一般应当是大中型有蹄类。切口面积的相对大小通常也有助于区分松鼠与豪猪。要注意单个牙印的宽度和它们通过树皮的运动方向。相对齿印宽度通常有助于鉴别小型鼠类与松鼠，以及判别松鼠与豪猪。有蹄兽类啃嚼灌木和树叶是由其下门齿耙取，向上或以小角度相对树干；而豪猪和河狸的啃咬则以大角度相对树干。

## 21. 爪痕

爪痕主要是指熊类、猫类等在树上活动时所留下或标明的痕迹、记号等踪迹。爪痕对于动物来说可能比我们人类所领悟到的包含有更多的重要意义。

例如，熊类动物常常会爬到它们行进线路附近的树上活动。上树是用爪抓着树干的侧面并尽可能抵达树的高处。熊类偶尔也会撕咬大量的树干，这显然是为了获取树皮形成层或称内皮层的可口汁液。

## 22. 滚泥

滚泥是少数大型有蹄兽类动物具有的嗜好。在山林深处的低洼潮湿区、山隘口中部的积水凹地和溪沟平台泥草中等处，时常会发现有其周边光滑，泥水混浊，或被滚翻得乱七八糟、大小不等的泥水塘凹。存在这样的踪迹现象大多是野牛或野猪等野生有蹄类动物所造成的（是指在发现地没有家牛和家猪的前提下）。动物在进出滚泥塘时通常都会留下些足迹（除非泥塘周围地表非常坚硬干燥，以致足迹不能印出）。

## 23. 粪便

不同种类的野生哺乳动物的粪便往往呈现不同的外形，但也有一定的规律可循。从粪便的总体型状可区分出食草动物与食肉动物，即食草动物的粪便通常较小而略带团丸形，食肉动物的粪便大多较大而长，呈圆柱形（圆筒状）或长条形并带有逐渐变细的末端。

粪便的显著色彩变化是由动物当时所摄取食物的不同造成的。黑色的粪便表明食肉兽当时摄食更多纯的肉类食物。食草动物的暗色或黑色粪便象征主吃潮湿的植物性食物。色彩发白的表示为陈旧的粪便。粪便中的磷酸酯来自消化成粪便的嚼碎的骨质或者真菌，而灰色粪标志含毛和肉的混合物。植物性的粪便色彩多呈褐色，如将一粒褐色粪分成两半，将不时会发现微小的木质余物。蓝色粪便主要含浆果。绿色为肉食动物粪。粪很软则说明动物吃的是青草。此外，粪便中发现的某些物质也能够帮助人们辨认它是由什么动物留下的。

然而，由于粪便易变的固有性质常常使得不可能确切鉴别粪便的所属种类，也就是说，要从粪便鉴定到物种在大多数情况下仅是一种尝试。

## 二、哺乳动物

### 1. 鸭嘴兽

鸭嘴兽体长46~60cm，体重1 500~2 000g。隶属于哺乳纲、单孔目、鸭嘴兽科。嘴扁平而突出，没有嘴唇和牙齿，状似鸭嘴。没有外耳壳，眼很小。尾巴短而平扁。体毛细密，呈深褐色，有光泽。消化道、排泄道与生殖道均开口于身体后部的泄殖腔内。前后肢上均有蹼，趾端有尖锐的爪。后肢上有中空的距，方向朝内侧，距的腔与毒腺相连接。

鸭嘴兽分布于澳大利亚东部和塔斯马尼亚岛等地。栖息于河流等水域附近。喜欢穴居。夜行性。善于游泳。以蠕虫、水生昆虫、甲壳动物和蜗牛等软体动物为食。卵生。繁殖期为10~11月。每次产卵1~3枚，由雌兽蜷伏在卵旁孵化，10~14天出壳。雌兽没有乳头，幼仔从它的腹面乳腺区濡湿的毛上舔食乳汁。1岁达到性成熟。寿命为10~17年。

鸭嘴兽是奇特的哺乳动物，在动物演化研究方面具有重要的价值。我国一些博物馆中藏有它的标本。

### 2. 针鼹（yǎn）

针鼹体长40~60cm，体重3 000~6 000g。隶属于哺乳纲、单孔目、针鼹科。头小而尖，四肢短小，身躯肥短。身体的背面布满长短不一、中空的针刺，体表还被有褐色或黑色的毛，腹面的毛短而柔软，颜色较淡。尾巴极短。眼睛和耳朵都很小，但具有发达的外耳壳。头部灰白色，前部有一个坚硬无毛的喙，呈圆筒状，并且向下弯曲，鼻孔和嘴都位于喙的前端。嘴只是一个小孔，没有牙齿。消化道、排泄道与生殖道均开口于身体后部的泄殖腔内。没有尾巴。爪坚硬而锐利。雄兽的后足内侧生有距。

针鼹分布于巴布亚新几内亚中部、南部和澳大利亚等地。栖息于灌丛、草原、疏林和多石的半荒漠地区等地带。夜行性。善于挖掘洞穴，白天隐藏在洞穴中。受到惊吓时迅速地将身体蜷缩成球形。性情孤僻。单独活动。有冬眠习性。以白蚁、蚂蚁等各种昆虫和虫卵，以及蠕虫等其他小型无脊椎动物为食。卵生。雌兽的腹部有一个袋囊，仅在每年繁殖期间才出现，可以使卵在其中孵化，成为临时的育儿袋。每次产卵1~2枚，卵产下以后就由雌兽随身携带，几周后幼仔孵出，就在袋囊中舔食由雌兽腹部的乳孔流出的乳汁。1岁达到性成熟。寿命为50年。

针鼹是奇特的哺乳动物，在动物演化研究方面具有重要的价值。我国一些博物馆中藏有它的标本。

### 3. 树袋熊

树袋熊体长50~60cm，体重10~20kg（图5.1）。隶属于哺乳纲、有袋目、树袋熊科。身体肥胖臃肿。眼大。耳大，密被绒毛。鼻部光滑无毛，呈灰黑色。腹部有育儿袋。前后肢均有5趾，后肢比前肢短。尾退化。被毛柔软，呈青灰色或银灰色。

树袋熊分布于澳大利亚东南部、西南部等地。栖息于桉树林中。性情温和。善于攀树和在树枝间跳跃，很少在地面行走。夜行性。白天抱着树枝睡觉。以桉树叶为食。繁殖期为11月至翌年2月。怀孕期为23~30天。每胎产1仔。幼仔出生后在育儿袋中继续发育，6~7个月后出袋，常趴在雌兽背上活动。4岁达到性成熟。

树袋熊在我国仅有极少数动物园饲养，是非常受欢迎的观赏动物。

图5.1　树袋熊

图5.2　大赤袋鼠

## 4. 大赤袋鼠

大赤袋鼠是有袋类中体型最大的（图5.2）。体长130~150cm。隶属于哺乳纲、有袋目、袋鼠科。头小，颜面部较长，鼻孔两侧有黑色须痕，眼大，耳长，前肢短小，后肢特别长。尾粗长而有力。体毛呈赤褐色。雌性腹部有一育儿袋。

大赤袋鼠分布于澳大利亚东南部。栖息于开阔的草原地带。结群生活，多在早晨和黄昏活动。善于跳跃。以草类为食。没有固定繁殖季节。怀孕期为1个月，每胎产1仔。初生幼仔全身裸露，双眼紧闭，未发育完全。出生后本能地用前肢抓住雌兽腹毛慢慢地爬到育儿袋里吃奶。幼仔半年以后出袋活动，大约10个月后独立生活。1.5~2岁性成熟。寿命20~22年。

大赤袋鼠是动物园中受欢迎的观赏动物。它的尾巴和后肢非常强壮，有一定的伤人能力。

## 5. 刺猬

刺猬也叫普通刺猬、刺球子、猬鼠、毛刺等，是我国常见的食虫类动物（图5.3）。隶属于哺乳纲、食虫目、猬科。体长22~26cm。除腹部和四肢外，全身都披有粗而硬的棘刺。体毛很短，呈淡黄色。四肢、尾巴均较短，爪锐利而弯曲。耳短，长度仅有大约2cm。眼睛也很小。

刺猬分布于我国东北、华北和华东地区，以及欧洲和朝鲜等地。栖息于森林、草原等环境中。夜行性。穴居。以昆虫等小型无脊椎动物，以及瓜、果、豆类等植物为食。每年春季发情。雌兽的怀孕期为49天。6月产仔。每年产1胎，每胎3~6仔。翌年春季达到性成熟。寿命为7年。

图5.3　刺猬

刺猬足印的主要特征是趾印相对较长，一般前足印显著大于其后足印。因足爪细长而弯利，爪印常包含在其足印中，但甚小。

刺猬是食虫益兽，被列入“三有”名录，也被一些地区列为地方保护动物。由于它可以入药，脂肪也可利用，而且对农作物有一定的危害，所以常被人们因经济利益或保护农田而捕杀。刺猬在城市、农村都有广泛分布，因此它有可能会在一些犯罪现场附近出现。

刺猬是动物园中受欢迎的观赏动物，除人工养殖基地、动物园等处可能发生因经济利益而进行的盗窃、抢劫刺猬等犯罪行为外，在某些犯罪现场也有可能出现它的痕迹。

## 6. 小鼩鼱（qújīng）

小鼩鼱体长 4~6cm，尾长 4~5cm，体重 3~5g。隶属于哺乳纲、食虫目、鼩鼱科。眼小。吻部尖而长。体毛主要为褐色，腹面白色。尾巴长而裸露。

小鼩鼱分布于中国西北、内蒙古东北部一带。栖息于森林、灌丛等地带。穴居。以昆虫、蚯蚓、蜗牛等无脊椎动物为食。雌兽的怀孕期为 24~25 天。每年产 1~2 胎。每胎产 4~8 仔。寿命为 14~15 个月。

小鼩鼱是常见的小动物，在某些犯罪现场也有可能出现它的痕迹。

## 7. 麝鼹

麝鼹是我国特产的常见鼹鼠。体长 12~13cm。隶属于哺乳纲、食虫目、鼹鼠科。体型较小。吻部细长。没有外耳壳。眼睛退化。尾巴细而短，毛短而稀疏，末梢有一个小的毛束。身体被毛带有金属光泽，背面为深灰棕色，腹面为棕灰色。

麝鼹分布于我国华北、西北等地区。栖息于山地、平原土质疏松、干燥的沙滩、草地、田埂等处。善于挖掘洞穴，终生在洞穴中居住。冬季在冻土层以下活动，不冬眠。以蛴螬、蝼蛄等地下昆虫和蚯蚓等为食。繁殖期为 5~6 月。怀孕期为 32 天左右。每胎产 4~6 仔。

麝鼹是常见的小动物，在某些犯罪现场也有可能出现它的痕迹。

## 8. 大足鼠耳蝠

大足鼠耳蝠体长 6~7cm，尾长 5cm，体重 20~23g。隶属于哺乳纲、翼手目、蝙蝠科。体毛主要为烟褐色，腹面灰白色。

大足鼠耳蝠分布于中国广东、福建、安徽、山东、广西、江西等地。栖息于山地丘陵地带。夜行性。喜欢集群。白天倒挂在岩洞或城墙石缝内睡觉。有冬眠习性。以昆虫等为食。每年秋末冬初发情交配。每胎产 1 仔。一般在 6 月生产。

大足鼠耳蝠是常见的小动物，在某些犯罪现场也有可能出现它的痕迹。

## 9. 伏翼

伏翼体长 3~5cm，体重 3~8g。隶属于哺乳纲、翼手目、蝙蝠科。体毛主要为棕褐色。前肢和后肢完全由皮肤演变成的飞膜连接在一起，为暗褐色，边缘白色。

伏翼分布于我国大部分地区。栖息于林地中。夜行性。结群活动。以昆虫等为食。每胎产 1~2 仔。一般在初夏生产。1 岁达到性成熟。

伏翼是常见的小动物，在某些犯罪现场也有可能出现它的痕迹。

## 10. 宽耳犬吻蝠

宽耳犬吻蝠体长 9cm，尾长 5~6cm，体重 32~34g。隶属于哺乳纲、翼手目、犬吻蝠科。耳宽大而直立。眼小。前肢和后肢完全由皮肤演变成的飞膜连接在一起。尾巴较长，末端伸出股间膜后缘。体毛主要呈褐色或灰褐色。腹部较浅。

宽耳犬吻蝠分布于我国大部分地区。栖息于山区地带。夜行性。单独或呈 2~3 只的小群活动。白天倒挂在山洞中睡觉。善于飞翔。有冬眠习性。以昆虫等为食。秋末发情交配。每胎产 1 仔。一般在夏季生产。1 岁达到性成熟。

宽耳犬吻蝠是常见的小动物，在某些犯罪现场也有可能出现它的痕迹。

## 11. 东方蝙蝠

东方蝙蝠是我国常见的蝙蝠。体长 5~6cm。隶属于哺乳纲、翼手目、蝙蝠科。体型很小。耳短而宽。尾巴发达。前肢生有薄而多毛的翼膜。身体背面为灰棕色，并有花白的细点。腹面为浅棕色。东方蝙蝠分布于我国大部分地区。栖息于森林、旷野、城郊等地带。白天隐藏于较为黑暗的屋檐裂缝中、岩洞中，将身体倒挂着休息。夜晚活动。能借助翼膜飞行和在空中捕食。以蚊、蝇等昆虫为食。繁殖期为 4~6 月。每胎产 2 仔。

东方蝙蝠是常见的小动物，在某些犯罪现场也有可能出现它的痕迹。

## 12. 普通树鼩

普通树鼩体长 16~18cm，尾长 15~19cm，体重 110~185g。隶属于哺乳纲、树鼩目、树鼩科。吻部长而尖。眼大。耳短而圆。尾巴蓬松，上下面毛很短，两侧毛长，呈扁平状。上体为橄榄褐色。腹面污白色。颈侧有 2 条棕黄色条纹。

普通树鼩分布于中国西南、华南地区等地。栖息于山地和平原的森林、灌丛中。昼行性。能在地面上或树上急速跳跃式奔跑。以昆虫为食，也吃果实和种子等。每年 1~5 月发情，雌兽的怀孕期为 40~45 天。每年繁殖 1~2 胎，每胎产 2~4 仔。哺乳期为 35~40 天。3 月龄达到性成熟。寿命达 5~7 年。

普通树鼩被列为“三有”名录，但仍然有偷猎的现象发生。

## 13. 环尾狐猴

环尾狐猴体长 30~46cm，尾长 40~63cm，体重 2 000~3 500g（图 5.4）。隶属于哺乳纲、灵长目、狐猴科。头小，额低，耳大，两耳都长有很多茸毛，头部两侧也有长毛，吻部长而突出，下门齿呈梳状。背部的毛呈浅灰褐色，腹部为灰白色。额部、耳背和颊部为白色，吻部和眼圈为黑色。尾巴很长，具有 11~12 个黑白相间的圆环。

图 5.4　环尾狐猴

环尾狐猴分布于非洲马达加斯加岛的南部。栖息于较干旱的疏林岩石地带。昼行性。性情温和。成群活动。能在树枝上直立行走。以树叶、花、果实，以及昆虫等为食。11~12 月发情交配。雌兽的怀孕期为 5 个月。每胎产 1~2 仔。2~3 岁性成熟。寿命为 18 年。

环尾狐猴在我国各地动物园、野生动物园中饲养比较普遍，是很受欢迎的观赏动物。

## 14. 懒猴

懒猴也叫蜂猴，是低等的原始猴类。隶属于哺乳纲、灵长目、懒猴科。体长 26~38cm。长相十分惹人喜爱，头圆，耳小，眼大，全身都被着密密的厚毛，显得很肥胖。面部为白色，眼圈周围为棕黑色，就像是戴了一副眼镜。背面的体毛主要为具有光泽的棕灰色，脊背中央具有一条深栗红色的纵纹，腹面为灰白色。后肢的第二趾上有一个钩状的爪，可以牢牢地抓住树干。尾巴极短，仅有 1~2cm 长，隐藏在毛丛中。

懒猴分布于我国云南、广西，以及亚洲南部、东南部一带。栖息于热带雨林中。经常高高地悬卧在热带雨林中的树冠之上，就像是一个绒毛线团。昼伏夜出，性情孤僻，喜欢独居。行动迟缓得令人吃惊，既不会蹿，也不会跳，只会一步一步慢慢地爬行，而且还十分贪睡，如果被惊醒，也只不过懒洋洋地睁开眼睛张望一下，身子却一动也不动，因而得名“懒猴”。以野果、嫩叶、昆虫、蜗牛，以及青蛙、小鸟、鼠类等为食。一年四季都可以发情。怀孕期为193天。每胎产仔1~2只。2~3岁性成熟。寿命为12~13年。

由于极少下地或一般不下地，故很少呈现完整的足印和足迹链或没有足印。当留下时，前后足均具5趾印，且前足印显著小于后足印，均无爪印，第2趾印特短小；后足印第2趾印带爪印。粪便呈两种类型：一种似微型算盘珠套接，另一种近似小圆粒堆集。

懒猴被列为国家Ⅰ级重点保护野生动物。它在我国野外数量十分稀少，但也会有偷猎犯罪的现象发生。

## 15. 小懒猴

小懒猴体长21~25cm，尾长1cm，体重250~450g。隶属于哺乳纲、灵长目、懒猴科。体毛柔软，背面的毛为棕红色，腹面及四肢呈棕灰色，吻部略白，从鼻至额有一条白色的纵条纹，脸圈的毛色浅淡，形成面环。手和足的皮肤的颜色均为黑色。尾巴极短。

小懒猴分布于中国云南西南部，以及越南、老挝和柬埔寨等地。栖息在热带密林中，白天隐藏在树丛中，夜晚出来活动，以果实、嫩叶等为食，也捕食小鸟和昆虫等。每年2~3月产仔。每胎产1~2仔。哺乳期210~252天。

小懒猴前、后足印及其第1指（趾）几乎近等大（长），它们的5指（趾）印相比各目的掌（跖）垫印显得十分细长。前足第2指印亦不十分短小。后足第2趾爪印相对懒猴和中懒猴的较宽钝。

小懒猴被列为国家Ⅰ级重点保护野生动物。它在我国野外数量十分稀少，但也会有偷猎犯罪的现象发生。

## 16. 中懒猴

中懒猴体长25cm，体重500~800g。隶属于哺乳纲、灵长目、懒猴科。耳大而圆，内面为黑色。体毛柔软，背面的毛为金黄色，腹面较浅。吻鼻部为黑色。从鼻至额有一条白色的纵条纹，脸圈的毛色浅淡。尾巴极短。

中懒猴分布于中国云南东南部、越南北部等地。栖息在热带野芭蕉林中，白天隐藏在树丛中，夜晚出来活动。单独活动。以果实、昆虫等为食。

中懒猴前、后足印均具5趾。前足印第1指印较小，第2指印则不显著短小；后足印略较前足印宽大，第1趾特别粗长，第2趾的爪印明显尖长。粪便大部分为黑褐色，多呈5~20mm长的堆渣状或圆条形，有的粪粒前后两端较细或其后端带着1条极细长的拖尾。

中懒猴被列为国家Ⅰ级重点保护野生动物。它在我国野外数量十分稀少，但也会有偷猎犯罪的现象发生。

## 17. 松鼠猴

松鼠猴体长22~28cm，尾长25~30cm，体重500~1 100g（图5.5）。隶属于哺乳纲、灵长目、悬猴科。体型纤细，头部稍长，眼睛较大，耳壳宽圆，长有短毛。背部的毛为黄、灰结合的橄榄色，胸部、身体下侧、四肢内侧、尾巴基部一半的下侧等处为鲜黄色，腹部毛为白色。头顶、身体上外侧和尾巴基部一半上侧是一种鲜绿色，面部的眼圈、鼻梁、颊部及耳缘等均是纯白色，口缘、鼻和吻部为黑色或蓝色。尾巴末端一半为乌黑色。

图5.5 松鼠猴

松鼠猴分布于秘鲁、巴西、巴拉圭、玻利维亚、哥伦比亚、巴拿马和哥斯达黎加等地。栖息于热带雨林、红树林中，以及农田、河岸附近。昼行性。树栖。集群活动。以树叶、果实、种子，以及昆虫、蜘蛛、蛙类等为食。每年 12 月至翌年 6 月发情交配。雌兽的怀孕期为 160～170 天。每胎产 1 仔。2～4 年性成熟。寿命为 21 年。

松鼠猴在我国各地动物园、野生动物园中饲养比较普遍，是很受欢迎的观赏动物。

## 18. 阿拉伯狒狒

阿拉伯狒狒是体型最小的狒狒（图 5.6）。隶属于哺乳纲、灵长目、猴科。雄兽体长 70～75cm，雌兽比雄兽小得多。面貌丑陋，头部较大，眉骨高高突起，两眼漆黑深陷，吻部很长，棱角分明，脸上有很高的隆起线，颜色鲜蓝而透紫，鼻子深红，鼻梁直抵前额，略似狗头，所以又被叫作狗头猴，但雌兽的吻稍短，面部为肉色，光滑无毛。四肢十分粗壮，手、足均为黑色，适于在地面行走。尾巴细长，臀部有一大片鲜红的颜色。体毛粗糙，雄兽为灰褐色，雌兽呈棕绿色。雄兽上颚的犬齿长而突出，由头部两侧至肩部和背部均披散着长毛，形如蓑衣，显得高大而威武，所以也有人称它为蓑狒。

阿拉伯狒狒分布于非洲的索马里北部、苏丹、埃塞俄比亚，以及亚洲的阿拉伯半岛西南部和阿拉伯湾的岛屿上。栖息于热带稀疏的干草原和半沙漠地带树木稀少的山石坡上。白天在地面上活动，善于攀登山岩，还具有爬树的本领。喜欢群居，由身体强壮、犬齿尖利的雄兽担任首领。以植物的叶、果实、根茎、树皮，以及蝗虫、白蚁、蚂蚁等为食，有时也捕食鸟类、野兔和小羚羊等。捕捉猎物的时候，通常是全体行动，采用大包围的办法进行猎捕。发情期不固定，每年繁殖一次，每胎产 1 仔。5～7 岁性成熟，寿命为 15～20 年。

图 5.6　阿拉伯狒狒

阿拉伯狒狒在我国是动物园中受欢迎的观赏动物。由于它身体强壮，脚爪尖利，因此有一定的伤人能力。

## 19. 猕猴

猕猴也叫恒河猴、小黄猴、广西猴、黄猴、金丝猴、罗猴等，是我国最常见的猴类（图 5.7）。隶属于哺乳纲、灵长目、猴科。体长 51～63cm。体型中等，头顶上的毛从额部往后覆盖，脸部和两耳呈肉红色，两颊生有颊囊，可以临时贮藏食物。身体背面的毛色为灰褐色，腹面为淡灰色。四肢和尾巴都又细又长，尾毛蓬松。臀部有鲜红色的角质坐垫。

猕猴分布于我国黄河流域以南地区，以及亚洲南部、东南部一带。栖息于森林地带。经常在树林中或在悬崖峭壁等陡峻处活动。喜欢群居，由身体强壮的雄兽担任“猴王”。白天活动。性情活泼好动，听觉、嗅觉都很灵敏，还有很强的游泳能力。以植物的嫩叶、花、果实和种子等为食。一年四季均可繁殖。每年产 1 胎，每胎产 1 仔。4～6 岁性成熟。寿命为 25～30 年。

图 5.7　猕猴

猕猴前、后足颇似人手，均具 5 指（趾）。猕猴在较平软的地面通常会形成某些足迹和足迹链，后足印显著大于前足印。成形的粪便为圆条折堆状，末端常带针状细尾。

猕猴被列为国家Ⅱ级重点保护野生动物。从前由于食用（猴脑）、药用和外贸等部门的需要，滥捕猕猴的情况非常严重，现在仍存在为上述原因而进行的偷猎活动。此外，还有人非法饲养猕猴进行街头卖艺等活动。猕猴的牙齿、爪都很尖利，在野外人工投喂处、动物园以及卖艺场所等，人都有可能被猕猴咬伤、抓伤。

## 20. 短尾猴

短尾猴体长为50~82cm，尾长5cm，体重5~16kg（图5.8）。面部有鲜红色的斑块。前额部分裸露无毛，几乎全部秃顶，呈灰黑色。胸部、腹部，以及四肢内侧的毛稀疏而且颜色较浅，肩部、颈部和背部的毛较为粗糙。胼胝的周围裸露无毛。尾巴短，被毛稀少。

短尾猴产于中国西南、华南等地区。栖息在多岩石的亚热带山地常绿阔叶林带。昼行性、树栖。喜欢群居。以植物的果实、花、叶、根、茎及竹笋等为食，也捕捉螃蟹、青蛙等小动物。每年9~10月为交配的旺季。怀孕期大约为6个月，翌年的3~4月产仔，一般为隔年生育一次，每胎产1仔。寿命大约为20年。

图5.8　短尾猴

短尾猴足印与猕猴的相似而较宽长。成形粪便呈相对粗短的节筒状，其尾端具明显弯锥。

短尾猴被列为国家Ⅱ级重点保护野生动物。它在我国野外数量十分稀少，但也会有偷猎犯罪的现象发生。

## 21. 豚尾猴

豚尾猴体长为40~77cm，尾长15~18cm，体重为4~15kg（图5.9）。隶属于哺乳纲、灵长目、猕猴科。额头较窄，吻部长而粗，面部较长，呈肉色，具较长的黄褐色须毛，颊部的毛斜向后方生长，耳朵周围的毛向前生长，彼此相连。眼睛具有明显的白色眼睑。冠毛短而黑，头顶上有放射状的毛旋，但前额却辐射排列为平顶的帽状。体毛长而柔软，具有光泽，身上略有一些斑点，背脊和尾巴的色泽为深棕色至黑色，其他部位为浅黄色至灰棕色。尾巴很短，毛很稀疏，基部较粗，尾梢较细，但末端有一簇长毛，常呈“S”形弯曲，状似猪尾。

图5.9　豚尾猴

豚尾猴分布于我国云南、西藏东南部等地。栖息于亚热带森林中。昼行性、树栖。喜欢群居。以热带果实和昆虫、小鸟和鸟卵等为食。雌兽的妊娠期为170天左右，每胎产1仔，哺乳期为6~8个月。3~5岁性成熟，寿命为26年。

豚尾猴足印与猕猴的相似而较窄长。成形粪便多呈5~8mm长的粗形节筒状，且折痕较少。

豚尾猴被列为国家Ⅰ级重点保护野生动物。它在我国野外数量十分稀少，但也会有偷猎犯罪的现象发生。

## 22. 熊猴

图5.10　熊猴

熊猴体长为43~65cm，尾长23~25cm，体重4~15kg（图5.10）。隶属于哺乳纲、灵长目、猕猴科。吻部突出，面部呈肉色，头顶的毛发从中央向四周辐射，呈现一个“旋涡”，头部和颈部的毛发呈淡黄色，身体的毛色为棕黄色或棕褐色，较为蓬松但却较为粗糙。臀部胼胝周围的毛很多。尾巴褐色，较短而细。

熊猴分布于中国广西、云南、贵州东北部、广东北部和西藏等地。栖息于热带和亚热带亚高山密林中，喜欢在高大乔木上生活。昼行性、群居。以植物为食，也吃昆虫等小动物。

熊猴足印与猕猴相似但略较大。

熊猴被列为国家Ⅰ级重点保护野生动物。它在我国野外数量十分稀少，但也会有偷猎犯罪的现象发生。

## 23. 台湾猴

台湾猴体长为36~54cm，尾长为26~39cm，体重4~5kg。隶属于哺乳纲、灵长目、猕猴科。身体的毛色主要为蓝灰石板色或灰褐色，额部裸毛呈灰黄色，头圆毛厚，面部比较平坦，呈肉色。颊部生有浓密的须毛，顶毛向后披散。四肢毛色深暗，手、足均为黑色。尾巴很粗，尾毛浓密，基部为橄榄色，端部则为灰色，中部有明显的黑色条纹。

台湾猴仅产于中国台湾。栖息于南部沿海的石岩地区，以及中部高山密林中。昼行性、半地栖的动物，感觉灵敏，行动迅速。以野果、树叶、昆虫、蛙类等为食。全年均可发情。雌兽怀孕期为163天左右，每胎产1仔。5~6岁达到性成熟。寿命可达20年。

台湾猴被列为国家Ⅰ级重点保护野生动物。它在我国野外数量十分稀少，但也会有偷猎犯罪的现象发生。

## 24. 藏酋猴

藏酋猴体长为51~71cm，尾长7~14cm，体重6~20kg（图5.11）。隶属于哺乳纲、灵长目、猕猴科。有一对大的犬齿，雄兽的脸部为肉色，眼围为白色；雌兽的脸部带有红色，眼围为粉红色。全身披着疏而长的毛发，背部色泽较深，腹部颜色较浅，头顶常有旋状项毛，从中央向两侧披散开，而且在面颊上和下巴上都生有浓密的须毛。尾巴短，呈残结状。

藏酋猴分布于中国四川、陕西南部、甘肃东南部、安徽南部、浙江南部、湖南、湖北西部、福建、广西、广东、江西、贵州、云南等地。栖息于崖岩较多的稀树山坡地带。昼行性、半地栖，结群活动。以果实、花朵、树芽、树叶、根茎等为食。每年9~10月发情。雌兽的怀孕期为6~7个月。3~5月产仔，每胎产1仔。哺乳期为6个月。5岁达到性成熟。寿命为25年。

图5.11 藏酋猴

藏酋猴前、后足印均与猕猴的相似而较宽长。成形粪便为一端粗一端细的节状，前端略小圆，其后明显膨大，接着逐渐缩小，至尾端呈略弯的圆锥状。

藏酋猴被列为国家Ⅱ级重点保护野生动物。它在我国野外数量十分稀少，但也会有偷猎犯罪的现象发生。

## 25. 长尾叶猴

长尾叶猴体长43~79cm，尾长54~107cm，体重11~17kg。隶属于哺乳纲、灵长目、猕猴科。体毛主要为黄褐色，额部有一些灰白色的毛，呈旋状辐射，面颊上有一圈白色的毛，嘴边长着须毛，脸、耳、手、足等都是黑色的。头部圆，吻部短，四肢都很长，尾巴更长，呈土灰色或灰棕色。

长尾叶猴分布于中国西藏等地。栖息于海拔2 000~3 000m的中、高山地带的山地松林或杉林里。地栖性较强。平时喜欢结成十余只的小群或者接近100只的大群在一起活动。以树叶、枝芽、花、果实等为食。雌兽的怀孕期为168~196天。每胎产1仔。通常在4月生产。4~6岁达到性成熟。

长尾叶猴被列为国家Ⅰ级重点保护野生动物。它在我国野外数量十分稀少，但也会有偷猎犯罪的现象发生。

## 26. 黑叶猴

黑叶猴也叫乌猿，是最珍贵的猴类之一（图 5.12）。隶属于哺乳纲、灵长目、猕猴科。体长为 48~64cm。体型纤瘦，头部较小，尾巴和四肢均又细又长。头顶上有一撮竖直立起的黑色冠毛，枕部有 2 个毛旋，眼睛黑色，两颊从耳尖至嘴角处各有一道白毛，形状好似两撇白色的胡须，十分有趣。全身体毛均为有光泽的黑色，背面的毛比腹面的长而密。

图 5.12 黑叶猴

黑叶猴分布于我国广西、贵州、四川，以及越南北部、老挝中部等地。栖息在热带、亚热带岩洞较多的石灰岩地区森林中。喜爱群居。白天在树上活动，晚上居住在洞穴中。行动敏捷、轻盈，善于攀登、跳跃。以植物嫩叶、嫩芽、茎、花、果实和种子等为食。多在秋冬季节发情。每胎产 1 仔。3 岁性成熟。寿命为 10~12 年。

黑叶猴的第 1 指（趾）相较粗长的掌（跖）垫的后外侧更内凹；粪便多为深黑褐色丸状接条。

黑叶猴被列为国家Ⅰ级重点保护野生动物。黑叶猴的肉有滋补作用，“乌猴结”（雌猴的经血）和骨、肉均可供药用，“乌猴结”用于治疗妇女血虚和贫血症等，因此，有人常利用黑叶猴夜晚在岩洞中栖宿的特点前去捕捉，使这一资源的破坏十分严重。现在也会有偷猎犯罪的现象发生。

## 27. 白头叶猴

白头叶猴体长为 50~70cm，尾长 60~80cm，体重 8~10kg（图 5.13）。隶属于哺乳纲、灵长目、猕猴科。头部较小，躯体瘦削，四肢细长。体毛以黑色为主，头部高耸着一撮直立的白毛，颈部和两个肩部为白色，尾巴的上半截为黑色，下半截为白色，手和脚的背面也有一些白色。

图 5.13 白头叶猴

白头叶猴分布于中国广西龙州、宁明、崇左、扶绥等地。栖息于亚热带植被繁茂的岩溶地区。性情机警，活泼、好动，极善跳跃。集群生活。以树叶、嫩芽、野花、野果等为食。秋季交配，春季产仔。

白头叶猴被列为国家Ⅰ级重点保护野生动物。它在我国野外数量十分稀少，但也会有偷猎犯罪的现象发生。

## 28. 菲氏叶猴

菲氏叶猴体长为 42~60cm，尾长为 64~86cm，体重 5 600~9 000g。隶属于哺乳纲、灵长目、猕猴科。身体的毛色主要为灰褐色，或银灰色略带黄色，只有胸腹部为灰白色。冠毛较长，眼睛的外围和嘴的外围皮肤有灰白色的眼圈和嘴圈。眉额之间有黑色毛。四肢和手足细而长。

菲氏叶猴分布于我国云南等地。栖息于热带及亚热带茂密的阔叶林中。昼行性，树栖。性喜群居，十分喧闹。以植物的叶、花、果为食，也吃鸟蛋和小鸟等。

前、后足均较窄长，尤其指（趾）较细长，掌（跖）后部正常无显著凹痕；粪便多呈 60mm 长的黑褐色棱形块拼条笥，且两端不十分缩小。

菲氏叶猴被列为国家Ⅰ级重点保护野生动物。它的胆囊和肠道中生有结石，是因吞食的体毛与碳酸钙结合所形成的，可以入药，药名也叫“猴枣”，市场的价格非常高，因此菲氏叶猴也遭到了无情的捕杀，数量已经十分稀少，在我国境内已经有很多年没有它的踪迹了。

## 29. 戴帽叶猴

戴帽叶猴体长为53~71cm，尾长60~95cm，体重9~14kg。隶属于哺乳纲、灵长目、猕猴科。脸部为黑色，身体除了四肢的末端和尾巴为黑色外，其余都是银灰色，被毛长而稀疏，顶部的毛较为蓬松，冠顶的颜色较深，如同戴着一顶小帽。颜面部色黑，手、足也是黑色。

戴帽叶猴分布于中国云南西北部一带。栖息于河谷地区的亚热带密林中。昼行性。树栖。群居，每群通常为10~30只不等。以各种鲜嫩树叶、枝芽、花朵、水果为食。

前、后足显著较大而长。因很少下地活动，一般较难发现它们的足印。此外，因摄取的食物湿度高和栖息地雨量多，其粪便一般很难成形。

戴帽叶猴被列为国家Ⅰ级重点保护野生动物。它在我国野外数量十分稀少，但也会有偷猎犯罪的现象发生。

## 30. 白臀叶猴

白臀叶猴体长为61~76cm，尾长56~76cm，体重7~10kg。隶属于哺乳纲、灵长目、猕猴科。体毛大部分为灰黑色，脸部黄色，有一圈稀疏的白色长毛。鼻孔朝上，鼻梁平滑。眼睛深褐色，眼周有黑圈。颈部有白色和栗褐色的条纹，下颌有红褐色的簇状毛。胸腹部为棕黄色，有一个宽大的、呈半圆形的栗褐色胸斑，胸斑外面的轮廓为黑色。尾巴长，白色，外围有呈三角形的臀盘。腿的上部分为赤褐色，下部分为黑色；两臂由肘到腕为白色，手和脚为黑色。

白臀叶猴分布于中国海南岛。栖息于森林地带。昼行性，树栖。善于跳跃。以鲜叶、嫩芽、果实等为食。雌兽的发情周期为28~30天。怀孕期为165天左右，大多在2~6月产仔。4~5岁性成熟。

白臀叶猴被列为国家Ⅰ级重点保护野生动物。它在我国野外可能已经灭绝。

## 31. 金丝猴

金丝猴也叫川金丝猴、狮鼻猴、蓝面猴、长尾子等，是最美丽的猴类之一（图5.14）。隶属于哺乳纲、灵长目、猕猴科。体长48~64cm。头圆，耳短，眼睛为深褐色，嘴唇厚，吻部肥大。两颊和额的正中的毛都向脸的中央伸展，露出两个凹陷的天蓝色眼圈、一个突出的天蓝色吻圈和一对向上仰起的朝天鼻孔。头顶有一片黑褐色毛冠，腹面为淡黄色或白色，背面披着金黄色的长毛，细亮如丝，在阳光的照耀下金光闪闪，好似一件风雅华贵的金色斗篷。它的四肢粗壮，后肢略长于前肢。尾巴的长度与体长差不多或略长一些。

图5.14　金丝猴

金丝猴是我国特产，分布于四川、甘肃东南部、陕西南部和湖北西北部等地。栖息于亚高山茂密的针叶阔叶混交林中。长年生活在树上。喜欢群居。白天活动。动作优雅，性情温和。能发出多种叫声，作为群体内传递信息的手段。以植物的嫩芽、叶、花、果实、种子等为食。每年9~11月发情。每胎产1仔。4~6岁达到性成熟。寿命为20~25年。

金丝猴前、后足形态基本上与猕猴相似。饲养下其粪便多为黑褐色不规则块片套接的粗形无针尾圆条；野外的多为算盘珠状粪粒。

金丝猴被列为国家Ⅰ级重点保护野生动物。从前，金丝猴由于美丽的皮毛而被不法分子偷猎，倒卖、走私金丝猴皮张的事件也很多，现在仍有一些利欲熏心的人以身试法。猕猴的牙齿、爪都很尖利，但一般不会伤人。

## 32. 黔金丝猴

黔金丝猴体长为60~73cm，尾长为80~90cm，体重13~16kg（图5.15）。隶属于哺乳纲、灵长目、猕猴科。头部为圆形，颜面部裸露，面色为灰蓝色，双眼微微向上倾斜。冠毛黄色，但毛尖为黑色，两耳较小，也是黑色，全身披着暗灰色长毛，其中头顶、背部、体侧、四肢外侧以及尾巴的毛色最深，为浓密的黑褐色，尾巴尖为白色。手掌、脚掌的皮肤以及指（趾）甲也都是黑褐色，胸部、腹部和四肢内侧的毛色略浅。有大块的椭圆形白斑长在背面的两肩之间。面部裸露，为浅蓝色。

黔金丝猴分布于中国贵州东北部梵净山一带。栖息于海拔1 400~1 800m的低山阔叶林中。昼行性。树栖。群居。以各种树叶、枝芽、树皮及果实等为食。

黔金丝猴被列为国家Ⅰ级重点保护野生动物。它在我国野外数量十分稀少，但也会有偷猎犯罪的现象发生。

图5.15　黔金丝猴

图5.16　滇金丝猴

## 33. 滇金丝猴

滇金丝猴体长为65~83cm，尾长为45~72cm，体重15~30kg（图5.16）。隶属于哺乳纲、灵长目、猕猴科。体毛主要是灰黑色，具有光泽，手、足也呈黑色，但上臂内侧、喉部、颈侧、臀部及股部均为灰白色。臀部的两侧有大白斑，斑上的毛又白又长。

滇金丝猴分布于中国云南西北部、西藏东南部等地。栖息于亚高山针叶林中。群居，树栖。以针叶树的松针、嫩叶、松果等为食，也吃昆虫、蜘蛛等小动物。

滇金丝猴前、后足形态基本与猕猴的相似。干性粪便多为不规则的无针尾颗粒，也有似算盘珠状粪粒；湿性粪呈多形颗粒堆集。

滇金丝猴被列为国家Ⅰ级重点保护野生动物。它在我国野外数量十分稀少，但也会有偷猎犯罪的现象发生。

## 34. 黑长臂猿

黑长臂猿也叫黑冠长臂猿，是生活在我国的几种类人猿之一。隶属于哺乳纲、灵长目、长臂猿科。体长 45~64cm。体型纤小，前肢特别长，两臂伸开时可达 150cm 左右，站立起来，两手下垂几乎可以触到地面，真是名不虚传。雄兽一般全身都是黑色，头上略微耸立着冠毛，雌兽为浅棕黄色，仅在头上具有三角形的黑色毛冠。它同人类一样没有尾巴。脸上的表情非常丰富，能表现喜、怒、恐、惊等多种复杂的情感。

黑长臂猿分布于我国云南、广西、海南，以及亚洲东南部一带。栖息于热带森林中。树栖，群居。它们喜欢大声鸣叫，并能够用两条灵活的长臂在树林中像荡秋千一样荡越前进，但偶尔到地上行走时，则只能一摇一摆，蹒跚而行，显得非常笨拙可笑。以树木的果实、树叶、嫩枝和花朵等为食，有时也吃昆虫、蜘蛛、小鸟和鸟卵等。每隔 2 年生一胎，冬春季节发情，秋季产仔。每胎产 1 仔。寿命为 25~30 年。

黑长臂猿前足略大于后足，手指显著长于足趾，而手足的第 1 指（趾）均 3 个长节，前足第 5 指显较后足第 5 趾粗大；手掌明显短于足跖。因不下地，故野外无足印。

黑长臂猿被列为国家 I 级重点保护野生动物。它在我国野外数量十分稀少，但也会有偷猎犯罪的现象发生。

## 35. 白眉长臂猿

白眉长臂猿体长为 45~65cm，体重 10~14kg（图 5.17）。隶属于哺乳纲、灵长目、长臂猿科。头很小，面部短而扁。体毛蓬松，雄兽的体色大都为暗黑褐色，但阴茎处的毛丛为白色，额部有一道明显的白纹，如同白眉。雌兽的体毛为淡黄褐色，近似灰白色，颊部的毛较为深暗，白色眉纹不大显著。面部裸露，颜色较暗，两只眼睛为褐色，耳朵具有较深的色素，隐藏于毛的下面。

图 5.17　白眉长臂猿

白眉长臂猿分布于中国云南北部、印度东北部阿萨姆、孟加拉国和缅甸等地。栖息于热带或亚热带的高山密林之中。树栖，群居。善于在树枝上荡越前进。叫声响亮。每年 9 月至翌年 2 月发情交配。雌兽每年产 1 胎，怀孕期为 7~7.5 个月。每胎产 1 仔。7~8 岁时性成熟，寿命一般为 20~30 年。

前、后足略显短小，因不下地而野外无足印。粪便有两种类型，一种为 15~30mm 长的大丸粒，另一种呈 60mm 长的粗圆条。

白眉长臂猿被列为国家 I 级重点保护野生动物。它在我国野外数量十分稀少，但也会有偷猎犯罪的现象发生。

## 36. 白掌长臂猿

白掌长臂猿体长为 50~64cm，无尾，体重 8~9kg（图 5.18）。隶属于哺乳纲、灵长目、长臂猿科。全身体毛密而长，较为蓬松，均呈褐黄色。颜面部为棕黑色，手、脚的毛色很淡。自眉的边缘经面颊到下颌有一圈白毛形成的圆环。

图 5.18　白掌长臂猿

白掌长臂猿分布于中国云南西南部，以及越南、老挝、柬埔寨、泰国、马来西亚和印度尼西亚的苏门答腊等地。栖息于热带、亚热带的密林中。群居，树栖。善于树上用两臂攀抓树枝摆动、腾跃。以树叶、果实、花朵、昆虫、小鸟等为食。四季均可繁殖，年产 1 胎，雌兽的怀孕期为 7~7.5 个月，每胎产 1 仔。7~8 岁性成熟。寿命为 20~30 年。

白掌长臂猿被列为国家 I 级重点保护野生动物。它在我国野外数量十分稀少，但也会有偷猎犯罪的现象发生。

## 37. 白颊长臂猿

白颊长臂猿体长为45~62cm，无尾，体重5~7kg（图5.19）。隶属于哺乳纲、灵长目、长臂猿科。体毛长而粗糙，雄兽以黑色为主，混有不明显的银色，面颊的两旁从嘴角至耳朵的上方各有一块白色或黄色的毛，雌兽体毛为橘黄色至乳白色。头顶上有一块呈梯形的赤褐色斑块。

图5.19　白颊长臂猿

白颊长臂猿分布于中国云南南部，以及越南、老挝、泰国等地。树栖，群居。以植物果实、树叶、嫩枝、花朵，以及昆虫、鸟卵等为食。雌兽的怀孕期约为210天，通常每2年生育一次。

白颊长臂猴因不下地而野外无足印。粪便一般有两种形态，一种为10~15mm长的小丸粒，另一种为60mm长的小圆条。

白颊长臂猿被列为国家Ⅰ级重点保护野生动物。它在我国野外数量十分稀少，但也会有偷猎犯罪的现象发生。

## 38. 黑猩猩

黑猩猩是最聪明的动物之一（图5.20）。隶属于哺乳纲、灵长目、黑猩猩科。体长为110~140cm。体型瘦小。头顶较圆而平，眉骨较高，两眼深陷，鼻孔小而窄，嘴唇长而薄，有一对扇风大耳。全身被有乌黑色的体毛，胸腹部较为稀疏，面部为黑色、白色、肉色或灰褐色。没有尾巴。四肢和手指都很粗壮，前肢长于后肢，前肢下垂可以略微超过膝部。手、脚粗大而呈青灰色，拇指（趾）较短，可以与其他相对的指（趾）握合。

图5.20　黑猩猩

黑猩猩分布于非洲中部和西部的赤道附近。栖息于热带炎热潮湿、地势不高、高大茂密的落叶雨林中。半树栖。在地面时四肢着地，以弯曲的指节支撑行走。喜欢营群居生活，但群体成员的关系比较散漫，首领由成年雄兽担任。性情好奇，行动敏捷。以植物的果实、鲜叶、嫩芽等为食，也吃昆虫、小鸟和白蚁等。能利用工具，例如拾起一根草棍，用手掌把草叶捋掉后伸进洞里，把蚂蚁钩出来吃掉等。它们能做出喜、怒、哀、乐等表情，还可以用各种各样的姿式和手势来表达较为复杂的感情。一年四季均可发情，每胎产1仔。6~10岁达到性成熟，寿命为35~40年。

黑猩猩在我国是动物园中受欢迎的观赏动物，有一定的伤人能力。

## 39. 大猩猩

图5.21　大猩猩

大猩猩也叫大猿，是体型最大的类人猿，也是最大的灵长类动物（图5.21）。隶属于哺乳纲、灵长目、大猩猩科。雄兽体长为140~200cm，雌兽体长140~155cm。身体极为粗壮、剽悍。全身被黑色长毛，有的雄兽背部生有一大块银白色的马鞍形长毛，俗称“银背”。面部、耳朵、手足等均无毛，颜面皮肤皱褶很多，长相十分丑陋而凶恶。

头大，额低而隆起，双眼深深凹陷，鼻梁塌陷，耳朵很小，吻部突出，嘴巴很大，犬齿发达。颈部、四肢都很粗壮，前肢长于后肢，垂立时过膝，两臂伸开时可超过 270cm。手掌宽阔，拇指（趾）短粗。没有尾巴。

大猩猩分布于非洲的赤道附近。栖息于热带森林中。营“一夫多妻”的家族式群居生活，群体成员组成较为稳定，由年龄较大，身强体壮，富有经验的“银背”担当首领。白天活动。在地面活动的时间较多。主要用四肢行走，手、脚的抓握能力较差。遇到危险时常用拍打胸部的方式来恫吓对手。个体之间能用各种不同的声音进行密切而细致的联系和交往。以植物的嫩叶、树皮、果实、竹笋等为食。没有固定的发情季节，每胎产 1 仔。8~9 岁时性成熟，寿命为 40~50 年。

大猩猩在我国是动物园中受欢迎的观赏动物，由于身体强壮、性格暴躁，有一定的伤人能力。

## 40. 猩猩

猩猩也叫黄猩猩、红猩猩，是体型较大的类人猿（图 5.22）。隶属于哺乳纲、灵长目、猩猩科。体长为 120~150cm。体型较胖，全身被有赤褐色，紫红色，或者大红色的毛。体毛较为稀疏柔软，看上去就好像得了脱毛症，但有些地方体毛很长，尤其是在肩部、背部和两臂，松散地披拂着，形如蓑衣。头大而尖，吻部突出，眼睛和耳朵均很小，两眼间相距较窄。颜面部为蓝黑色，鼻子小而扁平、下塌，嘴巴较大而阔，嘴唇较厚。咽喉部位均生有一个巨大的、可以伸缩的肉囊，能充气。前肢长明显长于两腿，直立时几乎下垂到地面，两臂平伸可达 230~240cm。没有尾巴。手、脚狭长，均为灰黑色，毛短或无毛，适于抓握树枝。

图 5.22 猩猩

猩猩分布于亚洲东南部苏门答腊岛的北部地区和加里曼丹岛的大部分地区。栖息于热带潮湿的密林中。树栖，除了饮水、觅食外，很少下地活动。在树上移动时采用“臂行法”，用两臂交替攀枝，向前悠荡前进。在地上仅能勉强直立行走，姿势显得十分笨拙。性情孤独，不善群居。以植物嫩芽、嫩叶、果实等为食。一年四季均可繁殖，但每隔 4~5 年才生育一次，每胎产 1 仔。8 岁达到性成熟，寿命为 25~30 年。

猩猩与人类有共同的祖先，是研究人类起源的重要材料之一，但智力稍次于大猩猩和黑猩猩。由于至今盗猎行为尚未绝迹，偷猎者每年都要猎捕很多未成年的猩猩，卖给不法商人，进行走私活动，再加上当地的热带雨林也被大量砍伐，遭受了大规模的破坏，面积急剧减少，因此猩猩的生存也在面临着巨大的威胁，目前估计总数仅有 3 000~4 000 只。

猩猩在我国是动物园中受欢迎的观赏动物，有一定的伤人能力。

## 41. 穿山甲

穿山甲也叫鳞鲤、钻山甲、陵鲤、龙鲤、钱鲤甲等，是外形奇特的哺乳动物（图 5.23）。隶属于哺乳纲、鳞甲目、鲮鲤科。体长为 40~55cm。除了脸部和腹部之外，它的全身披着 500~600 块呈覆瓦状排列的、像鱼鳞一般的硬角质厚甲片，一般呈黑褐色或灰褐色。头部为圆锥状，上面长着一对小眼睛，一对瓣状而下垂的小耳朵和一个尖的嘴，但没有牙齿。背部隆起，腹面平坦。四肢比较粗壮，前、后肢上各有 5 趾，趾端上的爪子粗大而锐利。尾巴较长，呈扁平状。

穿山甲分布于我国长江流域以南地区，以及亚洲南部和东南部一带。栖息于山地森林中。夜行性。性情温顺、懦弱，遇到危险就蜷缩成团，靠一身的鳞甲来保护自己。它喜欢穴居，是挖洞的能手，挖洞的深度和速度都十分惊人，一天可以挖一条约 5m 深，10m 长的隧道。以白蚁、蚂蚁等为食。它的舌又细又长，并且带有丰富的唾液，可以伸进蚁洞内，将蚂蚁、白蚁粘在舌头上，再吞进胃内，靠吞吃的沙砾和小石子将蚂蚁的角质层外壳磨碎来消化食物。每年4~9月发情，冬末或春初产仔，每胎产1~2仔。寿命为13年。

穿山甲前、后足均具5趾；前足具挖掘强爪，尤以中间3个爪特长，略侧扁而横向内曲，行走时多爪背着地，多仅呈4个爪印；后足爪明显较小而短弱，行走正常。

穿山甲被列为国家Ⅱ级重点保护野生动物。但由于它的肉用、药用（药材名为铜甲、铁甲、甲壳、甲张等）价值，偷猎穿山甲的事件仍然很多，不少地方的餐厅酒楼却仍然将其当成美味佳肴摆上餐桌。

图 5.23　穿山甲

## 42. 家兔

家兔是常见的饲养小动物。隶属于哺乳纲、兔形目、兔科（图5.24）。体长35~55cm。体毛为白色、褐色等。耳朵较长，听觉灵敏，而且由于布满毛细血管，竖立时可以散热，紧贴在脊背上时则可以保温。眼睛很大，位于头的两侧，有较大范围的视野，但眼睛间的距离太大，要靠左右移动面部才能看清物体。上颌具有两对前后重叠的门齿，没有犬齿。它的尾短，仅有5cm左右，略呈圆形。腿肌发达而有力，前腿较短，具5趾，后腿较长，具4趾，脚下的毛多而蓬松，适于跳跃前进。兔毛的横断面为扁平形。毛髓不连续，呈网状空腔。

家兔的祖先是分布于欧洲、非洲等地的野生穴兔，现在在世界各地均有饲养，有很多品种，比较优良的有比利时兔、细毛兔、安哥拉兔等。它们仍然保留着许多祖先的习性，胆子很小，性情温和。善于挖掘洞穴，也善于跳跃和奔跑。在奔跑时还能突然止步，急转弯或跑回头路以摆脱追击。以草本植物及树木的嫩枝、嫩叶等为食，还吃由它的盲肠富集了大量维生素和蛋白质，由胶膜裹着的软粪便，以充分利用其中比普通粪便中多4~5倍的维生素和蛋白质等营养物质。3~5月发情时变得异常活跃，通常每胎产4~12仔。6~8个月达到性成熟。寿命为10年。

图 5.24　家兔

家兔的硬性粪粒呈稍稍变平（倒伏状）的圆球体，一般有大豌豆籽大。在较软而潮湿的粪粒上，其端略有个小尖点。粪便多排放成小堆或每次只排几粒。粪粒颜色范围一般从褐色、带绿褐色到淡绿色。褐色粪便是冬季觅食嫩草产生的；带绿色的粪便表现为增加觅食大量的草本植物和正在迅速生长的多水植物。如果将褐色粪粒破成两半会发现有小的木头碎片。如用鼻去嗅它们，常有种相当强的芳香味道感。家兔大多将粪排放在牧草的枝叶茎部。它们通常在即将退隐（离开）前排粪，因而可在它们的停留状态处发现其粪粒，而且多在地上的浅凹处。

家兔是玩赏、食用和皮毛兼用的经济动物。在农村家庭养殖户、家禽家畜饲养厂等处，可能会出现为了获取家兔的肉、皮张等经济利益而进行盗窃、抢劫等犯罪行为，在农田等某些犯罪现场也有可能出现它的痕迹。

## 43. 草兔

草兔体长为38~48cm，尾长9~10cm，体重为2~3kg。隶属于哺乳纲、兔形目、兔科。身体背面为黄褐色至赤褐色，腹面白色，耳尖暗褐色，尾的背面为黑褐色，两侧及下面白色。

草兔分布于中国东北、华北、西北和长江中下游一带，以及蒙古、俄罗斯等地。栖息于山坡林地、农田附近、半荒漠地区的绿洲和沙丘灌丛等地带。穴居。昼夜活动。以草本植物为食。冬末发情，春季产仔。一年繁殖3~4胎。怀孕期约为42天，每胎产2~6仔。寿命为5~6年。

草兔被列入“三有”名单，但也有偷猎的现象发生。它是野外常见的小动物，在某些犯罪现场也有可能出现它的痕迹。

## 44. 雪兔

雪兔体长为45~54cm，尾长5~7cm，体重为2~5.5kg。隶属于哺乳纲、兔形目、兔科。夏季体毛为淡栗褐色并杂有黑色毛尖针毛，头顶及耳背部杂有大量的黑褐色短毛，耳尖呈黑褐色，喉部、胸部及前后肢的外侧为淡黄褐色，颏、腹部及四肢内侧为纯白色，前肢脚掌的刷毛呈浅栗色，尾的背面有褐色斑纹。冬季全身呈雪白色，厚密而柔软，仅有耳尖和眼圈为黑褐色。前腿较短，具5趾，后腿较长，具4趾。

雪兔分布于中国东北、新疆北部等地。栖息于寒温带或亚寒带针叶林区的沼泽地的边缘、河谷的芦苇丛、柳树丛中及白杨林中。单独活动。胆小，性情温和。穴居，清晨、黄昏及夜里出来活动。以草本植物及树木的嫩枝、嫩叶为食，冬季还啃食树皮。3~5月交配。一年繁殖2~3胎，怀孕期约为50天，每胎产2~10仔。9~11个月达到性成熟。寿命为10~13年。

雪兔被列为国家Ⅱ级重点保护野生动物。它在我国野外数量十分稀少，但也会有偷猎犯罪的现象发生。

## 45. 塔里木兔

塔里木兔又叫南疆兔、莎车兔，体型较小，毛色较浅，体长为29~43cm，尾长6~11cm，体重1.2~1.6kg。耳朵较大，耳尖不呈黑色，是它与雪兔最明显的区别。体毛短而直，夏季背部为沙褐色，杂以灰黑色的细斑，体侧为沙黄色，颏、喉及腹部为白色。头部和颜面的颜色与背部相同，两颊较为浅淡，眼周色深，呈深沙褐色。颈部下面有沙黄色的横带。尾巴的背面的颜色与背部相同，腹面呈白色。冬季的毛色非常浅，从头部、背部至尾巴的背面均为浅沙棕色。

塔里木兔是我国的特产物种，分布于新疆塔里木盆地及罗布泊地区。它是典型的荒漠地带物种，栖息在塔里木盆地海拔900~1 200m的河流和罗布泊附近。常集中到河边饮水，喜食灌木、半灌木的外皮、幼嫩枝条和绿草等。雌兽每年繁殖2~3窝，每窝产2~5仔。初生的幼仔全身被毛，睁眼，能活动，哺乳期仅有3~5天，以后便能离开雌兽，独立生活。

塔里木兔被列为国家Ⅱ级重点保护野生动物。它在我国野外数量十分稀少，但由于它的毛皮可以利用，肉能食，也会有偷猎犯罪的现象发生。

## 46. 海南兔

海南兔体型较小，耳朵向前折时不能达到鼻端，与雪兔和塔里木兔不同。体长35~39cm，尾长4~7cm，体重1.1~1.8kg。头小而圆。毛色比较鲜艳，尤其是在冬季，头顶和背部为棕黑色，腹部大多为乳白色，体侧为棕黄色和棕白色相混杂。眼先和眼眶的周围为白色，颏部为纯白色，颈部下面为棕黄色，前肢棕褐色，后肢的内侧棕黄色，外侧白色。四肢的趾掌均为乌棕色。尾巴的上面为黑色，下面纯白色。上颌门齿齿面纵沟的断面为倒置的“Y”形，里面充满了黏胶状物质。

海南兔是我国的特产物种，分布于海南的南丰、海口、东方、陵水、乐东、儋州、昌江、白沙等地。栖息在丘陵平野的灌丛低草坡和滨海地区的旱生性草原中。喜欢在草丛中栖居，不住地穴，也不善于挖掘洞穴。主要在夜晚活动。性情温驯怯弱，御敌能力差，通常以逃跑、跳跃和藏匿等方法躲避敌害。

海南兔被列为国家Ⅱ级重点保护野生动物。由于它的肉可以食用，也会有偷猎犯罪的现象发生。

## 47. 黑唇鼠兔

黑唇鼠兔体长为14~19cm，体重为130~195g。隶属于哺乳纲、兔形目、鼠兔科。体毛主要为棕黄色或沙黄褐色，腹面为浅黄色或白色。上下唇缘为黑褐色。

黑唇鼠兔分布于中国西藏、青海、甘肃南部等地。栖息于高山草甸等地带。穴居。结群。白天活动。以植物为食。一年繁殖2~3胎。每胎产1~8仔。

黑唇鼠兔是高山地带野外常见的小动物，在某些犯罪现场也有可能出现它的痕迹。

## 48. 松鼠

松鼠也叫灰松鼠，是森林中常见的小动物（图5.25）。隶属于哺乳纲、啮齿目、松鼠科。体长20~24cm。身体背面的体毛为灰色、黑褐色或赤褐色，耳尖有长而粗的黑色簇毛，腹面和四肢内侧为白色。尾毛蓬松，长度几乎同体长差不多，呈棕黑色。

松鼠分布于我国东北、华北和新疆北部，以及俄罗斯东部、蒙古和日本等地。栖息于针叶林和针阔叶混交林内。白天活动，常在树林间或树干上蹿来蹿去。善于在树洞或树杈间用树叶、草苔等筑窝，或者利用乌鸦、喜鹊的废巢。行动敏捷。以树木的果实、种子、嫩芽，以及昆虫、鸟卵等为食，特别爱吃松子、榛子、胡桃等果实。秋季常在树上晾晒食物，然后贮存起来，以便度过寒冷的冬天。2~3月发情，每年产2胎，每胎产3~6仔。5~8个月达到性成熟。寿命为8~9年。

松鼠的粪便多排放在树洞或树桩上，以及堆放的垃圾堆，如针叶树球果鳞皮隐蔽堆有关的它们的主要进食地点。粪粒个体通常是规则性的，有时可接近球形。当其食物是潮湿的时候，一次排放的粪便多会结成小团块。冬季的粪便常常是暗的，几乎呈黑色。在夏季的粪便中还可找到某些昆虫。

图5.25 松鼠

由于松鼠类体型小，其足印往往是很不明显的，但在适宜的地表（如光平的湿润地）则是很清晰的。因它们的足底均无毛被，故所有的垫印一般都能呈现出来。通常，松鼠类的足迹多为足垫压印。较大的后足部呈现出5个趾印，而其前足印仅留4趾印。

松鼠利用的运动方式是跳跑，即双足跳或对足跳两种形式。松鼠的足迹链往往是在树上，呈现出它们的一列前足印正交于水平线。在雪地上，松鼠倾向于拖动它们的四足或尾，成对的足迹往往垂直于伴随拖印标记的水平线。在浅雪地或软泥土地上将会发现它们的前足印和后足印是分开的。但在深雪地中，每侧的前后足印会构成两种形态，偶尔会四足展现出同一种形态。

松鼠被列入“三有”名单，但也有偷猎的现象发生。它也是市郊、野外常见的小动物，在某些犯罪现场也有可能出现它的痕迹。

## 49. 赤腹松鼠

赤腹松鼠体长19~24cm，尾长16~22cm，体重280~420g（图5.26）。隶属于哺乳纲、啮齿目、松鼠科。身体背面为橄榄黄色，腹面为栗红色或栗棕色。

图5.26 赤腹松鼠

赤腹松鼠分布于中国长江流域以南地区，以及印度东北部、缅甸、泰国、中南半岛和马来西亚等地。栖息于热带、亚热带森林内。白天活动。以树木的果实、种子、嫩芽，以及昆虫、鸟卵等为食。每年3~10月繁殖。每年产2胎，每胎

2~5 仔。

赤腹松鼠被列入“三有”名单，但也有偷猎的现象发生。它也是野外常见的小动物，在某些犯罪现场也有可能出现它的痕迹。

## 50. 隐纹花松鼠

隐纹花松鼠体长 12~14cm，尾长 7~11cm，体重 66~90g。隶属于哺乳纲、啮齿目、松鼠科。身体背部有明暗相间的条纹 7 条，最外侧的条纹色泽明亮。腹面为淡黄色。

隐纹花松鼠分布于中国黄河流域以南地区，以及中南半岛、缅甸等地。栖息于亚热带森林内。白天活动。在树洞中筑窝。以树木的果实、种子、嫩叶，以及昆虫等为食。每年 3~10 月繁殖。每年产 2 胎，每胎 1~5 仔。

隐纹花松鼠被列入“三有”名单，但也有偷猎的现象发生。它也是野外常见的小动物，在某些犯罪现场也有可能出现它的痕迹。

## 51. 两色巨松鼠

两色巨松鼠体长为 27~46cm，尾长为 36~51cm，体重为 1 300~2 300g。隶属于哺乳纲、啮齿目、松鼠科。头小而短圆，耳壳显著并长有蓬松的短簇毛，尾毛蓬松而圆。背部、四肢的外侧和整个尾巴都是乌黑色，从下颌到鼠鼷部以及四肢的内侧为橙黄色。脸上的颊部有淡黄色白斑，眼眶为黑色，颊部向鼻梁经上唇须延伸出一条黑带，下唇具 2 块小黑斑点。前足宽。爪短而坚硬，弯曲锐利。

两色巨松鼠分布于中国云南、广西、海南等地。栖息于热带、亚热带湿性季雨林中。树栖。营巢居生活，善于在高大树上筑巢。单独或成对活动。昼行性。行动敏捷，跳跃能力很强。以树木的果实、嫩芽和花等为食。冬季发情交配。雌兽的怀孕期为 28~35 天，每胎产 1~2 仔。寿命为 20 年以上。

两色巨松鼠四足均具 5 趾，爪强壮。前足第 1 趾小而后位，有前后排列的 3 个较小间垫和 2 个较大掌垫；后足 5 趾大小相近，弧形排列，具 6 个近等大间垫，2 个跖垫分列两侧，内跖垫长而紧接间垫，外跖垫短而后置并与间垫断开。然而，在自然环境中很少发现其足印，如存在时，前足印仅显 4 个趾印。粪便与鼯鼠的类同，为散堆状的小型不规则颗粒，但巨松鼠的粪粒相较略大而光滑，色彩更深。

两色巨松鼠被列为国家Ⅱ级重点保护野生动物。由于它个体大、毛长而密、绒厚、皮板结实，是当地良好的毛皮兽，过去捕杀过多，目前数量较少，也会有偷猎犯罪的现象发生。

## 52. 花鼠

花鼠也叫五道眉松鼠、花犁棒子。体长 15~17cm，尾长 10~12cm，体重 100g（图 5.27）。隶属于哺乳纲、啮齿目、松鼠科。耳壳短小，耳尖不具毛束。头顶棕黑色。全身背部呈灰黄色，前半身较灰，后半身较黄，背部具有明显的黑褐色和灰白色或黄白色相间的条纹，共有 5 条黑色宽幅条纹。臀部逐渐呈锈红色。腹面为浅肉黄色。尾毛蓬松，端毛长，尾端不尖。

图 5.27　花鼠

花鼠分布于我国东北、华北，以及俄罗斯东部、蒙古和朝鲜等地。栖息于山区和平原的森林、灌丛等地。白天活动。行动敏捷。以树木的果实、种子、嫩芽和树叶等为食。每年 4 月发情。雌兽的怀孕期为 35~40 天。每年产 1 胎，每胎 3~6 仔。10 月龄达到性成熟。

花鼠是我国首批可商业性经营利用驯养繁殖技术成熟的 54 种

陆生野生动物之一。花鼠体小巧玲珑，尾毛蓬松，灵活可爱，性温顺，易驯养，放养于网笼可作为一种观赏动物。花鼠肉细腻、富含蛋白质，皮毛轻而暖，毛绒细密，毛色光润美观，适宜制作名贵女式毛朝外大衣和围巾、帽子、皮领、手套等。花鼠的全身还可以入药。

花鼠被列入“三有”名单，但也有偷猎的现象发生。

## 53. 复齿鼯（wú）鼠

复齿鼯鼠体长 27~30cm，尾长 26~27cm。隶属于哺乳纲、啮齿目、松鼠科。身体背面体毛为黄褐色或红色，眼圈赤褐色，耳簇毛长而黑。身体腹面为白色。尾灰色，末端有黑色毛。

复齿鼯鼠分布于中国东北、华北、西北和西南地区。栖息于山地森林中。营巢于山洞或石隙中。夜晚活动。善于滑翔。攀爬能力很强。以植物果实、枝叶等为食。每年 12 月至翌年 1 月发情。怀孕期 74~82 天。每年产 1 胎，每胎产 1~2 仔。哺乳期 90~120 天。寿命为 10 年。

复齿鼯鼠被列入“三有”名单，但也有偷猎的现象发生。

## 54. 红白鼯鼠

红白鼯鼠体长 35~60cm，尾长 40~50cm，体重 2 000g（图 5.28）。隶属于哺乳纲、啮齿目、松鼠科。身体背面体毛为红色，面部和身体腹面为白色。眼圈赤栗色。

红白鼯鼠分布于中国西南地区和台湾，以及印度东北部、缅甸、泰国等地。栖息于热带雨林、针阔叶混交林内。夜晚活动。居住在枯树洞中。单独活动。以树木的果实、种子、嫩芽、嫩叶等为食。每年产 2 胎，每胎产 2 仔。寿命为 14 年。

红白鼯鼠前、后足均具 5 趾，爪强壮。前足印只呈现第 2~5 趾印，有 4 个不规则排列的间垫印和 2 个平行近等大的掌垫印；后足印包括 5 个趾印、5 个弧形排列的间垫印（外垫具横沟）和 2 个斜列的跖垫印。粪便与巨松鼠的类同，但粪粒相对较小而粗糙，色彩较浅。

红白鼯鼠被列入“三有”名单，但也有偷猎的现象发生。

图 5.28　红白鼯鼠

## 55. 喜马拉雅旱獭（tǎ）

喜马拉雅旱獭也叫土拨鼠，是大型的地栖型啮齿动物。隶属于哺乳纲、啮齿目、松鼠科。体长 37~62cm。它的身体长大而肥壮，头部短而阔，粗壮结实，略呈方形。上唇开裂，上门齿稍微向前方突出。颈部又粗又短，耳朵短小，隐藏于被毛之中。尾短而稍扁平，长度为 10cm 左右。四肢短而粗壮，前足 4 趾，趾端具有发达的爪，适于掘土筑巢；后足有 5 趾，前后足的足垫均十分发达。自鼻端经两眼眉间到两耳前方之间有一个近似于三角形的黑色毛区。嘴的四周毛色较浅。眼眶上有一条黑色的条纹。身体的背部为褐色、黄色或棕色，有不规则的黑色细斑纹。腹面毛稀，毛色较淡。毛的横断面为椭圆形，毛髓属连续型，髓质层不发达，皮质层很厚，没有网状结构。

喜马拉雅旱獭分布于我国西南地区，以及欧洲东部、亚洲中部和南部等地。栖息于高寒草甸地带。营家族性的同居生活。一般在不同季节挖掘不同的洞穴，有主洞、副洞、临时洞等多种型。洞道的结构极为复杂，就像一个地下宫殿。白昼活动。性情极为机警，视觉、听觉都很敏锐。有冬眠的习性。以草本植物为食，偶尔也吃昆虫等动物。每年繁殖一次。冬眠后不久即开始发情，每胎产 1~9 仔。3 岁时达到性成熟，寿命为 9 年。

喜马拉雅旱獭是野外常见的小动物，在某些犯罪现场也有可能出现它的痕迹。

## 56. 黄鼠

黄鼠体长 16~23cm，尾长 4~8cm，体重 154~264g。隶属于哺乳纲、啮齿目、松鼠科。身体背面为沙黄色，杂有黑褐色，腹面较浅。尾巴上面中央黑色，边缘黄色。眼周具白圈。

黄鼠分布于中国西北、华北、东北等地。栖息于草原等地带。昼行性。地栖。善于挖掘洞穴。以植物性食物为食。4 月开始发情交配。雌兽的怀孕期为 1 个月。每胎产 1~9 仔。

黄鼠是主要害鼠之一，破坏草场、堤岸，为害农作物，也是多种传染病病原的自然携带者。

## 57. 五趾跳鼠

五趾跳鼠体长 13~15cm，尾长 20cm，体重 95~140g。隶属于哺乳纲、啮齿目、跳鼠科。身体背部体毛为棕黄色。腹面为白色。尾巴末端白色，有黑色环斑。后足 5 趾，中间 3 趾发达。

五趾跳鼠分布于中国西北、华北等地。栖息于荒漠草原、农田等地带。夜行性。善于跳跃。有冬眠习性。以植物根、茎、叶，以及昆虫等为食。每年产 2~3 胎。每胎产 3~5 仔。

五趾跳鼠是野外常见的小动物，在某些犯罪现场也有可能出现它的痕迹。

## 58. 褐家鼠

褐家鼠也叫沟鼠、大家鼠、熊鼠。体长 13~21cm，尾长 10~17cm，体重 95~320g。隶属于哺乳纲、啮齿目、鼠科。背面体毛为灰褐色。腹面灰白色。四足灰白色。

褐家鼠分布于世界各地，在我国分布于全国各地。栖息于居民区、农田等地带。夜行性。集小群活动。以各种谷物、肉类等为食，也吃蜗牛、昆虫等小动物。每年可产 3 胎。雌兽的怀孕期为 21~26 天。一般在夏季生产。每胎产 6~9 仔。2~3 个月达到性成熟。

褐家鼠是主要害鼠之一，盗食粮食和食物，咬毁家具、器材、衣物、用品，破坏建筑物、堤岸，为害农作物，是鼠疫、流行性出血热、细螺旋体病、传染性肾炎、钩端螺旋体病、莱姆病螺旋体、血吸虫病、旋毛虫病、羌虫病、弓形虫病、蜱性斑疹伤寒、丹毒、土拉菌病、布氏杆菌病、狂犬病、鼠咬热等传染病病原的自然携带者。

## 59. 黑家鼠

黑家鼠也叫屋顶鼠、欧洲屋顶鼠。体长 14~19cm，尾长 16~22cm，体重 64~160g。隶属于哺乳纲、啮齿目、鼠科。背面体毛为棕褐色至黑色。腹面淡黄色至灰黑色。四足棕褐色至白色。尾巴很长。

黑家鼠原产于欧洲西部，后传播到世界各地，在我国主要见于福建、辽宁、台湾、上海等沿海地区。栖息于居民区、农田等地带。夜行性。善于挖掘洞穴。以农作物、果实等为食。每胎产 2~5 仔。

黑家鼠是主要鼠害之一，盗食粮食和食物，咬毁家具、器材、衣物、用品，破坏建筑物、堤岸，为害农作物，能传播鼠疫和蜱性斑疹伤寒等传染病。

## 60. 小家鼠

小家鼠也叫普通小家鼠、鼷鼠、小鼠。体长 8cm，尾长 8cm。背面体毛为皮黄褐色。腹面浅褐色。尾较长，上面为褐色，下面较浅。

小家鼠分布于欧洲，现已传布于世界各地，在我国分布于全国各地。隶属于哺乳纲、啮齿目、鼠科。栖息于人类居住的各种环境中。夜行性。杂食性。雌兽的怀孕期为 19 天。每胎产 6 仔。40 天达到性成熟。

小家鼠是主要害鼠之一，在室内盗食粮食，咬坏衣物。农作物成熟时大量向农田聚集，收获时聚集在谷物堆下及打谷场周围，盗食和糟蹋粮食。小家鼠对各种烈性传染病病原体都有很高的易感性，再加上它有家野两栖和定期迁移的习性，能够将多种自然疫源性疾病（如鼠疫、土拉菌病、斑点热血清流行病、出血热流行病等）传播给人。

## 61. 仓鼠

仓鼠也叫原仓鼠、金丝熊。体长 20～26cm，尾长 3～6cm。隶属于哺乳纲、啮齿目、仓鼠科。面颊有皮囊。上下颚各有一对锐利的门齿。身体背部体毛为浅黄褐色或棕黄色，腹侧面、前肢、后肢内侧为黑色。体侧面前端各有 3 块白色或淡土黄色斑。足白色，略带浅黄色。

仓鼠分布于中国新疆等地。栖息于荒漠等地带。夜行性。善于挖掘洞穴。喜欢把食物藏在腮的两边，然后再走到安全的地方吐出来，所以得仓鼠之名。门齿会不停地生长，所以它们的上下门齿必须不断地啃些硬的东西来磨牙，一方面避免门齿长得太长，妨碍咀嚼，一方面保持门牙的锐利。以杂草种子，以及昆虫等为食。每年产 2 胎。每胎产 8～20 仔。寿命为 2 年。

仓鼠是我国首批可商业性经营利用驯养繁殖技术成熟的 54 种陆生野生动物之一。它长相奇特，小巧玲珑，活泼灵敏，具有玩赏价值，适宜做宠物在室内饲养。

## 62. 黑线仓鼠

黑线仓鼠体长 8～12cm，尾长 2～4cm，体重 19～41g。隶属于哺乳纲、啮齿目、仓鼠科。身体背部体毛为灰黄褐色至红棕色，背脊有黑色条纹，腹面为白色，体侧有明显的界线。

黑线仓鼠分布于中国东北和华北等地。栖息于半荒漠、草原、农田和高山草甸等地带。夜行性。穴居。以杂草种子，以及昆虫等为食。雌兽的怀孕期为 17～22 天。每年产 3～5 胎。每胎产 4～8 仔。2 个月达到性成熟。

黑线仓鼠是主要害鼠之一，破坏草场、堤岸，为害农作物，也是多种传染病病原的自然携带者。

## 63. 大仓鼠

大仓鼠体长 14～18cm，尾长 5～10cm，体重 70～165g。隶属于哺乳纲、啮齿目、仓鼠科。耳短而圆，有窄的白边。身体背部体毛为黄灰色，腹面为白色。尾巴暗灰褐色。

大仓鼠分布于中国西北、华北和东北地区、朝鲜等地。栖息于农田、荒野等地带。善于挖掘洞穴。夜行性。以植物种子为食，也吃昆虫等。每年产 2～3 胎。每胎产 7～20 仔。

大仓鼠是主要害鼠之一，破坏草场、堤岸，为害农作物，也是多种传染病病原的自然携带者。

## 64. 中华鼢（fén）鼠

中华鼢鼠体长 15～26cm，尾长 4～6cm，体重 200～450g。隶属于哺乳纲、啮齿目、仓鼠科。身体粗壮。吻部短。没有外耳壳。前肢掌爪发达。背部体毛为淡棕色，腹面较浅。尾巴毛稀疏。

中华鼢鼠分布于中国华北、西北等地。栖息于草原、农田、高寒山区等地带。善于在地下挖掘洞穴。以植物地下茎和块根等为食。3～4 月发情交配。5～6 月生产。每胎产 1～5 仔。

中华鼢鼠是主要害鼠之一，破坏草场、堤岸，为害农作物，也是多种传染病病原的自然携带者。

## 65. 河狸

河狸也叫海狸，是半水栖动物，也是我国体型最大的啮齿动物（图 5.29）。隶属于哺乳纲、啮齿目、河狸科。体长 70～100cm。它的体型肥胖，毛色主要为棕褐色，杂以黑、灰、黄、白等色。头短而钝。鼻孔中有小的瓣膜，能在潜水时关闭，防止水流入鼻孔。耳小而圆，里面有油性密毛，也有防水的功能。眼小，有透明的瞬膜，潜水的时候可以盖上眼睛。前肢弱小，无蹼，但具有一对利爪，适于挖掘；后肢短健，强壮有力，能支持身体半直立行走，趾间生长着宽大的蹼，适于划水游泳。尾巴宽大扁平，长度为 21～30cm，上面覆盖着密密麻麻的小鳞片。

河狸分布于我国新疆北部，以及欧洲、俄罗斯和蒙古等地。栖息于河谷林带的高原荒漠冷水性河流附近。夜间活动。性情温和、机敏而胆怯。善于游泳和潜水，也善于挖洞和筑巢。洞穴和巢是它们越冬、繁殖的场所，结构比较复杂，一半在陆地上，另一半则深入到水下，水中部分和地上部分都有许多出口。它们的门齿大而锐利，能啃断相当粗大的树干，还可以在水中张开口衔枝运送。为了保持生活区内水位的稳定，它们常常孜孜不倦地用树枝、石块和软泥等垒成堤坝，以阻挡溪流的去路，使水流汇合成池塘，甚至成为湖泊，因此得到“水利工程建筑师”的美誉。以树皮、嫩枝、芦苇和杂草等为食。1~3 月发情。每年产 1 胎，每胎产 2~4 只。寿命为 12~20 年。

图 5.29 河狸

河狸的咬痕大约位于树干 45cm 处，啃咬一般以大角度相对树干。河狸的粪便排放于水中，其粪粒相当大，直径可达 2.5cm。它们的粪便表面包括显而易见的相对大的木块。这些在水中可以迅速分裂开。偶尔可发现河狸粪便漂浮在水面。

河狸的后足印常常正好套在其前足印上，而且它们的宽尾拖印往往又会涂抹前后足印原有形态。河狸的四足显著少毛，且相对较大的后足趾间具蹼。尽管它们的前后足都具 5 趾，但很少在其前足印中观察到 5 个印。后足印中常常可呈现出趾间蹼印。除后足第 2 趾外，四足其余各趾的爪印一般都展现在足印中。河狸也常留下一个宽阔的尾拖印记。

河狸被列为国家Ⅰ级重点保护野生动物。由于河狸的皮张质量较好，而且它的香腺所分泌的河狸香是香料工业中的原料，所以遭到了人们的肆意猎捕，再加上乱砍滥伐、毁林开荒等人类活动破坏了它的栖息地，使分布范围越来越小，已经濒临灭绝，但也会有偷猎犯罪的现象发生。

## 66. 豪猪

豪猪也叫中国豪猪、刺猪、箭猪等，是体型较大的啮齿动物（图 5.30）。隶属于哺乳纲、啮齿目、豪猪科。体长 55~77cm。身体强壮，全身体毛为黑色或褐色，混有灰白色的短毛。头部和颈部有细长、直生而向后弯曲的鬃毛，背部、臀部和尾部都生有粗而直的黑棕色和白色相间的纺锤形棘刺，这些刺中间是空的，由体毛特化而成，容易脱落，像一根根利箭，非常坚硬而锐利。尾巴很短，尾端的数十个棘刺演化成硬毛，顶端膨大，形状好像一组“小铃铛”，走路的时候，这些“小铃铛”互相撞击，能发出响亮而清脆的“咔嗒、咔嗒”的声音。

豪猪分布于我国长江流域以南，以及亚洲南部、东南部一带。栖息于热带、亚热带地区的森林、草坡等环境中。夜行性。喜欢挖洞穴居，每个家族群居在一个洞穴内。遇到攻击的时候，就以背部和臀部朝向入侵者，使全身的棘刺竖立起来并急骤地颤动，将身体倒退着向对方撞击。以植物的块根、块茎和果实等为食。10~11 月发情。春季产仔。每年产 1 胎，每胎产 1~4 仔。寿命为 12~15 年。

图 5.30 豪猪

豪猪的咬痕位于灌木高处，在低树枝以下但由其在地面上所为，啃咬通常以大角度相对树干。豪猪前、后足均显 5 个卵圆形趾垫印，内侧第 1 个甚小。前爪印距远；后爪印距近。前足具 3 个大小不等且不规则的间垫，近靠的 2 个大掌垫印圆形；后足间垫印 4 个，内 2 个小而不圆，外 2 个圆而大。2 个纵列间开的跖垫印为内短外长。粪便多呈粗短的散粒或颗粒黏结成节筒状。

豪猪的粪粒一般多为木头似的粪粒且“粪尾”频繁出现。这种尾可以将其粪粒两侧或更多的粪粒联成数根细绳索。当冬季食物含大量针叶树成分（大于70%）时的粪便为黄色和红色，即较多的针叶量产生红色。当夏天主要吃地面食物时，其粪则多呈黑色。这种黑色粪粒的内含成分包括青草、草本植物和灌木等。在冬季，常在豪猪连续几天利用的树脚或它们使用的洞穴里发现大量的粪堆。豪猪活动时会留下大量的擦痕和杀死许多活树皮的形成层，这种包括一小片破皮树和其树脚留存粪便的情况称为“豪猪树”。树上有存留的小齿痕标记。

豪猪的足印往往是不完整的，这是因为它们的小腿长毛扫刷和尾部棘刺刮磨所致。清晰的豪猪足印将呈现出粗糙足底（星点状麻斑印），但很少呈现出所有的足趾。足迹链中呈现短宽刷状或棍棒状的尾部拖印及足尖内倾印迹是鉴别的重要特征。如果在稀泥地或深雪区，豪猪行进将会破开一条如同它们躯体大小的深沟印迹。豪猪的足迹链中多呈现由笨重羽毛根状的尾拖印，也可能是由它们足腿上的浓毛形成的拖印等。

豪猪被列为“三有”名录。但它有时会盗食一些农作物，所以遭到人们的猎杀。有人也为了肉食、药用或利用它身上的刺做装饰品、牙签及钓鱼用的浮子而猎杀豪猪。

## 67. 田鼠

田鼠也叫普通田鼠，是我国北方常见的鼠类之一。隶属于哺乳纲、啮齿目、田鼠科。体长9~13cm。体型较小，耳朵短小，往往为毛所遮盖。四肢和尾巴都很短。背面的毛色为黄褐色至深棕色，腹面为灰白色。

田鼠分布于我国东北、内蒙古和新疆，以及欧洲、亚洲北部和中部等地。栖息于草原地带。群居。善于挖掘洞穴居住，洞道的结构比较复杂，一般离地面不深，从洞穴中挖出的沙土常形成许多小土堆。冬季能在雪下营巢觅食。夜晚活动或昼夜活动。以植物的根、茎、叶、果实和种子等为食。4~5月发情。每年繁殖4~5窝。每胎产2~9仔。25~45天达到性成熟。寿命为1年。

它们的粪粒多呈香肠形，一端可能形成一个微小的尖。颜色包括红褐、黄褐与黑色等。粪便的内含物大多是植物成分，这些成分会被嚼得很细后进入消化道，所以在粪便是一般需用显微镜才能看清。它们通常以随机方式排放粪便，但偶尔也有“厕所”供它们重复使用。田鼠偶尔具有与它们的巢穴相连的有规律性的排粪地点——“厕所”。由不同的田鼠个体在那里排粪构成并形成一个结实的固体粪堆。田鼠习惯在它们的粪便上排尿，这些高氮尿液干燥后形成粪堆内的结合物（黏合剂），而粪上的尿是白色的。

田鼠通常在约在树干8cm处留下咬痕。田鼠行走时，有由其尾巴造成的拖印标志。

由于田鼠常在夏秋季节侵入农田，对庄稼有一定的破坏性，并且是鼠疫等传染病的病原体的主要携带者，所以在广大农村捕杀、毒杀田鼠的事情比较常见，但也容易误伤人，或者人因误食有毒的鼠药而中毒。在农村田间、野外的犯罪现场有可能留下田鼠的痕迹。

刑事案件中，常出现鼠类动物如田鼠咬伤尸体，其中嘴唇、眼睑易于下口，是经常被撕咬的部位。鼻翼有时也可见田鼠的抓痕。

## 68. 麝鼠

图5.31　麝鼠

麝鼠也叫水耗子、水老鼠、青根貂、青眼貂（图5.31）。体长23~35cm，尾长20~28cm，体重400~1 000g。隶属于哺乳纲、啮齿目、麝鼠科。体型圆而肥胖。头部稍扁平，颈短，耳小，眼圆而黑亮，嘴端钝圆，嘴边有稀须。体毛主要为棕黑色至暗褐色。前肢短小灵活，趾爪锐利；后肢宽大，趾间有半蹼（似鸭掌）。尾侧扁，外披鳞片，并分布有稀疏的短毛。

麝鼠原分布于北美洲，后扩散或引至欧洲、亚洲的广大地区，在我国见于新疆、甘肃、青海、宁夏、陕西、内蒙古、山东、黑龙江、辽宁、北京、江苏、湖北、贵州、广西等地。栖息于江河、湖泊、沼泽等浅水岸边地带。善于挖掘洞穴居住。晨昏活动。以水生植物为食，也吃水边生活的小型动物。每年产3~4胎。雌兽的怀孕期为25天。每胎产6~7仔。2个月达到性成熟。寿命为3年。

麝鼠是我国首批可商业性经营利用驯养繁殖技术成熟的54种陆生野生动物之一。它是草食性毛皮动物，毛绒细密，光亮美观，板质轻软，保温性能好，素有青根貂皮之称，畅销国内外，经济价值较高。雄麝鼠能排出麝香，具有很高的医用价值。

## 69. 毛丝鼠

毛丝鼠也叫绒毛丝鼠、绒鼠体长25~26cm，尾长17~18cm，体重5~6kg。隶属于哺乳纲、啮齿目、毛丝鼠科。体型小而肥胖。耳壳大而薄、钝圆形。脊背及身体两侧呈灰蓝色，体侧腹部逐渐变成白色。腹部有一条细窄而明显的白色带，全身以绒毛为主。前肢短小，后肢健壮，前肢足有五趾，后肢足有四趾，趾前端有一软垫，爪扁而弱。尾大似松鼠。

毛丝鼠分布于南美洲智利北部、玻利维亚等地。栖息于干燥的高山岩石地带。性情温顺。群居。善于跳跃，胆小。习惯于白天安睡，夜间觅食。以草、苔藓、地衣等为食。吃食时的姿势很像松鼠，后肢坐立，用前肢抓取食物，一点一点地送进嘴里。每年产1~3胎。雌兽的怀孕期为100天。每胎产1~6仔。寿命为15~20年。

毛丝鼠是我国首批可商业性经营利用驯养繁殖技术成熟的54种陆生野生动物之一。它的裘皮鲜艳美观、丰富致密，故又有“金丝鼠”之称。我国已在东北、华北、华东、西北等建立了人工养殖基地。

## 70. 海狸鼠

海狸鼠也叫獭狸、海狸、河狸鼠、草狸獭、沼鼠，是体型较大的啮齿动物（图5.32）。隶属于哺乳纲、啮齿目、牛鼠科。体长48~55cm。头大，耳短而小，尾巴比身体略短，趾间有蹼。全身体毛为灰褐色，足为黑色。在粗长的外毛下面，还有柔软而厚密的绒毛。

图5.32 海狸鼠

海狸鼠分布于南美洲的巴西、阿根廷、巴拉圭、智利和玻利维亚等地。栖息于江河、湖泊等水域的岸边。喜欢居住在洞穴中。善于游泳。以植物的根、茎、叶、芽等为食。每年产2胎，每胎产5~7仔。

海狸鼠是我国首批可商业性经营利用驯养繁殖技术成熟的54种陆生野生动物之一，主要产品为毛皮、肉食、脂肪和尾筋。海狸鼠并非我国原产的动物，而是作为一种为人类提供优质皮毛和肉食的经济动物引进的外来物种，但由于饲养管理不善、人为遗弃等原因，有的逃逸到野外，形成种群，对生态环境造成一定的破坏。除人工养殖基地、动物园等处可能发生因经济利益而进行的盗窃、抢劫海狸鼠等犯罪行为外，在某些犯罪现场也有可能出现它的痕迹。

## 71. 豚鼠

图5.33 豚鼠

豚鼠也叫荷兰猪、荷兰鼠、天竺鼠。体长22~34cm，体重400~700g（图5.33）。隶属于哺乳纲、啮齿目、豚鼠科。体毛有黑色、白色、灰色、蓝色和花色等，具有光泽。头大。

尾巴只有痕迹存在。前肢具4指，后肢具3趾，指、趾端具有蹄形爪。

豚鼠分布于巴西、秘鲁、圭亚那、巴拉圭、哥伦比亚等地。栖息于空旷的荒野中。营穴居生活。夜行性。白天隐藏于洞穴中睡觉。喜欢群居。性情温顺，胆小。以植物性食物为食。每年产3~5胎。怀孕期为2个月。每胎产4~6仔。雌性35~45天达到性成熟，雄性为70天。寿命为4~5年。

豚鼠是我国首批可商业性经营利用驯养繁殖技术成熟的54种陆生野生动物之一。它是实验、玩赏、食用和皮毛兼用的经济动物，还是医药工业的重要原料之一。

## 72. 中华竹鼠

中华竹鼠体长25~29cm，尾长5~7cm，体重500~1 300g。隶属于哺乳纲、啮齿目、竹鼠科。身体背部体毛为棕灰色。腹面为灰色。眼小，耳小。四肢和尾巴均很短。

中华竹鼠分布于中国中部、南部和西南部一带，以及缅甸北部等地。栖息于山区细竹丛和芒丛中。在地下营穴居活动。以竹笋和地下茎等为食。每年产2胎，春秋各产1胎。每胎产2~5仔。

中华竹鼠被列入“三有”名单，但也有偷猎的现象发生。中华竹鼠是野外常见的小动物，在某些犯罪现场也有可能出现它的痕迹。

## 73. 白鳍豚

白鳍豚也叫白鱀豚，是古老的“活化石”动物（图5.34）。隶属于哺乳纲、鲸目、淡水豚科。体长190~248cm。体表呈流线型，吻部狭长，上下颌两边密排着130多颗圆锥形的牙齿，前额呈圆形隆起。皮肤细腻光滑，背面浅灰蓝色，腹面洁白色。前肢为鳍肢，背鳍呈三角形。后肢退化，尾部末端左右平展，分成两叶，呈新月形。有一个长圆形凹穴状的鼻孔或呼吸孔长在头顶的左上方。眼睛极小，位于嘴角的后上方。耳孔小似针孔，位于眼的后方，没有耳壳和外耳道。

图5.34　白鳍豚

白鳍豚是我国的特产动物，分布于长江及大型湖泊和较大的支流中。栖息于水深流急的江段，特别是长江与其支流交汇的地方或湖口处，有时进入沿江的大型湖泊中。性情温顺。群居。视觉、听觉和嗅觉都已经退化，在江水中联系同类，趋避敌害，识别物体和探测食物等，完全依靠发出的声呐信号。善于游泳和潜水，但每隔20~30s要露出水面呼吸一次。以淡水鱼类为食。每年有两次发情期，分别在3~5月和8~10月。每隔一年生1胎，每胎产1仔。4~6岁性成熟。

白鳍豚被列为国家Ⅰ级重点保护野生动物。

## 74. 抹香鲸

抹香鲸是具有牙齿的鲸类中体型最大的一种。隶属于哺乳纲、鲸目、抹香鲸科。体长1 300~2 300cm。长相奇特，头重尾轻，就像一只巨大的蝌蚪，头部特别大，几乎占体长的1/4~1/3。耳孔极小。上颌没有牙齿或仅有10~16枚退化的齿痕，下颌有20~28对圆锥形的狭长大牙齿。鼻孔在头的两侧分开，喷水孔开在头的前端左侧，所以它呼吸时喷出的雾柱是以45°向左前方喷出的。没有背鳍。鳍肢较短。尾鳍较大。身体的背面为暗黑色，腹面为银灰或白色。

抹香鲸分布于我国黄海、东海、南海和台湾海域，以及世界各大海洋中。喜欢结群生活。游泳十分迅速，时速可以达到22km/h。潜泳的能力也很强，一般可达数百米的深度，最深的纪录竟达到2 200m，在水下潜伏的时间能达到75分钟之久，是鲸类中名副其实的“潜水冠军”。它的性情十分凶猛，食量极大，每天能吃超过1 000kg的食物。食物为各种乌贼、章鱼，以及鳕鱼、鲈鱼、梭鱼和其他鱼类。春季发情，每胎产1仔。7~8岁时性成熟，寿命可达70年。

抹香鲸被列为国家Ⅱ级重点保护野生动物。它的经济价值很大，所产的“龙涎香”在医学上可以用作安定剂，更是极为名贵的香料，因此，在海上非法猎杀的现象也会有所发生。

## 75. 宽吻海豚

宽吻海豚是体型较小的鲸类（图 5.35）。隶属于哺乳纲、鲸目、海豚科。体长 250~370cm。身体为流线型。头部有比较长的喙，额部隆起，后面有喷气孔。有背鳍和鳍肢。上下颌各有 20~50 对细而尖的牙齿。身体背面一般为蓝灰色，向腹部逐渐过渡为淡白色。

宽吻海豚分布于我国渤海、黄海、东海、南海等海域，以及大西洋、印度洋、太平洋等海洋中。常在靠近陆地的浅海地带活动，较少游向远海。性情温和。喜欢群居，而且群体成员之间有很强的眷恋性。它的脑比较发达，是非常聪明的动物，能学会复杂的动作，记忆力也很好。每分钟需要跃出水面呼吸 2~3 次，有时全身跃出水面 1~2m 高。游泳能力很强，疾速游进时可以达到每小时 100km。以鱼类、乌贼等为食。2~5 月发情。每胎产 1 仔。5~12 年达到性成熟。寿命为 30~35 年。

图 5.35　宽吻海豚

宽吻海豚被列为国家Ⅱ级重点保护野生动物。它在海洋中或在海滩搁浅时，会有偷猎犯罪的现象发生。

## 76. 中华白海豚

中华白海豚体长为 220~250cm，体重为 250~235kg。哺乳纲、鲸目、尖嘴海豚科。身体浑圆，呈流线型。上、下颌的每侧都有 32~36 枚圆锥形的牙齿，齿列稀疏。吻部狭、尖而长。鳍肢上具有 5 指。全身都呈象牙色或乳白色，背部散布有许多细小的灰黑色斑点，有的腹部略带粉红色，短小的背鳍、细而圆的胸鳍和匀称的三角形尾鳍都是近似淡红色的棕灰色。

中华白海豚分布于中国东部和南部沿海海域。常 3~5 只在一起单独活动。性情活泼。游泳的速度很快。主要以鱼类为食，包括鲻科和石首鱼科鱼类的幼体，也吃小黄鲷和小鲳鱼等。6~7 月在水中交配，雌兽的怀孕期为 10 个月左右，产仔于翌年 3~4 月。2~3 年达到性成熟。寿命为 25~35 岁。

中华白海豚被列为国家Ⅱ级重点保护野生动物。它在海洋中或在海滩搁浅时，会有偷猎犯罪的现象发生。

## 77. 虎鲸

虎鲸也叫杀人鲸、逆戟鲸，是大型的齿鲸。隶属于哺乳纲、鲸目、领航鲸科。体长 600~1 000cm。体型很大，呈纺锤形，头部较大而圆，背部中央有很大的三角形背鳍。身体的背面为漆黑色，在背鳍的后面有一个马鞍形的灰白色斑，两眼的后面各有一块梭形的白斑，腹面主要为白颜色。嘴很大，上下颌上共有 40~50 枚圆锥形的大牙齿。

虎鲸分布于我国渤海、黄海、东海、南海等，以及世界各大海洋中。栖息于海岸附近较冷的水域中。喜欢群居。性情凶猛。游泳速度很快。以海豚、海豹、海狮、海狗、海象、企鹅、乌贼和各种海洋鱼类为食。全年均可繁殖。雌兽每 3~5 年生育一次，怀孕期为 1 年。每胎产 1 仔。寿命为 20~35 岁。

虎鲸被列为国家Ⅱ级重点保护野生动物。但在海洋上有些国家的捕鲸船队，不顾国际公约的限制，至今仍在肆意捕捉虎鲸。

## 78. 伪虎鲸

伪虎鲸体长为330~600cm，体重665~1 360kg（图5.36）。隶属于哺乳纲、鲸目、圆头鲸科。全身的体色均为黑色。头圆，由前端起呈圆弧形过渡到头顶。口大，口裂朝着眼睛的方向切入。没有喙，上颌比下颌略微前突。体型近似于圆柱形。背鳍不算太大，后缘凹入，位于身体中部略前位置。鳍肢很尖，前缘自中部起急剧后屈，后缘通常有2个突出部，位置很靠前。

图5.36　伪虎鲸

伪虎鲸分布于我国沿海一带。群居。游泳速度较慢。以乌贼类为食，也吃带鱼、小鲨鱼，以及鲐鱼、黑鲷、鲈鱼和竹荚鱼等。全年都能交配繁殖。雌兽每隔7年怀孕一次，怀孕期为15个月。8~11岁达到性成熟。

伪虎鲸被列为国家Ⅱ级重点保护野生动物。它在海洋中或在海滩搁浅时，会有偷猎犯罪的现象发生。

## 79. 灰鲸

灰鲸体长10~15m，体重30t。隶属于哺乳纲、鲸目、灰鲸科。全身灰色、暗灰色或蓝灰色，有白色斑点，腹面的颜色较淡。眼睛为卵圆形，位于口角的后面。耳孔较大，位于眼睛与鳍肢的基部之间。体型粗胖，尤其是鳍肢的附近最粗，然后由此向尾部逐渐变细。头部与体长相比较小。尾部背面有7~15个小的驼峰状隆起。鳍肢宽厚，前缘凹凸不平，尾鳍的大小中等。喷气孔有2个，位于吻部最高处的稍后方。

灰鲸分布于中国黄海、东海、南海等温带海域附近。以浮游性小甲壳类、鲱鱼的卵，以及其他群游鱼类为食，也吃海胆、海星、海螺、寄居蟹、瑟虾、海参以及海藻等。1~2月发情交配，雌兽怀孕期为12个月，每胎产1仔，翌年1~2月生产。

灰鲸被列为国家Ⅱ级重点保护野生动物。它也是经济价值很高的动物，鲸须为贵重的工艺品原料。由于它主要在沿岸一带活动，喜欢集群，所以遭到大量的猎捕。

## 80. 黑露脊鲸

黑露脊鲸体长为17~18m，体重为47~100t。隶属于哺乳纲、鲸目、露脊鲸科。身体的颜色为蓝黑色或黑色。体躯肥大，头部具有形状不规则的角质瘤。下颌的两侧各有一列如同拳头大小的瘤状突起，每个突起上面都生有一根感觉毛。没有背鳍。鳍肢宽大。尾鳍也比较宽。腹部脐的周围常有不规则的白斑。

黑露脊鲸分布于我国各海域。栖息于海洋中。在海水中游泳的速度较为缓慢。以桡足类中的小型浮游甲壳动物和小型软体动物等为食。通常在2~4月交配，雌兽每3~4年生育一次，怀孕期大约为12个月，每胎产1仔。5~10岁时达到性成熟。

黑露脊鲸被列为国家Ⅱ级重点保护野生动物。它的经济价值很高，其皮下脂肪很厚，而且所含的鲸油质优量多。它的长须可以用于制造钓竿等多种工艺品。由于它行动缓慢，性情温顺，所以较容易被捕获，是最早被猎捕的鲸类之一，常被大量杀戮。

## 81. 小鳁鲸

小鳁鲸体长6~8m，体重2t。隶属于哺乳纲、鲸目、长须鲸科。身体呈纺锤形，吻部较尖。背鳍较小，呈镰刀形。尾鳍非常宽。鳍肢上有4指。肋骨有11对。褶沟很细，向后不到达脐部。背部为黑色，腹部为白色，体侧为灰色。鳍肢的基部与末端均为黑色，中间有一条白色的横带。

小鳁鲸分布于我国各海域。栖息于靠近沿岸和内海地带。大多单独或2~3只在一起。以玉筋鱼、小黄鱼、黄鲫和磷虾等为食。9~10月发情交配。雌兽的怀孕期为10~11个月，翌年6~7月分娩，每胎产1仔。

小鳁鲸被列为国家Ⅱ级重点保护野生动物。它的油脂、肉、皮均质地良好。由于小须鲸大多在沿岸地带活动，所以是重要的偷猎对象之一。

## 82. 鳁鲸

鳁鲸体长为15~20m，体重25t。隶属于哺乳纲、鲸目、长须鲸科。体型细长，背鳍高大，呈镰刀形，并且向后倾斜。背部黑色，腹部白色，交界线呈波状或云状，过渡区呈灰色。鳍肢和尾鳍的下面为灰色。

鳁鲸分布于我国各海域。在洄游时大多组成数只在一起的小群。游泳的速度很快。以桡足类、磷虾等小型甲壳类动物为食，也吃鲱鱼、玉筋鱼、鳕鱼、六线鱼、秋刀鱼等鱼类。1~3月发情交配。雌兽的怀孕期为10~11个月。8岁时性成熟。寿命为70年。

鳁鲸被列为国家Ⅱ级重点保护野生动物。它的皮下脂肪、肌肉经济价值很高，人类对鳁鲸的猎捕量也逐渐增加，鳁鲸的生活环境不容乐观。

## 83. 蓝鲸

蓝鲸也叫蓝须鲸、剃刀鲸，是世界上体型最大的动物。隶属于哺乳纲、鲸目、长须鲸科。体长24~34m。头较小而扁平，有2个喷气孔，位于头的顶上。嘴大，没有牙齿，上颌生有600~800枚黑色的须板。身体主要为淡蓝色或鼠灰色，背部有淡色的细碎斑纹，胸部有白色的斑点，有20多条褶沟，腹部也布满褶皱，并带有赭石色的黄斑。

蓝鲸分布于我国黄海、东海、南海和台湾海域，以及世界各大海洋中。单独或成小群活动。善于游泳。以磷虾，以及其他虾类、小鱼、水母、硅藻、浮游生物等为食。冬季发情。雌兽一般每2年生育一次，怀孕期为10~12个月。每胎产1仔。8~10岁性成熟。寿命为50岁。

蓝鲸在我国被列为Ⅱ级重点保护野生动物。由于多年来世界一些国家在各大海洋中竞相猎捕，现在体长在25m以上的个体已经很少见了。另外，磷虾的大量捕捞，也使蓝鲸的觅食活动受到了很大的影响。现在全世界的蓝鲸仅剩有大约2 000只。尽管国际上已经对每年捕杀蓝鲸的数量做了限制，但是这种世界上最大动物的前景仍然十分危险。

## 84. 长须鲸

长须鲸体长为20~26m，体重95t。隶属于哺乳纲、鲸目、长须鲸科。身体呈纺锤形。背鳍小，位于肛门正上方的背部。鳍肢较小。眼睛较小，位于口角的后上方。喷气孔有2个，位于眼睛前面一点的背中线上。背部为黑褐色，向腹面逐渐无规则地过渡为纯白色，从鳍肢的附近至槽沟之间有两条深色的带，背部有一个“V”字形的淡色区域，起自喷气孔的后方，穿过两个鳍肢的基部之间向后扩展，尾部的中央至肛门之间也有一条黑色带，从外耳孔向后上方，每侧都有一条淡色甚至白色的条纹。

长须鲸分布于我国各海域。栖息于海洋中。单独或结群活动。游泳的速度较为缓慢。以磷虾类、糠虾类、桡足类等小型甲壳动物为食，也吃鲱鱼、秋刀鱼、带鱼等群游性鱼类和乌贼等。雌兽的怀孕期为11~12个月。8~10岁达到性成熟，寿命为90~100年。

长须鲸被列为国家Ⅱ级重点保护野生动物。它的经济价值也很高，仍然被某些国家不断猎捕。

## 85. 座头鲸

座头鲸体长11.5~19m，体重40~50t。隶属于哺乳纲、鲸目、长须鲸科。头相对较小、扁而平，吻宽，嘴大，嘴边有20~30个肿瘤状的突起。背鳍较低，短而小，向上弓起。胸鳍极为窄薄而狭长，鳍肢上具有4趾。下颌至腹部有20条左右很宽的平行纵沟或棱纹，腹部具褶沟。通常身体的背面和胸鳍呈黑色，腹面呈白色。

座头鲸分布于我国各海域。一般在寒带和热带之间的一定海域中洄游。以磷虾为食，也吃小型鱼类等。雌兽每2年生育一次，怀孕期约为10个月，每胎产1仔。寿命为60~70年。

座头鲸被列为国家Ⅱ级重点保护野生动物。由于它动作缓慢贪恋近海岸地区，也就成了人们极易捕捉的目标，有些捕鲸业发达的国家拒绝实行禁止捕鲸法，使它仍然处于濒临灭绝的境地。

## 86. 白鲸

白鲸体长3.3~5.5m，体重540~1 500kg（图5.37）。隶属于哺乳纲、鲸目、一角鲸科。头圆而钝。口大，吻部不形成喙。无背鳍而有皮肤隆起。鳍肢宽而圆，呈团扇形。全身主要为象牙白色。

图5.37　白鲸

白鲸分布于北冰洋、白海、巴伦支海等海域。栖息于冷水海域中。结群活动。性情活泼。以各种海洋鱼类和乌贼等为食。雌兽的怀孕期为1年。每胎产1仔。

白鲸被列为国家Ⅱ级重点保护野生动物。由于高额利润，捕鲸者曾对白鲸进行疯狂的捕杀，致使白鲸数量锐减。我国目前在各地的极地海洋世界中大多有人工养殖的白鲸，有时为游客进行表演。

## 87. 江豚

江豚体长120~190cm，体重100~220kg（图5.38）。隶属于哺乳纲、鲸目、鼠海豚科。头部较短，近似圆形，额部稍微向前凸出，吻部短而阔，上下颌几乎一样长，牙齿短小，左右侧扁呈铲形。眼睛较小。没有背鳍，鳍肢较大，呈三角形。尾鳍较大，分为左右两叶，呈水平状。全身为蓝灰色或瓦灰色，腹部颜色浅亮，唇部和喉部为黄灰色，腹部有一些形状不规则的灰色斑。

图5.38　江豚

江豚分布于中国渤海、黄海、东海、南海和长江等水域。栖息于咸淡水交界的海域，也能在大小河川的下游地带等淡水中生活。单独、成对或结小群活动。性情活泼。以青鳞鱼、玉筋鱼、鳗鱼、鲈鱼、鲚鱼、大银鱼等鱼类和虾、乌贼等为食。雌兽每年10月生产，每胎产1仔。

江豚被列为国家Ⅱ级重点保护野生动物。它在我国野外数量十分稀少，但也会有偷猎犯罪的现象发生。

## 88. 犬

犬也叫狗，是常见的饲养动物。哺乳纲、食肉目、犬科。颜面部较长，向前突出成口鼻。耳短，直立或因长大而下垂。尾巴常向上卷。体毛颜色有黑色、灰色、黄色、白色、黄褐色，以及带有各种斑纹的花色等。

犬的祖先是狼，现在世界各地均有饲养。性情机警。易受训练。以肉类为食。春季和秋季发情。雌兽怀孕期大约为60天。每胎产2~8仔。1年达到性成熟。寿命为15~20年。

犬是最早为人类利用并驯化的一种动物，早在9000年前就已经为人类所驯养，当时主要用于食肉以及帮助狩猎等活动，现在经过人类长期以来根据不同需要所培育出的家犬品种，已经多达400个以上，其主要作用有狩猎、牧羊、导盲、救助、刑侦、看门、拉雪橇、玩赏等各个方面，在人类经济生活中起着重要的作用。

图 5.39　犬

前足 5 趾（足印中第 1 趾不显），后足 4 趾，无踵垫。前后趾垫印近等大。爪印与趾印相距较远。间趾垫前缘处外趾垫中后位。索状圆条粪较短。犬毛横断面为圆形或椭圆形，毛髓属连续型，皮质层占毛发横断面的二分之一，毛髓胞壁表面软薄，不规则。

犬很通人性，甚至能听懂人所说的话，很忠诚，所以很多人都喜欢养犬，家庭养犬已经非常普遍。而且，世界名犬价格昂贵，有专业养殖世界名犬和宠物犬的养殖基地和场所；动物园也常常会展出世界名犬和宠物犬。因此，在养殖基地、动物园、家庭以及户外场所常常会发生因经济利益等原因而进行的盗窃行为，某些犯罪场所会留下它的痕迹。

有些大型犬种比较凶猛，可以咬死、咬伤人及家畜、家禽等，以及传染狂犬病等。小型犬一般不会伤人，但如果被咬伤，也有传染狂犬病等的可能。

刑事案件的勘查过程中，会出现大型犬类的咬伤、家养犬由于通常不饥饿，咬痕较凌乱，集中在易于下口的四肢。

## 89. 吉娃娃犬

吉娃娃犬也叫奇瓦瓦犬、奇娃娃犬、奇花花犬、齐花花犬、支华华犬、娃娃犬、芝哇哇犬。身高 12~22cm。分为短毛和长毛两种。短毛种被毛短而密生，光滑贴身，并富有光泽。长毛种毛长而软，耳、头、肩及趾长有饰毛。毛色有红、蓝、褐、棕、淡黄等多种颜色及混合色。头盖浑盖，面部圆且肌肉薄，耳大似蝴蝶犬，平时以 45°向外弯曲，警觉时竖起。眼大，圆而明亮，有各种颜色，距离稍宽。吻小而尖，唇薄，牙常缺齿，有时颚突出，嘴闭拢时牙不露，鼻尖颜色与被毛颜色相配，有淡红色的鼻子。身躯呈圆筒状。胸缩肋突，背平腰拱，四肢短小，飞节距离适当。脚小，步伐跳跃，优美。尾巴长而细，常卷向背部或偏向一侧。

吉娃娃犬原产于墨西哥。它有一张滑稽的脸，气质高雅，个性温柔，活泼聪明，表情沉默，并且其个体型是世界名犬种中最小者，是典型的玩赏犬。

吉娃娃犬可能扑向逗它的儿童，因此不适合做儿童的伴侣。

## 90. 博美犬

博美犬也叫波美拉尼亚犬、波美拉犬、波默拉尼亚狐狸犬、松鼠犬、波米兰尼亚犬、波美拉尼亚玩赏犬。原产于德国博美地区。身高 15~20cm。被毛直而蓬松，上毛长，下毛短，没有波纹状和卷曲的毛，颈部下面和四肢饰毛多。毛色繁多，有黑、棕、红、橘、乳白、蓝色等。头骨圆，吻小，唇薄而紧，牙齿不完整，鼻尖与被毛色相称。眼大而圆，呈暗色，直竖，小而灵活。两耳距离近。躯体结实。胸深，肋部略张，腹收紧。前肢垂直，有饰毛，后肢足关节以上有饰毛，步伐为蹦跳、优雅，引人注目。尾底部高，向背部翘起，饰毛长而丰富。

博美犬活泼好动，心情开朗，小巧玲珑，不占空间，且无体臭，少掉毛，是一种具有华丽被毛、表情警觉、行动优雅的小型玩赏犬。

## 91. 约克夏猛㹴

约克夏㹴也叫约克郡㹴、约瑟犬、约克犬、约克夏泰利犬、苏格兰杂毛㹴、约克郡穴猎犬。原产于英国约克夏地区。身高 20~23cm。幼犬被毛为黑色，3~5 月龄毛根开始呈蓝色，到 18 月龄，被毛变为固定颜色，从头后延伸至尾部呈铁青色，四肢呈深褐色，被毛丰厚，长而直，呈绸缎状，从不卷曲，没有毛绒束。耳小直立或半立耳。断尾，背短直。头小，头盖骨平坦，吻部不伸长，剪式咬合，鼻尖为黑色。眼呈暗色，眼睑有黑边，毛发覆盖着双眼。耳小，未修整，呈“V”字形，竖立或半立耳，布有浅褐色的短毛。躯干强壮有力，特别是后躯，胸部深浅适宜，背部短而平直，背上有一条人为的分水岭，使被毛向身体两侧下垂。尾修剪掉一半，使尾能上擎高于背部，为蓝色尾毛。前肢垂直，后肢长短适度，被厚毛覆盖，姿态挺然屹立，小跑姿势优美。

约克夏㹴这种㹴虽小，但表现出㹴类活泼的品质。个性魁梧，也喜欢撒娇。随年龄的增长出现独特的风格，好动、警觉、感情深厚、忠诚，是优秀的玩赏犬。

## 92. 丝毛㹴

丝毛㹴也叫澳大利亚丝毛㹴、悉尼丝毛㹴、西德尼丝毛犬、西尔吉犬。原产于澳大利亚。身高23~26cm。它的身材适度低矮，骨骼结构纤细，但仍表现出有足够能力猎杀家鼠。其被毛质地丝状，由肩峰至尾中分垂向两侧，呈现出修饰良好但不雕琢的外貌。毛色分为银蓝、灰蓝等。头部强健，楔形，大小适中。颅部平坦，耳间不过宽。颅部略长于吻。额鼻阶浅。鼻黑色。牙齿强健而排列良好剪式咬合。眼小，深色，杏形，有深色眼边，表情敏锐。耳小呈“V”字形，高位直立不向外斜开。颈中等长，精细，一定程度上有鬃毛，背线平，胸中度宽而深及肘部以下，腰圆，躯干中度低矮。断尾，高位，呈竖立或半竖立状。前腿强健，直而骨骼颇精细，后躯大腿肌肉发达，结实有力。脚小，猫型脚，圆形，紧凑，脚垫厚而有弹性，爪强而色深，脚尖向前，步态自由，脚步轻盈，活泼。

丝毛㹴没有体臭，开朗活泼，并保有㹴类的一些性格，颇适于家庭饲养，其敏锐机警的神态是独特的，且迅捷、友好而敏感，它的好奇的本性和欢乐使它成为理想的伴侣，是优秀的玩赏犬。

## 93. 诺福克㹴

诺福克㹴也叫诺福克犬、诺富克㹴、罗福㹴、诺福克穴猎犬。原产于英国。身高25~26cm。被毛硬，丝状，贴住皮肤，颈部和肩部被毛长而浓密，颜色主要为红色、小麦色、灰色或深火焰色。头部圆、宽。头骨略呈圆形。吻强壮，呈楔形。下颚强壮。眼椭圆形，深栗色或黑色。耳中等大小，呈“V”形，尖端略圆，向前折靠在两颊。身体结实，颈部强壮，背线水平。四肢短，腿多强健，脚圆。尾中等长度，适当剪尾，竖起，根部厚，到尖端变尖。

诺福克㹴很自信、但不爱争斗、天性活泼，长得非常结实，一直具有乐观的心情。与孩子们在一起的时候，显得特别温柔、有耐心，是极其理想的家庭宠物犬。

## 94. 拉萨犬

拉萨犬也叫拉萨狮子犬、拉萨亚布苏犬、拉萨㹴、藏狮、西藏拉萨犬、拉萨山羊犬、拉萨亚布素犬。原产于中国西藏。身高22~28cm。躯体健壮、匀称，上毛厚，直而硬，不光滑，有华丽的长毛和浓密的下毛，毛色较杂，颜色为金黄、浅黄、暗灰、蓝灰色，最佳颜色为黑、白和褐色。头上的饰毛下垂于眼旁，头盖骨窄、不圆，胡须较多，口约长4cm，不呈方形，鼻黑，额段适中。眼睛大小适中，呈褐色，稍置前额，不凸不凹。耳中等大小，下垂，长有饰毛，末稍黑。体长，背腰水平线条流畅。尾向上卷至背上，有时尾尖似打结的头发。前肢直立，后肢结实，肌肉发达，四肢布满厚厚的饰毛，从后望去跗关节并行，但靠得不紧，动作轻松自如。

拉萨犬以“狮子守卫狗”而著称，被认为是带来吉祥的犬。个性开朗，性情快活、自信，沉着冷静，听觉灵敏，性格倔强，通常只忠于一个人，对陌生的环境和陌生人警觉性高，易于训练，是优良的玩赏犬和看家犬。

## 95. 西施犬

西施犬也叫中国狮子犬、狮子犬、希菇犬、菊花犬。原产于中国。身高23~27cm。西施犬与拉萨犬外貌极为相似，不易区分。因此 1934 年出台相关标准：鼻子及四肢较长者称为拉萨犬，头圆鼻短腿短者称为西施犬。此犬被毛华美，双层被毛，长而浓密、平滑，不卷曲，有轻微波状起伏。毛色颇多，但以头部、尾部有白色者较佳。头顶毛长，可用带扎起。头宽而圆，吻方形，短，无皱，上唇厚而丰满，下唇咬合，鼻孔宽大，张开，色素沉着，鼻、唇、眼边除了肝色犬为深红褐色以及蓝色犬为蓝色外，各种毛色均为黑色。眼大而圆，不突出，眼距颇宽，向前直视，眼色很深。颅部为圆顶形，鼻阶明显。耳大且下垂，位置稍低于头顶，被毛浓重。颈长足以使头自然高昂并与肩高和身长相称，背线平，短腰而结实，胸宽而深，肋骨扩张良好，臀平坦，尾高位，饰毛多，向背部卷曲。胸宽背平，前肢垂直，关节弯曲，骨骼良好，肌肉发达，后肢短而强硕，腿骨发达，肌肉发达，膝关节适当弯曲，飞节靠近地面，垂直，脚结实，脚垫发达，脚尖向前。

西施犬聪明伶俐，活泼可爱，生气勃勃，顽皮且擅于恶作剧，喜欢撒娇，喜欢与人交往，依恋性和耐受性强，爱儿童与动物，热情、和蔼、友好，性情开朗，欢乐，多情，对所有的人友好而信任，是优秀的观赏犬。

## 96. 西藏猎犬

西藏猎犬也叫西藏黄、中国庙堂犬、西藏斯潘尼犬。原产于中国西藏。身高 25～28cm。有两层呈绢丝状的被毛，中等长，脸与脚上有短毛，臀部与尾巴上有长毛。耳有饰毛，颜色有白、黄、黑、茶褐、黄白、黑白褐等色。头小，三角形，宽阔的前额，头骨略呈穹形。鼻梁短而黑，不太明显。吻突部短。下颚相当高且宽。眼中等大小，椭圆形，间距相当宽。耳位置相对高，大小适中，下垂。身体相当长，颈部较短，强壮，背直，后腿及臀部强壮。四肢短，脚小。尾位置高，运动时摆动卷曲超过背。

西藏猎犬容易饲养。性格开朗、聪明、活泼、机灵，身体健壮，排斥生人，但对主人特别温顺，会撒娇，是很好的伴侣犬或玩赏犬。

## 97. 北京犬

北京犬也叫京叭犬、北京狮子犬、宫廷狮子犬、京巴犬、中国皇帝犬、北京猎犬、北京叭喇犬。原产于中国。身高 20～25cm。被毛长、光滑而下垂，上毛为粗而直的长毛，从不卷曲或呈波浪状，下毛软柔但卷毛。在腿部、肢部、脚趾布有丰厚的饰毛，在颈部周围和肩下长有漂亮的鬃毛，尾部饰毛丰富。各种毛色均有，但以金黄色为最漂亮。眼部周围有黑眼圈，似假面具。头部宽大，吻部短而有皱纹，齿常常不全，下颚完全突出，钳式咬合，当闭嘴时看不见齿和舌头，鼻短，置两眼间，鼻尖宽，呈黑色。眼睛大、圆而突出，有光泽，呈暗色。耳呈心形，朝头部侧方下垂，饰毛多，两耳间平坦。身躯短而有力，胸宽而后部下垂，背部平直，鬐甲高而发达，肋骨适度张开。尾显著，向背部翘起，饰毛丰富，俗称"菊花尾"。前肢短粗，肘部向外呈弓状弯曲，后肢轻而稳健，步伐像上岸的水手。

北京犬个性活泼，生性胆大固执，自尊心强，沉着稳健，不随便吠叫。外表虽然威严，但绝不随意攻击人。傲慢，对不直接涉及它的事从不关心，但对亲近及亲爱者亲切，不惧怕任何东西，表情聪敏。表现出不卑不亢的性格，是优秀的玩赏犬。

## 98. 蝴蝶犬

蝴蝶犬也叫巴比仑犬、巴比元犬、蝶耳犬、蝶耳长毛玩赏犬。原产于西班牙（法国）。身高 20～30cm。该犬看上去是一只漂亮的小叭儿狗，头部布有明显的斑纹，像一只蝴蝶。被毛丰富，呈长绸缎状，有光泽，不卷曲，无下毛，耳、胸、尾有较多装饰毛，耳和前躯的饰毛呈项圈状，后肢有大量的饰毛，尾巴由长毛覆盖，毛长达 15cm，皮毛可有各种颜色，以白色为底色，只要不是过淡的鸡肝色斑纹，即为优良毛色。头短，两耳之间稍平，吻尖，齿有时不完整，有时下巴稍突出，鼻尖为暗色，眼非常大，显著，杏仁状，有眼睑，呈暗色。耳大，向外侧竖立成45°。由于被毛的缘故，躯体稍长，胸深背直，腹收适度。尾有漂亮的饰毛，卷至背上，但不卷曲。站姿好，前肢垂直，后肢细小，有饰毛，脚趾呈椭圆形，步伐傲慢、敏捷、优雅。

蝴蝶犬灵敏，有感情，胆大，性情聪敏。个性开朗活泼，举止高雅，不随便吠叫，没有体臭，适于公寓饲养，是理想的玩赏犬。

## 99. 斯凯岛㹴

斯凯岛㹴也叫斯开岛㹴、斯凯㹴、史凯㹴、斯凯穴猎犬。原产于苏格兰斯凯岛。身高24~26cm。被毛丰厚美丽，躯长肢短，耳部及尾部有许多饰毛。毛长、直而硬，无卷曲或波浪状，头部有饰毛并覆盖双眼，耳和尾部也有较多饰毛，绒毛层稠密，毛茸状。毛色有浅或深蓝色、乳白色、浅红灰色、淡黄、褐色、黑色等多种，但耳朵总是黑色的。头长吻窄，颚部强而有力，剪式咬合，鼻尖黑，眼大小适中，暗褐色，眼距窄，前额宽，耳有竖耳和垂耳两种。身长腿短，身体几乎触地。背平直，胸深肩宽，腰部肌肉发达，尾下垂，不卷曲，并稍有翘起。四肢短而直，后肢肌肉多，脚大，具典型的短肢㹴步态。

斯凯岛㹴性情聪敏，活泼但稳重，被毛华丽，颜色鲜艳。对主人特别忠实，怀疑陌生人，表情聪敏，温和，通常不咬人。因其独特的外貌，是优秀的玩赏犬及宠物犬。

## 100. 凯恩㹴

凯恩㹴也叫石堆㹴、凯恩山犬、短毛史凯㹴、凯恩穴猎犬。原产于苏格兰。身高24~31cm。被毛与众不同，丰厚，中长硬但不粗糙，下毛稠密、短而柔软，颜色为灰色、黑色、白色、近似黑色、红色等，在耳和吻部带有明显的颜色。头部短而宽，脸似狐狸，有明显的额鼻阶，且布满被毛，鼻色与被毛颜色相称，眼深陷，眼距宽，眉浓，色为红棕色，但深浅不同，与被毛颜色相称，具有敏锐的㹴犬表情。耳小而尖、直立，耳距宽，无饰毛。躯干因肢短而呈长方形，胸深腰细，背平直，呈长方形，腹不收。尾毛多但无饰毛，高举但不卷至背上，着生于背水平线，出生时，尾长则修整为短尾。前肢短、挺直，后肢有力，有丰富被毛，前脚比后脚大，略外翻。

凯恩㹴犬积极、主动，有耐力，精力充沛，嗅觉敏锐，视力极佳，猎欲旺盛。喜欢捕猎野兽，性情温顺而耐劣居环境，因此该犬是优秀的驱兽犬、看门犬及玩赏犬，极受妇女和小孩的欢迎。

## 101. 西部高地白㹴

西部高地白㹴也叫西高地白㹴、西部高原白㹴、西高地白色穴猎犬。原产于英国。身高25~28cm。外貌匀称，样子结实。双层被毛。外层被毛直而硬，白色，长约5cm，脸周围长有5~6cm的毛，颈部和肩部被毛较短，下毛柔软。头从额起呈圆形，颅部宽，比吻略长，顶部圆形，颚平而有力，唇黑色，牙齿大，剪式咬合，鼻大，黑色，眼深陷，大小适中，深褐色，眼边黑色，浓眉，目光锐利、聪慧、外视。额鼻阶明显，耳小而尖，黑色，有丝绒状平滑饰毛，耳尖无饰毛，直立，耳距宽。颈肌肉发达，背平直，躯干结实而骨骼发达，肋骨深，上半部呈拱形，体侧平，背肋极深，胸深，腰短、宽而强壮。尾较短，形如胡萝卜高举，但不超过头顶，也不卷往背上，尾根高，被硬毛，无饰毛。前腿肌肉和骨骼发达，较短，腿适度直，被覆短硬毛，前腿有清晰的躯干突出，后腿肌肉发达并且较短而多腱，脚圆形，前脚大于后脚，强健，有厚脚垫。

西部高地白㹴性格机警、欢乐、勇敢而自信，友好、易接受训练，非常聪明，敏捷灵巧，忠实，有理解力和献身精神。表情丰富，淘气顽皮，十分可爱，是优秀的玩赏犬。

## 102. 卷毛比雄犬

卷毛比雄犬也叫特内里费犬、卷毛比熊犬、法国拜康犬、小白卷毛犬、小短鼻卷毛犬、特里利夫

犬、特里利夫比雄犬、法皇拜康犬、法国狮子犬。原产于法国。身高 20～31cm。本犬以双层毛皮形成的蓬松外形而著名，最大的特征为全身纯白而卷曲的被毛，长长的耳朵及摇晃不定的头，毛质纤细卷曲如丝缎般柔软。长长的被毛缓缓上卷，可达 6～10cm，通常都绕过眼睛而向后修剪。除白色以外，还有奶油色及杏仁色。头呈圆形，圆脸的形象突出，有顶毛，双耳细长而下垂，小而精致。眼大而圆，吻粗细合适。鼻唇为黑色，胸腰宽深，背部稍拱。尾部多毛向上卷曲盖住背部，四肢稍长。前腿挺直强壮，脚圆而紧密。

卷毛比雄犬个性友善、积极，聪明俏皮，精力充沛，开朗活泼，容易训练，是优秀的伴侣犬，亦可作为马戏团的表演犬。

## 103. 波洛尼亚犬

波洛尼亚犬也叫波隆那犬、波洛尼亚比雄犬、博洛尼亚犬。原产于意大利。身高 25～30cm。被毛聚集成束，似棉絮状，头部和脚上的被毛卷曲，颜色为纯白色。躯干近似方形。头部长度适中。吻直。鼻冷且潮湿。牙齿弓形，适当闭合。眼大，神情聪明。耳长而下垂，但与头部保持微小的空隙。

波洛尼亚犬庄重，富有感情，聪明，对主人有依恋性，是很受欢迎的伴侣犬。

## 104. 哈瓦那犬

哈瓦那犬又称哈瓦那比雄犬、哈瓦那丝毛犬。原产于古巴。身高 20～29cm。一身浓密的厚毛，毛色为奶黄色、金色、银色、蓝色或黑色。头上和颈背部布满浓密的长毛，尾巴向前卷曲，腿部宽阔而强健，脚小而圆形，有长毛覆盖。

哈瓦那犬个性敏感、友善，常作为玩赏犬。

## 105. 棉花猎犬

棉花猎犬又称图莱亚尔棉毛犬、棉花棉纱犬、棉花面纱犬、考顿德图利犬。原产于马达加斯加。身高 22～32cm。被毛长而薄，略有蜡质，像棉花，颜色为白色，允许有黄色或带斑点的灰色，尤其是在耳朵上，属正常现象。头部短，从上面看呈三角形。头骨穹形。鼻子为黑色或暗红褐色。鼻镜不太明显。鼻骨直。唇薄。眼圆形。两眼距离较宽。耳位置高，下垂，呈三角形，上面有白色或彩色毛发。身体较长而矮，几乎贴近地面。颈部健壮，无垂肉。胸部发达。腰略为弧形。背轻微弧形。臀圆而宽。四肢健壮，结实。脚圆形而小，趾紧密。尾位置低，较长，根部粗，末端尖细。

棉花猎犬健壮，能吃苦，非常活泼。不知疲倦，爱闹，固执，但对主人非常忠诚和友善，可做看门犬和伴侣犬。

## 106. 马耳他犬

马耳他犬又称马尔基斯犬、玛尔他犬、玛尔吉斯犬、马耳他岛猎犬、丝犬、马尔济斯犬、马耳济斯犬、玛耳济斯狈、直毛比雄犬、马耳他狈、马耳他比雄犬。原产于意大利地中海边的玛尔济斯岛。身高 20～25cm。被毛长且浓厚，光滑，有光泽，呈丝状，不卷曲，毛拖地，没有缠绕的现象。全身为纯白丝状毛，可长达 22cm，沿着身体生长，显得非常高贵。头顶略圆，被长长的毛覆盖，唇布满须毛，呈胡须状，剪式咬合，鼻尖呈黑色，眼大而圆，凸出，呈暗色，黑色眼眶。耳朵小，耳根低而下垂，布满长长的饰毛。身躯长而窄，胸部深而宽，背直，臀短，腹微收。尾呈翼状，上翘，轻卷在腰上。四肢短且有饰毛，脚圆，起伏式小跑。

马耳他犬外貌优雅，令人瞩目，是一种有感情的叭儿狗。沉着勇敢、活泼灵敏，对人富有感情。个性活泼、灵敏，表情丰富可爱，能赢得成年人的宠爱，是理想的玩赏犬。

## 107. 曼彻斯特玩具狈

曼彻斯特玩具狈也叫玩具曼彻斯特狈、英国玩具狈、英格兰玩具狈、黑褐玩具狈、曼彻斯特玩赏㹴、小型曼彻斯特㹴、英国玩赏穴猎犬。原产于英国。身高23~31cm。被毛短、密、浓且富光泽，毛色以黑色为主体，身上还有乌黑色和深栗色的斑纹。四肢的前端及耳朵的背侧、胸、肛门的周围呈深褐色，两眼上方有一小点深褐色。头部长而窄。头骨平。鼻梁不明显。吻部向鼻子部呈锥形。颚部强壮。有强壮有力的平嘴。眼小，杏形，斜嵌在头骨中，呈黑色。火焰般的耳朵直立，根部宽。身体结实、优雅。颈部略呈弧形。胸部窄而深。背、腰均略有弧度。尾根低，下垂，根粗尖细呈锥形。四肢结实，腿骨精细，具轻巧的弧形脚。

曼彻斯特玩具㹴个性沉着，高雅，不喜欢吠叫。对环境适应力强，体质强健，寿命较长。此犬在英、美等国饲养较多，主要用于猎兔和鼠类，也是理想的玩赏犬。

## 108. 玩具猎狐㹴

玩具猎狐㹴也叫玩具狐㹴、狐狸玩具㹴、美国玩具㹴。原产于美国。身高21~29cm。被毛短而粗，身上至少有一半的白色，头部总是五颜六色，常带有白色斑纹，黑色毛上带有火焰色图案，巧克力褐色毛上带有火焰色图案，褐色或黑色。体型小而呈方形，嘴细长。耳直立。耳距较近，眼圆形，暗黑色。前腿笔直而质轻，脚浑圆厚实。尾短，高翘。

玩具猎狐㹴容易接近，活泼、机敏，聪明、好学、情感细腻、对人亲近、自信，但有时会很放肆。它是城市中老年人的理想伴侣。

## 109. 腊肠犬

腊肠犬也叫短毛腊肠犬、长毛腊肠犬、刚毛腊肠犬、猎獾犬、达克斯犬、达克斯猎犬、达克斯芬犬、达契犬、腊肠猎兔犬。原产于德国。身高21~35cm。腊肠犬毛色较多，有红色、黑色、巧克力色、黄褐色等或其中二者间杂。短毛型腊肠犬毛短，被毛密生，短而平滑，贴身，毛色多样，但以二色间杂呈斑纹状较常见。长毛型腊肠犬：被毛丝绢状，长而柔软，光滑似绸缎，并且稍呈波浪式，颈下、耳、躯体下部被毛稍长，尾部有装饰毛。刚陆种被毛粗硬密生，长有长而密的颌毛及眉毛。头大，吻尖，耳朵硕大，自然下垂至颈部，眼呈椭圆形，黄褐色，胸部宽阔，胸骨突出，背平直且长，腹部紧凑，四肢矮短，站立或走动时胸部几乎触及地面。前肢向内弯曲，后肢结实发达，曲度适中，脚距稍近。尾巴稍长，渐细，下垂稍卷曲，与背线成一直线。

腊肠犬具有很强的狩猎能力，其嗅觉灵敏，活泼、好动，敏捷性高，看上去滑稽可爱。过去多用于狭洞内捕捉野兽。感觉敏锐，动作敏捷，好奇心强，沉着忠实，叫声较大，易与家人亲昵。目前多作为家庭犬、玩赏犬进行饲养。

## 110. 葡萄牙猎犬

葡萄牙猎犬也叫葡萄牙犬。原产于葡萄牙。身高20~31cm。被毛分两类，一类短、滑、浓密；另一类长而硬，较粗糙。小型种的被毛最短。典型的代表是红沙色，带或不带白色花纹。头部瘦。头形为四面金字塔形，底宽上尖。头骨平。鼻梁不明显。鼻骨直。鼻子瘦小。眼小，斜嵌在头骨中，呈栗色或蜜色。耳㹴宽，三角形，竖立或向前倾。身体强壮。颈部无垂肉。前胸窄，胸部低。腰宽而健壮。背长而直。臀宽而结实，略斜。腿瘦，脚圆，脚趾长而强壮。尾强壮，粗、尖、长度适中，平举，运动时呈弧线。

葡萄牙猎犬健壮，比例协调，骨骼结实，强壮，速度快，步态轻巧，非常活泼，可以作猎犬，也可以作很好的伴侣犬和看门犬。

## 111. 布鲁塞尔格里芬犬

布鲁塞尔格里芬犬也叫比利时粗毛犬、布鲁塞尔格林劳犬、古里芬犬等。原产于比利时。身高15~20cm。被毛可分为粗毛和顺毛两种，但除被毛之外，两者没有区别。粗糙型被毛是刚毛状密毛，毛质粗硬，毛越硬越呈刚毛状越好。短毛型毛直，短而富有弹性，紧密有光泽，无任何刚毛，毛色有红褐色，米色混有黑色和红褐色，通常具有黑色假面和触须；黑色和黄褐色及纯黑色。头圆，头部表情几乎与人相似，唇边缘黑色，唇不悬垂而闭合良好，下颚突出，颇宽，向上的弯曲，下颌咬合，吻似巴哥，鼻甚黑，极短，鼻孔大，鼻尖向后位于两眼之间呈后仰状，眼距宽，眼很大，黑边，突出睁开，睫毛长而黑，眼睑有黑色，颅部大而圆，前额圆顶状，额鼻阶深，耳小而高位，自然为半立耳，可以修剪或任其自然半直立。颈中度长，呈漂亮的拱形，背平而短，躯干矮壮，短躯。胸廓宽而深，肋骨扩张良好，腰短，尾高位高举，断尾至约1/3，前腿长度中等，垂直，肌肉发达，两腿直而中度分开，掌节短而强，后腿位置良好，大腿强壮，肌肉发达，结实有力，膝弯，飞节近地面，脚圆而小，紧凑，趾拱起，趾垫和爪最好为黑色，运动是一直向前的小跑，表现出适度前伸和推动，保持背线稳定。

布鲁塞尔格里芬犬聪慧、机警和敏锐，结实矮壮，体短，姿态漂亮，鼻短而黑，加上长硬挺直的胡鬃，给人一种滑稽的感觉，表情类似人类而引人注意，活泼机警，忠实可靠，充分自尊。原用于看门和灭鼠，现成为家庭宠物。

## 112. 威尔士柯吉犬

威尔士柯吉犬也叫威尔士柯基犬、潘布鲁克犬、卡狄肯犬、威尔斯牧畜犬等。原产于英国。身高25~30cm。威尔士柯吉犬给人最深的印象是立耳、长身与短腿。毛色不统一，有红色、淡红褐色、黑色、浓金色、黑色掺杂等。潘布鲁克与卡狄肯区别在于：潘布鲁克体型较高，体躯较短，前肢较直，骨骼细小，有华丽的被毛，被毛中等，耳朵前端呈尖形，尾巴较短，甚至无尾；卡狄肯身躯相对较长，腿较短，但是速度很快，耳朵为圆形，尾巴较潘布鲁克长，似狐狸尾，被毛有质地较硬的短毛与中长毛两种，胸骨突出，背部平直。

威尔士柯吉犬勇敢警觉，性格开朗，聪明活泼，性喜撒娇，过去多用于看管牛羊或看门，如今多作为家庭犬、护卫犬或玩赏犬饲养。

## 113. 小狮子犬

小狮子犬也叫楼城比熊犬、罗切犬、罗成犬等。原产于法国。身高20~33cm。被毛光滑，长度适中，头到肩披有长而呈波浪状的被毛但不卷曲，体躯只生短毛，四肢及尾巴长有长毛。毛色有黑、银、棕等色。头短而宽，高高昂起。吻短而壮。鼻子黑色。两耳间平，双耳长而下垂至眼水平线，有漂亮的饰毛。额段分明。眼大而圆，呈暗色。机敏，躯短、有力，大小相称。躯体优美，肋弯度好，腰壮，收腹适中，尾中长，常修剪成毛绒束，运动时摆动快活。前肢直立，骨纤细，后肢肌肉结实有力，膝关节弯曲度好，活动自如。

小狮子犬体格健壮，匀称，是一种警觉的小犬，给人以“小狮子”感。该犬聪明伶俐，理解力强，活泼，有感情，是一种优秀的陪伴犬。

## 114. 日本㹴

日㹴也叫日本参利犬。原产于日本。身高25~38cm，头部与耳毛呈黑、褐两色，其他为白色，两眼上方有褐色斑，俗称“四眼”。身躯毛白，有黑斑点或褐斑点，毛短、密、柔软，富光泽，被称为“裸体犬”。耳根高，耳有一半向前方呈“V”字形下垂，头盖骨扁平，略呈狭窄，鼻梁长与头盖长相等，额短不明显。鼻头黑色，唇薄。眼椭圆形。尾细长，垂直向上，需断尾。

日本㹴机敏、活泼、富警戒心，常用于玩赏。

## 115. 杰克·拉塞尔㹴

杰克·拉塞尔㹴也叫杰克·拉塞尔牧师㹴、杰克拉西尔㹴、帕森杰克鲁塞尔㹴。原产于英国。身高 22~35cm。分为刚毛和细毛两个品种。有粗糙的毛和光滑的毛，呈钢丝绒状，颜色为白色，在头部和尾根部有褐色的或黑色的斑点。眼椭圆形，黑色而深凹。耳较宽，横向朝前下垂。身体长。颈部强壮。胸低。背平而强壮。腰略呈弧形。四肢有力。尾直，位置高。

杰克·拉塞尔㹴活泼、大胆、勇敢、忠诚、服从，善于狩猎，特别是在兽穴附近狩猎小动物，独立工作能力很强。机敏，体格健壮，常不停地小跑，是优秀的狩猎犬，也可作为伴侣犬。

### 116. 西里汉㹴

西里汉㹴也叫西里汉犬、哈姆犬、西利哈姆猩等。原产于英国威尔士。身高 25~27cm。被毛为中等长度粗硬的刚毛，触须状，适合各种气候，毛色为全身皆白或自底耳处杂有柠檬色或深灰色花斑。头骨略圆而宽，两颊无明显突出，颅部为圆顶状，吻呈方形，牙齿特别坚硬，剪式咬合，鼻大，鼻尖呈黑色，眼圆而色暗，耳宽，圆形，紧贴面颊下垂。有胡须。身体厚实。颈长而肌肉发达，胸宽而深，躯体短胖，后躯比前躯长，尾剪去 1/3，竖立。肢短，健壮，站姿好，前腿短而直，后腿强有力，肌肉发达，猫式脚趾。步伐轻快，是典型的硬步。

西里汉㹴活泼、勇敢，小而有生气。勇敢好斗，稳重开朗，与人亲近，好奇心强。充满生气，快活，爱游戏，性情温顺，感情深厚，有贵族气质，表情引人注目。过去为猎犬，由于其美丽而有趣，有幽默感的胡须和欢乐的性格，现已主要成为伴侣犬。

### 117. 史奇派克犬

史奇派克犬也叫史开派克犬、史基伯犬、西帕基犬、西帕凯犬、比利时小猎犬。原产于比利时。身高 25~40cm。体型小，外表引人注目，被毛丰厚浓密，长而粗糙，颈部有环状毛，毛色黑色或其他颜色，以黑色为佳，警觉状态时，颈部被毛会自觉竖起，好似套了脖套，头部似狐狸，很宽且平，鼻梁短小，三角耳竖立而灵巧，吻部尖，为端口咬合，颈呈拱形，短而强壮，胸宽阔深长，背部短平而短，前肢直立，后肢强壮发达且饰毛丰富，脚小而圆，紧密。臀部浑圆多肉。大多数天生无尾，或小短尾，是此犬的最大特征。

史奇派克犬个性机敏、忠诚，尽职尽责，是游艇或货船上的警犬或看门犬。

### 118. 小狐狸犬

小狐狸犬也叫德意志小狐狸犬、德意志狐狸犬。原产于德国。身高 23~28cm。体格方形而结实，有浓厚的皮毛，并有浓密的内毛层，毛色很多，如浅黑色、白色、棕色、狼青色、橙色等。头部楔形。眼小，三角形（杏仁形），黑色。耳尖，始终直立。体型较小。尾巴卷曲在背上。腿短小健壮。

小狐狸犬个性活泼、顽皮、聪明、胆大，与主人感情极好，但对陌生人保持警惕，常作为玩赏犬，也可以作护卫犬。

### 119. 美洲爱斯基摩玩具犬

美洲爱斯基摩玩具犬也叫美国爱斯吉摩犬。原产于美国。身高 28~31cm。毛长而厚，纯白色是最受喜爱的颜色，有时会掺杂奶黄色和淡褐色的斑纹。三角形耳朵，竖立，身体健壮，肌肉发达，背部宽阔，尾巴梳理成羽毛状，卷曲地覆盖在背上，脚短小而健壮。

美洲爱斯基摩玩具犬个性温柔、顺从，常作为玩赏犬。

### 120. 中国冠毛犬

中国冠毛犬也叫中华冠毛犬、半毛犬、中国裸犬、中国无毛犬、中国裸体犬。原产于墨西哥和中国南方。身高 23~35cm。此犬除头部、口吻及尾巴前端有较长的毛以外，全身无毛。在墨西哥品种中，有一种完全无毛的品种，在中国品种中有一种头部带有粗糙的冠毛，尾尖常有些短茸毛。此外，亦有全身皆有疏松的软毛种，甚至同一窝中亦会出现两种情况，因此该犬被蒙上了神秘的色彩。皮肤总是光滑、柔软、无皱纹，摸上去很暖，有多种着色，常为灰色或深蓝灰色，伴有粉红色斑纹。头部少肉，吻尖而长，经常缺少前臼齿，鼻尖颜色与被毛颜色相配，眼为栗褐色或黄色，带有猪肝色或淡红色眼边，耳大，未修整，有时为玫瑰形，有时直立。四肢及尾巴类似灰猎犬，步伐敏捷，动作优美。

中国冠毛犬小型灵活，大小和外貌似意大利灵猩，个性率直，性情温顺，活泼好动，感觉灵敏，动作灵活，对主人忠实，极似可爱的巴儿狗，是优秀的伴侣犬。

## 121. 秘鲁无毛犬

秘鲁无毛犬也叫印加无毛犬。原产于秘鲁。身高小型为25~40cm，中型为40~50cm，大型为50~65cm。共有三种体型　身体结构类似。头部、腿下部和尾端允许出现一些毛，背部也可以有稀少的毛。身体颜色主要为黑色、山羊黑、大象黑、蓝黑、各种灰色基调、深黄色到浅黄色，所有颜色均为纯色或在身体任何部位带红色或玫瑰色斑点。头部结构似狼。头骨宽。鼻梁直。牙齿常缺一个前臼齿或臼齿。眼大小适中，微呈杏仁状，颜色有黑色、棕色或黄色。耳中等大小，末端几乎呈尖形。活动时竖立，休息时耷拉在头上。身体适中，胸宽，背直，臀部浑圆结实。四肢修长。野兔脚，脚掌厚实，适宜捕捉。尾低垂，根部较粗，端部渐细。活动时弯翘超过背线，但不卷起，休息时下垂，尾梢呈钩状上翘。

秘鲁无毛犬体格健壮，喜欢运动，警惕性高，随时做好保护主人的准备，适合家庭饲养，是很好的护卫犬。

## 122. 查理王小猎犬

查理王小猎犬也叫查尔斯犬、查理王犬、查尔斯王小猎犬等。原产于英国。身高26~32cm。被毛长、直，从不卷曲，像丝一般，腿、耳、尾上有丰富的毛，颜色主要为黑褐色，有红褐色斑点；或珍珠白的底色，分布有黑色的斑点或有栗红色的斑块；以及完全的鲜栗红色等。头部圆形。头骨穹形。吻突宽而尖。下颚宽，有些下齿包上齿。眼非常大，暗色，间距相当宽。耳长，有边毛，低而下垂，平平地靠在颊边。身体短。颈部长度适中。胸宽、低。后肢和后臀强健。四肢短。腿强健。脚圆，结实，足垫硬。尾有边毛，即便举不到背上也不会超过背线。

查理王小猎犬可爱，忠诚，友善，沉默，脾气温和，喜欢与人玩耍，极少吠叫，嗅觉特别出色，可作为伴侣犬。

## 123. 巴哥犬

巴哥犬也叫八哥犬、哈巴犬、巴儿狗等。原产于中国。身高25~28cm。体型小而壮，被毛短而柔软，滑润而有光泽　毛色有黑色、银色、杏黄色、金黄色等多种。前额、耳朵至吻部布满黑色斑，有时从头的后部到臀部有一条黑线。头圆但不呈苹果形，吻短呈方形，皱纹大而深，唇轮廓分明，牙齿呈下颌突出式，鼻尖为黑色。眼大而圆，微凸出，有光泽，呈暗色，两眼距离宽，给人一种愁眉苦脸、心事重重的感觉。耳未修整，小而薄，向前，是朝前下垂的牡丹耳。前身粗壮，胸宽深，肋部稍张，腰部肌肉发达。背部肌肉丰富，尾未修整，尾巴紧紧地蜷缩于臀上，双环状比较受欢迎，肢短而壮。前肢垂直，后肢肌肉结实，站立姿势好，步伐轻松自如。

巴哥犬沉着驯服，喜与人接近，因此是优秀的伴侣犬；但因其嫉妒心强，最好一家只养一只。因其毛短怕冷，应予以注意。巴哥犬贪食，注意防止过肥。因其鼻短眼大，平时要注意眼及呼吸道的疾病。

## 124. 法国斗牛犬

法国斗牛犬也叫法兰西斗牛犬。原产于法国。身高35~38cm。耳大如蝙蝠翅膀状，尖端浑圆，自然竖立是此犬的最大特征。被毛短且有光泽，毛色有黑色、白色、棕色、黄褐色条纹。头呈三角形，有皱纹，眼大嘴短，尾短而直，末端呈螺旋状。胸深阔，腹发达。

法国斗牛犬机警敏锐，活泼好动。过去主要作为斗犬，如今主要作为看门犬或玩赏犬饲养。

## 125. 小型雪纳瑞犬

小型雪纳瑞犬也叫小史柔查㹴、小史猱查㹴、迷你型雪娜瑞犬等。原产于德国。身高 30～35.5cm。被毛由坚硬的上毛和浓密的下毛所构成，在眼眶下方被毛厚而粗乱，有丛生的胡须。颜色多为白色，还有银白色、盐胡椒色、黑色、银黑色等。身体呈方形。头长，上下颌强壮有力。眼椭圆形，黑色，有浓密的眉毛。断耳直立，或呈“V”字形下垂。颈部长，弓形。

小型雪纳瑞犬坚强勇猛，性格开朗，强壮顽皮，富有感情，精力充沛，顺从，亲切，不好斗，易于训练。最初用作农场上的护卫犬，驱赶小动物，现在多作为家庭看护犬或伴侣犬。

## 126. 剪毛狮子犬

剪毛狮子犬原产于法国。身高 25～32cm。被毛有多种颜色，包括单色或带有斑点。

剪毛狮子犬活泼，学东西很快，喜欢玩耍和长时间散步，对主人温柔、顺从，在陌生人面前却比较矜持，适合作伴侣犬。

## 127. 马尔基斯犬

马尔基斯犬原产于荷兰。身高 35cm。黑色，有时胸口有白色斑点。

马尔基斯犬外形美观，肢体秀丽，较为柔弱。安静，聪明，合群，学东西快，妩媚，温顺，是娇小、温柔的伴侣犬，适应能力很强。

## 128. 爱尔兰依玛尔山谷㹴

爱尔兰依玛尔山谷㹴原产于爱尔兰。身高 35.5cm。被毛主要为蓝色，有波纹，或小麦色。

爱尔兰依玛尔山谷㹴是猎捕的高手，也是游泳健将，可以成为聪明、健壮、乐观、喜欢体育的人们的伙伴。对主人忠心耿耿、不弃不离，时刻伴随主人的左右。需要时，它们表现出果断、刚毅、很有个性，平时则显得温顺，有教养。

## 129. 伯德㹴

伯德㹴也叫边界㹴、边境㹴、边疆穴猎犬。原产于英国。身高 31～33cm。被毛粗硬浓密，毛色有红、褐蓝、青黄、灰褐等色。头似水獭，吻部粗短，“V”字形小耳沿两颊下垂，鼻黑有短髭，牙齿铗状咬合，双眼有神呈暗褐色，前肢直立，腰部肌肉结实有力，后肢大腿长，尾短竖立。

伯德㹴胆大勇敢，活泼善跑，是理想的狩猎犬和陪伴犬。

## 130. 巴吉度猎犬

巴吉度猎犬也叫巴吉度犬、巴塞特猎犬、巴赛特犬等。原产于法国。身高 33～38cm。头大而长，头颅狭窄，呈圆形拱起，前额有深皱纹，额段滑顺，口吻长而强壮，鼻梁直，鼻大，鼻镜黑色，唇下垂，牙齿粗壮，咬合正常。耳根附着低，耳朵极长，宽而薄，垂达胸部。眼睛暗色，瞬膜外露。颈部强壮，颈下有垂皮，肩胛高。胸宽，前胸发达，背宽而直。腰部宽，肋部紧绷，腹部紧凑。四肢短，体躯长，骨骼结实。四肢短粗，前肢粗短，向外稍弯曲，呈外“八”字状，后肢肌肉发达。臀部稍呈拱形，尾根高，尾稍有弯曲。被毛短、浓密而光滑，毛色多样，有黑、白、栗三色，黑栗、白褐两色和银灰色等。耳朵大而下垂是本犬的典型特征。眼下凹，呈现红色瞬膜，尾长而高翘，颈下有皱皮。身体硕壮，鼻子很长，头大胸深，被毛光滑稠密，毛色由黑、白、黄色相间而成。

巴吉度猎犬个性勇敢，温顺伶俐，聪明忠心，对主人顺从。嗅觉敏锐，仅次于寻血猎犬，是犬中之佼佼者，主要用于狩猎犬、伴侣犬或看家犬。

## 131. 加斯科尼短腿蓝犬

加斯科尼短腿蓝犬原产于法国。身高 30~38cm。它是加斯科尼蓝犬家族中最小的一种。身体低矮，外形奇特。被毛短、粗，贴于体表，颜色为灰色或白色，浑身上下长满了黑、白色的小斑点，有时有大片的黑色，有时没有，有时还带一些火焰色图案。头部瘦长。嘴似撞锤。鼻黑色。眼深褐色。耳长，圆锥形。尾巴轻松地悬挂着。

加斯科尼短腿蓝犬是短腿犬的代表，外貌逗人，性格和蔼可亲，脾气不急不躁，对主人极有感情。胆大，好奇，在狩猎时耐力十足。可用于狩猎，或作为伴侣犬。

## 132. 不列塔尼浅黄褐猎犬

不列塔尼浅黄褐猎犬也叫浅褐色不列塔尼短腿猎犬。原产于法国。身高 32~38cm。被毛非常硬、脆而短，颜色为淡黄色、金黄色或砖红色。头部长。鼻黑色或暗棕色。眼暗棕色。耳略卷，末端尖。颈部短。胸高而宽。背短而宽。四肢结实。脚趾紧密。尾长度中等，根厚，渐呈锥形，举起呈镰刀状。

不列塔尼浅黄褐猎犬友好，充满激情，由于具有粗毛皮，在狩猎时不怕带刺的茂密灌木丛，能急速追逐野兔、狐狸和獾，是出色的狩猎犬。

## 133. 伯尔尼犬

伯尔尼犬也叫伯恩猩、伯尔纳·劳弗杭犬、伯恩猎犬。原产于瑞士。身高 33~41cm。被毛厚而丰富，颜色有三种，白色、黑色和或多或少明暗不一白色背景上伴有黑色块或小黑斑点。体型细长。头部瘦削。吻粗壮。眼黑色。耳长，圆锥形。尾巴笔直或稍微弯曲。

伯尔尼犬狩猎时顽强，骄傲，不知疲倦。不工作时温驯，平静。用于各种类型的狩猎。

## 134. 卢塞恩犬

卢塞恩犬也叫卢塞恩猩、卢塞恩猎犬、卢塞恩·劳弗杭犬。原产于瑞士。身高 46~58cm。被毛硬、厚，颜色为白色背景上伴有灰色或蓝色斑点，以及大的暗色或黑色斑纹。头和身体上带有红色或暗黄色斑纹。身体细长。头部瘦削。吻粗壮。眼黑色。耳很大，圆锥形。尾巴挺直或稍微弯曲。

卢塞恩犬活泼、友善。狩猎时顽强，聪明。不工作时温驯，平静，对主人感情丰富。用于各种类型的狩猎。

## 135. 喜乐蒂牧羊犬

喜乐蒂牧羊犬也叫谢德蓝牧羊犬、谢兰德牧羊犬、喜乐蒂犬等。原产于英国谢德蓝群岛。身高 33~41cm。上毛长粗，下毛短柔软。颈长胸深，背部平直，腰呈拱形。颈、前胸及尾部有装饰毛。毛色有黑色混杂白色及黑色两种。头呈楔形，吻部长，三角形小耳，呈半竖立状。杏仁眼，呈暗褐色，尾下垂。整个身体好似长毛柯利犬的缩小型。

喜乐蒂牧羊犬个性温和，活泼好动，易于训练，属智慧型犬种。过去多作为牧羊犬饲养，目前主要用作玩赏犬和看门犬。

## 136. 湖畔㹴

湖畔㹴也叫湖区㹴、湖泊㹴、雷库兰德㹴等。原产于英国。身高 34~37cm。此犬与猎狐狸差不多，但毛色以灰色较多，其次是黑色与黄褐色。上毛呈波浪状硬毛，下毛柔软。“V”字形小耳，沿面颊往前下方下垂。尾直立。颈长，胸深。背部有力，腰部结实。前肢垂直，后肢长而有力。身体呈方形。

湖畔㹴性格温和，品质高尚，善解人意，好奇心强，利于妇女、儿童豢养，是优秀的陪伴犬和猎犬。

## 137. 威尔士㹴

威尔士㹴也叫威尔斯㹴、威尔士穴猎犬。原产于威尔士。身高 38~39cm。被毛硬，刚毛非常浓密而丰富，颜色为黑褐色或黑灰褐色，脚上无黑色斑纹。头部狭长。头骨平。鼻梁不明显。下颚有力。眼小而圆，黑色。耳小，位置较高，呈三角形，折叠，始终朝前靠近两颊。身体结实，颈部略呈弧形。胸深。身体前半部强壮。背短。腰强壮。四肢强健，富有肌肉。脚为小而圆的猫脚。通常剪尾，始终高举，不大摆动。

威尔士㹴活泼好动，有主见，愉快，富有感情，顺从，勇敢。曾用于在兽穴中狩猎，现在大多用作伴侣犬。

## 138. 迷你贵宾犬

迷你贵宾犬原产于法国，可能是从古老的德国水狗朴杜尔演变而来，是介于标准贵宾犬和玩具贵宾犬之间的品种。体格匀称呈方形，浓密而粗糙的皮毛，长而直的吻部，长而宽的垂耳，颈部强壮，前腿笔直，后腿肌肉强健，脚小，椭圆形。体重 12~14kg，高 28~38cm。

该犬聪明、活泼、好动，很容易训练。原用于猎取水鸟，现为玩赏犬。

## 139. 意大利灵缇

意大利灵缇也叫意大利格雷犬、意大利格力犬、意大利灰狗、意大利灰猎犬。原产于意大利。身高 31~45cm。该犬活泼而优雅，属小型灵 。被毛纤细而密生，短而有光泽，紧贴着皮肤，犹如丝绸一般，美丽无比，毛色有黑、黄、蓝、灰、红、白等多种颜色，头骨平，与吻长度相同，吻部尖细，剪式咬合，鼻尖颜色与被毛相称，眼大有神，色暗。非修整耳，耳根高，耳小，呈玫瑰形，如玫瑰瓣般贴附于后方。四肢细长，胸深，几乎抵膝，颈、背呈拱形。腹收紧。尾长而垂，尾根至梢渐细。前肢细长，大腿部肌肉结实，脚椭圆形，站立姿势好，步态文雅、跳跃。

意大利灵缇虽然体型小，但聪明乖巧，美丽温和，速度极快，在室内很活跃，喜欢长途散步，耐力持久，挚爱，表情机警。它是较高雅的观赏犬，也可用于猎野鸡、猎兔，也是优良的看门犬和猎犬，能有效地警告近处的陌生人，但由于其被毛较短，所以十分怕冷，应特别注意。

## 140. 挪威水鸟犬

挪威水鸟犬原产于挪威。身高 32~38cm。被毛主要有三种：红褐色到灰黄色，毛皮末梢是黑色的；黑色或灰色，带白色的图案；白色，带深色的图案。

挪威水鸟犬充满激情，警觉机智，对主人忠心耿耿，对陌生人比较拘谨，从前用于狩猎水鸟，现在可用作伴侣犬。

## 141. 猎狐扩㹴

猎狐㹴也叫猎狐犬、刚毛猎狐犬、刚毛猎狐㹴等。原产于英国。身高 34~41cm。短毛种与刚毛种毛色相同，多为白底，上有茶色或黑色斑点，非常漂亮。头长鼻黑，耳小呈“V”字形，半立耳，眼小凹陷，尾巴不长。身体呈方形，胸深但不阔，背短腹上收。唯一不同的是毛的长短不同。

猎狐㹴活泼、敏捷、聪明，喜爱工作，是优秀的家庭犬、猎犬，亦可作为护卫犬。

## 142. 短毛猎狐㹴

短毛猎狐㹴也叫猎狐㹴（短毛型）、猎狐㹴（软毛）。原产于英国。身高 34.5~41cm。短毛猎狐㹴是一种头长而躯短的小型犬，毛发直而稠密，毛色为白色夹杂红色或猪肝红印纹。头长，头骨平，吻有力，面颊窄，眼小，略凹陷，色暗，鼻尖为黑色，耳小，呈“V”字形，半竖立，末端垂向眼睛，警觉时耳朵朝前，耳根高。颈肌肉发达而干净，无皮肤松弛下垂现象，背短而直，强健，胸深而不宽，腰肌发达并且略为拱起。尾根高，高举，有力，但不弯向背上或卷曲，摆动灵活。四肢结实有力，脚小、圆而紧凑，趾不过分弯曲。步伐独特，迈步较小，步态坚决，善跑。

短毛猎狐㹴警觉，有旺盛的斗志，轻快，聪明，有时还很调皮。个性热情，善于社交，忠于家庭，对工作尽职。可用于捕猎害兽，也可用作护卫犬和陪伴犬。

## 143. 巴西㹴

巴西㹴也叫巴西利奥㹴。原产于巴西。身高 33~40cm。被毛短、光滑、精细、贴身而顺，底色为白色，带黑色、褐色或者蓝色和火焰色图案。头部从上往下看为三角形。头骨穹形。吻部强壮。眼距宽，大而圆，深色，眉毛突出。耳距宽，三角形，半竖，耳尖朝眼外角。身材匀称，偏瘦，颈部长度适中，背、腰短而强壮。臀部略斜。四肢强健，野兔脚。尾短，位置低，高擎。

巴西㹴好动，活泼，具有真正㹴的个性，喜欢和儿童一起玩耍、嬉戏，可以用作伴侣犬。

## 144. 猎鼠㹴

猎鼠㹴原产于美国。身高 32.5~40cm。被毛颜色除面部不能有灰黄色、银灰色或奶油色外，可以有任何颜色。

猎鼠㹴身材娇小而友善，可用作伴侣犬。

## 145. 比格犬

比格犬也叫比格猎犬、比格尔猎犬、米格鲁猎犬、米格鲁猎兔犬、毕格尔猎犬、毕格犬、毕格猎兔犬、比高犬、比高猎犬、英国小型猎兔犬、猎兔犬、小猎兔犬、小型猎兔犬、垂耳矮脚猎兔犬、英国猎兔犬。原产于英国。身高 30~41cm。毛色多为黑、白、黄褐三色夹杂，亦有白色夹杂柠檬色者，毛质为光滑浓密的短毛。头骨宽，吻部直。耳长宽圆下垂。尾巴中等下垂。胸深肋张，腹不上收，四肢强韧有力，奔跑速度很快。

比格犬性情温顺、活泼，与人亲近，是很好的家庭犬。此犬嗅觉敏锐，善于狩猎，是猎兔等小动物的优良犬种，特别是多只同时使用更好。又由于此犬体格小，个体差异不大，容易处理，目前已成为国际通用实验犬。

## 146. 猎兔哈利亚犬

猎兔哈利亚犬原产于法国。身高 45~50cm。被毛厚而平，颜色由浅黄褐色、黑色和白色三色组成，有灰白色到深褐色或烟色斑纹。头部较大。头骨宽。吻部为锥形。眼宽，暗色。耳短，中等大小，平挂在头部两侧。身体结实。颈部宽阔。胸低。背短且平。四肢强健。尾长度适中。

猎兔哈利亚犬勇猛，敏捷，意志坚强，嗅觉灵敏，可以作为狩猎犬，也是很好的家庭宠物犬。

## 147. 斗牛犬

斗牛犬也叫英国斗牛犬。原产于英国。身高 31~38cm。斗牛犬的头最具有特征。体型虽小却具备强健有力的大驯犬体型，肌肉发达和身体大小不成比例。头很大，头围几乎等于身高，颚部下颌突出，鼻子短而阔，眼睛长得较低，嘴大，吻短向上翘，玫瑰耳，有瞬膜，脸部皱纹多。毛短浓密有光泽，毛色有黄褐色、红色及黑棕色等多种，并夹杂白色。前躯大，后躯小，臀高于肩。身体呈桶状。胸部特别宽。尾短。肢短有力，姿势独特。

斗牛犬以前个性凶猛残暴，斗性强，用于引逗公牛。如今已变得温顺，个性温柔、驯良，与人亲近，主要用作看家犬、警犬或玩赏犬。

## 148. 科克尔犬

科克尔犬也叫小型荷兰水鸟猎犬、野鸭犬。原产于荷兰。身高 35~40cm。被毛平滑，略呈波浪形，颜色为白色，带成片的橙色和红色。眼杏仁状，深棕色。耳中等大小，沿脸颊平贴，覆盖着长毛。身体呈方形。颈部直。胸深。背部直。脚小，脚趾并拢。尾边毛浓密，摆动与地面平行。

科克尔犬乐观、活泼、警惕性高、聪明、好学。尊重主人，甘于奉献，适合与主人一起工作。

## 149. 田野猎犬

田野猎犬也叫平毛猎鹬犬、野外小猎犬、田野小猎狐、田野小猎犬、大地斯潘尼犬。原产于英国。身高 45~46cm。被毛长，平整，有光泽，柔滑，颜色为黑色，棕褐色或者带些朦胧的棕褐色斑纹。吻部较长。眼杏仁状，深褐色。耳根低，边毛浓密。身体长。颈部长而强壮。胸部高而发达。挺直。背部肌肉发达。四肢短。脚圆，脚趾并拢。尾根低，边毛浓密，截尾 1/3。

田野猎犬勇敢，活跃，有耐力，嗅觉灵敏，适用于在恶劣的荒野地带上狩猎，是出色的狩猎犬，也可以用作宠物犬。

## 150. 德国狩猎㹴

德国狩猎㹴也叫德国猎㹴。原产于德国。身高 33~40.6cm。德国狩猎㹴有刚毛和短毛两型，毛色为黑色带灰色或浅色斑。吻强有力，颊突出，颚强壮，牙极强壮，耳间颅部平。眼小而色深，深陷，表情生动。耳呈“V”字形，向前下褶，尾上举，前腿直。

德国狩猎㹴勇敢、顽强，有侵略性，仅服从主人，除主人以外不允许任何人友好亲近。对任何猎物都会毫不迟疑地进攻，甚至对危险的野猪也会进攻，是至今仍用于狩猎的少数㹴犬之一，也是汽车或居室的出色卫士。

## 151. 斯塔福德郡斗牛㹴

斯塔福德郡斗牛㹴也叫史丹福斗牛㹴、斯塔福郡斗牛㹴、斯塔福郡牛头㹴、斯塔福斗牛㹴、美国斯塔福郡㹴、美国斯塔福郡斗牛㹴、美国斯塔福㹴、史塔福多杰兰㹴、斯塔福德牛头㹴、斯塔福德牛头穴猎犬。原产于英国。身高 35.5~40.5cm。被毛短，密生，有坚硬的感觉。颜色为红色、淡黄色、白色、黑色、蓝色等单色、混合色或带白色的斑纹。头骨宽。脸颊强壮。额段明显。前腿粗直，叉开站立。尾位置低，长度适中。

斯塔福德郡斗牛 活泼、机敏、好斗心盛，攻击性、忍耐力强，但对主人感情深厚，忠心耿耿。

## 152. 西藏㹴

西藏㹴也叫西藏狮子犬、菊花犬、大吉岭犬、西藏穴猎犬。原产于中国西藏。身高 30~41cm。大小适中，被毛丰厚，体格强健有力，体躯为方形。被毛中等长度，呈波浪状，有硬的上毛与厚实的下毛，绒毛层柔软，呈羊毛状，针毛层细而丰富，直毛或有波浪，毛色有乳白、金、灰、赤黑与红褐等多种颜色。头中等大小，头部丰富的长毛垂下遮住眼睛和前脸，颅部长度适中，颊骨弯曲，下颚有少量胡须，牙白、强壮而均匀，犬齿间颚骨有明显的弯曲，紧密的剪式或钳式咬合，鼻黑色，眼大，深褐色或黑色，眼边深色，眼距宽，额鼻阶显著，“V”字形耳，下垂但不贴近头部，有丰富的饰毛。躯干紧凑而呈方形，强而有力，胸部被毛丰富，肋骨发达，胸廓稍窄，腰稍拱起，尾长度适中，卷于背上，可向体侧弯曲。尾毛丰富，饰毛较多，尾根高。体长与体高相等。四肢结实有力，后腿略长于前腿，腿直而强壮，被毛丰富，长有装饰毛。大腿较宽，肌肉发达，脚大而圆，平展，脚垫厚而坚实。

西藏狓聪明、敏锐、机警、忠实而又有感情，触觉与嗅觉敏锐，属于暴躁型。但目前已趋温和，作为伴侣犬备受珍爱，现也可作护卫犬、警犬。

## 153. 沙皮犬

沙皮犬也叫大沥犬、斗犬、中国斗犬。中国沙皮犬原产于中国广东。身高 35~50.8cm。被毛短而极端粗糙，顺毛触摸有天鹅绒般的感觉，而逆向抚摸则有如摸砂纸，直而竖立，这种刺激性的自然装备使其他动物不敢用嘴咬，但在四肢部稍平伏，无光泽，毛色只允许单纯毛色，以黑色、黄色和米色为多，非单纯色及白色型都不合格。头肥大笨拙似河马，昂头，牙齿强壮，剪式咬合，吻宽广而丰满，面部有许多皱褶，头、颈、肩、皮肤厚韧松弛，幼仔犬有大量皱褶，成年犬在头部和肩部仍有皱褶，富有弹性，用手可抓起 10~20cm，幼犬可达 30cm。蓝舌为沙皮犬的另一特点。舌、口盖、齿龈和垂唇的色彩，除淡色毛的沙皮犬呈淡紫色外，其他毛色沙皮犬的上述部位，都以呈单纯蓝黑色为佳。鼻大而宽，深色，最好为黑色，眼深色，小，杏形而深陷，表情阴沉，颅部平坦而宽广，额鼻阶适度清晰。耳极小，呈等腰三角形，半立半垂，耳尖稍圆，耳缘可能卷曲，耳平贴于头部，耳距宽而向前，耳尖指向双眼，耳有运动能力。胸宽而深，胸廓伸至肘部而在腰部稍上升，背短，腰短，臀平直，尾极高位，尾基部粗而圆，逐渐缩小为细尖，似辣椒状向上翘起，卷曲于背上或一侧。两前肢间距离大，肘稍外展，前腿直，掌节强而灵活，骨骼厚实，后肢强健有力，肌肉发达，飞节短，垂直于地面，脚大小适中，紧凑而坚实，脚趾并拢似虎蹄。步态自由而匀称。

沙皮犬性格庄严、机警、聪慧，相貌凶猛，灵活善斗，有贵族气派，愁眉苦脸，严肃而势利，基本上独立而对陌生人有点冷淡，但对其家人极其忠诚，是很受欢迎的玩赏犬或护卫犬。

## 154. 澳大利亚凯尔皮犬

澳大利亚凯尔皮犬也叫澳大利亚凯尔庇牧羊犬、澳洲高彼犬、卡尔比犬、澳大利亚卡尔比犬。原产于澳大利亚。身高 42~51cm。被毛短，厚密或呈波状，颜色为黑色，黑色和栗色，红色，红色和栗色，棕褐色，栗黑色，蓝灰色。骨骼较小，肌肉紧凑。尾很长，能自然下垂，奔跑时呈水平状。

澳大利亚凯尔皮犬凶猛，奔跑迅速，聪明，稳重，热心工作，是优异的牧畜犬。

## 155. 北海道犬

北海道犬也叫阿夷努犬、阿依努犬、虾夷犬。原产于日本。身高 45~56cm。被毛硬、直，有一层软而厚的下层绒毛，颜色为红色、白色、黑色、椒盐色和棕褐色。身体结实。肌肉丰满。头呈正方形。鼻直。眼小，三角形，黑棕色。耳尖，三角形，直立，略向前。身体健壮。颈部厚实，有轻度下垂皮肤。胸深。四肢肌肉发达。脚起拱且非常紧密。尾位高，粗，圈在背上，呈镰刀形。

北海道犬勇敢、固执，服从性好，忠实，热心工作，是优异的狩猎犬和护卫犬。

## 156. 四国犬

原产于日本。身高 46~52cm。被毛硬而直，下毛柔软密生。颜色为芝麻色、黑芝麻色、红芝麻色等。额宽。脸颊发达。鼻黑，挺直。肩隆高而发达。背平直且坚硬。腰宽而有力。前腿直，后腿肌肉发达。尾用力卷在背上，像镰刀一样。

四国犬充满激情，感觉敏锐，富有斗争心和警戒心，是优异的猎犬。

## 157. 九州犬

九州犬也叫九洲犬。原产于日本。身高 42~54cm。被毛短，硬且直，相当粗糙，下毛柔软。颜色为灰白色、红色或斑点。额宽。吻部厚且呈楔形。鼻黑。眼小，微呈三角形，黑棕色。耳小，三角形，竖立，微向前。身体紧凑。颈部粗且肌肉发达。肩隆突出。胸深。腹部向后收进。背短而直。腰宽。腿部骨骼强健，肌肉发达。尾位高，粗，卷在背上，像镰刀一样。

九州犬耐力出众，警觉温顺，感情丰富，聪明伶俐，是优异的狩猎犬、牧羊犬、护卫犬和伴侣犬。

## 158. 惠比特犬

惠比特犬也叫快犬、小灵狸、威伯赛犬、挥鞭犬、赫依培德犬、追踪犬、小灵犬。原产于英国。身高 43~51cm。被毛短而浓密，滑润富有光泽，毛色有虎皮色、蓝色、灰色、红色、金黄色、奶油色等。头长，头盖骨平，吻长适度，唇紧，剪式咬合，鼻尖，颜色与被毛一致。眼大有神，带暗色，表情敏锐慧黠。未修整耳，耳小向后折叠，呈玫瑰状，警觉时呈半竖立状。颈长呈拱形，胸深，躯体长，稍呈拱形，腹收紧。尾细长下垂，末端稍有弯曲。站立姿势好，前肢直而略长，后肢肌肉发达，结实有力，有角度，脚似猫爪，步大，柔和轻松，疾跑速度快。

惠比特犬警觉而沉着，无恶性，不好斗，感情深厚，服从性好，表情聪敏，适于短跑，是优良的赛犬和伴侣犬，亦可作为看家犬和或猎犬。

## 159. 奥地利黑褐猎犬

奥地利黑褐猎犬也叫焦感勃拉克猎犬、四眼猎犬。原产于奥地利。身高 48~56cm。被毛光滑，贴紧皮肤，浓密。颜色为黑色，带极少非常清晰的褐色斑点，眼部上面有褐色星点。头骨宽。鼻梁直。下颚强壮。眼呈暗棕色。耳位置高。身体长。颈部强壮。肩隆明显。胸宽而低。背长。臀略斜。四肢强壮。脚圆拱起。尾长，渐呈锥形，略卷曲，下侧像毛刷。

奥地利黑褐猎犬身体结实，嗅觉灵敏，性格好，善于奔跑，可以用作狩猎犬和伴侣犬。

## 160. 斯马兰勃拉克猎犬

斯马兰勃拉克猎犬也叫斯马兰猎犬、瑞典西摩兰狐猩、斯莫兰斯多弗尔犬。原产于瑞典。身高 42~54cm。被毛短而厚，有光泽，颜色为黑色，眼、上唇、胸和腿下带有深褐色斑。头部窄而瘦。眼暗色。耳高而平，挂于头部两侧。胸深。腰强。背部短。臀部长而宽。尾较短。

斯马兰勃拉克猎犬精力旺盛，能在恶劣的气候条件下工作，具有出色的追踪猎物的本领，是优秀的狩猎犬，也是很好的伴侣犬。

## 161. 巴伐利亚山区寻血犬

巴伐利亚山区寻血犬也叫巴伐利亚山地猎犬、巴伐利亚猎犬、巴伐利亚山猩、巴伐利亚寻血猎犬。原产于德国。身高 44~52cm。被毛短，浓密，平贴于身体，略粗糙。颜色为深红色、淡黄色、淡黄白色或灰红色。头部狭长而强壮。头骨相当宽，略拱。鼻黑色或褐色。眼栗色。耳根部宽，尖部圆，斜靠着头部。吻部宽。下颚强壮。颈部和背部非常强壮。四肢相当短。脚勺形。脚趾拱形。尾根高，长度中等。

巴伐利亚山区寻血犬活泼、勇敢、机警、速度快，特别善于在崎岖不平的山路中奔走，对主人很有感情，是优秀的狩猎犬和伴侣犬。

## 162. 伯德牧羊犬

伯德牧羊犬也叫边界牧羊犬、边境牧羊犬、博德柯利牧羊犬、边境长毛牧羊犬、边界柯利犬、伯恩牧羊犬、边境柯利牧羊犬、边疆柯里犬。原产于英国。身高 51~54cm。全身长满卷毛，毛色有白、黑、灰、蓝等多种，但一般不以白色为主。上毛稠密，下毛短而密生柔软，被毛可分为长毛与短毛两种。耳大小适中，呈立耳或半立耳，尾巴长而下垂，甚至拖地，尖嘴。胸宽深，背阔有力，腰深呈拱形，前肢粗壮，后肢有力。

伯德牧羊犬机警聪明，活泼好动，智力很高，具有很高的工作热情，善于放羊，也喜欢各种竞技运动和技巧运动，是优秀的牧羊犬，也可作为陪伴犬。

### 163. 德国勃拉克猎犬

德国勃拉克猎犬也叫奥尔珀勃拉克猎犬。原产于德国。身高 40 ~ 53cm。被毛为从红色到黄色，脊背为黑色，吻部、颈部、胸部、腿和尾梢为白色。

德国勃拉克猎犬忠诚、感情细腻、性格稳定，善于狩猎，也喜欢与儿童一起玩耍，可以用作猎犬或陪护犬。

### 164. 斯塔比荷猎犬

斯塔比荷猎犬也叫史大比猎犬、斯戴比猎犬。原产于荷兰。身高 44 ~ 53cm。被毛长而光滑，颜色为黑色、褐色、蓝色或橙色，带有白色。身体瘦长。头部瘦。鼻窄，黑色。眼褐色。耳折叠，上半部覆有毛。尾长，笔直垂下，活动时翘起。

斯塔比荷猎犬平静、忠诚、顺从、聪明，具有极好的性情，善于捕捉猎物，也喜欢与儿童在一起，是良好的猎犬和伴侣犬。

### 165. 德国长毛垂耳犬

德国长毛垂耳犬原产于德国。身高 48 ~ 54cm。被毛主要为单一的褐色，带或不带白色；或者是红色，或底色为白色，上面有成片的褐色斑点，以及以带斑点白色为底色的三色等。

德国长毛垂耳犬执着、热情，善于在陆地和水中追捕猎物，是优秀的猎犬和伴侣犬。

### 166. 瑞典拉普犬

瑞典拉普犬也叫拉普犬、瑞典拉普兰犬。瑞典拉普杭犬、拉普兰狐狸。原产于瑞典。身高 40 ~ 51cm。被毛厚、硬、长，颜色为黑色、褐色。体型中等。头部圆锥形。鼻端黑色。牙齿剪状咬合。眼大，黑栗色。耳短，直立，尖端轻度折叠。尾自然卷曲在背上。

瑞典拉普犬充满激情，耐力强，结实，富有爱心，喜欢与儿童在一起，警惕性高，不怕恶劣的气候环境，是很有特点的工作犬和很受欢迎的家庭宠物犬。

### 167. 拉普放鹿犬

拉普放鹿犬也叫拉普兰驯鹿犬、拉宾波罗柯拉犬。原产于芬兰。身高 43 ~ 55cm。被毛长度中等，粗而直，稍微直立。颜色主要为各种黑色，带棕褐色斑。头部长度适中。吻部直。眼间距较宽，黑色。耳非常短，直立向前。颈部细瘦而结实。宽胸深凹。背直有力。后腹部收紧。腿部有力。脚紧密。尾长度适中，粗而直，稍弯曲。

拉普放鹿犬精力充沛，而且安静，工作认真，不知疲倦，热情高，是理想的畜牧犬、护卫犬和宠物犬。

### 168. 萨布埃奥猎犬

萨布埃奥猎犬也叫西班牙萨布埃奥犬、沙巴索·西班牙犬、西班牙猎犬。原产于西班牙。身高 48 ~ 57cm。被毛细、短、光滑而有光泽，颜色为白色带有均匀的棕褐色或黑色斑块。头部长。鼻大。眼栗色。耳长而柔韧。尾伸展时超过跗关节。

萨布埃奥猎犬镇静，活泼，忠诚，富有感情，能适应各种气候和地理条件，是出色的狩猎犬。

## 169. 旺代长卷毛小猎犬

旺代长卷毛小猎犬原产于法国。身高47～56cm。被毛长、粗、浓密，有浓厚的底层绒毛，颜色一般由三色组成，如淡黄褐色、淡褐色、白色和棕褐色、白色、灰色等，或者是上述颜色的其他组合。体型短而匀称。头部短。鼻宽阔，黑色。眼大，暗黑色。耳软，角尖，不太长。胸深。尾呈镰刀状弯曲。

旺代长卷毛小猎犬坚定、灵敏、聪明，嗅觉灵敏，速度快，适合在茂密的丛林中追逐猎物，是出色的狩猎犬。

## 170. 加斯科尼小蓝犬

加斯科尼小蓝犬也叫小蓝加斯科涅猎犬。原产于法国。身高50～58cm。被毛粗且短，颜色为在白色背景上密布着彩色斑点，构成青灰色的被毛。体型小巧。头部长，额颅倾斜、狭窄。鼻宽，黑色。眼栗色，有黑圈状眼睑。耳薄，长锥形。尾长而细。

加斯科尼小蓝犬精力充沛，胆大，对主人亲切，充满感情，是出色的狩猎犬，也可作家庭宠物犬。

## 171. 顿克猎犬

顿克猎犬也叫敦克尔犬、邓克尔犬、挪威猎犬。原产于挪威。身高47～55cm。被毛粗而直，颜色为黑色或有蓝色大理石花纹。身体呈长方形。头部瘦长。鼻黑色。眼暗黑色。耳软，中等长度，紧贴着头部。颈部长。四肢强健。脚底厚。尾粗壮，不卷曲。

顿克猎犬镇静，安详，愉快，小心谨慎，是可以信赖的狩猎犬。

## 172. 哈尔登猎犬

哈尔登猎犬也叫哈登猎犬、哈尔登斯多弗尔犬。原产于挪威。身高42～60cm。被毛稠密，有光泽，颜色主要为白色伴有黑色和褐色斑，但黑色不占优势。身体长。头部匀称。吻部直。鼻黑色。眼暗褐色。耳大。颈部长。腿肌肉发达。脚呈卵圆形。尾粗，位置低。

哈尔登猎犬镇静，灵敏，活泼，能在各种恶劣条件下完成狩猎任务，是出色的狩猎犬。

## 173. 汉米尔顿猎犬

汉米尔顿猎犬也叫汉密尔顿猎犬、汉密尔顿斯多弗尔犬。原产于瑞典。身高49～61cm。被毛厚，下层绒毛柔滑，颜色主要为栗色，颈部和背部为黑色，吻部、尾和四肢末端为白色。身体强健、结实。头部瘦长，呈矩形。额颅凸起。鼻黑色。眼栗色。耳从高处斜挂下来。前腿长，垂直站立。脚趾柔软。尾始终下垂。

汉米尔顿猎犬勇敢，聪明，活泼，忠诚，能在寒冷地区狩猎大型动物，是出色的狩猎犬，也可作为家庭宠物犬。

## 174. 芬兰猎犬

芬兰猎犬也叫芬兰勃拉克猎犬。原产于芬兰。身高52～61cm。被毛稠密，颜色主要为红褐色，头部、腹部、四肢等有明显的黑斑，吻部、颈部、胸前、腿和尾尖有白色斑。体型中等。头部狭窄。鼻宽，凸起。耳高出面颊。颈部细而挺直。胸深。四肢强健。脚垫富有弹性。尾长达跗关节。

芬兰猎犬友好，热情，安静，有力，是出色的狩猎犬。

## 175. 瑞士猎犬

瑞士猎犬也叫瑞士猩、施韦策·劳弗杭犬。原产于瑞士。身高45～55cm。被毛厚而硬，颜色主要为白色，带有成片的红色、橙色或黄色斑纹，也有红色的。体型中等，瘦小细长。头部瘦长，匀称。吻粗壮。鼻黑色。眼黑色。耳长，圆锥形，下垂。四肢强健。脚坚固，脚底有皱纹。尾水平状翘起或稍微弯曲。

瑞士猎犬聪明，嗅觉灵敏，不知疲倦，安静，富有感情，是出色的狩猎犬。

## 176. 巴尔干猩

巴尔干猩也叫巴尔干猎犬。原产于南斯拉夫。身高 44~54cm。被毛厚而密，颜色主要为狐红色或赭褐色，具有广泛的黑色斑。体型中等，强壮。前身宽。额段仅轻微凸出。眼褐色。耳挂下，扁平，圆形。四肢肌肉发达。脚圆形。尾不长于跗关节。

巴尔干猩顽强，有力，聪明，是出色的狩猎犬。

## 177. 南斯拉夫三色猩

南斯拉夫三色猩也叫南斯拉夫三色勃拉克猎犬、南斯拉夫三色猎犬。原产于南斯拉夫。身高 45~55cm。被毛短、稠密、鲜明，颜色为占优势的黑色、鲜红色和黄色（或白色）。体型中等，强壮。头部相当长。鼻黑色。眼褐色或黑色。耳平展，紧贴面颊。四肢肌肉发达。脚底硬。尾直或稍弯。

南斯拉夫三色猩胆大，活泼，沉着，性情良好，富有感情，有力量和耐力，是出色的狩猎犬。

## 178. 南斯拉夫山猩

南斯拉夫山猩也叫南斯拉夫山区勃拉克猎犬、南斯拉夫山地猎犬。原产于南斯拉夫。身高 45~55cm。被毛厚、粗糙、平展，下层绒毛丰富，颜色为黑色，在眼上方有红色或赭色斑纹，胸部有时有淡灰白色斑。身体呈长方形。头部宽阔。吻部呈圆锥形。鼻凸起，黑色。眼黑色。耳下垂，尖端圆形。尾呈马刀样，伸至跗关节。

南斯拉夫山猩胆大，聪明，性情良好，富有感情，是出色的狩猎犬。

## 179. 波萨瓦克猎犬

波萨瓦克猎犬也是波萨瓦克猎猩。原产于克罗地亚。身高 43~58cm。被毛长，密而硬，颜色为淡红色、麦黄色、淡黄色，在胸部、腹部和脚爪等部位有时带白色斑。头部细长。鼻粗大，黑色。眼宽。耳下垂。颈部肌肉发达。尾直或稍弯。

波萨瓦克猎犬自信，活泼，亲切，对主人富有感情，有耐力，有力量，嗅觉良好，是出色的狩猎犬。

## 180. 葡萄牙牧羊犬

葡萄牙牧羊犬原产于葡萄牙。身高 42~55cm。被毛长且直或微曲，呈长须状，颜色为黑色、黄色、褐色、灰色褐浅黄褐色等。头部宽大，头骨圆形。鼻微翘。眼圆形，黑色。耳三角形。胸宽突出。腿肌肉发达。脚圆形，脚掌厚实。尾尖，位高，行动时微微上翘。

葡萄牙牧羊犬朴实，敏锐，责任心强，善于学习，对主人忠心耿耿，不信任陌生人，是出色的牧羊犬、护卫犬，也可作为宠物犬。

## 181. 汉挪威寻血犬

汉挪威寻血犬原产于德国。身高 46~57cm。被毛短、密，有光泽，颜色为由浅到深的红黄褐色，或多或少有白色斑。头大面长。头骨宽而略呈穹形。眼暗棕色。耳位置高，尖部略圆。身体长。颈部结实。胸深。腰略为圆顶形。背部强壮。臀部宽而长，向尾端略斜。四肢短而结实。脚圆形，紧密。尾根高，长，根部粗，逐渐变细，略弯。

汉挪威寻血犬能吃苦，精力充沛，有力量，嗅觉敏锐，可用于猎鹿和野猪，服从，友善，是出色的跟踪犬，也可作为宠物犬。

## 182. 牛头㹴

牛头㹴也叫斗牛㹴、短毛小猎犬、叭拉㹴，叭拉泰利犬、牛头犬、英国牛头㹴、牛头穴猎犬。原产于英国。身高 38～56cm。斗牛 有白色型和有色型两种。被毛短而稠密，平滑有光泽，颜色为全白，或白色带黑色斑纹或头部带有斑纹，或淡黄褐色带有或不带有白色斑纹。头长，强健而深，头形出众，微呈椭圆形，表面无凹陷，唇薄而紧且干净，钳式或剪式咬合。鼻尖颜色与被毛相配，鼻孔发达，鼻尖向下弯。眼小，黑色，带有敏锐的闪光，呈三角形而斜位，眼距近，位于头部高处。耳间额平坦，耳小而薄，直立且距离近，耳尖向上。躯干圆，肋骨显著扩张，背短而强，背肋深，略弯向腰部，肩胛宽而扁平，从肩胛底边至顶部明显后仰，胸廓至腹部的下线形成向上的优美曲线。尾短、细、平翘，尾根低而粗。肢短，前肢垂直，后肢结实，直立姿势好，脚小，紧握，趾弯曲。

牛头㹴善疾行奔跑，体态特殊，斗劲十足，强悍，缄默，有时甚至严厉，忠实一个主人，表情莫测，耐性及斗性均强，但对人相当亲近，能捕鼠和逐獾，现在多是顺从、衷心而稳健的看门犬和护卫犬，亦有作玩赏犬饲养的。

## 183. 松狮犬

松狮犬也叫熊狮犬、巧巧犬、汪汪狗、中国食犬、翘翘犬、中国犬。原产于中国。身高 46～56cm。被毛丰厚，浓密深长，上毛粗硬，下毛柔软，形成丰富的与狮鬃相似的鬃毛，单一的黑色、红色、黄褐色、蓝色、米色、白色、银紫色。还有短毛品种。头大，头骨宽而平，吻很短，舌为紫罗兰色，是此犬的最大特征，剪式咬合，鼻尖颜色与被毛颜色相配，眼小，色暗，呈杏仁状，耳未修整，形小灵活，直立。整个面部显得愁眉苦脸，好似有伤心事一般。胸阔而深，背短，腹不收。尾根高，卷于背上，并有饰毛。肢短而强韧，站立姿势好，脚似猫爪，步伐独特。

松狮犬有不可思议的性情，自信，蔑视陌生人，特别忠实于自己的主人，易训练，具有东方犬的表情。活泼、固执、警戒心强，是良好的家庭犬和护卫犬，也可用作狩猎。

## 184. 长须牧羊犬

长须牧羊犬也叫有胡牧羊犬、大胡子柯利犬、长胡牧羊犬、长须柯利牧羊犬、大胡子牧羊犬、有须柯里牧羊犬。原产于英国。身高 51～56cm。被毛长、粗糙而蓬松，两颊和下巴的毛较长，形成很有特色的胡须。颜色主要是石板色、深黄褐色、黑色、蓝色和各种灰色，有的有白色斑。头部宽而平。吻部强壮。眼大，间距宽。耳中等大小，挂在头部侧面。身体长。胸深。腰部强壮。背直。脚椭圆形。尾低垂，端部略向上卷，尾毛丰富。

长须牧羊犬活泼，自信，和善，警觉，动作机敏，充满激情，聪明而忠实，对儿童很友善，是理想的家庭伴侣犬。

## 185. 小明斯特犬

小明斯特犬也叫小明斯特兰犬。原产于德国。身高 44～56cm。被毛光滑，紧贴在躯干上，颜色为白色和栗色。头部瘦。鼻褐色。吻部细长。眼暗黑色。耳尖，多毛。颈部肌肉发达。前肢坚韧、挺直。后退肌肉发达。

小明斯特犬勇敢，快乐，富有感情，适合在森林中的狩猎活动，是优秀的狩猎犬，也可以作为伴侣犬。

## 186. 葡萄牙水犬

葡萄牙水犬也叫葡萄牙阿古拉工作犬、葡萄牙善泳犬、葡萄牙喜水犬。原产于葡萄牙。身高

43.2~58.4cm。它是体格结实的中型犬。被毛丰盛厚实，但前臂与胸廓相遇处和腹股沟被毛较薄。毛色为黑色、白色以及不同深浅的褐色，也有黑色或褐色与白色相结合的。头特别大，颅顶特宽而呈圆形，吻坚实，唇厚，表情坚定而聚精会神，鼻宽，鼻孔张开，色素沉着充分，眼中等大小，圆形，稍斜位，黑色或不同浓淡的褐色，眼距较宽，额鼻阶明显，耳位于眼水平线上方，耳壳薄而呈心形，紧对头部，耳尖下伸但不到下颚以下。颈直、短、圆而高举，肌肉强健发达，背线平而坚定，胸宽而深，腹上收，尾基部粗而渐小，略低于背线，注意力集中时尾卷成环。前腿强而直，后腿彼此平行，直，强壮，脚圆而较平，趾间蹼柔软，被毛达趾尖，中央脚垫极厚，行走时步伐短而轻快。

葡萄牙水犬精神饱满、任性、勇敢而极为耐劳，非常聪明而忠诚，是忠实的伴侣和机警的卫士，还有导向的作用。

## 187. 法老猎犬

法老猎犬也叫法老犬、法老王猩、古埃及法老猎犬。原产于马耳他。身高46~70cm。该犬是优雅而强健的中型猎犬。被毛短、纤细而有光泽，稍显粗糙，没有饰毛。毛色为黄褐色或鲜艳的棕黄色。尾尖、胸脯、脚趾可允许有白色。头部长，轮廓非常清晰，额段细长，剪式咬合。眼呈椭圆形，内陷适度，琥珀色，与被毛色相称。中型竖耳，耳根宽大，耳灵活，警觉时朝前。身体动作敏捷，背几乎平直，从臀部到尾根稍斜，肋骨弯曲度好。尾适中，竖尾，由根至梢渐细，运动时高擎并卷起。前肢挺直并平行，有结实的趾骨，后肢强壮，肌肉发达，从后面看也呈平行。行动连续、自如、轻松。

法老猎犬是聪明、友好、颇具感情的犬，喜玩耍，警觉性好。以前用于狩猎犬，如今是一种陪伴犬。

## 188. 爱尔兰水猎犬

爱尔兰水猎犬也叫鼠尾猎鹬犬、爱尔兰猎鹬犬、爱尔兰水獭猎鹬犬、爱尔兰水黄、爱尔兰水中猎鹬犬、爱尔兰水斯潘尼尔犬。原产于爱尔兰。身高51~69cm。被毛浓密卷曲贴身，富含油质，头部有长长的卷毛，毛色有深红色和暗褐色。头大而圆，顶毛下垂，吻长鼻尖，耳大下垂，并有长长的卷毛，眼小呈褐色。颈长胸深，背直腰短，四肢结实有大量卷毛。尾短平直，末端渐细，少毛。整个相貌酷似贵宾犬。

爱尔兰水猎犬活泼敏锐，泳技高超，完全可以承担波音达犬、雪达犬和猎鹬犬的工作，尤其适于水中作业。

## 189. 墨西哥无毛犬

墨西哥无毛犬也叫墨西哥秃耳犬。原产于墨西哥。身高30~58cm。没有被毛，只有头上有长的丛生毛发和尾梢略带卷毛。身体颜色为黑色、无烟煤色、蓝灰色、红灰色、肝色、铜褐色、玫瑰色、巧克力色和金黄色，有时有斑点。头长，头骨较宽。吻部长。眼大小适中，微呈杏仁状，黑色或黑黄色。耳大而薄，耸立　活动时倾斜。身体长。颈部挺立。胸深但较狭窄。背直。臀部浑圆。四肢修长。野兔脚。尾长，光滑，低垂。

墨西哥无毛犬聪明，活泼，感情丰富，对陌生人戒备，可用作护卫犬和宠物犬。

## 190. 西伯利亚雪橇犬

西伯利亚雪橇犬也叫西伯利亚哈士奇犬、西伯利亚爱斯基摩犬、西伯利亚犬、北极爱斯基摩犬。原产于西伯利亚东北部。身高51~60cm。全身长满浓密的上毛和下毛，斑纹、毛色尚未统一，但多为白底，上有银、灰、黑等斑纹。头中等大小，三角形立耳，内侧有毛。杏仁状眼睛有蓝色与褐色两种。尾卷到背上，有大量被毛。胸深背直，前肢直立。脚大小适中，有毛。

西伯利亚雪橇犬反应敏锐，聪明温顺，易与人接近，会向主人撒娇，是很好的工作犬、护卫犬、陪伴犬，亦是优秀的看门犬。

## 191. 欧洲大陆犬

欧洲大陆犬也叫欧亚大陆犬。原产于德国。身高 49～61cm。属狐狸犬类型，中等体型，是最新的品种之一。拥有浓密和蓬松的中长毛皮，具吸引力，只有单一毛色才受重视。吻部呈锥形，深色，有如戴着面具，耳尖形，竖立，颈部有较长的环状毛。

欧洲大陆犬生性敏锐，个性坚决、机敏，非常适宜训练为温柔高雅的犬，主要用于拉雪橇。

## 192. 萨莫耶犬

萨莫耶犬也叫萨摩耶犬、撒莫耶犬、萨摩艾特犬、萨莫耶德犬、萨摩犬、撒摩耶犬。早在几个世纪前，该犬主要被萨摩族人所饲养而得名。原产于苏联西伯利亚中部。身高 48～59cm。该犬属狐狸犬，有一身引人注目的浓密的被毛，长度适中且直，粗硬，不弯曲，底毛短而厚，颜色为纯白色或淡褐色，少有杂色。头宽大，吻细长，呈楔形，唇带黑色，剪式咬合，眼小，椭圆形，暗色，深陷，耳小，竖立，灵活，耳尖稍圆。胸宽而深，弯曲度好，背平直，肌肉发达，腹不收。尾部多毛，卷于背上的一侧。肢短，骨骼强健，肌肉丰满，有饰毛，脚趾呈椭圆形。步伐姿势优美、活泼，善于小跑和疾跑。

萨莫耶犬耐久力强，喜群居，性情好，气质开朗，善解人意，警戒心强，聪明。过去用来拉雪橇、猎鹿等。目前多作为家庭犬饲养，也用作护卫犬和陪伴犬。

## 193. 卡累利阿猎熊犬

卡累利阿猎熊犬也叫卡累利亚熊犬。原产于芬兰。身高 49～60cm。被毛粗硬，下毛柔密。颜色为黑色带暗棕色调，头部、颈部、胸部、腹部和腿上有白色斑。头部呈三角形，头颅宽广。前额微鼓。眼小，呈棕色。耳尖微圆，竖立。身体强壮。颈部强健起拱。胸宽。背部柔韧平直。臀部宽且微微下斜。四肢强健、紧凑。脚较圆。尾高位，长度适中，蜷卷于背上。

卡累利阿猎熊犬质朴强壮，勇敢，友好，充满爱心，嗅觉灵敏，是优秀的猎犬，也可作家庭宠物犬。

## 194. 格陵兰犬

格陵兰犬也叫格陵兰猎犬。原产于格陵兰岛（丹麦）。身高 54～64cm。被毛浓密直硬，下毛浓密柔软，可以有任何颜色，包括淡黄色、青灰色、棕色、黑色、白色等的全色或杂色。头部似狼，宽大。头骨微圆。吻部呈楔形。鼻夏季为黑色，冬季呈肉色。眼斜吊，黑色。耳较小，呈三角形，耳尖呈圆形，竖立。身体强壮，肌肉发达。颈部较短而强健。胸部极宽。背直。臀部微微下斜。四肢强健。脚宽大，呈圆形。尾较粗而短，高翘并卷于背上。

格陵兰犬质朴可爱，精力充沛，耐力极强，能适应严寒的气候。聪明，活泼，友善，极重感情，是极好的猎犬、雪橇犬、护卫犬和宠物犬。

## 195. 贵宾犬

贵宾犬也叫贵妇犬、蒲尔犬、蒲多犬、迷你贵妇犬、小型贵宾犬、狮子犬。原产于法国。标准型身高 38～60cm，小型身高 25～38cm，玩赏型身高 25cm 以下。身躯匀称、健壮、体态优雅。全身披有柔顺浓密卷曲的长被毛，似羊毛（贵宾犬通常被修剪成狮子样，现在有时被修剪成中亚卡拉库尔羊状），颜色有黑色、白色、乳白色、褐色、银色、蓝色和橙黄色，但以白色最受欢迎。吻部长而直。眼椭圆形，颜色取决于被毛，常为暗色，有点斜视。耳长而下垂，垂至面颊，耳根较低，饰毛多。尾短小，尾端如绒球。胸深宽，背短小，腹微收。前肢垂直，后肢结实灵巧。脚趾小，呈椭圆形，步伐为蹦跳、优雅、轻松。此犬常被修剪成狮子状。

贵宾犬极善学习，动作灵敏，警觉、聪明、活泼，易于训练，不掉毛，无体臭。迷你型和玩具型贵宾犬多为玩赏犬、陪伴犬。标准型贵宾犬可被训练为警犬或看门犬。

## 196. 拉布拉多猎犬

拉布拉多猎犬也叫拉布拉多寻回犬、拉布拉多拾物犬、拉布拉多犬、拉布拉多寻回猎犬、拉布拉多拾猎犬、拉布拉多衔回犬。原产于英国。身高 54～65cm。被毛短而茂密，无波纹，触感硬。具有很好的防雨御寒的性能，适于在冰天雪地工作，毛色有黑色、黄色、巧克力色等，允许胸前有小白斑。头大，颅部宽而圆，有微小的额鼻阶，鼻宽鼻孔发达，鼻色为黑色或深褐色。剪式咬合。耳大小适中，不显沉重，耳根偏后，小耳下垂，紧贴头部，眼中等大小，表现出聪慧，眼色为褐色、黄色或黑色等。颈长适中，胸宽而深，肋宽，背直结实。腰和后躯宽而粗壮，臀部发达有力。四肢强健但不过粗，前肢直立，飞节弯曲良好，脚趾紧凑拱起呈圆形，脚垫发达。水獭尾，尾根粗逐渐向尾尖变细，长短适度，能举起但不卷于背上，下垂多毛。

拉布拉多猎犬活泼、机警、嗅觉灵敏、聪慧，与人友善，尽职尽责，对主人十分忠实、顺从，在沼泽、水域也有出色的表现。是优秀的衔取犬，主要用于搜索、缉私、导盲、拾猎和救生，如加强训练，也是用作警犬、缉私犬、狩猎犬的一个好品种。

## 197. 大丹犬

大丹犬也叫丹麦大猎犬、大丹麦犬、丹麦种大犬。原产于德国。身高 70～90cm。属于巨犬型，被誉为“犬中之阿波罗”。被毛短而稠，平滑带有光泽，毛色有金色、浅褐色、蓝色、黑色以及白底上有黑斑五种。头部为矩形，大而狭长，轮廓分明，富于表情，吻黑，唇大而下垂，剪式咬合。鼻为黑色，蓝色大丹犬鼻为暗蓝黑色，花色型可有黑斑点鼻。耳较小，耳根高，自然垂耳，梢尖，断耳后可直立，眼圆，中等大小，瞬膜突出呈粉红色，色暗而深陷，表情生动聪慧。眉发达，有极明显的额鼻阶。尾根高，基部宽，与臀部平滑相连，前粗后细，尾端稍卷，休息时尾下垂，兴奋或跑动时微弯，但不高于背水平线。颈长而结实，高位而拱起，胸深而阔，低于膝关节，背平直，腹上收，四肢长而发达，肌肉结实　脚呈圆形，步大，步伐柔和。姿势自然，外观雄伟，给人一种外柔内刚，不拘小节的大丈夫印象。

大丹犬精力充沛、勇敢、安静、友好而不好斗，能自制，性情温顺，可依赖。其体型和吠声适宜作护卫犬，可用于载重而不适于拖拽，曾被用作战斗犬、猎犬、拉车犬、守卫犬和护卫犬，现仍用作守卫犬，但因其美丽和良好的性格，主要作为伴侣犬。

## 198. 大麦町犬

大麦町犬也叫斑点犬、马车犬、达尔马提亚犬。达尔马提亚犬。原产于南斯拉夫。身高 50～63cm。该犬被毛短硬、稠密、光滑并有光泽，毛色在刚出生时，全身纯白，2～3 周后，纯白的毛色便出现黑色或肝色斑点。随着幼犬的成长，斑点越来越明显。斑点多为圆形，轮廓清晰，愈黑愈多愈漂亮，大小为 1 个 1 角硬币或 10 个 1 角硬币不等，但头部、吻、耳、四肢、尾及足部的斑点必须比其他部位的小。头中等大小，吻长唇薄。鼻色有黑色和栗色两种。平骨头，吻长而有力，唇薄，剪式咬合，鼻尖为黑色带黑色斑纹和栗色带赤红色的斑点。眼圆而亮，色暗，但与被毛的斑纹一致，眼皮边缘颜色也多与之相配。未修整耳，耳根高，耳长，稍圆，上面有大量的斑纹，大小适中，自然下垂，耳朵上斑点愈多愈优良。颈长而拱，胸深背直。肋深，弯曲适度，腹不上收。尾长而下垂，未修整，尾梢渐细，从不弯成环状，稍弯曲，四肢强而有力，站立姿势好，脚趾似猫爪。步伐轻松自如，小跑步大，短跑速度快。

大麦町犬性情温顺，行动敏捷，易于训练，忠于主人。易训练，表情聪敏。过去曾作为狩猎犬和马车犬。但由于其漂亮的外表，目前多作为玩赏犬、陪伴犬、护卫犬，亦可作为军犬和拖车犬，堪称万能犬。

## 199. 金毛猎犬

金毛猎犬也叫金色衔物犬、金色寻回猎犬等。原产于英国。身高 51～61cm。毛长适中，全身披有金黄色的被毛，非常美丽，四肢及后面的毛稍卷，胸部有装饰毛。吻长有力。耳小下垂。眼睛中等，为暗色。尾巴长，静止时下垂，运动时举至背平。前肢垂直，后肢有力。胸深厚，腰臀结实有力。

金毛猎犬活泼好动，耐力及工作力强，美丽可爱，是优良的伴侣犬、猎犬。

## 200. 荷兰牧羊犬

荷兰牧羊犬也叫尼德兰牧羊犬。原产于荷兰。身高 55～63cm。有短毛、粗毛、长毛三种类型。被毛粗糙，颜色主要为黄红色、褐色，并伴有金黄色或银灰色斑纹。头部长形。前额平。吻部长。眼大小适中，杏仁形，黑色。耳小，竖立向前。身体强壮匀称。胸深。腰强壮。腿部肌肉发达。脚圆。尾低垂，稍弯曲，行动时高翘。

荷兰牧羊犬敏捷，聪明，忠诚，感情丰富，对儿童温和，可以用作牧羊犬、护卫犬和宠物犬。

## 201. 德国牧羊犬

德国牧羊犬也叫狼犬、黑背、德国黑贝、德国狼狗，因原产于德国而得名。身高 58～70cm。该犬为典型的狼犬，躯长，身材匀称，强壮，灵活，肌肉发达，警惕而充满活力。

外被毛直而粗硬，厚而密生，可防水保温。中长，绒毛层丰厚，下毛细而软，背部毛长以 5cm 左右为宜。毛色范围极广，可分为黑色、黑色带浅黄褐色或黄褐色的斑纹、灰色、灰褐色、黄褐色，胸部可有少量白斑，有些为单色，有些为各种色调组合而成。无论哪种颜色，以强烈的深色最为理想，白色不受欢迎。头部少肉，轮廓鲜明，表情敏锐、聪慧而镇定自若；口吻较长，呈“V”字形；唇薄而紧贴，颚强壮，剪式咬合。鼻黑色，眼如杏仁，大小适中，呈暗褐色，稍斜位，不凸出。额略拱起，无突然的额鼻阶。耳根宽，大小适中，朝前方直立。

该犬为典型的狼犬，躯长，身材匀称，强壮，灵活，肌肉发达，警惕而充满活力。该犬可分为长毛、短毛与粗毛 3 种。但以短毛牧羊犬较多，且不需要特殊梳理，便于饲养管理，适于工作。长毛种需要经常梳理，勤于打扮，管理较为费事。但因其漂亮优雅，也越来越为世人所喜爱。就国内而言，长毛种的价格要高于短毛种。

个性以忠诚、勇敢以及掌握和记住多种具体作业训练的能力而著称，性情平稳，不易激动，神经控制良好，不好斗，但在必要时却是勇敢而猛烈的斗士，非常有尊严，对陌生人心存疑虑。活泼敏锐，大胆勇敢，沉着顺从，个性顽强，易于训练，忠实，富于献身精神，工作范围极广。作为牧羊犬、警犬、军犬、护卫犬、导育犬、救助犬、看家犬均能胜任。可为理想的万能犬，在世界上受到越来越多的欢迎。

## 202. 圣日耳曼短毛垂耳猎犬

圣日耳曼短毛垂耳猎犬也叫圣日耳曼指示犬、圣·热尔曼指示犬、布拉克·圣·热尔曼犬。原产于法国。身高 54～62cm。被毛短，颜色为暗淡的白色，带有橙黄色斑点和斑纹。体型匀称。吻部长。鼻宽，粉红色。眼大，金黄色。耳长，扁平而软，在耳角处折叠下垂。颈部结实。胸阔而宽。腰部强壮。背部短而直。臀部瘦。四肢强健。脚趾细长。尾直，尾根粗并逐渐变细，长度不超过跗关节。

圣日耳曼短毛垂耳猎犬温和，勇敢，聪明，活泼，顽强，灵敏，富有感情，是良好的狩猎犬，也可以作伴侣犬。

## 203. 英国猎狐犬

英国猎狐犬也叫英国狐猩、猎狐犬。原产于英国。身高 53~64cm。被毛短、硬、浓密，颜色为白色加淡棕黄色，带黑色斑；或白色加橙黄褐色。头骨宽。吻部较长。眼圆，棕色。耳高，中等大小，宽，平垂。颈部长。胸深。腰长。背圆。四肢长。脚圆。脚趾紧密。尾长，略向内弯。

英国猎狐犬勇敢，有力，速度快，是出色的狩猎犬。

## 204. 特兰西瓦尼亚勃拉克犬

特兰西瓦尼亚勃拉克犬也叫特兰西瓦亚狼犬、特兰西瓦尼亚犬。原产于匈牙利。身高 45~56cm。有长腿和短腿两种类型。被毛短、硬、浓密，长腿型颜色为黑色，颈部、胸部、脚和尾尖有白色斑纹；短腿型为红褐色，带有白色斑。头部长。头骨略呈穹形。眼中等大小，略斜，暗棕色。耳下垂，耳尖较圆。身体近方形。颈部长度适中。胸长而宽。四肢强健。脚圆，结实。尾低，休息时垂下，运动时弯曲与背平。

特兰西瓦尼亚勃拉克犬勇敢，忠诚，嗅觉灵敏，对主人服从，是出色的狩猎犬。

## 205. 拳师犬

拳师犬产于德国。身高 50~63cm。它是典型的马士迪夫中型犬，形态结构呈方形，骨骼肌肉发达，坚硬，背短，形态雅。被毛短粗而密生，平滑、有光泽，颜色为浅黄色或带有黄色至暗红棕色的斑纹，斑纹覆盖不超过身体的 1/3。独特的头部轮廓分明，头骨与吻的比例适度，头部干净，不显出深皱褶，颅顶稍拱起，颊部平坦，上唇松垂，形状独特。鼻子宽大并上翘，呈黑色，鼻尖稍高于吻根，眼暗褐色，不太小，不凸出也不凹陷。耳位于颅部两侧的最高点，修整成特殊形状，自然为垂耳，断耳后为直立。颈圆而长，肌肉发达而干净，背线平滑稍倾斜，胸宽而深，背短而直，腰短，收腹。尾短，位高，修整至 3~4 关节处，上翘。腿大小适中，为暗褐色，四肢挺直、有力、肌肉发达，前肢直立，后肢略弯，脚圆，步履优美，疾行轻快，善于奔跑。

该犬警惕、尊严、热心、温顺、气质高雅，勇猛强悍，聪明机敏，进攻时坚定、积极，表情真诚，喜被抚摸，与人亲近，作军犬、警犬、导盲犬、家庭犬等都能胜任，是优秀的万能犬。该犬喜欢玩耍，需要有合理的住处及足够的运动。

## 206. 阿拉斯加雪橇犬

阿拉斯加雪橇犬原产于美国阿拉斯加。身高 58~64cm。体格结实有力，全身长满厚厚的被毛，由稍长的上毛与下毛组成，针毛层厚而粗糙，羊毛状的绒毛层长而稠密，2. 5~5cm 深，有不同毛色，通常为浅灰色到黑色。身体的下方、四肢、脚部和假面斑等地方多为白色或淡灰色，面部斑记是与众不同的特点。头上的帽形斑而面部其余部分为灰白色，或面部斑记形成假面，常见的是帽状斑与假面结合，唯一允许的单纯色是白色。头部宽大而长，颅部在耳间宽，顶部中度圆，近眼部平坦，颊部平坦，吻粗大，不尖或长，唇紧贴，上下颚宽而牙大，剪式咬合，鼻黑色，眼中等大小，褐色，杏形，斜位，机警，耳中等大，上半部为三角形，耳尖微圆，位于颅部外后缘，耳直立时耳尖伸出颅部，耳尖稍向前，工作时有时耳折向颅部。颈粗大有力，强壮而中度拱起，胸强而深，躯干强而紧凑，背直，缓和斜向臀部，腰部肌肉发达。尾位适中，尾跟部绒毛丰富，不工作时微卷于背上，为摆动的饰毛状。前肢直立，骨架粗重而肌肉发达，后腿宽，表明异常的力量和巨大的推动力。脚大而紧凑，脚垫粗而厚，趾间有保护性毛。

阿拉斯加雪橇犬干净，无异味，不喜吠叫，强壮威武，耐力持久，野性十足，但也爱撒娇，且护主心强，对主人极其忠诚，充满感情，但有进攻性，其性格顽强、方向感强、嗅觉出色，可以从事粗重工作，是极理想的雪橇犬，近年也被训练为家庭宠物犬。

### 207. 大明斯特犬

大明斯特犬也叫明斯特兰犬、大明斯特兰犬。原产于德国。身高 58～65cm。被毛颜色为白色，带有成片的黑色或圆点，或夹杂着一些黑色。头部一般为黑色，有时额部为白色。吻部较长。鼻黑色。眼深棕色。耳扁平下垂，有很长的边毛。颈部结实。背部强壮。胸部宽阔。尾根粗，到末端逐渐变细。

大明斯特犬温顺，聪明，警觉，能在荆棘密布的灌丛中狩猎，是优秀的狩猎犬。

### 208. 皮可迪牧羊犬

皮可迪牧羊犬也叫皮卡第牧羊犬、伯格·德·皮卡第犬。原产于法国。身高 55～65cm。被毛长、粗而挺立，颜色为灰色、灰黑色、蓝灰色、黄褐色、红色和灰色等。体型中等。头部较大。吻部坚实。眼黑色。耳直立，基部宽。腿部肌肉发达。

皮可迪牧羊犬勇敢，强悍，胆大，心细，是优秀的牧羊犬和护卫犬。

### 209. 坎特好拉豹犬

坎特好拉豹犬也叫路易斯安那坎特好拉猎豹犬等。原产于美国。身高 50～65cm。单色被毛主要是黑色、红色、巧克力色和黄色，有斑点的以蓝色、灰色、黑色、肝色、红色、白色和杂色为主。

坎特好拉豹犬温顺，聪明，忠诚，可作为狩猎犬、放牧犬、护卫犬等。

### 210. 德国长毛波音达猎犬

德国长毛波音达猎犬也叫德国长毛犬、德国长毛指示犬。原产于德国。身高 60～70cm。被毛长而平整，头部毛短，腿上有丛毛。颜色主要是栗色。头部长。头盖骨微呈圆顶状。鼻棕色，扁平。眼暗黑色。耳根高，宽，尖端圆，沿头部平贴。耳部毛呈波浪形，从耳尖下垂。身体结实，呈方形。颈部强壮。胸深。腰部发达。背部结实，直而短。臀部微微倾斜。四肢肌肉发达。脚圆。尾根高，与地面平行或向上微微弯曲，呈羽毛状。

德国长毛波音达猎犬沉着，温驯，嗅觉灵敏，对主人极有感情，是出色的狩猎犬。

### 211. 猎水獭犬

猎水獭犬也叫水獭、奥德犬、猎獭犬、奥达猎犬。原产于英国。身高 61～67cm。被毛粗、硬，厚实，颜色主要是白色、灰色、黄色、淡红色等，有其他颜色的斑。身体强壮。额部凸圆。吻部强壮。鼻黑色。眼黑色。耳长，下垂，有独特的褶。颈部肌肉发达。胸低。背宽。腰短而强壮。四肢直。脚大，圆而紧密。尾根粗，向前逐渐变细，呈马刀形弯曲。

猎水獭犬快乐，顽强，坚忍不拔，忠实可靠，聪明，警惕性高，勇敢，能潜入水中搜寻猎物，是出色的狩猎犬，也可作为警卫犬、伴侣犬等。

### 212. 秋田犬

秋田犬也叫日本秋田犬、日本阿奇达犬。原产于日本的秋田县。身高 55～76cm。该犬身体结实，有力，机警，肌肉骨骼发达。双层被毛，绒毛层厚、软而密，较针毛层短，针毛直、硬而粗糙。毛色有红色、白色、虎斑色等多种，鲜艳，斑记清晰而均匀，有或无假面或白鼻梁。最明显的特征是头大，耳立而小、卷尾、小眼睛。颈短，胸深而宽，胸廓发达，背部平直，腰部肌肉结实而适度收腹，尾大而丰满，高位，卷曲成 3/4 圈，尾尖降至肋部，满圈或两圈置于背上或贴于肋部，尾根大而强，尾毛粗糙，直而丰盛，无饰毛。四肢强，前腿直而骨骼重，后肢大腿肌肉发达，后腿与前腿在同一直线内运动，轻快有力。

秋田犬机警而反应灵敏、尊严、勇敢，聪明稳重，感觉敏锐，忠心顺从。对其他犬有进攻性，最初用作斗犬，也用于猎取野猪、鹿甚至黑熊，现主要作为伴侣犬，也是优秀的看门犬。

## 213. 波尔多犬

波尔多犬也叫波尔多马士提夫犬、法国獒犬。原产于法国。身高 58~68cm。被毛短、平滑而柔软，颜色主要是淡黄褐色或红褐色，带褐色或黑色的“面具”，前胸和脚处有白色小斑纹。头部较大，短而宽。吻部强壮有力，比较短，有点凹陷。鼻大而宽。眼椭圆形，暗棕色。耳小，沿脸颊下垂，贴近头部。颈部强壮，呈圆筒形。胸深而阔。背阔。臀部微倾斜。脚圆而强壮。尾粗，低垂，末端不超过跗关节。

波尔多犬平和，安静，开朗，喜欢与儿童一起玩耍，可以作为狩猎犬、看护犬和家庭宠物犬。

## 214. 阿登犬

阿登犬也叫阿登斯牧羊犬、法兰德斯牧羊犬、法兰德斯牧牛犬、法兰德斯布比野犬、比利时畜牧犬。原产于比利时。身高 60~68cm。被毛长，干燥无光泽，厚密，有较厚的下层绒毛，颜色主要是白色、黑色、褐色、灰色等。头部较大。吻部短。眼黑色。耳直立，或轻微向前弯曲。颈部短而粗。胸部较长。前肢直立，后肢呈一定角度。无尾。

阿登犬聪明，独立工作能力强，能适应各种气候条件，对主人极有感情，是出色的畜牧犬和警卫犬。

## 215. 斗牛獒（áo）

斗牛獒也叫叭拉马士提夫犬，牛头獒犬、牛头马士提夫犬等。原产于英国。身高 60~69cm。其外貌为大小适中的獒犬类型，整个外形与小型獒犬相似，比普通犬稍大，更坚实。被毛短密、毛色有红色、浅黄褐色或带有斑纹，黑色斑纹延至眼睛。头大，似獒犬头，脸多皱纹，吻短，宽而深，暗色，垂唇不过分下垂，钳式咬合，鼻黑色，鼻孔位于吻顶，眼深色，中等大小，呈淡黄色或较暗色，颅部大，警惕时有很多皱纹，颊部宽，额平坦，额鼻阶适度，“V”字形小耳下垂，位于头顶，贴近颊部，警觉时向前竖立，耳距宽且位高。颈微拱起。长度适中而肌肉发达，躯干紧凑，胸宽而深，背短而结实，肋骨深，伸张度好，腰宽，肌肉发达，微拱起，尾位高，尾根强，下垂，前粗后细，从不上翘。四肢直而有力，后肢稍弯，脚呈圆形，步伐稳健、有力、自如，善疾行。

斗牛獒勇敢忠实，动作敏捷，可靠聪慧，对认识的人温顺，对陌生人怀疑，是优秀的夜间看门犬和护卫犬。

## 216. 英国雪达犬

英国雪达犬也叫英国塞特犬、英格兰雪达犬、英国长毛猎犬、英国蹲猎犬、英国定位犬。原产于英国。身高 53~68cm。此犬是猎犬中形态最为美丽的犬种，素有“犬界贵公子”之称。丝状被毛呈波浪形，耳朵、尾部及四肢后方有美丽的装饰毛。毛色有黑白色、橙色、柠檬黄色、黑色夹杂黄褐色毛等。毛色的斑点越细越好。标准的英国塞特犬毛色为黑色和白色，或白色和柠檬色，或白色和橙色，或白色和栗色，或黑、白、红三色的混合色。英国雪达犬是雪达犬中体型最小者。身体细长，头细长而窄，额部明显隆起，吻呈方形，口角开至头的中部，嘴唇外展但不下垂。鼻大而宽，黑色或接近黑色。眼睛大而明亮，浅褐色。双耳紧贴面颊下垂，眼中等大小，呈暗褐色。胸深，背短，收腹，四肢长而肌肉发达。尾巴细长，有旗状饰毛。

英国雪达犬嗅觉敏锐，行动迅速，个性温和，争斗心不强，耐疲劳，活泼，奔跑迅速，属于猎鸟犬；又因其外表美丽、体型较小，温顺易训，富有感情，主要用于狩猎犬，适用于各种复杂和艰苦环境；也可作为宠物及家庭犬饲养。

## 217. 阿根廷犬

阿根廷犬也叫阿根廷獒犬。原产于阿根廷。身高 57~68cm。被毛短而密，紧贴皮肤，颜色为纯白色，在头部有深色斑点。头部强壮。头盖骨阔而凸出。前额有深的皱纹。吻部有点凹陷。下颚有力。鼻黑色。眼暗色或淡褐色。耳根高，竖立或半竖立。身体强壮。颈部呈弧形。胸深而饱满。背部结实。后肢肌肉发达，前肢长而直。脚呈圆弧形。尾长而粗，下垂。

阿根廷犬活跃，强健，灵活，勇敢，友爱，温顺，精力充沛，可以用作狩猎犬、警卫犬和伴侣犬。

## 218. 意大利野猪猎犬

意大利野猪猎犬原产于意大利。身高 56~70cm。被毛颜色主要是黑色、黑红色、灰色、红色、栗褐色、淡黄色、蓝色等，单色或有斑纹。

意大利野猪猎犬灵活，运动能力强，对主人忠诚、温柔，喜欢与儿童在一起，是出色的狩猎犬，也可以用作伴侣犬。

## 219. 丹麦古老猎犬

丹麦古老猎犬也叫丹麦老式指示犬、丹麦老式指示猎犬。原产于丹麦。身高 48~60cm。被毛短而稠密，有光泽。颜色为白色带有深浅不同的红褐色斑纹或斑点。身体粗壮。头部很短。吻宽。鼻褐色。眼浅褐色或深褐色。耳长而下垂，耳尖圆。颈部强壮，肌肉发达。胸深而阔。四肢结实。脚圆。尾根部粗，逐渐变细，下垂。

丹麦古老猎犬精力充沛，勇敢，强壮，富有感情，是优秀的狩猎犬，也可以作为伴侣犬。

## 220. 卷毛猎犬

卷毛猎犬也叫卷毛寻回犬、卷毛寻回猎犬、寻回猎物犬、卷毛拾猎犬、卷毛寻猎犬、卷毛衔回犬。原产于英国。身高 59~69cm。全身覆盖着密集的小卷毛，被毛颜色为黑色或红褐色。头部长。鼻黑色或红褐色。眼大，黑色或暗棕色。耳小，耳根低，紧贴着头部，覆盖有短的卷毛。身体呈矩形。胸深。腰部短。四肢强健，肌肉发达。脚圆而结实。尾短而直，逐渐变细，覆盖着卷毛。

卷毛猎犬结实，勇敢，强壮，嗅觉灵敏，忍耐力强，善于在水中寻猎，是优秀的狩猎犬。

## 221. 罗德西亚脊背犬

罗德西亚脊背犬也叫罗得西亚脊背犬、罗德西亚脊背猎犬、罗德西亚北背脊犬、罗德西亚逆脊犬、非洲猎狮犬。原产于南非。身高 61~69cm。被毛粗、密、光滑，颜色从淡灰色到红麦色，胸部、脚爪上有时有少量白色。头部细长。额颅平滑，额段明显。鼻黑色或褐色。眼圆，明亮。耳宽阔，紧贴着头部。尾稍弯曲。

罗德西亚脊背犬大胆，勇敢，身体健壮，反应迅速，聪明，可以作为狩猎犬、警卫犬和家庭宠物犬。

## 222. 土佐犬

土佐犬也叫土佐斗犬。原产于日本四国。身高 45~65cm。该犬强壮而结实，被毛短，硬而密，有光泽。毛色多为红色，也有白色带红色斑记或其他底色。头盖大而宽，两颊发达，口黑色，吻中长，颚强有力，牙结实，眼小，红褐色，但眼光似有穿透力，耳大而薄，下垂于颊部，颈部肌肉发达，有垂肉，尾根高、粗，呈伸直状，长达飞节。

土佐犬沉着、冷静，富攻击性、勇敢、大胆、聪明、服从，忍耐力强，能接受良好的训练。忠实于主人。曾作为斗犬，现成为护卫犬和守卫犬。也可作为伴侣犬。

## 223. 波克伦犬

波克伦犬也叫法国狼犬、波什罗奇。原产于法国。身高 61～71cm。外表似多伯曼犬，但其尾较长，皮毛平滑，侧腹、腿和尾上有边毛，吻部长，鼻黑，眼下部为红棕色，颈部强而有力，尾位较低，后腿上有一只残留趾，脚圆，有黑趾甲。

波克伦犬忠诚，警觉，最早用来猎野猪，后因聪明和适应性强而用于牧羊，甚至战时用来传递消息。

## 224. 伯瑞犬

伯瑞犬也叫普利雅德犬、拜亚犬、布里犬、布莱尔德犬。原产于法国。身高 56～69cm。全身被毛呈波浪状，毛色多为黑色，耳下垂，眼稍大、为暗色，尾部有饰毛，稍翘，背腰平直，胸宽而深，前肢垂直，后肢肌肉发达有力，狼爪很受重视，少之为大缺陷。

伯瑞犬喜欢撒娇，好奇心强，工作欲旺，是优秀的家庭犬及工作犬。

## 225. 伯恩山犬

伯恩山犬也叫伯尔尼兹山地犬、伯尔尼山地犬。原产于瑞士。身高 53～70cm。被毛柔软细长，呈波浪状，毛色，身体为淡黑色，脸部、胸部、尾端、脚趾为白色，四肢有黄褐色斑点。头部平坦，吻部硕壮。耳根高，耳朵呈“V”字形下垂。颈粗壮呈拱形，胸宽深，腰结实，背短直。尾长自然下垂，尾毛丰厚。四肢粗壮，肌肉发达，总体给人一种硕壮结实的印象。

伯恩山犬动作敏锐，性格温和，警戒心强，对主人忠实，目前多作看门用。

## 226. 昆明犬

昆明犬也叫昆明狼犬。原产于中国昆明。身高 59～69cm。被毛为上部短直刚硬，下部柔软密生，毛色分狼青、草黄、黑背三种。狼青色者背部以青灰色为主，腹部偏乳灰色，头部偏黑。草黄色者背部为黄色，腹部淡黄色，黑嘴。黑背色者背部为黑色，腹部为黄色。头、脸、鼻适中，嘴细稍长，眼三角形，有神，杏黄色或暗褐色，耳直立，耳距窄。尾形为剑状尾或钩状尾，尾长而自然下垂，但不低于飞节，兴奋时翘起，高于背腰水平线。躯体接近方形，前肢直立，后肢稍向后弯曲，四肢细，关节强健，前后肢多有狼爪，荐高等于或略低于体高。

昆明犬主要用作军犬、警犬、缉毒犬、防爆犬等。现已享誉海内外。

## 227. 巨型雪纳瑞犬

巨型雪纳瑞犬也叫巨型施诺泽犬、巨型雪娜瑞犬、巨型史劳策犬等。原产于德国。身高 55～65cm。该犬的特征是有明显的胡须和独特的口吻。体长等于身高，身体呈正方形，被毛浓密粗硬，上毛粗如金针，下毛密生，头部、四肢均为长毛，脸部毛稍短，其余部分全为短毛。毛色为暗与淡灰色混合、纯黑色或黑与银色。头部宽，向鼻尖处变细，嗅觉迟钝，有明显的胡须，鼻黑色，鼻孔较宽，眼中等大小，椭圆形，暗色，眉毛十分漂亮，耳小呈“V”字形，向前边垂下，耳根高。嘴边长有胡髭。胸部厚而宽，背部直并向后倾斜，臀强硬腹上收。前肢漂亮，长而直，后肢腿部肌肉发达，宽阔结实，断尾、擎起。尾根高，保持水平之上。

巨型雪纳瑞犬机敏，充满活力，聪明胆大，感觉敏锐，早期用于猎鼠或守卫等多种用途。由于有惊人的体力，也曾用作马车犬。现用于驱赶牛群，是优良的家庭犬，亦可作警犬使用。

## 228. 威马拉娜犬

威马拉娜犬也叫威马娜猎犬、威马那猎犬、魏玛犬等。原产于德国。身高 59～69cm。此犬与波音达犬相似，被毛短而光滑，毛色为与众不同的灰毛，头长而优美，吻长而坚实，深胸直背，肋骨微突，两耳如叶状下垂，断尾。四肢修长，肌肉发达。

威马拉娜犬活泼胆大，动作灵敏，速度极快，耐力持久，对主人忠心，不仅可以猎鸟，也可以猎兽，还可以看家，是万能型的犬种。

## 229. 匈牙利灵缇

匈牙利灵缇也叫麦耶阿加犬、马扎尔犬。原产于匈牙利。身高 64～70cm。被毛短而密，颜色主要有灰色、黑色、虎斑色及所有的颜色，带有斑点。头部为锥形，很长。额段细而明显。鼻黑色。耳倒向背部。颈部长。四肢细瘦。腰部稍弓起。尾细而弯曲。

匈牙利灵缇警惕性高，顽强，善于学习，对主人忠诚，善于猎捕野兔，可以作为狩猎犬和竞赛犬。

## 230. 加斯科尼大蓝犬

加斯科尼大蓝犬也叫大加斯科涅蓝犬、蓝色加斯科涅猎犬、加斯科涅蓝色大猎犬。原产于法国。身高 62～72cm。被毛密而短。颜色主要为白色，有黑色的斑纹和斑点，有时有大片的黑色，在头部、四肢和尾部带有火焰色。头部强健，细长。额颅凸起。嘴下垂。眼深栗色。耳长、薄，呈圆锥形。尾粗而长，呈镰刀状弯曲。

加斯科尼大蓝犬勇敢，顽强，聪明，警惕性高，善于追踪野猪、狍子、狼和野兔等，是优秀的追踪犬、狩猎犬。

## 231. 黑㹴

黑㹴也叫黑色俄罗斯㹴犬。原产于俄罗斯。身高 64～72cm。被毛粗糙，坚硬，颜色为黑色或黑灰色。头部长。眼小，椭圆形，暗色。耳小，呈三角形，耳根高。身体较长。胸阔而深。腰短而阔。臀部宽。背部宽而直。四肢肌肉发达。脚圆形。尾粗，尾根高，截尾。

黑㹴健壮，好学，对各种环境具有超常的适应能力，反应快，警惕性高，对主人忠心耿耿，从前多作为工作犬，后来作为家庭宠物犬。

## 232. 大瑞士山犬

大瑞士山犬也叫瑞士大高山牧场犬、大瑞士山地犬。原产于瑞士。身高 60～72cm。被毛中等长，稠密，下毛浓密。颜色为黑色，带有匀称而鲜艳的铁锈色和白色斑块。头部强健。头盖骨阔而平。吻端黑色。眼中等大小，杏仁形，栗色。耳中等大小，呈三角形，沿脸颊平贴下垂。身体强壮。颈部粗壮。胸阔而深。背部直而结实。臀部长而阔。四肢强健。脚健壮而结实，有弧形脚趾。尾巴粗，休息时下垂到跗关节。

大瑞士山犬忠诚，胆大，警觉，健壮，有力量，有耐力，对各种环境具有超常的适应能力，对儿童有耐心，可作为伴侣犬、救灾犬等。

## 233. 笃宾犬

笃宾犬也叫杜伯曼犬、多伯曼犬、杜伯曼军猎犬、杜宾犬等。原产于德国。身高 61～71cm。该犬属中等体型的獒犬品种，有如雕像般的文雅外貌。身体呈方形，结构紧凑，肌肉发达有力，姿态自豪、高贵。被毛短而硬，丰厚、贴身，并有光泽，颜色为黑色、褐色、蓝色带有红锈色斑点，斑点分布在吻部、颈部、前胸、四肢、脚趾及尾巴内侧。不管什么颜色的底色，黄褐色斑纹是必不可少的，主要分布于两眼、吻部、前胸、四肢及尾巴内侧。头很大，长而干净，呈钝楔形，头顶平，额消瘦，唇部有发达的肌肉，剪式咬合，颚丰满有力，鼻在黑色犬中为黑色，红色犬中为深褐色，蓝色犬中为深灰色，浅黄褐色犬中为深黄褐色，眼不大，杏仁状，中度深陷，深褐色，表情快活、好奇，颅顶平坦，有轻微额鼻阶，耳大小适中，自然垂耳，断耳后直立，略朝前，耳根高。颈部肌肉发达而干净，呈拱形，背短而坚实，有充分宽度，胸宽，前胸明显，腰部肌肉发达，肋骨深，腹收起，臀宽，短尾，修剪至第一或第二关节，前肢直立，骨骼沉重而肌肉发达，后肢强而有力，两侧肌肉发达，脚小而饱满且似猫，行走自如，极善奔跑，姿态优美，抬头挺胸，给人一种傲视一切的感觉。

笃宾犬个性大胆、勇敢、警惕、坚毅、专注、忠诚和服从，机敏，警戒心强，勇猛忠实，耐力持久，可用作护卫犬、军犬、警犬、赛犬、追踪犬和护卫犬，当作家庭犬及玩赏犬，也有较好的素质。

## 234. 阿富汗猎犬

阿富汗猎犬也叫阿富汗灵猩、阿富汗长毛狩猎犬、阿富汗猩。原产于阿富汗。身高 63～75cm。该犬毛色漂亮，有光泽，属引人注目的高贵的大型猎犬。身体两侧及前、后肢的被毛长、浓密而柔软，并富有光泽，成年犬肩部到整个背部及两侧的被毛又短又密，耳朵、四肢及尾长有大量饰毛，头部有典型的长且富有光泽的冠毛，吻部长，有短毛，毛色多种，从白到黑都有，但多为金黄色。头高扬，颈长而有力，颅骨长，鼻尖颜色与毛色相称，钳式咬合。杏仁眼，有时呈三角形，颜色通常为金黄色，但暗色更可取。耳长且宽并下垂，耳根低，耳向后垂。脸长，颜色较深，给人一种冥想哲学家的感觉。胸部深，腹部上收，四肢修长，结实有力。前肢直，后肢肌肉发达，肉趾大，足趾布长毛覆盖。步态优美，轻松自如，善奔跑。非修整尾，尾根低，尾长而有饰毛，尾梢卷呈环状。

阿富汗猎犬威严，勇敢，有时甚至莽撞，对陌生人冷漠，只忠于它的主人。机敏伶俐，喜独来独往，争斗心不强，视力较佳，善于奔跑，有“越野赛跑者”之称。以前用作狩猎，现在多作为玩赏犬，也能训练成优秀的护卫犬。

## 235. 巴西犬

巴西犬也叫巴西丝毛犬、菲拉·巴西里罗犬、巴西獒犬。原产于巴西。身高 60～76cm。被毛软而短，可以是除了纯白色以外的所有颜色，有时有斑点或斑块。头部较大，呈正方形。吻强壮。鼻宽，黑色。眼杏仁形，深栗色至黄色。耳大而厚，呈“V”字形，下垂。身体健壮。胸阔下垂。四肢强健。尾根粗，逐渐变细，下垂到跗关节。

巴西犬强壮，灵活，勇敢，殷勤，善于学习，警惕性高，对主人忠实，可作为追踪犬、畜牧犬、护卫犬和家庭伴侣犬。

## 236. 灵猩

灵猩也叫格力犬、大灰犬等。原产于埃及。身高 60～76cm。该犬被毛贴身，有大型灵猩最典型的外貌。被毛质短硬润滑，华丽，毛色很多，但以虎色、黑色、白色、红色为多，有或无白色斑纹。头长，头骨平，吻健壮，唇紧，剪式咬合，鼻尖颜色与被毛相配。眼大而亮，暗色最可取。修耳，耳呈玫瑰状，折向后方，运动时半垂耳。胸深，躯长，稍呈拱状。腹收紧。胸深体长，背呈拱状。四肢纤细，前肢长而直，后肢多肌肉，长于前肢，并明显弯曲，脚似猫爪长有肉趾，步伐柔和、自如，奔速极快。非修整尾，尾细长而下垂，稍弯。

灵猩是动作协调、反应敏捷、热诚的猎犬，喜与人亲近，性情敏感，争斗心强。此犬是世界上独一无二的快脚程，素有“风犬”之称，是狩猎、赛跑的优秀犬种，并能进行各种训练。

## 237. 猎鹿犬

猎鹿犬也叫猎鹿猩、苏格兰猎鹿犬、鹿猩。原产于英国。身高 70～80cm。猎鹿犬是一种体高、

强健多毛的灵 类型犬。被毛长粗糙而蓬松，颈部与四肢部毛长 8~10cm，这些部位的毛粗糙而硬，比身体的其他部位的毛长，颜色通常为灰蓝色，也有浅灰色、黄褐色或淡黄褐色等。头、胸腹有软毛。头长，有大量的颌毛和颊须，吻尖呈楔形，口颊有髭。唇薄而紧，剪式咬合，鼻尖呈黑色或蓝色。眼普通大小，色暗，有黑眶，耳小，耳距很宽，耳根高，兴奋时，耳支于头上，向前方折垂，兴奋时呈半立半垂状。耳上的毛如鼠毛般柔软有光泽。颈长，胸深，背稍拱，腹收紧。锥形的尾下垂，长可触地，末端稍弯曲。四肢修长，前肢垂直，姿势好，后肢弯曲，肌肉发达，后肢强而有力。趾并拢、紧握，步调轻松、迅速、有力，能长距离奔跑。

猎鹿犬体型优美、强健、胆大，感情深厚，稍显羞怯，安静，性格温和，相貌威严，感情深厚，忠实于主人，不好攻击，表情通常温顺，兴奋时观察敏锐。是大型猎犬，目前多作为玩赏犬和陪伴犬。

## 238. 比利牛斯山犬

比利牛斯山犬也叫庇里牛斯山犬、大比利牛斯山犬、大白熊犬等。原产于法国。身高 60~80cm。颈部周围长有小波纹状的鬃毛，四肢有饰毛，上毛粗长，下毛纤细柔软，顺着身体生长，这样是为了抵御严寒恶劣的气候。毛色多为纯白，亦有白色中掺杂黑灰色、蓝色、黄绿色等。头大，呈楔形，顶部圆形，吻部宽而长，颊部平，眼下丰满，唇黑色，紧贴，下颚强，剪式咬合，有时钳式咬合，鼻尖呈黑色，眼小，杏形，微斜位，鲜艳的琥珀色，眼睑紧密，眼边黑色，额鼻阶不明显，耳小至中等大小，呈“V”字形，耳尖圆形，自然下垂，平贴于头部。颈粗胸深，背宽臀斜。颈部中等长，肌肉强健，胸深而阔，椭圆形，背部宽而平，腰宽，适度收腹，臀部微倾斜，尾长而多毛，静止时下垂，运动时卷至背上，呈车轮状，前肢直立，骨骼粗大，大腿部宽大结实，后肢各有两个狼爪，步距大，步伐轻快悠闲。这是参观展览会的必备之物，剪去则身价大减。该犬具有库瓦萨犬的优雅，圣伯纳犬的体格，纽芬兰犬的气派，是集数犬优点于一身的大型犬。

比利牛斯山犬本性自信、独立、温和并富有感情，态度从容，耐力持久，勇猛果敢，与人亲密，护主心切。过去多用作畜牧犬或雪橇犬，适于牧羊，也可用于牧牛。目前已成为看门犬或玩赏犬。另外，此犬亦可担任警备任务。

## 239. 库瓦兹犬

库瓦兹犬也叫库伐司犬、库巴萨犬。原产于匈牙利。身高 66~76cm。该犬具有双层被毛，中等粗糙，有明显波纹至直毛，头部、吻部、耳部和脚部被毛平滑，颈部有鬃毛并覆盖胸部，身上和腿上有波浪形卷毛；毛色为白色，皮肤重度色素沉着。头长但不尖，从鼻尖到枕部的长略小于肩高的一半，头宽为头长的一半，吻部直，吻长与头长成比例，顶部直，下颚发达，嘴内以黑色为佳，唇黑色，剪式咬合，鼻大，黑色鼻孔张开，眼杏形，色暗，略斜位，微低于吻平面，眼距宽，眼睑紧，额鼻阶明显，耳呈“V”字形，耳尖略圆，耳厚，耳内缘紧贴颊部，放松时，耳不向后张。颈中等长，肌肉发达，脊部拱起，胸廓深，发达而与地面平行。背宽而直，中等长，结实，腰短，肌肉发达而紧。臀部肌肉发达，微斜，尾位低，自然长至达飞节，静止时下垂，兴奋时举起与腰平，尾尖微上弯。前腿直而肌肉发达，后腿肌肉宽、长而强，帽形脚，趾间有毛，步伐轻松自如，有弹性。

库瓦兹犬敏慧、坚决、勇敢、好奇而精力充沛，忠诚而有耐心，保护儿童的能力极强，生性机敏，主要用于保护畜群，也是主人最佳的护卫伴侣。

## 240. 俄国猎狼犬

俄国猎狼犬也叫苏俄牧羊犬、苏俄猎狼犬、伯若犬等。原产于苏联。身高 66~79cm。属于大型犬，无论是在运动或静止时，都表现出优美与高贵。颈部、胸部、大腿部及尾部被毛长而丰厚，丝线般呈波浪式，毛色为白色、黄色至红色、金黄色。四肢细长，胸深而窄，腰背呈拱形。头部长而窄，吻长且尖，剪式或钳式咬合，鼻尖为黑色。眼大、椭圆形，双眼位置靠近，呈暗色。耳未修整，小而薄，贴于颈后方，耳距窄。胸深、极窄，背拱，腹收紧。尾长，夹于腿间，尾稍微翘，四肢纤细、挺直，站立姿势优美。足窄而长。步伐轻松，动作敏捷、优美，稍显不自然。

俄国猎狼犬体型虽大，运动却很灵巧。性格温和可亲，姿态优美高雅，动作敏捷，跳跃轻松，如今已不用它狩猎而作为玩赏犬饲养。

## 241. 西藏獒犬

西藏獒犬也叫獒犬、马士迪夫犬、西藏犬、藏獒。原产于中国西藏。身高 60 ~ 85cm。西藏獒犬体格硕壮，身高似驴，令人生畏。双层被毛长而浓密，以黑色最多，亦有黄、白、青、灰等色。身体强而有力。头宽大，吻粗而短，颚强，鼻宽，舌大唇厚，眼褐色，中等大小，耳心脏形，下垂。颈粗有力，四肢粗而结实，脚大而强壮。尾大，高举并卷至背上，有饰毛，可长达 20 ~ 30cm。

西藏獒犬个性勇敢、忠诚，训练时反应敏锐，力大凶猛，性格刚毅，野性较强，耐寒怕热，使人望而生畏。但对主人忠心亲热，是极好的护卫犬、看门犬或警卫犬。

## 242. 兰德赛尔犬

兰德赛尔犬也叫兰西尔犬。原产于德国、瑞士。身高 67 ~ 80cm。被毛长而厚，平滑。颜色为白色，头部为黑色，身体有黑色斑块。头部阔而大。眼中等大小，棕色至深褐色。耳三角形，平挂于头侧。胸深而阔。背直而阔。臀部阔而圆。尾多毛，休息时悬垂到跗关节。

兰德赛尔犬勇敢，大胆，充满激情，富有感情，喜欢与儿童玩耍，可以作为警卫犬、伴侣犬。

## 243. 圣伯纳犬

圣伯纳犬也叫圣伯纳德犬、短毛圣伯纳犬、阿尔卑斯山救援犬。原产于瑞士。身高 65 ~ 70cm。被毛短而密，粗硬，起伏平滑，大腿和尾部有少量的饰毛，毛色为红色和橙色，在额部、吻部、颈部周围、胸、前肢、脚趾及尾部常有白色被毛。毛质分为长毛与短毛，长毛品种被毛浓密平直，颈毛中厚，大腿有装饰毛；短毛品种被毛大腿及尾部有装饰毛。头大而宽，呈凸圆状，高颊骨，眶上嵴极发达而与头顶几乎成直角，额部皮肤在眼上形成明显的皱褶，吻短，唇黑色，剪式或钳式咬合，鼻大而宽，鼻孔宽而张开，鼻尖方形，为黑色，眼非常小，稍陷，暗褐色，表情聪慧友好，耳根高，基部发达，耳中等大小，垂于头侧。颈高位，强壮，行动时直立，胸宽而深，呈圆形，背平直，腹上收。尾粗而长，静止时尾直下垂，尾尖略翘但不卷至背上。前肢直立，骨骼粗大，肌肉发达，上爪不理想，脚宽，步伐稳重，喜欢小跑。

圣伯纳犬威严但温顺，易与人亲近，与小孩也很亲密，对人友好，脾气好，有时倔强，但仍具有一定的攻击性，是优秀的救生犬、护卫犬。

## 244. 基里奥犬

基里奥犬产于美国，是家犬世界的最新品种之一，其祖先毫无疑问是拉萨犬和马耳他犬，发源于加利福尼亚州，是专为玩赏犬而培育的品种，无须有缺少活动空间的烦恼。体重 6 ~ 7kg，高 23 ~ 28cm。该犬体型娇小，全身被长毛所覆盖，略为卷曲。颜色大部分是黑色或白色，但是其他颜色也常见。拥有善变且友善的脸孔，明显的鼻梁，下垂的耳朵覆盖在两侧。身体健壮，背上的毛分垂两侧，长毛需要经常梳理。

基里奥犬个性斯文、忠诚，作为玩赏犬。

## 245. 玩具贵宾犬

玩具贵宾犬产于法国，起源于 15 世纪，身为标准型贵宾犬的缩小版而名声大振，曾被 16 世纪德国艺术家丢勒画入油画中。该犬为3个变种中体型最小的一种，除了身高以外，其他各方面都与较大型的亲属一样。体重7kg，高25~28cm，个性忠诚、善交际，作为玩赏犬。

## 246. 平毛寻回猎犬

平毛寻回猎犬也叫平毛猎犬、顺毛寻猎犬、直毛拾物犬、直毛衔回犬。原产于英国。身高56~61cm。被毛厚而浓密，十分平整，颜色为单一的黑色或红褐色。头部长。眼中等大小，栗色或暗褐色。耳小，沿头部平贴。身体短而圆。胸部深。腰部短而瘦。前肢直，后肢肌肉发达。脚圆而强健。尾短而直，尾根高，摆动灵活。

平毛寻回猎犬勇敢，强健，活泼、精力充沛，可用作为狩猎犬、导盲犬、缉毒犬，也可作为玩赏犬。

## 247. 甲斐犬

甲斐犬也叫虎犬。原产于日本。身高46~56cm。被毛短、硬且直，颜色为红色、黑色、虎斑色等。头部强壮。前额宽阔。吻部尖。眼小，近似三角形，黑棕色。耳中等大小，略为前倾，三角形。身体强健。颈部粗而有力。胸深。腰部宽。背部直且短。尾粗，位高，紧紧圈卷或呈镰刀状翘往背上。

甲斐犬勇敢，热情，感觉敏锐，警惕性高，对主人极其温顺，可用作狩猎犬，也可以作为家庭宠物犬。

## 248. 阿芬平嘉犬

阿芬平嘉犬也叫猴犬、猴㹴、猴面犬、埃芬品彻犬。原产于德国。身高20~38cm。被毛粗而浓密，脸部的毛直立，有长须，似猴子。颜色为黑色，有时有棕色或灰色斑纹。头部呈圆形。吻部短。眼圆形，凸出，暗黑色。耳小，耳根高，向前直立或自然下垂。身体呈方形。颈部短。胸部宽阔。四肢直。脚小而圆。脚趾结实呈弧形。尾竖起，尾根高，截掉1/3。

阿芬平嘉犬勇敢，忠实，活泼、精力充沛，行动敏捷，对主人感情深厚，善于捕捉小害兽，可用作看门犬、护卫犬和宠物犬。

## 249. 豺

豺是行动诡秘的食肉动物（图5.40）。隶属于哺乳纲、食肉目、犬科。体长95~103cm。头宽，额扁平而低，吻部较短，耳短而圆。四肢较短，尾较粗，尾毛蓬松而下垂。体毛厚密而粗糙，头部和背面的毛色为棕褐色，腹部为淡白色、黄色或浅棕色，尾巴为灰褐色，尖端为黑色。

图5.40 豺

豺分布于我国大部分地区。栖息于山地森林、高山草甸、高山裸岩等地带。群居。性情沉默而警觉。多在清晨和黄昏活动。行动敏捷，善于跳跃。以鼠、兔、牛、马、鹿、山羊、野猪等动物为食，也吃少量植物性食物。秋季发情。怀孕期为60~65天。每胎产3~6仔。1~1.5岁性成熟。寿命为15~16年。

粪便一般呈粗索（绳）状，偶尔为折合绳状。最后脱离肛门的粪端有一个尖细的“尾”，当这些粪断成几部分时，仅末段部分具这样的尾。粪便的颜色是由食性所决定的，通常有白色、灰色、褐色及黑色等。粪便中常有较大的食物项目，包括种子、昆虫、草、鸟羽、兽毛、牙齿和小骨等。昆虫含硬化的甲虫前翅和蝗虫腿。块片状的蔬菜是由每一粪便中那些小的部分所组成，它们很可能是在被吃进的食草动物的胃中带入的。它们利用粪尿作为其领域的标记，且多标注在隆突的位置；在它们粪便的附近还可找到被其抓扒过的标痕，这些扒印多为它们的后足抓扒而形成的。

它们的足迹通常为前足印较后足印大。4 个发达的趾垫印与其前部呈现单个凸角和后部具 3 个凸角的大垫印（即间趾垫印）分离。足印的总体型状是长大于宽，呈现出大致为矩形的足印。其典型足迹链是包括一种半月形或称“C”形旋转式奔跑，一种前后足等距并分双列式的快步小跑和和慢速大步跑。有时也利用 4 足等距的大步慢跑或奔跑。

豺被列为国家Ⅱ级重点保护野生动物。它在我国野外数量十分稀少，但也会有偷猎犯罪的现象发生。它属于中型猛兽，野外有可能伤人。

## 250. 狼

狼也叫灰狼、豺狼、灰豺狗等，是性情凶猛的食肉动物（图 5.41）。隶属于哺乳纲、食肉目、犬科。体长 100~230cm。吻部长而尖，嘴较为宽阔，眼向上倾斜。体色为黄灰色，背部杂以棕色、黑色和白色毛，腹部为乳白色。尾巴短而粗，毛较为蓬松，尾端为黑色。毛的横断面为椭圆形或圆形，毛髓属连续型，髓质层很发达，皮质层较薄，多网格状空肥，毛髓中空，胞壁较薄。

图 5.41　狼

狼分布于我国大部分地区。栖息于草原、荒漠、丘陵、山地、森林以及冻土带等地。独栖或群居。夜行性。机警多疑，行动敏捷。奔跑的速度很快，耐力也很强。以狍子、鹿、鱼、蟹、蜥蜴、松鼠、兔子、海狸等动物，以及动物尸体等为食。1~3 月发情。怀孕期为 61~63 天。每胎产 4~7 仔。2~3 岁性成熟，寿命为 15~20 年。

狼前足 5 趾，其 1 趾甚小（足印不显）；后足 4 趾，无踵垫。前后趾垫印明显而近等大。爪印与趾印相距较近。间趾垫前缘处左右外趾垫的中前位。具多种运动方式和步态，均多走直线。

狼的粪便与豺类似，并且它们利用粪尿作其领域标记，且多标注在隆突的位置；在它们粪便的附近还可找到被其抓扒过的标痕，这些扒印多为它们的后足抓扒而形成的。

狼的足印是很强健的，趾垫印一般都很大，各垫印之间只存在小的空间，通常内趾印较外趾印大。

狼被列为“三有”名录，以及很多地方保护名录中。但狼由于长期被当作害兽，并且人们为了获取它的皮毛对狼加以猎杀，现在这种违法现象仍然未能杜绝。狼是比较凶猛的动物，可以咬死、咬伤人及家畜、家禽等。

## 251. 赤狐

赤狐也叫狐狸，是性情狡猾、多疑的食肉动物（图 5.42）。隶属于哺乳纲、食肉目、犬科。体长 50~90cm。身体细长，嘴较尖，耳朵较大，四肢短小，尾巴长而蓬松。身体背面为赤褐色，腹面为白色或黄色。毛的横断面为椭圆形或圆形，毛髓属连续性，髓质层很发达，皮质层较薄，多因格状空胞，毛髓中空，胞壁较薄。

赤狐分布于我国大部分地区。栖息于森林、灌丛、草原、荒漠、丘陵、山地、苔原、城市郊区等多种环境中。独居。夜晚活动。行动敏捷且有耐久力。善于奔跑、游泳和爬树。以野鼠、野兔、蛙、鱼、鸟、昆虫、动物尸体等为食，也吃植物果实等。冬季发情。每胎产 5~6 仔。9~10 个月达到性成熟。寿命为 12~14 年。

赤狐的粪便与豺和狼类似，当它们觅食蔬菜时，整个粪便都由植物材料组成；而觅食其他动物时，通常还要摄取些小石子（助消化）。

它们利用粪尿作为其领域的标记，且多标注在隆突的位置；在它们粪便的附近还可找到被其抓扒过的标痕，这些扒印多为它们的后足抓扒而形成的。

图 5.42 赤狐

赤狐的足迹和足迹链相对较小，在其垫印之间存在大的空间。横过外侧趾印的前面的划线不与前趾印交叉。

赤狐被列为“三有”名录。赤狐虽然有时会侵入村庄偷袭家禽、家畜等，但一年四季吃的食物，绝大部分是野鼠、野兔等，对于维持生态平衡有很重要的作用。赤狐是动物园中很受欢迎的观赏动物，它的经济价值很高，上等的毛皮十分珍贵，可做大衣、衣领、皮帽和围巾等，因此偷猎犯罪的现象仍然存在。它属于中型猛兽，野外有可能伤人。

## 252. 银狐

图 5.43 银狐

银狐也叫银黑狐、玄狐，是赤狐的一种基因突变种（图 5.43）。隶属于哺乳纲、食肉目、犬科。体长 62~75cm，体重 5~8kg。面部狭长，吻尖，耳较长。在嘴角、眼睛周围有银色毛，脸上有一圈银色毛构成银环。双耳的背部、腹部和四肢毛色为黑褐色，背部及体侧呈黑白相间的银黑色。针毛为三个色段，基部为黑色，毛尖为黑色，中间一段为白色，绒毛为灰褐色，针毛的银白色毛段比较粗而长，衬托在灰褐色绒和黑色的毛尖之间，形成了银雾状。腿高，腰细，尾巴粗而长。尾部绒毛灰褐色，针毛和背部一样，尾尖纯白色。

银狐原产于北美洲大陆的北部和西伯利亚的东部地区。栖息于寒冷地带的山地、森林、草原等环境中。昼伏夜出。行动敏捷，嗅觉和视觉都很敏锐。善于奔跑。杂食性，但以肉食为主，捕捉鼠、鸟、蛙、鱼和小动物等，也吃植物籽实、浆果、根、茎等。每年 1 月下旬至 3 月中旬发情交配。雌兽的妊娠期为 49~57 天。3 月下旬至 4 月下旬产仔，平均每胎产 4~5 仔。寿命为 10~12 年。

银狐是我国首批可商业性经营利用驯养繁殖技术成熟的 54 种陆生野生动物之一。银狐皮在古代是宫廷朝贡的御用品，现在经人工饲养培育，毛绒品质有更大的提高，已成为我国珍贵毛皮动物养殖中的新秀。在人工养殖基地、动物园等处可能发生因经济利益而进行的盗窃、抢劫等犯罪行为。

## 253. 北极狐

图 5.44 北极狐

北极狐体长 50~60cm，尾长 20~25cm，体重 2 500~4 000g（图 5.44）。隶属于哺乳纲、食肉目、犬科。体型较小而肥胖。嘴短，耳短小，略呈圆形。腿短。冬季全身体毛为白色，仅鼻尖为黑色。夏季体毛为灰黑色，腹面颜色较浅。有很密的绒毛和较少的针毛，尾长，尾毛特别蓬松，尾端白色。

北极狐分布于俄罗斯极北部、格陵兰、挪威、芬兰、丹麦、冰岛、美国阿拉斯加和加拿大极北部等地。栖息于北极圈内外的北冰洋沿岸地带及一些岛屿上。结群活动。在岸边向阳的山坡下掘穴居住。耐寒冷。以鸟类、北极兔、旅鼠等为食。每年 2~5 月发情交配。怀孕期为 51~52 天。每胎产 6~8 仔。

北极狐是我国首批可商业性经营利用驯养繁殖技术成熟的 54 种陆生野生动物之一。它的毛皮价值昂贵。人工养殖基地、动物园等处可能发生因经济利益而进行的盗窃、抢劫等犯罪行为。

## 254. 沙狐

沙狐体长 50~60cm，尾长 25~35cm，体重 2~3kg（图 5.45）。隶属于哺乳纲、食肉目、犬科。身体背部体毛为浅棕灰色或浅红褐色。耳背面上部及四肢外面灰棕色。腹面为白色或淡黄色。尾端暗褐色或黑色。

图 5.45　沙狐

沙狐分布于中国西北、华北北部。栖息于草原、荒漠和半荒漠地带。夜行性。行动敏捷。以鼠、鸟、蜥蜴和昆虫等为食。每年 1~3 月发情。雌兽的妊娠期为 50~60 天，4 月产仔，每胎产 3~6 仔。2 岁达到性成熟，寿命为 6 年。

沙狐被列为“三有”名录，以及很多地方保护名录中，但偷猎的现象仍然存在。它属于中型猛兽，野外有可能伤人。

## 255. 藏狐

藏狐体长 57~70cm，尾长 24~29cm，体重 7kg。隶属于哺乳纲、食肉目、犬科。身体背部体毛为浅灰色或浅红棕色。腹面为白色。尾尖为白色。

藏狐分布于中国青藏高原，以及尼泊尔等地。栖息于高山草甸、荒草坡等地带。清晨和傍晚活动。以鼠、兔、鸟等为食。每年 2 月发情。4~5 月产仔，每胎产 2~5 仔。

藏狐被列为“三有”名录，以及很多地方保护名录中，但偷猎的现象仍然存在。它属于中型猛兽，野外有可能伤人。

## 256. 貉（hé）

貉也叫貉子（háo zi）、狸子、土狗、狗獾子（图 5.46）。体长 50~68cm，尾长 13~25cm，体重 4~6kg。隶属于哺乳纲、食肉目、犬科。身体背部体毛为青灰色或青黄色。腹面毛色较淡。面颊上有灰白色的长毛。眼周及眼下部黑色，形成倒“八”字的黑纹。锐头尖鼻。两颊横生长毛。

图 5.46　貉

貉分布于中国华东、华中、华南和西南地区，以及俄罗斯东部、日本和朝鲜等地。栖息于平原、丘陵地带的河谷、草地等环境中。夜行性。单独或结小群活动。以鼠、鱼、蛙，以及植物果实、根茎等为食。每年 2~3 月发情。雌兽的妊娠期为 59~64 天。每胎产 5~8 仔。哺乳期 2 个月。9~11 月龄达到性成熟。寿命为 10 年。

貉被列为“三有”名录。它也是我国首批可商业性经营利用驯养繁殖技术成熟的 54 种陆生野生动物之一。貉皮是国际毛皮市场上销路最广的一种上品毛皮。尾毛可用来制作毛笔和高级化妆用的毛刷等。貉的肉质嫩味鲜，还可入药。在人工养殖基地、动物园等处可能发生因经济利益而进行的盗窃、抢劫等犯罪行为外，野外偷猎的现象也可能出现。它属于中型猛兽，野外有可能伤人。

## 257. 黑熊

黑熊也叫狗熊，是体型较大的食肉动物（图 5.47）。隶属于哺乳纲、食肉目、熊科。体长 120~

170cm。头部较宽，吻部较短，鼻端裸露，眼睛较小，耳壳大而圆。四肢粗壮。尾巴很短。全身的毛色为漆黑色，仅胸前有一条白色的月牙状斑纹。毛的横断面为圆形，毛髓属连续型，皮质层很厚，髓质层不发达，有多角状空胞。

黑熊分布于我国大部分地区，以及日本、朝鲜、俄罗斯、越南、缅甸、泰国、印度、巴基斯坦、克什米尔、阿富汗、尼泊尔等地。栖息于山地森林地带。性情孤僻。单独活动。昼行性。行动灵活，奔跑速度也很快。以植物的根、茎、嫩芽、叶子、果实、种子等为食，也吃蠕虫、昆虫、雏鸟、鱼、虾和小型兽类等动物。每年 7~8 月发情。妊娠期大约为 7 个月。每胎产 1~2 仔。4~5 岁性成熟，寿命为 30 年左右。

图 5.47 黑熊

黑熊常常会爬到它们行进线路附近的树上活动，上树是用爪抓着树干的侧面并尽可能抵达侧面的高处，有时则仅仅是在树干周围摩擦它们的后背。黑熊偶尔会撕咬大量的树干，这是为了获取树皮形成层或称内皮层的可口汁液。

粪便在正常情况下呈钝尾的粗索状。粪便通常较多，多呈散堆状，可见到大堆，最后团堆常具针尾。杂食性时，粪便有褐、黑、蓝、黄等色，不同色彩分别来自所食的食物类别差异。如松果、动物蛋白、浆果、牛奶和玉米等。熊粪中常含有昆虫，尤其是蚁类、白蚁及蜂类等。一般在其粪便中很难找到既可识别而又未消化的动物头骨；其中植物残渣也较普遍，通常包括青草、蒲公英、马尾和蓟类植物等。仅含植物类食物的粪便是黑色的。包括纤维性质和动物蛋白两类混杂的熊粪气味有明显的不同。秋季，橡树子（果）食物产生褐色粪便。它们还偷吃松鼠等动物贮藏的松果等果实，这些将出现在它们的粪便的残余物中。浆果类食物将形成较软到半液体的粪便。粪便的直径通常大于 5cm，但小熊除外。

它们的足迹的突出特征是前、后足迹呈差异显著的两种形态，其后足迹显著大于前足迹，即具后足跖骨形成一个明显的踵，提供一个极似人脚形状的足迹。前足迹则多呈不规则的方形，间垫宽大，前缘横切线穿过第 1 趾印的中前部，而且在大型间垫的后面还具有一个分离的小而圆的掌垫，一般偏于足迹的外侧（但马熊的位于中线），间垫则往往宽于足印的最外侧。

典型的足迹链形态是行走。当其行走时，后足印通常叠压在前足印上。而较小的趾印位于足迹的内侧（即大趾，马熊相反），而且不总是展现出来。当快速运动时，它们或者利用横向或旋转式的大步慢跑。

黑熊被列为国家Ⅱ级重点保护野生动物。它在我国野外尚有一定数量，为了取得熊胆、熊掌等经济利益而进行的偷猎行为时有发生。黑熊身体强壮、爪牙锋利，在野外可以将人咬伤、咬死。由于在我国各地还有不少以“活熊取胆”为目的的养殖场，另外在动物园、野生动物园、马戏团和专门的养殖场也有饲养，这些地方也容易发生黑熊伤人的事件。

## 258. 棕熊

棕熊也叫马熊、人熊，是世界上体型最大的食肉动物（图 5.48）。隶属于哺乳纲、食肉目、熊科。体长为 150~200cm。体型浑圆，头圆而宽，吻部较长而向前突出，眼睛较小，耳朵短圆。肩部向上隆起，四肢粗壮。尾巴较短。身体的背面为栗棕色或黑棕色，腹部的毛色较淡。

棕熊分布于我国东北、西北和西南地区，以及亚洲、欧洲、北美洲的大部分地区和非洲北部等地。栖息于山地森林地带。白天活动。性情孤独。奔跑的速度很快。以植物的叶、果实，以及昆虫、鱼、鸟和中小型哺乳动物等为食。5~7 月发情。妊娠期为 7~8 个月。每胎产 2~4 仔。4~5 岁性成熟，寿命为 30 年。

棕熊常常会爬到它们行进线路附近的树上活动，上树是用爪抓着树干的侧面并尽可能抵达侧面的高处，有时则仅仅是在树干周围摩擦它们的后背。棕熊偶尔会撕咬大量的树干，这是为了获取树皮形成层或称内皮层的可口汁液。

棕熊的粪便与灰熊类似。

棕熊被列为国家Ⅱ级重点保护野生动物。它在我国野外尚有一定数量，为了取得熊胆、熊掌等经济利益而进行的偷猎行为时有发生。棕熊身体强壮、爪牙锋利，在野外可以将人咬伤、咬死。在我国各地动物园、野生动物园、马戏团和专门的养殖场也有饲养，这些地方也容易发生棕熊伤人的事件。

图 5.48　棕熊

## 259. 马来熊

马来熊体长 110~140cm，尾长 3~7cm，体重为 40~45 千克（图 5.49）。隶属于哺乳纲、食肉目、熊科。吻部极短，耳朵也较短。全身的毛色乌黑光滑，吻鼻部为棕黄色，眼圈为褐灰色，毛短绒稀，肩部有 2 个毛旋，马蹄形的白色胸斑的右侧略宽于左侧，胸斑环抱的中央也有一个毛旋。

图 5.49　马来熊

马来熊分布于中国云南南部一带。栖息在热带和亚热带雨林、季雨林或山地阔叶林中。半树栖。夜行性。以果实、嫩芽和昆虫、小鸟、鸟卵等为食。每年 6~8 月发情。雌兽怀妊娠为 240 天。每胎产 1~2 仔。2~3 岁达到性成熟。

前、后足印均具 5 趾印。完好的前足印第 1 趾印甚小，第 5 趾印最大，第 3、4 趾印大小相近而略小于第 2 趾印，爪印远距尖锐。前足掌垫宽大，前缘横切线多从第 1 趾印的后缘之下穿过。掌垫小而圆，偏于足印的内侧。粪便多呈条堆状，末端少有针尾。

马来熊被列为国家Ⅰ级重点保护野生动物。它在我国野外数量十分稀少，但为了取得熊胆、熊掌等经济利益而进行的偷猎犯罪行为时有发生。马来熊虽然身体相对较小，但爪牙锋利，可以伤人。在我国各地动物园、野生动物园、马戏团和专门的养殖场也有饲养，这些地方也容易发生马来熊伤人的事件。

## 260. 北极熊

北极熊体长为 220~300cm，尾长 7~13cm，体重 500~800 千克（图 5.50）。隶属于哺乳纲、食肉目、熊科。全身体毛长而厚密，冬季呈乳白色，其他季节为淡黄白色，只有鼻子是黑色的。头部、吻部和颈部细而长。头小而扁。身躯肥胖。耳圆而短小。尾巴很短。四肢粗壮，均具 5 趾，趾端具黑爪，足掌肥大具蹼，掌下生有多而密的毛。

图 5.50　北极熊

北极熊分布于俄罗斯北部、格陵兰、挪威、芬兰、丹麦、冰岛、美国阿拉斯加和加拿大北部等地。栖息于北极圈内外的沿岸、岛屿和河口附近。非常耐寒。善于游泳和潜水。单独活动。性情机警、凶猛。以海鸟、旅鼠、北极狐、海豹及幼仔、海象幼仔、海洋鱼类等为食。每年早春发情交配。妊娠期为 8 个月。每胎产 1~3 仔。5~6 岁达到性成熟。寿命为 30 年。

北极熊在我国为珍稀的观赏动物，在各地动物园、极地海洋世界中都饲养。北极熊从前野外数量很多，一直是人类广泛捕猎的对象，由于乱捕滥猎和气候变暖，它的数量大减，已成为濒危物种。在

《濒危野生动植物种国际贸易公约》中被列入附录Ⅱ。

## 261. 大熊猫

大熊猫也叫大猫熊，是古老的“活化石”动物（图 5.51）。隶属于哺乳纲、食肉目、大熊猫科。体长 120~180cm。身体肥胖，四肢粗壮，尾巴很短。头圆，耳小，吻部短。白色的脸上长着黑色的吻鼻端部和眼圈，耳朵黑色。一条黑色的带子从肩部伸展到整个前肢，并且逐渐变宽，后肢也是黑色，身体其余的部分都是白色。

大熊猫是我国特产，分布于四川、陕西南部和甘肃东南部等地。单独活动。性情温顺。它在远古的时候是一种食肉动物，后来逐渐演变为只以竹子的茎、叶等为食。3~4 月发情。每胎产 1~2 仔。6~7 岁性成熟。寿命为 20~30 年。

图 5.51　大熊猫

大熊猫前、后足均具 5 趾。前足、趾印呈卵圆形，第 1 趾垫印最小，第 2~4 趾垫印几近等大，第 5 趾垫印略小但显著大于第 1 趾垫印。间趾垫印短宽且与呈长圆形的掌垫印合并，掌印的后外垫印较前内垫大，呈较大椭圆形；后足趾印和跖垫印均较小，因为它们的外缘都被有粗毛，足底常具长绒毛。

大熊猫被列为国家Ⅰ级重点保护野生动物。它在我国野外数量十分稀少，但也会有偷猎、走私皮张犯罪的现象发生。尽管被捕后会处以重刑，超高额的利润仍然诱使少数冒险分子继续干这种“杀头的生意”，所以在今后相当长的一段时期内，仍然要提高警惕，随时防范偷猎、走私大熊猫皮的犯罪行为。

## 262. 小熊猫

小熊猫是以植物为食的“食肉动物”（图 5.52）。隶属于哺乳纲、食肉目、浣熊科。体长为 50~64cm。头短而宽，颊部呈圆形，耳朵大而直立。两眼上方各有一块白斑。鼻尖上有黑色颗粒状的皮肤，四周为乳白色。体毛主要为棕红色，胸、腹部及四肢为黑褐色。四肢粗壮，爪很锐利。尾巴有 9 个赤红色与黄白色相间的环纹。

小熊猫分布于我国陕西南部、青海东南部、甘肃东南部、四川、云南、西藏等地，以及尼泊尔、不丹、印度的锡金和缅甸北部等地。栖息于山地森林中。结群活动。行动非常灵敏，善于攀树。活动多在清晨和傍晚。以竹叶、竹笋，以及其他植物的根、茎、嫩芽、嫩叶、野果和昆虫、鸟卵、小鸟、小兽、蜂蜜等为食。2~3 月发情。妊娠期为 3~4 个月。每胎产仔 1~3 个。2 岁性成熟。寿命为 12 年。

图 5.52　小熊猫

小熊猫的粪便一般存在两种类型：一种是呈较粗而断节的直索型，其未断的端部略具光尾；另一种是青果型，形状极似青果。前者多系觅食动物性与植物性的混杂食物，颜色多呈暗褐或黑，粪便中可见竹叶（呈片状）、竹枝节、骨骼（如脊椎骨）、毛发等，如纯食竹叶时，其粪便则显绿色；如果纯草食性食物，粪便多呈暗绿色，其中可见较大而成形的残食成分，大多为较粗而细长的纤维。如果在人工饲养下投喂奶粉（牛奶）和窝头等精饲料，其粪便一般较软而呈苍黄色，甚至不成形。

小熊猫被列为国家Ⅱ级重点保护野生动物。它在我国野外数量十分稀少，但也会有偷猎犯罪的现象发生。

## 263. 浣熊

浣熊体长46~80cm，尾长20~30cm，体重5~14kg（图5.53）。隶属于哺乳纲、食肉目、浣熊科。体型肥圆。体色主要为棕色、黄色和灰色，腹部颜色较淡。头部略呈三角形，口边具长胡须，吻狭长呈白色，眼小，其上方为白色，眼周围及裸鼻、面颊为黑色。四肢粗短，具长爪。尾巴粗而长，有白色和棕色的环节。

浣熊分布于加拿大南部、美国、墨西哥和中美洲大部分地区。栖息于海拔较低靠近溪流、湖、河的树林地带。常用现成的树洞当“卧室”，也栖于其他动物遗弃的旧穴中。单独或成小群活动。夜行性。喜欢游泳，常到河溪中玩耍。性情凶猛。以植物果实、叶，以及昆虫、软体动物、鱼、蛙、小型爬行类、小型啮齿类、鸟及鸟卵等为食，尤其爱吃蜂蜜。吃任何一种食物之前，都放在水里洗洗再吃。1~3月发情交配。妊娠期为2个月，每胎产3~5仔。1~1.5岁达到性成熟。寿命为13~15年。

图5.53　浣熊

浣熊在我国各地动物园中有饲养，是很受欢迎的观赏动物。

## 264. 水貂（diāo）

水貂也叫貂。隶属于哺乳纲、食肉目、鼬科。体长38~42cm，尾长18~20cm，体重1.6~2.2kg。体型细长。毛色多为黑褐色和浅褐色，也有白色、米黄及咖啡等多种颜色的彩貂。颌部有白斑。头小。眼圆。耳呈半圆形，稍高出头部并倾向前方。颈部粗短。四肢粗壮，前肢比后肢略短，趾间具蹼，足底有肉垫。肛门两侧有一对肛腺。尾细长，毛蓬松。毛的横断面为扁平状，毛髓属连续型，皮质层较厚，空胞壁粗糙。

水貂原产于美国、加拿大等地。栖息于河边及湖边等地带。居住在岸边的天然洞穴中。夜行性。行动敏捷，善于游泳和潜水。性情凶猛。单独活动。以鼠、兔、蛙、鱼，以及植物果实等为食。每年春季发情交配。妊娠期为46天。每胎产5~6仔。9~10个月达到性成熟。寿命为15~20年。

水貂是我国首批可商业性经营利用驯养繁殖技术成熟的54种陆生野生动物之一。它是一种珍贵的毛皮兽动物，素有“裘皮之王”的美称。水貂饲养作为我国后起的一项养殖业发展较快，饲养水貂的地区遍布全国。

## 265. 貂熊

貂熊体长为65~105cm，尾长17~26cm，体重7~32kg（图5.54）。隶属于哺乳纲、食肉目、鼬科。体型略扁，体毛蓬松，全身大多为棕褐色，吻部、眼周、背部的中央、四肢、腹部和尾巴上的毛近似于黑色，但背部的毛中散布着少量灰白色的针毛，沿体侧至后臀部具有淡色宽环条纹。

貂熊分布于我国东北、西北，以及欧洲北部、亚洲北部、加拿大和美国北部等地。栖息于亚寒带针叶林和冻土草原地带。主要在夜间觅食。性狡猾。以马鹿、驯鹿、狍子、麝、小驼鹿、狐狸、水獭、松鸡、榛鸡、鼠类等动物为食，也吃蘑菇、松子或各种浆果等植物性食物。秋季交配，妊娠期为121~272天，翌年2~4月产仔。每胎产2~5仔。哺乳期为2~3个月。2~3年达到性成熟。寿命为16年左右。

图5.54　貂熊

貂熊被列为国家Ⅰ级重点保护野生动物。它在我国野外数量十分稀少，但也会有偷猎犯罪的现象发生。

## 266. 黄喉貂

黄喉貂体长 42～63cm，尾长 37～45cm，体重 1 500～2 000g。隶属于哺乳纲、食肉目、鼬科。头部较为尖细，略呈三角形，身体细长，呈圆筒状。四肢短小，前后肢上各具 5 个趾，趾爪弯曲而锐利。毛色为棕褐色或黄褐色，腹部呈灰褐色，尾长，为黑色。前胸部有明显的黄色、橙色的喉斑，其上缘还有一条明显的黑线。

黄喉貂分布于中国、俄罗斯东南部、朝鲜、克什米尔、印度、中南半岛、马来西亚和印度尼西亚等地。栖息于丘陵或山地森林中。居于树洞中，单独或成对活动，行动快速而敏捷。性情凶猛。以鼠、獾、狸、鸟和鸟卵、鱼，以及植物的果实等为食。春季繁殖，每胎产 2 仔。

黄喉貂被列为国家Ⅱ级重点保护野生动物。它在我国野外数量十分稀少，但也会有偷猎犯罪的现象发生。它属于小型猛兽，野外也有可能咬伤人。

## 267. 石貂

石貂体长为 43～54cm，尾长 22～30cm，体重为 1 100～2 300g（图 5.55）。隶属于哺乳纲、食肉目、鼬科。体毛为灰褐色或淡棕色，喉部、胸部有一个鲜明的纯白色“V”字形斑纹或茧黄色斑点，向后分叉。尾巴长，尾毛蓬松。

图 5.55　石貂

石貂分布于中国西北、西南、华北等地。栖息于多岩石的山林环境、草原和黄土高原的沟谷等地。夜行性。行动迅捷，善于攀缘。以鼠类、小鸟、野兔、旱獭、两栖动物和小型爬行动物等为食，也吃野果等。每年 7 月发情交配。妊娠期为 8 个月左右，翌年 3~4 月产仔，每胎产 2~6 仔。

石貂被列为国家Ⅱ级重点保护野生动物。它在我国野外数量十分稀少，但也会有偷猎犯罪的现象发生。它属于小型猛兽，野外也有可能咬伤人。

## 268. 香鼬（yòu）

香鼬体长 20～28cm，尾长 11～15cm，体重 80～350g。隶属于哺乳纲、食肉目、鼬科。夏季体毛为暗棕黄色，颜面部为棕黑色，上唇和喉的前部白色。腹部为淡黄色或橘黄色。腹背之间形成明显的分界。

香鼬分布于中国东北、西北和西南地区，以及俄罗斯、亚洲中部、印度的锡金等地。栖息于草原、草甸和森林等地带。穴居。单独活动。以鼠、鸟、鱼和昆虫等为食。每年 2~3 月发情。每年产 1 胎。妊娠期为 40 天。4 月产仔，每胎产 2~8 仔。1 岁达到性成熟。

香鼬被列入“三有”名单，但也会有偷猎犯罪的现象发生。它属于小型猛兽，野外也有可能咬伤人。

## 269. 白鼬

白鼬体长 17～32cm，尾长 4～12cm，体重 42～260g。隶属于哺乳纲、食肉目、鼬科。夏季背部和体侧为灰棕色，腹部乳黄色，尾尖黑色。冬季全身体毛为白色，尾尖黑色。

白鼬分布于中国东北、西北地区，以及欧洲、俄罗斯、日本、北美洲北部等地。栖息于苔原、平原森林、沼泽和农田等地带。夜行性。以鼠、鸟、两栖动物、爬行动物、鱼和昆虫等为食。每年 2~4 月发情。雌兽妊娠期为 10 个月。翌年 3~4 月产仔，每胎产 3~9 仔。哺乳期 42 天。2 月龄至 1 岁达到性成熟。

白鼬被列入“三有”名单，但也会有偷猎犯罪的现象发生。它属于小型猛兽，野外也有可能咬伤人。

## 270. 艾鼬

艾鼬体长31~56cm，尾长11~15cm，体重500~1 000g。隶属于哺乳纲、食肉目、鼬科。身体背部毛色为棕黄色或沙黄色，后部有黑褐色混杂。体侧淡棕色。鼻子四周和下颌白色。鼻子中部、眼周为棕黑色。额部灰棕色。腹面、四肢为黑褐色。

艾鼬分布于我国长江流域以北地区，以及俄罗斯、蒙古和克什米尔等地。栖息于开阔草原、半荒漠地区等地带。穴居。夜行性。单独活动。以鼠、鸟、蛙、鱼，以及植物果实等为食。每年1~3月发情。妊娠期为38~41天。4~5月产仔。每胎产3~5仔。9月龄达到性成熟。

艾鼬被列入“三有”名单，但也会有偷猎犯罪的现象发生。它属于小型猛兽，野外也有可能咬伤人。

## 271. 黄鼬

黄鼬也叫黄鼠狼，是我国常见的小型食肉动物。体长28~40cm。隶属于哺乳纲、食肉目、鼬科。头小，耳小，身体细长，四肢较短。体毛为浅棕黄色至棕色。毛的横断面为椭圆形或圆形，毛髓属连续型，髓质层很发达，皮质较薄，多网格状空胞。

黄鼬分布于我国大部分地区。栖息于平原耕作区、水网区、沼泽、山地和高原等环境中。单独活动。夜晚活动。行动敏捷。以鼠、蛙、蟾蜍、泥鳅和昆虫等为食。3~4月发情。每胎产2~8仔。9~10月龄达到性成熟。寿命为10~20年。

它们的粪便一般是两端都具长尾的褶索状。粪色有棕黑、褐和偶带灰色等，新鲜粪便具有显著的麝香气味。干硬粪便相对较长、呈褶索状，一般为暗灰或黑色，因为它们的食物大多是蛋白质。骨片、兽毛和鸟羽等经常发现在其粪便中。

它们的内侧最小趾并不都呈现于足印中，其趾印的排列形式是第1、5趾与中间3趾分开。足迹通常形态稍宽于长，呈现出从趾行到跖行的印迹形态。其发达的爪常常显现在其足迹中。各类垫印均较小而分散，趾垫与前垫相距较远，两个掌垫印小而略圆呈不规则的短宽“V”字形。

黄鼬在我国民间有“偷鸡贼”的坏名声，但事实上，“偷鸡”却并非它的“专长”，而各种鼠类才是它的主要食物。凡是黄鼬数量多、活动频繁的地区，鼠害就比较少；反之鼠害就十分猖獗，甚至泛滥成灾。所以黄鼬是对农、林、牧业非常有益的动物，是人类的朋友。

黄鼬被列入“三有”名单，但也会有偷猎犯罪的现象发生。它属于小型猛兽，野外也有可能咬伤人。

## 272. 黄腹鼬

黄腹鼬体长21~33cm，尾长11cm，体重146~300g。隶属于哺乳纲、食肉目、鼬科。身体细长，四肢较短。背部体毛为深咖啡褐色，腹面自喉部以下至尾巴基部为亮金黄色或橙黄色。

黄腹鼬分布于中国长江流域以南地区。栖息于山地森林、灌丛、草丛、农田等地带。穴居。黄昏活动。单独或成对活动。行动敏捷。性情凶猛。会游泳。以鼠、鸟和昆虫等为食。

4足印均较小，前足印长多不及30mm，后足印长约40mm。前、后足印都呈现5趾，且各趾印相距均较开，多呈椭圆形。前掌近乎中空的椭圆环印，常由6~7个大小不等的凹点围成；后跖印多显长形，其前端具大小相近的4个明显凹点。

黄鼬被列入“三有”名单，但也会有偷猎犯罪的现象发生。它属于小型猛兽，野外也有可能咬伤人。

## 273. 伶鼬

伶鼬体长14~21cm，尾长3~7cm，体重50~130克。隶属于哺乳纲、食肉目、鼬科。夏季背部体毛为棕色，腹部为白色。冬季全身体毛为白色，尾尖为棕黑色。

伶鼬分布于中国东北、西北和西南地区。栖息于苔原、平原、山地森林、沼泽、草原和农田等地带。夜行性。以鼠、鸟、蛙和昆虫等为食。全年均可发情。每年产 1~3 胎。妊娠期为 35~37 天。每胎产 3~7 仔。哺乳期 50 天。4 月龄达到性成熟。

伶鼬被列入“三有”名单，但也会有偷猎犯罪的现象发生。它属于小型猛兽，野外也有可能咬伤人。

## 274. 虎鼬

虎鼬体长 33~39cm，尾长 16~21cm，体重 285~700g。隶属于哺乳纲、食肉目、鼬科。身体背面为黄白色，散布许多褐色或粉棕色斑纹。头部自吻部到两耳之间为黑褐色，横过颜面部经眼上沿、颊至耳下到喉部，有一条宽的白纹几乎成环状，但不相连。唇和前额为白色。颈部、背部和肩部为淡黄色。喉部、胸部、腹部和四肢为黑褐色。尾巴棕色，尾尖浅黑褐色。

虎鼬分布于我国新疆、青海、甘肃、宁夏、山西北部、陕西北部、内蒙古等地。栖息于荒漠、半荒漠草原等地带。穴居。夜行性。以鼠、鸟、蜥蜴等为食。每年春季发情。妊娠期为 2 个月。4 月产仔。每胎产 4~8 仔。

虎鼬被列入“三有”名单，但也会有偷猎犯罪的现象发生。它属于小型猛兽，野外也有可能咬伤人。

## 275. 紫貂

紫貂也叫黑貂，是我国北方森林中的珍贵动物（图 5.56）。体长 40cm。隶属于哺乳纲、食肉目、鼬科。四肢短健，前后肢均具五趾。身躯细长，脸和鼻部较尖。眼睛大，耳壳大且直立，略呈三角形，尾巴粗大而尾毛蓬松。全身毛色有乌黑、紫褐、灰褐等颜色，脸部颜色略浅，喉部有的无斑，有的有黄白色或橙黄色的喉斑，呈不规则形。

图 5.56　紫貂

紫貂分布于我国东北、西北地区。栖息于山地针叶阔叶混交林和亚寒带针叶林中。单独活动，性情孤僻，昼夜均能活动觅食，但以夜间居多。行动敏捷。以松鼠、花鼠、田鼠、姬鼠、鼠兔、野兔、雉鸡、松鸡、小鸟、鸟卵和昆虫等为食，也吃松子和浆果等。6~8 月发情。每胎产 2~4 仔。3 岁达到性成熟。寿命为 10~20 年。

紫貂被列为国家Ⅰ级重点保护野生动物。由于人类为了获取它珍贵的皮毛而长期大量猎捕，使其数量锐减，但也会有偷猎犯罪的现象发生。

## 276. 狗獾（huān）

图 5.57　狗獾

狗獾体长 49~61cm，尾长 15~19cm，体重 5~10kg（图 5.57）。隶属于哺乳纲、食肉目、鼬科。头部有 3 条白色纵纹。背面体毛为暗褐色与白色混杂。喉部、腹面为黑褐色。尾毛黑棕色。

狗獾分布于我国大部分地区。栖息于森林、灌丛、荒野、草丛等地带。穴居。夜行性。以植物的根、茎、果实，以及蛙、蜥蜴、蚯蚓、昆虫等为食。每年 9~10 月发情。妊娠期为 10 个月。翌年 4~5 月产仔。每胎产 2~6 仔。1~3 岁达到性成熟。寿命为16年。

狗獾被列入“三有”名单，但也会有偷猎犯罪的现象发生。它属于小型猛兽，野外也有可能咬伤人。

## 277. 猪獾

猪獾体长65~70cm，尾长14~17cm，体重7~14kg（图5.58）。隶属于哺乳纲、食肉目、鼬科吻尖。眼小。耳小。头部至鼻尖沿额中线到颈部有一条白纹，眼下也有短纹，耳、喉呈白色，背部为黑褐色，并杂有灰白色毛，腹中部及四肢呈黑色。四肢短小，具5趾，尾较长，呈白色。

图5.58 猪獾

猪獾分布于我国大部分地区。栖息于平原以及海拔3 000m左右的高山上。挖穴而居或在岩洞中居住。昼伏夜出，傍晚、拂晓前最为活跃。警惕性很高。视觉弱，但嗅觉灵敏。以蚯蚓、昆虫、蛙、鸟、鼠等为食，有时也吃植物的嫩茎、叶、果实等。有冬眠习性。春季发情交配。雌兽的妊娠期为3个月，每胎产3~4仔。2岁性成熟。寿命约12年。

猪獾前后足均具呈斜弧形排列的5趾，除第1趾印明显较小外，其余4个趾印近乎等大。第1趾印前端位于2~5趾印后缘横切线后下方，第3、4趾印前端近齐平，处5趾印最前方，第1~3趾印彼此相距较开，而第3~5趾印则较近。猪獾的5趾均具长而强壮的锐爪，故其爪印明显，且相距趾印甚远，最长的两个爪印通常近靠。间垫印大而显著，其后中部具一歪三角形的深凹。掌垫印大而圆，位于足印的中外侧。

猪獾被列入“三有”名单，但也会有偷猎犯罪的现象发生。它属于小型猛兽，野外也有可能咬伤人。

## 278. 鼬獾

鼬獾体长31~43cm，尾长15~23cm，体重1~1.5kg。隶属于哺乳纲、食肉目、鼬科。体毛为棕灰色，两眼之间有一个方形白斑，眼下和耳下白色，头后部也有一个白斑，并有一条白纹沿背脊向下延伸。腹部白色或略带黄色。

鼬獾分布于中国长江流域以南地区。栖息于山地林缘、沟谷和农田等地带。穴居。夜行性。以植物的根茎、块茎、果实，以及鼠、蛙、泥鳅、蚯蚓、昆虫等为食。每年2~3月发情。4~5月产仔。每胎产2~4仔。1岁达到性成熟。

足均具5趾，趾印大小相近。爪长、侧扁、略弯。前足2、3爪长15mm左右，约为后足爪长的两倍，适于挖掘。掌印具前后分离的6个凹点（前4、2后）；跖常为5个凹印，前3个近等大呈三角排列，后2个似“V”形，但内长外短。

鼬獾被列入“三有”名单，但也会有偷猎犯罪的现象发生。它属于小型猛兽，野外也有可能咬伤人。

## 279. 水獭（tǎ）

水獭是半水生的哺乳动物。体长55~82cm（图5.59）。隶属于哺乳纲、食肉目、鼬科。身体背面为暗褐色，腹部呈浅棕色，喉、颈、胸部近白色。身体细长，呈圆筒状，头部宽扁，鼻子小而呈圆形，裸露的小鼻垫上缘呈“W”形。上唇为白色，嘴角生有发达的触须。眼小，耳也较小，呈圆形。四肢粗短，趾爪长而稍锐利，爪较大而明显，伸出趾端，后足趾间具蹼。尾长而扁平，基部粗，至尾端渐渐变细。

水獭分布于我国的华北、华中、中南、西北、西南等地区。栖息于河流、沼泽、池塘、湖泊等淡水水域。半水栖。掘洞而居。善于游泳和潜水。以鱼类、小鸟、小兽、青蛙、虾、蟹及甲壳类动物等为食，也吃少量植物。一年四季都能发情。一般在冬季产仔，每胎产 1~5 仔。3 岁性成熟。寿命为 15~20 年。

图 5.59　水獭

新鲜水獭粪的颜色是黑的，好像涂了油似的，且常有鲜鱼的腥味。随着粪龄的延长，其粪便很少成形，多趋于崩溃（衰变）。当水獭觅食鲜鱼时，它们的粪非常脆弱和容易崩溃。其粪便常排放在标杆处或者显著的岸沿。

水獭被列为国家Ⅱ级重点保护野生动物。它在我国野外数量十分稀少，但也会有偷猎犯罪的现象发生。

## 280. 江獭

江獭又叫滑獭、印度水獭、咸水獭、短毛獭等。体长为 60~80cm，体重 5~12kg。隶属于哺乳纲、食肉目、鼬科。头部较大，耳较短小，边缘为灰白色。裸露的鼻垫的上缘与毛区交界处只在中间突出一些，几乎成一直线，并有两处凹陷。四肢粗短，略显棕黄色。趾爪都很小，具有完全的蹼。身体背部的毛色较深，为浅黑褐色，针毛非常短，腹部毛色较浅，暗褐色，但背面与腹面之间没有明显的分界。尾巴大约为体长的一半，较短而扁，甚为宽阔。

江獭主要分布于我国的云南、广东等地。生活于江河附近，也栖居在沿海地区的海边石隙和岩洞中，到海中活动、觅食。喜欢集群活动。以鱼类、蟹类等为主食。它也有在沙滩上“挂爪”的习性，爪痕深浅不一。经常活动的地方，也留有它打滚留下的痕迹，或者进出淡水坑“洗澡”的足印，这是饱食以后到岸上休息前的习惯，目的是冲去身上的咸水，使皮毛保持干爽。但它没有在沙中埋藏粪便的习惯，粪便大多排在大岩石的上面，颜色为乌黑色，里面有许多未被消化的鱼鳞或虾蟹硬壳等。

江獭被列为国家Ⅱ级重点保护野生动物。它在我国野外数量十分稀少，但也会有偷猎犯罪的现象发生。

## 281. 小爪水獭

小爪水獭体长 42~54cm，尾长 23~33cm，体重 2 700~5 400g。隶属于哺乳纲、食肉目、鼬科。背部体毛主要为棕色，腹部为灰白色。身体细长，呈圆筒状，头部宽扁。眼小，耳小而圆。后足趾间具蹼。爪小，不突出于趾尖。尾长而扁平，基部粗，至尾端渐渐变细。

小爪水獭分布于我国华南、西南地区。栖息于河流及沿岸地带。半水栖。掘洞而居。善于游泳和潜水。成小群活动。以鱼类、软体动物、甲壳动物等为食。妊娠期为 60~64 天。每胎产 1~6 仔。1 岁达到性成熟。寿命为 11 年。

足印较小，且缺爪印。足链中伴有尾的拖印。

小爪水獭被列为国家Ⅱ级重点保护野生动物。它在我国野外数量十分稀少，但也会有偷猎犯罪的现象发生。

## 282. 海獭

海獭体长为 100~150cm，尾长为 26~36cm，体重 20~40kg（图 5.60）。隶属于哺乳纲、食肉目、鼬科。整个身体粗厚似圆筒形，尾巴较短。体毛为深褐色或黑褐色，只有头颈部呈现浅褐色。吻部短而钝，触须发达，短而粗，呈白色。没有耳屏和对耳屏。前后足的第 5 趾均特别长，前足 5 趾连在一起，趾上具毛，后足特别发达，又短又宽，趾间有蹼，外侧长成鳍状。

海獭分布于北太平洋的北美洲西海岸和亚洲东北海岸附近。栖息于海洋中，很少上陆，主要在白天活动。结成小群。善于游泳和潜水。以海胆、海蛤、贻贝、螺纹蜗牛、石鳖、鲍鱼、乌贼，以及甲壳类动物等为食，也吃一些海藻。雌兽的妊娠期为7~9个月。每胎产1~2仔。4~5岁性成熟。寿命为20年。

图5.60　海獭

海獭在《濒危野生动植物种国际贸易公约》中被列入附录Ⅰ。它在我国一些海洋馆中有饲养。

## 283. 大灵猫

大灵猫是具有香腺的食肉动物。体长65~85cm。隶属于哺乳纲、食肉目、灵猫科。身体细长，额部相对较宽，吻部略尖，嘴上的触须较为发达。体毛主要为灰黄褐色，头、额、唇呈灰白色，体侧分布着黑色斑点，背部的中央有一条竖立起来的黑色鬣毛。身体两侧各有一条白色细纹，颈部两侧各有三条黑色横纹，其间还夹有两条白色横纹，均呈波浪状。胸部和腹部为浅灰色。四肢较短，呈黑褐色。尾巴的基部有1个黄白色的环，其后为4条黑色的宽环和4条黄白色的狭环相间排列，末端为黑色。

大灵猫分布于我国秦岭、长江流域以南，以及亚洲南部和东南部一带。栖息于丘陵、山地等地带的热带雨林、亚热带常绿阔叶林的林缘灌木丛、草丛中。平时单独活动。喜欢居住在岩穴、土洞或树洞中，昼伏夜出。在活动时，凡是栖息地内的树干、木桩、石棱等沿途突出的物体，都会用香腺的分泌物经常涂沫，起着标记领域的作用。生性机警，善于攀登树木，也善于游泳。以昆虫、鱼、蛙、蟹、蛇、鸟、鼠等动物为食，也吃植物的根、茎、果实等。春季发情。每胎产2~5仔。2岁性成熟。寿命为13~15年。

大灵猫被列为国家Ⅱ级重点保护野生动物。它的毛皮厚密，可制裘和皮褥等，鬣毛和针毛可做上等画笔和面刷。灵猫香为世界著名四大香料之一，作为高级化工原料，是调配高级香精的一种强定香剂，在医药上的功用与珍贵的药材麝香相似，因此，也会有偷猎犯罪的现象发生。它属于中型猛兽，野外也有可能咬伤人。

## 284. 小灵猫

小灵猫体长55~61cm，尾长30~43cm，体重为2~6kg（图5.61）。隶属于哺乳纲、食肉目、灵猫科。身体细长。体毛呈灰棕色、乳黄或赭黄色。体侧分布着黑色斑点，背部有6~8条深色的纵纹，眼睛、耳朵的背面都是黑褐色。颈侧至前肩有两条黑纹。四肢为黑褐色。尾巴棕灰色，有6~8个较窄的黑白相间的环状斑纹，尾基的1~2个环纹及尾端的两个环纹在尾下不愈合。毛的横断面为椭圆形或圆形，毛髓属连续型，髓质很发达，皮质层较薄，有多空胞呈网格状，髓质中空胞较规则。

图5.61　小灵猫

小灵猫分布于我国淮河流域、长江流域以南地区。栖息于热带、亚热带、暖温带的山地、丘陵林地中。夜行性，独居。以蛙、蛇、小鸟、昆虫及果实、树根、种子等为食。2~4月发情交配。雌兽的怀孕期为2.5~4个月，每胎产1~5仔。哺乳期为3个月。1.5~2岁性成熟。寿命10~12年。

小灵猫被列为国家Ⅱ级重点保护野生动物。它的毛皮也可制裘、皮帽、手套、画笔等，香囊的分泌物是药物和香料的原料，因此，也会有偷猎犯罪的现象发生。它属于小型猛兽，野外也有可能咬伤人。

## 285. 斑林狸（lí）

斑林狸体长 35~40cm，尾长 30~36cm，体重为 1 000g。隶属于哺乳纲、食肉目、灵猫科。身体细长。体毛短、密而柔软，主要呈灰棕色或橙黄色，背部和体侧分布着黑褐色斑点。尾巴有 8~10 个黑色的环状斑纹。

斑林狸分布于中国西南、华南地区。栖息于亚热带常绿阔叶林、灌丛等地带。夜行性。嗅觉、视觉和听觉都很灵敏。以蛙、蜥蜴、鼠类、昆虫，以及浆果等为食。每胎产 2 仔。一般在春末生产。寿命为 7~8 年。

斑林狸前后足均具 5 个呈斜弧形排列的趾印，其第 3、4 和第 2、5 趾印分别位于横切线的远侧。前足第 3 趾最前，后足第 4 趾略前位。第 1 趾较小，处间垫的下外侧。前足间垫呈三角位的 3 个分离垫印，具 2 个左右前后分列的大型椭圆掌垫印（后垫印偏足印外侧）；后足三角位间垫印较大（前垫印常具纵嵴），2 跖垫相对近靠，其内侧垫印甚小，外侧垫斜长形并多被绒毛覆盖，故在足印中很少呈现印痕。

斑林狸被列为国家Ⅱ级重点保护野生动物。它在我国野外数量十分稀少，但也会有偷猎犯罪的现象发生。它属于中型猛兽，野外也有可能咬伤人。

## 286. 果子狸

果子狸也叫花面狸、白鼻狗、花面棕榈猫（图 5.62）。体长 51~76cm，尾长 51~64cm，体重 3 600~5 000g。隶属于哺乳纲、食肉目、灵猫科。面部黑褐色，从鼻端到头后部及眼睛上下各有一条白纹。背部体毛灰棕色。腹面灰色或淡黄色。四肢短，具五趾，趾端有爪，爪稍有伸缩性；尾长，约为体长的 2/3，为 30~42cm，末端黑色。

图 5.62　果子狸

果子狸分布于中国华北以南地区，以及亚洲东南部一带。栖息于山地森林中。穴居。夜行性。成对或结小群活动。以植物果实，以及鼠、鸟、蛇、蛙和昆虫等为食。每年 2~5 月发情。怀孕期为 70~90 天。夏季产仔，每胎产 1~5 仔。1 岁达到性成熟。寿命为 15 年。

鼬獾被列入“三有”名单，但也会有偷猎犯罪的现象发生。果子狸是我国首批可商业性经营利用驯养繁殖技术成熟的 54 种陆生野生动物之一。它是珍贵的毛皮和肉用的动物，人工饲养经济效益高，在人工养殖基地、动物园等处可能发生因经济利益而进行的盗窃、抢劫等犯罪行为。

## 287. 熊狸

熊狸体长为 61~69cm，尾长 56~90cm，体重为 9~14kg。隶属于哺乳纲、食肉目、灵猫科。全身覆盖黑色或暗棕色的长毛，稀疏、粗糙而蓬松，上面缀有棕黄色的斑点，长毛下的绒毛呈波浪形。面部和足背部的毛较短，呈灰白色。耳朵上有簇毛。

熊狸分布于中国云南、广西等地。栖息于热带雨林或季雨林中。夜间、早晨和黄昏活动。单独或成小群活动。攀爬本领很高。以植物的果实、树叶和芽为食，也吃鸟卵和鸟类等小动物。每年 2~3 月交配，5 月中旬产仔。雌兽的妊娠期为 84~99 天。每胎产 1~6 仔。寿命为 22~23 年。

前后足均具 5 个近等大略呈斜行排列的趾印，后足第 2、3 趾印分离但较紧靠，爪印较长而尖；掌、跖为 6 个凹印，常有密小蜂窝点，后 2 个呈左右排列的垫印为内小外大。前掌前位的内侧 2 个凹印明显较小，而跖前相对小的 2 个凹印则处中间。粪便由多个棱状块拼成的 2 折节堆放，并有相对固定的“厕所”及护粪特性。

熊狸被列为国家Ⅰ级重点保护野生动物。它在我国野外数量十分稀少，但也会有偷猎犯罪的现象发生。

## 288. 食蟹獴（měng）

食蟹獴体长36~52cm，尾长17~26cm，体重1 000~2 300g（图5.63）。隶属于哺乳纲、食肉目、灵猫科。体毛主要为沙棕色，杂以黑色、土黄色和白色。足褐色。嘴角有一条白纹延伸至肩部。

图5.63 食蟹獴

食蟹獴分布于我国长江流域以南地区。栖息于山地河谷、林间溪边等环境中。早晨和黄昏活动。单独或成对活动。以鼠、鸟、蛇、蛙、蟹、蜗牛和昆虫等为食。每年春季发情。怀孕期为50~60天。夏季产仔，每胎产2~5仔。

食蟹獴足印窄长形。前后足均具5个趾印及其强爪印（爪印距趾端相对较近），第1趾较粗短，与第2趾相距较远，爪相对细短，第2~5趾较粗长，其爪则显长宽；掌、跖印的前部均有3个呈三角位布的大型凹印，前足印的外后部还有1个近方形的显著凹印，后足印后部较长而不甚显著。

食蟹獴被列入"三有"名单，但也会有偷猎犯罪的现象发生。它属于小型猛兽，野外也有可能咬伤人。

## 289. 猫

猫也叫家猫，是常见的饲养动物（图5.64）。隶属于哺乳纲、食肉目、猫科。体型匀称。头圆。眼睛大而圆。耳朵小，呈圆形或尖形。犬齿长。嘴边有长的触须。四肢较短。爪弯曲锐利，能伸缩，可以缩入爪鞘内。体毛有黑色、白色、黄色、花色等。

图5.64 猫

猫的祖先是分布于欧洲、非洲和亚洲中部的野猫，现在世界各地均有饲养。性情活泼。以鼠、鱼等为食。一般春季和秋季发情。雌兽妊娠期为60~68天。每胎产1~5仔。6~8个月达到性成熟。

猫最早在5000年前就已经为古埃及人所驯养，当时主要用于捕捉鼠类，现在则主要作为宠物饲养。猫的品种很多，主要有波斯猫、喜马拉雅猫等长毛品种和暹罗猫、苏格兰猫等短毛品种。

猫的四足具疏排且不带爪的4个椭圆形趾印。前后足的2外趾印均小于2内趾印。间趾垫印为前足的短宽，后足的相对短窄，其前凸显著宽平。

猫是常见的家养宠物。在农村和城市家庭、宠物饲养基地等处，可能会出现为了经济利益而进行盗窃、抢劫等犯罪行为，在某些犯罪现场也有可能出现它的痕迹。

猫一般不会伤人，但如果被咬伤或抓伤，也有传染狂犬病等的可能。

## 290. 波斯猫

波斯猫是最常见的长毛猫，是在阿富汗的土种长毛猫和土耳其的安卡拉长毛猫的基础上，在英国经过长时间的培育而成的。该猫体型有点像小狮子，头大背短；鼻短而宽，耳朵小，两耳距离大，尾巴短，爪子大，腿短粗，给人以紧凑的感觉。全身的被毛蓬松、光滑，脖子和后背长有长长的鬣毛；耳朵内外也长满了毛；趾间也有一簇簇的毛。被毛颜色丰富多彩，大致分为五种类型：单一颜色类，是只有一种颜色的猫，有白、黑、蓝、红、奶油等色；渐变色类，包括灰鼠色、渐变银色、贝雕色及渐变贝雕色；烟色类，毛根为白色，上层绒毛是黑色、蓝色或红色，猫不动时像单色，猫运动时则下层颜色清晰可见；斑猫类，有以下几种颜色：银色、棕色、红色、奶油色、蓝色和贝雕色；多色类，包括玳瑁猫、三花猫、蓝奶油色猫。除以上类型外，还有两色猫，如黑白、蓝白、红白或奶油色与白色等。

波斯猫的眼圆而大，颜色应为黄色，但灰鼠色、渐变银色和银斑猫的眼睛除外，后三种猫的眼睛可以是绿色或浅棕色。白波斯猫的眼睛可以有蓝色、黄色或鸳鸯眼（即一只为黄色，另一只为蓝色）。

波斯猫有一副讨人喜爱的面庞，长而华丽的被毛，且性格温顺，爱撒娇，叫声小，因而深得人们的喜爱。

## 291. 喜马拉雅猫

喜马拉雅猫属长毛猫，是波斯猫和泰国猫的杂交品种，经过几代的选育发展而来的。该猫有着波斯猫的体态，泰国猫的毛色。毛色有七种“点”：海豹点、巧克力点、蓝点、丁香点、橙色点、玳瑁点、蓝奶油点。这些色点分布在猫的腿、脚、尾巴、耳朵和面部，故在英国被称为色点长毛猫。眼睛为蓝色，越蓝越好。

喜马拉雅猫融合了波斯猫的轻柔、妩媚，泰国猫的聪明、温雅，叫声悦耳，爱撒娇，也很讨人喜欢。

## 292. 缅因古恩猫

缅因古恩猫属长毛猫，准确地说应属半长毛猫，其毛长介于长毛猫和短毛猫之间。该猫是由 19 世纪 30 年代美国缅因州的航海家从外国带回的多种猫杂交的结果。毛色繁多，眼睛的颜色随毛色而变化。这种猫的性格比较可爱。

## 293. 泰国猫

泰国猫也叫暹罗猫，为典型的短毛猫。该猫原产于泰国及东南亚国家，早期育种在英国进行。体型适中，腿较细，头尾较长，面颊圆，鼻梁直，尾巴渐细，眼呈杏仁状。被毛短，颜色浅，被毛有四种色“点”：海豹点、巧克力点、蓝点、淡紫点，分布于四肢、尾巴、耳朵和面部。眼睛为蓝色，且越深越好。

泰国猫性格外向，好奇心强，活泼好动，聪明伶俐，酷爱清洁，但叫声较大且较独特，有时像不停地说话有时像小孩哭，所以可能令人生厌。

## 294. 曼岛猫

曼岛猫也叫曼克斯猫、无尾猫，属短毛猫。该猫原产于英国的曼岛，最显著的特征是没有尾巴。它的身体比较短，从外表看，身体滚圆，头大而圆，前肢短后肢长而强壮，跑动时像兔子一样跳跃，因此又被称作小兔子猫。被毛有一似棉花一样紧密的短毛层，还有一些短的外毛向外展开。

曼岛猫叫声很轻，和主人感情深厚。

## 295. 缅甸猫

缅甸猫属短毛猫，原产于缅甸，由英国培育，美国改良而成。该猫体型粗短结实，肌肉强壮，圆头圆眼，耳朵中等，眼色为金色，毛色为深褐色。

缅甸猫性格温顺，叫声和动作都比较可爱，会向主人撒娇。

## 296. 阿比西尼亚猫

阿比西尼亚猫也叫芭蕾舞猫，为短毛猫，在英国育成。该猫体型中等，体态轻盈，眼大，耳朵机敏。被毛呈黄褐色，间具黑色杂毛，但不成花纹，杂毛根部淡黄，中间是红砖色，毛色为金黄色、绿色或黑褐色。毛色艳丽明亮。

阿比西尼亚猫很聪明，记忆力强，肌肉发达，动作敏捷，喜欢与人为伴，深受人们的欢迎。

## 297. 日本猫

日本猫为短毛猫，在日本土种猫的基础上改良而成。该猫体型中等，尾巴像兔子尾巴，头额较宽，眼大而椭圆，耳朵大而直立，鼻稍宽，鼻梁平直，后腿比前腿长，但站立时后腿弯曲，使躯体保持水平。最受欢迎的毛色是黑、白、红三色。以白底黑红色镶边的品种较为名贵。

日本猫生性聪明、温顺、活泼、叫声优美，受到人们的喜爱。

## 298. 美国短毛猫

美国短毛猫为短毛猫品种，20 世纪初由英国引入美国，经改良而育成。该猫体格强壮，肌肉发达。头很圆，眼睛大小适中。胸部浑圆，脊背平直，腿长适中。被毛柔而厚，并且很短。毛色与波斯猫相似，以银色条纹为名贵。

美国短毛猫性情温和、聪明，善于捕鼠，而且饲养管理也很容易，适应性很强。

## 299. 克拉特猫

克拉特猫原产地是泰国。这种猫骨架小、身材细、头呈鸡心形。被毛呈蓝色，毛梢稍带银色，银色比重越大越好。猫鼻子和脚垫呈深蓝色或淡紫色，眼睛呈闪金光的蓝色。

该猫性情温和，叫声轻，比较安静，给人以内向、尊贵的感觉，而且还喜欢和人接近。

## 300. 俄国蓝猫

俄国蓝猫最早产于俄国，不过现在的这个品种多半起源于英国。该种猫骨架比较小，身材细长，腿也很长，耳朵根部宽，并且大而尖。被毛短而密集，而且是立起来的，毛色呈蓝色，毛尖呈银色，鼻子呈深的蓝灰色，脚垫呈淡紫色。眼睛呈杏仁状，颜色为绿色。

这种猫生性温和而安静，但比较机敏。

## 301. 英国蓝猫

英国蓝猫是由长毛猫和短毛猫杂交选育而成的。身材和波斯猫一样粗壮、矮胖、紧凑。被毛短、密、柔软。

这种猫性格安静、聪明，而且便于饲养管理，因而深得人们的喜爱，是比较理想的伴侣动物。

## 302. 哈瓦那棕色猫

哈瓦那棕色猫最初是由英国人用俄国蓝和海豹点的泰国猫杂交而成的。鼻梁凹陷，眼睛很大，耳朵又圆又大。被毛呈深棕色，连胡子也呈深棕色。鼻子和脚垫发红，眼睛呈黄绿色。

这种猫不像家猫，比较调皮，因而也不怎么常见。

## 303. 豹猫

豹猫体长 36~90cm，尾长 15~37cm，体重 3~8kg（图 5.65）。隶属于哺乳纲、食肉目、猫科。从头部至肩部有 4 条棕褐色条纹，两眼内缘向上各有一条白纹。全身体毛为浅棕色，布满棕褐色至淡褐色斑点。

豹猫分布于我国大部分地区。栖息于山地森林、草丛和居民区附近等地带。单独活动。黄昏、夜间活动。以鼠、兔、鸟、蛙等为食。每年 1~3 月发情。雌兽的妊娠期为 63~70 天。翌年 3~5 月生产，每胎产 2~4 仔。18 月龄达到性成熟。寿命为 13 年。

图 5.65　豹猫

豹猫足印略比家猫的大。四足具排列较紧密且不带爪的 4 个椭圆形趾印。前后足的 2 个外趾印均大于 2 个内趾印。间趾垫印为后足明显小于前足，其前凸显著较窄平。粪便主具黑褐和淡棕灰两色，一般存在索条或两端略尖的颗粒两种形态。

豹猫被列入“三有”名单，但也有偷猎的现象发生。它属于小型猛兽，野外也有可能咬伤人。

## 304. 荒漠猫

荒漠猫体长为 60~80cm，尾长为 23~35cm，体重为 5.5~10kg。隶属于哺乳纲、食肉目、猫科。头部为灰白色，颊部有两条斜行的暗褐色纹，两条纹之间呈亮灰色。耳朵的基部为淡红褐色，尖上有短簇毛。背部和四肢的外侧呈沙黄色，背中部略微具有暗红棕色。颌部白色，前胸部淡黄褐色，腹部暗黄色。有时在前臂的内侧有暗纹，臀部的外侧有 3~4 条细而不明显的暗横纹。尾巴的背面与背部的颜色相同，末端有 3~4 条暗棕色纹，尖端为黑色。足的掌面上具有黑褐色的长毛。

荒漠猫分布于中国西北、西南地区，以及蒙古等地。栖息于黄土丘陵干草原、荒漠、半荒漠、草原草甸、山地针叶林缘、高山灌丛和高山草甸地带。早晨、黄昏以及夜间活动。性情孤僻。以鼠类、鼠兔、旱獭、鸟类等为食。繁殖期为每年的 1~2 月。雌兽的妊娠期为 8 个月，翌年 4~5 月生产，每胎产 2~4 仔。

荒漠猫被列为国家Ⅱ级重点保护野生动物。它在我国野外数量十分稀少，但也会有偷猎犯罪的现象发生。它属于中型猛兽，野外也有可能咬伤人。

## 305. 丛林猫

丛林猫体长 60~75cm，尾长 25~35cm，体重为 3~5kg。隶属于哺乳纲、食肉目、猫科。全身的毛色较为一致，缺乏明显的斑纹，背部呈棕灰色或沙黄色，背部的中线处为深棕色，腹面为淡沙黄色。四肢较背部的毛色浅，后肢和臀部具有 2~4 条模糊的横纹。尾巴的末端为棕黑色，有 3~4 条不显著的黑色半环。眼睛的周围有黄白色的纹，耳朵的背面为粉红棕色，耳尖为褐色，上面有一簇稀疏的短毛。

丛林猫分布于中国西南和西北地区、中南半岛、埃及等地。栖息于沿河、环湖边的芦苇、灌木丛、森林等地带。夜行性，多在早晨和黄昏外出活动，白天有时也出来活动。嗅觉和听觉发达，善于奔跑和跳跃，能攀树。以鼠、兔、蛙、鸟为食，也吃腐肉和果实等。春天发情交配。雌兽的妊娠期为 66 天。每胎产 2~5 仔。

四足都呈现前后排列并不带爪的 4 个长椭圆形趾印。前足的两后位趾印相对较大，而后足的前位两趾印更大；前后足的间趾垫印几近等大（后足的稍小），左右不对称，其前凸呈斜坡形，后中部弧形凹陷，其两侧向前各具一狭窄棱嵴。

丛林猫被列为国家Ⅱ级重点保护野生动物。它在我国野外数量十分稀少，但也会有偷猎犯罪的现象发生。它属于中型猛兽，野外也有可能咬伤人。

## 306. 美洲狮

美洲狮体长为100~160cm，肩高66~76cm，尾长52~82cm，体重55~105kg（图5.66）。隶属于哺乳纲、食肉目、猫科。头圆、吻宽、眼大、耳短，耳朵背后有黑色斑。四肢细长，尾端有丛毛。体毛较短，身上没有斑纹，背部及四肢外侧为棕灰、银灰及浅紫色，腹部和四肢内侧为灰白色。

图5.66 美洲狮

美洲狮分布于从北美洲加拿大西南部至南美洲的阿根廷和智利南部。栖息于森林、丛林、丘陵、草原、半沙漠和高山等多种生境。单独活动。善于游泳和爬树，也善于奔跑。以鹿、山羊、羚羊、野兔、旱獭、林鼠、松鼠、狐狸、浣熊、猴子、鱼类和鸟类等为食。繁殖季节不固定，雌兽的妊娠期大约为90天。每胎产1~6仔。2~3岁性成熟。寿命为15~20年。

美洲狮在我国一些动物园、野生动物园中有饲养，是受欢迎的观赏动物。但它属于中型猛兽，也会发生伤人事件，而因经济利益而进行的盗窃、抢劫等犯罪行为也有可能出现。

## 307. 兔狲（sūn）

兔狲是小型的食肉动物。体长为50~65cm（图5.67）。隶属于哺乳纲、食肉目、猫科。额部较宽，吻部很短。耳朵短而圆，耳背为红灰色。尾巴粗圆，有6~8条黑色的细纹，尖端长毛为黑色。头顶为灰色，具有少数黑色的斑点。颊部有2条细的横纹。身体的背面为棕黄色，后部有数条隐暗的黑色细横纹。颈部的下面和前胸部的中央为浅褐色。腹部为白色。四肢有2~3条模糊的黑色横纹。

兔狲分布于我国东北、西北、华北、西南等地区，以及亚洲北部、中部和南部等地。栖息在沙漠、荒漠、草原或戈壁地区。单独活动。夜行性。以鼠类、野兔、鼠兔、沙鸡等为食。1~2月发情。每胎产2~4仔。2岁达到性成熟。

图5.67 兔狲

它们的粪便为断节绳索状，常带有一个相对犬类粪便短的粪尾或半软状态，其色彩包括棕褐、白、灰和黑等。色彩的呈现取决于被摄食物类的比率多少。在其粪便中发现的被摄食物可以是昆虫的几丁质外壳、羽毛、毛发、骨和牙齿等。秋天粪便中的浆果成分也许是最突出的，偶尔其他植物性食物也可能为它们的主要成分。

它们的粪尿都有很强的气味，常用其作为它们的领域标记。粪便多排放在其领域和寻猎食物线路附近的高点，如树桩和岩石等。在它们的巢穴附近，其粪尿都排放在较浅的洞穴（或空隙处）且用土覆盖起来。因此，粪便周围常有由其前足造成的爪印。

兔狲被列为国家Ⅱ级重点保护野生动物。它的毛皮和尾巴比较珍贵，绒厚毛密而长，可做皮大衣、皮领、皮帽和装饰皮等，因此偷猎的现象不可避免。它属于小型猛兽，野外也有可能咬伤人。

## 308. 草原斑猫

草原斑猫体长为50~70cm，尾长为25~35cm，体重为3~7kg。隶属于哺乳纲、食肉目、猫科。背部体毛呈暗沙黄色，背部和身体侧面的毛色逐渐转为浅淡色，腹面则为淡黄灰色。全身都具有许多形状不规则的棕黑色斑块或横纹，耳尖略有棕黑色簇毛。尾巴上面有5~6条棕黑色横纹，尾巴的下面为白色。

草原斑猫分布于我国新疆、甘肃、宁夏等地。栖息于山地常绿阔叶林、落叶阔叶林以及灌丛、草地、沼泽等地带。单独在夜间或晨昏活动，白天隐匿于树穴或灌丛中。行动敏捷，善于攀爬，潜行隐蔽接近猎物，突然捕食。以小型啮齿动物、鸟类、松鸡、蜥蜴和蛙等为食，也食鱼类和昆虫等。一般在3月交配。每胎产2~4仔，雌兽的妊娠期为60余天。1周岁时达到性成熟。寿命为15年以上。

草原斑猫被列为国家Ⅱ级重点保护野生动物。它的皮是制作皮衣、皮帽、皮领等的高级原料，因此偷猎的现象不可避免。它属于中型猛兽，野外也有可能咬伤人。

## 309. 金猫

金猫体长为75~110cm，尾长为50~58cm，体重为10~16kg。隶属于哺乳纲、食肉目、猫科。毛色和斑纹为棕黄色，但深浅不同。两颊各有一道横粗的白纹，上下各夹着一条窄的黑纹，额的正中有黑白色的纵条纹各两条。耳朵的背面为黑色，基部周围为黑灰色混杂。颈部的后部为红棕色，背部的中线处毛色深或者具有纵纹。四肢略细而长，尾巴较短。

金猫分布于中国秦岭和长江流域以南地区。栖息于山地丛林，或者多岩石的地带。单独活动，夜行性。善于爬树。性情凶猛。以鼠、兔、鸟、鹿等为食。秋季交配，早春产仔，雌兽的妊娠期为3个半月左右，每胎产2仔。

足印的间趾垫印短宽，4个趾印间距较大，外趾印内缘几垂直于间趾垫印外缘，中间2个趾印显著较小。粪便自始端向后渐细，粗段略弯折。

金猫被列为国家Ⅱ级重点保护野生动物。它在我国野外数量十分稀少，但也会有偷猎犯罪的现象发生。它属于中型猛兽，野外也有可能咬伤人。

## 310. 渔猫

渔猫体长为66~85cm，尾长为24~32cm，体重约为5kg。隶属于哺乳纲、食肉目、猫科。身体粗壮，体毛粗糙，毛色从烟灰、黄灰、灰褐至浅黄棕色，背部比体侧较暗。通体布满了棕黑色的条纹和斑点，腹部为白色，喉部形成了两个领，胸部有横纹。在脚趾之间具有半蹼。

渔猫分布于我国台湾等地。栖息于林区的灌木丛、沿河的芦苇丛、沼泽地和热带海岸的常绿林等地。善于游泳，也常在地面上活动和停留，不善于攀爬。以软体动物和鱼类等水生动物为食，也吃小型哺乳动物、鸟类、蛙和昆虫等。雌兽的妊娠期为63天左右，每胎产1~4仔，通常为2仔。幼仔10月龄后独立生活。

渔猫被列为国家Ⅱ级重点保护野生动物。它在我国野外数量十分稀少，但也会有偷猎犯罪的现象发生。它属于小型猛兽，野外也有可能咬伤人。

## 311. 猞猁（shēlì）

猞猁是体型中等的食肉动物（图5.68）。体长80~130cm。隶属于哺乳纲、食肉目、猫科。背面的体毛主要为棕褐色，并有略微像豹一样的斑点。腹面为白色。头小而圆。眼周及两侧呈白色，眼外角具一条棕褐色的细纹。两颊生有成片的白色长毛。两耳的尖端都生长着耸立的黑色笔毛。四肢粗壮。尾短而粗。

猞猁分布于我国东北、西北、华北和西南地区。栖息于岩石丘陵、荒漠草原、山地丛林、高山裸岩、高山草甸及灌木丛中。单独活动。傍晚和夜间活动。行动敏捷，善于奔跑。以野兔、鼠、雉类、狍子、鹿等为食。2~4月发情。每胎产2~4仔。2岁性成熟，寿命为15~16年。

它们的粪便为断节绳索状，常带有一个相对犬类粪便短的粪尾或半软状态，其色彩包括棕褐、白、灰和黑等。色彩的呈现取决于被摄食物类的比率多少。在其粪便中发现的被摄食物可以是昆虫的几丁质外壳、羽毛、毛发、骨和牙齿等。秋天粪便中的浆果成分也许是最突出的，偶尔其他植物性食物也可能为它们的主要成分。

它们的粪尿都有很强的气味，常用其作为它们的领域标记。粪便多排放在其领域和寻猎食物线路附近的高点，如树桩和岩石等。在它们的巢穴附近，其粪尿都排放在较浅的洞穴（或空隙处）且用土覆盖起来。因此，粪便周围常有由其前足造成的爪印。

尽管前足具发育不全的内侧趾（第一趾），但一般都不呈现在足迹中，故前后足迹都只展现4个趾印。能伸缩的爪虽然强壮尖锐，但只是在捕食和攀爬时才利用它，所以在足迹中一般都见不到爪印。因前足比后足大，其前足印也就明显地大于后足印。跖垫印相对较大，其前部两侧各具一个较钝的凸角（或为半圆凸）。

猞猁被列为国家Ⅱ级重点保护野生动物。它是一种重要的毛皮兽，也会有偷猎犯罪的现象发生。它属于中型猛兽，野外也有可能咬伤人。

图 5.68 猞猁

## 312. 云豹

云豹体长为95~106cm，尾长73~91cm，体重14~16kg。隶属于哺乳纲、食肉目、猫科。头部和眼睛周围为黑色，颊部有2条横列的黑色条纹。身体毛色的基本色调为淡褐黄色或灰黄色，身体两侧从前肢到头部有数个斜长方形的云块形或者龟背纹形的深色大斑块，斑块的周缘为黑色，后缘较宽，在斑块的里面还有一些模糊的黑色斑点。由头顶至肩部有6条很明显的纵纹，腹部及四肢的内侧为黄白色，略微有些黑斑。尾巴的基部有一些纵纹，还有12~14条黑褐色的环节，末端为黑色。

云豹分布于我国甘肃南部和陕西秦岭以南地区。栖息于热带、亚热带的茂密丛林中。清晨和黄昏时活动。性情凶猛。以猴类、鸟类、松鼠、黄麂、黑麂、斑羚、苏门羚、野兔等为食。雌兽的妊娠期为3个月，大部分生于3~4月，少数生于6~8月。也有可能为1年生2胎。每胎产2~4仔。寿命可达16年。

前足印明显大于后足印，4足均具近乎等大而不带爪印的4个趾印。前足间趾垫印短宽，仅略窄于两外侧趾连线横宽；后足间趾垫印前端尖凸，后部中凸略与两外突齐平。粪便呈弯曲并具针尾的细索条状。

云豹被列为国家Ⅰ级重点保护野生动物。它是一种珍贵的毛皮兽，也是动物园中的珍稀观赏动物。在我国野外数量十分稀少，但也会有偷猎犯罪的现象发生。它属于中型猛兽，野外也有可能咬伤人。

## 313. 美洲豹

美洲豹体长112~185cm，尾长45~75cm，体重65~130kg（图5.69）。隶属于哺乳纲、食肉目、猫科。头较大，脸较宽，前胸较粗，身体肥厚，肌肉丰满，四肢粗短。身体的毛色为金黄色，布满黑色圆形花纹，环圈较大，每个圆环中一般都有一个或数个黑色的斑点。

图 5.69 美洲豹

美洲豹分布于从美国的得克萨斯州及亚利桑那州，向南一直到阿根廷的南部等地。栖息于热带雨林、草原、灌丛、沼泽、半荒漠和干旱的多石山区等地带。性情凶猛。单独活动。白天一般隐藏在林中睡觉。夜晚活动、觅食。善于攀缘、爬树，也善于游泳。以野兔、水豚、鼠类、水獭、鹿类、鱼类等为食。没有固定的繁殖期。怀孕期为100~110天，每胎产2~4仔。3~4岁达到性成熟。寿命为22年。

美洲豹在我国各地动物园、野生动物园中有饲养，是受欢迎的观赏动物。在人工养殖基地、动物园等处可能发生因经济利益而进行的盗窃、抢劫等犯罪行为。

## 314. 狮

狮也叫狮子，是大型猛兽（图5.70）。体长140~270cm。隶属于哺乳纲、食肉目、猫科。头宽大而浑圆，吻宽。耳圆且直立。四肢粗壮而结实。体毛呈棕黄色至暗褐色。雄兽头项生有长毛，颈部、肩部都披拂着长长的鬃毛。

图5.70　狮

狮分布于非洲的大部分地区和亚洲的印度等地。生活于开阔的草原疏林地区或半荒漠地带。它是唯一喜欢群居的猫科动物。性情凶猛。猎捕活动主要在夜间。奔跑的速度极快，但不会爬树和游泳。以羚羊、斑马等食草动物为食。每胎产2~5仔。2~3岁性成熟。寿命为20~25年。

狮在我国主要饲养在动物园、野生动物园、马戏团等地方，是受欢迎的观赏动物。它是大型猛兽，可以咬伤、咬死人、畜，在人工养殖基地、动物园等处可能发生伤人、畜的事件。因经济利益而进行的盗窃、抢劫等犯罪行为也有可能出现。

## 315. 虎

虎是大型猛兽（图5.71）。体长140~280cm。隶属于哺乳纲、食肉目、猫科。头圆，吻宽，眼大，嘴边长着白色间有黑色的硬须。颈部粗而短，四肢强健。全身毛色橙黄，腹面及四肢内侧为白色，背面有双行的黑色纵纹，尾上约有10个黑环，眼上方有一个白色区。

图5.71　虎

虎分布于我国东北、华南、西南地区，以及亚洲东北部、南部和西南部等地。栖息于丘陵、山地、平原、沼泽等地带。单独活动。夜晚捕猎。行动敏捷、矫健，善于跳跃和游泳。主要以野猪、鹿、狍子、山羊、獐等大型食草动物为食。冬季发情。每胎产2~4仔。3~4岁性成熟。寿命为25年。

虎的足迹相对较长，4个趾印呈长椭圆形并按内两外两前后排列（4趾的横距较窄），前足大掌印前端较平，后足大跖垫印前端平而显较其两侧高凸。

前足迹略较后足迹宽大，4足均具4个趾印，都呈长椭圆形，且第2趾印显著前突。爪具伸缩性，故足迹中不呈现。间趾垫前端较宽钝，常处两外侧趾印后缘横线之下，其后部中凸呈宽弧状，两外侧突相对较窄小。

粪便多呈宽弧状，两外侧突相对较窄小。粪便多呈断节的套接索条，末端虽较小而针尾少见。

虎被列为国家Ⅰ级重点保护野生动物。目前我国野外仅有大约30只孟加拉虎、30只东南亚虎、20只东北虎，而华南虎则基本上已经灭绝，但仍有人为获取虎的皮张、骨等而偷猎的可能。另外，倒卖虎皮、虎骨等违法犯罪活动也时常发生。虎是大型猛兽，在野外可以将人咬伤、咬死，也常袭击家畜、家禽等。在我国的动物园、野生动物园、专门饲养基地等也会发生虎伤人的事件。

## 316. 豹

豹也叫金钱豹、银钱豹、文豹、铜钱花、豹子等，是大型猛兽（图5.72）。体长100~191cm。隶属于哺乳纲、食肉目、猫科。头小而圆，耳短。额部、眼睛之间和下方以及颊部都布满了黑色的小斑点。颈部较短。四肢粗短而十分强健。身体背面为杏黄色，腹面为白色。尾尖黑色。全身都布满了黑色的斑点。背部的斑点密而较大，斑点呈圆形或椭圆形的梅花状图案。

豹分布于我国大部分地区，以及亚洲、非洲的大部分地区。栖息于山地森林、丘陵灌丛、荒漠草原等多种环境中。昼伏夜出。动作敏捷，善于爬树。性情凶猛。以羊、狍子、鹿、麝、麂、野猪、野兔、猴类等为食，也吃鱼、鸟类等。春季发情。每胎产 1～2 仔。2～3 岁性成熟。寿命为 18～20 年。

图 5.72　豹

豹的足迹相对较宽，4 趾印呈卵圆形并依次弧形排列（4 趾的横距较宽），前足大掌印和后足大跖垫印的前端均呈弧形。后足迹略大于前足迹，4 足均具近乎等大而不带爪印的 4 个趾印，后足趾印间距明显大于前趾印。间趾垫印后中部凹陷深窄，前足间趾垫印较宽，后足间趾垫印较小，窄于两外侧趾内缘横宽。粪便呈节堆状，后节基细长，始端近圆形，向后渐小，末端具针尾。

豹被列为国家Ⅰ级重点保护野生动物。由于从前人们常以除害为名而大量捕杀，结果使豹的数量锐减，目前全国仅有数百只，但仍有为获取豹的皮张、骨等而偷猎的事件发生。豹是体型中等的猛兽，在野外可以将人咬伤、咬死，也常袭击家畜、家禽等。

## 317. 雪豹

雪豹体长为 100～150cm，尾长 80～100cm，体重 35～50kg（图 5.73）。隶属于哺乳纲、食肉目、猫科。全身均呈灰白色，满布黑色的斑。头小而圆，耳朵的背面为灰白色，边缘为黑色。鼻子尖端为肉色或黑褐色，上唇白色，微沾灰褐色，具黑色的小斑点和短条纹。背部、体侧及四肢外缘形成不规则的黑色圆环，越往身体的后部黑环越大，背部及体侧黑环中间还有一些小黑点，四肢外缘的黑环内为灰白色，没有黑点。由肩部开始，沿脊背有三条由黑斑形成的线纹直至尾巴的根部，后部的黑环边较宽而大，至尾端最为明显。尾巴长而蓬松。颈下、胸部、腹部、四肢内侧及尾巴下部均为乳白色或污白色。

雪豹分布于我国西藏、四川、新疆、青海、甘肃、宁夏、内蒙古等地。栖息于高山裸岩、高山草甸、高山灌丛和山地针叶林缘地带。夜行性。独栖。性情凶猛。行动敏捷机警，善于跳跃。以岩羊、山羊、羚羊、狍子、盘羊、藏羚、青羊、藏野驴、野牦牛、野兔、鼠兔、土拨鼠和鸡类等为食。1～3 月发情交配。雌兽的妊娠期为 98～105 天，每胎产仔 2～4 只，大多于 5~6 月出生。2～3 岁性成熟。寿命为 18～20 年。

图 5.73　雪豹

雪豹被列为国家Ⅰ级重点保护野生动物。它在我国野外数量十分稀少，但由于毛色淡雅，十分美观，也会有偷猎犯罪的现象发生。它属于中型猛兽，野外也有可能咬伤人。

## 318. 猎豹

猎豹是奔跑速度最快的猛兽（图 5.74）。体长 100～150cm。隶属于哺乳纲、食肉目、猫科。头小而圆，耳短。背面毛色为淡黄色，满布实心的黑色斑点。腹面为白色。从眼角到嘴角有一条非常别致的黑色纵纹。身体和四肢都显得瘦高、细长。尾巴很长，大部分有黑色斑点，接近尾尖处缠绕着黑环。

图 5.74　猎豹

猎豹分布于非洲的大部分地区，以及亚洲西部、印度等地。栖息于开阔的热带稀疏草原和半沙漠地带。平时大多单独活动。多在清晨和傍晚出来活动、猎食。以羚羊、角马、鸵鸟等动物为食。发情期不固定。每胎产 2~5 仔。2~3 岁性成熟。寿命为 17~19 年。

猎豹在我国动物园、野生动物园中有饲养，是受欢迎的观赏动物。它属于中型猛兽，可以咬伤、咬死人、畜，在人工养殖基地、动物园等处可能发生伤人事件。

## 319. 北海狮

北海狮是体型最大的海狮。雄兽体长 310~350cm，雌兽体长 250~270cm。隶属于哺乳纲、鳍足目、海狮科。头顶略微凹陷，吻部较为细长，外耳壳较长。雄兽的颈部有鬃状的长毛。身体主要为黄褐色，胸部至腹部的颜色较深。四肢裸露，前肢长于后肢，呈桨状。后肢能自脚踝处朝前弯曲，可用以支持身体重量和在陆上行走。在水中游泳和潜水主要靠前肢。

北海狮分布于我国渤海、黄海，以及北太平洋海域。性情温和，喜欢集群，除了繁殖期外一般没有固定的栖息场所。白天在海中捕食，游泳和潜水主要依靠较长的前肢，偶尔也会爬到岸上晒太阳，夜里在岸上睡觉。以乌贼、贝类、海蜇和鱼类等为食。5~8 月发情。每胎产 1 仔。3~5 岁性成熟。寿命为 20 年。

北海狮被列为国家Ⅱ级重点保护野生动物。它在我国野外数量十分稀少，但也会有偷猎犯罪的现象发生。

## 320. 南美海狮

南美海狮体长 190~270cm，体重 144~522kg。隶属于哺乳纲、鳍足目、海狮科。雄兽的体型比雌兽大得多。吻部宽而略上翘。外耳壳较小。四肢裸露。枕部、胸部的毛略长。身体主要为褐色至棕褐色。

南美海狮分布于南美洲巴西、秘鲁和马尔维纳斯群岛附近海域。栖息于浅海、岛屿和沿岸地带。喜欢集群。以乌贼、甲壳动物等为食。由一只雄兽和数只或 10 余只雌兽及幼仔组成繁殖群体。雌兽的妊娠期为 330 天。每胎产 1 仔。4~6 岁时达到性成熟。

南美海狮在我国各地动物园、海洋馆中有饲养，主要用于给观众进行表演。

## 321. 北海狗

海狗体长 145~240cm，尾长 8~10cm，体重 63~300kg。隶属于哺乳纲、鳍足目、海狮科。雄兽和雌兽体型大小的差异很大。体型呈纺锤形，吻短，头圆，牙齿较小。眼睛较大。耳壳小。尾巴极小。体毛厚密，生有粗毛，而且被有短而致密的绒毛，皮下脂肪很厚。雄兽背部的体毛由灰紫褐色至黑棕色，肩部有一些灰色毛，腹部颜色稍淡；雌兽的颜色较浅，为灰褐色。四肢短，呈鳍状，前鳍肢长大。

北海豹分布于我国北方海域、沿岸及岛屿，有洄游习性。白天多在海水中活动，夜间到岸上睡眠。擅长潜水，游速很快。以鲱鱼、沙丁鱼、青鱼等各种鱼类，以及乌贼等为食。每年 3 月初发情交配。3~5 岁时达到性成熟。寿命为 15~25 年。

北海狗被列为国家Ⅱ级重点保护野生动物。它在我国野外数量十分稀少，但也会有偷猎犯罪的现象发生。

## 322. 斑海豹

斑海豹是生活在温带的海洋哺乳动物（图 5.75）。体长 120~200cm。隶属于哺乳纲、鳍足目、海豹科。身体肥壮而浑圆，呈纺锤形，全身生有细密的短毛，背面为灰黑色并布有不规则的棕灰色或棕黑色的斑点，腹面为乳白色，斑点稀少。头圆而平滑，眼大，吻短而宽，唇部有长而硬的触须。没有外耳郭，也没有明显的颈部，四肢短，趾间有皮膜相连，似蹼状，称为鳍足。尾短小，夹于后肢之间，与后肢联成扇形。

斑海豹分布于我国渤海、黄海，以及北太平洋一带。栖息于沿岸附近海域。善于游泳和潜水，在陆地上行动笨拙。以鱼类为食，也吃甲壳动物、乌贼等海洋动物。每胎产 1 仔。3~5 岁性成熟。

斑海豹被列为国家Ⅱ级重点保护野生动物。它在我国野外数量十分稀少，但也会有偷猎特别是对幼仔的猎捕等犯罪的现象发生。

图 5.75　斑海豹

## 323. 环斑海豹

环斑海豹体长 100~150cm，体重 45~107kg（图 5.76）。隶属于哺乳纲、鳍足目、海豹科。身体肥壮而浑圆，呈纺锤形，全身生有细密的短毛。背部为暗灰色至黑色，并布有白色或浅灰色的环状斑点。腹面白色。

分布于我国北方海域。栖息于沿岸、岛屿及其附近海域。善于游泳和潜水，在陆地上行动笨拙。以各种鱼类等海洋动物为食。雌兽的妊娠期约为 9 个月。每胎产 1 仔。一般在 3~4 月生产。性成熟的年龄为 5~8 岁。

环海豹被列为国家Ⅱ级重点保护野生动物。它在我国野外数量十分稀少，但也会有偷猎犯罪的现象发生。

图 5.76　环斑海豹

## 324. 髯海豹

髯海豹体长 200~280cm，体重 225~410kg。隶属于哺乳纲、鳍足目、海豹科。全身均为棕灰色或灰褐色，以背部中线附近的颜色最深，向腹面逐渐变淡，体表没有斑纹。头部的颜色略深，而且常有鲜明的小斑纹。额部高而呈圆突状，吻部较宽，密生着 200 多根笔直粗硬的感觉长毛。

髯海豹分布于北冰洋、北大西洋、北太平洋等寒带海域，包括白令海、阿拉斯加、阿留申群岛、格陵兰、纽芬兰、库页岛等地，洄游时到达中国东海和南海海域。栖息于沿岸、岛屿及其附近海域。善于游泳和潜水，在陆地上行动笨拙。集小群活动。以海洋中的底栖生物为食，包括虾、蟹、蛤蜊、乌贼、章鱼、海参以及鲆、鲽等底栖鱼类。每年 5~7 月交配，雌兽的妊娠期大约为 11 个月，3~5 月在冰上产仔，每胎产 1 仔。

髯海豹被列为国家Ⅱ级重点保护野生动物。它在我国野外数量十分稀少，但也会有偷猎犯罪的现象发生。

## 325. 海象

海象是海洋中除了鲸类以外最大的动物（图 5.77）。雄兽体长 330~450cm，雌兽体长 290~330cm。隶属于哺乳纲、鳍足目、海象科。身体呈圆筒形，粗壮而肥胖。头部扁平，吻端较钝，上唇的周围长有一圈又长又硬的钢髯，触觉十分灵敏。眼睛很小，没有外耳壳。前肢较长，后肢能向前方折曲，可以在陆地或冰上爬行或支撑身体。尾巴很短，隐藏在臀部后面的皮肤中。一对白色的上犬齿十分发达，尖部从两边的嘴角垂直伸出嘴外，形成獠牙。

图 5.77　海象

海象分布于北冰洋，以及大西洋、太平洋北部海域。它是一种群栖性的动物，在冰冷的海水中和陆地的冰块上过着两栖的生活。在陆地上大多数时间是睡觉和休息，在海水中游泳很快，非常机敏。以软体动物为食，也捕食虾、蟹和蠕虫等。每胎产1仔。5~8岁性成熟。寿命为30~40年。

海象在我国各地海洋馆、海洋世界有饲养，是受欢迎的观赏动物。由于海象牙十分珍贵，因此可能发生因经济利益而进行的盗窃、抢劫等犯罪行为。

## 326. 亚洲象

亚洲象是陆地上体型最大的动物之一（图5.78）。体长5~7m。隶属于哺乳纲、长鼻目、象科。身体为灰棕色，前额左右有两大块隆起，背部向上弓起。四肢粗壮。鼻子很长，实际上是鼻子和上唇的延长体，表面光滑，一直下垂到地面。门齿长大，称为象牙。耳朵也很大。

亚洲象分布于我国云南，以及亚洲南部和东南部一带。栖息于气温较高，空气湿润，靠近水源，植被生长茂密的热带地区。结群活动。以植物的嫩枝和嫩叶为食。每胎产1仔。14~15岁性成熟。寿命为60~70年。

图5.78　亚洲象

亚洲象被列为国家Ⅰ级重点保护野生动物。它在我国野外数量十分稀少，但也会有偷猎犯罪的现象发生。由于象牙质地坚硬，洁白高雅，常被人们雕刻成各种贵重、精美的工艺品，所以走私、非法贩卖象牙的事件时有发生。此外，由于我国的亚洲象经常出现在农田、果林等环境中，对人类的经济作物有很大的破坏性，经常造成人象冲突，也有伤人的事件发生。

## 327. 非洲象

非洲象体长500~750cm，尾长100~130cm，体重2 700~6 000kg。隶属于哺乳纲、长鼻目、象科。身体庞大而笨重。体色为灰棕色。鼻部很长，为上唇和鼻子合并，向前伸长形成，鼻端有两个指状突和许多感觉灵敏的纤毛。雄兽和雌兽均有由上颌门齿形成的象牙。头顶扁平。两耳特别大。脊背向下塌陷，肩部和臀部较高。四肢粗壮如柱。前肢具4趾，后肢具3趾，脚底粗厚而平坦。

非洲象分布于非洲东部、中部、西部和南部等地区。栖息于热带草原和稀树草原地带。喜欢群居。善于奔走。白天活动。以青草、树叶、嫩枝、野果等为食。没有固定的发情季节。怀孕期为21~23个月。每胎产1仔。13~14年达到性成熟。寿命为60~70年。

图5.79　非洲象

非洲象在我国主要饲养在各地动物园和其他游乐场所中，给游客进行表演，但由于它们体型巨大，十分强壮，也可能发生伤人的事件。由于象牙质地坚硬，洁白高雅，常被人们雕刻成各种贵重、精美的工艺品，因此在我国走私、非法销售象牙及其制品的现象时有发生。近年来，由于到非洲旅游的人数不断增加，携带象牙入境的违法现象也经常出现。

## 328. 儒艮（gèn）

儒艮也叫“美人鱼”，是体型较大的海洋哺乳动物。体长205~318cm。隶属于哺乳纲、海牛目、儒艮科。头平，吻部前伸，嘴向下张开，生长着浓密的髭毛。雄兽的门牙突出口外，状如獠牙。上唇较厚，形成圆筒状。鼻孔位于头顶上。眼睛、耳朵都很小，没有外耳壳。体色主要为棕灰色。皮肤厚，褶皱很多，仅有一些稀疏的毛。身体呈纺锤形，前肢呈鳍桨状，后肢已退化，与尾平行。

儒艮分布于我国广东、广西、台湾等地沿海，以及太平洋、大西洋的热带地区。栖息于浅海地带。性情温顺。结群活动。以水生植物为食。每胎产 1 仔。9~10 岁性成熟。

儒艮被列为国家Ⅰ级重点保护野生动物。它在我国野外数量十分稀少，但也会有偷猎犯罪的现象发生。

## 329. 家马

家马是常见的家畜（图 5. 80）。隶属于哺乳纲、奇蹄目、马科。面部平直，较长，形成独特的马脸。有长长的额毛。鬃毛垂于颈部的两侧。耳短。四肢细长。尾毛较长而松散。脚上仅有 1 个趾，有坚硬的蹄。马的品种很多，毛色有白色、黑色、棕色、枣红色、黄色、花色等。毛的横断面为椭圆形，毛髓属连续型，髓质层发达，髓腔网状结构，壁表面粗糙。矮马是动物园中受欢迎的观赏动物。

家马在世界各地均有饲养。善于奔跑。性情机警。以草类等为食。怀孕期为 11 个月。每胎产 1 仔。幼仔出生后 5~6 个月断奶，4 岁达到性成熟，寿命为 20~30 年。

图 5. 80　家马

家马的祖先是欧洲野马，5000 多年前被人类驯化为家畜，用于拉车、耕田、比赛、打仗等。现在经过改良和培育，已有 200 多个品种。但是随着机械文明的发展，家马的用途渐渐消失，现在世界各国马的数量都在不断减少。

在农村家庭、家马饲养场等处，可能会出现为了获取家马的肉、皮张或者耕田拉车等经济利益而进行盗窃、抢劫等犯罪行为，在农田等某些犯罪现场也有可能出现家马的痕迹，它的攻击武器为蹄子，但是很少攻击人。

## 330. 普通斑马

普通斑马是非洲分布最广和数量最多的有蹄类动物（图 5. 81）。体长 190~245cm。隶属于哺乳纲、奇蹄目、马科。身体肥壮。耳朵狭小，鬃毛多而长，尾巴发达，而且毛也很多。全身分布着黑白相间的宽条纹，有光泽，黑白条纹大致在腹部相连，体后半部的黑白纹之间夹有浅褐色的狭纹，俗称隐纹。头部长而宽，具对称的黑白纹，唇黑色，耳狭长。颈背部黑白相间的鬃毛多而长。四肢的黑白条纹细而密。

图 5. 81　普通斑马

普通斑马分布于非洲大部分地区。栖息于热带的疏林或草原地带。成群活动。身上的斑纹在树丛中及阳光的照射下能分散身体的轮廓，不易被发现。奔跑的速度相当快。主要以青草、嫩树叶等为食。全年均可发情。怀孕期为 11~12 个月，每胎产 1 仔。哺乳期约 6 个月。3. 5~4 岁性成熟。寿命为 30 年。

普通斑马在我国主要在动物园、野生动物园中饲养，是受欢迎的观赏动物。它的攻击武器为蹄子，但是很少攻击人，一般在受到惊吓时才可能伤人。

## 331. 普氏野马

普氏野马是野生种群已经灭绝的动物（图 5. 82）。体长 220~280cm。隶属于哺乳纲、奇蹄目、马科。体毛为棕黄色，向腹部渐渐变为黄白色，腰背中央有一条黑褐色的脊中线。鬃毛短硬，呈暗棕色。头部较大而短钝，脖颈短粗，耳小而略尖。额发极短。腿短而粗，蹄小，高而圆。尾基着生短毛，尾巴粗长几乎垂至地面，尾形呈束状。

图 5.82　普氏野马

普氏野马原产于我国新疆准噶尔盆地和蒙古。栖息于干旱荒漠草原地带。群居。感觉灵敏，警惕性高，奔跑能力强。昼夜活动。以荒漠上的梭梭草、芦苇、红柳等为食。一年四季均可发情，但以春夏季为主。雌兽的妊娠期为 307~348 天。3 岁性成熟，寿命为 30 年。

普氏野马被列为国家Ⅰ级重点保护野生动物。由于人类的捕杀和对其栖息地的破坏，普氏野马的野生种群已经在自然界消失。现今在我国只有新疆、甘肃的野马饲养中心，以及散布在各地的一些动物园、野生动物园中有驯养。它的攻击武器为蹄子，但是很少攻击人，一般在受到惊吓时才可能伤人。

## 332. 亚洲野驴

亚洲野驴也叫蒙古野驴，是我国珍稀动物（图 5.83）。体长 190~220cm。隶属于哺乳纲、奇蹄目、马科。耳朵长大，颈部的鬃毛短而直立，没有额毛，尾巴的末端具穗毛和卵圆形蹄痕。尾巴细长。四肢粗壮，前蹄较圆，后蹄窄而长。背部的毛呈淡棕色并带有沙土黄色。鬃毛呈深棕色。腹部和四肢的上部及内侧为乳白色，背部和腹部的毛色逐渐过渡，界线位于腹侧的上部。吻部、耳内侧为白色，从肩部至尾巴的基部有一条深褐色背中线，在臀部处稍宽。四肢端部后面的凹陷处各具两个棕黑色斑点。

图 5.83　亚洲野驴

亚洲野驴分布于我国西北、西南地区，以及亚洲西部、中部和南部等地。栖息于草原、半荒漠、丘陵、山地和高原等地带。性爱结群。白天觅食。警惕性很高。以戈壁的猪毛菜、野葱、芦苇、柽柳、节节草等沙生植物为食。8~9 月发情。雌兽一般每 2 年生一胎，怀孕期为 12 个月，每胎产 1 仔。3~4 岁性成熟。寿命为 25~30 年。

亚洲野驴被列为国家Ⅰ级重点保护野生动物。它在我国野外数量十分稀少，但也会有偷猎犯罪的现象发生。它的攻击武器为蹄子，但是很少攻击人，一般在受到惊吓时才可能伤人。

## 333. 西藏野驴

西藏野驴体长为 210~240cm，尾长 60~90cm，体重 150~250kg（图 5.84）。隶属于哺乳纲、奇蹄 目、马科。体型较大；体色较深，夏季呈赤棕色；背部和腹部之间的毛色界线非常明显，而且位置较低，位于腹侧的下部；肩后侧面有典型的白色楔形斑，自腹部向上延伸，前腹角呈弧形；肩部至尾巴的基部有一条宽而明显的黑褐色纵线条。

图 5.84　西藏野驴

西藏野驴分布于我国的西藏、青海、四川、甘肃和新疆南部等地。栖息于草原、半荒漠和高原等地带。群居。白天觅食。警惕性很高。以沙生植物为食。

西藏野驴被列为国家Ⅰ级重点保护野生动物。它在我国野外数量十分稀少，但也会有偷猎犯罪的现象发生。它的攻击武器为蹄子，但是很少攻击人，一般在受到惊吓时才可能伤人。

## 334. 家驴

家驴是常见的家畜（图 5.85）。隶属于哺乳纲、奇蹄目、马科。体型较小。头大。耳长。没有鬃毛。四肢细长。尾毛稀而短。脚上仅有 1 个趾，有坚硬的蹄，较小。毛色有灰色、黑色、青色、棕色等。毛的横断面为椭圆形，毛髓属连续型，髓质层发达，空胞多呈网格状，皮质层薄。

家驴在世界各地均有饲养。性情胆怯而又执拗。善于奔走。叫声洪亮。耐炎热、耐饥渴。以草类等为食。怀孕期为 360 天。1~1.5 岁性成熟。

图 5.85　家驴

家驴的祖先是非洲野驴，早在 5000 多年前就已经被人类驯化。虽然它的性情较为顽固，但却具有耐力强、耐粗饲、聪明、能吃苦、行走稳健等优点，经得起暴风的摧残，可以用来载物、载客、拉磨及耕种等。

在农村家庭养殖户、家驴饲养场等处，可能会出现为了获取家驴的肉、皮张等经济利益而进行盗窃、抢劫等犯罪行为，在农田等某些犯罪现场也有可能出现家驴的痕迹，它的攻击武器为蹄子，如果受到惊吓、干扰时，也可能踢伤人。

## 335. 白犀

白犀也叫白犀牛，是现有的体型最大的犀牛，也是仅次于象和河马的第三大陆生脊椎动物（图 5.86）。体长 300~450cm。隶属于哺乳纲、奇蹄目、犀牛科。体躯浑圆粗壮，皮肤光滑。头部特长，眼睛很小。上唇平而宽，呈方形。两只角一大一小、一前一后，均长在鼻子上。体表呈灰色。四肢粗壮有力，前后肢均具有 3 趾。

图 5.86　白犀

白犀分布于非洲东部和南部。栖息于森林和草原地带。喜欢群居。性情比较温和，行动也较为迟钝。以低矮的草类等为食。没有固定的发情期。雌兽每 3 年生产一次，怀孕期为 547 天左右，每胎产 1 仔。6~9 岁性成熟。寿命为 20~25 年。

白犀在我国主要饲养在各地动物园、野生动物园以及专门的饲养场中，是很受欢迎的观赏动物，但由于它们体型巨大，十分强壮，也可能发生伤人的事件。由于犀牛角是一种珍贵的药材，同时也可用来雕刻制成各种精美的工艺品，因此在我国走私、非法销售犀牛角及其制品的现象时有发生。近年来，由于到非洲旅游的人数不断增加，携带犀牛角入境的违法现象也经常出现。

## 336. 黑犀

图 5.87　黑犀

黑犀也叫黑犀牛，是体型较大的犀牛（图 5.87）。体长 250~375cm。隶属于哺乳纲、奇蹄目、犀牛科。皮肤为灰色，厚而光滑，没有皮肤皱褶和突起的圆斑。头部较大，上唇呈三角形，有长而突出的钩状唇尖。鼻前方有两支长角，前角很长，后角较短。四肢粗壮有力，每肢具 3 趾。

黑犀分布于非洲的东部、中部、西部和南部的广大地区。栖息于草原、疏林地带。夜晚活动。性情粗暴。以树木嫩叶等为食。没有固定的发情期。怀孕期为 14~15 个月。每胎产

1 仔。4~5 岁达到性成熟。寿命为 20~25 年。

黑犀在我国主要饲养在各地动物园、野生动物园以及专门的饲养场中，是很受欢迎的观赏动物，但由于它们体型巨大，十分强壮，也可能发生伤人的事件。由于犀牛角是一种珍贵的药材，同时也可用来雕刻制成各种精美的工艺品，因此在我国走私、非法销售犀牛角及其制品的现象时有发生。近年来，由于到非洲旅游的人数不断增加，携带犀牛角入境的违法现象也经常出现。

## 337. 印度犀

印度犀体长 320~350cm，尾长 60~75cm，体重 1 500~2 000kg（图 5.88）。隶属于哺乳纲、奇蹄目、犀牛科。身体庞大而粗笨。全身皮肤黑灰色，稍带紫色，在肩部、颈部、臀部及四肢关节处的皮肤有大型的皱褶，形成甲胄状，皮肤上还分布着突起的圆粒。耳长。鼻孔大。鼻的前方有一只粗而短的角。四肢粗壮有力，前、后肢均具 3 趾。

印度犀分布于印度、尼泊尔、孟加拉国、缅甸、泰国、柬埔寨、马来西亚和印度尼西亚等地。栖息于亚热带潮湿茂密的丛林、草原地带。夜行性。喜欢在水中活动。性情温和。单独活动。白天隐藏在草丛中睡觉。以植物为食。怀孕期为 17~19 个月，每胎产 1 仔。4~5 岁达到性成熟。寿命为 50 年。

图 5.88　印度犀

印度犀在我国主要饲养在各地动物园、野生动物园中，是很受欢迎的观赏动物，但由于它们体型巨大，十分强壮，也可能发生伤人的事件。由于犀牛角是一种珍贵的药材，同时也可用来雕刻制成各种精美的工艺品，因此在我国走私、非法销售犀牛角及其制品的现象时有发生。

## 338. 野猪

野猪也叫山猪，是我国常见的动物（图 5.89）。体长 90~180cm。隶属于哺乳纲、偶蹄目、猪科。体型似家猪，但吻部更为突出而裸露，前端有软骨垫，其上有鼻孔开口。耳永远直立，从不贴下。全身体毛黑褐色。背上鬃毛长而硬。尾小。四肢短，中央两趾大，侧趾小。雄兽犬齿发达，呈獠牙状突出于唇外。

野猪分布于我国大部分地区，以及欧洲、亚洲和非洲北部等地。栖息于森林、灌丛和草地等环境中。全天活动，特别是早晨和傍晚。成小群。性情凶暴。以植物果实、块根、块茎、青草和小型动物等为食。秋冬季节发情。雌兽的妊娠期为 114~140 天。每年产 1 胎，每胎产 4~8 仔。8~10 月龄达到性成熟。寿命为 10 年。

图 5.89　野猪

山林中溪流边的成片阔叶嫩草缺断失可能大多数情况下是被野猪吃掉的。

野猪的足印通常是清晰而精致的，多呈圆形状，它们的悬蹄可能存在于足印中，但只出现在后足印中。

野猪被列入“三有”名单，但也有偷猎犯罪的现象发生。野猪也是我国首批可商业性经营利用驯养繁殖技术成熟的 54 种陆生野生动物之一。近几年经过驯化改良的野猪新品种，适合农家散养或规模化养殖，除了肉外，它的皮、毛也是难得的上等皮革原料和工艺品原料。在人工养殖基地、动物园等处可能发生因经济利益而进行的盗窃、抢劫等犯罪行为外，在某些犯罪现场也有可能出现野猪的痕迹。

## 339. 家猪

家猪是常见的家畜（图 5.90）。隶属于哺乳纲、偶蹄目、猪科。身体丰满。四肢短小。鼻面平直。体毛较粗。体色有黑色、白色、棕色、红色、黑白花色等。猪毛的横断面为圆形，毛髓不发达，呈属碎片状，空胞体小，不规则。

家猪在世界各地均有饲养。吻鼻部灵活，善于用鼻端拱土，觅食植物的地下根、块茎等。性情温和。杂食性。每年产 2 胎。怀孕期为 114 天。每胎产 8~12 仔。4~6 个月达到性成熟。寿命为 20 年。

图 5.90　家猪

家猪的祖先是野猪，早在 7000 多年前就已经被人类驯化为家畜，现在已有 300 多个品种。

在农村家庭养殖户、家禽家畜饲养场等处，可能会出现为了获取家猪的肉、皮张等经济利益而进行盗窃、抢劫等犯罪行为，在农田等某些犯罪现场也有可能出现家猪的痕迹，它的攻击武器为鼻子，但是不会攻击人。

## 340. 河马

河马是陆地上仅次于象的第二大哺乳动物（图 5.91）。体长 350~450cm。隶属于哺乳纲、偶蹄目、河马科。体躯庞大而拙笨，比较矮，四肢特别短。有一个粗硕的头和一张特别大的嘴。眼睛、鼻孔、耳壳等都生在面部的上端，几乎在同一个平面上。皮肤很厚，呈黑褐色兼赤紫色，光滑无毛，仅在嘴端、耳内侧和尾巴上有一些毛。趾尖有蹄，其形状如同扁爪，趾间略微有蹼。

图 5.91　河马

河马分布于非洲的东部、中部、西部和南部等广大地区。栖息于河流、湖泊、沼泽附近水草繁茂的地带。白天活动。喜欢群栖。善于游泳和潜水，也能在陆地上奔跑。以青草和水生植物为食。没有固定的繁殖季节。雌兽的怀孕期为 210~255 天。每胎产 1 仔。3~5 岁性成熟。寿命为 30~40 年。

河马在我国主要饲养在各地动物园、野生动物园中，是很受欢迎的观赏动物。由于它们体型巨大，十分强壮，也可能发生伤人的事件。

## 341. 野骆驼

野骆驼是生活在荒漠地区的珍稀动物（图 5.92）。体长 220~350cm。隶属于哺乳纲、偶蹄目、骆驼科。头部较小。吻部较短，上唇裂成两瓣。鼻孔中有瓣膜。耳壳小而圆。眼睛外面有两排长而密的睫毛，并有双重的眼睑。颈部较长。尾巴较短。背部生有两个较小的肉驼峰，呈圆锥形。四肢细长，第 3、4 趾特别发达，趾端有蹄甲。体毛为淡棕黄色。

野骆驼分布于我国西北，以及蒙古西部一带。栖息于大片的沙漠和戈壁等地。群居。白昼活动。性情胆怯而机警，较为温和。能够耐饥、耐渴，也能耐热、耐寒、耐风沙，所以得到了“沙漠之舟”的赞誉。以梭梭草、狼毒、芦苇、骆驼刺等沙漠植物为食。每年 1~3 月发情。雌性每 2 年繁殖一次，怀孕期为 12~14 个月。每胎产 1 仔。4~5 岁性成熟，寿命为 35~40 年。

4 足仅第 3、4 趾发达，第 1、2、5 趾缺失。趾背具指甲状蹄甲使趾端印扩大，蹄印前后明显分开，两蹄间具长椭圆形凸沙（土）；蹄外和蹄底有适于在沙漠中行走的弹性衬垫和胼胝。粪便为直径在 3cm 左右的小型“窝头”状丸粒，多呈两粒套接。

野骆驼被列为国家Ⅰ级重点保护野生动物。由于驼毛又轻又暖，是高级纺织原料，驼皮可以制革，驼肉可以食用，驼骨、驼峰、驼鼻和驼胎衣等都是有名的补品，所以在野骆驼生活的地区，仍有人不顾国家法令，猎捕野骆驼。他们在酷暑季节，把带钉子的木板放在野骆驼饮水的必经之路上，当野骆驼踏上木板时，就用土枪将野骆驼击毙；或者是在发现野骆驼群后，紧追不舍，等其中的幼仔跑不动时捕捉；还有的捕捉混入家骆驼群中的野骆驼。

图 5.92 野骆驼

## 342. 双峰驼

双峰驼体长 120~200cm，肩高 180~195cm，体重 450~700kg（图 5.93）。隶属于哺乳纲、偶蹄目、骆驼科。身躯较为矮小肥胖；体毛为褐色，也有浅黄、灰白等色型；头顶生有簇毛，体毛蓬松而长；驼峰肥大而丰满，夏季脱毛后还残留一道厚毛；四肢更为粗壮，蹄宽而扁。

双峰驼分布于中国北方、蒙古和亚洲中部一带。栖息于荒漠地带。性情温和。善于在沙漠中行走。以草类等植物为食。

作为原始的运输工具，双峰驼很早就被人类饲养驯化。它曾在我国北方广泛驯养，至今在内蒙古和西北地区仍然能够经常见到，是人类在沙漠中的主要交通工具。

双峰驼是具有多种经济性状和生产性的畜种。驼绒是最好的纺织原料，驼肉是低脂高蛋白的天然绿色食品，驼奶营养丰富，驼皮质地柔软，是制革原料，驼骨是骨雕、化工原料；驼掌则是美味佳肴。在草原、荒漠、戈壁地带等处可能发生因经济利益而进行的盗窃、抢劫双峰驼等犯罪行为，在某些犯罪现场也有可能出现双峰驼的痕迹。

图 5.93 双峰驼

## 343. 单峰驼

单峰驼体长 120~200cm，肩高 180~210cm，体重 300~650kg（图 5.94）。隶属于哺乳纲、偶蹄目、骆驼科。体毛较短。体色为乳白色至黑褐色。

单峰驼主要分布于阿拉伯半岛、印度和非洲北部等地。栖息于荒漠地带。性情温和。善于在沙漠中行走。以草类等植物为食。每胎产 1 仔。16 岁性成熟，寿命为 50 年。

作为原始的运输工具，单峰驼很早就被人类饲养驯化。它曾分布到我国的新疆一带，但现在仅见于各地的动物园中。

图 5.94 单峰驼

## 344. 羊驼

羊驼体长 125~190cm，尾长 15~25cm（图 5.95）。隶属于哺乳纲、偶蹄目、骆驼科。体型较小，但显得较为粗壮。头短，颈长。耳较小。身体前部为白色，有黑色斑点；后部为棕黄色。

羊驼分布于玻利维亚、秘鲁、智利、阿根廷北部等地。栖息于山地间。性情温顺。以灌木、乔木的嫩枝叶等为食。每年 4~6 月发情交配。

羊驼在我国主要饲养在动物园中。它的攻击武器为蹄子，但是很少攻击人。

图 5.95 羊驼

图 5.96 小鼷鹿

## 345. 小鼷（xī）鹿

小鼷鹿体长为 42~48cm，尾长 5~7cm，肩高 33cm，体重 125~210g（图 5.96）。隶属于哺乳纲、偶蹄目、鼷鹿科。雄兽和雌兽的头上都没有角。雄兽的犬齿较为发达，露在外面形成獠牙。背部、体侧、腿侧等处的毛色为棕褐色，上面还有浅色斑纹，喉部有白色纵行条纹，胸部、腹部为白色。

小鼷鹿分布于中国云南西南部、越南、老挝、泰国、缅甸、马来西亚和印度尼西亚的苏门答腊、爪哇、加里曼丹及其附近岛屿。栖息于热带森林的中的次生林、灌丛、草坡，特别在河谷灌丛和深草丛等地带。夜行性，主要在早晨和黄昏活动，白天隐藏于草丛中，动作敏捷机警，奔跑迅速。性情孤独，大多单独活动，偶尔也成对生活。以植物的花、果等为食。全年都可以繁殖，雌兽的怀孕期为 5~6 个月，每胎产 1~2 仔。5 月龄达到性成熟。

4 足均具 2 蹄印，由第 3、4 趾组成，蹄印尖细，长 1mm 左右，宽则更小。悬蹄位高，常不呈现在足印中。粪粒略比绿豆大而色深，每次排粪含数十到上百个颗粒的小堆。无固定排粪场点。

小鼷鹿被列为国家Ⅰ级重点保护野生动物。它在我国野外数量十分稀少，但也会有偷猎犯罪的现象发生。

## 346. 原麝

原麝是能分泌麝香的珍稀动物。体长 80~95cm。隶属于哺乳纲、偶蹄目、鹿科。雄兽有一对獠牙状的上犬齿，露出唇外。身体的毛色为黑褐色，背部隐约有六行肉桂黄色的斑点，颈部两侧至腋部有两条明显的白色或浅棕色纵纹，从喉部一直延伸到腋下。腹部毛色较浅。耳长，大而直立。尾巴很短，藏在毛下。四肢很细，蹄子窄而尖，悬蹄发达。

原麝分布于我国东北、华北、西北和安徽等地。栖息于山地阔叶林、灌木林、针阔叶混交林和针叶林中。单独活动。性情胆怯而机警。以地衣、苔藓和植物的根、茎、叶、花、果实和种子等为食。冬季发情。雌兽的怀孕期为 175~189 天。每胎产 1~2 仔。1.5~2 岁性成熟，寿命为 12~15 年。

由于世世代代都在采用杀麝取香的方法，致使野生原麝资源越来越少，如果不加以保护，就会有迅速下降，甚至绝灭的危险。原麝被列为国家Ⅱ级保护动物。

原麝被列为国家Ⅱ级重点保护野生动物。由于世世代代都在采用杀麝取香的方法，致使野生麝类资源越来越少，以至于在海拔较低的山地已很少见到麝的踪迹，但也会有偷猎犯罪的现象发生。此外，在人工养麝基地、动物园等处也可能发生因经济利益而进行的盗窃、抢劫等犯罪行为。

## 347. 林麝

林麝体长为 70~80cm，肩高 45~50cm，尾长 4cm，体重 6~9kg。隶属于哺乳纲、偶蹄目、鹿科。背部为暗棕色，吻部短，颈部前缘有两条明显的浅棕色纵行颈纹。腹面较浅。

林麝分布于中国华北以南地区。栖息于海拔 2 400~3 800m 的森林中。善于跳跃。以松萝、树叶、杂草等为食。11~12月发情交配。雌兽的怀孕期为176~183天。幼仔大多在6月出生，每胎产1~3仔。1.5~2岁性成熟，寿命为13年。

4足蹄印窄细，双蹄印前部甚尖而叉开。粪便为比小麂鹿粪短小的散粒堆放。

林麝被列为国家Ⅱ级重点保护野生动物。由于世世代代都在采用杀麝取香的方法，致使野生麝类资源越来越少，以至于在海拔较低的山地已很少见到麝的踪迹，但也会有偷猎犯罪的现象发生。此外，在人工养麝基地、动物园等处也可能发生因经济利益而进行的盗窃、抢劫等犯罪行为。

## 348. 马麝

马麝体长为75~90cm，肩高50~60cm，体重8~15kg。隶属于哺乳纲、偶蹄目、鹿科。背部为浅黄褐色。吻部较长，颈部前缘有两条不明显的浅棕色纵行颈纹。

马麝分布于中国西南、西北地区。栖息于海拔2 000~4 500m的高山草甸、灌丛或林缘裸岩山地。性情孤独，大多单独活动。以山柳、杜鹃、珠芽蓼等植物的叶、茎、花和种子为食。11月下旬至翌年1月上旬发情交配。雌兽于5~6月生产，每胎产1~3仔。

马麝被列为国家Ⅱ级重点保护野生动物。由于世世代代都在采用杀麝取香的方法，致使野生麝类资源越来越少，以至于在海拔较低的山地已很少见到麝的踪迹，但也会有偷猎犯罪的现象发生。此外，在人工养麝基地、动物园等处也可能发生因经济利益而进行的盗窃、抢劫等犯罪行为。

## 349. 黑麝

黑麝体长为70~80cm，尾长20~40cm，体重7~11kg。隶属于哺乳纲、偶蹄目、鹿科。耳朵宽圆，四肢粗壮。身上被有粗硬、疏松的体毛。通体都是黑褐色或深褐色，没有颈纹，仅背部的中央沾有一些不规则的微黄色，头后的颈背处有一个稍宽而模糊的淡黄色半圆环。

黑麝分布于中国云南西北部和西藏东南部。栖息于海拔3 800~4 200m的寒冷、潮湿的针叶林线附近，有时还到冰雪覆盖的山坡上活动。早晨和黄昏也在林线以上的高山草甸中觅食。以各种苔草、杜鹃、高山柳等植物为食。

黑麝被列为国家Ⅱ级重点保护野生动物。由于世世代代都在采用杀麝取香的方法，致使野生麝类资源越来越少，以至于在海拔较低的山地已很少见到麝的踪迹，但也会有偷猎犯罪的现象发生。此外，在人工养麝基地、动物园等处也可能发生因经济利益而进行的盗窃、抢劫等犯罪行为。

## 350. 黑麂（jǐ）

黑麂体长为100~120cm，尾长18~24cm，体重21~26kg（图5.97）。隶属于哺乳纲、偶蹄目、鹿科。通体毛色为棕黑色，额部有一簇呈鲜棕色、浅褐色或淡黄色的毛。尾巴较长，背面为黑色，腹面和侧面为纯白色。只有雄兽的头上有角，很短。

黑麂分布于中国安徽、浙江、江西、福建等地。栖息于山地常绿阔叶林及常绿、落叶阔叶混交林和灌木丛中。早晨和黄昏活动。以植物的叶和嫩枝等为食。全年都能繁殖。雌兽每胎产1仔，产后就可以发情和怀孕，每4年内能产3胎。

图5.97 黑麂

蹄印居鹿类中最大而长，长45mm左右，宽约30mm。粪粒形似中大花生米，呈散粒堆放于树脚、行进线或藤灌下空地。

黑麂被列为国家Ⅰ级重点保护野生动物。它在我国野外数量十分稀少，但也会有偷猎犯罪的现象发生。

## 351. 赤麂

赤麂体长90~130cm，尾长13~15cm，体重18~22kg。隶属于哺乳纲、偶蹄目、鹿科。头与颜面部狭长，吻裸露。雄兽的犬齿延伸为獠牙。眼大，有眶下腺，泪窝发达。耳大而长。仅雄兽有角，角先向后伸，再转向内侧，两角尖相对。四肢细长。尾短。体色通常呈赤栗色。

赤麂分布于中国华南、西南地区，以及印度尼西亚、缅甸、泰国等地。栖息于平原、丘陵、丛林等地带。单独出没，一般在晨昏活动频繁。胆小。以各种青草及嫩枝叶为食。繁殖期不固定，但多在冬季发情交配。怀孕期为6个月，每胎产1~2仔。1~2岁性成熟。寿命为15~17年。

赤麂左右蹄印紧靠且较大，长40mm左右，宽约25mm。粪粒形似中大花生米，呈散粒堆放于树下、行进线或藤灌下空地。

赤麂被列入“三有”名单，但也有偷猎犯罪的现象发生。

## 352. 小麂

小麂体长70~80cm，尾长11~13cm，体重15~17kg（图5.98）。隶属于哺乳纲、偶蹄目、鹿科。头和颜面部较短而宽，眼大而圆，眶下腺呈弯月形，泪窝很大，耳长而直立。仅雄兽具角，角叉短小，角尖先向内再向下弯曲。雄兽的上犬齿发达。体毛主要为黄褐色，腹部白色。颈部、背部中央有一条黑色斑纹。四肢较细，下部为黑棕色。臀部边缘及尾巴背面有橙栗色细纹。

图5.98 小麂

小麂分布于中国南方各地。栖息于低山、丘陵森林、灌丛地带。单独活动。主要在晨昏觅食。行动小心谨慎。听觉敏锐。胆小。以青草、树叶、嫩芽、嫩枝、果实等为食。繁殖期不固定，但多在冬季发情交配。怀孕期为6个月，每胎产1~2仔。1~2岁性成熟。寿命为15~17年。

小麂足蹄印最尖而小，长35mm以下，宽20mm左右。粪粒显著大而圆。

小麂被列入“三有”名单，但也有偷猎犯罪的现象发生。

## 353. 贡山麂

贡山麂体长95~105cm，尾长9~16cm，体重16~24kg。隶属于哺乳纲、偶蹄目、鹿科。仅雄兽具短角。背面体毛主要为暗褐色，体侧和四肢暗黑色。尾巴背面暗褐色，腹面白色。

贡山麂分布于中国云南西北部一带。栖息于中、高山森林地带。单独活动。夜行性。以青草、树叶、嫩芽、嫩枝等为食。

蹄印大，前足蹄印雄性的长约67mm、宽约30mm，雌性的长约46mm、宽约29mm；后足蹄印雄性的长约55mm、宽约36mm，雌性的长约41mm、宽约33mm。因食物湿度大和雨多，粪便很少呈散开的长圆颗粒。

## 354. 毛冠鹿

毛冠鹿体长82~119cm，尾长8~13cm，体重15~28kg（图5.99）。隶属于哺乳纲、偶蹄目、鹿科。额部有黑色的毛簇。全身体毛为黑褐色，头部和颈部略带灰色。耳尖背面有一个白斑。雄兽头上短而小的角，不分叉，为毛簇所遮盖。

图5.99 毛冠鹿

毛冠鹿分布于中国长江流域以南地区，以及缅甸等地。栖息于亚热带常绿阔叶林、混交林中。早晨和黄昏活动。成对。以树叶、杂草、果实和伞菌等为食。每年秋末冬初发情。雌兽的怀孕期为6个月。春末夏初产仔，每胎产1仔。1岁达到性成熟。寿命为9年。

毛冠鹿4足蹄印与其他鹿种类同而较大。粪粒则相对短小而圆。

毛冠鹿被列入“三有”名单，但也有偷猎犯罪的现象发生。

## 355. 麋（mí）鹿

麋鹿是野生种群已经灭绝的珍稀动物（图5.100）。体长170~217cm。隶属于哺乳纲、偶蹄目、鹿科。四肢粗壮，主蹄宽大，有很发达的悬蹄。尾特别长，有绒毛，呈灰黑色，腹面为黄白色，末端为黑褐色。夏季体毛为赤锈色，颈背上有一条黑色的纵纹，腹部和臀部为棕白色。雌性无角，雄性的角没有眉叉，角干在角基上方分为前后两枝，前枝向上延伸，然后再分为前后两枝，每小枝上再长出一些小叉，后枝平直向后伸展，末端有时也长出一些小叉。

麋鹿在我国曾经广泛分布，特别是在黄河流域和长江流域一带。栖息于林地繁茂，水草丰盛的沼泽地带。性好合群，善游泳。以嫩草和其他水生植物为食。6~7月发情。雌兽的怀孕期为270天左右。2岁性成熟，寿命为20年。

图5.100 麋鹿

麋鹿粪便的端为盾窝凹陷，另一端呈乳头状。夏季的粪便为暗黑色，但随时间的推移趋于变为褐色。它们觅食干性的木质食物也产生两端变圆的粪粒。

它们具有一个极相类似的倒置“心形”轮廓足迹，即前部窄尖，后部稍钝，外缘微弧。蹄印一般不叉开，其间仅有凸出的一条窄扁泥土“矮墙”。在松软的泥土地上也可见到印后部存留两个尖圆的悬蹄凹印。

麋鹿被列为国家Ⅰ级重点保护野生动物。它的野生种群已经灭绝，在我国仅饲养在养殖中心、动物园、野生动物园和自然保护区，但也会有偷猎犯罪的现象发生。雄性的攻击武器为角和蹄，通常不会攻击人，但在雄鹿的发情期或受到惊吓时，也会伤人，甚至将人致死。

## 356. 坡鹿

坡鹿也叫海南坡鹿、眉叉鹿、“梅花鹿”、泽鹿、眉角鹿（图5.101）。体长为160cm左右，肩高104~110cm，体重60~100kg。体型狭长，颈部和四肢也较为细长，背鬣不明显，主蹄狭窄而尖，侧蹄小。雌兽的头上没有角，雄兽有角。体毛一般为赤褐色到黄褐色，背部颜色较深，背中央由颈部至尾巴的基部有一条纵行的黑褐色脊带纹，带纹两侧点缀着白色花形斑点。

坡鹿在我国仅产于海南。栖居于海拔200m以下的低山、平原地区，不见于高山峻岭和茂密的森林中。性喜群栖。食物是青草和嫩树枝叶等。发情期多在4~5月。10~11月生产，每胎仅产1仔。

图5.101 坡鹿

坡鹿被列为国家Ⅰ级重点保护野生动物。它的经济价值很高，鹿茸、鹿血和鹿膏、鹿尾、鹿胎、鹿心、鹿筋、鹿鞭等亦为名贵药材。因此，有人可能为了获取经济利益而进行非法猎捕等犯罪行为。雄性的攻击武器为角和蹄，通常不会攻击人，但在雄鹿的发情期或受到惊吓时，也会伤人，甚至将人致死。

## 357. 梅花鹿

梅花鹿也叫花鹿，是我国珍稀鹿类（图 5.102）。体长 125~145cm。隶属于哺乳纲、偶蹄目、鹿科。体型匀称，夏季体毛为栗红色，无绒毛，在背脊两旁和体侧下缘镶嵌着许多排列有序的白色斑点，状似梅花。冬季体毛呈烟褐色，白斑不明显。颈部和耳背呈灰棕色，一条黑色的背中线从耳尖贯穿到尾的基部，腹部为白色，臀部有白色斑块，其周围有黑色毛圈。四肢细长，主蹄狭而尖，侧蹄小。尾较短，背面呈黑色，腹面为白色。雌兽无角，雄兽角上共有 4 个叉，眉叉和主干成一个钝角，在近基部向前伸出，次叉和眉叉距离较大，位置较高，主干在其末端再次分成两个小枝。主干一般向两侧弯曲，略呈半弧形，眉叉向前上方横抱，角尖稍向内弯曲。

图 5.102　梅花鹿

梅花鹿分布于我国大部分地区，以及俄罗斯东部、日本、朝鲜等地。栖息于森林边缘和山地草原地区。群居。性情机警，行动敏捷。奔跑迅速，跳跃能力很强。以乔木、灌木的嫩枝叶和草本植物为食。每年 8~10 月发情。妊娠期为 230 天左右。每胎产 1 仔。1.5~3 岁性成熟，寿命约为 20 年。

它们的粪粒是高度变化的，但干性粪便趋于一端钝而另一端具小尖。粪粒的长度大约为 2cm。偶尔会出现条纹状粪粒，这种情况可改变其一般的长度。破开的粪粒可见植物材料。

梅花鹿被列为国家 I 级重点保护野生动物。它的经济价值很高，鹿茸、鹿血和鹿膏、鹿尾、鹿胎、鹿心、鹿筋、鹿鞭等亦为名贵药材。因此，它也是我国首批可商业性经营利用驯养繁殖技术成熟的 54 种陆生野生动物之一。有人可能为了获取经济利益而进行非法猎捕等犯罪行为。雄性的攻击武器为角和蹄，通常不会攻击人，但在雄鹿的发情期或受到惊吓时，也会伤人，甚至将人致死。

## 358. 白唇鹿

白唇鹿体长为 100~210cm，尾长 10~15cm，体重 130~200kg（图 5.103）。隶属于哺乳纲、偶蹄目、鹿科。下唇白色，延续到喉上部和吻的两侧。颈长，臀部有淡黄色的斑块。冬季的体毛为暗褐色，带有淡栗色的小斑点；夏毛颜色较深，呈黄褐色，腹部为浅黄色。只有雄兽有角，除角干的下基部呈圆形外，其余均呈扁圆状。眉叉与主干成直角，起点近于主干的基部。主干略微向后弯曲，第二叉与眉叉的距离大，第三叉最长，主干在第三叉上分成 2 个小枝，从角基至角尖最长可达 130~140cm，两角之间的距离最宽的超过 100cm，分叉有 8~9 个，各枝几乎排列在同一个平面上，呈车轴状。

图 5.103　白唇鹿

白唇鹿分布于中国甘肃、青海、四川、西藏等地。栖息于高山草甸、灌丛和森林地带。善于攀登裸岩峭壁。群居。以草本植物和树木的嫩芽、叶、嫩枝、树皮等为食。每年10~11 月发情。雌兽的怀孕期为 8 个月，到第二年的 5~7 月产仔，每胎产 1 仔，偶尔产 2 仔。3 岁达到性成熟。

白唇鹿被列为国家 I 级重点保护野生动物。它的经济价值很高，鹿茸、鹿血和鹿膏、鹿尾、鹿胎、鹿心、鹿筋、鹿鞭等亦为名贵药材。因此，有人可能为了获取经济利益而进行非法猎捕等犯罪行为。雄性的攻击武器为角和蹄，通常不会攻击人，但在雄鹿的发情期或受到惊吓时，也会伤人，甚至将人致死。

## 359. 黇（tiān）鹿

图 5.104 黇鹿

黇鹿体长 120～130cm，尾长 15～20cm，体重 60～90kg（图 5.104）。隶属于哺乳纲、偶蹄目、鹿科。夏季毛色为黄棕色，头部、颈部颜色较深，身体背面有白色的斑点，腹面为白色。冬季毛色为浅灰褐色，脊背呈黑色，没有白色斑点。也有的个体全身体毛呈黑色、白色或棕色。雄兽有角，角的眉叉较大，主干长，先向外，再转向上弯曲延伸，末端呈掌状，并且又向外延伸出许多尖的枝叉。

黇鹿分布于希腊、西班牙、葡萄牙、意大利等地。栖息于森林地带。喜欢结成小群。昼夜活动。善于奔跑。性情机警。以青草和树木的嫩枝叶等为食。每年 9～11 月发情交配。怀孕期为 7. 5 个月。每胎产 1 仔。1～2 岁达到性成熟。寿命为 10～12 年。

黇鹿在我国主要饲养在动物园、饲养场等处。它的经济价值很高，鹿茸、鹿血和鹿膏、鹿尾、鹿胎、鹿心、鹿筋、鹿鞭等亦为名贵药材。因此，有人可能为了获取经济利益而进行非法猎捕等犯罪行为。雄性的攻击武器为角和蹄，通常不会攻击人，但在雄鹿的发情期或受到惊吓时，也会伤人，甚至将人致死。

## 360. 马鹿

马鹿也叫八叉鹿、黄臀赤鹿（图 5.105）。体长为 160～250cm，尾长 12～15cm，体重为 150～250kg。隶属于哺乳纲、偶蹄目、鹿科。夏毛较短，为赤褐色，背面较深，腹面较浅；冬毛厚密，毛色灰棕。臀斑较大，呈褐色、黄赭色或白色。额部和头顶为深褐色，颊部为浅褐色。颈部较长，四肢也长。蹄子很大，侧蹄长而着地。尾巴较短。只有雄兽有角，分为 6 叉，个别可达 9～10 叉。在基部即生出眉叉，斜向前伸，与主干几乎成直角；主干较长，向后倾斜，第二叉紧靠眉叉。第三叉与第二叉的间距较大，以后主干再分出 2～3 叉。

图 5.105 马鹿

马鹿分布于欧洲南部和中部、北美洲、非洲北部、俄罗斯东部、蒙古、朝鲜、尼泊尔和中国东北、华北、西北和西南地区。栖息于针阔混交林、林间草地或溪谷沿岸林地、高山灌丛草甸、干旱灌丛、胡杨林与疏林草地等环境中。白天活动。单独或成小群活动。性情机警，奔跑迅速。以乔木、灌木和草本植物为食。发情期为 9～10 月。雌兽的妊娠期为 225～262 天，每胎产 1 仔。哺乳期为 3 个月。3～4 岁性成熟，寿命为 16～18 年。

马鹿的偶蹄间距较宽，前端较圆钝；粪便形似大花生米。马鹿被列为国家Ⅱ级重点保护野生动物。它的经济价值很高，鹿茸、鹿血和鹿膏、鹿尾、鹿胎、鹿心、鹿筋、鹿鞭等亦为名贵药材。因此，它也是我国首批可商业性经营利用驯养繁殖技术成熟的 54 种陆生野生动物之一。有人可能为了获取经济利益而进行非法猎捕等犯罪行为。雄性的攻击武器为角和蹄，通常不会攻击人，但在雄鹿的发情期或受到惊吓时，也会伤人，甚至将人致死。

## 361. 狍（páo）子

狍子是我国常见的鹿类（图 5.106）。体长 95～140cm。隶属于哺乳纲、偶蹄目、鹿科。全身体毛为棕色或棕黄色。臀部有白色臀盘。雄兽头上有小的角，分三叉，角干多结节。

狍子分布于我国东北、华北和西北地区，以及欧洲部分国家、俄罗斯、亚洲中部、蒙古和朝鲜等地。栖息于森林、灌丛和草地等环境中。早晨和黄昏活动。单独或结小群。以树叶、青草、地衣等为食。每年 8~9 月发情。雌兽的怀孕期为 294 天。每胎产 2 仔。13 月龄达到性成熟。寿命为 10~12 年。

图 5.106　狍子

狍子的肉、皮等都有很高的经济价值。因此，它虽然已被列入“三有”名单，但也有偷猎的现象发生。雄性的攻击武器为角和蹄，通常不会攻击人，但在雄鹿的发情期或受到惊吓时，也会伤人，甚至将人致死。

狍子被列入“三有”名单，但也有偷猎犯罪的现象发生。

## 362. 豚鹿

豚鹿体长 100~115cm，尾长 20cm，体重 35~50kg（图 5.107）。隶属于哺乳纲、偶蹄目、鹿科。体形较为粗壮，四肢较短。仅雄兽具有三叉形的角，但较细而短小，除眉叉外，主干的远端还分出一个短的第二叉。体毛为淡褐色，腹部为灰色，夏季背部两侧各具有纵行的白色斑点，体侧也有不规则的斑点。

豚鹿分布于中国云南西部。栖息于热带地区沿河两岸的芦苇沼泽地中。傍晚活动。单独或成小群。以水生植物的嫩枝、嫩叶和落地的花、果、根等为食。全年都可以繁殖，但大多在秋冬季节。雌兽的怀孕期为 220~235 天，4~5 月产仔，每胎产 1 仔，偶尔为 2 仔。

图 5.107　豚鹿

豚鹿足印的大小略与大型鹿类相近，其前蹄印较后蹄印稍稍窄短。单蹄印较窄长，前尖后钝。正常鲜足双蹄印之间并不显著分开。粪粒也与鹿类的相似，但似乎更显圆形。

豚鹿被列为国家Ⅰ级重点保护野生动物。它的经济价值很高，鹿茸、鹿血和鹿膏、鹿尾、鹿胎、鹿心、鹿筋、鹿鞭等亦为名贵药材。因此，有人可能为了获取经济利益而进行非法猎捕等犯罪行为。雄性的攻击武器为角和蹄，通常不会攻击人，但在雄鹿的发情期或受到惊吓时，也会伤人，甚至将人致死。

## 363. 水鹿

水鹿体长 120~220cm，尾长 20~30cm，体重 180~250kg（图 5.108）。隶属于哺乳纲、偶蹄目、鹿科。背部呈黑褐色或深棕色，腹面呈黄白色。由颈部沿着背中线直达尾部的深棕色纵纹。尾巴的两侧密生着蓬松的长毛，后半段呈黑色，腹面颜色雪白。只有雄兽有角，角从额部的后外侧生出，稍向外倾斜，相对的角叉形成“U”字形。角形简单，呈三尖形，包括一个眉叉和主干在末端的分叉，最末端的 2 个叉一般是等长的。主干一般只有一次分叉。眉叉较短，角尖向上斜生，与主干之间形成一个锐角。

图 5.108　水鹿

水鹿分布于中国西南、华南等地区。栖息于阔叶林、季雨林、稀树草原、高草地等多种环境里。单独或成对活动。昼伏夜出。以草本植物和木本植物的嫩叶、嫩芽、鲜果等为食。繁殖期大多在夏末秋初。雌兽的怀孕期为 6~8 个月，于翌年春季生产，每胎产1仔，偶尔产2仔。2~3岁性成熟，寿命为14~16年。

在干湿适度地表上的蹄印紧靠，前部窄而略尖，后部相对较宽，两蹄印间高凸一狭窄的泥土棱嵴。粪粒主要有大、小圆形和长椭圆形两类。

水鹿被列为国家Ⅱ级重点保护野生动物。它的经济价值很高，鹿茸、鹿血和鹿膏、鹿尾、鹿胎、鹿心、鹿筋、鹿鞭等亦为名贵药材。因此，有人可能为了获取经济利益而进行非法猎捕等犯罪行为。雄性的攻击武器为角和蹄，通常不会攻击人，但在雄鹿的发情期或受到惊吓时，也会伤人，甚至将人致死。

## 364. 河麂

河麂体长88~105cm，尾长6~7cm，体重为15~20kg（图5.109）。隶属于哺乳纲、偶蹄目、鹿科。雄兽和雌兽的头上都没有角，但雄兽的上犬齿非常发达，向下伸延，弯曲成獠牙，突出口外。冬季的毛粗长而厚密，呈枯草黄色；夏季的毛细而短，有光润，并且微带红棕色。背部和侧面颜色一致，腹面略浅，全身都没有斑纹。蹄子较宽。尾巴特别短，几乎被臀部的毛所遮盖。

河麂分布于中国东北、长江流域以南地区，以及朝鲜等地。栖息于江河、湖泊两岸，以及海滨、海岛附近的山坡灌丛、草地和芦苇丛中。性情温和，感觉灵敏，善于隐匿。单独或成对活动。以青草和植物嫩叶为食。发情期为11月到翌年1月。雌兽的怀孕期为168~210天，大约在5月产仔，每胎产4~6仔。

图5.109　河麂

河麂被列为国家Ⅱ级重点保护野生动物。它的经济价值很高，鹿茸、鹿血和鹿膏、鹿尾、鹿胎、鹿心、鹿筋、鹿鞭等亦为名贵药材。因此，有人可能为了获取经济利益而进行非法猎捕等犯罪行为。雄性的攻击武器为角和蹄，通常不会攻击人，但在雄鹿的发情期或受到惊吓时，也会伤人，甚至将人致死。

## 365. 驼鹿

驼鹿体长为200~260cm，尾长10cm，体重450~500kg。隶属于哺乳纲、偶蹄目、鹿科。体毛棕褐色。鼻子肥大并且有些下垂，上嘴唇膨大而延长。喉部下面生有一个肉柱，上面长着很多下垂的毛。躯体短而粗。腿细长。尾巴很短。仅雄兽的头上有角，呈扁平的铲子状，角面粗糙，从角基向左右两侧各伸出一小段后分出眉叉和主干，呈水平方向伸展，中间宽阔，在前方的1/3处生出许多尖叉。

驼鹿分布于中国西北、东北，以及欧亚大陆的北部和北美洲的北部。栖息于原始针叶林和针阔混交林中。成小群活动。以植物的嫩枝条和草本植物为食。8月下旬开始发情，10月结束。雌兽的妊娠期为240天左右，一般在翌年5月末至7月初产仔，每胎产1仔。哺乳期为3个半月。3~4岁达到性成熟。

驼鹿被列为国家Ⅱ级重点保护野生动物。它的经济价值很高，鹿茸、鹿血和鹿膏、鹿尾、鹿胎、鹿心、鹿筋、鹿鞭等亦为名贵药材。因此，有人可能为了获取经济利益而进行非法猎捕等犯罪行为。雄性的攻击武器为角和蹄，通常不会攻击人，但在雄鹿的发情期或受到惊吓时，也会伤人，甚至将人致死。

## 366. 驯鹿

驯鹿体长120~220cm，尾长7~21cm，体重91~272kg（图5.110）。隶属于哺乳纲、偶蹄目、鹿科。体毛为灰褐色、白花色或纯白色。

驯鹿分布于中国黑龙江北部，以及亚洲北部、欧洲北部和北美洲北部等地。栖息于亚寒带针叶林中。白天活动。每年 10 月发情。雌兽的怀孕期为 227~229 天。5~6 月产仔，每胎产 1~2 仔。2~3 岁达到性成熟。

驯鹿被列入“三有”名单。驯鹿是一些少数民族的肉食来源，同时也利用其毛皮、鹿乳或用为运输工具。有人可能为了获取家驯鹿的肉、皮张等经济利益而进行非法猎捕等犯罪行为。雄性的攻击武器为角和蹄，通常不会攻击人，但在雄鹿的发情期或受到惊吓时，也会伤人，甚至将人致死。

图 5.110　驯鹿

## 367. 长颈鹿

长颈鹿是现代地球上最高的动物（图 5.111）。体长 380~470cm。隶属于哺乳纲、偶蹄目、长颈鹿科。躯干较短，从肩到臀向下倾斜。颈背有鬃毛。尾长，末端有一束长毛。头顶生有一对短角，角的表面有皮肤包被，外具茸毛。全身被毛疏短，底色浅棕，布满形状大小不同的黑褐色花斑网纹。

长颈鹿分布于非洲大部分地区。栖息于草原、疏林地区或森林边缘地区，从不进入密林。结群活动。嗅觉和听觉敏锐。腿力很强，跑得很快。以乔灌木嫩枝、叶为食，尤其爱食刺槐树顶上的嫩叶。舌头很长，吃东西时先用舌头把细枝裹到嘴里，然后把头一甩，捋下叶子。比较耐渴，可以长时间不饮水。没有固定的发情期。怀孕期为 14~15 个月。每胎产 1 仔。3.5~4 岁性成熟。寿命为 30 年。

我国没有野生的长颈鹿，但在动物园，尤其是野生动物园中有大量饲养。它体躯庞大，攻击武器为其有力的颈部和蹄，通常不会攻击人，但有时也会发生意外伤人事件。

图 5.111　长颈鹿

## 368. 白肢野牛

白肢野牛也叫印度野牛、野牛、白袜子等，是野生牛类中体型最大的。体长 250~330cm。隶属于哺乳纲、偶蹄目、牛科。体长近 3m。头部和耳朵都很大。鼻子和嘴唇都呈灰白色。额顶突出隆起，肩部隆起然后向后延伸至背脊的中部，再逐渐下降。四肢粗而短。尾巴很长，末端有一束长毛。雄兽和雌兽均有角。体毛或乌褐色，但四肢的下半截都是白色的，就像是穿了白色的长筒袜，所以得名。在产地更是被形象地称为“白袜子”。

白肢野牛分布于我国云南南部、西南部，以及亚洲南部、东南部一带。栖息于热带、亚热带山地森林和草原中。喜欢群居。奔跑迅速。以野草、嫩芽、嫩叶等为食。每年 11~12 月发情。雌兽的怀孕期为 9 个月，每胎产 1 仔。2~4 岁性成熟。寿命为 20~30 年。

白肢野牛足印及粪便均与家养水牛近似。足迹大，呈肾脏合拢形，蹄间距较宽。但偶蹄印相对较窄长，其前部较尖，且一般不十分叉开。

白肢野牛被列为国家 I 级重点保护野生动物。它在我国野外数量十分稀少，但也会有偷猎犯罪的现象发生。它的攻击武器为角和蹄，通常不会攻击人，但有时被激怒后，就会伤人，甚至将人致死。

## 369. 大额牛

大额牛体长为 150~200cm，肩高 200cm，体重 1 000kg。隶属于哺乳纲、偶蹄目、牛科。头部较短，耳朵都很大。鼻子和嘴唇都呈灰白色。额顶突出隆起，呈沙棕色。四肢粗而短。尾巴很长，末端有一束长毛。雄兽和雌兽均有角。角粗而直，向两侧平伸。体毛短而厚，为油亮的褐色，四肢的下半截为白色。颈部下面有粗长被毛的肉垂。尾巴短而粗，末端被毛蓬松。

由白肢野牛驯化为家畜。分布于中国云南西北部和西藏东南部、印度东北部、缅甸北部等地。栖息于林缘灌丛、草坡等地带。

有人可能为了获取它的肉、皮张等经济利益而进行非法猎捕等犯罪行为。它的攻击武器为角和蹄，通常不会攻击人，但有时被激怒后，就会伤人，甚至将人致死。

## 370. 野牦牛

野牦牛体长为 200～260cm，尾长 80～100cm，体重 500～600kg。隶属于哺乳纲、偶蹄目、牛科。体毛为暗褐黑色，尾巴上的毛上下都很长，蓬松肥大，下垂到踵部。肩部中央有凸起的隆肉，四肢短矮，腹部宽大；头上的角为圆锥形，表面光滑，先向头的两侧伸出，然后向上、向后弯曲，角尖略向后弯曲。

野牦牛分布于中国青海、西藏、甘肃、四川和新疆东南部等地。栖息于高山草甸地带。群居。以高山寒漠植物为食。发情期为 9～11 月。雌兽的怀孕期为 8～9 个月，翌年 6～7 月产仔，每胎产 1 仔。3 岁达到性成熟。寿命为 23～25 年。

野牦牛被列为国家Ⅰ级重点保护野生动物。它在我国野外数量十分稀少，但也有人可能为了获取野牦牛的肉、皮张等经济利益而进行非法猎捕等犯罪行为。它的攻击武器为角和蹄，通常不会攻击人，但有时被激怒后，就会伤人，甚至将人致死。

## 371. 家牦牛

家牦牛体重 300kg（图 5.112）。隶属于哺乳纲、偶蹄目、牛科。体毛为黑色、棕色、白色、黄色或杂色。全身长满下垂的长毛。头上的角为圆锥形，表面光滑，平直向上。

由野牦牛驯化而成的家畜，分布于中国西南、西北地区和亚洲中部一带。栖息于高山草甸地带。在陡峻的高山上行走自如。成群生活。以高山寒漠植物为食。

图 5.112　家牦牛

牦牛是高寒地区的特有牛种，草食性反刍家畜。当地人喝牦牛奶，吃牦牛肉，烧牦牛粪。它的毛可做衣服或帐篷，皮是制革的好材料。它既可用于农耕，又可在高原作运输工具。

足蹄大而宽圆，宽约 140mm，长多不及 170mm；粪便呈大型棱块堆集。

有人可能为了获取家牦牛的肉、皮张等经济利益而进行盗窃、抢劫等犯罪行为。它的攻击武器为角和蹄，但通常不会攻击人。在我国高寒地区的犯罪现场有可能出现家牦牛留下的痕迹。

## 372. 黄牛

图 5.113　黄牛

黄牛是常见的家畜（图 5.113）。隶属于哺乳纲、偶蹄目、牛科。体长由于各地的自然和饲养条件不同而存在很大差异。体型高大而健壮，四肢粗壮。雄兽和雌兽头上都有表面光滑的角。尾巴较长，末端有簇毛串。体色主要为黄色，也有的呈红棕色、黑色等。

家牛在世界各地均有饲养。性情温顺。以草类等为食。胃有 4 个室，可以对食物进行反刍。怀孕期为 280～285 天。每胎产 1 仔。1.5 岁达到性成熟。寿命为 25 年。

黄牛的足迹大，呈肾脏合拢形，蹄间距较宽。偶蹄印显著较短小，蹄前部通常不甚分开，且两蹄的大小相近，其内蹄前部略长。粪便相对较干硬，粪堆通常很少散塌，多呈“花卷”状叠堆。

黄牛是在大约 7000 年以前由生活于欧洲及非洲北部的原牛经过人工饲养、培育而成的，依照其用途分为乳用种、肉用种、肉乳兼用种和肉用与劳役兼用种等。它的攻击武器为角和蹄，但除了斗牛等品种被人挑逗而激怒时外，通常不会攻击人，但有时被激怒后，就会伤人，甚至将人致死。在我国农村的犯罪现场有可能出现黄牛留下的痕迹。有人可能会为了获取黄牛役用或获取肉、皮张等经济利益而进行盗窃、抢劫等犯罪行为。

## 373. 水牛

水牛是常见的家畜（图 5. 114）。隶属于哺乳纲、偶蹄目、牛科。体长 240~280cm。体型高大而健壮。体毛稀疏。四肢粗壮。雄兽和雌兽头上都有表面光滑的角，粗大而扁，向后方弯曲。尾巴较长，末端有簇毛串。体色主要为灰黑色。

水牛在世界各地均有饲养，我国南方比较常见。皮厚，汗腺不发达。喜欢浸泡在水中。善于在泥地中行走。性情温顺。以草类等为食。胃有 4 个室，可以对食物进行反刍。怀孕期为 320~330 天。每胎产 1 仔。2. 5~3 岁达到性成熟。

水牛的足迹大，呈肾脏合拢形，蹄间距较宽。偶蹄印多呈长椭圆形，前蹄印略较后蹄印大，蹄前部分叉，内蹄前部相对较长而尖。它的粪便较家黄牛的潮湿，粪堆多呈大型圆盘状，表面少显沟回。

水牛是在大约 5000 年以前由生活于亚洲南部的野水牛经过人工饲养、培育而成的，主要用途为役用，挽力强，行步稳重，特别适宜于水田耕作等。它的攻击武器为角和蹄，但通常不会攻击人，但有时被激怒后，就会伤人。在我国南方农村的犯罪现场有可能出现水牛留下的痕迹。有人可能会为了获取水牛役用或其肉、皮张等经济利益而进行盗窃、抢劫等犯罪行为。

图 5. 114　水牛

## 374. 白脸牛羚

白脸牛羚体长 140~160cm，尾长 30~45cm，体重 55~80kg（图 5. 115）。隶属于哺乳纲、偶蹄目、牛科。身体轻巧、结实。颈部较短，吻鼻部较长，呈白色。角长而弯曲。身体主要为红褐色。腿白色。臀部有白斑。尾巴较短，末端有黑色簇毛。

白脸牛羚分布于南非。栖息于草原等环境中。结群活动。性情温和。善于奔跑。以草类等为食。怀孕期为 8 个月。2 岁达到性成熟。寿命为 17 年。

白脸牛羚在我国主要饲养在野生动物园、动物园中，是受欢迎的观赏动物，它的攻击武器为角和蹄，但通常不会攻击人，但有时被激怒后，也可能会伤人。

图 5. 115　白脸牛羚

## 375. 黑尾牛羚

黑尾牛羚体长 120~160cm，尾长 50~70cm，体重 155~270kg（图 5. 116）。隶属于哺乳纲、偶蹄目、牛科。体毛主要为浊灰色。雄兽和雌兽头上都有角，角尖光滑无棱，先向下，然后转向上，向前和向内弯曲。面部长，被黑色簇毛覆盖，吻部较宽。粗厚的头部和肩部显得沉重。臀部较圆。尾巴下垂。颈和肩部有一条黑色鬣毛。身体的前半部有黑色横纹。尾部有黑色簇毛。

黑尾牛羚分布于非洲东部、东南部和西南部等地。栖息于开阔的平原和丛林地带。性好合群。以各种草类等为食。每年10~12月发情交配。怀孕期为8.5个月，每胎产1仔。3岁达到性成熟。寿命为15年。

黑尾牛羚在我国主要饲养在野生动物园、动物园中，是受欢迎的观赏动物，它的攻击武器为角和蹄，但通常不会攻击人，但有时被激怒后，也可能会伤人。

图5.116　黑尾牛羚

## 376. 鹅喉羚

鹅喉羚体长为85~140cm，尾长12~15cm，体重为25~30kg（图5.117）。隶属于哺乳纲、偶蹄目、牛科。背部毛色较浅，呈淡黄褐色，胸部、腹部和四肢内侧都呈白色，冬天的毛色更浅。尾巴毛为黑棕色，靠近基部的一半为赭黄色。雄兽有角，向上伸直而略微向后弯，尖端略向内上方弯转。除角尖外都有显著的环状横棱。上唇至眼平线为白色，喉部为白色，臀斑比藏原羚小，蹄子狭长而尖。颈部细长，雄兽在发情季节，喉部和颈部特别膨大。

图5.117　鹅喉羚

鹅喉羚分布于亚洲中部、蒙古、伊朗、伊拉克、叙利亚、阿富汗、巴基斯坦和我国西北等地。栖息于荒漠和半荒漠地区。结群活动。善于奔跑。以艾蒿类和禾本科植物为食。每年11月至翌年1月发情，雌兽的怀孕期为6个月左右，每胎产1~2仔。1~2岁时性成熟。寿命为17年左右。

鹅喉羚被列为国家Ⅱ级重点保护野生动物。它在我国野外数量十分稀少，但也会有偷猎犯罪的现象发生。它的攻击武器为角和蹄，通常不会攻击人，但有时被激怒后，也可能会伤人。

## 377. 汤氏瞪羚

图5.118　汤氏瞪羚

汤氏瞪羚体长80~120cm，尾长15~27cm，体重15~35kg（图5.118）。隶属于哺乳纲、偶蹄目、牛科。体态轻盈。耳细而长。面部白色，有黑色斑纹。角比较纤细。身体背面、侧面主要为赤褐色，腹面为白色，胁部有黑色斑带。臀部白色，边缘黑色。四肢细长。

汤氏瞪羚分布于坦桑尼亚、肯尼亚、苏丹、乌干达等地。栖息于干旱草原、灌丛地带。结群活动，主要在清晨和黄昏。善于跳跃和奔跑。以草类等为食。怀孕期为6~6.5个月。每胎产1仔。寿命为10~12年。

汤氏瞪羚在我国主要饲养在野生动物园、动物园中，是受欢迎的观赏动物，它的攻击武器为角和蹄，通常不会攻击人，但有时被激怒后，也可能会伤人。

## 378. 黄羊

黄羊体长为100~150cm，尾长5~12cm，体重一般为20~35kg。隶属于哺乳纲、偶蹄目、牛科。雄兽的角较短而直，表面有明显而紧密的环形横棱。尾巴很短。体毛红棕色，腹面和四肢的内侧为白色，尾毛棕色。臀部有白色的斑。四肢细长，前腿稍短，角质的蹄子窄而尖。

黄羊分布于中国东北、华北、西北地区，以及蒙古和俄罗斯西伯利亚南部等地。栖息于半沙漠地区的草原地带。性喜群集。善于跳跃和奔跑。以杂草、灌木等为食。晚秋和初冬时交配。每胎产 1~2 仔。1~2 岁达到性成熟。寿命为 7~8 年。

黄羊被列为国家Ⅱ级重点保护野生动物。它是我国重要的资源动物，皮革加工成皮衣、马鞍等用具；肉可食，因此也会有偷猎犯罪的现象发生。它的攻击武器为角，但通常不会攻击人。

## 379. 普氏原羚

普氏原羚也叫滩原羚、滩黄羊。体长大约为 110cm。隶属于哺乳纲、偶蹄目、牛科。夏毛短而光亮，呈沙黄色，并略带储石色，喉部、腹部和四肢内侧均为白色，臀斑为白色。冬季毛色较浅，略呈棕黄色或乳白色。角长约 30cm，角的下半段粗壮，近角尖处显著内弯而稍向上，末端形成相对钩曲。

普氏原羚是我国特产动物，仅见于内蒙古西部、新疆东南部、甘肃、宁夏等地。栖息在比较平坦的半荒漠草原地带，一般海拔高度在 3 400m 以下。十分机警，能够在大范围内活动觅食、饮水，也能逃避敌害。主要以禾本科、莎草科及其他沙生植物的嫩枝、茎、叶为食。发情交配期是 12 月至翌年 1 月。产仔期间群体暂时解散，雄兽结成小的群体或者单独活动，雌兽则单独到山凹的高草丛或灌木丛等较为僻静的地方分娩，每胎产 1 仔，偶尔为 2 仔。

普氏原羚被列为国家Ⅰ级重点保护野生动物。它在我国野外数量十分稀少，但也会有偷猎犯罪的现象发生。它的攻击武器为角，但通常不会攻击人。

## 380. 藏原羚

藏原羚也叫原羚、小羚羊、西藏黄羊和西藏原羚（图 5. 119）。体长 84~96cm。隶属于哺乳纲、偶蹄目、牛科。耳朵狭而尖小，四肢纤细，蹄子窄小。体毛为灰褐色，腹部为白色，在阳光的强烈照射下，远看其色接近沙土黄色。仅雄兽具有细而较长的镰刀状角，角尖比较光滑，基部至 2/3 处有明显而完整的环状横棱。雄兽臀部都有纯白色的大块斑，周围被锈棕色环包。尾巴很短，几乎隐匿在毛中。

图 5. 119　藏原羚

藏原羚在我国主要分布于青藏高原及四川西北部和甘肃南部。栖息的海拔高度在 3 000~5 100m，一般多见于高寒草甸和干草原地带。通常冬春季的群体较大。性情机警。食物以莎草科和禾本科植物为主。发情期为 12 月至翌年 1 月。怀孕期为 6 个月，在 7~8 月生产，每胎产 1 仔，偶尔为 2 仔。幼仔 2~3 天后就能随雌兽奔跑。

藏原羚被列为国家Ⅱ级重点保护野生动物。它在我国野外数量十分稀少，但也会有偷猎犯罪的现象发生。它的攻击武器为角，但通常不会攻击人。

## 381. 藏羚

藏羚也叫羚羊、藏羚羊、长角羊、独角兽、一角兽等，是我国珍稀动物（图 5. 120）。体长 117~146cm。隶属于哺乳纲、偶蹄目、牛科。体毛淡黄褐色，腹部白色，雄兽的面部和四肢的前缘为黑色或黑褐色。雄兽头上有角。

藏羚分布于我国青海、新疆南部、四川西北部、西藏，以及印度东北部等地。栖息于荒漠草甸等环境中。性情胆怯。善于奔跑。以植物为食。每胎产 1 仔。

藏羚被列为国家Ⅰ级重点保护野生动物。它的经济价值极大，角可以制成各种不同用途的工艺品，还可以入药，有清热解毒，平肝熄风的作用。被称为“藏羚绒”的皮张具有轻柔、细软、坚韧、保暖性强的特点。据说一条藏羚绒织成的披肩，可以很轻易地从一枚戒指中间穿过，所以被誉为“戒指披肩”，又有“软黄金”（国外称“沙图什”）之称。因此，巨额的利润使不法分子为了获取藏羚的角、皮张等进行疯狂的猎捕、走私等犯罪活动。偷猎者往往成群结队，携带枪支，开着卡车对藏羚进行围捕，野外留下被剥了皮的藏羚尸体，被丢弃的汽油桶以及无人区轧出的车辙。有时保护区工作人员或反偷猎队伍会与他们发生枪战等激烈战斗。

图 5.120 藏羚

图 5.121 高鼻羚羊

## 382. 高鼻羚羊

高鼻羚羊体长为 90~144cm，尾长 7~8cm，体重 29~60kg（图 5.121）。隶属于哺乳纲、偶蹄目、牛科。夏毛淡棕黄色，由颈部沿着脊柱到尾基有一条深褐色的背中线，腹部白色；冬毛白色或污白色。雄兽的颊部、喉部和胸前都长着长毛，有细长的角，基本直竖，角尖稍向前弯，略呈钩状，上面有 11~13 个棱状环节，呈琥珀色的半透明状。鼻端大，鼻腔呈肿胀状鼓起。尾巴特别短，四肢较细。

高鼻羚羊分布于中国新疆一带。栖息于草原、灌丛和荒漠地区。结小群活动。善于奔跑。以禾本科的各种草类，以及灌木等植物为食。秋季发情交配。雌兽的怀孕期为 139~152 天，每胎产 1~2 仔。哺乳期为 2 个月。1~2 岁时性成熟。寿命为 10~12 年。

高鼻羚羊被列为国家 Ⅰ 级重点保护野生动物。它的皮、毛、肉均可利用，尤其是它的角在中药里称为羚羊角，具有较大的经济价值。因此，偷猎犯罪的现象经常发生。它的攻击武器为角，但通常不会攻击人。

## 383. 扭角羚

扭角羚也叫羚牛、牛羚、野牛等，是我国的珍稀动物（图 5.122）。体长 180~210cm。隶属于哺乳纲、偶蹄目、牛科。体毛随分布地区的不同呈白色或淡金黄色、灰褐色、棕褐色和黑褐色。四肢粗壮有力，蹄子也较宽大。颌下和颈下则长着胡须状长垂毛。雄性和雌性都有粗大的角，基部至 2/3 处具宽厚的横棱，角尖光滑，从顶骨后边先弯向两侧，然后向后上方扭转，曲如弯弓，角尖向内。

图 5.122 扭角羚

扭角羚分布于我国四川、陕西南部、甘肃东南部、云南西北部、西藏，以及不丹、缅甸北部等地。栖息于针叶林和高山草甸带。群居。善于在山地林中行进和攀履岩壁。以植物为食。每年 7~8 月繁殖。雌性的怀孕期为 8~9 个月。每胎产 1~2 仔。寿命为 14~16 年。

扭角羚前足蹄印显著较后足印大而圆。粪便更具干性，粪堆多较家黄牛的大，呈多盘状横形套叠，由前向后渐小。

扭角羚被列为国家Ⅰ级重点保护野生动物。它的野外数量非常稀少，但也会有偷猎犯罪的现象发生。它的攻击武器为角和蹄，但通常不会攻击人。在动物园可能会发生扭角羚用角顶伤游人的手或身体等现象。

## 384. 台湾鬣羚

台湾鬣羚体长为100~120cm，尾长10~12cm，肩高60~72cm，体重50~60kg（图5.123）。隶属于哺乳纲、偶蹄目、牛科。颈部和背部的鬣毛较短。体色主要为黑灰色，下颌为淡黄色，有黄褐色的喉斑，腹面的颜色较浅，四肢的颜色却较深而黑，体毛粗糙。雄兽和雌兽均有角，生于头的前部。角短而尖，直接向后伸出。吻鼻部裸露，眶下腺明显。耳朵狭长。四肢强健。尾巴较短。

图5.123　台湾鬣羚

台湾鬣羚分布于中国台湾等地。栖息于海拔1 000~3 000m的高山密林、悬崖峭壁或者草原和平原地带。单独出没或2~3只在一起活动。主要在早晨和黄昏出来觅食。善于奔跑和跳跃。以青草、种子和菌类等为食。9~10月发情交配。雌兽的妊娠期为7~8个月，翌年5~6月生产，每胎产1仔。2~3岁性成熟。寿命为15年。

台湾鬣羚被列为国家Ⅰ级重点保护野生动物。它在我国野外数量十分稀少，但也会有偷猎犯罪的现象发生。

## 385. 鬣羚

鬣羚体长为140~190cm，尾长9~16cm，身高86~110cm，体重100~140kg（图5.124）。隶属于哺乳纲、偶蹄目、牛科。吻端裸露，唇的周围有髭毛，有明显的球囊状眶下腺，其开口处有一撮丛毛。耳朵狭长。雄兽和雌兽均有短角。身体的毛色以黑色为主，杂有灰褐色毛。暗黑色的脊纹贯穿整个脊背。上下嘴唇、颌部污白色或灰白色。前额、耳背沾有深浅不一的棕色。头后自角的基部到颈背的鬣或鬃毛很长，为白色或灰白色。四肢的毛为赤褐色，向下转为黄褐色。

图5.124　鬣羚

鬣羚分布于中国南方。栖息于海拔600~3 000m的高山森林地带。善于攀登和纵跃。单独或结成4~5只的小群。早晨和傍晚出来活动。以青草、树木嫩枝、叶、芽、落果和菌类、松萝等为食。9~10月发情交配。雌兽的怀孕期约为8个月，幼仔多于翌年5月下旬至6月初出生，每胎产1~2仔。2~3岁时达到性成熟。寿命为15年。

足蹄短钝结实。粪粒显较鹿类的大，每次排数10粒，散堆状，岩脚常集大堆。

鬣羚被列为国家Ⅱ级重点保护野生动物。它在我国野外数量十分稀少，但也会有偷猎犯罪的现象发生。

## 386. 斑羚

斑羚体长为80~130cm，尾长7~15cm，体重28~35kg（图5.125）。隶属于哺乳纲、偶蹄目、牛科。体毛灰褐色，但针毛的毛尖为黑褐色。从头部沿脊背有一条黑褐色背纹，喉部有白色或黄色的浅喉斑。雄兽和雌兽均有黑色的角，较短小，自额骨长出后向后上方倾斜，角尖向后下方略微弯曲。角尖尖锐、光滑，其余部分具有10多个横棱。四肢短，蹄子狭窄，有蹄腺。尾巴短，毛长而蓬松。

斑羚分布于中国西南部。栖息于林密谷深、陡峭险峻的地带。性情孤独。单独或结小群活动。早晨和黄昏活动频繁。善于跳跃和攀登。以青草和灌木的嫩枝、果实，以及苔藓等为食。秋末冬初发情交配。雌兽的怀孕期为8个月左右，每胎产1仔，偶尔产2仔。哺乳期为2个月。1. 5~2岁时性成熟。寿命为15~17年。

图5.125　斑羚

足印与家山羊的近似，略似“肾形”，但偶蹄印相距较开，且内、外印多呈前后错位排列。粪便具干性，多呈不规则颗粒叠堆，少数颗粒具针尾。

斑羚被列为国家Ⅱ级重点保护野生动物。它的肉味鲜美，血液和脂肪可以入药，毛皮松软厚实，可制裘皮。但是由于乱捕滥猎，斑羚的数量日趋下降。

## 387. 赤斑羚

赤斑羚体长为95~105cm，尾长10~12cm，体重为20kg（图5.126）。隶属于哺乳纲、偶蹄目、牛科。四肢粗壮，蹄子较大。尾巴较短。雄兽和雌兽均有1对黑色的角，短而圆，向上后方倾斜，基部有环棱。通体毛色为红棕色，背部中央具有一条黑褐色的纵纹，腹面呈黄褐色，鼠蹊部为棕白色，尾巴为黑褐色。在头顶上的双角之间有一小块白斑。

图5.126　赤斑羚

赤斑羚分布于中国西藏、云南西北部等地。栖息于高山、亚高山常绿阔叶林和针阔叶混交林内。性情机警。善于攀登。早晨和下午活动。成对或结小群活动。以草本植物和树叶等为食。11~12月发情。雌兽的怀孕期为6个月。分娩大多在翌年5~6月。

赤斑羚被列为国家Ⅰ级重点保护野生动物。它在我国野外数量十分稀少，但也会有偷猎犯罪的现象发生。

## 388. 绵羊

绵羊是常见的饲养动物（图5.127）。隶属于哺乳纲、偶蹄目、牛科。身体丰满，体毛绵密。头短。雄兽有螺旋状的大角，雌兽没有角或仅有细小的角。毛色为白色。

图5.127　绵羊

绵羊现在世界各地均有饲养。性情胆怯。秋季、冬季发情。雌兽的怀孕期为145~152天。每胎产1~5仔。寿命为10~15年。

绵羊耐渴，可以为人类提供肉和毛皮等产品。

在牧区、农村、饲养基地等处的犯罪现场有可能出现绵羊留下的痕迹。有人可能为了获取绵羊的肉、皮张等经济利益而进行盗窃、抢劫等犯罪行为。

## 389. 山羊

山羊也叫家山羊，是常见的饲养动物（图5.128）。隶属于哺乳纲、偶蹄目、牛科。体长大多1m左右。身体较狭。头长。颈短。角三棱形呈镰刀状弯曲。颏下有长须。尾短，上翘。毛色大多为白色，也有黑色、褐色、杂色等。

山羊的祖先是分布于亚洲中部和西部的野山羊，现在世界各地均有饲养。性情活泼。喜欢登高。以杂草、灌木和树叶等为食。秋季、冬季发情。雌兽的怀孕期为 140~156 天。每胎产 1~4 仔。寿命为 10~15 年。

图 5.128　山羊

山羊足迹的左右单蹄边缘几乎呈现重叠印，这是因其蹄外缘内侧存在一条狭窄的凹缝所致。两蹄内侧中部多呈半月形。

山羊的前足印略大于后足印，偶蹄印为另一特殊形态，单蹄前端有一剪刀口，并向内倾，构成前部内凸，且双蹄中部向外侧凹，后部则相距很近，呈现出偶蹄前部显著分开之后的一个大的不规则倒三角空间。山羊粪粒接近球形，一端大多有一个小尖，但较干的粪粒趋于延长和两端呈圆形。潮湿山羊粪的一侧多少存在一个凹痕，同时其团块包括有少数成形的粪粒。粪便的颜色一般从褐到黑。

山羊有耐寒、耐粗饲的特点，可以为人类提供肉、乳和毛皮等产品。主要品种有安哥拉羊、克什米尔羊等。它的攻击武器为角和蹄，但通常不会攻击人。在牧区、农村、饲养基地等处的犯罪现场有可能出现山羊留下的痕迹。有人可能为了获取山羊的肉、皮张等经济利益而进行盗窃、抢劫等犯罪行为。

## 390. 北山羊

图 5.129　北山羊

北山羊体长 105~150cm，尾长 12~15cm，身高 100cm，体重 40~120kg（图 5.129）。隶属于哺乳纲、偶蹄目、牛科。头顶凸起，额部平坦，眼睛大小中等，耳朵较短。雄兽的颏下长有长须。四肢稍短而粗壮，蹄子狭窄。尾巴较长。夏季背部为棕黄色，体侧为浅棕色，腹面为白色，雄兽从头的枕部沿背脊一直到尾巴的基部，有一条黑色的纵纹。冬季毛长而色浅，呈黄色或白色。雄兽和雌兽都有粗大的角。

北山羊分布于中国西北一带。栖息于海拔 3 500~6 000m 的高原裸岩和山腰碎石嶙峋的地带。善于攀登和跳跃。喜欢成群活动，一般为 4~10 只，也有数十只甚至百余只的较大群体。以各种杂草类为食。11~12 月发情交配。雌兽的怀孕期为 170~180 天，5~7 月生产，每胎产 1~2 仔。1~2 岁性成熟。寿命为 12~18 年。

北山羊的偶蹄足印与其他羊类的蹄印形态差别颇大，蹄印前部呈“剪刀”状开口，前后足的单蹄前端均为三角尖形，而偶蹄中段蹄印几乎不左右分开。新鲜粪便为多样形颗粒黏堆。

北山羊被列为国家Ⅰ级重点保护野生动物。它在我国野外数量十分稀少，但也会有偷猎犯罪的现象发生。

## 391. 盘羊

盘羊是我国高山地带的珍稀动物（图 5.130）。体长 130~160cm。隶属于哺乳纲、偶蹄目、牛科。雄兽和雌兽均有角，雄兽的角自头顶长出后，两角略微向外侧后上方延伸，随即再向下方及前方弯转，角尖最后又微微往外上方卷曲，形成明显螺旋状角形，角的基部一段特别粗大而稍呈浑圆状，至角尖段则又呈刀片状，角的外侧有明显的环棱。雌兽的角短小而细，弯度不大，形似镰刀状。四肢稍显短小，尾巴极为短小。脸颊、额部、颈部及两肩呈浅灰棕色。上体及体侧的毛呈暗棕色或褐灰色，喉部、胸部和腹部为黄棕色，臀部有白斑，即白色臀盘，延至后肢的后侧。尾巴上的毛为灰棕色，中部有一条浅褐色中线。

盘羊分布于我国西北、西南地区。栖息于高山荒漠无林地带。白天活动。性情机警、温和而胆小。善于奔跑和攀崖。结小群活动。以高山植物及灌木的嫩枝等为食。10~12月发情交配。雌兽的怀孕期为6个月左右。每胎产仔1~3只。1~2岁性成熟。寿命为10~15年。

图5.130 盘羊

盘羊的单蹄印（偶蹄印的一侧）比普通山羊的大，而且其前端相较宽而更圆。盘羊与山羊类、羚羊类的粪粒非常近似。

盘羊被列为国家Ⅱ级重点保护野生动物。由于它在我国野外尚有一定数量，而且是传统的狩猎动物，因此偷猎犯罪的现象仍有发生。它的攻击武器为角和蹄，但通常不会攻击人。在动物园可能会发生盘羊用角顶伤游人的手或身体等现象。

## 392. 岩羊

岩羊也叫石羊、崖羊等，是我国高山地带的珍稀动物（图5.131）。体长120~140cm。隶属于哺乳纲、偶蹄目、牛科。通身均为青灰色，吻部和颜面部为灰白色与黑色相混，胸部为黑褐色，向下延伸到前肢的前面，转为明显的黑纹，直达蹄部。腹部和四肢的内侧则呈白色或黄白色。体侧的下缘从腋下开始，经腰部、鼠鼷部，一直到后肢的前面蹄子上边，有一条明显的黑纹。臀部和尾巴的底部为白色，尾巴背面末端的2/3为黑色。雄兽的四肢前缘有黑纹。雄兽和雌兽都有角，雄兽的角先向上，再向两侧分开外展，然后在一半处稍向后弯，角尖略微偏向上方，整个角的表面都比较光滑，末端尖细，角基略有一些粗而模糊的横棱，横切面为圆形或钝三角形。

图5.131 岩羊

岩羊分布于我国西北、西南地区。栖息于高山裸岩地带。善于攀登山峦。性喜群居。以高山荒漠植物和灌木的枝叶为食。每年冬季12月至翌年1月发情。怀孕期为5~6个月。每胎产1仔。1.5~2岁性成熟。寿命为18~20年。

岩羊足印呈不规则的长条形，双蹄的前部窄小，后部宽大，中部明显收缩，左右单蹄内后段紧靠，然后向前逐渐分开，每个单蹄的中后部正面还呈现出较宽长的凹痕。岩羊与山羊类、羚羊类的粪粒非常近似，一般在粪粒的一端有一个小尖，但较干的粪粒趋于延长和两端呈圆形。

岩羊被列为国家Ⅱ级重点保护野生动物。由于它在我国野外尚有一定数量，而且是传统的狩猎动物，因此偷猎犯罪的现象仍有发生。它的攻击武器为角和蹄，但通常不会攻击人。在动物园可能会发生岩羊用角顶伤游人的手或身体等现象。

## 393. 喜马拉雅塔尔羊

喜马拉雅塔尔羊体长为90~140cm，尾长9cm，体重80~100kg（图5.132）。隶属于哺乳纲、偶蹄目、牛科。雄兽和雌兽均有灰褐色的角，角短而侧扁，角夹端有皱纹。肩部和颈部有长毛，下垂到膝部。头形狭长，蹄子粗大，尾巴较短，而且腹面裸露。体毛为红棕色或深褐色。

图5.132 喜马拉雅塔尔羊

喜马拉雅塔尔羊分布于中国西藏等地。栖息于山坡丛林中。群居。性情机警，善于隐蔽和爬登悬崖绝壁。傍晚活动。

以禾本科植物以及灌丛的嫩枝、树叶等为食。每年11~12月发情交配，雌兽于翌年5~7月生产，每胎产1仔，偶尔为2仔。寿命为16~18年。

塔尔羊被列为国家Ⅰ级重点保护野生动物。它在我国野外数量十分稀少，但也会有偷猎犯罪的现象发生。

## 三、案例（四）

### 1. 云南捣毁贩卖野生动物犯罪团伙

2016年5月初，云南森林公安发现，有人在一个QQ群里，发出一段国家Ⅰ级重点保护野生动物长臂猿的视频。这段视频中可以看到，一只脖子上拴着铁链的成年长臂猿蹲在一个水池上，正在吃东西。发现这一线索后，公安民警开始对发布信息的人进行调查，发现这是一名居住在昆明的男子李某。他频繁在朋友圈、QQ群发布销售珍贵濒危野生动物的相关信息，寻找买家。

随后警方发现，有一名北方买家王某开始和李某联系购买长臂猿的事宜，并有可能来云南提货。获得这一重要线索后，民警开始对嫌疑人李某进行跟踪，然而出乎意料的是，买家并没有直接在昆明拿货，反而和李某等人去了中越边境距离昆明约400km的河口县。

警方通过调查发现，李某将非法获得的珍贵野生动物交于另一名男子蒋某看管和喂养，平时自己则负责联系买家。5月21日，买家王某抵达昆明后，李某让王某看过自己手上的两只长臂猿，然而王某并不满意。警方调查发现，王某也是中间商，“看货”后她觉得不符合买家的要求，于是李某又联系了一名越南供货人。5月23日，李某与王某、蒋某一起，与这名越南供货人在河口县城内完成交易，随后3人连夜冒雨赶回昆明。

当晚9时左右，公安民警在昆明小喜村收费站设伏，一举抓获这3名犯罪嫌疑人。现场查获国家Ⅰ级重点保护野生动物白掌长臂猿两只。在调查李某的过程中，民警还发现了与其频繁联系的另外两名犯罪嫌疑人周某和杨某，并于5月20日对这二人实施了抓捕，查获国家Ⅰ级重点保护野生动物蜂猴8只、缅甸蟒1条、黄金蟒1条，国家Ⅱ级重点保护野生动物猕猴1只、红瘰疣螈32只、大壁虎17只，从而破获了一起网络野生动物非法贸易案。

### 2. 广东梅州毒针杀犬案

2015年8月31日，家住福建省龙岩市的温某打电话给朋友陈某相约到广东偷犬，陈某一口答应。第二天凌晨3时许，温某携带事先准备好的偷犬工具弓弩和毒针，驾车搭载陈某从龙岩市出发来到大埔县大麻镇沿途寻找作案目标。两人分工合作，温某负责开车和寻找作案目标，陈某负责射杀家犬并将尸体装进汽车后备厢。很快两人便射杀盗走5条家犬。

二人载着死犬返回时路遇执勤民警罪行败露。经鉴定，被射杀的5条家犬价值1 843. 2元。据温某供述，其作案车辆是从龙岩某车行租赁而来，弓弩和毒针是从网上购买所得，射杀偷盗而来的犬则有固定的老板收购，转而贩卖。

另外，温某在江西省广昌县也曾因用弓弩和毒针射杀偷盗家犬，于2014年6月1日被广昌县人民法院以盗窃罪判处有期徒刑七个月。

法院经审理后认为，二被告人的行为构成盗窃罪，且温某系累犯，依法应当从重处罚；鉴于两人归案后能如实供述自己的犯罪事实，可予以从轻处罚。

2016年5月11日，被告人温某和陈某因使用弓弩和毒液针射杀偷盗家犬被广东省大埔县人民法院以盗窃罪分别判处有期徒刑一年和八个月，并处罚金2 000元。

### 3. 福建厦门走私珍贵动物制品案

2015年5月13日，俞某乘坐KA618次航班从厦门高崎国际机场入境并选择无申报通道通关。经厦门海关查验，在俞某行李箱内当场查获藏匿于铁盒里的疑似动物爪 343 个、动物牙齿 14 颗。经司法鉴定中心鉴定，上述 343 个动物爪为非洲狮爪，14 颗动物牙齿中 4 颗为非洲狮的犬牙、10 颗为豹的犬牙，它们均属于《濒危野生动植物种国际贸易公约》附录中的保护物种，这些野生动物制品价值合计人民币 20.2 万元。

2015 年 6 月，厦门高崎机场海关缉私分局对本案立案侦查。俞某接厦门高崎机场海关缉私分局电话通知后自动归案，并如实供述自己的走私事实。随后，福建省厦门市中级人民法院对该案做出宣判，被告人俞某犯走私珍贵动物制品罪，被判处有期徒刑三年零六个月，并处罚金人民币 3 万元。

### 4. 云南官员倒卖濒危动物案

赵某某原任云南生物教学标本工艺美术公司法定代表人，后调任云南省野生动植物保护管理委员会办公室副主任。1994 年 5~6 月，他支付 1.2 万元从滇西北怒江州泸水保护区购得 8 只国家Ⅱ级重点保护野生动物小熊猫，又让泸水保护区用两只小熊猫从楚雄一私人手中换回两只国家Ⅰ级重点保护野生动物马来熊。稍后，他从瑞丽野生动物拯救收容站买回两只马来熊。8 月 18 日，赵某某将 6 只小熊猫和两只马来熊卖往广州英吉利公司，使自己的公司进账 4.8 万元。

1995 年 1 月，深圳野生动物园有关人员向赵某某等人联系购买小熊猫，赵某某以 1.5 万元的价格从泸水保护区买进 15 只，运到昆明饲养期间有 5 只小熊猫死亡，有 8 只被贩运到深圳。此次交易获利 4.9 万元，赵某某与同谋者私分。在与鞍山、江苏的动物交易中，他任经理的标本公司又转手倒卖了数只马来熊和小熊猫，其中利润达到了 200%~300%。

赵某某非法倒卖国家Ⅰ级重点保护野生动物 6 只、国家Ⅱ级重点保护野生动物 21 只，其行为已触犯了法律，因涉嫌非法收购、出售国家珍贵濒危野生动物被起诉。

### 5. 北京八达岭野生动物园老虎袭人

2016 年 7 月 23 日下午，北京八达岭野生动物园东北虎园内，发生一起老虎伤人事件，由于游客在自驾车过程中，私自下车受到老虎攻击，造成 1 死 1 伤。

事发时车上共有一家四口，车停在距东北虎园西北门出口 19m 左右柏油路中间时，1 名女游客从副驾驶位置下车，向车头前方绕行，被 1 只老虎袭击并拖走，受到重伤，而冲下车想救女儿的母亲被另外一只老虎袭击致死。

该野生动物园规定，自驾车游客进入猛兽区有“六严禁”：“严禁开窗，严禁下车，严禁投喂食物，严禁携带宠物，严禁一切野外用火，严禁酒后、心脏病者驾驶。”并与游客签订有《自驾车入园游览车损责任协议书》。

### 6. 海南海口非法收购、出售梅花鹿案

2012 年 10 月 17 日，李某某与另一人（另案处理）预谋收购梅花鹿并熬制鹿膏出售，以此牟取非法利益。10 月 20 日，二人雇用一辆货车从海口来到三亚，以 4 900 元的价格向三亚某公司购买了一头人工繁殖驯养的梅花鹿，运到海口城西镇某市场内，打出出售鹿肉的广告，准备在 10 月 22 日早上宰杀这头梅花鹿。

10 月 21 日 15 时许，海口市森林公安局民警将李某某抓获，当场查扣这头梅花鹿。梅花鹿属于国家Ⅰ级重点保护野生动物。为牟取非法利益，他们两人联手收购、出售梅花鹿已经涉嫌犯罪。经海南省海口市龙华区检察院提起公诉，法院一审以非法收购、出售珍贵、濒危野生动物罪判处被告人李某某有期徒刑五年。

### 7. 北京非法出售倭蜂猴案

2012 年秋天，王某、白某某在一次偶然的机会看到了倭蜂猴，觉得非常可爱，就买了一只当作

宠物。今年春节前，这只倭蜂猴生下了两只小猴，王某觉得这种猴这么可爱，繁殖也容易，而且现在卖这个的人又少，自己驯养、繁殖几只来卖一定有“钱途”，就又与白某某一起买了两只。清明节前后，这新买来的两只也生了两只小猴。

这样一来，王某和白某某觉得家里有些养不开了，加之手头正好缺钱，两人一商量，便准备以3 000元一只的价格出售，并在网上发布了信息。警方发现后，将他们二人传唤到案。未经批准，私自驯养国家Ⅰ级重点保护野生动物倭蜂猴并通过网络出售，此种行为已涉嫌违法，因此北京市西城区检察院以非法出售珍贵、濒危野生动物罪将王某、白某某二人批准逮捕。

## 8. 山东青岛饲养员杀熊案

王某某是青岛市动物园管理处职工，因调动工作对单位领导不满，图谋报复，投毒杀害动物园内动物，包括2只马来熊、5头鹿和1只金钱豹（经抢救脱险），犯罪情节特别严重。由于他在被审问时交代了所犯罪行，有自首情节，受到从轻处罚。

2002年4月4日下午，青岛市市南区人民法院做出一审判决：被告人王某某犯非法杀害珍贵、濒危野生动物罪，被判处有期徒刑五年，并处罚金5 000元。

## 9. 北京非法收购熊掌案

2001年6月间，北京某酒楼经理王某某通过牡丹江铁路分局体育中心经理庄某某（另案处理）联系，以2万余元的价格，非法购进了熊掌36只，存放在自己经营的酒楼冷库中，后被北京市公安局森林公安处民警查获。通过北京市物价所鉴定，王某某非法收购的36只熊掌，其价值为17万元。王某某明知熊是受国家保护的动物，自己也没有野生动物经营许可证，但仍然非法收购熊掌36只，情节严重。

2002年3月8日，北京市海淀区人民法院对王某某非法收购国家Ⅱ级重点保护野生动物黑熊熊掌一案进行了公开宣判，判决王某某犯非法收购珍贵濒危野生动物制品罪，处有期徒刑六年，并处罚金2万元。

## 10. 内蒙古鄂伦春捕杀黑熊案

内蒙古自治区呼伦贝尔盟鄂伦春自治旗森林公安分局根据群众举报，查处一起非法捕杀3只黑熊的案件，而捕杀这3只国家Ⅱ级重点保护野生动物的犯罪嫌疑人，竟然是以保护野生动物为己任的林业职工。

2001年3月，呼伦贝尔盟克一河林业局森林调查队队长张某某带领队员，对克一河西南3km处地区的林木情况进行调查，有队员发现一棵大树上有个大洞。队员猜测里面可能有“黑瞎子”。几天之后，张某某与其他一些林业职工再次找到那棵有洞的大树，发现里面有一大两小总共3只黑熊，遂残忍地捕杀了这3只黑熊，将其变卖。

接到举报，鄂伦春自治旗公安分局民警立即将犯罪嫌疑人张某某等实施抓捕，他们对犯罪事实供认不讳。

## 11. 陕西南郑非法收购濒危野生动物制品案

陕西省南郑县检察院以涉嫌非法收购濒危野生动物制品罪将“农家乐”老板张某批准逮捕。

张某家住南郑县黎坪镇黎坪村，住所恰好位于黎坪国家森林公园景区内。随着该景区知名度的提升，前来旅游的游客日益增多，头脑灵活的张某便利用自己的农家小院搞起了“农家乐”。为了将自己经营的“农家乐”办出特色，张某想到了制作野味来吸引顾客。2015年2月7日，张某在勉县漆树坝镇张家桥村一组村民汪某处以6 400余元的价格收购了黑熊肉、毛冠鹿、小麂、竹鼠、野猪腿等野生动物制品。张某将这些野生动物制品运回家中后进行分解，用手机拍摄数张图片，通过微信上传至朋友圈，意图招揽生意。

接到举报后，南郑县森林公安分局对张某住所依法进行了搜查，现场查获尚未销售的黑熊、斑羚、毛冠鹿、竹鼠、野猪等野生动物的肉制品共34件、109.76kg，其中黑熊、斑羚为国家Ⅱ级重点保护野生动物；毛冠鹿、小麂为陕西省重点保护野生动物；中华竹鼠属陕西省一般保护野生动物。

## 12. 安徽宿州非法收购运输虎崽案

张某出生在有“中国马戏之乡”之称的宿州市埇桥区。他自己成立了一个马戏团，从事动物表演。为了能扩大生意，增加收入，他萌生了购买几只幼虎养大后用于表演的想法。

2002年4月，张某向曾因表演马戏结识的徐某提出购买幼虎的想法，两人商定，张某以9万余元的价格购买3只幼虎，并自己开车将幼虎运回家中。张某知道运输老虎需要国家颁发的许可证，因怕老虎外出表演被查到，他一直将幼虎饲养在家中，直至被民警发现。之后，安徽省宿州市埇桥区检察院以非法收购、运输珍贵、濒危野生动物罪对犯罪嫌疑人张某提起公诉。

## 13. 江西走私象牙及制品案

2014年年底，江西省黎川县公安机关查获陈某燕车上装载的22件工艺品，它们均为象牙制品，重133kg，价值55万余元。

根据陈某的供述，公安机关又抓获了帮助其非法加工象牙的同案犯陈某某，向其出售象牙的许某某，其“上线”刘某某也随之在福建落网。据查，刘某某从不法分子手里收购由非洲偷运至国内的象牙后，加价转手卖给许某某。该案涉案赃物由133kg、55万余元扩大到600余千克、2 000余万元。法院以非法收购、运输、出售珍贵、濒危野生动物制品罪判处被告人陈某某有期徒刑十年零六个月，并处没收财产20万元；判处被告人陈某某有期徒刑三年。同案被告人许某某、刘某某也受到了法律的严惩。

## 14. 贵州梵净山非法捕猎贩卖黔金丝猴案

1984年11月20日至11月23日，贵州省松桃苗族自治县乌罗镇寨安村何家屯的几个居民，非法进入梵净山自然保护区的核心地带狩猎，用套绳、铁夹等狩猎工具，连续捕猎黔金丝猴2只，然后趁夜将其私运回家隐藏，企图出售给动物园获利。后来由于管护不力，造成一只死亡，另一只虽经多方面抢救而侥幸存活，但因伤势严重不得不进行截肢。事情发生以后，引起贵州省有关部门的极大重视，将偷猎者逮捕并依法惩处。

1987年3月12日，有2只黔金丝猴雄兽远离梵净山自然保护区去觅食，13日恰逢附近各乡上千名村民云集合水乡赶场，当有人发现了这2只黔金丝猴以后，竟然手持刀棍、火药枪进行围追堵截，使它们惨遭杀害，其中一只背部有火药枪枪眼一个，另一只背部有明显刀伤两处，大的长度为4cm，小的约2cm，火药枪眼三处，头部有火药枪眼七处，腰部还有棍伤。

## 15. 湖北神农架非法捕猎贩卖金丝猴案

1984年9月，住在神农架自然保护区边缘的木鱼镇青天村的王某将同村人捕捉的金丝猴悄悄运到宜昌，卖给了住在同一个旅社的安徽人，获赃款120元。后来又多次采用设下钢丝套的办法继续捕捉金丝猴，卖给了省会武汉的汉阳动物园。

接到举报后，湖北有关部门立即组成专案组加紧进行侦破和查办。王某在惊慌之下，仓皇畏罪潜逃。后来经过公安部门的全力追捕，参与捕捉、倒卖金丝猴的王某等12名罪犯先后落入法网，此案也终于真相大白。王某等人自1984年9月至1988年1月先后在神农架自然保护区黄柏桠、皮家湾、董家湾、杉冒尖等地采取下套和追撵等方法，共非法捕捉金丝猴18只，由王某进行倒卖，先后7次卖给汉阳动物园10只（已死亡6只），一次卖给住宜昌交通旅社一旅客1只，贩卖途中死亡7只，获得赃款 11 420 元。他们非法捕猎、贩卖国家特产珍稀野生动物，情节严重，均已构成犯罪，受到了法律的严厉制裁。其中首犯王勇被判处无期徒刑，其他 5 名主犯也被判处 1~7 年的有期徒刑。

## 16. 广东广州贩卖国家珍稀动物案

1998 年 2 月 21 日，广州白云国际机场公安局与广东省渔政海监总队联合从一架自西双版纳景洪机场飞抵广州的 44 号航班的飞机货物中，查获 82 只黑熊掌和 27 只穿山甲。该案引起了国家有关部门的高度重视，广东省公安机关当即组织精干力量，一面抓紧突审当天抓获的随机押货到穗的刘某某和王某某，一面派出刑侦人员赶赴云南，在云南省和西双版纳自治州有关部门积极配合下，迅速将已经闻风藏匿的原在西双版纳经营地下赌场的不法商人雷某某抓获。这批黑熊掌和穿山甲是雷某某从中缅边境的瑞丽等地收购而来，准备经广州运往汕头高价出售。

## 17. 四川倒卖大熊猫皮张案

梁某某系江苏省江阴县（现江阳市）月城乡白马梁家村农民。1987 年 1 月，他怀着发财美梦，行程千里来到大熊猫故乡四川省平武县，向个体运输户蒲志，以 4 500 元收买一张大熊猫皮，通过关系将皮张运到广东，与广东省增城县福和镇双塘乡农民陈某某共同谋划，以 8 万元人民币将大熊猫皮卖出，梁某某获赃款 32 000 元，此后，梁某某又于同年 3 月伙同 3 名平武县农民，弄到三张大熊猫皮，转运到广东，经与陈某某议定，以 28 万元的价格，出售给一个非法倒卖、走私珍稀动物团伙，在运输途中，被公安机关抓获。

四川省西充县扶君乡四村的农民何某某，早在 1977 年曾因盗窃罪被判 7 年，服刑期间又犯盗窃罪，于 1984 年被判有期徒刑 3 年，1985 年 1 月因病保外就医。在此期间，他仍不思悔改，又干起了倒卖大熊猫的罪恶勾当。1985 年 11 月，他以 2 500 元从平武县一农民处买到大熊猫皮一张，然后以 8 000元高价卖出，个人获利 1 500 元。1986 年 4 月，何某某通过非法途径，又以 8 000 元人民币，弄到两张大熊猫皮，带到福建省，伙同东山县东龙水产公司驻云霄县常山转运站何某某（已判死刑），通过广东省澄海县陈某某，将两张大熊猫皮卖出，何某某得款 28 000 元。然而何某某并不以此为满足，1987 年当他再次倒卖大熊猫皮张时被查获归案。

经最高人民法院核准，四川省绵阳市中级人民法院对倒卖大熊猫皮张罪犯梁某某、何某某判处死刑。

## 18. 福建泉州倒卖国家珍稀动物案

1990 年至 1992 年，赵某某等 3 人分别以人民币 6 000 元、15 000 元和 500 元共购买大熊猫皮两张、金丝猴皮一张。1995 年 5 月 15 日至 16 日，3 个被告人分别通过张某某、刘某某等 5 人的介绍，以每张大熊猫皮 25 万元人民币、金丝猴皮 10 万元人民币的价格与一名“台商”交易时，被边防干警当场抓获，缴获大熊猫皮两张、金丝猴皮一张。

1996 年 9 月 13 日，福建省泉州市中级人民法院就张某某等 8 人倒卖国家 Ⅰ 级重点保护野生动物大熊猫皮和金丝猴皮案件做出一审判决：判处张某某、刘某某二人死刑，缓期二年执行，剥夺政治权利终身；判处赵某某无期徒刑，剥夺政治权利终身；其余五名案犯分别被判处 8 年至 15 年徒刑。

## 19. 山东日照非法经营猪肉案

山东省日照市郑某某父子自 2015 年 3 月至 11 月，累计收购生猪 400 余头，并违反规定在家中私自屠宰，然后将未经检验的生猪产品进行售卖。2015 年 11 月 20 日执法部门查处时，两被告人持刀追赶、威胁、辱骂执法人员，情节严重。最后，郑某某父子因涉嫌非法经营罪和涉嫌妨碍公务罪被依法起诉。

生猪定点屠宰厂（场）需经申请并符合规划设立。具有严格的标准：相应的卫生条件，专门的待宰间、屠宰间、急宰间以及生猪屠宰设备和运载工具，经考核合格的肉品品质检验人员，符合国家规定要求的检验设备、消毒设施以及符合环境保护要求的污染防治设施，病害生猪及生猪产品无害化处理设施等，缺一不可，而这些条件郑某某父子的屠宰场所均不具备。正是他们私屠滥宰、非法经营行为，导致大量未经检验检疫的猪肉进入市场，为群众食品安全带来了巨大隐患。

## 20. 青海甘肃跨省猎杀雪豹案

2014 年 7 月，被告甘某某等人在甘肃省肃南县境内非法猎捕到 3 只雪豹幼崽，后带回祁连县喂养。2014 年 12 月，被告甘某某等人将 3 只雪豹幼崽非法私自交给西宁市动物园有关人员，并获得饲养费用 3 万元，后 3 只雪豹幼崽在运送途中因管护不当窒息死亡；2014 年 12 月，被告王某某等人在青海省祁连县和甘肃省肃南县交界地带猎捕杀害雪豹 1 只，岩羊 2 只，雪鸡 3 只。2015 年 1 月，被告王某某等人将非法猎杀的雪豹、岩羊、雪鸡等死体偷运至祁连县时，被祁连县森林公安局接群众举报查获，甘某某等 5 名被告人分别被检察机关以涉嫌非法猎捕、杀害及出售珍贵濒危野生动物罪提起公诉。

## 21. 江苏海门猎捕黄鼬案

林某某怎么也没有想到，自己为赚点烟酒钱抓了几只黄鼠狼，竟然会触犯刑律，与他一同受到刑事追究的，还有同县的其他 6 名老汉，以及 4 名外地黄鼠狼收购者。

每年的 10 月、11 月是黄鼠狼皮毛长势最好的月份。来自安徽省萧县的皮毛收购贩子鲁某某、刘某等人便在江苏省海安县农村向农民散发收购黄鼠狼的广告，并教授林某某等人捕捉黄鼠狼的方法，向他们兜售专门捕杀黄鼠狼的工具。

林某某等 7 人见贩卖黄鼠狼有利可图，又有专人收购，便加入了措捕黄鼠狼的行列。他们将捕猎的工具放在黄鼠狼经常出没的田间地头、沟渠边上，一个晚上下来总能抓到两三只。自 2014 年 11 月至 2015 年 11 月，他们共猎捕黄鼠狼百余只，都卖给了上门收购的鲁某某、刘某等人，他们将这些黄鼠狼的皮毛剥下来，晾晒干后再以每张 40 元左右的价格卖给皮毛市场的商贩。

案发后，警方在鲁某某、刘某的暂住地共查获了黄鼠狼皮 2 081 张，黄鼠狼尸体 19 具，另有刺猬皮 136 张，刺猬 10 只。

黄鼠狼又称黄鼬，主要靠捕食老鼠或者田鼠为生，属于“三有”动物，受国家法律保护。江苏省海门市法院以非法狩猎罪分别判处涉案的 11 人有期徒刑一年零六个月至拘役两个月不等刑罚（均适用缓刑）。

## 22. 江苏海门走私象牙案

明知走私象牙入境是非法行为，在南非经商的男子潘某仍将 35 件象牙制品从南非投寄国内。2016 年 8 月 17 日，江苏省南通市中级人民法院对此案做出一审判决。法院认定被告人潘某的行为构成走私珍贵动物制品罪，因犯罪情节轻微，且具有自首情节，对其免于刑事处罚，案涉 35 件象牙制品予以销毁。

2012 年下半年，潘某在南非经商期间，获得他人赠予的象牙牙尖 1 根、切片 34 件，共计 35 件象牙制品。2013 年 1 月，潘某明知国家法律禁止上述物品入境，仍用锡箔纸包裹并夹藏在装有 20 罐奶粉的邮包中，指使公司员工通过邮寄的方式走私入境。2013 年 4 月 7 日，该夹藏象牙制品的邮包被苏州海关驻邮局办事处查获并移交公安机关扣押。经鉴定，该查获的 35 件夹藏品均为象牙制品，总重 3. 134kg，价值人民币 130 584 元。

2016 年 3 月初，潘某主动与公安机关联系，表达了回国投案的愿望，并告知自己即将回国所乘飞机的航班号，3 月 6 日，潘某在到达上海浦东机场后，被等候的公安人员抓获。归案后，潘某如实供述了案涉走私事实。

法院经审理认为，被告人潘某明知象牙及象牙制品为我国法律禁止出入境的物品，为逃避海关监管，通过锡箔纸包裹及夹藏在可入境物品中，并通过邮寄的方式将35件象牙制品走私入境，其行为构成走私珍贵动物制品罪。其走私珍贵动物制品数额不满20万元，属犯罪情节较轻；其在犯罪后主动与公安机关联系并通过告知航班号的方式，将其从南非回国时间和地点告诉公安机关，在被提前等候的公安人员抓获后如实供述案涉走私的事实，属自首，依法可予免除处罚，遂做出上述判决。

## 23. 湖北非法运输猕猴案

2015年12月6日，龚某接受梁某（另案处理）的电话委托，到兴山县峡口镇马某（另案处理）处运输猕猴。之后，龚某雇请赵某驾车，二人在马某处花费2万元购得猕猴7只。2015年12月7日，二人在将猕猴运往河南省新野县梁某处途中，途经宜巴高速公路宜昌市夷陵区雾渡河路段时，被高速公路执勤民警当场查获。经宜昌市夷陵区林业局鉴定，7只猕猴均为野生猕猴，属国家Ⅱ级重点保护野生动物。

龚某、赵某共同非法运输国家重点保护的珍贵、濒危野生动物，情节严重，其行为均已触犯《中华人民共和国刑法》第三百四十一条、第二十五条第一款的规定。

湖北省宜昌市夷陵区人民法院开庭审理被告人龚某、赵某涉嫌非法运输珍贵、濒危野生动物一案，并当庭判处被告人龚某有期徒刑五年，并处罚金5 000元；判处被告人赵某有期徒刑四年，并处罚金3 000元。

## 24. 浙江诸暨贩卖野生动物案

2015年7月17日早上6时许，浙江诸暨森林公安值班室民警接到举报称有人非法运输老虎肉，但民警在一辆面包车后备厢查获一副狮子骨架，连骨头带肉大概20kg。根据这一线索，当天晚上7时许，侦办小组赶到磐安县安文镇陈某的家中搜查，查获豹猫一只，巨蜥两只，楼梯下的一个暗室里藏着3只活的穿山甲，还有一台冰柜里放着6只穿山甲冻体和一只黑熊掌。民警发现，陈某的电脑、账本、手机里都写满了他非法交易珍稀野生动物的记录。原来，从四五年前开始，陈某就四处打听哪些地方能收购珍贵野生动物。他的上家分布极广，覆盖广东、湖南、河南、江西、上海、广西、福建等省，而陈某的下线更是多得数不清。就这样，持有一般野生动物经营许可证的陈某，却悄悄地干着非法的勾当。经过警方细致的核实定价，该案涉及金额高达4 000多万元。已有46名违法犯罪嫌疑人被采取刑事强制措施。

## 25. 成都微信卖犀角案

2013年10月，四川成都的杨某某通过一个名为“文玩汇”的软件，认识了一个名叫“一红二黑三白”的网友。在文玩界，“一红二黑三白”分别特指盔犀鸟头冠骨、犀牛角和象牙工艺品。2013年10月至2014年2月，杨某某以91万余元的总价，分8次从上家收购12件工艺制品，再以136万余元的总价，通过快递邮寄或托人携带等方式分别卖给下家。今年5月23日，四川森林公安破获了这个贩卖珍稀野生动物工艺制品案，并在成都市武侯法院一审判决。杨某某因收购、出售珍贵、濒危野生动物制品罪，被判处有期徒刑十年，并处罚金人民币10 000元。其下线涂某因非法收购珍贵、濒危野生动物制品罪，被判处有期徒刑十年，并处罚金人民币10 000元。

## 26. 上海诱捕猕猴案

2017年8月26日中午，赵某、张某夫妻二人去佘山景区游玩，爬山时看见树上有两只幼体猕猴特别可爱，便用随身携带的小面包和小馒头投食，并想把小猕猴带回家当宠物养，于是就趁四下无人，用手将两只猕猴幼体捕获，迅速放入包内，当作宠物豢养在家。

两个月后的一天，夫妻俩带者两只小猕猴准备外出游玩，在经过高速公路检查站时，被例行检查的民警查获。经鉴定，赵某、张某一时兴起从景区抓的“宠物”均为猕猴活体（幼体），系国家Ⅱ级保护动物。检察机关认为，两人在自然风景区内非法猎捕国家重点保护的珍贵、濒危野生动物，犯罪事实清楚，证据确凿、充分，应当以非法猎捕珍贵、濒危野生动物罪追究其刑事责任。随后，上海市金山区检察院以非法猎捕珍贵、濒危野生动物罪对二人提起公诉。

## 27. 内蒙古自治区呼和浩特非法收购象牙制品案

刘某平时喜欢收集古玩字画，自己开了一家古玩店。2016 年 2 月至 3 月间，他通过微信，在呼和浩特市玉泉区某古玩城购买了疑似象牙项链 4 条，牌子 1 块，象牙手串 1 串。后经群众举报案发。

经鉴定，项链 4 条，牌子 1 块，手串均为象牙制品。另外，刘某还用他购买的 2 条象牙项链分别与他人换了 1 个单眼天珠、2 个景泰蓝碟子。案发后，公安机关将 2 条象牙项链追回。

经内蒙古自治区呼和浩特市玉泉区检察院提起公诉，法院以非法收购珍贵、濒危野生动物制品罪，判处刘某拘役三个月，缓刑六个月，并处罚金 3 000 元；扣押的野生动物制品依法予以没收，上缴国库。法院经审理认定，刘某认罪态度较好，有悔罪表现，遂酌情从轻处罚。

## 28. 安徽跨省毒杀贩狗案

2017 年 9 月，安徽淮南市公安局毛集分局接到居民报警，说自家的狗被人毒害，并且看到了偷狗的嫌疑车辆。通过监控画面可以看到，一辆红色的小轿车在路上行驶，发现狗后，坐在副驾驶的人立即掏出毒狗所用的工具朝着狗的身上打去，被击中的狗挣扎、奔跑，过一会儿，这辆红色小轿车开回来，一人下车把狗拎上车，随即开走。

办案民警立即对这辆红色小轿车的行踪轨迹展开追查，抓获两名犯罪嫌疑人。经审讯得知，两名犯罪嫌疑人购买毒狗针，在安徽淮南、阜阳两地流窜作案，专门驾车射杀家狗，实施盗窃，将所偷的狗送到淮南市的一家餐馆。参与犯罪的还有另外一名嫌疑人陈某，也被抓获。随后，办案民警在湖北恩施抓获制售毒针的犯罪嫌疑人许某等 5 人。至此，安徽淮南警方共现场查获问题狗肉约 2 吨，抓获犯罪嫌疑人 8 名，查获毒狗针 5 万多支，涉案金额达 300 多万元。

## 29. 深圳穿山甲鳞片走私案

2017 年 7 月 1 日，深圳海关隶属大鹏海关在对数十个集装箱进行验放时，发现其中一个集装箱出现异常。海关人员立即对这个集装箱进行彻查，掏出 100 多袋木炭后，在里面发现一些不一样的包装袋。经过现场清点和称重，共发现 239 包穿山甲鳞片，总重量达 11.9 吨。海关人员表示，这些木炭显然是用来伪装的，木炭可以吸收味道，把木炭移走之后，现场的腥味愈加浓重起来。

经过海量信息梳理，海关缉私人员在海运单上发现夏某的姓名。按照姓名的拼音指向，海关缉私人员利用大数据筛选比对，终于又在数十个经常来往非洲，并且有过货运记录的人员中，锁定了嫌疑人夏某。通过对夏某以及夏某社交圈的排查，一个名为李某军的人进入缉私人员的视线。在缉私人员细致准确的信息比对面前，李某军不得不承认走私穿山甲鳞片入境的事实。据李某军交代，他以每千克约合 150 元人民币的价格从非洲多地收购穿山甲鳞片，企图运至境内销售牟利，利润高达 10 余倍甚至数十倍。

此次查获的穿山甲鳞片，大的有贝壳大小，小的也只有指甲盖大小。据濒危动植物保护专家介绍，一只穿山甲身上有 0.4~0.6kg 鳞片，这次深圳海关查获的走私 11.9 吨穿山甲鳞片，意味着有两三万只穿山甲遭到残忍杀戮。

穿山甲属于国家Ⅱ级保护动物，没有进出口证明书的物种及其制品，禁止贸易、携带、邮寄进出我国国境。非法进出口或者以其他方式走私此类物品，将承担相应的法律责任，情节严重构成犯罪的，将依法追究刑事责任。

## 30. 福建龙岩射毒针偷狗误中孕妇导致死亡案

2015 年 12 月 2 日 4 时许，邱某携带所购买的弓弩 1 把及 5 支“毒狗针”，驾驶租赁来的小轿车同马某（另案处理）一起从福建省晋江市出发去偷狗。他们从永漳高速华安收费站驶离高速路，6 时许行驶至漳平市宫田乡某村，途中将小轿车车牌进行更换。邱某发现被害人李某（已怀孕 7 个月）住所附近有只狗时，遂用弓弩发射“毒狗针”射狗，却击中了正从菜园返回家中的被害人李某。邱某见射中人，遂驾驶车逃离现场。李某被“毒狗针”击中后，将针拔下并返回家中告诉丈夫，随后昏迷不醒，被送往医院抢救，于当日 8 时许死亡。

福建省龙岩市中级人民法院 2017 年 12 月 22 日对这起故意杀人及非法买卖危险物质案做出宣判，被告人邱某犯故意杀人罪，判处死刑，缓期二年执行，剥夺政治权利终身；犯非法买卖危险物质罪，判处有期徒刑三年六个月，决定执行死刑，缓期二年执行，剥夺政治权利终身。

## 31. 浙江龙游销售有毒、有害食品案

2016 年 10 月以来，吴某、傅某夫妇经营狗肉生意，多次收购死因不明的死狗予以销售。2016 年 12 月 3 日，傅某收购了被毒镖毒死的 4 只死狗，在还没有被吴某销售至市场时，被公安机关依法查获。经鉴定，从上述 4 只死狗的肌肉组织中均检出琥珀胆碱成分。

经龙游县检察院提起公诉，2017 年 7 月 19 日，龙游县法院以销售有毒、有害食品罪，一审判处吴某有期徒刑一年零六个月，缓刑二年，并处罚金 2 000 元；判处傅某有期徒刑一年零三个月，缓刑一年零六个月，并处罚金 2 000 元。为了严惩危害食品安全犯罪，消除被告人再次利用自己的职业便利实施犯罪的可能和危险，法院还宣告了禁止令，禁止他们在缓刑考验期限内从事食品生产、销售及相关活动。

## 32. 浙江龙游销售有毒、有害食品案

2016 年 11 月，因当地禁止使用狐狸胴体和貉子胴体加工食品出售，为了躲避临沂市食品药品监督部门的检查，临沂市河东区人尹某来到日照市莒县一个隐蔽的乡村，租用了一处房屋，雇用曾经从事肉冻加工的马某及另外 4 名妇女，加工制作狐狸肉冻，由尹某将肉冻运到临沂卖出，并发到河南、河北、湖北等地销售。

2017 年 1 月 7 日，莒县盐务局联合莒县公安局和莒县食品药品监督管理局在对该出租房屋进行全面搜查时，在现场的面包车后备厢内发现 6 袋精制工业盐（50 千克/袋），在肉冻仓库内发现 1 袋精制工业盐和 1 个精制工业盐的空袋子。同时，在加工现场查获了成品狐狸肉冻 281 盆，透骨增香剂、骨髓香精、亚硝酸钠、胭脂红等各类添加剂 20 余袋及狐狸、貉子胴体约 3 吨，并证实已销售了 30 多箱成品肉冻。

经国家盐产品质量监督检验中心对现场查获的精制工业盐进行鉴定，查明该盐产品不符合加碘精制盐标准。经山东省出入境检验检疫局检验检疫技术中心对现场查获的即食狐狸肉冻进行鉴定，查明该肉冻中铬不符合《食品安全国家标准食品中污染物限量》标准要求，胭脂红不符合《食品安全国家标准食品添加剂使用标准》标准要求。经对现场查获的明胶进行检测，该明胶中铬不符合食品添加剂明胶的标准要求。

莒县检察院受理该案审查认为，尹某、马某在明知临沂市禁止使用狐狸胴体和貉子胴体加工食品的情况下，在莒县乡镇租用厂房，使用非食品原料大量加工狐狸肉冻，两人均涉嫌生产、销售有毒、有害食品罪。

2017 年 9 月 12 日，山东省莒县检察院以涉嫌生产、销售有毒、有害食品罪对犯罪嫌疑人尹某、马某提起公诉。

## 33. 宁波雅戈尔动物园老虎伤人案

2017 年 1 月 29 日下午，宁波雅戈尔动物园发生老虎咬人事件，致一人死亡。当天一名男性游客越过隔离栏，跳进虎山近距离逗虎时被一只老虎拖咬，其他进食老虎看到后也围向被拖拽的游客。园区的视频录像证明，该男子并没有买票，而是翻越动物园外面的围墙，直接跳进虎园的。事发之后动物园工作人员曾用鞭炮、水枪、鸣枪等方式驱赶老虎，公安、医疗人员在事发后赶到事发虎山，咬人老虎在营救被咬游客时被击毙。

## 34. 上海野生动物园老虎袭人致死案

1999 年 11 月 17 日上午，上海市某营地租用上海市长途汽车公司的大巴车组织学生前往上海野生动物园参观游览，其中一辆大巴车在猛兽园区抛锚。大巴车司机许某成功转移了抛锚车上的师生后，自己开着已能发动的抛锚车沿着水泥车道行驶，经猎豹区、狮区、熊区等，驶向猛兽区出口，当车驶入小东北虎区时，因前方有一停着的大巴挡住了去路，许某便下车拍击该车车身，让其走开，而该车开动后却有 3 只小东北虎向许某扑过来。几分钟后，许某的裤子和上衣被撕烂，皮肤露在外面，衣服上溅满了血迹。等救援车赶到时，许某已被老虎拖到了围墙边，后来经南汇县中心医院抢救无效而死亡。

## 35. 河南狂犬病病犬咬人事件

2015 年 1 月 28 日，河南某县一疑似患狂犬病的疯犬突然出现在与甲镇相邻的乙乡某村，咬伤 2 名群众后被群众追打，逃至与甲镇相连的公路上，在公路上俯卧休息时又咬伤 1 名过路群众，然后窜至甲镇某村咬伤 2 名群众，接到群众报警后，在无法安全捕获疯犬的情况下，接到报案的民警果断开枪击毙疯犬。为避免疯犬尸体被其他动物吞食，疯犬尸体暂时被掩埋在派出所附近的树林中。

## 36. 浙江常山猪咬人事件

2007 年 10 月 27 日，浙江省常山县天马镇某村发生猪咬人的事件，导致患者王某死亡。伤人仔猪和幼犬在王某家曾共同圈养 3 天，且在伤人前有反常行为，其中仔猪伤人后又不明原因死亡，幼犬因先后攻击患者的妻子及其孙子后被打死。患者王某被猪咬伤后伤口仅用清水冲洗，未进行规范处理，未接种狂犬病疫苗和抗狂犬病免疫球蛋白或免疫血清。患者的孙子在犬伤暴露后，及时进行了伤口处理，并接种了狂犬病疫苗和注射人抗狂犬病病毒免疫球蛋白。

## 37. 被绑女孩遭狼狗撕咬致死案

20 世纪 80 年代，一位十岁女孩张某，因偷摘了承包户王某果园内的一只苹果，被王某抓住并非法拘禁，他用绳子把女孩绑在果树上即回家吃午饭。当王某返回果园准备释放女孩时，却发现女孩已被其饲养护卫果园的一条狼狗咬破肚肠而致死。王某所养之狗性情凶猛，见生人即追逐、狂叫。为防其伤人，王某白天用绳索拴养，只在夜间散放，护卫果园，故从未伤过人。但此次狼狗因见主人不在，只女孩一人在树下，即将绳索挣断，扑向女孩，并将其咬死。

## 38. 辽宁营口六旬老太被狗咬死案

2013 年年底，在营口大石桥官屯镇的一处果园内，一位六旬老太正在捡拾柴火，附近养鸡场内跑出一条狼狗，老太被这条狗活活咬死。当日晚上，家人发现老太一直没回家，便四处寻找，结果在果园内找到老太的遗体，当时，老太的面部血肉模糊，一只眼睛被抓破，头皮也掉了一大块，家人立即报警。警方经侦查确认死者不是被人杀死的，而是养鸡场老板家的狼狗惹祸。经过检验，在体型较小的狼狗的粪便中发现了死者的毛发，最终确定死者是被狗咬死。狗主人赔死者家属 33 万元。

## 39. 杭州某动物园猩猩伤人事件

2001 年 9 月 8 日上午，一位小朋友到杭州某动物园游玩时，出于好奇给猩猩喂食，却被猩猩从馆舍的铁栏栅处伸出手臂，抓住小朋友右手臂往馆舍里拖，并在此过程中将小朋友的右手臂咬伤。小朋友获救后立即被送往医院治疗，其伤情经司法鉴定评定为十级伤残。

## 40. 哈尔滨机场无检疫证明运输动物产品案

2006 年 11 月 20 日，黑龙江省铁路兽医卫生处哈尔滨段检疫监督人员在太平国际机场货场内监督检查过程中发现，从哈尔滨发往杭州的 4 件品名为服装的货物实际为 2 000 张狐皮，执法人员当即扣留了该批货物。经调査，货主田某不能提供任何有效检疫证明，而且伪造了品名，企图逃避检疫监督。由于此案托运人与承运人双方均违反了《中华人民共和国动物防疫法》，有关部门做出了对太平国际机场货运部刘某罚款 1 190 元，对货主田某罚款 2 000 元的处罚。